Uni-Taschenbücher 680

UTB
FÜR WISSEN
SCHAFT

Eine Arbeitsgemeinschaft der Verlage

Wilhelm Fink Verlag München
Gustav Fischer Verlag Jena und Stuttgart
Francke Verlag Tübingen
Paul Haupt Verlag Bern und Stuttgart
Hüthig Verlagsgemeinschaft
Decker & Müller GmbH Heidelberg
Leske Verlag + Budrich GmbH Opladen
J. C. B. Mohr (Paul Siebeck) Tübingen
Quelle & Meyer Heidelberg · Wiesbaden
Ernst Reinhardt Verlag München und Basel
F. K. Schattauer Verlag Stuttgart · New York
Ferdinand Schöningh Verlag Paderborn · München · Wien · Zürich
Eugen Ulmer Verlag Stuttgart
Vandenhoeck & Ruprecht in Göttingen und Zürich

Wilhelm Henrichsmeyer
Oskar Gans
Ingo Evers

Einführung in die Volkswirtschaftslehre

Zehnte, verbesserte Auflage
199 Übersichten

Verlag Eugen Ulmer Stuttgart

Wilhelm Henrichsmeyer, geb. 24. Juli 1935. Studium der Landwirtschaft und Volkswirtschaft (Bonn 1957–1961). Research Fellow (Harvard University 1961/62). Promotion (Bonn 1965). Habilitation (Stuttgart-Hohenheim 1970). Professur für Agrarökonomik und Ökonometrie (Universität Göttingen 1970/71). Direktor des Instituts für Agrarpolitik, Marktforschung und Wirtschaftssoziologie sowie Inhaber des Lehrstuhls für Volkswirtschaftslehre, Agrarpolitik und Landwirtschaftliches Informationswesen der Universität Bonn (seit 1971). Besondere Arbeitsgebiete: Agrar- und Entwicklungsökonomik, Regionalplanung, Sektoranalyse und Politikinformationssysteme.

Oskar Gans, geb. 26. Mai 1943. Studium der Wirtschaftswissenschaften/Statistik und Agrarökonomie an den Universitäten Frankfurt/M., Göttingen und Berkeley (USA). Promotion (Göttingen 1970). Habilitation (Bonn 1975). Gastprofessuren (Göttingen 1977–80, 1991). Ord. Professor für Volkswirtschaftslehre (Internationale Wirtschafts- und Entwicklungspolitik) an der Universität Heidelberg. Direktor der Forschungsstelle für internationale Agrar- und Wirtschaftsentwicklung e. V. (Heidelberg). Besondere Arbeitsgebiete: Entwicklungsökonomik, Ressourcenökonomik, Politikanalyse und -bewertung seit 1973: Wirtschaftspolitische Beratung in Entwicklungsländern.

Ingo Evers, geb. 29. September 1942. Banklehre (1962–1964). Studium der Volkswirtschaftslehre (Köln und Bonn 1964–1970). Dipl.-Volksw. (Bonn 1970). Promotion zum Dr. agr. (Bonn 1974). Wissenschaftlicher Angestellter am Lehrstuhl für Volkswirtschaftslehre und Agrarpolitik (Bonn seit 1974). Tätigkeiten in Entwicklungsländern (seit 1973): Regierungsberater in verschiedenen Ländern Afrikas, Asiens und Lateinamerikas (Schwerpunkt: Premier- und Planungsministerium Burundi); Gastprofessur Universität Burundi seit 1979; zahlreiche DSE-Seminare über Gesamtwirtschaftliche Planung und Projektplanung (Kosten-Nutzen-Analysen) seit 1983. Besondere Arbeitsgebiete: Entwicklungstheorie, -politik und -planung.

Adressen der Autoren:
Nußallee 21, 53115 Bonn, Tel.: 0228/732331
Im Neuenheimer Feld 330, 69120 Heidelberg, Tel.: 06221/183056

Die Deutsche Bibliothek – CIP-Einheitsaufnahme

Henrichsmeyer, Wilhelm:
Einführung in die Volkswirtschaftslehre / Wilhelm Henrichsmeyer ; Oskar Gans ; Ingo Evers. – Stuttgart : Ulmer.
(UTB für Wissenschaft : Uni-Taschenbücher ; 680 : Wirtschafts- und Sozialwissenschaften)
Übungsbuch u.d.T.: Evers, Ingo: Einführung in die Volkswirtschaftslehre
NE: Gans, Oskar:; Evers, Ingo:; UTB für Wissenschaft / Uni-Taschenbücher
[Hauptbd.]. – 199 Übersichten. – 10., verb. Aufl. – 1993
ISBN 3-8252-0680-7 (UTB)
ISBN 3-8001-2671-0 (Ulmer)

Wollgrasweg 41, 70599 Stuttgart (Hohenheim)
Printed in Germany
Einbandgestaltung: A. Krugmann, Freiberg
Satz: Setzerei Lihs, Ludwigsburg
Druck: Presse-Druck, Augsburg

Vorwort

Im Mittelpunkt des vorliegenden Buches stehen die Fragen nach der Funktionsweise marktwirtschaftlicher Systeme, nach dem Grad gesellschafts- und wirtschaftspolitischer Zielerreichung in solchen Systemen und nach den Möglichkeiten wirtschaftspolitischer Einflußnahme.
In Teil I werden die Probleme einer bedarfsgerechten Steuerung des Einsatzes der volkswirtschaftlichen Produktivkräfte behandelt: bei vollständigem und unvollständigem Wettbewerb, bei Existenz von Außenhandel, im Falle öffentlicher Güter sowie in Zentralverwaltungswirtschaften. Entsprechend reicht die Untersuchung wirtschaftspolitischer Einflußnahme von Preis- und Mengenkorrekturen auf Einzelmärkten über die Kontrolle wirtschaftlicher Macht durch Wettbewerbspolitik bis zur Güterversorgung ohne Marktmechanismen.
Aus den Einzelmarktanalysen des ersten Teils werden in Teil II die klassischen und Keynes'schen Vorstellungen aggregierter Märkte entwickelt (Güter-, Arbeits-, Kredit- und Geldmarkt, Devisenmarkt) und auf dieser Grundlage die gesamtwirtschaftlichen Stabilitätsprobleme (Vollbeschäftigung, Geldwertstabilität, Zahlungsbilanzausgleich) erörtert. Die Wirkungsanalysen des wirtschaftspolitischen Instrumenteneinsatzes umfassen die staatliche Finanzpolitik, die Geldpolitik, die Arbeitsmarkt- und Lohnpolitik sowie die Außenwirtschaftspolitik. Die sich anschließende Zusammenführung einzel- und gesamtwirtschaftlicher Analysen in den Kapiteln über Einkommensverteilung und wirtschaftliches Wachstum erlaubt eine umfassende Diskussion wirtschaftspolitischer Zielzusammenhänge (Allokation und Wachstum, Verteilungsgerechtigkeit, Stabilität) sowie eine differenziertere Einschätzung der Möglichkeiten staatlicher Stabilitäts-, Struktur- und Verteilungspolitik.
Die zentralen Kapitel des Buches sind aus Einführungsvorlesungen und -übungen hervorgegangen, die die Autoren seit 1971 an der Universität Bonn abgehalten haben. Grundlage war zunächst ein Skriptum, das im Laufe der Jahre mehrfach überarbeitet wurde. Bei der Abfassung des Buches haben sich Diskussionen mit Tutoren als besonders hilfreich erwiesen, da die Skripten in ihren Arbeitsgruppen einem ständigen Test auf didaktische Zweckmäßigkeit unterworfen waren. Lehrerfahrungen seit der 1. Auflage des Buches ab 1978 sowie die von vielen Seiten geäußerte konstruktive Kritik machten Überarbeitungen und Erweiterungen des Buches notwendig, die in den verschiedenen Auflagen des Lehrstuhls schrittweise realisiert werden. In der vorliegenden 8. Auflage wurden gegenüber der vorigen einige Verbesserungen und eine Aktualisierung der statistischen Zahlenangaben vorgenommen.

Das Buch ist so konzipiert, daß es einmal ein abgeschlossenes wirtschaftstheoretisches und wirtschaftspolitisches Grundwissen vermittelt, zum anderen aber auch als Grundlage für ein weiterführendes wirtschaftswissenschaftliches Studium dienen kann.
Eine vollständige Behandlung des dargebotenen Stoffes erfordert ein Zeitbudget von etwa 8 Semesterwochenstunden. Da häufig nur die Hälfte dieser Zeit für eine Einführungsvorlesung zur Verfügung steht, ist das Buch so angelegt, daß eine Begrenzung des Lehrstoffs möglich ist, ohne den Gesamtzusammenhang zu verlieren. Im Buch sind alle jene Problembereiche besonders ausführlich behandelt, die absolutes Grundlagenwissen und den Umgang mit analytischen Hilfsmitteln vermitteln sollen. Hierzu zählen vor allem die Abschnitte 3.1 bis 3.3 sowie 8.1 und 8.2 sowie Teile von 8.6. Sie bilden das Rückgrat einer typischen herkömmlichen Einführungsvorlesung. Vertiefende und weiterführende Abschnitte sind dagegen häufig recht knapp gehalten und setzen eine erhöhte Konzentration bei der Lektüre voraus. Es bietet sich bei begrenztem Zeitbudget an, folgende Kapitel bzw. Abschnitte beiseite zu lassen bzw. nur kursorisch zu behandeln:
Abschnitte 1.2, 3.2.3.2–3.2.3.4, 3.2.4, 3.3.4, 3.4.3–3.4.5, 3.5, 4.4, 7.3, 8.2.4, 8.3, 8.4, 8.6.5 und 8.6.6 sowie die Kapitel 5, 6, 9 und 10.

Bonn und Heidelberg,
im Herbst 1991

W. Henrichsmeyer, O. Gans, I. Evers

Inhaltsverzeichnis

1 Übersicht und Grundlagen

Wenn man das wirtschaftliche Geschehen aus der Sicht des aufmerksamen Zeitungslesers betrachtet, so zeigt sich eine verwirrende Vielfalt von Einzeltatbeständen und Vorgängen: Preise steigen und fallen; Löhne werden zwischen Tarifpartnern ausgehandelt; die Bundesbank verändert den Diskontsatz; die Chancen, einen geeigneten Arbeitsplatz zu finden, verbessern oder verschlechtern sich von einem Jahr zum anderen; die Bundesregierung beschließt neue Steuersätze; Monopole werden kontrolliert; die betriebliche Mitbestimmung wird eingeführt. Diese Liste ließe sich beliebig fortsetzen.

Eine der Aufgaben der Wirtschaftswissenschaften besteht darin, die wirtschaftlichen Tatbestände und Vorgänge zu systematisieren und zu beschreiben. Im folgenden soll zunächst ein Bezugsrahmen für die Einordnung wirtschaftlicher Erscheinungen skizziert werden, indem die wichtigsten Elemente und Beziehungen des wirtschaftlichen Geschehens – gleichsam aus der Vogelperspektive – gekennzeichnet und definiert werden.

Die eigentlichen **Aufgaben der Wirtschaftswissenschaften** gehen jedoch über eine solche Systematisierung und Beschreibung hinaus:

(1) Sie bestehen einmal darin, den beobachteten Ablauf des wirtschaftlichen Geschehens vor dem Hintergrund der jeweiligen Wirtschaftsordnung zu erklären und die wahrscheinliche künftige Entwicklung vorherzusagen. Dies ist der Gegenstand der **Wirtschaftstheorie.**

(2) Sie bestehen zum anderen darin, die Möglichkeiten für die Gestaltung und Beeinflussung der Wirtschaftsordnung und des Wirtschaftsablaufs im Hinblick auf eine möglichst weitgehende Annäherung an die individuellen und gesellschaftlichen Wert- und Zielvorstellungen zu untersuchen. Das ist der Gegenstand der theoretischen **Wirtschaftspolitik.**

Im Anschluß an die einführende Kennzeichnung des Wirtschaftsablaufs und der zentralen ökonomischen Fragestellungen werden im zweiten Abschnitt dieses Kapitels die methodischen Vorgehensweisen der wirtschaftswissenschaftlichen Analyse näher beschrieben.

1.1 Grundzüge des Wirtschaftsablaufs und zentrale ökonomische Fragestellungen

Das wirtschaftliche Geschehen läßt sich auf verschiedenen Ebenen betrachten: aus der Sicht der einzelnen Wirtschaftseinheiten, mit Bezug auf einzelne Märkte oder im Hinblick auf gesamtwirtschaftliche Zusammenhänge. Jeder dieser Ebenen der Betrachtung sind bestimmte ökonomische Fragestellungen zugeordnet.

1.1.1 Wirtschaftseinheiten und ihre Aktivitäten

Alle wirtschaftlichen Vorgänge werden durch die Entscheidungen und Handlungen von Menschen bestimmt. Jede Person oder Personengruppe, die wirtschaftliche Entscheidungen trifft, bezeichnen wir als **Wirtschaftseinheit** (oder Wirtschaftssubjekt). Wirtschaftseinheiten können z. B. sein: einzelne Unternehmer, eine Familie, der Vorstand einer Aktiengesellschaft, die Regierung oder das Parlament. Für die weitere Analyse ist es zweckmäßig, verschiedene Gruppen von Wirtschaftseinheiten zu bilden. Dies kann nach verschiedenen Gesichtspunkten erfolgen. Die grundlegende Unterscheidung ist die in Haushalte und Unternehmen.

Zur Gruppe der **Haushalte** werden solche Wirtschaftseinheiten gerechnet, die nicht ausschließlich im Hinblick auf ökonomische Zielsetzungen organisiert und entstanden sind, wie z. B. die privaten Haushalte, private Organisationen ohne Erwerbscharakter (Vereine, Kirchen, Parteien u. dgl.) und staatliche Instanzen. Die ökonomischen Aktivitäten der Haushalte sind überwiegend konsumorientiert, ihr Hauptziel ist die Befriedigung der Bedürfnisse ihrer Mitglieder.

In Deutschland (alte Bundesländer) umfaßte die Wohnbevölkerung im Jahre 1990 etwa 63 Mio. Personen. Die Anzahl der privaten Haushalte betrug 28 Mio.; dies entspricht einer durchschnittlichen Haushaltsgröße von 2,3 Personen. Hinzu kommen als öffentliche Haushalte der Bund, 12 Bundesländer, rund 8500 Gemeinden und zahlreiche öffentliche Institutionen mit speziellen Aufgaben (z. B. die Träger der Sozialversicherung). In der ehemaligen DDR umfaßte die Wohnbevölkerung 1990 etwa 16 Mio. Personen. Die Zahl der Gemeinden im gleichen Gebiet beträgt ca. 7600.

Demgegenüber sind die ökonomischen Aktivitäten der in der Gruppe **Unternehmen** (oder Unternehmungen) zusammengefaßten Wirtschaftseinheiten überwiegend auf die Güterproduktion ausgerichtet. Ihr Hauptziel ist die Erwirtschaftung eines Gewinns. Zu den Unternehmungen sind so unterschiedliche Wirtschaftseinheiten zu zählen wie industrielle Großunternehmen, Einzelhandelsgeschäfte, landwirtschaftliche Betriebe, Banken und Versicherungen.

Die Zahl der Unternehmen betrug in der BRD im Jahre 1987 etwa 2,1 Mio. Davon waren 32,5 % landwirtschaftliche Betriebe; auf das produzierende Gewerbe entfielen 24,9 %, auf Handel und Verkehr 31,8 % und auf die sonstigen Wirtschaftsbereiche (Dienstleistungen u. a.) 10,8 % der Unternehmen.

Für einige Überlegungen ist es zweckmäßig, die Gruppe der Haushalte noch weiter zu untergliedern in private und öffentliche Haushalte und von der Gruppe der Unternehmen den Bereich der Banken abzusondern. Gelegentlich werden auch noch weitergehende Untergliederungen vorgenommen, etwa der privaten Haushalte in Unternehmer- und Nichtunternehmerhaushalte und der Unternehmen nach Wirtschaftssektoren. Im folgenden sollen die wirtschaftlichen Aktivitäten der Hauptgruppen Unternehmen und Haushalte etwas näher gekennzeichnet werden, wobei wir private und öffentliche Haushalte unterscheiden wollen.

Unternehmen

Ein Unternehmen erstellt ökonomische Güter und setzt dabei Produktionsfaktoren ein. Den Prozeß der Transformation von Produktionsfaktoren in Güter nennt man **Produktion.** Zur Produktion werden so unterschiedliche Vorgänge gerechnet wie die Erzeugung von Weizen, die Umformung von Stahl zu Blech, die Verpackung und der Transport von Waren, das Haareschneiden oder eine Vorlesung in ökonomischer Theorie.

Übersicht 1.1: Produktion

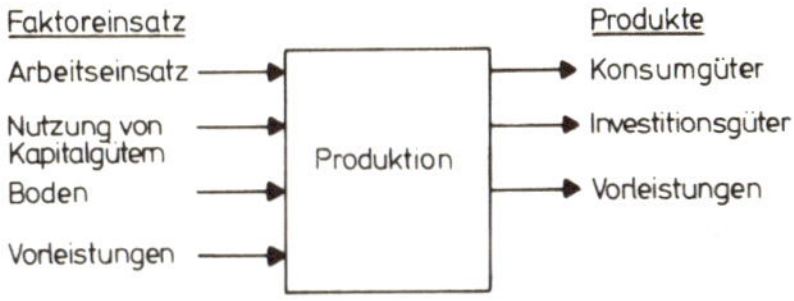

Produktionsfaktoren sind solche Sachgüter und Dienstleistungen, die im Produktionsprozeß eingesetzt werden. Sie lassen sich untergliedern in:

- menschliche Arbeitsleistungen,
- Leistungen dauerhafter Produktionsmittel (Kapitalgüter wie Maschinen, Gebäude und Ausrüstungen),
- Bodenleistungen (einschließlich Bodenschätzen),
- Vorleistungen, die die nichtdauerhaften Produktionsmittel und Dienstleistungen umfassen (z.B. Düngemittel, Elektrizität, Treibstoffe); sie werden als Vorprodukte von anderen Unternehmen bezogen.

Gelegentlich wird als Produktionsfaktor auch der zugehörige Faktor*bestand* bezeichnet und der Begriff eingeengt auf die Faktoren Arbeit, Boden und Kapital. Welche Definition man wählt, ist eine Frage der Zweckmäßigkeit.

Die im Produktionsprozeß **erstellten Güter** (Produkte) lassen sich nach dem *Verwendungszweck* untergliedern in Konsumgüter, Vorleistungen und Investitionsgüter. Die **Konsumgüter** (z.B. Brot) dienen den Haushalten zur Befriedigung ihrer Bedürfnisse, und ihre Herstellung ist letztlich der Zweck allen Wirtschaftens.
Vorleistungen stellen solche Güter dar, die bei der Herstellung anderer Güter als Zwischenprodukte oder -leistungen (z.B. Mehl und Transport von Mehl) eingehen. Als **Investitionsgüter** bezeichnet man einmal die dauerhaften Produktionsanlagen, die im Produktionsprozeß eingesetzt werden (z.B. die Gebäude und Maschinen der Mühlen bzw. Bäckereien), zum anderen auch die auf Lager genommenen Güter (z.B. die Vorräte an Mehl). Im ersten Fall spricht man von Anlage-, im zweiten Fall von Vorratsinvestitionen. Man kann daher Investitionsgüter auch negativ als solche Güter definieren, die weder konsumiert noch (in der betrachteten Wirtschaftsperiode) in Form von Vorleistungen bei der Herstellung anderer Güter verbraucht werden.

Der Begriff des *ökonomischen Gutes* bezieht sich jedoch nicht allein auf die im Produktionsprozeß *erstellten* Güter, sondern er läßt sich auf alle Bestandteile der realen Welt ausdehnen, für die Bedarf besteht, über die verfügt werden kann und die knapp sind. Nach dieser Definition ist z.B. Erdöl kein ökonomisches Gut, wenn es sich irgendwo unzugänglich unter dem Meer befindet. Dagegen kann z.B. frische

Luft bei einem großen Ausmaß von Umweltverschmutzung zu einem ökonomischen Gut werden. Ein ökonomisches Gut kann somit nur auf bestimmte Gegebenheiten bezogen definiert werden. Wenn ein Gut nicht knapp ist, spricht man von einem *freien Gut*.

Güter lassen sich nach den verschiedensten Gesichtspunkten untergliedern:
- nach den *physischen Eigenschaften* in Sachgüter und Dienstleistungen,
- nach der *Konsumreife* in Rohstoffe, Zwischenprodukte und Konsumgüter,
- nach der *Verwendungsdauer* in Verbrauchs- und Gebrauchsgüter,
- nach dem *Verwendungszweck* in Konsumgüter, Vorleistungen und Investitionsgüter (s. oben).

Diese Untergliederungen überschneiden sich zum Teil. Je nach der Fragestellung wird die eine oder andere Gliederung zweckmäßig sein. Für die weiteren Überlegungen ist die Untergliederung nach dem Verwendungszweck am wichtigsten.

Die wirtschaftlichen Aktivitäten der Unternehmen stellen ein zentrales Element der Analyse ökonomischer Zusammenhänge dar. Dabei geht es vor allem um die folgenden Fragen:
- Welche Faktoren bestimmen die Entscheidungen der Unternehmen über die Höhe und Zusammensetzung der Produktion und damit das Güterangebot?
- Welche Faktoren bestimmen die Auswahl der verwendeten Produktionsverfahren und damit die Nachfrage nach Produktionsfaktoren (Faktornachfrage)?

Unter volkswirtschaftlichen Gesichtspunkten interessiert dabei insbesondere die Reaktion der Unternehmen auf Veränderungen der Marktgegebenheiten (der Produkt- und Faktorpreise). Die Untersuchung dieser Fragen ist Gegenstand der *Theorie des Unternehmens,* die wesentliche Teile des 3. und 4. Kapitels ausmacht.

Private Haushalte

Ein privater Haushalt erwirbt durch den Einsatz der in seinem Eigentum befindlichen Produktionsfaktoren (Arbeit, Boden, Kapital) Einkommen, um damit Konsumgüter kaufen und seine Bedürfnisse befriedigen zu können.

Die **Bedürfnisse** richten sich nach den subjektiven Wertvorstellungen der Mitglieder des Haushalts. Sie werden durch eine Vielzahl von Faktoren bestimmt, wie die physischen Grundbedürfnisse, die Umwelt sowie soziale und psychologische Faktoren (Mode, Nachahmung, Snobeffekte u. dgl.).

Die *Mittel* für den Kauf von **Konsumgütern** können aus laufendem *Einkommen oder* dem *Abbau von Vermögen* stammen. Der Haushalt erhält Einkommen aus dem Entgelt für den Einsatz von Produktionsfaktoren, die sich in seinem Eigentum befinden und den Unternehmen zur Verfügung gestellt werden (Lohn, Zins, Miete, Pacht). Weitere Quellen des Haushaltseinkommens sind Gewinneinkommen aus Unternehmertätigkeit und nicht auf Faktorleistungen beruhende Einkommen. Man bezeichnet solche nicht unmittelbar mit entsprechenden Leistungen verbundenen Zahlungen (z. B. Sozialhilfeleistungen) als Transferzahlungen oder Sozialeinkommen.

Der nicht für den Kauf von Konsumgütern ausgegebene Teil des Einkom-

mens bildet die **Sparsumme** des Haushalts. Sparen läßt sich also negativ definieren als *Nicht-Konsum.* Wenn die Konsumausgaben das laufende Einkommen übertreffen, liegt eine negative Ersparnis vor (es wird entspart). Der das Einkommen übersteigende Konsum ist dann durch die Liquidation von Vermögen oder durch Aufnahme von Krediten zu finanzieren.
Im Zusammenhang mit den ökonomischen Aktivitäten der Haushalte sind vor allem die folgenden Fragen zu klären:

- Welche Faktoren bestimmen die Entscheidungen über den Einsatz von Produktionsfaktoren und damit das Faktorangebot? Bei gegebenen Entlohnungssätzen der Produktionsfaktoren resultiert daraus die Höhe des Haushaltseinkommens.
- Welche Faktoren bestimmen die Nachfrage der Haushalte nach Konsumgütern und die Höhe der Ersparnis?

Die Untersuchung dieser Fragen ist wesentlicher Gegenstand der *Theorie des Haushalts,* die in Abschnitt 3.3 behandelt wird.

Öffentliche Haushalte

Öffentliche Haushalte sind den verschiedenen Ebenen staatlicher Entscheidungsträger und Verwaltung zugeordnet. In der Bundesrepublik sind öffentliche Haushalte auf der Ebene des Bundes, der Länder und der Gemeinden sowie für besondere Aufgabenbereiche (etwa Sozialversicherungen) zu unterscheiden.
Die ökonomische Tätigkeit der öffentlichen Haushalte bezieht sich auf verschiedene Aufgaben: Einmal haben die öffentlichen Haushalte bestimmte Bedürfnisse zu befriedigen, die nicht oder nur unvollkommen durch die Privatwirtschaft gedeckt werden können (**Befriedigung kollektiver Bedürfnisse**). Dazu sind zu zählen: Dienste der öffentlichen Verwaltung, des Rechtswesens, der Schulen und Krankenhäuser, der Landesverteidigung, der Auslandsvertretung, der Sozialversicherung u. dgl. In den meisten Volkswirtschaften kommen bestimmte Leistungen in den Bereichen Verkehr, Kommunikation und Versorgung hinzu. Dabei finanzieren sich die öffentlichen Haushalte im wesentlichen durch die Erhebung von Steuern, Gebühren und Beiträgen verschiedenster Art, die sie kraft ihrer Hoheitsbefugnisse zwangsweise erheben können. Daneben können sie sich jedoch auch wie die privaten Haushalte durch wirtschaftliche Aktivitäten (staatliche Unternehmen oder Miteigentum an privaten Unternehmen) oder durch die Aufnahme von Krediten Einnahmen verschaffen. Fragen dieses Problembereichs werden in Abschnitt 6.1 behandelt.
Zum anderen nehmen die staatlichen Instanzen durch die Haushaltsgestaltung Einfluß auf den **Ablauf des wirtschaftlichen Geschehens:** Sie können durch die Festlegung der Staatseinnahmen (im wesentlichen durch die Steuersätze) und der Staatsausgaben (staatliche Investitionen, Entlohnung der Staatsbediensteten, Subventionen an Unternehmen und Transferzahlungen an Haushalte) vor allem die konjunkturelle Lage und die Einkommensverteilung beeinflussen (s. 8. bzw. 9. Kapitel).
Die Grenzen zwischen staatlicher und privater Wirtschaftstätigkeit werden

in den verschiedenen Ländern und Gesellschaften jeweils anders gezogen. Das Ausmaß der staatlichen Tätigkeit und Einflußnahme stellt ein wichtiges Kennzeichen der jeweiligen Wirtschaftsordnung eines Landes dar.

Struktur und Aufgabenbereiche öffentlicher Haushalte sowie Fragen der ökonomischen Wirkungen von Staatseinnahmen und -ausgaben sind Gegenstand der *Finanzwissenschaft,* die einen Teilbereich der Volkswirtschaftslehre darstellt.

Arbeitsteilung

Die modernen Volkswirtschaften sind durch ein hohes Maß an Arbeitsteilung und wirtschaftlicher Verflechtung zwischen den Wirtschaftseinheiten gekennzeichnet. Die einzelnen Unternehmen sind weitgehend spezialisiert. An der Produktion eines bestimmten Endprodukts ist meist eine Reihe von Unternehmen beteiligt. Beispielsweise erfolgt die Herstellung eines Automobils in mehreren *Produktionsstufen:* Stahl- und Walzwerke liefern die benötigten Metalle und Bleche, Maschinenfabriken die Pressen zur Herstellung der Karosserieteile, ferner sind Reifenfabriken, Hersteller von Elektroteilen usw. beteiligt. Die Arbeitsteilung kann innerbetrieblich, zwischenbetrieblich (volkswirtschaftlich) und international sein. Mit der Zergliederung des Produktionsprozesses geht eine Differenzierung der Arbeitsqualitäten einher. Die Menschen, die ihre Arbeitsleistungen den Unternehmen anbieten, sind wegen der speziellen Anforderungen oft nur noch in der Lage, sich eine oder wenige Fertigkeiten selbst anzueignen. Ein augenfälliger Vorteil der Arbeitsteilung besteht in der **Mehrergiebigkeit der Produktion** und damit in der Möglichkeit einer besseren Versorgung der Haushalte mit Gütern und Dienstleistungen.

Der englische Nationalökonom ADAM SMITH (1723–1790) hat die Mehrergiebigkeit arbeitsteiliger Produktion am Beispiel der Herstellung von Stecknadeln sehr eindrucksvoll aufgezeigt. In einer Werkstatt, in der der Herstellungsprozeß zerlegt und bei jedem Schritt spezialisierte Arbeitskräfte eingesetzt wurden, konnte er feststellen, daß 10 Arbeiter in der Lage waren, 48000 Stecknadeln pro Tag herzustellen, 1 Arbeiter somit 4800 Nadeln. Ein einzelner normaler Arbeiter, der alle Herstellungsschritte selbst durchführen müßte, hätte nicht einmal 20 Nadeln pro Tag anfertigen können.

Historisch gesehen hat es schon sehr früh arbeitsteilige Wirtschaften gegeben. Je nach den herrschenden Sitten und den Fertigkeiten sind Ansätze zur Arbeitsteilung in den Familien und Sippen der ältesten Völker zu finden. In der Wirtschaftseinheit Familie oder Sippe war das Wirtschaftsgeschehen zwar mehr oder weniger arbeitsteilig organisiert, aber oft ohne Wirtschaftsbeziehungen zu anderen Wirtschaftseinheiten. Wirtschaftseinheiten, deren Ziel überwiegend in der Sicherung der Selbstversorgung mit Gütern *(Subsistenzwirtschaft)* besteht, finden wir heute noch in vielen Entwicklungsländern.

Güteraustausch und Kreditbeziehungen

In einer entwickelten Volkswirtschaft erfolgt der arbeitsteilige Güteraustausch im allgemeinen nicht durch den direkten Tausch von **Gütern gegen Güter** (Real- oder Naturaltausch). In der Regel werden **Güter gegen Forderungen** getauscht, etwa wenn ein Unternehmen Waren liefert und dafür zunächst ein Zahlungsversprechen des Käufers (z.B. in Form eines

Wechsels) erhält. Allgemein stellen Forderungen einen Anspruch ihres Inhabers (des Gläubigers) gegenüber einem Schuldner dar, für den dieser Anspruch eine Verbindlichkeit bedeutet. Die Lieferung von Gütern ist begleitet von der Entstehung einer Kreditbeziehung. Diese erlischt wieder, wenn der Schuldner (Empfänger der Waren) nach Ablauf der Zahlungsfrist, z. B. durch die Zahlung mit Bargeld, seine Verbindlichkeit tilgt. Im Zuge des Güteraustauschs werden laufend Kreditbeziehungen zwischen den Wirtschaftseinheiten auf- und abgebaut.

Forderungen kann man entsprechend ihrer Laufzeit (Fristigkeit) in kurzfristige (bis zu einem Jahr), mittelfristige (über ein Jahr bis zu vier Jahren) und langfristige Forderungen (über vier Jahre) unterteilen. In der Regel sind die Forderungen „verbrieft", d. h. der Gläubiger besitzt ein Dokument, aus dem die Höhe und Laufzeit der Forderung sowie die Kreditbedingungen hervorgehen. Kurz- und mittelfristige verbriefte Forderungen sind z. B. Schecks und Wechsel; ferner auch solche Einlagen bei Banken, über die täglich verfügt werden kann (Sichteinlagen auf Girokonten) oder die nur auf kürzere Dauer gebunden sind (Termineinlagen und Teile der Spareinlagen). Zu den langfristigen Forderungen gehören Darlehen verschiedenen Typs, die sich insbesondere nach der Art der zugrundeliegenden Darlehenssicherung unterscheiden (z. B. persönliche Darlehen, Hypothekendarlehen). Langfristige verbriefte Forderungen gegen Unternehmen und öffentliche Haushalte sind Kapitalmarktpapiere, die teilweise an der Börse gehandelt werden (Aktien, Investmentzertifikate, festverzinsliche Wertpapiere), teilweise aber auch nicht an der Börse zugelassen sind (Hypotheken- und Grundschuldbriefe, Bundesschatzbriefe, Sparkassenbriefe).
Auch Forderungen werden gegen andere Forderungen getauscht, etwa wenn ein Sparguthaben zum Kauf von Aktien verwendet wird oder wenn man einen Wechsel durch einen Scheck begleicht. Organisierte Märkte für den Handel mit Forderungen sind z. B. die Wertpapierbörsen.

Eine besondere Art von Forderungen stellt **Geld** dar. Dem Geld sind einmal das Bargeld und zum anderen Sichtguthaben zuzurechnen. Das *Bargeld* umfaßt Banknoten und Münzgeld, die juristisch gesehen Forderungen gegenüber dem Staat darstellen. In der BR Deutschland werden die Banknoten von der Bundesbank und die Scheidemünzen vom Bund herausgegeben, so daß sie Forderungen gegenüber diesen Institutionen darstellen. *Sichtguthaben* der Wirtschaftseinheiten bei den Banken sind täglich fällige Gelder auf Girokonten. Über sie kann jederzeit (z. B. durch Scheck) wie über Bargeld verfügt werden.
Das Bargeld ist **gesetzliches Zahlungsmittel** in dem Sinne, daß es von jedermann zur Ablösung von Forderungen anderer Art akzeptiert werden muß. Darüber hinaus dient Geld als **Rechnungseinheit** und als Mittel zur **Wertaufbewahrung.** Geld spielt somit beim Güteraustausch und beim Prozeß des Auf- und Abbaus von Kreditbeziehungen in einer arbeitsteiligen Volkswirtschaft eine zentrale Rolle.

Normalerweise steht bei den ökonomischen Transaktionen einer bestimmten Leistung jeweils eine Gegenleistung gegenüber (z. B. Zahlung einer Ware gegen Geld). Dies ist jedoch nicht immer der Fall. Transaktionen ohne Gegenleistung sind folgende Beispiele: Schenkungen, Subventionen, Sozialhilfeleistungen des Staates.

1.1.2 Pläne der Wirtschaftseinheiten

Um überlegte Entscheidungen treffen zu können, müssen die Wirtschaftseinheiten planvoll vorgehen, d. h. sie müssen einen **Wirtschaftsplan** aufstellen. Ein Wirtschaftsplan gibt an, welche ökonomischen Entscheidungen und Handlungen eine Wirtschaftseinheit in einem bestimmten Zeitraum (= Planungsperiode) beabsichtigt.

Je nach der Art und Organisation der Wirtschaftseinheit und den zu treffenden Entscheidungen kann der Wirtschaftsplan einen *unterschiedlichen Grad der Präzisierung* aufweisen: Wirtschaftspläne können in ausgearbeiteter Form vorliegen, wie etwa der Produktions- und Investitionsplan eines Konzerns, der Haushaltsplan der Bundesregierung oder der Ausbau- und Stellenplan einer Universität. Einen Wirtschaftsplan stellt aber auch ein Student auf, wenn er sich überlegt, wie er seine knappen Mittel im nächsten Monat auf Wohnungsmiete, Konsumgüterkäufe und Schuldentilgung aufteilen will. Wirtschaftspläne brauchen also keineswegs durch ein formales Planungsverfahren festgelegt oder in schriftlich ausgearbeiteter Form niedergelegt zu sein. Bei den meisten privaten Haushalten und auch vielen kleinen Unternehmen (Handwerksbetrieben, landwirtschaftlichen Betrieben) ist das vor allem dann nicht der Fall, wenn sich ökonomische Aktivitäten ständig wiederholen und Gewohnheitsverhalten vorliegt.

Rechtliche und institutionelle Rahmenbedingungen

Bei der Aufstellung ihrer Wirtschaftspläne sind die Wirtschaftseinheiten gewissen Beschränkungen unterworfen, die durch die Rechtsordnung sowie die institutionellen und sozialen Bedingungen des jeweiligen Landes gesetzt sind. Soweit diese die Gestaltung des Wirtschaftslebens betreffen, spricht man von der **Wirtschaftsordnung.** In der Wirtschaftsordnung wird der Rahmen für die Beziehungen der einzelnen Wirtschaftseinheiten zueinander festgelegt, insbesondere der Entscheidungsspielraum der privaten Wirtschaftseinheiten gegenüber dem Verfügungsbereich staatlicher Instanzen.

An anderer Stelle werden die grundsätzlichen Ausgestaltungsmöglichkeiten von Wirtschaftsordnungen erläutert und die tatsächlichen Ausprägungen in verschiedenen Ländern beschrieben (s. Abschnitt 6.2). Hier soll nur am Beispiel der Bundesrepublik verdeutlicht werden, welche gesetzlichen Regelungen Bestandteil der Wirtschaftsordnung sein können.

Eine Reihe von **gesetzlichen Regelungen** soll (a) ganz allgemein eine reibungslose *Abwicklung ökonomischer Transaktionen* zwischen den Wirtschaftseinheiten ermöglichen. Hierzu zählen z. B. Vorschriften des Bürgerlichen Gesetzbuches über den Abschluß und die Erfüllung von Kauf- oder Werkverträgen, das Scheck- und Wechselrecht, Bilanzvorschriften für bestimmte Unternehmen.
Eine weitere Gruppe von Rechtsvorschriften dient (b) der *Verhinderung von Übervorteilung* („Ausbeutung") schwächerer Wirtschaftseinheiten und der Verhinderung des Aufbaus wirtschaftlicher Macht. In diesen Bereich fallen z. B. arbeitsrechtliche Vorschriften (etwa Mutterschutz, Kündigungsschutz, Mitbestimmung), Verbraucheraufklärung, Beschränkungen des Eigentumsrechts (z. B. Enteignungsmöglichkeiten, Mieter-

schutz), Schutz gegen Wuchergeschäfte oder unangemessene Vertragsbedingungen (z. B. das „Kleingedruckte" in Verträgen), das Kartellrecht (Verhinderung des Aufbaus von Monopolstellungen durch Unternehmen), aber auch gesetzliche oder berufsständische Mindesterfordernisse zur Ausübung bestimmter Berufstätigkeiten (z. B. Approbationsordnung bei Ärzten).

(c) Der *Rahmen staatlicher Aktivität* wird durch vielfältige Rechtsvorschriften abgesteckt, z. B. durch Vorschriften über die Aufstellung von Haushaltsplänen, die Steuergesetze, die Verteilung der Staatseinnahmen auf die verschiedenen Gebietskörperschaften (Finanzausgleich zwischen Bund, Ländern und Gemeinden), die Sozialversicherungsgesetze, die Vorschriften zur Geldverfassung (z. B. Bundesbankgesetz).

Die für die privaten Haushalte und Unternehmen gesetzten Rahmenbedingungen werden von den staatlichen Instanzen fortlaufend mehr oder weniger stark geändert, um sie veränderten Bedingungen oder gesellschafts- und wirtschaftspolitischen Zielvorstellungen anzupassen (wirtschaftliche Reformen). Neben der Setzung von Rechtsvorschriften nimmt der Staat jedoch auch durch wirtschaftspolitische Maßnahmen direkt Einfluß auf den wirtschaftlichen Ablauf. Die privaten Haushalte und Unternehmen fassen daher häufig auch diese wirtschaftspolitischen Aktivitäten des Staates neben den formal-rechtlichen Regelungen als Rahmenbedingungen auf, die sie bei ihren ökonomischen Planungen in die Überlegungen einbeziehen (etwa wenn die Regierung durch wirtschaftspolitische Zielformulierungen und Maßnahmen eine weitgehende Vollbeschäftigungsgarantie gibt, oder wenn die landwirtschaftlichen Unternehmen von einem gewissen Maß des Außenschutzes auf den Agrarmärkten ausgehen).

Elemente eines Wirtschaftsplans

Bei der Aufstellung eines Wirtschaftsplans durch die Wirtschaftseinheiten spielen die folgenden Teilüberlegungen eine Rolle:

(1) Der Entscheidungsträger muß sich darüber klarwerden, welche **Ziele** angestrebt werden sollen und welche Prioritäten den verschiedenen Zielen beigemessen werden sollen.

Ein Unternehmen muß z. B. entscheiden, ob es einen möglichst großen Gewinn, einen möglichst großen Marktanteil oder eine Kombination von beidem anstreben will. Ein Haushalt muß sich entscheiden, ob er auf ein möglichst hohes Einkommen Wert legt oder auf ein befriedigendes Einkommen bei mehr Freizeit. Der Staat muß sich entscheiden, welche Priorität er den Zielen hohes Wirtschaftswachstum, ausgeglichenere Einkommens- und Vermögensverteilung, soziale Sicherheit oder stabiler Geldwert beimißt. Die Angabe von Ziel-Prioritäten ist insbesondere deswegen schwierig, weil die Ziele häufig miteinander konkurieren, d. h. ein Ziel sich nur auf Kosten eines anderen verwirklichen läßt.

Wir bezeichnen die Größen, die eine Wirtschaftseinheit anstrebt, als *Zielvariablen.* Dabei lassen sich zwei Gruppen unterscheiden: Die Zielsetzung kann sich (a) auf die Erreichung bestimmter festgelegter Ziele oder Zielkombinationen richten (etwa befriedigendes Einkommen, branchenüblicher Gewinn, angemessenes Wachstum) oder (b) auf die Maximierung oder Minimierung bestimmter Zielvariablen (etwa den Gewinn, den Nutzen oder die Wachstumsrate), häufig unter Berücksichtigung anderer Ziele als Nebenbedingungen, die nicht unter- oder überschritten werden sollen (z. B. die Maximierung des Einkommens unter der Nebenbedingung, daß ein bestimmtes Maß an Freizeit erhalten bleibt).

Über die Festlegung der anzustrebenden Ziele und die Bewertung von Zielen können die Wirtschaftswissenschaften nur begrenzt Aussagen machen, da Ziele auf *Werturteilen* beruhen. Ihre Begründung ist ein Problem der Sozialethik und die Herausarbeitung der Motivationen für bestimmte Zielpräferenzen ist Gegenstand der Individual- oder Sozialpsychologie. Die wirtschaftswissenschaftliche Analyse geht daher im Prinzip von gegebenen Zielvorstellungen aus.

(2) Der Entscheidungsträger muß zweitens in seinen Planungen von den Umständen und Gegebenheiten ausgehen, die er in der Planungsperiode nicht verändern kann. Diese Größen bezeichnet man als **Daten** für die Planungen der Wirtschaftseinheit. Solche Daten können etwa sein: die natürlichen Bedingungen, unter denen ein landwirtschaftlicher Betrieb produziert; die Höhe des tariflich festgelegten Lohnsatzes; die Geldsumme, die ein Student für einen Monat zur Verfügung hat.
Systematischer lassen sich unterscheiden:
- *Gesellschaftliche Rahmendaten,* die im wesentlichen durch außerökonomische Faktoren bestimmt sind, wie: die Größe des Wirtschaftsraumes und der Bevölkerung, die natürlichen Gegebenheiten, die rechtliche und institutionelle Ordnung und die sozialen Bedingungen einer Volkswirtschaft.
- *Ökonomische Daten.* Dieses sind Größen, die durch den Wirtschaftsprozeß bestimmt werden und von einer Wirtschaftseinheit als gegeben hingenommen werden müssen.

Die ökonomischen Daten lassen sich jeweils nur im Hinblick auf eine bestimmte Entscheidungssituation einer Wirtschaftseinheit angeben. So kann für eine Wirtschaftseinheit die selbe ökonomische Größe bei kurzfristiger Betrachtung ein Datum und bei langfristiger Betrachtung eine veränderliche Größe sein (z. B. die Produktionskapazität eines Unternehmens und das Einkommen eines Haushalts). Oder die gleiche ökonomische Größe kann für eine Wirtschaftseinheit ein Datum und für eine andere eine beeinflußbare Größe sein (z. B. ist die Höhe des Diskontsatzes für die Unternehmen ein Datum und für die Zentralbank eine kontrollierbare Größe).

(3) Drittens muß der Entscheidungsträger prüfen, welche Handlungsalternativen ihm offenstehen, d. h. welche Größen er durch seine Entscheidungen beeinflussen oder kontrollieren kann. Wir bezeichnen diese Größen als **Entscheidungsvariablen.**

Dazu sind z. B. zu zählen: die von den Haushalten angebotenen Faktorleistungen und nachgefragten Konsumgütermengen; die von den Unternehmen produzierten Güter; die gewählten Produktionsverfahren und eingesetzten Produktionsfaktoren; die von den öffentlichen Haushalten vorgenommene Aufteilung der Staatsausgaben.

1.1.3 Koordination der Wirtschaftspläne: Der Preismechanismus

Die Entscheidungen der Millionen von Wirtschaftseinheiten werden unabhängig voneinander getroffen. Sie gehen jeweils von bestimmten Erwartungen über künftige Datenkonstellationen aus. Es ist jedoch keineswegs

wahrscheinlich, daß die aufgrund von Erwartungen getroffenen Entscheidungen miteinander vereinbar sind, d. h. daß die von den Unternehmen hergestellten Produktionsmengen den von den Haushalten nachgefragten Mengen entsprechen und daß die von den Haushalten angebotenen Faktorleistungen den von den Unternehmen nachgefragten Faktoreinsatzmengen gleich sind.
In jeder Volkswirtschaft ist unabhängig von der bestehenden Wirtschaftsordnung die Frage zu lösen, auf welche Weise eine Abstimmung zwischen Angebot und Nachfrage herbeigeführt werden soll (**volkswirtschaftliches Koordinationsproblem**).

In *marktwirtschaftlich* ausgerichteten Volkswirtschaften erfolgt diese Koordination durch den Preismechanismus. Die einzelnen Wirtschaftseinheiten orientieren ihre Pläne und Entscheidungen an den Erwartungen über die Entwicklungstendenzen der Mengen und Preise auf den Einzelmärkten.
In *zentral geplanten* Volkswirtschaften erfolgt sie durch Verordnung und staatliche Kontrolle. Die benötigten und zur Verfügung zu stellenden Mengen werden in einem von der Zentralstelle aufgestellten Plan festgelegt. Sie sind Daten der Unternehmen und Haushalte, nicht Entscheidungsvariablen.
Keine dieser beiden reinen Formen von Wirtschaftssystemen ist in der Wirklichkeit realisiert. Es existieren stets Mischformen, die entweder mehr Elemente des marktwirtschaftlichen Systems oder mehr Elemente einer zentral geplanten Volkswirtschaft enthalten (vgl. Abschnitt 6.2).

Im folgenden sollen die Grundzüge des Preismechanismus in einer Marktwirtschaft kurz gekennzeichnet werden. Allgemein läßt sich definieren: Unter einem **Markt** verstehen wir die Gesamtheit der Tauschbeziehungen zwischen Anbietern und Nachfragern eines Gutes oder einer Gruppe von Gütern (z. B. Weizenmarkt, Wohnungsmarkt, Arbeitsmarkt). Neben den Märkten für Sachgüter und Dienstleistungen, die wir zunächst nur betrachten wollen, gibt es auch Märkte, auf denen Forderungen getauscht werden (Geld- und Kapitalmärkte).
Unterstellt man der Einfachheit halber zunächst eine Volkswirtschaft, in der nur private Haushalte und Unternehmen existieren, so lassen sich die folgenden Märkte unterscheiden: der Markt der Konsumgüter (Produktmärkte) und der Markt der Faktorleistungen (Faktormärkte).
Auf dem *Konsumgütermarkt* stehen einander gegenüber: als Anbieter die Produktionsunternehmen und als Nachfrager die Haushalte (wenn wir von der Tatsache absehen, daß auch die Haushalte anderen Haushalten bestimmte Dienstleistungen anbieten, wie Putzfrauen, Krankenpfleger u. dgl.). Auf den *Faktormärkten* bieten die Haushalte die Faktorleistungen der in ihrem Eigentum befindlichen Produktionsfaktoren an; die Unternehmen fragen diese Leistungen nach (wenn wir auch hier zunächst von den Austauschbeziehungen der Unternehmen untereinander in bezug auf Vorleistungen und Investitionsgüter absehen).
Diese Marktbeziehungen zwischen den Haushalten und Unternehmen lassen sich durch das folgende Schema verdeutlichen.

Ein wichtiger Bestimmungsfaktor für die Höhe des Angebots und der Nachfrage auf den Produkt- und Faktormärkten ist der Preis. Im Normal-

Übersicht 1.2: Marktbeziehungen zwischen Unternehmen und Haushalten

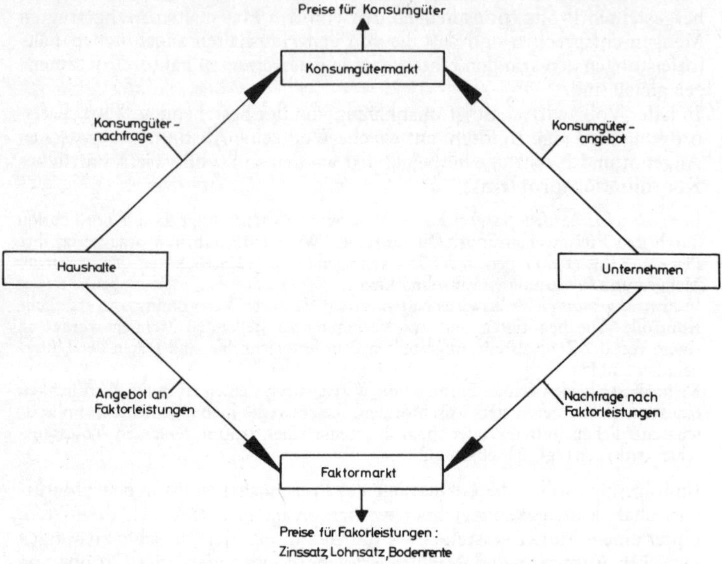

fall geht mit steigendem Preis die Nachfrage zurück und erhöht sich das Angebot, wobei die Art der quantitativen Beziehungen von Produkt zu Produkt sehr unterschiedlich sein kann. Der **Preis** hat die Aufgabe, Angebot und Nachfrage auf einem Markt zum Ausgleich zu bringen. Der Preis wird steigen, wenn die Nachfrage im Verhältnis zum Angebot zunimmt, und er wird fallen, wenn die Nachfrage im Verhältnis zum Angebot zurückgeht. Der Preis bildet sich so, daß der Markt geräumt wird. Dies soll heißen, daß sich der Preis auf einer solchen Höhe einpendelt, daß die von den Unternehmen bei diesem Preis entsprechend ihren Wirtschaftplänen angebotene Gütermenge gleich der von den Haushalten bei diesem Preis entsprechend deren Wirtschaftsplänen nachgefragten Menge ist.

Der Preismechanismus bezieht sich nicht nur auf einzelne Produkt- und Faktormärkte. Die verschiedenen Märkte sind vielmehr wechselseitig miteinander verbunden, so daß der Preismechanismus Produktion und Faktoreinsatz in die Richtungen lenkt, die dem Bedarf entsprechen. In diesem Zusammenhang sprach *Adam Smith* von der *unsichtbaren Hand*, die den Wirtschaftsablauf lenkt.

Der hier beschriebene einfache Mechanismus gilt unter den idealen Bedingungen, daß sich zahlreiche Anbieter und Nachfrager auf einem Markt für ein gleichartiges Gut gegenüberstehen und daß die Marktteilnehmer jeweils eine gute Übersicht über das Marktgeschehen haben (**vollständiger**

Wettbewerb). In der Realität sind diese Bedingungen nur in bestimmten Teilbereichen des Marktgeschehens, z. B. auf den meisten Märkten für landwirtschaftliche Produkte, annähernd erfüllt. Weite Marktbereiche sind durch Konzentration des Angebots (z. B. chemische Industrie, Elektroindustrie) oder der Nachfrage (z. B. Großhandelsketten) auf wenige Marktteilnehmer gekennzeichnet. Weiterhin sind die gehandelten Güter häufig auch nicht gleichartig, sondern qualitativ unterschiedlich (z. B. Autos). In diesen Fällen können Anbieter bzw. Nachfrager Marktmacht ausüben, die es ihnen ermöglicht, eine gezielte Absatzstrategie zu betreiben und höhere Preise als unter den Bedingungen vollständigen Wettbewerbs durchzusetzen.

Die Untersuchung dieser Fragen ist der Gegenstand der *Preistheorie:* Wie bestimmen sich die Preise auf den Produkt- und Faktormärkten unter den verschiedenen Marktbedingungen und in welcher Weise werden Produktion und Faktoreinsatz dadurch gelenkt? (s. Abschnitt 3.4 und Abschnitt 4.3).

Die **Ergebnisse des Marktprozesses** können in bestimmten Bereichen als wirtschaftspolitisch unerwünscht angesehen werden, etwa wenn die Preisbewegungen im Zeitablauf große Schwankungen aufweisen (z. B. Weltgetreide- oder Weltzuckermarkt), wenn verteilungspolitische Zielvorstellungen gefährdet sind (z. B. durch hohe Wohnungsmieten für die Verbraucher oder niedrige Agrarpreise für die Erzeuger) oder wenn eine zu starke Machtkonzentration auftritt. Deshalb greift der Staat auch in prinzipiell marktwirtschaftlich ausgerichteten Wirtschaftsordnungen in verschiedener Form in das Marktgeschehen ein: um Marktabläufe zu stabilisieren, um Verbraucherbelastungen zu begrenzen und Produzenteneinkommen zu stützen oder um die Marktmacht zu kontrollieren.

Wirtschaftspolitische Maßnahmen, die auf eine Beeinflussung der Marktpreise abzielen, werden dem Bereich *Preispolitik* zugerechnet, während Maßnahmen zur Begrenzung von Marktmacht und zur Sicherstellung eines funktionsfähigen Wettbewerbs (etwa durch das Verbot von Kartellen) zum Bereich der *Wettbewerbspolitik* (als einem Teilbereich der Ordnungspolitik) gehören (s. Abschnitt 3.6 und Abschnitt 4.4).

Alle Fragen, die sich auf die wirtschaftlichen Planungen der einzelnen Unternehmen und Haushalte sowie die Koordination dieser Planungen durch den Preismechanismus beziehen, gehören zum Bereich der **Mikroökonomik.** Die Mikroökonomik beschäftigt sich also mit den grundlegenden Fragen der Ausrichtung des volkswirtschaftlichen Produktionsapparates im Hinblick auf die Bedürfnisse und Präferenzen der Wirtschaftseinheiten und die wirtschaftspolitischen Ziele der Gesellschaft (dem sog. *volkswirtschaftlichen Allokationsproblem*). Diese Fragen werden in Teil I des Buches behandelt.

1.1.4 Gesamtwirtschaftliche Entwicklung: Konjunktur und Wachstum

Für die Untersuchung bestimmter Fagestellungen ist es zweckmäßig, von einem höheren „Aggregationsgrad“ auszugehen. Dabei werden die Wirt-

schaftseinheiten zu großen Gruppen wie „Private Haushalte", „Unternehmen", „Banken", „Staatliche Haushalte" und „Ausländische Wirtschaftseinheiten" zusammengefaßt und die Beziehungen zwischen nur wenigen wirtschaftlichen *Globalgrößen* betrachtet. Beispielsweise wird auf dem Gütermarkt die Gesamtnachfrage aller privaten Haushalte durch die Größe „Konsumausgaben" (oder einfach „Konsum"), das gesamte Güterangebot der Unternehmen durch die Größe „Sozialprodukt" und die Gesamtheit aller Güterpreise als Durchschnittswert durch die Größe „Preisniveau" beschrieben. Ganz analog bezieht man auf den Faktormärkten Arbeitsangebot und Arbeitsnachfrage nicht mehr auf einzelne Branchen, sondern stellt dem gesamten Arbeitsangebot der Volkswirtschaft die Gesamtarbeitsnachfrage gegenüber. Dem Preisniveau des Gütermarktes entspricht dann das ebenfalls als Durchschnittswert berechnete Lohnniveau des Arbeitsmarktes. Darüber hinaus haben bei gesamtwirtschaftlicher Betrachtung die Zusammenhänge zwischen Güter- und Geldmarkt eine große Bedeutung, wobei die gesamtwirtschaftlichen Größen Geldangebot, Geldnachfrage und Zinsniveau eine zentrale Rolle spielen.
Wirtschaftswissenschaftliche Analysen, die im wesentlichen auf solchen Globalgrößen beruhen, werden dem Bereich der **Makroökonomik** zugerechnet. Die Unterscheidung zwischen Mikro- und Makroökonomik nach dem Aggregationsgrad ist jedoch fließend, da sich die Mikrogrößen aggregieren und Zwischenstufen (z.B. Sektoren, Regionen) bilden lassen. Wesentlicher als die Abgrenzung nach dem Aggregationsgrad sind die Unterschiede in den Fragestellungen und den Methoden der Analyse, auf die unten noch näher eingegangen wird.

Ergebnis wirtschaftlicher Transaktionen: Der wirtschaftliche Kreislauf

Grundlage der makroökonomischen Betrachtung bildet die systematische und geschlossene Beschreibung der in einer Volkswirtschaft stattfindenden ökonomischen Transaktionen. Diese lassen sich auch in Form einer Kreislaufdarstellung beschreiben:

Übersicht 1.3: Einfacher Wirtschaftskreislauf zwischen Haushalten und Unternehmen

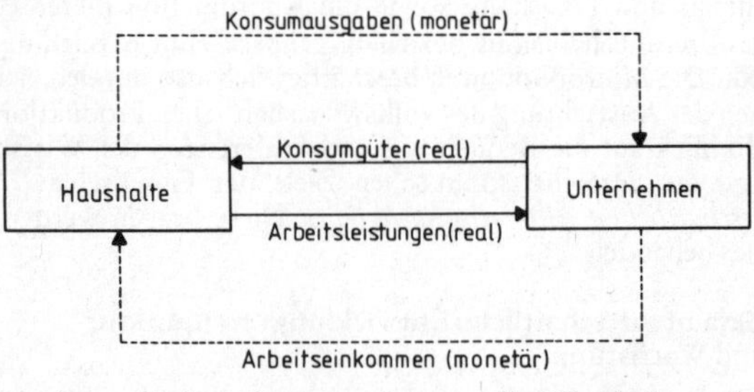

Die Unternehmen liefern Konsumgüter an die Haushalte und erhalten dafür als Gegenleistung von den Haushalten Geld (Konsumausgaben).

Umgekehrt setzen die Haushalte ihre Faktorleistungen (insbesondere Arbeit) in den Unternehmen ein und erhalten dafür Faktoreinkommen (Arbeitseinkommen). Man kann auch sagen, daß güterwirtschaftlich (realwirtschaftlich) Faktorleistungen gegen Konsumgüter getauscht werden.

Das beschriebene einfache Kreislaufschema für eine Modellvolkswirtschaft mit zwei Sektoren (Unternehmen und Haushalte) vermag nur die Grundzüge volkswirtschaftlicher Kreislaufzusammenhänge anzudeuten. Die Herausarbeitung der grundsätzlichen Beziehungen bei differenzierterer Betrachtung ist Gegenstand der *Kreislauftheorie* (s. Abschnitt 7.3). Darauf aufbauend sind in den letzten Jahrzehnten leistungsfähige Instrumente der gesamtwirtschaftlichen Situationsanalyse entwickelt worden, wie die Volkswirtschaftliche Gesamtrechnung und Input-Output-Tabellen.

Konjunkturelle Schwankungen

Die Kreislaufteorie bildet die Grundlage für einen zentralen Bereich der makroökonomischen Analyse: die Erklärung der kurzfristigen Störungen des gesamtwirtschaftlichen Ablaufs und die Untersuchung möglicher wirtschaftspolitischer Eingriffe zur Beseitigung dieser Störungen.
Die Bedeutung dieser Fragen ergibt sich aus der Tatsache, daß der Wachstumsprozeß von marktwirtschaftlich organisierten Volkswirtschaften in der Regel von mehr oder weniger starken Schwankungen der Produktion, der Beschäftigung (Arbeitslosenquote, Auslastung der Produktionsanlagen), der Einkommen und des Preisniveaus begleitet ist, die teilweise als unerwünscht angesehen werden: wie Arbeitslosigkeit, Firmenzusammenbrüche, inflationäre Entwicklungen. Weiterhin besteht die Gefahr, daß eine sich selbst überlassene Volkswirtschaft in ernsthafte wirtschaftliche und politische Krisen hineingerät, wie z.B. die meisten Länder in der Weltwirtschaftskrise Ende der 20er und Anfang der 30er Jahre dieses Jahrhunderts.

Die konjunkturelle Entwicklung vollzieht sich in der Regel in wellenförmigen Bewegungen (Zyklen oder Schüben), die sich in verschiedene Phasen unterteilen lassen, für die jeweils bestimmte Begleitumstände typisch sind. Im **Konjunkturaufschwung,** der im wesentlichen durch Nachfrage- und Produktionssteigerungen gekennzeichnet ist, sind die Wirtschaftseinheiten in der Regel optimistisch gestimmt. Die Unternehmer rechnen mit einer günstigen Absatzlage. Sie nehmen verstärkt Investitionen vor und stellen zusätzliche Arbeitskräfte ein. In der anschließenden **Hochkonjunktur** steigen angesichts zunehmenden Arbeitskräftemangels die Löhne und somit die Haushaltseinkommen. Steigende Konsumausgaben treiben die Preise auf den Gütermärkten in die Höhe. Der **Konjunkturabschwung,** (zunächst als *Rezessions*phase, später als *Depressions*phase), ist durch stagnierende bzw. rückläufige Nachfrage und Produktion gekennzeichnet. Es entstehen unterausgelastete Kapazitäten, Arbeiter werden entlassen. Die optimistischen und vor allem in der Hochkonjunktur übertriebenen Erwartungen sind in pessimistische Erwartungen umgeschlagen; sie verstärken sich im Verlaufe des Konjunkturabschwungs regelmäßig noch. Erst nach „Durchschreiten der psychologischen Talsohle" zeigen sich wieder optimistischere Einschätzungen der wirtschaftlichen Entwicklung; diese bereiten den Boden für einen neuerlichen Konjunkturaufschwung.

Von der wirtschaftswissenschaftlichen Forschung sind *Fragen* der folgenden Art zu klären: Aus welchen Gründen wachsen Produktion und Volkseinkommen in Zyklen oder Schüben? Weshalb sind Produktionsfaktoren

Übersicht 1.4: Schematische Darstellung des Konjunkturzyklus

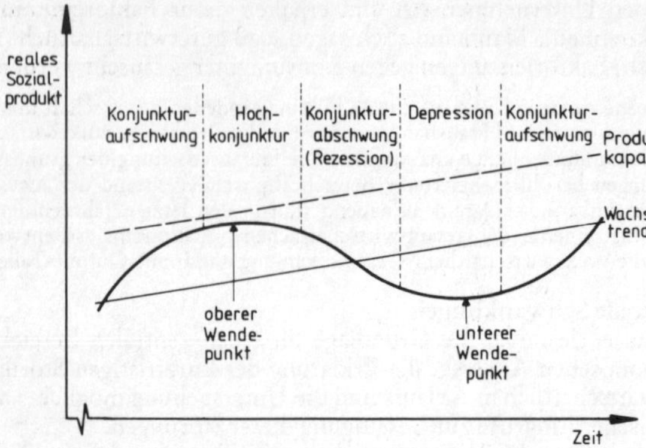

in bestimmten Perioden nicht ausgelastet und in anderen Perioden überlastet? Weshalb kann eine dauerhafte Arbeitslosigkeit entstehen, obwohl die Arbeitslosen arbeiten wollen und die Güterversorgung teilweise noch mangelhaft ist? Welche Faktoren bestimmen die Entwicklung des Preisniveaus? Welche Zusammenhänge bestehen zwischen Preis- und Lohnentwicklung? Welche Einflüsse gehen von der monetären Seite (Geldmenge, Zinsniveau) auf die reale Wirtschaftsentwicklung aus?

Die Klärung dieser Fragen ist Gegenstand der *Einkommens- und Beschäftigungstheorie* und – soweit die monetäre Seite betroffen ist – der *Geldtheorie* als Teilbereichen der makroökonomischen Theorie[1]. Die Entwicklung von Konzepten und Maßnahmen zur Steuerung des gesamtwirtschaftlichen Ablaufs im Sinne der angestrebten wirtschaftspolitischen Ziele ist die Aufgabe der entsprechenden *Politiken.* Beide Fragenkomplexe stehen im Mittelpunkt von Teil II dieses Buches. Die Untersuchung von Fragen dieser Art setzt eine geschlossene gesamtwirtschaftliche Betrachtung voraus, da zwischen den verschiedenen Bereichen (insbesondere dem Güter-, Geld- und Arbeitsmarkt) wesentliche Wechselbeziehungen und Rückkopplungen bestehen.

In den heutigen marktwirtschaftlichen Systemen der westlichen Welt versucht der Staat im Sinne allgemein akzeptierter wirtschaftspolitischer Zielsetzungen – abgesehen von der Ausgestaltung der Wirtschaftsordnung – vor allem durch die Geldpolitik der Notenbank und durch die Einnahmen- und Ausgabengestaltung der öffentlichen Haushalte den Wirtschaftsablauf in der konjunkturell gewünschten Richtung zu beeinflussen. Damit will er prinzipiell auch die notwendigen Anpassungsprozesse in der Privatwirtschaft erleichtern und zu einer Verstetigung der Wirtschaftsentwicklung beitragen.

Wirtschaftliches Wachstum

Von wirtschaftlichem Wachstum spricht man, wenn die **Produktionskapazität** einer Volkswirtschaft im Zeitablauf erhöht wird, so daß mehr

[1] Wenn eine Erklärung zyklischer Abläufe versucht wird, spricht man auch von *Konjunkturtheorie.*

Sachgüter und Dientsleistungen für den Konsum und andere Zwecke zur Verfügung gestellt werden können. Während bei der Konjunkturanalyse die Schwankungen der ökonomischen Variablen um ihre trendmäßige Entwicklung im Vordergrund stehen, versucht die Wachstumstheorie die Bestimmungsfaktoren für die Trendentwicklung der Produktionskapazität aufzuzeigen[2].

Das Wachstum der Produktionskapazität wird vor allem bestimmt durch:
- das *Wachstum des Arbeitskräfteeinsatzes*, das im wesentlichen vom natürlichen Bevölkerungswachstum, dem Zustrom bzw. der Abwanderung ausländischer Arbeitskräfte sowie den Veränderungen der Erwerbstätigenquote und der Arbeitszeit pro Erwerbstätigen abhängt,
- das *Wachstum des Kapitalstocks* (Gebäude, Maschinen, Infrastruktur), das von der Höhe der getätigten Investitionen abhängt,
- das *Ausmaß des technischen Fortschritts*, das in engem Zusammenhang mit Investitionen im Bereich des Sachkapitals, der Ausbildung („human capital") und der Forschung steht,
- die *Anpassungsfähigkeit und Beweglichkeit der Produktionsfaktoren* (sektorale und regionale Faktormobilität, insbesondere der Arbeitskräfte), die durch zahlreiche soziale, institutionelle und ökonomische Faktoren beeinflußt wird.

Eine Theorie, die das Wachstum der Produktionskapazität im Zeitablauf erklären will, muß an diesen Bestimmungsfaktoren ansetzen. Es sind dann Fragen zu untersuchen wie: Worauf sind die Unterschiede der Wachstumsraten zwischen verschiedenen Zeitperioden oder zwischen verschiedenen Ländern zurückzuführen? Es schließen sich dann weitere Fragen an wie: Welche Voraussetzungen müssen erfüllt sein, damit der wirtschaftliche Wachstumsprozeß störungsfrei ablaufen kann? Sind die mit dem Wachstum verbundenen Strukturprobleme unvermeidlich? Schließlich ist bei politikbezogener Betrachtung zu fragen: Welche Ansatzpunkte bestehen zur Förderung des Wachstums und zur Minderung der strukturellen Anpassungsprobleme? Alle diese Fragen sind dem Bereich der *Wachstumstheorie bzw. -politik* zuzuordnen. Sie werden im letzten Kapitel des Buches behandelt.

1.1.5 Verknüpfung von einzel- und gesamtwirtschaftlicher Betrachtung

Nunmehr läßt sich die getroffene Unterscheidung zwischen mikro- und makroökonomischer Betrachtungsweise hinsichtlich des methodischen Ansatzes näher präzisieren: Die mikroökonomischen Überlegungen gehen von den Plänen und Entscheidungen der einzelnen Wirtschaftseinheiten

[2] Von der Produktionskapazität, die die *maximal mögliche* Produktion bei weitestgehender Auslastung (Beschäftigung) aller Produktionsfaktoren angibt, ist die meist geringere *tatsächliche* (konjunkturell stärker schwankende) Produktion zu unterscheiden. Der Wachstumstrend als durchschnittliche tatsächliche Produktionsentwicklung verläuft daher unterhalb der Linie der Produktionskapazität. Der Abstand zwischen beiden spiegelt die durchschnittliche Nichtauslastung der Kapazität wider (vgl. auch Übersicht 7.4).

aus. In der Unternehmens- und Haushaltstheorie werden Hypothesen über das Angebots- und Nachfrageverhalten der Wirtschaftseinheiten unmittelbar aus den *einzel*wirtschaftlichen Plänen abgeleitet. Diese Hypothesen bilden auch die Grundlage der Einzelmarktanalyse. Demgegenüber gehen die makroökonomischen Überlegungen und Theorien von der Hypothese aus, daß die großen *Gruppen* von Wirtschaftseinheiten in ihrer Gesamtheit gewisse Regelmäßigkeiten des Verhaltens aufweisen, die es erlauben, funktionale Beziehungen zwischen den aggregierten Variablen zu ermitteln, die die Grundlage makroökonomischer Theorien bilden können. Bei der Begründung makroökonomischer Theorien wird zwar auf mikroökonomische Erkenntnisse zurückgegriffen, sie müssen jedoch nicht explizit den Ausgangspunkt von Ableitungen bilden.
Bei der Verknüpfung mikro- und makroökonomischer Betrachtung unterliegt man häufig dem *Trugschluß der Verallgemeinerung einzelwirtschaftlicher Tatbestände.* Vom einzelnen auf die Gesamtheit zu schließen ist im ökonomischen Bereich zwar oft möglich, aber es gibt auch viele Gegenbeispiele. Wenn etwa ein Arbeitnehmer plötzlich mehr Lohn erhält, so wird er das als Verbesserung seiner materiellen Wohlfahrt empfinden. Wenn aber alle Arbeitnehmer mehr Lohn erhalten, so kann eine allgemeine Preiserhöhung die Folge sein, die eine tatsächliche (reale) Besserstellung des Arbeitnehmers wie der Gesamtheit verhindert. Wenn jemand plötzlich mehr spart, um in der Zukunft größere Konsumgüteranschaffungen zu tätigen, wird davon sein künftiges Einkommen (abgesehen von Zinseinkommen) und seine Sparfähigkeit nicht beeinflußt werden. Spart aber ein Großteil der Bevölkerung plötzlich mehr, so führen die verminderten Ausgaben für Güterkäufe möglicherweise zu Produktions- und Einkommensrückgängen. Der Einkommensschwund engt die Sparfähigkeit ein. Für den Einzelsparer kann die Folge sein, daß er seine beabsichtigten zukünftigen Güteranschaffungen nicht tätigen kann. Diese Beispiele mögen genügen, um aufzuzeigen, daß man im Bereich der ökonomischen Theorie, aber insbesondere auch bei wirtschaftspolitischen Empfehlungen vorsichtig sein muß: Was einzelwirtschaftlich richtig, gut oder empfehlenswert ist, ist es gesamtwirtschaftlich noch lange nicht (das gilt umgekehrt ebenso).

1.2 Methoden und Aussagemöglichkeiten der Wirtschaftswissenschaft

Die Wirtschaftstheorie und die Theorie der Wirtschaftspolitik sind Teilgebiete der Wirtschaftswissenschaft, die unter methodischen Gesichtspunkten als eine einheitliche Disziplin aufgefaßt werden kann. Folgt man einer häufig vorgenommenen Unterteilung der verschiedenen Wissenschaften in Real- und Formalwissenschaften, so ist die Wirtschaftswissenschaft zu den **Realwissenschaften** zu zählen. Als empirische Wissenschaft versucht sie (wie die Naturwissenschaften, die Geschichte oder die Soziologie), Aussagen über die Realität zu gewinnen, deren Wahrheitsgehalt prinzipiell an der Realität zu überprüfen ist. Dagegen befassen sich die **Formalwissen-**

schaften (Mathematik, Logik u.a.) mit Denkformen und Verfahrensregeln, z.B. mit der Prüfung von Aussagen auf logische Widersprüchlichkeit. Für die wirtschaftswissenschaftliche Analyse haben die Erkenntnisse der Formalwissenschaften instrumentalen Charakter, d.h. sie dienen als Werkzeuge zur Gewinnung wirtschaftswissenschaftlicher Aussagen.

Die Wirtschaftswissenschaft (economics) wird, vor allem im deutschen Sprachraum, immer noch in *Volks- und Betriebswirtschaftslehre* unterschieden. Diese im wesentlichen historisch bedingte Unterteilung ist wissenschaftssystematisch problematisch, da wesentliche Teile der Betriebswirtschaftslehre auch traditionelle Erkenntnisbereiche der Volkswirtschaftslehre sind. Im angelsächsischen Sprachbereich wird häufig die oben getroffene Unterscheidung in *Mikroökonomik* und *Makroökonomik* vorgenommen.

1.2.1 Gegenstand und Aufgaben der wirtschaftswissenschaftlichen Forschung

Durch die Kennzeichnung der Grundzüge des wirtschaftlichen Geschehens wurden bereits die wichtigsten Objektbereiche umrissen, mit denen sich die Wirtschaftswissenschaft beschäftigt. Nun sind wir in der Lage, die anfangs genannten Aufgaben der Wirtschaftswissenschaft näher zu präzisieren.
Grundsätzlich lassen sich die folgenden **Aufgaben wirtschaftswissenschaftlicher Analyse** unterscheiden:

(1) Die erste Grundfrage bezieht sich auf die Erklärung des beobachteten wirtschaftlichen Geschehens. Durch die Entwicklung und Prüfung ökonomischer Theorien wird versucht, Kausalzusammenhänge aufzudecken, um auf diese Weise historische Entwicklungen erklären und künftige Entwicklungen vorhersagen zu können. Diesen Teilbereich der Wirtschaftswissenschaft bezeichnet man als **positive Ökonomik.** Ihr Gegenstand ist die Erklärung dessen, *was war und ist,* und die Vorhersage dessen, *was* voraussichtlich *sein wird.*

Konkrete Fragestellungen im Rahmen der positiven Ökonomik sind etwa:
- Weshalb war in der BR Deutschland in den letzten Jahren eine Erhöhung der Inflationsrate zu beobachten?
- Warum liegt gegenwärtig die Arbeitslosenquote in der BR Deutschland weit über dem langjährigen Durchschnitt?
- In welcher Weise werden sich im nächsten Jahr die Einkommen der privaten Haushalte entwickeln?

(2) Die zweite Grundfrage bezieht sich auf die Ziele des Wirtschaftens und die wünschenswerte (optimale) Gestaltung der wirtschaftlichen Ordnung und des wirtschaftlichen Ablaufs im Hinblick auf diese Ziele. Die Untersuchung dieser Fragen, die sich auf das beziehen, *was sein sollte,* gehört zum Bereich der **normativen Ökonomik.**

Konkrete Fragen im Rahmen der normativen Ökonomik sind etwa:
- Wie sollten in der BR Deutschland die Investitionen auf private und staatliche Investitionen aufgeteilt werden?

- Welche Arbeitsteilung und Spezialisierung sollte zwischen den Ländern der Europäischen Gemeinschaften (EG) angestrebt werden?
- Wie sollte ein wirtschaftspolitisches Programm für das nächste Jahrzehnt aussehen?

Die Erkenntnisse der positiven und normativen Ökonomik bilden die Grundlage einer **rationalen Wirtschaftspolitik.** Von der (wissenschaftlichen) Wirtschaftspolitik werden die Beziehungen zwischen dem Einsatz wirtschaftspolitischer Mittel (Instrumente) und den angestrebten wirtschaftspolitischen Zielen untersucht (Ziel-Mittel-Analyse[1]). Sie stützt sich dabei auf die im Rahmen der positiven Ökonomik gewonnenen Erkenntnisse über die zu erwartenden Auswirkungen des wirtschaftspolitischen Mitteleinsatzes und auf die Analysen der Zielzusammenhänge im Rahmen der normativen Ökonomik.

Grundsätzlich lassen sich zwei **Fragestellungen der Ziel-Mittel-Analyse** unterscheiden:
(1) Einmal kann man die Auswirkungen eines *bestimmten Mitteleinsatzes* (oder alternativer Kombinationen und Dosierungen des Mitteleinsatzes) auf das wirtschaftliche Geschehen und insbesondere auf die relevanten wirtschaftspolitischen Ziele untersuchen. Die Ergebnisse der Analyse sind dann den wirtschaftspolitischen Zielvorstellungen gegenüberzustellen und von den Entscheidungsträgern abzuwägen.

Konkrete Fragen sind etwa:
- Welche Auswirkungen hat eine Aufwertung der DM um einen bestimmten Prozentsatz auf die Ziele Versorgungslage der Konsumenten, Wettbewerbsfähigkeit der Unternehmen, ausgeglichene Zahlungsbilanz?
- Welche Auswirkungen hat die Einführung der Mitbestimmung in Großunternehmen auf die Wirtschaftlichkeit und den sozialen Frieden?

(2) Zum anderen kann man von *vorgegebenen Zielen* ausgehen und prüfen, welche Mittel und in welcher Dosierung diese Mittel einzusetzen sind, um eine möglichst weitgehende Verwirklichung der angestrebten Ziele zu erreichen. In diesem Falle sind die Zielvorstellungen vorweg von den Entscheidungsträgern genau anzugeben.

Konkrete Fragestellungen sind etwa:
- Wenn man die Inflationsrate herabdrücken will, welche Mittel soll man einsetzen: eine restriktive Geldpolitik, eine Einschränkung der Staatsausgaben, eine Steuererhöhung, eine Aufwertung und/oder direkte Lohn- und Preiskontrollen?
- Oder auf der Ebene privater Wirtschaftseinheiten: Wie soll ein Unternehmer, der einen größtmöglichen Gewinn erzielen will, seine Produktions- und Absatzplanung gestalten?

Die erste Grundfrage ist dem Bereich der positiven Ökonomik, die zweite Grundfrage dem Bereich der normativen Ökonomik zuzurechnen.

---

[1] Grundsätzlich können sich Ziel-Mittel-Analysen sowohl auf den Entscheidungsbereich privater Wirtschaftseinheiten wie staatlicher Instanzen beziehen. In der Volkswirtschaftslehre versteht man im allgemeinen unter „Wirtschaftspolitik" nur die Ziel-Mittel-Überlegungen staatlicher Instanzen.

Den Unterschied zwischen diesen beiden Fragestellungen der Ziel-Mittel-Analyse kann man sich veranschaulichen, wenn man von den Elementen des Wirtschaftsplans einer Wirtschaftseinheit ausgeht (vgl. Abschnitt 1.1.2) und sich vorstellt, welche Fragen sich die Wirtschaftseinheit bei der Aufstellung ihres Plans vorlegen kann:

- Fragestellung 1: Welche Auswirkungen wird eine bestimmte Änderung der für mich relevanten Daten oder meiner Entscheidungsvariablen (Mittel) voraussichtlich auf die Erfüllung meiner Ziele (Zielvariablen) haben?
- Fragestellung 2: Wie muß ich bei vorgegebenen Daten und Zielwerten meine Entscheidungsvariablen einsetzen, damit diese Zielwerte erreicht werden?

Hinsichtlich der drei Elemente eines Wirtschaftsplans gilt, daß bei der ersten Fragestellung die Daten und die Werte der Entscheidungsvariablen vorherbestimmt (man sagt auch: exogen gegeben) sind und die Auswirkungen auf die Zielvariablen ermittelt (endogen bestimmt) werden. Bei der zweiten Fragestellung werden dagegen – abgesehen von den Daten – exogene und endogene Variablen vertauscht. Exogen gegeben sind Daten und Werte der Zielvariablen, endogen bestimmt werden die Werte der Entscheidungsvariablen.

1.2.2 Erklärung wirtschaftlicher Tatbestände: Positive Ökonomik

Die zentrale Aufgabe der positiven Ökonomik besteht in der Entwicklung von Theorien, die die wirtschaftliche Wirklichkeit erklären können. Unter einer **Theorie** wird grundsätzlich die Ableitung von generellen Aussagen über ökonomische Zusammenhänge verstanden, die nicht an einen bestimmten Raum und an eine bestimmte Zeit gebunden sind, sondern allgemeinere Gültigkeit haben. Der Geltungsbereich einer Theorie ist im allgemeinen jedoch an das Vorliegen bestimmter Nebenbedingungen geknüpft, etwa daß die Wirtschaftsordnung marktwirtschaftlich ausgerichtet ist, daß ein bestimmter volkswirtschaftlicher Entwicklungsstand gegeben ist usw. Wenn diese Bedingungen vorliegen, kann eine Theorie (unter Umständen nach entsprechender Spezifizierung) jedoch angewendet werden, um die ökonomische Situation und Entwicklung in einem bestimmten Land und für eine bestimmte Zeitphase zu erklären und vorherzusagen.

Eine Theorie (im Sinne der positiven Ökonomik) besteht aus einer **Hypothese** (bzw. einem Satz von Hypothesen), die eine **Ursache-Wirkungs-Beziehung** zwischen bestimmten Sachverhalten behauptet und an der Wirklichkeit überprüfbar ist.

Zum Beispiel bezieht sich eine relativ einfache Theorieaussage auf den Zusammenhang zwischen der Einkommensentwicklung und der Nachfrage nach Nahrungsmitteln: „Mit steigendem Volkseinkommen nimmt der Anteil der Nahrungsmittelausgaben an den gesamten Konsumausgaben ab“. Nach dem Ökonomen, der diese Aussage zum ersten Mal formulierte, wird sie in der ökonomischen Literatur als „Engel'sches Gesetz“ bezeichnet (wobei der Begriff „Gesetz“ eine häufig überprüfte und bewährte Theorieaussage andeuten soll).

Jede Hypothese läßt sich auch als „Wenn-dann“-Satz formulieren: „Wenn das Volkseinkommen steigt, dann nimmt der Anteil der Nahrungsmittelausgaben ab“. Durch diese Formulierung wird der Kausalzusammenhang der Aussage besonders deutlich. Andere einfache Beispiele für Theorieaussagen betreffen etwa die bereits oben im Zusammenhang mit der Kennzeichnung des Preismechanismus beschriebenen Reaktionen der Anbieter und Nachfrager auf Preisänderungen.

Bei der Ableitung ökonomischer Theorien lassen sich prinzipiell zwei Phasen unterscheiden: (a) In der ersten Phase werden Hypthesen über vermutete ökonomische Zusammenhänge formuliert und (b) in einer zweiten Phase werden die Aussagen an der Realität überprüft. Diese beiden Phasen sind jedoch nicht isoliert zu sehen, vielmehr bestehen zwischen ihnen wechselseitige Rückkopplungen: Die Beobachtung der tatsächlichen ökonomischen Entwicklungen gibt in den meisten Fällen erst die Anregung zu Hypothesenformulierungen; die Beschäftigung mit vermuteten Theoriezusammenhängen lenkt häufig erst das Augenmerk auf bestimmte ökonomische Tatbestände und gibt unter Umständen Anlaß zu ergänzenden statistischen Erhebungen; die empirische Prüfung von Hypothesen kann Anstöße zur Um- oder Neuformulierung von ökonomischen Theorien geben.

Theoriebildung

Die erste Phase, der Prozeß der Theorieformulierung, kann je nach der Komplexität der zu erklärenden Zusammenhänge unterschiedliches Gewicht haben: Bei einfach strukturierten Zusammenhängen (wie dem oben angeführten Beispiel) läßt sich die zu prüfende Theorieaussage unmittelbar formulieren. Viele der Theorien, mit denen wir uns in den folgenden Kapiteln beschäftigen werden, sind jedoch komplexerer Art. Sie gehen von einem ganzen Satz von Annahmen (Ausgangshypothesen) aus, und man gelangt erst über eine Folge von Ableitungsschritten zu den Theorieaussagen. Der überwiegende Inhalt dessen, was in den Lehrbüchern über „Ökonomische Theorie" zu finden ist, bezieht sich auf die Ableitung der Schlußfolgerungen aus gesetzten Prämissen.

Die Vorgehensweisen bei der Aufstellung ökonomischer Theorie kann man sich am besten an Beispielen klarmachen. Da wir uns erst in den folgenden Kapiteln mit komplexeren ökonomischen Problemen beschäftigen, sei hier nur zur Orientierung für spätere Ableitungen die prinzipielle Vorgehensweise gekennzeichnet. In Übersicht 1.5 sind die einzelnen Schritte schematisch gekennzeichnet.

Die erste Phase der Theoriebildung beginnt mit der Formulierung von Definitionen, der Aufstellung von Ausgangshypothesen und der Abgrenzung der Rahmenbedingungen, unter denen die Theorieaussage gelten soll. **Definitionen** haben Sprachregelungscharakter. Sie legen fest, was man unter den verschiedenen Begriffen zu verstehen hat, die bei der Formulierung der Theorie verwendet werden. Für die wissenschaftliche Analyse sind sie unentbehrlich, sie stellen jedoch keine Aussage über die Realität dar. Die **Ausgangshypothesen** können sich auf verschiedene Bereiche beziehen: die Zielsetzungen der Wirtschaftseinheiten (z. B. Gewinn- oder Nutzenmaximierung), die Verhaltensweisen von Marktteilnehmern (z. B. die Reaktionen der Anbieter und Nachfrager auf Preisänderungen) und die technologischen Bedingungen der Produktion.

Die Formulierung der Ausgangshypothesen ist an den Gegebenheiten der Realität orientiert, die empirische Überprüfung einer Theorie erfolgt jedoch nicht auf der Ebene der Ausgangshypothesen, sondern durch Konfrontation der Theorie*aussagen* mit der Realität. Die **Rahmenbedingun-**

gen geben die institutionellen, sozialen und ökonomischen Bedingungen an, unter denen die Theorieaussage gelten soll, z. B. für marktwirtschaftliche Wirtschaftssysteme in entwickelten Industrieländern. Häufig werden die ökonomischen Bedingungen, unter denen eine Aussage gelten soll, recht eng gezogen, indem man sagt, daß alle übrigen (im Rahmen der Theorie nicht betrachteten) ökonomischen Gegebenheiten unverändert bleiben sollen („unter sonst gleichbleibenden Umständen"). Man spricht dann von einer **ceteris-paribus-Bedingung.**

Übersicht 1.5: Entstehung und Überprüfung von Theorien

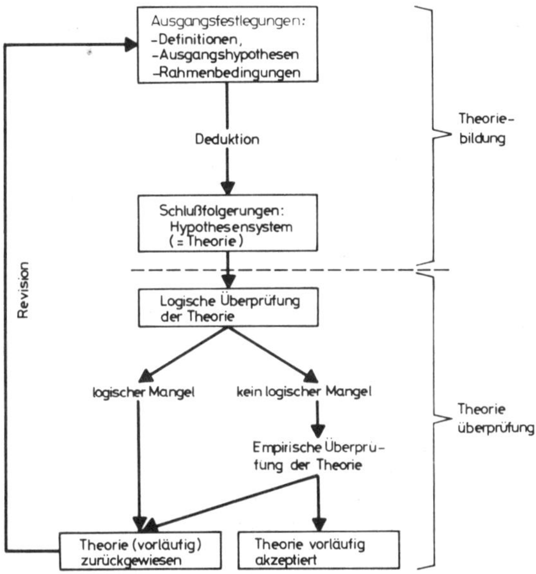

Aus den Ausgangshypothesen werden unter Verwendung der Definitionen durch logische Deduktion **Theorieaussagen** abgeleitet, die zunächst ebenfalls Hypothesencharakter haben. Sie stellen nichts weiter als die logischen Implikationen der unterstellten Prämissen dar. Die Ableitung kann dabei auf dem Wege verbaler Argumentation oder durch die Verwendung graphischer oder analytischer Techniken erfolgen; z. B. läßt sich anhand eines Marktmodells zeigen, daß aufgrund einer hohen Ernte der Marktpreis eines Gutes sinkt, unter den (Rahmen-)Bedingungen, daß der Staat nicht aufkauft, daß nicht mehr exportiert wird usw.

Je größer der Erklärungsumfang einer Theorie, d. h. je größer der Teil der Realität, der durch die Theorie erklärt werden soll, um so anspruchsvoller und schwieriger gestaltet sich in der Regel der Prozeß der Entfaltung von Hypothesen (der Theoriebildung).

Bei der Formulierung der Theorieaussagen sind die Rahmenbedingungen, unter denen sie gelten sollen, in geeigneter Weise zum Ausdruck zu bringen. Es läßt sich etwa formulieren: *Wenn* sich eine ökonomische Variable X_1 verändert und *wenn* die gesamtwirtschaftlichen Rahmenbedingungen und eine Reihe anderer Variablen unverändert bleiben, dann wird sich die Variable X_2 in der und der Weise verändern. Entsprechend können Theorie-Aussagen natürlich auch für ein Bündel miteinander verbundener Variablen und für sich in bestimmter Weise ändernde Rahmenbedingungen abgeleitet werden.

Aus den bisher betrachteten ökonomischen Zusammenhängen lassen sich etwa die folgenden Beispiele anführen:
- Wenn sich der Preis eines Gutes erhöht, dann wird die Nachfragemenge nach diesem Gut zurückgehen (wenn die Höhe des Einkommens, die anderen Güterpreise und die Bedürfnisstruktur der Haushalte unverändert bleiben).
- Wenn die gesamtwirtschaftliche Güternachfrage die Produktionskapazität der Volkswirtschaft übersteigt, dann werden sich inflationäre Tendenzen innerhalb der Volkswirtschaft durchsetzen (wenn nicht erhöhte Importe den Nachfrageüberhang ausgleichen).

Theorieüberprüfung

Eine Theorie ist zunächst daraufhin zu überprüfen, ob die Ableitungen den Regeln der **Logik** entsprechen (Ist die Theorie widerspruchsfrei?). Die Überprüfung kann sich daneben auch auf die Vollständigkeit der Theorie beziehen (Berücksichtigt die Theorie die relevanten Zusammenhänge?). Werden Theoriemängel nachgewiesen, so ist dies Anlaß zur Revision der Ausgangsfestlegungen und/oder der abgeleiteten Hypothesen. Der entscheidende Test wirtschaftswissenschaftlicher (und allgemein realwissenschaftlicher) Theorien besteht in der **empirischen Überprüfung** an der Realität. Lassen sich die Theorieaussagen mit den beobachteten Tatsachen vereinbaren, so gilt die Theorie als *vorläufig akzeptiert* („richtig", „wahr"). Ist dies nicht der Fall, so ist die Theorie zurückgewiesen *(falsifiziert).* Sie wird dann meist neu überdacht und in veränderter Form mit der Realität konfrontiert.

Wird eine Theorie aufgrund der empirischen Überprüfung akzeptiert, so bedeutet dies, daß sie nur vorläufig als richtig angesehen und weiterhin vertreten werden kann. Bei der Beurteilung falsifizierter Hypothesen muß man ebenfalls vorsichtig sein. Sie sind genau genommen auch nur vorläufig zurückgewiesen. Wir wollen hier nur festhalten, daß man in den Realwissenschaften keine Theorie mit 100%iger Sicherheit beweisen oder widerlegen kann. Dies liegt daran, daß immer Situationen denkbar sind, in denen ursprünglich akzeptierte Hypothesen durch neue Beobachtungen falsifiziert werden und in denen ursprünglich abgelehnte Hypothesen sich in modifizierter Form (auf Grund veränderter Prämissen) als akzeptabel erweisen.

Bei ökonomischen Theorien geht es meistens darum, die Veränderung von ökonomischen Variablen zu erklären. Eine Theorie läßt sich dann dadurch prüfen, daß man die Veränderung der Variablen vorhersagt, entweder indem man vergangene Entwicklungen nachträglich prognostiziert *(ex-post-Prognosen)* oder künftige Entwicklungen vorausschätzt *(ex-ante-Prognosen).* Dabei läßt sich die „Richtigkeit" der Vorhersage (und damit der

Theorie) mit Hilfe verschiedener Maßstäbe überprüfen: Schwächere Aussagen beziehen sich auf die Richtung der Veränderung der Variablen und gegebenfalls noch auf deren relatives Ausmaß (z. B. als Folge des technischen Fortschritts sinkt der Marktpreis, die Preissenkung ist geringer als die Rate des technischen Fortschritts). Weitergehende Aussagen beziehen sich auf die Genauigkeit der quantitativen Vorausschätzung, die mit Hilfe statistischer Methoden geprüft werden kann.

Grenzen der positiven Ökonomik

Die positive Ökonomik versucht, in möglichst objektiver Weise das ökonomische Geschehen zu erklären. Es gibt jedoch eine Reihe von Gründen, die eine **werturteilsfreie Analyse** erschweren oder gar unmöglich machen. (a) Einmal schließt die Auswahl des Untersuchungsobjektes durch den Wirtschaftswissenschaftler bereits ein Werturteil ein. Durch die Ausrichtung der Forschung können wirtschafts- und gesellschaftspolitisch bedeutsame Vorentscheidungen getroffen werden (z. B. ob Wachstums- oder Verteilungs- und Mitbestimmungsfragen im Vordergrund stehen). (b) Weiterhin können wirtschaftswissenschaftliche Forschungen und Veröffentlichungen die in einer Gesellschaft herrschenden Wertvorstellungen beeinflussen und verändern (z. B. über die Bedeutung der Umweltsicherung). (c) Schließlich liegen Grenzen der positiven ökonomischen Analyse darin, daß sie sich nur auf Erfahrungsbereiche über historisch realisierte Wirtschaftssysteme und -abläufe richten kann, für die ausreichende Aufzeichnungen vorliegen. Das bedeutet in den westlichen Ländern im wesentlichen die Beschränkung auf Erfahrungen mit bestimmten Formen marktwirtschaftlicher Mischsysteme in den letzten 100 Jahren, für genauere quantitative Analysen häufig der letzten 30 Jahre. Aus diesen zuletzt genannten Begrenzungen wird gelegentlich der Vorwurf erhoben, die positive Wirtschaftstheorie führe zu einer Stabilisierung des Status-quo, da sich alle Analysen auf ihn beziehen.

Induktive und deduktive Vorgehensweise

Die methodische Vorgehensweise bei der Aufstellung ökonomischer Theorien war lange umstritten. Es gab einen längere Zeit andauernden Methodenstreit über die Zweckmäßigkeit mehr induktiver oder deduktiver Vorgehensweisen; dieser Streit ist heute jedoch im Sinne der oben beschriebenen Vorgehensweise weitgehend beigelegt.

Insbesondere standen sich zwei Positionen gegenüber, die sich stichwortartig wie folgt kennzeichnen lassen:
(1) Die **historische Schule** Ende des 19. Jahrhunderts, die der Ansicht war, nur aus der Detailkenntnis historischer Situationen ökonomische Schlußfolgerungen ableiten zu können. Sie folgte einer mehr *induktiven Vorgehensweise*. Danach wäre z. B. das Engel'sche Gesetz als Ergebnis eingehender Studien in zahlreichen Ländern und über lange Zeitperioden zu generalisieren.
(2) Die Position der **reinen Modelltheorie,** die von bestimmten Grundannahmen (oder Axiomen) über bestimmte Tatbestände ausgeht und aus diesen durch logische *Deduktion* bestimmte Schlußfolgerungen ableitet. Danach ließe sich z. B. das Engel'sche Gesetz aus der gedanklichen Annahme von Sättigungserscheinungen beim Konsum und der Zielsetzung der Nutzenmaximierung seitens der Haushalte deduktiv ableiten.
Die oben beschriebene Vorgehensweise der Theoriebildung enthält Elemente aus beiden Positionen: Deduktive Ableitungen und Prüfung an der Realität. Dabei ist

zur Klärung der Vorgehensweise anzumerken: Für die Ableitung empirisch gehaltvoller ökonomischer Theorien ist es nicht erforderlich, daß sich die zugrundeliegenden Ausgangshypothesen in jedem Fall empirisch überprüfen lassen (etwa die Annahme eines ausschließlich nach rationalen Überlegungen wirtschaftenden „homo oeconomicus“). Jedoch müssen sich die aus den Prämissen abgeleiteten *Aussagen* an den Fakten bestätigen.

1.2.3 Ziele wirtschaftspolitischen Handelns: Normative Ökonomik

Die normative Ökonomik, soweit sie den staatlichen Bereich betrifft, umfaßt die beiden folgenden Problembereiche:
- die eindeutige, widerspruchsfreie und vollständige Bestimmung der anzustrebenden Ziele und die Analyse der zwischen ihnen bestehenden Zielzusammenhänge sowie
- die Ableitung von Aussagen über den optimalen Einsatz volkswirtschaftlicher Produktionsfaktoren und eine optimale Gestaltung des wirtschaftlichen Geschehens.

Zu dem zweiten Fragenkomplex werden später einige Teilzusammenhänge abgeleitet. Eine Generalisierung zu Gesamtaussagen über den volkswirtschaftlich optimalen Faktoreinsatz ist analytisch einigermaßen schwierig zu handhaben und hat bislang auch nur begrenzt zu wirtschaftspolitisch relevanten Ergebnissen geführt. Wir werden Fragen dieses Bereichs, der als *Wohlfahrtsökonomik* oder Welfare-Theorie bezeichnet wird, vornehmlich in Abschnitt 3.5 behandeln.

Die wirtschaftspolitischen Zielzusammenhänge werden zweckmäßigerweise im Zusammenhang mit den verschiedenen wirtschaftspolitischen Fragenkomplexen diskutiert. Hier seien nur vorweg einige Anmerkungen zur Begründung und Konkretisierung wirtschaftspolitischer Zielsetzungen angeführt. Meistens sind die wirtschaftspolitischen Zielvorstellungen sehr allgemein und vage definiert, häufig auch ziemlich unsystematisch, wie etwa: Sicherheit der Arbeitsplätze, größere Gerechtigkeit, angemessenes Wachstum und dergleichen. Solche oder ähnliche Formulierungen findet man meistens in Regierungserklärungen und Parteiprogrammen.

Für die ökonomische Analyse und eine rationale Wirtschaftspolitik sind erforderlich:

(1) **Konkretisierung der Zielformulierung** und Messung der Zielvariablen. Man hat sich z. B. darüber zu einigen, ob man messen will: den Grad der Vollbeschäftigung durch den Prozentsatz der registrierten Arbeitslosen und der offenen Stellen; die Preisstabilität durch die jährliche Wachstumsrate des Lebenshaltungskostenindexes; die Wohlstandssteigeung durch die Wachstumsrate des Sozialprodukts pro Kopf. Jeder dieser Maßstäbe für die Messung von Zielvariablen ist problematisch und wird unten näher zu diskutieren sein. Für eine konsequente wirtschaftspolitische Argumentation ist jedoch eine solche Zielkonkretisierung erforderlich. Nur wenn man ein Ziel eindeutig und klar definiert hat, kann man etwas über den Grad der Zielerreichung aussagen.

(2) Überprüfung der Ziele auf **Widerspruchsfreiheit und Realisierbarkeit.** Ein Widerspruch liegt vor, wenn sich Ziele logisch ausschließen (etwa

wenn gefordert wird: Erhöhung der Kollektivgüterversorgung durch den Staat bei Konstanz der Staatseinnahmen). Nichtrealisierbarkeit liegt vor, wenn man alles mögliche in den Zielkatalog aufnimmt, ohne die Ziele mit den realen Möglichkeiten der Volkswirtschaft zu vergleichen und ohne Prioritäten zu setzen.

(3) Angabe einer **Rangskala der anzustrebenden Ziele** (Zielprioritäten). Eine solche Rangordnung ist erforderlich, da nicht alle Ziele gleichzeitig angestrebt werden können (wegen der begrenzten volkswirtschaftlichen Möglichkeiten) und da in den meisten Fällen Ziele miteinander konkurrieren (z. B. Wohlstand und Sicherheit, Wachstum und Gerechtigkeit u. dgl.). Über die Bewertung wirtschaftspolitischer Ziele lassen sich nur begrenzt wissenschaftliche Aussagen machen, da diese mit **Werturteilen** verbunden sind. Werturteile lassen sich nicht wissenschaftlich begründen, da sie nicht durch Fakten widerlegt werden können, sondern persönliche Einstellungen ausdrücken. So lassen sich z. B. die Fragen, ob mehr Schulen gebaut werden sollen oder ob die landwirtschaftliche Einkommensdisparität durch eine Erhöhung der Nahrungsmittelpreise auf Kosten der Verbraucher erreicht werden soll, nicht wissenschaftlich entscheiden. Sie hängen von dem persönlichen Urteil des Einzelnen ab. Diese Fragen können nur im Prozeß der öffentlichen Meinungsbildung geklärt und politisch (in demokratischen Staaten durch Abstimmung) entschieden werden.
Die wissenschaftliche Wirtschaftspolitik geht daher im Prinzip von *gegebenen* wirtschaftspolitischen Zielen aus und beschränkt sich im wesentlichen auf die Untersuchung der Zusammenhänge zwischen den Zielen und zwischen Zielen und Mitteln, die sich im allgemeinen auf die Ergebnisse der positiven Analyse gründen.

Dennoch braucht der Beitrag der Wirtschaftswissenschaft zur wirtschaftspolitischen Zielformulierung nicht völlig passiv zu sein:
- Die in der Realität vorkommenden Werturteile können festgestellt, ihre Entstehungsgeschichte untersucht und ihr Einfluß auf die Realität analysiert werden. Solche Untersuchungen können dazu beitragen, die öffentliche Diskussion über die gesellschafts- und wirtschaftspolitischen Ziele zu versachlichen und Tabus abzubauen.
- Vernachlässigte Ziele können herausgestellt und eine öffentliche Diskussion darüber kann angeregt werden.
- Alternative Ziel-Mittel-Systeme können entwickelt und zur öffentlichen Diskussion gestellt werden. Häufig wird erst dadurch eine realitätsbezogene Zieldiskussion ermöglicht, da man über einige Ziele und Zielbündel erst etwas aussagen kann, wenn man die Konsequenzen kennt. Bei der Analyse der Konsequenzen können insbesondere Nebenwirkungen erkannt und im Hinblick auf die mögliche Verletzung von Zielen beurteilt werden.

Umstritten ist dabei insbesondere die Frage einer klaren Trennung zwischen objektiver wissenschaftlicher Analyse und Werturteilen und zum anderen die des Engagements des Wirtschaftswissenschaftlers für bestimmte Ziele. Darauf wird im Zusammenhang der einzelnen Sachprobleme näher einzugehen sein. Allgemein läßt sich sagen: In der wirtschaftswissenschaftlichen Analyse sollte man, wie es insbesondere *Max Weber* (1864–1920) gefordert hat, Sachaussagen und Werturteile möglichst auseinanderhalten. Das schließt nicht aus, daß sich Wirtschaftswissenschaftler als Staatsbürger für bestimmte Ziele engagieren. Wenn ein Wissenschaftler Werturteile fällt, dann sollte er diese jedoch in jedem Fall entsprechend kennzeichnen, entweder als persönliche Stellungnahme (meine persönliche Überzeugung ist..) oder indem er die Aussage als Hypothese formuliert (wenn man... als Ziel ansieht, dann...). Die zuletzt genannte Form wird meistens in wirtschaftswissenschaftlichen Gutachten gewählt, wie etwa in den Gutachten der Wissenschaftlichen Beiräte der Bundesministerien oder des Sachverständigenrats zur Begutachtung der gesamtwirtschaftlichen Entwicklung.

Gesellschafts- und wirtschaftspolitische Ziele

Als Bezugspunkt für die Zieldiskussion in den späteren Abschnitten sollen an dieser Stelle kurz die wichtigsten gesellschafts- und wirtschaftspolitischen Ziele systematisch zusammengestellt werden. Ziele lassen sich auf verschiedenen Ebenen und mit unterschiedlichem Grade der Präzisierung formulieren. Zu unterscheiden sind: (a) allgemeine gesellschaftspolitische Ziele und (b) wirtschaftspolitische Ziele.

Als die wichtigsten **gesellschaftspolitischen Grundziele** mit Bezug zu wirtschaftlichen Fragen werden häufig genannt: wirtschaftliche Freiheit, wirtschaftliche Gerechtigkeit, sozialer Frieden, soziale Sicherheit und wirtschaftlicher Wohlstand.

(1) Der **wirtschaftliche Freiheitsspielraum** des Einzelnen läßt sich einmal definieren durch die Entfaltungsmöglichkeiten, die ihm im Rahmen der Rechts- und Wirtschaftsordnung prinzipiell offenstehen **(formale Freiheit)**. Der rechtlich gegebene Freiheitsspielraum kann jedoch wenig besagen, wenn er nicht tatsächlich in Anspruch genommen werden kann. So z. B. wenn prinzipiell das Recht der freien Arbeitsplatzwahl besteht, aber allgemeine Arbeitslosigkeit herrscht. Von der formalen ist daher die **materielle Freiheit** zu unterscheiden, die auf die tatsächlichen Ausnutzungsmöglichkeiten des formalen Freiheitsspielraums durch den Einzelnen unter den gegebenen ökonomischen und sozialen Bedingungen abstellt. Die wichtigsten Aspekte wirtschaftlicher Freiheit beziehen sich auf: (a) die Dispositionsmöglichkeiten der Haushalte über den Einsatz der Produktionsfaktoren (insbesondere Freiheit der Wahl des Berufs und des Arbeitsplatzes) und über die Verwendung des Einkommens (Freiheit des Konsums und der Vermögensanlage), (b) die Dispositionsmöglichkeiten der Unternehmen (Freiheit der Wahl der Unternehmensform, des Standorts, der Technik, des Arbeitseinsatzes, der Verwendung des Gewinns u. dgl.) und (c) die Freiheit von Einzelnen, sich zur Verfolgung gemeinsamer Ziele zusammenzuschließen (Koalitionsfreiheit) und dadurch Organisationsmacht auszuüben (Gewerkschaften, Verbände, Unternehmenskartelle). Die Koalitionsfreiheit ist als zweischneidig anzusehen, da bei weitgehender Gewährung der Freiheitsspielraum anderer eingeengt werden kann (Ausübung von Monopolmacht durch Kartelle, Benachteiligung nichtorganisierter Arbeitnehmer durch Gewerkschaften).

Der wirtschaftliche Freiheitsspielraum des Einzelnen wird entscheidend durch die Art der Mechanismen bestimmt, durch die wirtschaftliche Pläne der Wirtschaftseinheiten koordiniert werden (Preismechanismus oder zentrale Planung). Die Grundentscheidung über die Wirtschaftsordnung steht daher in engem Zusammenhang mit dem Ziel der wirtschaftlichen Freiheit.

(2) Das Ziel der **wirtschaftlichen Gerechtigkeit** kann in sehr unterschiedlicher Weise formuliert werden. Gemeinsam ist allen Vorstellungen, daß irgendetwas gleich oder ausgeglichener sein soll. Je nachdem worauf sich diese Forderung bezieht, lassen sich unterschiedliche Formen des Gerechtigkeitszieles unterscheiden: (a) Gleichheit der formalen Freiheit (**formale Gerechtigkeit**): Dieses Ziel war in verschiedenen Zeitperioden heftig umstritten, ist heute im demokratischen Rechtsstaat jedoch weitgehend realisiert. (b) **Leistungsgerechtigkeit:** Zielsetzung ist die Entlohnung des Einzelnen nach seinen „Leistungen". Das Problem ist, wie diese Leistungen zu messen sind, insbesondere wenn es sich um unterschiedliche Tätigkeiten handelt (Stahlarbeiter, Büroangestellter, Künstler). Als Ersatzmechanismus wird daher häufig ein freier Arbeitsmarkt angesehen, der die Lohnsatzdifferenzierung zwischen den verschiedenen Arbeitsqualitäten aufgrund von Angebot und Nachfrage übernimmt. Einschränkungen und Mängel ergeben sich aus Anpassungsverzögerungen (aufgrund von Unsicherheiten über künftige Entwicklungen, langjährige berufliche Festlegung u. dgl.) und Ausbildungsengpässen. (c) Da das Ziel der Leistungsgerechtigkeit schwer zu fassen ist, wird häufig **Chancengleichheit** oder Startgerechtigkeit gefordert, die eine Voraussetzung für materielle Leistungsgerechtigkeit ist. Konkrete Forderungen beziehen sich vor allem auf die Organisation des Ausbildungssystems und die Ausgestaltung des Erbrechts. (d) Weitergehender ist das Ziel der **Bedarfsgerechtigkeit,** nach dem jedem „nach seinen Bedürfnissen" Einkommen bzw. Konsumgüter zugeteilt werden sollen. Abgesehen von den Schwierigkeiten des interpersonellen Vergleichs von Bedürfnissen bestehen erhebliche Konflikte mit anderen Zielen (Wohlstandssteigerung). Daher wird das Prinzip der Bedarfsgerechtigkeit im allgemeinen auch nur als ein ergänzender Zielgesichtspunkt angesehen, durch den sich die Richtung von Umverteilungsmaßnahmen begründen läßt.
Wie bei jedem Zielvergleich sind natürlich Aussagen über die anzustrebenden Gerechtigkeitsziele nur aufgrund von Werturteilen möglich und nicht wissenschaftlich zu begründen. Aus den allgemeinen gesellschaftspolitischen Gerechtigkeitszielen sind die wirtschaftspolitischen Ziele einer „gerechteren" Einkommens- und Vermögensverteilung zu begründen.

(3) Unter **sozialem Frieden** läßt sich ein Zustand verstehen, in dem die Interessenkonflikte zwischen Personen und Gruppen soweit entschärft sind, daß kein *offener* Konflikt ausbricht, obwohl natürlich jede reale Gesellschaft (im Gegensatz zu bestimmten Sozialutopien) durch Interessengegensätze und Konflikte gekennzeichnet ist. In jeder Gesellschafts- und Wirtschaftsordnung sind Mechanismen zu entwickeln, um Konflikte abzuschwächen. Dazu können dienen: (a) *Wettbewerbsmechanismen,* durch die Interessenkonflikte entpersonifiziert werden, (b) freiwillige Vereinbarungen, in denen Interessenkonflikte durch *Kompromiß* beigelegt werden oder (c) *staatliche Verordnungen,* durch die in bestimmten Berei-

chen versucht wird, offene Konflikte zu verhindern (etwa durch Eingriffe in die Autonomie der Tarifpartner zur Beendigung eines Arbeitskonflikts). Die Verfolgung dieses Zieles steht in engem Zusammenhang mit den Grundentscheidungen über die Wirtschaftsordnung.

(4) Das Ziel der **sozialen Sicherheit** bezieht sich vor allem auf die folgenden Bereiche: (a) die Sicherstellung der Versorgung und Deckung der Grundbedürfnisse (Nahrungsmittel, Energie); (b) die Sicherung vor den materiellen Auswirkungen von Krankheit, Invalidität und Arbeitslosigkeit (durch das System der Sozialversicherung); (c) die Sicherung von Einkommen und Vermögen (durch die Rechtsordnung und Geldwertstabilität); (d) die Absicherung übersehbarer Wettbewerbsbedingungen für die Produktions- und Handelsunternehmen (durch ordnungspolitische Maßnahmen und eine auf Kontinuität angelegte Wirtschaftspolitik). Dem allgemeinen gesellschaftspolitischen Ziel soziale Sicherheit sind neben ordnungspolitischen Zielvorstellungen insbesondere die konkreten wirtschaftspolitischen Ziele der Sicherung der Arbeitsplätze (Vollbeschäftigung) und der Geldwertstabilität zugeordnet.

(5) Das Ziel der **Wohlstandssteigerung** wird häufig als das ökonomische Ziel schlechthin angesehen. Es findet seinen Ausdruck in der Höhe des Einkommens und der Größe des Vermögens der Bevölkerung eines Landes und steht in engem Zusammenhang mit den wirtschaftspolitischen Zielen „optimale Faktorallokation" und „wirtschaftliches Wachstum."

Die angeführten gesellschaftspolitischen *Ziele* stehen in einem *wechselseitigen Zusammenhang*. Die Verfolgung eines Zieles kann gleichzeitig einem anderen dienen, sie kann aber auch der Realisierung eines anderen Zieles entgegenstehen; z. B. werden Maßnahmen zur Verbesserung der sozialen Sicherheit im allgemeinen auch dem Ziel der sozialen Gerechtigkeit dienen, während eine weitgehende Politik der sozialen Sicherung und Umverteilung den Entfaltungs- und Freiheitsspielraum bestimmter Gruppen wesentlich einengen kann.

Die Beziehungen zwischen den allgemeinen gesellschaftspolitischen Zielen sind differenziert zu sehen und können hier nicht weiter verfolgt werden. Nur zu dem Verhältnis des *Wohlstands- (oder Wachstums-)Ziels* zu den übrigen gesellschaftspolitischen Zielen seien einige Anmerkungen angeführt, da dieses Ziel in jüngster Zeit heftig diskutiert und kritisiert worden ist. Die Kritik richtet sich insbesondere darauf, daß einige Konsumgüter im Überfluß produziert würden, während andere Ziele (Erhaltung der natürlichen Umwelt, Lebensqualität) nicht genügend Beachtung fänden. Dabei ist jedoch zu bedenken, daß wirtschaftliches Wachstum es ermöglicht, mehr für die soziale Sicherung und Umweltsicherung zu tun und daß auch eine Verbesserung der Einkommens- und Vermögensverteilung leichter durch Umverteilung von Zuwächsen als des Besitzstandes zu erreichen ist.

Diese allgemeinen gesellschaftspolitischen Grundziele sind im Hinblick auf die Untersuchung wirtschaftspolitischer Fragestellungen näher zu spezifizieren. Auf der Ebene der **wirtschaftspolitischen Ziele** lassen sich die folgenden Zielkomplexe unterscheiden:

- **Bedarfsgerechter Einsatz der volkswirtschaftlichen Produktivkräfte.** Darunter werden häufig unterschieden: unter kurzfristigem (statischem) Blickwinkel das Ziel „optimale Faktorallokation" und unter langfristigem (dynamischem) Blickwinkel das Ziel „optimales Wirtschaftswachstum"; ergänzend dazu „Versorgungssicherung".
- **Gerechte Einkommens- und Vermögensverteilung.** Die Verteilungsüberlegungen können sich dabei auf unterschiedliche Aspekte beziehen: Verteilungen zwischen einzelnen Haushalten oder Haushaltsgruppen, Sektoren, Regionen oder auch „reichen" und „armen" Ländern.
- **Stabilisierung des Wirtschaftsablaufs.** Darunter werden häufig als Hauptziele der Stabilitätspolitik unterschieden: Vollbeschäftigung der Produktionsfaktoren, Geldwertstabilität, Zahlungsbilanzausgleich.
- **Freiheitliche Wirtschaftsordnung.** Hiermit ist primär die Freiheit von staatlicher Bevormundung angesprochen. Dieses Ziel umfaßt aber auch innerhalb des privaten Bereichs die Abwehr von Freiheitseinschränkungen wirtschaftlich Schwacher durch die wirtschaftlich Stärkeren.

Diese wirtschaftspolitischen Ziele stehen in Bezug zu den gesellschaftspolitischen Grundzielen und sind aus diesen zu begründen. Sie sind jedoch nicht eindeutig aus diesen ableitbar. Ihre inhaltliche Konkretisierung kann daher nur im Prozeß der politischen Willensbildung erfolgen.

Die einzelnen wirtschaftspolitischen Ziele werden im Zusammenhang mit den Sachproblemen in den verschiedenen Kapiteln dieses Buches begründet, konkretisiert und in ihrem wechselseitigen Zusammenhang diskutiert. Dabei können grundsätzlich die folgenden **Zielbeziehungen** bestehen (die teilweise schon oben angesprochen wurden):

(a) Die Verfolgung eines Zieles führt gleichzeitig zur Annäherung an ein anderes Ziel **(Zielkomplementarität),**
(b) ein Ziel läßt sich nur auf Kosten eines anderen Zieles erreichen **(Zielkonkurrenz),**
(c) Ziele sind weitgehend unabhängig voneinander **(Zielneutralität).**

Die besonderen Schwierigkeiten der wirtschaftspolitischen Ziel-Mittel-Analyse ergeben sich daraus, daß Ziele und Mittel wechselseitig miteinander verbunden sind und wichtige Ziele miteinander konkurrieren, so daß die Annäherung an ein Ziel von einem anderen wegführt. Es ist dann ein akzeptabler Kompromiß zwischen den verschiedenen Graden der Zielerreichung zu finden, der aus den Einschätzungen der Zielprioritäten zu begründen ist.

Die wirtschaftspolitischen Ziele und Mittel lassen sich in einem hierarchischen Zielzusammenhang sehen. Aus den allgemeinen gesellschaftspolitischen Zielvorstellungen sind die wirtschaftspolitischen Hauptziele zu begründen. Diesen sind wiederum Vor-, Unter- oder Zwischenziele vorgelagert; z. B. lassen sich aus den gesellschaftlichen Gerechtigkeitsvorstellungen die Ziele einer gerechteren Einkommens- und Vermögensverteilung und verbesserter Ausbildungschancen begründen. Von diesen läßt sich z. B. das Ziel einer gleichmäßigeren Vermögensverteilung durch Umverteilung der Vermögenszuwächse oder durch Enteignung erreichen. Wenn man das Ziel der Umverteilung der Vermögenszuwächse weiterverfolgt, so kann man dieses etwa durch höhere Besteuerung von Haushalten mit hohen Einkommen oder durch die Förderung der Vermögensbildung in Haushalten mit niedrigen Einkommen zu erreichen versuchen. Die Förderung der Vermögensbildung kann wiederum etwa durch allgemeine Sparförderung oder durch Beteiligung an den Unternehmensgewinnen erfolgen. Es besteht somit eine **Zielhierarchie,** in der Ziele auf unterer Ebene Mittel zur Erreichung von Zielen auf höherer Ebene sein können.

1.2.4 Maßnahmen zur Zielerreichung: Wirtschaftspolitik

Die Aufgaben der Wirtschaftspolitik ergeben sich aus den Divergenzen zwischen der tatsächlichen wirtschaftlichen Lage und den wirtschafts- und gesellschaftspolitischen Zielvorstellungen. Dabei verstehen wir unter (staatlicher) Wirtschaftspolitik allgemein die gewollte Beeinflussung der Wirtschaftsordnung und des Wirtschaftsablaufs.

Träger der Wirtschaftspolitik sind die öffentlichen Instanzen und solche privaten Verbände, die durch Gesetze legitimiert sind, wirtschaftspolitische Maßnahmen zu beschließen oder durchzuführen (die Parlamente und Regierungen von Bund, Ländern und Kommunen, die Ministerien, die Notenbank, die Gewerkschaften, die Landwirtschaftskammern u. dgl.).

Unter einem **Mittel** (oder *Instrument*) der Wirtschaftspolitik wird ein ökonomischer Sachverhalt verstanden, den die Träger der Wirtschaftspolitik beeinflussen (bestimmen, kontrollieren, verändern) können. Dabei werden häufig zwei Gruppen unterschieden:
(1) **Ordnungspolitische Instrumente,** die an den Rahmenbedingungen für den Wirtschaftsablauf ansetzen:
- Rechtliche Ordnung: Wettbewerbsrecht, Mitbestimmungsrecht u. dgl.
- Institutionelle Ordnung: Sozialversicherungssysteme, Arbeitsmarktregelung, Geldverfassung, Finanzverfassung u. dgl.
- Allgemeine Verhaltensempfehlungen: Appelle an die Bevölkerung, konzertierte Aktion.

(2) **Ablaufspolitische** (oder prozeßpolitische) **Instrumente,** die direkt den Ablauf des Wirtschaftsprozesses beeinflussen. Dabei sind nach der Einsatzstelle Instrumente zu unterscheiden, die sich auf makroökonomische Variablen (z. B. Geldmenge, Zins, Staatseinnahmen und -ausgaben) oder auf mikroökonomische Variablen (z. B. Preise und Mengen einzelner Güter und Faktoren) beziehen.

Ein *rationaler Einsatz* der wirtschaftspolitischen Instrumente setzt neben der Situations- und Zielanalyse voraus, daß man die instrumentellen Möglichkeiten übersieht und die Wirkungen der Instrumente kennt. Es ist eine der Aufgaben der (positiven) ökonomischen Theorie, die Grundlagen hierfür zu erarbeiten.
Der Beitrag der wissenschaftlichen Wirtschaftspolitik besteht allgemein gesprochen darin, auf der Grundlage wissenschaftlicher Erkenntnisse zu einer *rationalen* Wirtschaftspolitik beizutragen. Dabei wird eine Wirtschaftspolitik als rational bezeichnet, wenn sie von einer systematischen Analyse der Ausgangssituation und der Zielzusammenhänge ausgeht und bestrebt ist, die wirtschaftspolitischen Instrumente (oder Mittel) in einer solchen Weise anzuwenden, daß sich eine möglichst weitgehende Zielver-

wirklichung ergibt. Rationale Wirtschaftspolitik setzt also eine positive und normative Analyse voraus.

1.2.5 Wirtschaftstheoretische Modelle und Grundannahmen

Ökonomische Modelle

Die diskutierten wirtschaftswissenschaftlichen Probleme lassen sich nur mit Hilfe von Modellen untersuchen, wie man überhaupt über (ökonomische) Realität nur auf der Grundlage von Modellvorstellungen Aussagen machen kann – ob man nun das zugrunde liegende Modell explizit vor Augen hat oder nicht. Mit einem Modell versucht man, die für das betrachtete Problem am wichtigsten erscheinenden Zusammenhänge abzubilden. Man muß also stets eine Entscheidung darüber treffen, was als wesentlich und was als vernachlässigbar anzusehen ist.

Eine wichtige Modellfestlegung bezieht sich (a) auf den *Ausschnitt des wirtschaftlichen Geschehens,* der für die zu untersuchende Fragestellung bedeutsam ist: den Entscheidungsbereich einzelner Wirtschaftseinheiten (einzelwirtschaftliche Analyse), die Bedingungen auf Einzelmärkten (partiale Marktanalyse) oder gesamtwirtschaftliche Zusammenhänge (gesamtwirtschaftliche Analyse). Nach dem umfaßten Wirtschaftsraum lassen sich noch regionale, volkswirtschaftliche und weltwirtschaftliche Fragestellungen unterscheiden.
Eine zweite Modellfestlegung betrifft (b) den *Aggregationsgrad* der Betrachtung, der oben schon mit der Unterscheidung von mikro- und makroökonomischer Betrachtungsweise gekennzeichnet wurde. Beide Entscheidungen stehen natürlich in engem Zusammenhang, da im allgemeinen die Betrachtung eines größeren Ausschnitts des wirtschaftlichen Geschehens die Wahl eines höheren Aggregationsgrades erforderlich macht.
Eine weitere Modellfestlegung betrifft (c) die Art der *Berücksichtigung der Zeit:* Das Modell kann sich auf die Analyse von Zuständen in bestimmten Zeitpunkten oder -perioden beziehen (etwa die Erklärung der Höhe des Preises von Schweinefleisch in einem bestimmten Monat) oder die Analyse von Entwicklungen im Zeitablauf zum Ziele haben (etwa die Klärung von zyklischen Bewegungen des Schweinefleischpreises). Im ersten Fall spricht man von **statischer,** im zweiten Fall von **dynamischer Analyse.**

Ein Modell muß sich hinsichtlich des zu untersuchenden Problems stets auf die als wichtig erachteten Zusammenhänge konzentrieren. In diesem Sinne ist jede Modellanalyse **Partialanalyse.** Der Anwendung von Modellen liegt notwendigerweise die Voraussetzung zugrunde, daß die im Modell nicht erfaßten Zusammenhänge keine wesentliche Bedeutung für die Modellergebnisse haben.

Auf die jeweils zu beachtenden Rahmenbedingungen bei der Ableitung ökonomischer Theorieaussagen wurde bereits in Abschnitt 1.2.2 hingewiesen. Sie finden ihren Niederschlag in entsprechenden Bedingungen der ökonomischen Modelle. Darüber hinaus werden bei ökonomischen Modellanalysen häufig partielle Veränderungen einzelner Daten oder Instrumentvariablen vorgenommen, um den isolierten Einfluß dieser Veränderungen zu untersuchen, z. B. den Einfluß eines unterschiedlichen Ernteausfalls auf die Weizennachfrage und den Weizenpreis oder den Einfluß von staatlichen Festlegungen des Weizenpreises auf Angebot und Nachfrage. Diese Modellrechnungen erfolgen unter der Voraussetzung, daß – wie bei einem kontrollierten Experiment – alle Größen bis auf die gerade veränderten konstant bleiben. In der ökonomischen Theorie ist es üblich, die Voraussetzung, „daß alle übrigen Größen konstant bleiben“ durch die Klausel *„ceteris-paribus“* zu kennzeichnen.

Wirtschaftstheoretische Grundannahmen

In weiten Teilen der Wirtschaftstheorie wird von der Annahme ausgegangen, daß die Wirtschaftseinheiten ihre Entscheidungen so treffen und ihre Handlungen so ausrichten, daß sie im Rahmen der gegebenen Möglichkeiten eine möglichst weitgehende Annäherung an die angestrebten Ziele erbringen, d. h. daß sie völlig rational handeln („homo oeconomicus“). Da dieser **Grundsatz rationalen Handelns** eine zentrale Stellung in der ökonomischen Theorie einnimmt, bezeichnet man ihn auch als das ökonomische Prinzip.

Das **ökonomische Prinzip** läßt sich in zweierlei Weise spezifizieren:

– ein gegebenes Ziel (Ertrag) soll mit einem möglichst geringen Aufwand erreicht werden oder
– mit den verfügbaren Mitteln soll eine möglichst weitgehende Zielerreichung (maximaler Ertrag) angestrebt werden.

Wir werden dieser Grundannahme (oder diesem Grundaxiom) in den verschiedenen Teilen der Wirtschaftstheorie häufig begegnen: Sie ist selbstverständlich für den Bereich von Aussagen, der sich auf die optimale Organisation und Gestaltung des Wirtschaftsablaufs bezieht (normative Theorie), etwa wenn nach der optimalen Organisation eines Betriebes oder der optimalen Struktur einer Volkswirtschaft gefragt ist; sie ist aber auch gleichzeitig Grundhypothese für die Erklärung *tatsächlichen* wirtschaftlichen Verhaltens (positive Theorie).

Alternative Hypothesen über ökonomisches Verhalten sind etwa (a) *traditionelles Verhalten* (Gewohnheitsverhalten), (b) *nachahmendes Verhalten* oder (c) *Impuls- oder Affektverhalten.* Voraussetzung für eine wissenschaftliche Erklärung ökonomischer Zusammenhänge ist nicht, daß sich die Wirtschaftseinheiten rational verhalten. Wesentlich ist hingegen, daß die wirtschaftlichen Entscheidungen nicht völlig willkürlich getroffen werden, d. h. eine gewisse Regelmäßigkeit des Verhaltens vorliegt.

Eine weitere Grundannahme der wirtschaftswissenschaftlichen Analyse bezieht sich auf den **Stand der Information.** In Teilen der ökonomischen Theorie wird angenommen, daß die Wirtschaftseinheiten über alle Daten, Handlungsalternativen und die Konsequenzen ihrer Handlungen vollständig informiert sind. Das bedeutet, daß sie sichere Erwartungen über alle wichtigen Plangrößen haben und somit ihre **Entscheidungen bei Sicherheit** treffen können.

In der Realität ist die Zukunft jedoch stets unsicher. Die Wirtschaftseinheiten müssen daher häufig feststellen, daß Plan und Wirklichkeit voneinander abweichen. Daraufhin werden sie ihre Pläne revidieren und neue Entscheidungen treffen. Auf diese Weise ergeben sich fortlaufende Anpassungsprozesse, die sich im allgemeinen nur durch komplizierte ökonomische Modelle beschreiben lassen. Trotzdem wird bei ökonomischen Analysen zunächst häufig von den Annahmen „sichere Erwartungen“ und „rationales Verhalten“ ausgegangen, um relativ einfach strukturierte Modelle anwenden zu können.

Teil 1: Einzelwirtschaftliche Plankoordination und wirtschaftspolitische Steuerung

2 Arbeitsteilung, Branchenstruktur und Marktformen: Erscheinungsbild und Erfassung

Moderne Volkswirtschaften sind ausnahmslos durch eine weitgehende Spezialisierung der Produktion (Arbeitsteilung) gekennzeichnet. Arbeitsteilung setzt voraus, daß die einzelnen Unternehmungen untereinander und mit den Haushalten kommunizieren, so daß ein Mindestmaß an Plankoordination erreicht wird. In dezentral organisierten Volkswirtschaften laufen diese Kommunikations- und Abstimmungsprozesse in erster Linie über einzelne Märkte, auf denen sich die Preise für Sachgüter und Dienstleistungen herausbilden. Die Art der Preisbestimmung wird entscheidend von den Verhaltensweisen der Marktpartner bestimmt, die wiederum nicht unabhängig von den Marktformen (Marktgegebenheiten) gesehen werden können. So kann man sich beispielsweise leicht vorstellen, daß die Preisbildung für Automobile sich in anderer Weise gestaltet als für Weizen. In der Wirtschaftstheorie sind verschiedene idealtypische Marktformen entwikkelt worden, denen auch jeweils unterschiedliche Verhaltensweisen zuzuordnen sind. Wir wollen hier versuchen, idealtypische Marktformen mit konkreten Märkten der westdeutschen Wirtschaft in Verbindung zu bringen.

2.1 Arbeitsteilung und Branchenstruktur

Das Prinzip der Arbeitsteilung läßt sich beispielhaft als Abfolge von Produktionsstufen charakterisieren (vgl. Abschnitt 1.1.1). Dieser Darstellung liegt eine Gliederung der produzierten *Güter nach dem Verwendungszweck* (Vorleistungen, Investitionsgüter, Konsumgüter) *oder* auch der *Konsumreife* (Rohstoffe, Zwischenprodukte, Konsumgüter) zugrunde, einer derartigen Betrachtungsweise entspricht etwa die Übersicht 2.1, wobei die Sektoren „Bergbau“ sowie „Grundstoff- und Produktionsgüterindustrien“ dem Bereich „Vorleistungen“ zuzuordnen sind, und die Nahrungs- und Genußmittelindustrien als Teil der Konsumgüterindustrie angesehen werden können.

Bei der Interpretation von Statistiken der hier gezeigten Art ist einige Vorsicht geboten. Einmal kann der Umsatz oder der (Brutto-)Produktionswert nur sehr bedingt als Indikator für die Größe einer Industrie herangezogen werden. Er gibt zwar in etwa den Wert der erstellten Produktion an; jedoch ist zu berücksichtigen, daß der Umsatz auch die von „fremden“ Unternehmungen[1] gelieferten Leistungen

[1] Dieses Sektors und anderer Sektoren.

Übersicht 2.1: Beschäftigte, Umsatz, Vorleistungsanteile und Nettoproduktion je Beschäftigten im Produzierenden Gewerbe der Bundesrepublik Deutschland im Jahre 1990

Industrie-sektoren	Beschäftigte in 1000 (in %)	Brutto-produktion in Mrd. DM (in %)	Vorlei-stungsanteil an Brutto-produktion[1] (in %)	Nettoproduk-tion je Beschäftigten[1] (1000 DM)
Energie- und Wasserversorgung	285 (3,3)	161 (7,5)	64,4	248
Bergbau	170 (2,0)	29 (1,3)	55,3	108
Grundstoffe und Produktionsgüter	1388 (16,0)	489 (22,6)	57,8	163
davon:				
Steine und Erden	147 (1,7)	36 (1,7)	49,1	141
Eisenschaff. Ind.	189 (2,2)	52 (2,4)	59,9	124
Gießereien	97 (1,1)	16 (0,7)	47,6	93
Ziehereien	49 (0,6)	10 (0,5)	66,5	217
Mineralölverarb.	40 (0,5)	93 (4,3)	67,9	1270
Chemie	606 (7,0)	198 (9,2)	52,4	170
Investitionsgüter	4036 (46,5)	880 (40,8)	53,5	107
davon:				
Maschinenbau	1072 (12,4)	216 (10,0)	49,6	106
Straßenfahrz.	884 (10,2)	255 (11,8)	62,7	114
Schiffbau	33 (0,4)	8 (0,4)	63,6	86
Elektrotechnik	1109 (12,8)	216 (10,0)	49,2	104
Verbrauchsgüter	1336 (15,4)	252 (11,7)	54,1	92
davon:				
Holzverarbeit.	206 (2,4)	37 (1,7)	53,3	90
Kunststoffver.	271 (3,1)	55 (2,6)	53,6	101
Lederverarb.	42 (0,5)	7 (0,3)	58,8	70
Textilien	208 (2,4)	40 (1,9)	58,7	86
Bekleidung	164 (1,9)	27 (1,3)	61,1	66
Nahrungs- und Genußmittel	493 (5,7)	205 (9,5)	61,1	166
davon:				
Ernährung	477 (5,5)	180 (8,3)	67,1	131
Tabakverarb.	16 (0,2)	25 (1,2)	18,2	1280
Baugewerbe	966 (11,1)	142 (6,6)	49,2	80
Produz. Gewerbe insgesamt	8674 (100,0)	2158 (100,0)	58,4	158

[1] Einschließlich Handwerk

Quelle: Statistisches Jahrbuch für die Bundesrepublik Deutschland

(Vorleistungen) enthält, die den hier betrachteten Unternehmungen gar nicht zugerechnet werden dürften. Aber auch die Beschäftigtenzahlen können das Bild verzerren, weil die einzelnen Industriezweige eine unterschiedlich hohe Anzahl von Beschäftigten pro Produktionseinheit benötigen und damit die „arbeitsintensiven" Bereiche (relativ hohe Beschäftigtenzahl pro eine DM Produktionswert) in ihrer Größe überschätzt werden. In Übersicht 2.1 ist in der letzten Spalte für einige ausgewählte Industrien der Produktionswert in 1000 DM pro Beschäftigten ausgewiesen, wobei die Produktionsumfänge mit Hilfe des Konzepts der *Netto*produktionswerte (Bruttoproduktionswert – Vorleistungen) gemessen wurden. Der vorletzten Spalte ist zu entnehmen, in welch unterschiedlichem Ausmaß „fremde" Unternehmungen zum Bruttoproduktionswert von Unternehmungen verschiedener Branchen beigetragen haben.

Selbst wenn in Übersicht 2.1 die Umsatzgrößen durch Nettoproduktionswerte ersetzt würden, bliebe die Aussagekraft solcher Aufstellungen begrenzt. Die Einteilung der Industrien nach dem Verwendungszweck (oder auch nach der Konsumreife) von Gütern ist nicht frei von Willkür, weil es einfach keine „reinen" Investitionsgüter-, Konsumgüter- oder Vorleistungsindustrien gibt. Daß beispielsweise im Straßenfahrzeugbau oder in der elektrotechnischen Industrie neben Investitionsgütern unmittelbar Güter für die Haushalte (Konsumgüter) produziert werden, weiß jeder aus eigener Erfahrung. Da auch „reine" Vorleistungsindustrien nicht identifiziert werden können, sind Vorleistungslieferungen zwischen Branchen eher als ein Netz gegenseitiger Verflechtungen[1] denn als „Einbahnstraßen" darstellbar. Damit kann auch die Vorstellung von Produktionsstufen nur als eine grobe Annäherung an die Realität gesehen werden.

Man erkennt leicht, daß solche Industriebranchen, die nicht unmittelbar Güter für die Konsumenten herstellen, die Konsumgüterindustrien an Umfang bei weitem übertreffen, und das unabhängig davon, ob die Größe der Sektoren mit Hilfe von Beschäftigten- oder Umsatzzahlen (Verkaufserlösen) gemessen werden. Die Investitionsgüterindustrien absorbierten hiernach im Jahre 1990 einen hohen Anteil aller Industriebeschäftigten (46,5 %). Allerdings müssen, wie bereits erläutert wurde, die Zahlenwerte mit Vorsicht behandelt werden, weil auch die Investitionsgüterindustrien nicht unbeträchtliche Mengen an Konsumgüter herstellen. Nichtsdestoweniger läßt sich sagen, daß das industrielle Arbeitspotential in starkem Maße in **Umwegproduktionen** eingesetzt wird, deren Güter weder unmittelbar im Produktionsprozeß verbraucht (wie etwa Rohstoffe) noch an Haushalte als Konsumgüter verkauft werden, sondern als produzierte Produktionsmittel (Maschinen, maschinelle Anlagen usw.) bei der Gütererzeugung eingesetzt werden.
In der Wirtschaftsstatistik faßt man die Sektoren „Industrie" (s. Übersicht 2.1), „Handwerk", „Energie und Wasser" sowie das Baugewerbe, zum „warenproduzierenden Gewerbe" zusammen. Daneben werden unterschieden die Wirtschaftsbereiche „Land- und Forstwirtschaft", „Handel und Verkehr", „Dienstleistungen", „Staat" und „Private Haushalte und private Organisationen ohne Erwerbscharakter"[2], die zusammen mit dem

[1] Eine Beschreibung ist mit Hilfe sog. **Input-Output-Tabellen** möglich (vgl. Abschnitt 7.3.1).
[2] Z. B. Kirchen, politische Parteien und Gewerkschaften.

„warenproduzierenden Gewerbe" die Gütererzeugung der gesamten Volkswirtschaft erfassen. Allein das warenproduzierende Gewerbe hat hieran einen Anteil von 40,6 % (gemessen am Nettoproduktionswert; vgl. Übersicht 2.2).

Übersicht 2.2: Erwerbstätige und Nettoproduktionswerte von Wirtschaftssektoren der Bundesrepublik Deutschland im Jahre 1991

Wirtschaftssektoren	Erwerbstätige 1991 in 1000 (in %)	Nettoproduktionswerte 1991 in Mrd. DM (in %)
Land- und Forstwirtschaft	961 (3,4)	38 (1,6)
Warenproduz. Gewerbe	11321 (39,8)	941 (40,6)
davon:		
Energie, Bergbau	466 (1,6)	72 (3,1)
Verarbeitendes Gewerbe	8941 (31,5)	740 (31,9)
Baugewerbe	1914 (6,7)	130 (5,6)
Handel u. Verkehr	5316 (18,7)	333 (14,4)
davon:		
Handel	3728 (13,1)	203 (8,8)
Verkehr und Nachrichtenüberm.	1588 (5,6)	130 (5,6)
Dienstleistungsunternehmen	5268 (18,5)	694 (29,9)
davon:		
Banken, Versicherungen	891 (3,1)	121 (5,2)
Staat	4305 (15,1)	253 (10,9)
Private Haushalte* u. private Organisationen	1262 (4,5)	58 (2,6)
Volkswirtschaft	28433 (100)	2318 (100)

* Bei der Zählung der Erwerbstätigen werden die in privaten Haushalten Beschäftigten nicht erfaßt

Quelle: Statistisches Jahrbuch für die Bundesrepublik Deutschland

Mit staatlicher Produktion sind hier die Dienst- und Verwaltungsleistungen gemeint, die der Staat der Allgemeinheit ohne unmittelbare Gegenleistungen zur Verfügung stellt (öffentliche Güter). Dazu gehören etwa die Leistungen einer Stadtverwaltung, eines Lehrers, einer Universität[1] usw. Sie machten im Jahre 1991 11 % der volkswirtschaftlichen Nettoproduktion aus. Ähnlich wie die Leistungen des Staates sind auch die Leistungen der „privaten Organisationen ohne Erwerbscharakter" zu sehen. Soweit der Staat beispielsweise in den Sektoren „warenproduzierendes Gewerbe" oder „Handel und Verkehr" tätig wird, sind die Leistungen seiner Unternehmungen auch innerhalb dieser Sektoren zu finden (z. B. Bahn und Post; siehe Übersicht 2.2).

[1] Da diese Leistungen nicht auf einem Markt verkauft werden und daher auch kein Preis gezahlt wird, bewertet man z. B. die Leistungen eines Lehrers mit dessen Gehalt.

Lediglich die Erstellung sog. öffentlicher Güter (z.B. Verteidigungsleistungen, Innere Sicherheit, Ausbildung), die hauptsächlich durch Steuern finanziert werden und nicht über Märkte an die Haushalte und Unternehmen fließen, wird in der Zeile „Staat“ erfaßt.

Neben der Arbeitsteilung zwischen den Wirtschaftssektoren einer Volkswirtschaft besteht auch eine **Arbeitsteilung zwischen Nationen** (internationaler Handel). So sind die Produktionsmengen der in Übersicht 2.2 aufgeführten Wirtschaftsbereiche keineswegs nur für Inländer bestimmt, sondern sie werden zum Teil auch vom Ausland gekauft. Andererseits produziert die Volkswirtschaft der Bundesrepublik auch nicht alle Produkte selbst, die im Inland von Haushalten verbraucht oder als Vorleistungs- bzw. Investitionsgüter verwendet werden. Im Jahre 1990 lag die westdeutsche „Exportquote“ – das ist der Anteil der Exporte (Ausfuhr) am Produktionswert – der in Übersicht 2.3 betrachteten Sektoren bei 33%. Umgekehrt trug das Ausland in diesem Jahr zu 28% („Importquote“) zur inländischen Güterversorgung bei.
In dem genannten Betrachtungszeitraum lag die Exportquote der westdeutschen Wirtschaft stets über der Importquote, d. h. die Bundesrepublik Deutschland hatte dem Ausland mehr Güter und Dienstleistungen zur Verfügung gestellt als von dort empfangen.

Eine Vorstellung von der **internationalen Spezialisierung** der westdeutschen Volkswirtschaft läßt sich durch die Bildung von sektoralen Export- bzw. Importüberschüssen gewinnen (siehe 4. Spalte von Übersicht 2.3).

Übersicht 2.3: Sektorale Außenhandelsverflechtungen der Bundesrepublik Deutschland 1990

Wirtschaftssektoren[1] (in Mrd. DM)	(1) Bruttoproduktion	(2) Export	(3) Import	(4) Exportüberschuß (2)−(3)	(5) Exportquote $\frac{(2)}{(1)}$ (in %)	(6) Importquote $\frac{(3)}{(1)-(2)+(3)}$ (in %)
Bergbau	29	3	32	−29	10,3	55,2
Grundstoff- u. Produktionsgüter	489	150	140	10	30,7	29,2
Investitionsgüter	880	365	209	156	41,5	28,9
Verbrauchsgüter	252	81	94	−13	32,1	35,5
Ernährung u. Tabak	205	27	33	−6	13,2	15,6
Land-, Forstwirtschaft, Fischerei	75	7	31	−24	9,3	31,3

[1] Sektoren des verarbeitenden Gewerbes ohne Handwerk und Baugewerbe

Quelle: Statistisches Jahrbuch 1992

Hiernach besteht eine hohe Importabhängigkeit bei Bergbauprodukten sowie bei Erzeugnissen der Landwirtschaft. Lediglich bei Grundstoffen und Produktionsgütern sowie bei Investitionsgütern weist die westdeutsche Volkswirtschaft Exportüberschüsse auf. Allerdings sind diese beiden Sektoren so bedeutend, daß in der jüngeren Vergangenheit nie ein gesamtwirtschaftlicher Importüberschuß auftrat.

2.2 Marktformen

Die Marktform kennzeichnet die jeweiligen Marktgegebenheiten. Je nach der vorliegenden Marktform sind unterschiedliche Verhaltensweisen der Martktteilnehmer zu beobachten, die die Preisbildung in entscheidendem Maße bestimmen.

2.2.1 Idealtypische Marktformen

Marktformen lassen sich nach verschiedenen Gesichtspunkten gliedern. Die wichtigsten Unterscheidungen beziehen sich auf (a) die qualitative Beschaffenheit der Güter und Märkte und (b) die Anzahl der Marktteilnehmer auf beiden Seiten.

Übersicht 2.4: Marktformen

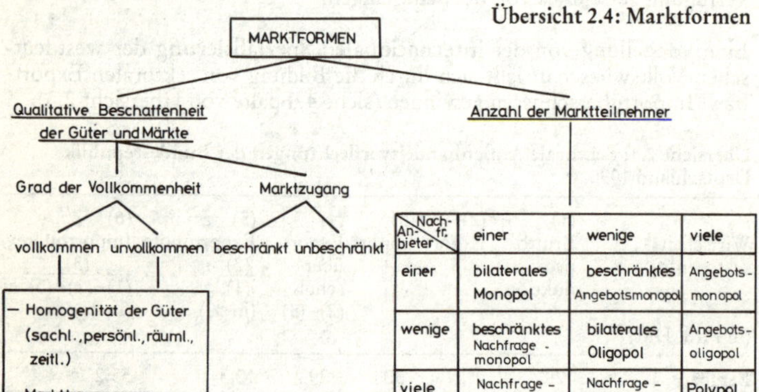

Anbieter \ Nachfr.	einer	wenige	viele
einer	bilaterales Monopol	beschränktes Angebotsmonopol	Angebotsmonopol
wenige	beschränktes Nachfragemonopol	bilaterales Oligopol	Angebotsoligopol
viele	Nachfragemonopol	Nachfrageoligopol	Polypol

Hinsichtlich der Beschaffenheit von Gütern und Märkten kann man vollkommene und unvollkommene Märkte unterscheiden sowie Märkte, bei denen neue Marktteilnehmer einen unbeschränkten oder beschränkten Zugang haben.

Ein Markt wird als **vollkommen** bezeichnet, wenn die folgenden Voraussetzungen erfüllt sind:
- die gehandelten Güter werden von den Marktpartnern als völlig gleichartig (**homogen**) angesehen,
- die Marktteilnehmer sind vollständig über die Marktbedingungen informiert, d. h. es liegt **Markttransparenz** vor.

Diese beiden Eigenschaften der Güter und Märkte sind etwas näher zu erläutern. Die **Homogenitätsbedingung** umfaßt die folgenden *Teilbedingungen:*

- Die Güter müssen **sachlich gleichartig** sein (z.B. Weizen bestimmter Sorte und Qualität).
- Käufer und Verkäufer haben keine **persönlichen** Präferenzen (z.B. wird ein Gut nicht deshalb höher eingeschätzt und gekauft, weil das Personal besonders freundlich ist).
- Es bestehen keine **räumlichen** Unterschiede, die die Kaufentscheide beeinflussen. Man spricht von der Annahme eines fiktiven „Punktmarktes" (es wird z.B. von der Existenz von Transportkosten und von der Unbequemlichkeit, die mit Güterkäufen auf weiter entfernt liegenden Märkten verbunden sind, abstrahiert).
- Es bestehen keine **zeitlichen** Differenzierungen hinsichtlich Lieferfristen, Zahlungsterminen u. dgl.

Volle **Markttransparenz** ist gegeben, wenn Anbieter und Nachfrager vollständig über die Bedingungen der beiden Marktseiten informiert sind, d. h. wenn die Unternehmen alle Bezugs- und Absatzmöglichkeiten sowie die Beschäftigungs- und Verdienstmöglichkeiten, Möglichkeiten der Kapitalanlage usw. kennen.

Aus diesen Bedingungen folgt, daß es auf einem vollkommenen Markt nur einen **einheitlichen Preis** geben kann, zu dem alle Umsätze getätigt werden. Würde etwa ein Anbieter einen höheren Preis fordern, so würden alle Nachfrager zu Anbietern mit niedrigeren Preisen abwandern.

Der vollkommene Markt ist eine Fiktion, die in der Realität nie in reiner Form vorliegt. Für einige Märkte liefert das Modell des vollkommenen Marktes jedoch eine ausreichend realitätsnahe Abbildung der tatsächlichen Verhältnisse (vgl. Abschnitt 2.2.2). Es kann zudem als Bezugspunkt für die systematische Einordnung abweichender Bedingungen dienen.

Von einem **unvollkommenen Markt** spricht man, wenn eine oder mehrere dieser Bedingungen nicht erfüllt sind. Die Preisbildung wird durch Unvollkommenheiten des Marktes wesentlich beeinflußt. Dabei kommt es darauf an, welche der Bedingungen nicht erfüllt sind. Vom *Grad der Unvollkommenheit* hängt ab, wie groß für Anbieter oder Nachfrager der Spielraum für die Entfaltung **wirtschaftlicher Macht** in dem Sinne ist, daß er bewußt Preis-Absatz-Strategie betreiben kann. Den Anbieter eines Gutes auf einem vollkommenen Markt kann man als „ohnmächtig" bezeichnen, da er keinen höheren Preis als die anderen Anbieter festsetzen kann, ohne seinen Absatz vollständig zu verlieren. Liegen dagegen Präferenzen vor oder kann der Unternehmer sie „künstlich" (z.B. durch Reklame) schaffen, so hat er einen gewissen Preiserhöhungsspielraum ohne die Gefahr von starken Absatzeinbußen; er übt in diesem Sinne wirtschaftliche Macht aus.

Die zweite Unterscheidung hinsichtlich der qualitativen Beschaffenheit der Märkte bezieht sich auf den **Zugang zu den Märkten.** Beschränkungen des Zugangs können etwa durch rechtlich-institutionelle Vorschriften

(z. B. Zunftordnung, Konzessionen für Apotheken, Numerus clausus) bestimmt sein. Im Außenhandel sind Handelshemmnisse der verschiedensten Art (z. B. Zölle, Devisenbeschränkungen) in diesem Zusammenhang von Bedeutung. Beschränkungen des Marktzugangs beeinflussen regelmäßig die Preisbildung. Sie erweitern prinzipiell den Spielraum zur Ausübung wirtschaftlicher Macht der privilegierten Marktteilnehmer, die der Beschränkung nicht unterworfen sind; so sorgt etwa der Numerus clausus in der Medizin tendenziell dafür, daß der Konkurrenzkampf unter Ärzten gedämpft bleibt und Umsatzeinbußen begrenzt sind.

Neben der qualitativen Beschaffenheit der Märkte hängt die Art der Preisbildung in starkem Maße von der Zahl der Marktteilnehmer bzw. der **Größe des Marktanteils** (Umsatzanteils) der Anbieter und Nachfrager ab, die sich auf einem Markt gegenüberstehen. Entscheidend für die Art der Preisbildung ist dabei nicht direkt die **Zahl der Marktteilnehmer,** sondern ausschlaggebend sind die charakteristischen Verhaltensweisen, die damit verbunden sind.

Häufig werden vereinfachend drei Fälle unterschieden, bei denen jeweils einer, wenige oder viele Marktteilnehmer vorhanden sind. Da diese drei Möglichkeiten sowohl auf der Angebots- wie auf der Nachfrageseite auftreten können, ergibt sich ein Marktformenschema mit neun möglichen Konstellationen (vgl. Übersicht 2.4), die üblicherweise durch die dort angeführten griechischen Ausdrücke gekennzeichnet werden.

Um die Vielfalt der in der Realität vorkommenden Marktkonstellationen noch besser charakterisieren zu können, werden häufig weitere Untergliederungen vorgenommen. Wir wollen nur auf die folgenden Fälle hinweisen:

- Zu einem großen Anbieter treten noch mehrere kleinere hinzu. Man spricht dann von einem **Teilmonopol**;
- Zu einigen wenigen Anbietern kommen mehrere kleinere hinzu. Man spricht von einem **Teiloligopol**.

Zur vollständigen Beschreibung der verschiedenen Marktformen sind die verschiedenen Gesichtspunkte zu kombinieren:

- vollkommener und unvollkommener Markt,
- beschränkter und unbeschränkter Zugang,
- einer, wenige oder viele Marktteilnehmer auf jeder der Marktseiten.

Grundsätzlich sind fast alle Merkmale miteinander kombinierbar. In der Realität sind jedoch, wie im nächsten Abschnitt deutlich werden soll, ganz bestimmte Konstellationen typisch.

2.2.2 Reale Marktstrukturen

Als Indikator für die relative Größe von Unternehmungen mag man – in Anlehnung an das Marktformenschema der Übersicht 2.4 – die Zahl der Anbieter auf einzelnen Märkten ansehen. Man kann sich leicht überlegen, daß diese Informationen für die Charakterisierung von Angebotskonzentrationen nicht immer ausreichen. Das Bundeskartellamt, das als Bundesoberbehörde u. a. zusammen mit dem Bundeswirtschaftsministerium über die Einhaltung des Gesetzes gegen Wettbewerbsbeschränkungen („Kartellgesetz") wacht, berechnet daher auch nicht nur die Gesamtzahl von Anbietern auf einzelnen Märkten, sondern fragt ebenfalls danach, welche **Umsatzanteile** die drei größten bzw. sechs größten Unternehmungen einer Branche jeweils auf sich vereinigen. Durch diese Vorgehensweise wird man davor bewahrt, Märkte mit einigen wenigen Großanbietern (hoher „Konzentrationsgrad") und sehr vielen kleinen Produzenten, die nur einen begrenzten Marktanteil besitzen, vorschnell als Polypol zu bezeichnen. In Übersicht 2.5 sind diese Umsatzanteile für einige ausgewählte Industriezweige zusammengestellt.

Die höchsten „Konzentrationsgrade" weisen der Steinkohlenbergbau sowie die Industrien der Grundstoffe, der Produktions- und Investitionsgüter auf. Steinkohle, Zement und Produkte der eisenschaffenden Industrie sind darüber hinaus als relativ homogen anzusehen, so daß wir die Märkte dieser Branchen in erster Annäherung dem sog. **homogenen Oligopol** zuordnen können. Diese besondere Marktform läßt sich aus dem Marktformenschema der Übersicht 2.4 bilden, wenn man das Merkmal der Anzahl der Marktteilnehmer (hier: wenige Anbieter – viele Nachfrager) mit dem Merkmal des Vollkommenheitsgrades von Märkten (hier: annähernd sachliche Homogenität) kombiniert, wobei die räumlichen und zeitlichen Präferenzen als nicht wesentlich angesehen werden. Mit der Markt-

Übersicht 2.5: Anteil der jeweils 3 und 6 größten Unternehmen am Gesamtumsatz in ausgewählten Industriezweigen (bezogen auf den Umsatz inländischer Unternehmen der Bundesrepublik Deutschland)

Industriesektoren	Umsatzanteil der 3 größten Unternehmen (%)			Umsatzanteil der 6 größten Unternehmen (%)		
	1962	1968	1974	1962	1968	1974
Steinkohlenbergbau	23,8	28,0	82,3	38,9	47,9	97,4
Zementindustrie	44,0	52,1	*	55,4	60,6	*
Eisenschaffende Industrie	21,6	31,5	36,7	39,9	49,0	54,8
Eisen-, Stahl-, Tempergießereien	21,5	*	22,2	29,3	*	32,6
Ziehereien, Kaltwalzwerke u. ä.	7,6	10,1	8,8	12,2	15,7	14,3
Chemische Industrie	26,0	27,4	28,7	35,5	37,7	41,4
Metallverarb. Maschinen u. ä.	6,4	7,1	7,6	10,5	11,8	12,8
Landw. Maschinen	27,9	22,5	29,0	41,4	35,9	42,5
Kraftwagenindustrie	55,6	59,4	54,1	69,8	73,8	70,9
Elektrotechn. Industrie	22,8	32,3	30,8	34,7	39,8	38,2
Textilindustrie	3,4	4,1	3,9	5,7	6,7	6,6
Bekleidungsindustrie	5,0	*	4,2	7,7	*	*
Ernährungsindustrie	8,0	8,4	11,4	10,8	11,3	16,3

* keine Angabe

Quelle: Kartellbericht 1976, Bundesdrucksache 8/704

form des **heterogenen Oligopols** (heterogen = inhomogen; die Produkte sind sachlich nicht gleichartig) lassen sich dagegen eher die Märkte der elektrotechnischen Industrie, der Kraftwagenindustrie, der chemischen Industrie und auch der Hersteller landwirtschatlicher Maschinen kennzeichnen.

Es handelt sich, abweichend von den Roh- und Grundstoffindustrien, im wesentlichen um *Produkte höherer Verarbeitungsstufen* (Investitionsgüter für Unternehmen, längerlebige Gebrauchsgüter für Haushalte). Hier treten in stärkerem Maße *qualitative Unterschiede* der Produkte in den Vordergrund.

Die niedrigsten Konzentrationsgrade weisen in Übersicht 2.5 die Textil-, Bekleidungs- und Ernährungsindustrie sowie der Sektor „Metallverarbeitende Maschinen" auf. Es wäre allerdings voreilig, aus diesen Informationen allein auf polypolistische Angebotsstrukturen zu schließen. Denn die hier gebildeten Sektoren umfassen unterschiedlichste Produkte, deren Märkte jeweils durchaus hoch konzentriert sein können. Das läßt sich leicht am Beispiel der Ernährungsindustrie demonstrieren. Relativ hohe Umsatzanteile hatten 1973 die jeweils drei größten Unternehmen beispielsweise in der Margarineindustrie (86%), bei den Herstellern von Nährmitteln (53%) bzw. Dauerbackwaren (50%), in der Zuckerindustrie (50%), der Ölmühlenindustrie (49%) oder auch in der stärke- und kartoffelverarbeitenden Industrie (42%).

Umsatzanteile unter 10% finden sich lediglich bei Molkereien und Käsereien (9,2%), in der Brotindustrie (9,5%) sowie der Mineralwasser- und Limonadenindustrie (9%). Die Brauereien liegen mit einem Konzentrationsgrad von 11,5% knapp über der Zehnprozentgrenze. Es handelt sich hier durchweg um Produktionszweige mit hohen Transportkosten auf Vorleistungen bzw. auf hergestellte Produkte. Soweit Transportkosten (Bier, Mineralwasser) oder qualitative Faktoren (Frische und Haltbarkeit von Waren, etwa bei Brot) die räumliche Verbreitung von Produkten begrenzen, schließen die für das Bundesgebiet insgesamt errechneten niedrigen Umsatzanteile keineswegs hohe *regionale* Angebotskonzentrationen aus.

Man kommt zu ähnlichen Schlußfolgerungen, wenn die Produzenten metallverarbeitender Maschinen in die Betrachtung einbezogen werden. Nach Übersicht 2.5 ist der Konzentrationsgrad gering. Tatsächlich sind die Hersteller dieser Maschinen aber oft so spezialisiert, daß ein bestimmtes Gerät nur von einer einzigen Firma angeboten wird und man daher fast geneigt ist, diese als Monopolisten zu bezeichnen. Im Grunde stellt sich dieses Problem, wenn auch unterschiedlich stark ausgeprägt, für die meisten Branchen. Ist der Anbieter von Spalt-Tabletten ein Monopolist auf dem Markt für Spalt-Tabletten oder einer unter mehreren Anbietern von Schmerzmitteln? Im Prinzip geht es stets um die Frage, ob man unterschiedliche Produkte zu einer Produktgruppe zusammenfassen und einem bestimmten Markt zuordnen soll, oder ob man nicht besser den Anbieter eines jeden Einzelprodukts als Monopolist auf einem Teilmarkt betrachtet, der die Konkurrenz von Ersatzprodukten fürchten muß (sog. **Substitu-**

tionskonkurrenz), die auf einem eng benachbarten Markt angeboten werden.

Hinter diesen Überlegungen steht letztlich die Vorstellung, ein Anbieter sei um so „mächtiger", je stärker sich sein Produkt von den Produkten anderer Produzenten unterscheidet und je höher sein Marktanteil ist. Daher wird man z. B. jeden einzelnen landwirtschaftlichen Betrieb als eine „machtlose" Wirtschaftseinheit kennzeichnen können, wenn man bedenkt, daß im Jahre 1991 598703 landwirtschaftliche Betriebe gezählt wurden, die jeweils nur einen sehr begrenzten Marktanteil besitzen und von denen man außerdem weiß, daß sie auf den unterschiedlichen Märkten relativ gleichartige Güter anbieten. Agrarmärkte gelten daher auch häufig als ein Musterbeispiel für die Marktform des **homogenen Polypols** („vollständige Konkurrenz"). Faßt man wirtschaftliche Macht hier als die Fähigkeit von wirtschaftlichen Unternehmen, auf den Gütermärkten die Absatzbedingungen (insbesondere die Preise) zu ihren Gunsten zu beeinflussen, dann läßt sich sagen, daß einzelne landwirtschaftliche Betriebe diese Fähigkeit im allgemeinen nicht besitzen. In einer ganz ähnlichen Situation befinden sich sehr viele Unternehmen in Entwicklungsländern, die den „Weltmarkt" mit (annähernd sachlich homogenen) landwirtschaftlichen (Kakao, Kaffee, Tee usw.) oder gewerblichen (Kupfer, Zinn usw.) Rohprodukten beliefern. Wir werden weiter unten sehen, welche Konsequenzen sich hieraus für den Preisbildungsprozeß ergeben.

In vielen Lehrbüchern wird der *Einzelhandel* als ein Beispiel für die Marktform des **heterogenen Polypols** genannt. Die Statistik weist für 1991 402285 Unternehmungen aus. Von diesen bieten Teilgruppen zwar ähnliche, meistens aber nicht vollkommen gleiche Produkte an. Aber selbst bei sachlicher Homogenität des Angebots verbleiben die regionalen Unterschiede, da Einzelhandelsunternehmen an verschiedenen Standorten angesiedelt sind. So spielen beispielsweise die Entfernungen zwischen Haushalten und Lebensmittelgeschäften nach wie vor eine wichtige Rolle. Beide, die sachliche wie auch die räumliche Heterogenität der Märkte, erlauben auch kleinen Einzelhandelsgeschäften, in begrenztem Ausmaß Einfluß auf ihre Absatzbedingungen und damit ihre Preise zu nehmen. Selbst persönliche Präferenzen können noch eine Rolle spielen. Wegen der genannten räumlichen Faktoren darf man daher die Bedeutung der Gesamtzahl von Einzelhandelsunternehmen für die „Machtverteilung" auf diesen Märkten nicht überschätzen. Es wird wohl kaum jemand wegen eines gewöhnlichen Einkaufs von Bonn nach München fahren. Es werden somit jeweils nur die Einzelhandelsgeschäfte einer bestimmten Region für die Marktstrukturen bestimmend sein. Außerdem gibt es im Einzelhandel trotz der genannten Vielzahl von Unternehmen ausgeprägte Konzentrationstendenzen, die zur Entstehung von mittelgroßen und größeren Supermärkten geführt haben.

Neben der Konkurrenz heimischer Unternehmen auf den inländischen oder regionalen Märkten können Machtpositionen der Anbieter entscheidend durch die Konkurrenz ausländischer Unternehmen abgebaut werden. Beispielsweise wird die Machtposition der deutschen Chemie- oder

Automobilindustrie in erheblichem Maße durch die **Importkonkurrenz** eingeschränkt. Weiterhin ist zu beachten, daß eine erhebliche Konkurrenz durch Substitutionsgüter bestehen kann. So erreicht etwa der Steinkohlenbergbau den mit Abstand höchsten Konzentrationsgrad (vgl. Übersicht 2.5), und man könnte selbst bei dem hohen Homogenitätsgrad der Produkte auf eine starke Machtposition der größten Unternehmen schließen; insbesondere wenn man noch weiß, daß auf die 1968 gegründete Ruhrkohle AG allein etwa 75% des Gesamtumsatzes entfallen. Tatsächlich engen jedoch die Importkonkurrenz sowie die *Substitutionskonkurrenz* anderer Energieträger, wie Erdöl und Erdgas, den Machtspielraum des größten deutschen Steinkohleproduzenten ganz erheblich ein.

Marktmacht auf der Angebotsseite kann durch Konzentration auf der **Nachfrageseite** kompensiert werden. Das Bild von den mächtigen Konzernen, denen die ohnmächtigen Einzelhandelsgeschäfte hilflos ausgeliefert sind, ist sicherlich falsch. Einkaufsgenossenschaften sowie Großunternehmen des Einzelhandels (Karstadt, Kaufhof, Neckermann usw.) sind durchaus zur Ausübung von Gegenmacht in der Lage. Nicht wenige Stimmen beklagen bereits eine „gefährliche" Machtverlagerung von den Produzenten zu den Handelsgeschäften. Auch im Bereich der Landwirtschaft gibt es Genossenschaften und andere erzeugerorientierte Unternehmen, die einen gemeinschaftlichen Einkauf von Produktionsmitteln ermöglichen und als Gegenmacht ausübende Wirtschaftseinheiten angesehen werden. Beispielsweise liefen im Jahre 1970/71 70% aller Bezüge von Pflanzenschutzmitteln und 65% aller Düngemitteleinkäufe über derartige Organisationen.

Vor dem Hintergrund dieser Beobachtungen sind die oben für die Industrie angestellten Überlegungen zu ergänzen bzw. zu modifizieren: Die Angebots-Nachfrage-Beziehungen zwischen Produktionsunternehmen (Vorleistungs- und Investitionsgüter) bzw. zwischen Produktions- und Handelsunternehmen lassen sich häufig besser durch die Marktform des **bilateralen Oligopols** als des Angebotsoligopols charakterisieren.

Zusammenschlüsse selbständig bleibender Unternehmen gibt es natürlich auch auf der Angebotsseite. Genossenschaften und ähnliche gemeinschaftliche Unternehmen der landwirtschaftlichen Produzenten erfaßten im Jahre 1970/71 beispielsweise 70% des Getreides, 80% der Milch oder 50–60% des Zuckerrübenabsatzes. Während landwirtschaftliche Kooperationen dieser Art in der Regel mit dem Argument einer „legitimen" Gegenmachtbildung gerechtfertigt werden, sind beispielsweise die von gewerblichen Unternehmen häufig angestrebten **Kartelle** als „vertragliche Zusammenschlüsse rechtlich und wirtschaftlich selbständig bleibender Unternehmen" in der Bundesrepublik grundsätzlich verboten („Verbotsprinzip" des deutschen Kartellrechts), können aber von den Kartellbehörden genehmigt werden (vgl. Abschnitt 4.4.2). Man geht also davon aus, daß Kartelle im Prinzip eher unerwünschte einseitige Machtausübung fördern als vorhandene Macht auf der Gegenseite neutralisieren.

Ein besonders eindringliches Beispiel für die Organisation von Gegenmacht bietet der *Arbeitsmarkt*. Die Bedingungen, zu denen ein Arbeitnehmer einer Unternehmung seine Arbeitsleistungen anbietet, brauchen von einzelnen Arbeitnehmern nicht mehr allein ausgehandelt zu werden, wenn – wie in der Bundesrepublik – freie Gewerkschaften sowie ein Tarifvertragsgesetz existieren. Da sich bei Verhandlungen zwischen Einzelgewerkschaften auf der einen Seite und einzelnen Arbeitgebern oder Vereinigungen von Arbeitgebern auf der anderen Seite nur zwei Parteien gegenüberstehen, kommt diese Art der Lohn-(Preis-)Bestimmung dem Modell des **bilateralen Monopols** sehr nahe. Wird über Arbeitsleistungen gleicher Qualität verhandelt, dann wird man gleichzeitig von einem homogenen Markt sprechen können. In der Realität haben diese Vereinbarungen den Charakter von Mindestpreisen, die nicht unterschriten werden dürfen. Für die einzelnen Arbeitnehmer günstigere Arbeitsverträge sind durchaus erlaubt und auch, soweit es sich um Stundenverdienste handelt, nicht unüblich.

Der *Energiemarkt* war bisher lediglich im Zusammenhang mit dem Energieträger Steinkohle angesprochen worden. Die hohe Konzentration des Steinkohlebergbaus wird durch den Braunkohlebergbau noch übertroffen: die Rheinische Braunkohle AG – beherrscht von dem größten deutschen Elektrizitätserzeuger RWE – hatte 1974 einen Anteil an der Gesamtförderung von etwa 86%. Wegen hoher Transportkostenbelastung wird Braunkohle fast ausschließlich zur Stromerzeugung eingesetzt. Trotz geringerer Konzentration auf dem Gasmarkt (Ruhrgas AG: 25%, Esso und Shell jeweils 7%, Mobil Oil 5%, Wintershall AG 3%, VEW 3%) findet auch hier praktisch kein Wettbewerb statt: **Gebietskartelle** bestimmen den Markt; die Preisbildung ist weitgehend an die Ölpreise gebunden. Auch die Anteile führender Elektrizitätsunternehmen an der nutzbaren Stromabgabe (RWE 25 %, Veba/Gelsenberg 15 %, VEW 6 %) täuschen über die wirklichen Marktstrukturen hinweg: Da aus Kostengründen und anderen Überlegungen (vgl. Abschnitt 6.1.3) in jedem Gebiet nur *ein* Leitungsnetz tragbar ist, hat man für die Elektrizitätswirtschaft **Gebietsmonopole** geschaffen. Obwohl der Staat der mit Abstand größte Kapitaleigner dieser Unternehmen ist und darüber hinaus eine staatliche Fach-, Preis- und Mißbrauchsaufsicht besteht, werden die Marktergebnisse teilweise sehr kritisch beurteilt. Den Unternehmen scheint es trotz der Kontrollmechanismen nach wie vor zu gelingen, eine an eigenen Zielen orientierte Politik zu betreiben. Den einzigen, vom beherrschenden Staatseinfluß freien Bereich stellt die Mineralölindustrie dar. Wie allseits bekannt ist, teilen sich diesen Markt weitgehend die multinationalen Konzerne. Allerdings haben auf diesem Markt die Regierungen der erdölexportierenden Staaten (OPEC-Länder) einen starken Einfluß auf die Fördermengen und Preise für Rohöl.

In Abschnitt 1.1.1 wurde darauf hingewiesen, daß es neben dem Tausch von Forderungen gegen Güter (auf Gütermärkten) auch einen Handel mit Forderungen auf **Märkten für Forderungen** gibt (z.B. Wertpapierbörsen). Tatsächlich spielen hierbei die Banken einen zentrale Rolle. Nicht nur dadurch, daß sie Geld von Wirtschaftseinheiten leihen und an andere in Form von Krediten wieder ausleihen, sondern auch durch ihre Tätigkeit

als Agenten, indem sie auf den Wertpapierbörsen für andere als Käufer und Verkäufer auftreten. Diese Art von Geschäften darf hier deshalb nicht unerwähnt bleiben, weil die Wertpapierbörsen als bestorganisierte Märkte, auf denen vollkommen homogene Papiere (Aktien und festverzinsliche Wertpapiere bestimmter Art) gehandelt werden, dem **Modell des vollkommenen Marktes** sehr nahe kommen. Auch Markttransparenz ist gegeben, weil sich ein Börsenmakler eine vollständige Übersicht über die Bedingungen verschaffen kann, zu denen Anbieter verkaufen und Nachfrager kaufen wollen. Allerdings heißt das nicht, daß bestimmte Marktteilnehmer den Marktpreis (Kurs) nicht beeinflussen könnten. Den Banken steht grundsätzlich die Möglichkeit offen, durch gezielte Kundenberatung oder auch eigene Käufe und Verkäufe die Kursbewegungen in eine bestimmte Richtung zu lenken.
Dies ist aber nicht die Hauptursache dafür, daß in Diskussionen über Konzentrationen oder Machtzusammenballungen häufig die Banken im Mittelpunkt des Interesses stehen. Der Grund ist auch nicht etwa in einer Angebotskonzentration der Dienstleistungen des Kreditgewerbes zu sehen; er liegt vielmehr in der Möglichkeit der Banken, die Entscheidungen anderer Unternehmen zu kontrollieren und zu beeinflussen. Die Instrumente hierfür liefern ihnen sowohl Geldausleihungen und direkte Beteiligungen an Unternehmungen als auch das **Depotstimmrecht.**

Das Depotstimmrecht kann ausgeübt werden, wenn die Eigentümer von Beteiligungspapieren diese den Banken zur Aufbewahrung (im Depot) überlassen und ihnen jährlich auch das mit den Papieren verbundene Stimmrecht auf den Hauptversammlungen der Aktiengesellschaften übertragen.

3 Marktwirtschaftliche Lenkungsmechanismen bei vollständigem Wettbewerb

Märkte waren im letzten Kapitel als Instrumente zur Abstimmung von Plänen der Wirtschaftseinheiten dezentralisierter Volkswirtschaften beschrieben worden. Wir hatten unterschiedliche idealtypische Marktformen kennengelernt, von denen wir uns in diesem Kapitel der **vollständigen Konkurrenz** zuwenden wollen. Am Beispiel der vollständigen Konkurrenz lassen sich in einfacher Weise und geschlossener Darstellung die Grundprinzipien ökonomischer Handlungsweisen der Wirtschaftseinheiten entwickeln, die auch bei Vorliegen anderer Marktformen Bedeutung haben. Die vielfältigen Erscheinungsformen unvollständiger Konkurrenz, die in der Realität zu beobachten sind, erfordern zwar Erweiterungen der mikroökonomischen Theorie, wie sie in diesem Kapitel entwickelt wird, Grundlage und Bezugspunkt bleibt jedoch stets der Theorierahmen der vollständigen Konkurrenz.

Von vollständiger Konkurrenz spricht man, wenn (a) die Produkte des betrachteten Marktes gleichartig oder – wie man auch sagt – *homogen* sind und wenn (b) einer *Vielzahl von Anbietern eine Vielzahl von Nachfragern* gegenübersteht; wobei die jeweiligen Angebots- und Nachfragemengen nur einen sehr kleinen Anteil am Gesamtangebot bzw. der Gesamtnachfrage ausmachen und somit der einzelne Anbieter und Nachfrager keinen Einfluß auf die Höhe des Marktpreises hat. Der Preis ergibt sich vielmehr als das Resultat der vielen Einzelentscheidungen aller am Marktgeschehen teilnehmenden Unternehmen und Haushalte.

3.1 Abstimmung von Angebot und Nachfrage durch Marktpreise

3.1.1 Marktgleichgewicht

Den Ausgangspunkt unserer Überlegungen bilde der Eiermarkt einer Region, auf dem sich Eierproduzenten (Anbieter) sowie Haushalte (Nachfrager) derselben Region gegenüberstehen. Aus Marktbeobachtungen der Vergangenheit sei bekannt, daß die Haushaltsnachfrage nach Eiern grundsätzlich von der Höhe der Haushaltseinkommen, des Eierpreises und des Käsepreises (also des Preises eines Konkurrenzproduktes) abhängt. Für den betrachteten Zeitraum sei nun angenommen, daß sich die Höhe des Einkommens und der Käsepreis nicht nennenswert verändern. Dann läßt sich die Nachfrage allein in Abhängigkeit von der Höhe des Eierpreises darstellen. Aus Untersuchungen der Marktforschung sei bekannt, daß die in Übersicht 3.1 angegebene Beziehung zwischen Preisen und Mengen besteht.

Übersicht 3.1: Eiernachfrage und Eierangebot in Abhängigkeit vom Eierpreis

(1) Preis für Eier (DM/Stück)	(2) Haushaltsnachfrage (Stück)	(3) Angebot (Stück)
0,14	30 000	19 000
0,16	25 000	19 500
0,18	24 000	20 000
0,20	22 500	20 500
0,22	21 000	21 000
0,24	20 200	21 800
0,26	19 500	24 000
0,28	19 000	25 700

Wie nicht anders zu erwarten ist, sinkt die mengenmäßige Nachfrage nach Eiern mit steigendem Eierpreis, wenn die Haushaltseinkommen und der Käsepreis unverändert bleiben.

Die Werte von Spalte (2) in Übersicht 3.1 sind als das Resultat von Entscheidungen vieler Haushalte anzusehen. Da diese Entscheidungen wiederum auf der Grundlage von Wirtschaftsplänen gefällt werden, kann man auch sagen, daß die Wirtschaftspläne der Gesamtheit aller Haushalte –

hinsichtlich des Eierkonsums – erfüllt sind, wenn die Nachfrager bei den oben angegebenen Preisen auch jeweils die zugehörigen Eiermengen [Spalte (2)] erhalten.

Andererseits werden auch die Eierproduzenten bestimmte Vorstellungen über die Eiermengen haben, die sie bei unterschiedlichen Preisen anbieten möchten. Nehmen wir an, die Hühnerhalter würden für den nächsten Monat einen günstigen Preis von durchschnittlich 0,26 DM je Ei erwarten und daher täglich 24 000 Eier „auf den Markt" bringen. Ein Blick auf die Nachfrageskala zeigt sofort, daß bei einem Preis von 0,26 DM lediglich 19 500 Eier von den Haushalten abgenommen werden. Ein „Angebotsüberschuß" von 4500 Eiern wäre nicht absetzbar, wenn die Eieranbieter auf einem Preis von 0,26 DM/Stück bestehen würden. Da Eier aber zeitlich begrenzt lagerfähig sind, werden die einzelnen Hühnerhalter ihre Preise heruntersetzen. Soll die gesamte Eierproduktion auch täglich abgesetzt werden, dann muß der Eierpreis offenbar auf 0,18 DM/Stück absinken.

Dieser Preis wird sich nicht sofort einstellen. Vermutlich können die Eierproduzenten anfangs noch einige Eier an Kunden verkaufen, die einen Preis bezahlen, der über 0,18 DM liegt. Allmählich werden jedoch auch diese Haushalte eine bessere Marktübersicht gewinnen und nicht mehr teurer als andere einkaufen.

Ein Preis von 0,18 DM/Stück entspricht jedoch nicht den Vorstellungen der Eierproduzenten; denn sie sind ja tatsächlich von wesentlich optimistischeren Erwartungen (0,26 DM/Stück) ausgegangen. Bei Markttransparenz kann ein einzelner Anbieter aber auch keinen höheren Preis fordern, weil die Nachfrager dann sofort auf andere Anbieter ausweichen würden. Daher werden einige Produzenten weniger leistungsfähige Legehennen abschlachten, den Zukauf teuren Futters reduzieren usw. Andere werden möglicherweise sogar ihre Betriebe ganz stillegen. Auf jeden Fall ist mit einem Produktionsrückgang zu rechnen.

Geringere Eiermengen lassen sich zu höheren Preisen absetzen. Das zeigen deutlich die Spalten (1) und (2) von Übersicht 3.1. Auf dem Eiermarkt sind daher als Folge der Produktionseinschränkungen Preissteigerungen zu erwarten. Da steigende Preise die Gewinnaussichten der Eierproduzenten verbessern, wird einmal eine Situation erreicht sein, in der die Anbieter mit den herrschenden Preisen „zufrieden" sind und ihre Produktion nicht weiter reduzieren. Wann und an welcher Stelle (bei welchem Preis und bei welcher Menge) das der Fall sein wird, ist ungewiß, solange wir nicht wissen, welche Mengen die Eierproduzenten bei unterschiedlichen Preisen anzubieten gedenken. Ähnlich wie für die Nachfrager können wir auch hier von bestimmten *Marktforschungsergebnissen* ausgehen und eine Preis-Mengen-Tabelle konstruieren [Spalte (3) von Übersicht 3.1]. Im Gegensatz zur Haushaltsnachfrage zeigt sich hier, daß das Angebot der Eierproduzenten mit steigendem Preis steigt, da sich dann für sie der Ankauf zusätzlichen Futters, die zeitliche Verschiebung von Schlachtungen oder gar die Einrichtung zusätzlicher Betriebe lohnt.

Angebots- und Nachfrageplanungen der Unternehmen bzw. Haushalte stimmen bei einem Preis von 0,22 DM/Stück überein. Bei diesem Preis planen die Unternehmer eine Produktion von 21000 Eiern, die von den Haushalten auch abgenommen wird. Werden mehr als 21000 Eier produziert, dann läßt sich diese Menge nur zu einem Preis absetzen, der niedriger ist als der von den Unternehmern erwartete. Das Angebot wird infolgedessen reduziert, der Preis steigt. Bei einem unter 21000 Eiern liegenden Angebot wird sich ein Preis einstellen, der höher ist als 0,22 DM, weil die Haushalte eine geringere Menge auch zu einem höheren Preis kaufen. Hohe Preise werden die Unternehmer aber auch zu Produktionssteigerungen anreizen, die wiederum preisdämpfend wirken. Offenbar werden auf dem hier betrachteten Markt immer dann Preis- und Mengenbewegungen ausgelöst, wenn die Angebots- und Nachfrageplanungen der Unternehmer und Haushalte voneinander abweichen, m. a. W. wenn die Wirtschaftspläne der Haushalte und Unternehmungen nicht übereinstimmen. Diese Abweichungen werden dann durch Preisveränderungen korrigiert. Man sagt daher auch, der **Markt-, Preis- oder Konkurrenzmechanismus** koordiniere die Wirtschaftspläne. Der Preis spielt sich am Markt so ein, daß die mit diesem Preis verbundenen Angebots- und Nachfragemengen die Pläne und Erwartungen der Anbieter *und* Nachfrager erfüllen, die diesen Preis akzeptieren. Da zu diesem Preis die am Markt angebotene (geplante) Menge eines Gutes genau mit der von den Nachfragern geplanten Menge übereinstimmt und daher weder die Anbieter noch die Nachfrager Anlaß haben, ihre Pläne zu ändern, spricht man vom **Marktgleichgewicht.**

In der Wirtschaftstheorie ist es üblich, weniger mit Zahlenbeispielen als vielmehr mit Hilfe von graphischen Darstellungen wirtschaftliche Zusammenhänge zu veranschaulichen. Wir wollen daher auch unser Zahlenbeispiel in eine Graphik übertragen:

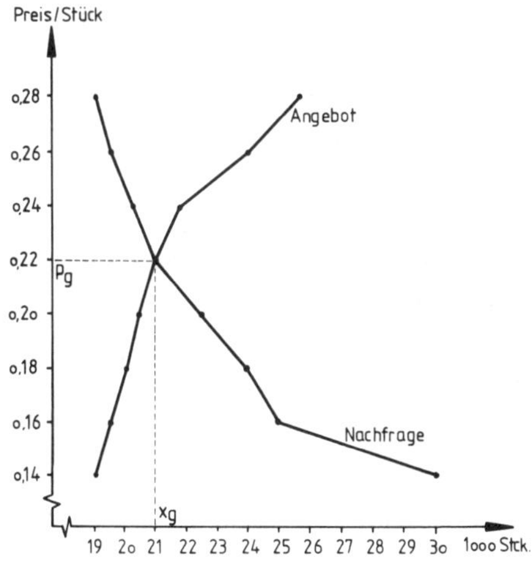

Übersicht 3.2: Marktgleichgewicht

Hierbei kommen die oben angenommenen Reaktionen der Marktteilnehmer deutlich zum Ausdruck: Die „Nachfragekurve" besitzt an jeder Stelle eine *negative Steigung*, die „Angebotskurve" weist dagegen an jeder Stelle eine *positive Steigung* auf. Ein Marktgleichgewicht ist an dem Punkt erreicht, wo sich Angebots- und Nachfragekurve schneiden. Den dazugehörigen Preis und die zugehörige Menge bezeichnet man als **Gleichgewichtspreis** (p_g) bzw. **Gleichgewichtsmenge** (x_g).

Die Beziehungszusammenhänge der Übersichten 3.1 und 3.2 berücksichtigen lediglich veränderliche Preise, während alle anderen Einflußgrößen von Angebot und Nachfrage (z. B. Einkommen der Haushalte oder die Produktionstechnik der Unternehmen) konstant bleiben. Man spricht allgemein in der Wirtschaftstheorie von einer Analyse unter *ceteris-paribus-Bedingungen*, wenn nur ein Einflußfaktor variiert wird, alle anderen aber konstant gehalten werden. Die Beziehungszusammenhänge verändern sich (hier: die Abhängigkeit der Haushaltsnachfrage nach Eiern vom Eierpreis), wenn sich andere Faktoren verändern (z. B. Haushaltseinkommen).
Wird der Gleichgewichtspreis eines Gutes bei vollständigem Wettbewerb geometrisch durch den Schnittpunkt der Angebots- und der Nachfragekurve ermittelt, so sind Veränderungen der Gleichgewichtspreise offenbar auf *Verschiebungen* der Angebots- und Nachfragekurven (Veränderung der Beziehungszusammenhänge) zurückzuführen. Die Lage der Nachfragekurve in Übersicht 3.2 wird sich beispielsweise mit steigenden Haushaltseinkommen verändern. Steht allen Haushalten ein höheres Einkommen zur Verfügung als zuvor, dann ist – bei *gegebenen* Eierpreisen – mit einer steigenden Eiernachfrage zu rechnen: Die Nachfragekurve verschiebt sich nach rechts. Bei unveränderter Angebotskurve werden Gleichgewichtspreis und Gleichgewichtsmenge ein höheres Niveau erreichen, weil sich der neue Schnittpunkt in Übersicht 3.2 nach rechts oben verlagert. Beides, die Lage der Kurven und die Verschiebung der Kurven wird von den Wirtschaftsplänen der Haushalte bzw. Unternehmen bestimmt. Will man also die Höhe von Preisen sowie die zu beobachtenden Preisveränderungen erklären, dann müssen die Angebots- und Nachfrage*funktionen*[1] aus den Wirtschaftsplänen der Unternehmen und Haushalte abgeleitet werden. Hieraus lassen sich dann auch mögliche Ansatzstellen für eine wirtschaftspolitische Beeinflussung der Preisbildung erkennen.

3.1.2 Messung der Reaktionen von Anbietern und Nachfragern: Angebots- und Nachfrageelastizitäten

Das Elastizitätskonzept

Reaktionen der Produzenten und Haushalte auf Preisänderungen werden mit Hilfe der Angebots- und Nachfragekurven(-funktionen) vollständig beschrieben. Eine noch komprimiertere Darstellung dieser Beziehungen läßt sich mit Hilfe von **Reaktionskoeffizienten** erreichen, die wir in diesem Abschnitt entwickeln wollen. Wir gehen dazu von der in Übersicht

---

[1] Angebots- und Nachfrage*kurven* sind die Bilder der Angebots- und Nachfrage*funktionen*.

3.2 dargestellten Gleichgewichtslage aus (p_g = 0,22 DM; x_g = 21000 Stück) und wollen uns fragen, in welcher Weise Anbieter und Nachfrager jeweils auf Preisveränderungen reagieren werden. Hierüber geben die Verläufe der Angebots- und Nachfragekurven Aufschluß.
Als Meßgröße für die Reaktionen von Anbietern auf Preisänderungen könnte man die Relation

$$\frac{\Delta x_A}{\Delta p} \tag{3.1}$$

(Δx_A: Veränderung der Angebotsmenge, Δp: Preisänderung)

wählen, welche die veränderte Angebotsmenge zu der sie verursachenden Preisänderung in Beziehung setzt. Steigt der Eierpreis von 0,22 DM auf 0,24 DM (etwa weil sich die Nachfragekurve entsprechend nach rechts verschoben hat), so steigt das Angebot entsprechend den Angaben in Übersicht 3.2 von 21000 Stück auf 21800 Stück. Der Reaktionskoeffizient (3.1) nimmt somit den Wert

$$\frac{\Delta x_A}{\Delta p} = \frac{800 \text{ Stück}}{2 \text{ Dpf}} = 400 \text{ Stück/Dpf}$$

an. Dieser Koeffizient hat den Vorteil, daß er sich einfach interpretieren läßt. Er gibt nämlich die Angebotsänderung pro eine Einheit (Dpf) Preisänderung an. Wird somit ein Wert von 400 genannt, dann weiß man sofort, daß das Angebot um 400 Stück steigt, wenn sich der Preis gegenüber der Ausgangslage um einen Dpf erhöhen würde.
Will man jedoch die Reaktionen von Anbietern bei verschiedenen Produkten miteinander vergleichen, so ist der Reaktionskoeffizient (3.1) nicht aussagefähig. Nehmen wir beispielsweise an, auf dem Markt für Hausbrandkohle sei der Koeffizient 1000 (kg/DM), so wissen wir lediglich, daß das Kohleangebot sich um 1000 kg erhöht, wenn der Kohlepreis um 1 DM steigt. Bei den hier gegebenen Informationen vermag aber niemand zu sagen, ob die Eierproduzenten oder die Kohleproduzenten stärker auf Preisänderungen reagieren. Außerdem kann man die Koeffizienten willkürlich vergrößern oder verkleinern, je nach der Wahl der Dimensionen. Mißt man die Kohleproduktion statt in Kilogramm wie üblich in Tonnen, dann sinkt der Reaktionskoeffizient bei Kohle von 1000 auf 1.
Diese Nachteile des Reaktionskoeffizienten (3.1) lassen sich beseitigen, wenn man nicht die *absoluten* Veränderungen Δx_A und Δp aufeinander bezieht, sondern die *relativen (bzw. prozentualen) Mengen- und Preisänderungen* zueinander in Beziehung setzt:

$$\varepsilon_A \equiv \frac{\Delta x_A}{x_A} : \frac{\Delta p}{p} . \tag{3.2}$$

Der Koeffizient ε_A gibt dann die prozentuale Angebotsänderung pro ein Prozent Preisänderung an. Er hat in der Regel ein positives Vorzeichen. In

[1] Das Gleichheitszeichen ≡ soll stets eine Definitionsgleichung bezeichnen.

unserem Eierbeispiel errechnet sich ein Wert von $\varepsilon_A = \frac{800}{21\,000} : \frac{0{,}02}{0{,}22}$ = 0,42; dies bedeutet, daß bei einer Zunahme des Eierpreises um 1%, die Angebotsmenge um 0,42% zunimmt. Haben wir auf dem Kohlemarkt in der Ausgangslage Gleichgewichtswerte von p_g = 300 (DM/t) und x_g = 50 (Mio. t) und steigt der Preis um 1% (= 3 DM), wodurch die Anbieter ihr Kohleangebot auf 51 Mio. t erhöhen, so errechnet sich ein Koeffizient von $\varepsilon_A = \frac{1}{50} : \frac{3}{300} = 2$. Er besagt, daß ein Kohlepreisanstieg von 1 % eine Ausweitung des Kohleangebots um 2% bewirkt. Die Kohleproduzenten reagieren somit im Vergleich zu den Eierproduzenten knapp fünfmal so stark auf Preisveränderungen.

Man nennt den Koeffizienten ε_A **Preiselastizität des Angebots** oder kurz Angebotselastizität. Analog zur Preiselastizität des Angebots läßt sich die **Preiselastizität der Nachfrage** (Nachfrageelastizität) formulieren, die die Reaktion der Nachfragemenge (x_N) auf Preisveränderungen mißt:

$$\varepsilon_N \equiv \frac{\Delta x_N}{x_N} : \frac{\Delta p}{p}. \tag{3.3}$$

Es muß beachtet werden, daß ε_N in der Regel negativ ist, weil die mengenmäßige Nachfrage x_N steigt (sinkt), wenn der Preis fällt (steigt); ist Δp negativ, dann ist Δx_N positiv und umgekehrt. Da die Ausgangswerte p und x_N stets positiv sind, wird der Gesamtausdruck ε_N negativ. Um Mißverständnisse zu vermeiden, läßt man häufig das Vorzeichen von ε_N weg und betrachtet lediglich den absoluten Betrag $[\varepsilon_N]$. In unserem Beispiel für den Eiermarkt entspricht eine Erhöhung des Eierpreises von 0,22 DM auf 0,24 DM einem Nachfragerückgang um 800 Stück auf 20 200 Stück. Daraus errechnet sich ein Elastizitätswert von $\varepsilon_N = \frac{800}{21\,000} : \frac{0{,}02}{0{,}22}$ = 0,42, d. h. eine Preissteigerung von 1% führt zu einem Rückgang der Nachfrage um 0,42%.

Die Angebots- und Nachfrageelastizitäten sind nun nicht unabhängig von der Ausgangslage. Dies bedeutet, daß sich für jeden Punkt auf der Angebots- bzw. Nachfragekurve ein anderer Elastizitätswert errechnet. Man spricht daher auch von **Punktelastizitäten**. Greifen wir zur Veranschaulichung auf den Eiermarkt (Übersicht 3.1) zurück und stellen wir uns alternative Gleichgewichtsausgangslagen vor. Im Punkt p = 0,14 und x_N = 30 000 beträgt die Nachfrageelastizität ε_N (gerundet) 1,17, d. h. eine einprozentige Preiserhöhung (Preissenkung) führt zu einem (r) Nachfragerückgang (Nachfrageerhöhung) in Höhe von 1,17%. Ein Preisanstieg auf 0,16 DM (= 14% Preisanstieg) wird also einen Nachfragerückgang von rd. 16,6% (5000 : 30 000 ≈ 0,166) bewirken. Analog lassen sich für andere Ausgangslagen die Elastizitätswerte berechnen (vgl. Übersicht 3.3).

Man erkennt, daß jedem Punkt auf der Nachfragekurve ein anderer Elastizitätswert zugeordnet ist. Dies ist jedoch nicht in allen Fällen so. Es gibt auch Funktionsver-

Übersicht 3.3: Nachfrageelastizität als Punktelastizität

Preis pro Stück in DM (p)	Nachfragemenge in Stück (x_N)	ε_N
0,14	30000	1,17
0,16	25000	0,32
0,18	24000	0,56
0,20	22500	0,67
0,22	21000	0,42
0,24	20200	0,42
0,26	19500	0,33

läufe, die an jeder Stelle dieselbe Elastizität aufweisen. Hat die Nachfragekurve z. B. die Gestalt einer gleichseitigen Hyperbel, so beträgt die Nachfrage-Elastizität stets $\varepsilon_N = 1$. Desgleichen hat eine ansteigende Kurve, wie z. B. die Angebotsfunktion, in jedem Punkt die Elastizität $\varepsilon_A = 1$, wenn sie eine Gerade darstellt, die im Ursprung beginnt. Kurven konstanter Elastizität sind als Hilfsmittel nützlich, weil sie sich als Maßstab zur Abschätzung von Elastizitätswerten anderer Kurven verwenden lassen. Man kann sich leicht überlegen, daß ε_N an jeder Stelle den Wert Null annimmt, wenn die Nachfragekurve parallel zur Preisachse verläuft (vollkommen unelastische oder „starre" Nachfrage). Läßt sich die Nachfragekurve hingegen als Parallele zur Mengenachse zeichnen, dann ist die Nachfrageelastizität (absolut genommen) in jedem Punkt der Kurve unendlich groß (vollkommen elastisch).

Je nachdem, ob die Elastizitätswerte größer oder kleiner als 1 sind, spricht man von **elastischer** ($|\varepsilon_N| \geq 1$) oder **unelastischer** ($|\varepsilon_N| < 1$) **Nachfrage** bzw. von elastischem oder unelastischem Angebot.
Allgemein definiert man in der Ökonomie wie auch in anderen Wissenschaften den Elastizitätsbegriff als Quotient zweier relativer Veränderungen von Variablen, wobei diese Veränderlichen in einem Beziehungszusammenhang zueinander stehen und häufig die Einflüsse dritter Variablen ausgeschaltet sein sollen (Konstanz der übrigen Einflußgrößen; siehe unten).
Da die relative oder prozentuale Veränderung einer Variablen x, d. h. $\Delta x/x$, auch als Wachstumsrate (w_x) bezeichnet werden kann, entspricht der Elastizitätskoeffizient stets dem *Quotienten zweier Wachstumsraten* (Beispiel: $\varepsilon_A = w_{x_A} : w_p$). Er gibt somit an, um wieviel (%) die abhängige Variable wächst, wenn die verursachende Variable mit einer bestimmten Rate (etwa 1 %) wächst.
In der Volkswirtschaftslehre unterscheidet man neben der Angebots- und Nachfrageelastizität noch eine Reihe anderer Elastizitätsbegriffe. Häufig wird die **Kreuzpreiselastizität** errechnet. Sie gibt an, um wieviel Prozent sich die Nachfrage nach einem Gut 1 (x_N^1) ändert, wenn der Preis eines Gutes 2 (p_2) erhöht oder gesenkt wird:

$$\varepsilon_N^{+} = \frac{\Delta x_N^1}{x_N^1} : \frac{\Delta p_2}{p_2} \,. \qquad (3.4)$$

Sind die jeweils betrachteten beiden **Güter** austauschbar **(substitutiv)**, wie dies etwa bei Butter und Margarine der Fall ist, so dürfte der Elastizitätswert positiv sein, da z. B. eine Butterpreiserhöhung bei konstantem Margarinepreis eine Reihe von Verbrauchern veranlassen wird, den Butterverbrauch einzuschränken und mehr Margarine als bisher nachzufragen. Umgekehrt wird der Elastizitätskoeffizient bei sich ergänzenden **(komplementären) Gütern,** z. B. bei Tabak und Pfeife, ein negatives Vorzeichen aufweisen. Eine Tabakpreiserhöhung führt wahrscheinlich nicht nur zu einem Rückgang der Tabaknachfrage, sondern auch der Nachfrage nach Pfeifen.

Ein weiterer häufig verwendeter Elastizitätsbegriff ist die **Einkommenselastizität.** Sie gibt an, um wieviel Prozent sich die mengenmäßige Nachfrage nach einem Gut verändert, wenn sich das Einkommen der Haushalte (Y) um ein Prozent ändert (wieder bei Konstanz aller anderen Einflußgrößen, insbesondere der Güterpreise):

$$\eta = \frac{\Delta x_N}{x_N} : \frac{\Delta Y}{Y} . \qquad (3.5)$$

Der Koeffizient η besitzt in der Regel ein positives Vorzeichen. Ist er negativ, so spricht man von einem **inferioren Gut.** Kartoffeln können z. B. dann ein inferiores Gut sein, wenn im Zuge wachsenden Wohlstandes, also steigender Einkommen, der Kartoffelverbrauch absolut zurückgeht, weil die Verbraucher auf höherwertige Lebensmittel „umsteigen". Ist der Koeffizient größer (kleiner) als 1, dann handelt es sich um ein Gut, das mit steigendem Einkommen überproportional (unterproportional) stark zusätzlich nachgefragt wird.

Empirisch geschätzte Nachfrageelastizitäten

Ausgangspunkt jeglicher Schätzung von Nachfrageelastizitäten muß eine Vorstellung von den wichtigsten Bestimmungsfaktoren der mengenmäßigen Nachfrage (x_N) nach einem Gut sein. In Abschnitt 3.1.1 hatten wir als Einflußgrößen von x_N das Haushaltseinkommen, den Preis des betrachteten Gutes und den Preis anderer Güter genannt. Verwenden wir als Einkommensgröße das Pro-Kopf-Einkommen eines Landes (Y), bezeichnen wir den Preis des betrachteten Gutes (Gut 1) mit p_1 und nennen wir den Preis eines anderen relevanten Gutes (Gut 2) p_2, dann kann die mengenmäßige Pro-Kopf-Nachfrage nach Gut 1 (x_N^1) allgemein als Funktion der Variablen Y, p_1 und p_2 betrachtet werden:

$$x_N^1 = x_N^1 (Y, p_1, p_2) . \qquad (3.6)$$

Eine Quantifizierung der jeweiligen Einflüsse von Y, p_1 und p_2 auf die Größe x_N^1 mit Hilfe mathematisch-statistischer Verfahren verlangt die Annahme einer speziellen mathematischen Funktion. So ließe sich (3.6) beispielsweise in der Form

$$x_N^1 = a + b \cdot \frac{1}{Y} + c \cdot p_1 + d \cdot p_2 \qquad (3.7)$$

(a, b, c, d sind Konstante)

schreiben. Mathematisch-statistische Methoden der *Regressionsanalyse* gestatten es dann, die Konstanten a, b, c und d zu schätzen, wenn man beispielsweise die Entwicklung von Y, p_1, p_2 sowie x_N^1 für einen bestimmten Zeitraum kennt. Als Beispiel sei die Gleichung

$$x_N^1 = 47{,}1 - 61641{,}4 \cdot \frac{1}{Y} - 0{,}158 \cdot p_1 + 0{,}075 \cdot p_2 \qquad (3.8)$$

angegeben, die für Frankreich im Zeitraum 1955/56 bis 1971/72 den Zusammenhang zwischen mengenmäßiger Rindfleischnachfrage pro Kopf (x_N^1) einerseits und dem Pro-Kopf-Einkommen (Y), dem Rindfleischpreis (p_1) und dem Preis für Schweinefleisch (p_2) andererseits beschreibt[1]. Man geht in der statistischen Analyse in der Regel so vor, daß man unterschiedliche Funktionsformen vorgibt, von denen man meint, daß sie die Vergangenheitsentwicklung gut beschreiben könnten und die gleichzeitig den aus der Theorie gewonnenen Vorstellungen entsprechen. Anhand statistischer Prüfmaße wählt man dann diejenige Funktion aus, die sich am besten der Vergangenheitsentwicklung anpaßt.

Hat man eine Funktion geschätzt, d. h. sind beispielsweise in Gleichung (3.7) die Konstanten a, b, c, und d numerisch bestimmt, dann lassen sich auch leicht die Einkommens- und Preiselastizitäten errechnen. Zur Ermittlung der Einkommenselastizität ist Gleichung (3.7) zunächst partiell nach dem Einkommen (Y) zu differenzieren:

$$\frac{\delta x_N^1}{\delta Y} = -b \cdot \frac{1}{Y^2}. \tag{3.9}$$

Hierbei beschreibt der Differentialquotient $\delta x_N^1/\delta Y$ das Verhältnis zwischen der Veränderung der mengenmäßigen Nachfrage und der Veränderung des Pro-Kopf-Einkommens. Er entspricht damit der Größe $\Delta x_N^1/\Delta Y$ in dem vorangegangenen Abschnitt. Der Unterschied zwischen beiden Größen besteht lediglich darin, daß bei Verwendung mathematischer Funktionen von infinitesimal kleinen Änderungen ausgegangen werden kann (δx_N^1, δY), während die Darstellung mit Hilfe von Beispielsrechnungen endlich große Änderungen (Δx_N^1, ΔY) verlangt.

Um zur Einkommenselastizität zu kommen (vgl. (3.5)), braucht Gleichung (3.9) lediglich mit Y/x_N^1 multipliziert zu werden:

$$\eta = \frac{\delta x_N^1}{\delta Y} \cdot \frac{Y}{x_N^1} = \frac{-b \cdot Y}{x_N^1 \cdot Y^2} = \frac{-b}{x_N^1 \cdot Y}. \tag{3.10}$$

Für den Durchschnitt der Jahre 1969/71 erhält man beispielsweise den Elastizitätswert

$$\eta = \frac{+\,61641{,}4}{7801 \cdot 28} = 0{,}28,$$

wenn man für Y das durchschnittliche Pro-Kopf-Einkommen (in Preisen von 1966: 7801 FF) sowie für x_N^1 der Einfachheit halber[2] den tatsächlichen durchschnittlichen Pro-Kopf-Verbrauch (28 kg/Kopf) einsetzt.

Nach Gleichung (3.10) ist die Einkommenselastizität keine Konstante, sondern sie nimmt mit steigendem Einkommen (Y) ab. Eine derartige Eigenschaft einer Nachfragefunktion ist beispielsweise für Nahrungsmittel typisch.

Es sei dem Leser überlassen, zur Gleichung (3.7) sowohl die direkte Preiselastizität als auch die Kreuzpreiselastizität zu ermitteln[3].

Aus den bisherigen Betrachtungen sollte klar werden: Elastizitätswerte sind Partialgrößen, d. h. die Einkommenselastizität gibt beispielsweise an, um wieviel Prozent die Nachfrage nach einem Gut infolge einer einprozentigen Einkommenserhöhung steigt – *bei Konstanz aller anderen Einflußgrößen* (hier: Konstanz der Preise). Ein

---

[1] B. Mönning: Nachfrage nach Nahrungsmitteln in der EG (6) – Analyse und Projektion, Gießen 1975, S. 240.

[2] Genaugenommen müßte x_N^1 als Funktionswert in Abhängigkeit von Y, p_1 und p_2 berechnet werden.

[3] Direkte Preiselastizität: $\varepsilon_N = c \cdot p_1/x_N^1$; Kreuzpreiselastizität: $\varepsilon_N^+ = d \cdot p_2/x_N^1$

mathematisch-statistischer Ansatz, wie er mit (3.7) beschrieben wurde, hat gerade die Aufgabe, die Einflüsse der einzelnen Variablen Y, p_1 und p_2 voneinander zu isolieren. Es wäre daher auch vollkommen falsch, etwa zwischem dem 1.1.1970 und dem 1.1.1971 die prozentuale Einkommensänderung sowie die prozentuale Änderung der Nachfrage nach Rindfleisch zu messen, die Änderungen aufeinander zu beziehen und die gewonnene Größe „Einkommenselastizität" zu nennen. Denn da sich in dem betrachteten Zeitraum vermutlich auch die Preise verändert haben, ist auch der Preiseinfluß in der Nachfrageänderung enthalten. Erst mit Hilfe des mathematisch-statistischen Ansatzes, wie wir ihn oben beispielhaft beschrieben haben, lassen sich diese Preiseinflüsse „herausrechnen".

Elastizitätskoeffizienten werden in der empirischen Wirtschaftsforschung zur Kennzeichnung von Märkten häufig verwendet. Sie sind ein wichtiges Hilfsmittel sowohl für die Unternehmensführung als auch für die staatliche Wirtschaftspolitik, da sich auf diesem Wege leicht und übersichtlich die Reaktionen von Wirtschaftseinheiten auf Veränderungen bestimmter Bedingungen quantifizieren lassen. Wie wir etwa in Abschnit 3.6 sehen werden, hängen Zweckmäßigkeit und Erfolg wirtschaftspolitischer Einflußnahme auf Gütermärkten in starkem Maße davon ab, welche Elastizitätswerte in einer konkreten Ausgangslage vorliegen.

3.2 Güter- und Faktorpreise als Bestimmungsfaktoren von Unternehmensentscheidungen

Bei der vorläufigen Analyse der Preisbildungsprozesse im vorigen Abschnitt wurde angenommen, daß die Unternehmen einer Branche in bestimmter Weise auf Änderungen der Marktpreise reagieren. Die unterstellten Preis-Angebots-Beziehungen wurden aus der Beobachtung der Preise und der zugehörigen Angebotsmengen im Marktablauf begründet. Wenn die entsprechenden Zeitreihen der Preise und Mengen vorliegen, lassen sich die Preis-Angebots-Funktionen prinzipiell mit Hilfe statistischer (ökonometrischer) Methoden schätzen. Entsprechend kann man bei der Ermittlung von Faktornachfragefunktionen der Unternehmen vorgehen.

Diese direkte Beobachtung des Marktgeschehens stellt einen möglichen Zugang für die Erklärung der Reaktionen der Unternehmen auf veränderte Marktgegebenheiten (hier: Marktpreise) dar. Eine weitergehende Analyse und Erklärung geht von der Entscheidungssituation der Unternehmen aus und versucht von dort aus zu begründen, wie ein einzelnes Unternehmen (und aggregiert: die Gesamtheit der Unternehmen) auf veränderte Datenkonstellationen, insbesondere veränderte Marktpreise, reagieren wird. Durch eine derartige Analyse lassen sich die grundsätzlichen Bestimmungsfaktoren des Güterangebots und der Faktornachfrage sowie ihr wechelseitiges Zusammenspiel herausarbeiten.

3.2.1 Entscheidungssituation von Unternehmen. Modellannahmen

Allgemeine Einordnung

In den Unternehmen werden Produktionsfaktoren und Vorleistungen eingesetzt, um damit Güter (und Dienstleistungen) zu erstellen (vgl. Übersicht 1.1).

Jedes Unternehmen hat in jeder Planungsperiode zu entscheiden:
- welche Mengen der Güter x_i ($i = 1, ... n$) produziert werden sollen **(Wahl des Produktionsprogramms)**,
- auf welche Weise die Güter hergestellt werden sollen **(Wahl der Produktionsverfahren)**,
- welche Mengen der Faktorleistungen v_j ($j = 1, 2 ... m$) eingesetzt werden sollen **(Faktoreinsatzplanung)**
- und welche Änderungen der Faktorbestände im Zeitablauf vorgenommen werden sollen **(Investitions- und Finanzierungsplanung)**.

Diese Entscheidungen werden bestimmt einmal durch die Ausgangslage der Betriebe und die Erwartungen über die Rahmenbedingungen, unter denen die Unternehmer die Planungen vornehmen, und zum anderen durch die Zielsetzungen und Verhaltensweisen der Unternehmer (vgl. die allgemeine Kennzeichnung wirtschaftlicher Planungen in Abschnitt 1.1.2). Die wichtigsten Kennzeichen der **Ausgangslage eines Unternehmens** sind:
- der Bestand an Produktionsfaktoren (Gebäude, Maschinen, Arbeitskräfte bestimmter Art und Qualität),
- der Stand der produktionstechnischen Kenntnisse und Fertigkeiten,
- das verfügbare Eigen- und Fremdkapital für Investitionen.

Jede Planung hat von diesen Gegebenheiten auszugehen. Daneben sind Vorstellungen darüber zu entwickeln, wie sich die **Rahmendaten** für den jeweiligen Entscheidungsbereich in der Planungsperiode entwickeln. Da zukünftige Entscheidungen in der Regel unsicher sind, kann es sich dabei in den meisten Fällen nur um **Erwartungsgrößen** der Unternehmer handeln. Die wichtigsten Bereiche betreffen:
- die Absatzmöglichkeiten für die erstellten Produkte (Erwartungen über die erzielbaren Erzeugerpreise und absetzbaren Mengen),
- die Möglichkeiten für eine Veränderung des Faktoreinsatzes (Bezugsmöglichkeiten und Preise von Vorleistungen, Neueinstellung von Arbeitskräften, Zukauf bzw. alternative Verwendung von Produktionsanlagen),
- die Kreditmöglichkeiten (Kreditumfänge und -konditionen) und
- die Möglichkeiten der Einführung technologischer und organisatorischer Neuerungen.

Die von den Unternehmen verfolgten **Ziele** können unterschiedlicher Art und vielschichtig sein, d.h. Unternehmen können die Erreichung mehrerer Ziele anstreben. Als häufig verfolgte Ziele seien hier nur genannt:
- Erzielung eines möglichst hohen Gewinns (u.U. nur die Erzielung eines „angemessenen" oder branchenüblichen Gewinns),
- Erhöhung des Umsatzes bzw. des Marktanteils (u.U. nur Halten eines bestimmten Marktanteils),
- Erhaltung und Sicherung des Unternehmens.

Weiterhin werden die Unternehmensentscheidungen durch unterschiedliche **Verhaltensweisen** beeinflußt. Unternehmer können z.B. bei ihren

Planungen mehr eigenständig oder nachahmend vorgehen oder sich eher risikofreudig oder vorsichtig verhalten.

Hinsichtlich der *Zielsetzungen* wird bei den Modellüberlegungen im Bereich der Mikroökonomik im folgenden stets vom **Ziel der Gewinnmaximierung** ausgegangen. Weiterhin wird angenommen, daß dieses Ziel mit höchster Konsequenz angestrebt wird, d. h. daß die Unternehmer völlig rational handeln. Darüber hinaus wird zunächst von sehr einengenden Annahmen ausgegangen, um die prinzipiellen Zusammenhänge, die die Entscheidungen der Unternehmen über das Güterangebot und die Faktornachfrage betreffen, in möglichst einfacher und durchsichtiger Weise herausarbeiten zu können[1].

Wenn man von der Zielsetzung der Gewinnmaximierung ausgeht, ist zunächst zu klären, was unter „Gewinn" verstanden werden soll. Der **Gewinn** ist definitionsgemäß die Differenz zwischen Umsatz (U) und Kosten (K):

$$G \equiv U - K. \tag{3.11}$$

Der **Umsatz** (oder Erlös) eines Unternehmens errechnet sich als Wert der verkauften Produkte:

$$U \equiv p_1 x_1 + p_2 x_2 + \ldots p_i x_i + \ldots p_n x_n \equiv \sum_{i=1}^{n} p_i x_i, \tag{3.12}$$

wobei p_i den Preis und x_i die Menge des verkauften Gutes i bezeichnet. Unter **Kosten** versteht man die Summe der mit den jeweiligen Faktorpreisen bewerteten Faktoreinsatzmengen:

$$K \equiv q_1 v_1 + q_2 v_2 + \ldots + q_j v_j + \ldots + q_m v_m \equiv \sum_{j=1}^{m} q_j v_j, \tag{3.13}$$

mit q_j als Preis und v_j als Einsatzmenge des Faktors j.

Ein gewinnmaximierender Unternehmer wird danach streben, die Produktions- und Faktoreinsatzplanung so vorzunehmen, daß die Differenz zwischen Umsatz und Kosten möglichst groß wird. Die Ableitungen von Aussagen über das Güterangebot und die Faktornachfrage nehmen hier ihren Ausgangspunkt.

Die Entscheidungsprobleme eines Produktionsunternehmens, das mehrere Produktionsfaktoren einsetzt und mehrere Güter erstellt, sind vielschichtig, und entsprechend kompliziert sind die ökonomischen Modelle, mit deren Hilfe sich so komplexe Entscheidungsprobleme abbilden lassen. Im folgenden gehen wir zunächst von vereinfachten Entscheidungssituationen und Modellen aus.

In weiten Teilen dieses Abschnitts wird eine Unternehmung betrachtet, die nur ein einziges Gut oder Güterpaket produziert (Annahme eines **Ein- Produkt-Unternehmens**). Im ersten Schritt wird unterstellt, daß das Unternehmen innerhalb des Zeitraums, auf den sich die Planungen beziehen, nur den Einsatz eines einzigen Produk-

---

[1] Das ist generell das Bestreben der mehr volkswirtschaftlich ausgerichteten Mikroökonomik, während bei auf das einzelne Unternehmen ausgerichteten Analysen häufig von wesentlich komplexeren Entscheidungssituationen der Unternehmen ausgegangen wird.

tionsfaktors variieren kann, während über den Einsatz der übrigen Produktionsfaktoren schon vorentschieden ist. Es handelt sich dann um das denkbar einfachste **Produktionsmodell für ein Gut und einen variablen Faktor** (Abschnitt 3.2.2). Man kann sich etwa vorstellen, daß ein landwirtschaftlicher Getreidebaubetrieb bei seinen kurzfristigen Produktionsplanungen von einer gegebenen Fläche, einem gegebenen Gebäude- und Maschinenbestand ausgeht und nur noch über die Höhe des Düngemittelsatzes zu entscheiden hat.
In einem zweiten Schritt werden die Produktionsplanungen für den Fall untersucht, daß **zwei variable Produktionsfaktoren zur Herstellung eines Produktes** eingesetzt werden (Abschnitt 3.2.3). Beispielsweise kann dann der landwirtschaftliche Betrieb nicht nur den Düngemitteleinsatz variieren, sondern auch Fläche zupachten. Neben der Frage nach der optimalen Produktionsmenge und der optimalen Einsatzmenge des einen variablen Faktors ist dann ein weiteres ökonomisches Problem zu lösen: das *Problem der optimalen Faktoreinsatzkombination.* Mit dieser Ausweitung der Betrachtung auf zwei variable Faktoren lassen sich allgemeinere Aussagen ableiten, die ohne weiteres auf den Fall von beliebig vielen variablen Produktionsfaktoren übertragen werden können.
In einem letzten Schritt werden **mehrere Produkte und variable Produktionsfaktoren** in die Betrachtung einbezogen. Es ist dann die Frage zu untersuchen, welche Güter ein Unternehmen herstellen soll und welche Mengen es davon produzieren soll, d.h. welches Produktionsprogramm ein Unternehmen realisieren soll. Das ist etwa die Entscheidungssituation eines vielseitig ausgerichteten landwirtschaftlichen Betriebes. In dem Zusammenhang dieses Kapitels interessieren dabei nur die grundsätzlichen Zusammenhänge, insbesondere in bezug auf Güterangebot und Faktornachfrage. Die Methoden und Techniken der Produktionsplanung von Mehrproduktunternehmen werden von der Betriebswirtschaftslehre behandelt.

Die bislang gekennzeichneten Modelle beziehen sich auf eine Planungssituation des Unternehmens, bei der über den Bestand der meisten Produktionsfaktoren vorentschieden ist. Es handelt sich also um eine mehr kurzfristige Analyse im Rahmen eines angenommenen Faktorbestandes. Bei **längerfristigen Planungen** ist auch die Frage der zweckmäßigen Ausdehnung (oder auch Einschränkung) der betrieblichen Faktorbestände in die Überlegungen einzubeziehen. Es lassen sich dann Aussagen über die langfristige Angebotsreaktion der Unternehmen ableiten. Wenn über den Kauf von Investitionsgütern zu entscheiden ist, die in mehreren Produktionsperioden genutzt werden, sind besondere Kalkulationsmethoden (**Investitionsrechnungen**) anzuwenden, die in Abschnitt 3.2.2.3 behandelt werden.

Vor der Darstellung der einzelnen Modelle sei nochmals auf einen grundsätzlichen Punkt hingewiesen, der bereits bei der Beschreibung der *Methoden der Wirtschaftswissenschaften* angesprochen wurde. Bei der Kennzeichnung der betrieblichen Entscheidungsprobleme hatte sich oben verschiedentlich das Wort „soll“ eingeschlichen: Welche Faktormengen „soll“ ein Unternehmen einsetzen, welche Gütermengen „soll“ es produzieren. Solche „Soll“-Aussagen lassen sich nur im Hinblick auf die Erreichung bestimmter Unternehmensziele machen, wie etwa die Maximierung des Gewinns oder des Marktanteils. Die abgeleiteten Aussagen lassen sich somit zunächst einmal dem Bereich der **normativen Ökonomik** zuordnen (vgl. Abschnitt 1.2.3). In diesem Kapitel sind wir jedoch auch darauf aus, die Entscheidungen der Unternehmen und ihre Reaktionen auf Änderungen der Marktdaten zu „erklären“, d.h. Theorieaussagen im Sinne der **positiven Ökonomik** abzuleiten. Ein solcher Erklärungsversuch auf der Grundlage einzelwirtschaftlicher Entscheidungsmodelle setzt voraus, daß sich die Unternehmer auch tatsächlich an den unterstellten Zielen orientieren und ihren Entscheidungen zumindest ein Kern rationalen Verhaltens zugrunde liegt.

Aufwands- und Ertragsrechnung als Grundlage für Planungen

Um sich Informationen über die Kosten und Umsätze zu verschaffen, führen die meisten Unternehmen eine Buchhaltung über laufende Aufwendungen und Erträge. In Übersicht 3.4 ist eine derartige (vereinfachte) *Aufwands- und Ertragsrechnung* (auch *Gewinn- und Verlustrechnung* genannt) dargestellt. Aufwand und Ertrag sind Begriffe des betrieblichen Buchhaltungswesens, die weitgehend mit den oben definierten Begriffen Kosten und Umsatz übereinstimmen (obwohl im allgemeinen Fall die Begriffspaare nicht völlig identisch sind). Auf der linken Seite der Übersicht (des Kontos) ist der Aufwand (Kosten) und auf der rechten Seite der Ertrag (Umsatz) zusammengestellt. Als Saldo errechnet sich der Gewinn, der als positiver Wert auf der linken Seite des Kontos oder im Falle eines Verlustes als negativer Wert ausgewiesen wird.

Übersicht 3.4: Aufwands- und Ertragsrechnung

Aufwand	DM	Ertrag	DM
Vorleistungen	500,-	Umsatz (einschl. Lagerbestandsveränderung)	2000,-
Abschreibungen	500,-		
Löhne	700,-		
Zinsen	200,-		
Miete, Pacht	50,-		
Gewinn (Saldo)	50,-		
$\sum$	2 000,-	$\sum$	2000,-

Die **Aufwandspositionen** bedürfen einiger Erläuterungen. Ein Bäcker benötigt zur Brotherstellung Vorprodukte (Vorleistungen) von anderen Unternehmen, z. B. Mehl von der Mühlenindustrie. Daneben verursachen die Produktionsfaktoren Arbeit, Kapital und Boden Kosten. Es müssen **Löhne** für die Arbeiter, **Zinsen** für aufgenommene Kredite und **Mieten** und **Pachten** für Boden (und Gebäude) bezahlt werden. Darüber hinaus erscheint in der Gewinn- und Verlustrechnung die Position **Abschreibungen**[1]. Abschreibungen sind immer dann zu berücksichtigen, wenn in der Gütererzeugung dauerhafte Produktionsmittel (Gebäude, Maschinen) eingesetzt werden. Nehmen wir beispielsweise an, ein Bäcker setze eine Maschine ein, deren Lebensdauer er auf 10 Jahre schätzt und für die er 5000,– DM bezahlen mußte. Da die Maschinen wie auch das Mehl von anderen Unternehmen geliefert wurden, liegt es nahe, auch die Maschine als eine Art Vorleistung anzusehen. Es bleibt jedoch ein wichtiger Unterschied bestehen: Das Mehl geht in derselben Periode, in der es gekauft

---

[1] Soweit der Unternehmer **indirekte Steuern** (z. B. Mehrwertsteuer) abzuführen hat, erscheinen sie als Aufwandsposten zusätzlich. Eventuell an den Unternehmer gezahlte **Subventionen** sind von den indirekten Steuern abzuziehen (vgl. Abschnitt 7.2).

wurde, in die Brotproduktion ein, während die Maschine nicht nur der Produktion von Brot in dieser Periode dient, sondern auch in neun weiteren Jahren in der Brotherstellung eingesetzt wird. Es liegt daher nahe, den Anschaffungspreis der Maschine (5000,– DM) nicht nur den Produkten der Periode als Kosten anzulasten, in der sie gekauft wurde, sondern die 5000,– DM auf die Jahre ihrer Nutzung zu verteilen. In diesem Falle wären beispielsweise in jedem Jahr 500,– DM Aufwendungen (5000,– DM : 10 Jahre) in die Gewinn- und Verlustrechnung einzusetzen. Man nennt diese der Produktion der einzelnen Wirtschaftsperioden zuzurechnenden Beträge Abschreibungen.

Man kann Abschreibungen auch so interpretieren, daß der Bäcker in jedem Jahr 500,– DM zurücklegen muß, um nach 10 Jahren die ausgediente Maschine durch eine neue ersetzen zu können. Würden die Abschreibungen nicht auf der Aufwandsseite (als **kalkulatorische Kosten**) erfaßt, so wäre der Gewinn des Bäckers um 500,– DM pro Jahr höher. Da regelmäßig der Gewinn (etwa durch Privatentnahme oder Dividendenzahlung) ausgeschüttet wird, gingen somit dem Unternehmen Finanzmittel „verloren", die nach Ablauf der 10 Jahre wegen der unterlassenen „Rücklage" nicht mehr zum Kauf der neuen Maschine zur Verfügung stehen würden.

Die **Ertragsseite** eines Unternehmens erfaßt neben den am Markt abgesetzten Gütern, dem **Umsatz**, auch die **Lagerbestandsänderungen**. Der Teil der Güter, der in der Rechnungsperiode produziert aber nicht abgesetzt werden konnte, wird als positive Lagerbestandsänderung (zu Herstellungskosten bewertet) auf der Ertragsseite erfaßt[1]. Ist umgekehrt der Absatz der Periode größer als die Produktion, so nehmen die Lagerbestände ab (negative Lagerbestandsänderung).

Um die Planungsüberlegungen zu vereinfachen, soll im folgenden von einer Modellunternehmung mit einer vereinfachten Aufwands- und Ertragsrechnung ausgegangen werden. Es sei angenommen, daß es keine Vorleistungen gibt und daß alle produzierten Güter auch in derselben Periode verkauft werden (keine Lagerbestandsveränderungen). Schließen wir zudem die Miet- und Pachtzahlungen in die Zinsen ein, so weist die Aufwandsseite nur noch die Positionen Löhne, Zinsen, Abschreibungen und Gewinn auf.

Wir wollen unter Löhnen das Entgelt für menschliche Arbeitsleistungen verstehen. Zinsen werden dagegen denjenigen Wirtschaftseinheiten gezahlt, die dem Unternehmen Geld oder Sachvermögen (z. B. Gebäude) zur Verfügung stellen, indem sie selbst auf den Kauf von Gütern, auf Kassenhaltung, auf anderweitige Kapitalanlagen oder auch auf die Nutzung eigener Vermögensobjekte verzichten. Wenn man vereinfachend

---

[1] Dies liegt daran, daß man wie auch bei den Abschreibungen eine *„periodengerechte Abgrenzung"* aller Aufwands- und Ertragspositionen anstrebt. Produkte („Erträge"), die auf Lager genommen werden (müssen), sind in der betrachteten Periode entstanden, sind also ihr, ebenso wie der zu ihrer Erstellung erforderliche Aufwand, voll zurechenbar.

davon ausgeht, daß das Unternehmen kein Geld zur Abwicklung der laufenden Geschäfte und zur Überbrückung von Zahlungsterminen benötigt (etwa weil kaum zeitliche Verzögerungen zwischen Lohnzahlungen und dem Hereinfließen von Umsatzerlösen bestehen), wird das gesamte geliehene Geld zur Anschaffung von Kapitalgütern (Gebäude, Maschinen) verwendet. In diesem Falle ist der Zins als ein Entgelt für die Leistung dauerhafter Produktionsmittel interpretierbar, das denjenigen gezahlt wird, die durch Verzicht auf Güter und Geldhaltung den Einsatz der Kapitalgüter ermöglichen.

Während die gezahlten Löhne aus der Sicht des Unternehmens die Arbeitskosten („Arbeitsaufwand") ausmachen, werden die Kapitalkosten („Kapitalaufwand") durch die Summe aus Zinsen und Abschreibungen gebildet. Die allgemeine **Kostengleichung** (3.13) läßt sich dann wie folgt spezifizieren:

$$K = A \cdot l + C \cdot (i + j). \qquad (3.14)$$

Die Arbeitskosten erhält man durch Multiplikation der eingesetzten Arbeitsmenge A (etwa gemessen in Arbeitern oder in Arbeitsstunden) mit dem Lohnsatz l (dem Lohn je Arbeiter bzw. je Arbeitsstunde). Die Kapitalkosten ergeben sich durch Multiplikation der Höhe des Kapitaleinsatzes C (z. B. Maschinen, Gebäude, einschließlich Boden) – gemessen in DM – mit den Zinssatz i und dem Abschreibungssatz j.

Es ist zu beachten, daß in jährlichen Raten anfallende *Rückzahlungen eines Kredits* (Tilgung) nicht als Aufwendungen oder Kosten aufzufassen sind und darum auch nicht in der Aufwands- und Ertragsrechnung erscheinen. Kosten entstehen erst dann, wenn man beispielsweise mit Hilfe eines Kredits eine Maschine kauft und diese Maschine sich im Laufe der Zeit abnutzt; diese in Form der Wertminderungen auftretenden Kosten erscheinen dann unter dem Begriff „Abschreibungen" in der Aufwands- und Ertragsrechnung.

Wie abwegig es wäre, Tilgungsbeträge und nicht Abschreibungen als (gewinnmindernde) Kosten zu verbuchen, soll an zwei Fällen aufgezeigt werden: (a) Finanziert ein Unternehmer den Kauf einer Maschine mit eigenen Mitteln, dann dürften gar keine Kosten verbucht werden, weil es keine Tilgungsbeträge gäbe. (b) Kauft ein Unternehmer mit Hilfe eines Kredits ein Objekt, das nicht der Abnutzung unterliegt (z. B. Land), dann würden als Kosten verbuchte Tilgungen eine Gewinn- und damit Vermögensminderung in Höhe der Tilgungsbeträge anzeigen. Dies wäre jedoch falsch, weil die Tilgung des Kredits nur eine Vermögensumschichtung, nicht aber eine Vermögensminderung bedeutet. Man könnte die Rückzahlung des Kredits ökonomisch so interpretieren, daß mit jeder zurückgezahlten DM zwar das finanzielle Vermögen des Unternehmers abnimmt, gleichzeitig aber in gleicher Höhe das „schuldenfreie" Vermögen in Form von Boden ansteigt.

Im folgenden soll nun überlegt werden, welche Absatz- und Faktoreinsatzmengen ein Unternehmer für eine Wirtschaftsperiode planen wird, wenn er nach dem Prinzip der Gewinnmaximierung handelt, d. h. wenn er danach strebt, die Differenz aus Umsatz und Kosten möglichst groß werden zu lassen.

3.2.2 Ein vereinfachtes Modell: Ein Produkt und ein variabler Faktor

Betrachten wir zunächst die folgende einfache Entscheidungssituation eines Unternehmers: Er stellt nur ein einziges Produkt her und verfügt über einen gegebenen Bestand an Gebäuden, Maschinen usw., den er kurzfristig nicht verändern kann.

Dies bedeutet, daß der Unternehmer bereits folgende Unternehmensentscheidungen getroffen hat: Er hat das Produktionsprogramm festgelegt. Ferner ist die Entscheidung über die Investitionen und ihre Finanzierung bereits gefallen. Als Entscheidungsproblem verbleibt die Absatz- und Beschaffungs- (oder Faktoreinsatz-)Planung. Der Unternehmer muß sich einerseits überlegen, welche Gütermenge er als Gewinnmaximierer produzieren soll; andererseits muß er entscheiden, welche Faktoreinsatzmengen erforderlich sind, um den höchstmöglichen Gewinn zu erzielen.

Unterstellen wir in einem vereinfachten Modell des Unternehmens, daß nur die beiden Faktoren Kapital und Arbeit eingesetzt werden (vgl. Gleichung 3.14), so kann sich die Faktoreinsatzplanung (bei gegebenem Kapitalbesatz $\bar{C}$[1]) nur noch auf den einzigen variablen Faktor Arbeit beziehen. Es verbleiben somit nur noch die Entscheidungen über den Umfang der Produktionsmenge x und des Arbeitseinsatzes A.

3.2.2.1 Optimale Ausbringungsmenge und Güterangebotsfunktion

Wir wenden uns zunächst dem Problem der Absatzplanung eines Unternehmers zu. Die gewinnmaximale Ausbringungsmenge läßt sich bestimmen, wenn man den Umsatz und die Kosten jeweils für alternative Produktionsmengen x miteinander vergleicht. Diejenige Produktionsmenge ist optimal, bei der die Differenz zwischen Umsatz und Kosten am größten ist.

Umsatzfunktion

Die definitorische Beziehung zwischen dem Umsatz und der Produktions- bzw. Absatzmenge haben wir bereits kennengelernt. Im Ein-Produkt-Fall lautet sie:

$$U \equiv p \cdot x. \tag{3.15}$$

Ist der Preis p bekannt, dann kann zu jeder Absatzmenge auch die zugehörige Umsatzmenge angegeben werden.

Für einen Unternehmer, der unter den Bedingungen vollständigen Wettbewerbs produziert, ist der Marktpreis gegeben. Er stellt für ihn ein Datum dar. Seine Angebotsmenge, wie groß sie auch ausfällt, ist gemessen am Gesamtangebot des Gutes so gering, daß sie den Marktpreis nicht fühlbar beeinflußt. Der Unternehmer verhält sich, wie man sagt, als **Mengenanpasser**, d. h. er richtet sich nach dem gegebenen Preis $\bar{p}$ und bestimmt die Produktionsmenge so, daß er dabei seinen Gewinn maxi-

[1] Ein Querstrich über einer Variablen soll andeuten, daß diese Größe im Rahmen der jeweiligen Überlegungen als konstant angesehen wird.

miert. Der Umsatz eines Mengenanpassers steigt somit proportional mit der Absatzmenge, d. h. die Umsatzfunktion hat die Form:

$$U = \bar{p} \cdot x. \tag{3.16}$$

Wenn wir annehmen, daß der erzielbare Marktpreis p = 12 beträgt, so ergibt sich der in Übersicht 3.5 dargestellte Verlauf der Umsatzkurve.

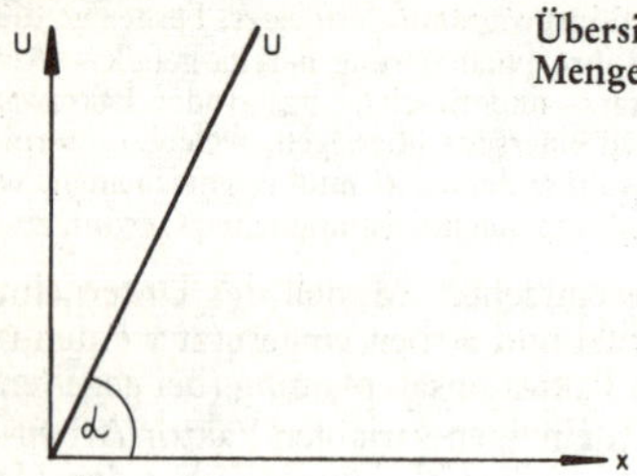

Übersicht 3.5: Umsatzkurve eines Mengenanpassers

Die Umsatzkurve ist eine am Koordinatenursprung beginnende Gerade mit der Steigung $\text{tg}\,\alpha = \bar{p} = 12$.

Kostenfunktion

Die zweite Bestimmungsgröße des Gewinns sind die Kosten. Diese setzen sich in unserem einfachen Beispiel zusammen aus den Arbeitskosten und den Kapitalkosten: $K = A \cdot 1 + C \cdot (i + j)$. Es ist zu ermitteln, wie hoch die Kosten in Abhängigkeit von der Produktionsmenge sind, um sie mit den Werten der Umsatzfunktion vergleichen zu können.

Die Kapitalkosten seien unabhängig von dem Umfang der Produktion eine konstante Größe, da einmal der Kapitalbestand annahmegemäß als vorgegeben angesehen wird und da wir auch den Zinssatz i und den Abschreibungssatz j für das einzelne Unternehmen als Daten ansehen. Sie errechnen sich somit aus $\overline{C} \cdot (\bar{i} + \bar{j})$.

In unserem Beispiel wollen wir annehmen, der Wert des Kapitals betrage $\overline{C}$ = 500,– DM und sei mit 5% zu verzinsen ($\bar{i}$ = 0,05) und mit 1% (äußerst niedrig) abzuschreiben ($\bar{j}$ = 0,01). Daraus errechnet sich eine Kapitalkostenbelastung von 500,– (0,05 + 0,01) = 30,– DM[1].

Um die Höhe der Arbeitskosten in Abhängigkeit von dem Produktionsumfang zu ermitteln, ist zu prüfen, wie sich der Arbeitseinsatz A und der Lohnsatz l verändern. Wenn wir davon ausgehen, daß das Unternehmen wegen seiner relativ geringen Arbeitsnachfrage den Lohnsatz nicht beeinflussen kann (sich somit wie auf dem Produkt- und Kapitalgütermarkt als Mengenanpasser verhält), ist der herrschende Lohnsatz $\bar{l}$ für das Unterneh-

[1] Wurde $\overline{C}$ z. B. über Kredite finanziert, dann kann das geliehene Geld mit Hilfe der verdienten Abschreibungsbeträge zurückgezahlt werden, so daß die Zinslast von Jahr zu Jahr abnimmt. In unserem Beispiel wollen wir davon absehen und von einer unveränderten Höhe der Fixkosten ausgehen.

men ebenfalls ein Datum. Es ist dann nur noch festzustellen, wieviel Arbeitseinsatz für unterschiedliche Produktionsmengen erforderlich ist.

Die Beziehungen zwischen Produktion und erforderlichem Faktoreinsatz sind **produktionstechnisch** determiniert. Der Ingenieur kann sagen, wieviel Arbeitsstunden an einer Maschine einzusetzen sind, um eine bestimmte Anzahl von Gütern zu produzieren. Oder der Agrartechniker kann angeben, wieviel kg Düngemittel auf einem ha Land erforderlich sind, um einen bestimmten Ertrag zu erzielen. Bei ökonomischen Analysen geht man im allgemeinen nicht direkt von diesen Informationen der Ingenieure aus, sondern stellt anhand statistischer Aufzeichnungen fest, welche Faktoreinsatzmengen zur Erzeugung der Produktionsmengen erforderlich sind. Die Untersuchungen können sich dabei auf die Beziehungen zwischen Produktions- und Faktoreinsatzmengen in einzelnen Betrieben, Gruppen von Betrieben, in Wirtschaftssektoren oder in der gesamten Volkswirtschaft beziehen. Man bezeichnet diese Beziehungen zwischen Faktoreinsatz- und Produktionsmengen als **Produktionsfunktion**.
Im allgemeinen Fall läßt sich die Produktionsfunktion für m verschiedene Faktoreinsatzmengen v_j und die Produktionsmenge x wie folgt schreiben:

$$x = f(v_1, v_2, \ldots, v_j, \ldots v_m). \tag{3.17}$$

Da wir in unserem Beispiel nur die beiden Faktoren Arbeit und Kapital unterscheiden und den Kapitalstock unverändert halten, lautet die Produktionsfunktion:

$$x = f(A, \overline{C}). \tag{3.18}$$

Wenn bei einer Produktionsfunktion nur ein Produktionsfaktor verändert wird, spricht man von **partieller Faktorvariation** und bezeichnet die Beziehung (3.18) auch als **Ertragsfunktion**.

Übersicht 3.6 Produktions- oder Ertragsfunktion

C (in 100 DM)	A (in Arb.-Std.)	x (in Stck.)
5	0	0
5	1	2,2
5	2	3,2
5	3	3,9
5	4	4,5
5	5	5,0
5	6	5,5
5	7	5,9
5	8	6,3
5	9	6,7

Für das Beispielsunternehmen soll nun angenommen werden, daß man für eine Reihe von Produktionsperioden Arbeitseinsatz und Produktionsmenge in Arbeitsberichten und Produktionsstatistiken aufgezeichnet und daraus eine Produktions-

funktion geschätzt hat. Ausgewählte Mengenkombinationen sind in Übersicht 3.6 zusammengestellt.
Auf den ersten Blick ist zu erkennen, daß mit steigendem Arbeitseinsatz auch die Ausbringungsmenge steigt. Diese Annahme erscheint unmittelbar plausibel. Die Übertragung der Werte aus Übersicht 3.6 in ein Koordinatensystem, das die Ausbringungsmenge in Abhängigkeit vom Arbeitseinsatz darstellt, zeigt die genaue Gestalt der Produktionsfunktion[1].

Übersicht 3.7: Produktions- oder Ertragsfunktion

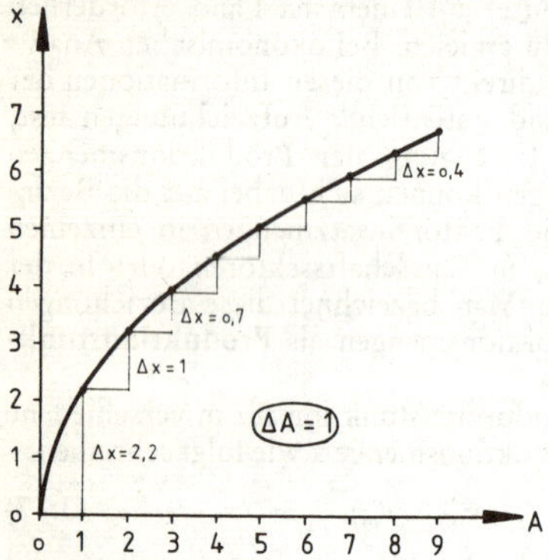

Auffällig ist der degressive Verlauf der Kurve. Er ist der geometrische Ausdruck einer grundlegenden wirtschaftstheoretischen Hypothese, die herkömmlich als das **„Gesetz vom abnehmenden Ertragszuwachs"** bezeichnet wird (wobei der Begriff „Ertrag" für den Begriff „Produktionsmenge" steht). Aus den an die Kuve gezeichneten Stufen geht unmittelbar hervor, daß der Produktionszuwachs („Ertragszuwachs": Δ x) pro eine *zusätzlich* eingesetzte Arbeitsstunde (Δ A = 1) um so geringer sein wird, je höher der Arbeitsinput bereits ist. So kann beispielsweise bei einem Arbeitseinsatz von 1 mit einem Output von x = 2,2 gerechnet werden. Verdoppelt man die Zahl der Arbeitsstunden von A = 1 auf A = 2, dann ist keineswegs auch eine Verdoppelung der Produktion von x = 2,2 auf x = 4,4 zu erwarten; vielmehr steigt, wie die Kurve zeigt, der Output nur um Δ x = 1,0 auf x = 3,2 an.

Der bekannte deutsche Nationalökonom *v. Thünen* (1783–1850) hat diesen Sachverhalt mit Hilfe eines Beispiels aus der landwirtschaftlichen Produktion illustriert: Erzielt eine Arbeitskraft zusammen mit einem ha Land, einer bestimmten Menge Saatkartoffeln und einem gegebenen Bestand an Werkzeugen eine bestimmte Erntemenge Kartoffeln, dann wird sich der Kartoffelertrag nicht einfach dadurch verdoppeln lassen, daß man eine weitere Arbeitskraft einstellt. Eine Produktionsverdoppelung würde auch eine Verdoppelung der anderen Einsatzfaktoren Land, Saatkartoffeln und Werkzeuge erfordern. Damit ist eine wichtige Voraussetzung des „Ertragsgesetzes" angesprochen: Seine Gültigkeit wird nur für die *Variation eines Faktors bei Konstanz aller anderen Faktoren* behauptet.

Bestätigungen für die Gültigkeit des Ertragsgesetzes sind sowohl im Bereich der landwirtschaftlichen als auch der gewerblichen Produktion

[1] Wie der Leser nachrechnen kann, liegt der Übersicht eine spezielle Form der Produktionsfunktion (3.13) zugrunde, nämlich $x = \sqrt{A \cdot C : 100}$.

gefunden worden. *Steinhauser/Langbehn/Peters*[1] haben auf der Grundlage von Versuchsdaten den funktionalen Zusammenhang zwischen Stickstoffdünger (N: kg Stickstoff/ha) und Weizenertrag (x: dz Weizen/ha) geschätzt:

$$x = 31{,}34 + 0{,}256701\,N - 0{,}001136\,N^2. \qquad (3.19)$$

In Abweichung von dem hypothetischen Beispiel der Übersicht 3.9 beginnt diese Funktion nicht im Ursprung, sondern beim Ordinatenabschnitt x = 31,34; selbst wenn keine Stickstoffdüngung erfolgt, wird ein positiver Weizenertrag erzielt. Außerdem sind positive abnehmende Ertragszuwächse nur bis zu einem Stickstoffeinsatz von N = 113 kg/ha zu beobachten. Die Funktion weist an dieser Stelle ihr Maximum auf, d. h. für den Wertebereich N >113 kg/ha sinkt der Ertrag mit zunehmendem Stickstoffeinsatz – die Grenzerträge werden negativ.
Eine Untersuchung von *Meyer* über die Abhängigkeit der Produktmenge (x: montierte Sägemaschinen pro Tag) vom Faktoreinsatz (A: Arbeiter im Einsatz pro Tag) findet sich bei *Lücke*[2]:

Übersicht 3.8: Empirisches Beispiel zum Ertragsgesetz

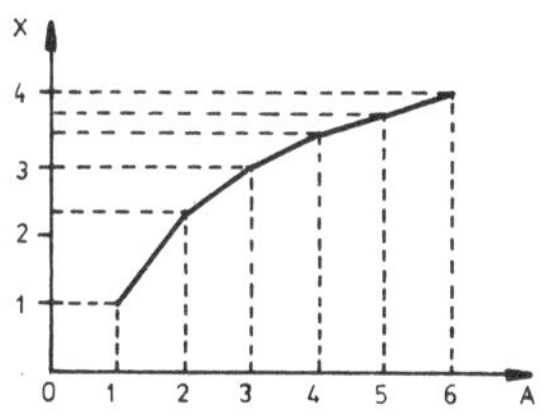

Im Zusammenhang mit dem empirischen Test des Ertragsgesetzes ist auf zwei grundlegende Probleme hinzuweisen: (1) Es ist häufig nicht ganz eindeutig, was unter Konstanz der sonstigen Faktoren zu verstehen ist. So ist beispielsweise zu fragen, ob in dem Düngemittel-Fall mit Konstanz des Bodens lediglich die Unveränderlichkeit der bearbeiteten Fläche oder aber eine unveränderte Leistungsabgabe des Bodens verstanden werden soll. (2) Das Auffinden von Beispielen, die die Gültigkeit des Ertragsgesetzes in *einigen Bereichen* belegen, bedeutet selbstverständlich nicht den Beweis für die *generelle* Gültigkeit dieses „Gesetzes". Wir werden später auch alternative Ertragsverläufe kennenlernen (vgl. Abschnitt 3.2.3.2).

In den Übersichten 3.6 und 3.7 ist dargestellt, wie sich die Produktionsmenge verändert, wenn man den Arbeitseinsatz fortlaufend um eine Einheit erhöht. Für die Ermittlung der Arbeitskosten in Abhängigkeit von der

---

[1] Steinhauser, Langbehn, Peters: Einführung in die landwirtschaftliche Betriebslehre (Allgemeiner Teil), Stuttgart 1978, S. 85.
[2] W. Lücke: Produktions- und Kostentheorie, Würzburg–Wien 1969, S. 57.

Produktionsmenge ist es zweckmäßig, den gleichen Zusammenhang umgekehrt darzustellen und anzugeben, welche Arbeitseinsatzmengen erforderlich sind, um bestimmte Ausbringungsmengen zu erzeugen. Man hat dann in der graphischen Darstellung einfach die Achsen zu vertauschen (Übersicht 3.9) und in der Tabelle fortlaufende Erhöhungen der Produktionsmenge vorzugeben (linker Teil der Übersicht 3.10).

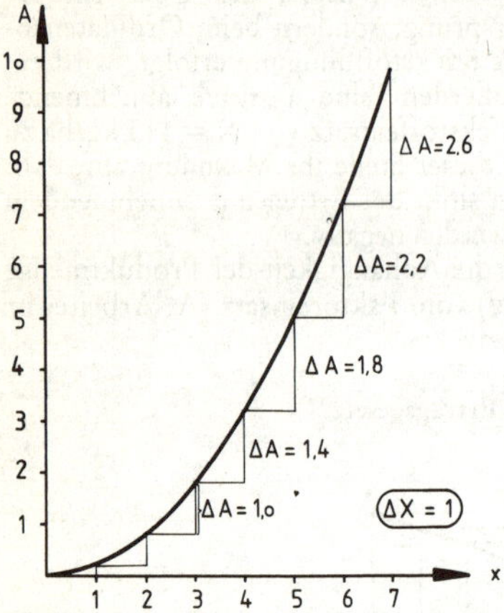

Übersicht 3.9: Alternative Darstellung der Produktionsfunktion

Übersicht 3.10: Der Zusammenhang zwischen Produktions- und Kostenfunktion

$\bar{C}$ (in 100 DM)	x (in Stck.)	A (je Arb.-Std.)	$A \cdot \bar{l}$ (in DM)	$\bar{C}(\bar{i}+\bar{j})$ (in DM)	K (in DM)
5	1	0,2	1	30	31
5	2	0,8	4	30	34
5	3	1,8	9	30	39
5	4	3,2	16	30	46
5	5	5,0	25	30	55
5	6	7,2	36	30	66
5	7	9,8	49	30	79
5	8	12,8	64	30	94
5	9	16,2	81	30	111

Nun läßt sich die Höhe der Arbeitskosten in Abhängigkeit von der Produktionsmenge leicht angeben: Aus den Übersichten ist zu ersehen, daß mit zunehmender Produktionsmenge ein immer größerer mengenmäßiger Arbeitseinsatz erforderlich ist, um eine zusätzliche Produktionseinheit zu erzeugen. Damit steigen zugleich auch die Arbeitskosten $A \cdot l$ überproportional an, da der Lohnsatz eine konstante Größe ist.

Man erhält in unserem Beispiel die Arbeitskosten $A \cdot l$ in Abhängigkeit von der Produktionsmenge, indem man die Arbeitsmengen A mit dem konstanten Lohnsatz l (angenommen: $\bar{l}$ = 5,– DM/Arbeitsstunde) multipliziert (vgl. 4. Spalte in Übersicht 3.10). Geometrisch bedeutet dies, daß die Produktionsfunktion der Übersicht 3.9 in Richtung der Ordinate gestreckt wird (durch Multiplikation der Ordinatenwerte A mit dem konstanten Faktor l). Die zugehörige Arbeitskostenfunktion ist (bei unverändertem Maßstab) in Übersicht 3.11 eingetragen [Kurve $(A \cdot l)$].

Die **Gesamtkosten** erhält man, wenn man die beiden unterschiedlichen Teilkomponenten Kapitalkosten und Arbeitskosten addiert:[1]

$$K = A \cdot l + \overline{C} \cdot (i + j). \qquad (3.20)$$

Für unser Beispiel sind die Gesamtkosten in der letzten Spalte der Übersicht 3.10 eingetragen. In der grafischen Darstellung der Übersicht 3.11 ergeben sich die Gesamtkosten durch *vertikale Addition* der Ordinatenwerte der (parallel zur Abszisse verlaufenden) Kapitalkostenkurve $(\overline{C} \cdot (i + j))$ und der Arbeitskostenkurve $(A \cdot l)$.

Nach einem anderen Gliederungsprinzip lassen sich die Gesamtkosten als Summe von **fixen Kosten** und **variablen Kosten** ermitteln:

$$K \equiv K_f + K_v. \qquad (3.21)$$

Unter fixen Kosten versteht man von der Produktionsmenge unabhängige Kosten, während sich die variablen Kosten mit der Produktionsmenge verändern.
In unserem speziellen Beispiel bedeutet das die gleiche Gliederung wie bisher, da die fixen Kosten allein die Kapitalkosten und die variablen Kosten allein die Arbeitskosten umfassen:

$$K_f = \overline{C} \cdot (i + j), \qquad (3.22)$$

$$K_v = A \cdot l. \qquad (3.23)$$

Bei allgemeiner (realitätsnäherer) Betrachtung sind jedoch weitere Kostenkomponenten zu unterscheiden. So sind etwa im allgemeinen Vorleistungen (Energie, Wasser, Betriebsmittel u. dergl.) zu den variablen Kosten zu rechnen, während etwa die Bodenkosten, betriebliche Forschungsaufwendungen usw. in der Regel zu den Fixkosten zu rechnen sind. Es ist jedoch bereits an dieser Stelle darauf hinzuweisen, daß *keine generelle Zuordnung* von bestimmten Kostenkomponenten zu den variablen oder fixen Kosten möglich ist. Es kommt vielmehr auf die Fragestellung, insbesondere auf den Betrachtungszeitraum an, ob ein bestimmter Faktor als fix oder variabel anzusehen ist und damit die anfallenden Kosten der einen oder anderen Gruppe zuzurechnen sind. So kann beispielsweise der Maschinenbestand oder der Arbeitskräftebestand bei kurzfristiger Betrachtung als fix und bei längerfristiger Betrachtung als variabel angesehen werden. Hierauf wird unten näher eingegangen.

[1] Die Querstriche über den Konstanten l, i, j und p bleiben der Einfachheit halber unberücksichtigt.

Für unser Beispiel wird die Aufgliederung der Gesamtkosten in Fixkosten und variable Kosten aus Übersicht 3.11 deutlich. Unabhängig von dem Beispiel gilt natürlich generell, daß die Fixkostenkurve parallel zur Abszisse verläuft, da die Kosten unabhängig von der Höhe der Produktion anfallen. Die variablen Kosten steigen generell mit der Zunahme der Produktionsmenge an; der genaue Verlauf der ansteigenden Funktion kann allerdings unterschiedlich sein. Aus den Ableitungen ist leicht ersichtlich, daß er entscheidend von der Art der technologischen Beziehungen, d.h. dem Verlauf der Produktionsfunktion, abhängt. Bei Gültigkeit des Gesetzes vom abnehmenden Ertragszuwachs gilt jedoch stets, daß die variablen Kosten mit zunehmender Produktionsmenge überproportional ansteigen, wie man sich leicht anhand der grafischen Darstellungen klarmachen kann.

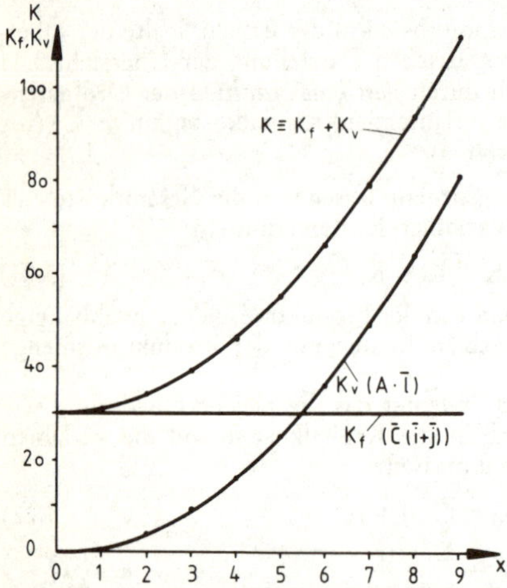

Übersicht 3.11
Kostenfunktion

Umsatz-Kosten-Vergleich

Mit der Ableitung des Umsatzes und der Kosten in Abhängigkeit von der Produktionsmenge sind die Grundlagen für die Produktions- und Absatzplanung des Unternehmens geschaffen. Wenn der Unternehmer die Zielsetzung der Gewinnmaximierung verfolgt, wird er für eine bestimmte Periode eine solche Ausbringungsmenge planen, bei der die Differenz zwischen Umsatz und Kosten möglichst groß wird.

In Übersicht 3.12 sind für alternative Ausbringungsmengen die zugehörigen Umsätze und Kosten gegenübergestellt. Der sich durch Differenzbildung ergebende Gewinn weist bei kleinen Mengen ($x = 1, 2, 3$) und bei Mengen ab etwa $x = 9$ negative Werte auf, d.h. der Unternehmer würde in diesen Bereichen Verluste machen. Bei Produktionsmengen zwischen etwa 4 und 8 macht er dagegen Gewinn. Den höchsten Gewinn erzielt er, wenn seine Ausbringungsmenge $x = 6$ beträgt. Damit ist die optimale Ausbringungsmenge gefunden.

Die optimale Ausbringungsmenge läßt sich **geometrisch** ermitteln, indem man in einer grafischen Darstellung die abgeleiteten Umsatz- und Kostenkurven gleichzeitig einträgt (Übersicht 3.13).

Übersicht 3.12: Ermittlung der optimalen Ausbringungsmenge

x	U	K	G = U – K
0	0	30	–30
1	12	31	–19
2	24	34	–10
3	36	39	– 3
4	48	46	2
5	60	55	5
6	72	66	6
7	84	79	5
8	96	94	2
9	108	111	– 3

Übersicht 3.13: Bestimmung der optimalen Ausbringungsmenge

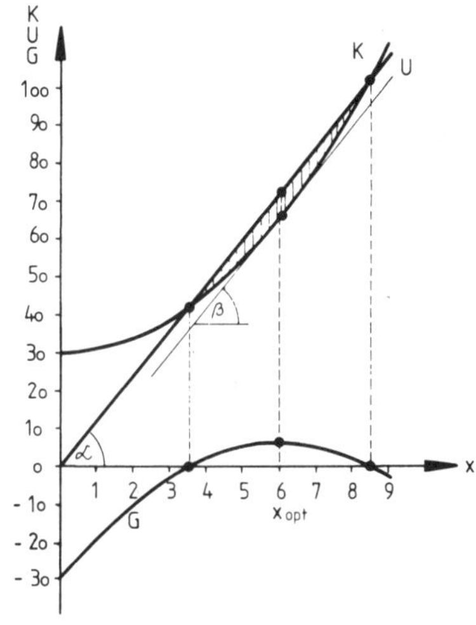

Im schraffierten Bereich der Grafik übersteigt der Umsatz die Kosten; der Unternehmer macht einen Gewinn. Man spricht in diesem Zusammenhang von der **Gewinnlinse.** Bei einer Produktion zwischen 3 und 4 Stück liegt die **untere Gewinnschwelle,** bei der die Kosten gerade dem Umatz entsprechen, der Gewinn also Null ist. Die **obere Gewinnschwelle** liegt etwa bei einer Ausbringungsmenge von x = 8. Der **maximale Gewinn** liegt zwischen den beiden Schwellen. In unserem Beispiel ist er genau bei einer Ausbringungsmenge x = 6 erreicht. An dieser Stelle ist der vertikale Abstand zwischen Umsatz- und Kostenkurve am größten. Die Gewinnkurve hat hier ihren Extremwert.

Der geometrisch und analytisch vorgebildete Leser erkennt sofort, daß der größte Abstand zwischen Umsatz- und Kostenkurve durch eine einfache Bedingung charakterisiert wird: Die Steigungen der Kosten- und Umsatzkurve, gemessen durch die jeweilige Steigung der Tangente, stimmen im Optimalpunkt überein, d.h. $tg\ \alpha = tg\ \beta$. Links von dem Optimalpunkt ist der Anstieg der Kostenkurve schwächer, rechts davon dagegen stärker als der Anstieg der Umsatzgeraden.

Ableitung einer Entscheidungsregel: Das Grenzkostenprinzip

Das gleiche Ergebnis, die optimale Ausbringungsmenge, läßt sich auf einem alternativen Wege ableiten, indem man nicht die absolute Höhe von Umsatz und Kosten, sondern die Änderung des Umsatzes ΔU und die Änderung der Kosten ΔK miteinander vergleicht, die auf eine Veränderung der Ausbringungsmenge um einen bestimmten kleinen Betrag Δx zurückzuführen sind. Die Änderung des Umsatzes pro zusätzlicher Einheit der Ausbringungsmenge bezeichnet man als **Grenzumsatz** $\left(\frac{\Delta U}{\Delta x}\right)$ und die Änderung der Kosten pro zusätzlicher Einheit der Ausbringungsmenge als **Grenzkosten** $\left(\frac{\Delta K}{\Delta x}\right)$. Man vergleicht also miteinander Grenzumsatz und Grenzkosten. Es ist ohne weiteres einleuchtend, daß sich der Gewinn durch eine Erhöhung der Ausbringungsmenge solange noch steigern läßt, wie der Umsatzzuwachs größer als der Kostenzuwachs ist $\left(\frac{\Delta U}{\Delta x} > \frac{\Delta K}{\Delta x}\right)$ und daß man die gewinnmaximale Ausbringung bereits überschritten hat, wenn der Kostenzuwachs größer als der Umsatzzuwachs ist $\left(\frac{\Delta U}{\Delta x} < \frac{\Delta K}{\Delta x}\right)$. Die optimale Ausbringungsmenge ist somit gerade erreicht, wenn die Bedingung erfüllt ist:

$$\underset{\text{Grenzumsatz}}{\frac{\Delta U}{\Delta x}} = \underset{\text{Grenzkosten}}{\frac{\Delta K}{\Delta x}}. \tag{3.24}$$

Dieses Ergebnis läßt sich auch graphisch veranschaulichen (vgl. Übersicht 3.14): Die Steigung der Kostenkurve in einem Punkte kann annähernd durch den Quotienten ΔK/Δx, die Steigung der Umsatzkurve durch den Quotienten ΔU/Δx angegeben werden. Bei derjenigen Ausbringungsmenge, bei der beide Steigungen gleich sind, ist der Gewinn (QR) maximal, weil damit zugleich der vertikale Abstand von Umsatz- und Kostenkurve am größten ist.

Als **allgemeine Entscheidungsregel** gilt somit für den gewinnmaximierenden Unternehmer: Produziere soviel Gütereinheiten, daß die Grenzkosten bei dieser Gütermenge dem Grenzumsatz gleich sind. Wir werden im folgenden sehen, daß diese Entscheidungsregel eine große Bedeutung für die Betriebsplanung und die Erklärung des Angebotsverhaltens der Unternehmer hat.

Um diese wichtige Bedingung voll zu verstehen, soll sie nochmals anhand des gegebenen *numerischen Beispiels* erläutert werden. Wenn das Unternehmen gar nichts

Übersicht 3.14: Grenzkosten und Grenzumsatz

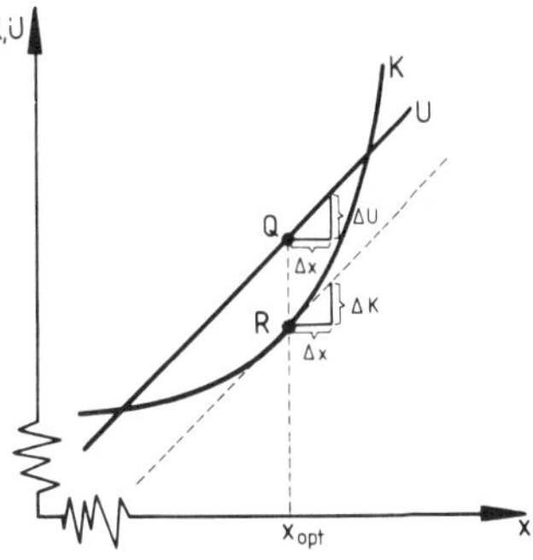

produziert, hat es die fixen Kosten in Höhe von 30,– DM zu tragen und macht einen entsprechend hohen Verlust (Übersicht 3.12). Die Produktion der ersten Produktionseinheit verursacht zusätzliche Kosten in Höhe von 1,– DM ($\Delta K = 31-30$), so daß die Grenzkosten betragen:

$$\frac{\Delta K}{\Delta x} = \frac{1}{1} = 1,\text{– DM.}$$

Diesen steht jedoch eine Umsatzsteigerung von 0 DM auf 12,– DM gegenüber, so daß der Grenzumsatz beträgt:

$$\frac{\Delta U}{\Delta x} = \frac{12}{1} = 12,\text{– DM.}$$

Das Unternehmen erzielt somit eine Gewinnsteigerung von 11,– DM

$$\left(\frac{\Delta G}{\Delta x} = \frac{\Delta U}{\Delta x} - \frac{\Delta K}{\Delta x} = 11,\text{– DM}\right),$$

die den anfänglichen Verlust von 30,– DM auf 19,– DM reduziert.
Bei einer weiteren Erhöhung der Ausbringungsmenge um eine Einheit auf $x = 2$ betragen die Grenzkosten 3,– DM

$$\left(\frac{\Delta K}{\Delta x} = \frac{3}{1} = 3,\text{– DM}\right)$$

und der Grenzumsatz beträgt 12,– DM

$$\left(\frac{\Delta U}{\Delta x} = \frac{12}{1} = 12,\text{– DM}\right).$$

Der Gewinn wächst somit um 9,– DM

$$\left(\frac{\Delta G}{\Delta x} = \frac{\Delta U}{\Delta x} - \frac{\Delta K}{\Delta x} = 12 - 3 = 9,\text{– DM}\right).$$

Das Unternehmen wird die Produktion ausdehnen, solange es noch einen positiven Zusatzgewinn erzielt. Das Gewinnmaximum ist genau dort erreicht, wo der Grenzgewinn $\Delta G/\Delta x = 0$ ist. In unserem Beispiel ist das bei $x = 6$ der Fall. Dort beträgt der Gewinn 6,– DM. Eine weitere Erhöhung der Produktion lohnt sich nicht, da der Gewinn dann abnimmt. Eine Erhöhung um eine Einheit auf $x = 7$ bedeutet eine Kostensteigerung von 13,– DM ($\Delta K = 79–66$), aber lediglich eine Erlössteigerung von 12,– DM ($\Delta U = 84–72$ DM).

Errechnet man für den gesamten Bereich der Umsatzfunktion und der Kostenfunktion den jeweiligen Grenzumsatz bzw. die jeweiligen Grenzkosten, so läßt sich die optimale Ausbringungsmenge (alternativ zum Umsatz-Kosten-Vergleich) sofort ermitteln. Die optimale Ausbringungsmenge ist dort erreicht, wo der Grenzumsatz den Grenzkosten gleich ist (Übersicht 3.15) bzw. in der graphischen Darstellung (Übersicht 3.16), wo die Grenzumsatzkurve die Grenzkostenkurve schneidet.

Übersicht 3.15: Grenzumsatz und Grenzkosten

x	U	ΔU / Δx	K	ΔK / Δx
0	0		30	
		12		1
1	12		31	
		12		3
2	24		34	
		12		5
3	36		39	
		12		7
4	48		46	
		12		9
5	60		55	
		12		11
6	72		66	
		12		13
7	84		79	
		12		15
8	96		94	
		12		17
9	108		111	

Für den in diesem Abschnitt betrachteten Beispielsfall eines Unternehmers, der als Mengenanpasser nur den einen variablen Faktor Arbeit einsetzt, lassen sich die Ausdrücke Grenzkosten und Grenzumsatz noch spezifischer fassen.
Betrachten wir zunächst die **Grenzkosten**. Die zusätzlichen Kosten ΔK, die bei steigender Produktion entstehen, sind bei gegebenem Lohnsatz: $\Delta K = \Delta A \cdot 1$. Die Grenzkosten lassen sich somit genauer beschreiben als

$$\frac{\Delta K}{\Delta x} = \frac{\Delta A}{\Delta x} \cdot 1. \qquad (3.25)$$

Weiterhin läßt sich der **Grenzumsatz** bei einem Mengenanpasser spezifizieren. Bei gegebenem Produktpreis $\bar{p}$ beträgt der zusätzliche Umsatz ΔU, der durch eine Erhöhung der Absatzmenge Δx erzielt werden kann:

$$\Delta U = \Delta x \cdot p. \qquad (3.26)$$

Der Grenzumsatz ist somit

$$\frac{\Delta U}{\Delta x} = \frac{\Delta x}{\Delta x} \cdot p = p, \qquad (3.27)$$

d.h. *der Grenzumsatz eines Mengenanpassers ist mit dem Produktpreis identisch.*

Übersicht 3.16: Grenzumsatz- und Grenzkostenkurve

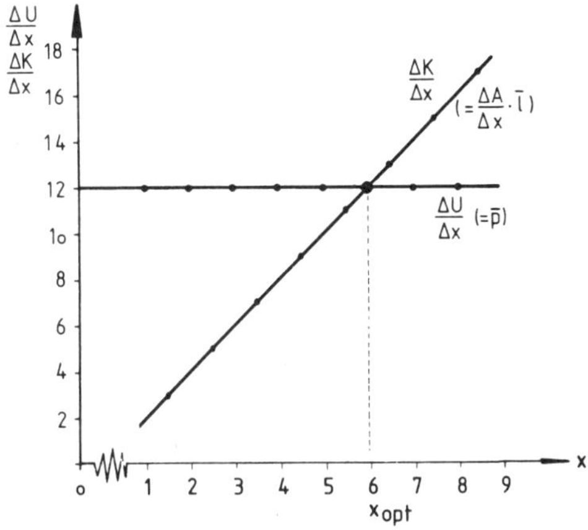

Für einen Unternehmer, der sich als Mengenanpasser verhält und nur einen variablen Faktor einsetzt, läßt sich somit die allgemeine Gewinnmaximierungsbedingung (3.24) unter Verwendung von (3.25) und (3.27) auch in der Form schreiben:

$$\frac{\Delta A}{\Delta x} \cdot l = p. \tag{3.28}$$

Als Entscheidungsregel gilt somit für den Unternehmer: Produziere soviel Gütereinheiten, daß die Grenzkosten bei dieser Gütermenge dem Produktpreis entsprechen.
Der Unternehmer ist **Grenzkostenkalkulierer**. Ist die Ausbringungsmenge geringer als die optimale, so sind die Grenzkosten geringer als der Preis. Eine Ausdehnung der Produktion erhöht den Gewinn, da jede weitere Ausbringungseinheit weniger kostet als sie dem Unternehmer am Markt einbringt. Auf der anderen Seite produziert der Unternehmer nicht mehr als die optimale Ausbringungsmenge, da jede weitere Einheit ihn mehr kostet als sie ihm einbringt.

Güterangebotsfunktion

Wir haben nunmehr die optimale Ausbringungsmenge bestimmt, die ein Unternehmer bei gegebenem Produktpreis $\bar{p}$ produzieren wird. Es soll jetzt gefragt werden, wie der Unternehmer seine Absatzmenge variieren wird, wenn sich der **Marktpreis ändert**. Die Antwort ist leicht aus Übersicht 3.17 erkennbar. Offenbar steigt die optimale Absatzmenge mit steigendem Produktpreis an. Die Grenzkostenkurve ordnet allen denkbaren Produktpreisen ganz bestimmte Absatz- bzw. Produktionsmengen zu, die jeweils gewinnmaximal sind, so daß die Grenzkostenkurve die Abhängigkeit der optimalen Produktionsmenge vom Produktpreis beschreibt. Da aber die Produktionsmenge der Angebotsmenge entspricht (wenn man von

Lagerbestandsänderungen absieht), stellt die **Grenzkostenkurve** auch gleichzeitig die **Güterangebotsfunktion des Unternehmens** dar. Sie gibt den Zusammenhang zwischen Produktionsmengenangebot und Produktpreis an[1].

Übersicht 3.17: Güterangebotsfunktion eines Unternehmens

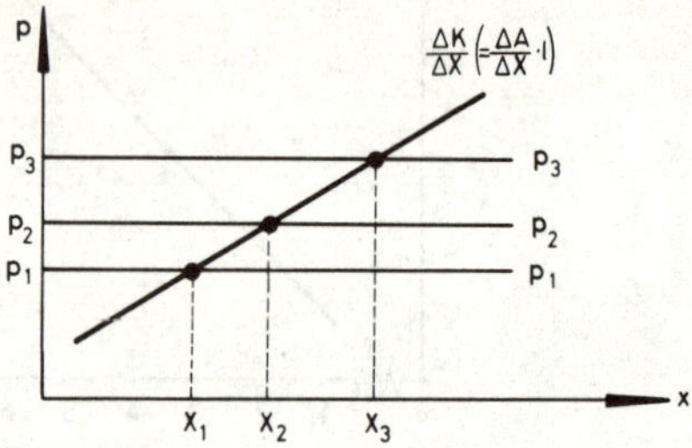

Die für einen ganzen **Markt** geltende Angebotsfunktion gewinnt man durch Addition der Angebotsmengen aller Einzelunternehmen – die dieses Gut herstellen – bei allen nur denkbaren Güterpreisen (Aggregation der einzelwirtschaftlichen Angebotsfunktionen).

Das läßt sich leicht für den Modellfall eines Marktes zeigen, der lediglich von zwei Unternehmen (U_1 und U_2) beliefert wird (Übersicht 3.18). Bei dem Preis p = 1 bietet die Unternehmung 1 zwei Einheiten und die Unternehmung 2 eine Einheit des Gutes an, so daß das gesamte bei diesem Preis auf den Markt kommende Angebot aus drei Produkteinheiten besteht. Entsprechende Additionen an anderen Stellen (bei anderen Preisen) führen zur Ableitung der Angebotskurve des Marktes. Man spricht in diesem Zusammenhang auch von der Angebotskurve eines Marktes als Resultat der *horizontalen Addition* der einzelunternehmerischen Angebotskurven (Grenzkostenkurven).

Übersicht 3.18: Güterangebotsfunktion eines Marktes

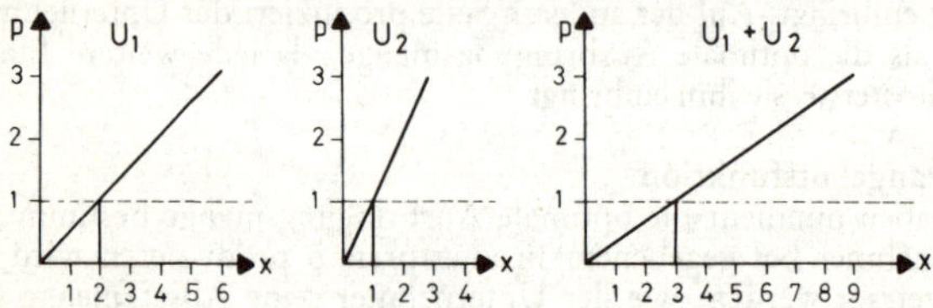

Kurz- und langfristige Preisuntergrenze

Die abgeleitete Entscheidungsregel, d. h. ein Güterangebot entsprechend der Grenzkostenfunktion, gibt stets die bestmögliche Produktions- und

[1] Wie unten begründet wird, ist es bei bestimmten Verläufen der Kostenfunktion möglich, daß nur ein bestimmter Teilabschnitt der Grenzkostenfunktion die Güterangebotsfunktion darstellt.

Absatzplanung eines Unternehmens an, wenn es sich für das Unternehmen überhaupt lohnt zu produzieren. Bei bestimmten Preis-Kosten-Verhältnissen kann jedoch durchaus der Fall eintreten, daß das Unternehmen auch bei optimaler Planung einen Verlust erleidet. Die Beachtung der Entscheidungsregel führt dann zu einer Minimierung des Verlustes.
Ein solcher Fall kann eintreten, wenn ein Unternehmer bereits Investitionen vorgenommen hat, also über einen bestimmten Bestand an Gebäuden und Maschinen verfügt, und wenn der Verlust bei Einstellung der Produktion aufgrund der Fixkostenbelastung größer wäre als der Verlust bei laufender Produktion. Unter diesen Bedingungen ist es für das Unternehmen vorteilhaft, unter Verlust solange weiterzuproduzieren, bis die Produktionsanlagen ersetzt werden müssen oder bis möglicherweise die Preise wieder soweit ansteigen, daß das Unternehmen in die Gewinnzone gerät.

Aus diesen Überlegungen wird unmittelbar deutlich, daß zwei Preisuntergrenzen für das Güterangebot zu unterscheiden sind:

- bei **kurzfristiger Betrachtung** wird ein Unternehmen auch bei verlustbringenden Preisen produzieren, solange seine variablen Kosten und zumindest ein Teil der Fixkosten abgedeckt werden;
- auf **längere Sicht** (wenn die Produktionsanlagen zu erneuern sind) wird ein Unternehmen nur dann produzieren, wenn alle Kosten abgedeckt sind und ein Gewinn zu erwarten ist.

Diese unmittelbar einleuchtenden Bedingungen sollen im folgenden etwas präziser gefaßt und anhand des gegebenen Beispiels erläutert werden.
Wenn in unserem Beispiel der Marktpreis statt bei 12,– DM bei 8,– DM läge, so würde die optimale Ausbringungsmenge $x = 4$ betragen, und es würde sich ein Umsatz in Höhe von $U = 32$,– DM und es würden sich Kosten in Höhe von $K = 46$,– DM ergeben (Übersicht 3.12). Das Unternehmen würde somit auch bei Optimalplanung einen Verlust in Höhe von 14,– DM ($G = U - K = 32 - 46 = -14$,– DM) erleiden. Dennoch würde es sich für das Unternehmen lohnen, kurzfristig weiterzuproduzieren, da im Falle der Produktionseinstellung der Verlust 30,– DM ($G = U - K = 0 - 30 = -30$,– DM) betragen würde. Es läßt sich leicht nachvollziehen, daß die gleichen Schlußfolgerungen bei den gegebenen Annahmen des numerischen Beispiels für alle Preise zwischen 0 und 11,– DM ($0 < p < 11$) gelten. Die **kurzfristige Preisuntergrenze** liegt in unserem Beispiel also nahe bei Null, da schon bei der ersten Produktionseinheit der Grenzumsatz die Grenzkosten übersteigt. Die kurzfristige Angebotskurve beginnt somit im Ursprung und wird durch den gesamten Verlauf der Grenzkostenkurve gebildet.
Um die Preisuntergrenze bei *langfristiger* Betrachtung zu ermitteln, könnte man durchprobieren, bei welchem Preis die Gesamtkosten ($K \equiv K_f + K_v$) gerade noch durch den Umsatz gedeckt werden. Es ließe sich dann feststellen, daß das gerade bei $p = 11$ der Fall ist. Dieses ist somit in unserem Beispiel die **langfristige Preisuntergrenze**.

Um diese Bedingungen genereller zu formulieren, ist es zweckmäßig, einige **weitere Kostenbegriffe** einzuführen und die Gesamtkosten sowie die Teilkomponenten fixe Kosten und variable Kosten auf die jeweilige Produktionsmenge zu beziehen. Man erhält dann

- die durchschnittlichen Gesamtkosten pro Produkteinheit (auch Durchschnittskosten oder Stückkosten genannt), $\frac{K}{x}$

– die durchschnittlichen fixen Kosten $\frac{K_f}{x}$,

– die durchschnittlichen variablen Kosten $\frac{K_v}{x}$.

Gemäß der schon bekannten Definitionsgleichung $K \equiv K_f + K_v$ lassen sich die **Durchschnittskosten** schreiben:

$$\frac{K}{x} \equiv \frac{K_f}{x} + \frac{K_v}{x}. \tag{3.29}$$

In Übersicht 3.19 sind die entsprechenden Werte für unser Beispiel errechnet und in Übersicht 3.20 graphisch dargestellt.

Übersicht 3.19: Durchschnittskosten

x	K	K_f	K_v	$\frac{K}{x}$	$\frac{K_f}{x}$	$\frac{K_v}{x}$
1	31	30	1	31	30	1
2	34	30	4	17	15	2
3	39	30	9	13	10	3
4	46	30	16	11,5	7,5	4
5	55	30	25	11	6	5
6	66	30	36	11	5	6
7	79	30	49	11,3	4,3	7
8	94	30	64	11,8	3,8	8
9	111	30	81	12,3	3,3	9

Übersicht 3.20: Durchschnittliche fixe, variable und Gesamt-Kosten

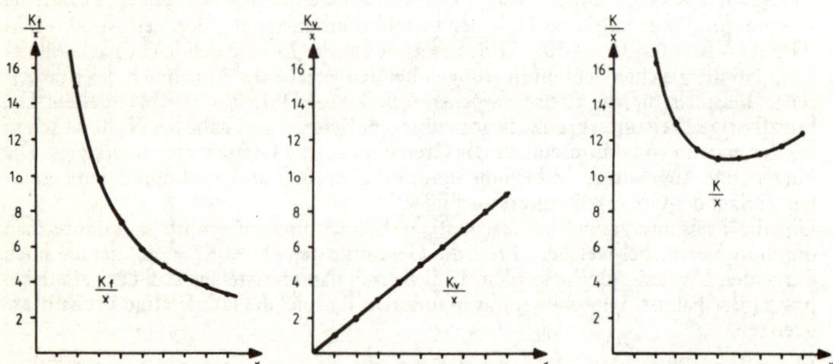

Man erkennt, daß die **durchschnittlichen fixen Kosten** K_f/x mit zunehmender Ausbringungsmenge fallen. Dies ist unmittelbar plausibel, da der konstante Fixkostenbetrag von $K_f = 30$ auf eine steigende Gütermenge „verteilt" wird. Vergrößert man die Produktionsmenge, dann wird der Anteil, den ein produziertes Stück an den Fixkosten zu tragen hat, immer kleiner. Da dieses Phänomen im Zuge der Industria-

lisierung in vielen Produktionszweigen zu beobachten ist, sprach schon im 19. Jahrhundert *Karl Bücher* (1847–1930) vom **Gesetz der Massenproduktion**. Vor allem größere Betriebe sind in der Lage, die Vorteile der Massenproduktion auszunutzen, d. h. bei hoher Produktion niedrige (fixe) Durchschnittskosten zu haben.
Geometrisch können die durchschnittlichen Fixkosten durch den Fahrstrahl aus dem Koordinatenursprung an die Fixkostenkurve beschrieben werden. Der Tangens des Winkels, der durch den Fahrstrahl mit der Abszisse gebildet wird, entspricht den durchschnittlichen Fixkosten. Je höher die Ausbringungsmenge, um so kleiner wird der Winkel und um so geringer sind somit die durchschnittlichen Fixkosten:

$$\text{tg}\,\alpha = K_f/x_1 > \text{tg}\,\beta = K_f/x_2.$$

Übersicht 3.21: Absolute und durchschnittliche Fixkosten

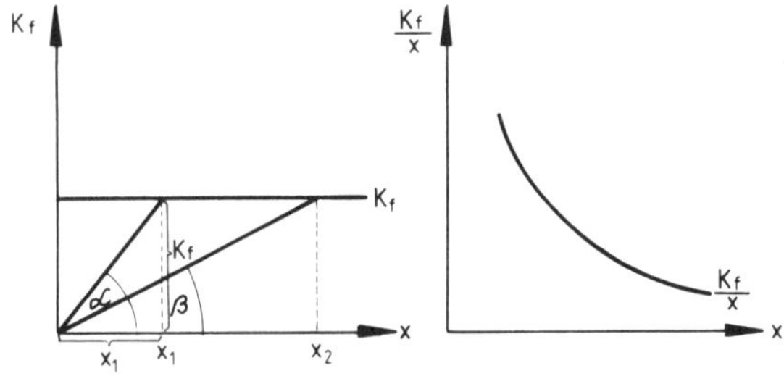

Die **durchschnittlichen variablen Kosten** K_v/x in Übersicht 3.21 haben einen steigenden Verlauf. Dies ergibt sich aus dem progressiv steigenden Verlauf der variablen Kosten. Diese hängen wiederum, wie wir wissen, vom Verlauf der Produktions- oder Ertragsfunktion ab (vgl. Übersicht 3.7). Je stärker die Wirksamkeit des Ertragsgesetzes im Einzelfall ist, d. h. je geringer die Ertragszuwächse werden, um so stärker steigen die durchschnittlichen variablen Kosten.

In geometrischer Betrachtung lassen sich die durchschnittlichen variablen Kosten wiederum durch den Fahrstrahl an alternative Punkte der Kurve der variablen Kosten darstellen. Der Winkel des Fahrstrahls wird mit steigender Produktionsmenge ständig größer, so daß auch die durchschnittlichen variablen Kosten steigen:

Übersicht 3.22: Absolute und durchschnittliche variable Kosten

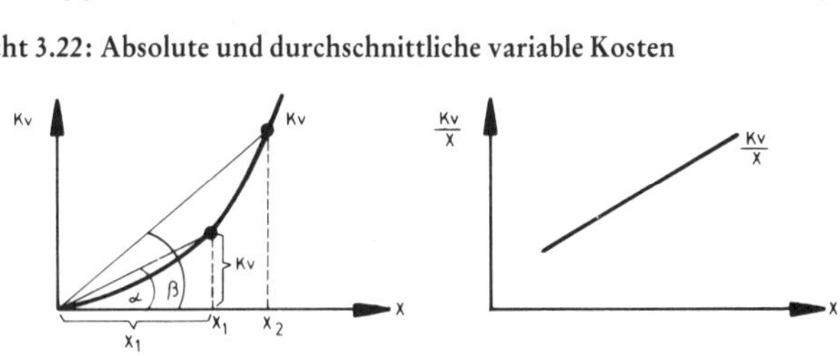

$$\text{tg}\,\alpha = K_v/x_1 < \text{tg}\,\beta = K_v/x_2.$$

Die **durchschnittlichen Gesamtkosten** K/x weisen in Übersicht 3.20 einen u-förmigen Verlauf auf. Die Kurve entsteht durch Addition der durchschnittlichen fixen und variablen Kosten (geometrisch durch vertikale Addition). Bei geringen Ausbringungsmengen sinkt der Quotient K/x, weil K_f/x stärker sinkt als K_v/x steigt. Ab x = 6 wird der Effekt sinkender durchschnittlicher Fixkosten allerdings durch die sich jetzt stärker auswirkende Progression der variablen Stückkosten überkompensiert: Die Kurve K/x steigt an. Bei den durchschnittlichen Gesamtkosten wirken das Gesetz der Massenproduktion und das Ertragsgesetz zusammen. Ihre Wirkungen sind entgegengerichtet. Bis zur Produktionsmenge x = 6 ist der kostensenkende Einfluß der Massenproduktion stärker, danach überwiegt die kostensteigernde Wirkung des Ertragsgesetzes[1].

Analog zu den beiden „anderen" Durchschnittskostenverläufen läßt sich wiederum die Fahrstrahl-Betrachtung anstellen (vgl. Übersicht 3.23). Bis zur Ausbringungsmenge x_3 wird mit steigender Menge der Winkel des Fahrstrahls mit der Abszisse kleiner, $\alpha > \beta > \gamma$, die durchschnittlichen Gesamtkosten sinken also. Bei höheren Ausbringungsmengen als x_3 wird der Winkel wieder größer, die durchschnittlichen Gesamtkosten steigen.

Übersicht 3.23: Absolute und durchschnittliche Gesamtkosten

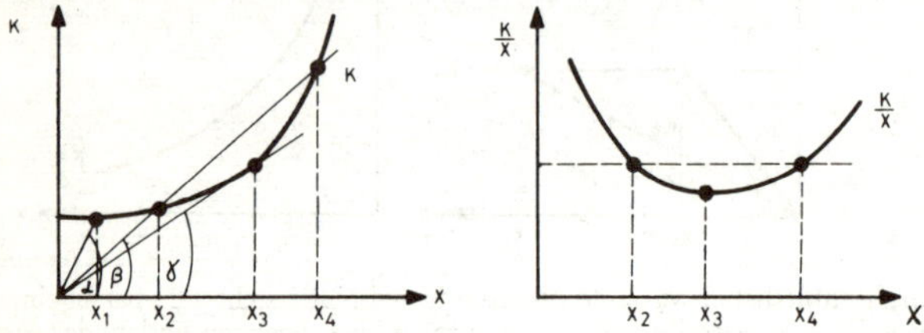

Unter Verwendung der abgeleiteten Kostenbegriffe läßt sich die Gewinnsituation eines Unternehmens genauer kennzeichnen und lassen sich die Aussagen über die kurz- und langfristigen Preisuntergrenzen für die Produktionsaufnahme schärfer formulieren.

Zunächst sollen die Zusammenhänge anhand des *gegebenen Beispiels* erläutert werden. In Übersicht 3.24 sind neben der Grenzkostenkurve die Kurven der durchschnittlichen variablen und der durchschnittlichen Gesamtkosten dargestellt.

Bei einem Marktpreis p = 12 bietet das Unternehmen entsprechend der Grenzkostenkurve die gewinnmaximale Produktmenge x = 6 an. Bei dieser Produktionsmenge übersteigt der „Stückerlös" (U/x ≡ p) die Stückkosten (K/x) um 1,– DM, so daß gemäß der Definition

$$\frac{G}{x} \equiv \frac{U}{x} - \frac{K}{x} \equiv p - \frac{K}{x} \tag{3.30}$$

[1] Wie wir weiter unten (s. Übersicht 3.51) sehen werden, muß das Ertragsgesetz nicht bei allen Produktionen Gültigkeit haben. Bei sog. *linear-limitationalen Produktionsfunktionen* sind z. B. die durchschnittlichen variablen Kosten konstant. Der Verlauf der durchschnittlichen Gesamtkosten wird dann lediglich durch das Gesetz der Massenproduktion bestimmt; die Durchschnittskosten sinken, sie nähern sich asymptotisch den durchschnittlichen variablen Kosten an.

Übersicht 3.24: Durchschnittskosten und Grenzkosten

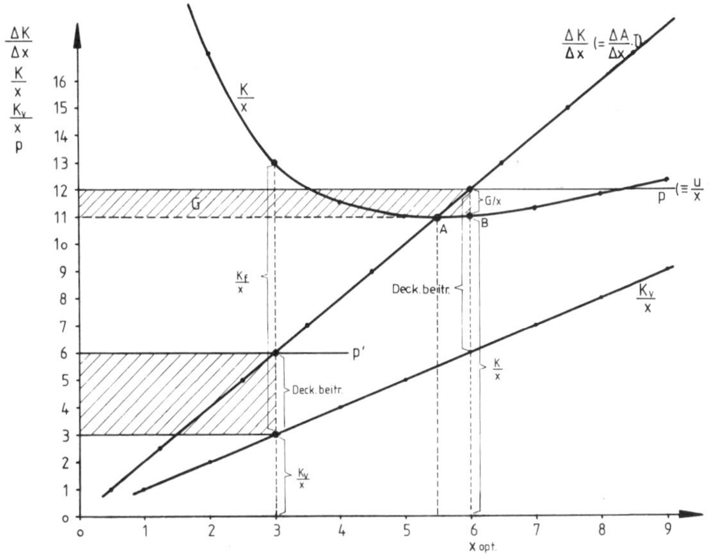

ein **Stückgewinn** in dieser Höhe entsteht. Der Gesamtgewinn G beträgt dann 6,– DM; in der Graphik wird er durch das obere schraffierte Rechteck abgebildet[1]. Sinkt der Marktpreis auf p = 11, so wird das Unternehmen x = 5,5 Produkteinheiten anbieten. Der Stückgewinn und damit zugleich der Gesamtgewinn sind dann gleich Null. Wenn der Marktpreis noch weiter sinkt (p < 11), entsteht ein Stückverlust bzw. ein Gesamtverlust. Die **langfristige Preisuntergrenze** liegt somit bei p = 11, also dem Preis, der dem Minimum der Durchschnittskosten entspricht. Wie man leicht ersehen kann, schneidet die Grenzkostenkurve die Durchschnittskostenkurve stets in ihrem Minimum. Solange die zusätzlichen Kosten pro Einheit noch niedriger sind als die Durchschnittskosten, müssen diese fallen; sobald die zusätzlichen Kosten je Einheit höher sind als die Durchschnittskosten, müssen diese zunehmen. Beide können also nur im Minimum der Durchschnittskosten einander gleich sein.

Wie bereits erläutert wurde, wird das Unternehmen *kurzfristig* die Produktion auch dann nicht einstellen, wenn der Preis unter die Durchschnittskosten sinkt, solange wenigstens ein Teil der anfallenden Fixkosten abgedeckt wird. Oder anders ausge-

---

[1] Das schraffierte Rechteck berührt nicht den Punkt A (Minimum der Durchschnittskostenkurve), obwohl es in Übersicht 3.24 fast so aussieht. Der Punkt B liegt geringfügig höher als der Punkt A. Eine Kontrollrechnung auf der Basis der zugrundeliegenden Ertragsfunktion $x = \sqrt{A \cdot C : 100}$ ergibt für x = 5,5 einen Arbeitseinsatz von A = 6,05 und für x = 6 von A = 7,2. Daraus ergeben sich Gesamtkosten von K = 60,25 für x = 5,5 und K = 66,0 für x = 6 (vgl. Übersicht 3.10). Als Durchschnittskosten errechnen sich somit K/x = 10,95 (Punkt A) für x = 5,5 und K/x = 11,0 (Punkt B) für x = 6.

drückt: Für das Unternehmen ist es kurzfristig vorteilhaft, auch bei Verlust die Produktion weiterzuführen, solange der Preis die durchschnittlichen variablen Kosten übersteigt (denn das bedeutet ja, daß noch Teile des Umsatzes für die Abdekkung von Fixkosten zur Verfügung stehen). Man bezeichnet daher den Überschuß des Stückumsatzes ($U/x \equiv p$) über die variablen Durchschnittskosten (K_v/x) auch als **Deckungsbeitrag**. Aus der Graphik (Übersicht 3.24) ist zu erkennen, daß das bei den im Beispiel angenommenen Funktionsverläufen auch bei sehr niedrigen Preisen noch der Fall ist.

Beispielsweise wird das Unternehmen bei einem Marktpreis von $p = 6$ die Menge $x = 3$ produzieren. Da bei dieser Produktionsmenge die Durchschnittskosten $K/x =$ 13,– DM betragen, realisiert das Unternehmen einen Stückverlust in Höhe von 7,– DM und einen Gesamtverlust in Höhe von 21,– DM. Demnach ist es vorteilhaft (verlustminimierend), die Produktion nicht einzustellen, da Fixkosten in Höhe von 30,– DM anfallen würden. Oder auf eine Produkteinheit bezogen: Der Teil des Stückumsatzes ($U/x \equiv p = 6$,– DM), der über die variablen Kosten ($K_v/x = 3$,– DM) hinausgeht, stellt den Deckungsbeitrag pro Stück dar ($U/x - K_v/x = 6 - 3 = 3$,– DM). Bei einer Produktionsmenge von $x = 3$ ergibt sich ein Gesamtdeckungsbeitrag von 9,– DM (s. die untere schraffierte Fläche in Übersicht 3.24), der einen Teil der Fixkosten abdeckt, so daß nur noch ein Verlust in Höhe von 21,– DM (30 – 9) verbleibt.

An dieser Stelle ist auf eine Modifikation der Überlegungen zum kurzfristigen Güterangebot hinzuweisen, die sich ergibt, wenn Produktionsanlagen (fixe Faktorbestände) des Unternehmens anderweitig genutzt werden können, z. B. durch Vermietung von Gebäuden oder Maschinen an ein anderes Unternehmen. Dann wird das Unternehmen bei Verlust die Produktion nur dann weiterführen, wenn der erwirtschaftete Deckungsbeitrag größer ist als der bei alternativer Faktorverwendung erzielbare Erlös. Die Preisuntergrenze für die Produktionsaufnahme wird dann entsprechend höher liegen (die Angebotsfunktion bei einem höheren Preis beginnen). Man bezeichnet den bei alternativer Faktornutzung erzielbaren Erlös auch als **Opportunitätskosten** des Faktoreinsatzes. Das läßt sich auch so formulieren: Die Faktoren werden *dann* nicht mehr im Betrieb eingesetzt (also an andere Unternehmen vermietet oder verkauft), wenn die Opportunitätskosten den innerbetrieblich erzielbaren Deckungsbeitrag übersteigen.

Insgesamt lassen sich die Überlegungen zum Angebotsverhalten von Unternehmen wie folgt *zusammenfassen:* Entscheidend für die Angebotsmenge eines Unternehmens sind die Grenzkosten der Erzeugung. Die Grenzkostenkurve als Angebotskurve ordnet dem jeweiligen Marktpreis die entsprechende gewinnmaximale Absatzmenge zu. Die Durchschnittskosten und die durchschnittlichen variablen Kosten informieren in Verbindung mit dem Marktpreis über die Gewinnsituation des Unternehmens; insbesondere geben sie Auskunft darüber, ob es sich bei niedrigen Preisen kurzfristig bzw. langfristig lohnt, die Produktion weiterzuführen bzw. aufzunehmen. Ein Unternehmen wird kurzfristig die Produktion einstellen, wenn die variablen Kosten nicht mehr gedeckt werden und wird auf längere Sicht die Produktion einstellen (keine neuen Investitionen vornehmen), wenn der Unternehmer erwartet, daß die durchschnittlichen Gesamtkosten nicht gedeckt werden.

Verschiebungen von Güterangebotsfunktionen

Bei den bisherigen Überlegungen und Ableitungen zum Güterangebot wurde davon ausgegangen, daß bis auf den Marktpreis alle Daten für die Unternehmensplanungen unverändert bleiben, oder anders ausgedrückt: die Ableitung der Güterangebotsfunktion erfolgte unter ceteris-paribus-Bedingungen. Im Zeitablauf verändern sich jedoch auch die übrigen Daten fortlaufend: Neben den Produktpreisen verändern sich auch die Faktorpreise, insbesondere die Lohnsätze; Erweiterungen der Produktionsanlagen erhöhen das Produktionspotential; technische Fortschritte ermöglichen eine effizientere Produktion. Es ist zu fragen, welchen Einfluß Veränderungen dieser Art auf die optimale Ausbringungsmenge und damit auf den Verlauf der Güterangebotsfunktion haben.

Veränderungen dritter Größen haben dann einen Einfluß auf das Güterangebot, wenn sich dadurch die Grenzkosten verändern. Im Falle eines Ein-Produkt-Unternehmens, das nur den einen variablen Faktor Arbeit einsetzt, lautet die Bedingung für das optimale Güterangebot

$$\frac{\Delta A}{\Delta x} \cdot l = p \text{ (Grenzkosten = Preis).} \qquad (3.28)$$

Die Grenzkosten verändern sich, wenn sich entweder der Lohnsatz l und/oder die durch den Verlauf der Produktionsfunktion bestimte Relation $\frac{\Delta A}{\Delta x}$ (zusätzlicher Arbeitseinsatz pro zusätzliche Ausbringungsmenge) ändert.

Steigt etwa der **Lohnsatz** um 20% an, so erhöhen sich die Grenzkosten bei jeder beliebigen Produktionsmenge ebenfalls um 20%. Das bedeutet graphisch, daß die Grenzkostenkurve (die Güterangebotskurve) um diesen Prozentsatz nach oben verschoben, genauer gesagt gedreht wird (Übersicht 3.25). Eine solche Verschiebung hat zur Folge, daß bei gleichem Produktpreis weniger angeboten wird als zuvor (statt x_1 die Menge x_2) bzw. ein höherer Produktpreis erforderlich ist, damit die bisherige Menge produziert wird.

Übersicht 3.25: Wirkung einer Lohnerhöhung auf das Güterangebot

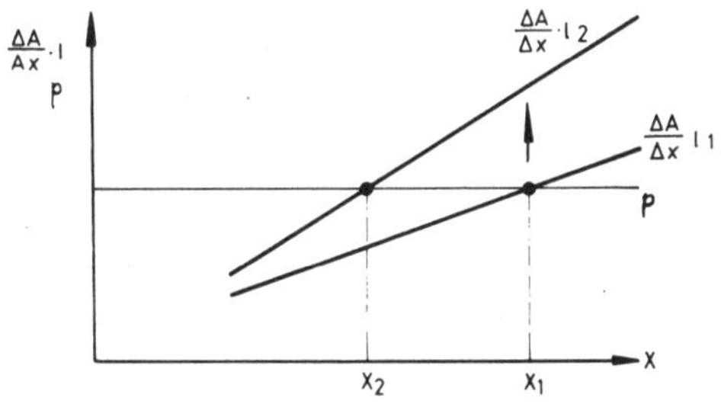

Die Relation $\Delta A/\Delta x$ wird durch die Ertragskurve bestimmt, die jeder Ausbringungsmenge den produktionstechnisch erforderlichen Einsatz des variablen Faktors Arbeit zuordnet (vgl. Übersicht 3.7). Bei kurzfristiger Betrachtungsweise geht man häufig davon aus – wie wir es bislang getan haben –, daß der Stand der Produktionstechnik unverändert bleibt. Bei mittel- und längerfristigen Betrachtungen ist jedoch zu berücksichtigen, daß sich die Ertragskurve und damit die Relation $\Delta A/\Delta x$ im Zeitablauf verändern. Diese Veränderungen werden einmal herbeigeführt durch technischen Fortschritt und zum anderen durch eine Variation der zunächst (bei kurzfristiger Betrachtung) als fix angesehenen Faktorbestände. In der Realität fallen beide häufig zusammen.

Unter **technischem Fortschritt** versteht man Neuerungen[1] im Bereich der Produktionsverfahren, die
- eine höhere Produktion bei gegebenem Faktoreinsatz oder
- eine konstante Produktion bei sinkendem Faktoreinsatz ermöglichen.

Technische Fortschritte können in verschiedener Weise realisiert werden: etwa durch die Einführung neuer Züchtungen, die einen höheren Ertrag bei gegebenem Arbeitseinsatz erbringen; durch die Entwicklung leistungsfähigerer Maschinen, die eine Einsparung von Bedienungspersonal ermöglichen; oder auch durch organisatorische Verbesserungen. Beispielsweise kann das „Durchforsten" eines Betriebes im Hinblick auf Kosteneinsparungen zu der Erkenntnis führen, daß gewisse Arbeitsgänge verkürzt werden können, daß einzelne Arbeiter in der Vergangenheit nicht ausreichend beschäftigt oder nicht entsprechend ihrer Qualifikation eingesetzt wurden. Es ist dann möglich, daß bei ansonsten unverändertem Produktionsapparat entweder Arbeitskräfte entlassen werden können, ohne daß die Produktion zurückgeht, oder daß bei einer Nichtentlassung der verbesserte Arbeitseinsatz eine höhere Produktion ermöglicht.

Technische Fortschritte äußern sich geometrisch in einer Verschiebung der Produktionsfunktion (Ertragsfunktion) nach oben (vgl. Übersicht 3.26): Mit gleichem Arbeitseinsatz kann nunmehr eine größere Menge produziert werden bzw. die gleiche Produktionsmenge kann mit weniger Arbeitseinsatz erstellt werden. Die Relation x/A (genannt **Arbeitsproduktivität**) wird größer und entsprechend die Relation A/x kleiner, und zwar um die Rate (den Prozentsatz) des technischen Fortschritts.

Mit der Realisierung von technischen Fortschritten verändert sich jedoch nicht nur die Relation A/x ($x_1/A_2 > x_1/A_1$), sondern auch die Relation $\Delta A/\Delta x$ (gemessen als reziproke Steigung in Punkt F bzw. in Punkt E: In Punkt E, d. h. beim Arbeitseinsatz A_2 und *nach* Einführung technischen Fortschritts, erzielt eine zusätzliche Arbeitskraft einen größeren Grenzertrag als in Punkt F (beim Arbeitseinsatz A_1 *vor* Einführung technischen Fortschritts). Dies hat zur Folge, daß bei Produktionsmenge x_1 (und allen anderen Produktionsmengen) mit geringeren Grenzkosten produziert werden kann als zuvor; die Grenzkostenkurve verschiebt sich nach unten

[1] Neuerungen im Sinne der Entwicklung qualitativ besserer oder neuer Konsumgüter bleiben hier zunächst unberücksichtigt.

Übersicht 3.26: Technischer Fortschritt und Produktionsfunktion

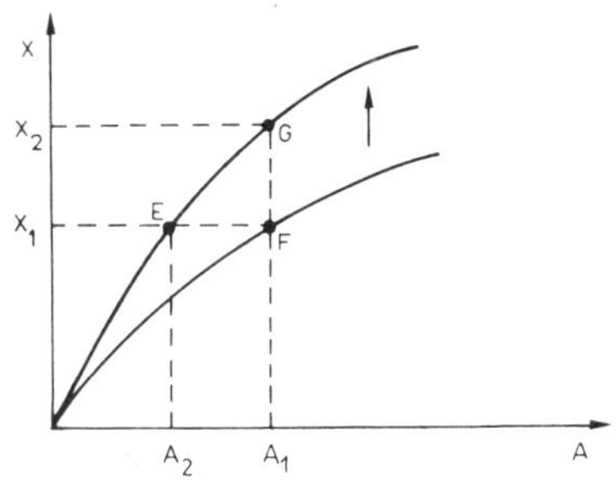

(Übersicht 3.27). Das Unternehmen würde somit bei gegebenem Produktpreis eine größere Menge anbieten (statt x_1 die Menge x_2) bzw. würde die Menge x_1 auch bei gesunkenem Preis ausbringen.

Übersicht 3.27: Wirkung von technischem Fortschritt auf das Güterangebot

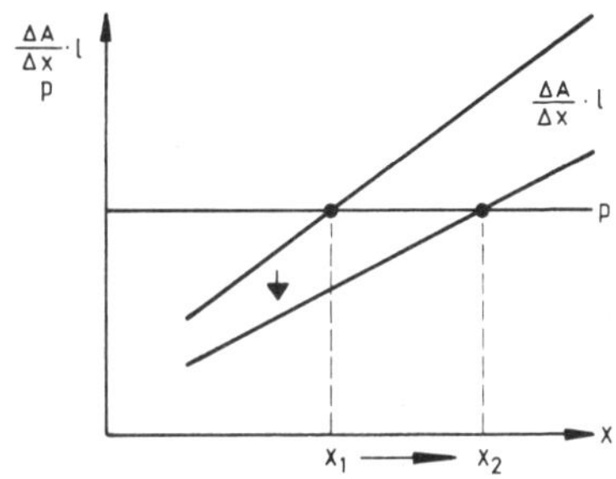

Eine **Veränderung der Bestände fixer Produktionsfaktoren** führt ebenfalls zu einer Verschiebung der Produktionsfunktion und damit zugleich des Verlaufs der Grenzkostenfunktion. Es leuchtet unmittelbar ein, daß der Ertrag eines bestimmten Arbeitseinsatzes um so höher ist, je besser die Kapitalausstattung ist (wenn nicht die extremen Bedingungen einer völlig starren Kopplung des Faktoreinsatzes, d. h. Leontief-Produktionsfunktionen vorliegen, vgl. die Überlegungen zu Übersicht 3.51). Eine Erhöhung des Kapitalbestandes hat somit tendenziell die gleiche Wirkung auf das Güterangebot wie der technische Fortschritt. Erhöhungen des Kapitalbestandes bewirken eine Verschiebung der Güterangebotsfunktion nach unten und Senkungen des Kapitalbestandes (aufgrund unterlassener Reinvestitionen) eine Verschiebung nach oben.

Fassen wir noch einmal die Kräfte zusammen, die jeweils bei Konstanz der übrigen Einflußfaktoren eine **Veränderung des Güterangebots** bewirken:
- eine *Produktpreisänderung* führt zu einer Veränderung der optimalen Angebotsmenge entsprechend dem Verlauf der gegebenen Grenzkostenkurve (Angebotskurve);

- eine *Lohnsatzerhöhung (-senkung)* bewirkt eine Verschiebung der Angebotskurve nach oben (unten), woraus eine Verminderung (Erhöhung) der optimalen Angebotsmenge resultiert;
- der *technische Fortschritt*[1] führt zu einer Verschiebung der Grenzkostenkurve nach unten und damit zu einer Ausdehnung der Produktion;
- die Erhöhung von bisher als *fix angesehenen Faktormengen*[1] wirkt tendenziell in der gleichen Weise wie der technische Fortschritt.

Die vier Einflußfaktoren sind in der Realität gleichzeitig wirksam und bedingen sich teilweise gegenseitig. So versuchen z. B. die Unternehmen anhaltend steigenden Lohnsätzen (= steigenden Grenzkosten) durch die Einführung technischer Fortschritte und/oder arbeitssparender Technologien (= sinkende Grenzkosten) zu begegnen. Oder die allgemeine Realisierung großer technischer Fortschritte wird über eine Erhöhung des Güterangebots tendenziell auf eine Senkung der Güterpreise hinwirken. Auf wechselseitige Wirkungszusammenhänge dieser Art wird später näher eingegangen.

In der Einleitung dieses Abschnitts 3.2 wurde bereits darauf hingewiesen, daß die Ermittlung optimaler Werte für Ausbringungsmenge und Faktoreinsatz zwar grundsätzlich dem Bereich der **normativen Ökonomik** zuzuordnen ist, daß diese Analysen aber primär auf Erklärungen, d. h. auf Theorieaussagen im Sinne der **positiven Ökonomik**, ausgerichtet sind. Es ist dann notwendig, das Grenzkostenprinzip nicht als Entscheidungsregel zu interpretieren, die dem Unternehmer empfohlen wird, sondern als Hypothese anzusehen, mit dem sich tatsächliches Handeln „erklären" läßt. Wenn sich der Unternehmer gewinnmaximierend verhält, wird er eine Menge produzieren, die die Bedingung Grenzkosten = Grenzumsatz erfüllt. Eine derartige Situation ist im Sinne der positiven Ökonomie als ein Zustand zu betrachten, in dem ein gewinnmaximierender Unternehmer keine Veranlassung mehr hat, seine Entscheidungen (hier: hinsichtlich des Produktions- und Absatzvolumens) zu ändern. Es wird auch gesagt, die Gleichung Grenzkosten = Grenzumsatz wäre ein Ausdruck für das *Unternehmensgleichgewicht.* Die gleichen Überlegungen gelten selbstverständlich für das im nächsten Abschnitt abzuleitende Grenzproduktivitätsprinzip sowie für die sonstigen Optimierungsregeln in diesem Kapitel.

Abschließend sei in einem synoptischen Schaubild noch einmal aufgezeigt, wie bei vollständiger Konkurrenz ein Ein-Produkt-Unternehmer bei nur einem variablen Faktor seine optimale Produktionsmenge alternativ bestimmt. Auf eine Kommentierung der Übersicht 3.28 wird hier verzichtet. Der Leser wird auf die Überlegungen zu den Übersichten 3.5 bis 3.17 verwiesen.

3.2.2.2 Optimaler Faktoreinsatz und Faktornachfragefunktion

Im vorigen Abschnitt wurden die Bedingungen für die optimale Produktions- und Angebotsplanung für ein Unternehmen untersucht, das nur einen variablen Produktionsfaktor, die Arbeit, einsetzt. Dabei ließ sich die

---

[1] Vgl. hierzu insbesondere die ausführlicheren Betrachtungen im nächsten Abschnitt 3.2.2.2.

Übersicht 3.28: Bestimmung der gewinnmaximalen Produktionsmenge bei vollständiger Konkurrenz (Ein-Produkt-Unternehmen, ein variabler Faktor).

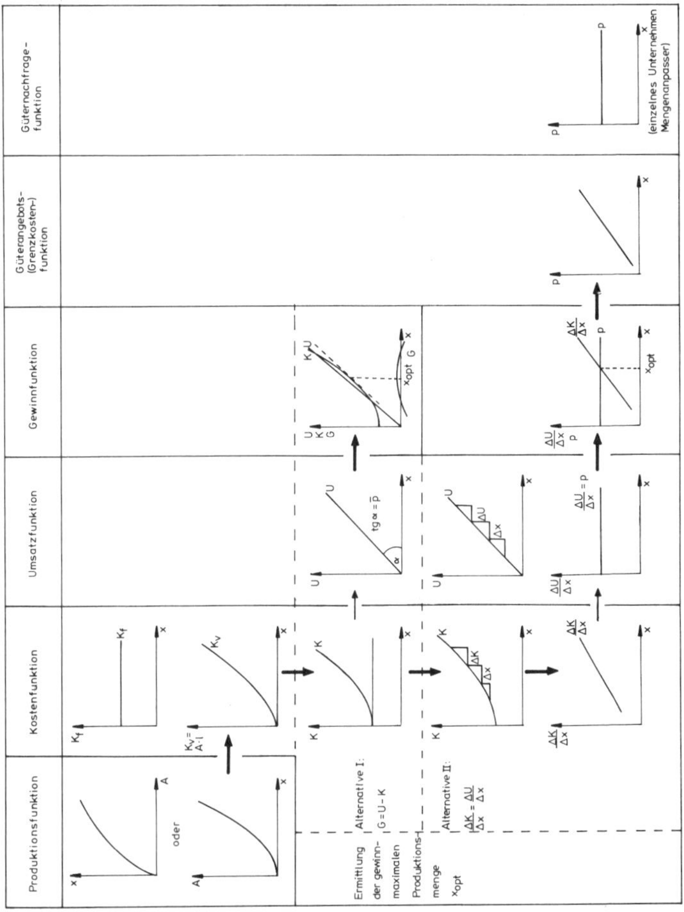

Güterangebotsfunktion ableiten, die der Grenzkostenfunktion (oder einem bestimmen Teilabschnitt dieser Funktion) entspricht. Im folgenden soll nun von der Faktoreinsatzseite ausgegangen werden. Es wird gefragt, unter welchen Bedingungen ein Unternehmen seinen variablen Produktionsfaktor gewinnmaximierend einsetzt und welche Faktornachfragefunktion des Unternehmens (und der Gesamtheit der Unternehmen am Markt) daraus resultiert.

Wenn man nur an der optimalen Faktoreinsatzmenge bei einer bestimmten Datenkonstellation interessiert wäre, so ließe sich diese sehr leicht von der optimalen Produktionsmenge ausgehend ermitteln. Man brauchte nur die optimale Produktionsmenge in die Produktionsfunktion (3.18) einzusetzen und könnte dann unmittelbar die zugehörige (technisch determinierte) optimale Faktoreinsatzmenge ablesen. Die Bestimmung des optimalen Faktoreinsatzes könnte somit am Ende der Überlegungen zur optimalen Absatzplanung stehen. Die nachfolgende selbständige Ableitung macht jedoch besser die prinzipiellen Zusammenhänge der Entscheidungssituation deutlich und führt unmittelbar zur Faktornachfragefunktion. Die Überlegungen weisen Parallelen zur Planung der optimalen Absatzmenge auf und führen – wie sich zeigen wird – unabhängig voneinander zu demselben Ziel: der gleichzeitigen Ermittlung von optimaler Produktionsmenge und optimalem Faktoreinsatz.

Umsatz-Kosten-Vergleich

Das Problem der optimalen Faktoreinsatzplanung besteht bei einem Unternehmen mit der Zielsetzung der Gewinnmaximierung darin, die Höhe des Faktoreinsatzes so zu bemessen, daß die Differenz zwischen Umsatz und Kosten möglichst groß wird. Nun ist jedoch zu beachten, daß hier Umsatz und Kosten jeweils als von der Faktoreinsatzmenge (und nicht von der Ausbringungsmenge) abhängig zu sehen sind. Wir können daher schreiben, wenn wir allein den Arbeitseinsatz als variablen Produktionsfaktor ansehen:[1]

$$G(A) = U(A) - K(A). \qquad (3.31)$$

Um die Höhe des **Umsatzes** in Abhängigkeit von der Faktoreinsatzmenge (hier: Arbeitseinsatzmenge gemessen in Arbeitsstunden) zu bestimmen, benötigt man als Information die Beziehung zwischen Produktionsmenge und Arbeitseinsatzmenge, da gilt: $U(A) = p \cdot x(A)$. Die Beziehung zwischen Produktions- und Arbeitseinsatzmenge wird durch die Produktionsfunktion beschrieben (vgl. Übersicht 3.6). Für unser Beispiel sind in den ersten beiden Spalten der Übersicht 3.29 für alternative Arbeitseinsatzmengen A die zugehörigen Ausbringungsmengen x nochmals eingetra-

[1] Die Schreibweise G (A), U (A) und K (A) soll ausdrücklich kennzeichnen, daß die Größen G, U und K von der Höhe des Arbeitseinsatzes abhängig sind. Diese Schreibweise wird in diesem Buch nur dann angewandt, wenn die Art der Abhängigkeit besonders betont werden soll oder wenn Zweifel bestehen. Entsprechend hätten wir bei der Ausbringungsplanung schreiben können: $G(x) = U(x) - K(x)$.

gen. Durch Multiplikation der Ausbringungsmenge x mit dem als gegeben angenommenen Produktpreis p = 12 läßt sich dann der Umsatz errechnen, den das Unternehmen bei alternativen Arbeitseinsatzmengen durch den Verkauf der erstellten Produkte am Markt erzielt.

Übersicht 3.29: Umsatz und Kosten in Abhängigkeit vom Arbeitseinsatz

A	x	$U = p \cdot x$	$K_v = A \cdot l$	K_f	$K = K_v + K_f$	$G = U - K$
0	0	0	0	30	30	−30,0
1	2,24	26,9	5	30	35	− 8,1
3	3,87	46,5	15	30	45	+ 1,5
5	5,00	60,0	25	30	55	+ 5,0
7	5,92	71,0	35	30	65	+ 6,0
9	6,71	80,5	45	30	75	+ 5,5
11	7,42	89,0	55	30	85	+ 4,0
13	8,06	96,7	65	30	95	+ 1,7
15	8,66	103,9	75	30	105	− 1,1
17	9,22	110,6	85	30	115	− 4,4

Die **Kosten** K (A) setzen sich, wie wir wissen, aus fixen (K_f) und variablen Kosten (K_v) zusammen. Die fixen Kosten $K_f = \bar{C} \cdot (i + j)$ entstehen unabhängig von der Höhe der Ausbringungsmenge und damit zwangsläufig auch unabhängig von der Höhe des variablen Faktoreinsatzes. In unserem Beispiel betragen sie K_f = 30,– DM. Die variablen Kosten $K_v = A \cdot l$ lassen sich leicht in Abhängigkeit vom Arbeitseinsatz ermitteln, da sie sich bei konstantem Lohnsatz l proportional mit diesem verändern. Bei einem angenommenen Lohnsatz l = 5 (DM/Arbeitsstunde) errechnen sich die in Übersicht 3.29 angegebenen variablen Kosten (Spalte 4) und Gesamtkosten (Spalte 6).
Die **optimale Arbeitseinsatzmenge** ist offenbar bei einem Arbeitseinsatz von A = 7,2 erreicht, da hier die Differenz zwischen Umsatz und Kosten am größten ist[1].

Ableitung einer Entscheidungsregel: Das Grenzproduktivitätsprinzip
Ähnlich wie für das Güterangebot läßt sich auch für den Faktoreinsatz eine allgemeine Entscheidungsregel ableiten. Auch hier sind abzuwägen: Grenzumsatz und Grenzkosten, nun jedoch bezogen auf eine zusätzliche Arbeitseinheit und nicht auf eine zusätzliche Ausbringungseinheit. Offenbar gilt (aufgrund analoger Überlegungen wie oben), daß im Gewinnmaximum die zusätzlichen Kosten pro zusätzliche Arbeitseinheit $\left(\text{Grenzkosten } \frac{\Delta K}{\Delta A}\right)$ gerade dem zusätzlichen Umsatz pro zusätzliche

[1] Analog zu Übersicht 3.13 ließe sich die Bestimmung des Gewinnmaximums auch grafisch darstellen (auf der Abszisse würde statt x die Arbeitseinsatzmenge A abgetragen).

Arbeitseinheit $\left(\text{Grenzumsatz} \frac{\Delta U}{\Delta A}\right)$ gleich sein müssen. Als Bedingung für den optimalen Arbeitseinsatz gilt somit:

$$\frac{\Delta K}{\Delta A} = \frac{\Delta U}{\Delta A}. \tag{3.32}$$

Diese allgemeine Bedingung läßt sich weiter spezifizieren, wenn das Unternehmen auch auf dem Arbeitsmarkt als Mengenanpasser auftritt und den herrschenden Lohnsatz l nicht beeinflussen kann. Die zusätzlichen Kosten ΔK, die aus einer Veränderung des Arbeitseinsatzes resultieren, sind bei gegebenem Lohnsatz $\Delta K = \Delta A \cdot l$. Die **Grenzkosten** bezogen auf die Arbeitseinsatzmenge sind somit dem Lohnsatz gleich:

$$\frac{\Delta K}{\Delta A} = \frac{\Delta A}{\Delta A} \cdot l = l. \tag{3.33}$$

Der **Grenzumsatz** kann bei gegebenem Preis p wegen $U = x \cdot p$ auch wie folgt geschrieben werden:

$$\frac{\Delta U}{\Delta A} = \frac{\Delta x}{\Delta A} \cdot p. \tag{3.34}$$

Der Grenzumsatz bezogen auf die Arbeitsmenge ist das mathematische Produkt aus dem Preis p und dem Ausdruck $\Delta x/\Delta A$, der als **Grenzproduktivität der Arbeit** (oder physisches Grenzprodukt der Arbeit) bezeichnet wird. Die Grenzproduktivität der Arbeit gibt an, um wieviel Einheiten sich die Produktionsmenge ändert, wenn der Arbeitseinsatz um eine Einheit variiert wird. Sie ist unmittelbar aus der Produktionsfunktion ableitbar. Multipliziert man die Werte für die Grenzproduktivität der Arbeit mit dem Produktpreis p, so erhält man den Grenzumsatz, bezogen auf den Arbeitseinsatz, den man auch als **Wertgrenzproduktivität der Arbeit** bezeichnet. Die Wertgrenzproduktivität gibt an, welcher Mehrerlös $\Delta x \cdot p$ am Markt erzielt werden kann, wenn der Arbeitseinsatz um ΔA erhöht wird.

Die **Optimalbedingung für den Arbeitseinsatz** (3.32) läßt sich somit unter Berücksichtigung von (3.33) und (3.34) auch schreiben:

$$l = \frac{\Delta x}{\Delta A} \cdot p \tag{3.35}$$

Lohnsatz = Wertgrenzproduktivität der Arbeit.

Als Entscheidungsregel für den Unternehmer läßt sich formulieren: Setze soviel Arbeitsmengen bei der Produktion ein, daß der Lohnsatz der Wertgrenzproduktivität der Arbeit entspricht. Hält sich der Unternehmer an diese Regel, so sagt man, er handle bei seiner Faktoreinsatzplanung nach dem **Grenzproduktivitätsprinzip.**

Man kann sich leicht klarmachen, daß eine entsprechende Bedingung auch für jeden anderen Produktionsfaktor gilt. Daher läßt sich die Bedingung (3.35) auch allgemein für jeden beliebigen Faktor v_j schreiben:

$$q_j = \frac{\Delta x}{\Delta v_j} \cdot p. \tag{3.36}$$

Die abgeleiteten generellen Beziehungen wollen wir nun anhand des gegebenen *Beispiels* verdeutlichen. Die aus den Daten der Übersicht 3.29 errechneten Grenzkosten- und Grenzumsatzwerte sind in Übersicht 3.30 zusammengestellt und in Übersicht 3.31 grafisch abgebildet. Der optimale Arbeitseinsatz ist bei A = 7,2 erreicht, da bei diesem Arbeitseinsatz die Werte des Grenzumsatzes (der Wertgrenzproduktivität) und der Grenzkosten einander gleich sind bzw. sich die Grenzumsatzkurve und die Lohnsatzgerade schneiden:

Übersicht 3.30: Grenzumsatz und Grenzkosten

A	U	ΔU/ΔA	K	ΔK/ΔA = l
0	0		30	
1	26,8	26,8	35	5
3	46,5	9,9	45	5
5	60,0	6,8	55	5
7	71,0	5,5	65	5
9	80,5	4,8	75	5
11	89,0	4,3	85	5
13	96,7	3,9	95	5
15	103,9	3,6	105	5
17	110,6	3,4	115	5

Übersicht 3.31: Grenzumsatz- und Grenzkostenkurve

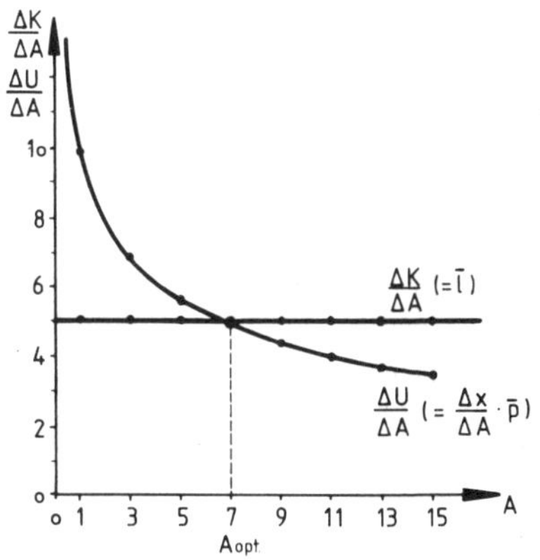

Setzt der Unternehmer weniger als die gewinnmaximale Arbeitseinsatzmenge von A = 7,2 ein, so ist die Wertgrenzproduktivität höher als der Lohnsatz. Dies bedeutet, daß der am Markt erzielbare Mehrerlös größer ist als die Mehrkosten, die durch einen erhöhten Arbeitseinsatz entstehen. Eine Erhöhung des Arbeitseinsatzes ist somit für den Unternehmer lohnend, da der Gewinn noch steigt. Ein *zusätzlicher* Gewinn kann bis zu einer Arbeitseinsatzmenge von A = 7,2 erzielt werden. Steigt die Arbeitseinsatzmenge über A = 7,2, so liegt der Lohnsatz über der Wertgrenzproduktivität der Arbeit. Die zusätzlichen Kosten übersteigen den zusätzlichen Erlös einer weiteren eingesetzten Arbeitseinheit; der Zusatzgewinn wird negativ, der Gesamtgewinn nimmt ab. Allein bei einer Arbeitseinsatzmenge von A = 7,2 ist der Zusatzgewinn Null, der Gesamtgewinn maximal.

Faktornachfragefunktion

Bisher sind wir von einem gegebenen Preis für den variablen Faktor Arbeit l = 5 ausgegangen und haben eine Entscheidungsregel zur Bestimmung der optimalen Arbeitseinsatzmenge abgeleitet. Nun ist zu fragen, wie ein Unternehmer, der nach dem Grenzproduktivitätsprinzip (3.35) vorgeht, die Arbeitseinsatzmenge variiert, wenn sich der Lohnsatz ändert. Die Reaktionen der Unternehmer lassen sich mit Hilfe der Kurve der Wertgrenzproduktivität beschreiben. Steigt der Lohnsatz, wie in Übersicht 3.32 dargestellt, von l_1 auf l_2, so wird der Unternehmer den Arbeitseinsatz von A_1 auf A_2 vermindern. Die Kurve der Wertgrenzproduktivität der Arbeit ordnet somit jedem Lohnsatz die optimale Arbeitseinsatzmenge zu. Da nun die vom Unternehmer eingesetzte Arbeitsmenge gleichzeitig die auf dem Arbeitsmarkt nachgefragte Menge ist, beschreibt die **Kurve der Wertgrenzproduktivität** die **Faktornachfragefunktion** (hier: Arbeitsnachfragefunktion) des Unternehmens. Die Arbeitsnachfrage ist umso höher (niedriger), je niedriger (höher) der Lohnsatz ist. Die am Arbeitsmarkt insgesamt geltende Arbeitsnachfragefunktion ergibt sich analog zu den Überlegungen zur Güterangebotsfunktion aus der horizontalen Addition aller Wertgrenzproduktivitätskurven der einzelnen Unternehmen (vgl. Übersicht 3.18).

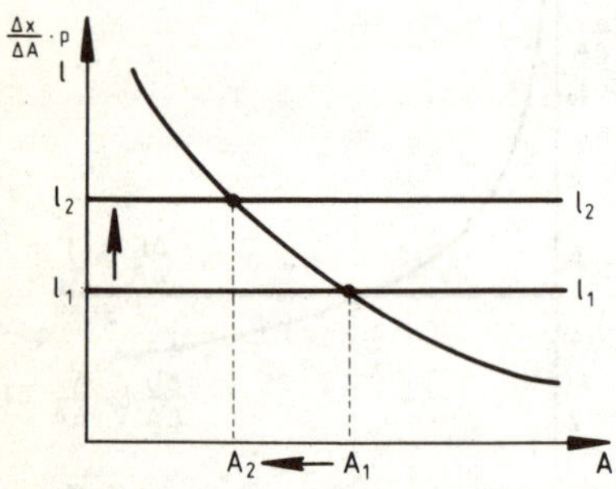

Übersicht 3.32
Faktornachfragefunktion

Der Verlauf der Faktornachfragefunktion wird entscheidend durch die Art und den Verlauf der Produktionsfunktion bestimmt. Aus der in unserem Beispiel angenommenen Produktionsfunktion ließ sich die in Übersicht 3.31 dargestellte Funktion ableiten. Generell kann man sich über die Form der Faktornachfragefunktion Klarheit verschaffen, indem man zunächst für die Produktionsfunktion die zugehörige Grenzertragsfunktion (Grenzproduktivitätsfunktion) ableitet. Wenn das Gesetz vom abnehmenden Ertragszuwachs gilt, wird die Grenzproduktivität immer kleiner, je größer der Arbeitseinsatz ist. Es resultiert also stets eine fallende Grenzproduktivitätsfunktion.

Die Faktornachfragefunktion erhält man, indem man die Werte der Grenzproduktivität der Arbeit $\Delta x/\Delta A$ mit dem Produktpreis $\bar{p}$ multipliziert. Dadurch ändert sich an der Form der Funktion jedoch nichts, da diese nur linear transformiert wird, d. h. in Richtung der Ordinate gestreckt (für $\bar{p} > 1$) bzw. gestaucht (für $\bar{p} < 1$) wird.

Wenn man andere Formen der Produktionsfunktion (s-förmiger Verlauf, Leontief-Funktion, vgl. Übersicht 3.46) unterstellt, können daraus – wie man sich leicht klarmachen kann – andersartige Verläufe der Grenzproduktivitätsfunktion und damit der Faktornachfragefunktion resultieren, worauf hier jedoch nicht näher eingegangen werden soll.

Verschiebungen der Faktornachfragefunktion

Ein Ein-Produkt-Unternehmer, der bei gegebenem Produktionsapparat nur Arbeit als den variablen Faktor einsetzt, bestimmt seine gewinnmaximale Arbeitseinsatzmenge entsprechend dem Grenzproduktivitätsprinzip:

$$l = \frac{\Delta x}{\Delta A} \cdot p. \qquad (3.35)$$

Bei gegebenem Verlauf der Kurve der Wertgrenzproduktivität wird die optimale Arbeitsmenge durch den Lohnsatz bestimmt.

Im Zeitablauf verändert sich aber nicht nur der Lohnsatz, sondern auch die Wertgrenzproduktivität. Die Faktoren, die die Gestalt und die Lage der Wertgrenzproduktivitätskurve beeinflussen, sind uns bereits aus den Überlegungen zur langfristigen Güterangebotsfunktion bekannt. Abgesehen von Veränderungen des Lohnsatzes sind Produktpreisänderungen, Auswirkungen des technischen Fortschritts und Veränderungen der fixen Faktormenge bedeutsam.

Eine **Produktpreiserhöhung (-senkung)** um z. B. 10% führt zu einer Erhöhung (Senkung) der Wertgrenzproduktivität um ebenfalls 10%. Bei jeder beliebigen Arbeitseinsatzmenge wird am Markt ein entsprechender Mehrerlös erzielt. Bei gegebenem Lohnsatz lohnt es sich für den Unternehmer, die Arbeitseinsatzmenge soweit zu erhöhen, bis das Wertgrenzprodukt wieder dem Lohnsatz entspricht. Geometrisch verschiebt sich die Kurve der Wertgrenzproduktivität durch eine Preiserhöhung (-senkung) nach oben (unten) (Übersicht 3.33). Steigt der Preis von p_1 auf p_2, so steigt der optimale Arbeitseinsatz von A_1 auf A_2.

Unter **technischem Fortschritt** hatten wir Neuerungen im Bereich der Produktionsverfahren verstanden, die bei gegebenem Faktoreinsatz eine höhere Produktion ermöglichen. Die Ertragskurve verschiebt sich (Übersicht 3.34) nach oben; beim Arbeitseinsatz A_1 erhöht sich die Ausbringungsmenge von x_1 auf x_2. Man erkennt, daß bei jeder beliebigen Arbeitseinsatzmenge die Grenzproduktivität $\Delta x/\Delta A$ infolge des technischen Fortschritts größer ist. Dies liegt daran, daß die neue Ertragskurve steiler

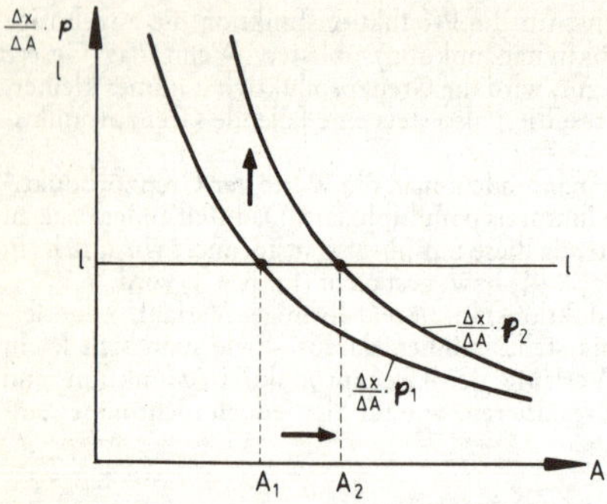

Übersicht 3.33: Wirkungen einer Preiserhöhung

verläuft.[1] Bei gegebenem Produktpreis ist damit auch die Wertgrenzproduktivität bei jeder Arbeitseinsatzmenge größer. Durch den technischen Fortschritt verschiebt sich somit auch die Wertgrenzproduktivitätskurve (Arbeitsnachfragefunktion) nach oben. Die gewinnmaximale Arbeitseinsatzmenge erhöht sich bei gegebenem Lohnsatz von A_1 auf A_2.

Die Arbeitsnachfrage steigt, obwohl der *technische Fortschritt grundsätzlich Arbeit freisetzt*, weil jede Produktmenge weniger Arbeitseinsatz als zuvor erfordert. Dies erklärt sich daraus, daß bei unverändertem Produktpreis infolge des technischen Fortschritts das Güterangebot ausgedehnt wird (vgl. Übersicht 3.31). Eine höhere Ausbringungsmenge erfordert aber entsprechend der Produktionsfunktion einen höheren Arbeitseinsatz. Die Ausdehnung des Güterangebots und damit die zusätzliche Arbeitsnachfrage können so groß sein, daß sie die durch den technischen Fortschritt bedingten Arbeitsmengeneinsparungen übertreffen. Per Saldo erhöht sich die eingesetzte Arbeitsmenge. Diese Überlegungen gelten bei unveränderten sonstigen Daten. In der Realität ist es jedoch häufig so, daß hohe Raten des technischen Fortschritts und Ausdehnungen der Güterproduktion tendenziell zu einer (relativen) Preissenkung führen, so daß per Saldo Arbeitskräfte eingespart werden. Es ist dann die in diesem Wirtschaftszweig *begrenzt ausdehnungsfähige Nachfrage*, die zusammen mit dem technologischen Fortschritt zu einer Freisetzung von Arbeitskräften führt.

Die Freisetzung von Arbeitskräften durch technischen Fortschritt kann relativ unproblematisch verlaufen, wenn vergleichbare Arbeitsplätze in

---

[1] Technischer Fortschritt für sich genommen ist empirisch nicht leicht meßbar. Dies liegt daran, daß in der Realität wegen sich verändernder Lohn-Zins-Verhältnisse laufend auch Substitutionen von Arbeit durch Kapital stattfinden (vgl. Abschnitt 3.2.3.1). Das gleiche Produkt wird mit weniger Arbeit und mehr Kapitaleinsatz hergestellt. Die Erhöhung fixer Faktorbestände führt, wie wir sogleich diskutieren werden, ebenso wie der technische Fortschritt zu einer Verschiebung der Produktionsfunktion nach oben. Damit verbundene Erhöhungen der Grenzproduktivität der Arbeit $\Delta x/\Delta A$ bzw. der durchschnittlichen Arbeitsproduktivität x/A sind somit in der Realität eine Mischung aus beiden Effekten (Substitutions- und Fortschrittseffekt). Beobachtbare Erhöhungen der Arbeitsproduktivität sind somit nur mit Einschränkungen als Auswirkungen technischen Fortschritts zu interpretieren (vgl. Abschnitt 3.4.4).

Übersicht 3.34: Technischer Fortschritt und Faktornachfragefunktion

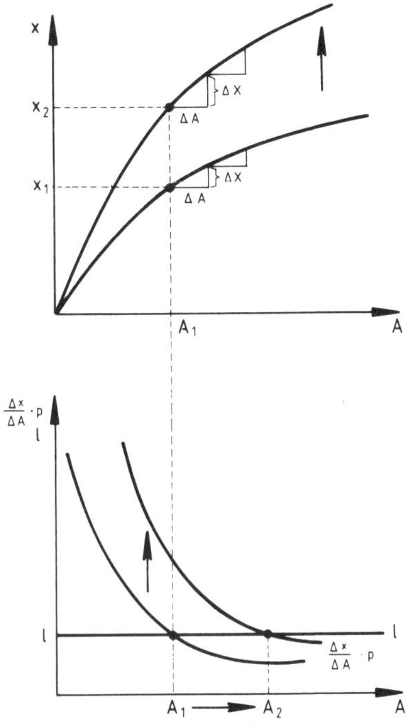

anderen Wirtschaftsbereichen zur Verfügung stehen. Es ergeben sich jedoch Probleme, wenn die Arbeitskräfte nicht oder nur begrenzt anderweitig eingesetzt werden können und daher in den Unternehmungen, die technische Fortschritte verwirklicht haben, verbleiben. Dann ist es keineswegs zwingend, daß sich die Grenzproduktivität der Arbeit infolge des technischen Fortschritts erhöht. Wenn durch technischen Fortschritt vor allem Arbeitskräfte (und nicht vornehmlich Kapital) eingespart werden (starker **„arbeitssparender technischer Fortschritt"**), kann es durchaus sein, daß nicht mehr alle Arbeitskräfte sinnvoll eingesetzt werden können und somit die Grenzproduktivität der Arbeit zurückgeht. In Übersicht 3.34 würde das bedeuten, daß die Grenzproduktivität $\Delta x/\Delta A$ beim Arbeitseinsatz A_1 auf der neuen Ertragskurve geringer wäre als auf der alten.

Ein *Beispiel* mag diese Zusammenhänge verdeutlichen. Wenn die Deutsche Bundesbahn alte („abgeschriebene") Lokomotiven durch neuentwickelte ersetzt (ohne nennenswerte Erhöhung des Kapitalbestandes), dann wird sich sicherlich die Leistungsfähigkeit der Bundesbahn erhöhen (die Ertragskurve verschiebt sich nach oben). Gleichzeitig werden aber durch die Umstellung auf neue Lokomotiven Arbeitskräfte freigesetzt. Diese können zwar u. U. an anderer Stelle der Bundesbahn beschäftigt werden. Insgesamt ist aber wohl anzunehmen, daß die Produktivität der Arbeitskräfte in diesen Verwendungen geringer ist und sich die Einstellung *neuer* Arbeitskräfte weniger lohnt als vorher. Denn dort, wo noch stärkere Leistungssteigerungen des Gesamtbetriebes Bundesbahn möglich sind, wird man vornehmlich die durch die neuen Lokomotiven freigesetzten Arbeitskräfte verwenden. Damit vermindern sich selbstverständlich die Möglichkeiten, durch neue (von außen kommende) Arbeitskräfte noch eine nennenswerte Leistungssteigerung zu erzielen (die Grenzproduktivität der Arbeit sinkt).

Es lassen sich andererseits Beispiele für eine *Steigerung* der Grenzproduktivität der Arbeit durch technischen Fortschritt auch bei gegebener Beschäftigung (= gegebenem Arbeitsbestand) angeben. Wenn etwa in der Landwirtschaft mit verbessertem Saatgut oder verbesserten Düngemitteln gearbeitet wird, steigt natürlich der zusätzliche Ertrag, der mit einer zusätzlich eingesetzten Arbeitsstunde erzielt werden kann.

Von den Wirkungen *technischen Fortschritts bei unverändertem mengenmäßigen Kapitalbestand* sind die Wirkungen eines *erhöhten Kapitalbestandes* **(Veränderung des fixen Faktorbestandes) bei unveränderter Qualität der Kapitalgüter** zu unterscheiden. In unserem Bundesbahnbeispiel könnte dies etwa eine Ausdehnung des Fuhrparks durch Anschaffung zusätzlicher Lokomotiven der bisher bereits verwendeten Typen bedeuten. Bliebe der Personalbestand der Bundesbahn unverändert, dann könnte es u. U. schwierig werden, die neuen Lokomotiven voll auszulasten. Mit der Einstellung eines zusätzlichen Lokführers wäre dann ein erheblicher Ertragszuwachs zu erzielen, mit anderen Worten, die Erweiterung des Kapitalbestandes würde die Grenzproduktivität der Arbeit kräftig erhöhen. In der geometrischen Darstellung verschiebt sich die Faktornachfragefunktion nach oben (rechts), die optimale Einsatzmenge des variablen Faktors Arbeit steigt.
Nun wäre es natürlich möglich, daß in dem Bundesbahnbeispiel die neuen arbeitssparenden Lokomotiven von der Industrie bereits zu einem Zeitpunkt hätten geliefert werden können, als die heute abgeschriebenen alten Lokomotiven neu angeschafft wurden. Die Bundesbahn hatte sich damals vielleicht gegen die „moderneren" arbeitssparenden Lokomotiven entschieden, weil der Kaufpreis relativ hoch war, m. a. W. weil die Einsparung von Arbeitskosten nicht ausreichte, um den Mehraufwand an Kapital mindestens auszugleichen. Inzwischen mögen sich die Verhältnisse geändert haben: Starke Lohnsatzsteigerungen in der Vergangenheit können den **Einsatz arbeitssparender Maschinen** „rentabel" gemacht haben.[1] Entscheidet sich die Bundesbahn für die Anschaffung arbeitssparender Lokomotiven, dann sind die Auswirkungen einer **Ausweitung des Kapitalbe-**

[1] Vgl. zu Problemen des bestmöglichen Verhältnisses zwischen Arbeit und Kapitaleinsatz den Abschnitt 3.2.3.1.

standes auf die Grenzproduktivität der Arbeit (und damit die Nachfrage nach Arbeit) ungewiß.[1] Einerseits läßt eine Vermehrung der Zahl der Lokomotiven die Einstellung zusätzlicher Lokomotivführer lohnend erscheinen (die Grenzproduktivität der Arbeit erhöht sich), andererseits wird die Grenzproduktivität der Arbeit sinken, weil jede der neuen Maschinen weniger Arbeit erfordert als jede der alten.

Wir wollen die Einführung eines arbeitssparenden Produktionsverfahrens im letzten Fall nicht als technischen Fortschritt bezeichnen. Da das Verfahren längst bekannt war, aus Kostengründen aber noch nicht angewandt wurde, soll nicht von der Einführung **arbeitssparenden technischen Fortschritts**, sondern von dem Ersatz (Substitution) der teurer gewordenen Arbeit durch Kapital gesprochen werden (sog. **Substitutionsprozeß**).

Abschließend sei noch einmal betont, daß die beiden aufgezeigten Wege zur Ermittlung der Optimalposition eines Unternehmers – die **optimale Produktions- bzw. Absatzplanung** sowie die **optimale Faktoreinsatzplanung** zwei Ansätze darstellen, die zu den gleichen Ergebnissen führen. Wir hatten bereits festgestellt, daß man „am Ende" der Absatzplanung die ermittelte optimale Ausbringungsmenge verwenden könnte, um die optimale Faktoreinsatzmenge anhand der Produktionsfunktion zu ermitteln. Analog könnte man ausgehend von der optimalen Faktoreinsatzmenge verfahren, um die zugehörige optimale Produktionsmenge zu bestimmen. Die Gleichwertigkeit der beiden Wege läßt sich formal sehr leicht zeigen, indem man die beiden Optimalbedingungen, das Grenzkostenprinzip

$$\frac{\Delta A}{\Delta x} \cdot l = p \text{ (Grenzkosten = Preis)} \tag{3.28}$$

und das Grenzproduktivitätsprinzip

$$\frac{\Delta x}{\Delta A} \cdot p = l \text{ (Wertgrenzproduktivität = Lohnsatz),} \tag{3.35}$$

miteinander vergleicht. Man erkennt leicht, daß die beiden Bedingungen identisch sind; die eine Bedingung ist jeweils die Umformung der anderen. Der Unterschied besteht lediglich darin, daß jeweils eine andere Variable in den Vordergrund der Betrachtung gerückt wird. Bei der Absatzplanung ist die Produktionsmenge die zentrale Variable, bei der Faktoreinsatzplanung ist dagegen der Blick auf den Arbeitseinsatz gerichtet.

3.2.2.3 Veränderung fixer Faktormengen: Investitionsrechnung

Vorüberlegungen

Bisher wurde im wesentlichen davon ausgegangen, daß das Unternehmen über einen gegebenen Produktionsapparat verfügt, d. h. daß ein bestimmter Bestand an Maschinen, Gebäuden usw. *vorgegeben* ist und daß darauf bezogen die optimale Produktionsmenge und die optimale Einsatzmenge

[1] Wir nehmen an, daß die Bundesbahn alte Lokomotiven durch neuere (arbeitssparende) ersetzt und darüber hinaus ihren Fuhrpark ausdehnt.

der *variablen* Produktionsfaktoren festzulegen ist. Bei den Überlegungen zum Güterangebot und zur Faktornachfrage wurde zwar bereits darauf hingewiesen, daß für den Unternehmer bei längerfristiger Betrachtung auch die fixen Faktormengen zu variablen Größen werden. Es wurde aber noch nichts darüber gesagt, unter welchen Voraussetzungen ein Unternehmer längerfristig die fixen Faktorbestände verändern wird, d. h. neue Kapitalgüter kauft oder bereits eingesetzte verkauft. Den Kauf neuer Kapitalgüter, z. B. eine Erweiterung des Betriebes durch den Kauf neuer Maschinen, bezeichnet man als **Anlageinvestition**.

Die abgeleiteten Entscheidungsregeln für den optimalen Faktoreinsatz sind nicht unmittelbar auf den Kauf bzw. Verkauf von Investitionsgütern zu übertragen, da diese über eine Folge von Produktionsperioden Leistungen erbringen und Aufwendungen erfordern, die nicht einfach über alle Zeitperioden hinweg aufaddiert werden können. Es bedarf daher einer gesonderten Investitionsrechnung, durch die die Kosten und Umsätze über die gesamte Lebensdauer der Investition miteinander verglichen und auf einen gemeinsamen Nenner gebracht werden können.

Dabei ist zu beachten, daß eine Investition zugleich stets ein **Finanzierungsproblem** darstellt. Anders als bei den variablen Produktionsfaktoren, von denen wir vereinfachend annehmen können, daß sie aus den Erlösen für das Produkt in derselben Periode bezahlt werden können, muß das Geld für Investitionsgüter für mehrere Perioden vorgeschossen werden. Der Kaufpreis einer Maschine wird vom Unternehmer sofort bezahlt. Die Erlöse aus der Produktion, die diese Maschine ermöglicht, fallen jedoch im allgemeinen erst in künftigen Perioden an. In der Zwischenzeit ist das investierte Geld, das im Kapitalbestand seinen sichtbaren Ausdruck gefunden hat, im Unternehmen angelegt. Es wird erst allmählich über Produktion und Absatz wieder zu Geld. Neben der Frage der ökonomischen Zweckmäßigkeit (Rentabilität) der Investition besteht daher das Problem der Beschaffung der liquiden Mittel (Finanzierung) der Investitionen.

Das Geld für die Investition wird entweder vom Unternehmer selbst (Eigenfinanzierung) und/oder von Dritten, in der Regel von Banken (Fremdfinanzierung), bereitgestellt. Die Banken verlangen für den gewährten Kredit einen Preis, den Zinssatz. Finanziert ein Unternehmer die Investition durch Kredite, so hat er also Zinsen zu bezahlen. Die Investition wird er nur dann tätigen, wenn er erwartet, daß später aus den Erlösen zumindest der Kredit zurückgezahlt (Tilgung) und die Zinsen bezahlt werden können. Man kann auch sagen: die Investition ist erst lohnend, wenn die der Investition zurechenbaren Erlöse über den Zeitraum ihrer Nutzung hinweg alle mit der Investition verbundenen Kosten übersteigen.

Diese Überlegung gilt prinzipiell auch dann, wenn das Unternehmen die Investition **eigenfinanziert**. Hat ein Unternehmer aus den Gewinnen der Vergangenheit Geld angesammelt, das er nicht zum Kauf von Konsumgütern verwenden will, so hat er die Möglichkeit, dieses Geld für Investitionszwecke im eigenen Betrieb oder z. B. als Sparguthaben bei einer Bank

anzulegen. Man spricht in diesem Zusammenhang von den alternativen Möglichkeiten der Kapitalverwendung bzw. den **Opportunitätskosten** (alternativ erzielbare Verzinsung) des Eigenkapitals. Für Investitionen im eigenen Betrieb wird der Unternehmer sein Geld nur dann bereitstellen, wenn die Verzinsung des Geldes im eigenen Unternehmen höher (oder zumindest gleich hoch) als die Verzinsung ist, die er bei den Banken oder bei einer sonstigen Vermögensanlage erhält, wenn also die *interne Verzinsung* größer als die Höhe der Opportunitätskosten ist.
Gehen wir der Einfachheit halber davon aus, daß der Zinssatz für Einlagen bei Banken – also der Zinssatz, den der Unternehmer bei Unterlassen der Investition erreichen kann – genau dem Zinssatz für Kredite entspricht[1], so ist dieser Zinssatz der Maßstab, an dem die Rentabilität einer Investition auch bei Eigenfinanzierung zu messen ist. Man bezeichnet diesen Vergleichszinssatz als **Kalkulationszinssatz.**

Investitionskalküle
Mit jeder Investition ist in der Regel eine Reihe von Ausgaben und Einnahmen[2] verbunden, die sich über die gesamte Lebenszeit der Investition erstreckt. Ausgaben fallen meist nicht nur am Beginn einer Investition, etwa beim Kauf einer Maschine an, sondern auch während der Nutzungsdauer, wenn etwa Reparaturen notwendig sind. Die Einnahmen erfolgen mehr oder weniger kontinuierlich durch den Verkauf der Produkte, bis die Maschine verschlissen ist. Das Problem der Investitionsrechnung besteht nun darin, die Ausgaben und Einnahmen verschiedener Zeitpunkte miteinander vergleichbar zu machen. Einnahmen (Ausgaben) zu verschiedenen Zeitpunkten unterscheiden sich, weil eine frühere Einnahme zwischenzeitlich Zinsen erbringt; sie ist somit „mehr wert". Eine Möglichkeit, Zahlungen zu verschiedenen Zeitpunkten miteinander vergleichbar zu machen, besteht darin, alle Zahlungen auf ein Jahr (einen Basiszeitpunkt) zu beziehen. Dabei könnte man prinzipiell jedes beliebige Jahr wählen; meistens geht man jedoch so vor, daß alle Zahlungen auf das Ausgangsjahr umgerechnet werden, in dem die Investition getätigt wird. Alle Einnahmen und Ausgaben, die in späteren Perioden getätigt werden, sind dann auf das Basisjahr entsprechend dem Kalkulationszinssatz **abzuzinsen** (zu **diskontieren**). Man spricht dann vom **Gegenwartswert** oder **Barwert** der Einnahmen bzw. Ausgaben. Der Barwert einer Einnahme, die ein Jahr später anfällt, beträgt[3]

$$e_0 = \frac{e_1}{1+i}, \qquad (3.37)$$

wobei e_0 den Barwert der Einnahme im Jahr $t = 0$, e_1 die Einnahme im Jahr $t = 1$ und i den Kalkulationszinssatz bezeichnen.

---

[1] D. h., daß die Banken eine Zinsspanne (= Bruttogewinnspanne) von Null haben.
[2] Die Begriffe Ausgaben und Einnahmen bezeichnen Kassenvorgänge, die jeweils zu bestimmten Zeitpunkten anfallen.
[3] Diese Formel für die Diskontierung folgt unmittelbar aus der entsprechenden Formel für die Verzinsung: $e_1 = e_0 (1 + i)$.

Beispielsweise beträgt der Barwert einer Einnahme von 1000,– DM, die im Jahr 1979 zu erwarten ist und für die ein Kalkulationszinssatz von 5% anzusetzen ist, im Jahr 1978

$$e_{1978} = \frac{1000}{1 + 0{,}05} = 952{,}38 \text{ DM.}$$

Fällt die Einnahme erst nach t Jahren an, so beträgt der Barwert der Einnahme

$$e_0 = \frac{e_t}{(1+i)^t}. \tag{3.38}$$

Sind beispielsweise die gleichen Einnahmen in Höhe von 1000,– DM erst im Jahr 1982 zu erwarten, so beträgt der Barwert bei gleichem Kalkulationszinssatz im Jahr 1978

$$e_{1978} = \frac{1000}{(1 + 0{,}05)^4} = \frac{1000}{1{,}216} = 822{,}70^1.$$

Entsprechend gilt für den Barwert der Ausgaben

$$a_0 = \frac{a_t}{(1+i)^t}, \tag{3.39}$$

wobei a die Ausgaben bezeichnet.

Im allgemeinen fallen nun Einnahmen und Ausgaben während der gesamten Lebensdauer des Investitionsobjekts an und verteilen sich in bestimmter Weise auf verschiedene Zeitpunkte. Faßt man alle Barwerte der Einnahmen und Ausgaben in einem Wert C_0 zusammen, so ergibt sich im allgemeinen Fall bei einer Lebensdauer der Investition von n Perioden:

$$C_o = -a_o + \frac{e_1 - a_1}{(1+i)} + \frac{e_2 - a_2}{(1+i)^2} + \ldots + \frac{e_n - a_n}{(1+i)^n}. \tag{3.40}$$

Zum Zeitpunkt der Investition (t = 0), z. B. beim Kauf einer Maschine, entstehen nur Ausgaben (a_0), Einnahmen erfolgen erst in späteren Perioden. Soweit später weitere Ausgaben erforderlich sind, sind sie als Negativposten zu berücksichtigen und von den Einnahmen abzuziehen. Die Nettoeinnahmen ($e_t - a_t$) werden dann abgezinst.

Den Wert C_0 bezeichnet man als **Kapitalwert einer Investition** bezogen auf den Zeitpunkt t = 0. Er umfaßt die Summe aller [2] [3] auf den Zeitpunkt

---

[1] Man kann dieses Ergebnis auch so interpretieren: Investiert jemand im Jahre 1978 822,70 DM und erhält er nach vier Jahren 1000,– DM als Erlös aus der Investition, so hat sich sein eingesetztes Kapital zu 5% verzinst.

[2] Im Kalkül werden prinzipiell *alle Ausgaben und Einnahmen* erfaßt, z. B. auch die Ausgaben (Kosten) für die variablen Produktionsfaktoren. In dem Umfang, wie die Entlohnung der variablen Faktoren in derselben Periode erfolgt, saldieren sich beide Positionen ($e_t - a_t$). Sie haben insofern keinen Einfluß auf das Investitionskalkül. Es entsteht kein Finanzierungsproblem, Ausgaben und Einnahmen fallen zeitlich nicht auseinander. Soweit Ausgaben für variable Faktoren erst in späteren Perioden zu Einnahmen werden, z. B. wenn die produzierte Menge zunächst auf Lager genommen wird, werden Finanzmittel im Unternehmen gebunden, die genauso wie das Geld für die fixen Faktormengen verzinst werden müssen.

[3] Außer den Zinszahlungen auf das Eigen- und Fremdkapital. Diese werden ja gerade durch den Kalkulationszinsfuß berücksichtigt.

t = 0 mit dem Kalkulationszinssatz i abgezinsten Zahlung. Ist der Kapitalwert unter Zugrundelegung eines bestimmten Kalkulationszinssatzes positiv oder gleich Null, so ist die Investition lohnend, da die „gewünschte“ Verzinsung erreicht bzw. überschritten wird. Ist der Kapitalwert C_0 negativ, so lohnt sich die Investition nicht.

Das Investitionskalkül mit Hilfe der Kapitalwertmethode (3.40) sei abschließend an einem *Beispiel* erläutert. Ein Unternehmer verfüge über einen Betrag von 10 000,– DM, den er im eigenen Unternehmen oder anderweitig investieren möchte. Bei einer Investition im Betrieb geht er von folgenden Erwartungen aus: Erweitert er seinen Betrieb durch Kauf einer zusätzlichen Maschine, die eine Lebensdauer von vier Jahren hat, so schätzt er, daß die mit Hilfe der Maschine hergestellten Produkte zu jährlichen Einnahmen von 4000,– DM führen. Im dritten Jahr werde voraussichtlich eine Reparatur in Höhe von 1000,– DM nötig sein. Dem Unternehmer bietet sich als Alternative eine Geldanlage bei einer Bank, die eine Verzinsung von 6% pro Jahr erbringt. Der Unternehmer wird die Investition im eigenen Betrieb vorziehen, wenn sich dort sein Kapital zu mehr als 6% verzinst. Sein Kalkulationszinssatz ist somit i = 6%. Es errechnet sich folgender Kapitalwert der Investition:

$$C_0 = -10\,000 + \frac{4000}{1+0{,}06} + \frac{4000}{(1+0{,}06)^2} + \frac{4000-1000}{(1+0{,}06)^3} + \frac{4000}{(1+0{,}06)^4}$$

$$= -10\,000 + 3773{,}58 + 3559{,}99 + 2518{,}86 + 3168{,}37 = 3020{,}80.$$

Da der Kapitalwert positiv ist, ist die Investition im eigenen Betrieb der Geldanlage bei der Bank vorzuziehen.

Wir haben somit gesehen, daß ein Unternehmer eine Investition und damit eine Erhöhung der fixen Faktormengen vornimmt, wenn alle mit der Investition verbundenen Ausgaben durch die Einnahmen gedeckt werden, wobei für die Zeit der Geldbindung eine Mindestverzinsung gewährleistet sein muß. Setzen wir vereinfachend die Ausdrücke Ausgaben und Einnahmen den Begriffen Kosten und Umsatz gleich, so kann man auch sagen, daß eine Erhöhung der fixen Faktormengen vom Unternehmer nur dann durchgeführt wird, wenn die Differenz aus Umsätzen und Kosten während der Lebensdauer der Investition mindestens so groß ist, daß sie die Verzinsung gebundener Finanzmittel (= Ausgaben, die noch nicht wieder zu Einnahmen geworden sind) ermöglicht. Der Mindestgewinn bestimmt sich nach der Höhe des Zinssatzes, der bei alternativer investiver Verwendung des Geldes erzielt werden kann.

Bestehen **mehrere (alternative) Investitionsmöglichkeiten**, so ist für jede Alternative ein gesondertes Kalkül anzustellen. Der Unternehmer wird dann als Gewinnmaximierer das Investitionsprojekt realisieren, das den höchsten (positiven) Kapitalwert aufweist.

Alternativ zur Kapitalwertmethode läßt sich die Rentabilität von Investitionen auch mit Hilfe der **internen Zinsfußmethode** ermitteln. Unter dem internen Zinsfuß versteht man die Effektivverzinsung oder die „interne Rendite“ einer Investition. Er ist derjenige Zinssatz, der den Kapitalwert C_0 der Investition gleich Null werden läßt. Der so errechnete interne Zinsfuß wird dann mit dem Kalkulationszinsfuß verglichen. Ist der interne Zinsfuß größer als der Kalkulationszinsfuß, so wird ein gewinnmaximierender Unternehmer die Investition durchführen, ist der interne Zinsfuß kleiner, so wird er sie unterlassen.

Es ist wichtig zu beachten, daß die Investitionsrechnung in engem Zusammenhang mit der Planung der optimalen Produktionsmenge und der optimalen Faktoreinsatzmenge steht. Einerseits bestimmen Investitionsüberlegungen die Höhe des fixen Faktorbestandes, von dem bei der Produktions- und Faktoreinsatzplanung auszugehen ist. Andererseits hat der Unternehmer bei der Durchführung der Investitionsrechnung abzuschätzen, welche Ausgaben und Einnahmen für die verschiedenen Zeitperioden der Lebensdauer der Investition zu erwarten sind. Der Unternehmer muß dabei so tun, als ob die Investition bereits getätigt wäre. *Die Ermittlung der künftigen Ausgaben (Kosten) und Einnahmen (Erlöse) setzt dann prinzipiell optimale Produktions- und Faktoreinsatzplanungen für die einzelnen Perioden der Laufzeit der Investition voraus.* In umfassenden Entscheidungsmodellen sind daher die Probleme der Produktions- und Investitionsplanung (sowie auch der Finanzierungsplanung) gleichzeitig (simultan) zu lösen.

Investitionsverhalten

In der Realität sind Investitionsentscheidungen stets mit Risiken behaftet, da sie in starkem Maße von unsicheren Erwartungen über künftige Entwicklungen abhängen. Die Folgekosten einer Investition sowie die zeitliche Folge der Einnahmen lassen sich meistens nur recht grob abschätzen, da die zukünftige Kosten- und Absatzlage eines Unternehmens nicht exakt bestimmbar ist. Bei Investitionsüberlegungen spielt daher stets die Abschätzung des Risikos eine große Rolle. Bei der Investitionsrechnung kann das mit der Investition verbundene **Risiko** dadurch berücksichtigt werden, daß man einen um einen Risikosatz erhöhten Kalkulationszinsfuß zugrunde legt. Häufig hängt das Ergebnis der Investitionsrechnung entscheidend von der nur subjektiv zu beurteilenden Risikobereitschaft des einzelnen Unternehmers ab.

Zusammenfassend läßt sich somit sagen, daß die Investitionsentscheidungen der Unternehmer vor allem durch die Erwartungen über künftige Entwicklungen der Einnahmen (Umsätze) und Ausgaben (Kosten), durch die Höhe des Kalkulationszinssatzes und die Risikobereitschaft bestimmt werden. Über das **Investitionsverhalten der Unternehmer in ihrer Gesamtheit** lassen sich tendenziell aus den einzelwirtschaftlichen Überlegungen die folgenden Aussagen begründen:

- Je niedriger der Kalkulationszinssatz ist, um so lohnender sind Investitionen. Bei gegebenen Ausgabe- und Einnahmeerwartungen werden bei sinkendem **Zinssatz** mehr Investitionen vorgenommen, da bisher unrentable Investitionsprojekte rentabel werden.
- Je größer die Nettoeinnahmen aus der Investition bei gegebenem Zinssatz sind, je günstiger neben Kostenersparnissen vor allem die **Absatzerwartungen** eingeschätzt werden (höhere Produktpreise und/oder sinkender Risikosatz), um so rentabler sind die Investitionen. Es werden zusätzliche Investitionen, deren Kapitalwert bisher negativ war, vorgenommen.

3.2.3 Ein Modell mit einem Produkt und mehreren variablen Faktoren

Das Problem der Substituierbarkeit von Faktoren

Bisher wurde unterstellt, daß das Unternehmen nur einen variablen Produktionsfaktor einsetzt. Im allgemeinen ist jedoch davon auszugehen, daß bei der Produktion mehrere variable Faktoren eingesetzt werden. Bei ansonsten gegebenem Produktionsapparat (= fixem Faktoreinsatz) ergibt sich dann schon bei zwei variablen Faktoren das Problem, in welchem Mengenverhältnis die beiden Faktoren zueinander eingesetzt werden sollen. Es zeigt sich nämlich sehr häufig, daß die Faktoren gegeneinander substituierbar sind. Dies bedeutet, daß sich die Faktoren gegenseitig bis zu einem gewissen Grad ersetzen können. Es existiert eine Reihe von Kombinationsmöglichkeiten, die jeweils zu demselben Produktionsergebnis führen.

Beispielsweise läßt sich eine bestimmte Menge Weizen auf einer größeren Fläche mit wenig Düngemitteleinsatz oder auf einer kleineren Fläche mit einem hohen Einsatz von Düngemitteln produzieren. Oder man kann eine bestimmte Menge Steinkohle mit vielen Arbeitskräften und einfachen Arbeitshilfsmitteln oder mit wenigen Arbeitskräften und größerem Maschineneinsatz fördern.

Die grundsätzlichen Zusammenhänge der Faktorsubstitution sollen im folgenden anhand eines einfachen Beispiels erläutert werden. Ein Unternehmen verfüge über einen fixen Kapitalbestand in Form von Fabrikanlagen (Gebäuden) und produziere ein Gut durch den Einsatz von Maschinen und Arbeitskräften, die in bestimmten Verhältnissen gegeneinander substituierbar sind. Es sei angenommen, daß die Maschinen zu einem bestimmten Mietsatz (im Leasing-Verfahren) gemietet und die Arbeitskräfte zu einem bestimmten Lohnsatz eingesetzt werden können, so daß beide Faktoren variabel sind.

In Übersicht 3.35 sind die verschiedenen technisch möglichen Produktionsverfahren zur Herstellung einer bestimmten Produktionsmenge (hier: $x = 5$) angegeben, die jeweils unterschiedliche Kombinationen von Arbeitseinsatz A und Maschineneinsatz M beinhalten. Beim ersten Verfahren ist der Maschineneinsatz mit 7 Stunden – im Vergleich zu den anderen Verfahren – relativ groß, bei gleichzeitig relativ geringem Arbeitseinsatz. Man spricht daher von einem **kapitalintensiven Produktionsverfahren**. Analog kann man die letzten Prozesse, die überdurchschnittlich viel Arbeitseinsatz erfordern, als **arbeitsintensiv** bezeichnen.

Bei den angegebenen Produktionsverfahren ist vereinfachend angenommen, daß qualitativ gleiche Maschinenstunden und Arbeitsstunden gegeneinander substituiert werden. In der Realität wird es sich im allgemeinen um Substitutionsprozesse bei gleichzeitiger Änderung des Maschinentyps handeln, so daß die eingesetzten Maschinenstunden nicht mehr gleichwertig sind und unterschiedliche Kosten verursachen.

Übersicht 3.35: Alternative Faktoreinsatzkombinationen (Produktionsverfahren)

A (in Std.)	M (in Std.)	x
0,5	7	5
1,0	6	5
1,8	5	5
2,8	4	5
4,0	3	5
6,0	2	5
10,0	1	5

3.2.3.1 Optimale Kombination der Produktionsverfahren bei gegebener Produktionsmenge

Technische Gleichwertigkeit arbeits- und kapitalintensiver Verfahren in dem Sinne, daß alle Verfahren zu demselben Output in Höhe von $\bar{x} = 5$ führen, bedeutet aber im allgemeinen nicht, daß sie auch als **ökonomisch gleichwertig** anzusehen sind. Ein Unternehmer wird ein Produktionsverfahren nach den erbrachten Leistungen (Umsätzen) und verursachten Kosten beurteilen. Um das optimale Produktionsverfahren auswählen zu können, sind die jeweiligen Umsätze und Produktionskosten zu ermitteln und miteinander zu vergleichen.

Wenn wir zunächst davon ausgehen, daß die Produktions- und Absatzmenge x festliegt (in unserem Beispiel $\bar{x} = 5$) und der Produktpreis p (bei einem Mengenanpasser) eine gegebene Größe ist, dann ist auch der Umsatz $\bar{U} \equiv \bar{p} \cdot \bar{x}$ für die Unternehmensplanung ein Datum. Damit reduziert sich das Problem der **Gewinnmaximierung** auf das Problem der **Kostenminimierung**, denn bei gegebenem Umsatz ist der Gewinn maximal, wenn die Kosten den kleinstmöglichen Wert annehmen ($G \equiv U - K$).

Die *Kosten* des Unternehmens setzen sich aus den Arbeitskosten, den Mietkosten für die Maschine und den Fixkosten für das Gebäudekapital zusammen:

$$K = A \cdot l + M \cdot m + \bar{C} \cdot (i + j). \qquad (3.41)$$

Die Entlohnungssätze für den Faktor Arbeit A seien mit $l = 5$ (DM/Arbeitsstunde), für den (Miet-)Maschineneinsatz M mit $m = 15$ (DM/Maschinenstunde) und für das Gebäudekapital $\bar{C} = 1000,-$ DM mit $i = 0,05$ und $j = 0,10$ gegebene Größen. Für die alternativen Produktionsprozesse ergeben sich dann die in Übersicht 3.36 errechneten Kosten.

Nach den Tabellenwerten wird der Unternehmer den Prozeß ($M = 2$; $A = 6$) auswählen, weil er am wenigsten kostet. Man spricht daher auch von der **optimalen Kombination der Produktionsfaktoren** oder der **Minimalkostenkombination**. Bei gegebenem Umsatz ist dann auch der Gewinn als Differenz von Umsatz und Kosten maximal.

Übersicht 3.36: Kosten bei alternativen Produktionsverfahren

		K_v		K_f	
M	A	$K_M = M \cdot m$	$K_A = A \cdot l$	$\bar{C} \cdot (i + j)$	K
7	0,5	105	2,5	150	257,5
6	1,0	90	5,0	150	245,0
5	1,8	75	9,0	150	234,0
4	2,8	60	14,0	150	224,0
3	4,0	45	20,0	150	215,0
2	6,0	30	30,0	150	210,0
1	10,0	15	50,0	150	215,0

Die Ermittlung der optimalen Faktorkombination läßt sich auch als *Suchprozeß* darstellen.
Gehen wir etwa von dem Prozeß (M = 5; A = 1,8) aus, der Maschinenkosten in Höhe von 75,– DM und Arbeitskosten in Höhe von 9,– DM verursacht, dann ist zu fragen, ob nicht vielleicht ein arbeitsintensiverer Prozeß kostengünstiger ist. Reduziert man den Maschineneinsatz von 5 auf 4 Stunden, was eine Erhöhung des Arbeitseinsatzes von 1,8 auf 2,8 Stunden erforderlich macht, dann kommt man zu dem Verfahren (M = 4; A = 2,8), das ebenfalls zu einem Output von x = 5 führt, das aber einen geringeren Kostenbetrag erfordert (K = 224); einer Erhöhung der Arbeitskosten von $\Delta K_A = +5$ steht eine Verminderung der „Kapitalkosten" von $\Delta K_M = -15$ gegenüber, so daß die Gesamtkosten um

$$\Delta K_M + \Delta K_A = -15 + 5 = -10$$

sinken. Die mögliche Anwendung eines noch arbeitsintensiveren Prozesses (M = 3; A = 4,0) reduziert wiederum die Gesamtkosten ($\Delta K = -15 + 6 = -9$) von 224,– auf 215,– DM. Ein noch arbeistintensiveres Verfahren als (M = 2; A = 6) ist allerdings nicht mehr lohnend, weil die Steigerung der Arbeitskosten ($\Delta K_A = 20$) die Verminderung der Maschinenkosten ($\Delta K_M = -15$) übertrifft. Der Suchprozeß endet somit bei dem Produktionsverfahren (M = 2; A = 6). Man erkennt unschwer, daß die fixen Kosten bei der Wahl des optimalen Produktionsprozesses keine Rolle spielen.

Diese Überlegungen lassen sich verallgemeinern: Solange bei einer Substitution von Kapital durch Arbeit die möglichen Ersparnisse bei dem Faktor Maschineneinsatz („Kapital") höher sind als die erforderlichen Mehraufwendungen für den Faktor Arbeit, lohnt sich der Übergang zu einem arbeitsintensiveren Prozeß. Der Übergang zu einem arbeitsintensiveren Verfahren ist also solange vorteilhaft, wie die Ungleichung $\Delta K_A < -\Delta K_M$ erfüllt ist. Entsprechend gilt umgekehrt: Die Substitution von Arbeit durch Kapital (also der Übergang zu kapitalintensiveren Prozessen) ist solange vorteilhaft, wie die möglichen Einsparungen der Arbeitskosten größer sind als die erforderlichen Mehraufwendungen für den Maschineneinsatz, d. h. die Ungleichung $-\Delta K_A > \Delta K_M$ gilt. Der Produktionsprozeß (bzw. die Faktoreinsatzkombination) ist *optimal* (am kostengünstigsten), wenn die Kosteneinsparungen bei dem einen Faktor gerade den Mehrkosten für den anderen Faktor entsprechen, d. h. die Bedingung gilt

$$\Delta K_A = -\Delta K_M \text{ bzw. } -\Delta K_A = \Delta K_M. \qquad (3.42)$$

Dann ist auch gleichzeitig der Gesamtkostenzuwachs ΔK gleich Null:

$$\Delta K = \Delta K_A + \Delta K_M = 0. \tag{3.43}$$

Die Überlegungen lassen sich weiterführen, wenn man die Kostengrößen in ihre Preis- und Mengenkomponenten zerlegt. Die zusätzlichen Arbeitskosten (ΔK_A) errechnen sich als das mathematische Produkt aus zusätzlich eingesetzten Arbeitseinheiten (ΔA) und Lohnsatz (l):

$$\Delta K_A = \Delta A \cdot l. \tag{3.44}$$

Analog lassen sich die Maschinenkosten aufgliedern in

$$\Delta K_M = \Delta M \cdot m, \tag{3.45}$$

so daß Gleichung (3.42) auch in der Form

$$\Delta A \cdot l = -\Delta M \cdot m \quad \text{oder} \quad -\frac{\Delta M}{\Delta A} = \frac{l}{m} \tag{3.46}$$

geschrieben werden kann.

Der Quotient $-\Delta M/\Delta A$ gibt die Anzahl der Maschinenstunden an, auf die bei der Steigerung des Arbeitseinsatzes um einen bestimmten kleinen Betrag gerade verzichtet werden kann, wenn die Produktionsmenge konstant bleiben soll. Man bezeichnet diese Relation, den Quotienten $\Delta M/\Delta A$, als **Grenzrate der Substitution**. Der Quotient l/m gibt das Verhältnis der beiden Faktorpreise an. Die Optimalbedingung läßt sich somit gemäß (3.46) auch folgendermaßen formulieren: *Die Kombination der Produktionsfaktoren ist dann optimal, wenn die Grenzrate der Substitution ($-\Delta M/\Delta A$) dem reziproken Faktorpreisverhältnis l/m entspricht.*

Übersicht 3.37: Grenzrate der Substitution

M	A	ΔM	ΔA	−ΔM/ΔA
8	0			
		−1	0,5	2,00
7	0,5			
		−1	0,5	2,00
6	1,0			
		−1	0,8	1,25
5	1,8			
		−1	1,0	1,00
4	2,8			
		−1	1,2	0,83
3	4,0			
		−1	2,0	0,50
2	6,0			
		−1	4,0	0,25
1	10,0			
		−1	6,0	0,17
0	16,0			

In Übersicht 3.37 sind für unser Beispiel die Werte für die Grenzrate der Substitution errechnet. Es ist zu ersehen, daß der Quotient $-\Delta M/\Delta A$ mit zunehmender Substitution des Faktors „Kapital" durch den Faktor Arbeit sinkt, d. h. es vermindert sich ständig die Anzahl der Kapitaleinheiten, auf die man bei Steigerung des Arbeitseinsatzes um eine Einheit verzichten kann. Man kann auch sagen, daß die Substitution von „Kapital" durch Arbeit um so schwieriger wird, je mehr Arbeit im Verhältnis zu „Kapital" bereits eingesetzt wird, d. h. je arbeitsintensiver das erreichte Produktionsverfahren ist. Man spricht daher zur Kennzeichnung dieses Zusammenhangs auch von dem **„Gesetz" der abnehmenden Grenzrate der Substitution.**

Für unser Beispiel errechnet sich bei den gegebenen Faktorpreisen (l = 5, m = 15) ein Faktorpreisverhältnis von l/m = 0,33. Ein Vergleich mit den Werten $- \Delta M/\Delta A$ in Übersicht 3.37 macht deutlich, daß die optimale Faktoreinsatzkombination zwischen den Prozessen (M = 3; A = 4) und (M = 1; A = 10) liegen muß. Eine Annäherung an die Faktorpreisrelation wird am weitestgehenden bei der Kombination (M = 2; A = 6) erreicht. Bei beliebiger Teilbarkeit des Faktoreinsatzes und kontinuierlicher Substituierbarkeit der Faktoren ergäbe sich ein Punkt, an dem $- \Delta M/\Delta A$ und l/m *genau* übereinstimmen.

Grafische Ableitung der Minimalkostenkombination

Die beschriebenen Zusammenhänge lassen sich grafisch besonders anschaulich darstellen. In Übersicht 3.38 sind die Faktoreinsatzkombinationen unseres Beispiels (Übersicht 3.37) eingetragen. Eine Verbindung der Punkte, die die verschiedenen Faktoreinsatzkombinationen darstellen, ergibt eine von links oben nach rechts unten verlaufende Kurve.

Übersicht 3.38: Kurve möglicher Faktoreinsatzkombinationen (Isoquante)

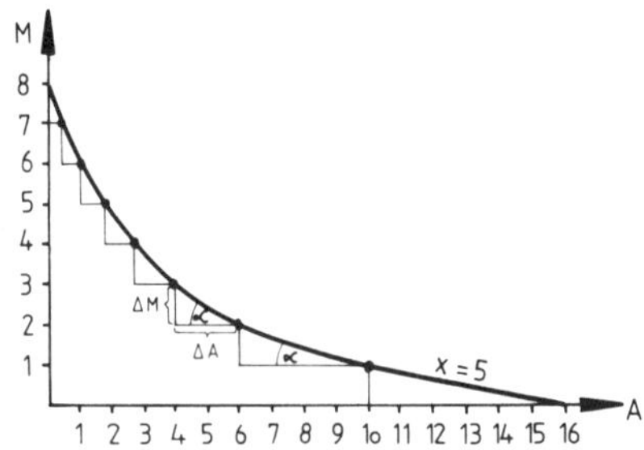

Gemeinsam ist allen Punkten der Kurve, daß ihnen gleiche Produktionsmengen (in unserem Beispiel: x = 5) zugeordnet sind. Man bezeichnet diese Kurve daher auch als **Isoquante**. Der fallende und konvex zum Ursprung des Koordinatensystems gekrümmte Verlauf der Isoquante verdeutlicht, daß eine Reduktion des Faktors Maschineneinsatz (Arbeit) um eine Einheit durch einen Mehreinsatz des Faktors Arbeit (Maschineneinsatz) ausgeglichen werden muß, wenn die Produktionsmenge x = 5 realisiert werden soll. Die Grenzrate der Substitution läßt sich durch den Tangens des Winkel α an jedem Punkt (bzw. für jeden kleinen Bereich) der Isoquante beschreiben.

Hinsichtlich des genauen Verlaufs der Isoquanten kann man sich je nach der Art der zu beschreibenden Technologien zwei Möglichkeiten vorstellen: Bei unendlicher Teilbarkeit der Faktoreinsatzmenge (z.B Düngemittel und Boden) kann man im Prinzip beliebig kleine Veränderungen des Faktoreinsatzverhältnisses vornehmen. Die Isoquante hat dann einen kontinuierlich gekrümmten Verlauf. Existiert dagegen nur eine begrenzte Anzahl von technisch möglichen Produktionsprozessen (etwa bestimmt durch die Art der verwendeten Maschinen), dann lassen sich Faktoreinsatzkombinationen, die zwischen denjenigen liegen, die durch die einzelnen Produktionsprozesse technisch determiniert sind, nur dadurch erreichen, daß jeweils zwei nahe beieinander liegende Produktionsprozesse (in einem bestimmten Verhältnis) nebeneinander betrieben (gemischt) werden. Die Isoquante besteht dann aus linearen Segmenten, die die Punkte der verschiedenen Produktionsprozesse miteinander verbinden.

Um die kostengünstigste Kombination der Produktionsfaktoren auf geometrischem Wege zu ermitteln, ist es zweckmäßig, von den Faktoreinsatzmengenkombinationen auszugehen, die gleiche Kosten verursachen. Die Gesamtkosten wurden durch die Kostengleichung

$$K = A \cdot l + M \cdot m + \bar{C} \cdot (i + j) \tag{3.41}$$

beschrieben. Da die fixen Kosten unabhängig von der Wahl der Faktoreinsatzkombination in bestimmter Höhe anfallen, können wir sie vernachlässigen und schreiben:

$$K_v = A \cdot l + M \cdot m. \tag{3.47}$$

Für eine bestimmte Höhe der variablen Kosten K_v gibt Gleichung (3.47) die diese Kosten gerade ausschöpfende Kombination der Arbeitseinsatzmenge A und Maschineneinsatzmenge M an. Man bezeichnet das grafische Bild dieser Gleichung daher auch als **Isokostenkurve**. Die funktionale Beziehung zwischen M und A ist besser zu erkennen, wenn man (3.47) umformt zu

$$M = \frac{K_v}{m} - \frac{l}{m} \cdot A. \tag{3.48}$$

Die Isokostenkurve ist somit eine Gerade mit dem absoluten Glied K_v/m und der Steigung l/m.
In unserem Beispiel ergibt sich bei dem angenommenen Lohnsatz $l = 5$ und dem Mietsatz $m = 15$

$$M = \frac{K_v}{15} - \frac{5}{15} \cdot A, \tag{3.49}$$

und bei alternativer Höhe der variablen K_v resultieren die folgenden Kurvenverläufe:

$$\text{für } K_v = 45: \qquad M = 3 - \frac{1}{3} A,$$

$$\text{für } K_v = 60: \qquad M = 4 - \frac{1}{3} A,$$

$$\text{für } K_v = 90: \qquad M = 6 - \frac{1}{3} A,$$

die in Übersicht 3.39 grafisch dargestellt sind.
Man erkennt, daß jedem Kostenbetrag eine Kurve mit gleicher Steigung $-1/3$ zugeordnet ist. Der Unterschied besteht lediglich in der Höhe des absoluten Gliedes der Funktion. Es ergibt sich für alternative Kostenbeträge eine Schar parallel verlaufender Isokosten-Geraden. Der Kostenbetrag ist um so höher, je weiter eine Gerade vom Ursprung entfernt liegt. Die negative Steigung der Isokostengerade, die durch das Faktorpreisverhältnis l/m bestimmt wird, drückt eine triviale Beziehung aus: Steht ein

bestimmter (Kosten-)Betrag zur Verfügung, dann kann man von dem Faktor A (M) um so mehr Einheiten kaufen, je weniger Einheiten vom Faktor M (A) erworben werden sollen.
Die kostenminimale Faktorkombination läßt sich nun geometrisch ermitteln, indem man die Kurve der technisch möglichen Faktorkombinationen (die Isoquante der Übersicht 3.38) und die Schar der Isokostenkurven gleichzeitig in eine grafische Darstellung einträgt (Übersicht 3.39). Offensichtlich ist die optimale Faktorkombination in dem Punkt gegeben, wo die Kurve der möglichen Faktorkombinationen einen Punkt mit der niedrigsten Isokostenkurve gemeinsam hat; also in dem Punkt R (M = 2; A = 6), in dem eine Isokostengerade die Isoquante gerade berührt. Hier betragen die (variablen) Kosten 60,– DM. Es ist leicht einzusehen, daß alle anderen realisierbaren Faktorkombinationen mit höheren Kosten verbunden sind (z. B. der Punkt Q mit variablen Kosten in Höhe von 90,– DM).

Übersicht 3.39 Bestimmung der optimalen Faktorkombination

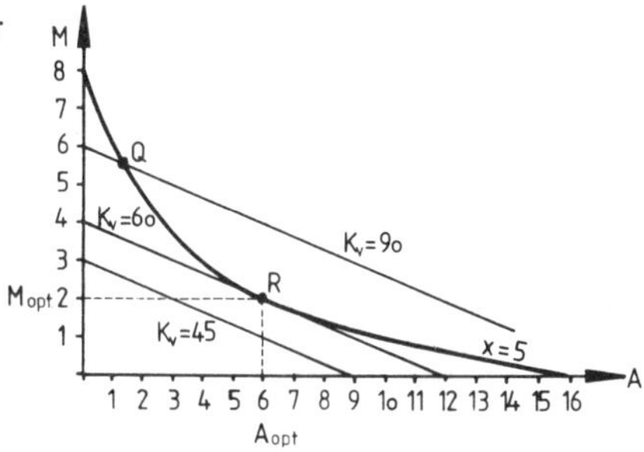

Im Optimalpunkt R sind (bei kontinuierlichem Verlauf der Funktionen) die Steigungen der Isoquanten ($-\Delta M/\Delta A$) und der Isokostenkurve (l/m) einander gleich. Die geometrische Darstellung veranschaulicht die bereits oben erläuterte Bedingung für die Minimalkostenkombination: die Grenzrate der Substitution ($-\Delta M/\Delta A$) hat dem reziproken Verhältnis der Faktorpreise (l/m) – beide jeweils Ausdruck für das Steigungsmaß der Kurven – gleich zu sein.

Wir haben hier die Bestimmung der optimalen Faktorkombination bei gegebener Produktmenge, gegebenem Produktpreis und gegebenen Faktorpreisen nur am Beispiel zweier variabler Faktoren gezeigt. Am Ergebnis ändert sich nichts, wenn wir *mehr als zwei variable Faktoren* betrachten. Es gilt allgemein, daß die optimale Faktorkombination dann erreicht ist, wenn die Grenzraten der Substitution aller Faktoren zueinander den jeweiligen (reziproken) Faktorpreisverhältnissen entsprechen.

Änderungen der Minimalkostenkombination bei veränderten Faktorpreisen

Die kostenminimale Faktorkombination wird bei gegebenen alternativen Produktionsmöglichkeiten durch das Faktorpreisverhältnis l/m bestimmt. Die Faktorpreise entscheiden über das zu wählende Produktionsverfahren.

Wir haben bisher angenommen, daß die Faktorpreise gegebene Größen sind. Geht man nun von **veränderten Faktorpreisen** aus, so ist zu fragen, in welcher Weise die Faktorkombination und damit zugleich die Wahl des Produktionsverfahrens davon beeinflußt wird.
Steigt der Lohnsatz l, während der Mietsatz m für die Maschine konstant bleibt, so wird der Produktionsfaktor Arbeit im Verhältnis zum Produktionsfaktor Kapital teurer. Will ein Unternehmer bei gegebener Produktionsmenge seine Kosten möglichst niedrig halten, so wird er versuchen, vom vergleichsweise billigeren Faktor Kapital mehr und und vom vergleichsweise teuereren Faktor Arbeit weniger einzusetzen; er wird Arbeit durch Kapital substituieren. Ein Unternehmer wird somit bei im Vergleich zum Mietsatz (Lohnsatz) steigendem Lohnsatz (steigendem Mietsatz) zu **kapitalintensiveren (arbeitsintensiveren) Produktionsverfahren** übergehen.

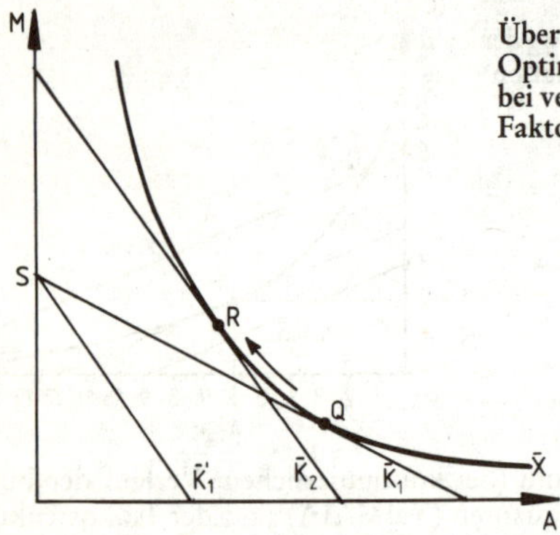

Übersicht 3.40: Optimale Faktorkombination bei veränderten Faktorpreisen

Dieser Zusammenhang läßt sich am Beispiel eines steigenden Lohnsatzes grafisch wie folgt veranschaulichen. In der Ausgangslage sei die kostenminimale Faktorkombination im Punkt Q in Übersicht 3.40 realisiert. Die der Produktionsmenge $\bar{x}$ zugehörigen minimalen Kosten seien $\bar{K}_1$. Eine Erhöhung des Lohnsatzes l bei Konstanz des Mietsatzes m führt nun zu einer Drehung der Isokostenkurve $\bar{K}_1$ nach $\bar{K}'_1$. Dies liegt daran, daß in der Kostengleichung

$$M = \frac{K_v}{m} - \frac{l}{m} \cdot A \tag{3.48}$$

das absolute Glied der Gleichung unverändert bleibt, während durch den steigenden Lohnsatz das Verhältnis l/m, das geometrisch die Steigung der Isokostengeraden bestimmt, größer wird. Die Kostengerade K'_1 verläuft somit steiler. Es ergibt sich kein Berührungspunkt mehr mit der Isoquante $\bar{x}$. Mit dem gegebenen Kostenbetrag $\bar{K}_1$ kann die Produktionsmenge $\bar{x}$ nicht mehr produziert werden. Soll das Produktionsniveau $\bar{x}$ gehalten werden, so entstehen Mehrkosten. Betrachtet man die Schar neuer Isokosten-

kurven, die jeweils parallel zu $\bar{K}'_1$ verlaufen, so existiert eine Isokostengerade $\bar{K}_2$, die die Isoquante $\bar{x}$ im Punkt R gerade berührt. Der Punkt R stellt die optimale Faktorkombination nach der Lohnsatzerhöhung dar. Es wird weniger Arbeit und mehr Kapital bei der Produktion eingesetzt.
Das Ausmaß der Substitution von Arbeit durch Kapital hängt – wie unschwer aus Übersicht 3.40 ablesbar ist – bei gegebenen Produktionsmöglichkeiten von der Veränderung des Faktorpreisverhältnisses ab. Je stärker der Lohnsatz gegenüber dem Mietsatz steigt, um so steiler verlaufen die Isokostengeraden, um so mehr wird Arbeit durch „Kapital" ersetzt. Damit ist eine weitere Begründung dafür gefunden, daß die *Nachfrage nach einem variablen Faktor* ausgedehnt (eingeschränkt) wird, wenn sein Preis sinkt (steigt, vgl. Übersicht 3.32).
Wir werden bei *gesamtwirtschaftlichen Überlegungen* sehen (vgl. Abschnitt 10.2), daß es *langfristig* im wirtschaftlichen Wachstum trendmäßig Veränderungen der Faktorpreisrelationen gibt. So bleibt der Zinssatz relativ unverändert, während der durchschnittliche Lohnsatz langfristig beständig ansteigt. Wenn sich die Unternehmer optimal an die **Veränderung der Lohn-Zins-Relation** anpassen, müßte somit gesamtwirtschaftlich der Kapitaleinsatz stärker als der Arbeitseinsatz im wirtschaftlichen Wachstum steigen. Eine derartige **Kapitalintensivierung der Produktion** ist historisch tatsächlich zu beobachten.

3.2.3.2 Optimale Ausbringungsmenge und optimaler Faktoreinsatz bei alternativen technologischen Bedingungen

Die Überlegungen zur Optimalplanung eines Unternehmers sind nun in zweierlei Hinsicht zu erweitern:
- Einerseits ist eine gleichzeitige Betrachtung der optimalen Faktorkombination und der optimalen Ausbringungsmenge notwendig; denn bei mehreren variablen Faktoren sind die Zusammenhänge zwischen Ausbringungsplanung und Faktoreinsatzplanung nicht mehr so unmittelbar zu übersehen wie bei nur einem variablen Faktor. Es sind daher vorweg einige *produktionstechnische Zusammenhänge* anhand der bisher verwendeten Produktions- oder Ertragsfunktion (Übersicht 3.7) zu klären.
- Das Konzept der*Produktionsfunktion* ist andererseits zu erweitern. Die Produktionsfunktion in Übersicht 3.7 ist nur eine denkbare Form der Technologiebeschreibung. Theoretisch wie empirisch sind *alternative* Funktionen bekannt, bei denen sich das Problem der Optimalplanung eines Unternehmers in etwas modifizierter Form darstellt.

Zusammenhänge der Technologiebeschreibung: Produktionsfunktion, Ertragsfunktion und Isoquante unter neoklassischen Annahmen

Bei den bisherigen produktionstheoretischen Überlegungen wurden zwei spezielle Aspekte technologischer Beziehungen betrachtet: (a) Einmal im Rahmen des Modells mit nur einem variablen Produktionsfaktor die Beziehung zwischen dem Einsatz dieses Faktors (des Arbeitseinsatzes A) und der Ausbringungsmenge x unter der Voraussetzung, daß alle übrigen Faktoren (das Kapital C) unverändert eingesetzt werden (Ertragsfunktion). (b) Zum anderen wurde bisher zum Problem der optimalen Faktorkombination von dem Konzept der Isoquante ausgegangen, durch das die Beziehungen zwischen zwei (oder mehreren) Faktoren unter der Voraussetzung einer bestimmten Ausbringungsmenge x beschrieben werden. Diese Betrachtungsweisen sind Teilaspekte eines umfassenden Konzeptes der Technologiebeschreibung, das gleichzeitig die technischen Beziehungen zwischen mehreren Faktoren und mehreren Produkten umfaßt. In diesem Abschnitt haben wir die Überlegungen auf die Verhältnisse eines Ein-Produkt-Unternehmens eingeengt und neben einem fixen Produktionsfaktor (Gebäudekaptial C) zwei variable Produktionsfaktoren (Arbeitseinsatz A und Maschineneinsatz M) unterschieden. Die technologischen Beziehungen zwischen diesen Größen lassen sich allgemein durch eine Produktionsfunktion beschreiben, die die Produktionsmenge als abhängige und die Faktoreinsatzmengen als unabhängige Variable enthält (vgl. Gleichung 3.18):

$$x = f(A, M, \bar{C}). \tag{3.50}$$

Die komplette graphische Darstellung dieser Beziehung verlangt die Beachtung von drei Dimensionen: A, M und x. Man kann sich diese Beziehung in einem dreidimensionalen Koordinatensystem beschrieben denken, in dem ausgehend von der Isoquantendarstellung mit den Koordinaten M, A noch eine weitere Koordinatensachse senkrecht eingetragen ist, die den Umfang der Produktionsmenge x angibt. Man spricht in diesem Zusammenhang auch von der Darstellung eines *Produktions- oder Ertragsgebirges.* Da eine solche dreidimensionale Darstellung schwierig zu übersehen ist, wollen wir hier darauf verzichten.
Die Beziehungen lassen sich jedoch auch recht gut erkennen, wenn man in einer erweiterten Isoquantendarstellung die Substitutionsbeziehungen zwischen den Faktoren bei verschiedenen Produktionsmengen betrachtet, also eine ganze Schar von Isoquanten einträgt (Übersicht 3.41).

Jeder Isoquante ist eine bestimmte Produktionsmenge zugeordnet, wobei mit der Entfernung vom Ursprung (mit höheren Faktoreinsatzmengen) die Produktionsmenge zunimmt.[1]
Diese Darstellung beschreibt die Gesamtheit der technologischen Beziehungen zwischen den beiden Faktoreinsatzmengen und der Ausbringungsmenge und enthält die bislang betrachteten technologischen Beziehungen als Teilaspekte:

(1) Die Beziehungen zwischen **einem variablen Faktor (A) und der Ausbringungsmenge x** lassen sich ersehen, wenn man die Höhe des **Maschineneinsatzes** als **konstant** annimmt. In Übersicht 3.41 bedeutet dies, daß man bei gegebenem Maschineneinsatz M_0 (also entlang der eingetragenen Parallelen zur Abszisse) die Beziehungen zwischen A und x betrachtet.

---

[1] Es ist klar, daß die Isoquanten sich logischerweise nicht schneiden, da der Schnittpunkt zweier Isoquanten eine Faktorkombination darstellen würde, mit der man unterschiedlich große Produktmengen erzeugen könnte.

Übersicht 3.41: Produktionsfunktion und partielle Faktorvariation

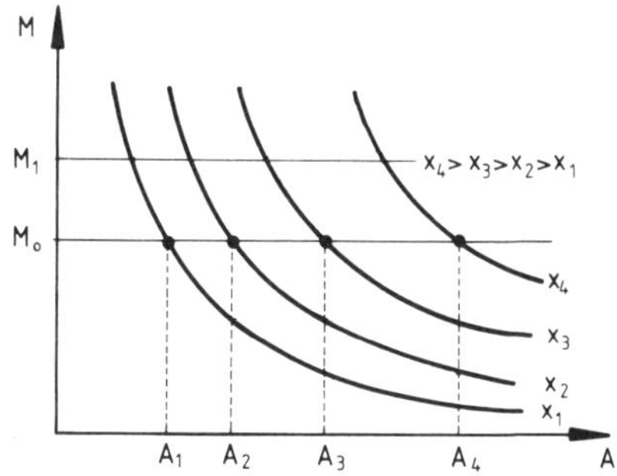

Der Arbeitseinsatzmenge A_1 ist die Produktionsmenge x_1, der Arbeitseinsatzmenge A_2 die Produktionsmenge x_2 usw. zugeordnet. Wenn man diese Beziehungen in ein A/x Koordinatensystem einträgt, erhält man die bereits bekannte Ertragsfunktion (vgl. Übersicht 3.7), die in Übersicht 3.42 nochmals dargestellt ist. Sie wird zur Unterscheidung gegenüber anderen noch darzustellenden Produktions- bzw. Ertragsfunktionen in der Literatur als **neoklassische Ertragsfunktion** bezeichnet. Die abnehmenden Ertragszuwächse sind in Übersicht 3.41 daran erkennbar, daß (für gegebenes M_0) ein immer größerer Arbeitsaufwand erforderlich ist, um zur nächsten Isoquante zu gelangen. Weiterhin ist aus Übersicht 3.41 leicht zu erkennen, daß einem größeren Maschineneinsatz (z. B. M_1) bei gegebenem Arbeitseinsatz eine höhere Produktionsmenge zugeordnet ist, so daß eine nach oben verschobene Ertragsfunktion resultiert (vgl. Übersicht 3.42). Mit demselben Arbeitseinsatz A_1 kann nunmehr statt x_1 die Menge x_2 erzeugt werden.

Übersicht 3.42: Ertragsfunktion

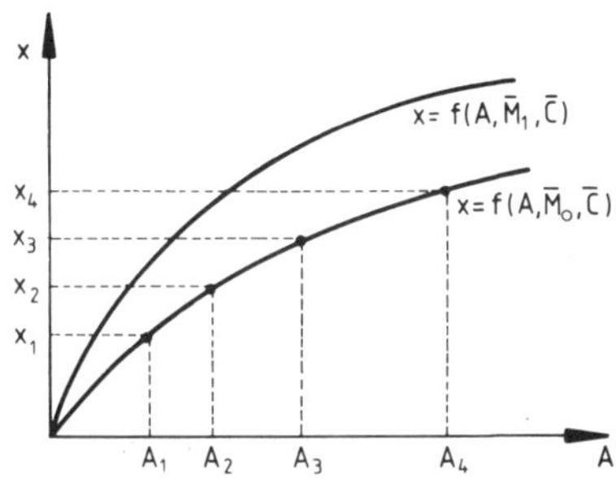

(2) Die **Substitutionsbeziehungen zwischen den beiden variablen Faktoren A und M** bei gegebener Produktionsmenge werden durch jeweils eine Isoquante der Übersicht 3.38 beschrieben. Sie bedürfen hier keiner weiteren Erläuterung.

(3) Dagegen läßt sich ausgehend von der Übersicht 3.41 ein weiterer

Aspekt produktionstechnischer Beziehungen betrachten, der bislang nicht zur Diskussion stand, nämlich die Frage, wie sich die Produktionsmenge verändert, wenn die *beiden* Produktionsverfahren A und M oder überhaupt **alle Produktionsfaktoren gleichzeitig verändert** werden (**Niveauvariation des Faktoreinsatzes**). Wenn man beide Faktoren in gleichem Maße (proportional) verändert, lassen sich die zugehörigen Änderungen der Produktionsmengen entlang eines Fahrstrahls durch den Koordinatenursprung ablesen, wobei die Steigung dieses Fahrstrahls von der in der Ausgangslage realisierten Faktorkombination abhängt (Übersicht 3.43). Es ist zu erkennen, daß die Ertragszuwächse bei der Erhöhung *beider* Faktoren um einen bestimmten Prozentsatz höher sind, als wenn die Einsatzmenge nur eines Faktors um diesen Prozentsatz erhöht wird. Die Kurve, die die Produktionsmenge x in Abhängigkeit von den Faktoreinsatzmengen beider Faktoren A und M (bei immer noch konstant gehaltenen sonstigen Faktoren $\bar{C}$) darstellt, hat somit einen steileren Verlauf (Übersicht 3.44) als die Ertragskurve bei Variation nur eines Faktors (Übersicht 3.42).

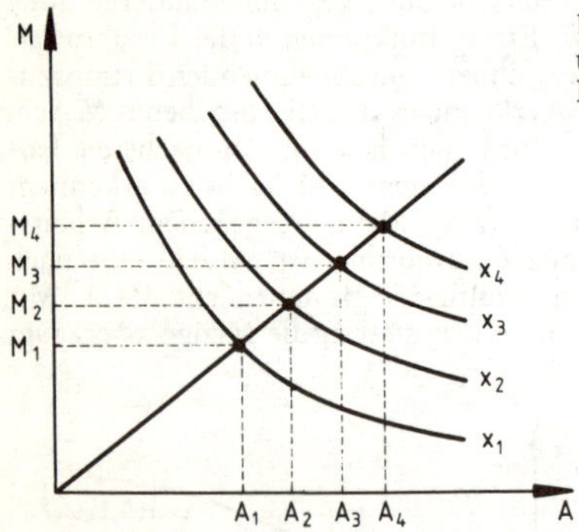

Übersicht 3.43: Produktionsfunktion und Niveauvariation des Faktoreinsatzes

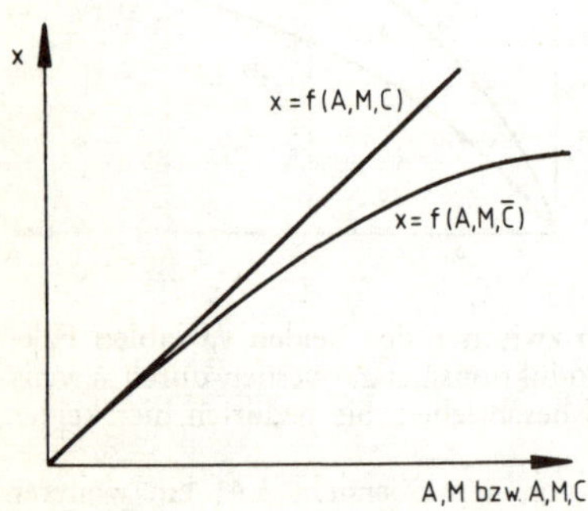

Übersicht 3.44: Niveauvariation des Faktoreinsatzes

Wenn man sich vorstellt, daß *alle* Faktoreinsatzmengen in gleichem Maße verändert werden, dann wird u. U. auch die Produktionsmenge in gleichem Maße wachsen. Man könnte sich etwa vorstellen, daß neben der bestehenden Fabrikationsanlage eine zweite, dritte usw. mit den gleichen Faktorausstattungen in Betrieb genommen werden. Ein solcher Fall ist in Übersicht 3.43 dargestellt (die Abstände der Isoquanten sind gleich).

Ob eine derartige proportionale Entwicklung der Produktionsmenge in der Realität zu erwarten ist, wird im kommenden Abschnitt 3.2.3.3 zu erörtern sein. Hier gilt es zunächst allgemein festzuhalten: Je mehr Faktoren (bei kurzfristiger Betrachtungsweise) als vorgegeben anzusehen sind, um so stärker werden bei partieller Erhöhung der variablen Faktoren abnehmende Ertragszuwächse wirksam und um so steiler ist damit der Verlauf der Grenzkosten- bzw. Güterangebotsfunktion. Sind (bei langfristiger Betrachtungsweise) die meisten oder alle Faktoren variabel, so können bei Produktionsausdehnungen weitgehend konstante Ertragszuwächse erwartet werden, die eine entsprechend flach verlaufende Angebotsfunktion bedingen. Diese Überlegungen werden in Abschnitt 3.2.3.4 weitergeführt.

Verbindung von Produktions- und Faktoreinsatzplanung

Nun sind wir in der Lage, die Überlegungen zur Planung der optimalen Faktorkombination mit denen zur Planung der optimalen Ausbringungsmenge unter der Annahme einer neoklassischen Produktionsfunktion zu verbinden. Dazu sind im ersten Schritt die Minimalkostenkombinationen für alternative Produktionsmengen x zu ermitteln, die durch eine Schar von Isoquanten beschrieben werden. Zu jeder Isoquante läßt sich eine Isokostenkurve K, deren Steigung durch das Faktorpreisverhältnis l/m bestimmt wird, zeichnen, die die Isoquante gerade berührt. Der Tangentialpunkt gibt – wie wir abgeleitet haben – die jeweils kostenminimale Faktorkombination an. Für alternative Produktionsmengen läßt sich somit die zugehörige Höhe der (minimalen) variablen Kosten errechnen, indem man die optimalen Faktoreinsatzmengen mit ihren Preisen multipliziert. Auf diese Weise läßt sich eine Kostenfunktion konstruieren, die die variablen Kosten in Abhängigkeit von der Ausbringungsmenge beschreibt. Wenn man die Fixkosten hinzuaddiert, erhält man die Gesamtkostenfunktion.

Von der Gesamtkostenfunktion ausgehend läßt sich dann in der bekannten Weise die *optimale Ausbringungsmenge* ermitteln, indem man (a) einen Umsatz-Kosten-Vergleich durchführt oder (b) nach dem Grenzkostenprinzip vorgeht (vgl. Abschnitt 3.2.2.1). Die zugehörigen optimalen Faktoreinsatzmengen lassen sich anhand der entsprechenden Isoquante ablesen.

Der beschriebene Weg zur Ableitung der optimalen Faktoreinsatzkombination und Ausbringungsmenge bei zwei variablen Faktoren kennzeichnet in einfacher Weise die prinzipiellen Bestimmungsfaktoren und Zusammenhänge sowie die zugehörigen allgemeinen Entscheidungsregeln. Durch eine analytische Formulierung lassen sich die gleichen einfachen Zusammenhänge eleganter formulieren, ohne jedoch mehr

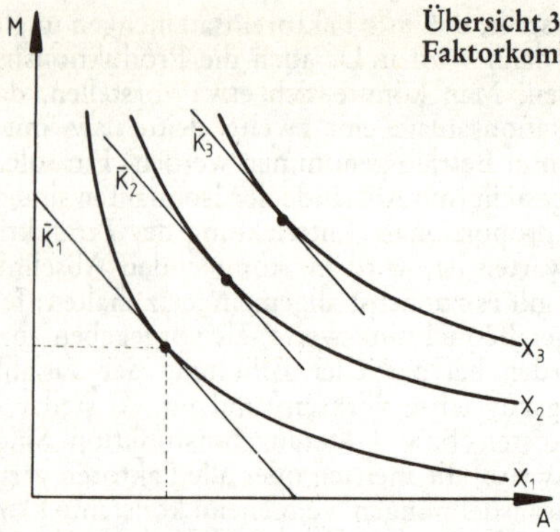

Übersicht 3.45: Kostenminimale Faktorkombinationen

inhaltliche Information über ökonomische Zusammenhänge zu bringen. Deshalb wird im Rahmen dieser Einführung darauf verzichtet.

Möglichkeiten der Abbildung realer Vorgänge

Es sei abschließend danach gefragt, wie sich die im Zusammenhang mit dem Bundesbahnbeispiel in Abschnitt 3.2.2.2 diskutierten Fälle (a) der Erweiterung des Kapitalstocks ohne Substitution (Anschaffung zusätzlicher Lokomotiven alten Typs), (b) der Erweiterung des Kapitalstocks[1] mit Substitution (Anschaffung zusätzlicher Lokomotiven „moderneren", d. h. arbeitssparenden Typs) sowie (c) des arbeitssparenden technischen Fortschritts ohne Erweiterung des Kapitalstocks (Ersatz alter durch neuentwickelte, weniger Arbeitseinsatz erfordernde Lokomotiven) mit Hilfe der hier verwendeten Darstellungsweisen abbilden lassen:

(a) Betrachten wir Übersicht 3.43: **Erweiterung des Kapitalstocks** durch Anschaffung von Lokomotiven alten Typs bei gegebenem Arbeitseinsatz (z. B. A_1) bedeutet, von dem Punkt (A_1/M_1) ausgehend, eine Bewegung parallel zur M-Achse bis zu der zu M_2 gehörenden gestrichelten Linie (Parallele zur A-Achse), wenn die Ausdehnung des Maschinenbestandes in Höhe von M_2–M_1 erfolgt. Durch den neuen Punkt (A_1/M_2) verläuft eine Isoquante, die zwischen den Isoquanten mit den Parametern x_1 und x_2 liegt und somit auch ein Produktionsniveau repräsentiert, das größer als x_1, aber kleiner als x_2 ist. Es ist nun von besonderer Bedeutung, daß die Steigung (Grenzrate der Substitution) in Punkt (A_1/M_2) größer sein wird als in Punkt (A_1/M_1): Wenn sich das Verhältnis zwischen Arbeits- und Maschinenkosten nicht verändert hat und in Punkt (A_1/M_1) die Minimalkostenkombination erreicht war, dann wird offenbar in Punkt (A_1/M_2)

[1] Es war angenommen worden, daß die Bundesbahn mit Hilfe der neuen Maschinen alte ersetzt *und* darüber hinaus den Kapitalstock ausdehnt.

nicht mehr mit geringstmöglichen Kosten gearbeitet[1]. Steht der neue Maschinenbestand M_2 fest, dann läßt sich die Minimalkostenkombination nur durch Ausdehnung des Arbeitseinsatzes von A_1 auf A_2 wieder erreichen. Wir wandern also letztlich auf dem Fahrstrahl von Punkt (A_1/M_1) zu Punkt (A_2/M_2). Dieses Ergebnis ist mit den in Abschnit 3.2.2.2 abgeleiteten Aussagen vereinbar: Eine anfängliche Erweiterung des Kapitalstocks (hier: von M_1 nach M_2) induziert (bei unveränderten Produkt- und Faktorpreisen) eine zusätzliche Nachfrage nach Arbeit (hier: in Höhe von $A_2–A_1$)[2].

(b) Im zweiten Fall ist anzunehmen, daß eine *Veränderung der Lohnkosten/Arbeitskosten-Relation* die **Einführung arbeitssparender Verfahren** in Form „modernerer" Lokomotiven ökonomisch sinnvoll macht. Es bleibt offen, ob hierdurch die Arbeitsnachfrage steigt, sinkt oder auch konstant bleibt. Wird durch die **Ausdehnung des Kapitalstocks** das Produktionsniveau x_2 angestrebt, dann müßte, wenn die alte Arbeit-Kapital-Relation aufrechterhalten bleiben sollte, der Punkt (A_2/M_2) realisiert werden; die Arbeitsnachfrage würde von A_1 auf A_2 vergrößert. Da aber die Arbeitskosten/Kapitalkosten-Relation angestiegen ist, wird Arbeit durch Kapital substituiert. Dies bedeutet eine Wanderung auf der x_2-Isoquante nach links oben und somit wiederum eine Einschränkung des Arbeitseinsatzes. Die Arbeitsnachfrage müßte per saldo gegenüber dem Ausgangszustand (A_1/M_1) sinken, wenn der *Substitutionsprozeß* zu einer so starken Kapitalintensivierung führen würde, daß selbst die höhere Produktmenge x_2 mit einem geringeren Arbeitseinsatz als A_1 hergestellt werden könnte.
(c) **Technischer Fortschritt** bedeutet, daß mit gegebenen Arbeits- und Kapitalmengen mehr produziert werden kann als zuvor. Er bewirkt somit entweder (wenn die Produktionsmenge nicht ausgedehnt werden kann) eine Einsparung von Faktoreinsatz oder (bei gegebenen Faktorbeständen) eine Ausweitung der Produktion. In unserem Bundesbahnbeispiel brauchten beispielsweise durch die Einführung neuer (alte ersetzende) Lokomotiven keine Arbeitskräfte freigesetzt zu werden, wenn die Bundesbahn (ohne Mehreinsatz von Arbeit und Kapital) ihre Leistungen entsprechend

---

[1] Es gibt noch einen anderen Grund, warum Punkt (A_1/M_2), sofern sich hinter M_2 die alten Lokomotiven verbergen, keine sinnvolle Arbeit-Kapital-Kombination darstellen könnte. Es wäre nämlich möglich, daß die gleiche Produktionsmenge, die mit dem Prozeß (A_1/M_2) (alte Lokomotiven) hergestellt werden kann, von einem Verfahren geleistet wird, das denselben Kapitaleinsatz M_2 aber einen geringeren Arbeitseinsatz als A_1 benötigt (z. B. „moderne" Lokomotiven). In diesem Falle würde das Verfahren (A_1/M_2) von vornherein nicht zur Diskussion stehen. Man sagt auch, dieses Verfahren sei nicht „technisch effizient" und nimmt es gar nicht als mögliche Alternative in das Isoquantensystem auf.

[2] Wir nehmen hier der Einfachheit halber an, es werde jeweils ein minimales Kostenniveau realisiert. Dies bedeutet nichts anderes, als daß die Unternehmung stets im Minimum der Kurve der durchschnittlichen Kosten produziert. Wir wissen aus der Betrachtung von Übersicht 3.24 (Abschnitt 3.2.2.1), daß dies ein Spezialfall ist (Preis = Grenzkosten = Durchschnittskosten; der Gewinn ist gleich Null). In der Regel ist die optimale Produktionsmenge höher als die, die dem Minimum der Durchschnittskosten entspricht.

ausdehnen könnte. Dieses würde sich in einer Erhöhung der Grenzproduktivitäten von Arbeit und Kapital niederschlagen.
Für das Ausmaß der Veränderung der Faktorproduktivitäten bzw. für das Ausmaß der Freisetzung von Faktoren ist nun von großer Bedeutung, ob durch technischen Fortschritt in stärkerem Maße Arbeit oder Kapital eingespart wird. Man bezeichnet in der Wirtschaftstheorie technischen Fortschritt als **neutral**, wenn durch ihn die Grenzproduktivitäten der Arbeit und des Kapitals mit gleicher Rate wachsen. Man spricht von **arbeitssparendem technischen Fortschritt**, wenn die Grenzproduktivität der Arbeit weniger stärker ansteigt als die Grenzproduktivität des Kapitals[1] (und damit im Vergleich zu neutralem technischen Fortschritt bei gegebener Lohn-Zins-Relation mehr Arbeit freigesetzt wird).

In grafischen Darstellungen drückt sich technischer Fortschritt in einer Verschiebung der Isoquanten zum Ursprung des Koordinatensystems hin aus, z. B. würde in Übersicht 3.43 mit den Faktormengen M_1 und A_1 nicht mehr die Produktmenge x_1, sondern eine größere Produktmenge hergestellt. Bei neutralem technischen Fortschritt bleiben Lage und Gestalt der Isoquanten unverändert, weil sich die relativen Faktorproduktivitäten (und damit die Grenzraten der Substitution) nicht verändern. Technischer Fortschritt läßt sich dann einfach dadurch berücksichtigen, daß man den Isoquanten höhere Parameterwerte für die Produktionsmengen zuordnet. Bei arbeitssparendem technischen Fortschritt verschieben sich die arbeitsintensiven Faktoreinsatzkombinationen der Isoquanten stärker zum Ursprung des Koordinatensystems; die Isoquanten in Übersicht 3.46 verlaufen dann steiler, so daß bei jedem Faktorpreisverhältnis kapitalintensiver produziert wird.

Alternative Produktionsfunktionen

Die Aussagen zur optimalen Produkt- und Faktoreinsatzplanung sind zu modifizieren, wenn man von alternativen technologischen Gegebenheiten ausgeht. Bisher wurde für den gesamten Produktionsbereich die Gültigkeit des Gesetzes vom abnehmenden Ertragszuwachs unterstellt. Die von dieser Vorstellung bestimmte neoklassische Produktionsfunktion sowie ihre daraus ableitbaren Verläufe der verschiedenen Kostenfunktionen und Isoquanten sind eingehend in den Abschnitten 3.2.2.1 und 3.2.3.1 behandelt und in diesem Abschnitt wieder aufgegriffen worden. In Übersicht 3.46 sind sie synoptisch noch einmal dargestellt.

Das Ertragsgesetz unterstellt eine mit zunehmendem Faktoreinsatz fortlaufend unterproportional zunehmende Produktionsmenge. Daraus resultiert, daß die Kosten fortlaufend überproportional ansteigen. Bei dieser Annahme ergibt sich stets eine kontinuierlich ansteigende Grenzkosten- bzw. Güterangebotsfunktion (in unserem speziellen numerischen Beispiel in Abschnitt 3.2.2.1 eine lineare Funktion mit einem absoluten Glied von Null, d. h. in graphischer Darstellung eine Gerade durch den Ursprung, vgl. Übersicht 3.24). Die Durchschnittskostenkurve schneidet die Grenzkostenkurve stets in ihrem Minimum (Punkt R′). Dies entspricht auf der Kostenkurve dem Punkt R, d. h. dem Punkt, in dem der Fahrstrahl aus dem Koordinatenursprung den kleinsten Winkel (β) mit der Abszisse bildet (vgl. Übersicht 3.23).

---

[1] Entsprechend läßt sich auch **kapitalsparender technischer Fortschritt** definieren.

Übersicht 3.46: Alternative Produktionsfunktionen

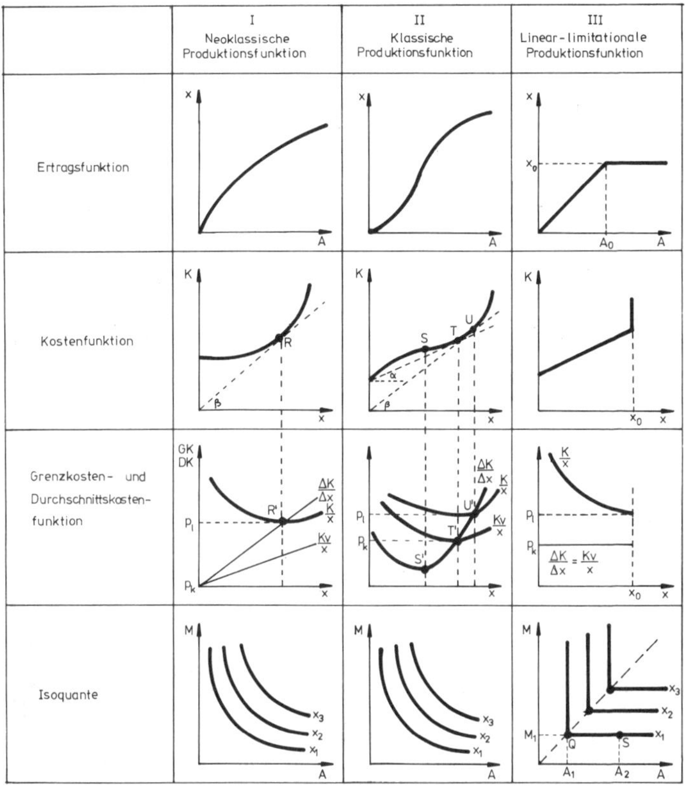

Klassische Produktionsfunktion

Das Bild ändert sich, wenn man andere Funktionsverläufe unterstellt. Als älteste Lehrbuchdarstellung findet man einen s-förmigen Verlauf der Produktionsfunktion (siehe Teil II in Übersicht 3.46) und daraus resultierend einen entsprechenden Verlauf der Gesamtkostenfunktion. Dahinter steht die Vorstellung, daß bei einer partiellen Variation des Faktoreinsatzes zunächst zunehmende und erst von einer bestimmten Grenze an abnehmende Ertragszuwächse zu beobachten sind. Zunehmende Grenzerträge im ersten Teil der Produktionsfunktion kann man sich etwa dadurch erklären, daß bei einer Vermehrung der Zahl der Arbeitskräfte Kostenvorteile der Spezialisierung wirksam werden, bevor dann später abnehmende

Grenzerträge dominieren. Diese Funktion wird in der Literatur als **klassische Produktionsfunktion** bezeichnet.

Unterstellt man einen s-förmigen Gesamtkostenverlauf, so erkennt man bei Benutzung der graphischen Hilfsmittel zur Ableitung des Verlaufs von Durchschnittskostenkurven (Fahrstrahlbetrachtung) und von Grenzkostenkurven (Tangentenbetrachtung)[1], daß die entsprechenden Durchschnitts- und Grenzkostenkurven u-förmig verlaufen müssen. Die Grenzkosten fallen zunächst bis zum Wendepunkt S der Kostenfunktion, danach steigen sie an. Im Punkte U fallen Tangente und Fahrstrahl an die Kostenkurve zusammen (Winkel β), d. h. Grenzkosten und gesamte Durchschnittskosten sind gleich; die Durchschnittskosten sind minimal. Die Durchschnittskostenkurve wird von der Grenzkostenkurve in ihrem Minimum geschnitten (U′). U′ repräsentiert die langfristige Preisuntergrenze. Die kurzfristige Preisuntergrenze liegt im Gegensatz zur neoklassischen Kostenfunktion nicht in der Nähe von Null; sie wird durch den Schnittpunkt T′ der Grenzkostenkurve mit der Kurve der variablen Durchschnittskosten bestimmt, die im Punkt T auf der Kostenkurve ihr Minimum erreicht (hier beginnt der Fahrstrahl nicht im Koordinatenursprung sondern bei den variablen Kosten auf der Ordinate, Winkel α; in T fallen wieder Tangente und Fahrstrahl zusammen, daher Schnittpunkt T′). Auch die klassische Produktionsfunktion weist wie die neoklassische kontinuierliche, vom Koordinatenursprung aus konvex gekrümmt verlaufende Isoquanten auf. Auf einen genauen Nachweis dieses Tatbestandes sowie eine Beschreibung gewisser Unterschiede bezüglich des Isoquantensystems sei hier verzichtet.

Klassische und neoklassische Produktionsfunktion sind sich sehr ähnlich. Die Annahme zunehmender Ertragszuwächse im Bereich geringer Ausbringungsmengen dürfte nur in den seltensten Fällen der Realität technologischer Beziehungen entsprechen. Selbst dort wo zunehmende Ertragszuwächse existieren, haben sie keine konkrete Bedeutung für die Optimalplanung, da sich zeigen läßt, daß die optimale Produktionsmenge stets im Bereich abnehmender Ertragszuwächse dieser s-förmigen Produktionsfunktionen liegt. Vor allem neoklassische Produktionsfunktionen sind für weite Teile von biologisch bestimmten produktionstechnischen Zusammenhängen, insbesondere auch im Bereich der landwirtschaftlichen Produktion, charakteristisch. Weiterhin lassen sich durch sie recht gut produktionstechnische Zusammenhänge auf aggregierter Ebene (Sektor, Volkswirtschaft) beschreiben, so daß sie in Teil II dieses Buches generell Verwendung finden.

Linear-limitationale Produktionsfunktion

Andere Bereiche der Produktion sind durch weitgehend starre Kombinationen der Faktoreinsatzmengen und durch proportionale Beziehungen zwischen Faktoreinsatz- und Produktionsmengen gekennzeichnet. Zu denken ist etwa an mechanisierte Produktionsprozesse, bei denen einer Maschine eine bestimmte Zahl von Arbeitskräften zugeordnet ist. Wenn beispielsweise ein Unternehmen über ein Gebäude mit einer bestimmten

[1] Mathematisch stellt die Grenzkostenfunktion die 1. Ableitung der Kostenfunktion dar. Diese läßt sich geometrisch als Tangente an die Kostenkurve darstellen. Der Tangens des Winkels α der Tangente in jedem Punkt der Kostenkurve mit der Abszisse gibt die Grenzkosten an.

Anzahl von Maschinen verfügt (dies sei der Bestand an fixen Produktionsfaktoren) und jede Maschine von einer Arbeitskraft zu bedienen ist, dann wird durch den Einsatz einer Arbeitskraft und die Inbetriebnahme einer Maschine eine bestimmte Produktionsmenge produziert werden, durch die Einstellung einer zweiten Arbeitskraft und die Inbetriebnahme der zweiten Maschine die doppelte Produktionsmenge usw., bis alle Maschinen mit Arbeitskräften besetzt sind. Die Einstellung von weiteren Arbeitskräften bringt dann überhaupt keinen Produktionszuwachs mehr, wenn nicht der gegebene Maschinenbestand erhöht wird. Die Ertragskurve steigt somit bei fortlaufender Erhöhung der Zahl der Arbeitskräfte zunächst proportional an, bis die Kapazitätsgrenze der Produktionsanlagen erreicht ist und weist nach Erreichen der Kapazitätsgrenze x_0 überhaupt keinen Ertragszuwachs mehr auf. Man bezeichnet eine solche Produktionsfunktion als **linear-limitationale Produktionsfunktion** oder nach dem amerikanischen Nationalökonomen *Wassily Leontief* auch als **Leontief-Produktionsfunktion.** Wenn man von einer solchen Produktionsfunktion ausgeht, so ist leicht zu erkennen, daß dann auch die Gesamtkostenfunktion bis zur Kapazitätsgrenze proportional und danach senkrecht ansteigt. Bei linear ansteigender Kostenfunktion sind die Grenzkosten und die durchschnittlichen variablen Kosten konstant und einander gleich (wie sich grafisch leicht an der gleichen Steigung der Kurve und des Fahrstrahls an die Kurve erkennen läßt). Die durchschnittlichen Gesamtkosten nehmen dann natürlich mit steigender Produktionsmenge fortlaufend ab, da sich die Fixkostenkomponente auf immer mehr Produktionseinheiten verteilt. Das kann man sich grafisch leicht veranschaulichen, wenn man sich zu der parallel zur x-Achse verlaufenden Kurve der durchschnittlichen variablen Kosten die – hier nicht eingezeichnete – fortlaufend fallende Kurve der durchschnittlichen fixen Kosten hinzuaddiert denkt.
Aus diesen Verläufen der Kostenfunktionen resultiert für die Produktions- bzw. Angebotsplanung: bei jedem Marktpreis, der höher ist als die durchschnittlichen variablen Kosten ($p > p_k$), wird das Unternehmen (kurzfristig) die volle Produktionskapazität ausnutzen und die Menge x_0 produzieren. Sinkt der Preis unter p_k, so wird das Unternehmen die Produktion völlig einstellen. Langfristig wird das Unternehmen die Produktion nur aufrecht erhalten, wenn die durchschnittlichen Gesamtkosten gedeckt sind ($p \geq p_l$). Die Güterangebotsfunktion ist unter diesen Bedingungen also bis zur Kapazitätsgrenze völlig elastisch ($\varepsilon_A = \infty$).

Da bei Vorliegen einer linear-limitationalen Produktionsfunktion eine bestimmte Produktmenge nur durch eine einzige – technisch vorgegebene – Kombination der Produktionsfaktoren erzeugt werden kann, besteht die zugehörige **Isoquante** nur aus einem Punkt im M-A-Koordinatensystem (z. B. Punkt Q in Übersicht 3.46). Häufig werden von diesem Punkt aus noch Parallelen zu den Achsen gezeichnet, so daß sich die Isoquante in Form eines rechten Winkels darstellt.

In Übersicht 3.46 wird angenommen, daß die Produktmenge x_1 nur durch ein Produktionsverfahren mit den Faktoreinsatzmengen M_1 und A_1 erzeugt werden kann. Durch den Einsatz von mehr Arbeitskräften (etwa A_2) läßt sich die Produktionsmenge nicht erhöhen. Der Punkt S liegt auf derselben Isoquante. Der Unternehmer wird daher zur Vermeidung von Faktorverschwendung stets nur den notwendigen Arbeitseinsatz A_1 realisieren. Man sagt auch, nur der Punkt Q sei **effizient,** alle anderen Punkte auf der Isoquante seien dagegen ineffizient.

Da es nur eine sinnvolle Möglichkeit der Faktorkombination gibt, entfällt – anders als bei klassischer und neoklassischer Produktionsfunktion – das Problem der Wahl des optimalen Produktionsprozesses (Minimalkostenkombination, vgl. Abschnitt 3.2.3.1). Die Faktorpreise haben dann keinen Einfluß auf das Faktoreinsatzverhältnis. Graphisch berühren bei jedem nur denkbaren Faktorpreisverhältnis l/m alternative Isokostengeraden die Isoquante stets im Punkte Q. Die **Faktorkombination** ist **technisch** und **nicht** mehr (auch) **ökonomisch bestimmt.** Bei der Unternehmensplanung verhält sich der Unternehmer so, als verfüge er lediglich über einen einzigen variablen Faktor.

Linear-limitationale Produktionsfunktionen sind tendenziell für weite Bereiche der gewerblichen Produktion charakteristisch. Allerdings ist in den meisten Fällen ein gewisses Maß an *Produktionsflexibilität* gegeben (durch unterschiedlich intensive Nutzung der Anlagen, Zusatzschichten u. dgl.), so daß keine genau proportionalen Beziehungen und keine völlig starre Kapazitätsgrenze vorliegen. Hierauf wird im folgenden Abschnitt näher einzugehen sein.

Es bleibt zunächst jedoch festzuhalten, daß bei linear-limitationalen Produktionsfunktionen die *Gewinnmaximierungskriterien* (Grenzkosten = Preis oder Wertgrenzproduktivität = Faktorpreis) grundsätzlich nicht gelten. Da die Grenzkosten konstant sind, also nicht mit der Ausbringungsmenge variieren, können sie kein Kriterium zur Bestimmung der optimalen Ausbringungsmenge sein. Die Grenzkosten sind nur zufällig dem Preis gleich (bei p_k, der kurzfristigen Preisuntergrenze, vgl. Übersicht 3.47). Auch das Wertgrenzproduktivitätsprinzip ist nicht anwendbar. Die Grenzproduktivität $\Delta x/\Delta A$ ist bei beliebigen Produktionsniveaus gleich 0, denn eine Produktionssteigerung um 10% erfordert stets eine Faktoreinsatzerhöhung *aller* variabler Faktoren um 10%. Damit hat auch die Wertgrenzproduktivität $\Delta x \cdot p/\Delta A$ einen festen Wert, der nur zufällig mit dem gegebenen Faktorpreis (Lohnsatz) übereinstimmt.

Ein Unternehmer mit linear-limitationaler Produktionsfunktion erreicht sein Gewinnmaximum stets an der Kapazitätsgrenze. Er macht einen positiven Gewinn, wenn der Marktpreis die langfristige Preisuntergrenze (Minimum der Durchschnittskostenkurve) übersteigt. Der Unternehmer wird also stets die technisch maximal mögliche Produktion realisieren oder überhaupt nicht produzieren, wenn nämlich $p < p_k$. Bereitet der Absatz der Produktmenge kein Problem – wovon wir bei vollständiger Konkurrenz ausgehen –, so wird die Höhe des Gewinns lediglich noch vom Marktpreis bestimmt. Der Unternehmer kann seine Gewinnsituation im wesentlichen nur über Veränderung der Betriebsgröße (Kapazitätserweiterung, evtl. verbunden mit Senkung der Durchschnittskosten) verbessern. Es stellt sich somit für ihn das Problem der (längerfristigen) Bestimmung der optimalen Betriebsgröße.

Übersicht 3.47: Linear-limitationale Produktionsfunktion und Gewinnmaximierung

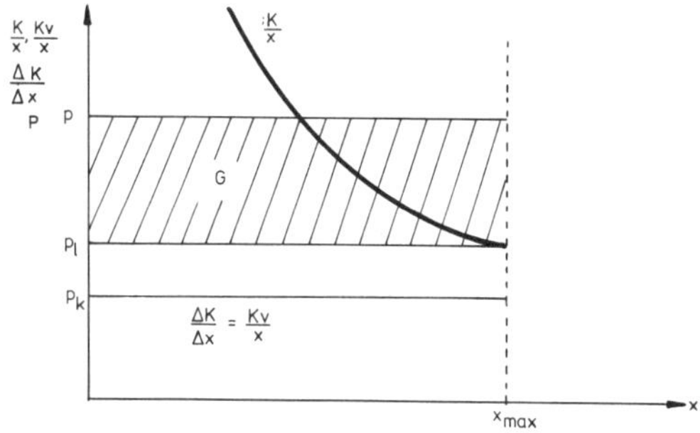

3.2.3.3 Kapazitätsgrenze und optimale Betriebsgröße

Die Betriebsgröße eines Unternehmens läßt sich durch die Produktionskapazität kennzeichnen. Mit seiner Investitionsentscheidung, d. h. mit der Entscheidung über Produktionsverfahren und Umfang der fixen Produktionsfaktoren legt der Unternehmer die Produktionskapazität fest. Je nach Verlauf der Produktionsfunktion steigen die Kosten mit steigender Auslastung der Produktionskapazität mehr oder weniger kontinuierlich an. Von Kapazitätsgrenze wollen wir sprechen, wenn die Grenzerträge der variablen Faktoren Null werden. Eine weitere Steigerung des Faktoreinsatzes würde dann nur noch Kostensteigerungen, aber keine höhere Ausbringungsmenge bewirken. Die Kostenkurve verläuft somit an der Kapazitätsgrenze senkrecht nach oben (vgl. Übersicht 3.48).

Nun ist es im allgemeinen so, daß **optimale und maximale Ausbringungsmenge** nicht übereinstimmen. Lediglich im Falle der im vorigen Abschnitt gezeigten *streng* linear-limitationalen Produktionsfunktion wäre dies der Fall. Ansonsten stimmen beide nur im Grenzfall überein. In Übersicht 3.48 wäre dies nur beim Preis p_2 der Fall, die gewinnmaximierende entspricht der maximal möglichen Ausbringungsmenge. Liegt der Preis unter p_2, so ist die optimale Ausbringungsmenge (bei klassischer wie neoklassischer Produktionsfunktion) in jedem Fall geringer. Dem Preis p_1 entspricht die optimale Menge x_1. Es liegt also eine **Unterauslastung der Produktionskapazität** vor, eine Erscheinung, die in der Realität häufig zu beobachten ist.
Eine infolge anhaltend niedrigen Marktpreises erhebliche Unterauslastung der Kapazität wird der Unternehmer als unbefriedigend empfinden. Er realisiert zwar das kurzfristig erreichbare Gewinnmaximum, unter längerfristigem Blickwinkel wird er sich jedoch fragen, ob nicht die Produktionskapazität zu groß ausgelegt ist. Zur Prüfung dieser Frage muß er den Verlauf der Grenzkostenfunktion in der Nähe der Kapazitätsgrenze sowie die Veränderung der Durchschnittskosten bei einer Verkleinerung des

Betriebs beachten. Da überhöhte Fixkosten den Gewinnspielraum einengen, wird der Unternehmer bestrebt sein, den Einsatz fixer Faktormengen (die Investitionen) so zu bestimmen, daß die dadurch bestimmte Produktionskapazität angesichts des längerfristig erwarteten Marktpreises auch weitgehend ausgelastet wird, optimale und maximale Produktion also möglichst nahe beieinander liegen. Häufig wird jedoch ein bestimmter Unterauslastungsgrad bewußt eingeplant, da, wie gleich zu zeigen sein wird, die Grenzkosten unmittelbar vor Erreichen der Kapazitätsgrenze sehr stark ansteigen.

Die bisherigen Überlegungen haben in aller Regel auch in Produktionszweigen Gültigkeit, in denen weitgehend linear-limitationale Produktionsfunktionen vorliegen. Der in Übersicht 3.46 unter III dargestellte „strenge" Fall (optimale = maximale Produktion) dürfte in der Realität kaum je gegeben sein. In Übersicht 3.48 (rechter Teil) ist der realistischere Fall einer linear-limitationalen Produktions- bzw. Kostenfunktion mit unmittelbar vor der Kapazitätsgrenze progressiv steigenden Kosten dargestellt (zwischen x_2 und x_{max}). In diesem Bereich gilt somit das Ertragsgesetz, die Grenzkosten sind nicht mehr konstant, sondern sie steigen an.

Ein derartiger Kurvenverlauf läßt sich wie folgt erklären: Angenommen ein Automobilhersteller habe eine weitgehende Auslastung seiner Kapazität („Normalauslastung") erreicht. Dies möge in Übersicht 3.48 bei einem Preis p_1 und einer Produktionsmenge x_2 der Fall sein. Nimmt nun plötzlich die Nachfrage nach Automobilen zu, die sich in einer höheren Preis-

Übersicht 3.48: Optimale Ausbringungsmenge und Kapazitätsgrenze bei alternativen Produktions- bzw. Kostenfunktionen

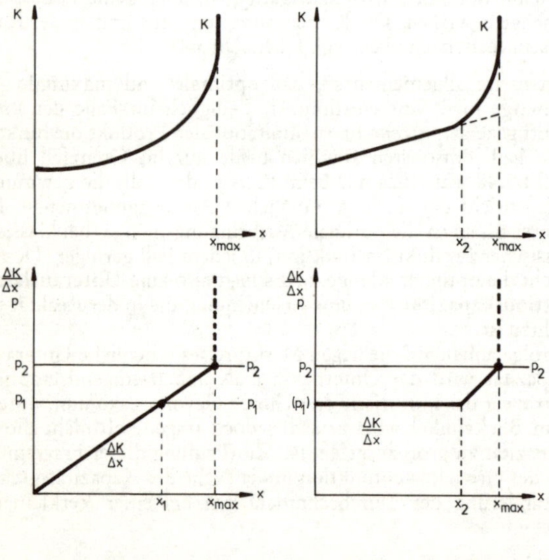

bereitschaft der Konsumenten ausdrückt, so wird der Unternehmer versuchen, die Produktion zu steigern. Dies kann durch Überstunden, Erhöhung der Bandgeschwindigkeit und/oder durch die Einführung einer weiteren Schicht geschehen. Die Mehrausnützung der vorhandenen Produktionsanlagen und des Arbeitskräftebestandes findet sicherlich irgendwo ihre Grenze, denn eine derartige intensitätsmäßige Anpassung der Produktion ist im allgemeinen nur zu höheren Grenz- bzw. Durchschnittskosten möglich. Der Maschinenverschleiß wird progressiv zunehmen, Überstundenzuschläge sind zu zahlen usw., so daß das Ertragsgesetz im Bereich der „Überbeschäftigung" der Produktionsfaktoren wirksam wird. Stiege der Preis auf p_2, dann würde der Unternehmer die technische Produktionsgrenze erreichen wollen. Soweit im Bereich zwischen x_2 und x_{max} produziert wird, gelten die bekannten *Gewinnmaximierungsbedingungen wie bei durchgängig klassischen oder neoklassischen Kurvenverläufen der Produktionsfunktion.* Für einen Unternehmer wird bei grundsätzlich linear-limitationaler Produktionsfunktion die optimale Ausbrinungsmenge sehr häufig im Bereich x_2 und x_{max} liegen. Dafür spricht, daß er aus Gründen der langfristigen Gewinnmaximierung die Betriebsgröße (vorher) so zu bestimmen versucht, daß bei Vermeidung unnötig hoher Fixkosten (Kapitalverschwendung) die Produktionskapazität später auch tatsächlich weitgehend ausgelastet wird.

Ist in unserem Beispiel die Nachfrageerhöhung von Dauer und wird unabhängig von der Gestalt der Produktionsfunktion die Kapazitätsgrenze bei höchster Anspannung der Produktionsfaktoren erreicht, so wird der Unternehmer an eine Kapazitätserweiterung, also an eine Veränderung der Betriebsgröße denken. Bei derartigen Langfristüberlegungen zur **Bestimmung der optimalen Betriebsgröße** sind die Kosten- und Absatzverhältnisse bei unterschiedlichen technischen Produktionsbedingungen und Größenordnungen zu berücksichtigen. Im folgenden wollen wir zunächst – wie bisher – davon ausgehen, daß der Unternehmer keine Absatzprobleme kennt, d. h. daß jede beliebig große Ausbringungsmenge auch vom Markt zum herrschenden Preis aufgenommen wird, so daß von der Absatzseite die optimale Betriebsgröße nicht mitbestimmt wird. Es spielen somit *lediglich Kostengesichtspunkte* eine Rolle. Der Unternehmer wird sich für eine Betriebserweiterung entscheiden, wenn er dadurch *Vorteile der Massenproduktion* ausnutzen kann, d. h. wenn die Durchschnittskosten (bei Mehrproduktion) fallen.

Wir wollen die Bestimmung der optimalen Betriebsgröße an einem einfachen Beispiel zeigen, bei dem zwei Betriebsgrößen miteinander verglichen werden. Dabei wird von neoklassischen Produktionsfunktionen ausgegangen. In Übersicht 3.49 sind im oberen Teil zwei Kostenfunktionen dargestellt, deren Verlauf zueinander als (empirisch) typisch gelten kann. Die Produktion des Gutes x kann hiernach „kleinbetrieblich" erfolgen (dies entspreche der Kostenfunktion K^1 mit der Kapazität x^1_{max}) oder sie kann „größerbetrieblich" erfolgen (Kostenfunktion K^2 mit der Kapazität x^2_{max}). Abgesehen von der Kapazitätgrenze unterscheiden sich die beiden Produktions- bzw. Kostenfunktionen dadurch, daß bei K^1 die Fixkosten nied-

riger als bei K^2 sind. Dafür steigen die variablen Kosten bei K^1 stärker als bei K^2 an. Diese stilisierten Kostenverläufe dürften für weite Teile der Volkswirtschaft realistisch sein. Großbetriebe sind kapitalintensiv, sie produzieren mit einem hohen Kapitaleinsatz (hohen Fixkosten), Maschinen ersetzen den variablen Faktor Arbeit, der Anteil der variablen Kosten an den Gesamtkosten ist gering. Umgekehrt sind kleine Unternehmenseinheiten durch vergleichsweise niedrigen Kapitaleinsatz und stärkeren Einsatz variabler Produktionsfaktoren gekennzeichnet.
Wie man schon im oberen Teil der Übersicht 3.49 unmittelbar erkennt, ist die Unternehmensgröße 1 bei einer Produktion bis zur Größenordnung von x_1 kostenmäßig überlegen, weil die Betriebsgröße 2 stets höhere Produktionskosten hat. Wird jedoch mehr als x_1 produziert, so liegen die Kosten bei der Betriebsgöße 2 stets niedriger. Welche Betriebsgröße nun optimal ist, läßt sich erst durch einen Vergleich der zugehörigen Grenz- und Durchschnittskostenverläufe feststellen.
Man erkennt im unteren Teil von Übersicht 3.49, daß die langfristige

Übersicht 3.49: Bestimmung der optimalen Betriebsgröße

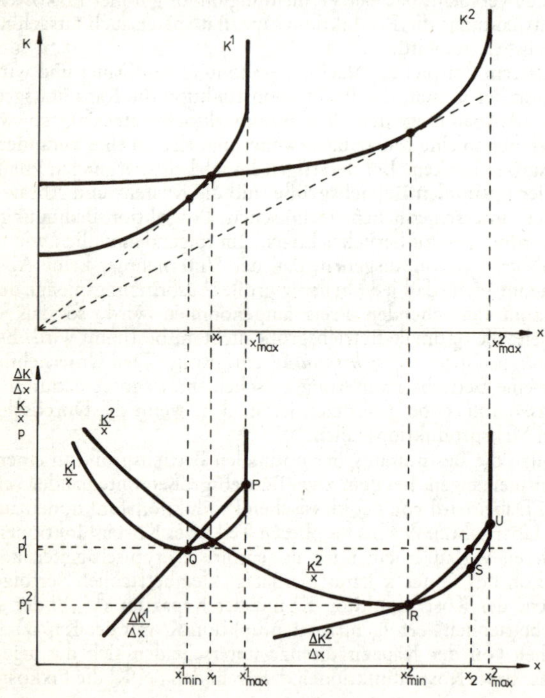

Preisuntergrenze bei beiden Betriebsgrößen unterschiedlich ist und daß die Güterangebotsfunktionen (Grenzkostenfunktionen) nur jeweils in relativ engen Ausbringungsmengenbereichen verlaufen (Betriebsgröße 1 von x^1_{min} bis x^1_{max} oder QP auf der Grenzkostenkurve; Betriebsgröße 2 von x^2_{min} bis x^2_{max} oder RU auf der Grenzkostenkurve). Beträgt der Marktpreis p_l^2, so würde man bei Wahl der Betriebsgröße 2 zwar einen Gewinn von Null erzielen, bei der Betriebsgröße 1 würde jedoch ein Verlust entstehen. Die Produktion wäre bei dieser Betriebsgröße langfristig nicht rentabel. Selbst wenn der Marktpreis höher liegt, ist die Betriebsgröße 2 stets vorzuziehen. Bei einem Preis p_l^1 würde bei Betriebsgröße 1 die Menge x^1_{min} angeboten, ohne daß ein Gewinn entsteht. Bei diesem Preis würde bei Wahl der Betriebsgröße 2 die Menge x_2 angeboten. Es entstünde ein Stückgewinn in Höhe von ST (vgl. Übersicht 3.24). Gibt es keine Absatzbeschränkungen, so ist stets die Betriebsgröße optimal, die die niedrigste langfristige Preisuntergrenze hat, hier somit Betriebsgröße 2.

Daß die langfristige Preisuntergrenze, wie in Übersicht 3.49 dargestellt, mit steigender Betriebsgröße sinkt, ist keineswegs zwingend. Wird der Betrieb zu groß ausgelegt, können auch die Kostenverhältnisse wieder ungünstiger werden[1], so daß sich je nach Produkt und Produktionsverfahren eine mittlere Betriebsgröße empfiehlt. Im Industrialisierungsprozeß ist historisch in vielen Produktionsbereichen jedoch eine Tendenz zu sinkenden Grenz- und Durchschnittskosten und zu steigenden Betriebsgrößen (Konzentration) festzustellen. Kapitalintensive Produktion in Verbindung mit der Nutzung technischer Fortschritte ermöglichen bei Massenproduktion eine Senkung der Produktionskosten (Durchschnittskosten). Eine derartige **Kostendegression** führt bei ausreichendem bzw. vollständigem Wettbewerb auf dem Gesamtmarkt für das Produkt regelmäßig zu Preissenkungen (wegen des erhöhten Güterangebots) und somit auch zu einer Verbesserung der Position der Konsumenten.

In **empirischen Untersuchungen** wurden für eine Reihe von Produkten optimale Betriebsgrößen ermittelt. In Übersicht 3.50 (1. Spalte) finden sich Produktionsmengenangaben, die jeweils das Minimum der Stückkostenkurve darstellen (Punkt R in Übersicht 3.49).[2] So lag im Jahre 1969 das Stückkostenminimum für Brauereien bei

---

[1] Wenn etwa durch Bürokratisierung des Managements die Kosten innerbetrieblicher Kommunikation stark steigen.

[2] In der Realität ist häufig zu beobachten, daß, abweichend von Übersicht 3.49, die Stückkosten nach dem Punkt R nicht sofort ansteigen, sondern daß die Stückkostenkurve zunächst mehr oder weniger parallel zur Abszisse verläuft. Der Punkt R kennzeichnet insofern nur die *Eintrittsschwelle in das Stückkostenminimum,* das sich über einen größeren Produktionsmengenbereich erstrecken kann. Es ist dann nur wahrscheinlich, daß alternative Betriebsgrößen (mit alternativen Eintrittspunkten) zum selben Stückkostenminimum führen. Wie ein Blick auf das reale wirtschaftliche Geschehen zeigt, konkurrieren längerfristig Betriebe unterschiedlicher Größenstruktur in bestimmten Branchen miteinander, ohne daß ausgerechnet der größere Betrieb die höchsten Kostenvorteile hätte. Es gibt offenbar ein gewisses Spektrum optimaler Betriebsgrößen. In Übersicht 3.50 finden sich lediglich Angaben zur „mindestoptimalen" Betriebsgröße, d. h. zur Betriebsgröße mit am weitesten links liegendem Eintrittspunkt R.

5,2 Mio. hl Bier pro Jahr. Um eine Vorstellung über die Stückkosten bei geringerer Betriebsgröße zu erhalten, sind in Spalte 2 von Übersicht 3.50 Zahlen für Betriebsgrößen angegeben, die jeweils 50% unter der optimalen liegen. In den Brauereien verteuert sich hiernach die Produktion um 9%, wenn man die Betriebsgröße lediglich für einen Jahresausstoß von 2,6 Mio. hl auslegt. Es gab 1969 in der Bundesrepublik Deutschland allerdings keine einzige Brauerei, die einen Ausstoß von 5 Mio. hl erreichte. Hierbei ist aber zur berücksichtigen, daß die Schätzungen in Übersicht 3.50 nicht die Transportkosten enthalten. Gerade im Brauereiwesen spielen die Transportkosten jedoch eine große Rolle und verhindern u. U. eine stärkere Ausdehnung des Absatzes in immer weiter entfernt liegende Regionen (vgl. auch Abschnitt 4.1).

Übersicht 3.50: Optimale Betriebsgrößen für unterschiedliche Produkte

Produkt	Optimale Betriebsgröße, gemessen am Stückkostenminimum	Kostenerhöhung durch Einschränkung der Betriebsgröße auf 50% der opt. Betriebsgröße (v.H.)
Synth. Fasern	0,4 – 0,5 Mio t/Jahr	5
Elektromotoren	60% der Produktion von Großbetrieben	15
Kühlschränke	500 T Stck./Jahr	8
Elektroherde	300 T Stck./Jahr	8
Waschmaschinen	500 T Stck./Jahr	8
Schwefelsäure	1 Mio. t/Jahr	1
PKW	0,4 Mio. Stck./Jahr	6
Rohstahl	4 Mio. t/Jahr	8
Mineralölverarb.	10 Mio. t/Jahr	5
Reifen	16 500 Stck./Tag	5
Brot	1,5 t Mehl/Std.	7,5
Bier	5,2 Mio. hl/Jahr	9
Eisengießerei	50 000 t/Jahr	10

Quelle: J. Müller und R. Hochreiter: Stand und Entwicklungstendenzen der Konzentration in der Bunderepublik Deutschland, Göttingen 1975, S. 156 – 158.

3.2.3.4 Kurz- und langfristige Güterangebotsfunktion

Der Verlauf der Güterangebotsfunktion wird durch den Zeithorizont der Betrachtung bestimmt. Eine Angebotsfunktion für die laufende Periode wird anders aussehen als eine Angebotsfunktion über mehrere Planungsperioden. Dies hängt vor allem damit zusammen, daß kurzfristig die Betriebsgröße vorgegeben ist, längerfristig jedoch veränderlich ist. In Übersicht 3.49 möge die Betriebsgröße 1 die gegenwärtig bestehende sein. Die Güterangebotsfunktion wird durch QP repräsentiert. Längerfristig besteht aber die Möglichkeit, die günstigere Betriebsgröße 2 mit der Güterangebotskurve RU zu realisieren. Kurzfristig wird der Unternehmer etwa beim Preis p_l^l die Menge x^1_{min} anbieten, langfristig dagegen die Menge x_2. Eine allgemeine Preissenkung ($p < p_l^l$) wird ihn veranlassen, die günstigere Betriebsgröße 2 zu realisieren. Fehlen ihm dazu die Finanzmittel, so wird er, wenn der Preis noch unter die kurzfristige Preisuntergrenze fällt ($p < p_k^1$), die Produktion einstellen. Langfristig geht sein Güterangebot auf Null zurück, oder es erhöht sich infolge des Übergangs zu Betriebsgröße 2 erheblich.

Beweglichkeit der Produktionsfaktoren

Für den Verlauf von kurz-, mittel- oder langfristigen Güterangebotsfunktionen eines Unternehmens sind die Annahmen über die Beweglichkeit der Produktionsfaktoren bedeutsam, d. h. Annahmen darüber, welche Faktoren fix und welche variabel sind. Zur Verdeutlichung der Faktorbeweglichkeit bei **alternativen Zeithorizonten der Betrachtung** wollen wir vier Fälle unterscheiden: (a) alle Faktoren sind fix $(\bar{A}, \bar{M}, \bar{C})$; (b) allein der Arbeitseinsatz ist variabel $(A, \bar{M}\ \bar{C})$; (c) Arbeits- und Maschineneinsatz sind variabel $(A, M, \bar{C})$, (d) alle Faktoren sind variabel (A, M, C). Die Überlegungen können unmittelbar an die Erläuterungen zum Verlauf der Produktionsfunktion anschließen.

(a) Wenn bei sehr kurzfristiger Betrachtung über den Einsatz aller Faktoren bereits vorentschieden ist, ist damit auch die Produktionsmenge festgelegt. Änderungen des Güterangebots können dann nur durch den Auf- oder Abbau von Vorräten erfolgen. Wenn man davon absieht, ist die Güterangebotsfunktion völlig unelastisch [Übersicht 3.51 (a)].

(b) Die Angebotsreaktion eines Unternehmens mit nur einem variablen Faktor (im Beispiel: die Arbeit) wurde ausführlich in Abschnitt 3.2.2.1 erläutert. Es resultiert (bei neoklassischer Produktionsfunktion) eine ansteigende Güterangebotsfunktion, deren Verlauf entscheidend durch die abnehmenden Grenzerträge bei zunehmendem Einsatz des Faktors bestimmt wird [Übersicht 3.51 (b)].

Übersicht 3.51: Angebotsfunktionen bei unterschiedlichem Zeithorizont der Betrachtung (Beweglichkeit der Produktionsfaktoren)

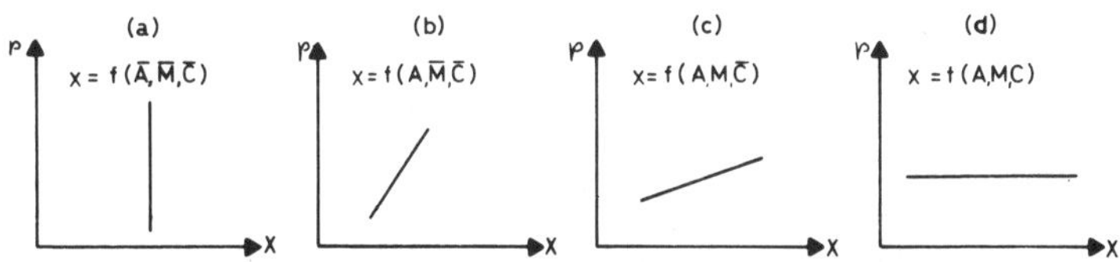

(c) Wenn bei längerfristiger Betrachtungsweise ein weiterer Faktor als variabel anzusehen ist (im Beispiel: neben der Arbeit auch der Maschineneinsatz), werden abnehmende Ertragszuwächse (infolge anderer fixer Faktoren) abgeschwächt bzw. später wirksam (vgl. die produktionstechnischen Überlegungen im Zusammenhang mit Übersicht 3.44), so daß ein flacherer Verlauf der Güterangebotsfunktion resultiert [Übersicht 3.51 (c)].

(d) Sind schließlich bei sehr langfristigen Überlegungen alle Produktionsfaktoren und damit die Betriebsgröße variabel, so hängt der Verlauf der langfristigen Angebotsfunktion von dem Verlauf der Produktionsfunktion bei Niveauänderung des Faktoreinsatzes ab. Sind die Produktionsfaktoren beliebig teilbar und gleichmäßig vermehrbar, so können sich konstante Ertragszuwächse und damit (bei gegebenen Faktorpreisen) konstante Grenzkosten und Durchschnittskosten ergeben, die eine waagerecht verlaufende (völlig elastische) Angebotsfunktion implizieren [vgl. Übersicht 3.51 (d)].

Güterangebotsfunktion des Marktes

Lenkt man den Blick vom Einzelunternehmen weg auf die Gesamtheit der Unternehmen am Markt für ein bestimmtes Gut, so ist für die Bestimmung der Güterangebotsfunktion nicht nur die zeitliche Betrachtungsweise bedeutsam, sondern auch die *Zahl und Größe der Unternehmen.* Nicht nur im Zeitvergleich sind Betriebsgrößen und damit das Güterangebot unterschiedlich, sondern auch im Querschnittsvergleich, d. h. zu einem bestimmten Zeitpunkt über die Unternehmen hinweg. Ein bestimmtes Produkt wird in der Realität in aller Regel von Unternehmen unterschiedlichster Größenordnung angeboten.

Übersicht 3.49 kann somit auch als Darstellung zweier *Unternehmen mit unterschiedlicher Kostenstruktur* angesehen werden, die zu einem bestimmten Zeitpunkt am Markt anbieten. Ist der Marktpreis $p \geq p_l^1$, so bieten beide Unternehmen am Markt an, liegt der Preis unter p_l^1, so scheidet Unternehmen 1 entweder (längerfristig) aus der Produktion aus, oder es paßt die Betriebsgröße so an, daß seine Rentabilität gesichert ist.

Berücksichtigt man derartige Unternehmensstrukturveränderungen, so gilt für die Güterangebotsfunktion des Marktes: Änderungen des Angebots am Markt können sich ergeben, weil entweder bestehende Unternehmen mehr bzw. weniger produzieren oder weil Unternehmen die Produktion aufnehmen bzw. einstellen, wenn der Preis die jeweiligen Produktionsschwellen über- bzw. unterschreitet. Bei relativ kurzfristiger Betrachtung (nur wenigen variablen Faktoren) werden im wesentlichen nur Angebotsanpassungen der bestehenden Betriebe zu erwarten sein, da einerseits die kurzfristige Preisuntergrenze niedriger liegt und andererseits Betriebsgründungen bzw. -erweiterungen Zeit benötigen. Bei langfristiger Betrachtung haben dagegen Änderungen der Zahl der produzierenden Betriebe größere Bedeutung. In Übersicht 3.52 ist die langfristige Güterangebotsfunktion am Markt aus den langfristigen Angebotsfunktionen von Einzelunternehmen (U_1, U_2, U_3) abgeleitet.

Die Unternehmen unterscheiden sich durch den Verlauf ihrer Kostenfunktionen, etwa bestimmt durch eine günstigere Betriebsgröße, bessere Standortbedingungen und besseres Management. Das Unternehmen U_1 hat die günstigsten und das Unternehmen U_3 die ungünstigsten Kostenbedingungen. Wenn der Marktpreis langfristig über p_3 liegt, werden alle drei Unternehmen produzieren und sogar u. U. noch andere Unternehmen einen Anreiz sehen, die Produktion aufzunehmen. Bei dieser Preishöhe machen

Übersicht 3.52 Angebotsfunktion des Marktes

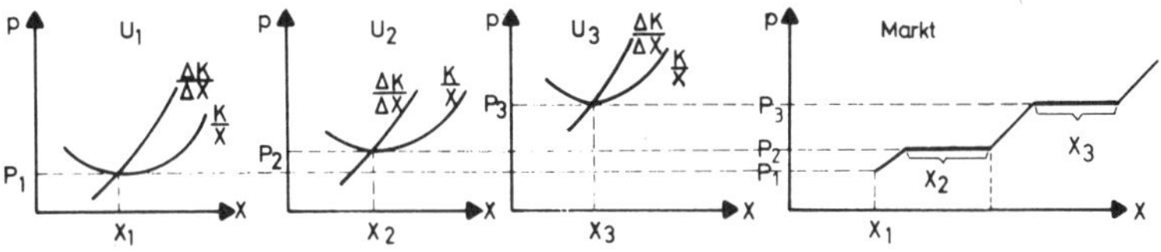

die Unternehmen U_2 und insbesondere U_1 aufgrund ihrer günstigeren Kostenlage zusätzliche Gewinne. Man spricht von einer **Differentialrente.** Geht der Preis langfristig unter p_3 zurück, so werden die Unternehmen U_1 und U_2 weniger produzieren, und Unternehmen U_3 wird die Produktion einstellen, wodurch sich das Güterangebot entsprechend reduziert. Unterschreitet der Preis den Wert p_2, so wird das Unternehmen U_1 noch weniger produzieren und das Unternehmen U_2 ebenfalls die Produktion aufgeben. Als **Grenzanbieter** werden Unternehmen bezeichnet, die an der Produktionsschwelle (der langfristigen Preisuntergrenze) anbieten. Bei einem Preisverfall sind sie stets am stärksten in ihrer Existenz gefährdet.

Der positive Anstieg einer (kurzfristigen) **Güterangebotsfunktion** war in Abschnitt 3.2.2.1 (vgl. Übersicht 3.18) mit dem positiven Anstieg der Grenzkostenkurve begründet worden. Hiernach wäre es gar nicht möglich, daß sich mit steigendem Produktpreis das Güterangebot erhöhen würde, lägen **linear-limitationale** Produktionsfaktoren vor; denn in diesem Falle würde jede Unternehmung bereits den maximal möglichen Output erstellen. Längerfristig ergibt sich jedoch eine andere Situation: Mit steigendem Produktpreis wird die Produktion auch für solche Unternehmen lohnend, die mit relativ hohen Kosten arbeiten. Auch bei Vorliegen linear-limitationaler Produktionsfaktoren läßt sich dann eine Angebotsfunktion mit positiver Steigerung konstruieren.

3.2.4 Ein Modell mit mehreren Produkten und mehreren Faktoren

In der Regel stellt ein Unternehmen nicht nur ein einziges, sondern mehrere Güter her. Für den Unternehmer ergibt sich dann die Frage, wieviel Mengeneinheiten von jedem Produkt produziert werden sollen. Bei den Überlegungen soll ebenfalls von der Zielsetzung der Gewinnmaximierung ausgegangen werden.
Bei der Planung des optimalen Produktionsprogramms einer Mehrproduktunternehmung ist die Art der Abhängigkeit der Produkte bei ihrer Herstellung von Bedeutung. Man unterscheidet verbundene und unverbundene Produktion.

(1) Von **unverbundener Produktion** spricht man, wenn die Herstellung der Güter als ein Nebeneinander unabhängiger Produktionen angesehen werden kann. Für jede dieser Produktionen gelten dann auch die oben für die Einproduktunternehmung abgeleiteten Bedingungen, so daß hier keine neuen Probleme auftreten.

(2) Dagegen sind im Bereich der **verbundenen Produktion** die innerhalb

eines Betriebes hergestellten Gütermengen nicht unabhängig voneinander. Einmal vielleicht deswegen, weil mit der Produktion des einen Gutes gleichzeitig eine bestimmte Menge eines anderen Gutes anfällt, oder etwa auch, weil mehrere Güter um die in einem Betrieb nur begrenzt vorhandenen („knappen“) Produktionsfaktoren (etwa Kapital und Arbeit) konkurrieren.

(a) Im ersten Fall der verbundenen Produktion ist das Mengenverhältnis der in einem Produktionsverfahren erstellten Güter technisch vorgegeben. Standardbeispiele sind die Produktion von Koks und Gas oder Schaffleisch und Wolle. Da diese Produkte fest aneinander gebunden sind, spricht man von **Kuppelproduktion**. Bei der Planung der optimalen Ausbringungsmenge ergeben sich ebenfalls keine neuen Probleme, solange von vollständiger Konkurrenz ausgegangen werden kann. Es sind nur die Umsätze der in Kuppelproduktion erstellten Güter zusammenzufassen und den Kosten des Verfahrens gegenüberzustellen.

(b) Im zweiten Fall der verbundenen Produktion kann der Unternehmer entscheiden, wie er die knappen Faktoren den verschiedenen Güterproduktionen zuordnen will. Man spricht von **Alternativproduktion** (oder dispositiv verbundener Produktion). Man denke im Bereich der landwirtschaftlichen Produktion beispielsweise an die Möglichkeit, die vorhandenen Kapazitäten (Arbeitskräfte, Boden, Maschinen, Gebäude) in einem bestimmten Verhältnis für die Produktion unterschiedlicher Getreidearten einzusetzen.

In diesem zweiten Fall ergeben sich neue Planungsprobleme, die im folgenden kurz skizziert werden sollen. Die prinzipiellen Zusammenhänge werden bereits deutlich, wenn wir annehmen, daß nur zwei Produktionsfaktoren – Arbeit A und „Kapital“ M – existieren, die in bestimmten Mengen vorgegeben sind. Das Entscheidungsproblem besteht dann darin, die vorgegebenen Faktoren so auf die einzelnen Produktionsverfahren oder Produktarten aufzuteilen, daß der Gewinn einen größtmöglichen Wert annimmt. Da bei gegebenen Faktoreinsatzmengen $\bar{A}$ und $\bar{M}$ und nach wie vor gegebenen Faktorpreisen l und m auch der Kostenbetrag K festliegt, läuft das Problem der Gewinnmaximierung auf die Suche nach dem größtmöglichen Umsatz (**Umsatzmaximierung**) hinaus.

Man kann nun fragen, welche Kombinationen von Gütermengen maximal mit den gegebenen Faktormengen produziert werden könnten. Diese Frage läßt sich allein aufgrund der vorliegenden Informationen über die technologischen Beziehungen (Produktionsfunktion) und den Umfang der verfügbaren Faktoreinsatzmengen beantworten. Bei zwei Produkten kann man etwa ermitteln, wieviel Mengeneinheiten des Gutes 1 (bzw. 2) produziert werden könnten, wenn man alle verfügbaren Faktoren zur Herstellung dieses einen Gutes einsetzen würde und ebenso, wieviel Einheiten man von einem Gut, z. B. 1, noch produzieren kann, wenn man bereits eine bestimmte Menge des anderen Guts 2 herstellt. Auf diese Weise lassen sich alle technisch möglichen Gütermengenkombinationen (x_1, x_2) ermitteln, die die verfügbaren Produktionsfaktoren gerade ausschöpfen. Man bezeichnet das Bild einer Funktion, die alle maximal möglichen Güter-

kombinationen bei gegebenem Faktorbestand beschreibt, als **Transformationskurve**.
Gelten für die Herstellung beider Güter neoklassische Produktionsfunktionen, so kann die Transformationskurve den in Übersicht 3.53 dargestellten Verlauf haben.

Übersicht 3.53: Transformationskurve

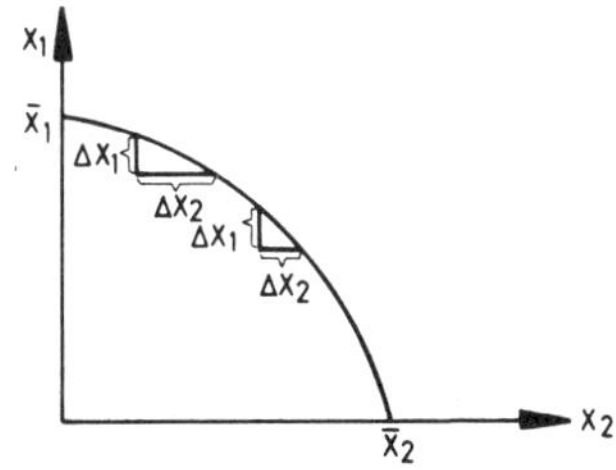

Bei ausschließlicher Produktion von jeweils nur einem Gut ließen sich die Produktionsmengen $\bar{x}_1$ bzw. $\bar{x}_2$ herstellen. Weiterhin erkennt man, daß einer Produktionszunahme des einen Guts stets eine Abnahme des anderen Gutes zugeordnet ist (die Kurve also einen fallenden Verlauf hat). Dabei ist die Gütermenge Δx_2, die man mehr produzieren kann, wenn man die Produktion des anderen Gutes um eine bestimmte kleine Menge Δx_1 verringert, um so größer, je weniger man von dem Gut 2 erzeugt. Die Transformationskurve hat somit einen – vom Koordinatenursprung gesehen – konkaven Verlauf. Ein derartiger Verlauf ist zwingend, wenn man in beiden Produktionen die Wirksamkeit des **Ertragsgesetzes** unterstellt und gleichzeitig annimmt, daß in beiden Produktionen nur *ein* Faktor (z. B. Arbeit) variabel ist. Wird beispielsweise relativ viel vom Gut 1 und damit relativ wenig vom Gut 2 produziert (wir befinden uns links oben auf der Transformationskurve), dann wird gemäß der Grenzproduktivitätstheorie die Grenzproduktivität der Arbeit bei Gut 1 relativ niedrig, bei Gut 2 hingegen relativ hoch sein. Dies bedeutet: Zieht man eine Arbeitskraft aus dem Bereich 1 ab, dann ist die Produktionssenkung (Δx_1) relativ schwach, während die Produktionsausdehnung (Δx_2) relativ stark sein wird, wenn man diese Arbeitskraft zur Herstellung von Gütern der Art 2 verwendet. Hieraus folgt, daß der Quotient $\Delta x_1/\Delta x_2$ (= **Grenzrate der Transformation**), der angibt, auf wieviel Güter der Art 1 man je eine zusätzlich produzierte Einheit des Gutes 2 verzichten muß, links oben auf einer Transformationskurve relativ niedrig ist. Umgekehrt gilt, daß $\Delta x_1/\Delta x_2$ rechts unten auf der Transformationskurve einen relativ hohen Wert annimmt, weil dort die Grenzproduktivität der Arbeit bei Gut 1 relativ hoch, die Grenzproduktivität der Arbeit für Gut 2 demgegenüber relativ niedrig sein muß.
Aber auch bei mehreren variablen Produktionsfaktoren ergibt sich eine zunehmende Grenzrate der Transformation (zum Koordinatenursprung hin konkav verlaufende Transformationskurve) stets dann, wenn beide Produkte mit **unterschiedlichen Faktorintensitäten** hergestellt werden – Gut 1 vielleicht relativ bodenintensiv (z. B. Getreide), Gut 2 demgegenüber relativ arbeitsintensiv (z. B. Hackfrüchte) – und für jede der Produktionen die beschriebenen Eigenschaften neoklassischer Produktionsfunktionen gelten. Dies läßt sich wie folgt begründen: Wird der Hackfruchtanbau auf Kosten des Getreideanbaus ausgedehnt, dann müssen Produktionsfaktoren vom Getreide- in den Hackfruchtbereich überführt werden. Nun ist zu berücksichtigen, daß eine zunehmende Ausdehnung des arbeitsintensiven Hackfruchtanbaus auch zu einer zunehmenden Verknappung der Arbeit führen muß, der in *beiden* Produktionen mit einer teilweisen Substitution von Arbeit durch Boden begegnet wird,

m. a. W. man wird in beiden Produktionen bei steigendem x_2 und sinkendem x_1 immer bodenintensiver arbeiten. Dies bedeutet aber: Bei hohem Niveau von x_2 und entsprechend niedrigem Niveau von x_1 wird durch den Verzicht auf eine weitere Einheit des Gutes 1 ($\Delta x_1 = 1$; Getreide) ein Faktor*paket* freigesetzt, das relativ viel Boden, aber nur relativ wenig Arbeit enthält. Da Gut 2 relativ viel Arbeit beansprucht, läßt sich mit Hilfe dieses Faktorpaketes nur noch eine sehr begrenzte Ausdehnung von Gut 2 (Δx_2; Hackfrucht) erzielen. Wir können also davon ausgehen, daß rechts unten auf der Transformationskurve $\Delta x_1/\Delta x_2$ relativ groß, links oben hingegen relativ klein sein wird.

Die **optimale Produktmengenkombination** ist dort erreicht, wo der Umsatz maximal ist. Der Umsatz einer Zweiproduktunternehmung entspricht der Summe der Teilumsätze des ersten und zweiten Gutes:

$$U = p_1 \cdot x_1 + p_2 \cdot x_2. \qquad (3.51)$$

Zur Ermittlung der optimalen Güterkombination geht man ganz ähnlich wie bei der Ermittlung der optimalen Faktorkombination vor (vgl. Übersicht 3.44): Statt Isokosten- konstruiert man **Isoumsatzkurven,** wobei die weiter vom Koordinatenursprung entfernt liegenden Isoumsatzkurven jeweils einen höheren Umsatz U repräsentieren. Durch Umformung von Gleichung (3.51) zu

$$x_1 = \frac{U}{p_1} - \frac{p_2}{p_1} \cdot x_2 \qquad (3.52)$$

erhält man Umsatzgeraden mit der Steigung $-p_2/p_1$. An der Stelle Q, an der eine Isoumsatzkurve die Transformationskurve gerade berührt (vgl. Übersicht 3.54), ist die optimale Produktmengenkombination gegeben. In diesem Punkte sind bei dem gegebenen Faktorbestand (= gegebenen Kosten) der Umsatz und damit zugleich der Gewinn maximal.

Übersicht 3.54: Optimale Produktmengenkombination (neoklassisches Produktionsmodell)

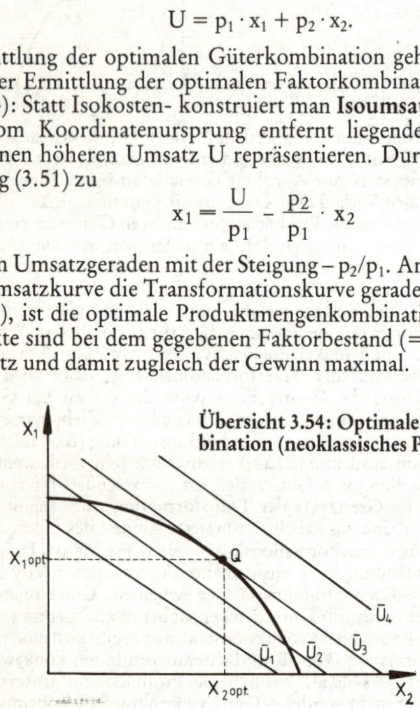

Im Tangentialpunkt Q stimmen die Steigungen der Transformationskurve ($\Delta x_1/\Delta x_2$) und der Umsatzgeraden ($-p_2/p_1$) überein:

$$\frac{\Delta x_1}{\Delta x_2} = -\frac{p_2}{p_1} \text{ oder } -\frac{\Delta x_1}{\Delta x_2} = \frac{p_2}{p_1}. \qquad (3.53)$$

Analog zur Grenzrate der Substitution bezeichnet man die mit −1 multiplizierte Steigung der Transformationskurve ($-\Delta x_1/\Delta x_2$) als **Grenzrate der**

Transformation und kann somit auch sagen, daß *im Gewinnmaximum die Grenzrate der Transformation gleich dem reziproken Güterpreisverhältnis ist.*

Nun lassen sich leicht die Auswirkungen einer Veränderung der **Produktpreisrelationen** untersuchen. Erhöht sich beispielsweise der Preis p_2, so muß sich bei gewinnmaximaler Produktionsplanung auch die Grenzrate der Transformation $-\Delta x_1/\Delta x_2$ erhöhen. In der graphischen Darstellung ist dann die optimale Mengenkombination rechts vom Punkt Q zu suchen. Die Produktion des Gutes 2 wird als Reaktion auf eine Erhöhung von p_2 ausgedehnt, die Produktion von Gut 1 dagegen eingeschränkt. Damit können wir den bislang betrachteten auf eine **Änderung des Güterangebots** hinwirkenden vier Kräften – Preisänderung des betreffenden Gutes, Lohnsatzänderung, technischer Fortschritt, Änderung des fixen Faktorbestandes – noch eine weitere Kraft hinzufügen, nämlich die *Preisänderung eines anderen Gutes.*

Übersicht 3.55: Optimale Produktmengenkombination (lineares Produktionsmodell)

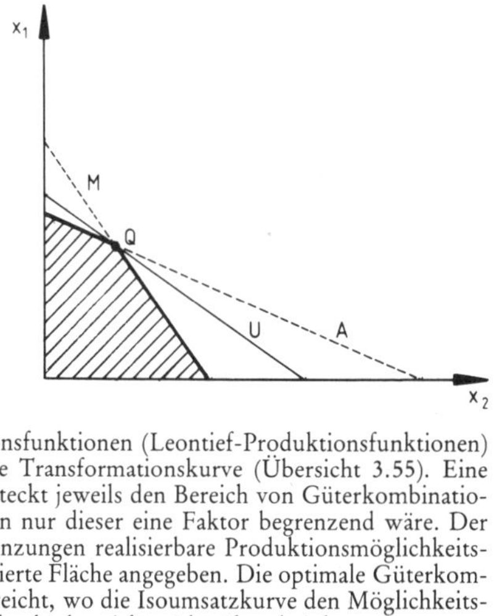

Bei linear-limitationalen Produktionsfunktionen (Leontief-Produktionsfunktionen) ergibt sich eine linear segmentierte Transformationskurve (Übersicht 3.55). Eine einzelne Gerade, z. B. A oder M, steckt jeweils den Bereich von Güterkombinationen ab, der realisierbar wäre, wenn nur dieser eine Faktor begrenzend wäre. Der unter Berücksichtigung aller Begrenzungen realisierbare Produktionsmöglichkeitsbereich wird dann durch die schraffierte Fläche angegeben. Die optimale Güterkombination ist in dem (Eck-)Punkt erreicht, wo die Isoumsatzkurve den Möglichkeitsbereich (auch als Beschränkungspolyeder bezeichnet) berührt, bei der angenommenen Umsatzkurve im Punkt Q. Linear formulierte Planungsprobleme spielen vor allem in der Betriebswirtschaftslehre eine große Rolle. Die mathematische Methode zur Lösung dieser Probleme ist die **lineare Programmierung.**

3.3 Güter- und Faktorpreise als Bestimmungsfaktoren von Haushaltsentscheidungen

Bei den vorläufigen Überlegungen zur Funktionsweise des Preismechanismus (Abschnitt 3.1) war angenommen worden, daß die Gesamtheit der Haushalte in bestimmter Weise mit ihrer Konsumgüternachfrage auf

Änderungen der Marktpreise reagiert. Die unterstellten Preis-Nachfrage-Funktionen mit negativer Steigerung wurden aus der Beobachtung der Preis- und Mengenänderungen im Marktgeschehen begründet.
Im folgenden sollen nun die Marktreaktionen der Haushalte aus ihrer Entscheidungssituation heraus erklärt werden. Dabei wird sich zeigen, daß die Möglichkeiten einer empirischen Prüfung der verwendeten Modellelemente begrenzter sind als bei den Unternehmensmodellen. Die Überlegungen dienen daher in erster Linie der Herausarbeitung der *grundsätzlichen* Bestimmungsfaktoren der Güternachfrage und des Faktorangebots sowie der bestehenden wechselseitigen Zusammenhänge.

3.3.1 Entscheidungssituation von Haushalten: Modellannahmen

Auf der Grundlage der in den Abschnitten 1.1.1 und 1.1.2 beschriebenen Aktivitäten und Pläne von Wirtschaftseinheiten läßt sich der *Wirtschaftsplan* eines privaten Haushalts wie folgt kennzeichnen:

Zielsetzung des Haushalts ist eine möglichst weitgehende Befriedigung seiner subjektiven Bedürfnisse, oder anders ausgedrückt: die Maximierung des individuellen Nutzens.

Vorgegebene **Daten** sind regelmäßig
- die im Eigentum des Haushalts befindlichen physischen Faktorbestände (Arbeitskräfte, Boden und Kapitalgüter in Form von Gebäuden oder gar ganzen Betrieben) sowie Forderungen im weitesten Sinne (Beteiligung an Personengesellschaften, Aktien, festverzinsliche Wertpapiere, Sparguthaben, Geldbestände),
- die Entlohnungssätze der Produktionsfaktoren (Arbeitslohn, Mieten, Pachten) sowie die Verzinsung von Forderungen (z. B. privates Darlehen) und Wertpapieren,
- die Preise der Konsumgüter.

Die **Entscheidungen** eines Haushalts betreffen die folgenden Fragestellungen (wenn wir zunächst den Bereich der Geldanlage ausklammern):
- In welchem Umfang sollen Faktorleistungen angeboten werden? Bei gegebenen Entlohnungssätzen resultiert aus dieser Entscheidung die Höhe des Einkommens.
- Welcher Teil des Einkommens soll gespart werden?
- Welche Konsumgüter sollen gekauft werden, d. h. in welcher Weise soll die Aufteilung des nicht gesparten Einkommens (Konsumsumme) auf die einzelnen Konsumgüterarten erfolgen?

Zunächst gehen wir davon aus, daß der Haushalt die beiden ersten Entscheidungen bereits gefällt hat. Er hat über Art und Ausmaß des Einsatzes der ihm zur Verfügung stehenden Produktionsfaktoren zum Einkommenserwerb entschieden. Dabei hat er sich an den Entlohnungssätzen orientiert. Die Höhe des Einkommens ist somit bestimmt. Ferner hat der Haushalt sich entschieden, einen bestimmten Betrag seines Einkommens zu sparen. Damit ist die verbleibende Konsumsumme festgelegt;

sie ist für die weitere Entscheidung über die Güteraufteilung ein Datum. Da wir die Konsumgüterpreise ebenfalls als Daten betrachten können, weil der Haushalt wegen seiner geringen Nachfrage auf den Gütermärkten die Preise nicht merklich beeinflussen kann, besteht das *Entscheidungsproblem des Haushalts* jetzt nur noch darin, die Konsumsumme bei den gegebenen Preisen so auf die dem Haushalt bekannten Konsumgüterarten zu verteilen, daß das Ziel einer möglichst weitgehenden Befriedigung der subjektiven Bedürfnisse erreicht wird.

3.3.2 Ein einfaches Modell der Konsumgüternachfrage: Gegebene Konsumsumme und zwei Konsumgüter

3.3.2.1 Der optimale Verbrauchsplan

Ein Haushalt, der sich überlegt, wie er eine gegebene Konsumsumme möglichst nutzbringend für den Kauf von Konsumgütern ausgeben soll, muß sich zunächst einmal darüber im klaren sein, wie hoch er die unterschiedlichen Mengenkombinationen von Gütern einschätzt, man sagt auch, welche **Präferenzen** oder **Nutzenvorstellungen** er hat.

Die Versuche der ökonomischen Theorie, die Nutzenvorstellungen von Haushalten zu beschreiben, haben eine lange Geschichte. Erste Ansätze gehen auf *Hermann Gossen* (1851–1926) zurück und haben zu der Herausbildung eines Konzepts geführt, das von (psychologisch begründeten) Hypothesen über die Veränderung des Nutzens (bzw. des Grenznutzens) bei verändertem Konsum einzelner Güter ausgeht. Das sog. **erste Gossen'sche Gesetz** besagt, daß mit steigender Verbrauchsmenge (pro Zeiteinheit) der Grenznutzen eines Gutes abnimmt, wenn sich der Verbrauch der übrigen Güter nicht ändert; das **zweite Gossen'sche Gesetz** besagt, daß die Konsumsumme so auf verschiedene Verwendungszwecke aufzuteilen ist, daß der Nutzen der jeweils letzten Geldeinheit (der Grenznutzen) in allen Verwendungen gleich ist. Von diesen Grundvorstellungen der Grenznutzentheorie aus läßt sich zwar im Rahmen der gesetzten Hypothesen die Konsumgüternachfrage von Haushalten erklären; die Kritik richtet sich jedoch darauf, daß dieses nutzentheoretische Konzept die quantitative Messung des Nutzens (einen *kardinalen Nutzenmaßstab*) voraussetzt, wofür (zumindest bislang) die empirische Basis fehlt.
Weniger weitgehende Anforderungen stellt das im folgenden beschriebene Konzept der Indifferenzkurven, das nur voraussetzt, daß ein Haushalt Aussagen darüber machen kann, ob er ein Güterpaket einem anderen vorzieht bzw. beide Güterpakete als gleichwertig ansieht *(ordinaler Nutzenmaßstab)*. Doch auch für diesen Ansatz gibt es (bislang) nur eine begrenzte empirische Grundlegung.
Einen mehr an den Möglichkeiten der empirischen Analyse orientierten Ansatz bietet die Theorie der „bekundeten Präferenzen" *(Revealed Preference-Analyse)*, die jedoch ebenfalls nicht zu überzeugenden Ergebnissen geführt hat.

Indifferenzkurven

Nehmen wir an, ein Haushalt habe in einer Tabelle Mengenkombinationen von zwei Konsumgütern 1 und 2 zusammengestellt, die von ihm gleich hoch bewertet werden (Übersicht 3.56). Es ist dem Haushalt somit gleichgültig, ob er 10 Einheiten des Gutes 2 und eine Einheit des Gutes 1 oder etwa 5 Einheiten des Gutes 2 und 2 Einheiten des Gutes 1 konsumiert.

Übersicht 3.56: Güterkombinationen gleichen Nutzens

x_1	x_2
1	10
2	5
3	3,33
4	2,5
5	2
6	1,67

Beim Übergang von einer Güterkombination zu einer anderen schätzt der Haushalt einen bestimmten Mehrkonsum bei einem Gut und einen bestimmten Minderkonsum bei dem anderen Gut als gleichwertig ein. In unserem Beispiel wird etwa beim Übergang von der ersten zur zweiten Güterkombination der Minderkonsum des Gutes 2 in Höhe von $\Delta x_2 = -5$ durch den Mehrkonsum des Gutes 1 in Höhe von $\Delta x_1 = 1$ kompensiert. Man kann auch sagen, der Quotient

$$-\frac{\Delta x_2}{\Delta x_1} = -\frac{-5}{1} = 5 \tag{3.54}$$

gebe die Anzahl der Einheiten des Gutes 2 an, auf die der Haushalt bei unveränderter Bedürfnisbefriedigung gerade verzichten kann, wenn sich der Konsum des Gutes 1 um eine Einheit erhöht. Man kann sich leicht davon überzeugen, daß dieser Quotient in der Übersicht 3.56 mit steigendem Konsum des Gutes 1 und sinkendem Konsum des Gutes 2 ständig abnimmt. Der Haushalt wird in abnehmendem Maße bereit sein, Gut 1 durch Gut 2 zu substituieren, je mehr (weniger) Einheiten des Gutes 1 (2) ihm bereits (noch) zur Verfügung stehen. Man kann sich dies auch so vorstellen, daß der Haushalt gewissermaßen einen „Mindestkonsum" von jedem Gut wünscht. Dieser kann z. B. beim Gut 1 ohne Einschränkung der Bedürfnisbefriedigung nur unterschritten werden, wenn eine überproportionale „Entschädigung" durch den Mehrkonsum von Gut 2 ermöglicht wird.

Das Bild einer vom Koordinatenursprung aus gesehen konvex gekrümmten Kurve ist mit der Vorstellung vom abnehmenden Nutzenzuwachs (ersten Gossen'sches Gesetz) vereinbar. Da hoher Verbrauch des einen Gutes stets mit niedrigem Verbrauch des anderen bei gegebenem Nutzenniveau einhergeht, bedeutet eine schrittweise Reduzierung eines bereits niedrigen Konsums von Gut 1 einen ständig steigenden Nutzenverlust. Zur Kompensation muß der Konsum des Gutes 2 somit in ständig steigendem Maße ausgedehnt werden, wobei zu berücksichtigen ist, daß der Nutzenzuwachs bei jeder Konsumausweitung von Gut 2 abnimmt. Eine schrittweise Einschränkung des Gutes 1 muß somit zu sich ständig verstärkender Ausdehnung des Gutes 2 führen, wenn der Gesamtnutzen aus beiden Gütern unverändert bleiben soll.

Wegen der formalen Übereinstimmung mit dem oben geschilderten Substitutionsprozeß zwischen den Produktionsfaktoren Arbeit und Maschineneinsatz bei konstanter Produktmenge (vgl. Übersicht 3.37) bezeichnet man auch diesen Quotienten $-\Delta x_2/\Delta x_1$ – als Grenzrate der Substitution und spricht wegen des Absinkens dieser Größe ebenfalls vom **Gesetz der abnehmenden Grenzrate der Substitution.**

Die Zahlenwerte der Übersicht 3.56 können in einem Koordinatensystem abgebildet werden. Stellt man sich vor, daß nicht nur – wie in Übersicht 3.56 – sechs Güterkombinationen von einem Haushalt als gleichwertig angesehen werden, sondern unendlich viele, dann erhält man eine von links oben nach rechts unten verlaufende Kurve mit – vom Koordinatenursprung her gesehen – konvexer Krümmung, die eine ähnliche Gestalt wie eine Isoquante hat. Kurven dieser Art werden als **Indifferenzkurven** bezeichnet, weil sich ein Haushalt gegenüber allen Güterkombinationen, die durch die Kurve angegeben werden, indifferent verhält. Alle Kombinationen auf der Kurve leisten denselben Beitrag zur Bedürfnisbefriedigung. Eine Indifferenzkurve ist somit eine Kurve gleichen Nutzen- bzw. Befriedigungsniveaus.

Übersicht 3.57: Indifferenzkurve

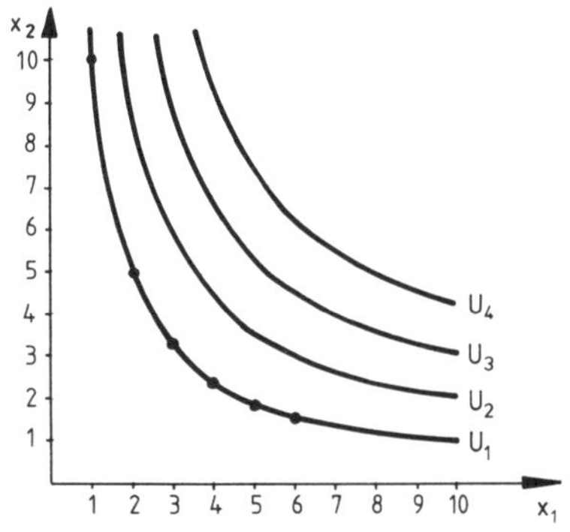

Der Grad der Krümmung einer Indifferenzkurve drückt aus, in welchem Maße Güter gegeneinander **substituierbar** sind. Liegt eine starre Koppelung der Güterverwendung vor, z. B. von Autos und Reifen, so hat die Indifferenzkurve einen rechtwinkligen Verlauf (vgl. Übersicht 3.58, I_1). Man spricht auch von **komplementären** Gütern. Können sich Güter bei gleichen Austauschraten völlig substituieren, z. B. Kohlen und Briketts, so können die Indifferenzkurven linear (I_3) sein. In den meisten Fällen ist eine dazwischenliegende Substitutionsmöglichkeit gegeben, wenn die Güter in der Verwendung überhaupt zueinander in Beziehung stehen. Hinsichtlich der gemeinsamen Begrenzung durch die verfügbare Konsumsumme ist das allerdings stets der Fall.

Die bisherigen Überlegungen bezogen sich auf ein bestimmtes Niveau der Bedürfnisbefriedigung. Dieses wird sicherlich höher sein, wenn von beiden Gütern größere Mengen zur Verfügung stehen, d. h. wenn man sich in Übersicht 3.57 in dem Bereich rechts oben von der bisher betrachteten Indifferenzkurve bewegt. Für ein höheres Befriedigungsniveau lassen sich

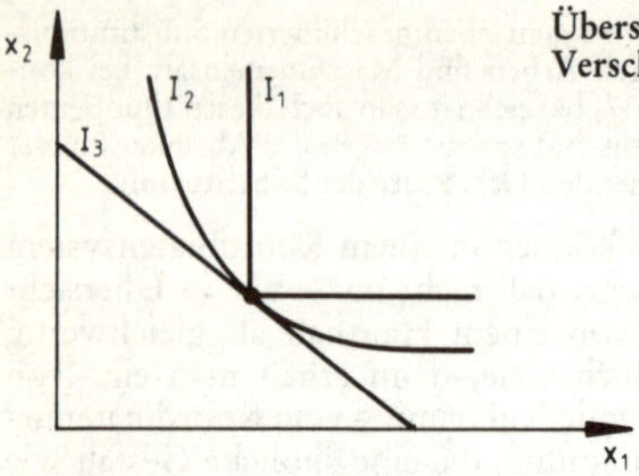

Übersicht 3.58: Verschiedene Formen von Indifferenzkurven

nun erneut indifferente Güterkombinationen angeben, so daß man eine weitere Indifferenzkurve konstruieren kann. In Übersicht 3.60 ist eine ganze Schar von Indifferenzkurven eingezeichnet, wobei die Indices U_1, U_2, U_3 und U_4 die Höhe der Bedürfnisbefriedigung kennzeichnen, die ein Haushalt bei den jeweiligen Güterkombinationen erreicht. Das Niveau der Bedürfnisbefriedigung (U) wächst mit steigender Entfernung der Indifferenzkurven vom Ursprung des Koordinatensystems[1].

Optimale Konsumgüterkombination

Will ein Haushalt eine möglichst hohe Befriedigung seiner subjektiven Bedürfnisse erreichen, dann wird er versuchen, eine Güterkombination auf einer möglichst weit vom Ursprung entfernten Indifferenzkurve zu realisieren. Allerdings hat der Haushalt dabei zu beachten, daß er nur soviel Geld für eine Güterkombination (x_1, x_2) ausgeben kann, wie ihm als **Konsumsumme** zur Verfügung steht. Die Ausgaben in Höhe von $p_1 \cdot x_1 + p_2 \cdot x_2$ müssen also der gegebenen Konsumsumme $\bar{c}$ entsprechen:

$$\bar{c} = p_1 \cdot x_1 + p_2 \cdot x_2. \qquad (3.55)$$

Durch einfache Umformung erhält man mit

$$x_2 = \frac{\bar{c}}{p_2} - \frac{p_1}{p_2} \cdot x_1 \qquad (3.56)$$

bei gegebenem c und gegebenen Preisen p_1 und p_2 eine Funktion, die die Menge x_2 in Abhängigkeit von der Menge x_1 beschreibt. Diese Funktion gibt an, wieviel Einheiten des Gutes 2 ein Haushalt noch kaufen kann, wenn er bereits eine bestimmte Menge des Gutes 1 erworben hat.

In der graphischen Darstellung verläuft diese Funktion in Form einer von links oben nach rechts unten abfallenden Geraden mit dem Steigungsmaß p_1/p_2. Jede auf dieser Geraden liegende Güterkombination kann der Haushalt bei gegebener Konsumsumme c und den herrschenden Preisen p_1

---

[1] Bei der Indifferenzkurvenanalyse ist es jedoch nicht erforderlich, die absolute Höhe des Nutzens U quantitativ zu bemessen. Es muß nur sichergestellt sein, daß $U_2 > U_1$, $U_3 > U_2$ und $U_4 > U_3$ ist.

[2] Vgl. die formal ganz analogen Betrachtungen zu den Isokostenkurven (Übersicht 3.39).

Übersicht 3.59 Budgetgerade

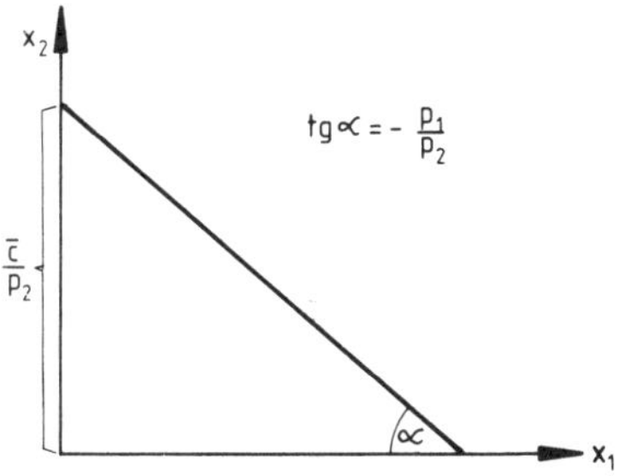

und p_2 erwerben. Man nennt eine solche Kurve auch **Budgetgerade,** weil sie angibt, wie ein begrenztes Haushaltsbudget (Konsumsumme) auf alternative Güterkombinationen verteilt werden kann. Um diejenige Kombination auszuwählen, die das (subjektiv) höchste Befriedigungsniveau gewährt, wird der Haushalt die in Übersicht 3.59 angegebenen Kaufmöglichkeiten mit den in Übersicht 3.57 gekennzeichneten Vorstellungen über die Höhe des Befriedigungsniveaus alternativer Güterkombinationen vergleichen (s. Übersicht 3.60).

Übersicht 3.60: Optimale Konsumgüterkombination eines Haushalts

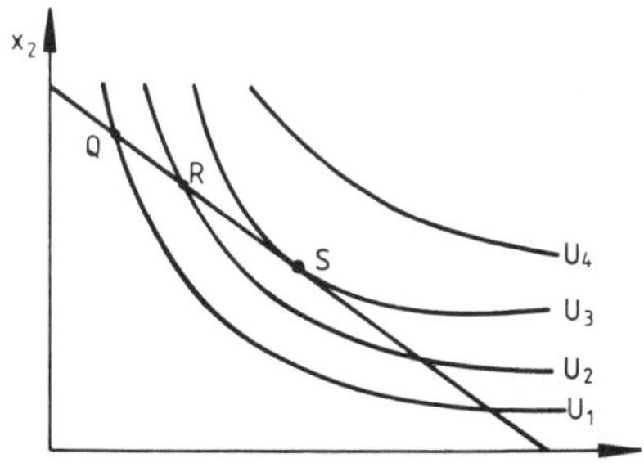

Um die optimale Güterkombination zu finden, ist der Punkt des Konsummöglichkeitsbereichs (der Budgetlinie) zu finden, dem das höchste Nutzenniveau zugeordnet ist. Das ist offensichtlich im Punkt S der Fall, wo die Budgetgerade eine Indifferenzkurve gerade tangiert. Es ist leicht zu erkennen, daß jeder anderen möglichen Güterkombination, z.B. R oder Q, ein niedrigeres Nutzenniveau zugeordnet ist. Man kann auch sagen, der Haushalt befinde sich im Punkt S im **Gleichgewicht** (hinsichtlich der Konsumgüterwahl): Wenn der Haushalt eine Bedürfnisstruktur hat, wie sie durch das Indifferenzkurvensystem beschrieben wird, und wenn er das Ziel der Nutzenmaximierung verfolgt, dann hat er bei gegebenen Preisen und Einkommen keinen Anlaß, seine Dispositionen zu ändern, falls die Güterkombination S erreicht ist.

Die Tangente an die Indifferenzkurve im Punkt S wird durch die Budgetgerade gebildet, d.h. im Punkt S stimmen die Steigungen der Budgetgeraden und der Indifferenzkurve U_3 überein. In Analogie zur Unternehmensplanung können wir daher hier sagen, daß die optimale Konsumgüterkombination eines Haushalts durch die Gleichung

$$\frac{\Delta x_2}{\Delta x_1} = -\frac{p_1}{p_2} \text{ oder } -\frac{\Delta x_2}{\Delta x_1} = \frac{p_1}{p_2} \tag{3.57}$$

bestimmt wird. Die *maximal mögliche Bedürfnisbefriedigung* ist somit bei der Güterkombination erreicht, bei der die *Grenzrate der Substitution dem (reziproken) Güterpreisverhältnis entspricht.*

Die Relation (3.57) läßt sich nicht als operationale Entscheidungsregel [wie entsprechende Bedingungen für Unternehmensentscheidungen, etwa (3.46)] interpretieren, weil die Indifferenzkurven nicht zahlenmäßig erfaßt werden können. Es kommt hier nur darauf an zu zeigen, daß die Nachfragemengen eines Haushalts durch die Bedürfnisstruktur (die durch ein System von Indifferenzkurven dargestellt werden kann), die Güterpreise und die verfügbare Konsumsumme bestimmt werden. Das Indifferenzkurvensystem stellt somit eine (empirisch nicht direkt geprüfte) Ausgangshypothese für die Erklärung des Konsumverhaltens von Haushalten dar, die nur anhand der Ergebnisse, d. h. der Eigenschaften der abgeleiteten Nachfragefunktionen, an der Realität überprüft werden kann (vgl. die Überlegungen zur methodischen Vorgehensweise, Abschnitt 1.2.2 und 1.2.5).

3.3.2.2 Güternachfragefunktionen

Es ist nun zu fragen, wie der Haushalt reagiert, wenn sich die bislang als gegeben angenommenen Daten (Preise, Einkommen, Bedürfnisstruktur) verändern. Entsprechend der Vorgehensweise bei der Ableitung von Güterangebotsfunktionen sollen zunächst jeweils einzelne Faktoren bei Konstanz alle übrigen variiert werden.

Ableitung der Güternachfragefunktion

Die Güternachfragefunktion gibt (analog zur Güterangebotsfunktion) an, welche Nachfragemengen x_1 alternativen Preisen dieses Gutes p_1 zugeordnet sind. Sie läßt sich ableiten, indem man Gleichgewichtslagen des Haushalts für unterschiedliche Preise p_1 miteinander vergleicht. Es ist zu vermuten, daß sich z. B. als Folge einer Senkung des Preises p_1 die Nachfrage nach dem Gut x_1 erhöht, da einmal das Gut x_1 im Vergleich zu anderen Gütern billiger wird und da zum anderen die Preissenkung generell eine Erhöhung der Kaufkraft der verfügbaren Konsumsumme bedeutet. Man kann auch sagen, die reale Konsumsumme (das reale Einkommen) sei gestiegen, da man für das gleiche Einkommen mehr kaufen kann. Im Gegensatz zum **Realeinkommen** wird der in DM ausgedrückte Einkommensbetrag als **Nominaleinkommen** bezeichnet, der annahmegemäß unverändert geblieben ist. Die gleichen Überlegungen gelten mit umgekehrtem Vorzeichen bei Preiserhöhungen.

Die vermuteten **Auswirkungen einer Preisänderung** lassen sich schärfer fassen, wenn man von dem oben beschriebenen Haushaltsmodell ausgeht. Die Änderung des Preises p_1 (bei gegebener Konsumsumme $\bar{c}$ und gegebenem Preis $\bar{p}_2$ des anderen Gutes) bedeutet in der graphischen Darstellung – wie leicht aus Übersicht 3.61 zu ersehen ist – eine Drehung der Budgetgeraden (die Steigung $| p_1/p_2 |$ wird kleiner, der Ordinatenabschnitt $\bar{c}/p_2$ bleibt unverändert). Bei dem angenommenen Verlauf der Indifferenzkurven verlagert sich die optimale Konsumgüterkombination (das Haushaltsgleichgewicht) von S nach T. Ein höheres Nutzenniveau U_2 wird erreicht. Die Bewegung von S zum Punkt T läßt sich aus zwei Komponenten zusammengesetzt denken:

- Die durch Senkung von p_1 ermöglichte Anhebung des Nutzenniveaus von U_1 auf U_2 hätte auch erreicht werden können über eine Erhöhung des Einkommens bei unveränderten Preisen, d. h. über eine Parallelverschiebung der Budgetgeraden bis zu der in Übersicht 3.61 eingezeichneten gestrichelten Linie. Die neue Konsumgüterkombination würde durch Punkt T′ angezeigt.
  Die Bewegung von Punkt S nach Punkt T′ nennt man den **Einkommenseffekt.**
- Wegen der veränderten Güterpreisverhältnisse erfolgt jedoch eine Drehung der Budgetgeraden, die eine Substitution des Gutes 2 durch das billiger gewordene Gut 1 bewirkt (Wanderung auf der Indifferenzkurve U_2 von Punkt T′ nach Punkt T). Man spricht von einem **Substitutionseffekt.**

Übersicht 3.61: Auswirkungen von Preisänderungen

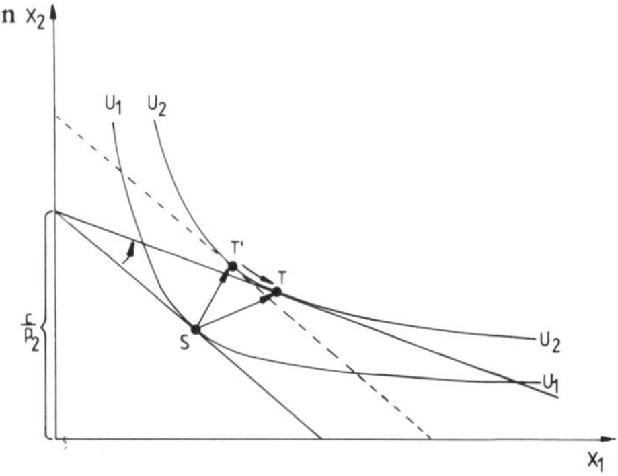

Der Gesamteffekt einer Preissenkung (S → T) entspricht somit der kombinierten Wirkung einer Einkommenserhöhung bei unveränderten Preisen (S → T′) und einer Preisrelationsverschiebung bei unverändertem Nutzenniveau (T′ → T). Während ein Sustitutionseffekt der aufgezeigten Richtung stets auftritt (wenn die Güter überhaupt substituierbar, also nicht völlig komplementär sind), kann der Realeinkommenseffekt bei sehr speziellen Verläufen der Indifferenzkurven auch negativ in bezug auf die Nachfrage nach x_1 sein (T′ läge links von S in Übersicht 3.61, vgl. auch Übersicht 3.63). Wie mitunter begründet wird, kann das bei geringwertigen (inferioren) Konsumgütern der Fall sein.

Aus diesen Überlegungen und Ableitungen läßt sich begründen, daß im Normalfall die Nachfrage nach einem Gut 1 mit steigendem (fallendem) Preis p_1 sinkt (steigt), so daß die Nachfragekurve im p_1-x_1-Koordinatensystem einen von links oben nach rechts unten fallenden Verlauf hat.

Übersicht 3.62 Güternachfragefunktion

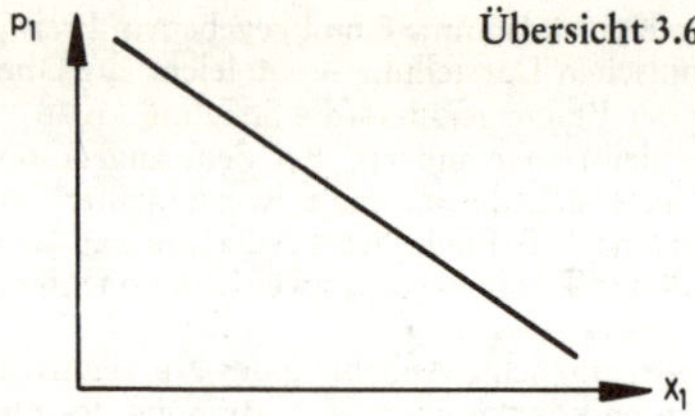

Bei speziellen Präferenzstrukturen der Haushalte in bezug auf das betrachtete Gut (speziellen Verläufen der Indifferenzkurven) ist es möglich, daß die Nachfrage mit steigendem Preis zunimmt. Man spricht dann von einem **anomalen Verlauf** der Nachfragefunktion. Diese Möglichkeit ergibt sich bei inferioren Gütern (s. unten), wenn ein negativer Realeinkommenseffekt auftritt und dieser so groß ist, daß der Substitutionseffekt überkompensiert wird (in Übersicht 3.61 wäre dies eine Situation, bei der T links von S liegen würde). Solche Reaktionen sind bei Preiserhöhungen von Grundnahrungsmitteln bei niedrigen Haushaltseinkommen beobachtet worden. Ein klassisches Beispiel dafür bilden die Beobachtungen von *Giffen* bezüglich der Brotnachfrage englischer Haushalte im vorigen Jahrhundert. Man spricht auch vom **Giffen-Fall.**

Verschiebungen der Güternachfragefunktion

Die in Übersicht 3.62 dargestellte Nachfragefunktion gilt unter der Voraussetzung, daß alle nachfragebestimmenden Faktoren bis auf den Preis des betrachteten Gutes konstant sind. Veränderungen dieser Faktoren lösen im allgemeinen Verschiebungen der Nachfragefunktion aus.

(1) Eine **Erhöhung des Nominaleinkommens** bzw. der Konsumsumme des Haushalts bedeutet, daß bei gegebenen Preisen insgesamt mehr Güter gekauft werden können als vor der Einkommenserhöhung. Bei den meisten Gütern wird daher die Nachfrage mit zunehmendem Einkommen steigen (d. h. die Einkommenselastizität der Nachfrage (η) ist größer als 0). Die Nachfragefunktion (Übersicht 3.62) verschiebt sich somit nach rechts: alternativen Preishöhen sind jetzt größere Nachfragemengen zugeordnet. Bei Einkommenssenkungen gelten die entsprechenden Wirkungen mit umgekehrtem Vorzeichen. Bei „minderwertigen" Gütern (z. B. Brot, Kartoffeln) kann die Nachfrage mit zunehmendem Einkommen jedoch auch zurückgehen ($\eta < 0$). Man bezeichnet solche Güter – wie schon oben erwähnt – als **inferiore Güter.** Die Nachfragefunktion verschiebt sich in diesen Fällen nach links.

Die Wirkungen von Einkommensänderungen lassen sich ebenfalls recht gut anhand der beschriebenen grafischen Darstellung veranschaulichen. Eine Erhöhung der Konsumsumme c bedeutet – wie leicht aus Gleichung (3.56) ersichtlich ist – eine (parallele) Verschiebung der Budgetgeraden nach oben. Bei den bislang angenommenen Verläufen von Indifferenzkurven ist damit eine Erhöhung der Nachfrage nach beiden Gütern verbunden, wie man sich etwa anhand der Übersicht 3.61 klarmachen kann. Bei inferioren Gütern haben die Indifferenzkurven Verläufe, wie sie etwa in Übersicht 3.63 angedeutet sind (Gut 1 ist hier inferior). Mit zunehmendem Einkommen geht dann die Nachfrage nach Gut 1 zurück.

Übersicht 3.63: Einkommenserhöhung und inferiores Gut

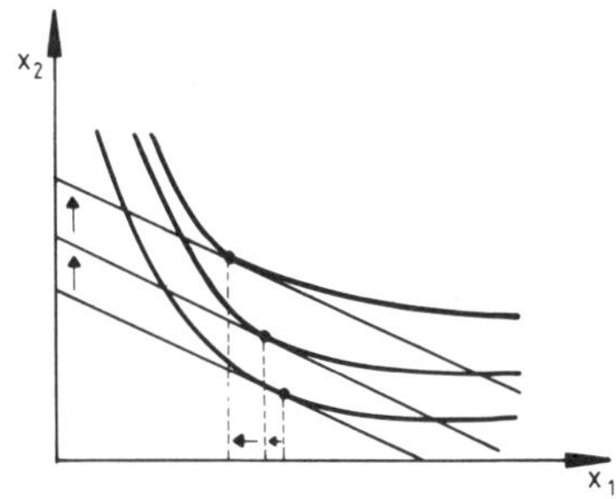

(2) Die **Preisänderung eines anderen Gutes** (p_2, p_3, ...) wird im allgemeinen ebenfalls eine Verschiebung der Nachfragefunktion für das Gut 1 bewirken. Dabei werden die Auswirkungen unterschiedlich sein, je nachdem, ob es sich um substitutive oder komplementäre Güter handelt. Bei **substitutiven Gütern** können wir uns unmittelbar auf die Überlegungen zur Preisänderung des gleichen Gutes beziehen: Sinkt etwa der Preis eines Gutes 2 (p_2), dann ist auch wieder ein Substitutions- von einem Realeinkommenseffekt zu unterscheiden: Aufgrund des Substitutionseffektes allein wird die Nachfrage nach dem Gut 2 steigen, die Nachfrage nach dem Gut 1 dagegen sinken, weil der Haushalt das Gut 1 durch das billiger gewordene Gut 2 ersetzen wird. Der Realeinkommenseffekt wirkt in den meisten Fällen jedoch zugunsten der Nachfrage nach beiden Gütern, so daß dieser den Substitutionseffekt ganz oder teilweise kompensieren kann. Danach ist sowohl eine Rechts- wie eine Linksverschiebung und u. U. auch eine Konstanz der Nachfragekurve für Gut 1 denkbar. **Komplementäre Güter** ergänzen sich in ihrer Verwendung und sind nur gemeinsam zu nutzen (Auto und Benzin, Ölzentralheizung und Öl, Gebäude und Boden). Sinkt etwa der Benzinpreis (p_2), dann kann damit gerechnet werden, daß auch die Nachfrage nach Autos (x_1) steigt und damit die Nachfragefunktion nach rechts verschoben wird.

(3) Schließlich können **Veränderungen der Bedürfnisstruktur** (Veränderungen der Indifferenzkurven) eines Haushaltes Verschiebungen der Nachfragefunktionen herbeiführen. Wenn es etwa „modern" wird, relativ viel von dem Gut 1 zu besitzen bzw. zu konsumieren, dann wird sich die Nachfragekurve nach rechts verschieben. Weiterhin ist in diesem Zusammenhang an die Werbung zu denken, mit deren Hilfe besondere Präferenzen für ein bestimmtes Produkt oder eine bestimmte Produktgruppe geschaffen werden sollen. Die Werbung versucht die Bedürfnisstruktur zugunsten des angepriesenen Produkts zu beeinflussen. Veränderungen der Bedürfnisstrukturen werden ferner durch das Auftauchen neuer Produkte bewirkt. Schließlich ist auch an die gegenseitige Beeinflussung von Bedarfsstrukturen zwischen Haushalten zu denken, wovon noch die Rede sein wird.

Güternachfragefunktion des Marktes

Die Gesamtnachfragefunktion eines bestimmten Gutes ergibt sich durch die Aggregation der Güternachfragefunktionen der einzelnen Haushalte. Stellen wir uns etwa vor, nur zwei Haushalte (H_1 und H_2) würden das Gut nachfragen, dann entsteht die Nachfragekurve des Marktes einfach durch *horizontale Addition* der beiden individuellen Nachfragekurven. Die Vorgehensweise ist dabei dieselbe wie bei der Ableitung der Gesamtangebotsfunktion (vgl. Übersicht 3.18).

Übersicht 3.64: Güternachfragefunktion eines Marktes

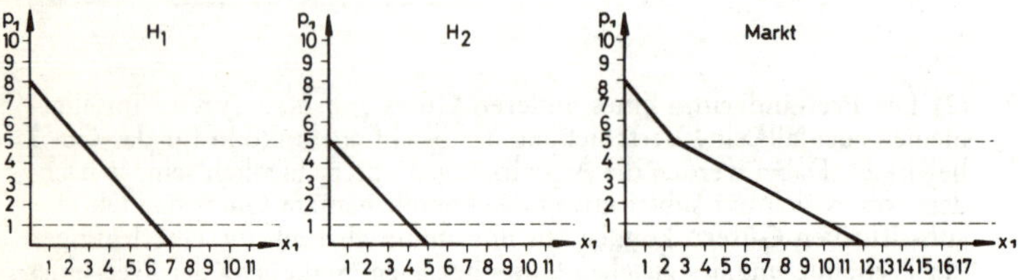

Aus Übersicht 3.64 geht hervor, daß die Nachfrage des Marktes, d. h. die Nachfrage der Gesamtheit aller Haushalte nach einem Gut 1, von denselben Größen beeinflußt wird wie die individuelle Nachfrage: Von dem Preis des Gutes p_1, von den Preisen der anderen Güter p_2, p_3 usw., den Einkommen der Haushalte 1 und 2, die wir mit y_1 und y_2 bezeichnen wollen, und den Bedürfnisstrukturen der beiden Haushalte. Wenn wir sagen, die Nachfrage nach dem Gut 1 sei u. a. eine Funktion der individuellen Einkommen y_1 und y_2, dann heißt das nicht, x_1 sei lediglich von der Einkommens*summe* $y = y_1 + y_2$ abhängig. Vielmehr impliziert diese Aussage auch, daß x_1 ebenfalls eine Funktion der **Einkommensverteilung** ist, d. h. x_1 ist davon abhängig, wie der Gesamtbetrag y auf die Haushalte verteilt wird. So könnte man vermuten, daß die Nachfrage nach höherwertigen Nahrungsmitteln (wie Fleisch) steigt, wenn eine Umverteilung der Einkommen (etwa durch hohe Steuerprogression oder Transferzahlungen) zugunsten der ärmeren Bevölkerungsschichten erfolgt.

3.3.3 Überlegungen zum Faktorangebot der Haushalte: Faktorangebotsfunktionen

Die Annahme einer gegebenen Einkommenshöhe bzw. einer gegebenen Konsumsumme bei der Bestimmung des optimalen Verbrauchsplans bedeutet, daß der Haushalt bereits darüber entschieden hat, in welchem Umfang er seine Produktionsfaktoren zur Einkommenserzielung den Unternehmen anbietet. Wir wollen uns nun fragen, von welchen Größen die Höhe des Faktorangebots bestimmt wird, insbesondere welchen Einfluß die Entlohnungssätze für den Faktor Arbeit und für den Faktor Kapital (einschließlich Boden) haben.

Die Bestimmungsgründe des Arbeits- und Kapitalangebots sind außerordentlich vielschichtig, so daß den Entlohnungssätzen kein so dominierender Einfluß zugesprochen werden kann, wie das im Falle des Produktpreises beim Güterangebot eines Unternehmens gilt. Wir wollen uns daher hier auf die Behandlung weniger Aspekte des Problems aus mikroökonomischer Sicht beschränken. Zudem lassen sich wesentliche Zusammenhänge des Arbeits- und Kapitalmarkts nur unter Berücksichtigung der gesamtwirtschaftlichen Zusammenhänge diskutieren. Sie sind daher in Teil II zu erörtern.

Arbeitsangebot

Ein Haushalt kann die 24 Stunden eines Tages auf **Arbeits- und Freizeit** aufteilen. Während der Arbeitszeit (in einem Unternehmen) erwirbt der Haushalt Lohneinkommen, mit dessen Hilfe er Güter erwerben und seine „materiellen" Bedürnisse befriedigen kann. Die Freizeit ermöglicht ihm zudem, weitere („immaterielle") Bedürfnisse zu befriedigen. Arbeitszeit und Freizeit lassen sich somit als (substitutive) Güter ansehen, die miteinander konkurrieren. Das Arbeitsangebot eines Haushalts hängt entscheidend von der subjektiven Wertschätzung der Freizeit gegenüber der Arbeitszeit ab. Der Haushalt wird die Aufteilung von Arbeits- und Freizeit so wählen, daß seine Bedürfnisse bestmöglich befriedigt werden.

Im Prinzip läßt sich auch das Arbeitsangebot durch eine (etwas modifizierte) Indifferenzkurvendarstellung ableiten, wobei von solchen Kombinationen von Arbeits- und Freizeit ausgegangen wird, die in der Bedeutung des Haushaltes gleichen Nutzen stiften. Die folgende verbale Argumentation dürfte sich auch ohne eine spezielle grafische Darstellung verfolgen lassen.

Nehmen wir an, bei dem herrschenden Lohnsatz l habe ein Haushalt seine optimale Aufteilung von Arbeit und Freizeit erreicht, wenn er 8 Stunden arbeitet und 16 Stunden freie Zeit hat. Bei dieser Aufteilung werde ein maximales Befriedigungsniveau U_1 erreicht, wobei der Arbeitszeit wie der Freizeit jeweils ein bestimmter „Wert" im Hinblick auf ihren Beitrag zur Bedürfnisbefriedigung zugeordnet wird. Wird nun eine Erhöhung des Lohnsatzes vorgenommen, so kann der Haushalt ein höheres Bedürfnisbefriedigungsniveau erreichen, da er (bei unveränderter Zeitaufteilung) ein höheres Einkommen, aber die gleiche Freizeit, oder (bei geringerer Arbeitszeit) mehr Freizeit aber das gleiche Einkommen zur Verfügung hat.

Der **Einkommenseffekt** der Lohnerhöhung besteht nun darin, daß sowohl mehr Einkommen erzielt als auch mehr Freizeit nachgefragt werden kann, so daß das Arbeitsangebot tendenziell abnimmt. Andererseits wird aufgrund der Lohnerhöhung eine Arbeitsstunde im Verhältnis zur Freizeit höher „entlohnt". Man kann auch sagen: Die Freizeit wird, gemessen an ihren Opportunitätskosten (Verzicht auf Einkommen) teurer. Der **Substitutionseffekt** der Lohnerhöhung besteht darin, daß tendenziell Freizeit durch Arbeitszeit solange substituiert wird, bis die Wertschätzung der Zeiteinheit in beiden Verwendungen wieder gleich ist. Normalerweise wird der Einkommenseffekt durch den Substitutionseffekt überkompensiert: Die Lohnerhöhung führt dazu, daß das Arbeitsangebot des Haushalts zu Lasten der Freizeit erhöht wird. Die Arbeitsangebotsfunktion eines Haushalts weist bei einer derartigen „normalen" Reaktion den im mittleren Teil der Übersicht 3.65 dargestellten ansteigenden Verlauf auf.

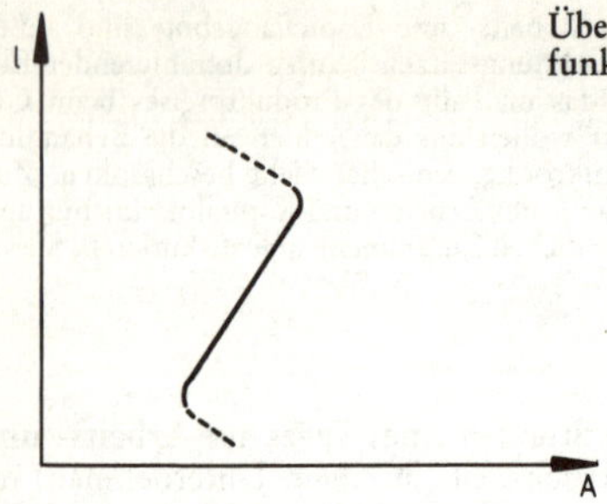

Übersicht 3.65: Arbeitsangebotfunktion eines Haushalts

Bei Erhöhungen der Lohnsätze und Einkommen im Zeitablauf ist nun jedoch zu beachten, daß mit der zunehmenden Befriedigung materieller Bedürfnisse der Wunsch nach mehr Freizeit (u. a. längere Ferien) größer wird. Von gewissen Grenzen an kann daher auch eine Einschränkung des Arbeitsangebots resultieren (s. gestrichelte Kurve am oberen Ende der Übersicht 3.65); der Substitutionseffekt wird durch den Einkommenseffekt überkompensiert. Umgekehrt kann auch aus sinkenden Lohnsätzen eine Erhöhung des Arbeitsangebots resultieren, um ein bestimmtes Mindesteinkommen zu realisieren. Bei landwirtschaftlichen und kleingewerblichen Haushalten wird gelegentlich mit derartigen anomalen Reaktionen argumentiert.

Bei der Beurteilung der Haushaltsreaktionen ist zu beachten, daß es sich im allgemeinen nicht um eine Person, sondern um mehrere Personen handelt. Eine Erhöhung des Arbeitsangebots kann daher auch bedeuten, daß Ehefrau und/oder Kinder eine Tätigkeit aufnehmen, und eine Einschränkung des Arbeitsangebots, daß sich die Frau der Familie widmet oder die Kinder eine längere Ausbildung wählen. Allerdings kann ein Arbeitnehmer auf der anderen Seite meist nicht über sein Arbeitsangebot frei entscheiden, weil die Gewerkschaften und Arbeitgeberverbände die Arbeitszeit in vielen Bereichen tarifvertraglich fixiert haben.

Die gesamte Angebotsmenge an Arbeitsleistungen in einer Volkswirtschaft ergibt sich durch Aggregation der Arbeitsangebotskurven aller Haushalte. Dabei ist zu beachten, daß über die verschiedenen Haushaltsgruppen hinweg unterschiedliche Bedingungen vorliegen und weiterhin verschiedene Arbeitsqualitäten zu unterscheiden sind. Eine eindeutige Aussage über den Verlauf einer **aggregierten Arbeitsangebotsfunktion** läßt sich daher nicht machen. Man kann vermuten, daß in hochentwickelten Industrieländern mit relativ gleichmäßiger Einkommensverteilung bei hohem Lohn- und Einkommensniveau „irgendwann" ein Sättigungsgrad erreicht wird, bei dem bei weiterer Lohnsatzsteigerung das Arbeitsangebot zurückgeht. Wir wollen davon ausgehen, daß zumindest auf kürzere Sicht ein derartiger Zustand (noch) nicht erreicht ist, so daß ein steigender Verlauf der Arbeitsangebotsfunktion durchaus plausibel erscheint. Allerdings ist anzunehmen, daß die Kurve relativ steil verläuft. Die Elastizität des Arbeitsangebots auf Lohnsatzänderungen dürfte relativ gering sein.

Kapitalangebot

Zunächst einmal ist zu klären, was wir unter „Kapital" verstehen wollen, da dieser Begriff – wie wir gesehen haben – in der Volkswirtschaftslehre für unterschiedliche Dinge verwendet wird. Unter Kapital haben wir einmal solche Güter verstanden, die bei der Produktion anderer Güter als Produktionsfaktoren eingesetzt werden, wie Gebäude, Maschinen, Boden u. dgl. **(Realkapital).** Diese Kapitalgüter werden von Haushalten und (soweit sie produziert werden) von den Investitionsgüterindustrien angeboten und von den sie verwendenden Unternehmen nachgefragt. Angebots- und Nachfragefunktionen von Realkapital (ebenso wie von Vorleistungen) sind daher im wesentlichen in der beschriebenen Art und Weise aus den Güterangebots- und Faktornachfrageplanungen der Unternehmen abzuleiten.

Das zu einem bestimmten Zeitpunkt verfügbare Realkapital befindet sich direkt oder indirekt letztlich im Eigentum von Haushalten. Es ist das Ergebnis der Ersparnisbildung früherer Perioden. In jeder Periode sparen die Haushalte einen bestimmten Anteil ihres Einkommens (verzichten auf Konsum) und stellen es direkt oder indirekt über das Bankensystem den Unternehmen zur Verfügung (Bildung von **Geldkapital**). Im Zusammenhang mit dem hier zu diskutierenden Kapitalangebot der Haushalte ist zu klären, von welchen Faktoren dieses Geldkapitalangebot abhängt und insbesondere welche Rolle der Preis für Geldkapital – der Zins – dabei spielt.

Bei der Entscheidung darüber, wieviel bei gegebenem Einkommen gespart und wieviel konsumiert wird, spielt der Zinssatz im allgemeinen eine untergeordnete Rolle. Zweifellos ermöglicht ein höherer Zinssatz, der für die zeitliche Überlassung von Geldkapital als Preis für den Konsumverzicht gezahlt wird, infolge höherer Zinseinkommen einen höheren Konsum in der Zukunft, so daß die Haushalte tendenziell stärker auf **Gegenwartskonsum** zugunsten des **Zukunftskonsums** verzichten werden. Ein höherer Zinssatz wird die Haushalte somit prinzipiell veranlassen, das Geldkapitalangebot zu erhöhen. Es ist aber zu bedenken, daß der Zinsanreiz von anderen – vielfach gewichtigeren – Sparmotiven überlagert ist. Als Motive, die individuell unterschiedliches Gewicht haben, sind u. a. zu nennen: Vorsorge für das Alter, Ansparen für größere Zukunftsausgaben, Sparen infolge Sättigung beim Konsum. Hinzu kommt, daß die Sparfähigkeit in starkem Maße von der Höhe des verfügbaren Einkommens abhängt. Bei Beziehern niedriger Einkommen bleibt häufig nur noch ein sehr begrenzter Spielraum für die Ersparnisbildung. Die empirische Prüfung dieser Hypothesen wird im Zusammenhang der makroökonomischen Überlegungen des Teils II weiterverfolgt.

3.3.4 Versuch eines umfassenderen sozialökonomischen Erklärungsansatzes des Haushaltsverhaltens

Als Ziel eines Haushalts hatten wir die maximale Befriedigung der Bedürfnisse seiner Mitglieder bezeichnet. Da die Bedürfnisse der Menschen nicht allein ökonomischer Natur sind, kann die bisher entwickelte *Haushaltstheorie nur Teilerklärungen menschlichen Entscheidungsverhaltens* liefern. Wünschenswert wäre daher die Entwicklung einer umfassenderen Theorie des menschlichen Entscheidungsverhaltens im Hinblick auf die Maximierung der Bedürfnisbefriedigung, des Lebensglücks oder der Wohlfahrt, die auch die nicht-ökonomischen Aspekte und ihre Verflechtung mit ökonomischen Größen betrachtet. Entscheidungen über Einkommenserwerb und -verwendung sind nur Teilaspekte der menschlichen Lebensbefriedigung. Sie werden von häufig als nicht-ökonomisch motiviert betrachteten Entscheidungen beeinflußt, die etwa die Wahl des Berufs, die Ausbildung, das Heirats-, Geburtenhäufigkeits- oder Freizeitverhalten betreffen. Ein integraler Erklärungsansatz sozialökonomischen Verhaltens müßte somit die Interdependenz aller das Lebensglück betreffenden Entscheidungen aufzeigen und erklären. Eine derartige erweiterte Haushaltstheorie liegt bisher in formaler Geschlossenheit nicht vor, jedoch sind einige fruchtbare Denkansätze vor allem in den letzten zwanzig Jahren entwickelt worden.

Es lassen sich zwei Ausgangslinien bei der Entwicklung einer umfassenderen Haushaltstheorie identifizieren:

- Neuere psychologische Erkenntnisse, vor allem hinsichtlich der Erlebnisintensität beim Konsum und der zwischenmenschlichen Beeinflussung von Bedürfnisstrukturen, geben ein besseres Bild von den psychischen Vorgängen bei der Bedürfnisbefriedigung und vermögen gewisse empirisch beobachtbare Phänomene zu erklären.
- Eine Reihe amerikanischer Nationalökonomen (insbesondere von der Universität Chicago) haben den Versuch unternommen, die (traditionelle) ökonomische Analyse als Erklärungsinstrument für das Entscheidungsverhalten praktisch aller (auch nicht-ökonomischer) Lebensbereiche zu benutzen. Dieser „radikal-ökonomische" Ansatz einer ganzheitlichen Erklärung menschlichen Verhaltens ist wegen seiner Konkurrenz zu sozialwissenschaftlichen Theoriebildungen anderer Wissenschaftszweige (Psychologie, Soziologie, Politikwissenschaft und Philosophie) von besonderem Interesse.

Psychologische Denkansätze

Die Entwicklung vor allem marktwirtschaftlich orientierter Volkswirtschaften ist seit der Industrialisierung in Friedenszeiten durch eine mehr oder weniger kontinuierliche Erhöhung des Pro-Kopf-Einkommens gekennzeichnet (vgl. Kapitel 10). Diese Erhöhung des Wohlstandes oder des Lebensstandards, die in steigenden Konsummöglichkeiten der Haushalte sichtbaren Ausdruck findet, müßte, wie Ökonomen gemeinhin annehmen, auch zu einer ständig höheren Bedürfnisbefriedigung der Menschen (Erreichen weiter vom Koordinatenursprung entfernter Indifferenzkurven) führen. Es spricht nun aber einiges dafür, daß Erhöhungen des meßbaren Wohlstandes von der Bevölkerung nicht *notwendig* als Steigerungen der Zufriedenheit oder des Glücks, also der inneren Befriedigung empfunden werden.

Regelmäßig durchgeführte Umfragen in den USA[1] haben ergeben, daß sich der Grad der Zufriedenheit der Bevölkerung im Zeitraum 1946 bis 1970 praktisch überhaupt nicht verändert hat, dies, obwohl das reale Pro-Kopf-Einkommen in diesem Zeitraum um 62% gestiegen ist. Befragte man jedoch Personen unterschiedlicher Einkommensklassen, so ergab sich, daß der Grad der Zufriedenheit mit höherem Einkommen zunahm. Das Individuum kann offenbar durch ein Aufsteigen in der Einkommensskala (sozialen Aufstieg) seine Zufriedenheit steigern, dies gilt aber allem Anschein nach weniger, wenn alle Einkommen gleichmäßig steigen.

Nach neueren psychologischen Erkenntnissen gibt es einige Erklärungshypothesen dafür, daß die individuelle Zufriedenheit relativ wenig mit dem absoluten Niveau des Lebensstandards zu tun hat:

(1) **Rang- und Statusbeziehungen**, die in der menschlichen Gesellschaft eine bedeutende Rolle spielen, bewirken, daß die eigene Zufriedenheit von der Situation im Vergleich zu anderen (etwa den Nachbarn) abhängt. Eine Erhöhung des Status durch höheres Einkommen und höheren Konsum im Vergleich zu den „Meiers und Müllers" kann die individuelle Zufriedenheit zwar vorübergehend steigern, führt aber oft in Folge der damit erzeugten Unzufriedenheit bei den anderen zu einem „Gleichziehen", so daß im Endeffekt bei höherem absoluten Wohlstands- oder Güterversorgungsniveau nur das alte Zufriedenheitsniveau und die alte Rangordnung wiederhergestellt wird *(Tretmühlen- oder Mitläufereffekt).* Der Einfluß von Rang- und Statusbeziehungen auf das Haushaltsverhalten besagt offenbar, daß das Konsumverhalten der Haushalte interdependent ist. Die Indifferenzkurvensysteme beeinflussen sich gegenseitig. Als Bestimmungsgründe der Bedürfnisstruktur sind damit zusätzlich die sozialen Beziehungen und das Einkommensniveau identifiziert. Entsprechend der bisherigen Vorstellung bedeutet Konstanz des Befriedigungsniveaus trotz steigenden Einkommens, daß sich die Indifferenzkurven weiter vom Koordinatenursprung verschoben haben müssen.

(2) Die Erschließung neuer und die Ausweitung bestehender Konsummöglichkeiten, die mit steigendem Einkommen verbunden sind, werden zunächst von steigender Zufriedenheit begleitet sein. Die menschliche **Neigung zur Gewohnheitsbildung** führt jedoch dazu, daß man sich relativ rasch an die neue Situation gewöhnt und den gestiegenen Lebensstandard mehr und mehr als Selbstverständlichkeit empfindet, so daß ein Absinken auf den alten Grad der Zufriedenheit wieder erreicht wird. Ein späterer Verzicht auf liebgewordene Annehmlichkeiten erzeugt dann umgekehrt meist Frustration und Unzufriedenheit. In diesem Zusammenhang ist bedeutsam, daß die Zufriedenheit von zwei Komponenten bestimmt wird, nämlich vom „Behagen" und den „Lustgefühlen", die mit der Bedürfnisbefriedigung verbunden sind. Die wiederkehrende Befriedi-

[1] Vgl. Scitovsky, T.: Psychologie des Wohlstands, Frankfurt/New York 1976. S. 116ff.

gung von Bedürfnissen schafft Behagen, zugleich Gewöhnung. Damit ist aber ein Verlust der gesteigerten Zufriedenheit verbunden, die das Lustgefühl z.B. einer neuen Konsummöglichkeit am Anfang verschafft. Im Zustand des Mangels (sprich: bei niedrigem Einkommen) wird das nur gelegentliche Befriedigen bestimmter Bedürfnisse „lustvoller" empfunden. Der Hungernde wird den Zufriedenheit stiftenden Beitrag einer Scheibe Brot zweifellos anders empfinden als jemand, der mit Brot ständig gut versorgt ist. Mit steigendem Einkommen können zwar mehr Bedürfnisse befriedigt werden, das sich einstellende Behagen oder die Sättigung repräsentiert aber ein Zufriedenheitsniveau, das sich von dem Grad der Zufriedenheit vor der Einkommenssteigerung nicht unterscheiden muß. Auch die Neigung zur Gewohnheitsbildung läßt sich mit der bisherigen Vorstellung von Indifferenzkurven vereinbaren. Als zusätzliche Erklärungsvariable der Bedürfnisstruktur besagt sie, daß mit zunehmender Gewohnheitsbildung das Indifferenzkurvensystem sich tendenziell nach außen verschiebt.

(3) Als dritte psychologische Erkenntnis erscheint für haushaltstheoretische Überlegungen bedeutsam, daß die **Arbeit** selbst eine wichtige **Quelle der menschlichen Befriedigung** ist und nicht allein das dabei erzielte Einkommen. Eine gut ausgeführte, angenehme, abwechselungsreiche, interessante oder schöpferische Arbeit steigert die Selbstachtung sowie die Anerkennung durch andere und begründet regelmäßig auch eine entsprechend hohe Rangstellung in der Gesellschaft. Empirisch-statistisch zeigt sich, daß die besondere Befriedigung erzeugende hochqualifizierte und geschätzte Arbeit häufig mit hohen Einkommen einhergeht (Arbeit von Künstlern, Ärzten usw.). Die höhere Zufriedenheit, die man bei den Beziehern hoher Einkommen empirisch festgestellt hat, rührt daher offenbar nur zu einem Teil aus den gesteigerten Konsummöglichkeiten im Vergleich zu den Beziehern niedrigerer Einkommen, sondern auch aus der Befriedigung durch Arbeit und der vergleichsweise hohen Rangstellung. Dieses dritte Argument macht deutlich, wie wichtig für die Haushaltstheorie die Verknüpfung von Einkommenserwerbs- und Einkommensverwendungsplänen ist, da beide unmittelbar die Bedürfnisbefriedigung berühren.

Der „radikal-ökonomische" Denkansatz oder das Rationalprinzip

Die Grundidee des „radikal-ökonomischen" Erklärungsansatzes besteht in dem Versuch herauszufinden, ob das **ökonomische Prinzip als Grundsatz rationalen Handelns** nicht auch in Bereichen Gültigkeit besitzt, die gemeinhin als nicht-ökonomisch betrachtet werden.

Das ökonomische Prinzip (besser: Rationalprinzip) besagt bekanntlich, daß eine Wirtschaftseinheit stets versuchen wird, ein gegebenes Ziel mit einem möglichst geringen Aufwand zu erreichen oder bei gegebenen Mitteln eine möglichst weitgehende Zielerfüllung zu erreichen. Auf dieser Grundlage ließen sich vor allem Entscheidungsregeln für das Optimalverhalten von Unternehmen ableiten, deren Bedeutung für die Realität allgemein anerkannt ist.

Die Frage ist nun, ob nicht das gesamte Sozialverhalten einer Person oder eines Haushalts diesem **Steuerungsprinzip** folgt, unabhängig davon, welche Ziele im einzelnen verfolgt werden. Untersuchungen in den letzten zwei Jahrzehnten beziehen sich auf Einstellungen und Entscheidungen von Haushalten z.B. bezüglich Bildung, Heirat, Geburtenfreudigkeit, Gesundheit, Mode, Drogenkonsum, Korruption, Altruismus, Tradition und Sitten.

Bevor einige wenige Ergebnisse dieser Arbeiten vorgestellt werden, erscheint es notwendig, die **veränderten wirtschaftstheoretischen Grundhypothesen** zum Haushaltsverhalten zu erläutern, die diesem Denkansatz zugrunde liegen: Der Haushalt verhält sich ähnlich wie ein Unternehmen. Zur Maximierung seiner Bedürfnisbefriedigung oder seines Lebensglücks setzt er die ihm zur Verfügung stehenden Ressourcen ein. Seine „Produktionsfaktoren" sind sein Arbeitsvermögen (seine Begabungen und Fähigkeiten, durch Bildung und Ausbildung veränderbar) und sein sonstiges Vermögen (Geld und Güter). Der Haushalt „produziert" Lebensglück durch die Nutzung dieser Faktoren: Aus dem Arbeits- und Kapitalvermögen fließen Einkommen, die über Güterkäufe ihren Beitrag zur Bedürfnisbefriedigung leisten. Die gekauften Güter und die bereits vorhandenen längerlebigen Gebrauchsgüter besitzen jedoch nur Vorleistungscharakter. Sie sind Produktionsmittel zur Erzeugung der *Befriedigung allgemeiner Bedürfnisse.* Die Nachfrage nach einem Auto dient der Befriedigung des allgemeinen Bedürfnisses „Raumüberwindung", also dem menschlichen Wunsch, sich bequem und schnell von Ort zu Ort zu bewegen. Um dieses Grundbedürfnis zu befriedigen, gibt es die verschiedensten Möglichkeiten oder Güter, etwa Auto, Eisenbahn oder Flugzeug. Welches Transportmittel bevorzugt wird, hängt vor allem vom Preisverhältnis der Güter ab. Der Haushalt wird – wenn wir von sonstigen Einflußfaktoren wie Bequemlichkeit oder Zeitgewinn einmal absehen – das billigste Angebot wahrnehmen. Betrachtet man die Gesamtheit aller Güter- und Dienstleistungskäufe, so bestimmen die Preisrelationen die optimale Güterkombination. Der Haushalt realisiert wie ein Unternehmer die Minimalkostenkombination[1]). Auf längere Sicht verändern sich vor allem infolge des technischen Fortschritts die Preisrelationen. Wie der Unternehmer, der bei Faktorpreisverschiebungen seine Produktionsstruktur verändert, paßt der Haushalt seine Konsumstruktur Preisrelationsveränderungen an. Verbilligen sich die Kosten für einen Flug im Verhältnis zu den Kosten einer Autofahrt, so wird der Haushalt für Reisen in Zukunft vermehrt das Flugzeug benutzen. Die gesteigerte Nachfrage nach Flugleistungen ist dann nicht als der Wunsch nach Befriedigung eines *neuen* Bedürfnisses zu verstehen. Das Flugzeug stellt nur ein anderes Mittel („Vorleistung") dar, um das bestehende allgemeine Bedürfnis nach Raumüberwindung zu befriedigen. Verschiebungen in der Konsumstruktur, auch die Nachfrage nach neuen Produkten, sind somit preisabhängig. Sie

---

[1] Auf die formale Ähnlichkeit zwischen Minimalkostenkombination (vgl. Übersicht 3.39) und optimalem Verbrauchsplan (vgl. Übersicht 3.60) wurde bereits hingewiesen. Hier wird die Identität des Entscheidungsverhaltens von Unternehmern und Haushalten betont.

erlauben keinen Schluß auf Verschiebungen innerhalb der menschlichen Bedürfnisstruktur. Was sich verändert, sind weniger die Bedürfnisse als die Mittel sie zu befriedigen.

Neben der Nutzung der Produktionsfaktoren Arbeit und Kapitel, die über Einkommen und Güter der Bedürfnisbefriedigung dienen, ist die **Zeit als „Produktionsfaktor"** von überragender Bedeutung. Die menschliche Lebensbefriedigung vollzieht sich in der Zeit. Da die Zeit des Tages wie des menschlichen Lebens begrenzt, also knapp ist, ergibt sich das *Problem der optimalen Zeitallokation*, d. h. der Aufteilung der verfügbaren Zeit auf die Lebenstätigkeiten ökonomischer wie nicht-ökonomischer Natur. Da jedes knappe Gut einen Preis hat, bestimmt der *Wert der Zeit* die ökonomischen Entscheidungen mit. Der Wert der Zeit ist aber darüber hinaus Orientierungsgröße für beliebige menschliche Tätigkeiten zur Bedürfnisbefriedigung.

Als **Wert der Zeit** hat die traditionelle Haushaltstheorie bereits den *Lohnsatz* identifiziert, der die Aufteilung in Arbeits- und Freizeit bestimmt. Wird der Wert einer zusätzlichen Arbeitsstunde wegen der gesteigerten Konsum- und Bedürfnisbefriedigungsmöglichkeiten höher eingeschätzt als der Wert der letzten Freizeitstunde, so wird die Arbeitszeit solange ausgedehnt, bis der Wert einer Freizeitstunde dem Stundenlohnsatz gleich ist. Der Wert der einzelnen miteinander konkurrierenden Freizeitaktivitäten – oder allgemeiner aller nicht-ökonomischen Aktivitäten für die Bedürfnisbefriedigung – orientiert sich somit am Lohnsatz. Steigt der Lohnsatz (der Wert der Zeit), so steigt auch der Wert der Freizeit, was zu Veränderungen im Sozialverhalten führt. Die kostbarer gewordene Freizeit wird „rationeller" genutzt. Wie ein Unternehmer auf steigende Löhne mit der Einführung arbeitssparender Produktionstechniken reagiert, so reduziert der Haushalt arbeitsaufwenige Aktivitäten. Auffällig wird das veränderte Individual- und Sozialverhalten bei Betrachtung längerer Zeiträume. Die in den letzten Jahrzehnten zu beobachtenden Reallohnsteigerungen mit steigenden Konsummöglichkeiten haben z. B. zu Einschränkungen sozialer Kontakte geführt. Zeiten, die früher der Pflege familiärer oder nachbarschaftlicher Kontakte gewidmet wurden, werden reduziert, weil alternative „höherwertige" Nutzungen der Zeit möglich geworden sind[1]). Arbeitssparende Techniken bei der Haushaltsführung (Küchengeräte, Automatisierung, Fertiggerichte u. a.) erfreuen sich stärkerer Beliebtheit. Dieser Prozeß vollzieht sich um so schneller, je stärker der Wert der Zeit steigt und damit weniger intensive Nutzungen der Zeit – und dies scheint u. a. auf soziale Aktivitäten zuzutreffen – aufgegeben werden. Im Wert der Zeit drückt sich somit die *Nutzungsintensität der Zeit* aus. Steigender Lohnsatz bedeutet wegen der verbesserten Güterversorgung eine intensivere Bedürfnisbefriedigung pro Zeiteinheit. Diese gesteigerte „Befriedigung", die aus dem Konsum von Gütern und Dienstleistungen erwächst,

[1] Häufig zu hörende Klagen, wie „Alles ist in den letzten Jahren soviel hektischer geworden" oder „Man hat überhaupt keine Zeit mehr" sind in diesem Zusammenhang zu sehen, ebenso der Gemeinplatz „Zeit ist Geld".

konkurriert mit allen anderen Lebensaktivitäten und verdrängt solche, deren Beitrag zur Befriedigung jeweils niedriger eingeschätzt wird.

Bezogen auf ökonomische Sachverhalte folgt aus der bisherigen theoretischen Analyse, daß sich *selbst bei Stabilität der Bedürfnisstrukturen* im Güternachfrageverhalten der Haushalte bedeutende Verschiebungen vor allem mittel- und längerfristig ergeben werden:

- Als Kostenminimierer wird der Haushalt auf Preisrelationsveränderungen (bestimmt durch Faktoren wie: technischer Fortschritt, neue Produkte, Massenproduktion) mit veränderter Güternachfrage reagieren. Die Mittel der Bedürfnisbefriedigung werden untereinander substituiert.
- Bei steigendem Wert der Zeit (Lohnsatz) werden arbeitssparende Güter bevorzugt gekauft, d.h. Güter, die eine hohe Nutzungsintensität (Befriedigung) je Zeiteinheit ermöglichen.

Geht man von der Hypothese aus, daß der Knappheitsgrad (Preis) der Zeit die Aufteilung der menschlichen Aktivitäten ökonomischer wie nicht-ökonomischer Art bestimmt, daß also das ökonomische Prinzip in allen Lebensbereichen gültig ist, liegt es nahe, die ökonomische Terminologie und Analyse universell anzuwenden, um herauszufinden, welchen Beitrag sie zur Erklärung des zu beobachtenden Individual- und Sozialverhaltens zu leisten vermag.

In ökonomischer Teminologie kann man die Zeiten, die ein Individuum seiner **Bildung und Ausbildung** widmet, als Human-Kapitalbildung bezeichnen. Derartige Bildungsaktivitäten werden einem Investitionskalkül unterworfen. Die Bereitschaft, diese Investition durchzuführen, wird davon abhängen, ob durch die Höherqualifikation auch höhere Einkommen in der Zukunft zu erwarten sind, die die Kosten der Ausbildung zumindest decken. Je höher der Einkommenszuwachs in der Zukunft veranschlagt wird, um so größer wird die Neigung sein, längere Ausbildungswege einzuschlagen[1].

Der den Industrialisierungsprozeß begleitende trendmäßige **Rückgang der Geburtenhäufigkeit** läßt sich ökonomisch wie folgt erklären. Einerseits wurden in früheren Zeiten Kinder gewünscht, um den Eltern eine ausreichende Alterssicherung zu gewährleisten. In diesem Sinne stellten die Kosten für Geburt und Unterhaltung der Kinder Investitionsausgaben dar. Vor allem mit dem Aufkommen der Sozialversicherung hat dieses Motiv seine Bedeutung verloren. Andererseits war und ist ein Kind stets Bestandteil des Lebensglücks. Es trägt durch seine Existenz zur Befriedigung menschlicher Bedürfnisse bei. Kann ein Kind im ökonomischen Sinne somit als Konsumgut betrachtet werden, so kann der Geburtenrück-

[1] Die ökonomische Motivierung von Bildungsaktivitäten sollte nicht überschätzt werden. Wie die Arbeit so macht auch die Ausbildung (bis zu einem bestimmten Grade) Spaß und schafft somit unmittelbare Befriedigung (Bildung als Konsumgut). Darüber hinaus ist die Bestimmung der sozialen Rangstellung meist auch vom Erreichen bestimmter Bildungsniveaus abhängig.

gang damit erklärt werden, daß andere Konsummöglichkeiten höher eingeschätzt werden. Die Kosten für den Unterhalt eines Kindes sind Verzicht auf andere Nutzungen von Zeit und Einkommensteilen. Die konkurrierenden Konsummöglichkeiten werden offenbar heute stärker wahrgenommen, da die Kosten für den Unterhalt eines Kindes, die die Bildungsinvestitionen, von denen die Eltern später kaum profitieren, einschließen, stark gestiegen sind.

Selbst die **Ehe** erschließt sich ökonomischer Betrachtungsweise. Eine Eheschließung erweist sich grundsätzlich als ökonomisch sinnvoll, da sie beiden Partnern über verbesserte Arbeitsteilung und Kostenvorteile eine Erweiterung der Bedürfnisbefriedigungsmöglichkeiten ermöglicht. Eine Abnahme der Neigung zur Eheschließung läßt sich damit erklären, daß die Kostenvorteile des Zusammenlebens in einer Ehe durch die Vorteile der Nicht-Eheschließung überkompensiert werden. Dies ist etwa dann der Fall, wenn eine potentielle Ehefrau durch die Eheschließung eine hochqualifizierte und gut bezahlte Stellung aufgeben muß. Daß Kostenminimierung sogar Motiv für neue Formen sozialen Zusammenlebens sein kann, zeigt das Aufkommen von studentischen Wohngemeinschaften. Unteilbare Konsumgüter (Wohnraum, Möbel, Herd, Fernseher usw.) können besser genutzt werden. Angesichts des steigenden Wertes der Zeit kann auch die Arbeit durch (meist zeitliche) Arbeitsteilung rationalisiert werden.

Diese Beispiele mögen genügen, um die **ökonomische Komponente allgemein-menschlichen Verhaltens** aufzuzeigen. Die ökonomische Interpretation darf jedoch nicht falsch verstanden werden. Es geht ihr nicht um den Nachweis, daß die *Ziele oder Motive* der Bedürfnisbefriedigung ökonomischer Natur sind. Die Möglichkeiten der Selbstverwirklichung oder der Erreichung von Lebensglück sind vielfältig, ökonomische Ziele haben eher Mittelcharakter (Vorleistungscharakter). Unterstellt wird jedoch beim ökonomischen Erklärungsansatz, daß die *Organisation des menschlichen Handelns dem ökonomischen Prinzip folgt.* Bei der Erreichung seiner Ziele wägt das Individuum bewußt oder unbewußt ab, welcher Einsatz seiner knappen Faktoren und damit welche Aktivitäten den höchstmöglichen Beitrag zur Bedürfnisbefriedigung erbringen.

Von Vertretern der „radikal-ökonomischen" Erklärung des Individual- oder Haushaltsverhaltens wird gerade die Bedeutung des menschlichen *Grundbedürfnisses nach gesellschaftlicher Anerkennung* bzw. nach Erreichen einer bestimmten Rangstellung betont. Damit wird die Brücke zu den psychologischen Erklärungsansätzen geschlagen. Die Möglichkeiten, gesellschaftliche Anerkennung zu erreichen sind vielfältig. Sie können darin bestehen, Einkommen und Besitz zu erlangen und zu vermehren („Der hat es zu was gebracht"), politische Macht zu gewinnen, ein höheres Bildungsniveau zu erreichen, philanthropischen Neigungen durch unentgeltliche soziale Tätigkeiten nachzugehen, usw. Welche Wege zur persönlichen Bedürfnisbefriedigung beschritten werden, hängt offenbar in starkem Maße von den dem Individuum verfügbaren Ressourcen (Fähigkeiten, Begabungen, Produktionsfaktoren im engeren Sinne, Zeit) ab.

Wie die traditionelle, so gibt auch die „radikal-ökonomische" Haushaltstheorie keinen Aufschluß darüber, warum die Menschen trotz besserer Güterversorgung bzw. intensiverer Nutzung der Zeit nicht glücklicher werden. Mit steigendem Wert der Zeit, besseren Konsummöglichkeiten und intensiveren Nutzungen der Zeit bei sonstigen Aktivitäten, müßte eigentlich auch ein höherer Grad der Bedürfnisbefriedigung, eine Steigerung der Zufriedenheit, erreicht werden. Als Erklärungsansatz bleibt hier, wie es scheint, nur die oben beschriebene individualpsychologische Hypothese der menschlichen Neigung zur Gewohnheitsbildung, die zu einem allmählichen Absinken des gesteigerten Glücksempfindens „neuer" Bedürfnisbefriedigungen auf das alte Zufriedenheitsniveau führt.
Im Lichte dieser umfassenderen Erklärungsansätze des Haushaltsverhaltens ist zu fragen, ob die in den Abschnitten 3.3.1 bis 3.3.3 abgehandelte Haushaltstheorie mit ihrer sehr engen ökonomischen Betrachtungsweise nicht den neueren Hypothesen widerspricht. Die vorgetragenen Überlegungen relativieren die Aussagemöglichkeiten des Konzepts der Indifferenzkurven, insbesondere wenn man längerfristige Veränderungen der Präferenzstrukturen beschreiben will. Es ist daher nicht als ein statisches, sondern sich im Zeitablauf unter dem Einfluß der beschriebenen Faktoren fortlaufend veränderndes System zu verstehen. Die abgeleiteten Ergebnisse über das Güternachfrage- und Faktorangebotsverhalten (Abhängigkeit von Güter- und Faktorpreisen sowie Funktionsverläufe) dürften jedoch tendenziell Gültigkeit besitzen. Die weitere Entwicklung der ökonomischen Theorie in diesem Lehrbuch kann sich somit auf den reduzierten traditionellen haushaltstheoretischen Ansatz stützen.

3.4 Koordination von Unternehmens- und Haushaltsentscheidungen

In diesem Abschnitt wird an die vorläufigen Überlegungen zur Wirkungsweise des Preismechanismus angeknüpft. In Abschnitt 3.1.1 wurde gezeigt, daß einem bestimmten Verlauf von Güterangebots- und Güternachfragefunktionen eine bestimmte Gleichgewichtslage des Marktes entspricht, die durch den Schnittpunkt der beiden zugehörigen Kurven bestimmt wird (siehe Übersicht 3.2). Weiterhin wurde bereits kurz erläutert, wie man sich den Preisfindungsprozeß vorstellen kann, der zu dem Gleichgewichtspreis und der Gleichgewichtsmenge hinführt. Nach der Herausarbeitung der Bestimmungsfaktoren des Güterangebots- und der Güternachfrage in den Abschnitten 3.2.2.1 und 3.3.2.2 sind wir nun in der Lage, diese Überlegungen zu vertiefen und weiterzuführen. Dabei stehen zwei Fragen im Mittelpunkt:

- Welche Ursachen bestimmen die Preis- und Mengenveränderungen auf den Märkten?
- Wie kann man sich den Prozeß der Preisbildung im Zeitablauf vorstellen?

Im folgenden sollen diese Fragen zunächst im wesentlichen mit Bezug auf

Produktmärkte diskutiert werden. Im Prinzip lassen sich die Überlegungen auch auf Faktormärkte übertragen. Einige spezifische Aspekte der Preisbildung auf den Faktormärkten werden in Abschnitt 3.4.3 und im Rahmen der makroökonomischen Überlegungen von Teil II erläutert.

3.4.1 Ursachen von Preis- und Mengenänderungen

Für gegebene Güterangebots- und Güternachfragefunktionen tendiert der Preisbildungsprozeß im allgemeinen zur Gleichgewichtslage hin[1]. Preis- und Mengenbewegungen kommen bei gegebenen Angebots- und Nachfragefunktionen dadurch zustande, daß die Anbieter und Nachfrager die Preisentwicklungen zunächst falsch einschätzen und ihre **Preiserwartungen** dann aufgrund der erlebten Überraschungen fortlaufend korrigieren. Die Anbieter und Nachfrager passen sich an veränderte Preiserwartungen durch Änderungen der Angebots- und Nachfragemengen an. In der grafischen Darstellung bedeuten Änderungen des Angebots und der Nachfrage als Reaktion auf Preisänderungen **Bewegungen auf den jeweiligen Kurven.**

Von diesen Bewegungen auf den Angebots- und Nachfragekurven zu unterscheiden sind **Verschiebungen** dieser Kurven im Zeitablauf und dadurch bedingte Preis- und Mengenänderungen. Die Ursachen für die Verschiebungen der Angebotskurven wurden in Abschnitt 3.2.2.1 und die Ursachen für Verschiebungen von Nachfragekurven in Abschnitt 3.3.2.2 herausgearbeitet. Im nachfolgenden sollen die verschiedenen auf der Angebots- und Nachfrageseite wirksamen Kräfte noch einmal zusammengestellt und ihr wechselseitiger Wirkungszusammenhang erläutert werden.

Als Kräfte, die eine **Verschiebung der Güterangebotskurve** bewirken, hatten wir identifiziert:

- *Lohnsatzänderung* (Lohnsatzerhöhung: Verschiebung der Angebotskurve nach oben)[2],
- *technischer Fortschritt* (Verschiebung der Angebotskurve nach unten),
- Veränderung der zunächst als *fix angenommenen Faktormengen* (Erhöhung: Rechtsverschiebung der Angebotskurve),
- *Preisveränderung eines anderen Gutes* bei Mehrproduktunternehmen (Preiserhöhung des anderen Gutes: Rechtsverschiebung der Angebotskurve des betrachteten Gutes).

Weiterhin sind Zufallsschwankungen (etwa witterungsbedingte Ertragsschwankungen) zu nennen, die (kurzfristige) Verschiebungen der Angebotsfunktion bewirken können.

---

[1] Abgesehen von spezifischen Konstellationen, bei denen keine Gleichgewichtslösung existiert oder diese nicht stabil ist. Eine Gleichgewichtslösung *existiert* dann *nicht*, wenn Angebots- und Nachfragefunktion keinen Schnittpunkt haben (vgl. etwa Übersicht 8.7). Ein Gleichgewicht ist dann *nicht stabil*, wenn zwar eine Gleichgewichtslösung existiert, aber die geringste Abweichung davon zu immer größeren (explodierenden) Schwankungen führt (vgl. Abschnitt 3.4.2).

[2] Statt Verschiebung nach oben (unten) kann man auch Linksverschiebungen (Rechtsverschiebung) sagen.

Als verursachende Faktoren für **Verschiebungen der Nachfragekurve** hatten wir herausgestellt:

- *Preisveränderungen anderer Güter* (Preiserhöhungen: etwa bei substitutiven Gütern normalerweise Rechtsverschiebung der Nachfragekurve),
- *Einkommensänderungen* (Einkommenserhöhung: normalerweise Rechtsverschiebung der Nachfragekurve),
- Veränderungen der *Bedürfnisstruktur* der Haushalte (produktabhängig),
- Veränderung der *Zahl und Zusammensetzung der Haushalte* (Bevölkerungsvermehrung: Verschiebung der Nachfragefunktion nach rechts),
- Veränderungen der *Einkommensverteilung* (produktabhängig).

Daneben können auch auf der Nachfrageseite Sondereinflüsse und Zufallsfaktoren wirksam sein, wie bestimmte saisonale Nachfrageverteilungen (etwa Weihnachtsbäume) oder witterungsbedingte Nachfrageänderungen (etwa Speiseeis).

In der Realität sind nun die verschiedenen Kräfte auf der Angebots- und Nachfrageseite gleichzeitig wirksam und überlagern sich in ihren Wirkungen. Die Wirkungsrichtungen der jeweils auf einer der beiden Seiten wirksamen Kräfte sind unmittelbar aus den oben angeführten Zusammenstellungen zu ersehen und bedürfen keiner weiteren Erläuterung. Die Auswirkungen dieser Kräfte auf die Verschiebung der Angebots- bzw. Nachfragekurve können sich verstärken oder kompensieren. Beispielsweise haben die gegenläufig gerichteten Auswirkungen von technischem Fortschritt und Lohnsteigerungen die Tendenz sich auszugleichen. Darüber hinaus sind die aus dem Zusammenspiel der verschiedenen Kräfte resultierenden relativen Verschiebungen von Angebots- und Nachfragefunktionen zu beachten. Bei gegenläufigen Verschiebungen der Kurven ergeben sich Preissteigerungen bzw. Preissenkungen bei wenig veränderten Mengen, während gleichgerichtete Verschiebungen mit geringen Preisänderungen bei großen Mengenausweitungen bzw. -einschränkungen einhergehen können. Beispielsweise können hohe Raten des Bevölkerungswachstums und des technischen Fortschritts zu starken Verschiebungen der Nachfrage- und Angebotskurven nach rechts (also starken Mengenausdehnungen) bei kaum veränderten Produktpreisen führen (Übersicht 3.66).

Übersicht 3.66: Verschiebungen von Angebots- und Nachfragekurve aufgrund von technischem Fortschritt und Bevölkerungswachstum

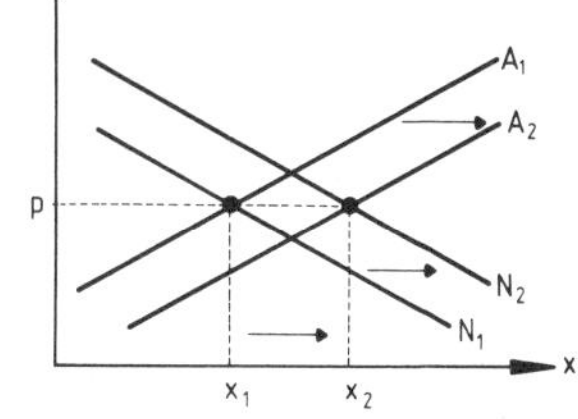

3.4.2 Ein einfaches Modell zur Erklärung von Preis- und Mengenschwankungen

Im vorigen Abschnitt wurden Verschiebungen von Angebots- und Nachfragefunktionen und die durch sie bedingten Veränderungen von Gleichgewichtszuständen betrachtet. Nun wollen wir die anfangs angesprochene Fragestellung weiter ausführen, wie man sich den Prozeß der **Preisbildung im Zeitablauf** vorstellen kann. Die Struktur des Problems soll anhand eines einfachen Marktmodells erläutert werden. Wir wollen annehmen, daß dem Verhalten der Gesamtheit aller Unternehmer und Haushalte mittelfristig unveränderte Angebots- und Nachfragefunktionen[1] zugrunde liegen (die Kurven A und N in Übersicht 3.67). Da die mittelfristige Gleichgewichtslage den Unternehmern (anfänglich) nicht bekannt ist, können sie nur von bestimmten Erwartungen ausgehen.

Nehmen wir an, wir befänden uns im Monat Dezember und die Unternehmer würden für den Monat Januar einen Marktpreis in Höhe von $\hat{p}_1$ vorausschätzen. Sie werden dann gemäß ihrer kürzerfristigen Angebotskurve ab 1. Januar soviel Arbeitskräfte einstellen, daß im Monat Januar eine Produktion in Höhe von x_{A1} realisiert werden kann. Nun können wir an der Nachfragekurve N aber ablesen, daß die Nachfrager bereit sind, ein Angebot von x_{A1} zu einem Preis von p_1 abzunehmen, der höher ist als der von den Unternehmern vermutete Marktpreis $\hat{p}_1$. Oder: Bieten die Unternehmer ihre Produkte zunächst zu einem Preis von $\hat{p}_1$ an, dann übersteigt die Nachfrage in Höhe von x_{N1} das Angebot (x_{A1}). Die Haushalte werden um das „knappe" Angebot x_{A1} konkurrieren und den Preis in die Höhe treiben, bis im Monat Januar Angebot und Nachfrage übereinstimmen. Ein solcher Ausgleich der Marktkräfte ist bei p_1 erreicht.

Übersicht 3.67: Preis- und Mengenschwankungen

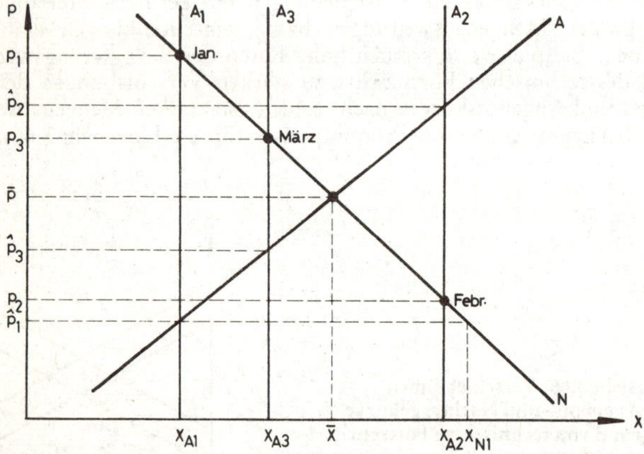

[1] Die Nachfragekurve sei auch kurzfristig unverändert.

Wird am 1. Januar die Entscheidung über die Höhe der Produktion und damit über die hierfür notwendige Anzahl der Arbeitskräfte gefällt, dann sei es nach unseren Annahmen nicht mehr möglich, innerhalb des Monats Januar die Zahl der Arbeitskräfte zu verändern. Damit gilt für diese extrem kurze Planungsperiode die Angebots„kurve" A_1, die eine Variation der Produktmenge ausschließt. Im Laufe des Monats Januar werden die Unternehmer jedoch erkennen, daß sie sich mit ihrer Preisprognose $\hat{p}_1$ geirrt haben. Der tatsächlich sich herausbildende Preis p_1 ist günstiger als vermutet, und die Unternehmer werden die Marktsituation für den Monat Februar daher optimistischer einschätzen. Gehen sie etwa von einem Preis $\hat{p}_2$ aus, dann werden sie für Februar zusätzliche Arbeitskräfte einstellen, so daß eine Produktion von x_{A2} möglich wird. Man erkennt unschwer, daß die Unternehmer jetzt zu optimistisch waren. Eine Menge von x_{A2} läßt sich zu einem Preis $\hat{p}_2$ nicht voll absetzen, weil die Nachfrager nur bei einem Preis von p_2 bereit sind, die Menge x_{A2} zu kaufen. Wollen die Unternehmer eine Erhöhung ihrer Lagerbestände vermeiden, dann müssen sie ihre Preisforderungen zurücknehmen und ihre Produkte zu einem Preis p_2 anbieten.

War im Monat Januar die Differenz zwischen dem vermuteten Preis $\hat{p}_1$ und dem tatsächlich sich einstellenden Preis p_1 noch relativ groß, so hat sich die Fehleinschätzung im Monat Februar ($\hat{p}_2$–p_2) schon nicht unerheblich verringert, d. h. die Unternehmer kommen mit ihren Prognosen den tatsächlichen Marktgegebenheiten immer näher. Schätzen die Unternehmer für März einen Preis $\hat{p}_3$, so liegt wieder ein Nachfrageüberhang vor. Gegenüber dem Monat Januar ist der Überhang allerdings kleiner geworden. Der sich tatsächlich einspielende Preis p_3 weicht weniger von dem erwarteten Preis ab.

Man erkennt aus Übersicht 3.67, daß in den ersten drei Monaten Preis- und Mengenschwankungen auftreten: Der im Februar gesunkene Preis steigt im März wieder an, die im Februar gestiegene Menge fällt im März wieder. Dieser Prozeß kann sich fortsetzen, bis die Unternehmer irgendwann im Laufe des Jahres wahrscheinlich auch den Preis $\bar{p}$ vorausschätzen und dann die diesem Preis zugehörige Menge $\bar{x}$ anbieten. Da die Haushalte die Menge $\bar{x}$ tatsächlich zu einem Preis $\bar{p}$ nachfragen, wird sich der Marktpreis auch in Höhe von $\bar{p}$ einstellen. Die Prognosen der Unternehmer werden bestätigt, mit anderen Worten, die Unternehmer erleben keine Überraschungen mehr. Hieraus folgt nun aber auch, daß die Unternehmer keine Veranlassung mehr haben, ihre Entscheidung hinsichtlich der Zahl der zu beschäftigenden Arbeiter und der damit verbundenen Produktionshöhe zu ändern. Haben sie für den Monat September den Preis $\bar{p}$ geschätzt und produzieren sie die zugehörige Menge $\bar{x}$, dann werden sie dieselbe Produktmenge auch in den späteren Monaten Oktober, November usw. herstellen wollen, d. h. das Marktgleichgewicht ist erreicht. Die Gleichgewichtslage wird solange Bestand haben, wie sich die Angebots- und Nachfragekurven nicht verschieben.

In den vorigen Abschnitten haben wir nun jedoch eine Reihe von Einflußfaktoren kennengelernt, die die *Angebots- und Nachfragekurven im Zeit-*

ablauf verschieben. Dadurch entsteht zunächst ein Ungleichgewicht, das wiederum Anpassungsprozesse der oben beschriebenen Art auslöst.

Der beschriebene Marktanpassungsprozeß konvergiert bei den in Übersicht 3.67 unterstellten Annahmen über den Verlauf der Angebots- und Nachfragefunktionen zu einer Gleichgewichtslage. Man kann sich leicht klarmachen, daß der Anpassungsprozeß bei Angebots- und Nachfragefunktionen, die (absolut genommen) gleiche Steigungen aufweisen, zu fortlaufenden zyklischen Änderungen mit Preis- und Mengenschwankungen gleicher Amplitude führt, wenn die Anbieter glauben, der im laufenden Monat herrschende Preis würde sich auch im nächsten Monat einstellen, und wenn sie ihr Angebot auch jeweils an dieser Preisprognose ausrichten. Zyklische Schwankungen dieser Art sind etwa auf dem Schweinefleischmarkt zu beobachten. Man spricht daher in diesem Zusammenhang auch vom **Schweinezyklus,** der erstmals von dem deutschen Agrarökonomen *A. Hanau* erklärt wurde.
Bei relativ unelastischer Nachfrage und elastischem (mittelfristig) Angebot ergeben sich, bei sonst gleichen Annahmen, Preisschwankungen mit immer größer werdenden Ausschlägen; das System „explodiert". In der Realität werden natürlich stets „Bremsen" wirksam, die übermäßige Preisausschläge verhindern. Die Modellüberlegung vermag jedoch die für einige Märkte charakteristischen Instabilitäten zu erklären.

Einen Eindruck von den **tatsächlichen Preis- und Mengenschwankungen** auf dem Markt für Schlachtschweine vermittelt Übersicht 3.68. Wie aufgrund unserer theoretischen Überlegungen zu erwarten ist, entwickeln sich die Preis- und Mengenschwankungen gegenläufig zueinander; einer relativ niedrigen Erzeugung (sowie einem damit einhergehenden niedrigen Angebot) entspricht ein relativ hoher Preis und umgekehrt. Interessant ist ferner, daß die Preisschwankungen im Zeitablauf zunehmen, obwohl die Mengenschwankungen weitgehend unverändert bleiben. Auch hierfür liefert das Modell der Übersicht 3.67 eine Erklärung: Konstante Mengenschwankungen bedeuten in der Grafik unveränderte kurzfristige Angebotsmengen x_{A1}, x_{A2} und x_{A3}. Sollen hieraus verstärkte Preisschwankungen resultieren, dann muß die Steigung der Nachfragekurve (absolut genommen) zunehmen, oder, was dasselbe bedeutet, die Preiselastizität der Nachfrage muß sich (wiederum absolut genommen) vermindern. Tatsächlich läßt sich nachweisen, daß die Preiselastizität der Nachfrage nach Schweinefleisch in der Vergangenheit ständig abgenommen hat, was wiederum auf das gestiegene Pro-Kopf-Einkommen in der Bundesrepublik zurückzuführen ist. Das noch recht einfache Modell der Übersicht 3.67 ist also bereits in der Lage, wesentliche reale Veränderungen auf Einzelmärkten näherungsweise abzubilden.

3.4.3 Preisbildung auf Faktormärkten

Zur Abbildung von Preisbildungsprozessen auf den Gütermärkten sind Angebots- und Nachfragekurven aus den Wirtschaftsplänen der Unternehmungen (Angebotskurve) und Haushalte (Nachfragekurve) abgeleitet worden. Ähnlich geht man bei der Abbildung von Faktormärkten vor. Allerdings treten hier die Haushalte als Anbieter (von Arbeit, Boden oder Kapital), die Unternehmer hingegen als Nachfrager auf.

Übersicht 3.68: Preis- und Mengenbewegungen auf dem Markt für Schlachtschweine

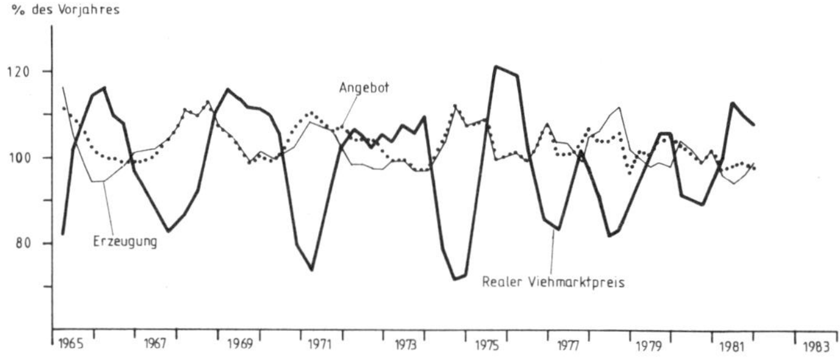

Quelle: E. Wöhlken: Einführung in die landwirtschaftliche Marktlehre, Stuttgart, 2. Auflage 1984, S. 266.

3.4.3.1 Bestimmung des Lohnsatzes

Soll beispielsweise die Preisbildung auf dem **Arbeitsmarkt (Lohnbildung)** erklärt werden, dann kann auf Informationen vorausgegangener Abschnitte zurückgegriffen werden: Eine Arbeitsangebotskurve wurde in Abschnitt 3.3.3, eine Arbeitsnachfragekurve in Abschnitt 3.2.2.2 abgeleitet. Hieraus ergibt sich die einfache Darstellung des Arbeitsmarktes (Übersicht 3.69). Ein Gleichgewicht auf dem Arbeitsmarkt stellt sich beim Lohnsatz l_g ein.

Übersicht 3.69: Arbeitsmarkt und Lohnbildung

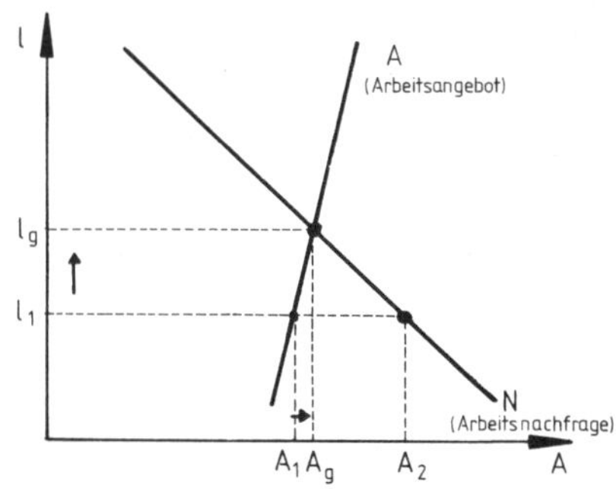

Aus der einzelwirtschaftlichen Sicht eines Unternehmens wird die Faktornachfrage gemäß dem Grenzproduktivitätsprinzip an dem herrschenden Lohnsatz (ein Datum für den Unternehmer) ausgerichtet (vgl. Gleichung 3.35). Gesamtwirtschaftlich ist der Lohnsatz aber durchaus kein Datum. Übersteigt bei den herrschenden Güterpreisen und Lohnsätzen beispiels-

weise die Arbeitsnachfrage (A_2) das Arbeitsangebot bei einem Lohnsatz von l_1, sind somit bei den Unternehmen die Wertgrenzproduktivitäten der Arbeit noch höher als der Lohnsatz ($\frac{\Delta x}{\Delta A} \cdot p > l_1$)[1], dann wird wegen der Konkurrenz um die „knappen" Arbeitskräfte der Lohnsatz steigen (siehe Pfeilrichtung auf der l-Achse). Der Nachfrageüberschuß wird erst dann verschwinden, wenn Wertgrenzproduktivität und Lohnsatz übereinstimmen.
Beim Gleichgewichtslohnsatz l_g herrscht gesamtwirtschaftlich gesehen nach der Definition der Arbeitsangebotsfunktion auch **Vollbeschäftigung,** da sie angibt, wieviel Arbeitskräfte zu einem bestimmten Lohnsatz arbeiten wollen. Ein Lohnsatz, der den Gleichgewichtslohnsatz übersteigt, führt zu Arbeitslosigkeit, da das Arbeitsangebot dann stets höher als die Arbeitsnachfrage ist. Nach Übersicht 3.69 bestünde die Lösung des Arbeitslosenproblems einfach darin, daß der Lohnsatz wieder auf das Gleichgewichtsniveau fällt, indem die Arbeitssuchenden den höheren Lohnsatz solange unterbieten, bis alle Beschäftigung gefunden haben.

Die **Ursache von Arbeitslosigkeit** kann in der Realität nicht allein in einem überhöhten Lohnsatz gesehen werden. Es handelt sich dabei vielmehr um ein vielschichtiges Problem. Zwar kann eine generelle, in den meisten Branchen einer Volkswirtschaft auftretende Arbeitslosigkeit häufig auf ein zu hohes volkswirtschaftliches Lohnniveau zurückgeführt werden, jedoch wäre es verfehlt, in Lohnsatzsenkungen bzw. (bei wachsender Wirtschaft) in abgeschwächten Lohnsatzsteigerungen ein stets wirksames Rezept zur Beseitigung von Unterbeschäftigung zu sehen. Hiergegen sprechen vor allem drei Gründe:
(a) Einmal ist es denkbar, daß in einzelnen Unternehmen oder Branchen die Substitutionsmöglichkeiten von sonstigen Produktionsfaktoren durch Arbeit begrenzt sind, so daß in diesen Teilbereichen die *Arbeitsnachfragekurve sehr steil* verläuft (Lohnsatzsenkungen induzieren nur wenig Mehrnachfrage und Arbeit). (b) Zweitens kann man bei gesamtwirtschaftlichen Überlegungen nicht davon ausgehen, daß die Lage der Arbeitsnachfragekurve von Lohnsatzänderungen unberührt bleibt. So kann beispielsweise eine Lohnsatzsenkung zu einer *Verminderung der „Massenkaufkraft"* führen, die die Absatzlage der Unternehmen verschlechtert und so eine Linksverschiebung der Arbeitsnachfragekurve bewirkt. Auf Fragen dieser Art werden wir in den Abschnitten 8.2.2 und 9.3 noch ausführlicher eingehen. (c) Drittens ist zu berücksichtigen, daß bei der hier abgeleiteten Arbeitsnachfragekurve von der *Annahme vollständiger Konkurrenz* auf den Gütermärkten ausgegangen wird (vgl. zu alternativen Annahmen Kapitel 4).

---

[1] Wenn hier Arbeit in Höhe von A_1 angeboten wird, können die Unternehmen auch nur Arbeit in dieser Höhe einsetzen. Die entsprechende Wertgrenzproduktivität ist $\frac{\Delta x}{\Delta A_1} \cdot p$.

3.4.3.2 Bestimmung des Zinssatzes: Ersparnis, Investition und Gleichgewichtszins

Das Grenzproduktivitätsprinzip läßt sich aus zwei Gründen für den Faktor Kapital weniger leicht beschreiben als für den Faktor Arbeit: (a) Einmal *bieten* ja *die Haushalte den Unternehmen nur in sehr begrenztem Umfang direkt Realkapital* etwa in Form von Gebäuden *an*. In der Regel erhalten die Unternehmen von den Haushalten Geldkapital (Ersparnisse in Form von Geld), das von den Unternehmen selbst wieder zum Kauf von solchen Gütern (Investitionsgüter = Kapitalgüter) verwendet werden kann, die ihrerseits erhöhte Faktorleistungen ermöglichen. Die Kommunikation zwischen Haushalten und Unternehmen erfolgt somit im wesentlichen über den Geldkapitalmarkt. (b) Darüber hinaus ist zu beachten, daß die Anschaffung von Investitionsgütern meist eine *langfristige Bindung von Kapital* bedeutet, so daß eine längerfristige Vorausschätzung von Aufwendungen und Erträgen erforderlich ist (vgl. Abschnitt 3.2.2.3).

Aus den bisher entwickelten Theorieelementen läßt sich ein **Markt für Geldkapital (Kreditmarkt)** konstruieren: Das Kreditangebot resultiert aus der volkswirtschaftlichen Ersparnis (S), die, wenn auch schwach, mit steigendem Zinssatz ebenfalls ansteigen wird (vgl. Abschnitt 3.3.3). Sieht man einmal von Konsumentenkrediten sowie von Selbstfinanzierung der Unternehmer ab und nimmt man ferner an, daß der Wunsch der Wirtschaftseinheiten, einen Teil ihres finanziellen Vermögens in Form von Geld zu halten, unverändert bleibt, dann wird die gesamte Kreditnachfrage durch die geplanten Investitionsausgaben (I) der Unternehmer bestimmt. Da sich ceteris paribus die Investitionsnachfrage mit sinkendem Zinssatz tendenziell erhöhen wird (vgl. Abschnitt 3.2.2.3), besteht auch ein negativer Zusammenhang zwischen Kreditnachfrage und Zins. Diese Vorstellungen kommen in der Übersicht 3.70 zum Ausdruck.

Übersicht 3.70: Kreditmarkt und Gleichgewichtszins

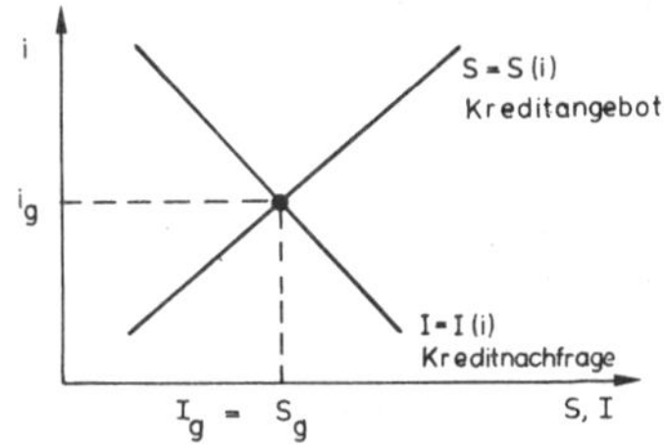

Der Zins ist hiernach nichts anderes als der Preis für Kredite. Er bildet sich als Gleichgewichtspreis heraus wie andere Preise auf den Gütermärkten bzw. auf dem Arbeitsmarkt auch. Die Investitionsfunktion I = I(i) ist mit der Arbeitsnachfragefunktion der Übersicht 3.69 vergleichbar. Während die Arbeitsnachfragekurve die Kurve der Wertgrenzproduktivität der Arbeit wiedergibt, beschreibt die *Investitionsfunktion* den Zusammenhang zwischen *Wertgrenzproduktivität des Kapitals* und Kapitaleinsatz, (hier angegeben durch die Höhe der Investition, die den Kapital*zuwachs* darstellt)[1]. Wie beim Lohnsatz können wir somit auch hier sagen, daß sich der Zinssatz nach dem Grenzproduktivitätsprinzip bestimmt.

Wir können noch genauer angeben, was unter der Wertgrenzproduktivität des Kapitals zu verstehen ist. Definitionsgemäß ist sie zunächst (auf der Ebene eines einzelnen Unternehmens) der zusätzliche Umsatz (in DM) pro eine zusätzliche DM Kapitaleinsatz ($\Delta x \cdot p/\Delta C$).Bezieht man diese Größe auf ein Jahr und beachtet man weiter, daß Kapitalgüter regelmäßig über mehrere Jahre eingesetzt werden, so ist die Wertgrenzproduktivität des Kapitals nichts anderes als die durchschnittliche jährliche Verzinsung des in der Unternehmung zusätzlich eingesetzten Kapitals.

Wertpapiermarkt, Effektivverzinsung und Kursniveau

Wir haben bisher nicht diskutiert, auf welchem Wege Ersparnisse der Haushalte in die Hände der Unternehmer gelangen. Eine Einfachstvorstellung wäre, daß sich die Ersparnisse als Guthaben bei den Banken niederschlagen, die diese direkt in Form von Krediten an die Investoren (Unternehmer) weitergeben. Hierbei entstehen Gläubiger-Schuldner-Beziehungen zwischen Haushalten (Gläubiger) und Banken (Schuldner) einerseits sowie zwischen Banken (Gläubiger) und Investoren (Schuldner) andererseits. Banken sind hier somit Schuldner und Gläubiger zugleich. Man könnte auch sagen, daß indirekte Gläubiger-Schuldner-Beziehungen zwischen Haushalten und Unternehmen entstehen, die von den Banken vermittelt werden.

Ein Unternehmen kann sich Finanzmittel zu Investitionszwecken allerdings nicht nur dadurch beschaffen, daß es sich verschuldet, sondern auch durch einen Abbau (Verkauf) vorhandener Forderungen. Man kann sich dies so vorstellen, daß in der Vergangenheit Unternehmen und der Staat Finanzmittel durch Ausgabe von festverzinslichen Wertpapieren erworben haben. Diese Wertpapiere stellen zinstragende Forderungen dar, die sich im Laufe der Zeit als finanzielles Vermögen in Form von Wertpapierbeständen bei den unterschiedlichen Wirtschaftseinheiten (auch den Unternehmen) ansammeln. Durch einen Verkauf von Wertpapieren auf dem Wertpapiermarkt (Wertpapierbörse) zum herrschenden Wertpapierpreis (Wertpapierkurs) kann sich dann ein Unternehmen Geld verschaffen, das für Investitionszwecke verwendet werden kann.

Die Entscheidung darüber, ob ein Unternehmen sich Geld für Investitionszwecke mit Hilfe eines Bankkredits oder aber durch den Verkauf von Wertpapieren verschafft, wird von der Höhe der zu zahlenden Bankzinsen im Vergleich zu der Höhe der Wertpapiererträge, die dem Unternehmer durch den Verkauf entgehen, abhängen. Sind die Bankzinsen niedriger

[1] Die Kurve der Wertgrenzproduktivität des Kapitals läßt sich formal analog zur Kurve der Wertgrenzproduktivität der Arbeit ableiten. Es wird dabei lediglich von dem Produktionsfunktionszusammenhang ausgegangen, der die Beziehung zwischen Kapitaleinsatz und Produktionsmenge bei *gegebenem* Arbeitseinsatz darstellt. Es wird dann also nicht mehr von der Vorstellung eines gegebenen Produktionsapparates (Kapitalstock), sondern der Anwendung mehr und mehr kapitalintensiver Produktionstechniken ausgegangen.

(höher) als die Wertpapiererträge, so wird sich die Aufnahme eines Kredits (der Verkauf von Wertpapieren) lohnen.

Die Wertpapiererträge werden durch die tatsächliche Verzinsung (= Effektivverzinsung = Rendite) der Papiere bestimmt, die wiederum entscheidend vom Wertpapierkurs abhängt. Dies sei kurz erläutert: Wenn man von festverzinslichen Wertpapieren ausgeht, deren Nominalverzinsung festgelegt ist, so errechnet sich die **Rendite** dieser Papiere aus:

$$\text{Rendite} = \frac{\text{Nominalzins}}{\text{Kurs}} \cdot 100. \qquad (3.58)$$

Wir wollen annehmen, daß der Nominalzins 5% beträgt. Wenn nun der Kurs im Ausgangszeitpunkt eine Höhe von 100,– DM hat, so errechnet sich eine Rendite (= Effektivverzinsung) von 5%. Wird im Verlaufe eines Jahres ein Anstieg der erzielbaren Rendite auf 5,5% erwartet, so wird der Kurs auf etwa 91 sinken. Denn wer Wertpapiere besitzt, für die man nur 5% Zinsen bei einem Kurswert von 100 erzielt, wird diese Wertpapiere verkaufen, um sein Geld höherverzinslich anzulegen. Durch das zusätzliche Angebot wird der „Preis" der Wertpapiere (= Kurs) sinken. Hat der Kurswert ein Niveau von 91 erreicht, dann erhält derjenige, der dieses Papier erwirbt, 5,– DM Zinsen für ein „Kapital" von 91,– DM, d.h. er erhält eine Rendite von 5,5%. Es ist dann gleichgültig, ob ein Papier mit 5% zu 91,– DM oder mit 5,5% zu 100,– DM erworben wird. Die Effektivverzinsung ist in beiden Fällen dieselbe.

Bei der Renditenberechnung haben wir den **Rückzahlungsgewinn** der Einfachheit halber nicht berücksichtigt. Am Ende der Laufzeit des festverzinslichen Wertpapiers zahlt der Schuldner entsprechend seiner Verpflichtung aus dem Anleihepapier den vollen Betrag von 100,– DM zurück. Hat jemand das Papier vorher zum Kurs von 91,– DM erworben, so ergibt sich ein Rückzahlungsgewinn von 9,– DM. Betrug die Restlaufzeit des Papiers 30 Jahre, so hat der Käufer einen Rückzahlungsgewinn von 0,30 DM pro Jahr. Bezogen auf die 100,– DM Rückzahlung entspricht dies einem Jahresanteil des Rückzahlungsgewinns von 0,3%. Die Rendite eines festverzinslichen Wertpapiers läßt sich daher genauer durch die Formel

$$\text{Rendite} = \frac{\text{Nominalzins} + \text{Jahresanteil des Rückzahlungsgewinns}}{\text{Kurs}} \cdot 100 \qquad (3.59)$$

bestimmen. In unserem Beispiel läge die Effektivverzinsung bei (5,0 + 0,3) · 100/91 = 5,8%. Liegt die Effektivverzinsung für neu ausgegebene Wertpapiere tatsächlich bei 5,5% (5,5% Nominalzins, Ausgabekurs 100), so bedeutet dies, daß der Kurs des „Altpapiers" mit der Restlaufzeit von 30 Jahren nicht auf 91, sondern lediglich auf etwa 94 sinken würde, da nur bei diesem Kurs sich nach der Formel (3.59) eine Rendite von 5,5% errechnet, d.h. (5,0 + 0,3) · 100/94 = 5,5%. Selbst die Berechnung der Rendite nach (3.59) ist nur überschlägig; eine exakte Kalkulation der Rendite ist noch komplizierter. Allgemein gilt, daß der Jahresanteil des Rückzahlungsgewinns um so eher vernachlässigt werden kann, je kleiner der Rückzahlungsgewinn ist und/oder je länger die Restlaufzeit des Papiers ist, da sich ein gegebener Rückzahlungsgewinn im letzteren Fall auf mehr Jahre verteilt. Formel (3.58) ist praktisch nur anwendbar bei Kaufkursen von 100 oder unendlicher Laufzeit des Papiers („ewige Rente").

Die Aufnahme eines Bankkredits (Kontokorrentkredits) wird sich hiernach umso eher lohnen, je niedriger das Kursniveau und je höher damit die Effektivverzinsung ist. Dies aber noch aus einem zweiten Grund: Da bei niedrigen Kursen die Erwartung von Kurssteigerungen eher gegeben ist als bei hohen Kursen, werden die Wirtschaftseinheiten mit Wertpapierkäufen zurückhaltend sein, um mögliche Erträge durch Kurssteigerungen nicht zu verlieren (vgl. auch Abschnitt 8.2.3.2).

Aus den bisherigen Überlegungen folgt, daß tendenziell gleichförmige Entwicklungen der Kreditzinsen und der Wertpapierzinsen zu erwarten sind. Steigen z. B. die Kreditzinsen an, dann wird es lohnender, sich Geld über Wertpapierverkäufe zu verschaffen. Zusätzliche Verkäufe von Wertpapieren (= zusätzliches Wertpapierangebot) vermindern jedoch den Kurswert (= Wertpapierpreis) und erhöhen somit den Effektivzins; steigende Kreditzinsen müßten hiernach auch tendenziell steigende Effektivverzinsungen der Wertpapiere entsprechen. Übersicht 3.71 zeigt, daß dies auch weitgehend der Wirklichkeit entspricht.

Kapital und Zins

Marxistische Wirtschaftstheoretiker leugnen die Bedeutung des **Kapitals als eigenständigen Produktionsfaktor** und die daraus ableitbare Berechtigung für die Zahlung von Kapitaleinkommen (Zins). Sie argumentieren etwa wie folgt: Man stelle sich eine Wirtschaft vor, in der es noch keine „Kapitalgüter" gibt und in der sich die Menschen beispielsweise allein vom Fischfang (mit der Hand) ernähren. „Kapitalgüter" könnten dann dadurch entstehen, daß ein Teil der bisherigen Arbeitszeit auf die Herstellung von Angeln verwendet wird. Diese Angeln würden allein mit Hilfe von Arbeit hergestellt werden („Kapitalgüter" gibt es ja noch nicht) und wären somit auch allein auf Arbeit zurückführbar. Man könnte auch sagen, die Angeln stellten nichts anderes als **„geronnene" oder „vorgetane" Arbeit** dar. Beginnen nun die Menschen, Fischfang mit Hilfe von Angeln zu betreiben, so wäre es nach marxistischer Auffassung irreführend zu behaupten, die Fische würden mit Hilfe menschlicher Arbeitsleistung einerseits und „Kapital" andererseits „hergestellt". Letztlich sei allein Arbeit im Spiel, nämlich „lebendige Arbeit" als unmittelbar sichtbare Arbeitsleistung und „vorgetane Arbeit" in Form der Angeln.

Diese Art der Argumentation geht jedoch an dem Kern des Problems vorbei. Es ist völlig unerheblich, ob wir ein im Produktionsprozeß verwendetes Gut (z. B. eine Angel) als „Realkapital" oder vorgetane Arbeit bezeichnen. Die Eigenständigkeit des Faktors Kapital hat darum auch nichts mit den unterschiedlichen physischen Erscheinungsformen von lebendiger Arbeit und vorgetaner Arbeit zu tun. Sie ist allein daraus abzuleiten, daß mit Hilfe eines **vorübergehenden Verzichts auf Konsumgüter** (zeitweilige Aussetzung des Fischfangs und -konsums) lebendige Arbeit in vorgetane Arbeit (Angel) transformiert werden kann, wodurch eine spätere Steigerung der Konsumgütererzeugung erzielbar wird, die meist weit über den anfänglichen Konsumverzicht hinausgeht. Es ist letztlich die **zeitliche Verschiebung des Konsums,** die die Umwandlung lebendiger in

Übersicht 3.71: Verzinsung von Kontokorrentkrediten und festverzinslichen Wertpapieren

(*Quelle:* Sachverständigenrat)

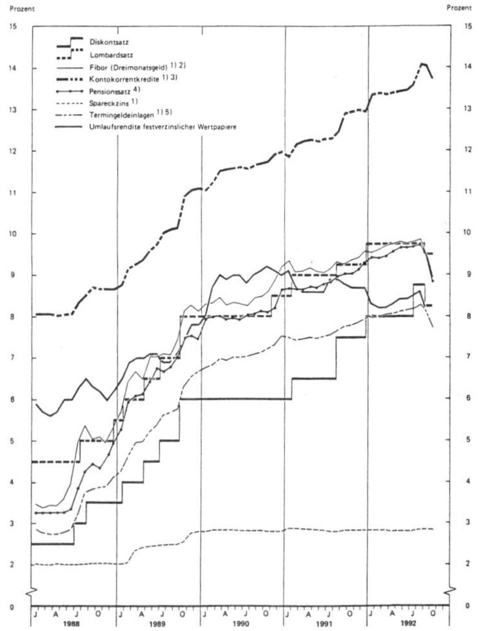

1 Die Durchschnittssätze sind als ungewichtetes arithmetisches Mittel aus Zinsmeldungen errechnet. – 2 Kontokorrentkredite unter 1 Mio DM. – 3 Ungewichteter monatlicher Durchschnitt aus den von der Bundesbank veröffentlichten Zinssätzen für Wertpapierpensionsgeschäfte. – 4 Festgelder von 100 000 DM bis unter 1 Mio DM mit vereinbarter Laufzeit von 1 Monat bis 3 Monate.

vorgetane Arbeit und damit die Produktionssteigerung ermöglicht. Der Bestand an vorgetaner Arbeit oder Realkapital ist in diesem Zusammenhang lediglich ein Indikator für das Ausmaß des in der Vergangenheit erfolgten Konsumverzichts.

Die Eigenständigkeit des Produktionsfaktors Kapital wird auch an seiner *Übertragbarkeit* sinnfällig. Die Mehrergiebigkeit des Fischfanges durch die Angel bedeutet, daß andere Fischer ebenfalls dieses Kapitalgut nutzen wollen. Soweit sie selbst nicht Konsumverzicht durch das Nachfertigen von Angeln leisten wollen, werden sie bereit sein, einen Preis für den Erwerb (Kaufpreis) oder die zeitweilige Überlassung (Zins) der Angel zu bezahlen. Die vorgetane Arbeit wird somit zu einem selbständigen Gut, das wie jedes andere knappe Gut einen Preis hat. Dieser Preis kann als Entlohnung für die vorgetane Arbeit bzw. den Konsumverzicht aufgefaßt werden. Es ist daher nur normal, daß die Zurverfügungstellung von Kapitalgütern eine Verzinsung beansprucht. Die Zahlung der Zinsen, sei es in Form von Naturalien (Fischen) oder von Geld, kann im allgemeinen aus dem „Mehrerlös" des Fischfangs mit der Angel im Vergleich zum Fischfang mit der Hand bezahlt werden. Die Höhe der Zinsen ist Verhandlungsgegenstand zwischen dem Angelverleiher („Kapitalisten") und dem „Handfischer". Sie bestimmt die Verteilung des Mehrerlöses zwischen beiden. Eine mögliche „Ausbeutung des Handfischers" durch den „Kapitalisten" ist auf die Höhe des gesamten Mehrerlöses begrenzt. Übersteigt die geforderte Verzinsung den Mehrerlös bei Verwendung einer Angel, dann wird der Fischer weiterhin mit der Hand seine Fische fangen.

Bei marxistischen Theoretikern spielt der **Verteilungsgesichtspunkt** die entscheidende Rolle. Der Zins erscheint nicht gerechtfertigt, weil den Arbeitern (Handfischern) ein Teil ihres Arbeitsertrages wegen der Zinszahlungen an die Kapitaleigentümer vorenthalten wird. Die ungleichmäßige Verteilung der Kapitalgüter (Konzentration bei wenigen Kapitalisten) bedeutet dann, daß sich die Einkommensverteilung zugunsten der Kapitalisten verschiebt. Die Herbeiführung einer wie auch immer gearteten „gerechten" Einkommensverteilung auf dem Wege einer Abschaffung von Zinsen, wie sie von Marxisten teilweise empfohlen wird, erscheint jedoch nur auf den ersten Blick zweckmäßig.
Da Kapitalgüter wie andere Güter knapp sind, haben sie auch einen Preis, der darauf hinwirkt, daß sie in den Sektoren eingesetzt werden, in denen sie den höchsten gesellschaftlichen Ertrag erzielen. Der Zinssatz übt in diesem Sinne eine **Lenkungsfunktion** aus. Kapital wandert nur in die Produktion, deren Ertrag die Verzinsung des eingesetzten Kapitals ermöglicht (vgl. Abschnitt 3.5.1). Marktwirtschaftlich orientierte Ökonomen weisen daher darauf hin, daß eine Ausschaltung der Lenkungsfunktion des Zinses tendenziell zu einer weniger produktiven Verwendung der Kapitalgüter (Produktionsmittel) führt. Zur Lösung des Einkommensverteilungsproblems schlagen sie daher andere Maßnahmen vor (vgl. Abschnitt 9.4).

In modernen Volkswirtschaften kommt die zeitliche Verschiebung des Konsums in den Sparbeträgen der Haushalte zum Ausdruck. In demselben Ausmaß, in dem die Haushalte Teile ihres Einkommens nicht für den Kauf von Konsumgütern ausgeben, werden volkswirtschaftliche Kapazitäten frei, die anstelle der Konsumgüterproduktion zur Herstellung von Produktionsgütern (Investitionsgütern) verwendet werden können. Die Sparer erzielen somit letztlich Zinserträge, weil durch ihren **Konsumverzicht** Investitionsgüter hergestellt werden können, die zukünftige Produktionssteigerungen ermöglichen.

Die Produktion von Investitionsgütern läßt sich auch als **„Umwegproduktion"** charakterisieren (nach *Böhm-Bawerk*, österreichischer Nationalökonom, 1851–1914). Anstatt sämtliche Produktionsfaktoren direkt zur Produktion von Konsumgütern zu verwenden, schlägt man einen „Umweg" ein, indem man zunächst Produktionsfaktoren zur Herstellung von Investitionsgütern einsetzt, die dann später zur Konsumgüterproduktion verwendet werden.

3.4.3.3 Lohn- und Zinsentwicklung: Vorhersagen der Theorie

Es sei nun danach gefragt, welche Lohnsatz- bzw. Zinssatz- (Rendite-) entwicklungen aufgrund unserer theoretischen Überlegungen im wirtschaftlichen Wachstum zu erwarten sind. Längerfristige Wirtschaftsentwicklungen sind u. a. dadurch gekennzeichnet, daß (a) die Produktion stärker steigt als der „kombinierte" Einsatz der Produktionsfaktoren (es existiert also technischer Fortschritt) und (b) der Kapitalstock erheblich stärker wächst als die Erwerbsbevölkerung (vgl. Abschnitt 10.2 sowie insbesondere Übersicht 10.2). Eine zunehmende Ausstattung des Faktors Arbeit mit Kapital erhöht nach den bisherigen Vorstellungen die Grenzproduktivität der Arbeit (die „Ertragskurven" verschieben sich nach oben; vgl. Übersicht 3.34). In die gleiche Richtung wirkt auch der technische Fortschritt, so daß im wirtschaftlichen Wachstum ein kräftiger Anstieg der Grenzproduktivität der Arbeit erwartet werden kann. Eine entsprechende Entwicklung der Grenzproduktivität des Kapitals $\Delta x/\Delta C$ ist nicht zu erwarten. Zwar wirkt auch hier der technische Fortschritt produktivitätserhöhend, die zunehmende Höhe der Kapitalintensität C/A (abnehmender Ertragszuwachs) ist dem aber entgegengerichtet. Da nämlich die Relation zwischen Kapitalstock und Erwerbsbevölkerung (= Kapital/Arbeit) ständig steigt, wird Arbeit im Verhältnis zum Kapital immer knapper. Dies wirkt wie eine Verminderung des Arbeitseinsatzes bei gegebenem Kapitaleinsatz (die auf das Kapital bezogenen „Ertragskurven" verschieben sich nach unten), so daß bei gegebenem Stand der Technik die Grenzproduktivität des Kapitals sinken würde.

Auf jeden Fall müssen wir jedoch aufgrund unserer theoretischen Analyse annehmen, daß die Grenzproduktivität der Arbeit erheblich stärker steigt als die Grenzproduktivität des Kapitals. Hieraus folgt auch eine eindeutige Aussage bezüglich der Faktorpreisentwicklungen, wenn die Faktorentlohnung nach dem Grenzproduktivitätsprinzip erfolgt: Der durchschnittliche Lohnsatz wird stärker steigen als die durchschnittliche Kapitalverzinsung. Dies war in der Vergangenheit tatsächlich der Fall (vgl. hierzu Übersicht 10.2); unsere Hypothese wird durch die Fakten nicht widerlegt (vgl. zur Theoriebildung Übersicht 1.5).

Die bisherigen Aussagen lassen sich geometrisch veranschaulichen: (a) Der Gleichgewichtslohn in Übersicht 3.69 erhöht sich, weil Kapitalwachstum und technischer Fortschritt die Kurve der Arbeitsnachfrage (die Kurve der Wertgrenzproduktivität) kräftig nach oben oder rechts verschieben, während durch das relativ langsame Wachstum der Erwerbsbevölkerung die Rechtsverschiebung der Arbeitsangebotskurve weniger ins Gewicht fällt. (b) Die Entwicklung des Gleichgewichtszinses in Übersicht 3.70 ist Resultat sich kompensierender Kräfte; das Kapitalwachstum bedeutet eine Rechtsverschiebung der Sparfunktion, technischer Fortschritt eine Rechtsverschiebung der Investitionsfunktion (steigende Grenzproduktivität des Kapitals bei gegebenem Kapitaleinsatz).

3.4.4 Langfristiges Konkurrenzgleichgewicht

In den vorigen Abschnitten wurde gezeigt, daß der Prozeß der Preisbildung unter den Bedingungen vollständigen Wettbewerbs (im allgemeinen) zu einer Gleichgewichtslage hinführt, die durch den gegebenen Verlauf der Angebots- und Nachfragefunktionen bestimmt wird. Dabei wurden die Anpassungsprozesse unter kurz- und mittelfristigem Blickwinkel betrachtet. Es ist nun zu fragen, wohin der Marktprozeß unter den Bedingungen vollständigen Wettbewerbs *langfristig* tendiert, d. h. wenn alle Produktionsfaktoren als variabel anzusehen sind und sich die Zahl der Unternehmen durch Marktzugang bzw. Ausscheiden den Marktgegebenheiten anpaßt.

Für einen *einzelnen* Unternehmer lohnt sich die Ausdehnung von Kapazitäten und Produktion, solange noch ein positiver Stückgewinn existiert, denn bei gegebenem Stückgewinn p – K/x läßt sich der Gesamtgewinn x·(p – K/x) = U – K durch Erhöhung der Produktion x ebenfalls erhöhen. Dieser Prozeß der Kapazitätserhöhung wird erst dann zu Ende sein, wenn – aus den oben geschilderten Gründen – die Stückgewinne und damit auch die Gesamtgewinne ganz verschwunden sind.

Auf den Gütermärkten verschieben sich die Angebotskurven nach rechts und führen somit bei gegebenen Nachfragekurven zu sinkenden Gleichgewichtspreisen. Darüber hinaus bedeuten Kapazitätserweiterungen eine zusätzliche Nachfrage nach Produktionsfaktoren, die Faktorpreiserhöhungen nach sich zieht. Produktpreissenkungen und Faktorpreiserhöhungen zusammen vermindern ceteris paribus die Unternehmensgewinne und dämpfen die Neigung der Unternehmer, ihre Kapazitäten auszudehnen.

In unseren geometrischen Darstellungen zur Unternehmensplanung verschieben sich die Grenzumsatzkurven (= Preisgeraden) nach unten, die Grenzkostenkurven hingegen nach oben, d. h. beide Kurven nähern sich einander an. Da im Falle parallel zur Abszisse verlaufender Grenzkostenkurven Grenzkosten und Durchschnittskosten übereinstimmen, bedeutet eine Annäherung von Preisgerade und Grenzkostenkurve auch eine Annäherung von Preisen (p) und Durchschnittskosten (K/x); der Stückgewinn p – K/x sinkt.

Diese paradox erscheinende Entwicklung, in der sich die nach maximalem Gewinn strebenden Unternehmer selbst in eine Lage hineinmanövrieren, in der alle Unternehmer ihre Umsätze zur Entlohnung der Produktionsfaktoren verwenden müssen und für sich selbst kein Gewinn mehr übrig bleibt, folgt aus der Logik des Systems: Für einen *einzelnen* Unternehmer läßt sich bei *gegebenen Produkt- und Faktorpreisen* der Gewinn noch steigern, wenn er zusätzliche Produktionsfaktoren nachfragt, um seine Kapazität zu erweitern. Da *alle* nach maximalem Gewinn strebenden Unternehmer in dieser Weise handeln werden, ist mit einer Ausdehnung von Güterangebot und Faktornachfrage zu rechnen, was zu sinkenden Güterpreisen und steigenden Faktorpreisen führt und damit die Gewinne reduziert. Man kann somit sagen: *Es ist das Gewinnstreben oder der Egoismus der einzelnen Unternehmer, der den hier geschilderten Wirtschaftsprozeß in einen* **gewinnlosen Zustand** *einmünden läßt.*

An dieser Aussage ändert sich grundsätzlich nichts, wenn wir die unrealistische Annahme gleicher Produktions- und Kostenstrukturen in allen Unternehmen fallen lassen. In der Realität zeigt sich, daß Unternehmen mit *unterschiedlichen Kostenbedingungen* dasselbe Gut herstellen. Ihre langfristigen Preisuntergrenzen sind daher verschieden. Bei einem beliebigen Preis p* mögen die meisten Unternehmen noch Gewinne erzielen. Es gibt aber auch Unternehmen, für die der Preis p* bereits ihrer langfristigen Preisuntergrenze entspricht (vgl. die Überlegungen zu Übersicht 3.24). Treten nun neue Anbieter auf, die bei p* noch Gewinne erzielen können, so führt das vermehrte Güterangebot – wie dargelegt – zu einem sinkenden Preis. Es scheiden

dann die (alten) Unternehmen aus der Produktion aus, für die der Preis p* die Preisuntergrenze darstellte. Dies führt dann zwar zu einer kurzfristigen Einschränkung des Angebots mit Preissteigerungstendenz; solange aber neue Unternehmer mit günstigerer Kostenstruktur, d.h. regelmäßig moderneren Techniken, die Produktion aufnehmen, wird dieser Effekt überkompensiert. Es kommt somit zu einer Angleichung der Kostenstrukturen. Der Prozeß endet (theoretisch) somit genau wieder im gewinnlosen Zustand.
Diese Überlegungen gelten, solange nicht auch langfristig **unvermehrbare Produktionsfaktoren,** wie der Boden oder spezielle Unternehmerqualitäten, eine bedeutende Rolle spielen. Wenn dieses der Fall ist, werden dem günstigeren Standort bzw. dem besseren Unternehmer auch auf Dauer Zusatzgewinne **(Differentialrenten)** zufließen, die der Kostendifferenz zu dem **Grenzbetrieb** entsprechen, der gerade noch bereit ist, die Nachfrage (bei einem Gewinn von Null) zu befriedigen[1].

Man darf sich nun den gewinnlosen Zustand auf einem Markt nicht so vorstellen, als ob mit seinem Erreichen ein für allemal dieses Gleichgewicht bestehen bliebe. Langfristig können etwa Erfindungen zu entscheidenden Verbesserungen der Produktionsverfahren führen. Die dadurch bedingten Kostensenkungen werden im allgemeinen zunächst von einigen und dann der überwiegenden Zahl von Unternehmen realisiert, die dann infolge der zunächst wieder positiven Gewinne einen erneuten langfristigen Anpassungsprozeß auslösen. Weiterhin werden sich langfristige Veränderungen auf der Nachfrageseite ergeben. Die Nachfragekurven – bisher als gegeben angesehen – werden sich verschieben, wodurch sich die Gleichgewichtslagen ebenfalls verändern. Man hat sich daher das langfristige Gleichgewicht auf einem Markt als eine Kette von sich im Zeitablauf verändernden Gleichgewichtslagen vorzustellen, zu dem der Marktprozeß unter den Bedingungen vollständigen Wettbewerbs stets *hintendiert,* ohne es in einer Welt ständigen Wandels jedoch jemals vollständig zu erreichen. In der realen Welt beobachten wir daher auch stets Wachstums- und Schrumpfungsprozesse von Unternehmen verbunden mit zeitweise unterschiedlich ausgeprägten Gewinn- bzw. Verlustlagen.

Die bisherigen Überlegungen erlauben den Schluß, daß unterschiedliche **Preisentwicklungen in den verschiedenen Wirtschaftssektoren** längerfristig von den Entwicklungen der Durchschnittskosten bestimmt werden. Überdurchschnittlich starke Nachfrageerhöhungen (Rechtsverschiebungen der Nachfragekurven) in einzelnen Sektoren werden – für sich genommen – nicht zu *nachhaltig* überdurchschnittlich starken Preiserhöhungen führen, weil eine günstige Gewinnsituation Kapazitätserweiterungen und damit Angebotserhöhungen auslösen wird, durch die die anfänglichen Preiserhöhungen wieder abgebaut werden.

Da langfristig alle Branchen durch Kostensteigerungen infolge von Lohnsatzerhöhungen betroffen sind[2], die kostensenkenden technischen Fort-

---

[1] Strenggenommen ist die *Bodenrente* Faktoreinkommen und daher den Kosten zuzuordnen, auch wenn der Boden dem Unternehmer gehört.

[2] Wobei allerdings einschränkend zu bemerken ist, daß der Lohnkostenanteil an den Gesamtkosten von Branche zu Branche verschieden ist und damit Lohnsatzerhöhungen auch unterschiedlich stark auf die Gesamtkosten durchschlagen.

Übersicht 3.72: Durchschnittliche jährliche Wachstumsrate[1] von Arbeitsproduktivitäten und Löhnen (Bundesrepublik ohne Saarland und W-Berlin; 1951 – 60)

Sektor	Durchschnittliche Arbeitsproduktivitäten x_i/A_i (v. H.)	Durchschnittliche Arbeitsentlohnung (v. H.)
Land- und Forstwirtschaft	9,4	7,9
Produzierendes Gewerbe	5,3	7,8
Handel	0,1	5,7
Banken Versicherungen	1,8	7,1
Verkehr	4,0	8,5
Staat	3,2	6,4

Quelle: H. Hahn: Unterschiede der Entwicklung von Produktivität, Lohn- und Preisniveau in den einzelnen Wirtschaftbereichen der Bundesrepublik Deutschland (Schriften des Vereins für Socialpolitik, N. F. Bd. 30/II).

schritte hingegen von Branche zu Branche sehr unterschiedlich ausfallen (vgl. Übersicht 3.72), ist aufgrund unserer theoretischen Überlegungen zu vermuten, daß die sektoralen (branchenmäßigen) Preissteigerungen langfristig umso höher sind, je geringer die zu beobachtenden sektoralen technischen Fortschritte sind.

Übersicht 3.73: Indices sektoraler Preise und sektoraler durchschnittlicher Arbeitsproduktivitäten (BR Deutschland 1972; 1962 = 100)

Sektor	Durchschnittl. Arbeitsproduktivitätsentwicklung X_i/A_i	Nominale sektorale Preisentwicklung: P_i	Reale sektorale Preisentwicklung: $(P_i - P) + 100$
Land- und Forstwirtschaft	199	118	68
Produzierendes Gewerbe	165	137	87
Handel- und Verkehr	142	143	93
Übrige Bereiche	127	198	148
Volkswirtschaft insgesamt	157 (= X/A)	150 (= P)	100

Quelle: C. Thoroe: Inflation und sektorale Einkommensverteilung unter besonderer Berücksichtigung der Landwirtschaft, Kiel 1974, S. 84 und S. 88

[1] Die jährliche Wachstumsrate einer Variablen X gibt an, um wieviel Prozent sich diese Größe innerhalb eines Jahres verändert.

Diese Vermutung wird durch Übersicht 3.73 bestätigt: Die sektoralen Preissteigerungen waren in der Zehnjahresperiode 1962 – 1972 umso stärker, je schwächer die durchschnittlichen Arbeitsproduktivitäten (als grobes Maß für den technischen Fortschritt) angestiegen sind. In der rechten Spalte der Übersicht 3.73 wird überdies gezeigt, in welchem Maße sich in etwa die sektoralen Preise verändert hätten, wenn es von 1962 bis 1972 keine inflatorischen Preissteigerungen (vgl. dazu auch Abschnitt 7.1.2) in der westdeutschen Volkswirtschaft gegeben hätte (Realpreisänderungen). Es wäre dann offenbar notwendig gewesen, Preissteigerungen von 48% in den „übrigen Bereichen" der Volkswirtschaft (dies sind die Dienstleistungssektoren, der Staat sowie die privaten Haushalte und Organisationen ohne Erwerbscharakter) durch mehr oder weniger starke Preissenkungen in den Sektoren „Landwirtschaft", „Produzierendes Gewerbe" sowie „Handel und Verkehr" auszugleichen.

Es bleibt festzuhalten, daß das *Modell der vollständigen Konkurrenz* durchaus einen Beitrag zur Erklärung **längerfristiger Preisentwicklungen** leisten kann, auch wenn in vielen Marktbereichen – wie wir aus Kapitel 2 wissen – andere Marktformen vorliegen. Für die Erklärung **kurzfristiger** Preisbildungsprozesse kann dieses Modell jedoch nur herangezogen werden, wenn die Struktur der betrachteten Märkte nicht allzu weit vom Idealmodell der vollständigen Konkurrenz entfernt ist.

3.4.5 Interdependenz ökonomischer Größen

Gleichgewichtswerte der Güterpreise, Faktorpreise, Gütermengen und Faktormengen haben wir bisher isoliert auf einzelnen Güter- bzw. Faktormärkten bestimmt. Diese Vorgehensweise ist nicht ganz korrekt, weil grundsätzlich *gegenseitige Abhängigkeiten („Interdependenzen")* zwischen den Märkten bestehen. Dies kommt beispielsweise darin zum Ausdruck, daß wir die Nachfrage nach einem Gut 1 auch als abhängig vom Preis eines anderen Gutes 2 ansehen bzw. die Nachfrage nach einem Gut 2 auch vom Preis des Gutes 1 bestimmt wird. Steigt nun aus irgendwelchen Gründen die Nachfrage nach Gut 1 (Rechtsverschiebung der Nachfragekurve), dann erhöht sich in unserem Marktmodell der Gleichgewichtspreis des Gutes 1. Eigentlich dürfte damit die Analyse aber nicht zu Ende sein; denn wenn sich der Preis des Gutes 1 ändert, dann verschiebt sich auch die Nachfragekurve für das Gut 2, wodurch wiederum eine Änderung des Gleichgewichtspreises des Gutes 2 ausgelöst wird. Diese Preisänderung hat nun Rückwirkungen auf den Markt des Gutes 1 usw. Diese Rückwirkungen kann man nur dann außer acht lassen, wenn sie vernachlässigbar klein sind. Das ist häufig, aber durchaus nicht immer gerechtfertigt.

Die gegenseitige Abhängigkeit ökonomischer Variablen ist mit besonderer Klarheit von *E. Schneider* herausgearbeitet worden. Wir wollen daher auf seine Darstellung unmittelbar zurückgreifen und sie wörtlich zitieren[1]:

[1] E. Schneider: Einführung in die Wirtschaftstheorie (II. Teil). Tübingen 1967, S. 428 – 430.

„In Übersicht 3.74 bezeichnen die Rechtecke die gesamtwirtschaftlichen Daten: Bedarfsstruktur, technisches Wissen, Faktormengen (vorhandene Ressourcen) und Eigentumsverhältnisse. Es ist zu zeigen, wie sich bei gegebenen gesamtwirtschaftlichen Daten die Preise der Güter und Produktionsfaktoren, die Einkommen und die Gütermengen bestimmen.
Die Güterpreise und Gütermengen ergeben sich auf den Märkten für die einzelnen Güter in bekannter Weise durch das Zusammenspiel von Angebot und Nachfrage (Pfeile 1 und 2).
Die Nachfrage nach Gütern hängt ab von der Bedarfsstruktur (Pfeil 3), der Höhe des Volkseinkommens und der Einkommensverteilung (Pfeil 4) und der Höhe der Güterpreise (Pfeil 5).
Das Angebot von Gütern wird bestimmt von den Güterpreisen (Pfeil 6) und den Produktionskosten. Da aber die Produktionskosten von der angewandten Produktionsmethode und von den Faktorpreisen abhängen, kann man auch sagen, daß das Angebot von Gütern von der benutzten Produktionsmethode (Pfeil 7), den Güterpreisen (Pfeil 6) und den Faktorpreisen (Pfeil 8) abhängt.
Die angewandte Produktionsmethode ihrerseits hängt wieder bei gegebenem technischen Wissen (Pfeil 14) von der herzustellenden Gütermenge (Pfeil 15) und den Faktorpreisen (Pfeil 16) ab.
Die Faktorpreise bestimmen sich aus der Nachfrage nach Faktoren (Pfeil 9) und dem Faktorangebot (Pfeil 10).
Die Nachfrage nach Produktionsfaktoren ist eine Funktion des Güterangebots (Pfeil 11) bzw. von den Daten und Größen, die das Güterangebot bestimmen.
Das Angebot von Produktionsfaktoren ist entweder ein Datum (Pfeil 12) oder eine Funktion der Faktorpreise (Pfeil 13) und gegebenenfalls der Güterpreise (Pfeil nicht eingezeichnet).
Das Gesamteinkommen und seine Verteilung werden von den Besitzverhältnissen (Pfeil 17), den Faktorpreisen (Pfeil 18) und den zum Einsatz kommenden Faktormengen (Pfeil 19) bestimmt.
Dieses Schema gibt ein auf seine einfachsten Linien reduziertes Bild des überaus verwickelten Netzes von gegenseitigen Abhängigkeiten zwischen den ökonomischen Variablen und den gesamtwirtschaftlichen Daten.
Wie ersichtlich ist, spielt sich die Preisbildung auf den Gütermärkten und auf den Faktormärkten ab. Beide Gruppen von Märkten sind direkt durch den Pfeil (11), indirekt über die Einkommen und andere Variable miteinander verknüpft. Die Gleichheitszeichen auf den Nachfrage und Angebot beider Märkte miteinander verbindenden gestrichelten Linien drücken die Gleichgewichtsbedingungen auf den Güter- und Faktormärkten aus.
Es wird in diesem Schema weiter deutlich, daß die Gleichgewichtswerte der ökonomischen Variablen (Preise, Einkommen und Gütermengen) letzten Endes durch die gesamtwirtschaftlichen Daten bestimmt werden. Sind die bestimmten gesamtwirtschaftlichen Daten entsprechenden Gleichgewichtswerte bestimmt, so tritt in diesen Werten erst dann eine Änderung ein, wenn sich ein gesamtwirtschaftliches Datum oder mehrere dieser Daten ändern. In der Möglichkeit, derartige komparativ-statische Untersuchungen durchzuführen, – z. B. zu untersuchen, wie sich die Änderung der Bedarfsstruktur oder des technischen Wissens auf die Gleichgewichtswerte der ökonomischen Variablen auswirkt – liegt der eigentliche Wert der statischen Gleichgewichtsanalyse."

Betrachten wir ein *einfaches Beispiel* und nehmen wir an, in einer Volkswirtschaft würde durch die Bildung von Ersparnissen Geldkapital entstehen und damit auch die Verfügbarkeit über Realkapital (in Form von Investitionsgütern) erhöht. Dies bedeutet eine Ausdehnung des Faktoran-

Übersicht 3.74: Interdependenzzusammenhang ökonomischer Größen

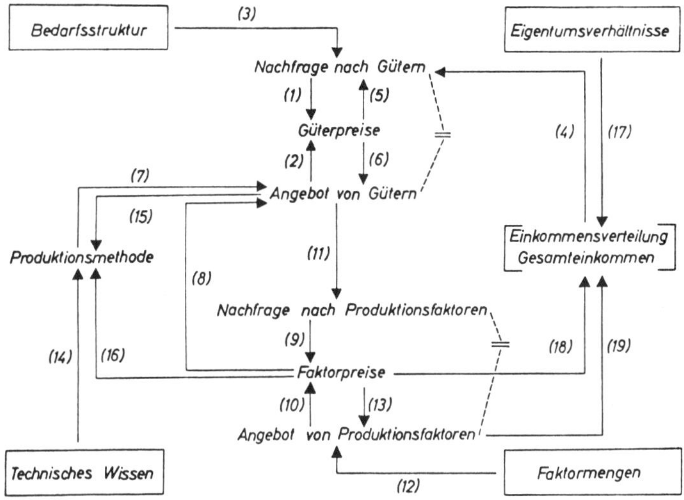

gebots (Pfeil 12), bei gegebener Faktornachfragefunktion eine Senkung des zugehörigen Faktorpreises (Zinssatzsenkung) mit einer Ausdehnung der Faktornachfrage (Pfeile 10 und 9) sowie einer hieraus folgenden Erhöhung des Güterangebots (Pfeile 8, 16 und 7). Das Ausmaß der Güterangebotserhöhung hängt von der Produktionstechnik (der Produktionsmethode) ab (Pfeil 7); in dem hier dargelegten Fall werden die verwendeten Produktionsverfahren kapitalintensiver, weil Kapital im Verhältnis zur Arbeit billiger wird.

Andererseits führt der Mehreinsatz von Kapital zu einer Erhöhung der Gesamteinkommen sowie einer Veränderung der Einkommensverteilung (Pfeile 19 und 18). Die Summe der Kapitaleinkommen ($i \cdot C$) kann steigen, sinken oder konstant bleiben, je nachdem ob die Kapitalrendite (i) weniger stark, stärker oder genauso stark sinkt wie der Kapitaleinsatz (C) steigt. Die Lohnsumme ($l \cdot A$) wird bei gegebener Erwerbsbevölkerung (A) steigen; denn bei vermehrtem Kapitaleinsatz pro Arbeitskraft (C/A) erhöhen sich in den einzelnen Wirtschaftszweigen die Grenzproduktivitäten der Arbeit und damit die Arbeitsentlohnungen (l). Gesamteinkommen und Einkommensverteilung determinieren aber wiederum in starkem Maße die Güternachfrage (Pfeil 4): Durch das gestiegene Gesamteinkommen steht dem gestiegenen Güterangebot jetzt auch eine gestiegene Güternachfrage gegenüber.

Um die Veränderungen des Kapital- und Arbeitseinsatzes für unterschiedliche Wirtschaftssektoren angeben zu können (Veränderung der sektoralen Faktorallokation), wollen wir zwei Wirtschaftssektoren (1 und 2) mit voneinander abweichenden Nachfrage- und Produktionsbedingungen unterscheiden: Sektor 1 produziere bei jedem Faktorpreisverhältnis kapitalintensiver als Sektor 2; die Einkommenselastizität der Nachfrage sei in Sektor 1 größer, in Sektor 2 hingegen kleiner als 1. Wenn nun aufgrund eines um 10% gestiegenen volkswirtschaftlichen Kapitalbestandes der Kapitaleinsatz in beiden Sektoren jeweils um 10% ausgedehnt würde, etwa weil in beiden Sektoren ähnliche Substitutionsmöglichkeiten der Faktoren Arbeit und Kapital bestehen, so müßten sich Ungleichgewichte auf den Gütermärkten einstellen: Einem erhöhten Kapitaleinsatz von +10% könnte etwa eine Erhöhung der Güterproduktion in Sektor 1 von 3% und in Sektor 2 von 2,5%[1] entsprechen; andererseits könnte sich aus diesen Produktionserhöhungen – bei zunächst gegebenen Güterpreisen – eine Erhöhung des Volkseinkommens von etwa 2,8% ergeben[2]. Nehmen wir weiter an, die Einkommenselastizität der Nachfrage betrage im Sektor 1 $\eta^1 = 1{,}5$, in Sektor 2 hingegen $\eta^2 = 0{,}5$, dann steigen die Nachfragemengen bei gegebenen Preisen um 1,5 · 2,8% = 4,2% (Sektor 1) bzw. 0,5 · 2,8% = 1,4% (Sektor 2). Die Ungleichgewichtssituationen lassen sich nun klar aufzeigen: Auf dem Gütermarkt des Sektors 1 steht einem um 3% gestiegenen Angebot eine um 4,2% gestiegene Nachfrage gegenüber (Nachfrageüberschuß), auf dem Gütermarkt des Sektors 2 bleibt hingegen die Nachfrageentwicklung (+1,4%) hinter der Angebotsentwicklung (+2,8%) zurück (Angebotsüberschuß).

Die Ungleichgewichtssituationen auf den Gütermärkten lösen schließlich *Faktorwanderungen* zwischen den Sektoren (sektoralen Strukturwandel) aus: Ein Nachfrageüberschuß auf dem Gütermarkt 1 führt zu Preissteigerungen im Sektor 1, ein Angebotsüberschuß auf dem Gütermarkt 2 führt hingegen zu Preissenkungen in Sektor 2[3]. Hierdurch sinken die Wertgrenzproduktivitäten von Arbeit und Kapital und damit die Faktorentlohnungen in Sektor 2 in Relation zu den entsprechenden Werten des Sektors 1; bei hinreichender Faktormobilität wandern die Faktoren von Sektor 2 in den Sektor 1 ab[4]. Es kommt insbesondere zu einer neuen Verteilung der

[1] Die unterschiedliche Reaktion der Produktion auf den Mehreinsatz von Kapital ist ein Resultat der angenommenen unterschiedlichen sektoralen Einsatzverhältnisse von Kapital und Arbeit (Kapitalintensitäten, C/A).

[2] Aus erhöhten Produktionsmengen folgt ein erhöhter Produktionswert („Sozialprodukt"), der in Form von Einkommen an die Faktoren fließt (vgl. hierzu insbesondere Kapitel 7).

[3] Die Preisveränderungen in Sektor 2 werden erheblich stärker sein als in Sektor 1, weil in Sektor 2 mit einer (absolut genommen) relativ niedrigen Preiselastizität der Nachfrage zu rechnen ist. Dies liegt daran, daß sich normalerweise die absoluten Werte von sektoralen Einkommens- und Preiselastizitäten nicht stark voneinander unterscheiden.

[4] Die Wanderung kann aber auch dadurch ausgelöst werden, daß die Lohnsteigerungen in Sektor 2 nicht hinter denen des Sektors 1 zurückbleiben, daher bei sinkenden Güterpreisen in Sektor 2 viele Unternehmen in die Verlustzone geraten und Arbeitskräfte entlassen müssen.

(als konstant angenommenen) Erwerbsbevölkerung: die Beschäftigtenzahl des Sektors 1 steigt, die des Sektors 2 sinkt.
Die mit den Faktorwanderungen einhergehenden Angebotsanpassungen verändern auch wieder die *Güterpreise*; sie sinken im Sektor 1 und steigen im Sektor 2. Welches Güterpreisverhältnis zwischen Sektor 1 und Sektor 2 (im Vergleich zur Ausgangssituation) sich auf lange Sicht schließlich einstellt, hängt letztlich von der Entwicklung der Durchschnittskosten ab. Da Sektor 1 annahmegemäß relativ kapitalintensiv (hoher Kapitalkostenanteil), Sektor 2 dagegen relativ arbeitsintensiv produziert, werden sich langfristig die Güter des Sektors 1 im Verhältnis zu den Gütern des Sektors 2 verbilligen; denn in dem von uns geschilderten Prozeß wurde Kapital billiger, Arbeit aber teurer.

3.5 Vollständiger Wettbewerb und gesellschaftliche Zielerreichung

Geht man von den Wirtschaftsplänen der Haushalte und Unternehmen aus, dann läßt sich der Prozeß der Lenkung von Produktion und Faktoreinsatz auch als Kette von Anpassungsschritten kennzeichnen:

- Bei Aufstellung ihrer Produktions- und Konsumpläne haben Unternehmen und Haushalte bestimmte Erwartungen bezüglich der Preise (ökonomische Daten). Die auf der Grundlage dieser Erwartungen getroffenen Entscheidungen führen zu einem bestimmten Angebot und einer bestimmten Nachfrage auf den Produkt- und Faktormärkten.
- Für eine gegebene Angebots- und Nachfragekonstellation ergeben sich auf den Märkten bestimmte Preise, die im allgemeinen nicht mit den von den Wirtschaftseinheiten erwarteten Preisen übereinstimmen werden. Die Wirtschaftseinheiten erleben Überraschungen. Sie stellen fest, daß sie in der abgelaufenen Periode einen nicht erwarteten Gewinn oder Verlust gemacht haben.

Überraschungen und nachfolgende Planrevisionen sind insbesondere dann zu erwarten, wenn häufige und starke Datenänderungen – etwa in Form von Nachfrageverschiebungen zugunsten einiger und zuungunsten anderer Branchen – auftreten.
Nach dieser Vorstellung lenken die Produkt- und Faktorpreise

- Produktion und Faktoreinsatz dahin, wo der Bedarf wächst: durch den Anreiz von Gewinnen sowie die Attraktivität höherer Löhne und Zinsen,
- und erzwingen eine Reduktion von Produktion und Faktoreinsatz in den Bereichen, wo der Bedarf zurückgeht: durch Gefahr von Verlusten und Abwanderung von Arbeit und Kapital wegen zu geringer Entlohnung.

Die Vorstellung von *Adam Smith* von der *„unsichtbaren Hand"*, die den Wirtschaftsablauf lenkt, bezieht sich auf Prozesse dieser Art, wobei evtl. auftretende Reibungen als nur vorübergehende unwesentliche Störungen aufgefaßt werden.

3.5.1 Güterversorgung und Einkommensverteilung

Optimale Faktorallokation

Wird ein Gleichgewichtszustand mit Null-Gewinnen (vgl. Abschnitt 3.4.4) auf allen Gütermärkten erreicht, so spricht man bezüglich des Faktoreinsatzes – der ja notwendig festgelegt ist, wenn über die Produktionsmengen der einzelnen Güter entschieden ist – gesamtwirtschaftlich von einer optimalen Faktorallokation. Die *Faktorallokation ist optimal, wenn die Entlohnungssätze für jeden Produktionsfaktor* (Arbeit, Boden, Kapital) *in allen Produktionen, d.h. in allen Wirtschaftszweigen, gleich sind.* Zu einem einheitlichen Lohnsatz für jeweils dieselbe Arbeitsqualität kommt es dadurch, daß – ausgehend von anfänglichen Lohnsatzunterschieden – die Arbeiter dorthin wandern, wo ihnen der höchste Lohn gezahlt wird. Dies ist regelmäßig dort der Fall, wo die Gewinnchancen noch groß sind und somit die Wertgrenzproduktivitäten die Faktorpreise übersteigen. Solange die Wertgrenzproduktivität der Arbeit noch größer als der Lohnsatz ist, werden die Unternehmer ihre Produktion ausdehnen und mehr Arbeitskräfte nachfragen. Diejenigen Wirtschaftszweige, aus denen die Arbeiter aufgrund des Lohnanreizes abwandern, können diesen Prozeß nur durch höhere Lohnzugeständnisse unterbinden. Geraten sie dabei in die Verlustzone, so scheiden sie aus der Produktion aus. Der Prozeß der Wanderung des Faktors Arbeit (aber auch der anderen Faktoren) endet dann, wenn die Entlohnungssätze für jede Arbeitsqualität überall gleich sind. Damit sind aber auch die *Wertgrenzproduktivitäten einer jeden Faktorart überall gleich.* Die Verteilung der Produktionsfaktoren auf die verschiedenen Produktionszweige ist dann optimal, weil z. B. die Verwendung eines Arbeiters in irgendeiner anderen Produktion keinen wertmäßigen Produktionszuwachs mehr erbringen kann, der höher wäre als der (wertmäßige) Produktionsrückgang in der ursprünglichen Verwendung. Bei den herrschenden Produktionsbedingungen und Bedarfsstrukturen sind die Produktionsfaktoren derartig verteilt (allokiert), daß der Wert der erstellten Güterproduktion maximal ist und somit bei gegebenem Faktorbestand und gegebener Produktionstechnik eine **maximale Güterversorgung** der Bevölkerung gegeben ist.

Stimmen in allen Unternehmen die Wertgrenzproduktivitäten aller Faktoren auch jeweils mit den zugehörigen Faktorpreisen überein, dann lohnt es sich für einen Unternehmer nicht mehr, noch irgendwelche zusätzlichen Faktoren einzusetzen, um die Produktionskapazität zu erweitern. Da dies aber nur in einem gewinnlosen Zustand der Fall sein kann, bedeutet Gleichheit von Wertgrenzproduktivitäten und Faktorentlohnungen bei allen Faktoren gleichzeitig auch **gewinnlose Produktion.**

Gerechte Einkommensverteilung

Eine bestimmte Faktorallokation repräsentiert unter den Bedingungen vollständigen Wettbewerbs gleichzeitig eine ganz bestimmte *Einkommensverteilung.* Die im Zuge der Produktion gezahlten Faktorentlohnungen stellen Einkommen der Haushalte dar. Die einzelnen Haushalte erhalten

Einkommen entsprechend der Höhe der Lohnsätze und ihres Faktorangebots. Je mehr Arbeitsleistungen ein Haushalt anbieten kann und über je mehr Kapital er verfügt, umso größer ist auch das daraus erzielbare Einkommen. Die aus einer optimalen Faktorallokation resultierende **Einkommensverteilung ist ungleichmäßig,** da die Haushalte in der Ausgangslage über unterschiedlich hohe Faktorbestände verfügen. Die „Armen" haben meist nur ihre Arbeitskraft anzubieten, die „Reichen" können etwa aufgrund ererbter Vermögen zusätzlich Zinseinkommen erzielen. Es stellt sich dann die Frage nach der Gerechtigkeit einer so determinierten Einkommensverteilung. Je nach der spezifischen Fassung des Gerechtigkeitsziels (vgl. Abschnitt 1.2.3) wird die Antwort unterschiedlich ausfallen. Wenn man vom Prinzip der **Leistungsgerechtigkeit** ausgeht, so wird dieses Ziel durch die Marktkräfte unter den Bedingungen vollständigen Wettbewerbs tendenziell erreicht, da etwa für Arbeitsleistungen bestimmter Qualität in allen Verwendungen der gleiche Lohn gezahlt wird. Bei einer inhaltlichen Beurteilung der Verteilungsgerechtigkeit ist daneben jedoch eine ganze Reihe weiterer Aspekte zu beachten, wie die Frage der Chancengleichheit in der Ausbildung (Startgerechtigkeit) oder der Übertragung von Vermögen von einer Generation zur nächsten. Und darüber hinaus ist grundsätzlich zu klären, inwieweit andere Gerechtigkeitsvorstellungen, etwa Verteilungen nach dem **Bedarfsprinzip,** angestrebt werden sollen.

Ob die sich bei vollständiger Konkurrenz einspielende Einkommensverteilung als gerecht anzusehen ist, hängt von der subjektiven Beurteilung durch die einzelnen Mitglieder der Gesellschaft und die staatlichen Entscheidungsträger ab. Diese Frage kann – wie in Abschnitt 1.2 begründet – nicht wissenschaftlich geklärt werden. Allgemein herrscht die Auffassung vor, daß in marktwirtschaftlichen Systemen die Marktprozesse – sich selbst überlassen – nicht in jeder Hinsicht zu einer sozial gerechten Einkommensverteilung führen. Von staatlicher Seite werden daher entsprechende Korrekturen vorgenommen. So erscheint es etwa gerechtfertigt, einem Kranken, der vorübergehend als Anbieter von Arbeitskraft ausfällt und somit keinen Lohn erhalten würde, einen Mindestlohn weiterhin zu garantieren. Desgleichen werden allgemein bei Arbeitslosigkeit Unterstützungszahlungen geleistet. Oder an die Beschäftigten bzw. Unternehmen von Branchen, die unter großen Anpassungsdruck geraten, erfolgen Transferzahlungen bzw. Subventionen (z. B. Landwirtschaft, Bergbau u. dgl.). Dort, wo die **freie Marktwirtschaft** zu sozial nicht mehr tragbaren Härten führt, hat der Staat prinzipiell die Möglichkeit, durch ordnungspolitische oder ablaufspolitische Mittel in das Wirtschaftsgeschehen korrigierend einzugreifen, um den angestrebten gesellschafts- und wirtschaftspolitischen Zielvorstellungen näherzukommen. In der Bundesrepublik haben diese Entwicklungen zu der Ausprägung eines Wirtschaftssystems geführt, das als **Soziale Marktwirtschaft** bezeichnet wird.

Neben dem Ausbau der sozialen Sicherung und der Realisierung von Verteilungszielen richtet sich eine Reihe von staatlichen Maßnahmen auch in marktwirtschaftlich ausgerichteten Wirtschaftssystemen darauf, die Erreichung des Zieles *optimale Faktorallokation* zu unterstützen. Beide Ziele werden berücksichtigt, wenn in Abschnitt 3.6 Ansatzstellen und Auswirkungen staatlicher *Einflußnahme auf einzelnen Märkten* unter den Bedingungen vollständigen Wettbewerbs diskutiert werden. Es handelt sich hier nur um partielle Korrekturen eines prinzipiell funktionierenden und nicht in Frage gestellten Systems vollständigen Wettbewerbs. Das Problem einer marktwirtschaftlichen Alternative zum vollständigen Wettbewerb wird erst in Kapitel 4 diskutiert. Aber auch hier ist eine Bewertung des Systems nur möglich auf der Grundlage explizit genannter wirtschaftspolitischer Ziele. Mit veränderten Zielvorgaben kann sich auch die Beurteilung wirtschaftpolitischer Maßnahmen und Systeme ändern.

3.5.2 Konkurrenzpreise und gesellschaftliche Güterbewertung

Wir konnten in Abschnitt 3.5.1 zeigen, daß ein intersektoraler Ausgleich der Wertgrenzproduktivitäten zu einer Maximierung des Sozialprodukts führt. Gilt z. B. die Gleichung

$$\frac{\Delta X_L}{\Delta A} \cdot p_L = \frac{\Delta X_I}{\Delta A} \cdot p_I, \qquad (3.60)$$

nach der die Wertgrenzproduktivitäten der Arbeit in der Landwirtschaft (L) und der Industrie (I) übereinstimmen, dann wird der (in DM gemessene) Wert der Mehrproduktion, den eine aus der Landwirtschaft ins Gewerbe abgewanderte Arbeitskraft in der gewerblichen Produktion erzielt, ebenso groß sein wie der Wert der landwirtschaftlichen Minderproduktion, der durch die Abwanderung aus der Landwirtschaft entsteht. Offenbar ist durch Faktorwanderungen keine Erhöhung des volkswirtschaftlichen Produktionswertes (oder des Sozialproduktes) mehr erzielbar; das Sozialprodukt ist maximal.

Soll mit der Sozialproduktsmaximierung gleichzeitig eine **Maximierung der gesellschaftlichen Wohlfahrt** erzielt werden, dann muß der Wohlfahrtszuwachs, der durch die gewerbliche Mehrproduktion erzielt werden kann, gerade den Wohlfahrtsverlust ausgleichen, der durch die landwirtschaftliche Minderproduktion entsteht. Daß diese Bedingung unter bestimmten Voraussetzungen über einen Ausgleich der Wertgrenzproduktivitäten erfüllt wird, läßt sich leicht zeigen.

Zunächst wollen wir dazu den Ausgleich der Wertgrenzproduktivitäten (3.60) in der Form

$$\frac{\Delta X_L}{\Delta A} \cdot \frac{p_L}{p_I} = \frac{\Delta X_I}{\Delta A} \qquad (3.61)$$

schreiben. Hierin gibt ein Güterpreisverhältnis von z. B. $p_L/p_I = 2$ an, daß eine Einheit des landwirtschaftlichen Gutes „vom Markt“ doppelt so hoch bewertet wird wie eine Einheit des industriellen Gutes. Es ist dann weiter danach zu fragen, ob diese Bewertung des Marktes Informationen über die gesellschaftliche Wertschätzung der Güter liefert:

(1) Bei rationalem Verhalten werden alle Haushalte gerade soviele landwirtschaftliche bzw. industrielle Güter kaufen, daß jeweils ihre (subjek-

tive) Grenzrate der Substitution bezüglich dieser Güter genau dem Preisverhältnis entspricht (vgl. Abschnitt 3.3.2.1):

$$\left(-\frac{\Delta X_I}{\Delta X_L}\right)_S = \frac{p_L}{p_I} \tag{3.62}$$

Die Grenzrate der Substitution gibt an, wie ein Haushalt die Möglichkeit des Mehrverbrauchs von ΔX_I industriellen Produkteinheiten in Relation zum Verzicht von ΔX_L landwirtschaftlichen Produkteinheiten einschätzt. Im Beispiel: Ist $p_L/p_I = 2$ und verhält sich ein Haushalt rational, dann wird auch die Grenzrate der Substitution gleich 2 sein; der Verzicht auf eine Einheit der landwirtschaftlichen Güter wird durch den Mehrverbrauch von 2 gewerblichen Gütereinheiten gerade ausgeglichen.

(2) Da auf vollkommenen Märkten für alle Haushalte die gleichen Güterpreise gelten, wird sich auch für alle Haushalte die gleiche Grenzrate der Substitution herausbilden. Es ist dann diese, allen Haushalten gemeinsame Grenzrate der Substitution, die als Maßstab für die gesellschaftliche Wertschätzung der Güter verwendet werden kann.

Aus unseren Überlegungen folgt: Es ist im Modell der vollständigen Konkurrenz gerechtfertigt, die **Marktpreise als Indikatoren gesellschaftlicher Wertschätzung von Gütern** zu verwenden. Eine Übereinstimmung von Wertgrenzproduktivitäten unterschiedlicher Sektoren ist danach auch so interpretierbar, daß der Wohlfahrtszuwachs, den z. B. eine zusätzliche Arbeitskraft im gewerblichen Sektor erzielt, ebenso groß ist wie der Wohlfahrtsverlust, der durch die Abwanderung dieser Arbeitskraft aus der Landwirtschaft entsteht; die gesellschaftliche Wohlfahrt ist also maximal.

3.5.3 Effizienzkriterien

Wegen der zentralen Bedeutung der Allokationszielsetzung wird die Leistungsfähigkeit von Wirtschaftssystemen häufig gerade an diesem Kriterium gemessen. Dabei ist es für eine vergleichende Beurteilung wirtschaftlicher Zustände nützlich, wenn man die umfassende Forderung nach optimaler Faktorallokation in Teilbedingungen zerlegt und dann jeweils fragt, ob ein Wirtschaftssystem zumindest eine oder auch mehrere dieser Teilbedingungen erfüllen kann.
Wie wir wissen, leistet das Modell der vollständigen Konkurrenz die optimale Allokation gegebener Mengen volkswirtschaftlicher Produktionsfaktoren bei gegebenem technischen Wissensstand. Wir können daher sicher sein, daß dieses Marktsystem auch die *Teilbedingungen* optimaler Faktorallokation jeweils erfüllt. Es empfiehlt sich allerdings, dies für jede der drei Teilbedingungen, die mit (a) Produktionseffizienz, (b) Tauscheffizienz und (c) optimale Produktionsstruktur umschrieben werden, nochmals nachzuprüfen.

Produktionseffizienz
Mit Produktionseffizienz ist die Forderung nach **optimaler Ausschöpfung der volkswirtschaftlichen Produktionsreserven** gemeint. Dies impliziert

einmal, daß *Vollbeschäftigung* der Produktionsfaktoren gewährleistet sein muß (vgl. hierzu insbesondere Kapitel 8), darüber hinaus aber auch, *daß es nicht möglich sein darf, durch Reallokation von Faktoren die Produktion eines Gutes* (z. B. „industrielles Gut" I) *zu erhöhen, ohne daß die Produktion eines anderen Gutes* (z. B. „landwirtschaftliches Gut" L) *sinkt.*

Die letztgenannte Forderung ist dann erfüllt, wenn in allen Sektoren einer Volkswirtschaft die Grenzraten der Substitution bezüglich zweier Faktoren übereinstimmen, so daß bei Verwendung der Faktoren Arbeit und Kapital gelten muß:

$$\left(-\frac{\Delta A}{\Delta C}\right) I = \left(-\frac{\Delta A}{\Delta C}\right) L \tag{3.63}$$

(vgl. zum Begriff der Grenzrate der Substitution Abschnitt 3.2.3.1). Es genügt hier, die Plausibilität der Bedingung nachzuprüfen, indem wir von der Ungleichung

$$\underset{(=2)}{\left(-\frac{\Delta A}{\Delta C}\right) I} < \underset{(=3)}{\left(-\frac{\Delta A}{\Delta C}\right) L} \tag{3.64}$$

ausgehen. Hiernach kann in der Landwirtschaft die Produktion aufrechterhalten bleiben, wenn 3 Arbeitskräfte abgezogen, diese jedoch durch eine Kapitaleinheit ersetzt werden. Im gewerblichen Sektor wäre es möglich, auf eine Kapitaleinheit zu verzichten, wenn 2 Arbeitskräfte zuwandern würden. In einer derartigen Situation wäre eine Reallokation von Faktoren von Vorteil: Vom gewerblichen Sektor müßte z. B. eine Kapitaleinheit in die Landwirtschaft transferiert werden, die daraufhin 3 Arbeitskräfte abgeben könnte, ohne daß Produktionseinbußen zu befürchten wären. Da der gewerbliche Sektor als Kompensation für den Kapitalverzicht nur 2 Arbeitskräfte benötigen würde, jedoch 3 Arbeitskräfte von der Landwirtschaft erhalten könnte, wäre durch die sektorale Umverteilung von Faktoren eine gewerbliche Produktionssteigerung möglich, ohne daß die landwirtschaftliche Produktion sinken müßte. Derartige Produktionssteigerungen sind nicht mehr möglich, wenn die sektoralen Grenzraten der Substitution übereinstimmen; die volkswirtschaftliche Produktionskapazität ist dann vollständig ausgeschöpft.

Im *Modell der vollständigen Konkurrenz* sind die Unternehmer zu einem „sparsamen" Umgang mit Produktionsfaktoren gezwungen, weil sonst die Gefahr besteht, daß sie durch Auftreten von Verlusten „aus dem Markt" gedrängt werden. „Sparsamer" Umgang mit Produktionsfaktoren bedeutet Produktion zu minimalen Kosten, d. h. jeder Unternehmer wird versuchen, die Minimalkostenkombination zu verwirklichen (vgl. Abschnitt 3.2.3.1). Dies ist genau dann erreicht, wenn die Grenzrate der Substitution bezüglich zweier Faktoren dem (reziproken) Verhältnis der Faktorpreise entspricht:

$$\left(-\frac{\Delta A}{\Delta C}\right) S = \frac{i}{l} \tag{3.65}$$

Da auf homogenen Faktormärkten z. B. die landwirtschaftlichen Unternehmer mit den gleichen Preisen für Arbeit (l) und Kapital (i) konfrontiert werden wie die gewerblichen Unternehmer, werden sich notwendigerweise auch ihre Grenzraten der Substitution einander angleichen. Das Streben nach minimalen Kosten („Vermeidung von Faktorverschwendung") trägt somit entscheidend zur Vollausnutzung der volkswirtschaftlichen Produktionskapazität bei.

Tauscheffizienz

Beginnen wir mit einem Beispiel: In der unmittelbaren Nachkriegszeit bestand in Deutschland ein Wirtschaftssystem, in dem mit Hilfe sog. Lebensmittelkarten Güter an die Haushalte verteilt wurden. Hierdurch war u. a. auch die Zusammensetzung des dem Einzelnen zustehenden „Güterkorbes" festgelegt. Da die Bedürfnisse der Menschen aber unterschiedlich sind, darf es nicht verwundern, daß ein schwunghafter Handel entstand. Die Bedürfnisbefriedigung der Bevölkerung mußte sich hierdurch unmittelbar erhöhen; denn ein Tausch zwischen zwei Wirtschaftseinheiten kommt nur dann zustande, wenn beide davon profitieren – z. B. wenn ein Nichtraucher ihm zugeteilte Zigaretten gegen Lebensmittel tauscht, wobei der zigarettenabhängige Tauschpartner gern auf eine gewisse Menge an Lebensmitteln zugunsten von Zigaretten verzichtet.
An diesen Grundgedanken wollen wir hier anknüpfen: Man sagt, die an die Haushalte gelieferten Güter„pakete" seien (noch nicht) optimal zusammengesetzt, *wenn es nicht mehr (noch) möglich ist, das Bedürfnisbefriedigungsniveau eines Haushalts zu erhöhen, ohne das des anderen zu vermindern (Tauscheffizienz;* vgl. die Analogie zur Produktionseffizienz). Dieses Optimum ist dann gegeben, wenn die Grenzraten der Substitution bezüglich zweier Güter für alle Haushalte einander gleich sind. Im Falle zweier Haushalte muß die Gleichung

$$\left(-\frac{\Delta X_I}{\Delta X_L}\right) S1 = \left(-\frac{\Delta X_I}{\Delta X_L}\right) S2 \qquad (3.66)$$

erfüllt sein.
Es genügt wieder der Nachweis der Plausibilität: Im Falle

$$\left(-\frac{\Delta X_I}{\Delta X_L}\right) S1 < \left(-\frac{\Delta X_I}{\Delta X_L}\right) S2 \qquad (3.67)$$
$$(=1) \qquad < (=3)$$

schätzt Haushalt 1 eine zusätzliche Einheit des Gutes I ebenso hoch ein wie eine zusätzliche Einheit des Gutes L, Haushalt 2 bewertet hingegen eine zusätzliche Einheit von Gut L dreimal so hoch wie eine zusätzliche Einheit von Gut I. Man kann nun tatsächlich beispielsweise das Bedürfnisbefriedigungsniveau von Haushalt 2 durch Tausch erhöhen, ohne das Bedürfnisbefriedigungsniveau von Haushalt 1 zu vermindern; Haushalt 2 brauchte lediglich eine Einheit des Gutes I gegen eine Einheit des Gutes L bei Haushalt 1 einzutauschen. Die Möglichkeit einer derartigen Wohlfahrtserhöhung durch Tausch sind ausgeschöpft, wenn die Grenzraten der Substitution nicht mehr voneinander abweichen.

Im *System vollständiger Konkurrenz* läßt sich auch diese Optimalbedingung verwirklichen. Denn da **Konsumentenfreiheit** herrscht (die Haushalte können über ihre Einkommen frei verfügen – ihnen werden die Güter nicht unmittelbar zugeteilt), werden alle Haushalte ihre Güterkäufe so an den Güterpreisen ausrichten, daß für ein beliebiges Güterpaar jeweils die Grenzrate der Substitution mit dem zugehörigen Güterpreisverhältnis übereinstimmt (vgl. Abschnitt 3.3.2.1). Da auf vollkommenen Märkten für alle Haushalte die gleichen Preise gelten, werden auch (im Gleichgewicht) die Grenzraten der Substitution aller Haushalte übereinstimmen. Dies ist aber die oben formulierte Optimalbedingung.

Optimale Produktionsstruktur

Es ist denkbar, daß die Unternehmer einer Volkswirtschaft das Produktionspotential voll ausschöpfen, etwa indem sie $X_I = 30$ industrielle und $X_L = 10$ landwirtschaftliche Produkteinheiten herstellen, und daß darüber hinaus diese Güter in solcher Zusammensetzung an die einzelnen Haushalte fließen, daß sich für keinen Haushalt mehr ein Wohlfahrtsgewinn durch Tausch erzielen läßt – es gelten somit die Bedingungen der Produktions- und Tauscheffizienz. Damit ist jedoch noch nicht gewährleistet, daß die Konsumenten die Aufteilung der volkswirtschaftlichen Gesamtproduktion auf $X_I = 30$ und $X_L = 10$ als bestmöglich ansehen.

Die hiermit angesprochene Ausrichtung der Produktion an den Bedürfnissen der Konsumenten läßt sich präzisieren: Man sagt, die Abstimmung zwischen Konsum- und Produktionssektor sei dann optimal, *wenn es* – wiederum bei gegebener Einkommensverteilung – *nicht mehr möglich ist, durch Veränderung des Produktionsprogramms noch einen Konsumenten besser zu stellen, ohne die Position eines anderen Konsumenten zu verschlechtern*[1]. Hierfür kann wiederum eine genaue Bedingung angegeben werden: Die (bei Tauscheffizienz) allen Haushalten gemeinsame Grenzrate der Substitution muß mit der Grenzrate der Transformation des Produktionsbereichs übereinstimmen:

$$\left(-\frac{\Delta X_I}{\Delta X_L}\right)_S = \left(-\frac{\Delta X_I}{\Delta X_L}\right)_T. \tag{3.68}$$

Zum Nachweis der Plausibilität gehen wir wiederum von einer Situation der Ungleichheit aus:

$$\left(-\frac{\Delta X_I}{\Delta X_L}\right)_S < \left(-\frac{\Delta X_I}{\Delta X_L}\right)_T. \tag{3.69}$$

$$(=1) \qquad < (=3)$$

In diesem Beispiel schätzen die Haushalte eine zusätzliche Einheit des Gutes L ebenso ein wie eine zusätzliche Einheit des Gutes I, während es

---

[1] Man beachte: Produktions- und Tauscheffizienz beziehen sich jeweils auf die (isolierte) „Optimierung" lediglich des Produktions- bzw. des Konsumbereichs. Mit der Forderung nach optimaler Produktionsstruktur wird hingegen die bestmögliche Abstimmung zwischen diesen beiden Bereichen verlangt.

im Produktionsbereich möglich ist, durch Verzicht auf eine Einheit des Gutes L drei Einheiten des Gutes I herzustellen. Die Bedürfnisbefriedigung der Haushalte wird sich offenbar erhöhen, wenn das Produktionsprogramm zugunsten des Gutes I umgestellt wird und den Konsumenten somit mehr Güter der Art I auf Kosten von Gütern der Art L geliefert werden. Derartige Umstellungen lohnen sich nicht mehr, wenn Grenzrate der Substitution und Grenzrate der Transformation übereinstimmen.

Das *Modell der vollständigen Konkurrenz* kann auch diese Anforderungen erfüllen, d.h. bei vollkommenem Wettbewerb richten die Unternehmer ihre Produktionsentscheidungen letztlich an den Wünschen der Konsumenten aus. Um dies möglichst einfach zeigen zu können, wollen wir (ohne Einschränkung der Allgemeingültigkeit der Ergebnisse) annehmen, der Produktionssektor würde aus Unternehmen bestehen, die jeweils zwei Produktarten herstellen. In diesem Falle werden gewinnmaximierende Unternehmer für die Gleichheit von Grenzrate der Transformation und Güterpreisverhältnis sorgen (vgl. Abschnitt 3.2.4). Da die Haushalte ebenfalls ihre Grenzrate der Substitution am Güterpreisverhältnis ausrichten, kommt es schließlich zur Übereinstimmung von Grenzrate der Substitution und Grenzrate der Transformation.

3.6 Ansatzstellen der Wirtschaftspolitik: Marktinterventionspolitik

Die Preise und Mengen, die in einer Marktwirtschaft aus den Einzelentscheidungen der Haushalte und Unternehmungen resultieren, können selbst bei vollständigem Wettbewerb auf den einzelnen Märkten Werte annehmen, die bestimmten Zielsetzungen der staatlichen Wirtschaftspolitik widersprechen. Neben anderen Grundzielen sind hier besonders die Ziele *„gerechte Einkommensverteilung“* und *„optimale Faktorallokation“* zu nennen. Die für die Wirtschaftspolitik zuständigen staatlichen Instanzen werden somit zu überlegen haben, in welcher Weise sie korrigierend in den wirtschaftlichen Ablauf eingreifen können.
Wir haben oben (Abschnitt 1.2.4) ordnungs- und ablaufspolitische Instrumente unterschieden und bereits darauf hingewiesen, daß die Ablaufspolitik bei mikroökonomischen wie auch makroökonomischen Variablen ansetzen kann. Die hier zu diskutierenden Maßnahmen sind der **mikroökonomischen Ablaufspolitik** zuzuordnen.

Die Einflußnahme auf das Marktgeschehen kann unterschiedlicher Art sein. Grundsätzlich lassen sich nach der *Eingriffsintensität* die folgenden **Formen von Marktinterventionen** unterscheiden:
- Staatliche Instanzen treten als *Käufer oder Verkäufer von Gütern oder Forderungen* auf, ohne selbst Produzenten zu sein (z. B. Kauf von Investitionsgütern, Kauf oder Verkauf von Wertpapieren an den Börsen usw.).
- Der Staat kann die *Entscheidungen privater Wirtschaftseinheiten* durch seine Maßnahmen *beeinflussen,* insbesondere durch finanzielle Anreize (z.B. Steuern, Subventionen, Zölle), durch administrative Auflagen

(z. B. Qualitätsvorschriften, Umweltschutzmaßnahmen) oder durch Firmenbeteiligungen (z. B. Einflußnahme durch den Aufsichtsrat).

– Der Staat kann *direkt Preise oder Mengen auf Märkten festlegen* (z. B. Preis- und Lohnstopp, Einfuhrkontingentierung, Devisenbewirtschaftung) oder die Verwendung von Gewinnen kontrollieren (z. B. Investitionskontrollen). Diese Maßnahmen stellen den schärfsten Eingriff in die Dispositionsfreiheit der privaten Wirtschaftseinheiten dar.

Maßnahmen der bisher beschriebenen Art könnte man mit Hilfe des Begriffs **Marktinterventionspolitik** zusammenfassen. Sie sind nicht unumstritten und werden aus Gründen, von denen wir einige in dem nachfolgenden Abschnitt nennen, insbesondere von liberalen Nationalökonomen und Wirtschaftspolitikern mit großer Skepsis betrachtet. Weniger umstritten – jedenfalls grundsätzlich, wenn auch nicht hinsichtlich des Ausmaßes – sind Maßnahmen des Staates, die das Marktergebnis *nachträglich korrigieren, insbesondere durch Umverteilung der Einkommen* (z. B. durch Steuerpolitik und Transferzahlungen). Wir wollen diesen Maßnahmenbereich der Ablaufspolitik **Transfer- und Sozialpolitik**[1] nennen.

3.6.1 Preis- und Mengenpolitik

Höchstpreise

Nehmen wir an, auf dem Markt eines für die Bevölkerung wichtigen Nahrungsmittels habe sich ein Preis herausgebildet, der der Regierung des betreffenden Staates als zu hoch erscheint. Soll in der nächsten Wirtschaftsperiode im Verbraucherinteresse ein niedrigerer Preis erreicht werden, dann liegt es nahe, daß der Staat für den Preis dieses Gutes eine obere Grenze (Höchstpreis) festsetzt, die nicht überschritten werden darf. Die Auswirkungen einer solchen staatlichen Maßnahme lassen sich aus Übersicht 3.75 ersehen.

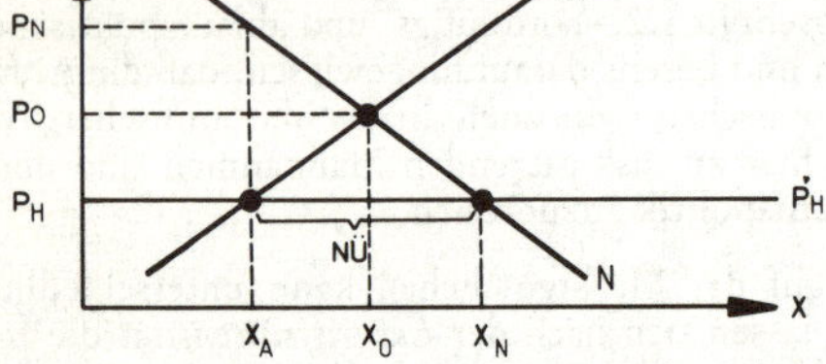

Übersicht 3.75: Höchstpreissetzung

In der Ausgangsperiode t = 0 bestehen ein Gleichgewichtspreis p_0 und eine Gleichgewichtsmenge x_0. Nach der Höchstpreissetzung (p_H) sind nur noch Käufe und Verkäufe dieses hier betrachteten Gutes zu Preisen zwischen

[1] Es sei hier darauf hingewiesen, daß zentrale Bereiche der Sozialpolitik aus rechtlichen und institutionellen Regelungen bestehen (z. B. Kündigungsschutz, Sozialversicherungssystem) und daher zur Ordnungspolitik gehören.

$p = 0$ und p_H zulässig. Wird diese staatliche Maßnahme in der Periode $t = 0$ bekanntgegeben, dann werden die Unternehmer in der Periode $t = 1$ gemäß ihrer Angebotsfunktion ihre Produktion von x_0 auf x_A einschränken, die Haushalte werden dagegen wegen des gesunkenen Preises mehr Güter nachfragen als zuvor. Es entsteht ein **Nachfrageüberschuß** in Höhe von $NÜ = x_N - x_A$, weil die Unternehmer bei einem Preis von p_H weniger Güter zur Verfügung stellen als die Verbraucher zu kaufen wünschen.

Ergreifen die staatlichen Instanzen keine weiteren Maßnahmen, dann wird die relativ geringe Gütermenge x_A in der Periode $t = 1$
- denjenigen zufließen, die die Verkaufsstellen als erste erreichen **(Windhundverfahren),**
- oder denen, die **gute Beziehungen** zu den Verteilerstellen haben,
- oder aber es bilden sich **Schwarzmarktpreise,** wenn entweder in den Verteilerstellen die Einhaltung des Höchstpreises nicht gewährleistet werden kann oder wenn die Güter *nach* Verteilung an anderen Orten gehandelt werden. Die Schwarzmarktpreise werden sogar über dem Gleichgewichtspreis p_0 liegen, da die Nachfrager bereit sind, das knappe Güterangebot zu einem Preis von p_N aufzunehmen. In Einzelfällen kann der Schwarzmarktpreis noch höher liegen, wenn nämlich nur Teile der Angebotsmengen auf den Schwarzmarkt gelangen (Wanderung auf der Nachfragekurve nach links, sogar links von x_A).

Derartige Folgen in Verbindung mit dem verknappten Güterangebot entsprechen sicherlich nicht der ursprünglichen Absicht der Wirtschaftspolitiker, allen Haushalten, die nur über ein geringes Einkommen verfügen, den Zugang zu dem betrachteten Gut zu ermöglichen. Um eine soziale Lösung zu finden, wird eine Höchstpreissetzung häufig mit einem **Bezugsscheinsystem** gekoppelt (siehe die Lebensmittelkarten nach dem 2. Weltkrieg). Es besteht darin, daß ein Anspruch auf die Güter erst gegen Vorlage von Bezugsscheinen geltend gemacht werden kann. Allerdings handelt es sich hierbei um ein aufwendiges, bürokratisches System. Angesichts der mit einer Höchstpreissetzung verbundenen Nachteile empfiehlt sich die Anwendung dieses Instruments lediglich bei extremen Mangellagen zur Sicherstellung einer gleichmäßigen Versorgung der Bevölkerung mit Existentialgütern.

Als Höchstpreise sind z. B. in der Bundesrepublik als Folge der Wohnungszerstörungen im 2. Weltkrieg bis in die jüngste Zeit die Mieten im „sozialen Wohnungsbau" anzusehen. Wartelisten für die Zuteilung waren die entsprechende Konsequenz. Um den Rückgang des Güterangebots zu verhindern, gewährte der Staat nicht unerhebliche finanzielle Anreize an die privaten Bauherren.

Nach dem 2. Weltkrieg gab es in einer Reihe von Ländern Höchstpreissetzungen in Form von **Lohn- und Preisstopps.** Diese dienten der Bekämpfung unerwünschter inflationärer Entwicklungen.

Ein genereller Lohn- und Preisstopp wird in der Regel aus unterschiedlichen Gründen wenig erfolgreich sein. (a) Zunächst einmal ist es häufig gar nicht möglich, alle Märkte ausreichend genau *administrativ* zu kontrollieren. Hebt man daher nach einer gewissen Zeit die Kontrollen auf, dann besteht die Gefahr, daß die in der Vergangenheit verhinderten Preissteigerungen nachgeholt werden; die *Inflation war lediglich zurückgestaut*, sie entlädt sich danach umso heftiger. (b) Läßt sich ein Lohn- und Preisstopp hingegen über längere Zeit tatsächlich durchsetzen, dann sind erhebliche *Verzerrungen der Produktionsstruktur* (Verletzung des Allokationszieles) wie auch Verschiebungen der Einkommensverteilung zu erwarten. Hohe Gewinnsteigerungen werden sich in solchen Wirtschaftssektoren ergeben, in denen hohe Produktivitätssteigerungen zu beobachten sind, während die Gewinnentwicklung in Sektoren mit geringeren technischen Fortschritten weniger günstig ausfallen wird. Richtet sich im wirtschaftlichen Wachstum aber die Nachfrage besonders stark auf Güter und Dienstleistungen, deren Produktion technischen Fortschritten weniger zugänglich ist, dann ist mit einer überproportionalen Ausdehnung der Produktion in diesen Bereichen nicht zu rechnen. Einmal dämpfen die zurückhaltenden Gewinnerwartungen die Investitionstätigkeit, darüber hinaus fehlt auch die Möglichkeit, über Lohnerhöhungen Arbeitskräfte aus den anderen Sektoren anzuziehen[1]. Würde daraufhin der Lohnstopp bei gegebenem Preisstopp aufgehoben, dann bestünde die Gefahr, daß in den „produktivitätsschwachen" Wirtschaftssektoren Verluste auftreten, weil Lohnsteigerungen durch entsprechende Produktivitätssteigerungen nicht ausgeglichen werden könnten. Dies wäre natürlich erst recht kein Anreiz zur Produktionsausdehnung. (c) Zuletzt sei auf mögliche *Verschiebungen der Einkommensverteilung* hingewiesen. Produktivitätssteigerungen, die sich im Falle flexibler Faktorpreise u. a. in steigenden Lohnsätzen niederschlagen (vgl. Abschnitt 3.4.3.1), würden bei fixierten Lohnsätzen lediglich Kapitalgeber und Gewinnbezieher begünstigen (bei zusätzlich fixierten Zinssätzen lediglich die Gewinnbezieher).

Es wäre darüber hinaus denkbar, den Lohn- und Preisstopp durch **Lohn- und Preiskontrollen** (Kontrolle der Lohn- und Preis*änderungen*) zu ersetzen, um die notwendigen Anpassungen vornehmen zu können. Es liegt auf der Hand, daß dieses eine gigantische Bürokratie erfordern würde, deren Eingriffe einen der wichtigsten Vorteile marktwirtschaftlicher Systeme, nämlich die schnelle Reaktion auf veränderte Rahmenbedingungen, weitgehend beseitigen würde.

Mindestpreise

Will der Staat anstelle der Verbraucher die Erzeuger schützen, dann kann er Mindestpreise festlegen, falls die Anbieter bestimmter Produkte bei den sich auf dem Markt einstellenden Gleichgewichtspreisen Erlöse erzielen, die ihnen kein den wirtschaftpolitischen Zielvorstellungen entsprechendes Einkommen sichern.

---

[1] Man könnte sich allerdings vorstellen, daß Arbeitskräfte aus den „produktivitätsstarken" Sektoren zuwandern, weil sie dort arbeitslos geworden sind. Eine derartige sektorale Arbeitslosigkeit wird umso wahrscheinlicher, je geringer die Nachfragesteigerung und je höher die technischen Fortschritte sind.

Übersicht 3.76: Mindestpreissetzung

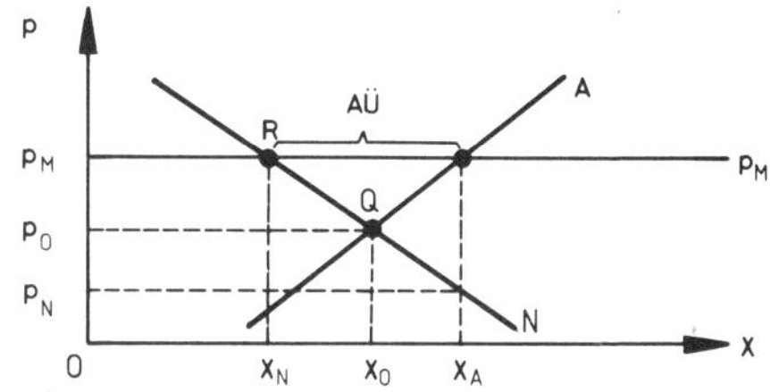

Der Mindestpreis p_M in Übersicht 3.76 liegt über dem Gleichgewichtspreis p_0. Man sieht sofort, daß bei diesem relativ hohen Preis die von den Produzenten angebotene Menge x_A die mengenmäßige Nachfrage der Haushalte x_N übersteigt. Der Staat kann daher den Preis p_H nur durchsetzen, wenn entweder der **Angebotsüberschuß** AÜ = $x_A - x_N$ in irgendeiner Weise (zum Preise von p_M) aus dem Markt genommen wird, oder wenn durch ergänzende Maßnahmen das Angebot der heimischen Produzenten (Mengenpolitik) oder des Auslandes (durch verschiedene Formen des Außenschutzes) reduziert wird.

In Verfolgung der ersten Möglichkeit werden häufig **staatliche Vorratsstellen** eingesetzt, die überschüssige Angebotsmengen zu den festgelegten Mindestpreisen **(Interventionspreise)** aufkaufen, um sie dann zu Vorzugspreisen an schwächere Einkommensgruppen abzugeben oder aber durch **Exportsubventionen** zu niedrigeren Preisen auf den Weltmärkten zu verkaufen. Man spricht im letzteren Fall von **Dumping**-Maßnahmen. In beiden Fällen ist für eine funktionsgerechte Abwicklung dieser Maßnahmen sicherzustellen, daß die „normale" privatwirtschaftliche Nachfrage auf dem heimischen Markt (beschrieben durch die Nachfrage x_N) dadurch nicht wesentlich beeinflußt wird, d. h. die bevorzugten heimischen Bevölkerungsgruppen nicht ihre Marktnachfrage wesentlich reduzieren, bzw. daß Wiedereinfuhren (Reimporte) das Angebot auf dem heimischen Markt nicht erhöhen. Die Abwehr von Reimporten erfolgt in der Regel durch den Aufbau eines Außenschutzes (Zölle, Kontingente u. dgl.).

In fast allen Industrieländern der westlichen Welt werden Maßnahmen der *Preisstützung zugunsten der heimischen Landwirtschaft* vorgenommen. Beispielsweise bestehen in der Europäischen Gemeinschaft weitgehende Preisfestlegungen für wichtige Produkte wie Getreide und Milch. Die Preise werden durch staatliche Einfuhr- und Vorratsstellen durchgesetzt, die einmal sicherstellen, daß das Weltmarktangebot nur zu bestimmten Mindestpreisen *(Schwellenpreisen)* auf den heimischen Markt gelangen kann (indem *„Abschöpfungen"* je eingeführter Mengeneinheit erhoben werden, die sich nach der Differenz von Weltmarktpreis und dem angestrebten Inlandspreis bemessen), und die darüber hinaus verpflichtet sind, zu bestimmten Mindestpreisen *(Interventionspreisen)* alle nicht auf dem Markt absetzbaren Produkte aufzukaufen. Dies sind in etwa die Grundprinzipien der Preispolitik für wichtige Agrarprodukte in der EG, obwohl die Marktordnungen im einzelnen wesentlich differenzierter und komplizierter ausgestaltet sind. Insgesamt sind die Interventionen auf den Agrarmärkten ein gutes Übungsfeld für das Studium der Möglichkeiten – aber auch der Fehlentwicklungen – preispolitischer Maßnahmen.

Maßnahmen zur Begrenzung der Angebotsmengen werden unten gesondert behandelt; soweit es die heimische Produktion angeht in dem folgenden Abschnitt über Mengenbeschränkungen und, soweit es die Importmengen betrifft, in dem Kapitel über internationalen Handel (Kapitel 5). Dabei werden auch die Auswirkungen heimischer Protektionspolitik auf andere Volkswirtschaften und ordnungspolitische Konsequenzen angesprochen.

Festpreise

Gelegentlich werden von staatlichen Instanzen Festpreise fixiert, um eine Stabilisierung von Preis- und Mengenschwankungen auf den Märkten zu erreichen. Je nachdem ob der Gleichgewichtspreis über oder unter dem festgelegten Preis liegt, wirkt er wie ein Mindest- bzw. Höchstpreis. Die staatlichen Instanzen haben daher zur Durchsetzung des Festpreises die oben beschriebenen Maßnahmen zu ergreifen.

Bei einer genauen Fixierung des Festpreises hätten die staatlichen Instanzen bereits zu intervenieren, wenn der Marktpreis nur geringfügig von dem festgelegten Preis abweicht. Häufig wird daher statt eines Festpreises ein bestimmter **Preiskorridor** festgelegt, dessen obere Grenze nicht überschritten und dessen untere Grenze nicht unterschritten werden darf (Übersicht 3.77). Wenn der Marktpreis eine dieser Grenzen zu überschreiten droht, haben die staatlichen Instanzen zu intervenieren. Innerhalb dieser Grenzen kann sich der Marktpreis frei bilden.

Je nach der Festlegung des Preiskorridors im Verhältnis zu dem langfristigen Gleichgewichtspreis und dem Ausmaß der kurzfristigen Schwankungen kann die ökonomische Funktion von Festpreisen bzw. Preiskorridoren unterschiedlich sein. Liegt der langfristige Gleichgewichtpreis innerhalb des Korridors (z. B. p_1 in Übersicht 3.77), so steht die **Marktstabilisierungsfunktion** im Vordergrund. Bei niedrigen Preisen kaufen die staatlichen Instanzen Angebotsmengen auf und bei hohen Preisen bauen sie die angesammelten Vorräte wieder ab. Auf längere Sicht gleichen sich beide Vorgänge aus. Wenn der langfristige Marktpreis (theoretisch) jedoch unterhalb der unteren Preisgrenze liegen würde, erhält die Preissetzung den Charakter eines Mindestpreises, der neben der Preisstabilisierung der Preisstützung dient und zu einer Akkumulation von Produktionsüberschüssen führt.

Festpreise und Preiskorridore werden häufig zur *Stabilisierung von Preisschwankungen auf Agrarmärkten* festgelegt, denen vielfach aufgrund von witterungsbedingten Ertragsschwankungen und zeitlichen Verzögerungen der Produktionsanpassung eine erhebliche Tendenz zur Instabilität innewohnt. Mit der Einengung von Preisschwankungen werden vor allem die Ziele der Stabilisierung der Erzeugereinkommen und der Verbraucherausgaben für Grundnahrungsmittel verfolgt. Unter den gegenwärtigen EG-Bedingungen sind für wichtige Agrarprodukte die Preise so hoch festgelegt, daß damit neben der Marktstabilisierung auch eine Einkommensstützung für die landwirtschaftlichen Produzenten zu erreichen versucht wird. Sie haben damit in weiten Teilen den Charakter von Mindestpreisen, die bei einer Reihe von Produkten (Milchprodukte, Weichweizen) zu Überschußproblemen führen.

Ein anderer Bereich, in dem häufig Preiskorridore festgelegt werden, betrifft die Wechselkurse zwischen verschiedenen Währungen. In einem *System fixer Wechsel-*

Übersicht 3.77: Preiskorridor

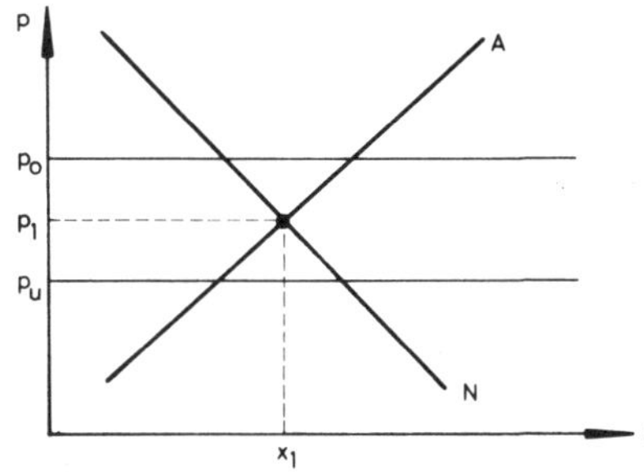

kurse haben die Notenbanken durch An- und Verkauf von Devisen dafür zu sorgen, daß die Wechselkurse nur innerhalb bestimmter festgelegter Grenzen schwanken.

Mindest- bzw. Festpreissysteme wurden ferner im Bereich international gehandelter Rohstoffe erprobt. *Internationale Rohstoffabkommen* (etwa für Kaffee, Kakao, Weizen oder Zinn) hatten aber meist keinen längerfristigen Bestand. In der letzten Zeit werden sie im Rahmen des Nord-Süd-Dialogs in Verbindung mit Lagerhaltungssystemen wieder lebhaft diskutiert.

Kontingentierungen

Der Festlegung von Mindestpreisen zur Stützung von Produzenteneinkommen sind durch die Bildung von nicht absetzbaren Überschüssen, die zu erheblichen Belastungen für den Staatshaushalt führen können, Grenzen gesetzt. Gelegentlich werden daher von den staatlichen Instanzen Produktions- oder Absatzbeschränkungen (Kontingente) für die Unternehmer festgelegt, um die Bildung von Überschüssen zu vermeiden[1]. Bei der in Übersicht 3.76 angenommenen Höhe des Mindestpreises wäre eine Beschränkung der Produktion auf die Menge x_N erforderlich. Produktionsbeschränkungen dieser Art werden beispielsweise zur Steuerung des Zuckerrübenanbaus innerhalb der EG angewandt.

Die Begrenzung der Produktionsmenge ermöglicht bei normal verlaufenden Nachfragefunktionen die Durchsetzung höherer Marktpreise, ohne gleichzeitig eine Überschußproduktion herbeizuführen[2]. Es ist zu prüfen, wie eine Produktionseinschränkung und eine entsprechende Preiserhöhung entlang der Nachfragefunktion das Einkommen der Produzenten erhöht.

---

[1] Diese staatlich verfügten Begrenzungen der Produktionsmenge haben ihr Pendant in der Ausgabe von Bezugsscheinen zur Begrenzung der überschüssigen Nachfrage bei der Setzung von Höchstpreisen.

[2] Im nächsten Kapitel wird gezeigt, daß monopolistischen Anbietern grundsätzlich ein ähnlicher Spielraum für Preis-Absatz-Strategien zur Verfügung steht, wie ihn der Staat durch Produktionsbeschränkungen auf Wettbewerbsmärkten ausnutzen kann (vgl. Abschnitt 4.3.1).

Das Gewinneinkommen G der Produzenten ist bekanntlich als Differenz von Erlösen und Kosten bestimmt ($G \equiv p \cdot x - K$). Wenn wir annehmen, daß die Kosten K die Normalentlohnung des Unternehmers (Unternehmerlohn) sowie die Entlohnung des von ihm zur Verfügung gestellten Kapitals (Eigenkapitalverzinsung) bereits enthalten, und wenn wir ferner in vereinfachender Weise annehmen, daß die Senkung der variablen Kosten infolge der Produktionsmengeneinschränkung unbedeutend ist, dann hängt die (Gewinn-)Einkommensänderung der Produzenten allein von der Erlösänderung, d. h. von den Änderungen der Menge x und des Preises p ab. Wird die Produktionsmenge beispielsweise von x_0 auf x_N eingeschränkt, dann können die Anbieter zwar einen Preis p_M erzielen, der über dem Gleichgewichtspreis (p_0) liegt, andererseits werden die möglichen Erlöse aber durch sinkende Mengen wieder reduziert. Ob der Erlös ($p \cdot x$) durch die Kontingentierung ansteigt, hängt davon ab, ob die Preiserhöhung den Absatzrückgang überkompensiert oder nicht. Oder geometrisch: Es ist zu fragen, ob in Schaubild 3.76 der Flächeninhalt des Rechtecks Ox_0Qp_0, der dem mathematischen Produkt $p_0 \cdot x_0$ (Erlös im Gleichgewicht) entspricht, geringer ist als der Flächeninhalt des Rechtecks Ox_NRp_M, der den Erlös nach der Kontingentierung angibt.

Man kann sich leicht klarmachen, daß der Erlös ($p \cdot x$) durch die Kontingentierung ansteigt, wenn der prozentuale Preisanstieg ($\Delta p/p$) größer ist als die prozentuale Mengeneinschränkung ($\Delta x/x$). Da das Verhältnis dieser prozentualen Veränderungen durch die Preiselastizität der Nachfrage gemessen wird (vgl. Abschnitt 3.1.2), können wir auch sagen: Der Erlös nimmt infolge einer Kontingentierung zu, wenn der absolute Wert der Preiselastizität der Nachfrage kleiner als 1 ist:

$$|\varepsilon_N| = \left|\frac{\Delta x/x}{\Delta p/p}\right| < 1. \tag{3.70}$$

Der Erlös würde abnehmen im Falle $|\varepsilon_N| > 1$ und unverändert bleiben im Falle $|\varepsilon_N| = 1$. Eine Kontingentierung zum Zwecke der Steigerung der Produzenteneinkommen ist somit nur im Falle einer unelastischen Nachfrage zu erwägen. Im Bereich der landwirtschaftlichen Produktion, in dem vornehmlich Kontingentierungen diskutiert werden, ist diese Bedingung auf den meisten Märkten erfüllt.

Die gegebene Ableitung beschreibt allein die unmittelbare Erlös- bzw. Einkommenswirkung von Kontingentierungen. Es ist jedoch zu bedenken, daß die staatliche Vergabe von Produktionskontingenten *einen weitgehenden Eingriff in den marktwirtschaftlichen Ablauf und in die Faktorallokation* bedeutet. Die marktwirtschaftlichen Kräfte, die die Produktionsanpassungen steuern, werden je nach der Ausgestaltung der Kontingentierungen mehr oder weniger außer Kraft gesetzt. Weiterhin kann mit der Einführung eines Kontingentierungssystems ein erheblicher Verwaltungs- und Kontrollaufwand verbunden sein.

Die angestellten Überlegungen gelten analog auch für andersartige Mengenfestlegungen des Staates in einem marktwirtschaftlichen System. Grundsätzlich können sie sich auf die Angebots- oder die Nachfrageseite von Produkten und Produktionsfak-

toren beziehen und dabei Höchstmengen festlegen oder Mindestmengen fordern. Auf der Angebotsseite können in Überschußsituationen die oben diskutieren **Produktionsbegrenzungen** und in Zeiten der Knappheit **Mindestablieferungsmengen** (Soll-Mengen) für die Unternehmen verfügt werden. Entsprechend können bei einer Überschußnachfrage **Bezugsscheine** ausgegeben werden und bei zu geringer Nachfrage ein **Abnahmezwang** (etwa Beimischungszwang für Magermilchpulver bei der Herstellung von Futtermitteln) vorgeschrieben werden.
Staatliche Maßnahmen der Mengenpolitik werden insbesondere in Zeiten ausgeprägter Knappheit oder kostspieliger Marktüberschüsse eingesetzt. Anwendungsbeispiele sind zu finden vor allem im Bereich der Agrar- und Rohstoffmärkte, aber auch z. B. auf den Devisenmärkten.

3.6.2 Steuer- und Subventionspolitik

Eine mögliche Klassifikation der Steuern ist die Einteilung in direkte und indirekte Steuern. Typische **direkte Steuern** sind die Lohn- und Einkommensteuer, Körperschaftsteuer und die Vermögensteuer. Zu den **indirekten Steuern** rechnen z. B die Mehrwertsteuer, die Kfz-Steuer und die speziellen Verbrauchsteuern (wie Mineralöl-, Kaffee-, Tee-, Zucker-, Bier-, Sektsteuer).

Die Unterscheidung in direkte und indirekte Steuern ist eher formaler (erhebungstechnischer) Natur, nicht selten ist eine exakte Klassifizierung schwierig. Zur Gruppe der *direkten Steuern* rechnen grundsätzlich alle Steuern, die unmittelbar von denjenigen Personen (Steuerpflichtigen) erhoben werden, die nach der Vorstellung des Gesetzgebers auch die Steuerlast tragen sollen (Steuerträger). Steuerpflichtige und Steuerträger sind identisch. Bei den *indirekten Steuern* besteht diese Identität nicht. Bei der Mehrwertsteuer z. B. sind die Unternehmen steuerpflichtig, d. h. sie müssen die Steuer an das Finanzamt abführen, belastet werden soll jedoch nach dem Willen des Gesetzgebers vor allem der Endverbraucher. Durch den Aufschlag (eines Teils) der Mehrwertsteuer auf den Preis wird der Endverbraucher regelmäßig auch zum Steuerträger (Steuerüberwälzung).

Die Auswirkungen von Steueränderungen auf die Einzelmärkte können unterschiedlich sein, je nachdem, ob die Änderungen bei direkten oder indirekten Steuern vorgenommen werden. Bei den **indirekten Steuern** sind zudem zwei Unterfälle zu unterscheiden: (a) eine Reihe indirekter Steuern bezieht sich auf die produzierte Menge (**Mengensteuer** oder **Stücksteuer**). Ein Beispiel ist die Mineralölsteuer, bei der von den Tankstellen ein bestimmter DM-Betrag pro verkauftem Liter an das Finanzamt abzuführen ist. (b) Eine andere Gruppe indirekter Steuern erstreckt sich nicht auf Mengen sondern auf Werte (Kosten oder Umsätze). Typisches Beispiel einer derartigen **Wertsteuer** ist die Mehrwertsteuer, bei der die Steuer auf die Verkaufserlöse, genauer gesagt auf die Wertschöpfung erhoben wird.
Im folgenden werden die *Auswirkungen von Steueränderungen* für die beiden Fälle indirekter Steuern und für direkte Steuern dargestellt. Dabei muß man im Auge behalten, daß *Steuern in den meisten Fällen gar nicht erhoben werden, um die Marktpreise und -mengen einer Wettbewerbswirtschaft zu korrigieren.* Die Erhebung der Steuern erfolgt vielmehr in erster Linie, um dem Staat Einnahmen zu verschaffen, damit öffentliche Güter

(z. B. Dienste der Polizei, Schulen, Straßen) erstellt werden können, die ein Wettbewerbssystem von sich aus nicht in ausreichendem Maße hervorbringt (vgl. Abschnitt 6.1.3). Es wird daher häufig gerade ein Steuersystem verlangt, das die Konsumentenpräferenzen möglichst wenig beeinflußt und nicht von vorneherein bestimmte Produkte durch eine besonders hohe Belastung diskriminiert.

Mengensteuer

Bei einer Mengensteuer muß der Unternehmer pro Mengeneinheit (z. B. Stück, kg, Liter) des verkauften Gutes einen bestimmten Betrag an den Staat abführen. Erzielt der Unternehmer z. B. am Markt einen Preis von 10 DM pro Stück, und muß er pro Stück eine Steuerbetrag in Höhe von t = 2 DM an das Finanzamt abführen, so verbleiben ihm noch 8 DM pro Produkteinheit. Den auf dem Markt erzielbaren Preis p^B wollen wir **Bruttopreis,** den der Unternehmung noch verbleibenden Erlös pro Stück p^N dagegen **Nettopreis** nennen:

$$p^N = p^B - t. \tag{3.71}$$

Um die Auswirkungen einer solchen Mengen- und Stücksteuer auf den Marktpreis sowie die Angebots- und Nachfragemengen ableiten zu können, geht man zunächst zweckmäßigerweise von der Angebotsreaktion eines einzelnen Unternehmens aus.

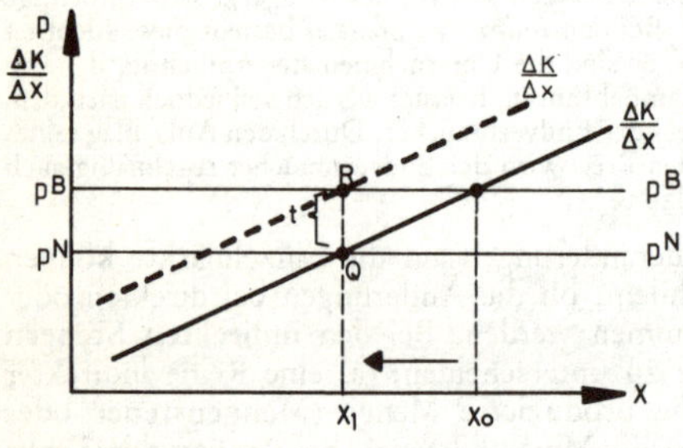

Übersicht 3.78: Veränderung der Ausbringungsmenge durch Erhebung einer Stücksteuer

Wird keine Steuer gezahlt (t = 0), dann stimmen Brutto- und Nettopreis überein und ein Unternehmer wird die Produktionsmenge realisieren, bei der Preis p^B und Grenzkosten $\Delta K/\Delta x$ gleich sind: In Übersicht 3.78 ist dies bei einer Produktmenge x_0 der Fall. Wird ein Steuerbetrag von t = 2 (DM) erhoben, dann werden sich die Unternehmer nicht mehr am Preis $p^B = 10$, sondern am Nettopreis $p^N = 8$ orientieren, der den ihnen zukommenden Erlös pro Stück der verkauften Menge angibt. Folglich wird eine Menge produziert, bei der Grenzkosten und Nettopreis einander gleich sind (Menge x_1). Für einen einzelnen Unternehmer können wir somit feststellen, daß seine Angebotsmenge sinkt, wenn eine Stücksteuer erhoben wird. Das Ausmaß der Mengenreduktion hängt dabei von der Höhe der Stücksteuer und der Steigung der Angebotskurve ab. Je größer die Stücksteuer

ist und je flacher die Angebotskurve verläuft (bzw. je größer die Angebotselastizität ε_A ist), umso größer ist die Mengenreduktion.
Bezieht man die Überlegungen auf den am Markt erzielten Preis (den Bruttopreis p^B), so ist festzustellen, daß dieser um den Steuerbetrag t = 2 höher sein muß als im Falle ohne Steuerbelastung, damit das Unternehmen die gleiche Menge produziert. Beispielsweise wird in Übersicht 3.78 das Unternehmen bei einem Marktpreis von $p^B = 10$ (das entspricht einem Nettopreis $p^N = 8$) die Menge x_1 anbieten. Der Punkt R ist somit ein Punkt der Angebotsfunktion des Unternehmens für das Gut nach Einführung der Steuer und die gesamte neue Angebotsfunktion a des Unternehmens erhält man, wenn man die Grenzkostenfunktion um den Betrag der Stücksteuer t (Strecke $\overline{QR}$) nach oben verschiebt (gestrichelte Linie in Übersicht 3.78).
Aufgrund der Erhebung der Stücksteuer verschieben sich die einzelwirtschaftlichen Angebotsfunktionen aller Unternehmen um den Betrag t nach oben, so daß sich auch die **Angebotsfunktion des Marktes** als Addition aller einzelwirtschaftlichen Funktionen um diesen Betrag verschiebt (Übersicht 3.79). Bei unverändertem Verlauf der Nachfragefunktion ergibt sich dann ein neues Marktgleichgewicht (p_2,x_2) mit einem höheren Marktpreis und niedrigeren Angebots- und Nachfragemengen. Wie stark Preiserhöhung und Mengenreduktion im Einzelfall ausfallen, hängt von den Steigungen der Angebots- und Nachfragekurven und damit von den Preiselastizitäten von Angebot und Nachfrage ab.

Übersicht 3.79: Neues Marktgleichgewicht

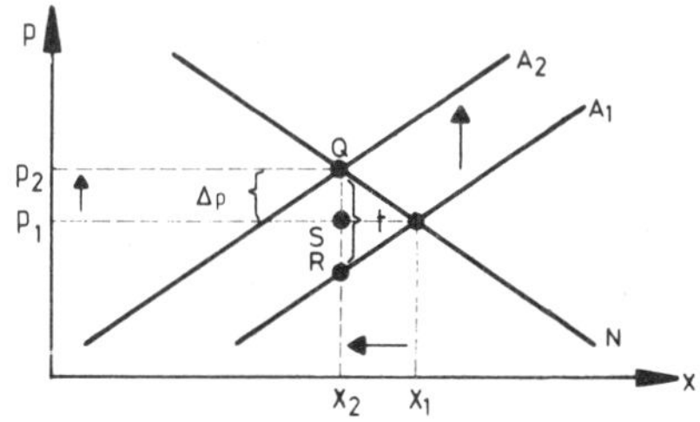

Der Leser kann durch Probieren feststellen, daß die Einführung der Stücksteuer zu einer um so stärkeren Preiserhöhung führt, je flacher die Angebotskurve (hohe Angebotselastizität) und je steiler die Nachfragekurve (geringe Preiselastizität der Nachfrage) verläuft (und umgekehrt). Die Mengenreduktion fällt um so stärker aus, je geringere Steigungen Angebotskurve (hohe Angebotselastizität) und Nachfragekurve (hohe Preiselastizität der Nachfrage) aufweisen (und umgekehrt).
Außerdem sei darauf hingewiesen, daß die Stücksteuer nicht notwendig als Verminderung des von den Unternehmen erzielten Stückerlöses bei gegebenem Grenzkostenverlauf interpretiert werden muß. Es ist ebenso möglich, die Stücksteuer als Erhöhung der Grenzkosten bei gegebenem Stückerlös (Produktpreis) anzusehen. In diesem Fall ist die Grenzkostenkurve um den Stücksteuerbetrag nach oben zu verschieben und führt zu dem gleichen Ergebnis wie die hier vorgestellte Darstellung.

Von besonderem wirtschaftspolitischem Interesse ist die Frage, ob eine Steuererhöhung vornehmlich von den Verbrauchern oder den Unternehmern zu tragen ist (Frage der **Steuerüberwälzung**). Offensichtlich werden die Verbraucher in dem Maße belastet, wie der Marktpreis ansteigt. In Übersicht 3.79 wird an die Haushalte von dem Gesamtbetrag der Steuer t (Strecke $\overline{QR}$) der Betrag Δp (Strecke $\overline{QS}$) überwälzt, während der restliche Betrag $t-\Delta p$ (Strecke $\overline{SR}$) von den Unternehmern zu tragen ist. Generell gilt: Bei normalem Verlauf der Angebots- und Nachfragefunktionen wird die Steuer sowohl von den Unternehmern wie von den Haushalten getragen. Die relative Aufteilung der Belastungen hängt von dem Verlauf der Funktionen ab. Die Haushalte haben einen umso größeren Anteil zu tragen, je stärker der Marktpreis steigt, und nach den obigen Überlegungen steigt der Marktpreis infolge von Stücksteuern mit zunehmender Angebotselastizität und abnehmender Nachfrageelastizität.

Wertsteuer

Eine Wertsteuer wird – wie der Name sagt – nicht auf die Mengeneinheiten eines Gutes, sondern auf Wertgrößen (Umsätze oder Kosten) bezogen. Bekanntestes Beispiel ist die **Mehrwertsteuer**, bei der ein bestimmter Prozentsatz aller Unternehmensumsätze an das Finanzamt abzuführen ist.

Wenn ein Gut bei seiner Herstellung mehrere Produktionsstufen (mehrere Unternehmen) durchläuft, so wird nicht der Gesamtwert des Zwischenprodukts in jedem Unternehmen voll besteuert; man belastet lediglich mit der Steuer den Wertzuwachs (Mehrwert) des Produkts bei dem jeweiligen Verarbeitungsschritt. Das geschieht bei der Steuerrechnung in der Weise, daß zwar auf den Verkaufserlös eines jeden Gutes der volle Steuersatz anzuwenden ist, daß aber die bereits auf den vorherigen Produktionsstufen gezahlten Steuern abgezogen werden können.

Im Gegensatz zur Stücksteuer verändert sich bei der Wertsteuer im allgemeinen der Steuerbetrag pro Stück ($t \neq$ const). Dies hängt damit zusammen, daß nicht nur die Mengen-, sondern auch die Preiskomponente steuerlich belastet wird. Dies läßt sich an einem einfachen Rechenbeispiel klarmachen[1]. Greifen wir zwei Punkte auf einer Angebotskurve für ein Endprodukt heraus: $p_1 = 3$, $x_1 = 5$ und $p_2 = 5$, $x_2 = 10$. Bei einem (Mehr-)Wertsteuersatz t^* von 10% auf den Umsatz beträgt der Steuerbetrag im ersten Fall $U_1 \cdot t^* = p_1 \cdot x_1 \cdot t^* = 3 \cdot 5 \cdot 0{,}1 = 1{,}5$, im zweiten Fall $U_2 \cdot t^* = p_2 \cdot x_2 \cdot t^* = 5 \cdot 10 \cdot 0{,}1 = 5$. Bezogen auf das Stück gelangt man zu einem unterschiedlichen Steuerbetrag t von $t_1 = U_1 \cdot t^* : x_1 = 1{,}5 : 5 = 0{,}3$ und $t_2 = U_2 \cdot t^* : x_2 = 5 : 10 = 0{,}5$. Der Steuerbetrag pro Stück steigt somit mit steigendem Preis. Übertragen auf Übersicht 3.78 bedeutet dies, daß der Abstand zwischen den beiden Grenzkostenkurven nicht konstant bleibt, sondern sich ständig mit steigendem Preis vergrößert. Im übrigen gelten die Schlußfolgerungen zur Mengensteuer in analoger Weise.

Einkommensteuer

Die Einkommensteuer wird auf die den Haushalten zufließenden und die in den Unternehmen verbleibenden Einkommen erhoben.

Zu den Steuern auf Einkommen der Haushalte gehört z. B. die Lohnsteuer, während die Steuer auf Einkommen, die in Kapitalgesellschaften verbleiben (insbesondere nichtausgeschüttete Gewinne der Aktiengesellschaften), Körperschaftsteuer genannt wird. Nach dem Steuerrecht handelt es sich bei der Körperschaftsteuer um eine besondere Form der Einkommensteuer.

[1] Wir abstrahieren hier von der Existenz mehrerer Produktionsstufen.

Die von den Haushalten zu zahlenden Einkommensteuern bestimmen in erheblichem Maße ihr verfügbares Einkommen und damit die Konsumgüternachfrage sowie die Bildung von Ersparnissen. Diese Wirkungen lassen sich anhand der in der Theorie des Haushalts beschriebenen Modelle (vgl. Abschnitt 3.3.2) ableiten und werden im Zusammenhang der makroökonomischen Überlegungen weiterverfolgt (siehe Abschnitt 8.2.1.1). Im folgenden sollen nur die Auswirkungen der auf den **Unternehmensgewinn** zu zahlenden Steuer untersucht werden. Hatten wir oben zwischen Netto- und Bruttopreis unterschieden, wobei der Nettopreis gleich dem Bruttopreis abzüglich der Steuer war, so wollen wir hier zwischen einem Nettogewinn G^N und einem Bruttogewinn G^B unterscheiden. Bei einem in Prozent ausgedrücktem Steuersatz (t) gilt dann

$$G^N = G^B - t \cdot G^B = G^B (1-t). \qquad (3.72)$$

Erinnern wir uns an die Gewinnkurve eines Unternehmers in Abhängigkeit von der Ausbringungsmenge (vgl. Übersicht 3.13). Beträgt der Steuersatz 50%, so halbiert sich der Gewinn bei jeder beliebigen Ausbringungsmenge. Aus Übersicht 3.80 ist ersichtlich, daß die Nettogewinnkurve unterhalb der Bruttogewinnkurve verläuft, daß sich die optimale Ausbringungsmenge x_{opt} aber nicht verändert, da der maximale Gewinn in beiden Fällen an der Stelle x_{opt} erreicht wird.

Übersicht 3.80: Gewinnsteuer und Gewinnkurven

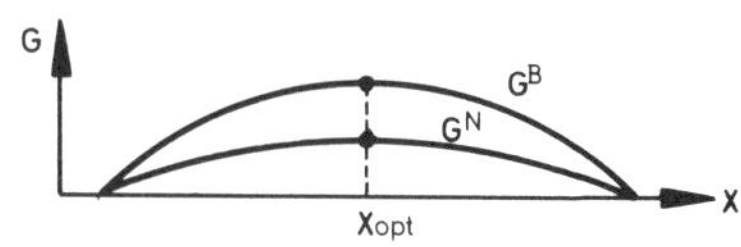

Eine Einkommen- oder Gewinnsteuer hat somit keinen direkten Einfluß auf das Güterangebot eines Unternehmers. Während sich bei der Erhebung von indirekten Mengen- und Wertsteuern die optimale Ausbringungsmenge bei gegebenem Produktpreis verringert und sich daher die Angebotskurve um den Steuerbetrag nach oben verschiebt, ändert die Erhebung einer Gewinnsteuer nichts an der Lage der Angebotskurve, weil auch die optimale Ausbringungsmenge bei gegebenem Produktpreis unverändert bleibt. Während die Mengen- oder Wertsteuer teilweise auch von Konsumenten getragen wird, trifft die Einkommen- oder Gewinnsteuer den Unternehmer grundsätzlich in vollem Umfang.

Allerdings sind indirekte Zusammenhänge zwischen der Höhe des Gewinns und dem Güterangebot zu beachten. Die Höhe des Gewinns hat Einfluß auf die Möglichkeiten der Eigenfinanzierung und damit die Höhe der Investitionen, die auf längere Sicht die Produktionskapazität der Unternehmen bestimmen.

Die hier aus dem *Modell der vollständigen Konkurrenz* abgeleiteten Ergebnisse sind wesentlich für die *Entwicklung eines optimalen Steuersystems.* Da Steuern zur Finanzierung staatlicher Ausgaben unumgänglich sind, könnte man unter dem Postulat möglichst unangetasteter Konsumentenpräferenzen vorschlagen, spezielle Verbrauchssteuern (etwa Mineralöl-,

Kaffee-, Tabaksteuern) zugunsten einheitlicher indirekter oder überhaupt direkter Steuern zu vermeiden. Denn unterschiedliche indirekte Steuern für unterschiedliche Produkte führen zu veränderten Kostenrelationen, die mit denen *vor* staatlicher Einflußnahme nicht mehr übereinstimmen und somit eine Diskriminierung bestimmter Produkte bedeuten. Spezielle Verbauchssteuern wären danach nur noch dann sinnvoll, wenn bewußt eine Beeinflussung der Konsumentenpräferenzen (z. B. Tabaksteuer aus gesundheitspolitischen Zielsetzungen) angestrebt würde (vgl. die umfassenderen Überlegungen zur Gestaltung des Steuersystems in Abschnitt 9.4.2).

Subventionen

Subventionen sind als Zuwendung des Staates an Unternehmungen definiert, denen keine unmittelbare ökonomische Gegenleistung gegenübersteht. Analog kann man Steuern als Zahlungen der Haushalte und Unternehmungen an den Staat bezeichnen, denen wiederum keine unmittelbare ökonomische Leistung seitens des Staates entspricht. Diese Definitionen legen es nahe, von Subventionen als **negativen Steuern** zu sprechen. Es ist daher auch nicht verwunderlich, daß eine auf die Produkteinheit gezahlte Zuwendung **(Stücksubvention)** des Staates an die Unternehmungen in genau der umgekehrten Richtung wirkt wie die oben analysierte Stücksteuer. In Übersicht 3.81 sinkt der Gleichgewichtspreis von p_1 auf p_2; die Gleichgewichtsmenge steigt von x_1 auf x_2. Ferner ist zu erkennen, daß die Stücksubvention (Strecke $\overline{QR}$) den Unternehmern nicht voll zugute kommt, da gleichzeitig der Preis sinkt (Strecke $\overline{QS}$) und somit auch die Verbraucher begünstigt werden. In welchem Ausmaß die Unternehmer von der Subvention profitieren, hängt von dem Verhältnis der Preis- und Mengenreaktionen ab. Die Verläufe der Angebots- und Nachfragekurven bestimmen, wie sich der Markterlös als Folge der Subvention verändert ($p_1 \cdot x_1$ im Vergleich zu $p_2 \cdot x_2$). Selbst bei normalen Angebots- und Nachfragekurven kann nicht von vorneherein erwartet werden, daß eine Subventionierung stets zu einem höheren *Markt*erlös der Unternehmen führt. Allerdings wird der Gesamterlös unter Einschluß der Subventionszahlungen des Staates im allgemeinen ansteigen und nur in Sonderfällen unverändert bleiben.

Übersicht 3.81: Wirkung einer Subvention

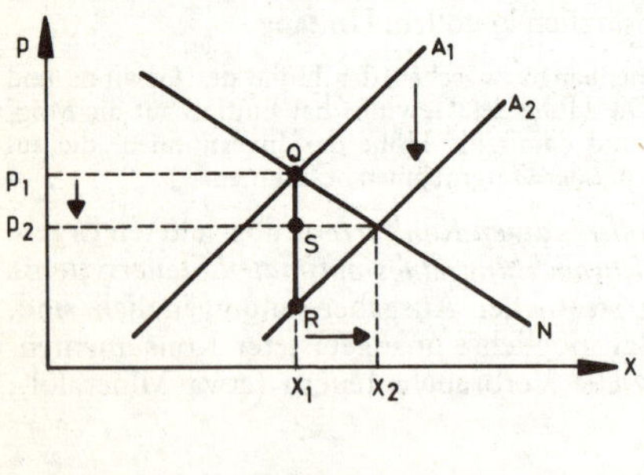

Bei Subventionszahlungen geht es häufig darum, den Produzenten ein *höheres Einkommen* zu verschaffen, als es „der Markt" über die Erlöse ermöglicht. Mit Subventionen wird aber oftmals (zugleich) auch das Ziel verfolgt, eine *bessere Faktorallokation* zu erreichen, etwa Förderung des Wohnungsbaus oder von Investitionen zur Energieeinsparung. Die Subventionen erhöhen die Grenzerlöse von Gütern bzw. die Wertgrenzprodukte der Faktoren und lassen den Unternehmen Geldmittel zufließen, die sie zur Finanzierung von Produktionsumstellungen benötigen.

Ähnlich wie bei den Steuern sind auch bei den Subventionen unterschiedliche Ausgestaltungsformen möglich. Sie können auf *Mengen* oder *Werte,* auf die *Produktion* oder den *Faktoreinsatz* gezahlt werden. Die Wirkungen anderer Ausgestaltungsformen lassen sich mit Hilfe der entwickelten mikroökonomischen Grundlagen analog ableiten.
Ein weites Anwendungsfeld für Subventionen der verschiedensten Art bietet in fast allen Industrieländern der westlichen Welt der Agrarbereich.

4 Wirtschaftliche Macht bei unvollständigem Wettbewerb

Bei den bisherigen Überlegungen zur Koordination der einzelwirtschaftlichen Planungen wurde davon ausgegangen, daß die produzierten und nachgefragten Güter gleichartig (homogen) sind und daß sich auf den Märkten eine Vielzahl von Anbietern und Nachfragern gegenübersteht. Unter diesen Bedingungen ist für jeden einzelnen Anbieter bzw. Nachfrager der Marktpreis eine vorgegebene, durch die eigenen wirtschaftlichen Aktivitäten nicht beeinflußbare Größe. Die Unternehmungen und Haushalte orientieren ihre Produktions- bzw. Konsumplanungen an den erwarteten Marktpreisen. Sie können sich nur hinsichtlich der angebotenen bzw. nachgefragten Güter- und Faktormengen anpassen.
Wie im 2. Kapitel gezeigt wurde, sind diese Bedingungen jedoch nur für bestimmte Märkte charakteristisch. Auf den meisten Märkten werden qualitativ unterschiedliche Güter angeboten und werden Angebot oder Nachfrage nur durch wenige oder gar einen Marktteilnehmer bestimmt. Aus dieser Konzentration des Angebots und der Nachfrage bei wenigen Wirtschaftseinheiten können **Machtpositionen** entstehen, die eine aktive Einflußnahme des Einzelnen auf das Marktgeschehen, insbesondere die Höhe des Marktpreises, ermöglichen. Im allgemeinen werden die Machtpositionen dazu benutzt, die Höhe des Gewinns zu Lasten anderer Marktteilnehmer zu steigern. Je ungleicher die Machtverteilung zwischen den verschiedenen Marktseiten ist, umso größer ist die Gefahr, daß die Produktionsfaktoren nicht in den Bereichen eingesetzt werden, in denen sie den größten volkswirtschaftlichen Nutzen erbringen, und daß die Einkommensverteilung zugunsten der Mächtigeren verzerrt wird.

Wir werden unten im einzelnen ableiten, in welcher Weise sich bei den verschiedenen Marktgegebenheiten (Marktformen) die Preise bilden und welche Konsequenzen sich daraus für die Faktorallokation, die Güterversorgung der Bevölkerung und die Einkommensverteilung ergeben. Dabei ist im Einzelfall zu prüfen, ob die Machtausübung mißbräuchlich im Sinne gesamtwirtschaftlicher Zielsetzungen ist.

Neben der Marktmacht wird im marktwirtschaftlichen System **ökonomische Macht** vor allem **im Bereich der Produktion** ausgeübt. Mit dem Abschluß eines Arbeitsvertrages unterwirft sich z. B. ein Arbeiter der Anweisungsbefugnis des Unternehmers. Die Machtausübung innerhalb größerer Unternehmen besteht in der Realität jedoch nicht darin, daß eine scharfe Trennung zwischen Mächtigen (Unternehmern) und Untergebenen besteht. Aus der Zweckmäßigkeit arbeitsteiliger Entscheidungsfindung ist es erforderlich, daß Macht auf nachgeordnete Personen delegiert wird. Es entsteht eine *Machthierarchie*, in der die Angehörigen der Mittelschicht sowohl Anweisungen von oben empfangen als auch Macht nach unten ausüben.
Es kann daher grundsätzlich nicht darum gehen, Machtpositionen abzuschaffen, sondern nur darum, sie zu begrenzen und zu kontrollieren und Machtmißbrauch zu verhindern. Die Einführung der **Mitbestimmung** in größeren Unternehmen ist ein Versuch, mehrere Gruppen an der Machtausübung zu beteiligen und Machtpositionen zu begrenzen. Dabei ist jedoch zu bedenken, daß die Beteiligung mehrerer Gruppen zu einer Komplizierung und Verzögerung der Entscheidungsprozesse führen kann, die eine optimale Unternehmensorganisation beeinträchtigt. Auf die Probleme der Machtverteilung im Produktionsbereich, im staatlichen Bereich und zwischen privatem und staatlichem Bereich kann hier nicht näher eingegangen werden.

4.1 Ursachen der Unternehmenskonzentration

Verbindet man die Überlegungen zu Wettbewerbsprozessen mit den Erkenntnissen aus der Theorie der **optimalen Betriebsgröße** (vgl. Abschnitt 3.2.3.3), dann lassen sich die Ursachen der Unternehmenskonzentration wie folgt beschreiben: Bei hinreichender Homogenität der Produkte werden sich am Markt schließlich diejenigen Unternehmungen durchsetzen, die mit den geringsten Stückkosten produzieren können. Dies werden solche Unternehmungen sein, die eine optimale Betriebsgröße aufweisen. Ist der zur optimalen Betriebsgröße gehörende Produktionsumfang im Verhältnis zur Gesamtnachfrage nach dem erstellten Produkt relativ groß, dann ist kaum zu erwarten, daß eine große Zahl von Unternehmungen bestehen bleibt, wie es die Marktform vollständiger Konkurrenz voraussetzt. Da die Marktgröße nur wenige Unternehmungen mit einem optimalen Produktionsumfang zuläßt, wird also das Güterangebot notwendig konzentriert sein.

Übersicht 4.1 zeigt, wieviel Betriebe höchstens auf den Inlandsmärkten der BR Deutschland, Großbritanniens bzw. der USA als Anbieter auftreten könnten, wenn sie eine optimale Betriebsgröße aufweisen sollten. So wäre beispielsweise ein Betrieb optimaler Betriebsgröße für die Herstellung von Waschmaschinen in der Lage, 25% des deutschen, 50% des englischen oder 10% des amerikanischen Marktes zu beliefern; in Deutschland würden also 4, in England 2 und in den USA 10 Betriebe für die Marktversorgung ausreichen. Auch die Daten für andere Produkte oder Branchen weisen darauf hin, daß in vielen Bereichen der gewerblichen Wirtschaft mit der Marktform der vollständigen Konkurrenz nicht zu rechnen ist. Ein internationaler

Vergleich (USA einerseits, BR Deutschland und Großbritannien andererseits) zeigt allerdings auch, daß sich die technisch bedingten Konzentrationserfordernisse mit steigender Marktgröße vermindern. Würde man z. B. anstelle der BR Deutschland die EG als relevanten Wirtschaftsraum zugrundelegen (und damit die EG-Produktion als Maßstab für die Marktgröße), dann erhielte man ähnliche Werte wie für die USA.

Übersicht 4.1: Anteil der (mindest)optimalen Betriebsgröße an der Inlandsproduktion in der BR Deutschland, in Großbritannien und in den USA (1969, in v.H.)

Produkt	BRD	GB	USA
LKW (unter 4 t)	50–100	–	–
LKW (über 4 t)	35–100	–	–
Synth. Fasern	60– 80	–	11
Elektromotoren	45	60	12
Kühlschränke	35	50	10
Elektroherde	30	50	10
Waschmaschinen	25	50	10
Zigaretten	35	33	7
Schwefelsäure	29	30	6
PKW	12	–	–
Rohstahl	10	33	6,5
Mineralölverarbeitung	10	10	2
Reifen	9,5	–	3,8
Brot	8	1	0,2
Bier	6	3	0,6
Zement	3,8	10	2
Mühlenprodukte	2	–	0,7
Eisengießerei	1,3	0,2–1	0,04–0,2
Schuhe	0,5	0,7	0,2

Quelle: J. Müller und R. Hochreiter, a. a. O., S. 258–259

Es ist nun weiter zu überlegen, inwieweit man die unterschiedlichen tatsächlichen Konzentrationsgrade verschiedener Wirtschaftsbereiche auf den Einfluß der technisch bedingten optimalen Betriebsgröße zurückführen kann. In Übersicht 4.2 sind für die Bundesrepublik Deutschland jeweils die Anteile von 4 „Optimalbetrieben" („hypothetische Konzentration") den Anteilen der jeweils 4 größten Unternehmungen einer Branche („tatsächliche Konzentration") gegenübergestellt. Es zeigt sich, daß (a) die tatsächliche Konzentration tendenziell mit steigender hypothetischer Konzentration zunimmt und (b) die tatsächliche Konzentration in den Bereichen, in denen die hypothetische Konzentration unter 100% liegt, diese stets übersteigt.

Insgesamt gesehen läßt sich feststellen, daß das Konzept einer (mindest) optimalen technischen Betriebsgröße allein jedoch nicht ausreicht, die tatsächliche Konzentration zu erklären. Es bleibt somit Raum für *ergänzende Erklärungshypothesen.* Als die wichtigsten sind anzusehen:

(1) Die *Produkte sind nicht homogen.* Eine differenzierte Nachfrage kann daher die Existenz einer größeren Anzahl von Unternehmen zulassen.

(2) Mit zunehmender Größe erhöht sich für einzelne Unternehmen häufig der Machtspielraum. Es ist daher auch nicht zu erwarten, daß sich die

Übersicht 4.2: Hypothetische und tatsächliche Unternehmenskonzentration (BR Deutschland, 1971)

Produkt	Hypothetische Konzentration[1]	Tatsächliche Konzentration[2]
LKW (unter 4 t)	156–313	100
LKW (über 4t)	152–303	100
Kühlschränke	138	77
Zigaretten	106	88
PKW	54	95
Rohstahl	40	65
Mineralölverarb.	35	57
Reifen	19	63
Bier	24	34
Zement	20	55
Mühlenprodukte	8	23
Schuhe	4	38

[1] Anteil von 4 Betrieben mit (mindest)optimaler Betriebsgröße an der Inlandsproduktion (in v.H.)
[2] Anteil der 4 größten Unternehmungen an der Inlandsproduktion (in v.H.).

Quelle: J. Müller und R. Hochreiter, a.a.O., S. 262–263.

Unternehmensleitungen mit einem Marktanteil begnügen, der sich aus der (mindest)optimalen Betriebsgröße herleiten läßt[1]. Sollten nach Überschreiten (mindest)optimaler Betriebsgrößen die Stückkosten wieder nennenswert ansteigen, so können die Unternehmungen dem durch *dezentrale Produktion in mehreren Betrieben* entgegenwirken.

(3) Im Gegensatz zu (2) können *hohe Transportkosten* den Konzentrationsprozeß grundsätzlich dämpfen. Es lohnt sich dann häufig nicht, die Produktion stark auszudehnen und weit entfernt liegende Regionen zu beliefern. Aber auch hier besteht die Möglichkeit, den Anstieg der Transportkosten durch die *Errichtung von Zweigbetrieben in verschiedenen Regionen* zu verringern.

Es bleibt anzumerken, daß in einigen Branchen hohe tatsächliche Konzentrationsraten i. S. der Übersicht 4.2 nicht in Erscheinung treten. Trotzdem können erhebliche Machtpositionen bestehen, wenn eine Unternehmensleitung das Geschehen in zahlreichen Zweigbetrieben bestimmt. Wir hatten am Beispiel des Einzelhandels erörtert (vgl. Abschnitt 2.2.2), daß formal niedrige Konzentrationsraten Machtlosigkeit vortäuschen können.

---

[1] Ein solcher Marktanteil kann aus vornehmlich zwei Gründen nicht eindeutig bestimmt werden: (a) Man weiß nicht genau, wie der Markt abzugrenzen ist (BR Deutschland, EG oder gar der „Weltmarkt"). (b) Die Stückkosten sind über einen weiten Outputbereich minimal.

4.2 Marktformen und Verhaltensweisen

Für bestimmte Marktformen sind unterschiedliche **Zielsetzungen** der Marktteilnehmer hinsichtlich der Einflußnahme auf das Marktgeschehen charakteristisch. Es lassen sich unterscheiden:

- **Wirtschaftsfriedliche** Zielsetzungen, bei denen innerhalb der bestehenden Marktform bestimmte Ziele angestrebt werden, wie Gewinnmaximierung, branchenüblicher Gewinn, Umsatzmaximierung oder Erhaltung des Marktanteils.
- **Kämpferische** Zielsetzungen, die die Existenz der jeweiligen Marktform in Frage stellen. Zielsetzung ist die Vernichtung der Konkurrenz oder die Kartellabsprache mit den Konkurrenten, hier insbesondere der Versuch eines Übergangs von Oligopol- zu Monopolsituationen.

Unter **Verhaltensweisen** verstehen wir die Art des Handelns der Marktteilnehmer im Hinblick auf die Marktgegenseite und die Konkurrenz. Sie sind im engen Zusammenhang mit den Marktformen zu sehen. Ein Marktteilnehmer wird sich anders verhalten, je nachdem ob er allein auf einem Markt auftritt, ob er mit wenigen oder ob er mit vielen Konkurrenten zu rechnen hat. Das ist nicht zwingend so, aber ein häufig beobachteter Tatbestand, so daß man bestimmten Marktformen charakteristische Verhaltensweisen zuordnen kann.
Für die Erklärung der Marktentscheidungen und der Preisbildung haben die Verhaltensweisen der Anbieter und Nachfrager entscheidende Bedeutung. Bei den verschiedenen Marktformen sind unterschiedliche Verhaltensweisen zu beobachten und es sind auch unterschiedliche Verhaltenshypothesen in die Modelle zur Erklärung der Preisbildung eingebaut worden. Wir können hier nur auf die wichtigsten Verhaltenshypothesen eingehen. Dabei beschränken wir uns auf die Seite der Anbieter. Analoge Unterscheidungen lassen sich bezüglich der Nachfrageseite treffen.

Die folgenden zwei Hauptunterscheidungen von Verhaltensweisen lassen sich treffen:
(1) Der Anbieter nimmt die **Marktpreise als gegebene Daten** hin und paßt sich mit den angebotenen Mengen an. Man sagt, er verhält sich als **Mengenanpasser:** der Preis ist sein Datum, die Menge seine Entscheidungsvariable.
Die Absatzfunktion, der sich ein Mengenanpasser gegenübersieht, hat einen völlig elastischen Verlauf: Der Mengenanpasser kann zu dem gegebenen Preis jede beliebige Produktionsmenge absetzen (s. Übersicht 4.3a). Dieses ist die charakteristische Verhaltensweise der Marktteilnehmer beim *homogenen Polypol.* Sie lag den Überlegungen im 3. Kapitel zugrunde.

(2) Der Anbieter sieht im **Preis kein Datum.** Er ist vielmehr der Ansicht, daß er durch seine Preissetzung die Absatzmenge beeinflussen kann (bzw. umgekehrt durch Mengenfixierung den Preis). Man sagt: der Anbieter steht einer bestimmten erwarteten **(konjekturalen) Preis-Absatz-Funktion** $x_1 = f(p_1)$ gegenüber, d. h. bei bestimmten Preissetzungen erwartet er bestimmte Absatzmengen (Übersicht 4.3b). Die konjekturale Preis-

Absatz-Funktion beschreibt das erwartete Nachfrageverhalten aus der Sicht des Anbieters. Sie entspricht der Nachfragefunktion für das Gut, bezogen auf den Markt des Anbieters. Es ist die Aufgabe der Marktforschungsabteilungen von Unternehmungen, solche Absatzfunktionen als Grundlage für die Produktions- und Angebotsplanung zu ermitteln.

Übersicht 4.3: Hypothesen zum Anbieterverhalten

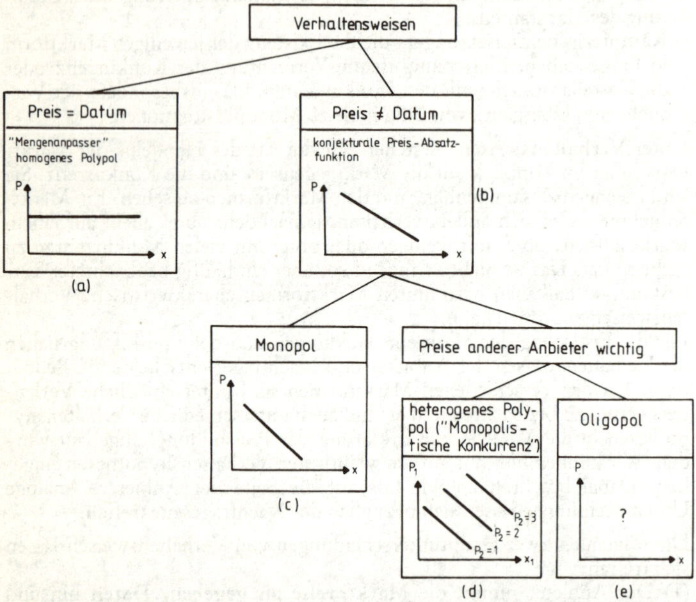

Sieht der Anbieter den Preis nicht als Datum an, so sind zwei Fälle zu unterscheiden:

(a) Der Anbieter rechnet damit, daß sein Absatz *allein von seinen eigenen Aktionen* (Preissetzungen) und dem Verhalten der Nachfrager abhängt, nicht jedoch von den Handlungen anderer Anbieter. Er ist also der Ansicht, daß er keine Konkurrenz zu fürchten hat, weder für das gleiche Produkt noch für ein nahes Substitut. Man spricht dann von **monopolistischer Verhaltensweise** (Übersicht 4.3 c).
Bezogen auf die oben angegebene Preis-Absatz-Funktion bedeutet dies, daß sich der Anbieter allein den durch diese Funktion beschriebenen Preis-Absatz-Möglichkeiten gegenübersieht und daß er nicht erwartet, daß die Aktionen von Konkurrenten die Absatzmöglichkeiten (den Verlauf der Preis-Absatz-Funktion) beeinflussen können.

(b) Der Anbieter rechnet damit, daß sein Absatz nicht nur von seiner eigenen Preissetzung und dem Verhalten der Nachfrager abhängt, sondern auch von den *Preissetzungen anderer Anbieter.*

Bei diesem letzten Fall sind nochmals zwei Möglichkeiten zu unterscheiden:

- Der Anbieter nimmt an, daß zwar die Preissetzungen anderer Anbieter Einfluß auf seine Preis-Absatz-Funktion haben, er erwartet aber nicht, daß die Konkurrenten auf seine Preissetzungen reagieren. Diese Verhaltensweise ist charakteristisch für den Fall des **heterogenen Polypols,** wenn viele Anbieter auf einem unvollkommenen Markt miteinander konkurrieren (etwa die Einzelhändler einer Stadt). Man spricht daher auch von **monopolistischer Konkurrenz.** Bezüglich der Preis-Absatz-Funktion des Anbieters bedeutet dies, daß für alternative Preissetzungen der Konkurrenten (p_2) unterschiedliche Preis-Absatz-Funktionen existieren (Übersicht 4.3d). Je höher die Konkurrenz ihre Preise festlegt, desto größer wird der Absatzspielraum des betrachteten Anbieters und desto weiter verschiebt sich seine Preis-Absatz-Funktion nach rechts. Und umgekehrt: Wenn die Konkurrenten die Preise senken, werden die Absatzmöglichkeiten eingeengt, d.h. die Preis-Absatz-Funktion verschiebt sich zum Koordinationsursprung hin.
- Der Anbieter nimmt an, daß die Preissetzungen anderer Anbieter Einfluß haben und daß die Konkurrenten auf die eigene Preissetzung durch die Veränderung ihrer Preise reagieren. Man spricht dann von **oligopolistischer Verhaltensweise.**
  Daraus folgt, daß sich für einen einzelnen Anbieter keine Preis-Absatz-Funktion angeben läßt, ohne die zu erwartenden Reaktionen der Konkurrenz mit einzubeziehen. Dadurch ergeben sich erhebliche Komplizierungen bei der Untersuchung der Preisbildung auf oligopolistischen Märkten, so daß sich nur für bestimmte Bedingungskonstellationen eindeutige Aussagen machen lassen (Übersicht 4.3e).

Oligopolistische Verhaltensweisen sind für wenige große Anbieter charakteristisch, die den Gesamtmarkt und die Bedingungen der Konkurrenten gut überschauen können (z.B. Automarkt, Waschmittelmarkt, Markt für Elektrogeräte).

Bei den oben getroffenen Unterscheidungen der Verhaltensweisen haben wir allein den Preis als Aktionsparameter der Unternehmung bei der Absatzplanung angeführt. Daneben spielen als Instrumente der Absatzpolitik Werbung, Qualitätsdifferenzierung, Produktaufmachung u. dgl. eine große Rolle. Hierdurch kann eine Unternehmung versuchen, sich von ihren Konkurrenten abzusetzen und einen „eigenen Markt" für den Absatz ihrer Produkte und damit einen Spielraum für monopolistische Preisstrategien zu verschaffen. Darauf wird unten näher eingegangen. Im Rahmen dieser Einführung in die Preistheorie wollen wir jedoch nur den Preis explizit als Aktionsparameter in die betrachteten Modelle einführen. Umfassendere Modelle zur Absatzplanung von Unternehmungen beziehen auch die übrigen absatzpolitischen Instrumente mit ein (vgl. Abschnitt 4.3.2).

4.3 Möglichkeiten der Marktstrategie von Anbietern bei unvollständigem Wettbewerb

Neben der Preisbildung bei vollständigem Wettbewerb ist die Preis-Absatz-Planung eines Monopolisten auf einem vollkommenen Markt im Rahmen eines einführenden Lehrbuches relativ einfach darzustellen. Deshalb soll im folgenden auch der Monopolfall etwas ausführlicher behandelt werden. Wir müssen dabei jedoch stets im Auge behalten, daß wir damit zunächst zwei extreme Fälle kennenlernen, die jeweils an den beiden Enden der Skala möglicher Marktformen und Verhaltensweisen stehen. Deshalb sollen anschließend wenigstens die Grundzüge der Preisbildung auf unvollkommenen Märkten und bei oligopolistischen Bedingungen betrachtet werden.

4.3.1 Preis-Absatz-Strategie eines Monopolisten

Das Entscheidungsproblem des Monopolisten läßt sich wie folgt kennzeichnen: Er sieht sich allein einer Vielzahl von Nachfragern gegenüber, hat also nicht mit anderen konkurrierenden Anbietern zu rechnen. In einer solchen Situation nimmt der Monopolist eine Machtposition ein. Er kann den von ihm geforderten Preis beliebig festsetzen und die Nachfrager haben diesen Preis zu akzeptieren. Sie können hohen Preisforderungen nur dadurch ausweichen, daß sie geringere Mengen nachfragen. Für den Monopolisten stellt sich nun die Frage, welchen Preis er setzen soll, um seinen Gewinn zu maximieren, d. h. die Differenz zwischen Umsatz und Kosten möglichst groß werden zu lassen.

Den Verlauf der **Kostenfunktion** K(x) haben wir bereits im Zusammenhang mit der Produktionsplanung des Mengenanpassers diskutiert (vgl. Übersicht 3.11). Da wir annehmen wollen, daß der Monopolist auf der Seite des Faktoreinsatzes ebenfalls von gegebenen Marktpreisen für Faktorleistungen auszugehen hat[1], lassen sich die dort angestellten Überlegungen zum Verlauf der Kostenfunktion ohne weiteres übertragen. Dagegen müssen die Absatzmöglichkeiten und damit der Verlauf der Umsatzfunktion des Monopolisten vorweg etwas ausführlicher diskutiert werden.

Der Umsatz (oder Erlös) ist definiert als Produkt von Absatzmenge x und Absatzpreis p. Bei einem Monopolisten ist der erzielbare Preis abhängig von der Höhe der geplanten Absatzmenge oder, umgekehrt, der zu erwartende Absatz wird von der Höhe des gesetzten Preises bestimmt. Es gilt allgemein die **Preis-Absatz-Funktion**

$$p = p(x), \tag{4.1}$$

wobei die erwartete Absatzmenge x mit sinkender Preisforderung des Monopolisten steigt.

---

[1] Auch Nachfrager von Faktorleistungen können u. U. Marktmacht ausüben und die Faktorpreise beeinflussen. Von dieser Komplizierung des Problems soll hier abgesehen werden.

Der Verlauf der Preis-Absatz-Funktion und der daraus resultierende Verlauf der Umsatzfunktion sollen anhand eines numerischen Beispiels erläutert werden. Die Preis-Absatz-Funktion sei linear und habe den spezifischen Verlauf

$$p = 160 - 10\,x. \tag{4.2}$$

Die **Umsatzfunktion** stellt dann eine quadratische Funktion dar:

$$U = p \cdot x = 160\,x - 10\,x^2. \tag{4.3}$$

In den Übersichten 4.4 und 4.5 sind Werte der Preis-Absatz-Funktion und der zugehörigen Umsatzfunktion numerisch ausgerechnet bzw. grafisch dargestellt. Ausgehend von einem bestimmten Verlauf der Preis-Absatz-Funktion kann man sich durch die folgende Hilfskonstruktion eine Vorstellung vom Verlauf der zugehörigen Umsatzfunktion verschaffen: Da der Umsatz das Produkt von Menge und Preis ist, kann man für jeden Punkt der Preis-Absatz-Funktion ein Rechteck mit den Seiten x und p bilden. Der Inhalt des Rechtecks entspricht der Höhe des Umsatzes. Man erkennt in unserem Fall: Bei einem Preis von 160 ist die Absatzmenge Null und somit auch der Inhalt des Rechtecks (der Umsatz) Null. Mit zunehmender Ausbringungsmenge bzw. sinkendem Preis wird der Inhalt des Rechtecks zunächst größer und nimmt dann wieder ab. Bei einer Absatzmenge von 16 und einem Preis von Null ist auch der Umsatz wieder Null.

Neben der Umsatzfunktion ist in den Übersichten 4.4 und 4.5 auch die zugehörige **Grenzumsatzfunktion** $\Delta U/\Delta x$ eingetragen. Die numerischen Werte der Übersicht 4.4 lassen sich ermitteln, indem man jeweils die Umsatzzuwächse ΔU durch die Mengenzuwächse Δx dividiert. Es ist zu erkennen, daß mit der Ausdehnung der Absatzmenge der Grenzumsatz stärker abfällt als der Preis zurückgenommen werden muß. Dieses ergibt sich daraus, daß nicht nur die zusätzlichen, sondern alle bisher bereits produzierten Mengeneinheiten nur zu dem ermäßigten Preis abgesetzt werden können. In unserem Beispiel einer linearen Preis-Absatz-Funktion ist die Senkung des Grenzumsatzes gerade doppelt so groß wie die Preisänderung. Die Grenzumsatzfunktion hat daher eine doppelt so große (negative) Steigung wie die Preis-Absatz-Funktion[1].
Demgegenüber stimmen beim Mengenanpasser Preis und Grenzumsatz überein, weil jede zusätzlich abgesetzte Einheit einen zusätzlichen Erlös in Höhe des Produktpreises erbringt.

Um sich eine Vorstellung von dem Verlauf der Grenzumsatzfunktion bei gegebenem Verlauf der Umsatzfunktion zu verschaffen, hat man die Veränderung der Steigung der Tangente an die Umsatzfunktion bei veränderten Ausbringungsmengen zu verfolgen. Man kann sich einmal daran orientieren, daß der Grenzumsatz im Maximum der Umsatzfunktion Null ist und daß die Grenzumsatzfunktion an dieser Stelle die

---

[1] Diese Zusammenhänge lassen sich auch unmittelbar aus den analytischen Ableitungen ersehen. Einer linearen Preis-Absatz-Funktion entspricht eine quadratische Umsatzfunktion, deren 1. Ableitung (Grenzumsatzfunktion) wiederum eine Gerade darstellt. In unserem Beispiel ergibt sich $dU/dx = 160–20x$. Es ist zu erkennen, daß diese Funktion die doppelte Steigung hat wie die zugrunde liegende Preis-Absatz-Funktion.

Übersicht 4.4: Preis-Absatz-, Umsatz- und Grenzumsatzfunktion

x	p	U	ΔU/Δx
0	160	0	
2	140	280	140
4	120	480	100
6	100	600	60
8	80	640	20
10	60	600	–20
12	40	480	–60
14	20	280	–100
16	0	0	–140

x-Achse schneidet. Da weiterhin der Grenzumsatz der ersten Einheit gleich dem erzielten Preis für diese Einheit ist, beginnen Preis-Absatz- und Grenzumsatzfunktion in dem gleichen Punkt. Wenn die Preis-Absatz- und damit auch die Grenzumsatzfunktion linear sind, läßt sich die Grenzumsatzfunktion somit durch die Verbindung dieser beiden Punkte als Gerade eintragen (vgl. Übersicht 4.5).

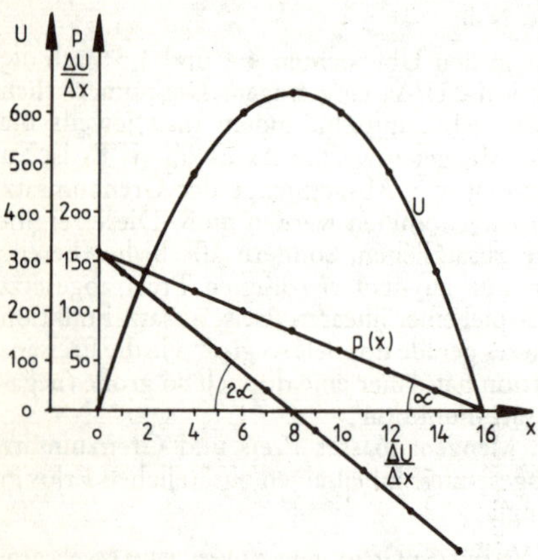

Übersicht 4.5: Preis-Absatz-, Umsatz- und Grenzumsatzfunktion

Optimale Preis-Absatz-Planung

Die optimale Preissetzung und Mengenplanung des Monopolisten läßt sich nun, nachdem wir uns eine Vorstellung vom Verlauf der Kosten- und Umsatzfunktionen verschafft haben, in einfacher Weise grafisch ermitteln. Wie bei der Produktionsplanung des Mengenanpassers kann man entweder von den Umsatz- und Gesamtkostenkurven oder von den Grenzumsatz- und Grenzkostenkurven ausgehen.

Zunächst tragen wir die Umsatz- und die Gesamtkostenkurve in derselben grafischen Darstellung ab (Übersicht 4.6). Die optimale Ausbringung ist an der Stelle erreicht, wo die *Differenz zwischen der Umsatz- und Kosten-*

kurve (also der Gewinn) am größten ist (x_{opt}). An dieser Stelle hat natürlich auch die Gewinnfunktion G(x) ihr Maximum. Wie schon im Falle des Mengenanpassers erläutert wurde, ist im Gewinnmaximum der Grenzumsatz gleich den Grenzkosten (Gleichung 3.24). Oder grafisch: die Steigungen der Tangenten an die Umsatz- und die Kostenkurve haben bei der gewinnmaximalen Ausbringungsmenge die gleiche Steigung. Das ist ohne weiteres einleuchtend: Solange der Grenzumsatz die Grenzkosten übersteigt, würde eine weitere Produktions*ausdehnung* den Gewinn steigern, und im umgekehrten Falle würde eine Produktions*einschränkung* den Gewinn steigern.

Übersicht 4.6: Umsatz-Kosten-Vergleich beim Monopolisten

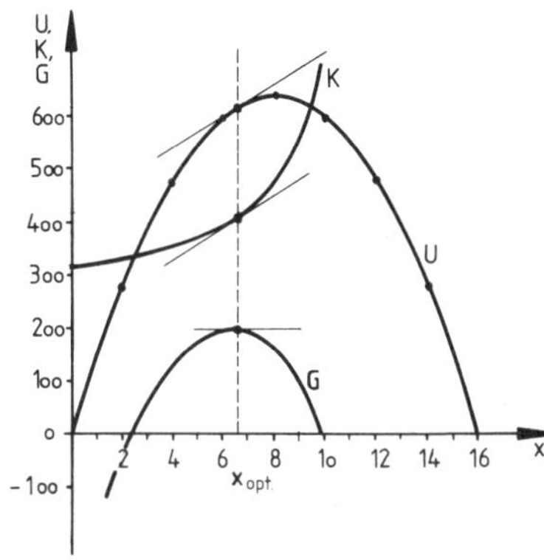

Wir können daher auch alternativ die optimale Ausbringungsmenge ermitteln, indem wir von den *Grenzumsatz- und Grenzkostenkurven* ausgehen (Übersicht 4.7). Die optimale Ausbringungsmenge ist dem Schnittpunkt (Q) von Grenzumsatz- und Grenzkostenfunktion zugeordnet. Auf der Preis-Absatz-Funktion läßt sich der zugehörige optimale Absatzpreis des Monopolisten ablesen. Der Punkt C auf der Preis-Absatz-Funktion, der

Übersicht 4.7: Cournot'scher Punkt

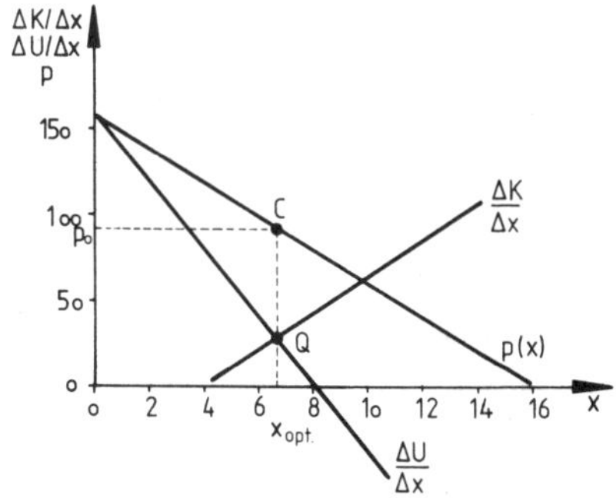

die optimale Preis-Mengen-Kombination (p_0, x_{opt}) angibt, wird nach dem französischen Nationalökonomen *Cournot* (1801–1877) als **Cournot'scher Punkt** bezeichnet.

Bei ungünstigen Kosten- oder Absatzverhältnissen ist es möglich, daß der Monopolist keinen Gewinn realisieren kann. Der Cournot'sche Punkt gibt dann die Preis-Mengen-Kombination an, bei der der Monopolist den geringsten Verlust macht. Wie der Mengenanpasser wird der Monopolist (kurzfristig) die Produktion noch solange aufrechterhalten, wie mindestens die variablen Kosten gedeckt werden.

Monopol und vollständiger Wettbewerb: Ein Vergleich

Die Machtposition ermöglicht dem Monopolisten, den Preis oberhalb der Grenzkosten festzusetzen. Man kann nun zeigen, daß der Monopolist einen höheren Gewinn erzielen kann, als es einer Vielzahl von miteinander konkurrierenden Anbietern unter gleichen Kosten- und Absatzbedingungen möglich wäre.
Gleiche Kosten- und Absatzverhältnisse bedeuten: Die aggregierte Grenzkostenfunktion der Vielzahl von Anbietern bei vollständigem Wettbewerb entspricht der Grenzkostenfunktion des Monopolisten und die Nachfragefunktion der Verbraucher der erwarteten Preis-Absatz-Funktion des Monopolisten. Um die Ergebnisse unmittelbar vergleichen zu können, wollen wir beide Formen der Preisbildung in derselben grafischen Darstellung 4.8 betrachten.

Der obere Teil des Schaubilds zeigt, daß der Monopolist einen Preis p_M setzt und eine Absatzmenge von x_M erwartet (Punkt C). Herrscht dagegen vollständiger Wettbewerb, so ergibt sich die Optimalposition im Schnittpunkt S der aggregierten Grenzkostenkurve mit der Preis-Absatz-Funktion (Grenzkosten = Preis). Dem Gleichgewichtspreis p_K ist die optimale Ausbringungsmenge x_K zugeordnet. Der Unterschied zwischen dem Monopol und der vollständigen Konkurrenz besteht somit darin, daß der Monopolpreis höher als der Gleichgewichtspreis bei Konkurrenz ist und daß die Versorgung der Bevölkerung beim Monopol schlechter (geringere Produktion) als bei Konkurrenz ist. In diesem Sinne betreibt der Monopolist eine „Güterverknappungsstrategie"[1].

Zeichnet man in Übersicht 4.8 die Durchschnittskostenkurve K/x ein, so läßt sich für beide Marktformen ein Gewinnvergleich anstellen. Der Stückgewinn (G/x) ergibt sich als Differenz aus Preis ($p \equiv U/x$) und Durchschnittskosten (K/x) (vgl. Übersicht 3.24). Im Monopolfall entspricht der Stückgewinn der Strecke CR, der Gesamtgewinn G_M umfaßt das Rechteck p_MCRU. Im Falle der vollständigen Konkurrenz ergibt sich dagegen ein Gesamtgewinn G_K als Fläche p_KSTV (Stückgewinn ST). Man erkennt, daß der Monopolgewinn größer als der Gewinn ist, der sich bei vollständiger Konkurrenz eingespielt hätte.
Man kann sich leicht eine Situation vorstellen, in der bei vollständiger Konkurrenz ein gewinnloser Zustand eingereten ist, dh. die Durchschnittskostenkurve schneidet

---

[1] Das gilt zunächst nur für dieses eine Gut. Denn die im Vergleich mit der Marktform der vollständigen Konkurrenz „eingesparten" Faktoren können zu Produktionserweiterungen in anderen Bereichen eingesetzt werden.

Übersicht 4.8: Preisbildung beim Monopol und bei vollständiger Konkurrenz (1)

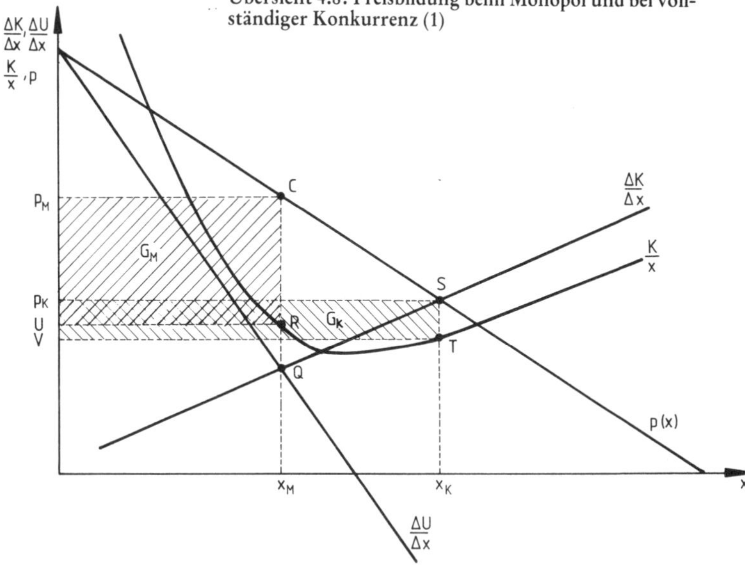

den Optimalpunkt S (die Strecke ST schrumpft auf Null). Ein Monopolist würde dagegen bei gleichen Kosten- und Absatzbedingungen noch einen Gewinn erzielen.

Der **optimale Faktoreinsatz** ließ sich bei vollständiger Konkurrenz durch die Regel

$$l = \frac{\Delta x}{\Delta A} \cdot p \tag{3.35}$$

bestimmen, wobei der Preis dem Grenzumsatz entsprach. Bei einem Monopolisten fallen – wie wir gezeigt haben – Preis und Grenzumsatz auseinander. Der Grenzumsatz liegt unter dem zu erzielenden Marktpreis: $\Delta U/\Delta x < p$. Daher wird der Monopolist den Arbeitseinsatz so bemessen, daß der Lohnsatz dem mit dem Grenzumsatz bewerteten Grenzprodukt entspricht:

$$l = \frac{\Delta x}{\Delta A} \cdot \frac{\Delta U}{\Delta x}. \tag{4.4}$$

Wegen $\Delta U/\Delta x < p$ muß das Grenzprodukt $\Delta x/\Delta A$ beim Monopol höher sein als bei vollständiger Konkurrenz (falls in beiden Marktformen der gleiche Lohnsatz gilt). Dies ist aber bei gegebener Produktionsfunktion nur bei einem gegenüber dem vollständigen Wettbewerb verminderten Arbeitseinsatz möglich.

Der hier dargestellte einfache Vergleich der beiden Marktformen gilt unter der einschränkenden Annahme gleicher Kosten- und Absatzverhältnisse. Er darf uns nicht zu voreiligen Schlußfolgerungen verleiten. Je nach Marktform werden vor allem die **Kostenverhältnisse unterschiedlich** sein. Bei vollständiger Konkurrenz mit einer Vielzahl von Unternehmen (kleine Betriebseinheiten) können die Kostenstrukturen ungünstiger sein als bei wenigen (oder nur einem) Großunternehmen, die die **Vorteile der Massenproduktion** nutzen können. So ist zu erwarten, daß die aggregierte Grenzkostenfunktion bei Konkurrenz über derjenigen des Monopolisten liegt, was möglicherweise dazu führen kann, daß der Monopolpreis unter dem Gleichgewichtspreis bei Konkurrenz liegt. Das Monopolunternehmen hätte dann derartige Kostenvorteile, daß es trotz Monopolgewinn den Markt billiger versorgt als die Vielzahl der kleinen Anbieter. Die Beurteilung verschiedener Marktformen ist daher in einem weiteren Rahmen zu sehen (siehe Abschnitt 4.4.1). Dabei wird sich zeigen, daß die vollständige Konkurrenz nicht in allen Marktbereichen als wirtschaftspolitisches Leitbild gelten kann.

Marktmacht und Einkommensverteilung

Bei vollständiger Konkurrenz entstehen Gewinne nur dann, wenn das langfristige Konkurrenzgleichgewicht noch nicht erreicht ist. Die Existenz von Marktmacht liefert uns eine zusätzliche Erklärung für das Auftreten von Gewinnen. Selbstverständlich wird hiervon auch die *Einkommensverteilung* berührt. Geht man von Gleichgewichtszuständen aus, dann werden die in einer Volkswirtschaft erzeugten Einkommen nicht mehr voll auf die Produktionsfaktoren aufgeteilt. *Unter sonst gleichen Bedingungen* können daher Löhne und Zinsen in Volkswirtschaften mit monopolistischen Angebotsstrukturen nicht so hoch sein wie in Volkswirtschaften mit homogenen und polypolistischen Märkten. Eine auf den Abbau monopolistischer Machtpositionen ausgerichtete Wirtschaftspolitik wird daher gleichzeitig auch immer *Einkommensverteilungspolitik* sein.

In Abschnitt 3.5 hatten wir gezeigt, daß ein langfristiges Gleichgewicht bei vollständiger Konkurrenz auch durch Übereinstimmung von Wertgrenzproduktivitäten und Faktorpreisen bei *allen* Produktionsfaktoren charakterisiert werden kann. Die Maximierung der gesamtwirtschaftlichen Güterversorgung war Resultat dieser für alle Wirtschaftssektoren geltenden Übereinstimmung von Wertgrenzproduktivitäten und Faktorpreisen *und* der für alle Sektoren gleichen Faktorpreise. Denn aus beidem folgt, daß beispielsweise die Wertgrenzproduktivität der Arbeit in einem Sektor 1 mit der Wertgrenzproduktivität der Arbeit in einem Sektor 2 übereinstimmen muß, wenn die Unternehmen dieser Sektoren ihre Faktoreinsatzplanung an dem Wertgrenzproduktivitätsprinzip ausrichten und alle Unternehmen die gleichen Löhne zahlen müssen.
Eine solche „Verteilung“ der Faktoren Arbeit und Kapital auf die unterschiedlichen Branchen, die die Güterversorgung maximiert, hatten wir *optimale Faktorallokation* genannt. Es läßt sich nun leicht zeigen, daß monopolistische Gütermarktstrukturen[1] im allgemeinen eine über alle Sek-

[1] Hierzu ist keineswegs notwendig, daß das Monopol im strengen Sinne existiert. Von monopolistischen Marktstrukturen spricht man schon dann, wenn Abweichungen vom Modell der vollständigen Konkurrenz vorliegen, d. h. wenn die Unternehmen in irgendeiner Weise Marktstrategie betreiben können.

toren und Unternehmen hinweg geltende Einheitlichkeit der Wertgrenzproduktivitäten von Faktoren verhindern: Ein Monopolist bewertet seine physische Grenzproduktivität ebenfalls – wie ein Mengenanpasser – mit dem Grenzumsatz (vgl. Gleichung 4.4 und 3.35), allerdings mit dem Unterschied, daß für ihn der Grenzumsatz nicht mit dem Preis übereinstimmt, sondern darunter liegt. Eine derartige Unternehmenspolitik führt aber im allgemeinen nicht zu einer Übereinstimmung der Wertgrenzproduktivitäten der Unternehmen $(\frac{\Delta x}{\Delta A} \cdot p)$, sondern zu einer Übereinstimmung der mit dem Grenzumsatz bewerteten physischen Grenzproduktivitäten $(\frac{\Delta x}{\Delta A} \cdot \frac{\Delta U}{\Delta x})$. Der Leser wird sich leicht davon überzeugen können, daß dies nur in einem Spezialfall auch eine Gleichheit der Wertgrenzproduktivitäten bedeutet, nämlich dann, wenn im Gewinnmaximum in allen Sektoren die Relationen zwischen Grenzumsatz und Produktpreis übereinstimmen.

Dieser Spezialfall ist realitätsfern, weil sich die Nachfragekurven für unterschiedliche Produkte stark unterscheiden und daher auch keine einheitliche Relation zwischen Grenzumsatz und Preis zu erwarten ist. Es ließe sich geometrisch zeigen, daß die Preise um so stärker von den Grenzumsätzen abweichen, je steiler die Nachfragekurven verlaufen, d.h. je unelastischer die Nachfrager auf Preisänderungen reagieren.

Aus den bisherigen Überlegungen folgt weiter, daß sich für einen Monopolisten eine – im Vergleich zum vollständigen Wettbewerb – „Güterverknappungsstrategie" umso eher lohnt, je weniger die Nachfrager auf das angebotene Produkt verzichten können und je niedriger daher die Preiselastizität der Nachfrage ist. Es läßt sich daher auch angeben, in welcher Richtung eine Monopolisierung der Märkte – wiederum im Vergleich zum vollständigen Wettbewerb – die volkswirtschaftliche Produktionsstruktur verzerrt: Die Produktion in Sektoren mit niedriger Nachfrageelastizität wird relativ niedrig, die Gütererzeugung in Sektoren, deren Produkte preiselastisch nachgefragt werden, dagegen relativ hoch sein. Dieses Ergebnis verlangt natürlich eine Modifikation unserer oben abgeleiteten Aussage, nach der Monopolisierung bei gegebener Produktionstechnik *stets* zu einer geringeren Ausbringungsmenge führt. Da der Bestand an volkswirtschaftlichen Produktionsfaktoren durch die Monopolisierung grundsätzlich nicht vermindert wird, erfolgt lediglich eine Umverteilung der Faktormengen zugunsten der Sektoren mit preiselastischer Nachfrage. Der Anreiz zur Verwendung zusätzlicher Faktoren trotz Monopolisierung und damit tendenziell lohnender „Verknappungsstrategie" in diesen Sektoren geht von den Faktormärkten aus: Da die Faktoren nicht mehr mit ihren Wertgrenzproduktivitäten entlohnt werden, sinken die Faktorpreise; dies kommt dann in der Entstehung von Monopolgewinnen zum Ausdruck. Sinkende Faktorpreise vermindern aber die Grenzkosten und machen – per Saldo – eine Expansion der Erzeugung in solchen Sektoren lohnend, in denen die Nachfrageverhältnisse eine exzessive „Verknappungsstrategie" verhindern[1].

4.3.2 Preisbildung bei monopolistischer Konkurrenz

Die monopolistische Konkurrenz läßt sich zwischen den bislang betrachteten Fällen des vollständigen Wettbewerbs und des reinen Monopols einordnen: Wie beim vollständigen Wettbewerb stehen sich eine *große Anzahl* von Anbietern und Nachfragern gegenüber. Anders als beim vollständigen Wettbewerb werden die angebotenen Güter von den Nachfragern jedoch nicht als völlig gleichartig (homogen) angesehen. Die Nachfrager haben bestimmte sachliche, persönliche oder räumliche *Präferenzen* für das eine oder das andere Gut. Die Präferenzen sind nicht so stark ausgeprägt, daß die Nachfrager nicht auf andere Güter ausweichen würden, wenn der von ihnen bevorzugte Anbieter den Preis verhältnismäßig stark anheben würde.
Im Vergleich zum Monopol läßt sich die Situation des einzelnen Anbieters wie folgt kennzeichnen: Der einzelne Anbieter hat (wie der Monopolist) einen gewissen *preispolitischen Aktionsspielraum*. Dieser Spielraum wird jedoch (im Gegensatz zum Monopol) durch konkurrierende Anbieter eingeengt, die ähnliche Güter anbieten (im Falle sachlicher Produktdifferenzierung) oder die sich in der Nähe angesiedelt haben (im Falle räumlicher Differenzierung). Es ist damit zu rechnen, daß „die Konkurrenz" ihre Kapazitäten ausbaut oder neue Anbieter auf dem Markt erscheinen, wenn der Anbieter auf Dauer einen beträchtlichen Gewinn realisieren kann.

Preis-Absatz-Funktion und Absatzplanung

Die Preis-Absatz-Funktion eines Anbieters unter den Bedingungen des heterogenen Polypols wird durch das Verhalten der Nachfrager und die Preissetzungen der Konkurrenten bestimmt. Für *gegebene* Preissetzungen der Konkurrenten stellt sie eine von links oben nach rechts unten fallende Kurve dar, die häufig auf einen bestimmten Preisbereich begrenzt ist (Übersicht 4.9).
Erhöht der Anbieter den Preis über p_0, dann verliert er alle Kunden an seine Konkurrenten. Wenn er den Preis bis auf p_u senkt, dann kann er (als kleiner Anbieter) zu diesem Preis jede beliebige Produktionsmenge absetzen.
Betrachten wir nun näher den Fall, in dem sich der polypolistische Anbieter einem monopolistischen Preis-Absatz-Spielraum gegenübersieht und sich wie ein Monopolist verhält. Anders als der reine Monopolist hat dieser Anbieter damit zu rechnen, daß die Konkurrenten seine Absatzmöglichkeiten, d. h. den Verlauf seiner Preis-Absatz-Funktion, durch ihre

---

[1] Die Analyse müßte sich erheblich komplizieren, wenn wir noch berücksichtigen würden, daß (a) in den Sektoren mit unterschiedlichen Faktorintensitäten (C/A) produziert wird und (b) der Monopolisierungsgrad nicht in jeder Branche einheitlich ist.

Übersicht 4.9: Preis-Absatz-Funktion bei monopolistischer Konkurrenz

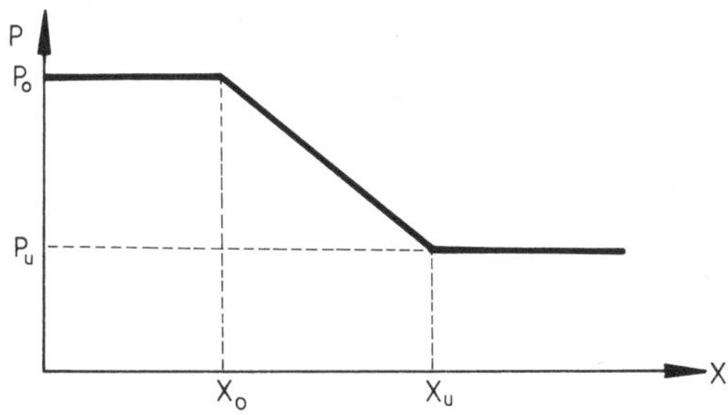

Aktionen beeinflussen können. Ein hoher von ihm realisierter Monopolgewinn wird Konkurrenten veranlassen, das Angebot an ähnlichen (substitutiven) Gütern zu erhöhen, ihre Produktionskapazitäten auszubauen oder Neugründungen von Betrieben vorzunehmen. Zu denken ist etwa an ein Einzelhandelsgeschäft in einem Neubaugebiet, das mit zunehmender Besiedlung einen erhöhten Absatz und zunehmende Gewinne realisieren kann und dadurch Konkurrenten anlockt.
Durch diese Aktionen der Konkurrenten werden die Absatzmöglichkeiten des Anbieters eingeschränkt, d. h. seine Preis-Absatz-Funktion verschiebt sich nach links. Wenn man davon ausgeht, daß sich dieser Prozeß solange fortsetzt, bis der Monopolgewinn völlig verschwunden ist, ergibt sich die in Übersicht 4.10 dargestellte langfristige Gleichgewichtslage:

Die Preis-Absatz-Funktion $p = p(x)$ wird solange nach links verschoben, bis sie die Kurve der durchschnittlichen Stückkosten tangiert (im Punkt C). In diesem Punkt deckt der erzielte Absatzpreis p_0 gerade die Stückkosten (K/x). Der Stückgewinn ist dann gleich Null (und damit natürlich auch der Gesamtgewinn). Für den Anbieter ist bei einem solchen Verlauf die

Übersicht 4.10: Langfristiges Gleichgewicht bei monopolistischer Konkurrenz

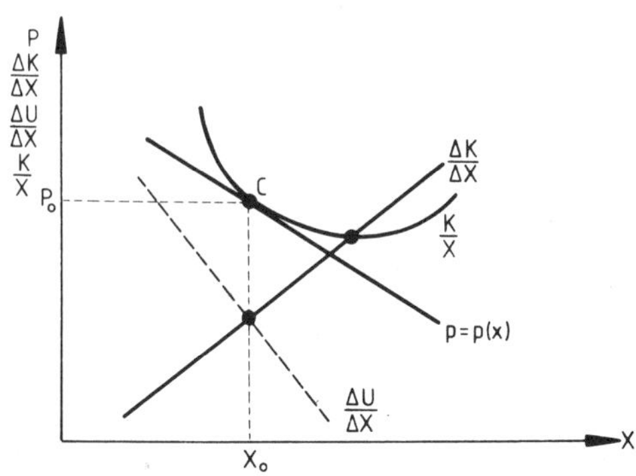

Realisierung dieser Preis-Absatz-Kombination optimal, denn bei jeder anderen Preissetzung würde er einen Verlust realisieren. Es würde sich pro abgesetzter Mengeneinheit ein Verlust in Höhe der Differenz zwischen den Stückkosten und dem zugehörigen Preis auf der Preis-Absatz-Funktion ergeben. (Die optimale Preis-Absatz-Kombination genügt natürlich auch der Bedingung $\Delta U/\Delta x = \Delta K/\Delta x$. C ist der zugehörige Cournot'sche Punkt.)

Als *Ergebnis der Preisbildung bei monopolistischer Konkurrenz* ist festzuhalten: Langfristig tendiert die Gleichgewichtslage der einzelnen Anbieter zu einer gewinnlosen Situation, bei der der Monopolgewinn durch die Aktionen der Konkurrenten abgebaut wird. In dieser Hinsicht entspricht die langfristige Gleichgewichtslage der bei vollständiger Konkurrenz. Im Gegensatz zum vollständigen Wettbewerb fällt die langfristige Gleichgewichtslage jedoch nicht mit dem Minimum der Durchschnittskosten zusammen. Aus der Übersicht 4.10 ist leicht zu erkennen, daß der Tangentialpunkt der Preis-Absatz-Funktion an die Kurve der Durchschnittskosten stets links vom Minimum dieser Kurve liegt. Der Tangentialpunkt nähert sich dem Minimum der Durchschnittskosten umso mehr an, je elastischer die Preis-Absatz-Funktion verläuft und würde bei völlig elastischem Verlauf, d.h. im Falle des Mengenanpassers, mit dem Minimum zusammenfallen.

Unter dem Gesichtspunkt eines möglichst sparsamen Gebrauchs knapper volkswirtschaftlicher Produktivkräfte (optimale Allokation der Produktionsfaktoren) ist eine Situation des Gleichgewichts bei monopolistischer Konkurrenz nicht die bestmögliche. Geht man etwa davon aus, daß die hier skizzierte Gleichgewichtslösung ungefähr die Lage von Einzelhandelsgeschäften eines bestimmten Stadtgebietes beschreiben kann, dann ließen sich die gesamten Kosten der Verteilung von Gütern durch den Einzelhandel senken, wenn einige Geschäfte ausscheiden würden. Hierdurch könnten nämlich die übrigen Anbieter ihr Angebot erhöhen und somit die Stückkosten senken. Im Vergleich zum Modell der vollständigen Konkurrenz, in dem der Wettbewerbsprozeß tendenziell zu einer Produktion mit minimalen Stückkosten führt, werden bei monopolistischer Konkurrenz offenbar Produktionsfaktoren „verschwendet“. Die Unterschiede sind umso größer, je unelastischer die Preis-Absatz-Funktion verläuft, d.h. je mehr sich der einzelne Anbieter von seinen Konkurrenten durch die Gestaltung seiner Produkte, durch Werbung oder durch räumliche Distanz absetzen kann.

Die Gleichgewichtslösung von Übersicht 4.10 ist nur dann beständig, wenn die Durchschnittskosten-Kurve den Verlauf der langfristigen Durchschnittskosten beschreibt. Andernfalls würden die Anbieter ihre Betriebe verkleinern, d.h. sie würden die kürzerfristig als fix anzusehenden Faktoren abbauen, um den Punkt minimaler Stückkosten bei einer geringeren Angebotsmenge erreichen zu können.

Einsatz absatzpolitischer Instrumente

Aus den geschilderten Eigenschaften der Preisbildung bei monopolistischer Konkurrenz folgt, daß die einzelnen Anbieter bestrebt sein werden, ihre Produkte in verschiedener Hinsicht von denen ihrer Konkurrenten abzuheben, um sich auf diese Weise einen möglichst großen monopolistischen Preisspielraum zu verschaffen bzw. zu erhalten. Das kann etwa geschehen durch eine qualitative Diffenrenzierung der Produkte, durch Werbung oder durch den Aufbau eines Vertriebssystems.

- Bei der **Produktgestaltung** oder auch **Produktdifferenzierung** versucht der Anbieter, durch Änderung bestehender Güter hinsichtlich Qualität, Aufmachung und Verpackung ein „neues" Produkt zu schaffen, das sich von bisherigen und ähnlichen Produkten der Konkurrenten abhebt (z. B. Markenartikel). Auf diese Weise wird versucht, den Grad der Substituierbarkeit zwischen den Gütern herabzusetzen. Ob tatsächlich ein neues Produkt geschaffen worden ist, das zusätzliche Bedürfnisse der Konsumenten befriedigen kann, oder ob es sich lediglich um geringfügige Modifikationen ein und desselben Produkts zum Zweck der Herabsetzung der Markttransparenz handelt, läßt sich im Einzelfall oft nur subjektiv entscheiden.
- Mit Hilfe der **Werbung** versuchen Anbieter zum einen, den Konsumenten über die Existenz ihrer Produkte zu informieren, darüber hinaus aber auch ein Bedürfnis nach den angepriesenen Produkten zu wecken bzw. zu steigern. Es sollen dadurch Präferenzen für die betreffenden Produkte geschaffen werden.
- Die Wahl der **Absatzmethoden,** d. h. der Absatzwege und Absatzformen spielt schließlich ebenfalls eine bedeutsame Rolle bei der Schaffung von Präferenzen für bestimmte Produkte. Ein Produzent hat sich zu überlegen, wie er sein Produkt am besten verkaufen kann: durch Direktverkauf an den Endverbraucher, etwa durch Vertreter oder den Versandhandel; über den Groß- und Einzelhandel; durch den Aufbau eines eigenen Vertriebsnetzes mit Kundendienst u. dgl.

Die Zielsetzung dieser Maßnahmen geht dahin, die eigenen Produkte von denen der Konkurrenten abzuheben und dadurch möglichst viele Nachfrager an das eigene Produkt zu binden. In dem beschriebenen Modell bedeutet das: Der Einsatz der absatzpolitischen Instrumente zielt darauf ab, die Preis-Absatz-Funktion möglichst weit nach rechts und die Preisobergrenze möglichst nach oben zu verschieben, um dadurch den monopolistischen Spielraum zu erweitern.

4.3.3 Preisbildung beim Oligopol

Gegenüber den bisher betrachteten Formen der Preisbildung erhält bei oligopolistischen Marktstrukturen ein zusätzlicher Einflußfaktor entscheidende Bedeutung, nämlich die zu erwartenden **Reaktionen der Konkurrenten.** Bei wenigen miteinander konkurrierenden Großunternehmungen verfolgt jeder Anbieter genauestens die Planungen und Aktionen der Konkurrenten. Ein Anbieter, der den Preis für sein Gut ändern will, muß daher damit rechnen, daß die Konkurrenten dann ebenfalls ihre Preise verändern. Wenn z. B. ein Unternehmer eine Preissenkung erwägt, um seinen Marktanteil zu erhöhen, so muß er bei seiner Preisstrategie berücksichtigen, daß „die Konkurrenz" eine Verringerung ihres Anteils nicht ohne weiteres hinnimmt und möglicherweise ihrerseits mit Preissenkungen nachzieht.

Die Situation des oligopolistischen Anbieters läßt sich somit wie folgt kennzeichnen: Die Unternehmensentscheidungen werden nicht (wie bei den bisher betrachteten Marktformen) allein und eindeutig determiniert durch die Daten sowie die eigenen Ziele und Verhaltensweisen eines Anbieters, sondern darüber hinaus durch die Einschätzung der Reaktionen der anderen Anbieter.

Es lassen sich keine einfachen Regeln angeben, nach denen Preise und Ausbringungsmengen unter bestimmten Annahmen ermittelt werden können (wie etwa die Entscheidungsregel Grenzumsatz = Grenzkosten), oder aus denen eindeutig abgeleitet werden kann, wie die Unternehmungen auf bestimmte Datenänderungen reagieren (z. B. auf technische Fortschritte, Lohnsatzerhöhungen oder auch Veränderungen der Steuersätze).

Unter oligopolistischen Bedingungen sind die Zusammenhänge wesentlich komplizierter und die Preisbildungsprozesse schwieriger zu erklären. Bislang gibt es keine umfassend angelegte und allgemein akzeptierte Oligopoltheorie, sondern nur ein Nebeneinander einer Vielzahl von Erklärungsansätzen, bei denen jeweils bestimmte Hypothesen über die Reaktionen der Konkurrenten unterstellt sind.

Von der Vielzahl von Erklärungsansätzen oligopolistischen Verhaltens wollen wir nur einen einfachen Fall herausgreifen. Am Beispiel einer geknickten Preis-Absatz-Funktion (vgl. Übersicht 4.11) läßt sich eine charakteristische Eigenschaft vieler Oligopolmärkte erläutern, nämlich die Stabilität oder Starrheit der Preise über einen längeren Zeitraum. Auf die Darstellung weiterer Erklärungsansätze wird verzichtet. Ihnen liegen in der Regel sehr einfache Reaktionshypothesen zugrunde. Obwohl analytisch meist anspruchsvoll, ist ihr Realitätsbezug gering, sie verschleiern vielfach eher die charakteristischen Eigenschaften oligopolistischer Marktkonstellationen als daß sie sie verdeutlichen. Im folgenden sollen daher die Entscheidungssituation des Oligopolisten und die daraus ableitbaren Konsequenzen für die Preisbildung durch allgemeine Überlegungen und Beobachtungen des tatsächlichen Marktverhaltens gekennzeichnet werden.

Zur allgemeinen Entscheidungssituation des Oligopolisten

Im Gegensatz zum Polypolisten hat der Oligopolist einen weit größeren Spielraum bei der Entwicklung seiner Absatzstrategie. Bei vollständiger Konkurrenz kann der Anbieter (Mengenanpasser) davon ausgehen, daß er seine Produkte wegen des geringen Marktanteils ohne Schwierigkeiten zum für ihn nicht beeinflußbaren Marktpreis absetzen kann. Demgegenüber ist die Entscheidungssituation eines Oligopolisten komplexer. Neben der Produktionsmenge kann er – wie bei monopolistischer Konkurrenz – den Preis beeinflussen. Wegen seines relativ hohen Marktanteils wird dies jedoch – anders als bei monopolistischer Konkurrenz – Reaktionen seiner Konkurrenten auslösen. Eine Preiserhöhung, die von den Konkurrenten nicht oder nicht in vollem Umfange mitgemacht wird, kann zu unerwarteten Absatzeinbußen führen. Betreiben umgekehrt die Konkurrenten Preispolitik, so können etwa Preissenkungen der anderen, die unser Oligopolist aus Kostengründen nicht mitvollziehen kann, ebenfalls zu einem Absatzrückgang führen, weil die Nachfrager zu den Billiganbietern abwandern. Da die konkurrierenden Anbieter und die Nachfrager sensibel auf unterschiedliche Preis-Absatz-Strategien reagieren werden, muß der einzelne Oligopolist seinen *Blick auf den Gesamtmarkt* lenken. Durch niedrige Preise seiner Konkurrenten können nicht nur seine Gewinne schrumpfen, er kann auch darüber hinaus durch starke Marktanteilseinbußen in seiner wirtschaftlichen Existenz gefährdet werden. Im Gegensatz zum Polypolisten *ist der Absatz seiner geplanten Produktionsmenge weit weniger gesichert.* Daher ist es verständlich, daß beim Oligopolisten neben dem Gewinnmaximierungsprinzip das Prinzip der **Erhaltung oder Ausdehnung des Marktanteils** ein besonderes Gewicht bei der Unternehmensplanung hat. Beide Ziele sind jedoch nur beschränkt miteinander vereinbar. Ein höherer Marktanteil läßt sich in der Regel nur durch niedrigere Preise erreichen, die – zumindest kurzfristig – Gewinneinbußen nach sich ziehen können.

Dem Risiko von Marktanteilsverlusten steht im Oligopol die Chance von Marktanteilsgewinnen gegenüber. Man beobachtet daher gelegentlich die Verfolgung der kämpferischen Zielsetzung einer **Maximierung des Marktanteils** eines Anbieters. Überlicherweise wird dies durch drastische Preisunterbietungen gegenüber den Konkurrenten zu erreichen versucht, die zunächst mit erheblichen Gewinneinbußen für den Unterbieter verbunden sind. Offenbar tritt dabei das Ziel der Gewinnmaximierung in den Hintergrund, allerdings meist nur kurzfristig. Durch den Preiskampf hofft der aggressive Oligopolist, selbst unter Inkaufnahme von Verlusten die anderen Anbieter aus dem Markt zu drängen, etwa durch Konkurs oder Geschäftsverlagerung. Nach Erreichung des Monopolzustandes oder einer monopolähnlichen Stellung ist dann der Unternehmer in der Lage, eine langfristige Gewinnmaximierungsstrategie zu betreiben, bei der mögliche kurzfristige Verluste überkompensiert werden. Derartiges aggressives Verhalten von Oligopolisten, das auf eine **Veränderung der Marktform** gerichtet ist, ist in extremer Form nur relativ selten zu beobachten. Dies liegt vor allem daran, daß eine derartige Strategie mit erheblichen Risiken verbunden ist. Der „Aggressor“ kann nämlich am Ende selbst unterliegen, weil einer oder mehrere Konkurrenten die Herausforderung annehmen. Überleben wird regelmäßig derjenige, der den längsten finanziellen Atem hat, d.h. der bereit und in der Lage ist, Verluste längerfristig (auch unter der langfristigen Preisuntergrenze) in Kauf zu nehmen. Da die Kampfbereitschaft und die finanziellen Möglichkeiten den Beteiligten am Anfang meist nicht bekannt sind, herrschen wegen des hohen Risikos wirtschaftsfriedlichere Verhaltensweisen auf Oligopolmärkten vor.

Wird die Marktform des Oligopols grundsätzlich nicht in Frage gestellt, so sind statt gegenseitiger scharfer Konkurrenz Absprachen und Formen der Kooperation unter Oligopolisten von Vorteil. Gelingt es, den **Gesamtgewinn aller Anbieter** etwa durch Preisabsprachen zu erhöhen, so dürfte der Gewinn für jeden einzelnen höher sein als bei normalem Wettbewerb. Um den Gewinn für die Gesamtheit der Unternehmen zu maximieren, müßten sich die Anbieter wie ein Monopolist verhalten und eine entsprechende zentrale Preis- und Absatzplanung vornehmen. Eine solche gemeinsame Preis- und Absatzstrategie würde jedoch eine Kartellabsprache (vgl. Abschnitt 4.2.4) mit Festlegung der Marktanteile, Gewinnquoten u. dgl. voraussetzen, die praktisch einen Übergang von einer oligopolistischen zu einer monopolistischen Marktform bedeutet. Solange aber eine oligopolistische Marktstruktur besteht, werden die einzelnen Anbieter weiterhin eigene Interessen und Strategien verfolgen, die sich vor allem auf eine Erhöhung des Marktanteils gegenüber den Konkurrenten richten.

Für eine oligopolistische Angebotsstruktur sind mithin zwei Tatbestände charakteristisch:

- Der Versuch, den *monopolistischen Preis-Absatz-Spielraum*, der für die Gesamtheit der Anbieter besteht, möglichst weitgehend *auszunutzen;*
- Bemühungen der einzelnen Anbieter, den eigenen *Marktanteil zu Lasten der Konkurrenten* zu erhöhen.

Je nach Beschaffenheit der Märkte und dem Verhältnis der Anbieter zueinander steht mehr die erste oder die zweite Zielsetzung im Vordergrund. Aus der Beobachtung der tatsächlichen Preisbildungsprozesse auf den verschiedenen oligopolistischen Märkten lassen sich bestimmte generalisierende Aussagen ableiten. Dabei hat sich gezeigt, daß eine Gruppe von oligopolistischen Anbietern um so mehr zu einer Maximierung des gesamten Gewinns (also einer *monopolistischen Strategie*) und einer nur begrenzten Konkurrenz untereinander neigt,
- je durchsichtiger die Konkurrenzsituation für alle Beteiligten ist (je geringer die Zahl der Konkurrenten, je einheitlicher die Produkte und je gleichartiger die angewandten Produktionsverfahren sind),
- je leichter es möglich ist, zu einer stillschweigenden Übereinkunft zu gelangen (bei relativ sicheren Erwartungen über die künftige Entwicklung des technischen Fortschritts, des Absatzes und der Kosten oder auch im Falle eines dominierenden Anbieters, dessen Preisstrategie sich die anderen Anbieter anschließen),
- je größer die Hindernisse für den Zutritt weiterer Unternehmungen sind (je größer die Vorteile der Massenproduktion sind, je höher der branchenübliche Werbeaufwand ist).

Insbesondere der letzte Punkt, ein relativ *hoher Werbeaufwand*, ist für viele oligopolistische (und auch monopolistische) Märkte charakteristisch. Ein hoher Werbeaufwand erhöht die Fixkosten. Dies legt große Unternehmenseinheiten nahe, damit die Fixkosten sich auf hohe Ausbringungsmengen verteilen (Ausnutzung der Vorteile der Massenproduktion). Je größer die Unternehmenseinheiten sind, umso schwieriger ist der Marktzutritt für neue Anbieter. Um mit den bestehenden Unternehmen konkurrieren zu können, muß der neue Anbieter meist ebenfalls einen erheblichen Werbeaufwand betreiben. Der hohe Finanzbedarf und Unsicherheiten über die Wirkungen der Kapazitätserweiterungen auf den Gesamtmarkt (möglicher

Preisverfall durch das Mehrangebot) schrecken Neukonkurrenten daher häufig ab. Auf diese Weise kann eine Konservierung von oligopolistischen und monopolistischen Strukturen auch dann erreicht werden, wenn die Art der technischen Produktionsprozesse nicht unbedingt zu sehr großen Produktionseinheiten zwingt (z. B. Zigarettenproduktion, Herstellung alkoholischer Getränke u. dgl.).

Oligopolistische Preisstarrheit

Eine charakteristische Eigenschaft vieler oligopolistischer Märkte ist eine Konstanz (Starrheit) der Preise über längere Zeitperioden hinweg. Wenn neue Preise festgesetzt werden, erfolgt dies meist sprunghaft. Dabei geht häufig einer der Anbieter voraus und die übrigen ziehen innerhalb kurzer Zeit nach, wenn auch je nach der Situation des Unternehmens in unterschiedlichem Ausmaß. Typische Beispiele sind die Preisbildung auf dem Automobilmarkt und dem Bezinmarkt.

Diese charakteristische Situation der oligopolistischen Märkte wird durch verschiedene Oligopoltheorien zu erklären versucht. Wir wollen im folgenden einen Ansatzpunkt zur Erklärung dieses Tatbestandes, der von einer bestimmten Reaktionshypothese über das Verhalten der Konkurrenten ausgeht, kurz kennzeichnen.
Es wird angenommen, daß die Konkurrenten nur dann auf Preisänderungen eines Anbieters reagieren, wenn dieser seinen Preis senkt, also ihren Marktanteil bedroht. Im Fall einer Preiserhöhung reagiert die Konkurrenz nicht. Für den Anbieter existiert dann die in Übersicht 4.11 eingezeichnete „geknickte" Preis-Absatz-Funktion ACD.
Die Kurve ACB stellt die erwartete (vom Anbieter vermutete) Preis-Absatz-Funktion des Anbieters unter der Annahme dar, daß die Konkurrenten überhaupt nicht auf Preisänderungen reagieren. Weiterhin sei angenommen, daß der Anbieter in der Ausgangslage den Punkt C realisiert, also die Menge x_0 zum Preis p_0 anbietet. Wenn nun der Anbieter den Preis senkt, werden die Konkurrenten entsprechend unserer Ausgangshypothese ebenfalls ihren Preis senken. Dadurch wird der Absatzspielraum des Anbieters eigeengt. Der Anbieter kann zu jedem niedrigeren Preis weniger Güter absetzen, als wenn die Konkurrenten bei ihren bisherigen Preisen geblieben wären. Es existiert somit in diesem Preisbereich nicht die Preis-Absatz-Funktion CB, sondern eine nach links verschobene bzw. gedrehte Funktion CD. Demgegenüber verändern die Konkurrenten bei einer Preiserhöhung entsprechend der Grundhypothese ihre Preise nicht. Die Preis-Absatz-Funktion wird daher in diesem Preisbereich unverändert durch das Stück AC angegeben. Insgesamt besteht somit die geknickte Preis-Absatz-Funktion ACD.

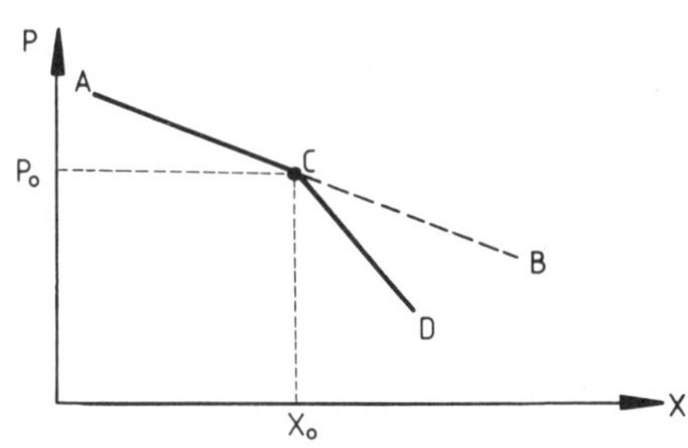

Übersicht 4.11: Geknickte Preis-Absatz-Funktion eines Oligopolisten

Dieser geknickten Preis-Absatz-Funktion entspricht eine *Grenzumsatzfunktion* AEFG mit einer Sprungstelle EF (vgl. Übersicht 4.12). Bis zur Ausbringungsmenge x_0 geht der Grenzumsatz kontinuierlich zurück (AE). Danach beginnt er auf einem niedrigeren Niveau (F) und fällt dann auch steiler ab (FG). Diese Eigenschaft der Grenzumsatzfunktion folgt aus den Überlegungen zu Übersicht 4.5.

Übersicht 4.12: Preis-Absatz-Planung eines Oligopolisten

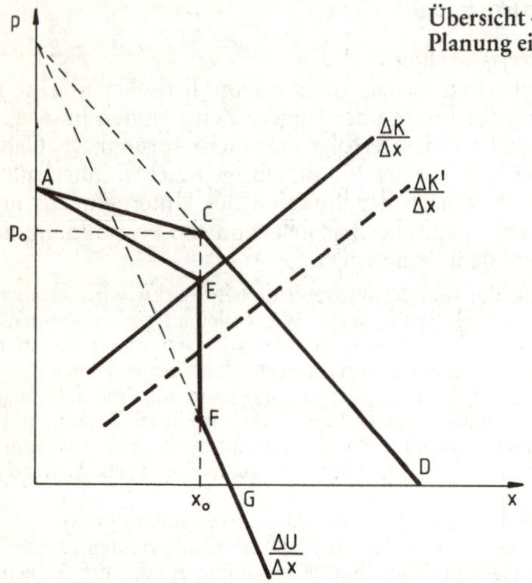

Bei diesem Verlauf der Grenzumsatzfunktion ist leicht einzusehen, daß die Preis-Mengen-Kombination C (Preis p_0 und Absatzmenge x_0) für den Anbieter auch dann optimal ist, wenn sich die Kosten- oder Absatzsituation innerhalb bestimmter Grenzen verändert. Solange der Schnittpunkt der Grenzkostenkurve mit der Grenzumsatzkurve im Bereich der Sprungstelle liegt, ist es für den Anbieter nicht vorteilhaft, seine Preis-Absatz-Planung zu verändern. Kostenänderungen, etwa die Situation $\Delta K'/\Delta x$, führen zu keiner Änderung der Optimalposition (p_0, x_0) solange sie sich im Bereich EF bewegen. Veränderungen der Absatzlage, ausgedrückt durch eine Drehung der Nachfragekurven (teile) beeinflussen die Länge EF; solange die Grenzkostenkurve jedoch noch durch den Bereich EF verläuft, berührt auch eine gleichzeitige Veränderung der Kosten- und Absatzsituation die Optimalposition des Oligopolisten nicht.

Aus den Überlegungen zu Übersicht 4.12 wird deutlich, wie man die häufig auftretende Preisstarrheit auf Oligopolmärkten erklären kann. Wenn auch die Realität komplexer ist, wir also die einfache Preis-Absatz-Funktion wie in Übersicht 4.11 dargestellt nicht allgemein unterstellen können, so liefert das Beispiel doch eine plausible Erklärung einer typischen beobachtbaren oligopolistischen Verhaltensweise.

Der im Abschnitt 4.3.2 beschriebene **Einsatz des absatzpolitischen Instrumentariums** erweist sich nach diesen Überlegungen für Oligopolisten als mindestens ebenso wichtig wie für polypolistische Anbieter. Denn wenn Güterpreisveränderungen nur begrenzt als Maßnahmen zur Verbesserung der Position individueller Anbieter in Frage kommen, dann werden Absatzstrategien in den Vordergrund rücken, die die Höhe der Güterpreise nicht berühren.

Oligopolistische Faktornachfrage
Das im letzten Abschnitt abgeleitete Ergebnis, nach dem Kostenänderungen u. U. keine Preis- und Mengenreaktionen des Oligopolisten auslösen, ist auch von erheblicher Bedeutung für die Faktornachfrage. Besteht die Kostenänderung beispielsweise in einer Lohnsatzsenkung, dann erlauben die bisherigen Überlegungen den Schluß, daß Lohnsatzsenkungen einen Oligopolisten u. U. nicht dazu ermutigen können, zusätzliche Arbeitskräfte nachzufragen. Mit anderen Worten, die **Arbeitsnachfragekurve** eines Oligopolisten kann an einer bestimmten Stelle „abknicken" und als Parallele zur Ordinate (l-Achse) verlaufen. Hieraus ergeben sich wesentliche Konsequenzen für die gesamtwirtschaftlichen Betrachtungen des Wirtschaftsprozesses im 2. Teil dieses Buches.

4.3.4 Probleme der Kooperation zwischen Anbietern

Der Vergleich zwischen dem Monopol und der Marktform der vollständigen Konkurrenz zeigte, daß bei ansonsten gleichen Kosten- und Absatzbedingungen der Monopolgewinn höher als der Gesamtgewinn der Polypolisten ist. Weiterhin wurde erläutert, daß sich auch die Anbieter unter den Bedingungen der monopolistischen Konkurrenz tendenziell den Gewinn wegkonkurrieren und auch einem Oligopolisten heftige Konkurrenz von den Marktgegnern drohen kann. Es ist somit für den Polypolisten und auch Oligopolisten verlockend, eine Kooperation einzugehen, die ein einheitliches Auftreten als Monopolist (Kollektivmonopol) erlaubt. Es ist daher nicht verwunderlich, daß Kooperationen in der Wirklichkeit häufig anzutreffen sind. Generell gilt, daß eine Zusammenarbeit der Anbieter unabhängig von der bestehenden Marktform für sie vorteilhaft ist. Man kann folgende Kooperationsformen unterscheiden:
- Unternehmenszusammenschlüsse,
- Kartellabsprachen,
- informelle oder stillschweigende Vereinbarungen.

(1) Bei einem **Unternehmenszusammenschluß** verlieren die Anbieter ihre wirtschaftliche Selbständigkeit zugunsten einer einzigen unternehmerischen Entscheidungseinheit. Die Aufgabe rechtlicher Selbständigkeit, wie dies bei der **Fusion** der Fall ist, ist keineswegs notwendige Bedingung für einen Zusammenschluß in diesem Sinne. Bedeutsamer sind in der Realität vielmehr die sog. verbundenen Unternehmen, z. B. **Konzernunternehmungen,** die als eine wirtschaftliche Einheit anzusehen sind.

(2) Bei der Bildung von **Kartellen** (Kollektivmonopolen) behalten die Anbieter je nach dem Umfang der formellen Absprachen ihre rechtliche

wie wirtschaftliche Selbständigkeit[1]. Die Absprachen beziehen sich in erster Linie auf Preise und Mengen (Produktionsquoten). Eine Mengenbeschränkung ist notwendig, da ansonsten der Kartellpreis, der natürlich über dem Gleichgewichtspreis bei Konkurrenz festgesetzt wird, nicht gehalten werden könnte[2].

Aus einer Reihe von Gründen ist ein Kartell ständig in seiner Existenz gefährdet:

- Ein Kartell muß **alle relevanten Anbieter** auf einem Markt umfassen. Es kann aber für einzelne Anbieter vorteilhafter sein, nicht dem Kartell beizutreten. Sie profitieren als *Außenseiter* dann nämlich vom relativ hohen Kartellpreis, den sie als Datum nehmen und unterliegen dann als Mengenanpasser nicht der Mengenbeschränkung des Kartells. Ihr Gewinn wird größer sein, als wenn sie Kartellmitglied wären. Daher besteht ein Anreiz für das einzelne Kartellmitglied, aus dem Kartell auszubrechen.

  Eine dauerhafte Kartellbildung ist dann am wahrscheinlichsten, wenn die Anzahl der Anbieter klein ist, also ein Oligopol vorliegt, und wenn Außenseiter ökonomische Vergeltungsaktionen der anderen Oligopolisten zu fürchten haben.
- Ein hoher Kartellpreis bietet Gewinnchancen für **neu am Markt auftretende Anbieter.** Diese befinden sich dann in der vorteilhaften Außenseiterposition. Ein Kartell muß daher bestrebt sein, entweder den Marktzugang zu sperren oder, wenn dies unmöglich ist, die neuen Anbieter in das Kartell aufzunehmen. Um Neuzugänge auf dem Markt nach Möglichkeit unattraktiv zu machen, wird häufig eine gemäßigte Preispolitik betrieben. Der Kartellpreis liegt dann je nach der Wahrscheinlichkeit des Auftretens neuer Anbieter zwischen dem (maximalen) Monopolpreis und dem Gleichgewichtspreis bei Konkurrenz.
- Es ist zu erwarten, daß die dem Kartell angehörenden Unternehmen **unterschiedliche Kostenstrukturen** aufweisen. Entfällt auf jeden Anbieter die gleiche Produktionsquote (= vermutliche Absatzmenge), so werden die gewinnmaximierenden Anbieter entsprechend den Verläufen ihrer Grenzkostenkurven unterschiedliche Kartellpreisvorstellungen haben. Anbieter mit höheren (niedrigeren) Grenzkosten werden einen höheren (niedrigeren) Kartellpreis fordern. Ein einheitlicher Kartellpreis auf „mittlerer" Höhe erfordert nun aber ein Abgehen von gleichen Quoten. Die Anbieter mit hohen Grenzkosten werden sich mit niedrigeren Quoten begnügen müssen, da ihre Angebotsmenge unter Wettbewerbsbedingungen wahrscheinlich noch geringer wäre. Dagegen werden sich die Quoten der kostengünstiger produzierenden Anbieter erhöhen. Die unterschiedlichen Interessenlagen sorgen regelmäßig dafür, daß die Kartellverhandlungen über Preise und Quoten schwierig

[1] Auch informelle (mündliche) Absprachen etwa bei „Arbeitsessen" kommen vor (*Frühstückskartelle).*

[2] Vgl. die entsprechenden Zusammenhänge bei staatlichen Kontigentierungen (Abschnitt 3.6.1).

sind. Oft kommt eine Vereinbarung nur mit Hilfe von separaten Gewinn-Kompensationszahlungen zustande.

- Bei den Kartellverhandlungen spielt häufig die *Produktionskapazität* bei der Bestimmung der Produktionsquote eine Rolle. Je größer die Kapazität, um so größer ist die Wahrscheinlichkeit, eine höhere Quote durchzusetzen. Dies kann **Auswirkungen auf das Investitionsverhalten** der Mitglieder haben, weil einzelne Kartellmitglieder nur deswegen ihre Kapazitäten erweitern, um bei Neuverhandlungen eine bessere Verhandlungsposition zu erlangen. Dabei besteht die Gefahr, daß zu hohe Kapazitäten zur Deckung der Nachfrage aufgebaut werden. Einzelne Mitglieder können die durchsetzbare Quote als zu gering erachten und sich „gezwungen“ sehen, in die Außenseiterposition zu gehen.

(3) Die dritte Form der Kooperation ist die **stillschweigende Vereinbarung.** Es fehlen hierbei ausdrückliche schriftliche oder mündliche Vereinbarungen. Gleichwohl zeigen die Anbieter durch ihr Verhalten, daß sie bereit sind, gewisse absatzpolitische Maßnahmen zu unterlassen, die andere Anbieter schädigen würden. Bekanntestes Beispiel ist die sog. **Preisführerschaft.** An der Preispolitik eines Preisführers – meist mit großem Marktanteil – orientieren sich die übrigen Anbieter. Ein Verzicht auf eigene Preispolitik bedeutet aber nicht, daß der Wettbewerb ausgeschaltet wird. Er verlagert sich vielmehr meist auf das Gebiet der übrigen absatzpolitischen Instrumente (Qualitätswettbewerb, Produktdifferenzierung, usw.).

4.4 Ziele und Maßnahmen der Wettbewerbspolitik

In marktwirtschaftlich orientierten Wirtschaftsordnungen spielen Fragen der Wettbewerbspolitik eine bedeutende Rolle. Man versteht darunter staatliche Maßnahmen, die das Verhalten der privaten Wirtschaftseinheiten im Hinblick auf die Erreichung der bereits mehrfach genannten wirtschaftspolitischen Ziele beeinflussen sollen. Es handelt sich dabei regelmäßig um den **Einsatz ordnungspolitischer Instrumente,** also Instrumente gesetzlicher und institutioneller Art, die den Freiraum wirtschaftlicher Aktivitäten von Produzenten und Konsumenten abstecken und beeinflussen. Die Entwicklung eines zieladäquaten Instrumentariums der Wettbewerbspolitik bereitet große Schwierigkeiten und ist bisher auch nicht in befriedigender Weise gelungen.

4.4.1 Wettbewerbspolitische Leitbilder und Zielkonflikte: Vollständiger oder funktionsfähiger Wettbewerb?

Das traditionelle wettbewerbspolitische Leitbild ist die vollständige Konkurrenz, da sie angeblich als einzige Marktform eine optimale Faktorallokation sowie eine leistungsgerechte Einkommensverteilung ermöglicht. Die Ergebnisse der Überlegungen zum volkswirtschaftlichen Faktoreinsatz unter den **Bedingungen vollständiger Konkurrenz** lassen sich wie folgt zusammenfassen:

- Die Konsumenten bestimmen als „Souveräne", mit welchen Gütern und Dienstleistungen sie versorgt werden wollen (**Konsumentensouveränität**). Sie drücken die Dringlichkeit ihrer Wünsche durch eine entsprechende Preisbereitschaft als Nachfrager auf den Märkten aus.
- Die Unternehmer passen sich den Wünschen der Konsumenten dadurch an, daß sie entsprechend ihrer hauptsächlichen Zielsetzung „Gewinnmaximierung" die Produktionen aufnehmen bzw. verstärken, für die erhöhter Bedarf – ausgedrückt in höherer Preisbereitschaft der Konsumenten und damit verbesserter Gewinnchancen – besteht. Die Anpassungen an veränderte Konsumentenwünsche und verbesserte technische Möglichkeiten der Produktion führen langfristig infolge der Konkurrenz der gewinnsuchenden Unternehmer zu einer Nivellierung der Gewinne und münden letztlich in den gewinnlosen Zustand. Die sich dann einstellende **Faktorallokation ist optimal,** da die Produktionsfaktoren bei alternativer Verwendung keinen höheren Ertrag mehr erbringen würden.

Derartige „wünschenswerte" Ergebnisse liefert das Modell vollständigen Wettbewerbs für gegebene Rahmenbedingungen (gegebener Stand der Technik, gegebene Faktormengen und -verteilung sowie gegebene Bedürfnisse der Konsumenten). Aber bereits im Hinblick auf diese Steuerungsfunktionen des Wettbewerbs unter statischen Bedingungen (**statische Wettbewerbsfunktionen**)[1] sind Zweifel erlaubt, ob das Modell der vollständigen Konkurrenz stets als Leitbild der Wirtschaftspolitik dienen kann. Denn wir haben gesehen, daß in vielen Wirtschaftszweigen die **optimalen Betriebsgrößen** (gemessen an den kostenminimalen Ausbringungsmengen) jeweils einen Umfang erreichen, der eine polypolistische Angebotsstruktur gar nicht zuläßt.

Wir hatten ferner gezeigt, in welcher Weise das Modell vollständigen Wettbewerbs auf *exogene* (von außen kommende) Störungen (z. B. technischer Fortschritt oder Erhöhung des Kapitalbestandes) reagiert. Die Anpassungsprozesse waren abgeschlossen im gewinnlosen Zustand „zur Ruhe gekommener" Märkte. Eine derartige Betrachtungsweise klammert jedoch von vorn herein zentrale Probleme wirtschaftlicher Entwicklung aus und kann darum auch nur für die Beantwortung bestimmter wirtschaftstheoretischer und wirtschaftspolitischer Teilfragen herangezogen werden. Insbesondere bleibt offen, (a) wovon der **Umfang technischen Fortschritts** abhängt und (b) wodurch bestimmt wird, mit welcher **Geschwindigkeit** sich eine Volkswirtschaft an veränderte Rahmenbedingungen anpaßt.

Um hierauf eine Antwort zu finden, ist es zunächst einmal notwendig, eine Modellvorstellung zu entwickeln, die diese Fragen überhaupt

---

[1] Der Begriff „statisch" wird im Zusammenhang mit dem langfristigen Konkurrenzgleichgewicht verwendet, weil (a) die Dauer der Anpassungsprozesse gar nicht als Problem auftritt (man spricht von theoretisch unendlich schnellen Anpassungen) und (b) die wichtigste Kraft, die Anpassungsprozesse auslöst (technischer Fortschritt), nur der Wirkung nach, nicht aber von den Ursachen her erklärt wird.

anspricht. Es ist dann auch unumgänglich, die Funktion der Unternehmergewinne neu zu überdenken und damit zu einem neuen Konzept einer **leistungsgerechten Einkommensverteilung** zu kommen.
Fördert ein Wettbewerbssystem die Entstehung und Durchsetzung technischer Fortschritte sowie die Anpassungsgeschwindigkeit (oder Anpassungsflexibilität) einer Volkswirtschaft, so wollen wir sagen, daß es einen Beitrag zur Erfüllung der **dynamischen Wettbewerbsfunktionen** liefert.

Funktionsfähiger Wettbewerb
Will man ein Leitbild der Wettbewerbspolitik entwerfen, dann kann dies nur im Hinblick darauf geschehen, daß die Wettbewerbsprozesse die statischen *und* dynamischen Wettbewerbsfunktionen – hinter denen ja die wirtschaftspolitischen Ziele einer optimalen Faktorallokation sowie einer gerechten Einkommensverteilung stehen – möglichst gut erfüllen. Wir sprechen daher auch lediglich sehr allgemein von einem *funktionsfähigen* Wettbewerb und favorisieren damit nicht von vornherein eine bestimmte Marktform. Bei bestimmten Produkten ist es durchaus möglich, daß sich die vollständige Konkurrenz als besonders funktionsfähig erweist. Für die statischen Wettbewerbsfunktionen trifft dies sogar generell zu – sieht man einmal von dem Betriebsgrößenproblem ab –, hinsichtlich der dynamischen Wettbewerbsfunktionen ist eine differenziertere Antwort zu geben.
Funktionsfähiger Wettbewerb verlangt, daß die Produktionsfaktoren leistungsgerecht entlohnt werden, daß jedoch die Entstehung *funktionsloser* Unternehmereinkommen verhindert wird. Hiernach können durchaus **leistungsgerechte Gewinne** durch Unternehmer erzielt werden, ohne daß die Interessen der Konsumenten geschädigt werden. Nach dem Grundsatz der Konsumentensouveränität werden Güterangebot und Faktoreinsatz entsprechend den Wünschen der Konsumenten gestaltet. Entspricht ein Unternehmer durch Schaffung eines „neuen" Produkts dem Verlangen der Käufer, was sich darin äußert, daß die Kunden eine Präferenz für das neue Produkt zeigen, so erbringt er eine Leistung. Die im Zuge des Verkaufs entstehenden Gewinne können als Leistungsgewinne angesehen werden. Nichtleistungsgewinne oder funktionslose Gewinne liegen demgegenüber dann vor, wenn das Angebot den Wünschen der Käufer nicht entspricht und die Kaufentscheidung nur deshalb gefällt wird, weil das tatsächlich gewünschte Gut etwa infolge einer Sperrung des Marktzugangs nicht angeboten werden kann oder weil beim Käufer mangelnde Markttransparenz vorliegt, die ihn im angebotenen das tatsächlich gewünschte Gut erblicken läßt.
Leistungsgewinne entstehen somit infolge des Wettbewerbs um die Wünsche und die Kaufkraft der Konsumenten. Das Entstehen von Gewinnen bedeutet somit keineswegs notwendig, daß eine Wettbewerbsbeschränkung und monopolistisches Preisverhalten vorliegen. Das Problem bleibt aber auch nach der Unterscheidung in Leistungs- und Nichtleistungsgewinne, daß man den Gewinnen nicht ansehen kann, zu welcher Kategorie sie gehören.
Während dem Idealmodell der vollständigen Konkurrenz folgend die Fak-

torallokation erst im gewinnlosen Zustand optimal ist, Gewinne also als vorübergehende Erscheinung „geduldet" werden, übernimmt im funktionsfähigen Wettbewerb der Leistungsgewinn u. a. die Rolle, **technische Neuerungen** durchzusetzen und die Faktorallokation stärker als bei Diskriminierung von Gewinnen zu verbessern. Je leistungsfähiger der Wettbewerb ist, umso schneller werden auch Leistungsgewinne wieder abgebaut. Der Hersteller eines neuen Produkts, wie etwa des elektronischen Taschenrechners, erzielt in der Anfangsphase einen hohen Gewinn, der überwiegend ein Leistungsgewinn ist. Der Pionieranbieter hat aber allenfalls ein **zeitliches Monopol,** da sehr schnell Konkurrenten („Imitatoren") auf den Markt treten. Das erhöhte Angebot drückt Preise und Gewinne auf ein Normalniveau; der *Pioniergewinn oder Vorsprungsgewinn* verschwindet. Seine Legitimation erhielt er durch die Einführung eines neuen Produkts, das – wie im Falle des Taschenrechners – auf das lebhafte Interesse der Konsumenten stieß.
Zugleich löst der Gewinn eine Konkurrenz der Anbieter aus, die auch langfristig den Markt bei schmalen Gewinnspannen versorgen werden. Die Eröffnung potentieller Gewinnchancen, wie sie die Verbesserung bestehender oder die Einführung neuartiger Produkte zur erhöhten Bedürfnisbefriedigung bieten, erweisen sich daher auch gerade im Konsumenteninteresse als zweckmäßig.

Potentielle Wettbewerbsintensität

Technische Fortschritte werden in der Regel nicht in allen Unternehmen einer Branche gleichzeitig wirksam. Es läßt sich vielmehr beobachten, daß zunächst nur einige wenige „Pionierunternehmer" die technischen Fortschritte realisieren. Wird jedoch bekannt, daß sich beispielsweise durch neue Produktionsverfahren die Kosten senken und die Gewinne erhöhen lassen, dann können die Gewinnanreize zusätzliche Unternehmer zur Nachahmung veranlassen und so für eine weitere Verbreitung technischen Fortschritts („Diffusion") sorgen. Diese Anreize verwandeln sich mehr und mehr zu einem *Anpassungszwang*, je größer die Zahl der Unternehmen wird, die die technischen Neuerungen übernehmen. Denn verfahrenstechnische Fortschritte senken die Grenzkosten, erhöhen das Güterangebot und üben somit einen Druck auf die Güterpreise aus. Nichtanpassungswillige oder -fähige Unternehmen werden dann mit sinkenden Gewinnen oder gar mit Verlusten rechnen müssen, die sie u. U. zum Ausscheiden zwingen. In Branchen mit einem hohen Anteil von Familienarbeitskräften (z. B. Landwirtschaft) läßt sich das Ausscheiden verzögern, wenn sich die Arbeitskräfte mit einer geringeren Entlohnung zufriedengeben.
Offenbar werden sich die Anreize um so eher in einen fortschrittsfödernden Anpassungszwang für die „passiven" Anbieter verwandeln, je höher der Marktanteil der „aktiven" Konkurrenten ist. Denn ein hoher Marktanteil läßt eine nennenswerte Ausdehnung der Güterproduktion erwarten, die die Güterpreise zum Sinken bringt. Andererseits bestehen für die passiven Konkurrenten Möglichkeiten, sich wenigstens teilweise dem Anpas-

sungsdruck zu entziehen. Dies geschieht etwa mit Hilfe einer Politik der Produktdifferenzierung, die um so eher durchsetzbar ist, je geringer die Markttransparenz ist. Setzen wir einen zunehmenden Anpassungsdruck auf die passiven Unternehmer gleich mit einer zunehmenden theoretisch möglichen Intensität des Wettbewerbs (= potentielle Wettbewerbsintensität)[1], dann wird die Wettbewerbsintensität das größtmögliche Ausmaß erreichen, wenn – bei gleichzeitig vorhandener Marktvollkommenheit – auch der Marktanteil des aktiven Anbieters größtmöglich ist. Geht man von ungefähr gleichen Marktanteilen aller Anbieter eines Marktes aus, dann ist dies offenbar dann der Fall, wenn es nur zwei Konkurrenten gibt; man nennt diese spezielle Form eines Oligopols auch **Duopol.** Wenn somit der Wettbewerb bei *zwei* Anbietern am intensivsten ist, so bedeutet dies, daß man von der Vorstellung vollständigen Wettbewerbs (*sehr viele* Anbieter) weit entfernt ist.

Wettbewerbsintensität und dynamische Wettbewerbsfunktionen

Entstehung und Durchsetzung **technischer Fortschritte** wollen wir als zentrale dynamische Wettbewerbsfunktion ansehen. Geht man einmal davon aus, daß das Ausmaß technischer Fortschritte sowohl von der Fortschritts*neigung* als auch von der Fortschritts*möglichkeit* abhängt, dann haben wir uns im letzten Abschnitt lediglich mit einem Teilaspekt der Fortschrittsneigung befaßt: (a) Das Verlust- und das damit verbundene **Existenzrisiko** passiver Unternehmer nimmt mit zunehmender Wettbewerbsintensität zu. Auf Oligopolisten wird hiernach ein stärkerer Druck zur Einführung technischer Fortschritte ausgeübt als auf Polypolisten. Andererseits ist zu überlegen, inwieweit (b) die die Fortschrittsneigung ebenfalls beeinflussenden **Gewinnchancen** aktiver Unternehmer von der Marktform abhängen. Man kann annehmen, daß die Gewinnchancen bei Vorliegen eines Polypols besonders hoch sind, weil einzelne Polypolisten einer vollkommen preiselastischen Nachfrage gegenüberstehen und daher zusätzliche Produkte ceteris paribus zu unveränderten Preisen absetzen können.

Begrenzungen der Fortschrittsmöglichkeiten werden vor allem in den (c) **Finanzierungsspielräumen** der Unternehmen gesehen. Diese hängen aber wiederum von den erzielten Gewinnen ab, da diese unmittelbar Finanzierungsmöglichkeiten bieten, darüber hinaus aber auch den Kreditspielraum erweitern. Im Polypol sind lediglich vorübergehend Gewinne zu erwarten; mit sich verringernder Anbieterzahl und zunehmender Marktvollkommenheit treten hingegen auch Monopolgewinne auf. Es ist daher anzunehmen, daß beispielsweise Oligopole günstigere Realisierungsmöglichkeiten für technische Fortschritte bieten als Polypole.

Sieht man Existenzrisiken und Finanzierungsmöglichkeiten als noch stärkere Triebkräfte zur Einführung technischer Fortschritte an als die

[1] Von der theoretisch möglichen (potentiellen) ist die tatsächliche Wettbewerbsintensität zu unterscheiden. Die tatsächliche Wettbewerbsintensität liegt unter der theoretischen, wenn es Absprachen über Wettbewerbsbeschränkungen zwischen den Anbietern gibt.

Gewinnchancen, dann werden die technischen Fortschritte (bei gegebenem Vollkommenheitsgrad der Märkte) mit abnehmender Anbieterzahl und damit steigender potentieller Wettbewerbsintensität ebenfalls zunehmen, d. h. der Umfang technischer Fortschritte würde in der Marktform des **Duopols** besonders groß sein.

Der zweite Teilaspekt der dynamischen Wettbewerbsfunktionen, die Fähigkeit einer Volkswirtschaft, sich an veränderte Rahmenbedingungen anzupassen, wird häufig als unabhängig von der Marktform angesehen. Aber auch hier lassen sich Argumente dafür finden, daß eine hohe potentielle Wettbewerbsintensität die **Anpassungsflexibilität** begünstigt.

Bei Vorliegen eines Oligopols mit sehr wenigen Anbietern (**enges Oligopol**) können nun aber die Anbieter in Versuchung geraten, im Wettbewerbsprozeß die wirtschaftliche *Leistung durch wirtschaftliche Macht zu ersetzen.* Als klassischer Fall einer solchen Unternehmensstrategie ist der oligopolistische Preiskampf anzusehen, bei dem sich die Konkurrenten gegenseitig aus dem Markt zu drängen versuchen, ohne auf das Ziel der kurzfristigen Gewinnmaximierung Rücksicht zu nehmen. Soweit sie allerdings damit rechnen müssen, daß die staatliche Wettbewerbspolitik die Ausbeutung einer durch Kampfstrategien erreichbaren Monopolstellung doch nicht zulassen würde, werden sie eher zu wirtschaftsfriedlichen **wettbewerbsbeschränkenden Verhaltensweisen** (z. B. Absprachen) neigen. Um derartigen Praktiken entgegenzuwirken, kann es aus wettbewerbspolitischer Sicht vernünftig sein, solche Marktformen anzustreben, in denen die Gefahr von Machtkämpfen (mit der möglichen Folge einer Monopolisierung) sowie wettbewerbsbeschränkenden Absprachen geringer ist als in engen Oligopolen mit extrem hoher Wettbewerbsintensität. Vor diesem Hintergrund ist die Forderung einiger Wettbewerbstheoretikern zu sehen, Oligopolen mit einer größeren Anzahl von Anbietern (**weiten Oligopolen**) und daher auch nur mit einer „mittleren" Wettbewerbsintensität zum Leitbild der Wettbewerbspolitik zu erheben.
Machtkämpfe und wettbewerbsbeschränkende Verhaltensweisen werden nicht nur mit abnehmender Anbieterzahl, sondern auch mit zunehmender Marktvollkommenheit (allgemein also: mit zunehmender Wettbewerbsintensität) wahrscheinlicher. Es ist daher nur konsequent, wenn einige Wettbewerbstheoretiker nicht nur das weite Oligopol als Leitbild fordern, sondern zugleich auf die Vorteile einer „mäßigen Produktdifferenzierung" (= mäßige Marktunvollkommenheiten) hinweisen. Die dynamischen Wettbewerbsfunktionen würden hiernach bei mittlerer Wettbewerbsintensität bestmöglich erfüllt, d. h. im Bereich **weiter Oligopole mit mäßiger Produktdifferenzierung.**

Statische versus dynamische Wettbewerbsfunktionen
Akzeptiert man die bisherige Argumentation, dann wird das Leitbild der Wettbewerbspolitik irgendwo zwischen dem vollständigen Wettbewerb, der die statischen Wettbewerbsfunktionen optimal erfüllt, sowie dem weiten Oligopol mit mäßiger Produktdifferenzierung, das die dynamischen Wettbewerbsfunktionen optimal erfüllt, liegen. In Produktionsbereichen

mit vergleichsweise geringen Mindestbetriebsgrößen und hohem Maß an exogenem technischen Fortschritt etwa durch staatliche Finanzierung von Forschung und Beratung (wie z. B. in der Landwirtschaft), werden polypolistische Marktstrukturen anzustreben sein. Es sprechen jedoch einige gewichtige Argumente dafür, das wettbewerbspolitische Leitbild für viele Produktionsbereiche eher in der Nähe des weiten Oligopols mit mäßiger Produktdifferenzierung als in der Nähe des vollständigen Wettbewerbs zu suchen:

(1) Die **technische Mindestbetriebsgröße** läßt häufig gar keine polypolistische Angebotsstruktur zu.

(2) Es ist keineswegs sichergestellt, daß der vollständige Wettbewerb zu einer bestmöglichen Befriedigung der Konsumentenwünsche führt. Die vollständige Konkurrenz postuliert Marktvollkommenheit und geht von einem homogenen Güterangebot aus. Die Anhänger der vollständigen Konkurrenz sehen daher konsequenterweise in dem Bemühen der Unternehmer, mit Hilfe des absatzpolitischen Instrumentariums (insbesondere durch die Produktdifferenzierung) Präferenzen für ihre Produkte zu schaffen, einen Verstoß gegen die reine Lehre. Dem ist nun entgegenzuhalten, daß es fraglich ist anzunehmen, die Konsumenten wollten sich einem homogenen, **standardisierten Güterangebot** gegenübersehen. Die gesellschaftliche Nachfrage ist grundsätzlich heterogen, selbst wenn man Manipulierungsmöglichkeiten der Unternehmer, z. B. durch die Werbung, in Rechnung stellt. Der Wunsch etwa nach einem Einheitsauto existiert allenfalls in einer sich gerade entwickelnden Wirtschaft. In den hochindustrialisierten Ländern möchten offenbar die Konsumenten nicht nur zwischen mehreren Automarken, sondern auch noch innerhalb einer Marke etwa hinsichtlich Motorstärke und Ausstattung wählen können. Ein heterogenes Güterangebot, das die Existenz von Käuferpräferenzen notwendig einschließt, ist somit unter Beachtung des Grundsatzes der Konsumentensouveränität wünschenswert. Es bedeutet für die Nachfrager einen höheren Grad der Bedürfnisbefriedigung.

(3) Die **Bedeutung der dynamischen Wettbewerbsfunktionen** ist für die Güterversorgung einer Volkswirtschaft vermutlich erheblich größer als die der statischen Wettbewerbsfunktionen; m. a. W., das **Wachstum des Sozialprodukts** ist stärker durch technische Fortschritte bestimmt als durch eine Verbesserung der Faktorallokation, die in einer Umlenkung von Faktoren aus Sektoren niedrigerer in Sektoren höherer Wertgrenzproduktivität besteht.

Eine zentrale Frage bleibt natürlich, ob sich denn in der wirtschaftlichen Wirklichkeit die generelle Überlegenheit größerer Unternehmen bei der Hervorbringung und Durchsetzung technischer Fortschritte nachweisen läßt. *Empirische Untersuchungen* zeigen, daß die Antwort nicht stets zugunsten größerer Unternehmen ausfallen muß. Gerade die Landwirtschaft zählt zu den Sektoren mit einer polypolistischen Angebotsstruktur; sie weist nichtsdestoweniger im Branchenvergleich außerordentlich hohe Produktivitätssteigerungen auf. Einschränkend ist allerdings zu bemerken, daß diese Erfolge natürlich gerade auch auf technische Fortschritte zurückgeführt werden müssen, die aus Forschungen und Neuentwicklungen großer Unternehmen (z. B. Chemieindustrie) hervorgegangen sind.

4.4.2 Kontrolle wirtschaftlicher Macht: Verbraucherpolitik und Kartellgesetzgebung

Man kann zwei Stoßrichtungen der staatlichen Wettbewerbspolitik unterscheiden. Einerseits kann durch Verbraucherpolitik die Stellung der Konsumenten gegenüber den Produzenten gestärkt werden. Die Wettbewerbspolitik richtet sich andererseits gegen Beeinträchtigungen des Wettbewerbs durch die Produzenten.

Verbraucherpolitik

Die Initiativen der wirtschaftspolitischen Träger der Bundesrepublik wie auch anderer Länder für eine aktive *Verbraucherpolitik* werden zunehmend als unzureichend empfunden. In Deutschland haben die nichtstaatlichen Träger der Verbraucherpolitik Tradition. Bekannt ist z. B. die Arbeitsgemeinschaft der Verbraucher als Dachverband einer Reihe von Selbsthilfeeinrichtungen. Es ist allerdings zu berücksichtigen, daß die privaten Initiativen in erheblichem Umfang staatlich finanziert werden.
Die Verbraucherpolitik erstreckt sich zunächst hauptsächlich auf die Aufklärung, Information und Beratung der Verbraucher. Sie zielt auf **Herstellung der Markttransparenz** des Waren- und Dienstleistungsangebots (z. B. Preisauszeichnung, vergleichende Warentests). Die häufig beklagte Unkenntnis der Verbraucher kommt nicht von ungefähr. Es kostet Zeit (Freizeit) und Geld, sich einen vollständigen Überblick über Preise und Qualität der Waren zu verschaffen, wenn man das günstigste Angebot wahrnehmen will. Gerade deshalb kommt für den einzelnen Verbraucher einer „informationskostenminimalen" Verbraucheraufklärung durch private oder staatliche Stellen eine große Bedeutung zu.

Die Verbraucherschutzpolitik beschränkt sich nicht allein auf Aufklärung und Beratung, sie richtet sich darüber hinaus heute vor allem auf den *Ausbau des rechtlichen und gesundheitlichen Schutzes der Verbraucher.* Hierzu zählen etwa folgende Bereiche: Lebensmittel- und Arzneimittelrecht, Mieterschutz, Verbot irreführender Werbung, Widerrufsrecht zugunsten der Käufer bei Abzahlungsgeschäften, Beseitigung unfairer Benachteiligung der Konsumenten in den Allgemeinen Geschäftsbedingungen, Verbesserung des Umweltschutzes.

Kartellgesetzgebung

Der Wahrung des Konsumenteninteresses dient ebenfalls die zweite Gruppe wettbewerbspolitischer Maßnahmen, die sich direkt gegen wettbewerbsbeschränkende Aktivitäten von Unternehmern richten. Die *Kartell- oder Antitrustgesetzgebung* regelt in den verschiedenen Industrieländern, welche Beeinträchtigungen des Wettbewerbs als illegal anzusehen sind. In der Bundesrepublik gilt das **Gesetz gegen Wettbewerbsbeschränkungen** (GWB) aus dem Jahre 1957. Nach der amtlichen Begründung zum

Regierungsentwurf soll das GWB „die Freiheit des Wettbewerbs sicherstellen und wirtschaftliche Macht da beseitigen, wo sie die Wirksamkeit des Wettbewerbs und die ihm innewohnenden Tendenzen zur Leistungssteigerung beeinträchtigt und die bestmögliche Versorgung des Verbrauchers in Frage stellt". Der Schutz des Wettbewerbs, der dem *Bundeskartellamt* (Berlin) obliegt, bezieht sich im wesentlichen auf Kartelle und marktbeherrschende Unternehmen (Oligopole und Monopole), darüber hinaus auf eine Reihe weiterer Möglichkeiten wettbewerbsbeschränkenden Verhaltens.

Nach § 1 des GWB sind **Verträge** dann unwirksam, „wenn sie geeignet sind, die Erzeugung oder die Marktverhältnisse für den Verkehr mit Waren oder gewerblichen Leistungen durch Beschränkung des Wettbewerbs zu beeinflussen". Von diesem **grundsätzlichen Verbot** sind einige Bereiche *völlig* ausgenommen, unterliegen jedoch besonderen Regelungen: die Bundesbank, die Kreditanstalt für Wiederaufbau, das Branntweinmonopol und das Zündwarenmonopol. Nicht völlig ausgenommen vom generellen Verbot des § 1, aber doch ausgenommen von *speziellen Verboten* wie dem Kartellverbot (s. unten) sowie dem Verbot der vertikalen Preisbindung sind die Bereiche Bundespost, Verkehrsunternehmen, Spediteure, Land- und Forstwirtschaft, Kreditwirtschaft (einschl. Bausparkassen), private Versicherungswirtschaft sowie Wasserwirtschaft. Die Unternehmen dieser Wirtschaftsbereiche unterliegen allerdings der Mißbrauchsaufsicht.

Kartelle sind grundsätzlich verboten. Das GWB macht aber Ausnahmen vom **Verbotsprinzip**, so daß die Wirksamkeit dieser Regelung erheblich eingeschränkt ist. Mit bloßer Anmeldung beim Bundeskartellamt werden wirksam: Kartelle zur Leistungsbeschreibung und Preisaufgliederung bei Ausschreibungen sowie reine Exportkartelle *(„reine Anmeldekartelle")*. Drei Monate nach der Anmeldung werden wirksam, wenn die Kartellbehörde nicht widerspricht: Konditionenkartelle, deren Zweck die einheitliche Anwendung allgemeiner Geschäfts-, Liefer- und Zahlungsbedingungen ist, echte Rabattkartelle sowie Normierungs- und Typisierungskartelle *(„Widerspruchskartelle")*. Derartige Kartellverträge werden als unbedenklich angesehen, weil sie zur Erhöhung der Markttransparenz beitragen können. Darüber hinaus gibt es Kartelle, die kraft ausdrücklicher Erlaubnis *(„Erlaubniskartelle")* wirksam werden. Hierzu gehören z. B. die Strukturkrisenkartelle, die es den beteiligten Unternehmen beispielsweise erlauben sollen, ohne ruinösen Wettbewerb das Problem eines Abbaus von Überkapazitäten zu lösen.

In der Bundesrepublik existiert eine große Anzahl von Kartellen, deren wettbewerbsbeschränkender Einfluß nicht unterschätzt werden darf; einerseits beschränken sie den Wettbewerb unmittelbar, andererseits bilden sie häufig den organisatorischen Kern für weitergehende (illegale) Absprachen. Noch wirksamer können aber **wettbewerbsbeschränkende Verträge** sein, die vom GWB nicht erfaßt werden, weil die Wettbewerbsbeschränkung „nicht Gegenstand des Vertrages" ist (sog. *kartellfreie Lösungen*). Als Beispiel seien die drei „Vertriebsgesellschaften" (Syndikate) der deutschen Zuckerindustrie genannt, die praktisch den Zuckerverkauf monopolisiert haben. Derartige Kooperationen sind aber durchaus gesetzeskonform, weil die Mitglieder (Zuckerhersteller) sich vertraglich nicht verpflichtet haben, ihre Produktion ausschließlich an die Vertriebsgesellschaften zu verkaufen; die Wettbewerbsbeschränkung ist damit nicht Gegenstand des Vertrages.

Nicht minder wichtig für die Wettbewerbspolitik sind die sogenannten **abgestimmten Verhaltensweisen,** für die es gar keiner vertraglichen Bindung bedarf („Frühstückskartelle"). Derartige Praktiken sind nach dem GWB verboten und können mit einem Bußgeld geahndet werden. Im Einzelfall ist es jedoch für das Kartellamt äußerst schwierig, den Anbietern auf dem Markt ein gesetzwidriges Verhalten nachzuweisen. Denn in einem oligopolistischen Wirtschaftszweig wie etwa der Automobilindustrie sind u. U. selbst mündliche Verständigungen über eine gleichgerichtete Preisänderung gar nicht mehr notwendig. Es ist schon ausreichend, wenn der Vorreiter einer Preiserhöhung aus Erfahrung weiß, daß die Konkurrenten nach kurzer Zeit gleichziehen werden.

Grundsätzlich sehr viel dauerhafter als die bisher genannten Einschränkungen des Wettbewerbs durch aufeinander abgestimmtes kollektives Handeln sind Wettbewerbsbeschränkungen, die von großen **marktbeherrschenden Unternehmen** ausgehen. Marktbeherrschung im Sinne des GWB liegt vor, (a) „soweit ein Unternehmen für eine bestimmte Art von Waren oder gewerblichen Leistungen ohne Wettbewerber ist oder keinem wesentlichen Wettbewerb ausgesetzt ist" (§ 22 Abs. 1 Ziffer 1); wenn (b) ein Unternehmen mit Rücksicht auf seine Finanzkraft, mit Rücksicht auf seinen Zugang zu den Beschaffungs- und Absatzmärkten, hinsichtlich der Verflechtung mit anderen Unternehmen, mit Rücksicht auf die Höhe der „Zutrittsschranke" zu dem betreffenden Markt „eine im Verhältnis zu seinen Wettbewerbern überragende Marktstellung hat" (§ 22 Abs. 1 Ziffer 2); wenn (c) zwei oder mehr Unternehmen marktbeherrschend sind, d. h. wenn zwischen ihnen ein „wesentlicher Wettbewerb nicht besteht und wenn sie in ihrer Gesamtheit die Voraussetzungen des § 22 Abs. 1 erfüllen" (vgl. (a) und (b)). In den Fällen (a) und (b) wird Marktbeherrschung *vermutet,* wenn der Marktanteil eines Unternehmens mindestens 33,3% beträgt und kein anderes Unternehmen am Markt mehr als 10% Marktanteil besitzt. Dies gilt nicht, wenn der Umsatz unter 250 Mill. DM liegt (§ 22 abs. 3 Ziffer 1). Im Falle (c) ist der **Vermutungstatbestand** erfüllt, wenn drei oder weniger Unternehmen insgesamt mindestens einen Marktanteil von 50% oder fünf oder weniger Unternehmen einen Marktanteil von mindestens 66,6% besitzen. Die Vermutung gilt nicht, wenn die betreffenden Unternehmen einen unter 100 Mill. DM liegenden Umsatz haben.

Die Frage danach, ob wesentlicher Wettbewerb vorliegt oder nicht, spiegelt die ganze Schwierigkeit wider, aus dem theoretischen Konzept eines funktionsfähigen Wettbewerbs ein praktikables Instrument der Wettbewerbspolitik abzuleiten.

Die erste praktische Schwierigkeit liegt darin, den **relevanten Markt** zu definieren, auf dem eine beherrschende Stellung vermutet wird. Ange-

sichts der starken Produktdifferenzierung und dem Vorliegen von Substitutionsmöglichkeiten (**Substitutionskonkurrenz**) ist dies im Einzelfall oft nur subjektiv zu entscheiden. Der Markt für Beleuchtungsmittel schließt z. B. den Glühbirnenmarkt mit ein. Ist ein Hersteller, der 80% Marktanteil an Glühbirnen besitzt, marktbeherrschend? Muß nicht etwa der „Teilmarkt“ für Leuchtstoffröhren miteinbezogen werden, wodurch der Gesamtmarktanteil der Hersteller nur noch 30% betragen möge? (vgl. Abschnitt 2.2.2).
Nicht nur die Substitutionskonkurrenz erschwert die Bestimmung des relevanten Marktes, auch die **regionale Ausdehnung des Marktes** spielt eine Rolle. Die mit staatlicher Hilfe geschaffene Kohleeinheitsgesellschaft stellt z. B. bezogen auf die Bundesrepublik ein Monopolunternehmen dar, bezogen auf den europäischen Raum ist jedoch eine Oligopolsituation gegeben. Vor allem im Stahlbereich ist z. B. die internationale Konkurrenz stark spürbar, so daß es naheliegt, sich bei wettbewerbspolitischen Überlegungen nicht auf den deutschen Markt zu beschränken.

Als Maßstäbe zur **Messung der Wettbewerbsintensität** und damit des Ausmaßes wirtschaftlicher Macht gelten vor allem der Konzentrationsgrad und die Höhe des Gewinns.
Der **Konzentrationsgrad** eines Marktes wird üblicherweise am Umsatz- oder Marktanteil gemessen (vgl. Abschnitt 2.2.2). Dieser hängt entscheidend von der Bestimmung des relevanten Marktes ab. Selbst wenn dieser genügend genau bestimmt werden kann, kann ein hoher Marktanteil, wie er in Oligopolsituationen wahrscheinlich ist, gerade ein Zeichen für einen intensiven Wettbewerb sein. Der Konzentrationsgrad ist somit kein eindeutiger Maßstab.
Ist ein Markt monopolisiert, so ermöglicht dies **hohe Unternehmergewinne.** Aus dem Vorliegen hoher Gewinne kann aber umgekehrt nicht eindeutig auf Wettbewerbsbeschränkungen geschlossen werden, da es sich – wie im vorigen Abschnitt 4.4.1 dargelegt – um (vorübergehende) Leistungsgewinne handeln kann, die durchaus im längerfristen Konsumenteninteresse liegen.

Die Wettbewerbspolitik bewegt sich angesichts der theoretischen und praktischen Schwierigkeiten in einem großen Unsicherheitsbereich. Ein klares Urteil kann daher auch über den Erfolg wettbewerbspolitischer Maßnahmen und den Grad der Zielerreichung kaum gefällt werden.

Ein wichtiges Instrument des Kartellamtes zur **Kontrolle wirtschaftlicher Macht marktbeherrschender Unternehmen** stellt die **Mißbrauchsaufsicht** dar. Die Wirksamkeit derartiger Kontrollen wird allerdings zwiespältig beurteilt. Einerseits werden sich eindeutig bestimmbare Mißbräuche, wie z. B. unterschiedliche Preissetzungen für verschiedene Abnehmergruppen, wohl weitgehend unterbinden lassen. Das eigentliche Problem jedoch, Preise zu verhindern, die sich allzu stark von den Preisen entfernen, die bei Wettbewerb hätten erwartet werden können, ist nur schwer in den Griff zu bekommen. Das Berliner Kartellamt geht regelmäßig von der Vorstellung des **Als-Ob-Wettbewerbs** aus. Mißbräuchlich ist hiernach „jedes Verhalten..., das zu Marktergebnissen führt, die bei wesentlichem Wettbewerb mit an Sicherheit grenzender Wahrscheinlichkeit nicht hätten erreicht werden können" (Bundeskartellamt). Da aber das Resultat des nicht vorhandenen Wettbewerbs theoretisch nicht feststellbar ist, verwendet man häufig das **Vergleichsmarktkonzept.** Es gibt allerdings nur selten Märkte, die mit dem gerade zur Diskussion stehenden Markt hinreichend vergleichbar sind und auf denen außerdem noch Wettbewerb herrscht, um mißbräuchliche Preisgestaltung offenzulegen. Es ist daher nicht verwunderlich, daß das Kartellamt **Kostenkontrollen** in ihr Instrumentarium einbezieht, um mißbräuchliche Preisgestaltungen offenzulegen. Tatsächlich verbleibt dem Kartellamt häufig gar kein anderer Ausweg, wenn es seinen Auftrag wirksam erfüllen will.

Andererseits wären insbesondere mit einer *systematischen* Kostenüberwachung (die es allerdings noch nicht gibt) erhebliche Probleme verbunden, von denen wir hier nur wenige andeuten können: (a) Die mit der Produktvielfalt einhergehende Vielzahl von Preisen würde einen enormen Verwaltungsaufwand erfordern. (b) Wollte man sich auf einige „Schlüsselpreise" beschränken, dann könnten die Unternehmen auf andere Produkte ausweichen oder Qualitätsverminderungen durchführen. (c) Hohe Preise (und damit verbundene hohe Gewinne) müssen nach dem Konzept des funktionsfähigen Wettbewerbs noch nicht bedeuten, daß kein Wettbewerb vorliegt. (d) Verzögerungen im Genehmigungsverfahren des Kartellamtes könnten den Unternehmen völlig falsche Anreize geben und u. U. zu Knappheiten bei Produkten führen, deren Nachfrage stark gestiegen ist. (e) Preissenkungen können verhindert werden, weil man – falls für später Preiserhöhungen nicht auszuschließen sind – das Risiko eines späteren Genehmigungsverfahrens vermeiden will. Insgesamt kann man feststellen, daß Preis- und Kostenkontrollen die Gefahr in sich bergen, die *Anpassungsflexibilität* einer Volkswirtschaft – eine wesentliche Komponente der dynamischen Wettbewerbsfunktionen – zu zerstören.

Während sich die Mißbrauchsaufsicht gegen schon vorhandene Marktmacht richtet, wird mit der **vorbeugenden Fusionskontrolle** versucht, übermäßige Marktmacht gar nicht erst entstehen zu lassen. Einmal besteht für rechtliche Firmenzusammenschlüsse sowie für Fusionsvorhaben eine **Anzeigepflicht,** wenn bestimmte Kriterien, auf die wir hier nicht eingehen wollen, erfüllt sind. Darüber hinaus besteht ein **grundsätzliches Fusionsverbot** für Zusammenschlüsse, die eine marktbeherrschende Stellung begründen oder verstärken. Ausnahmen werden im GWB beschrieben.

Eine vorbeugende Fusionskontrolle kann allerdings nur dann erfolgreich sein, wenn nicht durch das Wachstum von Unternehmen aus sich selbst heraus und das Ausscheiden von Unternehmen der Konzentrationsprozeß vorangetrieben wird. Dabei sind Zusammenhänge zur Politik der Fusionskontrolle zu beachten. Wird beispielsweise eine Fusion untersagt, dann können die zum Ankauf einer Unternehmung vorgesehenen Mittel durchaus auch zur Expansion der eigenen Unternehmung eingesetzt werden. Darüber hinaus enthält das deutsche Kartellrecht **Toleranzklauseln,** nach denen Fusionen geringeren Umfanges zulässig sind. Wenn sich derartige Zusammenschlüsse allerdings häufen, kann durchaus eine fühlbare Wirkung auf die Unternehmenskonzentration eintreten.

Empirische Untersuchungen zeigen, daß in den meisten der in der Bundesrepublik Deutschland beobachteten Fusionsfälle die beteiligten Unternehmen eine Größe aufweisen, die unterhalb der optimalen Betriebsgröße liegen. Man mag hieraus schließen, daß bei hinreichendem Preiswettbewerb die Konzentration ohnehin gestiegen wäre – durch das Wachstum einiger sowie das Ausscheiden anderer Unternehmen.

Zuletzt sei auf *sonstige gesetzliche Regelungen* hingewiesen: das grundsätzliche *Verbot der vertikalen Preisbindung* sowie die *Kooperationserleichterungen für kleine und mittlere Unternehmen* im Rahmen des GWB, das Gesetz gegen den unlauteren Wettbewerb (UWG), das Wettbewerbsrecht für die Montanwirtschaft (hier gilt die Zuständigkeit des Deutschen Kartellamtes nicht) sowie die Regeln des EWG-Vertrages (die *neben* dem nationalen Recht Anwendung finden).

4.5 Marktinterventionspolitik

In Abschnitt 3.6 wurden Ansatzstellen und Wirkungsweisen der Marktinterventionspolitik als Teilbereich der **Ablaufspolitik** (Preis- und Mengenpolitik sowie Steuer- und Subventionspolitik) auf Märkten mit vollständigem Wettbewerb beschrieben. Es soll nun überlegt werden, inwiefern das Vorhandensein wirtschaftlicher Macht die Wirkungen dieses Instrumentariums verändert. Wir wollen uns dabei auf wenige Bemerkungen zur Analyse der Subventionspolitik beschränken.
Im *Monopolfall* empfiehlt es sich, die Zahlung einer Stücksubvention als Verminderung der Grenzkosten (Verschiebung der Grenzkostenkurve um den Subventionsbetrag nach unten) zu interpretieren. Die tendenziellen Wirkungen weichen kaum von denen bei vollständigem Wettbewerb ab (vgl. Abschnitt 3.6.2). Lediglich die Prozesse, die diese Wirkungen hervorrufen, sind unterschiedlich zu sehen: Bei vollständigem Wettbewerb bilden sich die Preise durch viele Einzelentscheidungen der Nachfrager und Anbieter heraus, im Monopolfall werden sie hingegen vom Alleinanbieter autonom gesetzt. Ist die Nachfrage beispielsweise relativ unelastisch, dann ist mit einer relativ starken Preissenkung des Monopolisten als Reaktion auf die Subventionsgewährung zu rechnen, weil nur so eine nennenswerte Ausdehnung der Nachfrage zu erreichen ist. Andererseits wird die Preissenkung gering ausfallen, wenn die Grenzkosten mit zunehmender Produktionsmenge stark ansteigen; denn es bedarf dann nur einer sehr begrenzten Ausdehnung der Produktionsmenge, um die durch die Subvention verminderten Grenzkosten wieder anzuheben.
Die Aussagen werden weniger eindeutig, wenn wir realistischerweise annehmen, daß der Monopolist nur *begrenzte Informationen* über seine Kosten-, insbesondere über seine mögliche Absatzentwicklung besitzt. Kann er beispielsweise die Reaktion der Nachfrager auf Preissenkungen nur sehr ungenau abschätzen, dann wird er u. U. mit der Weitergabe einer Subvention im Preis zögern. Dies wird noch eher für *Oligopolisten* gelten, die aufgrund einer „Lücke" in ihrer Grenzerlösfunktion (vgl. Übersicht 4.12) ohnehin nur zurückhaltend auf Kostenänderungen mit Preissenkungen reagieren (oligopolistische Preisstarrheit).

5 Internationaler Güteraustausch und Wettbewerb

Bei den bisherigen Überlegungen haben wir meist der Einfachheit halber unterstellt, daß die Produktion, der Absatz und der Verbrauch von Gütern und Dienstleistungen sich innerhalb einer Region oder eines Landes abspielen. In der Realität beschränken sich die Wirtschaftsbeziehungen jedoch nicht auf die Wirtschaftseinheiten eines bestimmten Landes, sondern es findet ein internationaler Güteraustausch statt, der noch durch Faktorwanderungen (Kapital, Arbeit) ergänzt wird.

5.1 Preisbildung auf Gütermärkten unter den Bedingungen vollständigen Wettbewerbs

Man erhält einen ersten Zugang zu den Problemen internationalen Handels, wenn man zunächst einmal die sich zwischen Ländern abspielenden Marktprozesse im Rahmen des Modells der vollständigen Konkurrenz betrachtet.

5.1.1 Gütermarktgleichgewicht

Die unmittelbare Übertragung unserer Einzelmarktmodelle auf den Außenhandel läßt zunächst eine recht einfache Aussage über die *Ursachen internationalen Güteraustausches* zu: Im Zwei-Länder-Fall wird das Inland (Land D: Deutschland) ein Gut 1 in das Ausland (Land F: Frankreich) verkaufen (exportieren), wenn vor Aufnahme des Außenhandels (Zustand der Autarkie) der Gleichgewichtspreis für dieses Gut in Deutschland niedriger ist als in Frankreich. Hierbei muß man allerdings berücksichtigen, daß die Preise in Deutschland und Frankreich in unterschiedlichen nationalen Währungen (Franc: FF; Deutsche Mark: DM) ausgedrückt werden und daher ein internationaler Preisvergleich nur dann möglich ist, wenn das Umrechnungsverhältnis (Wechselkurs) zwischen den Währungen bekannt ist.
Man versteht allgemein unter einem **Wechselkurs** (w) den DM-Preis, den man für eine Einheit der ausländischen Währung bezahlen muß. Ist die Höhe des Wechselkurses bekannt, z. B.

$$w\left(\frac{DM}{FF}\right) = 0{,}5\left(\frac{DM}{FF}\right),$$

ist man weiterhin über die DM- und FF-Preise in Deutschland bzw. Frankreich informiert (z. B. p_1^D (DM) = 4 DM sowie p_1^F (FF) = 10 FF) und will man ferner den Vergleich in französischer Währung (FF) vornehmen, dann lautet die Bedingung für den Export des Gutes 1 von Deutschland nach Frankreich

$$\frac{p_1^D\,(DM) = 4\,DM}{w\,(\frac{DM}{FF}) = 0{,}5\,\frac{DM}{FF}} < p_1^F\,(FF) = 10\,FF$$

bzw.

$$p_1^D\,(FF) = 8\,FF \qquad < p_1^F\,(FF) = 10\,FF.$$

Offenbar wird beim Gut 1 Deutschland als Anbieter, Frankreich hingegen als Nachfrager auftreten. In Übersicht 5.1 ist dargestellt, wie sich – ausgehend von nationalen Marktgleichgewichten bei Autarkie – ein neues internationales Gütermarktgleichgewicht einstellt.

Übersicht 5.1: Internationales Marktgleichgewicht für ein Gut

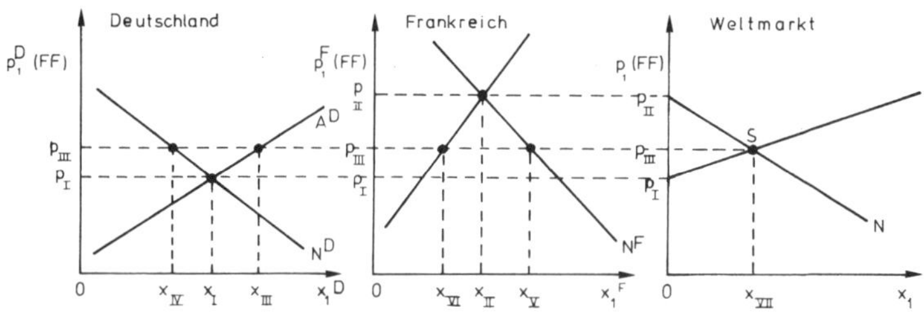

Vor Außenhandel (Autarkie) wird in Deutschland die Menge x_I zum Preis p_I, in Frankreich die Menge x_{II} zum Preis p_{II} angeboten und nachgefragt. Nach Öffnung der Grenzen ist damit zu rechnen, daß die Franzosen das Gut 1 vermehrt in Deutschland nachfragen werden, weil es dort billiger angeboten wird ($p_I < p_{II}$). Zunehmende Güternachfrage in Deutschland und sinkende Güternachfrage in Frankreich lösen Preissteigerungen in Deutschland sowie Preissenkungen in Frankreich aus. Auf diese Preisbewegungen werden sowohl die Produzenten wie auch die Konsumenten in Deutschland und Frankreich reagieren: Die deutschen Konsumenten werden ihre Güterkäufe einschränken, die deutschen Produzenten ihr Güterangebot ausdehnen; in Deutschland entsteht ein inländischer *Angebotsüberschuß*. Die französischen Konsumenten werden hingegen zu vermehrtem Verbrauch des Gutes 1 angeregt, während die französischen Produzenten ihr Angebot vermindern; in Frankreich entsteht ein inländischer *Nachfrageüberschuß*.

Der französische Nachfrageüberschuß stellt nichts anderes als die französische Importnachfrage dar, die auf das deutsche Exportangebot (= deutscher inländischer Angebotsüberschuß) trifft. Ein Marktgleichgewicht ist genau dann erreicht, wenn französische Importnachfrage sowie deutsches Exportangebot übereinstimmen. Dieser Zustand stellt sich in Übersicht 5.1 beim Preis p_{III} ein: Der deutsche Angebotsüberschuß in Höhe von

$x_{III} - x_{IV}$ stimmt genau mit dem französischen Nachfrageüberschuß in Höhe von $x_V - x_{VI}$ überein.

In der mit „Weltmarkt“ überschriebenen rechten Darstellung der Übersicht 5.1 sind der (deutsche) Angebotsüberschuß sowie der (französische) Nachfrageüberschuß unmittelbar als Funktionen des in Frankreich und Deutschland herrschenden Güterpreises abgetragen (Kurven A und N). Die speziellen (linearen) Verläufe beider Kurven (= **Exportangebots-** bzw. **Importnachfragefunktionen**) sind leicht einsehbar: Bei einem Preis p_I existiert kein deutsches Überschußangebot, so daß auch die Kurve des (deutschen) Exportangebots im Punkt p_I der rechten Darstellung beginnt. Man erhält einen zweiten Punkt (S) der Exportangebotsfunktion, wenn man z. B. nach der Überschußmenge beim Preis p_{III} ($x_{III} - x_{IV} = x_{VII}$) fragt. Ganz ähnlich beginnt die Importnachfragefunktion im Punkt p_{II} der rechten Darstellung, weil bei diesem Preis keine (französische) Überschußnachfrage existiert. Punkt S liegt ebenfalls auf der Importnachfragefunktion, weil beim Preis p_{III} die Überschußnachfrage $x_V - x_{VI} = x_{VII}$ beträgt.

Die soeben beschriebene Darstellung hat den Vorteil, daß man einen sich für Deutschland und Frankreich herausbildenden gemeinsamen Gleichgewichtspreis in herkömmlicher Weise als Koordinate des Schnittpunktes von Angebots- und Nachfragefunktionen ermitteln kann. Verwendet man allein die rechte Darstellung zur Erklärung der Preisbildung auf „internationalen Märkten“, dann darf man jedoch nie vergessen, daß Exportangebotsfunktionen immer das Resultat inländischer Angebots- *und* Nachfragefunktionen sind und sich Importnachfragefunktionen stets auf inländische Angebots- *und* Nachfragefunktionen zurückführen lassen. Hiermit ist auch zu erklären, warum die Exportangebotsfunktion (Importnachfragefunktion) einen elastischeren Verlauf annimmt als die heimische Angebotsfunktion (Nachfragefunktion): Die Exportangebotsfunktion (Importnachfragefunktion) beschreibt die Gesamtwirkung der Reaktionen von heimischen Produzenten *und* Konsumenten auf Preisänderungen und nicht die Reaktion von Produzenten (Konsumenten) allein.

5.1.2 Preisbildung und Faktorallokation

Nach unseren bisherigen Überlegungen wird jedes Land solche Güter exportieren (importieren), die es im Autarkiezustand relativ billig (teuer) – im Vergleich zum Ausland – herstellen und verkaufen würde. Eine Intensivierung des Außenhandels wird daher notwendigerweise in einer Volkswirtschaft eine Umlenkung von Produktionsfaktoren mit sich bringen: Diejenigen Industrien, die vornehmlich Importgüter[1] herstellen, müssen ihre Produktion einschränken und Produktionsfaktoren entlassen. Andererseits geht von den expansiven Exportgüterbranchen eine zusätzliche Nachfrage nach Produktionsfaktoren aus; durch zusätzlichen Außenhandel wird ein Transfer von Produktionsfaktoren von den Import- zu den Exportgüterindustrien in Gang gesetzt.
Derartige Prozesse werden mit Hilfe von Güter- und Faktorpreisbewe-

[1] Importgüter nennen wir solche Produkte, bei denen die inländische Nachfrage bei teilweiser oder vollständiger Liberalisierung des Außenhandels die Inlandsproduktion übersteigt.

gungen gesteuert. Steigende Güterpreise in den Exportbranchen (wegen steigender Auslandsnachfrage) und sinkende Güterpreise in den Importbranchen (wegen sinkender Inlandsnachfrage) führen in den unterschiedlichen Wirtschaftszweigen zu entgegengesetzten Gewinnentwicklungen. In den Exportindustrien ist darum eine Ausweitung, in den Importindustrien dagegen eine Einschränkung[1] der Investitionstätigkeit zu erwarten. Außerdem werden Arbeitskräfte die Importindustrien verlassen; entweder weil sie von den höheren Löhnen der Exportbranchen angezogen werden **(Sogfaktoren)** oder weil die Grenzbetriebe der Importbranche sie entlassen müssen **(Druckfaktoren).** Sind die Arbeitskräfte hinreichend mobil und die Löhne flexibel genug, dann brauchen diese Prozesse nicht mit größerer Arbeitslosigkeit einherzugehen, weil dann die Arbeitskräfte in den Exportbranchen eine neue Beschäftigung finden können.
Wir werden auf diese *längerfristigen Allokationswirkungen* weiter unten noch näher eingehen: In Abschnitt 5.4 wird danach gefragt, wodurch einige Industrien zu Import-, andere hingegen zu Exportbranchen werden. In Abschnitt 5.5 wollen wir uns überlegen, welchen Nutzen ein Land daraus ziehen kann, daß es sich dem internationalen Wettbewerb aussetzt und damit im Inland u. U. einen verschärften Strukturwandel in Kauf nimmt.

5.1.3 Instabilitäten auf Weltrohstoffmärkten

Aus den *theoretischen* Überlegungen, nach denen bei freier Preisbildung die Preiselastizitäten des Exportangebots sowie der Importnachfrage stets größer sind als die entsprechenden Elastizitäten des heimischen Angebots bzw. der heimischen Nachfrage, darf nun aber nicht geschlossen werden, daß für solche internationalen Märkte, die hinreichend gut mit Hilfe des Modells der vollständigen Konkurrenz beschrieben werden können (dies sind in erster Linie Weltrohstoffmärkte), *tatsächlich* mit hohen Angebots- und Nachfrageelastizitäten zu rechnen ist. Folgende Gründe sprechen dagegen:

(1) Die **heimischen Angebotselastizitäten** (der Entwicklungsländer) sind bei Rohstoffen häufig niedrig, (a) weil technische und natürliche Einflußfaktoren eine relativ lange Zeitspanne zwischen Produktionsentscheidung und tatsächlicher Mehrproduktion bedingen (z. B. 6 Jahre bei Kautschuk, 4–6 Jahre bei Kakao, 4 Jahre bei Sisal, 3–5 Jahre bei Kaffee, 3–5 Jahre bei Tee, 3–4 Jahre bei Rindfleisch; eine längere Zeitspanne ergibt sich auch für mineralische Rohstoffe, wie Bauxit, Kupfer, durch Exploration sowie den Aufbau von Gruben- und Hüttenkapazitäten); (b) weil hohe fixe Kosten und eine relativ niedrige Belastung mit variablen Kosten eine Fortführung der Produktion selbst dann lohnend erscheinen lassen, wenn die Preise stark gesunken sind (vgl. hierzu die Überlegungen zur kurzfri-

[1] Es kann allerdings sein, daß ein verstärkter internationaler Wettbewerbsdruck zusätzliche Rationalisierungsbemühungen auslöst, die mit erheblichen Investitionen verbunden sind (Beispiel: deutsche Textilindustrie).

stigen Preisuntergrenze in Abschnitt 3.2.2.1); (c) weil die Möglichkeiten, Preisschwankungen durch Lagerhaltung zu begegnen, gerade in Entwicklungsländern begrenzt sind.

(2) Die **heimischen Nachfrageelastizitäten** (der Industrieländer) sind bei Rohstoffen häufig niedrig, (a) weil die Konsumenten in hochentwickelten Industrieländern nur noch schwach auf Veränderungen der Nahrungsmittelpreise – und damit auf die Preise landwirtschaftlicher Rohstoffe – reagieren; (b) weil die Rohstoffkosten häufig nur einen geringen Teil der Kosten (und damit der Preise) von Fertigprodukten ausmachen, so daß sich Preisschwankungen bei Rohstoffen nur schwach in Preisänderungen bei Fertigprodukten fortpflanzen.

(3) Die **Exportangebotselastizitäten** von Rohstofflieferanten (und hierzu gehören insbesondere die Entwicklungsländer) sind kaum höher als die heimischen Angebotselastizitäten, weil bei Preisänderungen der heimische Verbrauch dieser Rohstoffe nur unmerklich beeinflußt wird.

(4) Die **Importnachfrageelastizitäten** von Rohstoffverbrauchern sind im Falle der Agrarprodukte häufig sogar niedriger (!) als die heimischen Nachfrageelastizitäten. Ein anschauliches Beispiel liefert der *EG-Agrarmarkt:* Sinkt z. B. der Weltmarktpreis eines Agrarprodukts, so werden die europäischen Nachfrager von dieser Preissenkung gar nicht berührt, weil bei dem in der EG für wichtige Agrarprodukte herrschenden Schutzzollsystem (Abschöpfungssystem) die variablen Zölle (Abschöpfungen) automatisch im Ausmaß der Preissenkung erhöht werden. Damit wird verständlich, warum u. U. die europäischen Verbraucher auf Weltmarktpreisschwankungen gar nicht reagieren, ihre Importnachfrageelastizität also gleich Null ist.

Man kann sich mit Hilfe unserer einfachen Marktmodelle leicht überlegen, daß Veränderungen der Nachfrage bzw. des Angebots (geometrisch: Verschiebungen der Nachfrage- bzw. Angebotskurve) umso stärkere Preisausschläge verursachen, je niedriger die Nachfrage- und Angebotselastizitäten sind (je steiler die Nachfrage- und Angebotskurven verlaufen). Jedermann weiß heute bereits aus eigener Anschauung, daß geringe Einschränkungen der Rohölexporte erhebliche Preiserhöhungen bei Rohöl auslösen können, weil die Nachfrager in den Industrieländern auf Preiserhöhungen nur schwach mit Mengeneinschränkungen reagieren (= niedrige Preiselastizität der Nachfrage).

Allgemein werden bei *industriellen Rohstoffen* (z. B. Eisenerz, Kupfer, Kautschuk) die Preisschwankungen vornehmlich von Schwankungen der Nachfrage ausgelöst, wobei mittelfristige Nachfrageveränderungen in erster Linie vom Konjunkturverlauf in den Industrieländern abhängen. Andererseits sind die Preisschwankungen bei *Nahrungsmitteln* (z. B. Kaffee, Kakao) eher angebotsbestimmt; der Wechsel von guten und schlechten Ernten trägt hier entscheidend zu Marktinstabilitäten bei.

Typisch für viele *Entwicklungsländer* ist der hohe prozentuale Anteil nur weniger Rohstoffe am Gesamtexport (vgl. Übersicht 5.2). Es ist daher nicht verwunderlich, wenn sich – bei gegebenen Exportmengen – ausgeprägte Preisfluktuationen von

Einzelprodukten in relativ starken Erlösschwankungen der Gesamtexporte niederschlagen. Hierzu ein Beispiel: Von 1986–1989 fiel der Kaffeepreis um 46,4%. Da beispielsweise in Uganda etwa 95% der Gesamtexporte auf Kaffee entfallen, läßt sich c.p. ein Rückgang der Gesamtexporterlöse von 44% errechnen.

Übersicht 5.2: Hauptexportprodukte von Entwicklungsländern und Anteile (v.H.) am Gesamtexport (1987–1989)

Land	Produkt	v.H. Anteil am Gesamtexport	Land	Produkt	v.H. Anteil am Gesamtexport
Kuba	Zucker	73,7	Liberia	Erze	74,3
El Salvador	Kaffee	51,3	Malawi	Tabak	71,1
Guyana*	Zucker	34,4	Mauretanien*	Eisenerz	54,7
Nicaragua	Kaffee	9,7	Mauritius*	Zucker	59,9
Burundi	Kaffee	64,0	Ruanda	Kaffee	80,0
Tschad	Baumwolle	56,9	Uganda	Kaffee	95,4
Aeq. Guinea*	Kakao	71,5	Sambia	Kupfer	69,0
Äthiopien	Kaffee	57,0	Burma*	Reis	43,2
Guinea*	Bauxit	52,2	Fiji*	Zucker	47,6
Cote d'Ivoire*	Kakao	24,2			

*1981–1983er Daten
Quelle: Statistisches Bundesamt, Länderberichte, verschiedene Jahrgänge

5.2 Internationaler Wettbewerb und wirtschaftliche Macht (Multinationale Unternehmen)

Wie im 4. Kapitel gezeigt wurde, ist die Realität durch vielfältige Formen unvollständigen Wettbewerbs gekennzeichnet. Dies gilt im nationalen wie im internationalen Rahmen. Bei der Diskussion um die Entstehung und Beseitigung unangemessen großer Machtausübung durch Weltfirmen konzentriert sich das Interesse zunehmend auf die **multinationalen Unternehmen.** Es handelt sich dabei um Konzerne, die in zwei und mehr Staaten tätig sind. Die Unternehmensgrößen der „Multis" sind in den letzten Jahrzehnten beträchtlich gestiegen. Man schätzt, daß im Jahre 1970 bereits ein Sechstel der Weltproduktion von multinationalen Unternehmen erstellt wurde.

Die Gründe für das beschleunigte Wachstum von multinationalen Unternehmen sind vielfältig. Zu nennen sind etwa

- Möglichkeiten der Einführung technischer Fortschritte und neuartiger Produkte in entwickelten aber auch in unterentwickelten Ländern (z. B. verbunden mit der Schaffung von Arbeitsplätzen),
- Vergrößerung des (Welt-)Marktanteils durch Erschließung neuer Absatzgebiete, oft unter Umgehung bzw. als Folge von Handelsbarrieren.[1]

[1] Die Gründung der Ford-Werke in Köln und die Übernahme der Opel-AG in Rüsselsheim durch General Motors nach dem Ersten Weltkrieg waren z. B. die Folge einer protektionistischen Außenwirtschaftspolitik.

Diesen eher positiv zu beurteilenden Aspekten stehen Bedenken gegenüber, die selbstverständlich auch für nationale Unternehmen gelten: Mit wachsender Größe und steigendem Marktanteil eines Unternehmens erhöht sich tendenziell der Spielraum für monopolistisches Verhalten (insbesondere auch die Neigung zur Kartellbildung). Darüber hinaus kann ein multinationales Unternehmen spezielle Vorteile nutzen, die ein nationales Unternehmen gar nicht oder nur in weitaus beschränkterem Umfang genießen kann. Derartige Vorteile, die eine Stärkung der wirtschaftlichen Macht bedeuten, ergeben sich im wesentlichen aus der Existenz unterschiedlicher Wirtschaftsordnungen der einzelnen Staaten. Sie ermöglichen es den „Multis", die Wirtschaftspolitik einzelner Nationen zu unterlaufen und gewissermaßen eine „eigene private internationale Wirtschaftspolitik" zu betreiben. Diese bezieht sich auf die Bereiche der internationalen Handelsströme, der Zahlungsbilanzpolitik, der Beschäftigungspolitik sowie der Geld- und Finanzpolitik der Einzelstaaten.

(1) Multinationale Unternehmen beeinflussen durch monopolistisches Verhalten, etwa durch Preiserhöhungen oder Absatzbeschränkungen, die **internationalen Handelsströme** in „unerwünschter" Weise. Die eleganteste Methode besteht in der Festlegung konzerninterner Verrechnungspreise, die nicht den Wettbewerbspreisen entsprechen. Eine amerikanische Muttergesellschaft liefert etwa Halbfabrikate an ihre deutsche Tochterfirma, die dort weiterverarbeitet werden, zu überhöhten Preisen. Man spricht in diesem Zusammenhang von **Transferpreisen,** da die von der deutschen Firma gezahlten Preise höher sind als die Kosten (einschließlich eines angemessenen Gewinns). Mit Hilfe von Verrechnungspreisen werden somit Gelder transferiert, die sich als (Zusatz-)Gewinne bei der amerikanische Muttergesellschaft niedergeschlagen (Gewinnverlagerungen).[1] Es ist unmittelbar einleuchtend, daß ein derartiges Verhalten sich auf den wertmäßigen Umfang des Außenhandels zwischen Deutschland und den USA auswirkt. Wäre die Zahlungsbilanz der BR Deutschland defizitär und gingen die wirtschaftspolitischen Bemühungen dahin, das Defizit durch vermehrte Deviseneinnahmen (Exporte) zu beseitigen, so würde diese Politik durch die Setzung von Transferpreisen, die ja zu überhöhten Devisenabflüssen führt, durchkreuzt.

(2) Multinationale Unternehmen haben in besonderem Maße die Möglichkeit, ihre Produktion von einem Land ins andere zu verlagern, wenn sie dort durch Tochtergesellschaften bereits vertreten sind. Sie beeinflussen damit u. a. die **Beschäftigungslage** eines Landes. Ein Abwandern in Niedriglohn-Länder oder die „Drohung" damit kann z. B. angesichts möglicher Arbeitslosigkeit den Spielraum für die Lohnpolitik einengen. Der Rückzug eines „Multis" infolge starker Lohnerhöhungen in einem Land erspart diesem Unternehmen z. B. den Anpassungsdruck, dem rein nationale Unternehmen angesichts steigender Lohnkosten ausgesetzt sind.

---

[1] Etwa um unterschiedliche Steuersätze in Deutschland und den USA auszunutzen. Damit wird indirekt in die *Steuer- und Finanzpolitik* von Staaten eingegriffen.

(3) Multinationale Unternehmer können weitgehend losgelöst von den nationalen Geldpolitiken der einzelnen Staaten ihre **eigene Geldpolitik** betreiben. Die Möglichkeiten sind außerordentlich vielfältig: (a) Sie können z. B. leicht Kredite in dem Land aufnehmen, das das niedrigste Zinsniveau aufweist. (b) Mittels der Transferpreise lassen sich Gelder transferieren, selbst wenn die normale Geldkapitalausfuhr in einem Land beschränkt ist. (c) Als Halter großer Mengen der verschiedensten Währungen kann der Konzern sich an Devisenspekulationsgeschäften beteiligen und bei festen Wechselkursen mit dazu beitragen, daß bestimmte Länder ihre Währung auf- oder abwerten müssen.[1]

Es wäre sicherlich verfehlt, alle diese speziellen Vorteile den multinationalen Unternehmen „zum Vorwurf zu machen“. Sie ergeben sich vielmehr zu einem Teil aus den „natürlichen“ Rahmenbedingungen, nämlich der Existenz unterschiedlicher Wirtschaftsordnungen, die die Unternehmen vorfinden. Die Ausnutzung solcher Vorteile mag zwar aus der Sicht der einzelnen Staaten unerwünscht sein, sie bleibt aber legitim, solange keine entsprechenden Abstimmungen zwischen den Staaten dies verhindern (etwa bilaterale Verträge zur Verhinderung von Steuer- und Kapitalflucht, Angleichung von Steuersätzen usw.). Einheitliche Steuersätze auf Unternehmergewinne in allen Ländern würden zweifellos die Neigung zur Setzung von Transferpreisen abnehmen lassen. Dadurch würde gleichzeitig eine national wie international betriebene Wettbewerbspolitik, die sich an Wettbewerbspreisen orientiert, (teilweise) entlastet.

Der Argwohn gegen multinationale Unternehmen ergibt sich nicht allein aus der Tatsache, daß sie wirtschaftliche, sondern darüber hinaus auch *politische Macht* auszuüben vermögen. Traurige Berühmtheit haben z. B. in diesem Zusammenhang die United Fruit Company und die ITT in Mittel- und Südamerika erlangt. Es muß jedoch nicht immer soweit gehen, daß „Multis“ Bestechungsgelder zahlen oder politische Umstürze finanzieren, sich also eindeutig kriminell verhalten – dies setzt im übrigen ja auch die besondere Anfälligkeit der Länder voraus. Es reicht aus, daß der Lobbyisteneinfluß eines mächtigen Unternehmens z. B. die Steuergesetzgebung eines Landes in seinem Sinne beeinflussen kann.

5.3 Preisbildung auf dem Devisenmarkt

Den Wechselkurs (w) hatten wir als (DM-) Preis für ausländische Zahlungsmittel definiert und bisher als eine konstante Größe betrachtet. Preise bilden sich in Marktwirtschaften durch das Aufeinandertreffen von Ange-

---

[1] Gibt es z. B. bei „festen“ Wechselkursen (der Wechselkurs ist amtlich fixiert, er ergibt sich nicht auf dem Devisenmarkt als freier Preis) Abwertungsgerüchte beim französischen Franc, dann werden Unternehmen, die französische Franc halten, diese verkaufen wollen und somit das Francangebot erhöhen. Damit werden die Kräfte verstärkt, die auf eine „Preissenkung“ (Abwertung) des Franc hinwirken. Möchte die französische Regierung eine Franc-Abwertung verhindern, so wird dies durch das erhöhte Franc-Angebot erschwert.

bot und Nachfrage heraus; hier stellt der Preis für ausländische Zahlungsmittel (= Devisenpreis oder Devisenkurs) keine Ausnahme dar.
Käufer (Nachfrager) von Devisen sind diejenigen inländischen Wirtschaftseinheiten, die Sachgüter und Dienstleistungen oder Forderungen im Ausland zu kaufen beabsichtigen (bzw. Verbindlichkeiten gegenüber Ausländern tilgen wollen). Als Beispiele sind zu nennen: die Importe französischer Pkw (Güterkauf), Ausgaben deutscher Touristen in Spanien (Kauf von Dienstleistungen oder Sachgütern) oder Käufe amerikanischer Wertpapiere (Kauf von Forderungen). Als *Verkäufer (Anbieter)* von Devisen treten hingegen inländische Wirtschaftseinheiten auf, die durch den Verkauf von Sachgütern, Dienstleistungen und Forderungen Devisen im Ausland erworben haben (bzw. Verbindlichkeiten gegenüber Ausländern eingegangen sind). So wird z. B. ein deutscher Exporteur seine im Ausland erworbenen Devisen gegen DM eintauschen, weil er seine Verbindlichkeiten im Inland in DM begleichen muß.

Es sei angemerkt, daß einzelne Wirtschaftseinheiten gleichzeitig Anbieter und Nachfrager von Devisen sein können, so daß sich ihr Einfluß auf den Devisenpreis „neutralisiert". Das ist etwa der Fall, wenn einem deutschen Importeur (Güterkauf: Devisennachfrage) von einer französischen Bank ein Franc-Kredit gewährt wird (Eingehen einer Verbindlichkeit: Devisenangebot).

Wir wollen in diesem Kapitel die Devisenpreisbildung zunächst unter der Voraussetzung betrachten, daß das Angebot von Devisen allein aus dem Verkauf von Gütern und Dienstleistungen resultiert (die Devisenanbieter nennen wir *Exporteure*) und die Nachfrage allein auf beabsichtigte Güter- und Dienstleistungskäufe zurückzuführen ist (die Devisennachfrager nennen wir *Importeure*).
Für die grafische Konstruktion eines Devisenmarktgleichgewichts benötigen wir eine Devisen-(Franc-)angebotskurve sowie eine Devisen-(Franc-) nachfragekurve, die die Angebots- bzw. Nachfragegrößen in Abhängigkeit vom Devisen-(Franc-)preis beschreiben. Wenden wir uns zunächst dem Devisenangebot zu.

5.3.1 Devisenangebotsfunktion

Da jetzt das **Devisenangebot** (DA) dem Franc-Erlös (Franc-Umsatz) der deutschen Exporteure entspricht[1], ergibt sich DA als mathematisches Produkt aus der Menge des deutschen Exportproduktes (x_1^{DF}) und dem Franc-Preis dieses Gutes (p_1 (FF)):

$$DA\,(FF) = x_1^{DF} \cdot p_1\,(FF)\,. \tag{5.1}$$

Die Veränderung von DA in Abhängigkeit vom Wechselkurs läßt sich leicht durch Rückgriff auf Übersicht 5.1 ermitteln. Ausgangspunkt sei das

---

[1] Wir wollen hier annehmen, daß die deutschen Exporteure keine Kassenbestände in ausländischer Währung halten und sich der internationale Güteraustausch nur auf zwei Güter bezieht, die unter Wettbewerbsbedingungen angeboten und nachgefragt werden.

internationale Gütermarktgleichgewicht mit der exportierten Menge x_{VII} und dem zugehörigen FF-Preis p_{III}, woraus ein Devisenangebot von

$$DA(w_1) = x_{VII} \cdot p_{III}$$

resultiert; w_1 sei der für die spezielle Konstellation von Übersicht 5.1 angenommene Wechselkurs.

Es ist nunmehr zu fragen, wie sich die in Übersicht 5.1 dargestellte Situation verändert, wenn der Wechselkurs angehoben oder gesenkt wird. Nehmen wir einmal an, der Wechselkurs würde sinken, d. h. man bekäme für einen FF weniger DM als zuvor (**Aufwertung** der DM). In der mittleren Darstellung von Übersicht 5.1 würde sich nichts ändern, d. h. die *französischen* Unternehmen und Haushalte würden bei jedem FF-Preis die gleichen Mengen anbieten bzw. nachfragen wie bisher. Verschiebungen ergeben sich jedoch in der linken Darstellung, die das Verhalten der *deutschen* Wirtschaftseinheiten in Abhängigkeit vom *FF*-Preis beschreibt. Die deutsche Angebotskurve würde sich nach links verschieben, weil die deutschen Unternehmer bei jedem FF-Preis nur einen geringeren DM-Preis erzielen können als vor der Aufwertung. Die deutschen Nachfrager würden hingegen bei jedem Franc-Preis einen geringeren DM-Preis bezahlen müssen als vorher; die Nachfragekurve N^D würde sich nach rechts verschieben.
Das Ausmaß der Kurvenverschiebungen wird genau durch den Aufwertungssatz bestimmt: Bedeutet z. B. die Aufwertung der deutschen Währung, daß der Wert einer DM nicht mehr 2 FF, sondern jetzt 2,2 FF beträgt, dann ist jeder Angebots- und Nachfragemenge der linken Darstellung ein um 10% gestiegener FF-Preis zuzuordnen. Das gesamte „Kurvensystem" würde sich nach oben verlagern. Auch der „Autarkiepreis" p_I würde um 10% steigen, während sich die Gleichgewichtsmenge bei Autarkie (x_I) nicht verändern würde. Das ist plausibel; denn warum sollten die Produktions- und Verbrauchsmengen in Deutschland von einer Wechselkursänderung beeinflußt werden, wenn kein Außenhandel (also Autarkie) existiert. Eine Verlagerung der deutschen Angebots- und Nachfragekurven bedeutet auch, daß beim Preis p_{III} kein Gleichgewicht zwischen deutschem Überschußangebot und französischer Überschußnachfrage mehr herrschen kann; einem gesunkenen deutschen Überschußangebot steht eine unveränderte französische Überschußnachfrage gegenüber. Der beiden Ländern gemeinsame Preis für Gut 1 (in FF) muß steigen. Das *internationale Handelsvolumen* (bezüglich Gut 1) schrumpft; die Franzosen konsumieren weniger und produzieren mehr von Gut 1, so daß sich ihre durch Importe zu deckende Überschußnachfrage vermindert.

Die Auswirkungen dieser Mengen- und Preisänderungen auf die **Franc-Einnahmen** der deutschen Exporteure hängen davon ab, ob die (Franc-) Preissteigerung (in Prozent) größer, kleiner oder gleich der deutschen Exportmengeneinschränkung ist. Mit anderen Worten: Richtung und Ausmaß der deutschen Deviseneinnahmen werden durch die Elastizität der französischen Überschußnachfrage in bezug auf den Preis bestimmt. Dies wird deutlich bei Betrachtung der rechten Darstellung von Übersicht

5.1: *Vor* Aufwertung werden „Weltmarktpreis“ (p_{III}) und Handelsvolumen (x_{VII}) durch die Koordinaten des Schnittpunktes S bestimmt. *Nach* Aufwertung verschiebt sich die Kurve des deutschen Überschußangebots (A) nach oben, so daß sich ein neuer Schnittpunkt mit der französischen Überschußnachfragekurve (N) links oberhalb des Punktes S ergibt. Mit Punkt S befinden wir uns im elastischen Bereich der Nachfragekurve. Die prozentuale Mengeneinschränkung wird daher stärker sein als die prozentuale Preisanhebung; eine Aufwertung der DM würde die Franc-Einnahmen der deutschen Exporteure (= Devisenangebot) vermindern.

Auf dem Hintergrund dieser Überlegungen läßt sich jetzt leicht eine **Devisenangebotsfunktion** konstruieren. Nehmen wir dazu als Ausgangspunkt einen so niedrigen Wechselkurs (= hoher FF-Wert der DM) an, daß die Kurve des Überschußangebots (A) die Ordinate beim Koordinatenwert p_{II} schneidet – bei dem auch die Nachfragekurve beginnt –, so daß gar kein Außenhandel existiert (an dieser Stelle würden die nationalen Gleichgewichtspreise Deutschlands und Frankreichs bei Autarkie übereinstimmen). Eine Erhöhung des Wechselkurses (**Abwertung** der DM) würde eine Verschiebung der Angebotskurve nach unten verursachen und den Schnittpunkt der Angebots- mit der Nachfragekurve von p_{II} nach rechts unten auf der N-Kurve verlagern. Dem Schnittpunkt wären ein bestimmter Preis (p_1^{FF}) und eine bestimmte Exportmenge Deutschlands (x^{DF}_1) zugeordnet; daraus läßt sich dann unmittelbar der zugehörige Exporterlös (in FF) errechnen ($p_1^{FF} \cdot x_1^{DF}$). In Analogie zur glockenförmigen Umsatzfunktion (= Erlösfunktion) eines Monopolisten (vgl. Abschnitt 4.3.1) wird der Exporterlös zunächst ansteigen, wenn sich im Zuge der DM-Abwertung die Angebotskurve weiter nach rechts verschiebt und damit der Preis p_1^{FF} sinkt sowie die Menge x_1^{DF} steigt. Solange die (prozentuale) Mengensteigerung noch stärker ist als die (prozentuale) Preissenkung, d.h. solange die **Elastizität der Exportnachfrage** in bezug auf den Preis größer als 1 ist, werden die Exporterlöse weiter steigen. Die Deviseneinnahmen der Exporteure erreichen ein Maximum, wenn die Elastizität den Wert –1 annimmt. Nach diesem „Schwellenwert“ sinken die Franc-Erlöse der deutschen Exporteure mit steigendem Wechselkurs trotz steigender Exportmengen ab. Ein derartiger Verlauf der Devisenerlöse in Abhängigkeit vom Wechselkurs ist in Übersicht 5.3 dargestellt.

Übersicht 5.3: Devisenangebotsfunktion

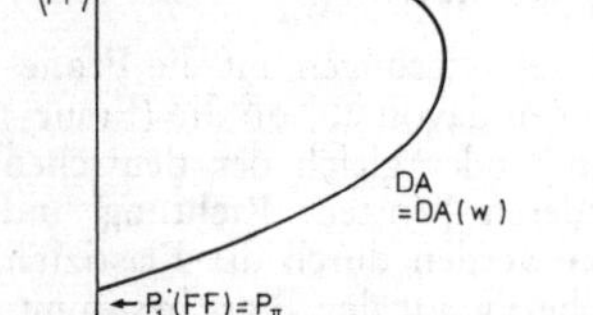

Zur Vermeidung von Mißverständnissen sind noch zwei Anmerkungen notwendig:
(1) Es ist keineswegs so, daß die Höhe der **Angebotselastizität** keine Bedeutung für die Auswirkungen einer Währungsabwertung auf das Devisenangebot hat. Man kann sich leicht überlegen, daß in der rechten Darstellung von Übersicht 5.1 eine gegebene senkrechte Verschiebung der Angebotskurve (A) im elastischen (unelastischen) Bereich der Nachfragekurve (N) einen umso stärkeren Anstieg (Rückgang) des Devisenangebots auslöst, je elastischer die Angebotskurve verläuft.
(2) Das oben abgeleitete Ergebnis, wonach durch eine DM-Aufwertung der FF-Preis des Gutes 1 steigt, gilt nicht für den **DM-Preis** dieses Gutes. Im Gegenteil: Durch die sinkende Nachfrage Frankreichs nach dem deutschen Exportprodukt wird der DM-Preis i.d.R. zurückgehen. Der DM-Preis könnte nur dann unverändert bleiben, wenn die Kurve des deutschen Exportangebots (A) unendlich elastisch verliefe und somit die Franc-Preissteigerung genau der DM-Aufwetung entspräche (Franc-Preisanstieg auf dem „Weltmarkt" im Ausmaß der Verschiebung der A-Kurve).

5.3.2 Devisennachfragefunktion

Zur Ableitung der deutschen Devisennachfragefunktion aus Übersicht 5.1 sind in der linken sowie in der mittleren Darstellung die Ländernamen zu vertauschen: Frankreich erscheint dann als Exportland (linke Darstellung), Deutschland hingegen als Importland (mittlere Darstellung). Zudem trete jetzt an die Stelle von Gut 1 ein Gut 2, so daß die Variablen p und x den Index „2" erhalten.
Im Falle einer **Abwertung** der DM (Erhöhung des Wechselkurses) werden heimische Produzenten von Gut 2 bei jedem Franc-Preis mehr anbieten (Rechtsverschiebung der Angebotskurve in der mittleren Darstellung von Übersicht 5.1), die deutschen Verbraucher dieses Gutes hingegen weniger nachfragen (Linksverschiebung der Nachfragekurve). Die hierdurch ausgelöste Verminderung der deutschen Überschußnachfrage führt zu einem neuen internationalen Gleichgewicht auf dem Markt des Gutes 2 mit niedrigerem Franc-Preis und gesunkener Menge. Das bedeutet in der rechten Darstellung von Übersicht 5.1 eine Linksverschiebung der Nachfragekurve mit einer Verlagerung des Gleichgewichtspunktes nach links unten.

Zur Konstruktion der Devisennachfragefunktion wollen wir uns eine so starke Abwertung der DM (= hoher Wert des Devisenkurses) vorstellen, daß die deutsche Importnachfragekurve (Kurve N der rechten Darstellung) die Ordinate beim Wert p_I schneidet. In diesem Falle kann das Gut 2 aus Frankreich nicht billiger importiert werden als es in Deutschland angeboten wird. Da somit die Menge des deutschen Importgutes (x_2^{FD}) beim Franc-Preis p_I gleich Null ist, gibt es bei diesem Preis auch keine deutschen Devisenausgaben (= Devisennachfrage):

$$\begin{aligned} DN(FF) &= x_2^{FD} \cdot p_I(FF) \\ &= 0. \end{aligned} \tag{5.2}$$

Eine sukzessive **Aufwertung** (= Senkung des Devisenkurses) der deutschen Mark würde die deutsche Importnachfragekurve nach rechts verschieben und zu steigenden Gleichgewichtspreisen und -mengen führen.

Steigende Preise *und* Mengen lassen eindeutige Aussagen über die Auswirkungen einer Abwertung der DM auf die Devisennachfrage zu: ein sinkender Devisenkurs bedeutet stets eine steigende Devisennachfrage. Übersicht 5.4 beschreibt diesen fallenden Verlauf der Devisennachfragekurve.

Übersicht 5.4: Devisennachfragefunktion

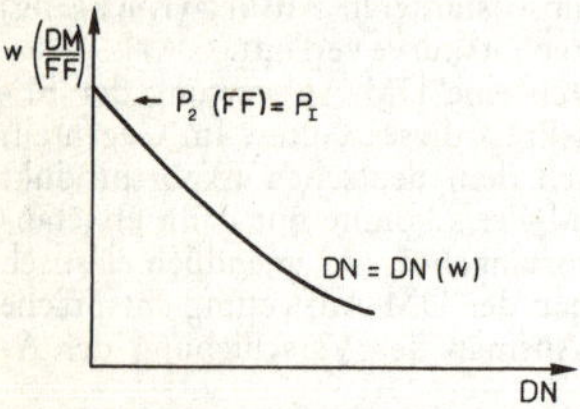

5.3.3 Devisenmarktgleichgewicht

Analog zu der uns schon bekannten Preisbildung auf den Güter- und Faktormärkten läßt sich der Gleichgewichtspreis für Devisen (Gleichgewichtswechselkurs w_g) als Schnittpunkt von Devisenangebots- und Devisennachfragekurve ermitteln (Übersicht 5.5).

Übersicht 5.5: Gleichgewicht auf dem Devisenmarkt

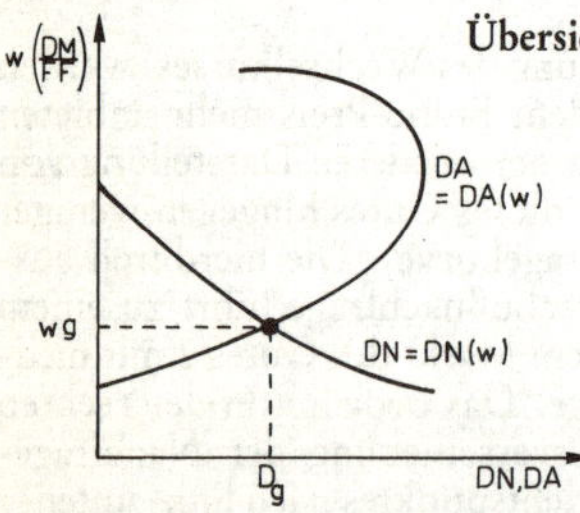

Wir haben den Devisenmarkt hier vereinfacht aus einem einfachen **Zwei-Güter-Modell** abgeleitet. Es ist klar, daß in der wirtschaftlichen Wirklichkeit an die Stelle einzelner Güter ein Bündel unterschiedlichster Güter tritt. Weiterhin ist zu berücksichtigen, daß zwischen den Ländern **Kapitaltransfers** stattfinden können und unterschiedliche Formen **unvollständigen Wettbewerbs** existieren.

5.3.4 Anpassungsprozesse

Bei der Betrachtung von Anpassungen tatsächlicher Wechselkurse an den Gleichgewichtskurs darf nicht vergessen werden, daß hinter diesen Anpassungsprozessen auf dem Devisenmarkt komplizierte Veränderungen auf den heimischen Märkten der miteinander Handel treibenden Länder stehen. Liegt beispielsweise der *tatsächliche* Wechselkurs über dem *Gleichgewichts*kurs, dann übersteigt das Devisenangebot (= Wert deutscher Exporte) die Devisennachfrage (= Wert deutscher Importe). Den deutschen Banken werden in diesem Falle durch die deutschen Exporteure mehr französische Franc überwiesen als die deutschen Importeure für die Einfuhr französischer Waren benötigen. Man kann sich nun (vereinfacht) vorstellen, daß die deutschen Banken ihre so entstehenden Franc-Guthaben in Frankreich „anlegen" und damit zur Kreditgewährung französischer Banken an ihre Kunden beitragen. Mit anderen Worten, der deutsche Exportüberschuß bedeutet nichts anderes als eine Kreditgewährung der Deutschen an die Franzosen, wodurch die Franzosen mehr importieren können als sie exportieren (mehr Güter verbrauchen können als sie produzieren). Wenn die deutschen Banken aber nicht mehr bereit sind, in jedem Jahr den gesamten „Franc-Überschuß" in Form von Krediten nach Frankreich weiterzuleiten, sondern zumindest einen Teil der Franc-Beträge auf dem Devisenmarkt anbieten (gegen DM verkaufen), dann wird der Devisenkurs sinken (Aufwertung der DM). Die Deutschen werden jetzt weniger von ihrem in Frankreich teurer gewordenen Exportprodukt (Gut 1) an die Franzosen verkaufen können, gleichzeitig jedoch das traditionelle französische Exportprodukt (Gut 2) vermehrt einführen; denn in Deutschland sind nach Aufwertung für eine Mengeneinheit des Gutes 2 weniger DM aufzuwenden als im Ausgangszustand.

Geringere Lieferungen der deutschen Exporteure an Frankreich sowie gestiegene Einfuhren Deutschlands aus Frankreich erlauben den Deutschen einen höheren Verbrauch *beider* Güterarten. Gleichzeitig wird der Verbrauch in Frankreich zurückgehen. Die Umschichtungen der Nachfrage von den französischen auf die deutschen Verbraucher werden in diesem Modellfall von Wechselkursänderungen ausgelöst sowie durch eine Verlagerung der Kreditgewährung deutscher Banken von Frankreich nach Deutschland ermöglicht. *Anpassungsprobleme* könnten etwa dadurch entstehen, daß die Deutschen trotz höherer Kreditgewährung nicht vollständig die **Nachfragelücke** ausfüllen, die die Franzosen hinterlassen; Produktionseinschränkungen und Arbeitslosigkeit könnten auftreten. Darüber hinaus kann es zu **Strukturproblemen** kommen, wenn deutsche und französische Nachfragegewohnheiten voneinander abweichen. Beispielsweise könnte sich die deutsche Mehrnachfrage in erster Linie auf das Gut 2 richten (Importgut) und so einen Nachfrageausfall beim Produkt 1 entstehen lassen. Es wäre dann notwendig, Produktionsfaktoren (z. B. Arbeitskräfte) von der Industrie 1 in die Industrie 2 zu transferieren, was bei unvollständiger Mobilität der Produktionsfaktoren in Industrie 1 zu sinkenden Einkommen oder Arbeitslosigkeit führen würde.

5.3.5 Kaufkraftparitätentheorie

Die Höhe des Wechselkurses läßt sich auf international *vollkommenen*[1] Märkten unmittelbar aus den Güterpreisen der miteinander Handel treibenden Länder ableiten. Aus den Voraussetzungen der Marktvollkom-

---

[1] Es ist nicht notwendig, daß *vollständige* Konkurrenz herrscht, d. h. polypolistische Angebots- und Nachfragestrukturen müssen nicht gegeben sein (vgl. Abschnitt 2.2).

menheit (Markttransparenz und Homogenität der Güter – einschließlich *räumlicher* Homogenität, d. h. es wird von Transportkosten abgesehen!) folgt, daß jedes beliebige Gut in jedem Land gleichviel kostet. Wäre dies nicht so, d. h. wäre z. B. ein Gut 1 in Frankreich teurer als in Deutschland, dann würden solange zusätzlich deutsche Produkte nach Frankreich geliefert, bis die Preisdifferenz verschwunden wäre **(Güterarbitrage).** Müßten in Deutschland für ein Produkt 4 DM bezahlt werden, dann wären bei einem Wechselkurs von w (DM/FF) = 0,5 DM/FF in Frankreich für dasselbe Produkt offenbar 8 FF aufzuwenden. Der Wechselkurs ergäbe sich also stets als Relation von DM- und FF-Preis eines beliebigen Gutes:

$$w\left(\frac{DM}{FF}\right) = \frac{p_1^D\,(DM)}{p_1^F\,(FF)}. \tag{5.3}$$

In unserem Beispiel kann man sich in Frankreich für einen Franc nur halb soviel Güter kaufen wie in Deutschland für eine DM, d. h. die „Kaufkraft" eines FF ist nur halb so groß wie die einer DM. Da dieses Kaufkraftverhältnis nach der hier abgeleiteten Theorie genau vom Wechselkurs angegeben wird, spricht man auch von der **Kaufkraftparitätentheorie** des Wechselkurses.

Es ist anzumerken, daß im Zuge des oben angegebenen Prozesses der Güterarbitrage sich nicht allein die Güterpreise verändern werden, sondern gerade auch mit einer Veränderung des Wechselkurses zu rechnen ist. Der durch die Preisdifferenz ausgelöste vermehrte Güterexport von Deutschland nach Frankreich führt tendenziell zu steigenden Güterpreisen in Deutschland (in DM), sinkenden Güterpreisen in Frankreich (in FF) *und* zu einer Aufwertung der DM (w sinkt).

Wäre die Kaufkraftparitätentheorie uneingeschränkt gültig, dann müßten sich unterschiedliche Veränderungen der Kaufkraft in einzelnen Ländern genau in entsprechenden Wechselkursbewegungen niederschlagen[1]. Vergleicht man beispielsweise die Wirtschaftsentwicklungen Frankreichs und Deutschlands miteinander, dann zeigt sich, daß von 1970 bis 1977 der französische Preisindex der Lebenshaltung (vgl. hierzu auch Abschnitt 7.1.1) um 82,7%, der deutsche Preisindex hingegen nur um 46,3% angestiegen ist. In Frankreich ist offenbar die Kaufkraft um 36,4% (= 82,7% – 46,3%) stärker „ausgehöhlt" worden als in Deutschland, was nach der Kaufkraftparitätentheorie eine ebenso starke Abwertung des Franc gegenüber der DM erwarten läßt. Tatsächlich betrug die Franc-Abwertung in diesem Zeitraum 34%; dies ist eine eindrucksvolle Bestätigung für die abgeleitete Theorie.

---

[1] Dies gilt streng genommen nur dann, wenn die *Nachfragestrukturen der Länder* übereinstimmen. Steigt z. B. der Rotweinpreis in Frankreich und Deutschland jeweils um 10%, dann sinkt die Kaufkraft in Frankreich stärker als in Deutschland, weil die Franzosen einen höheren Anteil ihres Einkommens für Rotwein ausgeben. Wäre die Elastizität der deutschen Importnachfrage nach Rotwein in bezug auf den Preis gleich –1, dann bliebe die deutsche Franc-Nachfrage konstant. Der Wechselkurs würde sich nicht verändern, obwohl sich die Kaufkraft in Frankreich anders entwickelt hat als in Deutschland.

Für andere Zeitabschnitte und/oder andere Länder erhält man weniger gute Ergebnisse. Dies ist auch gar nicht anders zu erwarten, weil die Kaufkraftparitätentheorie auf Annahmen (insbesondere Annahmen des Modells der vollkommenen Konkurrenz) beruht, die in der Wirklichkeit nicht vollständig erfüllt sind: Steigen die Preise in verschiedenen Ländern unterschiedlich stark, dann wird die *Güterarbitrage* zwischen Ländern durch (a) unvollkommene **Markttransparenz,** (b) **Transportkosten** und sonstige **Handelshemmnisse** (z. B. Zoll) sowie (c) nicht oder nur sehr **beschränkt handelbare Güter** (insbesondere Dienstleistungen) gehemmt. Darüber hinaus muß man beachten (wir kommen im zweiten Teil des Buches wiederholt darauf zu sprechen), daß Devisenangebot und -nachfrage nicht allein das Ergebnis von Güter- und Dienstleistungskäufen bzw. -verkäufen sind, sondern daß beide auch von **internationalen Kapitalbewegungen** sowie von Devisenkäufen und -verkäufen der Zentralbanken **(Zentralbankinterventionen)** beeinflußt werden. Internationale Kapitalbewegungen sind wiederum entscheidend von spekulativen Erwartungen (z. B. Erwartungen über Auf- und Abwertungen von Währungen) wie auch internationalen Zinsdifferenzen (also ob z. B. ein Bankguthaben in New York besser verzinst wird als in Frankfurt) abhängig.

Unterschiedliche **empirische Untersuchungen** deuten darauf hin, daß (a) die *Kaufkraftparitätentheorie* eher lang- als kurzfristig die Wechselkursentwicklung erklären kann. Für die kürzerfristigen Devisenkursschwankungen spielen (b) *internationale Zinsdifferenzen* eine zentrale Rolle; der (c) Einfluß von *Wechselkurserwartungen* sowie (d) von *Zentralbankinterventionen* ist ebenfalls nachweisbar.

5.3.6 Wechselkursbildung und Bedingungen für internationalen Güteraustausch

Absolute Preisvorteile

Nach Abschnitt 5.1.1 können deutsche Exporteure ein Gut 1 in Frankreich verkaufen, wenn die Bedingung

$$\frac{p_1^D\,(DM)}{w\,(\frac{DM}{FF})} < p_1^F\,(FF) \tag{5.4}$$

gilt, d. h., wenn vor Außenhandel der (FF-) Gleichgewichtspreis in Deutschland unterhalb des (FF-) Gleichgewichtspreises in Frankreich liegt. Analog gilt für die Exportmöglichkeiten Frankreichs nach Deutschland bezüglich des Gutes 2 die Ungleichung

$$\frac{p_2^D\,(DM)}{w\,(\frac{DM}{FF})} > p_2^F\,(FF)\,. \tag{5.5}$$

Ungleichung (5.4) läßt sich auch in der Form

$$\frac{p_1^D\,(DM)}{p_1^F\,(FF)} < w\,(\frac{DM}{FF}), \tag{5.6}$$

Ungleichung (5.5) in der Form

$$\frac{p_2^D\ (DM)}{p_2^F\ (FF)} > w\left(\frac{DM}{FF}\right) \tag{5.7}$$

schreiben. Die Bedingungen für den Güteraustausch zwischen Frankreich und Deutschland können dann auch mit Hilfe der Doppelungleichung

$$\frac{p_1^D\ (DM)}{p_1^F\ (FF)} < w\left(\frac{DM}{FF}\right) < \frac{p_2^D\ (DM)}{p_2^F\ (FF)} \tag{5.8}$$

ausgedrückt werden.

Bei freier Kursbildung ist auch tatsächlich ein Wechselkurs zu erwarten, wie er von Ungleichung (5.8) gefordert wird. Denn wenn wir annähmen, der Kurs sei sowohl größer als p_1^D/(DM)/p_1^F (FF) als auch größer als p_2^D (DM)/p_2^F (FF), dann würde Deutschland wegen

$$\frac{p_2^D\ (DM)}{w\left(\frac{DM}{FF}\right)} < p_2^F\ (FF)$$

einen Preisvorteil gegenüber Frankreich bei *beiden* Produkten haben. Der Handel würde sich allein in Form von Lieferungen Deutschlands an Frankreich vollziehen. Da den hohen Deviseneinnahmen (= Devisenangebot) der deutschen Exporteure keine Devisennachfrage gegenüberstünde, würde der Wechselkurs fallen. Er müßte so lange fallen, wie noch das Devisenangebot größer wäre als die Devisennachfrage. Da eine Devisennachfrage überhaupt erst dann entstehen kann, wenn Deutschland Güter in Frankreich nachfragt, eine solche Nachfrage aber erfordert, daß $w\left(\frac{DM}{FF}\right) < p_2^D$ (DM)/p_2^F (FF) ist, muß der Devisenkurs auch notwendigerweise auf ein entsprechend niedrigeres Niveau absinken.

Relative Preisvorteile

Die Bedingung für Außenhandel (5.8) enthält die *Teilbedingung*

$$\frac{p_1^D\ (DM)}{p_1^F\ (FF)} < \frac{p_2^D\ (DM)}{p_2^F\ (FF)}, \tag{5.9}$$

die umgeformt werden kann zu

$$\frac{p_1^D\ (DM)}{p_2^D\ (DM)} < \frac{p_1^F\ (FF)}{p_2^F\ (FF)}. \tag{5.10}$$

Außenhandel setzt hiernach also voraus, daß die Preis*verhältnisse* in Deutschland und Frankreich voneinander abweichen. Mit anderen Worten, würden im Zustand der Autarkie die Güter 1 und 2 in Frankreich und Deutschland im gleichen Verhältnis zueinander „getauscht“, dann könnte Außenhandel gar nicht erst entstehen.

Die Bedeutung dieser Aussage läßt sich leicht an einem Beispiel aufzeigen. Nehmen wir an, im Ausgangszustand (Autarkie) würde in Deutschland und Frankreich die Preisrelation

$$\frac{p_1^D\ (= 2\ \text{DM})}{p_2^D\ (= 8\ \text{DM})} = \frac{p_1^F\ (= 4\ \text{FF})}{p_2^F\ (= 16\ \text{FF})} = \frac{1}{4}$$

herrschen, d.h. Gut 2 sei in beiden Ländern viermal so teuer wie Gut 1. Läßt man nun Außenhandel zu, dann wird sich bei vollkommenem Wettbewerb ein Wechselkurs von w (DM/FF) = 0,5 DM/FF einstellen. Denn wäre der Kurs höher (beispielsweise w = 1 DM/FF), dann könnten die Franzosen *beide* Güter in Deutschland billiger kaufen als in Frankreich, wäre er hingegen niedriger (z. B. w = 0,2 DM/FF), dann wären die Deutschen in der Lage, *beide* Güter billiger in Frankreich als in Deutschland zu beziehen. Beide Zustände können jedoch nicht von längerer Dauer sein: Im ersten Fall würden auf dem Devisenmarkt nur Franc angeboten (von den französischen Importeuren), nicht aber nachgefragt; der Kurs müßte sinken. Im zweiten Fall würden Franc lediglich nachgefragt (von den deutschen Importeuren), nicht aber angeboten; der Kurs müßte steigen. Ein Gleichgewicht ist daher nur beim Kurs von w = 0,5 DM/FF denkbar. Hiermit liegt jedoch eine Situation vor, in der Güteraustausch zwischen Frankreich und Deutschland gar nicht erst entstehen wird, weil beim Kurs von w = 0,5 DM/FF von vorn herein in beiden Ländern beide Güter gleichviel „kosten" und somit kein Anreiz besteht, im jeweiligen Ausland Güter zu kaufen bzw. zu verkaufen.

Nehmen wir andererseits an, der Preis für Gut 1 betrage in Deutschland im Ausgangszustand (Autarkie) p_1^D = 1 DM, dann weichen die Preisrelationen in Deutschland (p_1/p_2 = 1 DM/8 DM = 1/8) und Frankreich (p_1/p_2 = 4 FF/16 FF = 1/4) voneinander ab. Es lassen sich jetzt Wechselkurse finden, bei denen ein Anreiz besteht, Güter international auszutauschen: Beim Kurs von w = 0,5 DM/FF könnte Deutschland Gut 1 in Frankreich verkaufen, umgekehrt wäre es aber für Frankreich noch nicht möglich, Gut 2 nach Deutschland zu liefern. Sinkt der Kurs aber unter den Wert von 0,5 ab, z. B. auf w = 0,4 DM/FF, dann kommt ein Austausch von Gütern zustande: Gut 1 würde jetzt in Deutschland 1 DM, in Frankreich dagegen 4 FF · 0,4 DM/FF = 1,60 DM kosten; Gut 2 würde in Frankreich für 16 FF · 0,4 DM/FF = 6,40 DM, in Deutschland aber zu dem höheren Preis von 8 DM verkauft; Deutschland könnte Gut 1 nach Frankreich, Frankreich Gut 2 nach Deutschland liefern[1].

Dieses einfache Beispiel zeigt: Internationaler Güteraustausch ist im Wettbewerbsmodell an die Voraussetzung international unterschiedlicher Preisrelationen gebunden. *Der Wechselkursmechanismus sorgt dafür, daß aus unterschiedlichen Preisverhältnissen absolute Preisunterschiede entstehen, die dann internationale Käufe bzw. Verkäufe auslösen.*

---

[1] Es ist klar, daß sich dann im Zuge des Außenhandels die Güterpreise in beiden Ländern einander anpassen werden (vgl. Abschnitt 5.1.1).

5.4 Ursachen internationalen Handels

5.4.1 Komparative Kostenvorteile

Bei vollständigem Wettbewerb folgen längerfristig die Güterpreise den zugehörigen Stückkosten. Man könnte daher anstelle von international unterschiedlichen Preisrelationen auch von international unterschiedlichen Kostenverhältnissen sprechen. Diese Interpretation eröffnet uns einen ersten Zugang zur Beantwortung der Frage nach den Bestimmungsgründen des Außenhandels: es ist nach den Ursachen unterschiedlicher Kostenverhältnisse zu suchen.

5.4.1.1 Relative Produktivitätsunterschiede

(1) Gehen wir zunächst von einem einfachen Beispiel aus: Nehmen wir an, alle Faktoraufwendungen für ein Produkt ließen sich in Arbeitsstunden messen und für einen Liter Wein wären in Norditalien 25 Arbeitsstunden, für einen Meter Tuch dagegen 5 Arbeitsstunden aufzuwenden. In Süditalien sei der Aufwand für die Herstellung einer Produkteinheit in beiden Produktionsbereichen höher als in Norditalien:

	Süditalien	Norditalien
1 Liter Wein:	30 Arbeitsstunden	25 Arbeitsstunden
1 Meter Tuch:	10 Arbeitsstunden	5 Arbeitsstunden

Da in Norditalien pro Liter Wein fünfmal soviel Arbeit eingesetzt wird wie für einen Meter Tuch, die Herstellung einer Einheit Wein somit fünfmal soviel kostet wie die Herstellung einer Einheit Tuch, wäre damit zu rechnen, daß der Preis für eine Einheit Wein bei vollständiger Konkurrenz fünfmal so hoch ist wie der Preis für eine Einheit Tuch. Wein und Tuch würde man daher in Norditalien im Verhältnis 1 : 5 tauschen, d. h. für einen Liter Wein erhielte man 5 Meter Tuch. Analoge Überlegungen lassen sich für Süditalien anstellen: Dort ist für einen Liter Wein dreimal soviel Arbeit aufzuwenden wie für einen Meter Tuch, so daß man in Süditalien für einen Liter Wein 3 Meter Tuch erhalten würde.
Die Richtung der interregionalen Handelsströme läßt sich jetzt sehr einfach bestimmen: Süditalien würde Wein nach Norditalien „exportieren", weil man in Norditalien bei den herrschenden Tauschverhältnissen für eine Einheit Wein 5 Einheiten Tuch erhielte, gegenüber nur 3 Einheiten Tuch in Süditalien. Umgekehrt lohnte es sich für Norditalien, Tuch nach Süditalien zu liefern; denn in Norditalien bekäme man erst für 5 Einheiten Tuch eine Einheit Wein, während in Süditalien lediglich 3 Einheiten Tuch für die gleiche Weinmenge zu liefern wären. Süditalien würde sich somit tendenziell auf die Produktion von Wein, Norditalien dagegen auf die Produktion von Tuch spezialisieren. Dies ist eine Aussage, wie sie bereits von dem englischen Nationalökonomen *Ricardo* (1772–1823) abgeleitet wurde **(Prinzip der „komparativen Kostenvorteile")**.
In dem hier beschriebenen Beispiel sind die unterschiedlichen Kostenrelationen auf **relative Produktivitätsunterschiede** zurückführbar. Nord-

italien arbeitet zwar in unserem Beispiel in allen Produktionsbereichen mit niedrigeren Faktoraufwendungen pro Stück des hergestellten Gutes (= höheren Durchschnittsproduktivitäten), der Produktivitätsvorsprung ist jedoch bei der Weinherstellung geringer als in der Textilindustrie.

(2) Wir hatten in Abschnitt 5.3.6 gezeigt, daß relative Preis- und damit Kostenunterschiede über den Wechselkursmechanismus in absolute Preisunterschiede transformiert werden können. Dieser Mechanismus fällt in unserem Beispiel allerdings aus, weil Nord- und Süditalien ein **einheitliches Währungsgebiet** (Lire) darstellen. Es läßt sich aber zeigen, daß diese unterschiedlichen Tauschverhältnisse über **interregional unterschiedliche Faktorpreise in Güterpreise transformiert** werden, deren interregionale Differenzen dann den Handel tatsächlich auslösen: Nehmen wir an, die (in Lire ausgedrückten) Wertgrenzproduktivitäten der Produktionsfaktoren lägen wegen höherer Produktion je Faktoreinheit (= höheren Durchschnittsproduktivitäten) in Norditalien um 30% über den entsprechenden Werten Süditaliens, dann würden unter Wettbewerbsbedingungen die norditalienischen Arbeitskräfte und Kapitaleigner um 30% höher entlohnt als ihre süditalienischen Nachbarn. Trotz dieser relativ hohen Faktorpreise würde Norditalien aber Tuch billiger anbieten können als Süditalien, weil in der norditalienischen Tuchproduktion der mengenmäßige Faktoraufwand pro einen Meter Tuch um 50% geringer ist als in Süditalien; denn der Nachteil der um 30% höheren Faktorpreise würde durch den Vorteil eines um 50% niedrigeren Faktoreinsatzes mehr als ausgeglichen. Umgekehrt würden die hohen Faktorpreise in Norditalien aber zu relativ hohen Stückkosten und damit auch hohen Güterpreisen bei Wein führen, weil bei den gewählten Annahmen der Faktoraufwand pro Liter Wein in Norditalien nur um 17% geringer ist als in Süditalien. Interregionaler Handel würde dadurch ausgelöst, daß Süditalien im Ausgangszustand Wein zu niedrigeren Preisen (in Lire) anbieten könnte als Norditalien und andererseits Norditalien Tuch billiger liefern könnte als Süditalien.

Norditalien hat in unserem Beispiel bei der Tuchherstellung wesentlich günstigere Produktionsbedingungen als Süditalien, der Abstand bei der Weinherstellung ist dagegen nicht besonders groß. Dank niedriger Faktorpreise, die selbst wieder Resultat der relativ ungünstigen Produktionsbedingungen sind, hat Süditalien einen absoluten (Lire-)Kostenvorteil gegenüber Norditalien bei der Herstellung des Produktes (Wein), bei dem die süditalienschen Produzenten verhältnismäßig wenig benachteiligt sind. Man sagt auch, Süditalien habe vergleichsweise *(komparative) Real*-Kostenvorteile (Faktoraufwendungen pro Stück) bei der Herstellung von Wein gegenüber Norditalien, aus denen sich bei Berücksichtigung der Faktorpreise *absolute Geld*kostenvorteile (Kosten, ausgedrückt in Lire) ergeben. Zusammenfassend kommen wir somit zu dem Ergebnis, daß absolute Geldkosten- und damit Preisvorteile eines Landes nicht auf *absoluten* Realkostenvorteilen (= Produktivitätsvorteilen) beruhen müssen, sondern daß relative (komparative) Realkostenvorteile bereits hinreichend sind.

(3) Das Auftreten von **Produktivitätsunterschieden** läßt sich generell begründen

- mit **natürlichen Standortvorteilen** (z. B. höhere Erträge oder bessere Qualitäten von Wein),

- mit **Erfindungen** neuer (kostengünstigerer) Produktionsverfahren (deren Verbreitung durch Patente geschützt sein kann),
- mit besonderen **Fertigkeiten der Arbeitskräfte** in bestimmten Produktionsbereichen sowie
- mit unterschiedlichen Möglichkeiten einzelner Länder, Kostensenkungen durch **Massenproduktion** zu erzielen.

Als Beispiele seien genannt: die natürlichen Standortvorteile des mittleren Westens der USA im Bereich der Getreideproduktion; die Erfindung des Direktreduktionsverfahrens in der Stahlherstellung, die insbesondere auch in Entwicklungsländern mit Erdgasvorkommen komparative Kostenvorteile bei der Herstellung einiger Stahlsorten entstehen ließ; die über viele Generationen hinweg entwickelten und weitergegebenen Erfahrungen der Arbeitskräfte im Bereich der gewerblich-industriellen Produktion in den westlichen Industrieländern, die entscheidend zur Überlegenheit dieser Länder im gewerblich-industriellen Bereich beigetragen hat und weiterhin beiträgt; das unterschiedliche Ausmaß von Massenproduktionsersparnissen in den einzelnen Industriezweigen (vgl. Abschnitt 3.2.3.2) und die daraus folgenden Vorteile bei der Produktion bestimmter Produkte in Ländern mit großen heimischen Märkten (= hohe heimische Nachfrage) für diese Güter (z. B. Lkw).

5.4.1.2 Unterschiedliche Ausstattungen von Volkswirtschaften mit Produktionsfaktoren

Komparative Kostenvorteile können aber auch dann bestehen, wenn wir von *international gleichen Techniken und Arbeitsqualitäten sowie gleicher Größe der heimischen Märkte* ausgehen. Dies ist dann der Fall, wenn in zwei Ländern Produktionsfaktoren in ganz unterschiedlichen Mengenverhältnissen verfügbar sind. Als Beispiel seien Argentinien und Hongkong genannt: Argentinien besitzt – im Vergleich zu Hongkong – relativ viel Land und wenig Arbeitskräfte; umgekehrt verfügt Hongkong über wenig Boden, aber relativ viele Arbeitskräfte. Nach unseren Überlegungen zur Grenzproduktivitätstheorie der Einkommensverteilung (vgl. Abschnitt 3.4.3) müßten daher – gleiche Produktionsfunktionen vorausgesetzt – in Hongkong die Löhne relativ niedrig, die Bodenkosten dagegen relativ hoch sein (umgekehrt in Argentinien). Diese unterschiedlichen Faktorpreisstrukturen führen wiederum zu international divergierenden Güterpreisen: Hongkong wird *die* Güter billiger herstellen können, die (bei jedem Faktorpreisverhältnis) relativ viel Arbeit benötigen (z. B. Spielzeug). Andererseits hat Argentinien Kostenvorteile bei den „bodenintensiv" hergestellten Gütern (z. B. bei Agrarprodukten). Gibt es keine Qualitätsunterschiede der Güter (vollkommener Markt) und sind auch die verfügbaren Techniken (Produktionsfunktionen) nicht unterschiedlich, dann wird in unserem Beispiel Hongkong Agrarprodukte importieren und Spielwaren exportieren (für Argentinien gilt das Umgekehrte). Dies ist der Kern der sog. **Faktorproportionentheorie.**

In den meisten Fällen treten die Unterschiede in den Faktorausstattungen nicht so deutlich hervor wie beim Vergleich von Hongkong und Argentinien. Stellt man z. B. Argentinien und Australien gegenüber, dann sind Unterschiede schon nicht mehr so deutlich erkennbar. Es wird dann notwendig, die Theorie zu verfeinern, wenn sie „leistungsfähig“ bleiben soll. In jüngerer Zeit ist man daher mehr und mehr dazu übergegangen, die groben Kategorien Arbeit, Kapital und Boden weiter aufzuspalten. Insbesondere wurden *gelernte* und *ungelernter Arbeit* unterschieden, was zu einer erheblichen Ausdehnung des Anwendungsbereiches dieser Theorie geführt hat.

5.4.2 Nachfragepräferenzen und Produktdifferenzierungen

Nach unseren bisherigen Überlegungen müßte sich ein besonders intensiver Güteraustausch gerade zwischen Ländern entwickeln, für die ausgeprägte komparative Kostenunterschiede zu vermuten sind. Da komparative Kostenunterschiede wiederum mit relativen Produktivitätsunterschieden sowie unterschiedlichen Faktorausstattungen erklärt wurden (s. Abschnitt 5.4.1), diese Unterschiede aber in hohem Maße auf einem **Entwicklungsgefälle** zwischen Volkswirtschaften beruhen dürften, wäre zu erwarten, daß der internationale Handel sich vornehmlich zwischen Entwicklungsländern einerseits sowie Industrieländern andererseits abspielt. Die Übersicht 5.6 zeigt jedoch ein anderes Bild: Der Export der Entwicklungsländer (ohne OPEC) in die Industrieländer erreichte lediglich 11,0 % des Welthandels[1].

Übersicht 5.6: Anteile (v. H.) unterschiedlicher Handelsströme am Welthandel (1986)

Exportländer \ Importländer	Industrieländer	Nicht-Öl-Entwicklungsländer	Ölexportierende Länder	Staatshandelsländer	Welt
Industrieländer	54,2	12,8	3,2	1,5	71,7
Nicht-Öl-Entw.l.	11,0	4,8	0,8	1,3	17,9
Ölexportierende L.	3,7	0,8	0,1	0,1	4,7
Staatshandelsländer	1,2	1,2	0,1	3,2	5,7
Welt	70,1	10,6	4,2	6,1	100

Quelle: Wagner, Kaiser, Beimdiek (1989): Ökonomie der Entwicklungsländer, UTB 1230, 2. Aufl., S. 95

Ein wichtiger Grund für den intensiven Güteraustausch zwischen Ländern hoher Entwicklungsstufe ist darin zu sehen, daß mit steigendem Pro-Kopf-Einkommen die **Vielfältigkeit der Nachfragerpräferenzen** zu-

[1] Hierbei ist jedoch zu berücksichtigen, daß das Außenhandelsvolumen in hohem Maße von dem ökonomischen Potential der miteinander Handel treibenden Länder abhängen wird. Unterschiede zwischen den Welthandelsanteilen müssen also auch auf das vergleichsweise hohe (niedrige) Wirtschaftspotential der westlichen Industrieländer (der Entwicklungsländer) zurückgeführt werden.

nimmt. Hierauf reagieren die Anbieter mit verstärkter Produktdifferenzierung (vgl. Abschnitte 4.3.2 und 4.3.3). Die Produktdifferenzierung heimischer Anbieter wird jedoch nicht ausreichen, der Vielfältigkeit der Nachfragerpräferenzen im Inland so zu entsprechen, daß etwa ausländische Anbieter vom Markt ferngehalten würden. Eine noch so differrenzierte Modellpolitik von z. B. VW, Opel, Mercedes, Ford in Deutschland bzw. von Renault, Citroen, Peugot usw. in Frankreich wird die deutschen Nachfrager davon abhalten können, französische PKW und die französischen Nachfrager davon abhalten können, deutsche PKW zu kaufen. Zu erwarten ist nach diesen Überlegungen ein *gegenseitiger Austausch* von gleichen oder sehr ähnlichen Gütern. **Empirische Untersuchungen** bestätigen diese Vermutung: Innerhalb eng definierter Warengruppen[1] weisen die Industrieländer sowohl hohe Exporte als auch hohe Importe auf; man spricht von **intra-industriellem Handel**[2].

5.4.3 Beschränkte Güterverfügbarkeiten

Aber auch die zwischen Entwicklungs- und Industrieländern zu beobachtenden Handelsströme lassen einen dominierenden Einfluß komparativer Kostenvorteile nicht erkennen. Während nach diesem Modell die Länder miteinander konkurrieren und sich bei einzelnen Produkten jeweils das Land am Weltmarkt durchsetzt, das ein bestimmtes Gut *relativ* günstig herstellen kann, ist im Handel zwischen Entwicklungs- und Industrieländern eher ein *komplementärer Handel* zu beobachten: Die Ländergruppen beliefern sich gegenseitig mit Produkten, die jeweils in den Partnerländern nur *beschränkt verfügbar* sind.

Übersicht 5.7: Anteile (v. H.) unterschiedlicher Produktgruppen am Export von Industrie- und Entwicklungsländern (1983)

Produkt-Gruppe / Gebiet	Nahrungsmittel und Rohstoffe (ohne Rohöl)	Rohöl	Industriewaren	Exporte insgesamt
Industrieländer	17	8	73	100
Entwicklungsländer	34	38	28	100

Quelle: Wagner, Kaiser, Beimdiek (1989): Ökonomie der Entwicklungsländer, UTB 1230, 2. Aufl., S. 96

Übersicht 5.7 zeigt, daß im Jahre 1983 etwa 72% der Entwicklungsländerexporte auf Nahrungsmittel (insbes. Kaffee, Kakao, Tee, Bananen) und

[1] Eng wäre in diesem Sinne etwa die Gruppe „Kühlschränke", weit wäre demgegenüber die Gruppe „Längerlebige Gebrauchsgüter".

[2] In diesem Zusammenhang ist auch besonders der internationale Handel von Vorleistungs- und Investitionsgütern von Bedeutung.

sonstige Rohstoffe entfielen. Diese Güter wurden in erster Linie in die Industrieländer geliefert, in denen aufgrund *klimatischer Bedingungen* bzw. der *geologischen Beschaffenheit* der Lithosphäre ungünstige Produktionsbedingungen oder nicht ausreichende Produktionsmöglichkeiten bestehen. Andererseits importierten die Entwicklungs- aus den Industrieländern vornehmlich solche Produkte, die sie wegen ihres zum Teil noch geringen Industrialisierungsgrades gar nicht oder in nur beschränkten Mengen herstellen konnten. Man spricht in diesem Zusammenhang häufig von einer **technologischen Lücke**, die die technische Überlegenheit der Produzenten in Industrieländern gegenüber denen der Entwicklungsländern bezeichnet.

5.4.4 Komparative Kostenvorteile von Entwicklungsländern

Ein merklicher Einfluß *komparativer Kostenunterschiede* auf die Handelsströme zwischen Entwicklungs- und Industrieländern kann selbstverständlich nur erwartet werden, wenn es insbesondere im gewerblichen Bereich Gütergruppen gibt, deren Herstellungsprozesse von den Entwicklungsländern technisch beherrschbar sind.

Komparative Kostenvorteile der Entwicklungsländer werden in erster Linie bei Produkten zu beobachten sein, (a) die soweit **standardisiert** sind, daß im wesentlichen Kosten- und Preisvorteile die Kaufentscheidungen beeinflussen; (b) deren **Produktionsverfahren einfach** genug sind, um nicht gravierende Produktivitätsnachteile gegenüber Industrieländern entstehen zu lassen (vgl. Abschnitt 5.4.1.1); (c) und deren Herstellung in hohem Maße den Einsatz solcher Produktionsfaktoren zuläßt, die in Entwicklungsländern zu relativ niedrigen Preisen verfügbar sind (ungelernte Arbeit, Rohstoffe; vgl. hierzu die **Faktorproportionentheorie** in Abschnitt 5.4.1.2). Derartige Eigenschaften weisen z. B. Produkte wie Nahrungsmittelkonserven, Textilien, Schuhe, Holzwaren oder auch einfache elektronische Bausteine und Schaltelemente auf. Im Jahre 1974 z. B. hatten die rohstoff- und überwiegend arbeitsintensiven Produkte für den Export der Entwicklungsländer eine erheblich größere Bedeutung als solche Güter, deren Herstellung mit relativ viel Kapital und/oder einem hohen Einsatz hochqualifizierter Arbeit verbunden sind: Die relativen Anteilswerte betrugen 12,2% bzw. 4,6%.

Der Anteil der gewerblichen Produkte am Gesamtexport der Entwicklungsländer war im Jahre 1974 mit 16,8% noch bescheiden. Man sollte in diesem Zusammenhang außerdem beachten, daß sich der gewerbliche Export auf nur wenige Länder konzentriert; allein Hongkong (17,2%), Taiwan (14,6%), Südkorea (12,1%), Pakistan (8,1%) und Singapur (7,4%) vereinigten fast 60% aller gewerblichen Ausfuhren auf sich.

Das Modell der komparativen Kostenunterschiede kann selbstverständlich nicht allein auf den Handel zwischen Entwicklungs- und Industrieländern angewandt werden. Zwar wird es häufig nicht die zentralen *Ursachen* für internationale Handelsströme angeben können, jedoch ist seine Bedeutung nicht zu unterschätzen, weil Kosten- und Preisunterschiede fast stets den *Umfang* des Handels mitbestimmen.

5.5 Wohlfahrtswirkungen des Außenhandels und Terms of Trade

5.5.1 Wohlfahrtsgewinne durch Außenhandel

Wettbewerbsmodell

Ausgangspunkt unserer Überlegungen sei die **Transformationskurve** der Übersicht 5.8 (vgl. hierzu auch die Übersicht 3.53). Dabei übertragen wir die einzelwirtschaftlichen Überlegungen zu einer Zwei-Produkt-Unternehmung auf eine Zwei-Produkt-Volkswirtschaft.

Die Transformationskurve einer einzelnen Unternehmung hatten wir konkav zum Ursprung gezeichnet. Dies war begründet worden (a) mit der Gültigkeit des Ertragsgesetzes bei Veränderung nur *eines* Faktors und/oder (b) mit unterschiedlichen Faktorintensitäten bei Variabilität *aller* Faktoren. Bei gesamtwirtschaftlicher Betrachtung läßt sich ein weiterer Grund für eine zunehmende Grenzrate der Transformation (GRT) angeben: (c) $\Delta x_1/\Delta x_2$ wird mit steigendem x_2 und sinkendem x_1 immer größer, weil im Sektor 1 immer bessere Betriebe aus der Produktion ausscheiden, in Sektor 2 hingegen zunehmend schlechtere Betriebe die Produktion aufnehmen. Andererseits gibt es Kräfte, die der zunehmenden Grenzrate der Transformation entgegenwirken: Es kann nämlich sein, daß die Ausdehnung (Einschränkung) von Sektor 2 (Sektor 1) wegen des Gesetzes der Massenproduktion sinkende (steigende) Stückkosten verursacht und daher - im Gegensatz zu Argument (c) – in Sektor 2 (Sektor 1) die Produktionsbedingungen nicht immer schlechter (besser), sondern ständig besser (schlechter) werden.

Übersicht 5.8: Produktionsstruktur bei Autarkie und Freihandel

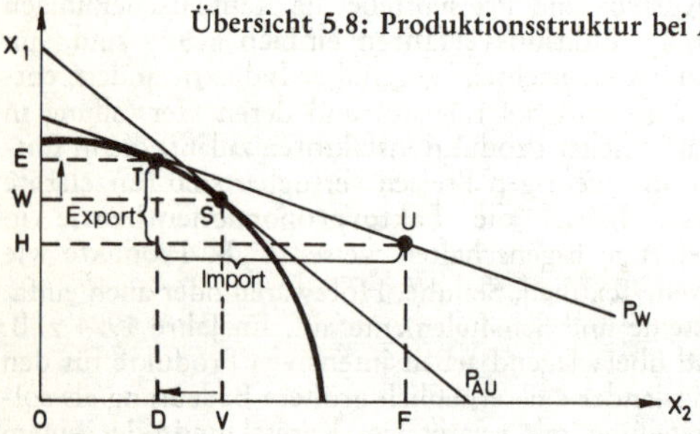

Wir wollen annehmen, daß in der deutschen Volkswirtschaft bei Autarkie die Mengen $x_2 = \overline{OV}$ und $x_1 = \overline{OW}$ (Koordinaten des Punktes S) produziert und konsumiert werden. Da im Gleichgewicht Grenzrate der Transformation (= Steigung der Transformationskurve) und Güterpreisverhältnis übereinstimmen (vgl. Abschnitt 3.5.3.2), gibt die Steigung der Tangente p_{AU} an Punkt S sowohl die Grenzrate der Transformation als auch das Güterpreisverhältnis (p_1/p_2) bei Autarkie an.

Kehren wir zu unserem ursprünglichen Beispiel zurück, dann wird sich durch die Aufnahme von Außenhandel das Gut 1 in Deutschland (= deutsches Exportgut = französisches Importgut) verteuern, das Gut 2 (= deutsches Importgut = französisches Exportgut) hingegen verbilligen; die Preisrelation p_1/p_2 erhöht sich und soll jetzt durch die Steigung der Geraden p_w gemessen werden. Da sich die deutschen Unternehmer an das neue Preisverhältnis anpassen werden, ist mit einer Einschränkung der Produktion des billiger gewordenen Gutes 2 von $\overline{OV}$ auf $\overline{OD}$ sowie mit einer Produktionsexpansion im Wirtschaftszweig 1 von $\overline{OW}$ auf $\overline{OE}$ zu rechnen. Produzieren die deutschen Unternehmer somit die dem Punkt T entsprechende Menge, dann stimmen Grenzrate der Transformation (in Punkt T) und Güterpreisverhältnis (Steigung der Tangente p_w) wieder überein.

Durch das neue Preisverhältnis sind die *Konsummöglichkeiten* der deutschen Volkswirtschaft erheblich ausgedehnt worden: es sind nämlich alle Güterkombinationen realisierbar, die auf der Geraden p_w liegen. Um dies zu zeigen, brauchen wir uns lediglich einen beliebigen Punkt (z. B. Punkt U) auf der Geraden p_w herauszusuchen und zu fragen, ob mit Hilfe der Produktionsmengen $x_2 = \overline{OD}$ und $x_1 = \overline{OE}$ sowie durch Handel die dem Punkt U zugeordneten Gütermengen $\overline{OF}$ und $\overline{OH}$ erreicht werden können. Durch ein Produktionsniveau von $x_1 = \overline{OE}$ sowie einem heimischen Konsum von $\overline{OH}$ entsteht ein exportierbares Überschußangebot in Höhe von $\overline{HE}$. Die Steigung der Geraden p_w gibt uns an, wieviel Güter der Art 2 gegen eine Gütermenge $\overline{HE}$ der Art 1 auf dem Weltmarkt erhältlich sind. Es ist dies genau eine Gütermenge $\overline{DF}$, die zusammen mit der heimischen Produktion $\overline{OD}$ einen Konsum von $\overline{OF}$ erlaubt.

Der **Wohlfahrtsgewinn** durch Außenhandel besteht in der Ausdehnung der Verbrauchsmöglichkeiten einer Volkswirtschaft: die Verbrauchsmöglichkeiten werden nicht mehr durch die Produktionsmöglichkeiten (Transformationskurve), sondern durch die mit der Transformationskurve erreichbare *Tauschmöglichkeitskurve des Weltmarktes* (Tangente p_w) begrenzt.

Effizienzkriterien bei Außenhandel[1]

Nach Übersicht 5.8 besitzt ein Optimum die Eigenschaft, daß die inländische Grenzrate der Transformation (GRT) dem Weltmarktpreisverhältnis entspricht:

$$\left(-\frac{\Delta x_1}{\Delta x_2}\right)T = \left(\frac{p_2}{p_1}\right)W\,. \tag{5.11}$$

Prüfung auf *Plausibilität:* Bei Autarkie (Punkt S) beträgt die GRT nach Übersicht 5.8 ungefähr 1: Dehnt man die Produktion des Gutes 1 um eine Einheit aus, dann muß man die Produktion des Gutes 2 um eine Einheit einschränken.

Das Weltmarktpreisverhältnis $p_w = p_2/p_1$ liegt bei ungefähr ⅓, d. h. auf dem Weltmarkt erhält man für eine Einheit des Gutes 1 3 Einheiten des Gutes 2. Es lohnt sich für das Inland, die Produktion des Gutes 1 auszudehnen und die des Gutes 2 einzuschränken: Erhöht man beispielsweise in Punkt S die Produktion des Gutes 1 um 2 Einheiten, dann muß man auf die Produktion von 2 Einheiten des Gutes 2 verzichten (GRT = 1). Die Güterversorgung der Volkswirtschaft steigt gleichwohl, weil man eine

[1] Vgl. Abschnitt 3.5.3

Einheit der zusätzlich hergestellten Güter der Art 1 verwenden kann, um dafür 3 Einheiten der Art 2 auf dem Weltmarkt einzutauschen. Es ergibt sich:

Mehrproduktion von Gut 1:	2 Einheiten
– Export von Gut 1:	1 Einheit
Höherversorgung im Inland:	1 Einheit
Import von Gut 2:	3 Einheiten
– Minderproduktion von Gut 2:	2 Einheiten
Höherversorgung im Inland:	1 Einheit

Die Möglichkeiten einer Höherversorgung sind ausgeschöpft, wenn die Bedingung (5.11) erfüllt ist.
Bedingung (5.11) könnte man als Bedingung für eine *bestmögliche Spezialisierung der Volkswirtschaft*[1] bezeichnen. Sie führt zu einer *maximalen* Erweiterung der Versorgungsmöglichkeiten.

Während Bedingung (5.11) die bestmögliche Anpassung des **Produktionsbereichs** an die Bedingungen der Außenwirtschaft beschreibt, gilt für den **Konsumbereich:**

$$\left(-\frac{\Delta x_1}{\Delta x_2}\right)S = \left(\frac{p_2}{p_1}\right)W \cdot \tag{5.12}$$

Prüfung auf *Plausibilität:* Nehmen wir einmal an, wir würden den Produktionspunkt S (bei Autarkie) nicht verlassen, die optimale Spezialisierung würde also nicht vollzogen. Eine Besserstellung der Gesellschaft ließe sich trotzdem durch alleinige Neuorientierung der Konsumenten erreichen: In Punkt S gilt im gewählten Beispiel

$$\left(-\frac{\Delta x_1}{\Delta x_2}\right)S = 1,$$

d.h., die Konsumenten schätzen die Güter 1 und 2 gleichhoch ein. Es lohnt sich dann für die Konsumenten, auf eine Einheit des Gutes 1 zu verzichten und dafür 3 Einheiten des Gutes 2 auf dem Weltmarkt einzutauschen.
Die Versorgungsmöglichkeiten werden offenbar schon allein dadurch erweitert, daß man zum Weltmarktpreisverhältnis p_w Güter eintauschen kann, *ohne daß man von dem Produktionspunkt S abweichen müßte.*[2]

Ergänzungen zum Wettbewerbsmodell
Wenn das Modell der komparativen Kostenvorteile nicht allein die Existenz von Außenhandel erklären kann, dann ist es auch wenig sinnvoll, die

[1] Man spricht von **Spezialisierungsgewinnen** durch Außenhandel.
[2] Man spricht von **reinen Handelsgewinnen** durch Außenhandel.

Wohlfahrtswirkungen des Außenhandels ausschließlich aus diesem Modell (vgl. Abschnitt 5.4.1) abzuleiten. Die notwendigen Ergänzungen ergeben sich unmittelbar aus unseren Überlegungen zu den Abschnitten 5.4.2 und 5.4.3:

(1) Eine Erhöhung der wirtschaftlichen Wohlfahrt resultiert zunächst schon allein daraus, daß durch Außenhandel die Güterpalette beträchtlich erweitert wird und damit den **differenzierten Konsumentenpräferenzen** besser Rechnung getragen werden kann.

(2) Für rohstoffreiche Entwicklungsländer bietet Außenhandel die einzige Möglichkeit, „Rohstoffüberschüsse" ökonomisch sinnvoll einzusetzen **(Vent for surplus-Theorie).**

(3) Andererseits waren **Rohstoff- bzw. Nahrungsmittelimporte** eine notwendige Voraussetzung für die Industrialisierung Westeuropas und Japans. Ähnliches gilt selbstverständlich heute für viele Entwicklungsländer.

(4) Außenhandel bietet insbesondere Entwicklungsländern (aber nicht nur diesen) die Chance, über den Import von Investitionsgütern aus den westlichen Industrieländern, den **Transfer moderner Technologie** zu beschleunigen (was allerdings auch durch Direktinvestitionen westlicher Unternehmen bzw. Entwicklungshilfe möglich ist).

5.5.2 Terms of Trade-Entwicklungen

(1) Man nennt die Preisrelation $p_w = p_1/p_2$, zu der man Güter auf dem Weltmarkt eintauschen kann (vgl. Übersicht 5.8), auch internationales **Realaustauschverhältnis** oder internationale **Terms of Trade.**

Für internationale Wohlfahrtsvergleiche wird als Terms of Trade-Kennziffer oder -Index (ToT) üblicherweise das Verhältnis der durchschnittlichen Exportpreise zu den durchschnittlichen Importpreisen errechnet:

$$\text{ToT} = \frac{\text{Preis des Exportgutes in heimischer Währung}}{\text{Preis des Importgutes in ausländischer Währung} \cdot \text{Wechselkurs}} \qquad (5.13)$$

Exportiert etwa die Bundesrepublik Walzstahl (gemessen in Kilogramm) in die USA und wird im Gegenzug Erdöl (gemessen in Litern) von dort importiert, so werden die Terms of Trade wie folgt ausgedrückt:

$$\text{TOT} = \left[\frac{\text{DM/kg}}{(\$/\text{l}) \cdot (\text{DM}/\$)}\right] = \left[\frac{\text{l}}{\text{kg}}\right]. \qquad (5.14)$$

Somit geben die Terms of Trade an, wieviel Liter Rohöl die Bundesrepublik für die Hergabe von einem Kilogramm Walzstahl erhält. Steigen die Terms of Trade im Zeitablauf, so spricht man von einer *Verbesserung der Terms of Trade,* weil man pro Exporteinheit eine größere Menge des Importgutes erhält. Gleichungen (5.13) und (5.14) zeigen, daß das *Preisverhältnis* der international getauschten Güter *dem reziproken Gütermengenverhältnis gleich* ist. Sie machen zugleich deutlich, warum das Güterpreisverhältnis zugleich das Realaustauschverhältnis der Güter angibt.

Aus den Überlegungen zu Übersicht 5.8 folgt, daß ein Land um so stärker vom Außenhandel profitiert, je weiter die internationalen von den nationalen Terms of Trade (bei Autarkie) abweichen. Dies ist plausibel und läßt sich an einem einfachen Beispiel leicht erklären: Die Preisrelation zwischen Bananen und PKW wäre sicherlich in einem Land wie der BR Deutschland im Vergleich zum Weltmarkt außerordentlich hoch, d. h. man erhielte für einen PKW wohl nur wenig Bananen inländischer Produktion; denn für die Produktion von Bananen wären extrem hohe Aufwendungen (Glashäuser, Energie usw.) notwendig. Es ist daher für die BR Deutschland zweifellos vorteilhaft, auf eine heimische Bananenproduktion ganz zu verzichten, die eingesparten Produktionsfaktoren vorzugsweise zur Produktion von PKW zu verwenden, einen Teil der PKW zu exportieren und im Gegenzug Bananen einzuführen.

(2) Aus unseren Überlegungen läßt sich weiter ableiten, daß die verstärkte Teilnahme am internationalen Güteraustausch für ein Land um so vorteilhafter ist, je weniger sich die internationalen Terms of Trade den heimischen Terms of Trade als Folge des zunehmenden Außenhandels annähern. Eine derartige geringe **Anpassung der Weltmarktpreisverhältnisse** an die heimischen Preisrelationen wäre in unserem Beispiel gegeben, wenn das zusätzliche Exportangebot der deutschen Industrie zu wenig sinkenden PKW-Preisen auf dem Weltmarkt abgesetzt werden könnte und darüber hinaus die deutsche Zusatznachfrage nach Bananen auf dem Weltmarkt keinen Preisschub auslösen würde. Es ist klar, daß derartig günstige Bedingungen vornehmlich für *kleinere Länder* zu erwarten sind, deren (Welt-)Marktanteile wenig ins Gewicht fallen.

(3) In diesem Zusammenhang wäre beispielsweise zu überlegen, inwieweit die EG von einer **Liberalisierung** ihrer Agrarpolitik *(Abbau des Landwirtschaftsschutzes)* profitieren könnte. *Grundsätzlich* ist eine Wohlfahrtssteigerung zu erwarten, weil u. a. die teurere heimische Produktion teilweise durch billigere Importe ersetzt würde. Das *Ausmaß* der Wohlfahrtssteigerung hängt jedoch auch von den Veränderungen der Weltmarktpreise ab. Der Wohlfahrtsgewinn würde einmal durch steigende Preise auf den Weltagrarmärkten beeinträchtigt; Preissteigerungen wären wegen des großen Nachfragepotentials der EG auch tatsächlich zu erwarten. Die Verteuerung der Nahrungsmittel auf dem Weltmarkt bliebe jedoch begrenzt, wenn das Ausland sein Exportangebot infolge der zu erwartenden Preissteigerungen stark ausdehnen (hohe Preiselastizität des Exportangebots) und gleichzeitig die EG-Importnachfrage auf die Nahrungsmittelverbilligung[1] nur schwach reagieren würde (niedrige Preiselastizität der Importnachfrage).

Andererseits würde die Wohlfahrtssteigerung in der EG auch dadurch eingeschränkt, daß zusätzliche nichtlandwirtschaftliche Ausfuhren der EG, mit deren Hilfe die Nahrungsmittelimporte finanziert werden sollten oder müßten, nur zu sinkenden Preisen möglich wären. Das Ausmaß dieser Preissenkungen wäre jedoch um so geringer, je stärker das Ausland

[1] Trotz Weltmarktpreissteigerungen bedeutet Abbau der Agrarprotektion per Saldo eine Absenkung der Agrarpreise im Inland.

seine Importe bei sinkenden Preisen ausdehnen (hohe Preiselastizität der Importnachfrage) und je weniger stark die EG ihr Exportangebot vergrößern (niedrige Preiselastizität des Exportangebots) würde.
Fassen wir zusammen: Ein Abbau des Landwirtschaftsschutzes hat für die EG positive Wohlstandswirkungen, die jedoch durch Terms of Trade-Verschlechterungen beeinträchtigt werden können. Diese Verschlechterungen werden um so geringer sein, je *höher* die *ausländischen Preiselastizitäten des Exportangebots bzw. der Importnachfrage* und je *niedriger* die *inländischen Preiselastizitäten des Exportangebotes und der Importnachfrage* sind.

Weitere Überlegungen ließen sich hier anschließen. Insbesondere wäre noch näher auf die Export- und Importelastizitäten einzugehen, die ja jeweils auf die *heimischen Angebots- und Nachfrageelastizitäten* zurückzuführen sind (vgl. Abschnitt 5.1.1). Wir können diese Diskussion hier nicht vertiefen, wollen jedoch noch auf einen wesentlichen Punkt hinweisen: In unserem Beispiel zum Abbau des Landwirtschaftsschutzes ließe sich die Verschlechterung der Terms of Trade abschwächen, ganz vermeiden oder sogar eine Verbesserung erreichen, wenn die EG an den Abbau der Agrarprotektion die Voraussetzung knüpfen würde, daß andere Länder ihrerseits die Protektion der für die EG wichtigen (nichtagrarischen) Exportprodukte abbauen. Hierdurch würde unmittelbar eine verstärkte Nachfrage nach EG-Produkten ausgelöst (Preiserhöhungswirkung bei nichtlandwirtschaftlichen Gütern); außerdem könnte bei den Handelspartnern der EG auf längere Sicht das Exportangebot landwirtschaftlicher Produkte verstärkt ausgedehnt werden (Preissenkungswirkung bei landwirtschaftlichen Gütern), wenn dort aufgrund der veränderten Preisverhältnisse in zunehmendem Maße Produktionsfaktoren in den landwirtschaftlichen anstatt in den industriellen Sektor gelenkt würden.

(4) In der entwicklungspolitischen Diskussion spielt das Argument von der **längerfristigen Verschlechterung der Terms of Trade der Entwicklungsländer** eine gewisse Rolle. Als Ursachen für eine ungünstige *Nachfrage-* und damit Preisentwicklung der für Entwicklungsländer wichtigen Exportprodukte (insbesondere Rohstoffe) werden z. B. genannt: (a) die zunehmende *Substitution* natürlicher Rohstoffe durch synthetische Erzeugnisse, (b) die Erhöhung des *Selbstversorgungsgrades* bei Nahrungsmitteln in Industrieländern, (c) die in Industrieländern zu beobachtende verstärkte Hinwendung der Verbraucher zu *Dienstleistungen,* deren Produktion wenig rohstoffintensiv ist. Andererseits gibt es Argumente für eine ungünstige Entwicklung der *Angebots*situation: (a) Einmal wird behauptet, die *längerfristigen Angebotselastizitäten* von Entwicklungsländern seien relativ hoch, d. h. eine zusätzliche Nachfrage der Industrieländer lasse sich zu nur wenig steigenden Grenzkosten (und damit kaum steigenden Preisen) befriedigen, weil die Unternehmer ihren durch Produktionsausdehnung entstehenden Zusatzbedarf an Arbeitskräften zu nahezu unveränderten Lohnsätzen befriedigen könnten. Dies sei u. a. auf die hohe (versteckte) Arbeitslosigkeit in Entwicklungsländern zurückzuführen. (b) Zum anderen wird auf relativ *niedrige längerfristige Angebotselastizitäten* der Industrieländer hingewiesen; die Entwicklungsländer können hiernach ihren zusätzlichen Bedarf an Industrieprodukten nur zu steigenden Preisen decken. Begründet wird dies u. a. mit Lohnsteigerun-

gen, die mit steigender Nachfrage einhergehen (knappes Arbeitsangebot bzw. starke Gewerkschaften in Industrieländern); außerdem wird auf die monopolistischen Angebotsstrukturen aufmerksam gemacht.

Die genannten Argumente mögen zum Teil plausibel sein. Nichtsdestoweniger läßt sich **statistisch** eine längerfristige und durchgängige Verschlechterung der Terms of Trade der Entwicklungsländer nicht nachweisen. Allerdings kann man für bestimmte Zeitabschnitte eine Verschlechterung des für Entwicklungsländer relevanten Verhältnisses zwischen Exportpreisen und Importpreisen (jeweils gemessen durch Preisindices) beobachten. Derartige Ergebnisse sollten jedoch kritisch überprüft werden: Manipulationsmöglichkeiten ergeben sich einmal durch die Wahl sog. Basisjahre (man wählt z. B. als Ausgangs- oder Basisjahr eine Periode, in der die Terms of Trade für Entwicklungsländer relativ hoch waren) und außerdem auch über die Wahl der anzuwendenden Indextechnik.
Selbst wenn die hier angegebenen Einwände nicht stichhaltig wären, sollte man die Aussagekraft der Terms of Trade nicht überbewerten. Güterpreisbewegungen *allein* sagen noch wenig über die Einkommensentwicklungen aus. Insbesondere wäre noch zu fragen, wie sich die Gütermengen verändert haben und mit welchem Arbeitsaufwand sie hergestellt wurden.

5.6 Staatliche Beeinflussung des internationalen Handels

5.6.1 Leitbilder und Zielkonflikte: Freihandel versus Protektion

Angesichts der offenkundigen positiven Wohlfahrtswirkungen internationalen *Freihandels* muß es erstaunen, daß es praktisch kein Land gibt, in dem nicht irgendwelche Formen der Handelsbeschränkung *(Protektion)* praktiziert werden. Unterstellt man einmal den Willen und die Fähigkeit staatlicher Instanzen zu einer *rationalen Wirtschaftspolitik*, dann kann Protektion damit begründet werden, daß ein unbeschränkter internationaler Handel eine hinreichende Annäherung an sonstige wirtschafts- und gesellschaftspolitische Zielsetzungen (vgl. Abschnitt 1.2.) nicht zuläßt oder vom internationalen Handel auch negative Wohlfahrtswirkungen ausgehen, die durch die bisherigen modellhaften Betrachtungen weitgehend verdeckt geblieben sind. Wir wollen die Zusammenstellung von Argumenten zugunsten der Protektion mit diesem zuletzt genannten Punkt beginnen:

(1) Mögliche **negative Wohlfahrtseffekte bei völligem Freihandel**
(a) Nach Ansicht vieler Entwicklungspolitiker kann es gerechtfertigt sein, (vorübergehend) gegen die Freihandelsdoktrin zu verstoßen und einige heimische Industrien z. B. durch Zölle zu schützen, wenn berechtigte Hoffnung besteht, daß sich in diesen Industrien nach einer Übergangszeit komparative Vorteile entwickeln lassen (durch Lernprozesse). Man spricht vom **Erziehungszollargument.**
(b) Einige Entwicklungspolitiker gehen über das Erziehungszollargument hinaus und propagieren einen Zollschutz auf breiterer Front. Über **Substitution bisheriger Importe** durch heimische Produktion sollten sich nach diesen Vorstellungen nicht nur Industrien entwickeln, bei denen bereits

bei relativ niedrigem Entwicklungsstand komparative Vorteile zu erwarten wären. Darüber hinaus erhöhe die eigene industrielle Produktion die *heimische Nachfrage*, was die zeitraubende und risikoreiche Erschließung von Exportmärkten weniger dringlich mache und den Anbietern die Möglichkeit gäbe, sich zunächst einmal auf den heimischen Märkten zu bewähren.
(c) Ein drittes Argument geht davon aus, daß der Marktmechanismus bestimmte Güter und Dienstleistungen nur unzureichend oder gar nicht hervorbringt und daher vom Staat bereitgestellt werden müssen (vgl. Abschnitt 6.1; als Beispiele seien genannt: Straßenbau, Unterhaltung von öffentlichen Verwaltungen, Schulen und Universitäten). Zolleinnahmen können nun dazu beitragen, diese staatlichen Leistungen zu finanzieren (**Finanzzollargument**). Historisch gesehen erfreuten sich Finanzzölle u. a. deshalb großer Beliebtheit, weil sie als Staatseinnahmen im Vergleich etwa zu persönlichen Steuern leicht („am Schlagbaum") zu erheben waren; dies gilt heute insbesondere noch für Entwicklungsländer mit unterentwickelten Steuersystemen. Die von Finanzzöllen ausgehenden Schutzwirkungen können dann durchaus ungewollt sein und als ein unvermeidliches Übel angesehen werden.
(d) Freihandel kann auch dann dem Ziel eines bedarfsgerechten Einsatzes von Produktionsfaktoren widersprechen, wenn der **Selbstversorgungsgrad** bei einigen lebenswichtigen Gütern soweit abzusinken droht, daß in Krisenzeiten eine ausreichende Versorgung nicht mehr gewährleistet ist (Beispiel: Außenschutz für die Landwirtschaft und den Bergbau).

(2) In fast allen hochentwickelten Industrieländern betreiben die Regierungen eine umfangreiche Einkommensstützungspolitik zugunsten ihrer heimischen Landwirtschaft. Die hiervon ausgehenden Schutzwirkungen sind ein Beispiel für **verteilungspolitisch** motivierte Protektion.

(3) Protektion läßt sich auch **stabilitätspolitisch** begründen. Als Beispiel seien genannt: Staatliche Beihilfen für die Werftindustrie bzw. die Stahlindustrie zur Verhinderung größerer regionaler Arbeitslosigkeit (Küstenregion, Ruhrgebiet).

Die bisherigen Argumente für Protektion lassen sich – wenigstens grundsätzlich – aus einem gesellschafts- und wirtschaftspolitischen Zielsystem herleiten. Dies darf jedoch nicht darüber hinwegtäuschen, daß in der wirtschaftlichen Wirklichkeit wirtschaftspolitische Eingriffe zum Schutz heimischer Produktion auch von einzelnen *Interessengruppen* gefordert und auch nicht selten durchgesetzt werden, selbst wenn damit den Interessen der Gesamtgesellschaft nicht gedient ist.

5.6.2 Maßnahmen zur Beeinflussung des internationalen Handels

5.6.2.1 Außenwirtschaftspolitische Instrumente

Wir müssen uns hier im wesentlichen darauf beschränken, dem Leser einen kurzen Überblick über das außenwirtschaftspolitische Instrumentarium zu geben. Es empfiehlt sich dabei, an die oben entwickelte Systematik wirtschaftspolitischer Maßnahmen anzuknüpfen (vgl. Abschnitte 1.2.4 und 3.6).

Beginnen wir mit einem Katalog **(1) ablaufspolitischer Instrumente** und wenden wir uns innerhalb dieser Kategorie zunächst der **(a) Marktinterventionspolitik** zu:

- Staatliche Instanzen bzw. internationale Organisationen können im Rahmen der Außenwirtschaftspolitik als *Käufer bzw. Verkäufer von Gütern oder auch Forderungen* auftreten, um Preise zu stabilisieren oder auch zu stützen. Als Beispiele seien genannt: Aufkäufe landwirtschaftlicher Überschußprodukte durch staatliche Interventionsstellen, die diese dann längerfristig lagern und/oder zu Weltmarktpreisen weiterverkaufen bzw. zu Vorzugsbedingungen an andere Länder liefern (Beispiel: EG- sowie US-Agrarpolitik); „reine" **Stabilisierungspolitik** (Käufe und Verkäufe gleichen sich langfristig aus), wie sie etwa international für Zinn versucht worden ist; Käufe bzw. Verkäufe von Devisen durch die Zentralbanken, um Wechselkurse zu stabilisieren oder auch zu stützen (vgl. hierzu insbesondere die Wechselkurspolitik im Rahmen der gesamtwirtschaftlichen Stabilitätspolitik in Abschnitt 8.6.4).
- Staatliche Stellen können die Entscheidungen privater Wirtschaftseinheiten *beeinflussen*, und zwar über (negative oder positive) finanzielle Anreize oder durch administrative Auflagen. Wichtige Beispiele sind **Importzölle** und **Exportsubventionen**; diese können als gegebene DM-Beträge pro Stück (z. B. Stückzoll), als DM-Beträge in % der Güterpreise (z. B. Wertzoll) ausgedrückt sein, sie können sich auch flexibel an veränderte Bedingungen anpassen (z. B. Gleitzoll); weitere Beispiele sind Hygiene-Vorschriften oder auch Vorschriften über bestimmte Standardqualitäten (z. B. bei Bier), die manchmal so eng ausgelegt sein können, daß Importe vom Inlandsmarkt ganz ferngehalten werden.
- Durch staatliche Vorschriften oder durch internationale Vereinbarungen können Preise und Mengen *direkt festgelegt* werden. Wichtige Beispiele: **Einfuhrkontingente** (z. B. können mit der EG assoziierte Staaten genau festgelegte Mengen bestimmter Güter in das Gebiet der EG zu Vorzugsbedingungen exportieren); **Devisenbewirtschaftung** (Einschränkung der Freiheit, beliebig viel ausländische Zahlungsmittel zu kaufen, die für Importe notwendig sind; interpretierbar als globale, d. h. nicht güterspezifische Importkontingentierung); internationale Vereinbarungen über **Exportquoten,** um Preise nicht „verfallen" zu lassen (häufiger praktiziert bei Zucker, Kaffee, Tee und Kakao – und nicht zu vergessen: Erdöl); internationale Vereinbarungen zwischen Liefer- und Verbraucherländern über bestimmte **Mengen** und **Preise** (z. B. Zuckerabkommen zwischen der EG und einer Gruppe von Entwicklungsländern); internationale Vereinbarungen über **fixierte Wechselkurse** (vgl. hierzu Kapitel 8).

Von der Marktinterventionspolitik hatten wir die **(b) Transfer- und Sozialpolitik** unterschieden. Als wichtigstes Beispiel ist im internationalen Rahmen die Entwicklungshilfe in ihren unterschiedlichen Ausprägungen zu nennen.

(2) Im Bereich der **Ordnungspolitik** kommt in der BR Deutschland dem **Außenwirtschaftsgesetz** (AWG) zentrale Bedeutung zu, soweit die Außenwirtschaftsbeziehungen betroffen sind. Es beruht auf dem Grundsatz, daß alle Geschäfte mit dem Ausland uneingeschränkt zulässig sind, soweit sie nicht ausdrücklich Beschränkungen unterworfen sind. Mit diesem Grundsatz werden die Prinzipien einer liberalen Gesellschafts- und Wirtschaftsordnung auch auf die Außenwirtschaftsbeziehungen ausgedehnt (Gegensatz dazu: Außenhandelsmonopol der Zentralverwaltungswirtschaften kommunistischer Länder). Nicht minder wichtig sind die zwischenstaatlichen Vereinbarungen im Rahmen der EG, die formal als Beschränkungen des Außenwirtschaftsgesetzes aufgefaßt werden können.

Wichtigste Vereinbarungen auf *internationaler* Ebene sind für die Bundesrepublik wie auch für andere westliche Industrieländer einmal das **Allgemeine Zoll- und Handelsabkommen** (GATT: General Agreement on Tariffs and Trade) sowie das Übereinkommen zur Errichtung des **Internationalen Währungsfonds** (IMF: International Monetary Fund). Im Rahmen des GATT bemühen sich die Industrieländer seit Ende des 2. Weltkrieges um die Beseitigung von Kontingentierungen sowie den Abbau von Zöllen (bekanntgeworden als sog. Zollrunden). Auf die Bedeutung des IMF werden wir in Abschnitt 8.6.4 kurz eingehen[1].

5.6.2.2 Wirkungsanalyse von Instrumenten

Auf eine ausführliche Wirkungsanalyse und Bewertung **außenwirtschaftspolitischer Maßnahmen** müssen wir hier verzichten. Einige Hinweise seien jedoch gegeben. Beispielsweise lassen sich die Auswirkungen eines Stückzolls auf den Gleichgewichtspreis und die Gleichgewichtsmenge eines Gutes formal ebenso analysieren wie die Wirkungen einer Stücksteuer (vgl. Abschnitt 3.6.2): Die Angebotskurve des „Weltmarktes" (vgl. Übersicht 5.1) ist um den Zollbetrag nach oben zu verschieben; der Gleichgewichtspreis steigt, die international gehandelte Menge sinkt. Da aber, wie wir in Abschnitt 3.4.5 gesehen haben, die Märkte einer Volkswirtschaft nicht unabhängig voneinander sind, werden sich die Wirkungen des Zolls noch fortpflanzen (Fernwirkungen).

Es muß am Schluß dieses Kapitels nachdrücklich darauf hingewiesen werden, daß zu den Maßnahmen zur Beeinflussung des internationalen Handels keinesfalls nur die oben beschriebenen außenwirtschaftspolitischen Instrumente gehören. Von **binnenwirtschaftlichen Instrumenten** wie z.B. Subventionen, die nicht nur für exportierte, sondern für *alle* hergestellten Produkte gewährt werden, können ebenso starke Schutzwirkungen ausgehen wie beispielsweise von Zöllen. Es kann deutschen Landwirten oder Schiffsbauern grundsätzlich gleichgültig sein, ob ihnen eine Auf-

---

[1] Neben Vereinbarungen zur Förderung des internationalen Warenverkehrs treten Vereinbarungen zur Förderung des *Kapitalverkehrs* (z. B. Abbau von Kapitalverkehrskontrollen) bzw. der Förderung von *Direktinvestitionen* im Ausland (z. B. Enteignungsschutz).

besserung ihrer Erlöse durch Zölle und damit verbundene hohe Inlandspreise oder durch direkte Zahlungen der Regierung gewährt wird. In beiden Fällen tragen die staatlichen Maßnahmen dazu bei, das Ausscheiden von Betrieben zu verhindern und damit ausländische Produkte ganz oder zum Teil vom heimischen Markt fernzuhalten.

Trotz ganz ähnlicher Schutzwirkungen von **Zöllen** und **Subventionen** gibt es einige erhebliche Unterschiede zwischen beiden Instrumenten: (a) Anders als Zölle ermöglichen Subventionen den begünstigten inländischen Unternehmen, ihre Positionen auch auf den *Weltmärkten* zu halten bzw. auszubauen. Subventionen werden daher die Entwicklung heimischer Unternehmen vornehmlich dann stärker begünstigen als Zölle, wenn die heimischen Märkte nur begrenzt aufnahmefähig sind und ein Ausweichen auf die Weltmärkte notwendig wird. (b) Auch für die *übrigen Gruppen der Gesellschaft* ergeben sich differenzierte Wirkungen der unterschiedlichen Schutzsysteme. Subventionen werden vornehmlich aus Steuern finanziert und daher von der Allgemeinheit getragen. Besonders begünstigt werden daher diejenigen Bevölkerungsgruppen, die relativ wenig zum Steueraufkommen beitragen und das subventionierte Produkt in starkem Maße nachfragen. Durch Zölle abgesicherte hohe Inlandspreise bedeuten demgegenüber eine besonders starke Belastung von Verbrauchern dieses Produkts. Welche Konflikte hierbei auftreten können, zeigt anschaulich das Beispiel des englischen Agrarmarktes: Die Umstellung des englischen Landwirtschaftsschutzes von einem Subventions- auf ein Hochpreissystem (EG-Agrarmarkt) wurde verständlicherweise vornehmlich von den ärmeren Bevölkerungsschichten wenig günstig aufgenommen, weil sie einerseits nur mit einem relativ geringen Steuersatz belastet sind, andererseits aber einen vergleichsweise hohen Anteil ihres Einkommens für Nahrungsmittel ausgeben.

6 Alternative Formen der Plankoordination

Wir haben bisher die Beteiligung des Staates an der Güterproduktion vernachlässigt. Der Staat produziert jedoch in allen Ländern in mehr oder weniger großem Umfang Güter und Dienstleistungen. Er tritt teilweise als Konkurrent der Privatunternehmen auf. Das Schwergewicht seiner Produktionstätigkeit liegt jedoch meist bei Gütern, die gar nicht oder nicht in ausreichendem Maße durch private Unternehmer bereitgestellt werden („Marktversagen“) oder die nur vom Staat erstellt werden können bzw. sollen. Da es einen weiten Bereich von Gütern gibt, die sowohl privat als auch vom Staat produziert werden können, stellt sich die Frage einer zweckmäßigen Aufteilung der Güterversorgung auf private und staatliche Produktion.

Dahinter verbirgt sich die weitergehende Frage nach der Ausgestaltung des **Wirtschaftssystems.** Unter einem Wirtschaftssystem – häufig spricht man auch von **Wirtschaftsordnung** – kann man die Gesamtheit der Rahmenbedingungen verstehen, die angeben, wie innerhalb einer Volkswirtschaft die ökonomischen Hauptprobleme gelöst werden. Entsprechend den Wert- und Zielvorstellungen der Gesellschaft manifestiert sich das Wirtschaftssystem eines Landes in **ordnungspolitischen Entscheidungen** (Festlegung des institutionellen und rechtlichen Rahmens des Wirtschaftsprozesses, z. B. der Unternehmens- und Eigentumsverfassung sowie der Möglichkeiten staatlicher Beeinflussung des Wirtschaftsprozesses). Das Wirtschaftssystem legt somit den Freiheits- bzw. Dispositionsspielraum privater wie staatlicher Wirtschaftseinheiten fest und bestimmt zugleich die Formen der Koordination aller Wirtschaftspläne.

6.1 Güterversorgung ohne Marktmechanismen: Öffentliche Güter

Im Wirtschaftssystem Marktwirtschaft, das historisch vielfältige Erscheinungsformen aufweist, orientiert sich die Entscheidung darüber, ob ein bestimmtes Produkt von Privatunternehmen oder vom Staat erzeugt werden soll, häufig daran, ob das betrachtete Gut der Befriedigung individueller oder der Befriedigung gesamtgesellschaftlicher (kollektiver) Bedürfnisse dient. Diese Identifizierung von privaten mit individuellen Gütern und öffentlichen mit kollektiven Gütern ist jedoch wenig brauchbar, da Kollektivgüter (wie die Landesverteidigung oder das Schulwesen) stets Individuen zugute kommen und somit letztlich individuelle Bedürfnisse befriedigen. Die Unterscheidung zwischen **individuellen** und **kollektiven** Gütern unterliegt jeweils der subjektiven Bewertung des einzelnen.
Ob ein Produkt als **privates** oder **öffentliches Gut** erzeugt werden soll, ist stets vor dem Hintergrund der gesellschafts- und wirtschaftspolitischen Hauptziele zu sehen. Die „Arbeitsteilung“ zwischen privater und öffentlicher Produktion ist das Ergebnis der subjektiven Einschätzung, ob die öffentliche bzw. private Produktion die gesellschaftliche Zielerreichung jeweils am besten sicherstellt. Hieraus erwächst die Notwendigkeit oder Zweckmäßigkeit der Produktion öffentlicher Güter.
Die Unterscheidung zwischen privaten und öffentlichen Gütern bezieht sich im folgenden darauf, ob sie *de facto* von privaten oder von öffentlichen Wirtschaftseinheiten erstellt werden und nicht darauf, ob sie privat oder öffentlich hergestellt werden sollen.

6.1.1 Zum Umfang der Staatstätigkeit

Die Tätigkeiten des Staates in einer Marktwirtschaft sind vielfältig. Im Zuge der Industrialisierung haben sie tendenziell zugenommen. Bereits gegen Ende des 19. Jahrhunderts sprach der deutsche Nationalökonom *A. Wagner* von einem **„Gesetz“ der wachsenden Staatstätigkeit und der Staatsausgaben.**

Der Anteil der Staatsausgaben der gesamten öffentlichen Hand am Volkseinkommen lag in Deutschland zwischen 1850 bis 1900 bei etwa 8%. Bis 1913 stieg er auf 11%.

Zwischen den beiden Weltkriegen erhöhte sich die Quote von etwa 14 % auf 26 %, vor allem infolge der Rüstungsanstrengungen im Dritten Reich. In den fünfziger Jahren pendelte der Staatsanteil in der BR Deutschland zwischen 19 % und 22 %, in den sechziger Jahren stieg der Anteil kontinuierlich auf etwa 26 %, in den Jahren 1970 bis 1974 stieg er weiter auf knapp 31 % und liegt heute wieder bei 23 %.

Die Aktivitäten der Gesetzgebungsorgane und der öffentlichen Haushalte vollziehen sich auf der Basis der gesellschafts- und wirtschaftspolitischen Zielvorstellungen (vgl. Abschnitt 1.2.3). Berührt werden durch die öffentliche Finanzwirtschaft die Grundziele der wirtschaftlichen Freiheit, der Wohlstandssteigerung, der wirtschaftlichen Stabilität und der wirtschaftlichen Gerechtigkeit.
Im Vordergrund dieses Abschnitts (6.1) steht der wirtschaftspolitische Zielkomplex „Wohlstandssteigerung“, aus dem wiederum das Teilziel der *optimalen Faktorallokation* herausgegriffen wird. Es geht hier konkret um die Frage, in welchem Umfang der Staat die Produktion öffentlicher Güter aufnehmen sollte, die ja ein Konkurrieren des Staates mit den privaten Unternehmen um die knappen Produktionsfaktoren bedeutet.
Zunehmende Staatstätigkeit bedeutet ein Zurückdrängen privater Wirtschaftsaktivitäten und gleichzeitig eine Einschränkung der Möglichkeiten individueller Bedürfnisbefriedigung. Es ist daher auch eine Aufgabe der Finanzwissenschaft, ein Einnahmensystem (hauptsächlich: Steuersystem) zu entwickeln, das bei gegebener Einnahmen*summe* den Bereich individueller Bedürfnisbefriedigung möglichst wenig „stört“. Genau in diese Richtung zielen die Überlegungen zu einem **optimalen Steuersystem** in Abschnitt 3.6. Eine Vertiefung dieser Probleme ist in diesem Lehrbuch allerdings nicht möglich.
Die Einnahmen-Ausgaben-Gestaltung des Staates kann selbstverständlich nicht allein unter dem Ziel einer optimalen Faktorallokation gesehen werden. Eine zieladäquate Wirtschaftstätigkeit des Staates verlangt eine Einbeziehung der Stabilitätsziele (8. Kapitel), des Verteilungsziels (9. Kapitel) und des Wachstumsziels (ein Teilziel des Zielkomplexes Wohlstandssteigerung, 10. Kapitel) in unsere Überlegungen. Eine umfassende Bewertung etwa des westdeutschen Steuersystems ließe sich daher auch erst nach der Diskussion *aller* wirtschaftspolitisch als relevant angesehenen Ziele durchführen.
Die Aktivitäten des Staates finden weitgehend ihren unmittelbaren Niederschlag in den Einnahmen und Ausgaben der öffentlichen Haushalte. Die Haushaltspläne, die parlamentarisch Gesetzeskraft erhalten, werden häufig als „Schicksalsbücher der Nation“ bezeichnet. Damit ist gemeint, daß die Einnahmen- und Ausgabenstruktur sowie ihre absolute Höhe Aufschluß über die gesellschafts- und wirtschaftspolitischen Prioritäten geben.

Der weitaus größte Teil der staatlichen **Einnahmen** sind Steuern. In der BR Deutschland fließen bestimmte Steuerarten in vollem Umfang jeweils einer der drei Gebietskörperschaften Bund, Länder und Gemeinden zu. Daneben gibt es die **Gemeinschaftssteuern**, über deren prozentuale Aufteilung die Gebietskörperschaften (laut Grundgesetz) Verhandlungen führen (vgl. Übersicht 6.1). Im Jahre 1990 waren die Aufteilungschlüssel dieses **Finanzausgleichs:** Lohn- und Einkommensteuer: 42,5% Bund, 42,5% Länder, 15% Gemeinden; Körperschaftsteuer: 50% Bund, 50% Länder; Umsatzsteuer: 65% Bund, 35% Länder. Darüber hinaus führten die Gemeinden als Umlage 14,1% des Gewerbesteueraufkommens an den Bund (50%) und die Länder (50%) ab. Aufgrund dieses Finanzausgleichs erhielten der Bund insgesamt gesehen 48,7%, die Länder 34,3% und die Gemeinden 13,3% des gesamten Steueraufkommens. Die restlichen 3,7% des Gesamtsteueraufkommens flossen den Europäischen Gemeinschaften zu.

Übersicht 6.1: Steuereinnahmen der öffentlichen Haushalte in Deutschland (Einnahmeanteile in %)

	1951	1961	1971	1981	1985	1990
Gemeinschaftssteuern	58	61	66	73	74	74
davon: Lohnsteuer	11	14	25	31	34	32
Einkommensteuer	10	14	12	11	7	7
Körperschaftsteuer	10	10	4	5	7	6
Umsatzsteuer	27	23	25	26	12	14
Bundessteuern	24	19	17	13	13	12
davon: Mineralölsteuer	2	4	7	6	6	6
Tabaksteuer	8	5	4	3	3	3
Branntweinmonopol	2	1	1	1	1	1
Landessteuern	4	6	6	4	4	5
davon: Vermögensteuer	–	2	2	1	1	1
Kfz-Steuer	2	2	2	2	2	2
Biersteuer	1	1	1	–	–	–
Gemeindesteuern	14	14	11	10	9	9
davon: Grundsteuer	4	2	2	2	2	2
Gewerbesteuer	8	11	8	7	7	7
Σ	100	100	100	100	100	100
in Mrd. DM:	26,3	76,7	171,0	370,3	437	549,7

Quelle: Statistische Jahrbücher für die Bundesrepublik Deutschland, verschiedene Jahrgänge

Einen Überblick über Struktur und Entwicklung der **Staatsausgaben** gibt Übersicht 6.2. Von Interesse im Hinblick auf das Ziel Wohlstandssteigerung sind besonders die investiven Staatsausgaben (z.B. im Ausbildungswesen oder im Straßenbau). Der Anteil der investiven Ausgaben an den Gesamtausgaben der öffentlichen Hand stieg in der BR Deutschland von 1950 bis 1965 kontinuierlich von etwa 12% auf 22% an, fiel dann trendmäßig bis zum Jahre 1974 auf knapp 17% zurück, erreichte jedoch knapp 22% im Jahre 1976. Im Jahre 1979 wurden dann jedoch nur noch knapp 14% erreicht, ihr Anteil lag 1989 bei etwa 12%.

6.1.2 Private und öffentliche Güter

Vor allem in Blickrichtung auf das Ziel einer *bedarfsgerechten Versorgung* produziert der Staat Güter und Dienstleistungen entweder selbst, die er den Bürgern unentgeltlich oder zu öffentlich kontrollierten Preisen zur

Übersicht 6.2: Ausgabenstruktur der öffentlichen Haushalte[1] in Deutschland (Ausgabenanteile in %)

	1951	1961	1971	1985	1989
1. Verteidigung	21	14	10	6	5
2. Öffentliche Sicherheit und Rechtsschutz	4	4	4	3	3
3. Schulwesen, Hochschule, Forschung, Kultur	8	11	17	11	10
4. Soziale Sicherung	27	23	20	47	48
5. Gesundheit, Sport, Erholung	4	4	6	4	4
6. Wohnungswesen und Raumordnung	13	8	6	4	4
7. Wirtschaftsförderung	6	7	5	4	2
8. Verkehrs- und Nachrichtenwesen	4	7	9	3	3
9. Sonstige Ausgaben	13	22	23	18	21
Σ	100	100	100	100	100
in Mrd. DM:	37,4	95,3	225,2	875,6	1053,2

[1] ab 1974 einschl. Sozialversicherung

Quelle: Statistisches Jahrbuch für die Bundesrepublik Deutschland, verschiedene Jahrgänge

Verfügung stellt, oder er greift – wenn die Leistungserstellung nicht unter staatlicher Regie erfolgen soll – auf verschiedene Art und Weise in die private Produktionstätigkeit ein, um die Faktorallokation in diesem Bereich zu beinflussen. Diejenigen Güter und Dienstleistungen, die der Staat überwiegend unentgeltlich zur Verfügung stellt, finden ihren Niederschlag auf der Ausgabenseite der öffentlichen Haushalte. Da es für diese Leistungen keine Preise gibt, werden sie zu ihren Kosten bewertet. Ob ein bestimmtes Gut von Privaten (privates Gut) oder vom Staat (öffentliches Gut) erstellt werden soll, ist im wesentlichen eine *Frage der Zweckmäßigkeit.* Hierfür lassen sich *gewisse Kriterien* angeben. Man geht üblicherweise zunächst von der Unterscheidung aus, ob für ein Gut das **Ausschlußprinzip** gilt oder nicht. Das Ausschlußprinzip gilt typischerweise für private Güter: Wer bereit und in der Lage ist, den sich am Markt bildenden Preis für ein Gut zu bezahlen, erwirbt dieses Gut und schließt durch seinen Konsum prinzipiell Dritte von der Bedürfnisbefriedigung aus. Für bestimmte öffentliche Güter trifft jedoch die Ausschlußmöglichkeit ebenfalls zu. Vom Staat bereitgestellte Güter werden daher unterschieden in

- spezifisch öffentliche Güter (das Ausschlußprinzip gilt nicht) und
- meritorische Güter (das Ausschlußprinzip gilt).

(1) Die **spezifisch öffentlichen Güter** sind solche, an deren Konsum alle Individuen teilnehmen können. Allerdings muß der Konsum nicht allen zu gleichen Teilen zugute kommen; die *Nutzungsintensität* kann sehr unterschiedlich sein (z. B. Theater, Schwimmbad). Ein typisches Beispiel für ein öffentliches Gut ist die „innere Sicherheit". Jeder Bürger genießt den

Schutz durch die Polizei, unabhängig davon, ob er dies will oder nicht. Er kann vom Konsum dieses Gutes nicht ausgeschlossen werden.

Die Tatsache, daß hier ein öffentliches Gut vorliegt, besagt nicht, daß es auch vom Staat produziert werden muß. Den Schutz des Landes könnten durchaus auch Privatpolizeien übernehmen, die ihre Schutzleistungen an die Einwohner des Landes verkaufen. Findet sich ein bestimmter Personenkreis bereit, die Privatpolizei zu finanzieren, so wird automatisch die Sicherheit der übrigen Einwohner des Landes erhöht. Ein Teil der Konsumenten wird nicht an den Kosten der Produktion beteiligt **(Trittbrettfahrer),** da er nicht vom Konsum ausgeschlossen werden kann. Man kann auch sagen, daß eine **Verbundproduktion** vorliegt: Es wird ein privates Produkt für diejenigen erzeugt, die auch den Preis dafür zahlen; zugleich entsteht damit aber zwangsläufig ein öffentliches Gut, für das die Nutznießer nichts bezahlen.
Da die „Trittbrettfahrer" freiwillig nicht zu zahlen bereit sein werden, kann es sein, daß das öffentliche Gut von den Privaten überhaupt nicht mehr produziert wird; es liegt ein **Marktversagen** vor. Das Problem kann nur dadurch gelöst werden, daß die Kostenbeteiligung zwangsweise erfolgt. Diese Aufgabe, die einen Kollektiventscheid verlangt, übernimmt regelmäßig der Staat durch die Erhebung öffentlicher Abgaben. Meist übernimmt er dann auch die Produktion des öffentlichen Gutes. Beispiele sind etwa die Landesverteidigung, der Umweltschutz, der Küstenschutz oder die Erhaltung von Erholungslandschaften.

(2) Für die **meritorischen Güter** gilt das Ausschlußprinzip. Es handelt sich dabei um solche Güter, die nicht automatisch durch Verbundproduktion, sondern *durch politischen Entscheid zu öffentlichen Gütern* werden. Meritorische Güter sind Güter, für die es prinzipiell einen freien Markt geben könnte, der von den Wünschen der privaten Konsumenten gelenkt wird, mit dessen Ergebnissen die Gesellschaft aber – etwa aufgrund historischer Erfahrungen – nicht einverstanden ist. Typische Beispiele sind die Leistungen des Erziehungs- und Gesundheitswesens, die früher durch die Privatwirtschaft erbracht wurden, heute jedoch meist durch den Staat erstellt werden. Die allgemeine Schulpflicht macht aus einem freiwilligen Konsum einen Zwangskonsum, weil viele Eltern ihre Kinder nicht in ausreichendem Maße ausbilden lassen würden und ihnen damit die Chancengleichheit nehmen würden. Weiterhin kann ein rigoros am Gewinnmaximierungsprinzip orientiertes Gesundheitswesen dazu führen, daß das Gut „Gesundheit" nach dem Geldbeutel und nicht nach Bedürftigkeit produziert wird.
Werden bestimmte Marktergebnisse von der Gesellschaft nicht akzeptiert, so werden sie durch politischen Entscheid meritorisiert, d. h. korrigiert. Dies kann durch Gebote oder Verbote erfolgen (Schulpflicht, aber auch Auflagen für Privatschulen) und/oder dadurch, daß der Staat die Produktion der betroffenen Güter ganz oder teilweise übernimmt.

6.1.3 Leitbilder und Zielkonflikte: Private versus öffentliche Güterproduktion

Die Vertreter der *klassischen Nationalökonomie* des 18. und 19. Jahrhunderts räumten der privaten Güterproduktion eindeutig Priorität ein (vgl. Abschnitt 8.1.4). Aus der Grundüberzeugung, daß nicht ein alles reglementierender (damals merkantilistischer) Staat, sondern jedes Individuum am besten seine eigenen Interessen kennt und verfolgen kann, ergab sich logisch die Forderung nach freier (privater) Konsumwahl und freier (privater) Entscheidung der Individuen über den Einsatz der Produktionsfaktoren. In einem marktwirtschaftlichen System mit vollständigem Wettbewerb entscheiden dann letztlich die Konsumenten mit ihren Ausgaben darüber, welche Güter produziert werden und damit auch, in welchen Wirtschaftssektoren die Produktionsfaktoren eingesetzt werden sollen **(Konsumentensouveränität).** Der Staat übernimmt dabei hauptsächlich reine Ordnungsfunktionen und beschränkt sich im Produktionsbereich auf das allernotwendigste (etwa die äußere und innere Sicherheit).

Daß diese Reduktion des Staates auf die Funktion eines „Nachtwächterstaates" in manchen Bereichen nicht zweckmäßig sein kann, haben die meisten Klassiker selbst erkannt. Sie haben aber schließlich unterschätzt, welche Bedeutung die öffentliche Güter- und Dienstleistungserstellung sinnvollerweise im Zuge der Industrialisierung gewinnen mußte.

Private Güter werden von privaten Unternehmen angeboten, wenn bei den gegebenen Produktions- und Nachfragebedingungen eine rentable Produktion möglich ist. Es existieren nun aber Güter, für die Bedarf besteht, deren Nachfrage aber nicht ausreichen kann, eine rentable Produktion aufzuziehen. Dies ist vor allem bei den **spezifisch öffentlichen Gütern** der Fall, bei denen ein **Marktversagen** vorliegen kann, wenn sie privat produziert und angeboten würden. Eine Privatpolizei, die nur von relativ wenigen freiwillig Zahlenden finanziert würde, wird kaum aufgestellt werden, da die (individuellen) Kosten (hier: die Gesamtkosten) wahrscheinlich die individuellen Nutzen übersteigen. Der gesamte (soziale) Nutzen der Privatpolizei ist jedoch wegen der „Trittbrettfahrer" größer als die individuellen Nutzen der Zahlenden. Übersteigt der soziale Nutzen die Kosten der Polizei, so ist ihre Existenz erwünscht[1]. Würden die Kosten nicht zwangsweise auf alle Nutznießer verteilt, so würde das „von allen" gewünschte Gut „innere Sicherheit" wahrscheinlich überhaupt nicht oder nur unzureichend produziert. Je größer die (positive) Differenz zwischen sozialen und individuellen Nutzen **(externer Effekt)** ist, um so wahrscheinlicher ist ein

---

[1] *Externe Effekte* entstehen aus der Abweichung von sozialen und individuellen Nutzen und Kosten. Wir setzen hier im Polizeibeispiel individuelle gleich soziale Kosten. In der Realität ergäbe sich eine Abweichung zwischen beiden, wenn bei einem Polizeieinsatz unbeteiligte Dritte geschädigt würden und deren Schaden nicht ersetzt würde (also die Entschädigung nicht als Kosten auf der Ausgabenseite des Polizeietats erschiene). Dann wären die sozialen Kosten höher als die individuellen (d. h. wie sie im Etat ausgewiesen sind).

Marktversagen und um so notwendiger ist es, das Gut als spezifisch öffentliches Gut zu betrachten und seine Produktion der staatlichen Kontrolle zu unterwerfen. Die mit der Erhebung von Zwangsgeldern (Steuern) verbundene Einschränkung der Konsumentensouveränität erscheint in solchen Fällen relativ unproblematisch, da diese Maßnahme „im wohlverstandenen Eigeninteresse" der Konsumenten liegt.

Problematischer sind grundsätzlich Beschränkungen der freien Konsumwahl durch Steuererhebungen zur Finanzierung der Erstellung **meritorischer Güter.** Die Entscheidung darüber, ob derartige Güter nicht besser in Privatinitiative produziert werden sollten, ist nur politisch zu fällen. Sie ist daher stets kontrovers. Es empfiehlt sich, Güter als meritorisch zu betrachten,

- wenn eine Korrektur verzerrter individueller Präferenzen notwendig erscheint und/oder
- wenn Erwägungen hinsichtlich der kostengünstigsten Produktion und der Vermeidung wirtschaftlicher Macht dafür sprechen.

(1) Es gibt Güter und Dienstleistungen, deren Nutzen vom Konsumenten systematisch unterschätzt wird. Diese **Verzerrung individueller Präferenzen** äußert sich in einer entsprechend niedrigen Preisbereitschaft. Unterschätzt wurde zumindestens historisch der Nutzen einer ausreichenden Schulausbildung. Dies machte die Einführung der Schulpflicht notwendig. Die Zwangserhebung der Prämie für die Kraftfahrzeughaftpflichtversicherung ist ein weiteres Beispiel zu beobachtender Unterschätzung des Gutes „Verlagerung der Haftpflicht" auf eine Versicherung. Der Staat korrigiert somit die verzerrten Präferenzen, da er mit den Ergebnissen, zu denen eine uneingeschränkte private Konsumwahl führen würde, nicht zufrieden ist. Die Unterhaltung von Symphonieorchestern erscheint ihm etwa notwendig, um die noch unterentwickelten Präferenzen für klassische Musik nicht dazu führen zu lassen, daß derartige Orchester infolge der Marktnachfrage zu Kapellen umfunktioniert werden, die nur noch Unterhaltungsmusik produzieren.

(2) Eine Reihe von Gütern und Leistungen wird in vielen marktwirtschaftlich orientierten Ländern aus Gründen der **Effizienz** und **Verteilungsgerechtigkeit** durch öffentliche oder öffentlich kontrollierte Unternehmen erstellt. Hierzu rechnen vor allem Güter wie Elektrizität, Gas, Wasser, Telefonbenutzung, Eisenbahn- und Straßenbahnleistungen oder auch Abwasserbeseitigung. Derartige Güter werden alle über bestimmte *Leitungsnetze* verteilt. Es wäre nun angesichts der hohen Kosten für derartige Netze unsinnig, d. h. eine Verschwendung von Produktionsfaktoren, wenn in einer Stadt etwa zwei oder mehrere miteinander konkurrierende U-Bahnnetze oder Abwasserkanalisationssysteme existieren würden, nur um ausreichenden privatwirtschaftlichen Wettbewerb sicherstellen zu wollen. Hier erscheint nur ein einziges Leitungsnetz sinnvoll, das auch nur von einem einzigen Unternehmen angeboten werden kann. Ein derartiges **Leitungsmonopol** würde in Privathand Monopolgewinne ermöglichen, so daß sich eine Produktion unter öffentlicher Kontrolle als Lösung anbietet.

Wenn auch in vielen Bereichen die Berechtigung bzw. Zweckmäßigkeit der Produktion öffentlicher zu Lasten privater Güter unstreitig ist, so verbleibt noch ein großer Ermessungsspielraum bei den meritorischen Gütern, in welchem Verhältnis man die Verteilung von Produktionsfaktoren auf den privaten und öffentlichen Sektor gestalten soll. Eine Entscheidung über diese Verteilung ist zugleich eine Entscheidung über den Teil des Sozialprodukts, der der privaten Verfügung – im wesentlichen über Steuern – entzogen wird, um ihn den öffentlichen Haushalten zuzuführen. Die zu beobachtende Ausdehnung des öffentlichen Anteils am Sozialprodukt in entwickelten Volkswirtschaften, worin sich die Duldung vermehrter Produktion an öffentlichen Gütern ausdrückt, kann man zum Teil mit **Veränderungen in der Bedürfnisstruktur** erklären. Mit steigendem Wohlstand treten im Bereich der lebensnotwendigen Güter, aber auch bei (Gebrauchs-)Gütern des gehobenen Bedarfs, Sättigungserscheinungen auf, die zu Bedarfsverschiebungen führen. Bei steigenden Bruttoeinkommen gewinnen etwa Güter wie Ausbildung, Krankenversorgung, saubere Umwelt an Priorität. Diese Güter sind jedoch typische öffentliche Güter.

Eine Führungsrolle bei der Entscheidung darüber, ob öffentliche statt privater Güter produziert werden sollen, kommt den wirtschaftspolitischen Entscheidungsträgern, also im wesentlichen den Parlamenten und Regierungen, zu. Sind sie nach demokratischen Prinzipien gewählt, so dürfte noch am ehesten sichergestellt sein, daß die Eingriffe in die Konsumentensouveränität, die mit der Herstellung öffentlicher Güter verbunden sind, nicht aufgrund *paternalistischer bzw. elitärer* (der Mehrheit widersprechender) *Wertvorstellungen* erfolgt. Wenn von Entfremdung zwischen Regierenden und Regierten oder von mangelnder Bürgernähe amtlicher Entscheidungen gesprochen wird, so zeigt dies u. a. das Spannungsfeld, das zwischen sozialen Präferenzen und individuellen Präferenzen besteht. Die in der Vorstellung der sozialen Eliten existierenden Präferenzen können von der Mehrheit der individuellen Präferenzen so stark abweichen, daß die Regierenden abgewählt werden. Die Möglichkeiten einer **Entzerrung der individuellen Präferenzen** sind also stets beschränkt. Dies zeigen auch Steuererhebungen mit erzieherischem Nebeneffekt, wie die Alkohol- und Tabaksteuer. Trotz Steuererhöhungen geht der Verbrauch bei diesen „gesundheitsschädlichen" Produkten kaum zurück.

Das Spannungsfeld zwischen sozialen und individuellen Präferenzen verhindert auf der einen Seite tendenziell eine übermäßige Ausdehnung der Produktion öffentlicher Güter. Als Bremse wirkt in diesem Zusammenhang auch, daß bei steigender Steuerlast und immer differenzierterem Kollektivgüterangebot die Nutzungsintensitäten der öffentlichen Dienstleistungen individuell immer unterschiedlicher und die **Umverteilungseffekte** zugleich undurchschaubar werden, so daß eine Zuordnung von Kosten (Steuern) zu Nutzen staatlicher Maßnahmen immer schwieriger wird. Steuererhöhungen werden dann häufig nicht mehr mit Verbesserungen der Kollektivgüterversorgung in Verbindung gebracht. Hieraus ergeben sich auf der anderen Seite Nachteile, weil eine Reformpolitik, die im

„wohlverstandenen Eigeninteresse" der Bürger liegt, wegen der mangelnden Transparenz schnell an Grenzen stößt.

Die Ausdehnung der Produktion öffentlicher Güter zu Lasten privater Bedürfnisbefriedigungsmöglichkeiten wird nur dann als sinnvoll anzusehen sein, wenn der soziale Nutzen öffentlicher Güter höher (oder zumindest gleich hoch) wie die sozialen Kosten (= Schmälerung der privaten Bedürfnisbefriedigung) sind. Im staatlichen Bereich werden daher, vor allem bei größeren Projekten, wie Infrastrukturinvestitionen, **Kosten-Nutzen-Analysen** durchgeführt. Derartige Analysen stellen im Grunde eine Erweiterung des betriebswirtschaftlichen Investitionskalküls dar (vgl. Abschnitt 3.2.2.3). Eine wichtige Erweiterung besteht darin, daß neben den individuellen Kosten und Erträgen (Nutzen) die externen Effekte ins Investitionskalkül einbezogen werden. Brauchen etwa die Kosten der Umweltverschmutzung beim Investitionskalkül des sie verursachenden privaten Unternehmens nicht berücksichtigt zu werden, wenn keine staatlichen Umweltschutzauflagen bestehen, so entstehen dennoch volkswirtschaftliche (soziale) Kosten. Entweder wird die Umweltverschmutzung hingenommen, dann bedeutet sie eine Beeinträchtigung des Wohlbefindens der Bevölkerung (Wohlstandseinbuße), oder der Staat beseitigt die Umweltbelastung, indem er für saubere Luft sorgt. Der Steuerzahler trägt dann die Kosten des externen Effekts. Ein öffentliches oder auch gesamtgesellschaftliches Investitionskalkül hat daher stets alle Auswirkungen des Projekts einzubeziehen. Erst wenn sich staatliche Vorhaben, die dem umfassenderen Kosten-Nutzen-Kalkül unterworfen sind, als rentabel erweisen, kann sinnvollerweise über ihre Realisierung politisch entschieden werden.

6.2 Marktwirtschaft versus Planwirtschaft

6.2.1 Ökonomische Grundprobleme aller Wirtschaftssysteme

Der ordnungspolitische Rahmen, innerhalb dessen sich das Wirtschaftsgeschehen in einer Volkswirtschaft vollzieht, kann unterschiedlich gesetzt sein. Dementsprechend ist eine Vielzahl von Wirtschaftssystemen denkbar. In der Realität existiert in der Tat eine Vielfalt historisch gewachsener Wirtschaftsordnungen. Ihnen ist gemeinsam, daß die allgemeinen (leerformelhaften) gesellschaftspolitischen Ziele (Freiheit, Gerechtigkeit, Sozialer Frieden, Soziale Sicherheit, Wohlstand) durchweg akzeptiert sind. Dies gilt im großen und ganzen auch für die enger gezogenen wirtschaftspolitischen Hauptziele „Bedarfsgerechter Einsatz der Produktivkräfte", „Gerechte Einkommens- und Vermögensverteilung" und „Stabilisierung des Wirtschaftsablaufs").

Die **zentrale ökonomische Fragestellung** einer Volkswirtschaft – unabhängig vom politischen System – ist offenbar die: Wie kann angesichts der prinzipiell unbegrenzten Bedürfnisse der Menschen die Knappheit an Gütern und Dienstleistungen am besten vermindert werden? Aus der Tatsache heraus, daß die Produktionsfaktoren und damit die Produktion von

Gütern begrenzt sind, erwächst das Problem des optimalen („richtigen", „bedarfsgerechten") Einsatzes der Produktivkräfte **(Allokationsproblem).** Die Lösung des Allokationsproblems soll in der Weise erfolgen, daß eine weitestgehende Befriedigung der wirtschaftlichen Bedürfnisse der Menschen erreicht wird. Dies ist gleichzusetzen mit der Forderung nach einem maximalen Beitrag des „Wirtschaftsapparates" zur Befriedigung der Bedürfnisse der Bevölkerung.

Das ökonomische **Grundproblem der Verminderung der Güterknappheit** läßt sich im Hinblick auf seine Realisierung – unter Berücksichtigung des *Verteilungsaspekts* –, wie nachstehend dargestellt, in drei Fragenkomplexe zerlegen:

- Wer bestimmt aufgrund welchen Mandats, wie die Produktionsfaktoren eingesetzt werden sollen, d. h. wer hat die **Verfügungsmacht über die Produktionsmittel?**
- In welcher Weise werden die Pläne der Wirtschaftseinheiten koordiniert **(Koordinierungsproblem)?**
- In welcher Weise werden die produzierten Güter an die Mitglieder der Volkswirtschaft verteilt **(Verteilungsproblem)?**

6.2.2 Modellvorstellungen über Wirtschaftssysteme

Wirtschaftssysteme lassen sich nach der Art und Weise unterscheiden, wie die Lösung der ökonomischen Grundprobleme angegangen wird:

- Die Verfügungsmacht über die Produktionsmittel hängt eng mit der Regelung der Frage zusammen, ob sich die Produktionsmittel in **Privateigentum** befinden oder ob sie **vergesellschaftet** sind. Man kann somit Wirtschaftssysteme danach unterscheiden, ob sie Privateigentum an Produktionsmitteln zulassen oder nicht.
- Das Koordinationsproblem kann alternativ wie folgt gelöst werden: Alle Wirtschaftseinheiten stellen selbständig ihre Wirtschaftspläne auf (**Einzelplanung** oder *dezentralisierte Planung*). Die Koordination der Wirtschaftspläne erfolgt dann durch den Preismechanismus. Die Alternative stellt die **Zentralplanung** dar, bei der insbesondere die Produktionsplanung als Teil eines Gesamtplans durch eine zentrale Behörde erfolgt, die die Koordination der Pläne sowie die Preissetzung administrativ und vollzugsverbindlich festlegt. Man kann somit Wirtschaftssysteme mit zentraler und dezentraler Planung unterscheiden.
- Die Lösung des **Verteilungsproblems** hängt sehr stark davon ab, ob Privateigentum an Produktionsmitteln zugelassen ist, oder auch, ob zentrale oder dezentrale Planung vorherrscht. Die Entscheidung über diese Alternativen führt (automatisch) zu einer ersten Lösung des Verteilungsproblems. In allen Systemen verbleibt dann jedoch noch ein mehr oder weniger großer Spielraum zur (nachträglichen) Korrektur unerwünschter Verteilungseffekte (Einkommensumverteilungen).

In der Realität läßt sich eine eindeutige Charakterisierung von Wirtschaftssystemen nach den genannten Kriterien nicht vornehmen, da vielfältige

Mischformen anzutreffen sind. Was die Eigentumsfrage anbetrifft, so gibt es praktisch kein Land, in dem nicht Privateigentum neben Staatseigentum an Produktionsmitteln existiert. *Jede Unterscheidung ist somit gradueller Natur.* Dasselbe gilt für die Koodination der Wirtschaftpläne. Auch Länder, die zentrale Planung bevorzugen, lassen in mehr oder weniger großem Umfang dezentrale Planung (z. B. im Konsumbereich) zu. Weiterhin existieren Mischformen hinsichtlich der Kombination der Kriterien „Eigentum" und „Planung". So schließt das Privateigentum an Produktionsmitteln keineswegs die Möglichkeit zentraler Planung durch den Staat aus. Obwohl theoretisch die meisten Kombinationsmöglichkeiten plausibel erscheinen, sind in der Realität *zwei Hauptformen* anzutreffen: Einerseits gibt es eine Gruppe von Wirtschaftsordnungen, die überwiegend vom Privateigentum an Produktionsmitteln und von dezentraler Planung ausgehen. Derartige Wirtschaftssysteme werden als *marktwirtschaftliche oder kapitalistische Wirtschaftsordnungen* bezeichnet. Auf der anderen Seite trifft man die Kombination „vergesellschaftete Produktionsmittel" und „zentrale Planung" an, die als *zentralgeleitetes oder sozialistisches Wirtschaftssystem* bekannt ist.
Diese einfache Zweiteilung ist, wie gesagt, nicht unproblematisch. Es gibt Theoretiker, die an die grundsätzliche Versöhnlichkeit beider Systeme glauben (**Konvergenztheorie**). Wenn wir die scharfe Zweiteilung im folgenden beibehalten, so geschieht dies, um die grundsätzlichen Probleme alternativer Wirtschaftssysteme deutlicher hervortreten zu lassen.

6.2.2.1 Das marktwirtschaftlich-kapitalistische System

In seiner **idealtypischen Ausprägung** haben wir die Konstruktion und Wirkungsweise des marktwirtschaftlichen Systems in den vorigen Kapiteln eingehend erläutert. Hier seien nur nochmals kurz die wesentlichen Punkte zusammengetragen.
Die Produktionsfaktoren, vor allem auch die dauerhaften Produktionsmittel, befinden sich im **Privateigentum** der Haushalte. Jede Wirtschaftseinheit kann frei darüber entscheiden, für welche Zwecke, in welchem Umfang und zu welchen Bedingungen sie die Produktionsfaktoren anbietet. Sie kann sich prinzipiell genehmigungsfrei als Unternehmer betätigen und Produktionsprozesse organisieren (**Produzentenfreiheit**). Die Unternehmer verfügen hierzu über dauerhafte Produktionsmittel, die ihnen entweder als Privateigentum selbst gehören oder die sie sich, z. B. durch Kreditaufnahmen, beschafft haben, d. h. die ihnen von anderen Wirtschaftseinheiten gegen Entgelt zur Verfügung gestellt werden. Die Unternehmer bestimmen über Art, Menge und Qualität der zu produzierenden Güter, die dazu erforderlichen Faktorleistungen sowie die anzuwendenden Produktionsverfahren. In Verfolgung des Ziels Gewinnmaximierung orientieren sie sich dabei an den herrschenden Güter- und Faktorpreisen. Die sich auf den einzelnen Güter- und Faktormärkten bei vollständiger Konkurrenz bildenden Preise zeigen den jeweiligen *Knappheitsgrad* der Güter und Leistungen an. Für die Produktionsplanung eines Unterneh-

mers gilt nun, daß ein – in Relation zu den Stückkosten – hoher Preis auch die besten Gewinnchancen verspricht. Der Preis wirkt als Leistungsanreiz, die Produktion des besonders knappen Gutes auszudehnen. Unter Konkurrenzbedingungen führt die Angebotsausdehnung (längerfristig) tendenziell zu Preis- und Gewinnsenkungen sowie zur Verminderung des Knappheitsgrades von Gütern.

Die Haushalte als Eigentümer der Produktionsfaktoren bestimmen das Angebot an Faktorleistungen in selbständiger Entscheidung. Da auch Konkurrenz auf Faktormärkten herrscht, richten sich die Haushalte nach den herrschenden Entlohnungssätzen. Das verfügbare Einkommen bestimmt dann den Umfang der Konsumgüterkäufe. Gemäß seinen Präferenzen entscheidet jeder Konsument über Art, Menge und Qualität der Güter, die er zu kaufen wünscht. Dies ist allerdings nur *ein* Aspekt der **Konsumentensouveränität;** entscheidend kommt hinzu, daß die Unternehmer durch den Preismechanismus gezwungen werden, sich an den Wünschen der Konsumenten zu orientieren. Prinzipiell geschieht dies, da die Präferenzen bzw. Wünsche der Konsumenten sich in einer entsprechenden Preisbereitschaft niederschlagen. Ein steigender Preis am Markt signalisiert verstärkte Konsumentenwünsche. Die dadurch bedingten verbesserten Gewinnchancen lösen dann die Mehrproduktion aus. Obwohl die Unternehmer aus egoistischem Gewinnstreben handeln und nicht etwa, um die Güterversorgung der Bevölkerung zu verbessern, richtet sich dennoch letztlich die gesamte Güterproduktion nach den Wünschen der Konsumenten[1]. Stellen die Unternehmer in diesem Sinne lediglich Beauftragte der Konsumenten dar, so liegt darin die Legitimation ihrer Tätigkeit und ihres „Privilegs", über die Güterproduktion entscheiden sowie Arbeitnehmern Anweisungen geben zu können.

Als wirksames Instrument zur Koordination der vielfältigen – auf *entgegengesetzten Erfolgsinteressen* beruhenden – Wirtschaftspläne fungiert der **Marktmechanismus.** Die herrschenden **Preise sind Knappheitsanzeiger und Steuerungsinstrument** zugleich. Preise stellen eine einheitliche Bewertung aller Güter in Geldeinheiten je Mengeneinheit dar. Sie erlauben jedem Unternehmer, sehr schnell mit Blick auf seine (Grenz-)Kosten zu übersehen, ob er die Produktion eines Gutes ausdehnen bzw. aufnehmen, unverändert lassen oder einschränken soll. Der Preis ermöglicht auf einfache Weise somit eine Lenkung der Produktionsfaktoren in die Verwendungen, die mit dem Konsumenteninteresse in Einklang stehen. Im Idealfalle stellt sich eine Faktorallokation ein, die bei gegebenem Faktorbestand und gegebener Produktionstechnik eine **Maximalversorgung** der Bevölkerung ermöglicht und die somit das Problem der Verminderung der Güterknappheit (temporär) am besten löst. Dies ist jedenfalls das idealtypische Bild marktwirtschaftlicher Steuerungsmechnismen. Auf konkrete Probleme wird unten in Abschnitt 6.2.3.1 eingegangen.

---

[1] Dies gilt auch für die Investitionsgüterproduktion. Man kann sie als abgeleitete Nachfrage der Konsumenten betrachten. Sie stellt eine Umwegproduktion dar, die der Konsumgüterproduktion notwendig vorausgehen muß.

6.2.2.2 Das zentralgeleitet-sozialistische System

Im idealtypischen Modell einer zentralgeleiteten Wirtschaft wird die Produktion aller Güter von einer zentralen Behörde gesteuert. Die vergesellschafteten Produktionsstätten erhalten Anweisungen über Art und Menge der zu produzierenden Güter. Das zentrale Planbüro bestimmt ferner, wohin die Produkte geliefert werden, welche Preise dabei in Rechnung zu stellen sind und welche Löhne gezahlt werden. Man kann sich die Volkswirtschaft somit als einen Riesenbetrieb vorstellen, der einen einzigen Produktions- und Absatzplan erarbeitet, der auf den einzelnen Ebenen der nachgeordneten Betriebsstätten dann in zahlreiche Einzelpläne zerfällt.

Ein derartig zentralgeleitetes Wirtschaftssystem weist folgende **Strukturmerkmale** auf:

- Alle bedeutsamen ökonomischen Entscheidungen werden auf **zentraler Ebene** getroffen und durch ein hierarchisches Planungssystem den einzelnen Unternehmen übermittelt.
- Die Wirtschaftspläne werden in **imperativer Form** durchgesetzt. Die Planvorschriften sind für die nachgeordneten Produktionsstätten vollzugsverbindlich.
- Inhalt der Planvorschriften ist ein System von **Plankennziffern,** deren Werte in der Planperiode realisiert werden sollen. Die Kennziffern sind häufig Mengenangaben. Sie steuern den Wirtschaftsablauf in den Betrieben. Der Preismechanismus ist durch ein staatlich geplantes **Verrechnungspreissystem** abgelöst.

Die Grundzüge eines zentralgeleiteten Wirtschaftssystems seien im folgenden etwas eingehender dargestellt, wobei wir uns auf die Wirtschaftsplanung beziehen, wie sie etwa in der Sowjetunion und der DDR durchgeführt wird.

Die zentralgeleitete Wirtschaft ist durch die **Einheit von politischer und wirtschaftlicher Führung** charakterisiert. Die politische Führungsspitze bestimmt die gesellschaftlichen und wirtschaftlichen *Hauptziele* sowie die Rangordnung der verschiedenen Ziele. Diese finden in den Plänen ihren Niederschlag. Dort wird z. B. das Verhältnis der Konsumgüter- zur Investitionsgüterproduktion festgelegt. Die Pläne umfassen unterschiedliche Zeithorizonte. Es existieren langfristige Perspektivpläne (15 bis 20 Jahre), mittelfristige Perspektivpläne (in der Regel Fünfjahrespläne) und kurzfristige Pläne (Jahrespläne).

Ein **Jahresplan** ist das Ergebnis eines **mehrstufigen Entscheidungs- bzw. Konsultationsprozesses.** Vor Beginn der Planperiode arbeitet das zentrale Planbüro einen vorläufigen Plan aus, der Planziele für die Produktion der bedeutsamsten Güter enthält. Das Planbüro orientiert sich dabei an den Produktionsergebnissen des Vorjahres sowie an den Produktionskapazitäten und den Arbeitskräfteverfügbarkeiten. Dieser Plan wird „nach unten" an die Fachministerien (vor allem an die Ministerien für einzelne Industriezweige) zur Begutachtung weitergeleitet. Dort wird er hinsichtlich des voraussichtlichen Zielerreichungsgrades beurteilt und in Einzelpläne für die Produktionsstätten transformiert. Die den Ministerien unterstehenden

Betriebe überprüfen dann ihrerseits die vorläufigen Einzelpläne und schlagen Änderungen vor, die oft erheblich von den Vorstellungen der Ministerien abweichen. Die kommentierten Pläne gelangen dann über die Ministerien an das zentrale Planbüro zurück, das die zusätzlich gewonnenen Informationen zu einer endgültigen *Koordination und Aufstellung des Gesamtplans* verwertet. Der von der politischen Führungsspitze endgültig verabschiedete Plan wird dann nochmals in den Ministerien zerlegt und gelangt in der Form vollzugsverbindlicher Einzelpläne vor Beginn der Planperiode an die Betriebe.

Zur Verdeutlichung der Koordinationsprobleme in einer Zentralverwaltungswirtschaft wollen wir ein einfaches **idealtypisches Modell** konstruieren. Dies ist eine Vorgehensweise, wie wir sie bei der Darstellung marktwirtschaftlich organisierter Volkswirtschaften bisher stets angewandt haben.

Mengenplanung

Gehen wir von einem Beispiel aus, in dem ein Wirtschaftszweig (= Sektor oder Branche) 1 im Jahre t eine Produktionsmenge (= Bruttoproduktion) von $X_1 = 500$, ein Sektor 2 im selben Jahr eine Produktionsmenge von $X_2 = 400$ hergestellt hat. Nehmen wir weiter an, daß $Y_1 = 300$ Mengeneinheiten (ME) von Gut 1 als Endprodukte (= Nettoproduktion) zum Konsum in Haushalten oder zur Investition in Unternehmen zur Verfügung standen, der Rest ($V_{12} = 200$ ME) hingegen als Vorleistung (Rohstoff oder Halbfertigprodukt) im Sektor 2 verbraucht wurde. Ähnlich seien für den Sektor 2 eine Endproduktmenge von $Y_2 = 150$ ME sowie Vorleistungslieferungen an Sektor 1 von $V_{21} = 250$ ME anzunehmen.

Offenbar benötigt Sektor 1 zur Herstellung einer Produkteinheit 250/500 = 0,5 ME des Gutes 2, Sektor 1 zur Herstellung einer Mengeneinheit 200/400 = 0,5 ME des Gutes 1. Es sei angenommen, daß die *zentrale Planbehörde* (ZPB) für das Jahr t + 1 eine Ausdehnung der Nettoproduktion Y_1 um 5% und eine Ausdehnung der Nettoproduktion Y_2 um 10% festlege. Aufgrund der aufgezeigten **Vorleistungsverflechtung** ist es klar, daß hierzu Erhöhungen der Bruttoproduktion von $\Delta X_1 = 15$ ME (= 5% von $Y_1 = 300$) bzw. von $\Delta X_2 = 15$ ME (= 10% von $Y_2 = 150$) nicht ausreichen. Werden den *sektoralen Planungsbehörden* (SPB 1 und 2) die genannten Planziele übermittelt, dann wird vielmehr die SPB 1 zusätzlich Vorleistungslieferungen vom Sektor 2 in Höhe von $\Delta V_{21} = 0{,}5 \cdot 15$ ME = 7,5 ME und die SPB 2 entsprechend $\Delta V_{12} = 0{,}5 \cdot 15$ ME · 7,5 ME vom Sektor 1 beanspruchen. Geben SPB 1 und SPB 2 diese Information an die ZPB weiter, dann ergeben sich dort folgende **Materialbilanzen:**

Sektor 1: Aufkommen	Sektor 1: Verwendung	Sektor 2: Aufkommen	Sektor 2: Verwendung
X_1 = 500,00	Y_1 = 300,00	X_2 = 400,00	Y_2 = 150,00
ΔX_1 = 15,00	V_{12} = 200,00	ΔX_2 = 15,00	V_{21} = 250,00
Def. = 7,50	ΔY_1 = 15,00	Def. = 7,50	ΔY_2 = 15,00
	ΔV_{12} = 7,50		ΔV_{21} = 7,50
522,50	522,50	422,50	422,50

Beide Materialbilanzen weisen Defizite auf, d. h. die Ansprüche an die Sektoren in Form von Endnachfrage ($Y + \Delta Y$) und Nachfrage nach Zwischenprodukten ($V + \Delta V$) übersteigen die zunächst geplante Produktion ($X + \Delta X$). Mit anderen Worten: das Güteraufkommen ist in beiden Sektoren noch zu gering, um den Planzielen zu genügen.

Die ZPB wird nunmehr in einem zweiten Schritt die SPB 1 und die SPB 2 über die zusätzlichen Vorleistungsanforderungen des jeweils anderen Sektors informieren. In Sektor 1 wird dann die geplante zusätzliche Bruttoproduktion von $\Delta X_1 = 15$ auf $\Delta X_1 = 22{,}5$ korrigiert, in Sektor 2 ergibt sich eine Plankorrektur in gleicher Höhe (von $\Delta X_2 = 15$ auf $\Delta X_2 = 22{,}5$). Gleichzeitig werden aber beide Sektoren wieder höhere Vorleistungsanforderungen bei der ZPB anmelden, weil eine höhere Bruttoproduktion dies erfordert. Die gegenüber dem Ausgangszustand erforderlichen zusätzlichen Vorleistungen werden in Sektor 1 von $\Delta V_{21} = 7{,}5$ auf $\Delta V_{21} = 0{,}5 \cdot 22{,}5 = 11{,}25$, in Sektor 2 von $\Delta V_{12} = 7{,}5$ auf $\Delta V_{12} = 0{,}5 \cdot 22{,}5 = 11{,}25$ ansteigen. Unter Berücksichtigung dieser zusätzlichen Anforderungen der Sektoren erhalten die Materialbilanzen der ZPB folgendes Aussehen:

Sektor 1

Aufkommen		Verwendung	
X_1 =	500,00	Y_1 =	300,00
ΔX_1 =	22,50	V_{12} =	200,00
Def. =	3,75	ΔY_1 =	15,00
		ΔV_{12} =	11,25
	526,25		526,25

Sektor 2

Aufkommen		Verwendung	
X_2 =	400,00	Y_2 =	150,00
ΔX_2 =	22,50	V_{21} =	250,00
Def. =	3,75	ΔY_2 =	15,00
		ΔV_{21} =	11,25
	426,25		426,25

Im zweiten Planungsschritt sind die sektoralen Produktionsdefizite zwar noch nicht verschwunden, allerdings werden sie in beiden Sektoren um 50% reduziert (jeweils von 7,50 auf 3,75). Man kann leicht zeigen, daß jeder weitere Planungsschritt die Defizite jeweils um 50% vermindert. Somit ist es grundsätzlich möglich, die Produktionsprogramme unterschiedlicher Sektoren durch eine zentrale Behörde aufeinander abzustimmen (*konsistent* zu machen); eine wesentliche Voraussetzung hierfür ist allerdings ein *funktionierender Informationsfluß* zwischen über- und untergeordneten Behörden[1].

Vergleicht man diesen Koordinationsprozeß mit unseren einfachen (idealtypischen) *Marktmodellen,* dann ergeben sich interessante Parallelen. Stimmen in einer Marktwirtschaft Vorleistungnachfrage und Vorleistungsangebot nicht überein, dann erleben Anbieter und Nachfrager *Überraschungen in Form veränderter Preise.* An diesen veränderten Preisen wer-

[1] Es ist *grundsätzlich* möglich, diese schrittweise (iterative) Planung durch ein simultanes Planungsverfahren (**Input-Output-Methode**) zu ersetzen. In der Praxis der Zentralplanung werden Input-Output-Verfahren für die Gesamtwirtschaft nicht angewendet, weil (a) die Daten nicht ausreichen und (b) trotz elektronischer Datenverarbeitung derartig umfangreiche Systeme nicht simultan gelöst werden können.

den die neuen Angebots- und Nachfrageplanungen ausgerichtet und erzeugen wiederum Preise, die mit denen der Vorperiode nicht übereinstimmen werden. Angebotsplanungen und Nachfrageplanungen können sich dann solange verändern, bis ein Marktgleichgewicht erreicht ist (Angebot = Nachfrage). In der Zentralverwaltungswirtschaft erlebt die ZPB *Überraschungen in Form von Defiziten in den Materialbilanzen.* Diese Defizite werden nicht durch Preisbewegungen, sondern durch mehrmalige Plandurchläufe abgebaut.

Das Planungsproblem kompliziert sich, wenn beschränkte volkswirtschaftliche bzw. betriebliche **Arbeitskraftreserven** sowie **technische Kapazitäten** zu berücksichtigen sind. Es ist nämlich keineswegs gesagt, daß die vorhandenen Arbeitskräfte und Bestände an Realkapital ausreichen, um die geplanten Bruttoproduktionen in den Sektoren 1 und 2 realisieren zu können. Sind die Faktorbestände zu gering, dann kommen grundsätzlich zwei Anpassungsmöglichkeiten in Frage. Einmal besteht natürlich die Möglichkeit, die Planziele zurückzunehmen. Es wäre dann zu entscheiden, in welchen Produktionsbereichen die Anpassung nach unten überproportional stark erfolgen sollte. Denkbar wäre jedoch auch eine Aufrechterhaltung der geplanten Netto-Outputs und ein Zurückdrängen des Konsumgüteranteils in beiden Sektoren, damit mit Hilfe der nun größeren *Investitionsgüterproduktion* die Produktionskapazitäten der laufenden Planperiode erhöht werden können. Unabhängig von der Art der Anpassung gilt generell, daß der Planungsprozeß mit Hilfe von Materialbilanzen erheblich schwieriger wird, wenn neben den Vorleistungen beschränkte technische Produktionskapazitäten und sektorale (bzw. betriebliche) Ansprüche an das knappe volkswirtschaftliche Arbeitspotential in die einzelnen Planungsschritte mit einzubeziehen sind.

Preisplanung

Grundsätzlich wäre für die Lösung des im letzten Abschnitt beschriebenen Koordinationsproblems die Verwendung von Preisen überflüssig, wenn die ZPB den sektoralen Planungsbehörden und dann auch den einzelnen Betrieben zunächst einmal genau Produktionsvolumen und Produktionsstruktur (Anteile von Vorleistungslieferungen und Lieferungen von Endprodukten; letztere wieder aufgeteilt in Investitions- und Konsumgüter) auf der Grundlage der konsistenten Materialbilanzen vorschreiben würde. Um Konsumgüternachfrage und Konsumgüterproduktion in Übereinstimmung zu bringen, könnten den Haushalten die Gütermengen etwa in Form von **Anspruchszertifikaten** (vergleichbar den Lebensmittelkarten während und nach dem 2. Weltkrieg) zugeteilt werden; das Koordinationsproblem wäre dann nicht nur innerhalb des Produktionssektors, sondern auch zwischen Produktionsbetrieben und Haushalten gelöst.

In der wirtschaftlichen Wirklichkeit der heutigen sozialistisch-planwirtschaftlichen Volkswirtschaften sind Anspruchszertifikate *kein* zentrales Steuerungsinstrument. Es besteht prinzipiell vielmehr **Konsumfreiheit,** d.h. den Haushalten fließen Einkommen in Form von Geld zu, über dessen Verwendung frei verfügt werden kann. Hieraus ergibt sich unmittelbar auch die Notwendigkeit der Preissetzung, weil andernfalls Käufe und Verkäufe von Konsumgütern nicht abgewickelt werden könnten.

Legt man die **Lohnsätze** in einer bestimmten Höhe fest ($\bar{l}$) und *sollen die Preise der Sektoren 1 und 2 (p_1 bzw. p_2) den Stückkosten* in diesen Branchen *entsprechen*[1], dann ist zunächst einmal von den sektoralen **Gesamtkosten** (K_1 bzw. K_2) auszugehen, die sich – sieht man zunächst von Kapitalkosten ab – jeweils aus den Lohnkosten ($\bar{l} \cdot A_1$ bzw. $\bar{l} \cdot A_2$) und den Material- oder Vorleistungskosten ($V_{12} \cdot p_1$ bzw. $V_{21} \cdot p_2$) zusammensetzen:

$$K_1 = \bar{l} \cdot A_1 + V_{21} \cdot p_2 \qquad (6.1)$$

und

$$K_2 = \bar{l} \cdot A_2 + V_{12} \cdot p_1. \qquad (6.2)$$

Für die **Stückkosten ($k = K/X$)** erhält man dann die Gleichungen

$$k_1 = \bar{l} \cdot \frac{A_1}{X_1} + p_2 \cdot \frac{V_{21}}{X_1}, \qquad (6.3)$$

$$k_2 = \bar{l} \cdot \frac{A_2}{X_2} + p_1 \cdot \frac{V_{12}}{X_2}. \qquad (6.4)$$

Werden die Arbeitsaufwendungen pro Stück (A_1/X_1 bzw. A_2/X_2) wie auch die Vorleistungsaufwendungen pro Stück[2] (V_{21}/X_1 bzw. V_{12}/X_2) als kurzfristig konstant und als bekannt angenommen und wird ferner eine an den Stückkosten orientierte Güterpreissetzung angestrebt, dann reduziert sich das Problem der Preisbestimmung in unserer einfachen Modellvolkswirtschaft auf zwei Gleichungen:

$$p_1 \, (= k_1) = \bar{l} \cdot \frac{A_1}{X_1} + p_2 \cdot \frac{V_{21}}{X_1}, \qquad (6.5)$$

$$p_2 \, (= k_2) = l \cdot \frac{A_2}{X_2} + p_1 \cdot \frac{V_{12}}{X_2}. \qquad (6.6)$$

Hieran läßt sich unmittelbar die prinzipielle Schwierigkeit der Preisbestimmung aufzeigen: Die Preise p_1 und p_2 sind wechselseitig miteinander verbunden, d. h. p_1 und p_2 können nicht isoliert voneinander festgelegt werden, weil p_2 Bestandteil von p_1 ist (s. Gleichung (6.5)) und umgekehrt p_1 in den Preis des Gutes 2 eingeht (Gleichung (6.6)). Formal ist die Lösung des Problems natürlich einfach; denn hier geht es lediglich um die Ermittlung zweier Unbekannten (p_1 und p_2) mit Hilfe von zwei (linearen) Gleichungen. In der praktischen Planung mit einer Vielzahl von Produkten werden die Preise allerdings nicht über die Lösung linearer Gleichungssysteme

[1] Wenn die Preise den Stückkosten entsprechen, sind die Gewinne gleich Null.
[2] Wir hatten sie oben für beide Sektoren mit 0,5 angenommen.

bestimmt, sondern man tastet sich ganz ähnlich wie in der Mengenplanung schrittweise an die Lösung (**Konsistenzpreise**) heran.[1]

Multipliziert man in den Gleichungen (6.5) und (6.6) jeweils beide Seiten mit der Bruttoproduktionsmenge (X_1 bzw. X_2), dann erhält man

$$p_1 \cdot X_1 = \bar{l} \cdot A_1 + p_2 \cdot V_{21}, \tag{6.7}$$

$$p_2 \cdot X_2 = \bar{l} \cdot A_2 + p_1 \cdot V_{12}. \tag{6.8}$$

Hiermit wird lediglich beschrieben, daß in jedem Sektor der Gesamtumsatz ($p_1 \cdot X_1$ bzw. $p_2 \cdot X_2$) den Gesamtkosten (Arbeitskosten + Vorleistungskosten) entspricht. Zieht man auf beiden Seiten die Werte der Vorleistungen ab, so gilt

$$p_1 \cdot X_1 - p_2 \cdot V_{21} = \bar{l} \cdot A_1, \tag{6.9}$$

$$p_2 \cdot X_2 - p_1 \cdot V_{12} = \bar{l} \cdot A_2. \tag{6.10}$$

Eine Addition beider Gleichungen ergibt

$$\bar{l} \cdot (A_1 + A_2) = p_1 (X_1 - V_{12}) + p_2 (X_2 - V_{21}). \tag{6.11}$$

Auf der linken Seite der Gleichung (6.11) stehen die **Lohneinkommen** der Arbeiter (= Lohnkosten der Betriebe). Mit $X_1 - V_{12}$ bzw. $X_2 - V_{21}$ werden die *Mengen* der von den Sektoren 1 und 2 produzierten Endprodukte (hier: Konsumgüterproduktion), mit $p_1 (X_1 - V_{12}) + p_2 (X_2 \cdot V_{21})$ somit der **Wert der gesamtwirtschaftlichen Konsumgüterproduktion** angegeben. Man kann also sagen, daß an den Stückkosten orientierte Preise „automatisch“ dafür sorgen, daß die Lohneinkommen (Massenkaufkraft) dem Wert der produzierten Konsumgüter (Konsumgüterangebot) entsprechen.

In der Realität kann man selbstverständlich nicht allein von Lohn- und Materialkosten als Preisbestimmungsgrößen ausgehen. Entsprechend fließen nicht alle erzeugten Einkommen an die Haushalte, und es können dann auch nicht alle Endprodukte von den Haushalten in Anspruch genommen werden. In den Zentralverwaltungswirtschaften sowjetischen Typs treten in den Gleichungen (6.5) und (6.6) neben die Lohn- und Materialkosten die **Abschreibungen;** die Summe aus diesen drei Positionen bezeichnet man als **Selbstkosten**. Auf die Selbstkosten wird ein **Gewinnaufschlag** berechnet, der z. B. in der Sowjetunion im Branchendurchschnitt bei etwa 15% liegt. Außerdem ist auch eine vom Staat erhobene **Umsatzsteuer** zu berücksichtigen.

Der *Staat* bezieht seine Einnahmen hauptsächlich aus der Umsatzsteuer und in Form von *Gewinnabführungen* sowie *Zinszahlungen* der Betriebe. Wenn Gewinnabführung und Zinsen die Gesamtgewinne der Betriebe nicht ausschöpfen, dann wird der Rest *betrieblichen Fonds* zugewiesen (Prämienfonds: z. B. zur Zahlung von Prämien an Arbeiter zum Zwecke der Leistungssteigerung; Produktionsentwicklungsfonds: z. B. für betriebliche Investitionen; Sozialfonds: für soziokulturelle Maßnahmen und Wohnungsbau).

[1] Seit einigen Jahren gibt es in verschiedenen sozialistischen Ländern Versuche, zur Lösung sowohl der Mengen- wie auch der Preisprobleme mathematische Planungsmethoden einzusetzen (Input-Output-Analyse, lineare Programmierung). Auf gesamtwirtschaftlicher Ebene sind hiermit jedoch bislang nur begrenzte Erfolge zu verzeichnen.

Da somit auf der linken Seite von Gleichung (6.11) neben den Haushaltseinkommen auch die Einnahmen des Staates sowie die Einnahmen von Unternehmen (Abschreibungen und Überweisungen an die Fonds) erscheinen, bestehen die Endproduktmengen ($X_1 - V_{12}$ bzw. $X_2 - V_{21}$) nunmehr nicht mehr allein aus Konsumgütern für private Haushalte. Vielmehr sind hierin jetzt auch enthalten die Investitionsgüterproduktion (einschließlich Wohnungsbau) sowie die Güterproduktion für spezielle staatliche Verwendungszwecke (z. B. Rüstungsgüter)[1].

Zusammenfassend läßt sich feststellen, daß die grundsätzlich naturalwirtschaftlich ausgerichtete Mengenplanung von Zentralverwaltungswirtschaften nicht zwangsläufig eine Aufhebung der *Konsumfreiheit* bedeuten muß. Mit der Einführung von Geldpreisen und Geldlöhnen werden dann nicht nur die Transaktionen zwischen Betrieben und Haushalten durch Verwendung von Geld abgewickelt. Auch die der Mengenplanung der ZPB zugrundeliegenden Vorleistungsströme zwischen den Betrieben stellen dann Käufe und Verkäufe *(Ware-Geld-Beziehungen)* dar.

6.2.3 Systemkritik und Systemwandel

Bei dem Versuch, die idealtypischen Vorstellungen der beiden gegensätzlichen Wirtschaftssysteme in die Realität umzusetzen, zeigte sich, daß jedes System Funktionsschwächen aufweist, die vielfältige Kritik auslösten. Die Systemkritik hat wesentlich dazu beigetragen, Korrekturen im jeweiligen System vorzunehmen.

6.2.3.1 Probleme des marktwirtschaftlich-kapitalistischen Systems

Die Allokation der Ressourcen soll im marktwirtschaftlichen System entsprechend den Wünschen der Konsumenten erfolgen. In der Realität ist die **Konsumentensouveränität** jedoch nicht unerheblich **eingeschränkt.** Dies liegt u. a. daran, daß die Gütermärkte mehr oder weniger unvollkommen sind, somit den Produzenten Möglichkeiten zur Ausübung wirtschaftlicher Macht eröffnen, so daß die Konsumenten bei der Bestimmung der Produktion eine eher passive Rolle spielen:

- Neben dem Problem einer möglichen Schlechterversorgung der Bevölkerung infolge überhöhter Preise (vgl. Abschnitt 4.3)
- können die Unternehmer Einfluß auf die Präferenzen der Haushalte (z. B. durch Reklame: „Manipulation der Konsumenten") nehmen.
- Ferner können sie eine bewußte Strategie der Einführung technischer Fortschritte im Produktionsbereich betreiben – man denke etwa an die Einführung des elektronischen Taschenrechners.
- Umgekehrt können sie die Einführung technischer Fortschritte verhindern oder verzögern – meist aus Gründen der Auslastung bestehender Produktionsanlagen.

---

[1] Daß in einer Volkswirtschaft die Einkommen dem Wert der gesamtwirtschaftlichen Produktion entsprechen, ist keine Besonderheit der Zentralverwaltungswirtschaften. Wir werden in Kapitel 7 zeigen, daß dies für jede beliebige Volkswirtschaft stets gilt. Allerdings besteht in Zentralverwaltungswirtschaften noch zusätzlich die Möglichkeit, die Lohneinkommen auf den Wert der Konsumgüterproduktion abzustimmen.

Die von den Konsumenten am Markt ausgeübte Nachfrage ist hiernach in vielen Fällen eher als Reflex auf die von Unternehmern bestimmten Bedürfnisbefriedigungsmöglichkeiten anzusehen. Die Konsumentensouveränität verliert gegenüber der **Produzentensouveränität**[1] an Gewicht. Es gibt eine Reihe Beispiele von extremen Beeinträchtigungen der Konsumentensouveränität. Die Diskussion hierüber verliert sich jedoch häufig schnell in ideologisch gefärbten Auseinandersetzungen. Dies liegt u. a. daran, daß dieser Bereich noch weitgehender empirischer Untersuchungen bedarf.

Das Entstehen wirtschaftlicher Macht ist vor allem deswegen so problematisch, weil es das für die optimale Funktionsfähigkeit der Marktwirtschaft so entscheidende **Konkurrenzprinzip** verletzt. Das Konkurrenzprinzip *besagt, daß jeder seine eigenen Interessen verfolgt, sein persönliches Wohl zu fördern sucht und genau dadurch dem Allgemeinwohl am besten dient.* Der Appell an den Egoismus des einzelnen stellt einen außerordentlichen Leistungsanreiz zur Erreichung ökonomischer Zielsetzungen wie Gewinn- oder Einkommensmaximierung dar. Die Verfolgung eigener Ziele in Konkurrenz mit anderen Individuen muß nun nicht notwendig zu einem unerträglichen Kampf aller gegen alle führen, indem Vorteile auf der einen Seite nur durch Nachteile auf der anderen Seite erkauft werden. Bei Einhaltung fairer Spielregeln, die der Staat durch ordnungspolitische Maßnahmen setzt, können grundsätzlich die Interessengegensätze gemildert werden. Gegen die Erzielung von Gewinnen durch einen Unternehmer ist sicherlich nichts einzuwenden, solange er seine Produkte (infolge des Leistungsanreizes Gewinnmaximierung) unter dem Druck der Konkurrenz mit anderen Unternehmern in möglichst guter Qualität und äußerst preisgünstig anbietet. Es ist der Konkurrenzdruck, der beim Unternehmer systemkonformes Verhalten erzwingt. Wer nicht ständig die kosten- und preissenkenden technischen Fortschritte realisiert, kann leicht seinen Absatz an die Mitkonkurrenten verlieren und zum Konkurs gezwungen werden, wodurch er auch die in seinem Eigentum befindlichen Produktionsmittel verliert.

Das Konkurrenzprinzip sorgt somit dafür, daß Fehlverhalten bei Unternehmern durch Ausscheiden aus der Produktion und durch Verluste des Eigenkapitals bestraft wird. Da mit der Anwendung verbesserter Produktionsverfahren Produktionsausdehnungen einhergehen, ist das Konkurrenzprinzip letztlich Motor einer wachsenden Wirtschaft mit steigender Güterversorgung der Bevölkerung.

Die leistungsstimulierende Wirkung des Konkurrenzprinzips wird in einem marktwirtschaftlichen System in dem Maße abgebaut, wie **wirtschaftliche Macht** entsteht. Durch die Monopolisierung eines Marktes kann sich ein Unternehmer dem Konkurrenzdruck weitgehend entziehen

[1] Die *Produzentensouveränität* geht über die *Produzentenfreiheit* hinaus, weil sie die Möglichkeit einschließt, durch Manipulation von Verbraucherpräferenzen sich der (indirekten) Steuerung des Faktoreinsatzes durch die „wahren“ Präferenzen zu entziehen.

und sich durch autonome Preissetzung *Nichtleistungsgewinne* zu Lasten der Konsumenten verschaffen. Damit sind regelmäßig zugleich künstliche Verknappungen des Güterangebots und Unterauslastungen der Produktionskapazitäten verbunden.
Man kann sich fragen, ob das marktwirtschaftliche System nicht so konzipiert ist, daß ihm eine *Tendenz zur allmählichen Aufhebung des Konkurrenzprinzips* innewohnt. Dahinter steht die These, daß der Wettbewerbsdruck in einer Ausgangslage mit vielen Anbietern dazu führt, daß einzelne Unternehmen auf Grund verbesserter Produktionsverfahren den Preis senken können. Sie drängen damit gewollt oder ungewollt solche Unternehmen aus dem Markt, die eine ungünstigere Kostenstruktur aufweisen und in die Verlustzone geraten *(Grenzbetriebe)*. Die verbleibenden Unternehmen können somit ihren Marktanteil und meist auch ihre Gewinne erhöhen. Da dieser Prozeß des Ausscheidens von Unternehmen mehr oder weniger kontinuierlich verläuft, konzentriert sich die Produktion auf immer weniger Anbieter und vergrößert den Spielraum für die Ausübung wirtschaftlicher Macht. Im Extremfall bleibt nur noch ein einziger Anbieter übrig, der vom Konkurrenzdruck befreit ist.
Im Laufe der Industrialisierung ist diese **Konzentrationstendenz** in marktwirtschaftlich orientierten Ländern praktisch bis auf den heutigen Tag zu beobachten. Hieraus jedoch auf eine Selbstaufhebung des Konkurrenzprinzips zu schließen, ist keineswegs zwingend. Wie wir bei der Erläuterung des *funktionsfähigen Wettbewerbs* gezeigt haben, spricht einiges dafür, daß die *Wettbewerbsintensität im Oligopol besonders ausgeprägt* ist. Die Konzentrationstendenz ist sicherlich zu einem großen Teil durch die steigenden Mindestbetriebsgrößen erklärbar, die sich als vorteilhaft erweisen, wenn man *technische Fortschritte* und die *Kostenvorteile der Massenproduktion* ausnutzen will. Es ist keineswegs ausgemacht, daß diese Entwicklung im Monopol endet. Sicherlich stellt sich jedoch für den Staat die Aufgabe einer verstärkten Wettbewerbsaufsicht, um den Aufbau unangemessen großer Marktmacht zu verhindern.

Wirtschaftliche Macht kann durch Unternehmer nicht nur auf den Absatzmärkten, sondern auch auf den Faktormärkten, vor allem dem **Arbeitsmarkt,** ausgeübt werden. Angesichts des reichlichen Arbeitsangebots konnten viele Unternehmer in der Anfangsphase des Industrialisierungsprozesses ihre Marktstellung rigoros ausnutzen und den Arbeitern *unerträgliche Lohn- und Arbeitsbedingungen diktieren.* Arbeitsrechtliche Vorschriften des Staates sowie die Bildung von Gewerkschaften schufen hier allmählich Abhilfe. Vor allem die **Gegenmachtbildung bei den Gewerkschaften** hat zu einem Machtausgleich auf dem Arbeitsmarkt geführt.
Das marktwirtschaftliche System hat sich im Laufe der Industrialisierung als außerordentlich wandlungs- und anpassungsfähig erwiesen. Hierzu hat, abgesehen von der Korrekturfunktion, die der Staat bisher in steigendem Maße übernimmt, wesentlich die Wirksamkeit des Marktmechanismus beigetragen. Dieses Koordinationsinstrument erlaubt eine **schnelle Anpassung** an den ständigen Wandel, dem der Wirtschaftsprozeß ausgesetzt ist. Die Signalwirkung von Knappheitspreisen ermöglicht offenbar

gerade in einem System dezentralisierter Planungs- und Entscheidungsbefugnis eine flexible Anpassung an veränderte ökonomische Bedingungen. Das Marktpreissystem hat entscheidend zu einer *historisch einmaligen Erhöhung der Güterproduktion* und damit zur Verminderung von Güterknappheit in den Marktwirtschaften beigetragen.

Das hohe Wachstum ist allerdings sehr häufig mit einer *ungleichmäßigen Einkommens- und Vermögensverteilung* erkauft worden. Daß die Lebensbedingungen in marktwirtschaftlichen Ländern heute der weitaus überwiegenden Mehrheit der Bevölkerung akzeptabel erscheinen, ist sicherlich auch darauf zurückzuführen, daß die sich zweifellos aus einem sich selbst überlassenen (privaten) Wirtschaftsprozeß ergebenden sozialen Probleme für bestimmte Gruppen der Bevölkerung z. B. durch Einkommensumverteilungen von seiten des Staates gemildert werden (vgl. 9. Kapitel). Die Ausgestaltung des Systems in Richtung auf eine **Soziale Marktwirtschaft** dauert an. Allerdings sollten gewisse Gefahren auch hierbei nicht übersehen werden. *Soziale Zuwendungen sind Nichtleistungseinkommen* im Sinne der bisher entwickelten ökonomischen Theorie. Sie können in bestimmten Fällen die Leistungsanreize beim Empfänger schwächen. Die Leistungsbereitschaft kann aber auch bei demjenigen abnehmen, der die Sozialleistungen zu finanzieren hat. Wird etwa zusätzlich erwirtschaftetes Einkommen ganz oder zu einem erheblichen Teil vom Staat zu Umverteilungszwecken besteuert, so dürfte die Bereitschaft tendenziell nachlassen, Mehrleistungen zu erbringen. Eine überzogene Einkommensumverteilungspolitik kann somit das Wachstum der Güterproduktion erheblich beeinträchtigen.

Fassen wir zusammen: Idealtypische marktwirtschaftliche Systeme, die den Kriterien des vollständigen Wettbewerbs genügen, sind in der Lage, die **Allokationszielsetzungen** für *gegebene* Faktorbestände und für einen *gegebenen* technischen Wissenstand **optimal** zu **erfüllen (Erfüllung der statischen Wettbewerbsfunktionen;** vgl. Abschnitt 3.5 und 4.4.1). In der Realität westlicher Industrieländer ist zwar das Wettbewerbsprinzip wirksam, nicht jedoch durchgängig in der Weise, wie es mit dem vollständigen Wettbewerbsmodell beschrieben wird. Mehr oder weniger starke Abweichungen von diesem Modell schaffen Probleme (z. B. Beschränkung der Konsumentensouveränität, Nichtleistungsgewinne), sind andererseits aber unvermeidbar, wenn an die Stelle des vollständigen Wettbewerbs das realistischere Konzept eines funktionsfähigen Wettbewerbs treten soll (vgl. Abschnitt 4.4.1). Verletzungen statischer Wettbewerbsfunktionen können dann durch die Erfüllung der **dynamischen Wettbewerbsfunktionen** (Anpassungsflexibilität, Durchsetzung technischer Fortschritte) mehr als aufgewogen werden.

Neben der Allokationszielsetzung erfüllen marktwirtschaftliche Systeme weit besser als zur Bevormundung neigende zentralistische Bürokratien (die häufig wirtschaftliche *und* politische Macht in sich vereinigen) die Zielsetzung der **wirtschaftlichen Freiheit** und sind auch eher geeignet, die Rolle eines ökonomischen Pendants zur politischen *Demokratie* zu spielen[1]. Marktwirtschaften sind grundsätzlich *„offene Systeme"*, die sich oft erstaunlich elastisch und schnell an neue Bedingungen anpassen sowie neue Ideen verarbeiten und realisieren können. Bürokratien sind demgegenüber eher risikoscheu und daher sehr leicht geneigt, sich der Außenwelt gegenüber abzuschließen. Man kann es auch anders ausdrücken: Marktwirtschaften sind eher fortschrittlich oder „progressiv", zentralistische Bürokratien eher „konservativ". Angesichts derartiger Eigenschaften marktwirtschaftlicher Systeme muß es erstaunen, daß gerade sog. *basisdemokratisch* orientierte Gruppen marktwirtschaftliche Lenkungssysteme zumeist ablehnen: Eine Erklärung mag vielleicht darin liegen, daß man (a) das System der Marktwirtschaft mit privatwirtschaftlichen Konzernen oder Großunternehmen identifiziert und/oder (b) nach einem (gleichwohl nicht existierenden) Lenkungssystem jenseits von Markt und bürokratischer Planung sucht, weil man den „Leistungsdruck" marktwirtschaftlicher Systeme fürchtet.

6.2.3.2 Probleme des zentralgeleitet-sozialistischen Systems

Wir haben in den Abschnitten 3.5.1 und 3.5.2 gezeigt, daß eine idealtypische Marktwirtschaft grundsätzlich in der Lage ist, die *statischen Wettbewerbsfunktionen* optimal zu erfüllen. Wir haben dies in Abschnitt 3.5.3 nochmals unter Zuhilfenahme von drei Effizienzkriterien (Produktionseffizienz, Tauscheffizienz, optimale Produktionsstruktur) nachgewiesen. Bevor wir also zu einer Beurteilung der *tatsächlich existierenden* Zentralverwaltungswirtschaften übergehen können, müssen wir uns auch hier zunächst einmal überlegen, ob man von idealtypischen Zentralverwaltungswirtschaften eine Erfüllung der Effizienzkriterien erwarten kann.

Effizienzkriterien und idealtypische Zentralverwaltungswirtschaft

Nach unseren wohlfahrtstheoretischen Überlegungen ist die Bedingung der **Produktionseffizienz** (Produktionsfaktoren werden nicht verschwendet; geometrisch: wir befinden uns auf einer Transformationskurve) dann erreicht, wenn in allen Produktionen die Grenzraten der Substitution zwischen Arbeit und Kapital einander gleich sind. Im reinen marktwirtschaftlichen System wird diese Gleichheit dadurch realisiert, daß sich die gewinnmaximierenden Unternehmer nach einheitlichen Lohn-Zins-Relationen richten. Bei reiner Mengenplanung durch eine zentrale Planungsbehörde geht es zunächst einmal nur darum, die Produktionsziele mit den Produktionskapazitäten der Betriebe zu vereinbaren (konsistent zu machen); der Prozeß erfolgt schrittweise (iterativ), wie wir ihn beispielhaft für die Vorleistungsplanung beschrieben haben. Die sektoralen Produktionsziele werden solange verändert, bis sie mit den technischen Kapazitä-

[1] Eine zentrale Bedeutung besitzen in Demokratien die Machtverteilung und die Machtkontrolle. Im ökonomischen Bereich sind in diesem Zusammenhang insbesondere die Gewerkschaftsbewegungen sowie der Ausbau der Mitbestimmung in Unternehmen zu nennen.

ten der Betriebe, mit den Neuinvestitionen und mit den verfügbaren Arbeitskräften erreicht werden können. Da somit Arbeit und Kapital lediglich nach dem Kriterium der Konsistenz auf die Sektoren verteilt werden, aber kaum danach gefragt wird, ob nicht vielleicht ein weniger kapitalintensives Verfahren in Sektor 1 und ein kapitalintensiveres Verfahren in Sektor 2 (Sektor 1 erhielte mehr Arbeit und weniger Kapital, Sektor 2 weniger Arbeit und mehr Kapital) die gesamtwirtschaftliche Produktion erhöhen könnte, wäre es ein *bloßer Zufall*, wenn die Faktoren im Sinne der Produktionseffizienz optimal auf die Sektoren verteilt würden. Nur in dem Maße wie die zentralen Planer intuitiv zutreffende Vorstellungen von der günstigsten Faktorkombination haben und/oder den Betrieben ein gewisser Spielraum für die Wahl zwischen unterschiedlichen Faktorkombinationen verbleibt (und die für die Betriebe gesetzten Preise gesamtwirtschaftliche Knappheiten realistisch abbilden), kann sich die ZPB einer optimalen Faktorkombination annähern. Aber gerade das Problem der Findung *geeigneter Knappheitspreise* ist in Zentralverwaltungswirtschaften völlig ungelöst[1]; um in Teilbereichen einer Lösung wenigstens näher zu kommen, lehnt man sich manchmal an (marktwirtschaftliche) Preise des Weltmarktes an.

Da in Zentralverwaltungswirtschaften die *Konsumfreiheit* nicht ausgeschlossen werden muß (vgl. Abschnitt 6.2.2.2), könnte man meinen, daß sich die Bedingung der **Tauscheffizienz** erfüllen ließe: Die Konsumenten richten ihre Entscheidungen an den für alle Haushalte gleichen Konsumgüterpreisen aus und realisieren damit die Gleichheit der Grenzraten der Substitution für alle Konsumenten (dies würde Tauscheffizienz bedeuten). Man müßte allerdings auch voraussetzen, daß die Konsumenten die Gütermengen tatsächlich erhalten, die sie zu den staatlich gesetzten Preisen zu kaufen wünschen. Dies ist tatsächlich jedoch nicht zu erwarten, weil die *staatlich gesetzten Festpreise für alle Güter genau Geichgewichtspreise sein müßten.* Im Regelfall wird es Engpässe (= Nachfrageüberschuß) und Ladenhüter (ein Indiz für ein Nachfragedefizit) gleichzeitig geben; einige Konsumenten werden die begehrtesten Waren erhalten, andere nicht (vgl. hierzu die Überlegungen zur Preis- und Mengenpolitik von Abschnitt 3.6.1). Abhilfe ließe sich schaffen, wenn man die Preise beweglich machte: Preissteigerungen könnten die Nachfrageüberschüsse abbauen, Preissenkungen zum Verschwinden der Ladenhüter beitragen. Damit hätten wir das System der Zentralverwaltungswirtschaft aber bereits verlassen.

Ähnlich ist die Möglichkeit einer Realisierung der **optimalen Produktstruktur** zu beurteilen, die sich auf die bestmögliche Koordination von

[1] Die theoretische Lösung mit Hilfe mathematischer Programmierungsmodelle ist, jedenfalls soweit man die Gesamtwirtschaft planen will, so weit von der Realität entfernt,daß man sie selbst nicht in den Konstruktionsentwurf eines *idealtypischen Modells* mit einbeziehen sollte.

[2] Wir wollen hier von dem wenig realistischen Fall absehen, daß den Haushalten alle Güter über Anspruchszertifikate (z. B. Lebensmittelkarten) zugeteilt werden.

Konsum- *und* Produktionsentscheidungen bezieht[1]. Im zentralgeleiteten System existiert grundsätzlich – im Gegensatz zum reinen marktwirtschaftlichen System – keine Souveränität der Konsumenten und keine Freiheit der Produzenten. Vielmehr liegt die Bestimmung über Produktion und Einkommen bei der politischen Führungsspitze; zumindest überwiegen die *Präferenzen des zentralen Planbüros.* Es erhebt den Anspruch zu wissen, welches Konsumgütersortiment im Interesse der Konsumenten liegt, welche Investitionen dazu notwendig sind und wie die Aufteilung des Güterpakets auf private und öffentliche Güter am besten erfolgt. Eine derartige „paternalistische" Planung bietet grundsätzlich in einigen Bereichen gewisse Vorteile gegenüber der individualistischen Planung in Marktwirtschaften. So kann die Versorgung mit öffentlichen Gütern, etwa im Gesundheits- und Ausbildungswesen, leichter sichergestellt werden; bei Marktversagen oder individuell verzerrten Präferenzen (vgl. Abschnitt 6.1.2) bedarf es in Marktwirtschaften des aktiven Staates und eines oft langwierigen demokratischen Entscheidungsprozesses zur Herstellung eines ausreichenden Angebots an öffentlichen Gütern. Die Produktion gesellschaftlich unerwünschter oder schädlicher Güter wie Tabakwaren, Alkohol und Drogen kann bei Zentralplanung viel leichter eingeschränkt oder aufgegeben werden. Bei autoritärer Setzung von Präferenzen besteht aber stets die Gefahr, daß diese nicht mit der Mehrheit der individuellen Präferenzen übereinstimmen. Die Führungsspitze kann dann versuchen, die Individuen zur Akzeptierung ihrer Präferenzen zu bewegen. Derartige Versuche, etwa die Erziehung zum „Sowjetmenschen", entziehen sich weitgehend den wohlfahrtstheoretischen Beurteilungkriterien der Ökonomie.

Zusammenfassend läßt sich feststellen: Selbst von einer idealtypischen Zentralverwaltungswirtschaft ist nicht zu erwarten, daß sie nur eines der drei Effizienzkriterien der Wohlfahrtsökonomie erfüllt, m. a. W. mangelnde Ausrichtung der Produktion auf die individuellen Bedürfnisse sowie ein nichteffizienter Einsatz von Produktionsfaktoren resultieren nicht erst aus der falschen Handhabung eines an sich vernünftig konstruierten Systems; diese *Mängel sind vielmehr bereits in der theoretischen Konzeption angelegt.*

Zur Beurteilung realer Systeme von Zentralverwaltungswirtschaften

Die bisherige Kritik bezog sich allein auf die *idealtypische* Ausprägung der Zentralverwaltungswirtschaft. In *realen Systemen* ist zunächst einmal zu

---

[1] Der Leser sollte sich noch einmal den Unterschied zur Tauscheffizienz vor Augen führen: Bewegliche Konsumgüterpreise könnten dafür sorgen, daß auf Einzelmärkten die Nachfrage an ein *gegebenes* Konsumgütersortiment angepaßt würde; man könnte auf diese Weise Tauscheffizienz erreichen. Mit einer optimalen Produktionsstruktur würde aber noch verlangt, daß z. B. die besonders knappen (und bei beweglichen Preisen auch besonders teuren) Güter vermehrt produziert werden. Während der Tauscheffizienz die Konsumenten*freiheit* zugeordnet ist, gehört zur optimalen Produktionsstruktur die Konsumenten*souveränität.*

berücksichtigen, daß die Leistungsfähigkeit der Betriebe nicht nur von quantitativen Größen abhängt, sondern auch von der **Leistungsbereitschaft** der Arbeiter und Betriebsleiter bestimmt wird. Auf Leistungsanreize kann somit nicht verzichtet werden; allerdings wirkten in der Vergangenheit die in Zentralverwaltungswirtschaften verwendeten Anreizsysteme nicht immer in die gewünschte Richtung. Ein Beispiel ist das **Prinzip der Planerfüllung**[1], das Prämien für die Produktionsstätten und die Arbeiter bei Erfüllung bzw. Übererfüllung der Pläne vorsieht. Die Prämie richtet sich regelmäßig nicht danach, ob ein Betrieb besonders gut gewirtschaftet hat, also etwa kostengünstiger als bisher produziert, sondern danach, ob der vorgeschriebene Produktionsplan erfüllt bzw. übererfüllt wurde. Auf diese Weise kann eine Produktionserhöhung um 9% zu Sanktionen führen, wenn eine 10%ige Erhöhung im Plan vorgesehen war. Wäre im Plan nur eine 8%ige Steigerung vorgeschrieben worden, so wäre der Plan übererfüllt, und statt Sanktionen gäbe es Belohnungen. Es kann nicht verwundern, daß die Betriebe bei der Planung, an der sie ja mitwirken, möglichst frisierte Zahlen nach oben melden, um die daraus vom zentralen Planbüro abgeleiteten Produktions- und Normerhöhungen niedrig zu halten. Der Plan läßt sich dann leicht übererfüllen. Eine erhebliche Übererfüllung erscheint jedoch für die Betriebe auch nicht sinnvoll, da dann die Gefahr besteht, daß in Zukunft die Planauflagen zu stark erhöht werden, so daß die Planübererfüllung künftig nicht mehr so leicht erreichbar ist. Daß bei einem solchen Belohnungssystem die Produktionsreserven nicht genügend ausgeschöpft werden und das wirtschaftliche Wachstum entsprechend gering ausfällt, ist nicht verwunderlich.
Auch das **Plankennziffernsystem** hat – zumindest in der Vergangenheit – zu grotesken Fehlentwicklungen geführt. Die Planauflagen für die Produktion bestanden z. B. in Stück oder kg des herzustellenden Gutes. Da die Prämien für die Erfüllung des Produktionsplanes gezahlt werden, die Absetzbarkeit der Produkte und Konsumentenwünsche dagegen keine gewichtige Rolle spielten, konnte es geschehen, daß das Produktionsvolumen rein quantitativ erhöht wurde. Dies führte zu Erscheinungen, die als *Tonnenideologie* bezeichnet wurden. Auf den Bau leichterer Traktoren wurde verzichtet, weil dann nicht genügend Stahl zur Erreichung des an kg bzw. Tonnen gemessenen Produktionssolls verarbeitet worden wäre. Hausfrauen sahen sich einem Angebot besonders schwergewichtiger Kochtöpfe gegenüber.
Besondere Nachteile der Zentralverwaltungswirtschaften entstehen auch aus der **Komplexität des Planungsprozesses.** Um dies zu illustrieren, sei auf die Preisreform in der Sowjetunion (1965–1968) hingewiesen, die sich mit nicht weniger als 9 Millionen Einzelpreisen zu befassen hatte. Entsprechend schwerfällig sind die Reaktionen des Systems auf Veränderungen oder gar unvorhergesehene Störungen. Versorgungsengpässe in der Pro-

---

[1] Im Gegensatz zum Prinzip der Gewinnmaximierung in marktwirtschaftlichen Systemen.

duktion, aber auch beim Konsum, schlagen sich nicht unmittelbar wie in Marktwirtschaften in Preiserhöhungen bei den knappen Produkten nieder, die einen direkten Anreiz zur Beseitigung der Mangelsituation auslösen. Engpässe werden zunächst nach oben gemeldet und führen zu relativ zeitraubenden Planrevisionen. Der notwendige Lauf der Informationen durch den bürokratisierten Instanzenweg verzögert den notwendigen Anpassungsprozeß und macht die *Inflexibilität und Schwerfälligkeit eines derartigen Produktionslenkungssystems offenkundig.*

Insgesamt kann festgehalten werden, daß das Prinzip der Planerfüllung, das Plankennziffernsystem sowie eine aus westlicher Perspektive kaum vorstellbare Bürokratisierung der Wirtschaftslenkung die im idealtypischen System schon angelegten Ineffizienzen noch verstärken. Die für bürokratische Apparate charakteristische Schwerfälligkeit beeinträchtigt zudem die Fähigkeit des Systems, auf veränderte Umweltbedingungen rasch zu reagieren – ganz im Gegensatz zu gut organisierten Marktwirtschaften, denen eine hohe Anpassungsflexibilität (**dynamische Wettbewerbsfunktion**) zugesprochen werden muß.

Vorteile des zentralgeleitet-sozialistischen Systems werden häufig im Hinblick auf die Realisierung von **Verteilungsgerechtigkeit** gesehen. In der Marktwirtschaft ergibt sich die Einkommensverteilung aus der Verfügung der Individuen über die Produktionsfaktoren und dem Preisbildungsprozeß auf Güter- und Faktormärkten. Die zentralgeleitete Wirtschaft hat dagegen die Möglichkeit, die Einkommensverteilung autonom festzulegen. Daraus erwächst die Chance, die Verteilung wesentlich gleichmäßiger zu gestalten, als es in einer Marktwirtschaft ohne massive Umverteilungsaktivitäten des Staates möglich ist. Es ist in der Realität jedoch zu beobachten, daß diese Möglichkeit nur in begrenztem Umfang genutzt wird. *Erhebliche Einkommensunterschiede werden zugelassen bzw. müssen zugelassen werden, weil ihr Verzicht die ohnehin systembedingten geringen Leistungsanreize weiter schwächen würden.*

Neben den wirtschaftspolitischen Zielen der optimalen Allokation und der Verteilungsgerechtigkeit, die im Mittelpunkt der wohlfahrtstheoretischen Betrachtungen standen und auch den Rahmen für die Beurteilung unterschiedlicher Wirtschaftssysteme abgaben, hatten wir im 1. Kapitel des Buches *stabilitätspolitische* Zielsetzungen aufgeführt. Mit diesem Zielkomplex ist eine wesentliche Schwäche des marktwirtschaftlichen Systems angesprochen (Inflation, Massenarbeitslosigkeit). Tatsächlich nimmt die gesamtwirtschaftliche Stabilitätspolitik daher im Rahmen der staatlichen Wirtschaftspolitik der westlichen Länder nach wie vor eine hervorragende Stellung ein. Die Theorien gesamtwirtschaftlicher Instabilitäten und die Stabilitätspolitik beanspruchen darum auch im zweiten Teil dieses Buches den weitaus größten Raum.

Es ist jedoch keineswegs so, daß Inflation und Arbeitslosigkeit in zentralgeleiteten Wirtschaftssystemen keine Rolle spielen. Diese Probleme treten häufig nur in anderer Form in Erscheinung. Beispielsweise äußern sich Diskrepanzen zwischen gesamtwirtschaftlicher Konsumgüternachfrage und gesamtwirtschaftlichem Konsumgüterangebot eher in *Warteschlangen* und Wartelisten als in steigenden Preisen; man spricht in diesem Falle auch von *zurückgestauter Inflation.* Andererseits werden Arbeiter nicht in größerem Umfange entlassen, sondern verbleiben *unterbeschäftigt* in ihren Betrieben.

Auf Zahlenangaben haben wir in diesem Abschnitt bewußt verzichtet. Dies vornehmlich aus zwei Gründen: Einmal sind die Statistiken westlicher und östlicher Volkswirtschaften nur sehr begrenzt vergleichbar und zweitens spiegeln die Zahlen nur ungenügend die so entscheidenden qualitativen Unterschiede (nicht zuletzt auch bei den Gütern) wider.

Teil 2: Gesamtwirtschaftlicher Ablauf und wirtschaftspolitische Steuerung

7 Der gesamtwirtschaftliche Ablauf: Erscheinungsbild und Erfassung

Das Geschehen auf den nahezu unzähligen Einzelmärkten einer Volkswirtschaft ist für den Betrachter unübersichtlich. Will man das wirtschaftliche Geschehen in seiner Gesamtheit, also gewissermaßen aus der Vogelperspektive, erfassen und beurteilen, so ist es zweckmäßig, einzelwirtschaftliche Variablen zu gesamtwirtschaftlichen Größen zu aggregieren. Durch Zusammenfassung aller auf den Einzelmärkten für Konsumgüter innerhalb eines Jahres getätigten Umsätze erhält man z. B. die *Makrogröße* Privater Konsum; die Summe aller Faktorentlohnungen eines Jahres an die Haushalte stellt das Jahrenseinkommen des Volkes (Volkseinkommen) dar, usw.

Betrachtet man die zeitliche Entwicklung wichtiger Makrogrößen, so zeigen sie charakteristische zyklische Schwankungen. Derartige Fluktuationen – etwa von Produktion und Beschäftigungsgrad – werden allgemein als unerwünscht angesehen. Die Wirtschaftspolitik sieht daher ihre Aufgabe darin, Maßnahmen zu ergreifen, die zu einer Glättung solcher Schwankungen und damit zu einer Verstetigung des Wirtschaftsablaufs führen.

Wegen ihrer Bedeutung für die Wirtschaftspolitik bezeichnen wir eine Reihe von Makrogrößen als **Stabilitätsindikatoren.** Zu dieser Gruppe zählen vor allem

- die Produktion (Sozialprodukt) und das Volkseinkommen,
- die Komponenten der gesamtwirtschaftlichen Nachfrage (Konsum, Investition, Export, Import),
- das Preis- und Lohnniveau,
- die Auslastung der volkswirtschaftlichen Produktionskapazität (Beschäftigten- bzw. Arbeitslosenquote und Auslastungsgrad der Produktionsanlagen),
- das Zinsniveau, die Geldmenge, die Liquidität,
- der Saldo der Zahlungsbilanz (genauer: der Devisenbilanz).

Aktuelle Zahlenangaben zu diesen oder ähnlichen Stabilitätsindikatoren finden sich täglich in Presse, Rundfunk und Fernsehen. Sie basieren in der BR Deutschland im wesentlichen auf Erhebungen der *Statistischen Ämter* des Bundes und der Länder, der *Bundesbank* und einiger wirtschaftswissenschatlicher *Forschungsinstitute.* Für die wirtschaftspolitische Diskussion haben daneben besondere Bedeutung das *Jahresgutachten des Sachverständigenrates zur Begutachtung der gesamtwirtschaftlichen Entwicklung* und der *Jahreswirtschaftsbericht der Bundesregierung*. In diesen beiden Berichten werden regelmäßig neben der Darstellung der Stabilitätsindikatoren für die Vergangenheit wahrscheinliche Abläufe der Wirtschaftsentwicklung in der nahen Zukunft aufgezeigt. Die Bundesregierung formuliert im Jahreswirtschaftsbericht darüber hinaus bestimmte *Zielwerte* für die wichtigsten Indikatoren, d. h. sie gibt an, welche Werte im laufenden Jahr unter Einbeziehung wirtschaftspolitischer Maßnahmen erreicht werden sollen. Damit werden die betreffenden Stabilitätsindikatoren zu wirtschaftspolitischen Zielgrößen erhoben.

7.1 Schwankungen wichtiger Stabilitätsindikatoren: Das Konjunkturphänomen

In diesem Abschnitt wird in groben Zügen die tatsächliche Entwicklung wichtiger Stabilitätsindikatoren aufgezeigt. Dabei soll das Ausmaß der Instabilität dieser Größen sichtbar werden. Wir wollen uns auf die Darstellung der zeitlichen Entwicklung von drei zentralen Indikatoren, die zugleich wichtige wirtschaftspolitische Zielgrößen sind, beschränken: das Sozialprodukt, das Preisniveau und die Beschäftigung. Die Darstellung anderer Stabilitätsindikatoren erfolgt in späteren Abschnitten.

7.1.1 Zur Messung der Indikatoren Sozialprodukt, Preisniveau und Beschäftigung

Im folgenden wollen wir bei der Darstellung der Zeitreihenentwicklung das **Bruttosozialprodukt** (BSP) verwenden. Es stellt die Summe aller Güter und Dienstleistungen dar, die in einer Wirtschaftsperiode erstellt worden sind und Inländern als Endverbraucher für Konsum- und Investitionszwecke sowie für den Export zur Verfügung steht. Sozialproduktgrößen (vgl. im einzelnen Abschnitt 7.2) werden traditionell als **Wohlfahrts- oder Lebensstandardsindikator** sowie als Indikator des **Wirtschaftspotentials** eines Landes aufgefaßt, da sie das Versorgungsniveau einer Volkswirtschaft mit Gütern und Dienstleistungen anzeigen sowie Ausdruck für die Wirtschaftskraft eines Landes sind (vgl. auch Abschnitt 10.1).

Bei der Betrachtung der Entwicklung des Bruttosozialprodukts muß man nun unterscheiden, ob man die **Nominal- oder Realentwicklung** dieser Größe meint. Der Bedeutungsunterschied zwischen nominalen und realen Zeitreihenwerten sei an folgendem einfachen Beispiel veranschaulicht. Nehmen wir an, das laufende (nominale) Einkommen eines Haushalts im Jahre 1991 betrage DM 2200,– pro Monat gegenüber einem Monatseinkommen von DM 2000,– im Jahre 1990. Um die Frage zu beantworten, ob sich der „Lebensstandard" dieses Haushalts – ausgedrückt in der Möglichkeit, für DM 200,– mehr Güter und Dienstleistungen zu kaufen – um 10% verbessert hat, reicht es nicht aus, die beiden Nominalwerte DM 2200,– und DM 2000,– zu vergleichen. Sind im Zeitraum 1990–1991 die Preise für Güter und Dienstleistungen um 10% gestiegen, d.h. ist der Lebenshaltungskostenindex etwa von 100 auf 110 gestiegen[1], so ist klar, daß der Haushalt – bei unveränderter Konsumstruktur – seinen Lebensstandard nicht verbessern konnte, da er nicht mehr Güter und

Dienstleistungen als bisher kaufen kann. Das Realeinkommen ist somit konstant geblieben. Nimmt man das Einkommen als Wohlstandsindikator, so ist die Realgröße aussagekräftiger als die Nominalgröße. Die Umrechnung von Nominalgrößen in Realgrößen (**Deflationierung**) – jeweils bezogen auf die Basisperiode des Indexes, hier: 1990 = 100 – erfolgt nach der einfachen Formel

$$\text{Realwert} = \frac{\text{Nominalwert}}{\text{Preisindex (Deflator)}} \cdot 100 = \frac{2200}{110} \cdot 100 = 2000. \tag{7.1}$$

Durch Bildung von Preisindizes kann man Durchschnittspreise bzw. **Preisniveaus** errechnen. Einzelpreisänderungen schlagen dabei entsprechend dem Anteil der zugehörigen Gütermengen am Gesamtpaket der Güter auf den Index und damit das Preisniveau durch. Das gesamtwirtschaftliche Preisniveau wird üblicherweise am **Preisindex für das Bruttosozialprodukt** gemessen. Daneben werden regelmäßig **Preisindizes für die Lebenshaltung** verschiedener Gruppen von Wirtschaftseinheiten, z. B. von 4-Personen-Arbeitnehmerhaushalten, ermittelt, die die jeweilige Verbrauchsstruktur *(repräsentative Warenkörbe)* der betreffenden Gruppe berücksichtigen[2].

Die Veränderung des Preisniveaus wird gemessen, indem die Preisveränderungen der einzelnen umfaßten Güter ermittelt und entsprechend den Ausgabenanteilen gewogen werden (gewogenes arithmetisches Mittel). Problematisch ist bei der Ermittlung eines Preisindexes auf der Basis eines *konstanten Warenkorbes,* daß sich die *Qualität der Güter* im Zeitablauf ändert und daß sich die *Ausgabenanteile verändern.* Aus diesem Grunde werden die Warenkörbe für die verschiedenen Preisindizes von Zeit zu Zeit den veränderten Verbrauchsgewohnheiten angepaßt.

Unter dem Begriff **Beschäftigung** sei die Ausnutzung der vorhandenen Produktionsfaktoren Arbeit und Kapital (einschl. Boden) verstanden. Der Bestand an Arbeitskräften und die Kapazität der Produktionsanlagen (Kapitalstock) bestimmen die volkswirtschaftlichen Produktionsmöglichkeiten.

Die Auslastung des Arbeitskräftebestandes kommt in der Beschäftigtenquote bzw. in der Arbeitslosenquote zum Ausdruck. Die **Arbeitslosenquote** (U) ist definiert als das Verhältnis der bei den Arbeitsämtern als arbeitslos registrierten Personen u zur Summe der (abhängig) Beschäftigten b und der Arbeitslosen u:

$$U = \frac{u}{b + u} \cdot 100. \tag{7.2}$$

---

[1] Gilt für den Lebenshaltungskostenindex nicht 1990 = 100, sondern 1984 = 100, so wäre z.B. eine Steigerung des Indexes von 120 auf 132 in unserem Beispiel äquivalent.

[2] In der BR Deutschland weist die Statistik fünf verschiedene Lebenshaltungskostenindizes aus: Alle privaten Haushalte, 4-Personen-Haushalte von Angestellten und Beamten mit höherem Einkommen, 4-Personen-Arbeitnehmerhaushalte mit mittlerem Einkommen des allein verdienenden Haushaltsvorstandes, 2-Personen-Haushalte von Renten- und Sozialhilfeempfängern, einfache Lebenshaltung eines Kindes.

Die **Beschäftigungsquote** (B) ist entsprechend:

$$B = \frac{b}{b + u} \cdot 100. \tag{7.3}$$

Beide Quoten sind komplementär, sie ergänzen sich zu 100, so daß *eine* Größe zur Charakterisierung der Beschäftigungslage ausreicht.
Die Auslastung des vorhandenen Kapitalstocks (im wesentlichen Maschinen und Gebäude) kann gemessen werden, *indem man die tatsächliche Güterproduktion* (z. B. das BSP) *auf die maximal mögliche Güterproduktion bezieht.* Damit erhält man den **Kapazitätsauslastungsgrad.**

Die im folgenden Unterabschnitt zusammengestellten Fakten für die BR Deutschland beziehen sich auf die drei zentralen Zielgrößen Sozialprodukt, Preisniveau und Beschäftigung. Die einzelnen Schaubilder enthalten neben der Darstellung absoluter Zeitreihenwerte auch Abbildungen der entsprechenden Wachstumsraten, da diese zur Charakterisierung zeitlicher Entwicklungen anschaulicher sind. Eine **Wachstumsrate** w_x ist definiert als relative Veränderung einer Variablen x zwischen zwei Zeitpunkten t und t + τ:

$$w_x = \frac{x_{t+\tau} - x_t}{x_t} \cdot 100 \text{ (in \%)}. \tag{7.4}$$

7.1.2 Historische Entwicklung der Indikatoren

Sozialprodukt

Die Entwicklung des realen **Bruttosozialprodukts** zeigt im Deutschen Reich und in der BR Deutschland seit Beginn der industriellen Entwicklung Mitte des vorigen Jahrhunderts durchweg einen *positiven Trend.* Zwischen 1850 und 1913 lag die durchschnittliche jährliche Wachstumsrate bei 2,7%. Das Wachstum erfolgte in charakteristischen *zyklischen Schwankungen,* häufig mit absoluten Produktionsrückgängen in den Abschwungphasen, die etwa alle 7–11 Jahre auftraten. Die Entwicklung zwischen den beiden Weltkriegen ist geprägt durch den großen Einbruch mit starkem absolutem Rückgang des BSP in der Weltwirtschaftskrise um 1930. Nach dem Zweiten Weltkrieg (1950–1991) stieg das reale BSP jährlich um durchschnittlich 4,5%. Die Entwicklung erfolgte in den letzten knapp 40 Jahren nicht mehr in zyklischen Schwankungen mit absoluten Produktionsrückgängen (Ausnahme: 1975, 1982), sondern in *Wachstumsschüben.* Die zyklischen Schwankungen sind zwar geblieben (wie vor allem aus Übersicht 7.1 deutlich wird), sie erfolgen nur um einen ansteigenden Wachstumstrend. Während das Bruttosozialprodukt trendmäßig absolut steigt, schwächt sich seine Wachstumsrate ab. Dieser trendmäßige Abfall der Wachstumsrate ist typisch für hochentwickelte („reife") Volkswirtschaften mit Marktsättigung in vielen Bereichen.
Ähnliche charakteristische Schwankungen des Sozialprodukts (wie in Übersicht 7.1) zeigen sich in allen marktwirtschaftlich ausgerichteten Industrieländern. Wachstumseinbrüche sind ebenfalls in Ländern mit zentraler Wirtschaftsplanung zu beobachten, wenn auch meistens nicht mit zyklischer Regelmäßigkeit.

Übersicht 7.1: Die Entwicklung des realen Bruttosozialprodukts in der Bundesrepublik Deutschland

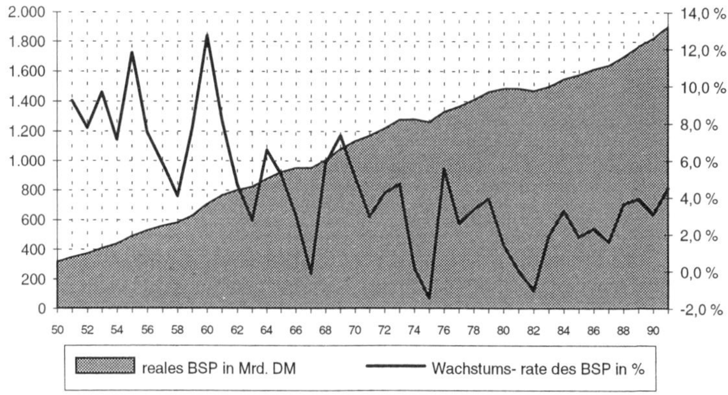

Wir werden weiter unten sehen (Abschnitt 7.2), daß man das Bruttosozialprodukt recht unterschiedlich erfassen und berechnen kann. Wir sprechen sowohl von *Güter-* als auch von *Einkommens*entstehungs- und -verwendungsrechnungen. Entsprechend dieser vier Berechnungsarten läßt sich das Sozialprodukt in unterschiedlicher Weise in *Teilkomponenten* zerlegen. Es ist nun keineswegs so, daß die Entwicklungen dieser Teilkomponenten den in Übersicht 7.1 dargestellten Verläufen der Gesamtgröße (= Bruttosozialprodukt) genau folgen. Es lassen sich vielmehr recht typische Anteilsverschiebungen im Konjunkturverlauf beobachten. Beispielsweise sinkt in Boomphasen im allgemeinen der Anteil der Lohneinkommen am Sozialprodukt (d. h. die Lohneinkommen wachsen schwächer als das Sozialprodukt), während er bei zyklisch bedingter Abschwächung des Wachstums wieder ansteigt (vgl. Abschnitt 9.1.1).

Preisniveau

Die Entwicklung des gesamtwirtschaftlichen Preisniveaus, gemessen am Preisindex für das BSP wie für die Lebenshaltung, zeigt auch bereits vor dem Ersten Weltkrieg ziemlich heftige konjunkturelle Schwankungen. Schon während des Ersten Weltkrieges stieg im Zuge der Kriegsfinanzierung das Geldvolumen erheblich an. Erst Jahre später kam es zur beschleunigten Ausweitung des Geldumfangs und zur Hyperinflation, die Ende 1923 eine Währungsreform erzwang. Von August 1922 bis Nobember 1923 stieg das Preisniveau um mehrere tausend Prozent. Das nach der Währungsreform relativ stabile Preisniveau fiel während der Weltwirtschaftskrise Anfang der 30er Jahre drastisch ab. Seit den 50er Jahren ist das Preisniveau in der BR Deutschland mit Ausnahme der Jahre 1952–54 fortlaufend gestiegen. Die Steigerungsraten sind unterschiedlich und haben die Tendenz, in Jahren starken Sozialproduktwachstums und hoher Kapazitätsauslastung stärker zuzunehmen als in den Jahren mit geringerer Kapazitätsauslastung. Aber selbst in ausgesprochenen Rezessionsphasen (z. B. 1967, 1975, 1982, 1992) ist das Preisniveau nicht stabil gewesen. Ende der 60er und Anfang der 70er Jahre zeigt sich eine Tendenz zu höheren Inflationsraten selbst bei stagnierender Produktion und schwächerer Kapazitätsauslastung („Stagflation"). Gegenüber den meisten anderen westlichen Ländern sind die Inflationsraten der BR Deutschland bislang stets vergleichsweise niedrig gewesen. Die starken Preisauftriebe 1973–1975 und 1979–1981 erklären sich zum großen Teil durch die Ölpreisschocks der OPEC, der Preisanstieg Anfang der 90er Jahre durch besondere Anpassungsprobleme im Zuge des deutschen Wiedervereinigungsprozesses.

Beschäftigung

Den ausgeprägten Schwankungen des Sozialproduktwachstums entsprechen gegenläufige Entwicklungen im Beschäftigungsgrad, d. h. im Auslastungsgrad der volkswirtschaftlichen Produktionskapazität. Als einen Teilindikator des Beschäftigungsgrades hatten wir die **Arbeitslosenquote** genannt. Ihren höchsten Stand erreicht die Arbeitslosenquote mit 30,5% (1932) in der Weltwirtschaftskrise. Ein Vergleich der jährlichen Wachstumsraten des realen BSP mit den jeweiligen Arbeitslosenquoten für die BR Deutschland zeigt, daß rückläufiges oder stagnierendes Wachstum mit relativ hohen Arbeitslosenquoten einhergeht (z. B. in der Weltwirtschaftskrise und den Rezessionen 1967 und 1974/75). In den 50er Jahren wird die konjunkturbedingte Beziehung zwischen Wachstumsgeschwindigkeit und Arbeitslosigkeit überlagert durch ein beträchtliches Maß von *struktureller Arbeitslosigkeit,* das im wesentlichen aus den Kriegsnachwirkungen resultiert. Insgesamt zeigt sich, daß mit der zunehmenden Verstetigung des wirtschaftlichen Wachstums in der Nachkriegszeit auch das Ausmaß der konjunkturell bedingten Arbeitslosigkeit zurückgeht. Zwischen 1960 und 1973 lag die Arbeitslosenquote bei durchschnittlich nur 1,0%. Seit 1975 macht sich das Ausmaß struktureller Arbeitslosigkeit verstärkt bemerkbar. Die Arbeitslosenquote lag im Zeitraum 1975–1980 bei durchschnittlich 4,1%, im Zeitraum 1981–1991 bei 8,0%.

In vielen Ländern sind aus verschiedenen Gründen höhere Arbeitslosenquoten zu beobachten (im wesentlichen strukturbedingt). Bei Ländervergleichen sind jedoch Unterschiede der statistischen Erfassung zu berücksichtigen.

Es ist problematisch, die Arbeitsmarktlage allein durch die Arbeitslosenquote zu kennzeichnen. Diese Quote bezieht sich einmal nur auf den Anteil der bei den Arbeitsämtern registrierten Arbeitslosen an der Gesamtzahl von Beschäftigten und Arbeitslosen. Weiterhin kommt nicht zum Ausdruck, wie groß der Anteil der **strukturell** bedingten Arbeitslosigkeit (ausscheidende Arbeitskräfte in schrumpfenden Sektoren, die nicht ohne weiteres neu zu beschäftigen sind), der **saisonal bedingten**

Arbeitslosigkeit (insbesondere im Baugewerbe in Abhängigkeit von den Witterungsbedingungen) und die **Fluktuationsarbeitslosigkeit** (übliche Überbrückungszeiten beim Wechsel des Arbeitsplatzes) ist. Deswegen wird häufig zur Kennzeichnung der konjunkturellen Situation ergänzend die **Zahl der offenen Stellen** herangezogen, obwohl auch diese Angaben problematisch sind, da viele Unternehmen vorsorglich Arbeitskräftebedarf anmelden, so daß die tatsächliche Nachfrage überschätzt wird.
Ergänzender Beschäftigungsindikator zur Arbeitslosenquote ist die Zahl bzw. Quote der **Kurzarbeiter.** Es handelt sich hierbei um Arbeitnehmer, die nicht entlassen sind, sondern (nur vorübergehend) Teilzeitarbeit verrichten.

Übersicht 7.2: Die Entwicklung des Lebenshaltungskostenindex in der Bundesrepublik Deutschland 1962–1991

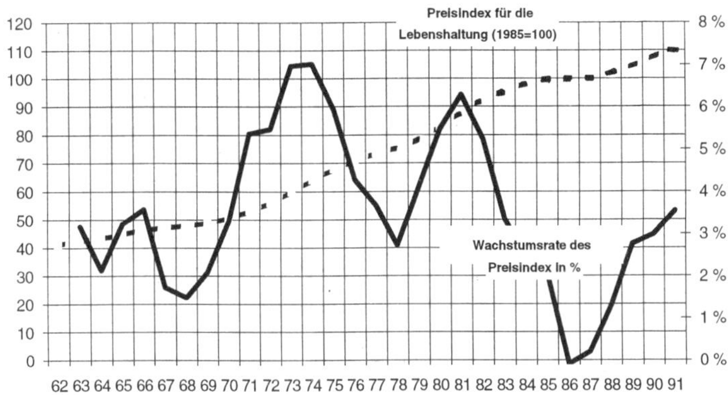

Sowohl die Arbeitslosen als auch die offenen Stellen sind Kategorien der *Arbeitsmarktstatistik* und definiert als: „Bei den Arbeitsämtern gemeldete unbesetzte Arbeitsplätze bzw. dort registrierte Arbeitslose". Da es stets Arbeitslose gibt, die von der Statistik nicht erfaßt werden, hat man die Residualkategorie der **„versteckten Arbeitslosigkeit"** geschaffen. Zu den versteckt arbeitslosen gehören auch diejenigen Arbeitskräfte, die zwar einen Arbeitsplatz besitzen, dort aber nicht voll eingesetzt werden (ein früher in den ehemaligen sozialistischen Ländern weit verbreitetes Phänomen: vgl. Abschnitt 6.2.3.2). Im übrigen spielt der Begriff der versteckten Arbeitslosigkeit in der Ökonomik der Entwicklungsländer eine wichtige Rolle.
Die Ermittlung des zweiten Teilindikators der Beschäftigungslage, des **Auslastungsgrades des Kapitalstocks,** erweist sich als statistisch nicht unproblematisch, da Schätzungen der maximal möglichen Produktion erforderlich sind. Der „Sachverständigenrat zur Begutachtung der gesamtwirtschaftlichen Entwicklung" hat eine Zeitreihe der hypothetischen Maximalproduktion auf Grund der Entwicklung des Kapitalstocks geschätzt, die er als **gesamtwirtschaftliches Produktionspotential** be-

Übersicht 7.3: Die Entwicklung von Beschäftigungsindikatoren in der Bundesrepublik Deutschland 1968–1991

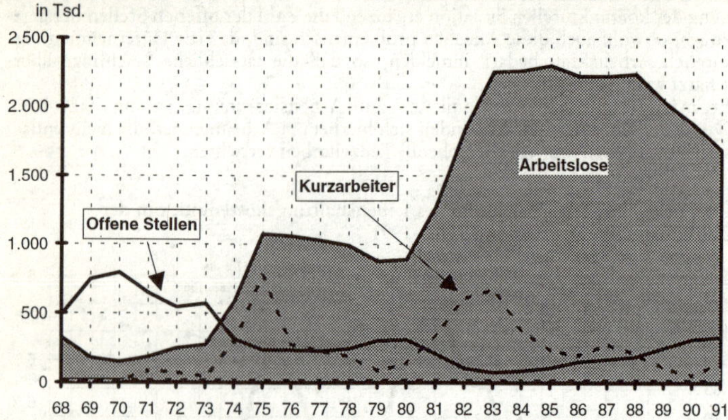

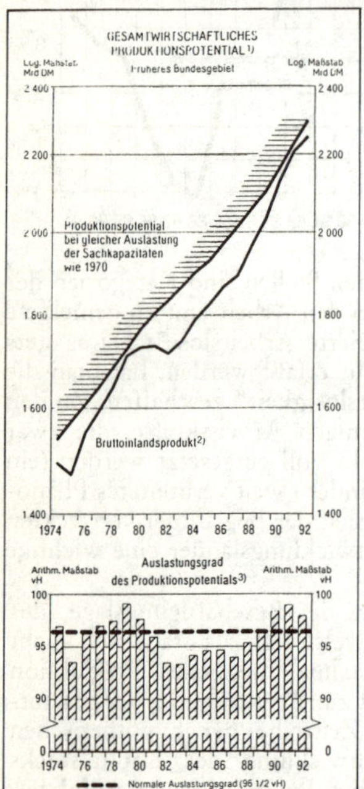

zeichnet. Aus Übersicht 7.4 ist ein relativ stetiges Wachstum des volkswirtschaftlichen Produktionspotentials ersichtlich.
Der Kapitalstock wurde im Zeitraum 1974–1992 im Konjunkturverlauf in unterschiedlichem Maße zwischen 93 % und 100 % ausgelastet.

Übersicht 7.4: Die Entwicklung des Produktionspotentials und der Kapazitätsauslastung in der Bundesrepublik Deutschland 1974–1992 (Quelle: Sachverständigenrat)

Hinter dieser gesamtwirtschaftlichen Betrachtung verbergen sich jedoch erhebliche sektorale Unterschiede. Ausgeprägtere Schwankungen der Kapazitätsauslastung sind z. B. für die Investitionsgüterindustrien typisch (vgl. Übersicht 7.5). Hierin schlägt sich die Tatsache nieder, daß die Unternehmer Investitionsgüter nicht kontinuierlich, sondern in Abhängigkeit von ihren Absatz- oder Gewinnerwartungen nachfragen, die vom Konjunkturverlauf wesentlich mitbestimmt werden. In den Nahrungs- und Genußmittelindustrien ist dagegen wegen der relativ stabilen Verbrauchsgewohnheiten der Konsumenten eine gleichmäßigere Kapazitätsauslastung zu beobachten.

Wenn wir im folgenden 8. Kapitel von Beschäftigung (Voll-, Unter- oder Überbeschäftigung) sprechen, so haben wir dabei primär die Beschäftigung des Faktors Arbeit im Blick. Damit sind jedoch im allgemeinen auch entsprechende Schwankungen des Auslastungsgrades des Kapitalstocks verbunden. Die Übersichten 7.3 und 7.4 zeigen beispielsweise für die Bundesrepublik, *daß hohe Arbeitslosigkeit mit hoher Kapazitätsunterauslastung einhergeht* und umgekehrt; beide Beschäftigungsindikatoren weisen eine auffallende *Parallelität* in ihrer zeitlichen Entwicklung auf.

Übersicht 7.5: Die Kapazitätsauslastung in ausgewählten Industriezweigen der Bundesrepublik Deutschland 1965–1975 (saisonbereinigt)

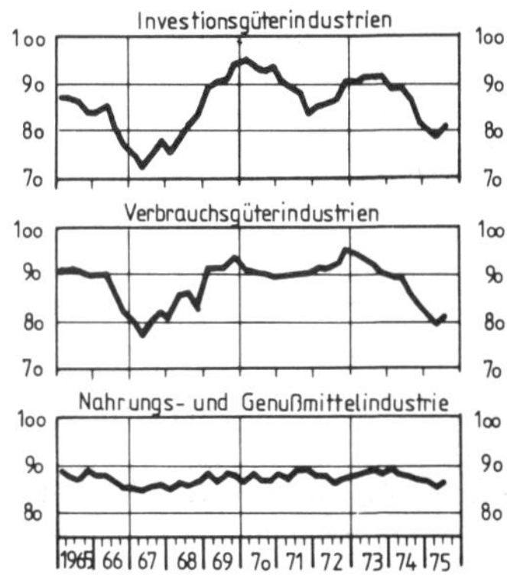

Schon dieser kurze Überblick über die Entwicklung einiger bedeutender Makrogrößen zeigt, daß die Indikatorwerte nicht gleichförmig laufen, sondern mehr oder weniger stark schwanken. Um durch wirtschaftspolitische Maßnahmen auf eine Glättung der Schwankungen von Zielgrößen bzw. die Realisierung bestimmter Zielwerte einwirken zu können, müssen die Ursachen der Schwankungen und die Wechselbeziehungen zwischen den Indikatoren bekannt sein. Wirtschaftspolitische Maßnahmen können dann derart aufeinander abgestimmt werden, daß die angestrebten Zielwerte möglichst weitgehend erreicht werden.

7.2 Grundbegriffe der Sozialproduktrechnung

Bevor die Grundzüge der makroökonomischen Theorie zur Erklärung der Ursachen und Wechselbeziehungen zwischen gesamtwirtschaftlichen Stabilitätsindikatoren entwickelt werden, ist es notwendig, sich über einige wichtige Grundbegriffe zu verständigen. Die meisten Stabilitätsindikatoren sind leicht bestimm- und meßbar. Andere jedoch, die Teile der wirtschaftlichen Kreislaufbeziehungen abbilden (z. B. Produktion und Einkommen), stehen in einem engen definitorischen Zusammenhang und bedürfen einer eingehenderen Erläuterung.

Die **gesamtwirtschaftliche Kreislaufanalyse** dient der systematischen und geschlossenen Darstellung der in einer Volkswirtschaft stattfindenden ökonomischen Transaktionen. Sie ist das makroökonomische Gegenstück zu der unternehmerischen Buchhaltung und läßt sich als eine Zusammenfassung der Buchhaltungen der einzelnen Wirtschaftseinheiten auf gesamtwirtschaftlicher Ebene verstehen.

Seit der Weltwirtschaftskrise in den 30er Jahren dieses Jahrhunderts hat die gesamtwirtschaftliche Kreislaufanalyse eine zunehmende wirtschaftspolitische Bedeutung erlangt. Man erkannte, daß die systematische quantitative Beschreibung der gesamtwirtschaftlichen Kreislaufzusammenhänge eine wichtige Grundlage für die Diagnose der konjunkturellen Lage und die Beurteilung des wirtschaftspolitischen Mitteleinsatzes darstellt. Die entscheidenden Anregungen für den Ausbau der Kreislaufanalyse gaben die bahnbrechenden Arbeiten des englischen Nationalökonomen *J. M. Keynes* (1883–1946), der die Grundlagen für die moderne makroökonomische Theorie legte. Von diesen Konzepten ausgehend wurde die Volkswirtschaftliche Gesamtrechnung in den letzten Jahrezehnten zu einem differenzierten und leistungsfähigen Instrument der gesamtwirtschaftlichen „Erfolgsrechnung“ entwickelt.

Heute kommen der **Volkswirtschaftlichen Gesamtrechnung** insbesondere die folgenden **Aufgaben** zu:

- Sie dient der gesamtwirtschaftlichen Situationsanalyse in bezug auf die konjunkturelle Lage, das wirtschaftliche Wachstum, den sektoralen Strukturwandel, die Einkommensverteilung, die Außenhandels- und Zahlungsbilanzsituation sowie die staatlichen Einnahmen und Ausgaben.
- Sie bildet die Grundlage für die Überprüfung makroökonomischer Theorien und für Prognosen.
- Sie ist die Voraussetzung für eine Erfolgskontrolle wirtschaftspolitischer Maßnahmen.

Die Kreislaufbeziehungen einer Volkswirtschaft sind kompliziert. Sie werden in der *Volkswirtschaftlichen Gesamtrechnung* erfaßt, einem statistischen Zahlenwerk, das das Kreislaufgeschehen innerhalb eines bestimmten Zeitraums (in der Regel eines Jahres) abbildet. Die Volkswirtschaftlichen Gesamtrechnungen der meisten Länder folgen in ihrem Aufbau und in der Verwendung der Begriffe dem Standardsystem der OEEC (später OECD), das seit Anfang der 50er Jahre zu einer internationalen Vereinheitlichung und Vergleichbarkeit der Statistiken geführt hat. Von den zahlreichen Teilrechnungen der Volkswirtschaftlichen Gesamtrechnung soll uns in diesem Abschnitt nur der Bereich interessieren, der auf dem Sozialproduktkonzept beruht.

Ein Überblick über den Grundaufbau der Gesamtrechnung wird in Abschnitt 7.3 gegeben.

Wenn man zunächst vom einfachsten nur denkbaren Wirtschaftskreislauf zwischen Unternehmen und Haushalten (wie in Übersicht 1.3 abgebildet) ausgeht, so läßt sich dieser wie folgt charakterisieren: Die Tauschakte zwischen den Wirtschaftseinheiten erzeugen reale (physische) und monetäre Ströme. Die Haushalte stellen den Unternehmen Arbeitsleistungen sowie Kapital- und Bodenleistungen zur Verfügung. Als Entlohnung fließen den Haushalten (monetäre) Einkommen zu. Die Einkommen fließen an die Unternehmen zurück, wenn Konsumgüter gekauft werden, wodurch die Güter von den Unternehmen zu den Haushalten gelangen. Reale und monetäre Ströme verlaufen also stets entgegengerichtet. Einer bestimmten Höhe des Einkommens entspricht somit eine bestimmte Höhe der (mit den herrschenden Preisen bewerteten) Produktion. Die Begriffe **Produktion** und **Einkommen** (makroökonomisch: Sozialprodukt und Gesamteinkommen) werden daher auch **synonym** gebraucht.

Will man nun die Kreislaufströme statistisch messen, so kann man prinzipiell an vier Stellen des Kreislaufs ansetzen:
- bei der **Güterentstehung** (Erfassung der erstellten Güter und Dienstleistungen in den Unternehmen),
- bei der **Güterverwendung** (Erfassung der Güter nach Verwendungszwecken Konsum und Investition bei den Verwendern Haushalte und Unternehmen),
- bei der **Einkommensentstehung** oder *Einkommensverteilung* (Erfassung der Entlohnungen der Produktionsfaktoren an die Haushalte bei den Unternehmen und/oder Erfassung der Einkommen (= Faktorentgelte) bei den Haushalten),
- bei der **Einkommensverwendung** (Erfassung der Konsumgüterausgaben und der Ersparnisbildung bei den Haushalten).

Auf jedem dieser vier Wege gelangt man unabhängig voneinander zum selben Ziel, nämlich zur Ermittlung des Sozialprodukts bzw. des Gesamteinkommens.

Geht man nun realistischerweise davon aus, daß in einer Volkswirtschaft neben den privaten Haushalten noch öffentliche Haushalte existieren und daß Außenwirtschaftsbeziehungen bestehen, so stellt sich das Kreislaufgeschehen komplexer und unübersichtlicher dar. Vor allem ist es erforderlich, die einzelnen Kreislaufströme genauer zu bezeichnen und ihre Stellung im Kreislaufzusammenhang deutlich zu machen.

Der Bezugspunkt der Sozialproduktrechnung nach den vier Vorgehensweisen ist zweckmäßigerweise das **Bruttosozialprodukt zu Marktpreisen** (BSP_M). Es wurde bereits definiert als die Summe aller Güter und Dienstleistungen eines Jahres, die Inländern als Endverbraucher für Konsum- und Investitionszwecke sowie für den Export zur Verfügung stehen. Das „Güterpaket“ ist zu Marktpreisen, d. h. zu den jeweiligen auf den Einzelmärkten herrschenden Preisen bewertet.

7.2.1 Güterentstehung

Bei der Berechnung des Bruttosozialprodukts zu Marktpreisen (BSP_M) von der Güterentstehungsseite her gehen wir von den **Produktionswerten** (häufig auch *Bruttoproduktionswert* genannt) aller inländischen Wirtschaftseinheiten aus. Produzierende Wirtschaftseinheiten sind im wesentlichen die Unternehmen[1]. Der Wert ihrer Produktion entspricht der Summe aller Erträge, die aus der Aufwands- und Ertragsrechnung (auch Gewinn- und Verlustrechnung genannt) zu entnehmen ist (vgl. Übersicht 3.1).

Der Produktionswert umfaßt nicht nur Güter und Dienstleistungen, die Endprodukte sind (die z. B. konsumreif sind), sondern er umfaßt daneben Produkte, die im Unternehmensbereich noch weiter verarbeitet werden, bis sie zu End- oder Fertigprodukten geworden sind. Diese als Zwischenprodukte oder *Vorleistungen* bezeichneten Güter werden bei den liefernden Unternehmen auf der Ertragsseite und bei den beziehenden Unternehmen auf der Aufwandsseite erfaßt. Sie sind somit im Produktionswert enthalten.
In Abschnitt 7.3 wird im einzelnen anschaulich anhand eines Beispiels dargestellt, wie aus einzelnen Gewinn- und Verlustrechnungen durch Zusammenfassung (Konsolidierung bzw. Aggregation) der gesamtwirtschaftliche Produktionswert ermittelt wird.

In der Statistik werden die Unternehmen nach mehr oder weniger gleichartigen Produktgruppen zu Sektoren (Wirtschaftszweigen) zusammengefaßt. Eine Grobgliederung sektoraler Aufteilung der volkswirtschaftlichen Produktion findet sich in Übersicht 7.6.
Will man den Wert aller in einer Volkswirtschaft produzierten Endprodukte ermitteln, so muß man vom Produktionswert die in der Produktion verwendeten **Vorleistungen** (Materialeinsatz u. a.) abziehen. Zu den Vorleistungen (V) rechnen sowohl im Inland produzierte (V_i) als auch im Ausland produzierte (V_a), also importierte Güter. Ferner werden in der Position Vorleistungen die **Einfuhrabgaben**[2] (T_{indm}) auf die importierten Vorleistungen erfaßt. Es gilt also

$$V \equiv V_i + V_a + T_{indm}. \tag{7.5}$$

Durch Abzug der Vorleistungen vom Produktionswert (PW) *erhält man die* **Bruttowertschöpfung** (BWS). *Diese unterscheidet sich vom* **Bruttoinlandsprodukt zu Marktpreisen** (BIP_M) *lediglich durch die Einfuhrabgaben, die in der Bruttowertschöpfung nicht enthalten sind.*

Der Unterschied zwischen Bruttosozialprodukt und Bruttoinlandsprodukt besteht darin, daß im Inlandsprodukt die *Güterproduktion des Inlandes* enthalten ist **(Inlandskonzept)**, daß im Sozialprodukt dagegen die

[1] Die Tatsache, daß auch der Staat produziert, d. h. Dienstleistungen den Bürgern zur Verfügung stellt, und daß auch in privaten Haushalten „produziert" wird, wenn z. B. eine bezahlte Hausangetellte dort arbeitet, sei im folgenden vernachlässigt.
[2] Einfuhrzölle, Einfuhrumsatzsteuern, Abschöpfungs- und Währungsausgleichsbeträge. Die Einfuhrabgaben stellen einen Teil der indirekten Steuern (T_{ind}) dar (vgl. Gleichung 7.12).

Übersicht 7.6: Die Entstehung des Bruttosozialprodukts in der Bundesrepublik Deutschland

			Mrd. DM 1991
	Produktionswert (PW) aller inländischen Wirtschaftseinheiten		6469
−	Vorleistungen (einschl. importierte Vorl. und Einfuhrabgaben) (V)		4062
=	Bruttowertschöpfung (BWS)		2407
	davon: Landwirtschaft	33 (1,4%)	
	Produzierendes Gewerbe	984 (40,8%)	
	Handel und Verkehr	374 (15,5%)	
	Dienstleistungsbereiche	795 (33,1%)	
	Sonstige Bereiche	221 (9,2%)	
+	Einfuhrabgaben (T_{indm})		206
=	Bruttoinlandsprodukt zu Marktpreisen (BIP_M) (Inlandsprodukt)		2613
+	„Saldo des Erwerbs- und Vermögenseinkommens zwischen Inländern und der übrigen Welt" (S_{ia}) =	+ Auslandseinkommen von Inländern	121
		− Inlandseinkommen von Ausländern	103
		Saldo	18
=	Bruttosozialprodukt zu Marktpreisen (BSP_M) (Inländerprodukt)		2631

Quelle: Statistisches Bundesamt

Güterproduktion (= Einkommen) erfaßt ist, die *Inländern* zur Verfügung steht (**Inländerkonzept**)[1].

Zum Bruttosozialprodukt zu Marktpreisen (BSP_M) gelangt man daher, indem man zum Bruttoinlandsprodukt zu Marktpreisen (BIP_M) das Einkommen hinzurechnet, das Inländer bei einer Produktion im Ausland verdient haben (= **Auslandseinkommen von Inländern**), und das Einkommen abzieht, das Ausländer bei einer Produktion im Inland verdient haben (= **Inlandseinkommen von Ausländern**).

[1] Der Begriff **Inländer** umfaßt alle natürlichen Personen mit ständigem Wohnsitz im Inland (z. B. auch Gastarbeiter). Sämtliche Unternehmen, selbst wenn sie sich in ausländischem Besitz befinden, werden als Inländer des Landes gerechnet, in dem sie wirtschaftlich tätig sind, da sie ein Bestandteil dieser Volkswirtschaft sind.

$$
(7.6)\quad
\begin{aligned}
BSP_M &\equiv PW - V \quad + T_{indm} + S_{ia},\\
BSP_M &\equiv PW - V_i - V_a \quad + S_{ia},\\
BSP_M &\equiv BWS \quad + T_{indm} + S_{ia},\\
BSP_M &\equiv BIP_M \quad + S_{ia},
\end{aligned}
$$

wobei S_{ia} den Saldo der Einkommen zwischen In- und Ausland darstellt.

Das Bruttosozialprodukt zu Marktpreisen entspricht nicht dem Güterpotential, über das die Inländer in vollem Umfang verfügen können, wenn die Produktionskapazität (Kapitalstock) der Volkswirtschaft in den kommenden Jahren in gleicher Höhe aufrechterhalten werden soll. Die Unternehmen müssen daher Teile des BSP_M für **Ersatzinvestitionszwecke** verwenden, damit die im Zuge der Produktion sich verschleißenden Gebäude und Maschinen ersetzt werden können. Das nach Abzug der Ersatz- oder Reinvestition (die Unternehmer berücksichtigen sie in ihrer Rechnungslegung als **Abschreibung**) verbleibende Güterpotential (= **Nettosozialprodukt zu Marktpreisen,** NSP_M) kann von den Inländern konsumiert, für Erweiterungen des Kapitalstocks (Nettoinvestition) verwendet oder ins Ausland verkauft werden.

Bereinigt man das Nettosozialprodukt zu Marktpreisen um den Saldo S_{ia}, so ergibt sich das **Nettoinlandsprodukt zu Marktpreisen** (NIP_M), also die Summe aller über die Erhaltung des Kapitalstocks hinaus im Inland neugeschaffenen Endprodukte. Dieses Güterpotential ist zu jeweils herrschenden Preisen (Marktpreisen) bewertet. Zieht man nun die in den Preisen enthaltenen **indirekten Steuern** (T_{ind}) (z. B. die Mehrwertsteuer) ab und zählt die **Subventionen** (Z_u) hinzu, so verbleibt eine Güterproduktion, die zu Produktions- oder Faktorkosten bewertet ist. Dieses **Nettoinlandsprodukt zu Faktorkosten** (NIP_F) stellt die über die Erhaltung des Kapitalstocks hinaus im Inland neugeschaffenen, zu Produktionskosten bewerteten Endprodukte dar. Es gilt somit insgesamt gesehen:

$$
(7.7)\quad NSP_M - S_{ia} \equiv NIP_M;\ NIP_M - T_{ind} + Z_u \equiv NIP_F \equiv \text{(Netto-)Wertschöpfung.}
$$

Das NIP_F wird auch als **(Netto-)Wertschöpfung** bezeichnet, weil im *Gegenwert* des NIP_F den Haushalten Faktorentlohnungen als neugeschaffenes Einkommen zufließen.

7.2.2 Güterverwendung

Die Verwendungsrechnung erfaßt die Struktur des **Endverbrauchs.** In diesem Teil der volkswirtschaftlichen Gesamtrechnung wird nachgewiesen, für welche Zwecke die Endprodukte verwendet werden. Das Bruttosozialprodukt, das im wesentlichen die im Inland erzeugten Endprodukte umfaßt, wird traditionell in die Komponenten privater Verbrauch (C_{pr}), Staatsverbrauch (C_{st}), Bruttoinvestition (I^B) und Außenbeitrag (X-M) aufgeteilt.

Der **private Verbrauch** (C_{pr}) umfaßt die Güter- und Dienstleistungskäufe der inländischen privaten Haushalte für Konsumzwecke (auch langlebige Gebrauchsgüter, wie Automobile, Möbel).

Unter dem **Staatsverbrauch** (C_{st}) versteht man die Summe der Dienst- und Verwaltungsleistungen, die der Staat ohne spezielles Entgelt zur Verfügung stellt, z. B. Leistungen im Bereich der Ausbildung, der Landesverteidigung oder der allgemeinen Verwaltung. Da solche Leistungen schwer zu messen sind, bewertet man sie anhand der laufenden Aufwendungen des Staates.

Unter **Investition** versteht man allgemein die Käufe von dauerhaften Produktionsmitteln (z. B. Maschinen und Gebäude). Sie können entweder dem Ersatz von ausscheidenden Kapitalgütern oder der Erweiterung des Kapitalstocks dienen.

Ersatzinvestitionen (I^R) werden getätigt, um den Kapitalstock zu erhalten. In der Produktion verschlissene maschinelle Anlagen müssen laufend ersetzt werden, wenn das Produktionsniveau in der Zunkunft nicht sinken soll. Der Anlagenverschleiß wird in Form der **Abschreibungen** (D) berücksichtigt. Die Abschreibungen stellen eine Art Ersparnis durch die Unternehmen dar. Sie sind grundsätzlich so zu bemessen, daß sie genau dem Verschleiß entsprechen. Dadurch werden die Unternehmen in die Lage versetzt, die ausscheidenden Kapitalgüter ständig im notwendigen Umfang durch neue zu ersetzen[1]:

$$I^R = D. \tag{7.8}$$

Nettoinvestitionen (I^N) stellen eine Erweiterung des Kapitalstocks bzw. des volkswirtschaftlichen Produktionspotentials dar. Sie umfassen die **Anlageinvestitionen** (Maschinen, maschinelle Anlagen, Fahrzeuge, Bauten aller Art usw.) und die **Vorratsinvestitionen**, auch Vorratsänderungen genannt. Daß die Änderung der Lagerbestände an Roh-, Halb- und Fertigprodukten der eigenen Produktion und der Handelsware im Berichtszeitraum als Vorratsinvestition zu interpretieren ist, leuchtet nicht unmittelbar ein und bedarf daher weiter unten noch der näheren Erklärung.

Die **Bruttoinvestition** setzt sich somit aus der Netto- und der Reinvestition zusammen:

$$I^B \equiv I^N + I^R. \tag{7.9}$$

Führt man die Unterscheidung zwischen **privater Bruttoinvestition** (I^B_{pr}) und **staatlicher Bruttoinvestition** (I^B_{st}) ein, so gilt:

$$\begin{aligned} I^B &\equiv I^B_{pr} + I^B_{st}, \text{ oder} \\ I^B &\equiv I^N_{pr} + I^R_{pr} + I^N_{st} + I^R_{st}. \end{aligned} \tag{7.10}$$

[1] Da man die Investitionsgüter empirisch-statistisch nicht in Güter für Netto- und Reinvestitionszwecke aufteilen kann, nimmt man die Abschreibungen als Hilfsgröße für den Umfang der Reinvestitionen. Abgesehen von gewissen Schwierigkeiten, den Verschleiß von Anlagen genügend genau zu bewerten, können Abschreibungen nur als approximativer Wert des Reinvestitionsvolumens angesehen werden. Eine genaue Übereinstimmung wäre nur bei zeitlicher Gleichverteilung und gleicher Lebensdauer der Investitionen gegeben. Ein sprunghafter Anstieg der (Netto-)Investitionen führt etwa dazu, daß ab dem Zeitpunkt der Anschaffung der zusätzlichen Anlagen abgeschrieben werden muß, während der Reinvestitionszeitpunkt erst am Ende der Lebensdauer dieser Anlagen liegt. Bei Heranziehung der Abschreibungen werden statistisch somit in diesem Fall die Reinvestitionen in den ersten Jahren überschätzt.

Unter dem **Außenbeitrag** versteht man die Differenz zwischen der **Ausfuhr** (X) und der **Einfuhr** (M). Der Außenbeitrag umfaßt die *Umsätze von Gütern und Dienstleistungen sowie die Erwerbs- und Vermögenseinkommen zwischen In- und Ausland* (S_{ia}).

Es ist zunächst nicht unmittelbar einsichtig, warum bei der Ermittlung des Bruttosozialprodukts von der Verwendungsseite die Importe (M) abgezogen werden müsen. Dies liegt daran, daß Einfuhrgüter in allen anderen Verwendungspositionen (C, I^B und X) enthalten sind: ein Teil der Konsum- und Investitionsgüter wird aus dem Ausland bezogen und geht unmittelbar an den Endverbrauch (= **direkte Importe**). Darüber hinaus werden Güter importiert, die als Vorleistungen bei der inländischen Produktion verwendet werden. Alle inländischen Endprodukte enthalten somit Importanteile (= **indirekte Importe**), soweit bei ihrer Herstellung importierte Vorleistungen verwendet wurden. Da bei der Ermittlung der Verwendungspositionen C, I^B und X normalerweise nicht nach der Herkunft der Güter unterschieden wird – dies ist statistisch auch äußerst schwierig, da insbesondere die indirekten Importe bei den Einzelpositionen nur schwer erkennbar sind –, ist klar, daß in diesem Falle C, I^B und X um die gesamten Einfuhren „aufgebläht" sind. Da die Verwendungsrechnung sich aber auf die im Inland (genauer: von Inländern) erstellten Endprodukte (BSP_M) bezieht, müssen also die im Ausland erzeugten Güter abgezogen werden.

Das Bruttosozialprodukt zu Marktpreisen setzt sich von der Verwendungsseite her gesehen – wie folgt zusammen (vgl. Übersicht 7.7):

$$BSP_M \equiv C_{pr} + C_{st} + I^N_{pr} + I^R_{pr} + I^N_{st} + I^R_{st} + X - M. \qquad (7.11)$$

oder vereinfacht:

$$BSP_M \equiv C + I^B + X - M.$$

7.2.3 Einkommensentstehung

Bei der Entstehung des Bruttosozialprodukts werden die Produktionsfaktoren entlohnt. Durch die Entlohnung entstehen bei den Haushalten Einkommen. Dieser Einkommensstrom teilt sich entsprechend dem Beitrag der einzelnen Produktionsfaktoren auf die verschiedenen Haushalte auf. Die Begriffe Einkommensentstehung und Einkommensverteilung werden daher synonym verwendet.

Informationen über die Einkommensentstehung bzw. -verteilung lassen sich statistisch zunächst am einfachsten wiederum aus den Aufwands- und Ertragsrechnungen der Unternehmen gewinnen. Die Aufwandsseite aller aggregierten Aufwands- und Ertragskonten macht die Aufteilung des Bruttosozialprodukts sichtbar (vgl. die ausführliche Darstellung in Abschnitt 7.3). Die Entlohnung des Produktionsfaktors Arbeit wird in der Volkswirtschaftlichen Gesamtrechnung der BR Deutschland unter der Position **Bruttoeinkommen aus unselbständiger Arbeit**[1] von Inländern erfaßt, die wir aus Vereinfachungsgründen weiterhin als „Löhne" (L) bezeichnen wollen. Die Entlohnung der übrigen Produktionsfaktoren

---

[1] Hierunter sind genau zu verstehen: Bruttolöhne und Bruttogehälter, Arbeitgeberbeiträge zur Sozialversicherung und zusätzliche Sozialaufwendungen der Arbeitgeber.

sowie die Restgröße Gewinn werden, da sie statistisch nicht genügend exakt trennbar sind, unter der Position **Bruttoeinkommen aus Unternehmertätigkeit und Vermögen**[1] – vereinfachend weiterhin als Zinsen (Q) und Gewinne (G) bezeichnet – ausgewiesen[2].

Übersicht 7.7: Die Verwendung des Bruttosozialprodukts in der Bundesrepublik Deutschland.

		Mrd. DM 1991
Privater Verbrauch (C_{pr})		1421
+ Staatsverbrauch (C_{st})		468
+ Private Bruttoinvestition (I^B_{pr})		495
davon: Reinvestition (I^R_{pr})	291	
Anlage- u Vorratsinvestition (I^N_{pr})	204	
+ Staatliche Bruttoinvestition (I^B_{st})		61
davon: Reinvestition (I^R_{st})	19	
Anlage- u. Vorratsinvestition (I^N_{st})	42	
+ Außenbeitrag (X-M)		186
= Ausfuhr (X)	1013	
- Einfuhr (M)	827	
= Bruttosozialprodukt zu Marktpreisen (BSP_M)	2.631	

Quelle: Statistisches Bundesamt

Löhne, Zinsen und Gewinne ergeben zusammengenommen das **Nettosozialprodukt zu Faktorkosten** (NSP_F). Es wird auch als **Volkseinkommen** (Y) bezeichnet, da es dem Einkommen aller inländischen Haushalte aus der Zurverfügungstellung von Produktionsfaktoren entspricht.

Die aus dem Einkommen der Haushalte gekaufte Güterproduktion wird in Geldgrößen gemessen. Die Menge der Güter und Dienstleistungen wird mit den jeweils herrschenden Preisen (Marktpreisen) bewertet. Die Marktpreise entsprechen aber regelmäßig nicht den Faktorkosten (pro Stück), d.h. den Aufwendungen für die Produktionsfaktoren. In den Marktpreisen sind **indirekte Steuern** enthalten, z.B. die Mehrwertsteuer und/oder andere Verbrauchsteuern sowie die Grund- und Gewerbesteuer, aber auch die Einfuhrabgaben auf verarbeitete Vorleistungen. Der Teil der indirekten Steuern, der wie die Mehrwertsteuer von den inländischen Unternehmen ans Finanzamt abzuführen ist, wird als **Produktionssteuern** (T_{indp}) bezeichnet. Produktionssteuern und **Einfuhrabgaben** (T_{indm}) zusammengenommen stellen die **indirekten Steuern** (T_{ind}) dar. Es gilt also:

$$T_{ind} \equiv T_{indp} + T_{indm}. \tag{7.12}$$

Auf der anderen Seite gewährt der Staat einer Reihe von Unternehmen **Subventionen**, um den Unternehmen die Weiterexistenz in Fällen zu ermöglichen, in denen

[1] Hierunter sind konkret zu verstehen: Einkommen der privaten Haushalte und des Staates aus Nettozinsen (Zinserträge ./. Zinsaufwand), Nettopachten, Einkommen aus Patenten und Lizenzen, ausgeschüttete und nichtausgeschüttete Gewinne.

[2] In den in Übersicht 7.8 aufgeführten Positionen L, Q und G ist der Saldo des Erwerbs- und Vermögenseinkommens zwischen In- und Ausland (S_{ia}) mit enthalten.

Übersicht 7.8: Die Einkommensentstehung bzw. -verteilung in der Bundesrepublik Deutschland

		Mrd. DM 1991
Bruttoeinkommen aus unselbständiger Arbeit von Inländern (Löhne) (L)		1422
+ Bruttoeinkommen aus Unternehmertätigkeit und Vermögen von Inländern (Zinsen + Gewinne) (Q + G)		587
= Nettosozialprodukt zu Faktorkosten (Volkseinkommen) (NSP_F, Y)		2009
+ Indirekte Steuern (T_{ind})	342	
– Subventionen (Z_u)	–47	295
= Nettosozialprodukt zu Marktpreisen (NSP_M)		2304
+ Abschreibungen (D)		327
= Bruttosozialprodukt zu Marktpreisen (BSP_M)		2631

Quelle: Statistisches Bundesamt

die am Markt erzielbaren Preise dies nicht gestatten würden, oder um die Preise der von diesen Unternehmen erzeugten Güter möglichst niedrig zu halten. Der Überschuß der indirekten Steuern über die Subventionen ist ein Teil des „Einkommens" des Staates.

Addiert man zum Nettosozialprodukt zu Faktorkosten (NSP_F) die **indirekten Steuern** (T_{ind}) und subtrahiert die **Subventionen** (Z_u), so erhält man das **Nettosozialprodukt zu Marktpreisen** (NSP_M).

Das Nettosozialprodukt zu Marktpreisen umfaßt noch nicht das gesamte Einkommen, das Inländern prinzipiell zur Verfügung steht, da die Unternehmen den Haushalten gewisse Geldbeträge regelmäßig „vorenthalten", die dazu dienen sollen, die Abnutzung von Maschinen und Gebäuden zu berücksichtigen. Die Unternehmen sparen gewissermaßen Geldbeträge (Abschreibungen), um später die abgenutzten Maschinen und Gebäude ersetzen zu können. Die Abschreibungen können somit als den Haushalten vorenthaltenes Einkommen interpretiert werden[1].

Durch Hinzufügung der **Abschreibung** (D), die den Verschleiß von Maschinen und Gebäuden (Kapitalstock) erfassen, gelangt man zum **Bruttosozialprodukt zu Marktpreisen** (BSP_M).

---

[1] Häufig werden über die notwendigen Abschreibungen hinaus von den Unternehmen Einkommensteile den Haushalten vorenthalten, die man als **unverteilte Gewinne** bezeichnet. In der Terminologie der Volkswirtschaftlichen Gesamtrechnung werden diese auch folgerichtig als *Sparen der Unternehmen* (S_u) bezeichnet. S_u ist bei unserer Darstellung stets in den Gewinnen G enthalten.

Von der Einkommensentstehungsseite läßt sich das Bruttosozialprodukt in Gleichungsform (alternativ) wie folgt ausdrücken:

$$\begin{aligned} BSP_M &\equiv L + Q + G + T_{ind} - Z_u + D, \\ BSP_M &\equiv NSP_F + T_{ind} - Z_u + D, \\ BSP_M &\equiv NSP_M + D. \end{aligned} \qquad (7.13)$$

7.2.4 Einkommensverwendung

Bei der Einkommensverwendungsrechnung gilt es, die Ausgabenstruktur der Haushalte zu erfassen. Dabei müssen private und öffentliche Haushalte unterschieden werden.

Das **Volkseinkommen** fließt den privaten Haushalten aus der Zurverfügungstellung von Produktionsfaktoren in der Form von Löhnen, Zinsen und Gewinnen zu **(Primärverteilung)**[1]. Es kann jedoch von den privaten Haushalten nicht in vollem Umfang verausgabt werden, da der Staat durch die Erhebung von direkten Steuern und durch Transferzahlungen eine *Einkommensumverteilung* vornimmt. Unter **direkten Steuern** (T_{dir}) sind vor allem die Einkommen- bzw. Lohnsteuer und die Körperschaftsteuer von Unternehmen zu verstehen. Zu den **Transferzahlungen** (Z_h), die unentgeltlich an Haushalte überwiegend vom Staat – daneben von Unternehmen und dem Ausland – gezahlt werden, zählen u. a. Renten, Pensionen, Sozialhilfe, Kindergeld, Wohngeld[2]. Da der Sektor Staat auch die Aktivität der Sozialversicherungsträger einschließt, rechnen wir hier zu den direkten Steuern auch die *Sozialversicherungsbeiträge*[3].

Zieht man vom Volkseinkommen (Y) die direkten Steuern (T_{dir}) ab und rechnet die Transferzahlungen (Z_h) hinzu, so ergibt sich als Ergebnis des Umverteilungsprozesses **(Sekundärverteilung)** das **verfügbare (disponible) Einkommen der privaten Haushalte** (Y^v_{pr}).

Das disponible Einkommen wird von den privaten Haushalten zum Kauf von Gütern und Dienstleistungen verwendet. Diese Käufe werden als **Konsum** (C_{pr}) bezeichnet. Darunter fallen auch Anschaffungen von dauerhaften Konsumgütern durch die Haushalte, wie Automobile oder Möbel.

---

[1] Von der Tatsache, daß auch der Staat in bestimmten Fällen Produktionsfaktorleistungen anbietet, sehen wir hier der Einfachheit halber ab.

[2] „Unentgeltlich" bedeutet hier, daß in dem betrachteten Zeitraum der Zahlung keine Gegenleistung gegenübersteht. Es spielt somit keine Rolle, daß Sozialversicherungsansprüche regelmäßig durch Zahlung von Versicherungsbeiträgen, d. h. gegen Entgelt, erworben werden. Da die Zahlung der Beiträge in früheren Perioden erfolgt, ist die spätere Auszahlung der Versicherungsleistung „unentgeltlich".
Unentgeltliche Übertragungen erfolgen auch in geringerem Umfang von Unternehmen an Haushalte (z. B. betriebliche Pensionen) und zwischen dem In- und Ausland. Die Größe Z_h soll hier alle diese Zahlungen enthalten.

[3] Arbeitgeberanteil und Arbeitnehmeranteil zur Sozialversicherung sowie zusätzliche Sozialaufwendungen der Arbeitgeber.

Der nicht in Konsumgütern verausgabte Teil des disponiblen Einkommens wird als **Sparen** ($\equiv$ Nichtkonsum, S_{pr}) bezeichnet.
In Gleichungsform läßt sich somit das verfügbare Einkommen schreiben:

$$Y^v_{pr} \equiv L + Q + G - T_{dir} + Z_h \equiv C_{pr} + S_{pr}. \qquad (7.14)$$

Das in der Volkswirtschaft geschaffene Einkommen wird neben den privaten Haushalten auch von den *öffentlichen Haushalten* verausgabt. Die öffentlichen Haushalte beziehen Einnahmen im wesentlichen aus der Steuererhebung, den direkten und indirekten **Steuern**. Davon werden die unentgeltlichen **Transferzahlungen** an Haushalte und Unternehmen (Subventionen) üblicherweise abgezogen, so daß die **Staatseinnahmen (Einkommen des Staates)** Y_{st} eine Nettogröße darstellen:

$$Y_{st} \equiv T_{dir} + T_{ind} - Z_u - Z_h \equiv C_{st} + S_{st} \qquad (7.15)$$

Die Transferzahlungen (Z) kann man als *negative Steuern* interpretieren. Der Staat kann sein Einkommen wie die privaten Haushalte für Konsumzwecke ($\equiv$ **staatlicher Konsum** oder Staatsverbrauch, C_{st}) und für Sparzwecke ($\equiv$ **staatliche Ersparnis**, S_{st}) verwenden. Die Ersparnis (S_{st}) trägt dazu bei, die Investitionsvorhaben des Staates zu finanzieren[1].

Konsumausgaben und Ersparnisse der privaten und öffentlichen Haushalte zusammengenommen stellen die Einkommensverwendung dar. Sie entsprechen wiederum dem **Nettosozialprodukt zu Marktpreisen** (vgl. Abschnitt 7.2.3.)[2]. Zu berücksichtigen bleiben jetzt noch die **Abschreibungen,** die wir als den Haushalten vorenthaltenes Einkommen interpretiert hatten. Die Unternehmen haben diesen Teil des gesamtwirtschaftlichen Einkommens (vor der Faktorentlohnung) bereits zur Aufrechterhaltung des Kapitalstocks reserviert. Die gesamte Einkommensverwendung läßt sich somit in Gleichungsform wie folgt schreiben:

$$BSP_M \equiv C_{pr} + S_{pr} + C_{st} + S_{st} + D. \qquad (7.16)$$

7.2.5 Vergleich der Ermittlungsarten des Sozialprodukts

In den Übersichten 7.10 und 7.11 ist noch einmal zusammengefaßt, aus welchen Komponenten das Bruttosozialprodukt zu Marktpreisen besteht. Für die Entstehungs- und Verwendungsseiten der Güter und Einkommen sind in Übersicht 7.11 zusätzlich die Prozentanteile der einzelnen Größen am Sozialprodukt des Jahres 1991 für die Bundesrepublik angegeben, um die Größenordnungen deutlich zu machen.

Die Gleichheit von Investition und Ersparnis

Mit Hilfe des bisher beschriebenen definitorischen Systems von Sozialproduktgleichungen läßt sich das wirtschaftliche Geschehen einer Volkswirt-

---

[1] Sind die staatlichen Investitionen kleiner als die staatliche Ersparnis, so entsteht ein Budgetüberschuß in der Einnahmen-Ausgaben-Rechnung des Staates.
[2] Es gilt $NSP_M \equiv Y^v_{pr} + Y_{st}$.

Übersicht 7.9: Die Einkommensverwendung in der Bundesrepublik Deutschland

Ergänzende Erläuterungen:	Mrd. DM		Mrd. DM 1991
Einkommensverteilung: Volkseinkommen ($Y \equiv L + Q + G$)	2009		
− Direkte Steuern (T_{dir})	− 316		
+ Transferzahlungen (Z_h)	+ 137		
= Verfügbares (disponibles) Einkommen der privaten Haushalte (Y^v_{pr})	1830	Privater Konsum (C_{pr})	1421
		+ private Ersparnis (S_{pr})	409
Staatseinnahmen: (Y_{st})		+ Staatlicher Konsum (C_{st})	468
$T_{dir} + T_{ind} - Z_u - Z_h$		+ Staatliche Ersparnis (S_{st})	6
316 + 342 − 47 − 137	474		
Quelle: Statistisches Bundesamt		= Nettosozialprodukt zu Marktpreisen (NSP_M)	2304
		+ Abschreibungen (D)	327
		= Bruttosozialprodukt zu Marktpreisen (BSP_M)	2631

schaft in groben Zügen[1] beschreiben, indem man die einzelnen Größen empirisch erhebt, also zahlenmäßig für eine abgelaufene Wirtschaftsperiode bestimmt. *Im nachhinein* **(ex post)** *sind – bei richtiger Ermittlung der Einzelgrößen – die Sozialproduktgleichungen stets erfüllt, da es sich um Identitäten handelt.*

Aus den Sozialproduktgleichungen läßt sich nun eine weitere Identität ableiten, die für spätere Theorieüberlegungen bedeutsam ist. Sie besagt, *daß in einer geschlossenen Volkswirtschaft ohne staatliche Aktivität ex post* – d. h. in einer zurückliegenden Zeitperiode – *die Investition stets gleich der Ersparnis ist.*

Unter einer **geschlossenen Volkswirtschaft** versteht man eine Wirtschaft ohne außenwirtschaftliche Beziehungen. Dies bedeutet hinsichtlich der Sozialproduktgleichungen (7.6) bis (7.16): $X \equiv 0$, $M \equiv 0$ und $S_{ia} \equiv 0$. Eine Volkswirtschaft **ohne staatliche Aktivität** ist eine Wirtschaft, in der der Staat ökonomisch nicht in Erscheinung tritt. Es existieren keine Staatseinnahmen und Staatsausgaben, d. h. $C_{st} \equiv 0$, $I^B_{st} \equiv 0$, $T_{dir} \equiv 0$, $T_{ind} \equiv 0$, $Z_u \equiv 0$, $Z_h \equiv 0$, $S_{st} \equiv 0$.

In einer geschlossenen Volkswirtschaft ohne staatliche Aktivität reduziert sich Gleichung (7.16) zu

$$BSP_M \equiv C_{pr} + S_{pr} + D \tag{7.17}$$

und Gleichung (7.11) zu

$$BSP_M \equiv C_{pr} + I^N_{pr} + I^R_{pr}. \tag{7.18}$$

[1] Es kann hier nicht näher ausgeführt werden, daß das volkswirtschaftliche Rechnungswesen in der Realität sehr viel detaillierter aufgebaut ist. Für die weiteren Überlegungen reicht aber das bisher dargestellte einfache Sozialproduktkonzept aus.

Übersicht 7.10: Güterentstehung, Güterverwendung, Einkommensentstehung und Einkommensverwendung

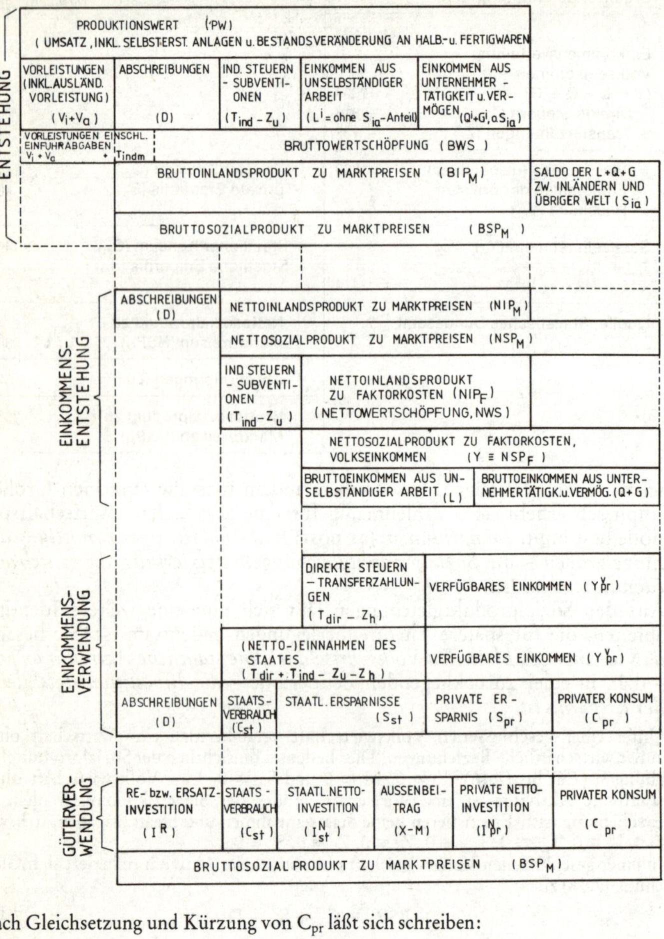

Nach Gleichsetzung und Kürzung von C_{pr} läßt sich schreiben:

$$I^N_{pr} + I^R_{pr} \equiv S_{pr} + D \tag{7.19}$$

oder

$$I^N + I^R \equiv S + D,$$

da der Index „pr" wegen des Fehlens staatlicher Aktivität entfallen kann. Gleichung (7.19) läßt sich unter Berücksichtigung von

Übersicht 7.11: Vergleich der Ermittlungsarten des Bruttosozialprodukts (Bundesrepublik Deutschland 1991 in %)

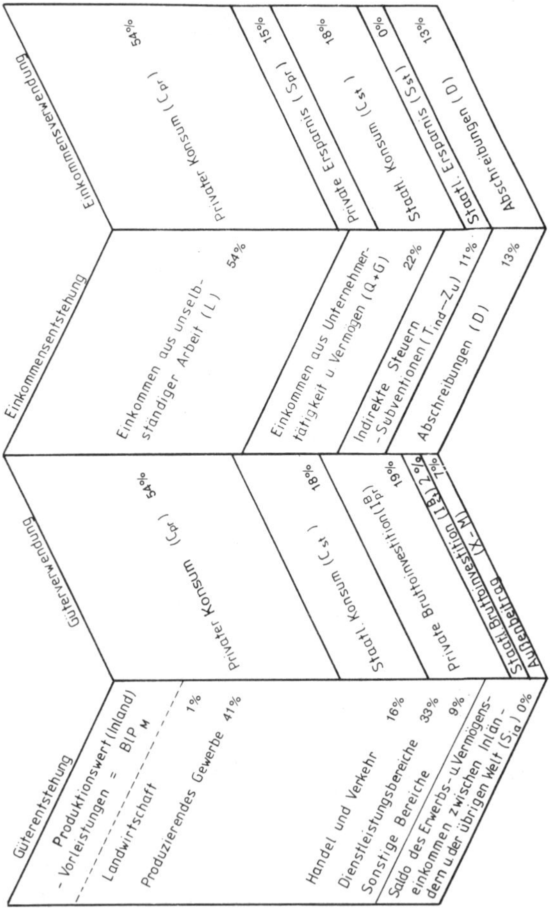

$$I^R = D \qquad (7.8)$$

weiter vereinfachen zu:

$$I^N \equiv S. \qquad (7.20)$$

Gleichung (7.20) besagt, daß die Nettoinvestition ex post stets der Ersparnis entspricht.

Werden die Investitionen und die Sparbeträge aller Wirtschaftseinheiten am Ende eines Jahres statistisch erhoben, so wird sich zwangsläufig ergeben, daß die tatsächlich vorgenommene Investition mit der Ersparnis übereinstimmt, also

$$I^N_{tats} = S_{tats} \text{ (ex post)}. \qquad (7.21)$$

Die Gleichheit von Investition und Ersparnis in der Rechnungslegung für jede abgelaufene Periode ergibt sich unmittelbar aus den getroffenen Definitionen. *Definiert man Ersparnis als den Anteil des Volkseinkommens, der von den Haushalten nicht konsumiert wird, und Investition als den Teil des erstellten Sozialprodukts, der nicht zu Konsumzwecken verwendet wird, und berücksichtigt man weiter, daß Volkseinkommen und Sozialprodukt identisch sind, so müssen beide Größen natürlich in einer geschlossenen Volkswirtschaft übereinstimmen.*

Die Gleichheit von $I^N \equiv S$ bleibt auch in einer geschlossenen Volkswirtschaft *mit staatlicher Aktivität* erhalten. Man muß dann lediglich private und staatliche Investition und Ersparnis unterscheiden ($I^N_{pr} + I^N_{st} \equiv S_{pr} + S_{st}$). Für eine *offene Volkswirtschaft* ließe sich leicht zeigen, daß Gleichung (7.20) zu

$$I^N + (X - M) \equiv S \qquad (7.20')$$

würde. Im Falle eines Außenbeitrages (X – M) von Null wäre somit auch Gleichung (7.20) erfüllt. Daß die Summe aus Nettoinvestition und Außenbeitrag der Ersparnis entspricht, läßt sich wie folgt interpretieren: So wie die Investitionen nicht für den Konsum verwendet werden, so *stellt ein positiver Außenbeitrag einen Nettoabfluß von Gütern ins Ausland dar,* der von Inländern ebenfalls nicht konsumiert werden kann. Schreibt man Gleichung (7.20′) in der Form

$$I^N \equiv S + (M - X) \qquad (7.20'')$$
$$I^N \equiv S_i + S_a \ ,$$

so bietet sich eine Variante dieser Interpretation an. Liegt ein Importüberschuß (M – X) vor (= *negativer Außenbeitrag*), so läßt sich dieser als ein Teil der *Ersparnis des Auslandes* (S_a) interpretieren. Die ausländische Ersparnis trägt zur Finanzierung der heimischen Investitionen bei. Stellt das Ausland mehr Güter zur Verfügung als das Inland seinerseits dem Ausland (= Importüberschuß), so verzichtet das Ausland auf einen Teil seiner Konsummöglichkeiten; es spart somit einen Teil seines Volkseinkommens. Diesen Teil stellt es dem Inland in Form von *Lieferkrediten* zur Finanzierung des Importüberschusses zur Verfügung.

Es ist jedoch keineswegs zu erwarten, daß die *Planungen* von Investitionen und Ersparnis für künftige Perioden übereinstimmen. Die Investitionsentscheidungen werden von Unternehmen getroffen, die Entscheidungen über die Höhe der Ersparnis werden dagegen unabhängig davon von einem anderen Personenkreis, den privaten Haushalten, getroffen. Die Ersparnis, die die Haushalte im Laufe eines Jahres planen, wird daher im allgemeinen von den geplanten Investitionen der Unternehmer abweichen:

$$I^N_{gepl} \gtreqless S_{gepl}. \qquad (7.22)$$

Die ex post-Gleichheit von Investition und Ersparnis wird nun dadurch hergestellt, daß man **ungeplante Investition** (und/oder **ungeplante Ersparnis**) berücksichtigt. Wie dies zu verstehen ist, sei an einem Beispiel kurz erläutert.

Wir gehen von einer Modellvolkswirtschaft aus, in der ein Nettosozialprodukt in Höhe von 1800,– DM erstellt wird und ein Volkseinkommen in gleicher Höhe entsteht. Nun sei angenommen, daß die Haushalte von ihrem Einkommen 500,– DM sparen, während die Unternehmungen Investitionen in Höhe von 400,– DM planen. Es ist nun zu untersuchen, in welcher Weise ein Ausgleich zwischen Investition und Ersparnis im Verlaufe des wirtschaftlichen Ablaufs zustande kommt, wenn wir davon ausgehen, daß die *Preise unverändert* bleiben. Wenn die Haushalte 500,– DM sparen, können sie nur für 1300,– DM Konsumgüter nachfragen. Endprodukte im Werte von 500,– DM stehen dann für andere Verwendungen als dem Konsum zur Verfügung. Da die Unternehmungen nur Investitionsgüterkäufe in Höhe von 400,– DM planen, stimmen die Planungen der Unternehmungen und der Haushalte nicht überein. Den Unternehmungen verbleibt ein nicht absetzbarer Rest von Gütern im Werte von 100,– DM, der zu unbeabsichtigten Erhöhungen der Lagerbestände führt. Somit sind den geplanten Investitionen in Höhe von 400,– DM ungeplante Investitionen in Höhe von 100,– DM hinzuzurechnen. Es ergibt sich daher eine tatsächliche Investition in Höhe von 500,– DM, die genau dem Wert der Ersparnis entspricht (vgl. hierzu die eingehendere Darstellung in Abschnitt 8.2.1.4).

7.2.6 Erfassung außenwirtschaftlicher Transaktionen: Zahlungsbilanz

Die Zahlungsbilanz erfaßt als gesonderter Teilbereich der Volkswirtschaftlichen Gesamtrechnung auf einem Konto alle wichtigen ökonomischen Transaktionen, die zwischen dem Inland und dem Ausland in einer bestimmten Periode stattgefunden haben. Um die wichtigsten Teilkomponenten der Zahlungsbilanz stärker hervortreten zu lassen und ihre Bedeutung für die Außenwirtschaftsbeziehungen besser erkennen zu können, zerlegt man die Zahlungsbilanz in Unterbilanzen (Unterkonten).
Üblicherweise werden unterschieden:

- Handelsbilanz
- Dienstleistungsbilanz } Leistungsbilanz
- Übertragungsbilanz
- Kapitalverkehrsbilanz
- Devisenbilanz

Die Zahlungsbilanz der BR Deutschland für das Jahr 1984 ist in Übersicht 7.12 dargestellt. Die Übersicht enthält nicht die Bewegungen auf den Einzelkonten, sondern nur deren Salden.

Die Exporte und Importe von Waren und Dienstleistungen, deren Differenz als **Außenbeitrag** (X–M) bezeichnet wird, werden in der **Handelsbilanz** und in der **Dienstleistungsbilanz** erfaßt. Im Außenbeitrag finden folgende Größen ihren Niederschlag:

- Export und Import von Waren. Beispiel: Kauf (Verkauf) von Kraftfahrzeugen aus dem (an das) Ausland,

Übersicht 7.12: Zahlungsbilanz der BR Deutschland (einschl. neue Bundesländer)

Leistungsbilanz	Mrd. DM 1991
1. Handelsbilanz	
2. Dienstleistungsbilanz	
Saldo der Handels- und Dienstleistungsbilanz (X–M)	+ 26
3. Übertragunsbilanz	
Saldo	– 59
Saldo der Leistungsbilanz	– 33
4. Kapitalverkehrsbilanz	
Saldo des langfristigen Kapitalverkehrs	– 28
Saldo des kurzfristigen Kapitalverkehrs	+ 42
Saldo der Kapitalverkehrsbilanz	+ 14
Saldo 1.–4.	– 18
5. Devisenbilanz	
Saldo	– 1
Rest: Saldo 5. – Saldo 1.–4.	+ 19
(Änderung des DM-Wertes u.ä.	+ 1

Quelle: Monatsbericht der Deutschen Bundesbank, Januar 1993

- Export und Import von Dienstleistungen.
  Beispiel: Eine deutsche Unternehmung nimmt eine englische Reederei oder Versicherung in Anspruch (Import) oder amerikanische Touristen kommen nach Deutschland (Export),
- vom Ausland erhaltene oder an das Ausland gezahlte Faktoreinkommen (S_{ia}).
  Beispiel: Nach Frankreich transferiertes Einkommen französischer Pendler (für Deutschland zu verbuchen als Import) oder Einkommen, das Inländer als Grenzgänger im Ausland erzielt haben (für Deutschland zu verbuchen als Export).

Bei Transaktionen, die in der Handels- und Dienstleistungsbilanz erfaßt werden, handelt es sich um Geschäfte, bei denen einer Leistung (z. B. Bereitstellung von Waren) jeweils eine Gegenleistung (Zahlung der Waren gegen Geld) gegenübersteht. Daneben existieren aber auch zwischenstaatliche Zahlungen, die ohne Gegenleistung erfolgen, z. B. Wiedergutmachungszahlungen, Zahlung verlorener Zuschüsse im Rahmen der Entwicklungshilfe, aber auch Überweisungen von Gastarbeitern in ihre Heimatländer. Diese unentgeltlichen Leistungen werden in der **Übertragungsbilanz** (auch Schenkungsbilanz genannt) verbucht.
Neben den güterwirtschaftlichen Transaktionen und den unentgeltlichen Leistungen existieren Geldkapitalbewegungen zwischen dem In- und Aus-

land, die in der **Kapitalverkehrsbilanz** erfaßt werden. Beispiele sind hierfür: ein deutscher Staatsangehöriger kauft festverzinsliche Wertpapiere oder Aktien eines amerikanischen Unternehmens (langfristiger deutscher Geldkapitalexport); eine deutsche Bank erhält von einer englischen Bank einen auf drei Monate befristeten Kredit (kurzfristiger deutscher Geldkapitalimport).

In der **Devisenbilanz** werden grundsätzlich alle *Veränderungen der Devisenbestände erfaßt, die mit den Transaktionen der anderen vier Teilbilanzen einhergehen.* Die Zahlungsbilanz wird formal wie eine doppelte Buchhaltung geführt. Der Export von Maschinen z. B. wird in der Handelsbilanz auf der Aktivseite verbucht. Die im Zuge des Exportgeschäfts vom ausländischen Käufer der Maschinen bezahlten Devisen schlagen sich in der Devisenbilanz als Zahlungseingang auf der Passivseite nieder. Dies bedeutet, daß der Gesamtsaldo der vier Teilbilanzen stets dem Saldo der Devisenbilanz entspricht. Die Zahlungbilanz ist somit buchhalterisch (theoretisch) stets ausgeglichen. In der Realität wird der Ausgleich allerdings über einen Restposten hergestellt, der dadurch entstehen kann, daß Ungenaugigkeiten bei der statistischen Erfassung in den Einzelbilanzen auftreten bzw. Leistung und Zahlung zeitlich auseinanderfallen. Darüber hinaus werden im Zuge von Wechselkursänderungen die Devisenbestände der Bundesbank neu bewertet.

Wenn man von einer **unausgeglichenen Zahlungsbilanz** spricht, so kann sich dies nur auf Teilbilanzen beziehen. Hat man die *güterwirtschaftlichen Transaktionen* im Auge, so meint man mit Zahlungsbilanzausgleich regelmäßig den *Ausgleich der Leistungsbilanz.* Richtet sich das Interesse dagegen auf die Gesamtheit aller Transaktionen mit dem Ausland oder auf die *monetären Ströme* (insbesondere deren Auswirkungen auf die inländische Geldmenge), so wird Zahlungsbilanzausgleich meist mit *Devisenbilanzausgleich* identifiziert. Eine Zahlungsbilanz ist *aktiv* oder überschüssig (*passiv* oder *defizitär*), wenn der Saldo der Leistungs- oder der Devisenbilanz positiv (negativ) ist. Bei einem Saldo der Leistungs- bzw. Devisenbilanz von Null sagt man, daß sich die Zahlungsbilanz im *Gleichgewicht* befindet.

7.3 Wirtschaftskreislauf und volkswirtschaftliche Gesamtrechnung

In diesem Abschnitt[1] sollen wichtige Sozialproduktbegriffe veranschaulicht und das Verständnis des Gesamtzusammenhangs der Makrogrößen vertieft werden. Dabei geht es vor allem darum, die enge Verzahnung zwischen mikro- und makroökonomischer Erfassung der Tauschbeziehungen zwischen den Wirtschaftseinheiten aufzuzeigen.

Im folgenden wird zunächst schrittweise der gesamtwirtschaftliche Kreislaufzusammenhang entwickelt. Zugleich wird gezeigt, wie dieser Zusam-

[1] Dieser Abschnitt 7.3 dient der Vertiefung der in Abschnitt 7.2 dargestellten Zusammenhänge. Der eilige Leser kann ihn übergehen, ohne daß das Verständnis der folgenden Kapitel darunter leiden muß.

menhang in einem vereinfachten Kontenrahmen der Volkswirtschaftlichen Gesamtrechung unter Einbeziehung der Vermögensbildung und außenwirtschaftlicher Beziehungen abgebildet werden kann.

7.3.1 Gesamtwirtschaftlicher Kreislaufzusammenhang und einzelwirtschaftliche Rechnungslegung

Die ersten Anfänge gesamtwirtschaftlicher Kreislaufbetrachtungen gehen auf den französischen Arzt *Quesney* (1694–1774) zurück und gelten als eine der Wurzeln der Wirtschaftswissenschaften überhaupt. Das von ihm aufgestellte „Tableau Economique" bezieht sich auf die physiokratischen Vorstellungen seiner Zeit und stellt die Kreislaufbeziehungen zwischen Bodeneigentümern, Pächtern und Gewerbetreibenden dar. Auch die ökonomischen Vorstellungen von *Karl Marx* (1818–1883) gehen von einem makroökonomischen Kreislaufschema aus, das Konsumgüter- und Investitionsgütersektoren sowie die beiden Klassen Arbeiter und Kapitalisten unterscheidet.

Die Kreislaufbeziehungen innerhalb einer Volkswirtschaft wurden in Abschnitt 1.1.4 in ihrer einfachsten Form bereits dargestellt (vgl. Übersicht 1.3). Neben der graphischen Darstellung des Kreislaufs haben wir in Abschnitt 7.2 als alternative Darstellungsformen die Tabellenform und das Gleichungssystem kennengelernt. Diese Darstellungen werden leicht unübersichtlich, wenn man eine Vielzahl von Transaktionen zwischen einer Vielzahl von Wirtschaftseinheiten erfassen will. Man bedient sich daher zweckmäßigerweise der Darstellung in Kontenform. Die doppelte Buchführung erlaubt ebenso wie das Kreislaufbild die Identifizierung der Ströme zwischen den Wirtschaftseinheiten.

Der Kreislauf in einer stationären Wirtschaft

Bei der Ableitung der Kreislaufbeziehungen innerhalb einer Volkswirtschaft wollen wir schrittweise vorgehen und von sehr einfachen Annahmen ausgehen. Wir unterstellen zunächst eine stationäre Volkswirtschaft, d. h. eine Wirtschaft, in der die **Produktionskapazität konstant** bleiben soll, also keine Nettoinvestitionen vorgenommen werden. Ferner wird angenommen, daß der Staat ökonomisch nicht aktiv ist und daß keine Außenhandelsbeziehungen bestehen. Unsere vereinfachte Modellvolkswirtschaft umfaßt drei Unternehmen. Die Haushalte sind zu einem einzigen Sektor aggregiert. Unternehmen III stellt ein Konsumgut (Brot) her, Unternehmen II ein Zwischenprodukt (Mehl) und Unternehmen I produziert einen Rohstoff (Weizen). Die Unternehmen beziehen von den Haushalten Faktorleistungen und liefern dafür letztlich das Konsumgut. Zwischen diesen Wirtschaftseinheiten besteht der in Übersicht 7.13 beschriebene Kreislaufzusammenhang, wobei zunächst vereinfachend unterstellt wird, daß der Bestand an Maschinen und Gebäuden in den drei Unternehmen keinem Verschleiß unterliegt.

Die Haushalte stellen dem Unternehmen I Faktorleistungen (Arbeit, Kapital, Boden) zur Verfügung und erhalten dafür ein Einkommen in Höhe von 500,– DM. Das Unternehmen produziert mit diesem Faktoreinsatz in einer bestimmten Wirtschaftsperiode (z. B. ein Jahr) 1000 kg Weizen, den es an Unternehmen II zu einem

Preis von 0,50 DM pro kg verkauft. Unternehmen II verarbeitet den Weizen zu 800 kg Mehl, wobei es Faktorleistungen der Haushalte einsetzt, die es mit insgesamt 300,– DM zu entlohnen hat. Das Mehl wird dann zu einem Preis von 1,– DM pro kg an das Unternehmen III geliefert, das das Konsumgut Brot herstellt und zu einem Preis von 2,– DM pro kg an die Haushalte verkauft. Zur Herstellung des Brotes nimmt Unternehmen III Faktorleistungen in Höhe von 1200,– DM in Anspruch. Die Haushalte haben für die gesamte Brotmenge 2000,– DM zu zahlen. Dies ist ein Betrag, der genau dem Einkommen entspricht, das sie durch ihre Faktorleistungen an die drei Unternehmen erzielen.

Übersicht 7.13: Kreislauf in einer einfachen Modellvolkswirtschaft

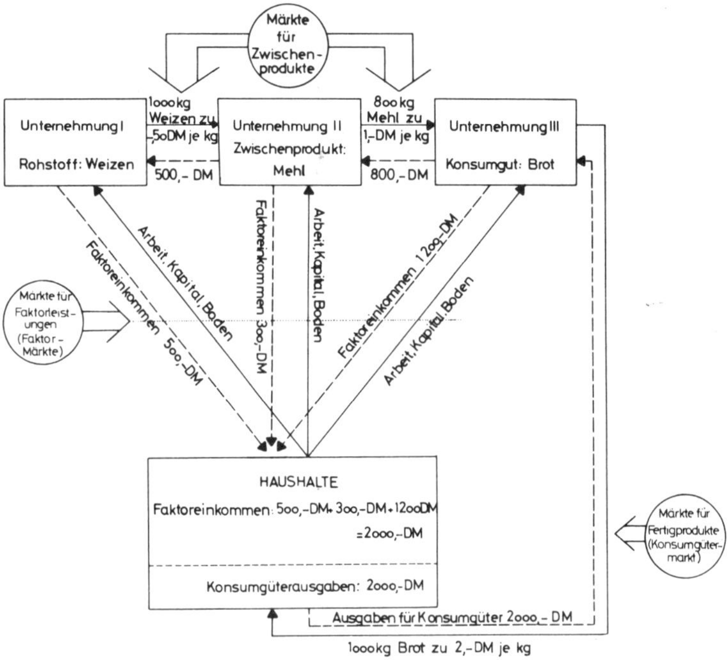

Übersicht 7.14: Produktionskonto U III

Aufwand	U III	Ertrag	
Vorleistungen	800,–	Umsatz	2.000,–
Löhne	900,–		
Zinsen	250,–		
Gewinn	50,–		
	2.000,–		2.000,–

Die Kreislaufströme wollen wir nun in Kontenform darstellen. Die Verbuchung der Aufwendungen und Erträge auf dem Produktionskonto einer Unternehmung wurde im Zusammenhang mit Übersicht 3.1 beschrieben. Der Produktionswert eines Unternehmens entspricht dem Ertrag, der im einfachsten Fall genau aus den abgesetzten Gütern und Dienstleistungen besteht, also dem Umsatz entspricht[1]. Die Aufwendungen sind auf der linken und die Erträge auf der rechten Seite des Kontos zu verbuchen. Für das Brot herstellende Unternehmen III läßt sich dann das Konto der Übersicht 7.14 schreiben, wenn wir gleichzeitig eine Aufteilung der Faktoreinkommen in die Komponenten Löhne, Zinsen (einschließlich Miete und Pacht) und Gewinn vornehmen[2].

In entsprechender Weise lassen sich die Konten für die Unternehmen I und II schreiben, wenn wir auch hier das Faktoreinkommen in die Komponenten Löhne, Zinsen und Gewinne aufspalten.

Übersicht 7.15: Produktionskonten U I und U II

Aufwand	U I		Ertrag
Löhne	300,-	Umsatz	500,-
Zinsen	100,-		
Gewinn	100,-		
	500,-		500,-

Aufwand	U II		Ertrag
Vorleistungen	500,-	Umsatz	800,-
Löhne	200,-		
Zinsen	50,-		
Gewinn	50,-		
	800,-		800,-

Für die Haushalte in ihrer Gesamtheit ergibt sich die folgende Einnahmen-Ausgabenrechnung:

Übersicht 7.16: Einkommenskonto der Haushalte

Ausgaben	Haushalte		Einnahmen	
Konsumgüterkäufe	2000,-	Löhne	300	
			200	
			900	
				1400
		Zinsen	100	
			50	
			250	
				400
		Gewinn	100	
			50	
			50	
				200
	2000,-			2000,-

[1] In der Buchführung ist es üblich, von Aufwand und Ertrag, anstatt wie in der Produktionstheorie üblich, von Kosten und Umsatz zu sprechen. Zum Ertrag rechnen neben dem Umsatz die Lagerbestandsveränderungen und die selbsterstellten Anlagen.

[2] In Übersicht 7.13 wurde eine solche Aufspaltung nicht eingetragen, da dann die Darstellung zu unübersichtlich geworden wäre.

In der gesamtwirtschaftlichen Kreislaufanalyse sind wir darauf aus, die makroökonomischen Ströme zwischen den Sektoren zu verfolgen. Daher fassen wir die Konten der Unternehmungen zu einem Gesamtkonto des Unternehmenssektors zusammen (man sagt auch: die Konten der Unternehmen werden konsolidiert), ähnlich wie wir das für die Haushalte bereits getan haben.

Übersicht 7.17: Konsolidiertes Produktionskonto

Aufwand		UI + UII + UIII			Ertrag
Vorleist.	500		Umsatz	500	
	800			800	
		1300,-		2000	
					3300,-
Löhne	300				
	200				
	900				
		1400,-			
Zinsen	100				
	50				
	250				
		400,-			
Gewinne	100				
	50				
	50				
		200,-			
PW		3300,-	PW		3300,-

Aus den beiden Konten ist zu ersehen, daß die Faktorleistungen in Höhe von 2000,– DM bei den Unternehmen auf der Aufwandseite und bei den Haushalten auf der Einnahmenseite erscheinen. Der monetäre Kreislauf schließt sich, wenn man die Ausgaben für Konsumgüter in Höhe von 2000,– DM (linke Seite des Haushaltskontos) den Einnahmen (Umsatz) der Unternehmen (rechte Seite des Produktionskontos) gegenüberstellt. Der Umsatz des konsolidierten Produktionskontos liegt um 1300,– DM höher als der Betrag der Konsumgüterkäufe der Haushalte. Diese Differenz entspricht genau den zwischen den drei Unternehmen umgesetzten Vorleistungen.

In unserem Beispiel wurde ein dreistufiges Produktionssystem dargestellt. Bevor das Konsumgut Brot die Haushalte erreicht, hat es drei Produktionsstufen durchlaufen. Übersicht 7.18 soll dies verdeutlichen. Durch die Pfeile werden noch einmal die Kreislaufströme angedeutet. Man erkennt, daß die Produktion auf einer tieferen Produktionsstufe jeweils als Vorleistung in die Produktion auf der nächst höheren Stufe eingeht. Zugleich wird anschaulich, *daß eine Vorleistung auf einer bestimmten Stufe der Summe der entsprechenden Faktorleistungen auf allen Vorstufen entspricht.*

Die Summe aus Löhnen, Zinsen und Gewinnen wird häufig als **(Netto-) Wertschöpfung** bezeichnet, da sich hierin ausdrückt, welchen Wertzuwachs („Mehrwert") ein späteres Endprodukt auf einer bestimmten Produktionsstufe erfährt. Das Konsumgut Brot ist das Ergebnis der Wertschöpfungen aller Produktionsstufen, wie aus Übersicht 7.18 zu ersehen ist.

Übersicht 7.18: Ein dreistufiges Produktionssystem

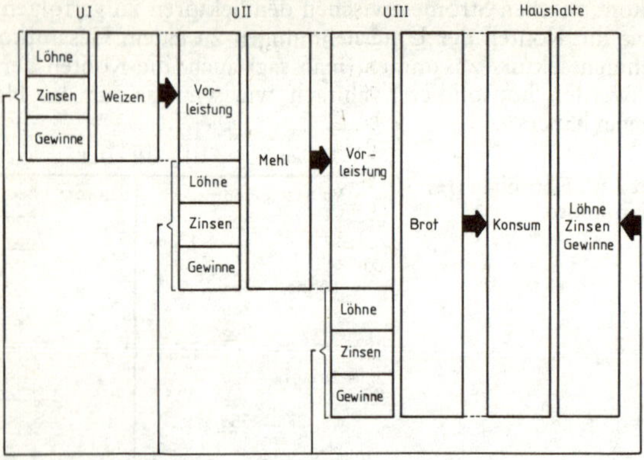

In unserer Modellvolkswirtschaft wurden bisher die Aufwendungen für langlebige Produktionsmittel, die wir als **Abschreibungen** bezeichnet hatten, nicht berücksichtigt. Bei der Erzeugung des Weizens, der Verarbeitung zu Mehl und beim Brotbacken werden jedoch Maschinen und Gebäude verwendet, die der Abnutzung unterliegen. In dem konsolidierten Produktionskonto des Unternehmenssektors sind daher die Abschreibungen als Aufwandskomponente zu berücksichtigen (vgl. Abschnitt 3.2.1). Wir wollen in unserem Beispiel annehmen, daß die Unternehmer 200,– DM für Abschreibungen einbehalten und den Haushalten nur Löhne in Höhe von 1300,– DM, Zinsen von 350,– DM und Gewinne in Höhe von 150,– DM für ihre Leistungen auszahlen.

Der Umsatz der Unternehmen umfaßt jetzt zusätzlich die Investitionsgüter, die als Reinvestition erforderlich sind, um den Kapitalbestand der Volkswirtschaft zu erhalten. Die Investitionsgüter in Höhe von 200,– DM werden vom Unternehmenssektor gekauft, sie stellen somit wie die Vorleistungen „Innenumsätze" des Unternehmenssektors dar. Den Haushalten verbleibt lediglich ein Einkommen (Y) von 1800,– DM.

Wir setzen hier voraus, daß eines der drei Unternehmen in der Lage ist, die benötigten Investitionsgüter „nebenbei" herzustellen. Durch diese Annahme ersparen wir uns die Einführung eines vierten Unternehmens U IV als Investitionsgüterproduzenten. Wir setzen ferner vereinfachend voraus, daß der Teilersatz des Kapitalstocks zeitlich mit der Abscheibung zusammenfällt.

Aus der Aufwands- und Ertragsrechnung des Unternehmenssektors unserer Modellvolkswirtschaft können wir direkt uns bereits bekannte Sozialproduktgrößen ersehen. In einer **geschlossenen Volkswirtschaft ohne staatliche Aktivität** ergeben sich folgende Vereinfachungen des Gleichungssystems (7.6) bis (7.16). Wegen des Fehlens von Außenhandelsbeziehungen wird aus (7.6)

Übersicht 7.19: Kontendarstellung und Sozialproduktbegriffe

Aufwand		Unternehmen			Ertrag
Vorleistungen	(V)	1.300,-	Umsatz:		
Abschreibungen	(D)	200,-	– Verk. v. Vorleistungen	(V)	1.300,-
Löhne	(L)	1.300,-	– Verk. v. Konsumgütern	(C)	1.800,-
Zinsen	(Q)	350,-	– Verk. v. Investitionsgütern (I^R)	($I^N = 0$)	200,-
Gewinne	(G)	150,-			
(PW)		3.300,-	(PW)		3.300,-

Ausgaben		Haushalte			Einnahmen
Konsumgüter	(C)	1.800,-	Löhne	(L)	1.300,-
			Zinsen	(Q)	350,-
			Gewinne	(G)	150,-
(Y)		1.800,-	(Y)		1.800,-

$$BSP_M \equiv BIP_M \text{ (da } S_{ia} \equiv 0). \qquad (7.23)$$

Da die staatliche Aktivität entfällt, folgt aus (7.13)

$$BSP_M \equiv BSP_F \equiv BSP \text{ (da } T_{ind} \equiv 0,\ Z_u \equiv 0 \text{ und } S_{ia} \equiv 0). \qquad (7.24)$$

ferner folgt aus (7.13) und (7.14)

$$BSP - D \equiv Y \equiv Y_{pr}^{v} \text{ (da } T_{dir} \equiv 0 \text{ und } Z_h \equiv 0). \qquad (7.25)$$

Die vier zentralen Gleichungen (7.6), (7.11), (7.13) und (7.16) reduzieren sich somit auf

$$BSP \equiv PW - V \quad \text{Güterentstehung} \qquad (7.26)$$

$$BSP \equiv C + I^R + I^N \quad \text{Güterverwendung} \qquad (7.27)$$

$$BSP \equiv D + L + Q + G \quad \text{Einkommensentstehung} \qquad (7.28)$$

$$BSP \equiv C + S + D \quad \text{Einkommensverwendung} \qquad (7.29)$$

$$\text{(da } X \equiv 0,\ M \equiv 0,\ C_{pr} \equiv C,\ I_{pr}^{N} \equiv I^N \text{ und } I^R = D).$$

Der Produktionswert läßt sich somit wie folgt definieren:

$$PW \equiv \underbrace{V + D + L + Q + G}_{\text{Aufwand}} \equiv \underbrace{V + C + I^R + I^{N}}_{\text{Ertrag}} \qquad (7.30)$$ [1]

Gleichung (7.30) ist lediglich die alternative Darstellungsform des **Aufwands- und Ertragskontos des Unternehmenssektors** in Übersicht 7.19.

[1] Da wir hier eine stationäre Wirtschaft unterstellen, gilt noch $I^N \equiv 0$.

Der Kreislauf in einer wachsenden Wirtschaft

Bisher hatten wir angenommen, daß die Haushalte ihre gesamten Einkommen für Konsumzwecke verwenden. Investitionen wurden von den Unternehmen nur in dem Umfang vorgenommen, wie sie zur Aufrechterhaltung des Kapitalstocks notwendig waren. Werden nun Teile des Einkommens gespart, so können diese Geldmittel im Unternehmenssektor zur Finanzierung von Investitionen verwendet werden. Werden Nettoinvestitionen in der Volkswirtschaft durchgeführt, so wächst die Produktionskapazität. Man spricht dann von einer wachsenden Wirtschaft. Wir wollen im folgenden weiterhin der Einfachheit halber eine geschlossene Volkswirtschaft ohne staatliche Aktivität unterstellen.

Nimmt man z. B. an, daß die Haushalte von ihrem Einkommen 500,– DM sparen und die Unternehmer in gleicher Höhe Erweiterungsinvestitionen vornehmen wollen, so ändern sich die Kreislaufbeziehungen kontenmäßig wie folgt:

Ergänzend zu Gleichung (7.30) können wir jetzt noch die **Ausgaben-Einnahmen-Gleichung der Haushalte** hinzufügen [vgl. (7.28) und (7.29)]:

$$Y \equiv \underbrace{C + S}_{\text{Ausgaben}} \equiv \underbrace{L + Q + G,}_{\text{Einnahmen}} \tag{7.31}$$

wobei wir die Abschreibungen (D) auf beiden Seiten weglassen.

Übersicht 7.20: Konten- und Kreislaufdarstellung

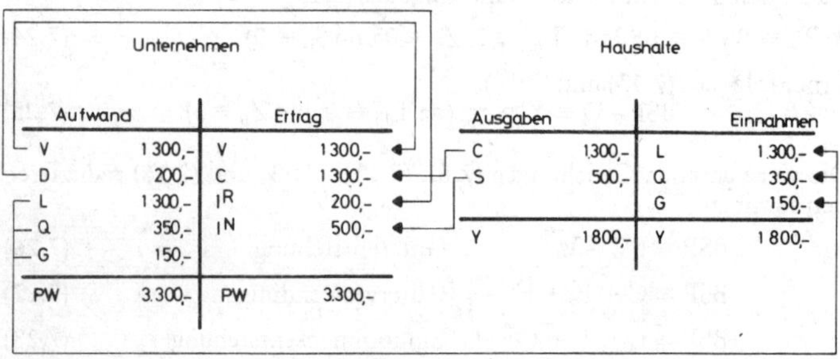

In Übersicht (7.20) wird die bereits am Ende von Abschnitt 7.2 abgeleitete Gleichheit von Nettoinvestition und Ersparnis ($I^N \equiv S$) nochmals veranschaulicht.

Die Matrixtabelle als Kreislaufdarstellung

Die Konsolidierung der Produktionskonten aller Einzelunternehmen zu einem einzigen Nationalen Produktionskonto (vgl. Übersicht 7.20) besitzt insofern nur einen begrenzten Informationswert, als die vielfältigen Produktions- und Lieferbeziehungen zwischen den Unternehmen – wie sie in Übersicht 7.18 vereinfachend dargestellt wurden – nicht erkennbar sind. Vor allem, wenn man die Volkswirtschaftliche Gesamtrechnung als Informatiossystem zur Analyse und Prognose von **Branchenstrukturenent-**

wicklungen benutzen will, empfiehlt sich eine Konsolidierung der Produktionskonten *auf mittlerem Niveau:* gleichartige oder ähnliche Unternehmen werden zusammengefaßt; sie bilden Wirtschaftszweige, Branchen oder Sektoren, wie man sagt. Die mannigfaltigen Lieferbeziehungen zwischen den Erzeugern von Rohstoffen und den Herstellern von Zwischen- und Fertigprodukten lassen sich dann am übersichtlichsten in der Form einer Matrix darstellen. Während bei der Kontendarstellung jeder Wert zweimal verbucht wird (vgl. Übersicht 7.20), erfolgt in der Matrixdarstellung die Verbuchung des Kreislaufstromes nur einmal. Damit bleibt die Darstellung auch dann noch übersichtlich, wenn eine große Zahl von Sektoren und Strömen abzubilden ist. Die Abbildung der sektoralen Produktionskonten in Matrixform wird als **Input-Output-Tabelle** bezeichnet. In der Input-Output-Tabelle wird jedem Sektor eine Zeile und eine Spalte zugeordnet (vgl. Übersicht 7.21).
In der **Spalte** werden alle bei der Produktion des Sektors eingesetzten Sachgüter und Dienstleistungen erfaßt. Der gesamte **Input** der Produktion teilt sich auf in Primär- und Sekundärinput. Zum Primärinput zählen vor

Übersicht 7.21: Schema einer Input-Output-Tabelle

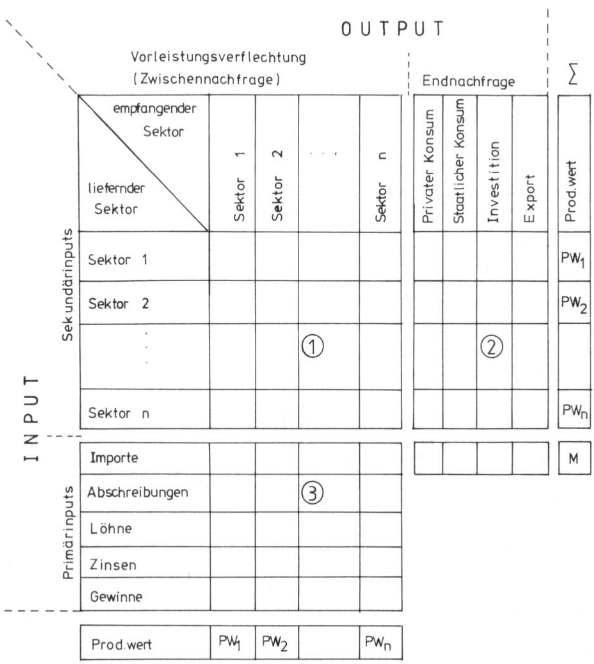

allem die Entgelte für die primären bzw. originären Produktionsfaktoren (Löhne, Zinsen, Gewinne). Der Sekundärinput umfaßt die Lieferungen von Roh- und Zwischenprodukten anderer Produktionssektoren, also die Vorleistungen. Im Gegensatz zum Nationalen Produktionskonto werden die Vorleistungen nach liefernden Sektoren aufgegliedert, so daß ihre *Herkunft erkennbar* bleibt.
In den **Zeilen** der Tabelle werden die *Verkäufe* der Sektoren verbucht, aufgegliedert *nach ihrer Verwendung*. Der Produktionswert oder **Output** eines Sektors geht entweder als Vorleistung in die Weiterverarbeitung anderer Produktionssektoren (Zwischennachfrage) oder in Form von Fertigprodukten an den Endverbraucher (Endnachfrage nach Konsum- und Investitionsgütern). Bedeutsam ist bei der zeilenweisen Erfassung der Lieferungen wieder die Aufteilung der Vorleistungen nach empfangenden oder nachfragenden Sektoren.

In der Input-Output-Tabelle erscheint somit in den Spalten jeweils die linke Seite (Aufwandsseite) der sektoralen Produktionskonten. Die rechte Seite (Ertragsseite) der Konten wird jeweils als Zeile in der Tabelle verbucht. Durch die gleichzeitige sektorale Aufspaltung der Vorleistungen ergibt sich eine Dreiteilung der Input-Output-Tabelle:

- Die **Vorleistungsmatrix** ① enthält die intersektoralen Lieferbeziehungen hinsichtlich der Vorleistungen, d.h. die sektorale Aufteilung nach Herkunft und Verwendung der Vorleistungen. Sie gibt ein Bild der Wirtschaftsverflechtung arbeitsteiliger Volkswirtschaften.
- Die **Endnachfragematrix** ② enthält für jede Endnachfragekomponente die Aufteilung nach Herkunfts- oder Liefersektoren. Sie gibt eine Darstellung des Warenkorbes der Verbraucher oder Benutzer von Fertigprodukten.
- Die **Primärinputmatrix** ③ vermittelt ein Bild über Umfang und Zusammensetzung der Bruttowertschöpfung jedes Sektors[1].

In Übersicht 7.22 sind die Wirtschaftsbeziehungen der in Übersicht 7.13 dargestellten vereinfachten Modellvolkswirtschaft als Input-Output-Tabelle dargestellt. Auffällig ist hierbei die geringe Besetzung der Felder der Vorleistungsmatrix; von 9 Feldern sind nur 2 besetzt. Dies liegt an der Einfachheit des gewählten Beispiels.

In der Realität wäre etwa das selbsterzeugte Saatgut als Eigenverbrauch des Sektors Landwirtschaft im 1. Feld (oben links) zu erfassen. Der Erzeuger-Verbraucher-Direktverkehr der Landwirtschaft würde eine Eintragung im 1. Feld der Konsumspalte erforderlich machen. Abfallprodukte aus der

---

[1] In Übersicht 7.21 sind auch die Außenwirtschaftsbeziehungen erfaßt. Der Export von Gütern und Dienstleistungen erscheint als Spalte in der Endnachfragematrix. Die Vorleistungsimporte sind pauschal, d.h. nicht nach liefernden (ausländischen) Wirtschaftsbereichen aufgegliedert, im Primärinput als Zeile ausgewiesen. Die Primärinputmatrix enthält darüber hinaus üblicherweise noch Zeilen, die die Produktionssteuern und Subventionen enthalten.

Übersicht 7.22: Beispiel einer Input-Output-Tabelle

Input \ Output	Landwirtschaft	Mühlengewerbe	Bäckereihandwerk	Konsum	Prod.wert
Landwirtschaft	0	500	0	0	500
Mühlengewerbe	0	0	800	0	800
Bäckereihandwerk	0	0	0	2000	2000
Löhne	300	200	900		
Zinsen	100	50	250		
Gewinne	100	50	50		
Prod.wert	500	800	2000		

Getreidevermahlung (Kleie u.ä.) gehen als Futtermittel an die Landwirtschaft zurück (Eintragung im 1. Feld der 2. Zeile) usw.

Die Input-Output-Tabelle ist als Teil der Volkswirtschaftlichen Gesamtrechnung zu einem wichtigen Informationsinstrument für gesamtwirtschaftliche und sektorale Analysen und Prognosen geworden. Auf die Möglichkeiten der Nutzung solcher Tabellen in der **Input-Output-Analyse** können wir hier nicht eingehen. Es dürfte jedoch deutlich geworden sein, daß sich die Verflechtungen der Liefer- und Produktionsbeziehungen zwischen den verschiedenen Sektoren einer Volkswirtschaft in der Input-Output-Tabelle übersichtlich darstellen lassen. Vor allem die Vorleistungsmatrix gibt in sich entwickelnden arbeitsteiligen Volkswirtschaften wichtige Aufschlüsse über die Produktionsstruktur. In der Bundesrepublik Deutschland beträgt der Anteil der Vorleistungen am gesamtwirtschaftlichen Produktionswert bereits rd. 50% (vgl. Übersicht 2.1, 3. Spalte).

Durch schrittweise Erweiterung des Konten- und Kreislaufschemas lassen sich die staatlichen Aktivitäten und die Außenhandelsbeziehungen berücksichtigen. Auf die formale Differenzierung wird hier jedoch verzichtet, da sich dadurch an den bisherigen grundsätzlichen Überlegungen nichts ändert. Wir wollen uns vielmehr abschließend mit zwei Arten von ökonomischen Aktivitäten und ihrer Erfassung in der Volkswirtschaftlichen Gesamtrechnung befassen: der Vermögensbildung und den Kreditbeziehungen. Bisher sind wir davon ausgegangen, daß die Unternehmen Güter und Dienstleistungen produzieren und die Haushalte Einkommen beziehen und verwenden. Die Tatsache, daß die Wirtschaftseinheiten darüber hinaus Vermögen bilden und daß es Kreditbeziehungen zwischen ihnen gibt, wurde dabei vernachlässigt. Eine Analyse der Kreditbeziehungen vermag z. B. erst zu veranschaulichen, in welcher Beziehung die Sparentscheidungen der Haushalte zu den Investitionsentscheidungen der Unternehmen stehen, d. h. in welcher Weise Sparkapital zur Finanzierung von Investitionen herangezogen werden kann.

7.3.2 Die Vermögensbildung und ihre Finanzierung

Grundlage der Vermögensrechnung von Wirtschaftseinheiten ist die **Bilanz.** Vor allem die Unternehmen verschaffen sich regelmäßig, etwa am Ende eines Jahres, einen Überblick über ihre Vermögensbestände, indem sie die verschiedenen Vermögenspositionen bewerten und kontenmäßig in der Bilanz erfassen.

Das **Grundschema der Vermögensrechnung** einer Wirtschaftseinheit ist in Übersicht 7.23 dargestellt. Das **Bruttovermögen** setzt sich aus dem **Sachvermögen** (z. B. Grundstücke, Gebäude, Fabrikanlagen, Betriebs- und Geschäftsausstattung) und den **Forderungen** (z. B. gewährte Darlehen, Bankguthaben, Banknoten und Münzen, Schecks, Wechsel, Devisen) zusammen. Zieht man vom Bruttovermögen die **Verbindlichkeiten** (z. B. aufgenommene Kredite, Hypotheken) ab, so ergibt sich das **Reinvermögen** einer Wirtschaftsheinheit[1].

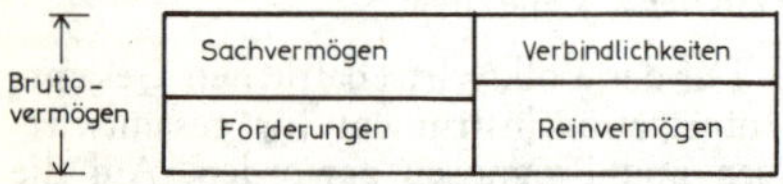

Übersicht 7.23: Vermögenskonto (Bilanz) einer Wirtschaftseinheit

Die einzelnen Vermögensbestände erfahren nun im Zuge der wirtschaftlichen Aktivität in der laufenden Periode Veränderungen. Diese Veränderungen können in einem entsprechenden Konto erfaßt werden.

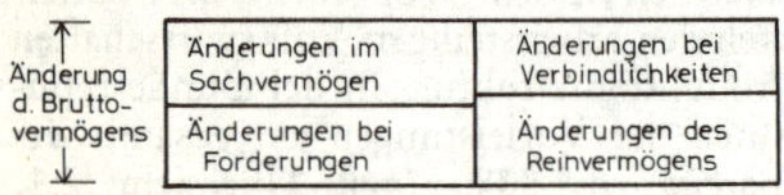

Übersicht 7.24: Vermögens- und Kreditänderungskonto einer Wirtschaftseinheit

Am Ende des Wirtschaftsjahres werden alle positiven und negativen Veränderungen innerhalb der einzelnen vier Vermögensarten saldiert. Die vier Salden werden dann zu den Vermögensbeständen des Vermögenskontos hinzuaddiert, wodurch sich die Bilanz für den Beginn des neuen Jahres ergibt.

---

[1] Als **Geldvermögen** bezeichnet man allgemein den Saldo aus Forderungen und Verbindlichkeiten. Das Reinvermögen ergibt sich somit als Summe von Sachvermögen und Geldvermögen.

Wenn wir zu unserer oben beschriebenen Modellvolkswirtschaft zurückgehen, so können wir den beiden Gruppen von Wirtschaftseinheiten je ein Vermögens- und Kreditänderungskonto zuordnen und fragen, welche Positionen in unserem Beispiel dort erfaßt werden müßten. Bei den Unternehmen bedeutet die Nettoinvestition in Höhe von 500,– DM eine Erhöhung des Sachvermögensbestandes, da der Kapitalstock genau um diesen Betrag gestiegen ist. Für die Haushalte stellt das Sparkapital in Höhe von 500,– DM eine Forderung dar, die einer Erhöhung ihres Reinvermögens um denselben Betrag entspricht. Im einfachsten Falle wird das Sparkapital den Unternehmern direkt in Form eines Darlehens zur Finanzierung der Investition zur Verfügung gestellt. Damit findet eine Kredittransaktion statt, bei der sich die Forderungsstruktur der Haushalte verändert (Geld wird durch eine Forderung an die Unternehmen ersetzt), während die Verbindlichkeiten der Unternehmen in der Höhe des Kreditbetrages zunehmen. Eine Veränderung des Reinvermögens der Unternehmen ergibt sich dennoch nicht, weil die Erhöhung der Verbindlichkeiten die Erhöhung des Sachvermögens (Nettoinvestition) gegenübersteht. In Übersicht 7.24 ist der volkswirtschaftliche Kreislauf unter Berücksichtigung der Vermögens- und Kreditänderungstransaktionen dargestellt[1].

Übersicht 7.25: Grundschema der Volkswirtschaftlichen Gesamtrechnung

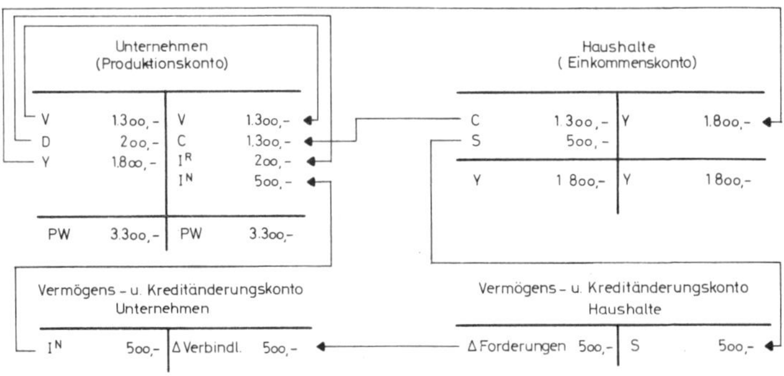

Es ist nicht die Regel, daß die Haushalte direkt Kredite an die Unternehmen gewähren. Meistens ist eine Bank zwischengeschaltet. Die Haushalte bringen ihre Ersparnisse zum Teil zu den Banken, die ihrerseits das Geld an die Unternehmen zur Finanzierung der Investitionen ausleihen können. Die Banken erfüllen somit eine wichtige Funktion auf dem Kreditmarkt, indem sie das **Kreditangebot** (hier: die Ersparnis) und die **Kreditnachfrage** (hier: zur Investitionsfinanzierung) aufeinander abstimmen.

Unser einfaches Beispiel erweckt nun den Eindruck, die Banken seien bei der Investitionsfinanzierung vollständig auf die Ersparnisse der Haushalte

[1] Man beachte, daß $Y \equiv L + Q + G$.

angewiesen. Das ist jedoch in der Realität keineswegs der Fall. Die Geschäftsbanken können sich bei der Zentralbank refinanzieren, d. h. Zentralbankgeld verschaffen. Sie haben in bestimmten Grenzen die Möglichkeit, selbst Geld zu schaffen **(Geldschöpfung)** und dadurch mehr Kredite auszugeben, als der Höhe der Einlagen von Haushalten entspricht. Das zusätzliche Kreditangebot der Banken kann dann für vermehrte Investitionsgüterkäufe (sowie Konsumgüterkäufe) genutzt werden (vgl. Abschnitte 8.1.3, 8.2.3.2 und 8.6.2).

In der Volkswirtschaftlichen Gesamtrechnung der meisten Länder wird das Vermögens- und Kreditänderungskonto noch einmal aufgespalten. Auf dem **Vermögensänderungskonto** werden nur die Veränderungen im Sach- und Reinvermögen erfaßt, während auf dem **Kreditänderungskonto** nur die Veränderungen bei Forderungen und Verbindlichkeiten erscheinen. Dieser letzte Teil der Volkswirtschaftlichen Gesamtrechnung wird als **volkswirtschaftliche Finanzierungsrechnung** bezeichnet.

Abschließend sei noch gefragt, in welchem Maße sich das Gesamtvermögen unserer Modellvolkswirtschaft durch die Vermögens- und Kreditänderungstransaktionen erhöht hat. Bei der Konsolidierung der Vermögens- und Kreditänderungskonten von Unternehmen und Haushalten zu einem **Volksvermögensänderungskonto** (Übersicht 7.25) sind die Forderungen und Verbindlichkeiten in Höhe von 500,– DM vernünftigerweise zu saldieren. Dies erklärt sich daraus, daß in einer geschlossenen Volkswirtschaft der Forderung einer Wirtschaftseinheit stets Schulden einer anderen Wirtschaftseinheit in gleicher Höhe gegenüberstehen. Das Geldvermögen von Gläubigern und Schuldner zusammengenommen (konsolidiert) ist also stets Null[1]. Die den Kapitalstock erhöhenden Investitionen lassen sich als Vermögensbildung interpretieren.

I^N	500,-	S	500,-

Übersicht 7.26: Volksvermögensänderungskonto

8 Der kurz- und mittelfristige Ablauf: Instabilitäten und Steuerungsmöglichkeiten

In diesem Kapitel wird versucht, den Ablauf des ökonomischen Prozesses, so wie er im vorigen Kapitel **beschrieben** wurde, zu **erklären.** Das ist gleichzeitig auch eine Voraussetzung für die Untersuchung der Ansatzpunkte einer stabilitätsorientierten Wirtschaftspolitik.
Bei der Erklärung des Wirtschaftsprozesses sehen wir uns in besonderem Maße den grundsätzlichen Schwierigkeiten gegenüber, die sich bei der

[1] In einer offenen Volkswirtschaft gehen dagegen Forderungen und Verbindlichkeiten zwischen In- und Ausland in die Volksvermögensrechnung ein.

Aufstellung sozialökonomischer Theorien ergeben: Der beobachtete wirtschaftliche Ablauf, wie er sich in den vorliegenden Zahlen dokumentiert, wird in starkem Maße durch wirtschaftspolitische Eingriffe mitbestimmt. Es ist daher schwierig, sich ein Bild davon zu machen, in welcher Weise der Wirtschaftsprozeß ohne oder bei andersartiger wirtschaftspolitischer Beeinflussung abgelaufen wäre. Trotz dieser Einschränkung lassen sich wohl die folgenden generalisierenden Aussagen aus den verfügbaren Fakten ableiten:

- Der gesamtwirtschaftliche Ablauf einer sich selbst überlassenen Marktwirtschaft reguliert sich nicht automatisch in der Weise, daß erhebliche Schwankungen des Auslastungsgrades der volkswirtschaftlichen Produktivkräfte und ein sozial untragbar erscheinendes Ausmaß von Arbeitslosigkeit vermieden werden. Dies hat die Weltwirtschaftskrise besonders deutlich vor Augen geführt.
- Nach dem zweiten Weltkrieg wurden in fast allen westlichen Industrieländern wirtschaftspolitische Maßnahmen zur Stabilisierung des wirtschaftlichen Ablaufs ergriffen. In zunehmendem Maße hat sich dabei die Meinung durchgesetzt, daß eine aktive Stabilisierung des gesamtwirtschaftlichen Abaufs eines der zentralen Probleme der Wirtschaftspolitik ist.

Aus diesen Feststellungen ergeben sich die folgenden Anforderungen an eine Theorie, die den kurzfristigen konjunkturellen Ablauf erklären will:

- sie muß Instabilitäten erklären können,
- sie muß die Ansatzpunkte und Auswirkungen stabilisierender wirtschaftspolitischer Maßnahmen aufzeigen können.

Von den Wirtschaftswissenschaften sind zwei konkurrierende Theorieansätze hinsichtlich des volkswirtschaftlichen Stabilitätsproblems entwickelt worden:

- Die **Klassische Theorie,** die im Grundsatz von der Funktionsfähigkeit des marktwirtschaftlichen Systems ausgeht. Die zu beobachtenden Instabilitäten werden auf verschiedene Unvollkommenheiten zurückgeführt, die es zu beseitigen gilt.
- Die **Keynes'sche Theorie,** die im Grundsatz die Möglichkeit der Selbstregulierung des gesamtwirtschaftlichen Ablaufs negiert und nur durch gezielte wirtschaftspolitische Interventionen (durch Einsatz der Geld- und insbesondere der Finanzpolitik) eine Chance für die Erreichung eines gesamtwirtschaftlichen Gleichgewichts bei Vollbeschäftigung sieht (Globalsteuerung).

Die herrschende Meinung der Wirtschaftswissenschaftler ist, daß die Keynes'sche Theorie und ihre Weiterentwicklungen die in den entwickelten Volkswirtschaften auftretenden Instabilitäten eher erklären können und daß sie daher eine geeignetere Grundlage für die wirtschaftspolitische Kontrolle des Prozesses darstellen. Im folgenden wird daher im wesentlichen von der Keynes'schen Theorie ausgegangen. Die Kennzeichnung der Klassischen Theorie zu Beginn erfolgt aus drei Gründen: (a) weil sich der gesamtwirtschaftliche Erklärungsansatz der Klassischen Theorie unmittelbar aus den Hypothesen und Modellvorstellungen der (im 3. Kapitel entwickelten) mikroökonomischen Theorie ableiten läßt, (b) weil sich viele Probleme am besten durch Bezug auf die Aussagen beider Theorien diskutieren lassen und (c) weil eine Renaissance bestimmter Teile der klassischen Vorstellungen in den letzten Jahren zu beobachten ist (vgl. Abschnitt 8.4), die erkennen läßt, daß eine einheitliche allgemein akzeptierte Instabilitätstheorie nach wie vor nicht existiert.

8.1 Gesamtwirtschaftliche Harmonievorstellungen: Das Klassische Modell

Der Begriff „Klassische Theorie" wurde, soweit er sich auf makroökonomische Probleme bezieht, zu verschiedenen Zeiten jeweils anders abgegrenzt. Heute faßt man darunter im allgemeinen alle die Teile der makroökonomischen Theorie zusammen, die vor dem bahnbrechenden Werk des englischen Nationalökonomen *J. M. Keynes* „The General Theory of Employment, Interest and Money" im Jahre 1936 entstanden sind. Unter dem Sammelbegriff Klassische Theorie sind sehr unterschiedliche Theorieelemente und -aussagen zusammengefaßt. Die Klassische Theorie wurde vor etwa 200 Jahren vor allem durch die englischen Nationalökonomen *A. Smith* (1723–1790), *J. S. Mill* (1806–1873) und *D. Ricardo* (1772–1823) begründet und bis in die heutige Zeit von einer Vielzahl von Ökonomen weiterentwickelt. Allen klassischen Ansätzen gemeinsam ist die Grundüberzeugung, daß durch den Markt- und Preismechanismus eine Tendenz zum Geichgewicht des marktwirtschaftlichen Systems bei Vollbeschäftigung bewirkt wird, im Gegensatz zu Keynes, der einen solchen automatischen Prozeß in Frage stellt.
Die Klassische Theorie geht von Anpassungsprozessen auf den Güter- und Arbeitsmärkten aus, wie sie aus den partiellen Modellen der mikroökonomischen Theorie bekannt ist. Die wichtigsten Aussagen wollen wir im folgenden ableiten.

8.1.1 Arbeitsmarkt und Gleichgewichtslohn

Die Verläufe der Angebots- und Nachfragefunktionen auf dem Arbeitsmarkt entsprechen den aus den Ableitungen der mikroökonomischen Theorie geläufigen Vorstellungen: die Unternehmen fragen bei gegebenen Güterpreisen, gegebener Produktionstechnik und fallendem Lohnsatz verstärkt Arbeit nach (die Arbeitsnachfragefunktion hat einen fallenden Verlauf, vgl. Übersicht 3.69), während das Arbeitsangebot mit steigendem Lohnsatz zunimmt (die Arbeitsangebotsfunktion hat einen ansteigenden Verlauf). Durch den Schnittpunkt von Angebots- und Nachfragefunktion werden der Gleichgewichtslohnsatz l_g und die Gleichgewichtsbeschäftigungsmenge A_g bestimmt (vgl. Übersicht 3.69 oder 8.1). Wenn sich der Lohnsatz frei auf dem Arbeitsmarkt bildet, wird sich diese Gleichgewichtsmenge langfristig durchsetzen. Im Gleichgewicht herrscht nach der Definition der Angebotsfunktion für Arbeit stets **Vollbeschäftigung,** da sie angibt, wieviel Arbeitskräfte zu einem bestimmten Lohnsatz arbeiten wollen.

Das in Übersicht 3.69 dargstellte Gleichgewicht beruht auf einigen Annahmen (vgl. Abschnitt 3.4.3.1, letzter Absatz), die nicht generell erfüllt sein müsen. Bei den hier vorliegenden gesamtwirtschaftlichen Betrachtungen muß besonders bezweifelt werden, daß von Lohnsatzänderungen keine Änderungen der Güternachfrage ausgehen, die wiederum auf den Arbeitsmarkt zurückwirken (vgl. Abschnitt 3.2.2).

Die Vollbeschäftigung kann nur dann erreicht werden, wenn der Lohnsatz beweglich ist. Unter den heutigen institutionellen Bedingungen auf dem Arbeitsmarkt weist der Lohnsatz jedoch nicht die volle Flexibilität auf, von der die Klassiker ausgingen. Damit ist nicht gesichert, daß auch bei ansonsten klassischen Arbeitsangebots- und -nachfragebedingungen stets Vollbeschäftigung erreicht wird.

In den westlichen Industrieländern schließen Arbeitnehmer- und Arbeitgebervereinigungen – in der BR Deutschland die Gewerkschaften und die Arbeitgeberverbände – **Tarifverträge** ab, in denen u. a. die Lohnsätze für eine genau abgegrenzte Vertragsdauer festgelegt werden. Die Wettbewerbsbeziehungen auf dem Arbeitsmarkt lassen sich hiernach viel eher durch die Marktform des **bilateralen Monopols** als durch die Marktform des vollständigen Wettbewerbs charakterisieren. Hierbei ist jedoch zu beachten, daß die gewerkschaftlich organisierten Arbeitnehmer in ihren Individualverträgen[1] mit den Arbeitgebern durchaus über die tarifvertraglich vereinbarten Lohnsätze hinausgehen können – die Sätze dürfen nur nicht unterschritten werden. Daraus folgt, daß die von den Tarifpartnern ausgehandelten Lohnsätze den Charakter von *Mindestpreisen* haben und der „Wettbewerb unter vielen" durchaus wirksam werden kann, wenn der Gleichgewichtslohn den Tariflohn übersteigt.

Übersicht 8.1: Auswirkungen von Tariflöhnen auf dem Arbeitsmarkt

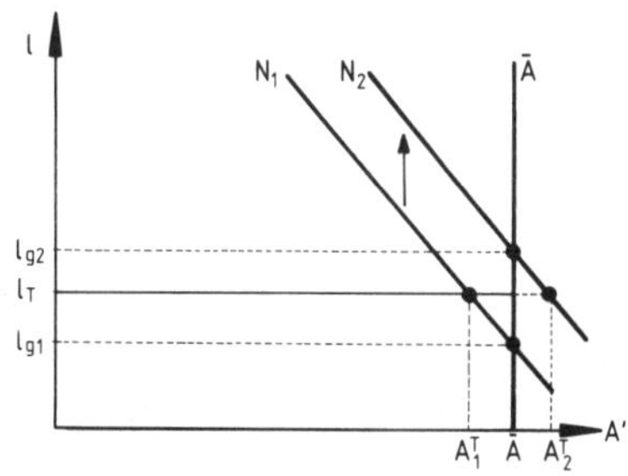

Zur Erläuterung der Wirkung von Lohnsatzfixierungen durch Tarifverträge wollen wir zwei Fälle unterscheiden: (a) Fixierung eines **Tariflohns,** der über dem Gleichgewichtslohn liegt und dadurch Arbeitslosigkeit ermöglicht, (b) Einspielen eines Gleichgewichtslohns (**Effektivlohns**), der über dem Tariflohn liegt. In der obenstehenden Übersicht 8.1 sind beide Fälle dargestellt, wobei hinsichtlich des Arbeitsangebots der Einfachheit halber unterstellt ist, die Arbeitnehmer würden Arbeit in Höhe von $\bar{A}$, also unabhängig von der Höhe des Lohnsatzes, anbieten.

Vereinbaren die Gewerkschaften und Unternehmerverbände einen Tariflohn l_T, dann kann der effektive Lohnsatz nicht unter diesen Wert absin-

[1] Im Gegensatz zu den *Kollektiv*verträgen (Manteltarifverträgen) der Verbände.

ken. Bei der Arbeitsnachfragekurve N_1 könnte die insgesamt in der Volkswirtschaft angebotene Arbeitsmenge $\bar{A}$ bei einem Lohnsatz l_{g1} voll beschäftigt werden; denn nur bei diesem Lohnsatz fragen die Unternehmer genau Arbeitskräfte in Höhe von $\bar{A}$ nach. Da aber nach unseren Annahmen zu diesen Konditionen keine Arbeitsverträge abgeschlossen werden dürfen, werden tatsächlich nur A_1^T Arbeitskräfte beschäftigt – es herrscht Arbeitslosigkeit in Höhe von $\bar{A} - A_1^T$.
Verschiebt sich aber die Nachfragekurve aufgrund gestiegener Güterpreise (vgl. Übersicht 3.33) von N_1 nach N_2, dann fragen die Unternehmer bei dem Tariflohn l_T Arbeitskräfte in der Größenordnung A_2^T nach. Man erkennt sofort, daß diese Arbeitsnachfrage nicht befriedigt werden kann ($\bar{A} < A_2^T$). Die Unternehmer werden um die knappen Arbeitskräfte konkurrieren und dadurch den Lohnsatz in die Höhe treiben. Ein neuer Gleichgewichtslohn ist mit l_{g2} erreicht; der Effektivlohn (l_{g2}) übersteigt den Tariflohn (l_T). In der Realität lassen sich derartige Erscheinungen beobachten. Man spricht in diesem Zusammenhang auch von der **Lohndrift** und meint damit die Differenz zwischen Effektiv- und Tariflöhnen.

Für unsere weiteren Überlegungen ist *festzuhalten:* Die Lohnvereinbarungen von Gewerkschaften und Unternehmerverbänden wirken wie eine Mindestlohngesetzgebung und machen daher prinzipiell (tarifbedingte) Arbeitslosigkeit auch bei normalen (klassischen) Arbeitsangebots- und Arbeitsnachfragebedingungen möglich. Vor diesem Hintergrund wird deutlich, daß die Klassiker voll flexible Löhne als eine Voraussetzung für einen funktionsfähigen Arbeitsmarkt ansehen.

8.1.2 Gütermarktgleichgewicht

Angebot auf dem Gütermarkt

Das Güterangebot einer *einzelnen Unternehmung* wird bestimmt (vgl. Abschnitt 3.4.1) durch (a) die vorherrschende Produktionstechnik, (b) die Menge der fixen Produktionsfaktoren, (c) die Preise der variablen Produktionsfaktoren und (d) die Güterpreise (bei vollständiger Konkurrenz) bzw. die Absatzerwartungen (bei unvollständiger Konkurrenz). Bei der Bestimmung des Güterangebots wollen wir zunächst Arbeitsmarktgleichgewicht und ceteris-paribus-Bedingungen für (a), (b) und (d) unterstellen. Die Gleichgewichtsmenge auf dem Arbeitsmarkt entspricht der Summe der optimalen Arbeitseinsatzmengen *aller* Unternehmen der Volkswirtschaft. Das Gesamtangebot aller dieser Unternehmen läßt sich dann mit Hilfe einer **gesamtwirtschaftlichen Produktionsfunktion** der Form

$$NSP_o \equiv X_o = X(K, A_g) \qquad (8.1)$$

[durch Einsetzen des Wertes A_g in Gleichung (8.1)] leicht ermitteln. Dabei ist X_o das Nettosozialprodukt (also nicht mehr nur die Menge *eines* Gutes), K die gegebene Menge des in der Volkswirtschaft insgesamt vorhandenen Kapitals und A_g die Beschäftigungsmenge bei Gleichgewicht auf dem Arbeitsmarkt (siehe auch Übersicht 8.2).

Übersicht 8.2: Bestimmung des Angebots auf dem Gütermarkt

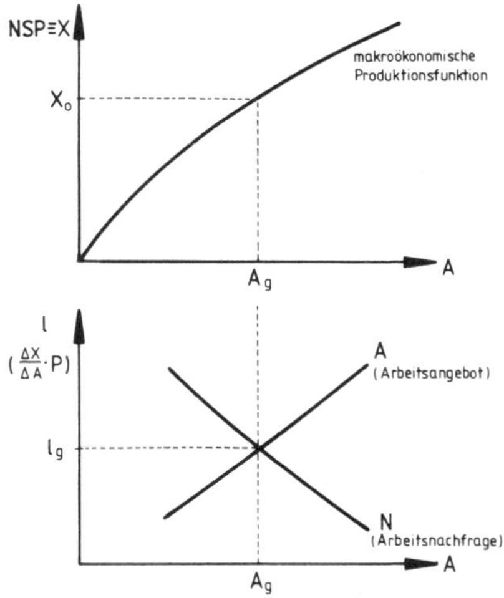

Da A_g die Arbeitsmenge ist, die die Unternehmungen der Volkswirtschaft bei den vorhandenen Güterpreisen und der gegebenen Technik einzusetzen wünschen, werden sie somit ein Nettosozialprodukt in Höhe von NSP_o realisieren wollen (planen). Dem Gleichgewicht auf dem Arbeitsmarkt entspricht somit bei dem Klassikern ein bestimmtes Güterangebot (GA_o):

$$GA_o \equiv NSP_o. \tag{8.2}$$

Nachfrage auf dem Gütermarkt

Das von den Unternehmen geplante Nettosozialprodukt (NSP_o) umfaßt Konsum- und Investitionsgüter. In einer geschlossenen Volkswirtschaft ohne staatliche Aktivität werden diese Güter von den inländischen Haushalten und Unternehmen nachgefragt. Die gesamtwirtschaftliche Güternachfrage ist somit

$$GN \equiv C + I^N \tag{8.3}$$

C: Konsumgüter
I^N: Investitionsgüter (netto).

Die Aufteilung auf die beiden Gruppen hängt von dem Spar- bzw. Konsumverhalten der Haushalte und dem Investitionsverhalten der Unternehmer ab.

Die **Güternachfrage der Haushalte** nach einem bestimmten Produkt (z. B. Produkt 1) läßt sich entsprechend den bekannten mikroökonomischen Überlegungen (vgl. Abschnitt 3.3.2.2) in der Form

$$x_1 = x_1 (p_1, p_2, \ldots, p_n, Y). \tag{8.4}$$

schreiben. Hiernach wird die mengenmäßige Nachfrage nach einem Gut 1 als Funktion des Preises dieses Gutes (p_1), der Preise aller anderen für die Haushalte wesentlichen Güter ($p_2, p_3, \ldots, p_n$) und des Volkseinkommens (Y) angesehen[1,2].

Geht man nun davon aus, daß die Haushalte einen Teil ihres Einkommens sparen und nimmt man dazu mit den Klassikern an, daß die Höhe der Ersparnis (= Nichtkonsum) von der Höhe des Zinssatzes abhängt, dann läßt sich die Nachfragegleichung zur Funktion

$$x_1 = x_1 (p_1, p_2, \ldots, p_n, Y, i) \tag{8.5}$$

erweitern. Wenn man wie die Klassiker erwartet, mit steigendem Zins werde die Ersparnis steigen und der Güterkonsum sich somit vermindern, dann wird – soweit es sich nicht um ein inferiores Gut handelt – auch die Nachfrage nach dem speziellen Gut 1 fallen.
Genauso wie beim Güterangebot betrachten wir in gesamtwirtschaftlichen Analysen jedoch nicht die Nachfrage der Haushalte nach einem *einzigen* Gut, sondern die Nachfrage der Haushalte nach der *Gesamtheit* der Güter. Bewertet mit Preisen spricht man dann auch von gesamtwirtschaftlichen Konsumausgaben ($C = p_1 \cdot x_1 + p_2 \cdot x_2 + \ldots + p_n \cdot x_n$) oder kürzer vom **gesamtwirtschaftlichen Konsum** und schreibt die Konsumfunktion in der Form

$$C = C(Y, i). \tag{8.6}$$

Man sagt auch, bei einem Einkommen von Y und einem Zinssatz *i planen* die Haushalte einen Konsum von C. Im Unterschied zu den mikroökonomischen Nachfragefunktionen sind in der gesamtwirtschaftlichen Konsumfunktion die Güterpreise nicht aufgeführt, da diese im wesentlichen nur die *relative Aufteilung des Gesamtpaketes* auf die einzelnen Güterarten (Wohnung, Ernährung usw.) bestimmen.

Neben der Nachfrage der Haushalte nach Konsumgütern haben wir noch die **Nachfrage der Unternehmungen nach Investitionsgütern** zu betrachten. Aus mikroökonomischen Überlegungen wissen wir, daß die Höhe des gewünschten Kapitalstocks in den Unternehmungen um so größer sein wird, je niedriger die Kreditkosten (Zinsen) sind, die beim Kauf zusätzlicher Investitionsgüter anfallen (vgl. Abschnitt 3.2.2.3). Bei sinkendem Zinssatz werden die Unternehmungen hiernach, wenn sich sonst nichts ändert, einen stärker wachsenden Kapitalstock wünschen und daher auch steigende Investitionsgüterkäufe tätigen und umgekehrt. Die Investitionsfunktion

$$I = I(i) \tag{8.7}$$

beschreibt, welche Investitionen bei unterschiedlichen Zinssätzen von den Unternehmern *geplant* werden.

---

[1] Aus der Volkswirtschaftlichen Gesamtrechnung ist bekannt, daß dieses Volkseinkommen dem Nettosozialprodukt entspricht, d. h. Y ≡ NSP.

[2] Der Nachfrageeinfluß, der auf (längerfristige) Veränderungen der Bedürfnisstruktur und der Einkommensverteilung zurückzuführen ist, sei hier vernachlässigt.

Gleichgewicht

Unter dem **makroökonomischen Gleichgewicht** verstehen wir allgemein (entsprechend der mikroökonomischen Definition) eine Situation, in der weder die Unternehmungen noch die Haushalte Anlaß haben, ihre Pläne und Entscheidungen zu revidieren. Bezüglich des Gütermarktgleichgewichts ist diese Situation dann gegeben, wenn die Produktions- und Angebotsplanungen des Unternehmenssektors mit der aggregierten Nachfrage der Haushalte nach Konsumgütern und der Unternehmungen nach Investitionsgütern übereinstimmen. Die Bedingung für das Gütermarktgleichgewicht lautet somit:

$$GA_{gepl} = GN_{gepl} \tag{8.8}$$

(geplantes gesamtwirtschaftliches Angebot = geplante gesamtwirtschaftliche Nachfrage), und für unser vereinfachtes Modell einer geschlossenen Volkswirtschaft gilt:

$$NSP_{gepl} = C_{gepl} + I_{gepl}. \tag{8.9}$$

Wenn man von den abgeleiteten Funktionen des Güterangebots (Gleichung 8.2) und der Güternachfrage (Gleichungen 8.6 und 8.7) ausgeht, läßt sich die Gleichgewichtsbedingung (8.9) auch schreiben:

$$NSP_o = C\,(i, Y_o) + I\,(i). \tag{8.10}$$

Diese Gleichung läßt sich weiter umformen, wenn man die definitorische Gleichheit von Nettosozialprodukt und Volkseinkommen (hier: $NSP_o \equiv Y_o$) berücksichtigt und auf beiden Seiten den Wert der Konsumgüterkäufe subtrahiert. Es ergibt sich dann mit

$$Y_o - C\,(i, Y_o) = I\,(i) \tag{8.11}$$

eine Gleichung, die auf der linken Seite den Teilbetrag des Volkseinkommens enthält, den die Haushalte *nicht* zu konsumieren wünschen (Ersparnis: S), und auf der rechten Seite die beim Zinssatz i geplanten Investitionsgüterkäufe der Unternehmer. Man kann demnach auch schreiben:

$$S(i, Y_o) = I(i). \tag{8.12}$$

Offenbar ist ein Gleichgewicht auf dem Gütermarkt dann erreicht, wenn *geplante* Ersparnisse der Haushalte und *geplante* Investitionen der Unternehmen übereinstimmen[1]. Bei gegebenem Güterangebot (bzw. Volkseinkommen) führt der Zins den Ausgleich von Angebot und Nachfrage auf dem Gütermarkt herbei. Der Zinsbildungsprozeß bedarf daher noch einer genaueren Betrachtung.

---

[1] Aus den Ableitungen in Abschnitt 7.2.5 ging hervor, daß *ex post* in einer geschlossenen Volkswirtschaft stets eine definitorische Gleichheit von Investition und Ersparnis gegeben ist. Gleichgewicht herrscht jedoch nur dann, wenn *ex ante-Gleichheit* besteht, also die *geplante Ersparnis* mit der *geplanten Investition* übereinstimmt.

Sind bei gegebenem Einkommen und einem bestimmten Zinssatz die Konsumsumme und die Investitionssumme bestimmt, so folgt hieraus noch keineswegs, daß die Vielfalt der von den Unternehmen angebotenen Produkte auch tatsächlich alle nachgefragt und damit abgesetzt werden kann. **Partielle Ungleichgewichte** können zwar nach Ansicht der Klassiker auf den Gütermärkten gelegentlich auftreten, sie werden aber stets schnell *durch den Preismechanismus wieder beseitigt.* Geht die Nachfrage nach einem Gut z. B. zurück, so können sich kurzfristig (ungeplante) Lagerbestände bilden. Da aber die Unternehmer unverzüglich mit Preissenkungen und später mit Angebotsrückgang reagieren, pendelt sich schnell ein neues Gleichgewicht ein. Dem Nachfragerückgang bei dem betreffenden Gut steht aber eine gleichgroße Nachfrageerhöhung bei anderen Gütern gegenüber. Nachfrageverschiebungen führen zwar zu *Änderungen der Güterpreisrelationen und* zu *Änderungen in der Zusammensetzung des Güterangebots,* die Gleichheit von (monetärem) Gesamtangebot und (monetärer) Gesamtnachfrage bleibt aber stets erhalten. Von kurzfristigen Störungen („Verstopfung der Absatzwege") abgesehen bleibt damit das Gütermarktgleichgewicht bei Vollbeschäftigung erhalten.

Die **relativen Preise** entscheiden somit über die Aufteilung der gegebenen Ausgabensummen für Konsum- und Investitionsgüter auf die einzelnen Produkte. **Flexible Preise** (Veränderungen der Preisrelationen) sorgen dafür, daß die angebotenen Güter auch nachgefragt werden. Jedes Güterangebot schafft sich somit gewissermaßen selbst seinen Absatz (= Nachfrage) in gleicher Höhe. Dies ist die Aussage des französischen Nationalökonomen *J. B. Say* (1767–1832), die in der Literatur als **Say'sches Theorem** bekannt ist.

8.1.3 Märkte für Forderungen: Kreditmarkt und Rolle des Geldes

Neben den güterwirtschaftlichen werden monetäre Transaktionen in einer Volkswirtschaft ständig vorgenommen (vgl. Abschnitt 1.1.1). Es existiert eine Vielzahl von Märkten für Forderungstitel, die sich in einem vereinfachten Modell zu zwei Märkten aggregieren lassen: dem Kreditmarkt und dem Geldmarkt (vgl. Abschnitt 8.2.3.1). Auf dem **Kreditmarkt** treten die Haushalte als Anbieter von Spargeldern (Kreditangebot) auf. Als Nachfrager von Krediten erscheinen die Unternehmen, die Kredite zur Investitionsfinanzierung aufnehmen wollen. Die Abwicklung der Kreditmarkttransaktionen besorgen üblicherweise Banken. Auf dem **Geldmarkt** tritt als Geldanbieter diejenige Stelle auf, die das Recht der Notenausgabe und der Münzprägung besitzt. Dies ist meist die Zentral- oder Notenbank. Sie bietet Geld im Austausch gegen andere Forderungen (z. B. Wertpapiere) an, die ihr von den Geschäftsbanken zugeleitet werden. Geldnachfrager sind letztlich die Wirtschaftseinheiten, die Geld als (a) **Tauschmittel** (gesetzliches Zahlungsmittel) und (b) **Recheneinheit** zur Erleichterung der ökonomischen Transaktionen (z. B. von Konsumgüter- und Investitionsgüterkäufen) benutzen. Nach Meinung der Klassiker sind beide Märkte voneinander unabhängig. Sie gehen davon aus, daß Geldhaltung nur zur

Abwicklung wirtschaftlicher Transaktionen existiert. Es gibt keine Überlegungen etwa derart, ob (c) Geld nicht, u. U. alternativ zu Wertpapieren, zum Zwecke der Vermögensanlage gehalten werden könnte **(Wertaufbewahrungsfunktion des Geldes).**

Zinsmechanismus

Der klassische Kreditmarkt entspricht den in Abschnitt 3.4.3.2 entwickelten Vorstellungen: Über die Banken wird die Ersparnis der Haushalte (Kreditangebot) den Unternehmen als Kreditnachfrager zur Finanzierung der Investitionen zur Verfügung gestellt. Die Übereinstimmung von Investition und Ersparnis wird durch den Zins (Preis für Kredite) hergestellt. Der Gleichgewichtszins (i_g) und die zugehörige Investition (I_g) und Ersparnis (S_g) werden durch den Schnittpunkt von Investitions- und Sparfunktion bestimmt (s. Übersicht 8.3). Damit ist bei dem gegebenen Güterangebot zugleich die Aufteilung der Nachfrage auf Konsum- und Investitionsgüter determiniert.

Übersicht 8.3: Bestimmung des Gleichgewichtszinssatzes auf dem (klassischen) Kreditmarkt

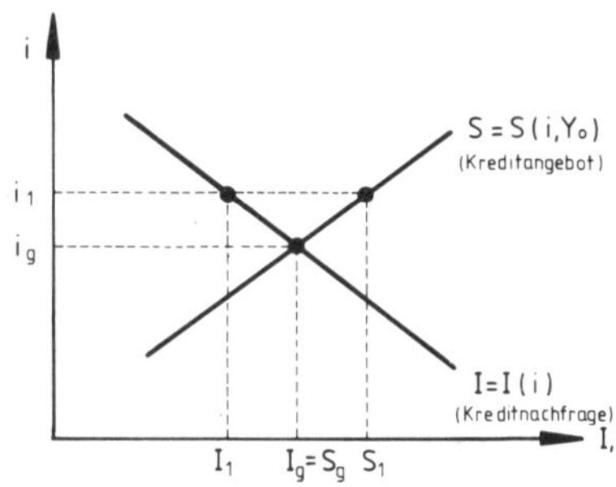

Nehmen wir an, bei einem Volkseinkommen von Y_0 herrsche ein Zinssatz von i_1, dann übersteigt (s. Übersicht 8.3) die Ersparnis (S_1) die Investition (I_1). Nach unseren bisherigen Überlegungen ist dann auch das gesamtwirtschaftliche Güterangebot größer als die gesamtwirtschaftliche Güternachfrage. Die Unternehmer können bei den herrschenden Preisen ihre Produktion nicht vollständig absetzen. Dieser Zustand ist jedoch nicht von Dauer, weil bei einer Ersparnis, die die Investitionsgüterkäufe übersteigt, nach den oben beschriebenen Vorstellungen das Kreditangebot auch größer ist als die Kreditnachfrage und der Preis für Kredite (Zins) sinken wird. Sinkender Zins bedeutet aber steigende Kreditnachfrage (steigende Investitionstätigkeit) und sinkendes Kreditangebot (sinkende Ersparnis, steigende Konsumgüternachfrage). Der Zins wird solange sinken, bis Kreditangebot und Kreditnachfrage einander gleich sind, bis also Ersparnis und Investition übereinstimmen und daher auch auf dem gesamtwirtschaftlichen Gütermarkt dem Angebot von GA $\equiv$ NSP_o eine gleichhohe Nachfrage (GN $\equiv$ Konsum + Investition) gegenübersteht.

Fassen wir die klassischen Vorstellungen zusammen: Auf dem Arbeitsmarkt bildet sich ein Lohnsatz, bei dem alle, die zu diesem Lohnsatz arbeiten wollen, auch Arbeit bekommen (Gleichgewichtslohn); es herrscht Vollbeschäftigung. Die aus diesem Arbeitseinsatz resultierende Produktion (Nettosozialprodukt = Gesamtwirtschaftliches Angebot) kann zu den herrschenden Preisen auch abgesetzt werden; denn auf dem Kreditmarkt bildet sich ein Zinssatz, der geplante Investition und geplante Ersparnis in Übereinstimmung bringt. Damit entsprechen sich zugleich Güterangebot und Güternachfrage.

Auf dem Kreditmarkt angebotene Ersparnisse nennt man häufig auch Geld*kapital*, u. a. deswegen, weil es sich um Geldbeträge handelt, die von den Unternehmern zum Ankauf von Kapitalgütern (Investitionsgütern) verwendet werden können. Die Unternehmer transformieren hiernach gleichsam *Geld*kapital in Sach- oder *Real*kapital (Gebäude, Maschinen, Vorräte). Wir können dann auch sagen, daß im Klassischen Modell bei gegebenem Güterpreisniveau letztlich die veränderlichen Preise auf den Faktormärkten, nämlich auf dem Arbeitsmarkt der Lohnsatz und auf dem „Kapitalmarkt" der Zinssatz, dafür sorgen, daß marktwirtschaftlich organisierte Volkswirtschaft zu einem Gleichgewicht bei Vollbeschäftigung tendieren.

Der Einfluß des Geldes auf das Preisniveau, Neutralität des Geldes

In der bisherigen Betrachtung des Klassischen Modells haben wir die Rolle des Geldes in der Volkswirtschaft vernachlässigt. Bei der Ableitung des Gleichgewichts auf dem Arbeitsmarkt und dem Gütermarkt braucht Geld nicht explizit berücksichtigt zu werden, da die Höhe der Geldmenge oder Veränderungen der Geldmenge nach Ansicht der Klassiker keinen Einfluß auf die Gleichgewichtswerte auf beiden Märkten haben. Man spricht daher von der **Neutralität des Geldes** oder auch der *realwirtschaftlichen Passivität des Geldes.* Die Transaktionen auf den einzelnen Faktor- und Gütermärkten werden zwar in Geld abgewickelt. Geld fungiert aber lediglich als Tauschmittel und Recheneinheit; es liegt wie ein *„Schleier"* über den realwirtschaftlichen Vorgängen, die selber aber nicht durch eine Veränderung der umlaufenden Geldmenge beeinflußt werden. Es werden keine zusätzlichen Arbeitsleistungen angeboten oder nachgefragt, es ändert sich nichts an der Zusammensetzung der Güternachfrage, wenn die Geldmenge variiert wird. Die vorhandene Geldmenge beeinflußt lediglich die Höhe des Preisniveaus, nicht dagegen die Preisrelationen. Steigt das Preisniveau etwa um 10%, so steigen auch alle Einzelpreise um 10%.

Geld wird nach Ansicht der Klassiker ausschließlich dazu benutzt, die mit den ökonomischen Transaktionen verbundenen Zahlungen zu leisten. Zu den ökonomischen Transaktionen rechnen neben den Güter- und Dienstleistungsumsätzen auch Einkommenszahlungen und Tausch von Forderungen gegen Forderungen (Finanztransaktionen). Es ist plausibel anzunehmen, daß der Bedarf an **Transaktionskasse** (L_T) mit steigendem **Transaktionsvolumen** (T) zunimmt. Wird das reale (physische) Transaktionsvolumen (z. B. Gütermengen) mit den herrschenden Preisen bzw. mit einem **Durchschnittspreis** (P) bewertet, so stellt der Umsatzwert ($P \cdot T$) die Summe aller Transaktionen dar, die in Geld abgewickelt werden. Die in einer Volkswirtschaft von der Zentralbank und den Geschäftsbanken ausgegebene (= angebotene) **Geldmenge** (M) wird im Laufe einer Wirtschaftsperiode mehrfach umgesetzt. Mit jeder Transaktion wechselt sie den Besitzer. Eine Erhöhung der **Transaktionshäufigkeit** oder der **Umlaufsgeschwindigkeit des Geldes** (V) hat dieselbe Wirkung wie eine

Erhöhung der Geldmenge: Wird ein Hundertmarkschein im Laufe eines Jahres fünfmal umgeschlagen, so hat dieser Schein dieselbe Transaktionswirkung (Kaufkraftwirkung) wie ein Fünfhundertmarkschein, der nur einmal den Besitzer wechselt.

Die Umlaufsgeschwindigkeit des Geldes, d. h. die Häufigkeit, mit der die Geldmenge jährlich zur Abwicklung der Käufe von Gütern und Dienstleistungen bzw. der Einkommenstransaktionen umgeschlagen wird, wird durch eine Reihe von Faktoren bestimmt: die herrschenden Zahlungsgewohnheiten, die finanziellen Institutionen eines Landes, das Sparverhalten der Haushalte, die Erwartungen der Wirtschaftseinheiten über die Entwicklung der Preise, die Verteilung der Einkommen u. dgl. Im Zeitablauf verändert sich die Umlaufgeschwindigkeit im allgemeinen jedoch nur innerhalb ziemlich enger Grenzen.

Der Einfluß der **Zahlungssitten** auf die Umlaufsgeschwindigkeit des Geldes läßt sich besonders gut am Beispiel der **zeitlichen Verteilung der Einnahmen und Ausgaben** einer Wirtschaftseinheit verdeutlichen. Die durchschnittliche Kassenhaltung einer Wirtschaftseinheit wird geringer sein, wenn die Einnahmen- und Ausgabenströme kontinuierlich und häufig erfolgen, sie wird im Durchschnitt höher sein, wenn die Ströme auf bestimmte Zeitperioden konzentriert sind. Wird etwa ein Monatseinkommen von 1000,– DM im ersten Fall monatlich und im zweiten Fall wöchentlich ausgezahlt und sind die Ausgaben gleichmäßig über die Zeit verteilt, so ergibt sich eine unterschiedliche durchschnittliche Kassenhaltung: Im Falle der monatlichen Entlohnung beträgt die durchschnittliche Kassenhaltung 500,– DM und im Falle der wöchentlichen Entlohnung 125,– DM (wie leicht aus Übersicht 8.4 zu ersehen ist).

Bei konstantem Ausgabenvolumen (1000,– DM) bedeutet dies, daß bei wöchentlicher Entlohnung eine viermal geringere Geldmenge ausreicht; den Ausgleich schafft die viermal höhere Transaktionshäufigkeit des Geldes.

Die **Umlaufsgeschwindigkeit des Geldes** (V) läßt sich wie folgt definieren:

$$V \equiv \frac{P \cdot T}{M}. \tag{8.13}$$

Übersicht 8.4: Zahlungssitten und durchschnittliche Kassenhaltung

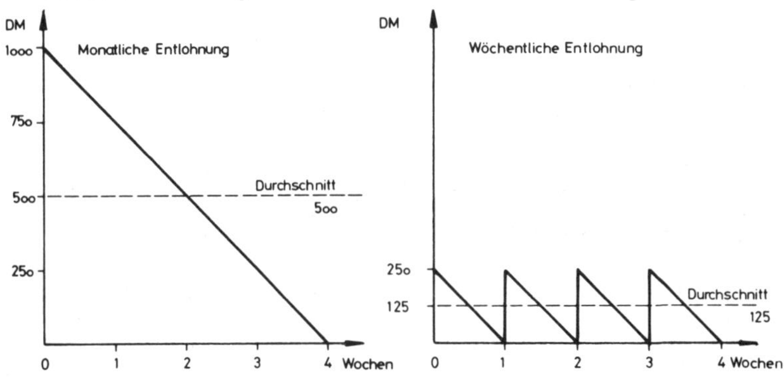

Beträgt der Umfang der Transaktionen ($P \cdot T$) in einem Jahr etwa 200 Mrd. Geldeinheiten und hat die Geldmenge eine Höhe von 50 Mrd. Geldeinheiten, dann ist klar, daß jede Geldeinheit (z. B. jede DM) durchschnittlich viermal bei Transaktionen verwendet wurde.
Es ist üblich, die Umlaufsgeschwindigkeit des Geldes nicht am gesamten realen Transaktionsvolumen (T) zu messen, sondern auf die Erstellung des realen Nettosozialprodukts (Y_r) zu beziehen. Dies liegt vor allem daran, daß statistisch das gesamte in Geld abgewickelte Transaktionsvolumen (also z. B. alle reinen Finanztransaktionen, die nicht im Zusammenhang mit dem Gütertausch stehen) kaum zu erfassen sind. Die modifizierte Definition der Umlaufsgeschwindigkeit lautet somit:

$$V \equiv \frac{P \cdot Y_r}{M}. \tag{8.14}$$

Diese Gleichung wird häufig auch in der Form

$$V \cdot M \equiv P \cdot Y_r \tag{8.14'}$$

geschrieben. In der Literatur wird sie nach dem amerikanischen Ökonomen *I. Fisher* als **Fisher'sche Verkehrsgleichung** bezeichnet. Sie besagt nichts anderes, als daß das Produkt aus Geldmenge (M) und Umlaufsgeschwindigkeit (V) definitionsgemäß genau dem Geldbetrag ($M \cdot V$) entspricht, mit dem die Gesamtheit aller realwirtschaftlichen (Sozialprodukt-) Transaktionen ($P \cdot Y_r$) getätigt wird.

Klassischer Geldmarkt

Ausgehend von den Überlegungen zur Verkehrsgleichung (8.14') kann man sich nun analog zum Arbeits-, Güter- oder Kreditmarkt einen Geldmarkt vorstellen, auf dem Anbieter und Nachfrager von Geld auftreten. Als **Anbieter von Geld** treten die Banken auf, wobei der Zentralbank kraft hoheitlicher Funktion eine besondere Rolle bei der Bemessung der Geldmenge zukommt (vgl. Abschnitt 8.6.2). Wir wollen im folgenden davon ausgehen, daß das Geldangebot (M) durch das Bankensystem *autonom* bestimmt sei. Als Geldangebotsfunktion möge gelten

$$M = M_o. \tag{8.15}$$

Das Geld wird von den Nichtbanken (Haushalte, Unternehmen, Staat) benötigt, um die gewünschten wirtschaftlichen Transaktionen durchzuführen. Hierzu wünschen sie einen bestimmten Kassenbestand, den ihnen die Geldanbieter verschaffen. Der **Kassenbestand der Nichtbanken** ist somit Ausdruck für die **nachgefragte Geldmenge**, mit der die vorgesehenen Transaktionen durchgeführt werden sollen[1]. Die Höhe der Geldnachfrage hängt (a) von der Höhe der Transaktionen bzw. des Sozialprodukts ($Y_r \cdot P$) und (b) der zeitlichen Verteilung der Transaktionen ab, die – wie zu

---

[1] Diese Vorstellung von Geldhaltern als Geldnachfragern erscheint auf den ersten Blick etwas ungewöhnlich. Da Geldbesitz häufig mit Blick auf zukünftige Güterkäufe gesehen wird, könnte man Geldhalter eher als Anbieter von Geld und Nachfrager von Gütern bezeichnen.

Übersicht 8.4 erläutert wurde – von den Zahlungssitten bestimmt werden. Die Zahlungssitten oder Kassenhaltungsgewohnheiten sind als Umlaufsgeschwindigkeit statistisch meßbar.

Unter bestimmten Annahmen läßt sich aus diesen Überlegungen eine einfache Geldnachfragefunktion ableiten. Geht man mit den Klassikern davon aus, daß die Zahlungssitten bzw. die Umlaufsgeschwindigkeit des Geldes eine auf mittlere und längere Sicht stabile Größe ist ($\bar{V}$), so hängt die Geldnachfrage bei kurzfristig gegebenem Güterangebot der Unternehmer ($\bar{Y}_o = \bar{Y}_r$) nur noch vom Preisniveau ab. Dies läßt sich durch Umformung der Fisher'schen Verkehrsgleichung (8.14') leicht ersehen (Auflösung nach M: $M \equiv P \cdot Y_r/V$), wobei die *Geldmenge M jetzt als Geldnachfrage für Transaktionszwecke zu interpretieren* ist. Für gegebenes Sozialprodukt und gegebene Umlaufsgeschwindigkeit des Geldes lautet die **Geldnachfragefunktion** somit:

$$L_T = \frac{1}{\bar{V}} \cdot \bar{Y}_r \cdot P. \tag{8.16}$$

Sie besagt, daß die Geldnachfrage (L_T) mit steigendem Preisniveau zunimmt. Die Funktion hat einen linearen Verlauf, sie beginnt im Koordinatenursprung (s. Übersicht 8.5). Ihre Steigung wird durch die vorgegebene Höhe des realen Volkseinkommens und der Umlaufsgeschwindigkeit bestimmt ($\text{tg}\,\alpha = \bar{V}/\bar{Y}_r$).

Übersicht 8.5: Geldnachfragefunktion (Transaktionskasse)

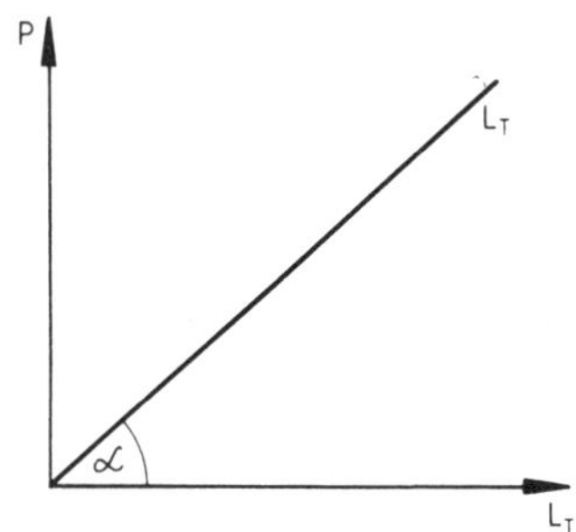

Ein **Gleichgewicht auf dem Geldmarkt** herrscht offenbar, wenn das Angebot von Geld und die Nachfrage nach Geld übereinstimmen:

$$M = L_T \text{ oder } M_o = \frac{1}{\bar{V}} \cdot \bar{Y}_r \cdot P. \tag{8.17}$$

Stellt man das Gleichgewicht grafisch dar (s. Übersicht 8.6), so erkennt man, daß mit jeder Höhe des Geldangebots bei gegebener Geldnachfragefunktion ein bestimmtes Preisniveau verbunden ist. Eine Erhöhung der (preisunelastischen) Geldmenge durch das Bankensystem von M_o auf M'_o führt zu einem Preisanstieg von P_1 auf P_2.

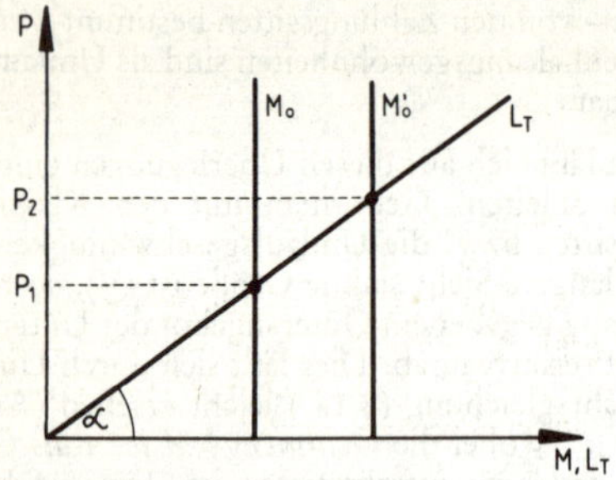

Übersicht 8.6: Klassisches Geldmarktgleichgewicht

Durch die Geldmengenerhöhung steigen die Preise solange, bis die Wirtschaftseinheiten soviel Geld für Transaktionskasse zu halten wünschen, wie angeboten wird.

Wie leicht aus Übersichten 8.5 und 8.6 zu erkennen ist, würde eine Erhöhung (Senkung) der Umlaufsgeschwindigkeit die Geldnachfragekurve nach oben (unten) drehen [tg α steigt (fällt)]. Bei gegebenem Geldangebot resultiert daraus ein höheres (niedrigeres) Preisniveau. Steigt (sinkt) auf der anderen Seite das reale Volkseinkommen, so pendelt sich ceteris paribus ein niedrigeres (höheres) Preisniveau ein.

Quantitätstheorie des Geldes

Der von den Klassikern unterstellte Funktionszusammenhang (8.17) beschreibt den Inhalt einer denkbar einfachen **Inflationstheorie,** die in der Literatur als *naive Quantitätstheorie des Geldes* bezeichnet wird. Sie besagt, daß eine Veränderung der Geldmenge zu einer proportionalen Veränderung des Preisniveaus führt. Steigt die Geldmenge z. B. um 10%, so erhöht sich das Preisniveau ebenfalls um 10%. Eine Inflationierung ist somit auf eine Geldmengenausdehnung zurückzuführen. Eine Wirtschaftspolitik, die sich Preisniveaustabilität zum Ziel gesetzt hat, muß daher nach Ansicht der Klassiker bestrebt sein, das Geldangebot so zu bemessen, daß die unerwünschten Preisniveausteigerungen unterbleiben.

Die Hypothese eines direkten Zusammenhanges zwischen Geldmenge und Preisniveau ist vielfach kritisiert worden. In der Realität geht von Geldmengenänderungen eine Kette komplizierter Anpassungsprozesse aus, die sich nur dann in Preisänderungen niederschlagen können, wenn sich in irgendeiner Weise das Angebot oder die Nachfrage auf den Gütermärkten, auf denen sich die Preise bilden, verändern. Beispielsweise kann man sich vorstellen, daß eine größere Geldmenge die Bedingungen für Investitionen verbessert und eine verstärkte Investitionsgüternachfrage zu einer Erhöhung des Preisniveaus beiträgt. Die Quantitätstheorie der Klassiker erscheint daher den meisten heutigen Ökonomen als übervereinfacht. Die Gruppe der sog. *Monetaristen* unter den Ökonomen entwickelte in den letzten Jahren modifizierte quantitätstheoretische Vorstellungen. (Vgl. Abschnitt 8.4; dort wird beschrieben, wie man sich den Prozeß der Wirkung von M auf P vorstellen kann.)

Preisniveau, Gütermarkt- und Arbeitsmarktgleichgewicht

Zu Anfang dieses Abschnitts war behauptet worden, daß Veränderungen der Geldmenge keine Veränderungen auf dem Arbeits- und Gütermarkt bewirken. Die Richtigkeit dieser Aussage für das Klassische Modell ist nicht unmittelbar einleuchtend, da Geldmengenvariationen das Preisniveau beeinflussen, eine Variable, die Bestandteil der Arbeitsnachfragekurve

$$\left(= \text{Wertgrenzproduktkurve}; \frac{\Delta X}{\Delta A} \cdot P\right)$$

ist. Preisniveauveränderungen verschieben somit die Arbeitsnachfragekurve nach oben oder unten (vgl. Übersicht 8.2). Die Arbeitsangebotskurve verschiebt sich aber ebenfalls, und zwar genau in der Weise, daß die Gleichgewichtsmenge A_g unverändert bleibt.

Man kann sich dies am besten klarmachen, wenn man in Übersicht 8.2 statt des Nominallohnsatzes l den Reallohnsatz l/P verwendet. Die Arbeitsnachfrage und das Arbeitsangebot werden dann als vom Reallohn abhängig betrachtet. Die Arbeitsnachfragekurve entspricht in diesem Falle der (physischen) Grenzproduktivitätskurve, die produktionstechnisch bestimmt ist und somit von Preiswirkungen unbeeinflußt bleibt. Die Optimalbedingung

$$l = \frac{\Delta X}{\Delta A} \cdot P \text{ wird umgeformt zu } \frac{l}{P} = \frac{\Delta X}{\Delta A}.$$

Folgende Überlegung soll unterstreichen, daß im Modell der Klassiker durch eine Änderung des absoluten Güterpreisniveaus die angebotene und nachgefragte Arbeitsmenge, abgesehen von sehr kurzfristigen Anpassungen, unverändert bleibt. Steigt z. B. das Preisniveau bei unverändertem Nominallohnsatz, so werden die Unternehmer mehr Arbeitsleistungen nachfragen, da eine Ausweitung der Produktion lohnend erscheint. Da die Erhöhung des Preisniveaus aber den Reallohn senkt, trifft die Arbeitsmehrnachfrage auf ein verringertes Arbeitsangebot. Die Unternehmer konkurrieren um die knappen Arbeitskräfte und treiben dadurch den Nominallohnsatz in die Höhe. Der Prozeß endet, wenn der Reallohn seine alte Höhe erreicht hat. Die Zahl der beschäftigten Arbeitskräfte und auch das reale Güterangebot bleiben gleich.

Wir haben somit gezeigt, daß Geldmengenänderungen im Modell der Klassiker lediglich zu proportionalen Erhöhungen des Güterpreisniveaus und der Faktorpreise führen. Das Gleichgewicht auf dem Arbeitsmarkt und dem Gütermarkt bleibt davon unberührt. Nicht nur das reale Güterangebot bleibt unverändert, sondern auch die Aufteilung der Güternachfrage in Konsum- und Investitionsgüter, da deren Aufteilung analog zum Arbeitsmarkt allein durch den (Real-)Zins (i/P) bestimmt wird.

8.1.4 Zahlungsbilanz und Wechselkurs

Auch in den Bereichen der **nationalen Geldpolitik** sowie der **internationalen Währungspolitik** vertraute man (bis zum 1. Weltkrieg) auf die Wirksamkeit von Automatismen. Beide Bereiche waren eng miteinander verknüpft und beruhten auf zwei zentralen **Ordnungselementen:** (a) der Bindung der Geldmenge (des Geldangebots) an die staatlichen Goldvorräte und (b) der starren Fixierung von Wechselkursen.

Die Fixierung von Wechselkursen kam dadurch zustande, daß jedes Land sich verpflichtete, das von ihm herausgegebene Geld jederzeit zu einem bestimmten Preis in Gold einzutauschen. Damit konnte jeder Währung ein eindeutiger Goldwert zugeordnet werden. Erhielt man z. B. für ein englisches Pfund doppelt soviel Gold wie für einen US-Dollar, dann betrug das Wertverhältnis 1 Pfund = 2 Dollar. Da man somit für 1 Pfund 2 Dollar kaufen konnte, betrug auch der (unveränderliche) Wechselkurs zwischen beiden Währungen (vgl. Abschnitte 5.1 und 5.3)

$$w\left(\frac{\$}{\pounds}\right) = 2\left(\frac{\$}{\pounds}\right).$$

Die Bedeutung der beiden genannten Ordnungselemente für das wirtschaftspolitische Ziel des **Zahlungsbilanzausgleichs** (vgl. Abschnitte 1.2.3, 8.5 und 8.6.4) läßt sich am einfachsten an einem Beispiel erkennen. Nehmen wir dazu an, die Zahlungsbilanz Deutschlands (in irgendeinem Jahr vor 1914) sei passiv geworden, weil im Zuge des wirtschaftlichen Wachstums die Exporte in der Vergangenheit weniger stark anstiegen als die Importe, so daß sich die für Importe und sonstige Ausgaben zur Verfügung stehenden Devisen verknappen; das Devisenangebot steigt somit weniger stark an als die Devisennachfrage, die Wechselkurse zwischen der Reichsmark (RM) und anderen Währungen ($, £) werden steigen (vgl. Abschnitt 5.3.3). Dem Anstieg der Wechselkurse sind in einem **Goldwährungssystem** jedoch sehr enge Grenzen gesetzt: Eine Wechselkurserhöhung bedeutet für einen Importeur, daß er für einen Dollar oder ein englisches Pfund mehr Reichsmark bezahlen muß als zuvor. Ist nun die Zentralbank (Deutsche Reichsbank) verpflichtet, Reichsmark jederzeit in Gold umzutauschen, dann wird sich der Importeur überlegen, ob er anstelle von englischen Pfunden nicht Gold bei der Reichsbank kaufen soll, um dieses nach England zu verschiffen und dort gegen die benötigten Pfunde einzutauschen (in England besteht Goldeinlösungspflicht der Bank of England). Der Importeur wird dies tun, wenn die Verteuerung des englischen Pfundes durch den Kursanstieg die Transport- und Versicherungskosten für die Goldverschickung übersteigt. Wenn also der Kursanstieg über diese Kosten hinausgeht, dann wird die positive Kursentwicklung des englischen Pfundes gestoppt[1], weil kein Importeur mehr bereit ist, zu höheren Kursen noch englische Pfunde zu kaufen; es kommt zur *Goldversendung*.

Einen Goldtransfer von Deutschland nach England kann man auch so interpretieren, daß die Deutschen, da sie nicht genügend *Güter* exportieren und damit nicht in ausreichendem Maße Devisen für die notwendigen Importe verdienen, anstelle von Gütern *Gold* ausführen müssen. Hieraus ergibt sich eine bedeutsame Konsequenz für die Geldpolitik der Deutschen Reichsbank: Da die Höhe der von der Reichsbank ausgegebenen Geldmenge (Geldangebot) unmittelbar an den Goldvorrat der Reichsbank

[1] Vollkommen starr, wie oben zunächst angenommen, sind die Wechselkurse offenbar auch in einem Goldwährungssystem nicht; ein Schwankungsspielraum besteht im Ausmaß der Goldversendungskosten.

geknüpft ist, dieser aber bei passiver Zahlungsbilanz schrumpft, ist die Reichsbank gezwungen, den Umlauf von Reichsmark einzuschränken. Hierdurch werden nun Wirkungsmechanismen in Gang gesetzt, die in der Konstruktion des Klassischen Modells angelegt sind: Sinkt der Geldumlauf (das Geldangebot), dann sinkt nach quantitätstheoretischen Vorstellungen das Güterpreisniveau gleich stark. Hierdurch wird die deutsche Volkswirtschaft gegenüber dem Ausland wieder kokurrenzfähiger; die Importe sinken, die Exporte steigen. Goldvorräte, Geldmengen und Preisniveau werden solange sinken, solange noch ein Defizit in der Zahlungsbilanz vorhanden ist. Ist das Defizit verschwunden, dann sinken auch die Goldvorräte nicht mehr und die Reichsbank stoppt jede weitere Verknappung der Geldmenge. Dieser automatische Mechanismus zum Ausgleich der Zahlungsbilanz im System der Goldwährung wird **Geldmengen-Preis-Mechanismus** genannt.

Heute wird die Auffassung vertreten, daß dieser Mechanismus in seinen Grundzügen – wenn auch nicht exakt wie im Lehrbuch – funktioniert hat. Wir werden in Abschnitt 8.6.4 beschreiben, warum man heute den **Goldautomatismus** nicht mehr als grundlegendes Ordnungsprinzip der internationalen Währungspolitik akzeptiert.

8.1.5 Wirtschaftspolitische Schlußfolgerungen

Aus den klassischen Modellvorstellungen sind bedeutsame Schlußfolgerungen gezogen worden, die bis zu den Erschütterungen der Weltwirtschaftskrise weitgehend das wirtschaftspolitische Denken und Handeln bestimmt haben.

(1) Nach Auffassung der Klassiker steuert der marktwirtschaftliche Prozeß, von kurzfristigen und zu vernachlässigenden Anpassungsprozessen abgesehen, auf ein **Gleichgewicht bei Vollbeschäftigung** hin. Bei **voll flexiblen Güter- und Faktorpreisen** sowie bei Vorliegen **vollständiger Konkurrenz** findet jeder einen Arbeitsplatz, der bei den herrschenden Lohnsätzen zu arbeiten bereit ist. Staatliche Maßnahmen zur Beseitigung von Unterbeschäftigung sind nicht notwendig. Der Staat sollte den Wirtschaftsablauf sich selbst überlassen und nur sicherstellen, daß er reibungslos ablaufen kann. Die von den Klassikern und ihren Nachfolgern empfohlenen wirtschaftspolitischen Maßnahmen sind daher im wesentlichen **ordnungspolitischer** Natur; sie sollen die Funktionsfähigkeit der Märkte und die damit verbundene volle Flexibilität aller Preise herstellen. Hierzu zählen: Förderung des Wettbewerbs, Abbau wirtschaftlicher Machtpositionen, Schaffung geeigneter institutioneller Ordnungen.

(2) Fundamentale und länger anhaltende Ungleichgewichte können auf dem Gütermarkt nicht eintreten. Ein allgemeines Überangebot oder eine Übernachfrage auf dem Gütermarkt kann es bei flexiblen Preisen nicht geben. Im Zuge der Gütererstellung entstehen Einkommen; der größte Teil davon wird von den Haushalten sofort zum Kauf von Konsumgütern verwendet. Der Teil des Einkommens, der gespart wird, wird aber ebenfalls ohne merkliche Verzögerung in Nachfrage nach Gütern verwandelt.

Dafür sorgt der Zinsmechanismus, der das Sparvolumen auf dem Kreditmarkt in gleich große Nachfrage nach Investitionsgütern transformiert. Damit wird das gesamte Güterangebot am Markt abgesetzt. Flexible Güterpreise sorgen dafür, daß die Konsum- und Investitionssumme auf die angebotenen Güter aufgeteilt werden. Auf diese Weise entspricht – von kurzfristigen Anpassungsverzögerungen abgesehen – das Güterangebot der Güternachfrage **(Say'sches Theorem).**

(3) **Investitionen** erhöhen die Produktionskapazität der Volkswirtschaft und ermöglichen eine Mehrproduktion in der Zukunft. Im Hinblick auf **wirtschaftliches Wachstum** und eine Wohlstandsmehrung lassen sich aber erhöhte Investitionen nur aus erhöhten Ersparnissen finanzieren. Vermehrtes Sparen ist bei dem kurzfristig konstanten Güterangebot nur bei Nachfrageausfall nach Konsumgütern möglich. Unter dem längerfristigen Wachstumsziel sind Einschränkungen des gegenwärtigen Konsums *stets* wünschenswert, **„Sparen ist eine Tugend."**

(4) Das **Preisniveau** steigt bzw. fällt **proportional** mit Veränderungen der **Geldmenge.** Auswirkungen auf den Beschäftigungsgrad und die Produktion existieren nicht. Eine Variation der Geldmenge kann bei flexiblen Preisen Arbeitslosigkeit weder erzeugen noch beseitigen. Geldpolitische Maßnahmen haben keine unmittelbaren realwirtschaftlichen Wirkungen, es sei denn, daß bei hohen Inflationsraten Mängel in der Plankoordination durch den Preismechanismus auftreten (etwa bei der Kalkulation absoluter Preise).

(5) Da bei gegebenem Güterangebot auch die Höhe der Gesamtnachfrage bestimmt ist, bedeutet eine **Nachfrage des Staates,** daß er als Konkurrent bei der Verteilung der Güter auftritt. Wird z. B. eine Mehrnachfrage des Staates durch zusätzliche Steuern finanziert, so erhöht der Staat seinen Anteil an der konstanten Gesamtnachfrage. Es findet lediglich eine Umverteilung zu Lasten der Steuerzahler statt, die in gleichem Umfang auf Güternachfrage (Konsum) verzichten müssen. Wird eine Mehrnachfrage des Staates durch Kredite finanziert, so beschneidet der Staat die Möglichkeit zur Kreditaufnahme durch die Unternehmen, da als Finanzierungsquelle lediglich das Sparvolumen der Haushalte zur Verfügung steht. Veränderungen von Einnahmen und Ausgaben des Staates beeinflussen also grundsätzlich nicht die Höhe des Güterangebots und der Güternachfrage und damit auch nicht die Beschäftigungslage. Der Staat kann lediglich durch seine Ausgabengestaltung und sein Auftreten auf dem Kreditmarkt die Verteilung der Gesamtnachfrage auf Konsum- und Investitionsgüter beeinflussen.

(6) Das gesamtwirtschaftliche Gleichgewicht bei Vollbeschäftigung läßt sich nach Ansicht der Klassiker am besten in einem **System vollständiger Konkurrenz** erreichen. In einem derartigen im 3. Kapitel beschriebenen System ist die Flexibilität der Preise auf den Einzelmärkten gesichert. Die Preise können dann nicht autonom von einzelnen Wirtschaftseinheiten etwa als Monopolpreise, administrierte Preise, Mindestlöhne udgl. festge-

legt werden. Die Abwesenheit wirtschaftlicher Macht fördert am besten den Ausgleich von Angebot und Nachfrage auf den Märkten. Sind die Einzelmärkte bei voller Wirksamkeit des Preismechanismus im Gleichgewicht, so muß dies auch für die Gesamtwirtschaft gelten.

Aber auch aus einem anderen Grund hielten die Klassiker die vollständige Konkurrenz für das beste Organisationsprinzip der Wirtschaft. Der vollständige Wettbewerb tendiert längerfristig zur **optimalen Produktionsstruktur** oder **optimalen Faktorallokation,** d. h. zur maximalen Güterversorgung, die bei gegebenem Produktionsfaktorbestand und gegebener Produktionstechnik möglich ist (vgl. Abschnitt 3.5). Da ein System vollständiger Konkurrenz letztlich von den Wünschen der Konsumenten gesteuert wird, wird tendenziell das Ziel des bedarfsgerechten Einsatzes der volkswirtschaftlichen Produktivkräfte erreicht. So ist zu verstehen, daß die Klassiker die wichtigste wirtschaftspolitische Aufgabe darin gesehen haben, durch **ordnungspolitische Maßnahmen** die Voraussetzungen für vollständigen Wettbewerb zu schaffen. Das Problem, daß auch optimale Faktorallokation mit Mikro- und Makromarktgleichgewichten nicht notwendig zu **gerechter Einkommensverteilung** führt, wurde von den Klassikern zwar erkannt, die praktische Bedeutung von Zielkonflikten in diesem Bereich wurde jedoch aus heutiger Sicht allgemein unterschätzt (vgl. Abschnitte 6.2.2.1 und 6.2.3.1).

(7) Dem Wettbewerbssystem im Inland entspricht der **Freihandel**[1] nach außen. Tatsächlich setzten sich die Freihandelsideen – ausgehend von England – im 19. Jahrhundert in Europa weitgehend durch. Allerdings wurde in Deutschland (ähnlich in Frankreich) 1879 mit Bismarcks Schutzzollpolitik bereits die Wende zugunsten einer stärker protektionistischen Politik eingeleitet. In England hielt sich die Freihandelspolitik bis 1932.

8.1.6 Zweifel an der Realitätsnähe klassischer Hypothesen

Die Theorieaussagen der Klassiker sind insbesondere hinsichtlich der behaupteten Vollbeschäftigungstendenz marktwirtschaftlicher Systeme durch die Fakten widerlegt worden. Die Weltwirtschaftskrise erschütterte den Glauben an die Selbstregulierungskräfte des wirtschaftlichen Ablaufs. Es wurde offenkundig, daß eine „klassische“ Wirtschaftspolitik der sich verschärfenden Krise recht hilflos gegenüberstand.

Es ist zu fragen, welche Mängel in dem Modell der Klassiker enthalten sind, die die zu beobachtende Diskrepanz zwischen Modellaussage und Realität hervorrufen. Das Modell selbst ist frei von Widersprüchen und in sich geschlossen. Es müssen daher dem Modell Prämissen zugrunde liegen, die der Wirklichkeit nicht entsprechen.

In diesem Abschnitt sollen nur einige wesentliche Kritikpunkte am Klassischen Modell herausgegriffen und kurz erläutert werden. Eine umfassen-

[1] Diese Ideen bilden auch heute wieder das Fundament der Außenwirtschaftspolitik in der Bundesrepublik Deutschland.

dere Beurteilung des Modells wird erst möglich sein, wenn die Grundzüge der Keynes'schen Modellvorstellungen bekannt sind.

Die Wirksamkeit des Zinsmechanismus

Im Klassischen Modell wird das Gleichgewicht auf dem Gütermarkt durch den Zinsmechanismus hergestellt. Dieser stellt die Aufteilung des verfügbaren Güterangebots auf Konsum- und Investitionsgüter in der Weise sicher, daß die Sparentscheidungen der Haushalte mit den Investitionsentscheidungen der Unternehmer voll vereinbar sind. Das Gütermarktgleichgewicht beruht auf den Hypothesen der Zinsabhängigkeit der Ersparnis und damit des Konsums sowie der Zinsabhängigkeit der Investition.

An der Hypothese, daß mit steigendem (sinkendem) Zins mehr (weniger) gespart wird, sind Zweifel erlaubt, wenn man sich überlegt, aus welchen **allgemeinen Motiven** Wirtschaftseinheiten **Ersparnisse** bilden. Hier sind zu nennen:

- *Vorsorge für das Alter,*
- Ansparen für größere *Zukunftsausgaben* (Haus, Auto u. dgl.),
- *Sicherheit für schlechte Zeiten* (Arbeitslosigkeit),
- Vermögensbildung im Hinblick auf *künftiges Kapitaleinkommen,*
- Sparen aus *Gewohnheit,*
- *Sättigung beim Konsum.*

Diese Aufzählung möglicher Motive der Ersparnisbildung macht deutlich, daß der Zinssatz nur eine von mehreren – und wahrscheinlich bedeutsameren – Größen sein dürfte, die die Höhe der Ersparnis bestimmen. Die Zinselastizität des Sparens ist daher wahrscheinlich gering, zumindest geringer als die Klassiker angenommen haben.

Die entsprechenden Überlegungen gelten auch für den Konsum, der bei gegebener Höhe des Einkommens durch die Definitionsgleichung $C \equiv Y - S$ gleichzeitig mit festgelegt ist. Im Modell der Klassiker ist somit auch der Konsum zinsabhängig. Wie im Zusammenhang mit den Keynes'schen Überlegungen ausgeführt wird, stehen viele der weiteren genannten Bestimmungsfaktoren für Ersparnis bzw. Konsum in engem Zusammenhang mit der Höhe des Volkseinkommens (s. Abschnitt 8.2.1.1). Als wichtigster Bestimmungsfaktor des Konsums (und damit der Ersparnis) hat sich in *empirischen Untersuchungen* die Höhe des Volkseinkommens erwiesen.

Die Zweifel an der Zinsabhängigkeit der Ersparnis bzw. des Konsums treffen ebenfalls – wenn auch in geringerem Maße – für die Investitionen zu. Die **Investitionsentscheidungen** der Unternehmer dürften weniger vom Zinssatz als vielmehr von der Höhe des erwarteten Gewinns abhängig sein. Die Gewinnerwartungen hängen von einer komplexen Anzahl von Einflußfaktoren ab, von denen der Zinssatz nur *ein* Bestimmungsfaktor ist:

- den *Absatzerwartungen* (Veränderungen des Volkseinkommens, des Konsumverhaltens, des Außenhandels),
- der *Kostenentwicklung* (Veränderung der Löhne und Zinsen),
- der *Liquiditätslage* der Unternehmungen,
- Art und Ausmaß des *technischen Fortschritts* (Entwicklung neuer Erzeugnisse, neuer Produktionsverfahren),

- den Erwartungen bezüglich der *staatlichen Einflußnahme* (Veränderung der Steuersätze, der Abschreibungsmöglichkeiten, der Staatsausgaben, der Wirtschaftsordnung).

Empirisch ist der Nachweis zinsreagibler Investitionen kaum befriedigend gelungen. Andere Einflußfaktoren sind offenbar stärker und überlagern den Zinseinfluß. In einigen **kapitalintensiven Produktionsbereichen** (z. B. in der Bauindustrie und bei Elektrizitätsunternehmen) hat die Höhe des Zinssatzes offenbar eine große Bedeutung bei der Investitionsentscheidung. In arbeitsintensiven Bereichen ist dagegen die voraussichtliche Entwicklung der Lohnkosten und in Branchen mit großen Nachfrageschwankungen sind es die (oft stimmungsabhängigen) Absatzerwartungen, die die Investitionsentscheidung primär beeinflussen. Insgesamt gesehen ist daher eher eine geringere Zinselastizität der Investitionen zu erwarten als die Klassiker angenommen haben.

Reagieren Unternehmer und Haushalte nur schwach mit Investitionen bzw. mit der Ersparnis auf Zinsveränderungen, dann kann auch kaum erwartet werden, daß etwa Zinsveränderungen die Investitionstätigkeit so beleben bzw. die Bildung von Ersparnissen so einschränken, daß ein möglicherweise vorhandener Überschuß der geplanten Ersparnis über die geplante Investition vollständig abgebaut wird. Mit anderen Worten: es ist zweifelhaft, ob der Zinsmechanismus gleichsam automatisch zu jedem Zeitpunkt wirtschaftliches Gleichgewicht auf dem Gütermarkt garantiert.

Diesen Überlegungen entspricht ein unelastischer Verlauf der Spar- und Investitionsfunktionen, bei denen ein Schnittpunkt von Spar- und Investitionsfunktion nicht selbstverständlich ist. Denkbar ist eine Konstellation, wie sie in Übersicht 8.7 dargestellt ist. In diesem Fall könnte selbst ein Zinssatz von Null kein güterwirtschaftliches Gleichgewicht herbeiführen. Bei den herrschenden Preisen übersteigt die Ersparnis stets die Investitionen, das Einkommen wird nicht vollständig für Güterkäufe ausgegeben, die Unternehmen bleiben auf Güterbeständen sitzen. Eine derartige Situation bezeichnen wir später als **deflatorische Lücke.** Wir werden weiter unten zeigen (vgl. Abschnitt 8.2.1.4), in welcher Weise ein wirtschaftliches System auf einen derartigen Überschuß der geplanten Ersparnis über die geplante Investition reagiert, wenn der Zinsmechanismus ausfällt.

Zur Bedeutung von Geld und Kredit

Im Klassischen Modell ist Geld **Tauschmittel** und **Recheneinheit,** es dient lediglich zur Abwicklung und Erleichterung der ökonomischen Transak-

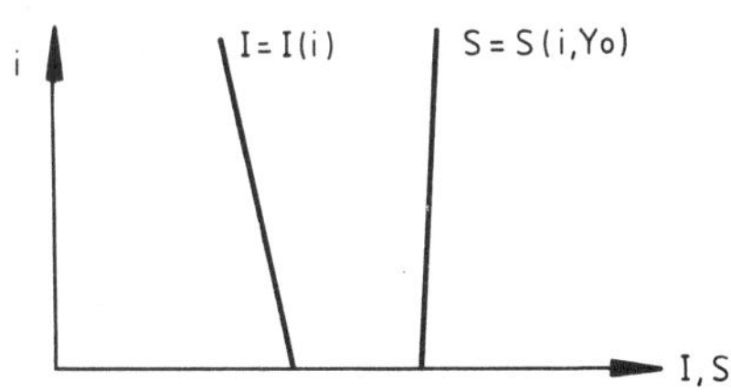

Übersicht 8.7: Ungleichgewicht auf dem Gütermarkt bei zinsunelastischen Spar- und Investitionsfunktionen

tionen. Geldbestände werden daher nur für Transaktionszwecke gehalten, um kurzfristige Überbrückungen von Zahlungseingängen und -ausgängen zu ermöglichen. Geld hat aber eine weitere wichtige Funktion, die als **Wertaufbewahrungsfunktion** bezeichnet wird. Es stellt einen Wertspeicher dar und kann daher zu Anlagezwecken längere Zeit gehalten werden, um es erst in späteren Perioden in Erwartung fallender Preise bei bestimmten Gütern oder Wertpapieren zum Kauf der billiger gewordenen Güter bzw. Wertpapiere zu verwenden (vgl. Abschnitt 8.2.3.2).

Wird über den Geldbedarf für Transaktionszwecke hinaus „Spargeld" zu Anlagezwecken *in der Kasse* der Wirtschaftseinheiten gehalten, so wird dieser Teil der Gesamtersparnis nicht den Banken zur Verfügung gestellt. Man spricht daher auch von **Hortgeld.** Die Bildung von Hortgeld wirkt wie eine *Verringerung der Geldmenge* bzw. wie eine *Abnahme der Umlaufsgeschwindigkeit des Geldes.* Damit können auch die Investitionen nicht in voller Höhe aus der Ersparnis der Haushalte finanziert werden. Haben die Unternehmer Investitionen in der Höhe der Gesamtersparnis geplant, so erleben sie zu ihrer Überraschung, daß sie bei dem bisher geltenden Zinssatz ihre geplanten Investitionen nicht durchführen können, weil die Bildung von Hortgeld das Kreditangebot reduziert (= Linksverschiebung der Sparfunktion). Es pendelt sich dann zwar ein neues Gleichgewicht auf dem Kreditmarkt bei höherem Zins und vermindertem Investitionsvolumen ein; aber die Höhe der Investitionen entspricht nur *dem* Teil der Ersparnis, der den Banken als Einlagen zur Verfügung gestellt wurde. Die Gesamtnachfrage ist damit kleiner als das Güterangebot. Die Unternehmer können nicht alle Güter absetzen und müssen einen Teil auf Lager nehmen und/oder die Preise senken[1]. Die Bildung von Hortgeld kann somit ebenso wie die Auflösung von Hortgeldbeständen (Enthorten) als wesentlicher zusätzlicher Faktor Störungen des Gleichgewichts auf dem Gütermarkt herbeiführen.

Das Ungleichgewicht auf dem Gütermarkt hätte durchaus verhindert werden können, wenn die Banken aus anderen Quellen Geld bekommen hätten, das genau der Höhe des bei den Nichtbanken gehaltenen Hortgeldes entspricht. In diesem Falle hätten die geplanten Investitionen in vollem Umfang finanziert werden können. Wie später gezeigt wird (vgl. Abschnitt 8.6.2.1), hat das Bankensystem in modernen Volkswirtschaften über den Prozeß der **Geldschöpfung** die Möglichkeit, zusätzliche Investitionen zu finanzieren. Im einfachsten Falle kann dies dadurch geschehen, daß die Zentralbank neue Banknoten ausgibt und damit den Kreditwünschen der Investoren entgegenkommt. Durch die Steuerung des Geldangebots kann also die Zentralbank prinzipiell Störungen auf dem Gütermarkt vermeiden helfen und zu einer Verstetigung des Wirtschaftsablaufs beitragen.

---

[1] Die ungeplante Lagerbildung hatten wir als ungeplante Investition (I_{ungepl}) bezeichnet.

Anpassungsverzögerungen
Die Klassiker haben die Bedeutung von Instabilitäten und Anpassungsprozessen generell unterschätzt. Für sie spielt die zeitliche Dimension eine untergeordnete Rolle. Eventuell auftretende Störungen des Wirtschaftsablaufs werden sofort durch Reaktionen der Wirtschaftseinheiten behoben. Die **extrem schnelle Anpassungsgeschwindigkeit,** mit der Haushalte und Unternehmungen reagieren, führt unmittelbar zu neuen Gleichgewichtslagen. Da in der Realität aber eher ständige Ungleichgewichtslagen und Schwankungen der wirtschaftlichen Aktivität zu beobachten sind, muß das Augenmerk stärker auf die Beschreibung und Erklärung von verzögerten Anpassungsreaktionen gelenkt werden. Wenn diese in starkem Maße den Ablauf des Wirtschaftsgeschehens prägen, *sind Störungen des Wirtschaftsablaufs (z. B. Unterbeschäftigung) selbst dann zu erwarten, wenn grundsätzlich eine ständige Gleichgewichtstendenz des Wirtschaftsprozesses existiert.*

8.2 Gleichgewicht bei Unterbeschäftigung: Das Keynes'sche Modell

Die Theorie, so wie sie durch Keynes und durch die auf seinen Überlegungen aufbauenden Nationalökonomen entwickelt worden ist, umfaßt gleichzeitig Zusammenhänge des Güter-, Arbeits- und Geldmarktes.
Die Keynes'schen Überlegungen setzen bei den Faktoren an, die die Höhe der Nachfrage auf dem Gütermarkt bestimmen. Aus ihnen wird die Höhe des Sozialprodukts bzw. Volkseinkommens erklärt. Diese **nachfrageorientierte** Betrachtung des Gütermarktes steht im Gegensatz zum **angebotsorientierten Erklärungsansatz** der Klassiker. Bei den Klassikern ergibt sich stets ein Güterangebot, das einer Vollauslastung der Produktionsfaktoren entspricht. Das bei der Gütererstellung entstehende Einkommen wird voll verausgabt und damit als Güternachfrage wirksam. Dafür sorgt der Preis- und Zinsmechanismus. Hierdurch ist sichergestellt, daß die aggregierte Nachfrage dem aggregierten Angebot entspricht und daher keine Unterbeschäftigungsprobleme auftreten.
Die nachfrageorientierte Betrachtung des Gütermarktes ist nur konsequent, wenn man die Wirksamkeit der klassischen Mechanismen in Frage stellt. Denn wenn sich jedes Güterangebot nicht mehr automatisch seine eigene Nachfrage schafft, die gesamtwirtschaftliche Nachfrage also nicht mehr eindeutig durch das gesamtwirtschaftliche Angebot und damit durch die Höhe des Volkseinkommens festgelegt ist, dann ist danach zu fragen, in welcher Weise sich denn sonst die Nachfrage bestimmt und wie sie auf das Angebot zurückwirkt.

8.2.1 Gütermarkt

Wir wollen uns zunächst mit dem Gütermarkt beschäftigen und zwar mit den wesentlichen Bestimmungsfaktoren von Angebot und Nachfrage. Dabei wollen wir zunächst (in diesem Abschnitt 8.2.1) vereinfachend davon ausgehen, *daß Veränderungen des Güterangebots und der Güternachfrage keine Auswirkungen auf das Preisniveau haben:* Nominale und reale Größen stimmen überein.

8.2.1.1 Hypothesen zur Güternachfrage

Die Bestimmungsgründe der Konsum- (bzw. Spar-)entscheidungen sowie der Investitionsentscheidungen wurden im 3. Kapitel erläutert und bei der Behandlung des Klassischen Modells wieder aufgegriffen. Die Güternachfrage in einer geschlossenen Volkswirtschaft ohne staatliche Aktivität wurde wie folgt definiert:

$$GN \equiv C + I. \tag{8.3}$$

Die makroökonomische Konsum- und Sparfunktion

Im Gegensatz zu den Klassikern, die den Zinssatz als wichtigste Einflußgröße der Konsumentscheidungen von Haushalten betrachten, sieht Keynes die Höhe des Volkseinkommens als den entscheidenden Bestimmungsfaktor für die Höhe des geplanten Konsums bzw. der geplanten Ersparnis an. Die von ihm unterstellte **Konsumfunktion** lautet:

$$C = C(Y). \tag{8.18}$$

Sie wird zu einem zentralen Element seiner Theorie. Hinsichtlich des Verlaufs der Konsumfunktion geht Keynes davon aus, daß der Konsum mit steigendem Volkseinkommen unterproportional zunimmt. Diese Annahme erscheint plausibel, wenn man von gewissen Sättigungserscheinungen beim Konsum ausgeht. Unterstellt man im einfachsten Fall – wie in Übersicht 8.8 dargestellt – einen linearen Verlauf der Konsumfunktion, so läßt sich der allgemeine Funktionszusammenhang (8.18) wie folgt spezifizieren:

$$C = a + cY; \qquad a > o, o < c < 1. \tag{8.19}$$

Mit dem Verlauf der Konsumfunktion ist gleichzeitig auch der Verlauf der **Sparfunktion** determiniert, da sich nach den gegebenen Definitionen Konsum und Ersparnis zum Volkseinkommen ergänzen ($Y \equiv C + S$):

$$S = S(Y). \tag{8.20}$$

Die Sparfunktion läßt sich grafisch abtragen, indem man jeweils für eine bestimmte Höhe des Volkseinkommens die Differenz Y–C, d. h. den Abstand zwischen Konsumfunktion und der 45°-Linie, ermittelt und diese Differenz im Koordinatensystem abträgt[1].

Bei dem in Übersicht 8.8 unterstellten Funktionsverlauf schneidet die Konsumfunktion die 45°-Linie. Das bedeutet, daß bei dieser Höhe des Volkseinkommens ($\bar{Y}$) das gesamte Einkommen für den Kauf von Konsumgütern verwendet und nichts gespart wird. Bei einem noch niedrigeren Volkseinkommen übersteigt der Konsum das verfügbare Einkommen, d. h. zur Realisierung des Konsums ist Vermögen aufzulösen. Man spricht dann auch von negativer Ersparnis.

---

[1] Die Sparfunktion, die der spezifizierten Konsumfunktion (8.19) zugeordnet ist, lautet (8.20′) $S = -a + (1 - c)Y$; dies gilt wegen $Y = C + S = a + cY - a + (1 - c)Y = Y$.

Übersicht 8.8: Makroökonomische Konsum- und Sparfunktion

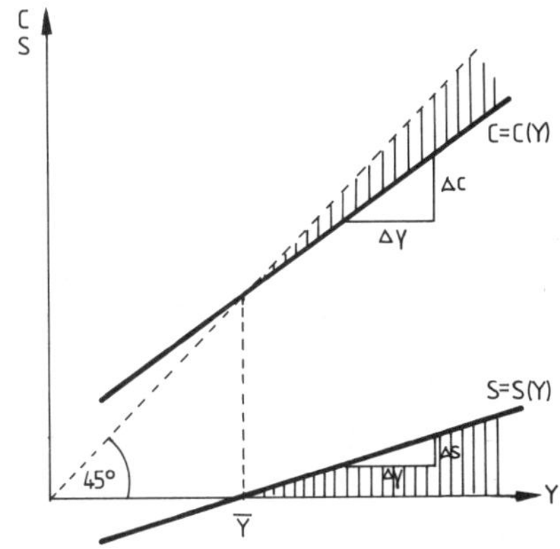

Für die weiteren Überlegungen sind noch die folgenden Definitionen von Bedeutung: Den Anteil der Konsumgüterausgaben am Volkseinkommen bezeichnet man als (durchschnittliche) Konsumquote und den Anteil der Ersparnis als (durchschnittliche) Sparquote:

Durchschnittliche Konsumquote: $c_D \equiv \frac{C}{Y}$,

Durchschnittliche Sparquote: $s_D \equiv \frac{S}{Y}$.

Entsprechend bezeichnet man die Änderung des Konsums (ΔC) bzw. der Ersparnis (ΔS) bezogen auf eine Änderung des Volkseinkommens (ΔY) als marginale Konsumquote bzw. marginale Sparquote:

Marginale Konsumquote: $c \equiv \frac{\Delta C}{\Delta Y}$,

Marginale Sparquote: $s \equiv \frac{\Delta S}{\Delta Y}$,

Bezogen auf Übersicht 8.8 heißt dies, daß marginale Konsum- und Sparquote konstant sind und zwischen Null und Eins liegen, ferner daß die durchschnittliche Konsumquote mit steigendem Volkseinkommen sinkt, die durchschnittliche Sparquote jedoch steigt. Aus der Definitionsgleichung $Y \equiv C + S$ folgt, daß die Summe von Konsum- und Sparquote gleich 1 ist:

$$c_D + s_D \equiv \frac{C}{Y} + \frac{S}{Y} \equiv \frac{C+S}{Y} \equiv 1 \text{ und entsprechend } c + s \equiv 1.$$

Die Keynes'sche Konsumfunktion (8.18) beinhaltet eine denkbar einfache Hypothese über das Konsumverhalten. Man hat sich daher in **empirischen Untersuchungen** nicht darauf beschränkt, diese einfache Konsumfunktion auf ihren Realitätsbezug hin zu testen, sondern man hat versucht, die

Höhe des Konsums durch weitere quantifizierbare Variablen zu erklären. Dabei stellte sich heraus, daß die Höhe der gesamtwirtschaftlichen **privaten Konsumausgaben** im wesentlichen von den folgenden ökonomischen Größen abhängt:

(1) der **Höhe des realen Volkseinkommens.** Dieses ist der mit Abstand wichtigste Einflußfaktor. Nach den meisten vorliegenden Untersuchungen steigt die Höhe des Konsums mit steigendem Volkseinkommen, jedoch häufig leicht unterproportional.

(2) der **Höhe des realen Vermögensbestandes.** Unter sonst gleichen Bedingungen werden die Konsumausgaben um so höher sein, je größer das Vermögen ist, da aus dem Vorsichts- und Sicherheitsmotiv nicht gespart zu werden braucht.

(3) dem **künftig erwarteten Einkommen oder Vermögen,** da die gegenwärtigen Konsumentscheidungen sicherlich in erheblichem Maße durch diese Erwartungen mitbestimmt werden. Schwierigkeiten ergeben sich jedoch bei der empirischen Ermittlung dieser Variablen.

(4) der **Höhe des Zinssatzes.** Dahinter steht die Überlegung, daß die Haushalte bei hohem Zinssatz mehr sparen als bei niedrigem Zinssatz, da sie durch Verzicht auf Gegenwartskonsum einen größeren künftigen Gegenwert erhalten (Hypothese der Klassiker). Diese Beziehung ist jedoch empirisch kaum nachweisbar.

(5) der **Verteilung des Volkseinkommens.** Die Konsumausgaben sind bei gleicher Höhe des Volkseinkommens umso höher, je ausgeglichener die Verteilung ist, da die Elastizität der Konsumausgaben in bezug auf das Einkommen mit zunehmender Einkommenshöhe abnimmt.

Hinzu kommt noch eine Reihe weiterer potentieller Einflußfaktoren wie etwa Veränderungen der Altersstruktur der Bevölkerung, Wandel der Beschäftigtenstruktur, Veränderungen der Lebensgewohnheiten und der Präferenzen. In den meisten Fällen dürften jedoch die beiden erstgenannten Variablen den größten Einfluß haben, insbesondere jedoch die Variable Volkseinkommen.

Setzt man den privaten Konsum und das Volkseinkommen der BR Deutschland für die Jahre 1960–1989 jeweils zueinander in Beziehung, so ergibt sich folgende Regressionsgerade[1]:

$$C_{pr} = -2 + 0{,}72\,Y \tag{8.19'}$$

Die **Regressionsgerade** kann als gesamtwirtschaftliche Konsumfunktion interpretiert werden. Allgemein gilt: Je enger die Beobachtungspunkte um die Regressionsgerade streuen, um so verläßlicher ist die Schätzung und um so stärker wird die

[1] Die Gleichung (8.19′) ist mit Hilfe statistischer Verfahren so bestimmt worden, daß die Summe der quadrierten senkrechten Abstände der Beobachtungspunkte von dieser Gerade ein Minimum bildet.

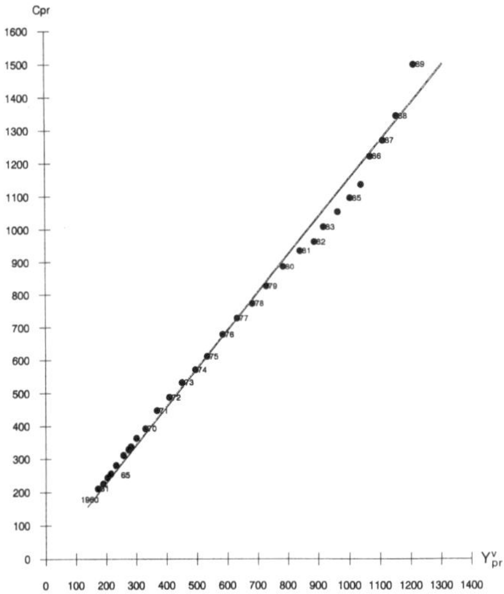

Übersicht 8.9: Empirische Konsumfunktion für die Bundesrepublik 1960–1989 (Mrd. DM in jeweiligen Preisen)

dahinterstehende Hypothese (hier: die Einkommensabhängigkeit des Konsums) gestützt. Aus Gleichung (8.19′) ist zu erkennen, daß die marginale Konsumquote den Wert 0,72 hat. Die Gleichung besagt, daß bei einer Erhöhung des Volkseinkommens um eine Einheit sich der private Konsum um 0,72 Einheiten erhöht. Da (8.19′) ein Absolutglied (2) aufweist, weicht die durchschnittliche Konsumquote c_D von der marginalen leicht ab.

Häufig bezieht man den privaten Konsum nicht auf das Volkseinkommen (Y), sondern auf das *verfügbare Einkommen der privaten Haushalte* (Y^v_{pr}), da seine Höhe das Konsumverhalten am unmittelbarsten beeinflussen dürfte. Für die Bundesrepublik (1960–1989) errechnet sich folgende Regressionsgerade (s. Übersicht 8.9):

$$C_{pr} = -9 + 0{,}89\, Y^v_{pr} \tag{8.19''}$$

Sie besagt, daß die privaten Haushalte in der Vergangenheit erhöhte Nettoeinkommen zu 89 % für Konsumausgaben (und zu 11 % als Ersparnis) verwendet haben.
Die Regressionsgleichung ermöglicht **Prognosen** über die Entwicklung des privaten Konsums in der Zukunft, wenn man Ausnahmen oder Kenntnisse über das Volkseinkommen in zukünftigen Jahren hat. Dabei setzt man allerdings vereinfachend voraus, daß sich die Haushalte auch in der Zukunft entsprechend der (aus Vergangenheitswerten geschätzten Konsumfunktion verhalten und daß wesentliche Einflüsse anderer Bestimmungsfaktoren des Konsums nicht zusätzlich auftreten.

Zur Konsumfunktion (8.19′) ist anzumerken, daß sie als **mittel- und langfristige Konsumfunktion** anzusehen ist. Die langfristig stabile Beziehung zwischen Konsum und Einkommen ist aber durchaus mit der Hypothese vereinbar, daß **kurzfristig** die Verbindung weniger eng ist, d. h. daß die marginale Konsumquote, die sich aus den Zeitreihenwerten für jedes Jahr leicht errechnen läßt, nicht unerheblichen Schwankungen unterliegt. So

zeigt sich für den Zeitraum 1960–1991, daß die marginale Konsumquote $\Delta C_{pr}/\Delta Y_{pr}^{v}$ sich in der Bundesrepublik zwischen den Extremwerten 0,35 und 2,63 bewegt, der Konsum auf Einkommenserhöhungen kurzfristig also sehr unterschiedlich reagiert. Wie Übersicht 8.10 zeigt, ist die marginale Konsumquote immer dann niedrig, wenn das Einkommenswachstum besonders stark ist. Der Konsum hinkt kurzfristig gewissermaßen der Einkommensentwicklung hinterher. Umgekehrt ist die Konsumquote bei schwachem Einkommenswachstum überdurchschnittlich groß. Daraus läßt sich schlußfolgern, *daß die Konsumentwicklung stabiler verläuft als die Einkommensentwicklung*. Die Konsumenten halten tendenziell ein einmal erreichtes Konsumniveau aufrecht bzw. sie orientieren sich am mittel- und langfristigen Einkommenswachstum. Kurzfristige Einkommensschwankungen werden über veränderte Sparquoten aufgefangen.
Eine weitere empirische Stütze erhält diese Hypothese, wenn man die prozentualen Abweichungen vom Trend beider Größen ermittelt. Die durchschnittliche jährliche Trendabweichung betrug beim privaten Konsum im Zeitraum 1960–1991 1,0 %, beim verfügbaren privaten Einkommen jedoch 1,8 %. Für stabilitätspolitische Überlegungen folgt hieraus, daß vom privaten Konsum konjunkturstabilisierende (Schwankungen glättende) Impulse ausgehen.
Abschließend sei der Leser auf einige kritische Einwände gegen Einfachstregressionen vom Typ (8.19″) hingewiesen: (a) Zeitreihen für C *und* Y sind stark trendabhängig. (b) C ist Bestandteil von Y; dies erzeugt eine nichts erklärende Scheinkorrelation. (c) C und Y sind ex post-Werte (Problem der Identifikation). (d) Die Konsumfunktion enthält zuwenig erklärende Variable.

Übersicht 8.10: Marginale Konsumquote und Wachstumsraten des verfügbaren Einkommens für die Bundesrepublik 1961–1991

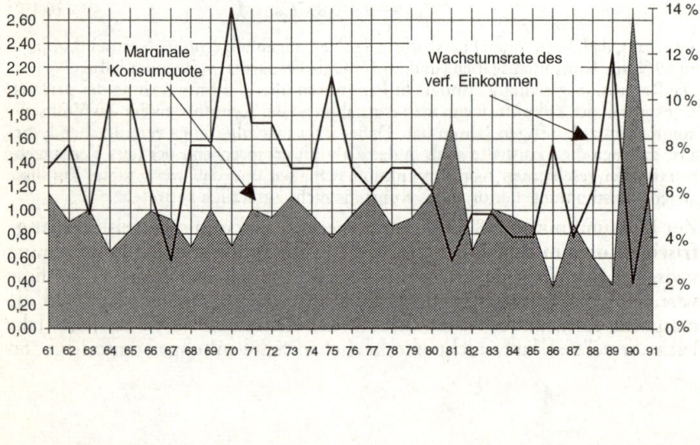

Die makroökonomische Investitionsfunktion
In Abschnitt 8.1.6 wurden bereits die Bestimmungsgründe von Investitionsentscheidungen erläutert. Die Höhe des Gewinns dürfte die entscheidende Einflußvariable sein. Versuche der empirisch-statistischen Wirtschaftsforschung, die Höhe der geplanten Investitionen des Unternehmenssektors aus den Veränderungen der verschiedenen Variablen zu erklären, sind jedoch wesentlich weniger befriedigend gelungen als bei der Erklärung des privaten Konsums. Es ist daher zweckmäßig, bei den folgenden Überlegungen von **alternativen Hypothesen** über das Investitionsverhalten auszugehen.

Wir schließen dabei an die mikroökonomischen Überlegungen zum Investitionsverhalten an. In Abschnitt 3.2.2.3 hatten wir zusammenfassend festgestellt, daß
- mit steigendem (sinkendem) Zinssatz bei gegebenen Kosten- und Absatzerwartungen weniger (mehr) Investitionen vorgenommen werden und daß andererseits
- bei gegebenem Zinssatz die Investitionen vermehrt aufgenommen werden, wenn sonstige Kostenersparnisse zu erwarten sind und/oder wenn die Absatzerwartungen sich verbessern.

Da alle Größen (Zinssatz, Kosten- und Absatzerwartungen) sich ständig verändern, vor allem die Absatzerwartungen stark von subjektiven Einschätzungen der Unternehmer (optimistische oder pessimistische Vorstellungen über die konjunkturelle Entwicklung) beeinflußt werden, fällt es schwer, eine Investitionsfunktion empirisch zu schätzen.

So hat man etwa versucht, die Höhe der Investitionen durch die *Höhe des Volkseinkommens* ($I = f(Y)$) zu erklären. Je höher das Volkseinkommen, um so höher ist das Investitionsvolumen. Dahinter steht die Vorstellung, daß die Höhe des Volkseinkommens (oder damit in engem Zusammenhang stehend die Höhe des Konsums) ein Indikator für die **Absatzerwartungen** und damit die Gewinnerwartungen der Unternehmer ist. Die Absatzerwartungen der Unternehmer werden jedoch vermutlich stärker durch die *Veränderung des Volkseinkommens oder des Konsums* ($I = f(\Delta Y)$) oder $I = f(\Delta C)$) im Zeitablauf (also die Höhe des Wachstums) geprägt. Da die Veränderungsgrößen wesentlich stärker schwanken als die absolute Höhe des Volkseinkommens oder Konsums, ergeben sich bei dieser Hypothese sehr starke Reaktionen des Investitionsumfangs. Die empirische Überprüfung dieser Hypothese hat bislang keine generell gültigen Ergebnisse erbracht. In Abschnitt 8.6.5.1 wird auf diese Hypothese zurückgegriffen, um zyklische Konjunkturschwankungen zu erklären.

Neben der Absatzentwicklung spielt als Bestimmungsfaktor für Investitionen die **Entwicklung der Kostengrößen** eine Rolle. Eine Teilkomponente ist dabei die Höhe des *Zinssatzes* ($I = f(i)$). In umfassenderen Keynes-Modellen wird – wie im Klassischen Modell – angenommen, daß die Investitionen zinsabhängig sind. In diesem Punkt unterscheidet sich Keynes nicht von den Klassikern. Keynes teilt jedoch nicht die klassische Kreditmarktvorstellung, daß die Unternehmer bei ihrer Investitionsfinanzierung auf die Ersparnisse der Haushalte angewiesen sind. Er berücksichtigt vielmehr die Geldschöpfungsmöglichkeit des Bankensystems, durch die die

Investitionsfinanzierung weitgehend von der geplanten Ersparnis der Haushalte losgelöst werden kann.

Da die empirische Überprüfung der verschiedenen Investitionsfunktionshypothesen bislang jedoch keineswegs eindeutige Ergebnisse geliefert hat, soll vorerst davon ausgegangen werden, daß die Höhe der Investitionen **autonom vorgegeben** ist:

$$I = I_0. \tag{8.21}$$

Diese Annahme ist als *vorläufige Arbeitshypothese* für eine schrittweise Analyse der Zusammenhänge zweckmäßig. So läßt sich aber auch in dem Sinne interpretieren, daß die staatliche Wirtschaftspolitik darauf abzielt, und dahingehend Erfolg hat, die Höhe der Investitionen auf einem gewünschten Niveau zu halten.

Die Investitionsfunktion (8.21) unterstellt, daß sich die Unternehmer bei ihren Investitionsentscheidungen nicht von den anderen Variablen des Güter- und Arbeitsmarktes (z. B. der Höhe des Volkseinkommens oder der Höhe der Beschäftigung) beeinflussen lassen. I_0 gibt den Betrag an, den die Unternehmer für Investitionsgüter ausgeben wollen (als Investitionsgüternachfrage planen)[1]. Die Investitionsfunktion (8.21) schließt die Hypothese der Zinsabhängigkeit von Investitionen keineswegs aus. Bei einem anderen Zinssatz könnte sich eine andere Investitionshöhe I_0 ergeben.

Fassen wir zusammen: Der entscheidende Unterschied zwischen **Keynes'schen und klassischen Hypothesen zur Güternachfrage** besteht darin, daß im Klassischen Modell der Zinsmechanismus stets darauf hinwirkt, daß die gesamtwirtschaftliche Nachfrage der Höhe des Volkseinkommens entspricht (GN = Y). Demgegenüber kann im Keynes'schen Modell die aggregierte Nachfrage je nach dem Konsumverhalten der Haushalte und dem Investitionsverhalten der Unternehmer von der Höhe des Volkseinkommens abweichen. Dieses ist sogar im allgemeinen zu erwarten, da sowohl Investitions- wie Konsumfunktion *autonome Komponenten* enthalten, die vom Volkseinkommen unabhängig sind.[2] Nur bei einer ganz bestimmten Höhe des Volkseinkommens, die wir unten als Gleichgewichtseinkommen ableiten werden, stimmt die aggregierte Nachfrage mit der Höhe des Volkseinkommens überein.
Wenn man im Keynes'schen Modell zuläßt, daß geplante Investition und Ersparnis voneinander abweichen können, kann man natürlich auch nicht mehr wie im Klassischen Modell annehmen, daß die Investitionsfinanzierung allein aus Ersparnissen erfolgen kann. Es ist dann zu berücksichtigen, daß Investitionen auch durch **Geldschöpfung** finanziert werden können.

---

[1] Dies kommt formal in den Konstanten a der linearen Konsumfunktion (8.19) sowie in der Investitionsfunktion (8.21) zum Ausdruck; in Gleichung (8.21) ist sogar die gesamte Investitionsnachfrage autonom vorgegeben.

[2] Wir nehmen bei der Analyse des Gütermarktes zunächst an, das Kreditangebot der Banken sei unendlich elastisch, d. h. die Banken würden bei einem bestimmten Zinssatz jede von den Unternehmern gewünschte (geplante) Investitionsausgabe finanzieren.

Nur so läßt sich die autonome Investitionsnachfrage unabhängig von der Ersparnis auch wirklich realisieren.

8.2.1.2 Hypothesen zum Güterangebot

Das Güterangebot einer bestimmten Periode wird durch die Entscheidungen der Unternehmer über Produktion und Vorratsveränderungen bestimmt.

Die Bestimmungsfaktoren der Unternehmensentscheidungen wurden in der mikroökonomischen Theorie behandelt. Die Unternehmungen verfolgen bestimmte Zielsetzungen und treffen ihre Produktions- und Absatzentscheidungen auf der Grundlage der für die betrachtete Periode erwarteten Kostensituation und Absatzmöglichkeiten.

Nach den vorgetragenen mikroökonomischen Überlegungen ist das Güterangebot eine Funktion der gegebenen fixen Faktormengen, des Standes der Technik, der Faktorpreise und der Absatzerwartungen. Wenn man bei kurzfristiger Betrachtung davon ausgeht, daß Faktorausstattung und Stand der Technik vorgegebene Größen sind und wenn man weiterhin zunächst unterstellt, daß der Lohnsatz eine durch den Arbeitsmarkt determinierte Größe ist (Tariflohn), dann hängt das Güterangebot im wesentlichen von den Absatzerwartungen ab.

Wir wollen uns in diesem Abschnitt im wesentlichen auf die **Preis-Absatzerwartungen** als Bestimmungsfaktoren der Produktionsentscheidungen konzentrieren und annehmen,

- daß die Unternehmungen ihre *Produktion stets an dem erwarteten Absatzvolumen ausrichten* und
- daß die Unternehmen stets ihre Produktionspläne realisieren können, so daß stets gilt: geplante Produktion = realisierte Produktion.

Besonders die erste Annahme ist wichtig. Wir müssen uns überlegen, inwieweit sie von den Vorstellungen des Klassischen Modells abweicht. Die Absatzerwartung ist ein allgemeiner Bestimmungsfaktor des Güterangebots, der *unabhängig von den Wettbewerbsverhältnissen* auf den Einzelmärkten von Bedeutung ist.

Ein Unternehmer orientiert sein Güterangebot bei **vollständiger Konkurrenz** am erwarteten Produktpreis. Als Gewinnmaximierer bestimmt er seine Angebotsmenge gemäß der Bedingung Grenzkosten = Preis. Als kleiner Anbieter kann er damit rechnen, daß er seine Produktion auch absetzen kann. Der tatsächliche Absatz entspricht regelmäßig dem erwarteten Absatz (= der optimalen Ausbringungsmenge). Dehnen jedoch z. B. mehrere Unternehmen die Produktion aus oder treten neue Anbieter auf dem Markt auf und erhöhen das Gesamtangebot, so kommt es bei gegebener Gesamtnachfrage zu einem neuen Gleichgewichtspreis, der für alle Anbieter niedriger als erwartet ist. Absatzschwierigkeiten schlagen sich somit in Preiseinbrüchen nieder. Absatzerwartungen und Preiserwartungen sind somit unter den Bedingungen vollständiger Konkurrenz zwei Seiten derselben Medaille.

Bei **unvollständigem Wettbewerb** kommen die *erwarteten* Absatzmöglichkeiten in der fallenden Preis-Absatz-Funktion zum Ausdruck. Im Zuge ihrer Absatzstrategie erwarten die Unternehmer, daß sie die erstellten Produktionsmengen zu den von ihnen gesetzten Preisen absetzen können. Diese Hoffnung kann jedoch ebenso wie beim Mengenanpasser prinzipiell enttäuscht werden. Die Unternehmer können sich in ihren Preis-Absatz-Erwartungen irren.

Im **Klassischen Modell** werden die Absatzerwartungen – jedenfalls „im Durchschnitt" aller Unternehmungen und auf längere Sicht – nicht enttäuscht: der Zinsmechanismus sorgt dafür, daß dem gesamtwirtschaftlichen Angebot der Unternehmer auch eine gleichhohe Nachfrage gegenübersteht. Die *Wirksamkeit der Mechanismen* des Klassischen Modells wurde jedoch oben in Frage gestellt (vgl. Abschnitt 8.1.6), und es wurde bereits darauf hingewiesen, daß lange andauernde *Anpassungsverzögerungen* auftreten können. Es erscheint daher unumgänglich, die Möglichkeit von Absatzschwierigkeiten bei der Entwicklung von Hypothesen zum Güterangebot zu berücksichtigen.

Geht man realistischerweise davon aus, daß die Unternehmen Überraschungen erleben können derart, daß erwarteter und tatsächlicher Absatz voneinander abweichen, so benötigen wir, um die geplante gesamtwirtschaftliche Produktion erklären zu können, eine Hypothese darüber, wie die Unternehmungen reagieren, wenn sich ihre **Absatzerwartungen nicht erfüllen.** Einzelwirtschaftliche Überlegungen legen die folgenden einfachen Reaktionshypothesen nahe:

(1) falls der tatsächliche Absatz kleiner als der erwartete Absatz ist, schränken die Unternehmer die Produktion in der folgenden Periode ein,

(2) falls der tatsächliche Absatz größer als der erwartete Absatz ist, dehnen die Unternehmer die Produktion in der folgenden Periode aus,

(3) falls der tatsächliche Absatz den Erwartungen entspricht, verändern die Unternehmer ihre Produktionsentscheidungen nicht.

Diese Angebotsreaktionen erscheinen *plausibel* für das Verhalten von Unternehmen *bei unterschiedlichen Zielsetzungen und unterschiedlichen technologischen Gegebenheiten.* Derartige Verhaltensweisen folgen insbesondere auch aus uns bekannten mikroökonomischen Überlegungen, wenn man von „normalen" Funktionsverläufen und der Zielsetzung Gewinnmaximierung ausgeht.
Wie die Unternehmer **unmittelbar,** also nicht erst in der folgenden Periode, auf nicht-erfüllte Absatzerwartungen **reagieren,** wird in Abschnitt 8.2.1.4 im einzelnen dargestellt.

8.2.1.3 Gütermarktgleichgewicht

Wir wissen bereits aus den Darstellungen zum Klassischen Modell, daß ein gesamtwirtschaftliches Gütermarktgleichgewicht erreicht ist, wenn geplantes gesamtwirtschaftliches Angebot (GA_{gepl}) und geplante gesamtwirtschaftliche Nachfrage (GN_{gepl}) übereinstimmen:

$$GA_{gepl} = GN_{gepl}. \tag{8.8}$$

Das geplante gesamtwirtschaftliche Angebot ist nach unseren bisherigen Überlegungen zum Keynes'schen Modell ein bestimmtes Güterangebot zu herrschenden Güterpreisen (ein bestimmtes Nettosozialprodukt), von dem die Unternehmer glauben, daß sie es auch absetzen können und daß es bei gegebenem Lohnniveau und bei gegebenen sonstigen Kostenfaktoren auch den höchstmöglichen Gewinn erbringt. Die geplante gesamtwirtschaftliche Nachfrage besteht aus den geplanten Konsum- und Investitionsgüterkäufen. Die Gleichgewichtsbedingung

$$NSP_{gepl} = C_{gepl} + I_{gepl} \qquad (8.9)$$

lautet dann unter Berücksichtigung von Gleichung (8.18) und (8.21)

$$NSP_{gepl} = C(Y) + I_0. \qquad (8.22)$$

Grafische Darstellung

In Übersicht 8.11 ist die aggregierte **Güternachfragefunktion** $GN = C(Y) + I_0$ eingetragen. Da die Investitionen als unabhängig von der Höhe des Volkseinkommens angenommen sind, würde die Funktion $I = I_0$ in der graphischen Darstellung als Parallele zur Abszisse einzutragen sein. Daneben ist die 45°-Linie eingezeichnet. Diese Linie gibt zunächst einmal die Höhe des Volkseinkommens Y an, wenn man es ebenfalls auf der Ordinate auftragen würde. Wenn wir von der definitorischen Beziehung $Y \equiv NSP$ ausgehen, kann man sich auf der 45°-Linie auch die Höhe der Produktion (NSP) in Abhängigkeit von der Höhe des Volkseinkommens (Y) abgetragen denken. Die 45°-Linie läßt sich daher als **Güterangebotsfunktion** interpretieren, da sie jeder Einkommenshöhe die entsprechende Höhe der Produktion zuordnet.

Übersicht 8.11: Gesamtwirtschaftliches Gleichgewicht auf dem Gütermarkt

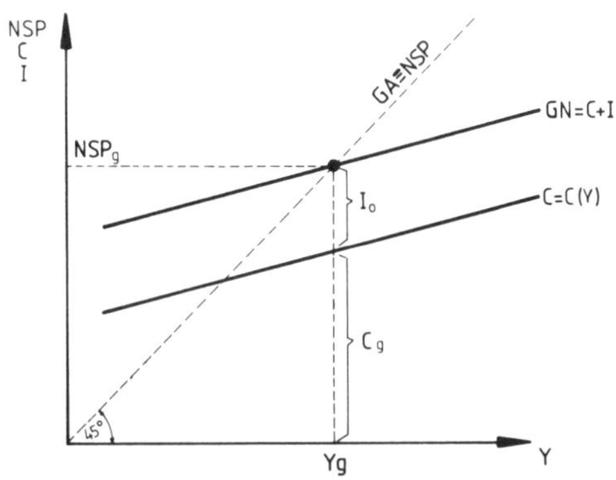

Die gesamtwirtschaftliche Gleichgewichtslage wird grafisch durch den Schnittpunkt der aggregierten Nachfragefunktion mit der 45°-Linie angegeben. In diesem Schnittpunkt ist die Gleichgewichtsbedingung erfüllt. Die geplante aggregierte Nachfrage ist gleich der geplanten aggregierten Produktion. Y_g und NSP_g sind die Gleichgewichtswerte für das Volkseinkommen und die Produktion.

Das **Gleichgewicht** läßt sich so interpretieren:
Wenn die Unternehmungen eine Produktion in Höhe von NSP_g planen und realisieren, dann entsteht ein Volkseinkommen Y_g in gleicher Höhe. Bei diesem Volkseinkommen planen die Haushalte einen Konsum in Höhe von C_g. Diese Konsumgüternachfrage ist zusammen mit der Investitionsgüternachfrage I_0 gerade so groß, daß die gesamte erstellte Produktion (das Güterangebot) nachgefragt wird.
Ungleichgewichte entstehen, wenn das geplante Güterangebot größer oder kleiner als die geplante Güternachfrage ist. Dies löst Anpassungsprozesse der Wirtschaftseinheiten aus, die wir im folgenden Abschnitt 8.2.1.4 genauer analysieren wollen.

Numerisches Beispiel
Eine Volkswirtschaft sei durch die in der folgenden Übersicht angegebenen Werte (in Mrd. DM) gekennzeichnet. In Spalte (1) sind alternative Höhen der von den Unternehmungen geplanten Produktion und der in gleicher Höhe entstehenden Volkseinkommen angenommen. In Spalte (2) sind die bei der jeweiligen Höhe des Volkseinkommens geplanten Konsumausgaben der Haushalte, in Spalte (3) die unabhängig von der Höhe des Volkseinkommens geplanten (autonomen) Investitionen der Unternehmungen und in Spalte (4) die sich daraus ergebende volkswirtschaftliche Gesamtnachfrage eingetragen.

Übersicht 8.12: Gesamtwirtschaftliches Gleichgewicht auf dem Gütermarkt

(1) $Y \equiv NSP$	(2) C_{gepl}	(3) I_{gepl}	(4) $GN_{gepl} = C_{gepl} + I_{gepl}$		(5) I_{ungepl}
390	340	20	360	↓	+30
360	320	20	340	↓	+20
330	300	20	320	↓ Schrumpfung	+10
300	280	20	300	Gleichgewicht	0
270	260	20	280	↑	-10
240	240	20	260	↑ Ausweitung	-20
210	220	20	240	↑	-30

Wenn die Unternehmungen eine Produktion in Höhe von 390 Mrd. DM planen, entsteht ein Volkseinkommen in gleicher Höhe. Die Haushalte planen bei diesem Volkseinkommen Konsumgüterausgaben in Höhe von 340 Mrd. DM, die zusammen mit den geplanten Investitionsausgaben zu einer aggregierten Nachfrage von 360 Mrd. DM führen. Sie ist niedriger als der Wert der insgesamt erstellten Güter. Die Unternehmungen bleiben auf einem nicht absetzbaren Rest von Gütern in Höhe von 30 Mrd. sitzen, die sie auf Lager nehmen müssen [= ungeplante Investitionen in Höhe von 30 Mrd. DM, vgl. Spalte (5)]. Bei dieser Höhe der Produktion und des Volkseinkommens ist somit keine Gleichgewichtssituation gegeben. Die Unternehmungen werden aufgrund der ungeplanten Überschüsse ihre Planungen für die nächste Periode revidieren und die Produktion einschränken. Das gleiche gilt für jede Höhe der Produktion und des Volkseinkommens größer als 300 Mrd. DM.
Wenn die Unternehmungen eine Produktion von nur 210 Mrd. DM planen, beträgt die aggregierte Nachfrage 240 Mrd. DM. Sie ist größer als der Wert der erstellten Güter, so daß die Unternehmer zur Befriedigung dieser Nachfrage ihre Vorräte in

stärkerem Maße als geplant abbauen [= ungeplante negative Investition (Desinvestition) in Höhe von 30 Mrd. DM]. Wiederum liegt keine Gleichgewichtslage vor, da die Unternehmungen aufgrund des unerwartenten Nachfrageüberhangs in der nächsten Periode ihre Produktion – wenn die verfügbaren Kapazitäten das zulassen – ausdehnen werden. Das gleiche gilt für jede Produktion und jedes Volkseinkommen, die (das) kleiner als 300 Mrd. DM ist.
Nur wenn die Unternehmungen eine Produktion in Höhe von 300 Mrd. DM planen, stimmen aggregiertes Angebot und aggregierte Nachfrage überein (= die ungeplanten Investitionen sind gleich Null). Dann ist eine gesamtwirtschaftliche Gleichgewichtslage auf dem Gütermarkt gegeben, bei der weder die Unternehmungen noch die Haushalte Anlaß haben, ihre Pläne zu revidieren. Das realisierte Wirtschaftsergebnis entspricht ihren Erwartungen.
Man nennt Y= 300 das Gleichgewichtseinkommen. Es läßt sich leicht bestimmen, wenn man von der Gleichgewichtsbedingung

$$NSP_{gepl} = C(Y) + I_0 \tag{8.22}$$

ausgeht und berücksichtigt, daß NSP und Y stets übereinstimmen und wenn man eine lineare Konsumfunktion der Form

$$C = a + c \cdot Y \tag{8.19}$$

unterstellt. Es gilt dann

$$Y = a + c \cdot Y + I_0 \tag{8.22'}$$

im Gleichgewicht. Da (8.22') Gütermarktgleichgewicht beschreibt, ist Y in (8.22') auch das Volkseinkommen, das dieses Gleichgewicht garantiert **(Gleichgewichtseinkommen).** Löst man die Gleichung (8.22') nach Y auf, dann erhält man:

$$Y = \frac{a + I_0}{1 - c}\,. \tag{8.22''}$$

Unserem Zahlenbeispiel von Übersicht 8.12 liegen die speziellen Funktionen C = 80 + (2/3) · Y und I_0 = 20 zugrunde. Das Gleichgewichtseinkommen kann daher unmittelbar errechnet werden:

$$Y = \frac{80 + 20}{1 - 2/3} = \frac{100}{1/3} = 300.$$

In Gleichung (8.22') kommt besonders klar zum Ausdruck, warum wir die Keynes'sche Theorie – im Gegensatz zur Klassischen Theorie – *nachfrageorientiert* genannt haben: Die Höhe des Volkseinkommens wird nicht bereits durch das volkswirtschaftliche Produktionspotential (Vollbeschäftigungseinkommen) festgelegt, sondern durch die **autonomen Komponenten der gesamtwirtschaftlichen Nachfrage** (a und I_0) bestimmt. Man muß hinzufügen: das Produktionspotential bildet selbstverständlich nach wie vor die Obergrenze für die Höhe des Sozialprodukts und damit des Volkseinkommens.

Alternative Ableitungen mit Hilfe der Spar- und Investitionsfunktion

Das gesamtwirtschaftliche Gleichgewicht auf dem Gütermarkt läßt sich auch mit Hilfe der Spar- und Investitionsfunktion ableiten. Auch dieser Weg soll kurz skizziert werden, da er einige zusätzliche Aspekte aufzeigt und weil häufig bei der Diskussion dieser Zusammenhänge darauf verwiesen wird.

Die Gleichgewichtsbedingung für den Gütermarkt ($NSP = C_{gepl} + I_{gepl}$) läßt sich unter Verwendung der Beziehung $NSP \equiv Y$ auch in der Form $Y = C_{gepl} + I_{gepl}$ oder $Y - C_{gepl} = I_{gepl}$ schreiben. Da $Y - C_{gepl} = S_{gepl}$ ist, kann man die Gleichgewichtsbedingung (8.9) auch wie folgt angeben:

$$S_{gepl} = I_{gepl} \quad \text{oder} \quad S(Y) = I. \tag{8.23}$$

Damit Gleichgewicht herrscht, müssen die von den Haushalten geplanten Ersparnisse den von den Unternehmungen geplanten Investitionen gleich sein. Die Mindernachfrage nach Gütern, die durch die Ersparnisse bewirkt wird, wird durch die Nachfrage nach Investitionsgütern ausgeglichen. Es ist leicht erkennbar, daß Gütermarktgleichgewicht bei Keynes ebenso *wie bei den Klassikern die Gleichheit von geplanter Investition und geplanter Ersparnis* beinhaltet. Die zugehörigen Zusammenhänge sind in Übersicht 8.13 graphisch dargestellt. Der Schnittpunkt von Spar- und Investitionsfunktion gibt das Gleichgewichtsvolkseinkommen Y_g an, das bei gleichen Funktionsverläufen und maßstabsgerechter Zeichnung mit dem in Übersicht 8.11 dargestellten Gleichgewichtseinkommen identisch ist.

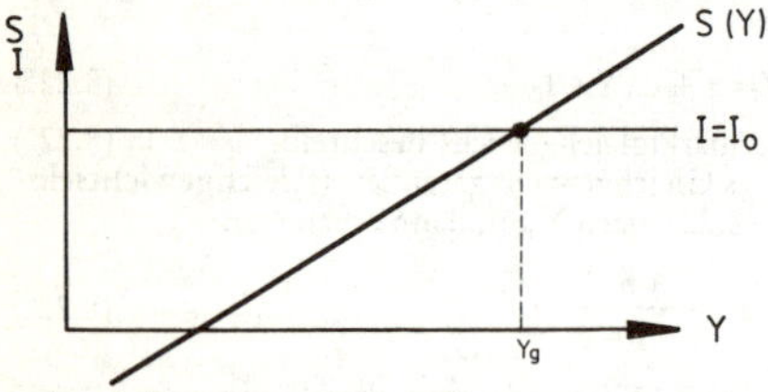

Übersicht 8.13: Gesamtwirtschaftliches Gleichgewicht auf dem Gütermarkt (I-S-Darstellung)

Gütermarktgleichgewicht in einer offenen Volkswirtschaft

Das einfache Keynes-Modell des Gütermarktes soll im folgenden durch die Berücksichtigung der Außenwirtschaftsbeziehungen erweitert werden. Bei der Darstellung der Sozialproduktbegriffe (vgl. Abschnitt 7.2) wurde das Sozialprodukt für eine offene Volkswirtschaft definiert als die Summe der tatsächlich realisierten Ausgaben für Konsum- und Investitionsgüter zuzüglich dem Außenbeitrag (oder Exportüberschuß):

$$NSP \equiv C + I + X - M. \tag{8.24}$$

Für eine abgelaufene Wirtschaftsperiode stimmt das tatsächliche aggregierte Angebot (NSP) stets mit der tatsächlichen aggregierten Nachfrage (C + I + X − M) überein. Damit ist aber, wie schon mehrfach betont wurde, nichts darüber ausgesagt, ob sich der Gütermarkt im *Gleichgewicht* befindet. Im Gleichgewicht müssen vielmehr die *geplanten* Größen übereinstimmen. Als Gleichgewichtsbedingung für den Gütermarkt einer offenen Volkswirtschaft können wir schreiben:

$$NSP_{gepl} = C_{gepl} + I_{gepl} + X_{gepl} - M_{gepl}. \tag{8.25}$$

Wir wissen, daß eine Ableitung der Bedingungen, unter denen ein Ausgleich zwischen geplantem Angebot und geplanter Nachfrage erreicht werden kann, nur möglich sind, wenn die Bestimmungsfaktoren des Angebots und der Nachfrage bekannt sind. Es ist daher notwendig, näher auf die Bestimmungsgründe der neu eingeführten Nachfragekomponenten Import (M) und Export (X) einzugehen.

Die **Importnachfrage** der inländischen Wirtschaftseinheiten nach Gütern des Auslandes setzt sich zusammen aus der Nachfrage nach ausländischen Konsumgütern, Investitionsgütern sowie Rohstoffen und Halbfabrikaten. Es liegt nahe, für Konsum- und Investitionsgüter all jene Einflußfaktoren anzuführen, die auch die Nachfrage nach inländischen Konsum- und Investitionsgütern bestimmen. Dabei hatten wir als wichtigsten Bestimmungsfaktor die Höhe des Sozialprodukts bzw. des Volkseinkommens kennengelernt. Tatsächlich stellt sich diese Variable in empirischen Untersuchungen auch als die wichtigste Einflußgröße der Importnachfrage heraus. Da die Höhe des Sozialprodukts als ein Indikator der allgemeinen ökonomischen Aktivität einer Volkswirtschaft gelten kann, ist es nicht verwunderlich, daß auch die zur Produktion benötigten Rohstoffe des Auslandes mit steigendem Volkseinkommen verstärkt nachgefragt werden.

Damit ist aber noch nicht geklärt, in welchem *Ausmaß* gerade ausländische Güter den inländischen vorgezogen werden. Die Antwort hierauf wurde in Abschnitt 5.4 bereits gegeben: Die Höhe der mit steigendem Sozialprodukt wachsenden Nachfrage nach ausländischen Rohstoffen wird einmal durch den Grad der heimischen Verfügbarkeit bzw. Nichtverfügbarkeit von Rohstoffen bestimmt. Zum anderen spielen allerdings auch Preis- und damit Kostenfaktoren eine Rolle. Der Einfluß der Preise auf die Nachfrage nach Konsum- und Investitionsgütern sowie Rohstoffen und Halbfabrikaten des Auslandes ist in empirischen Untersuchungen nachweisbar. Es ist plausibel, daß die Nachfrage nach Auslandsgütern tendenziell zurückgedrängt wird, wenn die Preise für Importgüter stärker steigen als die Preise für inländische Produkte. In diesem Zusammenhang ist auch an Veränderungen der Wechselkurse zu denken, die unmittelbar die Preise der Außenhandelsgüter beeinflussen.

Obwohl auch die Preise der Importgüter und der im Inland erzeugten Produkte einen nachweisbaren Einfluß auf die Höhe der Importnachfrage haben, wollen wir uns in der Modellanalyse zunächst auf die Hauptdeterminante, das Volkseinkommen, beschränken. Die **Importfunktion** läßt sich dann allgemein in der Form

$$M = M(Y) \qquad (8.26)$$

schreiben. Die übrigen Einflußfaktoren bestimmen die Art des funktionalen Zusammenhanges mit. Nimmt man etwa einen linearen Funktionsverlauf an, dann gilt

$$M = b + mY; \qquad 0 < m < 1, \qquad (8.27)$$

wobei die Höhe der Konstanten b und m insbesondere von den aufgeführten sonstigen Bestimmungsgrößen abhängt. Analog zur Konsumfunktion nennt man

$$m \equiv \frac{\Delta M}{\Delta Y} \qquad (8.28)$$

marginale Importquote und bezeichnet den Anteil der Importe am Volkseinkommen

$$m_D \equiv \frac{M}{Y} \tag{8.29}$$

als **durchschnittliche Importquote.** Daß eine lineare Importfunktion als vertretbare Annäherung an die Realität angesehen werden kann, zeigt die empirische Funktion in Übersicht 8.14. Die Regressionsgerade hat die Gestalt:

$$M = -65 + 0{,}41\ Y \tag{8.27'}$$

Übersicht 8.14: Empirische Importfunktionen für die Bundesrepublik Deutschland 1960–1989 (Mrd. DM in jeweiligen Preisen)

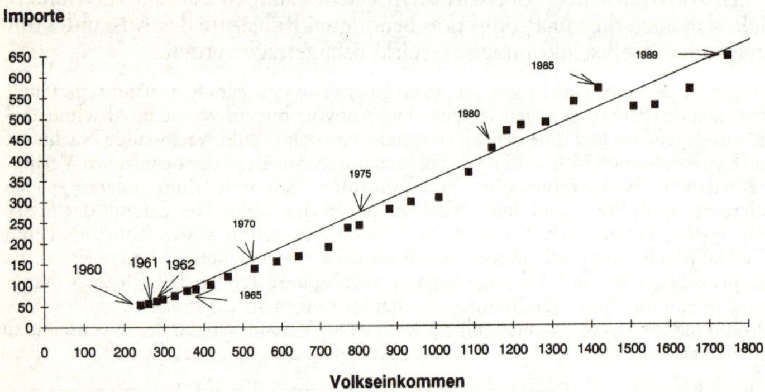

Für die Bundesrepublik errechnet sich für den Zeitraum 1971–1985 folgende gestrichelt eingezeichnete Regressionsgerade $M = -181 + 0{,}53\ Y$.

Bei der Entwicklung von Hypothesen zur **Exportnachfrage** können wir uns kurzfassen, da alle im Zusammenhang mit der Importnachfrage genannten Einflußgrößen hier mit umgekehrten Vorzeichen wirken. Hauptdeterminante ist hier allerdings nicht das heimische Sozialprodukt und damit die inländische ökonomische Aktivität, sondern vielmehr das Ausmaß der Wirtschaftstätigkeit in der übrigen Welt. Da diese im allgemeinen nur wenig durch die Wirtschaftsentwicklung des Inlandes mitbestimmt wird (jedenfalls bei kleineren Ländern), wollen wir den Export als vorgegebenen Wert

$$X = X_0 \tag{8.30}$$

in die Modellanalyse einführen.

Zur Darstellung des **Gütermarktgleichgewichts in einer offenen Volkswirtschaft** ist es zweckmäßig, Gleichung (8.25) umzustellen:

$$NSP_{gepl} + M_{gepl} = C_{gepl} + I_{gepl} + X_{gepl} \quad (GA_i + GA_a = GN_i + GN_a). \tag{8.31}$$

Auf der linken Seite der Gleichgewichtsbedingung (8.31) steht nunmehr das gesamte Güterangebot aus inländischer (GA_i) und ausländischer (GA_a) Produktion. Die gesamte Güternachfrage von Inländern (GN_i) und Ausländern (GN_a) nach inländischen Produkten steht auf der rechten Seite von Gleichung (8.31). Durch Einsetzen der spezifizierten Funktionen ergibt sich als **Gleichgewichtsbedingung** für den Gütermarkt einer offenen Volkswirtschaft:

$$NSP + M(Y) = C(Y) + I_0 + X_0 \text{ oder} \quad NSP + b + mY = a + cY + I_0 + X_0. \tag{8.32}$$

In Übersicht 8.15 ist das Gleichgewichtseinkommen grafisch bestimmt. Die Güternachfrage ($GN = C(Y) + I_0 + X_0$) ist in analoger Vorgehensweise zu Übersicht 8.11 eingetragen. Gegenüber der Darstellung für eine geschlossene Volkswirtschaft tritt der Export als zusätzliche Nachfragekomponente auf. Das inländische Güterangebot (NSP) läßt sich wiederum durch die 45°-Linie abbilden. In einer offenen Volkswirtschaft ist der Import als Güterangebotskomponente hinzuzufügen. Grafisch geschieht dies durch vertikale Addition wie bei den Komponenten der Güternachfrage. Zu beachten ist hierbei, daß es sich bei dem angenommenen Verlauf der Importfunktion nicht (wie bei der Investition und dem Export) um eine Parallelverschiebung handelt.
Das Gleichgewichtsvolkseinkommen Y_g ist durch den Schnittpunkt der gesamtwirtschaftlichen Güterangebots- mit der Güternachfragekurve bestimmt.

Übersicht 8.15: Gütermarktgleichgewicht in einer offenen Volkswirtschaft

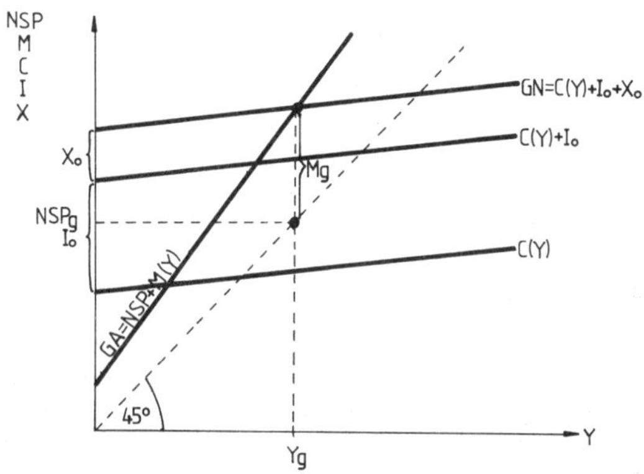

Aus Vereinfachungsgründen wollen wir bei den weiteren Überlegungen wieder zur geschlossenen Volkswirtschaft zurückkehren und nur an geeigneten Stellen den Bezug zu Übersicht 8.15 herstellen.
Das Gleichgewichtseinkommen einer offenen Volkswirtschaft läßt sich analog zum Modell der geschlossenen Volkswirtschaft bestimmen. Auszugehen ist von der

Gleichgewichtsbedingung (8.32). Wegen NSP ≡ Y erhält man nach einfachen Umformungen:

$$Y = \frac{a - b + I_0 + X_0}{1 - c + m}. \qquad (8.32')$$

Wie in Gleichung (8.22″) wird die Höhe des Gleichgewichtseinkommens durch die autonomen Komponenten der gesamtwirtschaftlichen Nachfrage (a, b, I_0, X_0) festgelegt. Die autonome Komponente der Importnachfrage wirkt negativ auf das Gleichgewichtseinkommen, weil sie nichts anderes als einen Abfluß von Nachfrage ins Ausland bedeutet, der die Nachfrage nach Inlandsgütern schwächt. Ähnlich wirkt sich die marginale Importquote (m) aus: je größer m ist, ein um so größerer Anteil jeder zusätzlichen DM Volkseinkommen fließt in das Ausland ab.

8.2.1.4 Ungleichgewichtslagen und Anpassungsprozesse auf dem Gütermarkt

Die Entscheidungen über die Güterproduktion und die Güternachfrage werden von den Wirtschaftseinheiten auf Grund unterschiedlicher Bestimmungsfaktoren getroffen. Es ist daher nicht zu erwarten, daß die Produktionspläne der Unternehmen mit den Konsumplänen der Haushalte und den Investitionsplänen anderer Unternehmungen in jeder Periode übereinstimmen[1]. Vielmehr werden Wirtschaftseinheiten im allgemeinen *Überraschungen* erleben, wenn sie ihre Pläne mit der tatsächlichen Entwicklung vergleichen[2]. Der Wirtschaftsablauf ist daher durch mehr oder weniger ausgeprägte Ungleichgewichtslagen und dadurch ausgelöste Anpassungsprozesse gekennzeichnet, ähnlich wie wir sie oben schon anhand des numerischen Beispiels angedeutet haben. Es ist nun zu fragen, welcher Art die Anpassungsprozesse sind und wo sie hinführen.

Grundsätzlich lassen sich zwei Ungleichgewichtslagen unterscheiden:

(1) Die geplante aggregierte Nachfrage übersteigt die erstellte Produktion: $GN_{gepl} > NSP$. In der grafischen Darstellung (Übersicht 8.16) ist diese Situation durch den Index 1 gekennzeichnet.

Gleichbedeutend damit ist in der alternativen Darstellungsform folgender Tatbestand: Die geplante Investition ist größer als die geplante Ersparnis: $I_{gepl} > S_{gepl}$, wie leicht aus den grafischen Darstellungen zu erkennen ist ($S_{gepl} = Y_1 - C_1$).

(2) Die geplante aggregierte Nachfrage ist niedriger als die erstellte Produktion: $GN_{gepl} < NSP$. Diese Situation ist in der grafischen Darstel-

---

[1] Nur in Fällen, wenn Unternehmen Investitionsgüter für eigene Zwecke herstellen (selbsterstellte Anlagen), wenn Konsumgüter für den Eigenbedarf hergestellt werden (Unternehmen und Haushalt personell eine Einheit bilden, z. B. landwirtschaftliche Familienbetriebe) oder wenn vertragliche Absprachen zwischen Unternehmungen vorliegen, erfolgt die Produktion im Hinblick auf eine *bekannte* Nachfrage.

[2] Da derartige Überraschungen sich auch bezüglich der Preise ergeben können, wollen wir die bisher unterstellte Preiskonstanzhypothese aufgeben. Wir nehmen somit realistischerweise an, daß Veränderungen des Güterangebots und der Güternachfrage das Preisniveau beeinflussen.

lung durch den Index 2 gekennzeichnet. Gleichbedeutend damit ist, daß die geplante Ersparnis die geplante Investition übertrifft ($I_{gepl} < S_{gepl}$).

Übersicht 8.16: Gesamtwirtschaftliche Ungleichgewichtslagen auf dem Gütermarkt

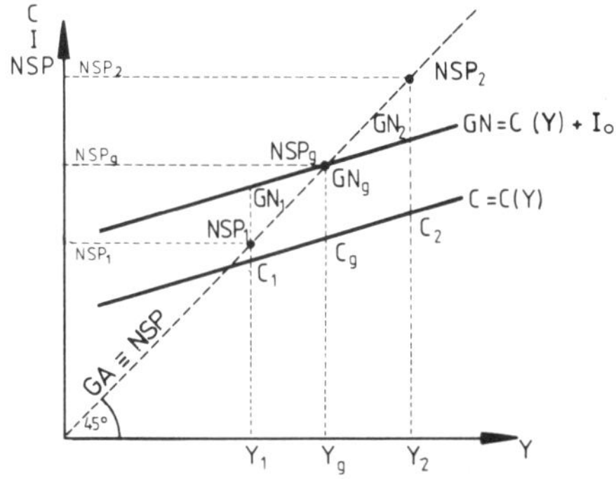

Fall 1: Güternachfrage übersteigt die Produktion

Wenn für eine bestimmte Produktionsperiode die geplante und realisierte Produktion nicht ausreicht, um die aggregierte Konsum- und Investitionsgüternachfrage zu befriedigen, so erfüllen sich die Erwartungen der Unternehmungen und Haushalte nicht. Die Unternehmungen stellen fest, daß die Absatzmöglichkeiten ihre Erwartungen übertreffen. Die Haushalte können ihre Konsumpläne nicht realisieren, wenn das Angebot nicht aus anderen Quellen (Abbau der Lagerhaltung) erhöht werden kann. Der Ausgleich zwischen der für die betrachtete Zeitperiode geplanten und realisierten Produktion und der geplanten aggregierten Nachfrage kann auf verschiedene Weise geschehen:

- durch eine **Verringerung der Lagerhaltung.** Die Unternehmen verkaufen bei unveränderten Preisen mehr Güter als geplant. Sie bauen ihre Lagerbestände ab (= *ungeplante negative Investition*),
- und/oder durch **Preiserhöhungen.** Die Unternehmer verkaufen die von ihnen geplanten Gütermengen, sie setzen aber die Preise herauf. Geht man vereinfachend davon aus, daß die Investitionsgüter hiervon nicht betroffen sind, so können die Konsumenten wegen der Preiserhöhungen ihre Wünsche nicht in vollem Umfang erfüllen (= *ungeplante Konsumeinschränkung* = Zwangssparen),
- und/oder durch eine **Verlängerung der Lieferfristen.** Dabei erfolgt eine zeitliche Verlagerung der Nachfragebefriedigung in eine spätere Zeitperiode. Betrifft diese nur den Konsum, so heißt dies, daß in der betrachteten Periode weniger konsumiert werden kann (= *ungeplante Konsumeinschränkung*).

In einer Volkswirtschaft mit Außenhandelsverflechtungen treten weitere Ausgleichsmechanismen hinzu. Anpassungen sind möglich durch

- eine unfreiwillige Einschränkung der von Ausländern geplanten Konsum- und Investitionsgüterkäufe im Inland *(ungeplante Exporteinschränkung)* und/oder

– eine im voraus nicht geplante Erhöhung der Einfuhr solcher Güter aus dem Ausland, die man sich auf dem Inlandsmarkt beschaffen wollte *(ungeplante Importerhöhung).*

Zusammenfassend läßt sich feststellen: Wenn die geplante aggregierte Nachfrage die Produktion in einem bestimmten Zeitraum übertrifft,

$$NSP \equiv Y < C_{gepl} + I_{gepl}, \qquad (8.9')$$

so wird ein Ausgleich herbeigeführt
– durch ungeplante Investitionen; I_{ungepl} (negativ) und/oder
– durch eine ungeplante Konsumeinschränkung: C_{ungepl} (negativ),
so daß am Ende der Periode (ex post) festzustellen ist:

$$NSP \equiv Y \equiv C_{gepl} + I_{gepl} + I_{ungepl} + C_{ungepl}. \qquad (8.33)$$

Eine ungeplante Konsumeinschränkung infolge von Preiserhöhungen und/oder infolge einer Verlängerung der Lieferfristen bedeutet, daß in gleicher Höhe eine ungeplante (positive) Ersparnis entstanden ist: $(-)\ C_{ungepl} \equiv (+)\ S_{ungepl}$. Im Falle einer Verlängerung der Lieferfristen leuchtet dies unmittelbar ein, da Geldbeträge in der betrachteten Periode nicht vorausgabt werden können. Im Falle von Preiserhöhungen ist die Gleichheit von ungeplantem (negativem) Konsum und ungeplanter (positiver) Ersparnis über folgende Interpretation einsichtig: Die Preiserhöhungen führen zu ungeplanten Gewinnerhöhungen bei den Unternehmen und damit zu unerwarteten Einkommenssteigerungen der Gewinnempfängerhaushalte. Da diese Haushalte das zusätzliche Gewinneinkommen bei ihrer Konsumausgabenplanung nicht berücksichtigt haben, stellt es ungeplante Ersparnis dar. Für die Gesamtheit aller Haushalte gilt somit, daß die über Preiserhöhungen abgeschöpften Geldbeträge über die Gewinnverteilung den Haushalten als ungeplante Einkommen wieder zufließen, und daß die Haushalte in demselben Umfang[1] den geplanten Konsum einschränken.

Die Ungleichgewichtssituation eines Überschusses der aggregierten Nachfrage über die realisierte Produktion läßt sich, wie oben gezeigt, auch in der Form

$$S_{gepl} < I_{gepl} \qquad (7.22')$$

darstellen. Der Anpassungsprozeß vollzieht sich nach dieser Interpretation über die ungeplante negative Investition und/oder über die ungeplante positive Ersparnis, so daß (ex post) gilt:

$$S_{gepl} + S_{ungepl} \equiv I_{gepl} + I_{ungepl}. \qquad (8.34)$$

Für die Art des Anpassungsprozesses ist nun entscheidend, *in welcher Weise die Wirtschaftseinheiten auf die ungeplanten Veränderungen reagieren.* Die Unternehmungen stellen fest,
– daß ihre Vorräte abnehmen,
– daß sie u. U. bessere Preise durchsetzen können als sie erwartet haben,
– daß die Auftragsbestände wachsen.

---

[1] Hier wird der Einfachheit halber unterstellt, daß die Konsumquote in allen denkbaren Haushaltsgruppen, also auch bei den Gewinnempfängerhaushalten, gleich ist.

Aus allen diesen Gründen können sie einen höheren Gewinn erzielen als sie vorausgeschätzt haben. Sie werden daher, wenn sie nicht schon an der Kapazitätsgrenze operieren, in der nächsten Periode die Produktion erhöhen. Je nach der Ausgangssituation werden sie

- bislang nicht genutzte Produktionskapazitäten einsetzen,
- neue Arbeitskräfte einstellen,
- die Produktionskapazitäten intensiver nutzen (durch Überstunden, Zusatzschichten u. dgl.) oder
- neue Produktionsanlagen anschaffen und in Betrieb nehmen.

In einer *offenen Volkswirtschaft* können zusätzlich bisher nicht diskutierte Reaktionen auf der Nachfrageseite auftreten, wenn in der heimischen Volkswirtschaft das allgemeine Preisniveau steigt und sich somit die Wettbewerbsfähigkeit der inländischen Anbieter auf dem Weltmarkt verschlechtert. Mögliche Reaktionen der in- und ausländischen Nachfrager wären verminderte Käufe von Konsum- und Investitionsgütern im Inland und verstärkte Nachfrage im Ausland – bei gegebenem inländischen Volkseinkommen. Eine sinkende Exportnachfrage sowie steigende Importe würden zu einem Ausgleich von aggregiertem Angebot und aggregierter Nachfrage der inländischen Volkswirtschaft beitragen. In Übersicht 8.15 würde sich der Betrag X_0 vermindern, während die Importfunktion eine Verschiebung nach oben erfahren würde.

In der *folgenden Periode* wird daher die von den Unternehmungen geplante Produktion größer als NSP_1 sein (vgl. Übersicht 8.16). Im allgemeinen dürfte sie zwischen NSP_1 und NSP_g liegen. Nur im Falle einer Überreaktion würde sie über die Gleichgewichtsproduktion NSP_g hinausgehen. Wenn man den ersten Fall unterstellt und annimmt, daß sich das Konsumverhalten der Haushalte unverändert durch die unterstellte Konsumfunktion beschreiben läßt und die Unternehmer auch weiterhin Investitionen in Höhe von I_0 vornehmen, dann wird sich in der nächsten Periode erneut eine Ungleichgewichtslage ergeben, die jedoch näher am Gleichgewicht liegt. Das neue Ungleichgewicht ruft wiederum Anpassungsreaktionen in der gleichen Richtung hervor.
Dieser Prozeß wird solange weitergehen, bis die Gleichgewichtslage NSP_g, Y_g und C_g erreicht ist. Im Falle einer Überreaktion der Produzenten würde sich eine Ungleichgewichtssituation ergeben, die im folgenden zu diskutieren ist.

Fall 2: Güternachfrage ist geringer als die Produktion

Die im Fall 1 geschilderten Prozesse laufen hier mit umgekehrtem Vorzeichen ab. Wir wollen diese Prozesse darum nicht noch einmal beschreiben, sondern anhand des Falles 2 die grundlegenden Unterschiede zwischen **Keynes'schen und klassischen Anpassungsmechanismen** auf dem gesamtwirtschaftlichen Gütermarkt aufzeigen.
Wir gehen dazu von Übersicht 8.16 aus und nehmen an, NSP_2 ($= Y_2$) sei das Sozialprodukt, bei dem Vollbeschäftigung herrscht. Da an dieser Stelle das gesamtwirtschaftliche Angebot (NSP_2) die gesamtwirtschaftliche Nachfrage (GN) übersteigt, weist der gesamtwirtschaftliche Gütermarkt ein Ungleichgewicht auf. Die Reaktionen auf dieses Nachfragedefizit sind nun im Klassischen und Keynes'schen Modell ganz unterschiedlich:

(1) GN < NSP (≡ GA) bedeutet gleichzeitig S > I. Im **Klassischen Modell** entspricht dem Nachfragedefizit auf dem Gütermarkt ein Nachfragedefizit auf dem Kreditmarkt. Hierdurch werden Zinssenkungen ausgelöst, die sowohl die Konsumgüter- als auch die Investitionsgüternachfrage beleben. Die Zinssenkungen halten solange an, bis S = I entspricht und sich somit die gesamtwirtschaftliche Nachfrage GN an das (Vollbeschäftigungs-) Sozialprodukt NSP_2 angepaßt hat. Geometrisch: Zinssenkungen erhöhen – bei jedem Volkseinkommen – sowohl C als auch I, so daß sich die GN-Kurve solange nach oben verschiebt, bis sie durch den Punkt NSP_2 auf der 45°-Linie verläuft.

(2) Es wäre nun falsch anzunehmen, im **Keynes'schen Modell** gäbe es keine Zinssenkungen als Reaktion auf ein Nachfragedefizit auf dem Gütermarkt (vgl. Abschnitt 8.2.3.5). Diese Zinssenkungen reichen jedoch nach Keynes bei weitem nicht aus, um die gesamtwirtschaftliche Nachfrage genügend zu stimulieren; außerdem ist mit erheblichen Reaktionsverzögerungen zu rechnen. Hieraus folgt, daß die Unternehmer auf das Nachfragedefizit vor allem mit Produktionseinschränkungen reagieren werden. Da mit sinkender Produktion Sozialprodukt und Volkseinkommen abnehmen, wird auch die einkommensabhängige Nachfrage weiter geschwächt; die Unternehmer werden mit weiteren Produktionseinschränkungen reagieren usw. Wir wissen, daß sich dieser Schrumpfungsprozeß nicht endlos fortsetzen muß, sondern unter bestimmten Bedingungen ausläuft und in ein Gütermarktgleichgewicht (NSP_g in Übersicht 8.16) einmündet. Der entscheidende Unterschied zum Klassischen Modell ist jedoch, daß dieses Gleichgewicht durch Unterbeschäftigung gekennzeichnet ist.

Anpassungsprozesse ausgehend von Datenänderungen (Multiplikatoranalyse)

Die wichtigsten Datenänderungen, die die Gleichgewichtslage und die konjunkturellen Anpassungsprozesse beeinflussen, beziehen sich auf:

- Änderungen des Investitions- und Konsumverhaltens der Privaten
- Einflußnahme des Staates auf den gesamtwirtschaftlichen Ablauf
- Einflüsse von der monetären Seite (Geldmenge, Zinsniveau)
- sowie Auswirkungen, die sich aus der internationalen Handels- und Kapitalverflechtung ergeben.

Wir betrachten zunächst nur Datenänderungen der ersten Art: Veränderungen des privaten Investitions- und Konsumverhaltens. Das **Investitionsverhalten** der Unternehmer hängt, wie oben im einzelnen erläutert wurde, in starkem Maße von der Einschätzung der konjunkturellen Entwicklung ab. Wenn sich bei den Unternehmern optimistischere Absatzerwartungen durchsetzen, werden sie unter sonst gleichen Bedingungen größere Investitionen planen. Das bedeutet hinsichtlich unserer Modellannahmen, daß sich die Investitionsfunktion nach oben verschiebt. Entsprechend verschiebt sich die Investitionsfunktion bei pessimistischen Zukunftserwartungen nach unten.

In analoger Weise kann sich das *Konsumverhalten* der Haushalte im Zeitablauf verändern. Empirische Untersuchungen haben jedoch gezeigt, daß die Veränderungen des Konsumverhaltens wesentlich weniger ausgeprägt sind als Veränderungen des Investitionsverhaltens (vgl. auch die Überlegungen zu Übersicht 8.10). Im folgenden wollen wir uns daher nur auf die Untersuchung der Auswirkungen des veränderten Investitionsverhaltens beschränken.

Es sei beispielsweise angenommen, daß günstige Prognosen der wirtschaftlichen Entwicklung die Investitionsbereitschaft der Unternehmer erhöhen. Dabei seien zwei Fälle unterschieden:

- Die günstigen Prognosen beziehen sich nur auf das nächste Wirtschaftsjahr und erhöhen die Investitionsneigung der Unternehmer nur kurzfristig in diesem Jahr.
- Die Zukunftserwartungen der Unternehmer verbessern sich grundlegend. Sie führen in jedem Jahr größere Investitionen durch.

Auswirkungen einer kurzfristigen (einmaligen) Erhöhung der Investitionsausgaben

Bei einer kurzfristigen (nur in einem Jahr bestehenden) Erhöhung der privaten Investitionen um z. B. 100 Mill. DM erhöht sich offensichtlich im Jahr $t = 1$ die aggregierte Nachfrage um genau diesen Betrag. Wenn wir davon ausgehen, daß die Unternehmer in der Periode 1 die zusätzlich gewünschten Investitionsgüter nicht sofort erzeugen können, so steht der erhöhten aggregierten Nachfrage eine zunächst unveränderte gesamtwirtschaftliche Produktion gegenüber. Die erhöhte Nachfrage, führt dann lediglich zu Preiserhöhungen[1]. In jedem Fall steigen die Erlöse der Investitionsgüter herstellenden Unternehmen um genau den Betrag von 100 Mill. DM, der den beteiligten Produktionsfaktoren, im wesentlichen in der Form höherer Gewinne, als zusätzliches Einkommen zufließt. Damit erhöht sich zugleich auch das nominale Volkseinkommen um diesen Betrag. Damit sind jedoch die Auswirkungen der einmaligen Investitionserhöhung nicht abgeschlossen. Das erhöhte Volkseinkommen steht den Haushalten in der folgenden Periode für den Kauf von Konsumgütern zur Verfügung. Bei einer marginalen Konsumquote von (angenommen) $c = 0{,}5$ werden sich die Konsumausgaben um 50 Mill. DM erhöhen. In der Periode $t = 2$ wird daher noch eine um diesen Betrag erhöhte Konsumgüternachfrage und damit aggregierte Gesamtnachfrage bestehen bleiben. Diese erhöhte Konsumgüternachfrage führt zu erhöhten Erlösen für *die* Unternehmungen, die Konsumgüter herstellen, und auch noch in Periode $t = 2$ zu einem gegenüber der Ausgangslage um 50 Mill. DM erhöhten Einkommen der Haushalte, das dann bei der unterstellten Konsumquote auch in Periode $t = 3$ den Konsum um 25 Mill. DM über dem Ausgangsniveau halten wird. Der Prozeß wird sich in dieser Weise von Periode zu Periode abgeschwächt fortsetzen und allmählich verebben. Nach einigen Perioden wird praktisch die ursprüngliche Höhe des Volkseinkommens und des Kon-

[1] Nur soweit die Investitionsgüterindustrie noch kurzfristig reagieren könnte, würde auch die reale Produktion von Investitionsgütern steigen können.

sums wieder erreicht. In Übersicht 8.17 sind diese Wirkungen anhand eines Zahlenbeispiels zusammengestellt.

Übersicht 8.17: Wirkungen einer einmaligen Erhöhung der Investition ($\Delta I_1 = 100$, $c = 0{,}5$)

		ΔI_t	ΔC_t	C_t	I_t	ΔY_t	Y_t
Periode:	0	–	–	800	200	–	1000
	1	100	–	800	300	100	1100
	2	–	50	850	200	50	1050
	3	–	25	825	200	25	1025
	4	–	12,5	812,5	200	12,5	1012,5
	.	.	.	.	.	.	.
	.	.	.	.	.	.	.
	.	.	.	.	.	.	.
	n	–	–	800	200	–	1000
Summe der Wirkungen über alle Jahre		100	100			200	

Insgesamt entsteht in dem gewählten Zahlenbeispiel über alle Perioden aufaddiert zusätzliches Volkseinkommen in Höhe von 200 Mill. DM. Es läßt sich leicht erkennen, daß bei einer größeren (niedrigeren) marginalen Konsumquote die jährlichen Einkommenserhöhungen und damit auch die Gesamtsumme größer (niedriger) wären.[1]

Auswirkungen einer dauerhaften Erhöhung der Investitionsausgaben

Bei einer dauerhaften Erhöhung der Investitionsneigung wird das Volkseinkommen auch langfristig ein höheres Niveau erreichen und halten. Das letztlich erreichte Einkommensniveau läßt sich leicht ermitteln, indem man das den erhöhten Investitionsausgaben entsprechende neue Gleichgewichtseinkommen ermittelt. Dies bedeutet in der grafischen Darstellung (Übersicht 8.18), daß sich die Investition I_0 um den Betrag ΔI nach oben verschiebt und sich ein höheres Gleichgewichtseinkommen Y'_g ergibt.

Um den Prozeß der Einkommenssteigerung im Zeitablauf zu verfolgen *(dynamische Betrachtung)*, kann man sich nun vorstellen, daß fortlaufend in jeder Periode Erhöhungen der Investitionsausgaben erfolgen, deren Effekte zu addieren sind. In der folgenden Übersicht 8.19 sind die Effekte für ein numerisches Beispiel zusammengestellt, wobei in den Spalten ΔC_t (i) jeweils die abnehmende Reihe der Konsumeffekte angegeben ist, die aus Investitionsausgaben in Periode t–1 resultiert.

---

[1] Es läßt sich mathematisch zeigen, daß die Summe aller über die Perioden hinweg zusätzlich geschaffenen Einkommen einem bestimmten Vielfachen der anfänglich erhöhten Investitionsausgaben entspricht, das durch den reziproken Wert der marginalen Sparquote s angegeben wird:

$$\sum_{t=1}^{n} \Delta Y_t = \frac{1}{s} \Delta I = \frac{1}{1-c} \Delta I.$$

Übersicht 8.18: Ableitung des Investitionsmultiplikators

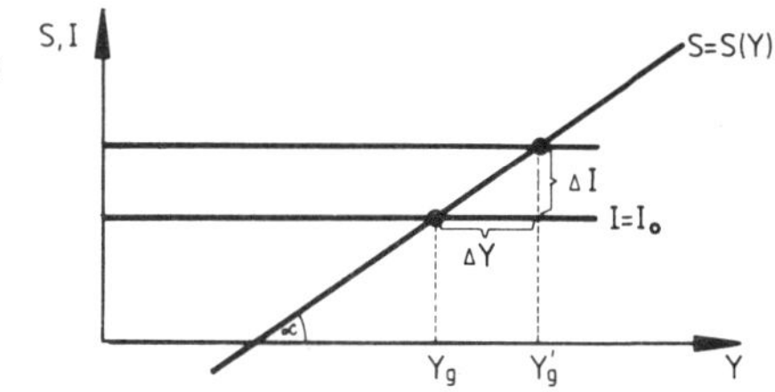

Als Folge einer dauerhaften Erhöhung der Investitionsausgaben ergibt sich ein erhöhtes Niveau des Volkseinkommens, das schrittweise im Laufe der Zeit erreicht wird. In den ersten Perioden sind die Einkommenszuwächse größer und nehmen dann immer mehr ab, so daß das Volkseinkommen zu einem bestimmten Endwert konvergiert. Dies ist genau der Wert, der in Übersicht 8.18 der neuen Gleichgewichtslage Y'_g entspricht. Es läßt sich auch hier leicht erkennen, daß der erreichte Endwert bei einer höheren (niedrigeren) marginalen Konsumquote höher (niedriger) ist.

Übersicht 8.19: Wirkungen einer dauerhaften Erhöhung der Investition ($\Delta I_t = 100$, $c = 0{,}5$)

	ΔI	ΔC_t (1)	ΔC_t (2)	ΔC_t (3)	ΔC_t (4)	C_t	I_t	ΔY_t	Y_t
Periode: 0						800	200		1000
1	100					800	300	100	1100
2	100	50				850	300	150	1150
3	100	25	50			875	300	175	1175
4	100	12,5	25	50		887,5	300	187,5	1187,5
5	100	6,25	12,5	25	50	893,75		193,75	1193,75
.	.	.	.	.	.	.	.	.	.
.	.	.	.	.	.	.	.	.	.
.	.	.	.	.	.	.	.	.	.
n	100	.	.	.	.	900	300	200	1200

Der Betrag der *jährlichen* Volkseinkommenserhöhung ΔY, der sich infolge einer *dauerhaften Erhöhung der Investitionsausgaben* um ΔI ergibt, läßt sich leicht ableiten, wenn man – wie in Übersicht 8.19 dargestellt – die jeweiligen Gleichgewichtslagen vor und nach der Investitionserhöhung, Y_g und Y'_g, miteinander vergleicht *(komparativ-statische Betrachtung)*. Offensichtlich gilt $\frac{\Delta I}{\Delta Y} = \operatorname{tg} \alpha$. Da nun aber $\operatorname{tg} \alpha$ gleichzeitig

Die Steigung der Sparfunktion $\frac{\Delta S}{\Delta Y} = s$ angibt, gilt auch

$$\operatorname{tg} \alpha = \frac{\Delta I}{\Delta Y} = \frac{\Delta S}{\Delta Y} = s \qquad (8.35)$$

und damit

$$\Delta Y = \frac{1}{s}\,\Delta I \text{ und } \Delta Y = \frac{1}{1-c}\,\Delta I. \tag{8.36}$$

Den reziproken Wert der marginalen Sparquote $\frac{1}{s}$ (bzw. $\frac{1}{1-c}$)

bezeichnet man als den **Investitionsausgabenmultiplikator.** Eine dauerhafte Erhöhung der Investitionsausgaben um den Betrag ΔI führt nach einer Anpassungsphase zu einer Erhöhung des Volkseinkommens um ein Vielfaches, das durch diesen Multiplikator angegeben wird.

Dieser Prozeß verläuft auch in der entgegengesetzten Richtung: Eine Senkung der Investitionsausgaben führt zu einer Abnahme des Volkseinkommens um den durch die Multiplikatorbeziehung angegebenen Betrag.

Der Unterschied der multiplikativen Auswirkungen einer **einmaligen** und einer **dauerhaften Investitionserhöhung** auf das Volkseinkommen sei abschließend noch einmal in Übersicht 8.20 veranschaulicht.

Übersicht 8.20: Multiplikatorwirkung bei einmaliger und dauerhafter Investitionserhöhung

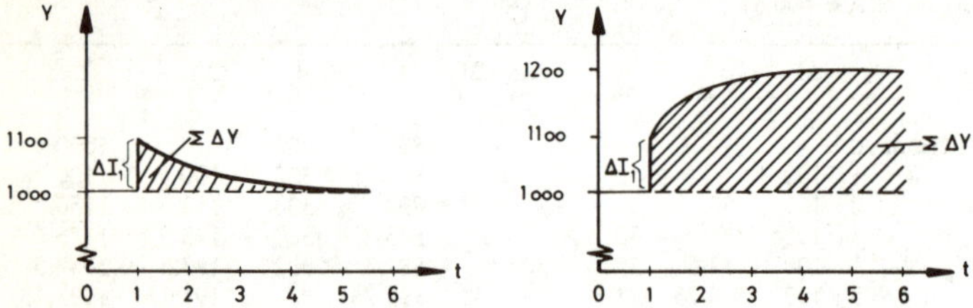

Die Darstellung macht deutlich, daß die Einkommenswirkungen bei einem einmaligen Investitionsstoß im Zeitablauf verebben, während bei einer dauerhaften Erhöhung der Investitionsausgaben allmählich ein neues Einkommensniveau erreicht wird. Der angegebene Multiplikatorwert (1/s) bezieht sich im ersten Falle auf die Gesamtheit der Einkommenswirkungen über die Zeit $(\sum_{t=1}^{n} \Delta Y_t)$ und im zweiten Fall auf die nach einiger Zeit erreichte Erhöhung des Einkommensniveaus in jeder Periode (ΔY).

Bei einer marginalen Sparquote von s = 0,5 beträgt der Multiplikator 2, bei s = 0,25 beträgt er 4 und bei s = 0,2 beträgt er 5. Daraus ist ersichtlich, daß eine Erhöhung (Senkung) der Investitionsausgaben bei realistischen Größenordnungen der marginalen Sparquote zu einer 4- bis 5fachen Steigerung (Senkung) des Volkseinkommens in einer geschlossenen Volkswirtschaft führen würde, wenn nicht Abschwächungseffekte wirksam würden, die wir später kennenlernen werden.
Die Multiplikatorrelation (8.36) läßt sich auch unmittelbar aus der Bestimmungsgleichung für das Gleichgewichtseinkommen (8.22′) ableiten. Es ist zu fragen, wie stark sich das Gleichgewichtseinkommen infolge einer Veränderung der autonomen Investitionsausgaben erhöht bzw. vermindert: Aus

$$Y = (a + I_0) \cdot \frac{1}{1 - c} \tag{8.22''}$$

folgt

$$\Delta Y = \Delta I_0 \cdot \frac{1}{1 - c} . \tag{8.36'}$$

Analog gilt für eine offene Volkswirtschaft (vgl. Gleichung (8.32')):

$$\Delta Y = \Delta I_0 \cdot \frac{1}{1 - c + m} . \tag{8.36''}$$

Die Volkseinkommenserhöhung infolge einer Erhöhung der Investitionsausgaben wird abgeschwächt, d. h. der Investitionsmultiplikator ist geringer als in einer geschlosssenen Volkswirtschaft, weil die aus Einkommenserhöhungen resultierenden Nachfragezuwächse zum Teil ins Ausland abfließen.

8.2.2 Gütermarktgleichgewicht, Beschäftigung, Lohn- und Preisniveau

8.2.2.1 Gütermarktgleichgewicht bei alternativen Beschäftigungsgraden und Preisen

Bisher haben wir das Geschehen auf dem Gütermarkt unter der vereinfachenden Annahme eines stabilen Preisniveaus betrachtet. Soweit sich die Absatzerwartungen der Unternehmer nicht erfüllen, erfolgt der Marktausgleich u. a. zwar über (Einzel-)Preisänderungen (vgl. Abschnitt 8.2.1.2), davon muß aber das Preisniveau nicht betroffen sein: Preissteigerungen können entsprechende Preissenkungen gegenüberstehen; die relativen Preise verschieben sich, aber das Preisniveau bleibt davon, ganz im Sinne der Klassischen Theorie, unberührt. Wir werden gleich sehen, daß wir die Annahme eines stabilen Preisniveaus nicht unter allen Umständen aufrechterhalten können. Ist nämlich (a) die volkswirtschaftliche Produktionskapazität voll ausgelastet, kann also die Güterproduktion (kurzfristig) nicht mehr gesteigert werden, so kann eine darüber hinausgehende Güternachfrage nur über erhöhte Preise „befriedigt" werden. Preisniveausteigerungen machen sich erfahrungsgemäß (b) bereits vor Erreichen der Vollbeschäftigungsgrenze bemerkbar, jedoch wollen wir für einen Moment noch davon ausgehen, daß bis zur Erreichung dieser Grenze das Preisniveau stabil bleibt: nominale Steigerungen des Volkseinkommens entsprechen dann realen Steigerungen, also $\Delta Y_n = \Delta Y_r$.

Alternative Beschäftigungsgrade

Da nach Keynes das jeweilige Niveau der Güterproduktion von der erwarteten (realen) Güternachfrage bestimmt wird, pendelt sich das Gütermarktgleichgewicht (in der beschriebenen Weise, vgl. Abschnitt 8.2.1.3) so sein, daß die geplante Produktion mit der geplanten Nachfrage übereinstimmt. Je nach dem Verlauf der aggregierten Nachfragefunktion sind unterschiedliche Gleichgewichtslagen auf dem Gütermarkt möglich, und jeder dieser Gleichgewichtslagen sind unterschiedliche Auslastungsgrade der Produktionsfaktoren Arbeit und Kapital zugeordnet. Nur bei einer ganz bestimmten Höhe der aggregierten Nachfrage, die nach Keynes in einer sich selbst überlassenen Marktwirtschaft nur zufällig erreicht wird, sind Gleichgewicht auf dem Gütermarkt und Vollbeschäftigung der Produktionsfaktoren miteinander vereinbar. Wahrscheinlicher sind Konstellationen, bei denen eine Unterbeschäftigung der Produktionsfaktoren oder aber ein Überhang der aggregierten Nachfrage bestehen. Die verschiedenen Konstellationen sind in Übersicht 8.21 dargestellt.

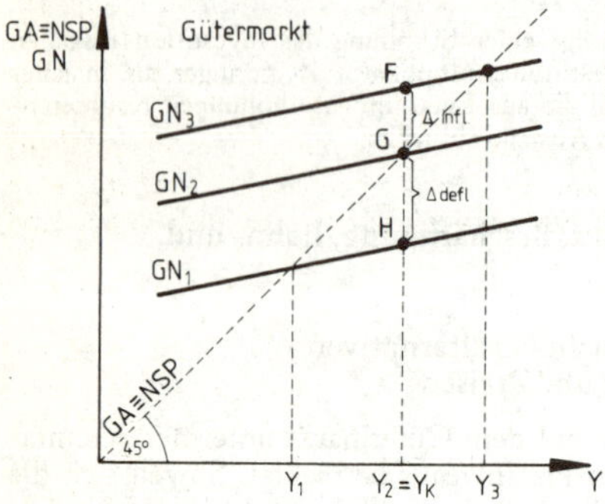

Übersicht 8.21: Gütermarktgleichgewicht und Kapazitätsauslastung

(1) Bei voller Auslastung der volkswirtschaftlichen Produktionskapazität sei das Sozialprodukt NSP_K mit dem entsprechenden Volkseinkommen Y_K erzielbar. Nur wenn die aggregierte Nachfragefunktion den durch GN_2 beschriebenen Verlauf hat, herrscht **Gütermarktgleichgewicht bei Vollbeschäftigung.**

Hinter der Annahme einer bestimmten volkswirtschaftlichen Produktionskapazität NSP_K steht die Vorstellung, daß diese auf kurze Sicht durch den Bestand an Produktionsfaktoren und den Stand des technischen Wissens bestimmt ist. NSP_K gibt das Produktionsniveau an, das bei voller Auslastung der Arbeitskräfte und des Kapitalbestandes sowie bei (kurzfristig) gegebenem Stand der Technik erreicht werden kann.
Ob und wann die Produktionsfaktoren in der Realität tatsächlich voll ausgelastet sind, läßt sich praktisch nicht genau bestimmen. Dies hängt damit zusammen, daß kurzfristig Produktionsanlagen meist – etwa durch Zusatzschichten – intensiver genutzt werden können (vgl. die Überlegungen zu Übersicht 3.48). Die Bestimmung der kurzfristigen Maximalauslastung des Kapitalstocks ist daher empirisch-statistisch äußerst schwierig. Wir gehen im folgenden realistischerweise (vgl. Übersichten 7.3 und 7.4) davon aus, daß bei Vollbeschäftigung des Faktors Arbeit zugleich auch eine weitgehende Auslastung der Produktionsanlagen gegeben ist. Dies bedeutet, daß die Unternehmer die Höhe und Zusammensetzung des Kapitalstocks in der Vergangenheit – angesichts der herrschenden Faktorpreisverhältnisse (Lohn-Zins-Relation; vgl. Abschnitt 3.2.3) so bestimmt haben, daß eine Kapitalverschwendung mittel- und längerfristig möglichst vermieden wird. Das Gleichgewichtseinkommen Y_2 möge somit auch die weitgehende Kapazitätsauslastung des Kapitalstocks widerspiegeln.

(2) Ist die (reale) aggregierte Nachfrage geringer als GN_2, z. B. GN_1, so spielt sich eine Gleichgewichtslage auf dem Gütermarkt ein (mit NSP_1 und Y_1), bei der die volkswirtschaftliche Produktionskapazität nicht ausgelastet ist und Produktionsfaktoren unterbeschäftigt sind. Zur Beseitigung von Unterbeschäftigung wäre eine Verschiebung der aggregierten Nachfragekurve um den Betrag HG nach oben erforderlich. Man bezeichnet diese **Nachfragedefizit** als **deflatorische Lücke** (Δ_{defl}).

(3) Ist die gesamtwirtschaftliche Nachfrage größer als GN_2, z. B. GN_3, so kann sie bei der gegebenen volkswirtschaftlichen Produktionskapazität zu den herrschenden Preisen nicht befriedigt werden. Eine Erhöhung der realen Produktionsmenge und des realen Volkseinkommens ist (kurzfristig) prinzipiell nicht mehr möglich. Eine Nachfrageerhöhung wird lediglich zu einer Erhöhung der Preise und des nominalen Volkseinkommens führen. Um die von der Nachfrageseite ausgehenden inflationären Tendenzen abzubauen, wäre eine Reduzierung der aggregierten Nachfrage um den Betrag GF erforderlich. Diesen **Nachfrageüberhang** bezeichnet man als **inflatorische Lücke** (Δ_{infl}).

Alternative Preisniveaus

Es zeigt sich in der Realität, daß alternative Beschäftigungsgrade mit alternativen Preisniveaus einhergehen. Wir wollen in Ergänzung unserer bisherigen Analyse untersuchen, wodurch die Höhe des Preisniveaus einer Volkswirtschaft bestimmt wird. Ausgangspunkt sind hierfür bekannte mikroökonomische Überlegungen zum Angebots- und Nachfrageverhalten auf Gütermärkten.

Das **gesamtwirtschaftliche Güterangebot** $NSP_r \equiv Y_r$ ergibt sich durch Aggregation des Angebots aller Güter auf den Märkten einer Volkswirtschaft (horizontale Addition aller Grenzkostenkurven, vgl. Übersicht 3.18). Den Verlauf der Angebotskurve kann man sich wie in Übersicht 8.22 dargestellt vorstellen. Ab einer bestimmten Preisniveauuntergrenze, zu interpretieren als gesamtwirtschaftliche langfristige Preisuntergrenze (vgl. Abschnitt 3.2.3.3), werden Güter angeboten. Obwohl man bei vollständiger Konkurrenz davon ausgehen muß, daß die Unternehmen selbst bei konstanten Entlohnungssätzen der Faktoren ihre Produktion nur ausdehnen, wenn sie höhere Preise erwarten können (vgl. Übersicht 3.17), ist doch in der Realität damit zu rechnen, daß das Preisniveau relativ stabil bleibt, solange eine erhebliche Unterauslastung der Kapazitäten vorliegt. Insbesondere bei dem in der Realität so bedeutenden *oligopolistischen Wettbewerb* werden die Unternehmer eher mit einer höheren Kapazitätsauslastung als mit Preiserhöhungen reagieren (vgl. Abschnitt 4.3.3). Die Angebotskurve dürfte in diesem Bereich daher sehr elastisch verlaufen. Je mehr die Kapazitäten jedoch ausgelastet werden, um so wahrscheinlicher sind Preiserhöhungen wegen steigender Grenzkosten (auch bei unveränderten Lohnsätzen). Treten erste Engpässe bei der Beschaffung von Produktionsfaktoren, insbesondere des Faktors Arbeit auf, dann führt die Konkurrenz der Unternehmer um die knapper gewordenen Faktoren regelmäßig zu höheren Faktorpreisen (die Grenzkosten steigen zusätzlich). Die Unternehmer werden daher ein höheres Güterangebot nur erstellen, wenn sie einen Ausgleich der Kostensteigerungen in höheren Preisen erwarten können.

Übersicht 8.22: Gesamtwirtschaftliche Güterangebots- und Güternachfragefunktion

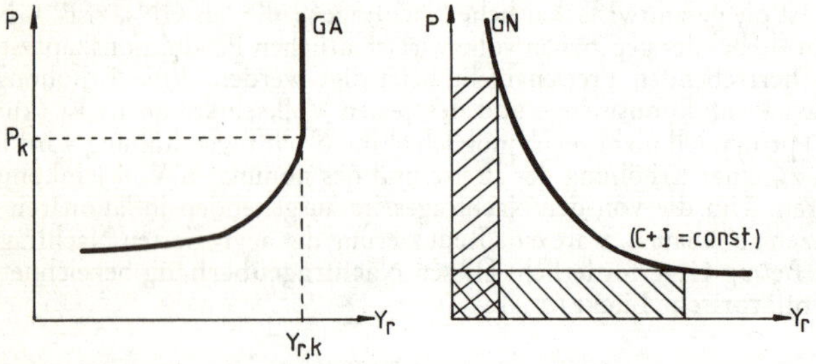

Bei steigendem Preisniveau kann das Güterangebot bis zur volkswirtschaftlichen Kapazitätsgrenze $Y_{r,K}$ ausgedehnt werden. Ein über P_K hinausgehendes Preisniveau kann keinen Anreiz zur (kurzfristigen) Ausdehnung des Güterangebots mehr ausüben, weil die Produktionsfaktoren bereits vollbeschäftigt sind.[1] Die Angebotskurve wird völlig preisunelastisch. Insgesamt gesehen bestimmen somit die Kostenverläufe sowie die Preis- und Absatzerwartungen analog zu den einzelwirtschaftlichen Überlegungen das gesamtwirtschaftliche Güterangebot.

Die **gesamtwirtschaftliche Güternachfragefunktion** läßt sich ebenfalls als Aggregation der einzelwirtschaftlichen Funktionen vorstellen (vgl. Übersicht 3.64). Sie verläuft von links oben nach rechts unten, weil man auch gesamtwirtschaftlich davon ausgehen kann, daß bei einer gegebenen Ausgabensumme bei steigendem Preisniveau nur weniger Güter gekauft werden können und umgekehrt.

Die Nachfragekurve in Übersicht 8.22 hat die Form einer *gleichseitigen Hyperbel.* Diese Kurvenform wurde gewählt, weil bei jedem Punkt auf einer derartigen Kurve das Produkt aus Preisniveau P und entsprechender Nachfrage Y_r stets konstant ist ($GN = Y_r \cdot P = const.$; die schraffierten Flächen unter der Kurve sind gleich). Man muß sich eine Schar von derartigen Kurven vorstellen, wobei jede Kurve ein bestimmtes Ausgabenniveau darstellt. Die Höhe der Ausgaben GN für Konsum- und Investitionsgüter wird entsprechend den bisherigen Überlegungen im wesentlichen vom Volkseinkommen, der Sparquote und der Kreditgewährung der Banken bestimmt.

---

[1] Steigt das Preisniveau nach Erreichen der Vollbeschäftigung (inflatorische Lücke), so gelten auch im Keynes'schen System die klassischen Überlegungen zur Inflation (vgl. Abschnitt 8.1.3). Entsprechend der Quantitätstheorie des Geldes steigt das Preisniveau infolge einer (vorherigen) Geldmengenerhöhung (bzw. einer Erhöhung der Umlaufsgeschwindigkeit des Geldes).

Übersicht 8.23: Zusammenhang von Beschäftigungsgrad und Preisniveau

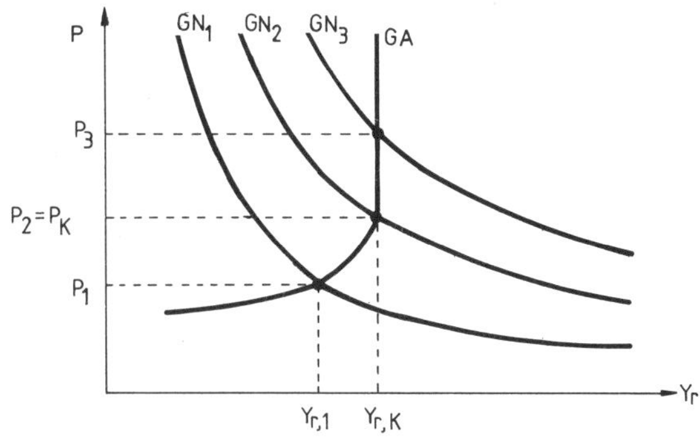

Analog zur Einzelmarktbetrachtung ergibt sich das Preisniveau einer Volkswirtschaft aus dem Zusammenwirken von gesamtwirtschaftlichem Güterangebot und gesamtwirtschaftlicher Güternachfrage. Für drei alternative Höhen der gesamtwirtschaftlichen (monetären) Nachfrage lassen sich in Übersicht 8.23 die entsprechenden Gleichgewichtswerte für das Preisniveau wie für das reale Sozialprodukt bestimmen.
Bei einer Nachfrage in Höhe von GN_2, die derjenigen in Übersicht 8.21 entsprechen möge, herrscht Vollbeschäftigung bei einem Preisniveau von $P_2 = P_K$. Eine höhere Nachfrage GN_3 vermag keine Steigerung der Produktion mehr auszulösen. Es steigt lediglich das Preisniveau auf P_3 (inflatorische Lücke). Ist die Güternachfrage geringer als die Vollbeschäftigungsnachfrage, etwa GN_1, so liegt Unterbeschäftigung vor ($Y_{r,1} < Y_{r,K}$), das Preisniveau liegt allerdings – entgegen den Überlegungen in den vorigen Abschnitten – mit P_1 niedriger als das Preisniveau (P_K) bei Vollbeschäftigung.

Die beiden Übersichten 8.21 und 8.23 sind voll miteinander vereinbar. In Übersicht 8.21 wird lediglich die Nominalentwicklung des Volkseinkommens (Y) betrachtet, in Übersicht 8.23 erfolgt die Zerlegung in die Mengenkomponente (Y_r) und die Preiskomponente (P); es gilt also: $Y_1 = Y_{r,1} \cdot P_1$, $Y_K = Y_{r,K} \cdot P_K$ und $Y_3 = Y_{r,K} \cdot P_3$.

Verschiebungen der Güternachfrage- und Güterangebotsfunktion führen zu Veränderungen des Preisniveaus und zugleich zu Veränderungen des Beschäftigungsgrades. Wir wollen nun im folgenden untersuchen, welche Kräfte in einer von wirtschaftspolitischen (genauer: ablaufspolitischen) Eingriffen weitgehend freien Volkswirtschaft zur Beseitigung einer deflatorischen oder inflatorischen Lücke wirksam werden können.

8.2.2.2 Beseitigung von Unterbeschäftigung bei flexiblen Löhnen und Preisen

Keynes hatte bei seinen Überlegungen aufgrund der Erfahrungen der Weltwirtschaftskrise vor allem den Fall dauerhafter Unterbeschäftigung

(deflatorische Lücke) im Auge. Das beschriebene Keynes'sche Gütermarktmodell kann erklären, daß bei den unterstellten Hypothesen über die Bestimmungsfaktoren gesamtwirtschaftlicher Nachfrage ein Gleichgewicht auf dem Gütermarkt bei gleichzeitiger Unterbeschäftigung der Produktionfaktoren möglich ist. Gleichgewicht auf dem Gütermarkt bedeutet, daß die privaten Unternehmen und Haushalte keinen Anlaß haben, die Höhe der Produktion und der gesamtwirtschaftlichen Nachfrage nach Konsum- und Investitionsgütern zu ändern. In einem sich selbst überlassenen marktwirtschaftlichen System werden somit in einer solchen Situation keine Kräfte wirksam, die auf einen Abbau der Unterbeschäftigung hindrängen.
Aus mikroökonomischen Überlegungen wissen wir, daß eine Erhöhung der Arbeitsnachfrage (Beschäftigungszunahme) bei sinkendem Lohnsatz wahrscheinlich ist. Man kann sich daher vorstellen, daß die Lohnpolitik zur Beseitigung der deflatorischen Lücke eingesetzt werden könnte. Es geht somit um die Frage, ob nicht eine Erhöhung von Beschäftigung und Volkseinkommen durch eine Lohnsatzsenkung erfolgen kann.

Erhöhung des Beschäftigungsgrades durch Lohnsatzsenkung und Erhöhung der Lohneinkommen?

Um diese Frage zu beantworten, ist es zweckmäßig, das Keynes'sche Gütermarktmodell mit einem Modell des Arbeitsmarktes zu verbinden (Übersicht 8.24), ähnlich wie das für das Klassische Modell in Übersicht 8.2 beschrieben wurde. Alternativen Verläufen der aggregierten Nachfragefunktionen (GN_1, GN_2) und Gleichgewichtslagen auf dem Gütermarkt (Y_1, Y_2) sind durch die Produktionsfunktion die jeweils zugehörigen produktionstechnisch bestimmten Arbeitseinsatzmengen (A_1, A_2) zugeordnet. Lediglich die Gleichgewichtslage Y_2 ist mit Vollbeschäftigung des Faktors Arbeit ($A_2 = A_g$) vereinbar. Sie kennzeichnet gleichzeitig die volkswirtschaftliche Produktionskapazität $NSP_K \equiv Y_K$.

Liegt nun eine Situation vor, in der die Güternachfrage schwächer als GN_2 ist, so herrscht Unterbeschäftigung. Bei einer Nachfrage von GN_1 sind die Unternehmer bereit, zum Lohnsatz l_1, der über dem Gleichgewichtslohnsatz l_g liegt, die Arbeitsmenge A_1 zu beschäftigen. Dies ist genau die Beschäftigungsmenge, die ausreicht, die Güternachfrage GN_1 zu befriedigen. Beim Lohnsatz l_1, der vielleicht im Einvernehmen der Tarifpartner bestimmt worden ist, liegt jedoch Arbeitslosigkeit vor (AÜ).
Man kann sich nun fragen, ob nicht eine Lohnsatzsenkung auf l_2 zur Beseitigung der Arbeitslosigkeit vorgenommen werden sollte. Nach Keynes ist aber die Arbeitslosigkeit nicht primär das Resultat zu hoher Löhne, sondern einer zu geringen Güternachfrage. Eine Politik der Lohnsatzsenkung kann daher nur Erfolg haben, wenn infolge der Lohnsatzsenkung die Güternachfrage steigt, nämlich von GN_1 auf GN_2. Lohnsatzsenkungen müßten über die Erhöhung der Arbeitseinsatzmengen die Lohneinkommen steigen lassen (Steigerung der Massenkaufkraft) und zu höheren Konsumausgaben führen.

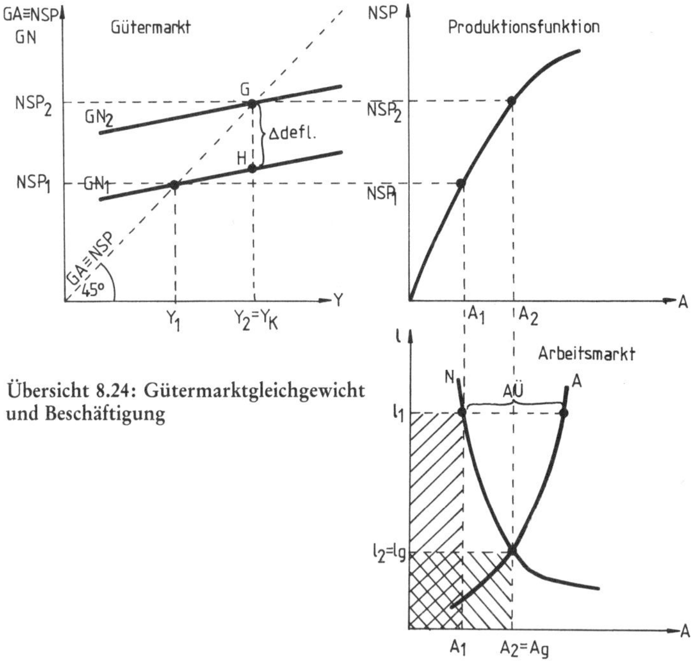

Übersicht 8.24: Gütermarktgleichgewicht und Beschäftigung

Man könnte sich prinzipiell vorstellen, daß Wirkungen in dieser Richtung durch **Verschiebungen in der Einkommensverteilung** hervorgerufen werden. Erhöhungen der Konsumausgaben könnten sich ergeben, wenn als Folge der Lohnsatzsenkung die Lohneinkommen stärker als die übrigen Komponenten des Volkseinkommens ansteigen würden. Da die Empfänger von Lohneinkommen regelmäßig einen höheren Anteil ihres Einkommens konsumieren als die Bezieher von Gewinn- und Vermögenseinkommen, würden sich die Konsumfunktion und damit die gesamtwirtschaftliche Nachfragefunktion nach oben verschieben bzw. drehen.

Eine **Erhöhung der Arbeitnehmereinkommen** infolge einer Senkung der Lohnsätze ist jedoch aus zwei Gründen **wenig wahrscheinlich:**

- Sie würde einmal voraussetzen, daß die Beschäftigungsmenge relativ (prozentual) stärker zunimmt als der Lohnsatz abnimmt, d. h. daß eine **elastische Arbeitsnachfrage** vorliegt. Nur dann nämlich kann die Massenkaufkraft zunehmen. Übersicht 8.24 zeigt den Fall eines unelastischen Verlaufs der Arbeitsnachfragefunktion (im interessierenden Bereich). Wie leicht zu erkennen ist, ist das Lohneinkommen nach Lohnsatzsenkung ($L_2 = A_2 \cdot l_2$) geringer als vorher ($L_1 = A_1 \cdot l_1$; vgl. die Größe der schraffierten Flächen).
- Weiterhin ist zu berücksichtigen, daß die Systeme der sozialen Absiche-

rung in den meisten hochentwickelten Industrieländern so ausgebaut sind, daß die Nettoeinkommen der Arbeitslosen aus der **Arbeitslosenversicherung** nur noch wenig unter den Nettoeinkommen liegen, die die Arbeitslosen vorher als unselbständig Beschäftigte erhielten. Eine Wiederbeschäftigung bei gesenkten Lohnsätzen wird daher das Einkommen dieser Gruppe zwar etwas erhöhen, das Einkommen der bisher bereits Beschäftigten sinkt jedoch zwangsläufig. Insgesamt ist somit damit zu rechnen, daß Lohnsatzsenkungen – selbst bei elastischer Arbeitsnachfrage – eher zu einer Senkung des Arbeitnehmereinkommens führen und eine Schwächung der Konsumgüternachfrage bewirken.

Diesen wichtigen Zusammenhang wollen wir uns an einem **Zahlenbeispiel** klarmachen. In einer Volkswirtschaft mit 10 Mio. Erwerbstätigen seien 9 Mio. zu einem durchschnittlichen Stundenlohn von 10 DM beschäftigt. 1 Mio. Arbeitslose beziehen eine Arbeitslosenunterstützung, die einem Stundenlohn von 7 DM entspricht. Die gesamtwirtschaftliche „Lohnsumme“, die zum Konsum zur Verfügung steht, beträgt somit 90 + 7 = 97 Mio. DM pro Stunde. Im Einvernehmen der Tarifpartner wird der Lohnsatz auf 9,5 DM gesenkt. Bei diesem Lohnsatz, zu dem alle Arbeitnehmer noch arbeiten wollen, sind die Unternehmer bereit, alle 10 Mio. Arbeitnehmer zu beschäftigen, wenn die gesamtwirtschaftliche Güternachfrage zugleich das Niveau GN_2 erreichen würde. Da jedoch die Lohnsumme in unserem Beispiel mit 95 Mio. DM um 2 Mio. DM niedriger als bei Unterbeschäftigung liegt, ist von der Lohnseite eher eine weitere Abschwächung der Güternachfrage zu erwarten: der Lohnsatz fällt um 5%, die Arbeitsnachfrage steigt um 11,1%, der Elastizitätswert ist 2,2. Läge eine unelastische Arbeitsnachfrage vor, wäre die Schwächung der Lohneinkommen noch größer.

Dies Beispiel zeigt, daß sich durch Lohnsatzsenkung die Unterbeschäftigung nur reduzieren ließe, wenn Erhöhungen anderer Komponenten der gesamtwirtschaftlichen Güternachfrage den lohnsatzbedingten Nachfrageausfall überkompensieren würden. Dies wäre etwa denkbar, wenn auf Grund verbesserter Gewinnerwartungen die Investitionsnachfrage steigen oder auf Grund verbesserter internationaler Wettbewerbsfähigkeit die Exportnachfrage zunehmen würde (vgl. Überlegungen zu Übersicht 8.15).

Zusammenfassend läßt sich somit feststellen, daß es gewichtige Gründe dafür gibt, daß eine Politik der Lohnsatzsenkung für sich allein genommen kaum Impulse zu einer Erhöhung der Güternachfrage und damit zu einer Verbesserung der Beschäftigungslage auslösen wird. Allerdings ist zu sagen, daß wir bei den soeben angestellten Überlegungen stillschweigend von einem stabilen Güterpreisniveau ausgegangen sind. Es bleibt zu fragen, ob nicht Preisveränderungen, die regelmäßig durch Lohnsatzveränderungen ausgelöst werden, aus der Situation der Unterbeschäftigung herausführen können.

Erhöhung des Beschäftigungsgrades durch Lohn- und Preissenkungen?

Aus mikroökonomischen Überlegungen wissen wir, daß Lohnsatzveränderungen nicht nur das Einkommen und die Güternachfrage, sondern auch das *Güterangebot* eines Unternehmers beeinflussen. Eine Lohnsatzsenkung führt zu einer Ausdehnung des Güterangebots (die Grenzkostenkurve verschiebt sich nach unten; vgl. Übersicht 3.25).

Übersicht 8.25: Lohnsatzsenkungen, Preisniveau und Beschäftigung

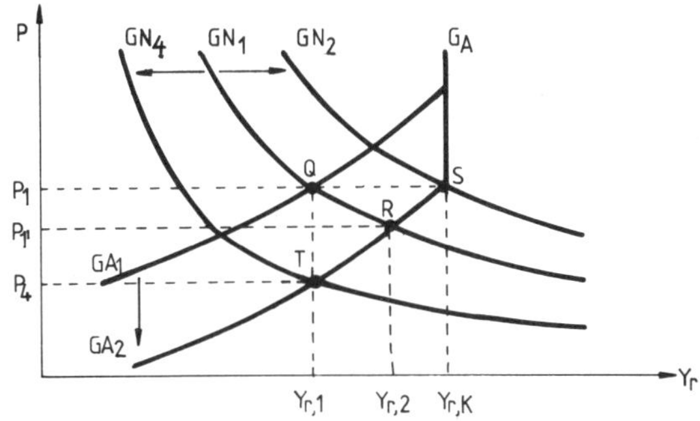

Gesamtwirtschaftlich gesehen wird ein erhöhtes Güterangebot bei gegebener Nachfrage nur zu fallenden Preisen aufgenommen werden. Lohnsatzsenkungen werden somit bei ausreichendem Wettbewerb in den Preisen (zum Teil) weitergegeben. Welche Preiswirkungen sich letztlich durch die Lohnsatzsenkung ergeben, hängt auch von ihrer Wirkung auf die Güternachfrage ab. Dieser Zusammenhang kann anhand von Übersicht 8.25 verdeutlicht werden.

In der Ausgangslage existiere eine Güternachfrage GN_1, der im Gleichgewicht ein Volkseinkommen $Y_{r,1}$ und ein Preisniveau P_1 entspreche (Schnittpunkt Q). Diese Situation sei mit derjenigen in Übersicht 8.24 identisch ($Y_1 = Y_{r,1} \cdot P_1$). Die Lohnsatzsenkung auf l_2 verschiebt die Güterangebotskurve nach unten (von GA_1 auf GA_2). Bliebe die nominale Güternachfrage unverändert GN_1, so ergäbe sich ein neuer Schnittpunkt (R) von Angebots- und Nachfragekurve. Das Preisniveau würde auf P'_1 sinken und das reale Güterangebot und damit das Volkseinkommen von $Y_{r,1}$ auf $Y_{r,2}$ steigen. Somit würde die Unterbeschäftigung abgebaut.

Wir wissen aber, daß Lohnsatzveränderungen die Lohneinkommen und damit die Güternachfragefunktion beeinflussen werden. Würden die Lohneinkommen infolge der Lohnsatzsenkung tatsächlich derart steigen, daß eine monetäre Güternachfrage von GN_2 erreicht wird, so würde Vollbeschäftigung $Y_{r,K}$ bei unverändertem Preisniveau P_1 erreicht (Schnittpunkt S). Diese Situation ist ebenfalls mit derjenigen in Übersicht 8.24 voll vergleichbar ($Y_K = Y_{r,K} \cdot P_1$).[1]

Eine Ausdehnung der monetären Güternachfrage erscheint aber, wie oben begründet, wenig wahrscheinlich. Die Lohnsatzsenkung dürfte eher zu einer Schwächung der Kaufkraft und damit zu einer Linksverschiebung

[1] Die Annahme eines unveränderten Preisniveaus ist nicht zwingend. In der Realität ist eher ein steigendes Preisniveau zu erwarten. Wegen der Vergleichbarkeit beider Schaubilder haben wir in Übersicht 8.25 das Preisniveau lediglich „zufällig" konstant gehalten. An unseren Schlußfolgerungen ändert sich dadurch nichts.

der Güternachfragekurve in Übersicht 8.25 führen. Beträgt die Nachfrage etwa GN_4, so stellt sich ein Gleichgewicht (in T) beim Preisniveau P_4 und gegenüber der Ausgangslage unveränderter Unterbeschäftigung bei $Y_{r,1}$ ein. Die Bewegung vom Punkt Q nach T ist dadurch gekennzeichnet, daß die Lohnsatzsenkung infolge verminderter Güternachfrage zu einer gleichgroßen (prozentualen) Senkung des Preisniveaus geführt hat. Dadurch ist die Beschäftigungslage unverändert geblieben.

Wir können somit festhalten:
- *Positive Beschäftigungswirkungen hat eine Lohnsatzsenkung nur, wenn das Preisniveau unterproportional zurückgeht, gleich bleibt oder steigt* (Schnittpunkt muß rechts von T liegen),
- *eine Erhöhung der Unterbeschäftigung infolge der Lohnsatzsenkung ergibt sich zwangsläufig, wenn das Preisniveau prozentual stärker als der Lohnsatz sinkt* (Schnittpunkt links von T).

In Zeiten *konjunktureller Depression* sind positive Beschäftigungswirkungen einer Lohnsatzsenkung wenig wahrscheinlich:
(a) Eine Rechtsverschiebung der gesamtwirtschaftlichen *Güterangebotskurve* setzt voraus, daß die Unternehmer aufgrund der Lohnsatzsenkung bei gegebenen Preisen mehr Güter anbieten und mehr Arbeitskräfte beschäftigen wollen als zuvor. Ist die künftige Nachfrageentwicklung ungewiß, dann ist ein derartiges Verhalten gerade bei Oligopolisten kaum zu erwarten (vgl. Abschnitt 4.3.3).
(b) Selbst eine Verbesserung der Gewinneinkommen braucht bei ungewissen Zukunftsaussichten keine Erholung der Investitionsnachfrage zu bedeuten, so daß auch von hier aus eine Rechtsverschiebung der gesamtwirtschaftlichen *Güternachfragefunktion* nicht erwartet werden muß.

Mitentscheidend für die Veränderung der Beschäftigungslage ist somit die Güternachfrageveränderung. Hat die einmalige Lohnsatzsenkung auf l_2 etwa bei der Güternachfrage GN_4 keinen Erfolg, so kann man versucht sein, das Arbeitsüberangebot durch nochmalige Lohnsatzsenkungen abzubauen. Inwieweit hieraus jedoch positive Beschäftigungswirkungen resultieren, hängt – bei flexiblen Güterpreisen – wiederum von der Entwicklung der monetären Gesamtnachfrage ab. Es kann sich ein kumulativer Prozeß von Lohn- und Preissenkungen, eine **Lohn-Preis-Spirale** *„nach unten"*, entwickeln, der jedoch ohne nennenswerte realwirtschaftliche Wirkungen bleibt, wenn sich Löhne und Preise proportional verändern. Der Prozeß kann (bei unterproportionaler Preissenkung) grundsätzlich aus der Depression herausführen. Anders als im Klassischen Modell führen jedoch flexible Löhne und Preise nicht automatisch zur Vollbeschäftigung. Halten sich die Arbeitnehmer infolge der Lohneinbußen verstärkt beim Konsum zurück (Angstsparen), so ist sogar denkbar, daß der Prozeß weiter in die Depression mit steigender Arbeitslosigkeit führt. In pessimistischer Einschätzung der „Selbstheilungskräfte" der Marktwirtschaft weist Keynes daher dem Staat als Aufgabe die „Globalsteuerung" der aggregierten Güternachfrage zu.

In der *Realität* wurden derartige kumulative Prozesse „nach unten" in der Vorkriegszeit im Zuge der Konjunkturentwicklung häufiger beobachtet, am ausgeprägtesten in der Weltwirtschaftskrise. Heute wirken – neben gezielten staatlichen Maßnahmen der Globalsteuerung (vgl. Abschnitt 8.5) – tariflich festgelegte **Mindestlöhne**, die Zahlung von **Arbeitslosenunterstützung** und andere **automatische Stabilisatoren** kumulativen Prozessen infolge von Güternachfrageabschwächungen entgegen. Allerdings haben sich – wie sich zeigen wird – als Folge von einigen dieser institutionellen Regelungen und Maßnahmen die Gefahren für die Geldwertstabilität erhöht.

Es bleibt abschließend noch zu prüfen, ob nicht in einer Situation der Unterbeschäftigung Kräfte wirksam werden, die in dem bislang beschriebenen Keynes'schen Gütermarktmodell nicht erfaßt sind. Man könnte sich etwa vorstellen, daß von der **Geldseite** Impulse in Richtung einer Erhöhung der Güternachfrage ausgehen. In einer Rezessionsphase mit Unterbeschäftigung sind die Finanzierungsbedingungen (niedrige Zinsen) für den Kauf von Investitions- und Konsumgütern im allgemeinen günstiger als in Boomperioden. Es fragt sich jedoch, ob die relativ günstigen Finanzierungsbedingungen einen ausreichenden Anreiz für eine Erhöhung der Investitionen und des Konsum geben, wenn die künftige Absatzentwicklung ungünstig eingeschätzt wird und die Arbeitsplätze gefährdet sind. Wir werden diese Wirkungszusammenhänge später im Rahmen eines erweiterten Modells ausführlich diskutieren (Abschnitt 8.2.3). Vorweg können wir jedoch feststellen, daß diese Kräfte nach den bisherigen Erfahrungen nicht ausreichen, zu einem Gleichgewicht bei Vollbeschäftigung „automatisch" hinzuführen.

8.2.2.3 Nachfrage- und lohninduzierte Inflation, Stagflation

Für Keynes bedeutete Instabilität vor allem Schwankung des Beschäftigungsgrades und Gefahr andauernder Arbeitslosigkeit. In der Nachkriegszeit ist daneben in vielen Ländern zusätzlich das Problem der Inflation in den Vordergrund gerückt.

Inflationäre Entwicklungen, d. h. nachhaltig andauernde Steigerungen des Preisniveaus, können sich im Zuge des Abbaus von Unterbeschäftigung ergeben (vgl. Übersicht 8.23). Besonders ausgeprägt sind sie jedoch bei einer übersteigerten Güternachfrage im Zustand von Vollbeschäftigung, den wir als inflatorische Lücke bezeichnet hatten. Überzogene Güternachfragewünsche der Konsumenten und Investoren (eine monetäre Güternachfrage von GN_3 etwa in Übersicht 8.21), können nur noch Preissteigerungen auslösen, da in der Volkswirtschaft bereits bei GN_2 an der Grenze der Produktionskapazität produziert wird.[1] Zur Beseitigung der Überbeschäftigung bzw. der inflatorischen Lücke müßte die aggregierte Nachfrage auf GN_2 reduziert werden, um Vollbeschäftigung bei gleichzeitiger Geldwertstabilität zu erreichen. Eine Einschränkung der Nachfrage müßte, soweit sie nicht von den privaten Haushalten und Unternehmen erfolgt, durch den Staat vorgenommen werden (vgl. Abschnitt 8.6).

Eine erfolgreiche Antiinflationspolitik durch staatliche Nachfragesteuerung ist jedoch schwierig zu verwirklichen, wenn Preissteigerungen bereits eine **Lohn-Preis-Spirale** *„nach oben"* in Gang gesetzt haben. Höhere Preise bedeuten bei gegebenen Lohnsätzen und unveränderter Beschäftigung eine Verminderung der Kaufkraft der Lohneinkommensbe-

[1] Vgl. auch Übersicht 8.23, die hinsichtlich der Güternachfrage GN_3 voll mit Übersicht 8.21 vergleichbar ist ($Y_3 = Y_{r,K} \cdot P_3$).

zieher. Die Gewerkschaften suchen den Kaufkraftausgleich regelmäßig, indem sie Lohnerhöhungen durchzusetzen versuchen. Die Unternehmer werden kaum Widerstand leisten, wenn sie damit rechnen, daß infolge der (bei Vollbeschäftigung zwangsläufigen) Lohneinkommenserhöhungen auch die Güternachfrage weiter steigt und sie wegen des unveränderten realen Güterangebots höhere Preise am Markt durchsetzen können. Die Preisniveausteigerungen veranlassen die Gewerkschaften wiederum Lohnerhöhungen durchzudrücken, die wiederum Preissteigerungen nach sich ziehen, usw. Am Ende weiß niemand mehr, wo eigentlich die Ursache für die Lohn-Preis-Spirale lag. Treiben die Preise die Löhne oder umgekehrt? Dieses Henne-Ei-Problem scheint unlösbar. Allenfalls „historisch" ist interessant, wo der Ausgangspunkt lag. Auslösendes Moment können Preissteigerungen infolge überhöhter Güternachfrage sein, wie eben geschildert.
Ausgangspunkt für eine Lohn-Preis-Spirale kann auch gewerkschaftliche Aktivität im Zustand eines „idealen" *Vollbeschäftigungsgleichgewichts* ($Y_{r,K}$, P_K, l_g, GN_2) sein (vgl. Übersicht 8.26, Punkt Q). Können die Gewerkschaften – etwa um die Einkommensverteilung zugunsten der „Lohnabhängigen" zu verbessern – in der nächsten Lohnrunde einen über l_g liegenden Lohnsatz durchsetzen, so sind die Unternehmer beim bisherigen Preisniveau nicht bereit, die alte (Voll-)Beschäftigung aufrechtzuerhalten (Verschiebung der Güterangebotskurve nach oben; Tendenz zum Punkt R). Da die Lohnerhöhungen aber über die höheren Lohneinkommen die Güternachfrage steigen lassen werden (auf GN_3), kann die Vollbeschäftigung aufrechterhalten bleiben, wenn das Preisniveau in ausreichendem Maße steigt.

Übersicht 8.26: Nachfrage- und lohninduzierte Inflation

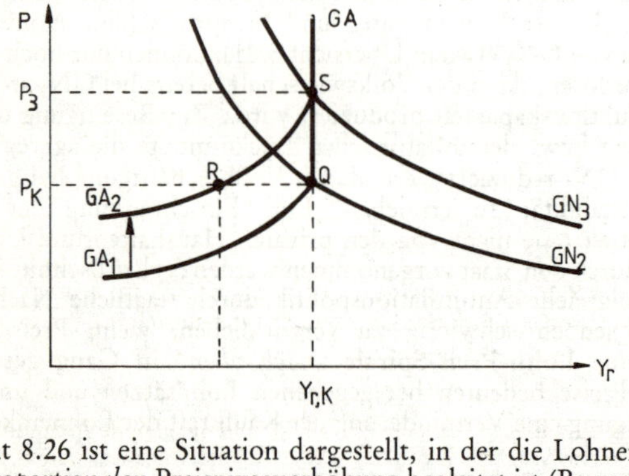

In Übersicht 8.26 ist eine Situation dargestellt, in der die Lohnerhöhung von einer *proportionalen* Preisniveauerhöhung begleitet ist (Bewegung von Q nach S, inflatorische Lücke). Dies bedeutet, daß das Realeinkommen gleichgeblieben ist ($Y_{r,K}$). Da die Gewerkschaften ihr Umverteilungsziel

nicht erreicht haben, könnten sie in der folgenden Lohnrunde einen höheren Lohnsatz durchzusetzen versuchen. Damit kann der Prozeß der Lohn-Preis-Spirale fortgesetzt werden.
Eine proportionale Entwicklung von Löhnen und Preisen ist jedoch ebenso wie im Fall der Lohn-Preis-Spirale „nach unten" keineswegs zwingend. Steigt die Güternachfrage infolge der Lohnerhöhung nur unterproportional (liegt sie also zwischen GN_2 und GN_3), so steigt das Preisniveau zwar nicht so stark, aber die Vollbeschäftigung wird gefährdet. Wird die Güternachfrage auf der anderen Seite infolge einer sich breitmachenden **Inflationsmentalität** („Kauf lieber jetzt, wo alles noch relativ billig ist") im Verhältnis zur Lohnsteigerung überproportional ausgedehnt ($GN > GN_3$), so steigt das Preisniveau überproportional ($P > P_3$) und „rechtfertigt" geradezu die Inflationsmentalität (Gesetz der sich rechtfertigenden Erwartungen). Die überproportionalen Preissteigerungen können dann Anlaß für die Arbeitnehmer sein, durch besonders hohe Lohnsteigerungen die erwarteten künftigen Preissteigerungen zu antizipieren. Dadurch kann sich die Lohn-Preis-Spirale immer schneller drehen, ohne unmittelbare[1] realwirtschaftliche Wirkungen zu haben.
Eine Lohn-Preis-Spirale „nach oben" kann sich nicht nur in der Ausgangslage der Vollbeschäftigung, sondern auch bei *Unterbeschäftigung* entwikkeln. Herrscht Unterbeschäftigung (GN_1, $Y_{r,1}$, P_1, Schnittpunkt Q in Schaubild 8.27) und werden höhere Lohnsätze durchgesetzt, wodurch die Güternachfrage proportional zur Lohnerhöhung von GN_1 auf GN_5 steigen möge, dann ändert sich die Beschäftigungslage nicht (Schnittpunkt S), lediglich das Preisniveau steigt auf P_5. Wiederholt sich dieser Vorgang mehr oder weniger proportionaler Lohn- und Preissteigerungen, so kann sich eine Situation von anhaltender Unterbeschäftigung bei Inflation ergeben, eine Situation, die, als **Stagflation** (= Stagnation bei Inflation) bekannt, besonders im letzten Jahrzehnt in vielen Industrieländern zu beobachten ist (vgl. Abschnitt 8.4.2).

Unabhängig davon, ob die inflatorische Lücke lohn- oder preisinduziert ist, könnten dämpfende Wirkungen auf die überhöhte Güternachfrage von der *Geldseite* ausgehen. Die Kreditkonditionen sind in Boomperioden im allgemeinen ungünstiger und können insbesondere zu einer Abschwächung der Investitionsgüternachfrage beitragen. Da aber andererseits bei steigenden Preisen häufig die Gewinnaussichten besonders gut sind, ist keineswegs sichergestellt, daß die Unternehmer auf die verschlechterten Finanzierungsbedingungen Rücksicht nehmen und mit Einschränkungen der Investitionsgüternachfrage reagieren.

An dieser Stelle wollen wir unsere Überlegungen zum Güter- und Arbeitsmarkt unterbrechen, um die vom Geldmarkt ausgehenden Wirkungen ein-

---

[1] Wir lassen hier außer acht, daß eine starke und anhaltende Inflationsentwicklung sehr wohl realwirtschaftlichen Wirkungen hat, die vor allem darauf beruhen, daß durch Inflation Einkommensumverteilungen stattfinden und entsprechende Reaktionen der Wirtschaftseinheiten auslösen (etwa Flucht in die Sachwerte; vgl. Abschnitt 8.4.1).

Übersicht 8.27: Stagflation

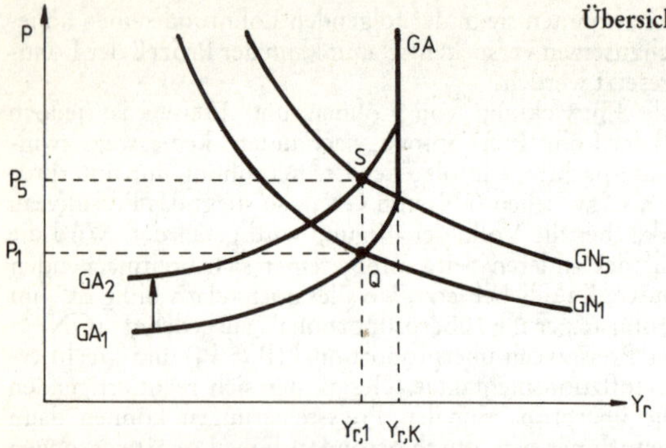

gehender zu behandeln. Zunächst genügt es *festzuhalten:* Schon das beschriebene vereinfachte Keynes-Modell vermag den zentralen Punkt des gesamtwirtschaftlichen Stabilitätsproblems, die mögliche Diskrepanz zwischen aggregierter Nachfrage und volkswirtschaftlicher Produktionskapazität sowie die mangelnden Selbstregulierungskräfte, in den Grundzügen zu erklären. Es bedarf hiernach einer bewußten und gezielten Beeinflussung der aggregierten Nachfrage durch den Einsatz wirtschaftspolitischer Instrumente, um im Falle von Unterbeschäftigung auf ein Gleichgewicht bei Vollbeschäftigung hinzuwirken und im Falle von Inflation die Preisentwicklung zu dämpfen (vgl. Abschnitt 8.6).

8.2.3 Einbeziehung des Geldmarktes

Bisher haben wir bei der Entwicklung der Keynes'schen Modellvorstellungen im wesentlichen nur die reale Seite des wirtschaftlichen Geschehens betrachtet, nämlich Angebot und Nachfrage auf dem Güter- und Arbeitsmarkt sowie die daraus resultierenden Stabilitätsprobleme. Geld, Kredit und Zins wurden bislang nicht explizit in die Analyse einbezogen, sie wurden nur an verschiedenen Stellen als Bestimmungsfaktoren für die Entscheidungen der Haushalte und Unternehmen genannt. In diesem Abschnitt soll nun der Geldmarkt in die Überlegungen einbezogen werden.

Wir haben dabei allerdings zu bedenken, daß auf dem Geldmarkt nur ein Teil der nichtgüterwirtschaftlichen Transaktionen der Wirtschaftseinheiten abgewickelt wird. Geld entsteht durch Kreditbeziehungen, es stellt (juristisch) eine Forderung dar. Es gibt aber eine Vielzahl anderer Forderungsarten (vgl. Abschnitte 1.1.1 und 7.3.2), und es erscheint zweckmäßig, vorab die Beziehung des Geldes zu anderen Forderungstiteln kurz zu analysieren, da enge Substitutionsmöglichkeiten zwischen den einzelnen Forderungstiteln hinsichtlich ihrer Verwendungsmöglichkeiten bestehen.

8.2.3.1 Märkte für Forderungstitel: Geld- und Kapitalmarkt[1]

Alle **nicht-güterwirtschaftlichen Transaktionen**, also die Kreditbeziehungen der Wirtschaftseinheiten, kann man sich als Vorgänge vorstellen, die auf **Kredit- oder Finanzmärkten** abgewickelt werden.
Da die Kredittransaktionen sehr vielfältig sind, unterscheidet man statt eines aggregierten Kreditmarktes einzelne Teilmärkte. Dies kann soweit gehen, daß man so viele Teilmärkte unterscheidet, wie unterschiedliche Forderungstitel existieren (vgl. Abschnitt 1.1.1).

Forderungstitel kann man unterscheiden
- (äußerlich) nach der **Art der Verbriefung** (z. B. Wechsel- oder Aktienurkunde) und dem **Inhalt des Forderungsrechts** (z. B. Zahlung einer bestimmten Geldsumme, Zahlung einer Dividende in zunächst unbestimmter Höhe),
- nach ihrer **Bonität**, d.h. dem Wahrscheinlichkeitsgrad ihrer Erfüllung bzw. nach dem Risiko, dem Wahrscheinlichkeitsgrad der Nichterfüllung,
- nach ihrer **Fristigkeit** (Fälligkeit oder Laufzeit).

Entsprechend unterschiedlich sind auch die Preise, d. h. in der Regel die Zinsen, die auf den einzelnen Märkten bezahlt werden. Im allgemeinen gilt, daß die Zinssätze bei kurzfristigen Forderungstiteln („geldnahen" Anlagen) niedriger als bei längerfristigen Forderungen sind. Dies liegt darin begründet, daß jemand, der sein Geld einem anderen als langfristigen Kredit ausleiht, während der Laufzeit des Kredits nicht über das Geld anderweitig, etwa zum Kauf von Konsumgütern, verfügen kann. Je länger der Gläubiger also *Konsumverzicht* (vgl. Abschnitt 3.4.3.2) oder auch nur Verzicht auf Verfügungsmöglichkeit leistet, um so höher ist der Preis (Zins), den er als Entschädigung dafür fordert.[2]

Allgemein werden als Teilmärkte für Forderungstitel vor allem der **Geldmarkt** (Markt für kurzfristige Titel) und der **Kapitalmarkt** (Markt für langfristige Titel) unterschieden. Diese Unterscheidung ist relativ willkürlich. Eine Abgrenzung beider Märkte, auf denen jeweils eine Vielzahl von Forderungstiteln gehandelt wird, ist schwierig. Was in einzelnen Ländern

---

[1] Dieser Unterabschnitt kann beim ersten Lesen übergangen werden, ohne daß das Verständnis der folgenden Abschnitte darunter leidet.

[2] **Bargeld** wird dagegen nicht verzinst. Banknoten (und Münzen) stellen nichtverzinsliche Schuldverschreibungen der Zentralbank (und des Bundes) dar. Der Unterschied zu anderen Schuldverschreibungen besteht darin, daß der Inhaber von Bargeld von den staatlichen Stellen nicht verlangen kann, daß es gegen einen anderen Forderungstitel oder andere Vermögenswerte eingetauscht wird. Es gibt somit *keine Einlösungspflicht* der staatlichen Instanzen, etwa eine Einlösungspflicht in Gold, wie sie in Deutschland bis zum Jahre 1914 bestand. Diese Sonderstellung des Bargeldes unter den Forderungstiteln erklärt sich daraus, daß die Rechtsordnung Banknoten und Münzen zum *gesetzlichen Zahlungsmittel* erhoben hat. Will ein Schuldner seine Verpflichtungen begleichen, so ist der Gläubiger kraft Gesetzes verpflichtet, Bargeld zu diesem Zweck anzunehmen.

unter Geld- und Kapitalmarkt verstanden wird, richtet sich im wesentlichen nach den institutionellen Bedingungen und der Organisation der einzelnen Märkte.

In der Bundesrepublik versteht man in der praxisorientierten Sprache z. B. unter Geldmarkt den Markt für Zentralbankgeld (Banknoten, Münzen sowie Guthaben bei der Zentralbank) und zentralbankfähige Titel (etwa rediskontfähige Wechsel, Schatzwechsel und sog. unverzinsliche Schatzanweisungen öffentlicher Stellen, Vorratsstellenwechsel, lombardfähige Wertpapiere). Geldmarktgeschäfte werden im wesentlichen nur zwischen Banken getätigt. Daneben treten andere Kapitalsammelstellen, z. B. Versicherungsgesellschaften, als Marktpartner auf.

Im Gegensatz zur praxisorientierten, pragmatischen Unterscheidung von Geld- und Kapitalmarkt soll hier eine Unterscheidung gewählt werden, die uns den Zugang zu theoretischen Überlegungen erleichtert. Man kann den **Markt für nicht-verzinsliches Geld** (Geldmarkt) und die Gesamtheit der **Märkte für verzinsliche Anlagen** (Kapital- oder Kreditmarkt) unterscheiden.
Den **Geldmarkt** in diesem Sinne hatten wir bei den Erläuterungen zum Klassischen Modell bereits kennengelernt (vgl. Abschnitt 8.1.3). Obwohl die Klassiker keine Geld*markt*vorstellung mit spezifizierten Angebots- und Nachfragefunktionen im üblichen Sinne hatten, ließ sich die Höhe des Preisniveaus als Ergebnis von Marktbeziehungen interpretieren. Als Anbieter auf dem Geldmarkt treten die Geldproduzenten auf. Es handelt sich dabei um die Zentralbank (bzw. den Bund) und die Geschäftsbanken. Nachfrager auf dem Geldmarkt sind alle Nichtbanken, die Geldbestände aus den verschiedensten Gründen halten wollen (vgl. Abschnitt 8.2.3.2).[1]
Zur **Geldmenge** in diesem Sinne zählen das im Nichtbankensektor befindliche **Zentralbankgeld** (also Noten, Münzen und Zentralbankguthaben) und die **Sichteinlagen** von Nichtbanken bei Banken.

Sichteinlagen (auch Buch- oder Giralgeld genannt) werden in den Büchern bzw. auf Kontoblättern der Banken im Zuge ihrer Geschäftstätigkeit (z. B. bei Bareinzahlung auf ein laufendes Konto) geschaffen (vgl. Abschnitt 8.6.2). Da die Konten im modernen Bankbetrieb nicht mehr in Büchern, sondern auf Computer-Magnetbändern oder -platten geführt werden, erscheint die Bezeichnung *Computergeld* statt Buchgeld heute angemessener. In der Realität werden Sichtguthaben zwar von den Banken regelmäßig verzinst, die Verzinsung ist aber so geringfügig, daß wir sie hier vernachlässigen können.
Die Haltung von Geldbeständen selbst wirft keinen Ertrag ab. Geld wird nicht verzinst. Davon zu unterscheiden ist allerdings, daß Geld als Zahlungsmittel gewissermaßen als Vehikel bei der Abwicklung von Kreditgeschäften benutzt wird, die ihrerseits regelmäßig verzinslich sind. Die Zurverfügungstellung eines Darlehens mittels einer Geldzahlung oder einer Überweisung von Sichtguthaben begründet einen Zinsanspruch aus dem Darlehensgeschäft. Hinsichtlich des Geldbestandes ist zu sagen, daß bei der Darlehensgewährung zunächst nur der Halter der Geldmenge wechselt, die Geldhaltung wirft für sich genommen keine Erträge ab.

Für Keynes sind die Verhältnisse auf dem Geldmarkt nicht losgelöst vom Geschehen auf den Märkten für verzinsliche Anlagen zu sehen, wie dies

[1] Der Handel mit Geld zwischen Banken rechnet somit *nicht* zum Geldmarkt.

noch die Klassiker taten. Der **Kapitalmarkt** (Kreditmarkt) umfaßt ein breites Spektrum von Forderungstiteln, für die sich je nach Fristigkeit und Bonität unterschiedliche Zinssätze ergeben. Als Anbieter und Nachfrager sind auf dem Kapitalmarkt praktisch alle Gruppen von Wirtschaftseinheiten vertreten: Haushalte legen ihre Ersparnisse z. B. in Form von Spareinlagen, Aktien oder festverzinslichen Wertpapieren an; Unternehmen beschaffen sich Finanzmittel für laufende Betriebsausgaben und Investitionen durch Aufnahme von Bankkrediten, Ausgabe von Aktien oder festverzinslichen Wertpapieren; der Staat finanziert häufig einen Teil seiner Ausgaben über die Emission von festverzinslichen Staatspapieren; die Zentralbank tritt als Anbieter und Nachfrager von verzinslichen Titeln auf, um Zinssätze im wirtschaftspolitisch erwünschten Ausmaß zu beeinflussen usw.

Betrachtet man die Gesamtheit der Märkte für verzinsliche Forderungstitel als einen aggregierten Markt, so beschreibt man den sich ergebenden **Zinsfächer** zweckmäßigerweise durch einen Durchschnittszinssatz, den man etwa als arithmetisches Mittel aller mit den Umsätzen der verschiedenen Titel gewogenen Zinssätze bestimmt. Dieser Durchschnittszinssatz (**Zinsniveau**) wäre somit repräsentativ für den gesamten Kapitalmarkt.

Man kann seine Vorstellung über den Kapitalmarkt für die weiteren theoretischen Überlegungen vereinfachen, indem man wie Keynes das Augenmerk auf den Markt für festverzinsliche Wertpapiere, genauer sogar auf den **Markt für Staatspapiere**, richtet.

In der Erweiterung des einfachen Keynes'schen Modells im nächsten Abschnitt werden wir uns im wesentlichen auf die Darstellung des Geldmarktes beschränken. Dabei wird der Kapital- oder Wertpapiermarkt keineswegs vernachlässigt, da – wie zu zeigen sein wird – eine enge Verzahnung zwischen beiden Märkten derart besteht, *daß Halten von (Hort-)Geld stets mit der Alternative, nämlich Halten von verzinslichen Anlagen, konkurriert.* Geht man aus Vereinfachungsgründen von der einzigen Alternative „Halten von Geld“ versus „Halten von Staatspapieren“ aus, so muß man sich bewußt sein, daß den abgeleiteten Modellergebnissen die Prämisse zugrundeliegt, daß der Zinssatz für festverzinsliche Staatspapiere repräsentativ für alle anderen Zinssätze ist, d. h. daß die *Zinsrelationen konstant* bleiben, wenn sich etwa der Zinssatz für Staatspapiere ändert. Von einer derartigen Konstanz der Zinsstruktur wird man in der Realität nicht immer ausgehen können, da laufend (Netto-) Umschichtungen innerhalb der Forderungsbestandsstruktur (= Geldvermögensstruktur), etwa Kauf von Aktien aus Sparguthaben, aber auch (Netto-)Umschichtungen zwischen Geld- und Sachvermögen, etwa infolge von Inflationserwartungen, („Flucht in die Sachwerte“, z. B. Kauf von Antiquitäten aus Sparguthaben) stattfinden. Davon werden die Zinsstruktur sowie die Umsatzstruktur nicht unbeeinflußt bleiben, so daß die Entwicklungen des Zinssatzes für Staatspapiere keineswegs repräsentativ für die Entwicklung des Zinsniveaus zu sein braucht.

8.2.3.2 Zentrale Hypothesen zum Geldangebot und zur Geldnachfrage

Definition der Geldmenge

Bevor wir die Bestimmungsgründe des Geldangebots und der Geldnachfrage diskutieren, ist es notwendig zu klären, was unter Geld bzw. Geldmenge zu verstehen ist. Wir können zunächst definieren: Geld ist ein allgemein anerkanntes Tausch- und Rechenmittel, es wird in dieser Funktion als Zahlungsmittel bei der Abwicklung der wirtschaftlichen Tauschvorgänge (d. h. beim Kauf bzw. Verkauf von Gütern und Dienstleistungen sowie beim Entstehen und Erlöschen von Kreditbeziehungen) verwendet. Folgende Geldarten besitzen diese Eigenschaft des Geldes: Banknoten, Münzen und Sichtguthaben bei Banken. Sichteinlagen zählen zur Geldmenge, da über sie per Scheck oder Überweisung jederzeit verfügt werden kann. Unter **Geldmenge** wollen wir daher im folgenden **die im inländischen Nicht-Bankensektor** (= beim „Publikum") verfügbaren **Banknoten, Münzen und Sichtguthaben bei Banken**[1] verstehen. Hierfür hat sich international die Bezeichnung M_1 eingebürgert.

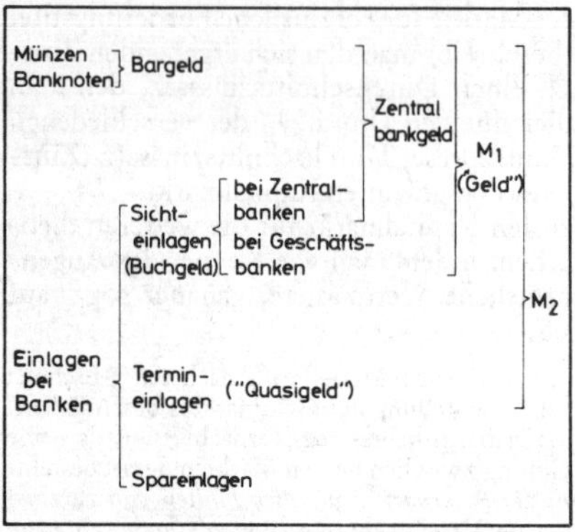

Übersicht 8.28: Geldbegriffe

Außer den Sichteinlagen nehmen die Banken *Termineinlagen* und *Spareinlagen* entgegen. Termineinlagen sind „Gelder", über die erst nach Ablauf einer vereinbarten Frist verfügt werden kann. Sie rechnen zu den geldnahen Anlagen, da sie relativ kurzfristig in Geld (im Sinne der Definition M_1) umgewandelt werden können. Im Hinblick auf gewisse Fragestellungen wird des öfteren ein erweiterter Geldmengenbegriff M_2 verwandt, der die Termineinlagen (als „Quasigeld") mit einschließt.

Geldangebot

Anbieter von Geld im Sinne der Definition M_1 sind die Geldproduzenten: die Zentralbank sowie die Geschäftsbanken. Die jeweilige Höhe des Geldangebots wird durch die Politik der Zentralbank und das Verhalten der Geschäftsbanken im Rahmen der gegebenen institutionellen Ordnung bestimmt. Wie wir noch im einzelnen zeigen werden (vgl. Abschnitt 8.6.2.1 und 8.6.2.2), hat die **Bundesbank** in der BR Deutschland die Möglichkeit, auch den Umfang des Geldangebots der Geschäftsbanken im Sinne ihrer wirtschafts- und geldpolitischen Zielsetzungen innerhalb

[1] Ohne Sichteinlagen öffentlicher Haushalte bei der Zentralbank.

bestimmter Grenzen zu kontrollieren. Wir werden daher im folgenden in den meisten Fällen davon ausgehen, daß das Geldangebot eine weitgehend durch die Geldpolitik der Bundesbank autonom bestimmbare Größe ist (M_0). Als Geldangebotsfunktion wollen wir daher schreiben:

$$M = M_0. \tag{8.37}$$

Geldnachfrage

Die Geldnachfrage wird durch die privaten Haushalte und Unternehmen sowie den Staat entfaltet. Die Motive für die Haltung von Geld sind unterschiedlicher Art:

- Geld wird für die laufenden Umsätze und Einkommenszahlungen benötigt (**Transaktionsmotiv**).
- Geld kann aus Gründen der Vorsicht bei unsicheren Zukunftserwartungen gehalten werden (**Vorsichtsmotiv**).
- Geld kann aus spekulativen Gründen gehalten werden, weil man sich künftig bessere Anlagemöglichkeiten als heute verspricht (**Spekulationsmotiv**).

Wir wollen die Bestimmungsfaktoren für die einzelnen Komponenten der Geldnachfrage nacheinander diskutieren, um dann daraus die Gesamtnachfragefunktion für Geld abzuleiten.

Bei der Darstellung des Klassischen Modells wurde die Geldhaltung in Form von Nachfrage nach **Geld für Transaktionszwecke** (L_T) bereits behandelt. Aus der Fischer'schen Verkehrsgleichung (8.14') bzw. Gleichung 8.15 geht hervor, daß die Nachfrage nach Transaktionskasse bestimmt wird von der nominalen Höhe des Sozialprodukts ($Y \equiv Y_r \cdot P$) und der Umlaufsgeschwindigkeit des Geldes:

$$L_T = \frac{1}{V} \cdot Y. \tag{8.15'}$$

Da sich die Umlaufsgeschwindigkeit auf mittlere Sicht normalerweise (außer etwa bei galoppierender Inflation) kaum verändert, verbleibt als dominierende Einflußgröße das Volkseinkommen. Steigt das Sozialprodukt, so wird vermehrt Geld nachgefragt, um die gestiegenen Umsätze von Gütern und Dienstleistungen abwickeln zu können. Keynes unterstellt einen Verlauf der Geldnachfragefunktion für Transaktionszwecke wie in Übersicht 8.29 dargestellt (V = const.).

Einige Überlegungen sprechen dafür, daß die Höhe der Kassenhaltung für Transaktionszwecke darüber hinaus durch die Höhe der erzielbaren *Zinsen* beeinflußt wird, da Teile der Transaktionskasse vorübergehend in niedrig verzinsliche geldnahe Anlagen (z. B. Termineinlagen) verwandelt werden können. Ein Zinseinfluß auf die Höhe der Transaktionskasse ist empirisch jedoch nur schwer nachweisbar, obwohl in Einzelfällen, insbesondere bei großen Umsätzen und Einkünften, Zinserwartungen sicherlich eine Rolle spielen. Wir wollen im folgenden jedoch annehmen, daß die Größe der Transaktionskasse völlig unabhängig von der Höhe des Zinssatzes ist.

Die Transaktionskasse enthält Geld für beabsichtigte Zahlungen. Da häufig Unsicherheit über die künftigen Zahlungsein- und -ausgänge besteht,

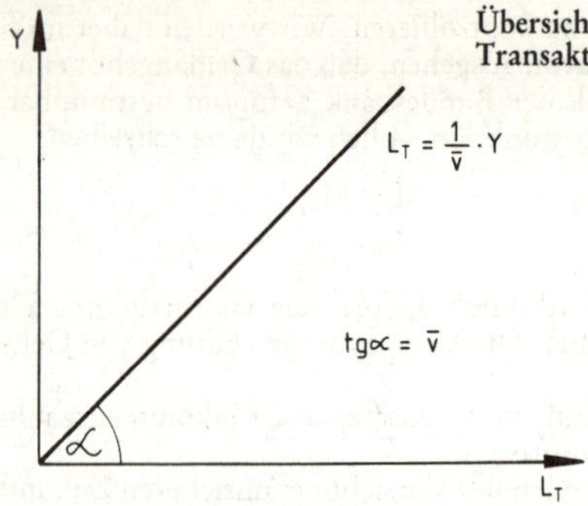

Übersicht 8.29: Nachfrage nach Transaktionskasse

wird Geld auch für unvorhergesehene Zahlungen gehalten. Eine derartige Geldhaltung aus dem **Vorsichtsmotiv** wollen wir hier jedoch nicht näher betrachten. Wir rechnen sie der Einfachheit halber zur Transaktionskasse.

Zur Erläuterung der Nachfrage nach **Spekulationskasse** (L_S) geht Keynes von der Vorstellung aus, daß finanzielles Vermögen in Form von nichtzinstragenden Forderungen (also Geld) oder in Form zinstragender Forderungen (z. B. Wertpapiere) „angelegt“ werden kann. Auf den ersten Blick scheint es so zu sein, daß der Kassenbestand möglichst kleingehalten werden sollte, um möglichst wenig Zinsen zu verlieren. Es läßt sich jedoch zeigen, *daß Kassenhaltung auch bei entgangener Verzinsung vorteilhaft sein kann.* Dies ist dann der Fall, wenn ein Zinsanstieg zu erwarten ist und dieser Zinsanstieg zu einem Kursverfall der Wertpapiere führen würde, der die entgangenen Zinszahlungen übertrifft.
Den Zusammenhang zwischen Zinssatz und Wertpapierkurs hatten wir in Abschnitt 3.4.3.2 ausführlich an einem Beispiel erläutert, in dem von einem Nominalzins von 5% und einem Ausgangskurs von 100 ausgegangen wird. Wenn nun in einem derartigen Fall die Rendite tatsächlich innerhalb eines Jahres von 5% auf 5,5% steigt, so bedeutet dies für einen Käufer, der das Papier noch im Ausgangszeitpunkt zu 100 gekauft hat, daß er zwar am Ende des Jahres 5,– DM Zinsen erhält, daß aber infolge des Kursverfalls auf 94 (unter Zugrundelegung einer Restlaufzeit von 30 Jahren) ein nicht realisierter Verlust von 6,– DM eingetreten ist. Würde das Papier aus irgendeinem Grund nach dem ersten Jahr verkauft werden müssen, so wäre ein effektiver Verlust von 1,– DM entstanden. Es wäre somit besser gewesen, das Papier nicht zu kaufen, sondern den Gegenwert als Spekulationskasse zu halten, um diesen Betrag vielleicht erst nach einem Jahr zum Kauf eines Wertpapiers zu verwenden. Aber auch dann (also bei einer Rendite von 5,5%) ist ein Kauf nur vorteilhaft, wenn die Rendite nicht weiter (etwa auf 6%) steigen wird. Da in einem solchen Fall der Kurs weiter sinken würde, ist es vorteilhafter, den Spekulationskassenbestand weiter zu halten, um erst beim „erhofften“ Tiefstkurs das Papier zu erwerben. Entscheidend für die Wahl zwischen dem Halten von Kasse für Spe-

kulationszwecke und dem Kauf bzw. Verkauf von festverzinslichen Wertpapieren sind somit die Erwartungen der Wirtschaftseinheiten hinsichtlich der künftigen Entwicklung der Effektivzinsen; man nennt sie auch **Zinsänderungserwartungen**.
Der Entscheidung über Aufbau und Abbau von Spekulationskassenbeständen liegt die Vorstellung eines bestimmten **Normalzinses** bzw. eines engeren Bereichs normaler Zinsschwankungen zugrunde. Liegt der zu beobachtende Effektivzins über dem von einzelnen Wirtschaftseinheiten als normal angesehenen Niveau, so erwarten sie, daß der Zins in Zukunft wieder fallen wird (= negative Zinsänderungserwartungen). Sie werden daher Wertpapiere kaufen, da der Zins im Augenblick noch hoch bzw. da der Kurs relativ niedrig ist. Dadurch verringert sich die Spekulationskasse. Liegt umgekehrt der am Markt zu beobachtende Zins unter dem Normalzins, so wird mit einem Steigen der Zinsen (= positive Zinsänderungserwartungen) bzw. mit einem Fallen der Wertpapierkurse gerechnet. Die betreffenden Wirtschaftseinheiten halten sich daher mit dem Wertpapierkauf zurück; soweit sie Wertpapierbestände bereits besitzen, werden sie sie verkaufen und dadurch ihren Kassenbestand erhöhen.

Es besteht somit eine gegenläufige Beziehung zwischen der Höhe der Spekulationskasse und der Höhe des Zinssatzes. Bei niedrigem (d. h. unter dem Normalzins liegendem) Zinssatz und dementsprechend hohen Kursen ist angesichts erwarteter steigender Zinsen bzw. sinkender Kurse der Anreiz für eine Wertpapieranlage von Geld gering und die Spekulationskasse relativ groß. Umgekehrt wird bei hohem Zins und niedrigen Kursen die Spekulationskasse weitgehend abgebaut.

Übersicht 8.30: Nachfrage nach Spekulationskasse

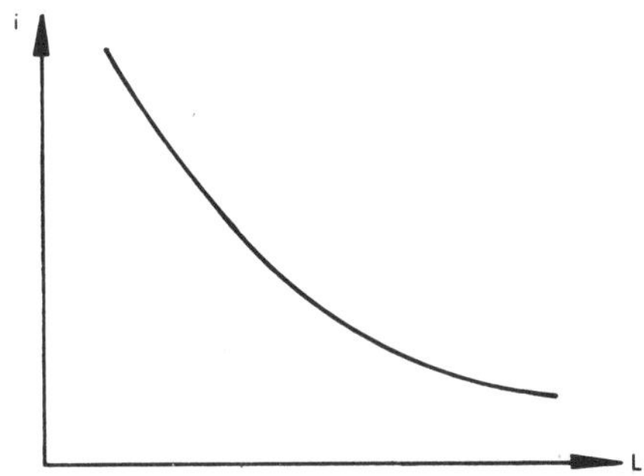

Die zweite Keynes'sche Hypothese zur Geldnachfrage lautet somit formal:

$$L_S = L_S(i), \tag{8.40}$$

wobei L_S als negative Funktion des Zinssatzes aufzufassen ist (vgl. Übersicht 8.30). Gleichung (8.40) wird auch als **Liquiditätspräferenzfunktion** bezeichnet.

Die Keynes'sche Vorstellung, daß Wirtschaftseinheiten Geldbestände aus dem Spekulationsmotiv halten, entspricht nicht den Vorstellungen der Klassiker, für die es lediglich eine Geldnachfrage für Transaktionszwecke gab. Bei der Darstellung des Klassischen Modells haben wir bereits auf die Möglichkeit der Haltung von Geldbeständen zu anderen als Transaktionszwecken hingewiesen. Wir hatten dieses Geld als **Hortgeld** bezeichnet (vgl. Abschnitt 8.1.5). Die Keynes'sche Begründung der Spekulationskasse liefert nun eine plausible Erklärung für das Halten von Hortgeld. Wir wollen daher den Begriff Hortgeld im folgenden durch den Begriff Spekulationsgeld ersetzen.[1]

Die **Gesamtnachfrage nach Geld** ergibt sich, wenn man die beiden Komponenten Transaktionsnachfrage und Spekulationsnachfrage addiert:

$$L = L_T + L_S \qquad (8.41)$$
$$L = L_T(Y) + L_S(i).$$

Die Geldnachfragefunktion in Abhängigkeit vom Zins erhält man, wenn man die entsprechenden Funktionen für die beiden Teilkomponenten horizontal addiert. Die Geldnachfragefunktion für Transaktionszwecke ist entsprechend der oben begründeten Annahme völlig zinsunelastisch. Sie ist für eine gegebene Höhe des Volkseinkommens Y_0 eingetragen.

Übersicht 8.31: Gesamtnachfrage nach Geld

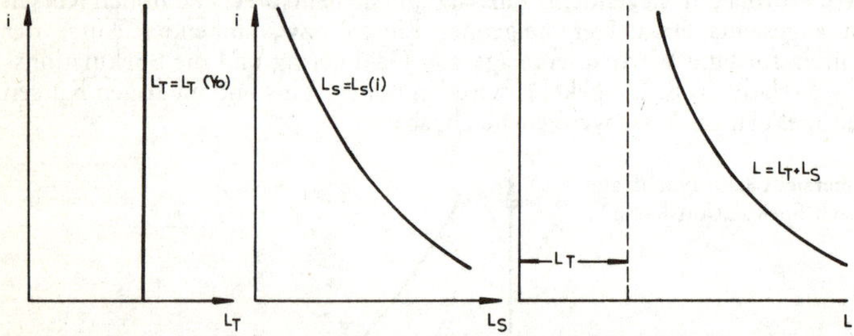

Bei der Erhöhung des Volkseinkommens verschiebt sich die L_T-Funktion und damit auch die Gesamtfunktion $L_T + L_S$ nach rechts und umgekehrt. Es ist im folgenden stets zu beachten, daß eine bestimmte Geldnachfragefunktion L nur jeweils für eine ganz bestimmte Höhe des Volkseinkommens gilt ($L = L(i, Y_0)$).

8.2.3.3 Geldmarktgleichgewicht

Nach der Ableitung der Geldangebots- und der Geldnachfragefunktion sind wir nun in der Lage, das Gleichgewicht und die Anpassungsvorgänge

[1] Hierbei ist allerdings zu bedenken, daß Hortgeld nicht nur aus Gründen der Spekulation in verzinslichen Anlagen, sondern darüber hinaus auch aus Gründen der Spekulation in Gütern (z. B. Aufschub von Konsumgüterkäufen in Erwartung fallender Güterpreise) gehalten werden kann.

auf dem Geldmarkt zu untersuchen. Wenn wir zunächst eine bestimmte Geldangebotsmenge M_0 als vorgegeben betrachten, so wird das Geldmarktgleichgewicht durch den Punkt der Geldnachfragefunktion bestimmt, der der gegebenen Geldangebotsmenge zugeordnet ist. Der Gleichgewichtslage entspricht der Gleichgewichtszinssatz i_g. Er ist der einzige Zinssatz, bei dem Geldangebot und Geldnachfrage (für gegebene Werte M_0 und Y_0) übereinstimmen.

Übersicht 8.32: Geldmarktgleichgewicht

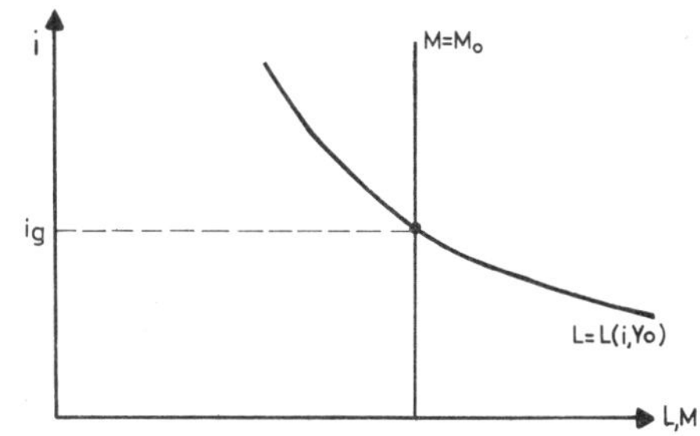

Bei einer Erhöhung der Geldmenge durch die Politik der Zentralbank wandert die Geldangebotsfunktion nach rechts und es sinkt der Zinssatz. Bei einer Erhöhung des Volkseinkommens (und konstanter Geldmenge M_0) verschiebt sich die Geldnachfragefunktion nach rechts, da sich mit der Höhe des Volkseinkommens auch die Nachfrage nach Transaktionskasse verändert. Je höher das Volkseinkommen ist, desto höher muß bei gegebener Geldmenge der Zinssatz sein, damit die Spekulationsnachfrage in ausreichendem Maße zurückgeht, um die erhöhte Transaktionskasse zu ermöglichen (vgl. den linken Teil von Übersicht 8.33).

Im rechten Teil von Übersicht 8.33 findet sich eine alternative Darstellung des Geldmarktgleichgewichts bei alternativen Höhen des Volkseinkommens. Diese „LM-Kurve" ordnet alle Kombinationen von Zinshöhe und Volkseinkommen einander zu, für die bei gegebenem Geldangebot Gleichgewicht auf dem Geldmarkt herrscht.

8.2.3.4 Simultanes Gleichgewicht auf dem Güter- und Geldmarkt

Es gilt nun, die bislang entwickelten Teilmodelle des Keynes'schen Systems für den Gütermarkt und den Geldmarkt miteinander zu verknüpfen, um die zwischen der güterwirtschaftlichen und der monetären Seite bestehenden Wirkungszusammenhänge untersuchen zu können. *Bisher* stellte die Betrachtung des Gütermarktes (einschließlich des Arbeitsmarktes) insofern eine Partialanalyse dar, als der *Zins als exogene Größe* betrachtet wurde. Er wurde als gegeben und nicht durch die sich auf dem Gütermarkt vollziehenden Prozesse mitbestimmt angesehen. Ist jedoch

Übersicht 8.33: Geldmarktgleichgewicht bei alternativen Höhen des Volkseinkommens

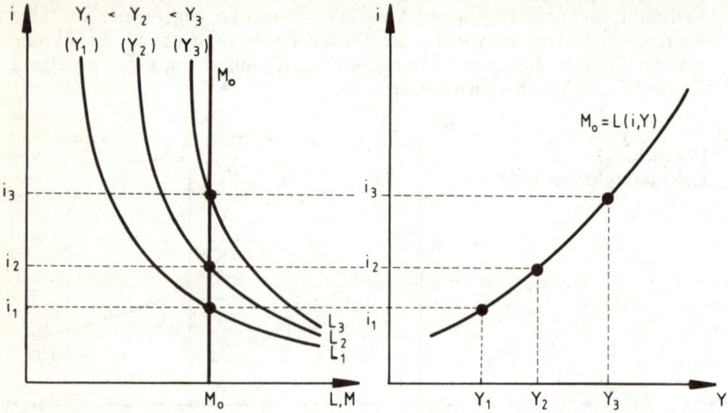

z. B. die Investition als Gesamtnachfragekomponente des Gütermarktes zinsabhängig, so beeinflußt eine Veränderung des Zinssatzes (auf dem Geldmarkt) das Geschehen auf dem Gütermarkt, und dies hat wiederum Rückwirkungen (über den Bedarf an Transaktionskasse) auf das Geschehen am Geldmarkt. Der Zinssatz muß somit als *endogene* Variable eines Gütermarkt-Geldmarkt-Modells betrachtet werden.

Zunächst geht es um die Ermittlung eines beiderseitigen Gleichgewichts auf dem Güter- und Geldmarkt bei *gegebenem* geld- bzw. wirtschaftspolitischem Mitteleinsatz. In zwei späteren Abschnitten (Abschnitt 8.6.2.2 und 8.6.2.3) werden wir die Ansatzstellen und die Auswirkungen des geldpolitischen Mitteleinsatzes im Hinblick auf die Erreichung eines Güter- und Geldmarktgleichgewichtes bei Vollbeschäftigung analysieren.

Die zentrale Variable, die den Güter- und Geldmarkt miteinander verbindet, ist der *Zinssatz:*

- *Der Zinssatz ist einerseits eine der Variablen, die nach den Keynes'schen Vorstellungen die Höhe der Investitionen und damit die Höhe der aggregierten Nachfrage auf dem Gütermarkt bestimmt.*
- *Andererseits wird die Höhe des Zinssatzes durch das Zusammenspiel von Geldangebot und Geldnachfrage auf dem Geldmarkt erklärt.*

Diesen Zusammenhang zwischen Güter- und Geldmarkt soll die schematische Darstellung in Übersicht 8.34 verdeutlichen. Es ist zu erkennen, daß der Zinssatz im Rahmen des Keynes'schen Modells die wichtigste Verbindung zwischen den beiden Marktkomplexen darstellt. Daneben besteht ein Zusammenhang zwischen der Höhe des Volkseinkommens und dem Umfang der Transaktionskasse und damit der Geldnachfrage.

Übersicht 8.34: Zusammenhang zwischen Güter- und Geldmarkt

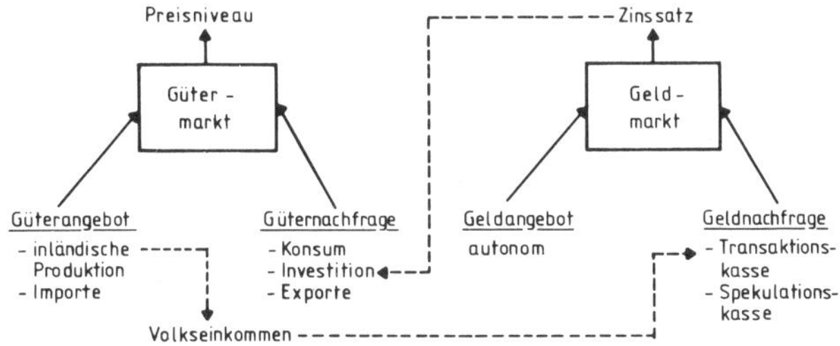

Hinsichtlich des *geldpolitischen Mitteleinsatzes* durch die Zentralbank ist für die weiteren Überlegungen der folgende Zusammenhang von Bedeutung: Die Zentralbank kann mit den ihr zur Verfügung stehenden Instrumenten die Geldmenge *oder* den Zinssatz kontrollieren, um den wirtschaftlichen Ablauf im Hinblick auf ihre Zielvorstellungen zu beeinflussen. Geldmenge und Zinssatz stehen dabei in einer bestimmten funktionalen Beziehung zueinander (Übersicht 8.32). Die Zentralbank kann somit nicht beide Größen unabhängig voneinander festlegen. Wenn sie (bei gegebener Höhe des Volkseinkommens) die Geldmenge kontrolliert, bestimmt sie damit auch gleichzeitig die Höhe des Zinsniveaus. Und wenn sie umgekehrt ein bestimmtes Zinsniveau anstrebt, so ist sie nicht mehr frei in der Dosierung der Geldmenge. Wir unterscheiden daher bei der Ermittlung des Güter- und Geldmarktgleichgewichts zwei Fälle:

- Gleichgewicht bei gegebenem Zinssatz (und variabler Geldmenge) und
- Gleichgewicht bei gegebener Geldmenge (und variablem Zinssatz).

Diese Fragestellungen lassen sich anhand der Gleichungen für den Güter- und Geldmarkt noch näher präzisieren (Modell einer geschlossenen Volkswirtschaft ohne staatliche Aktivität):

Für den *Gütermarkt* gilt:

(1)	$C = C(Y)$	Konsumfunktion
(2)	$I = I(i)$	Investitionsfunktion
(3)	$Y = C + I$	Gleichgewichtsbedingung

oder in der alternativen Darstellungsform:

(1*)	$S = S(Y)$	Sparfunktion
(2)	$I = I(i)$	Investitionsfunktion
(3*)	$I = S$	Gleichgewichtsbedingung

Für den *Geldmarkt* gilt:

(4)	$M = M_0$	Geldangebot
(5)	$L = L(i, Y)$	Geldnachfrage
(6)	$M = L$	Gleichgewichtsbedingung

Damit haben wir 6 Gleichungen und 7 Variable (Y, I, C bzw. S, i, L, M und M_0). Wenn wir eine Variable vorgeben, ist das Gleichungssystem determiniert. Im folgenden werden jeweils alternativ der Zinssatz i oder die Geldmenge M_0 als vorgegeben angenommen.

Gleichgewicht bei gegebenem Zinssatz

Wenn die Zentralbank den **Zinssatz** als eine **Instrumentvariable** ansieht und auf bestimmtem Niveau fixiert, entfällt die Notwendigkeit, das Gleichgewicht auf dem Güter- und Geldmarkt *simultan* zu bestimmen. Wenn der Zinssatz fixiert ist, kann er auch keine wechselseitigen Abstimmungen zwischen dem Geschehen auf dem Gütermarkt und dem Geldmarkt herbeiführen. Es lassen sich dann nur jeweils die Konsequenzen des fixierten Zinssatzes für das Gleichgewicht auf dem Gütermarkt einerseits und auf dem Geldmarkt andererseits ermitteln.

Dieser Zusammenhang ist auch unmittelbar aus dem oben angegebenen Gleichungssystem zu erkennen. Wenn man den Zinssatz vorgibt, sind jeweils die drei Gleichungen für den Gütermarkt und den Geldmarkt unabhängig voneinander lösbar.

Das Gleichgewicht des *Gütermarktes* läßt sich graphisch am einfachsten mit Hilfe der Sparfunktion (vgl. Übersicht 8.13) und einer zinselastischen Investitionsfunktion analog den Überlegungen zu Übersicht 8.3 verdeutlichen.

Übersicht 8.35: Gleichgewicht auf dem Gütermarkt bei gegebenem Zinssatz

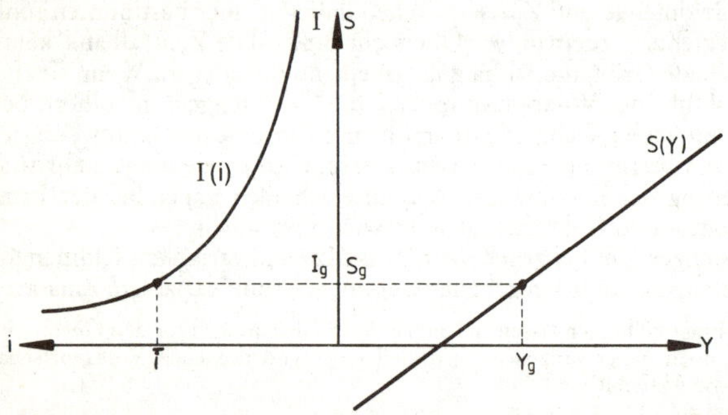

Einer gegebenen Höhe des Zinssatzes i ist eine bestimmte Höhe der Investitionen I_g zugeordnet. Damit Gleichgewicht auf dem Gütermarkt herrscht, muß ein Betrag in gleicher Höhe S_g gespart werden. Das ist gerade bei einem Volkseinkommen in Höhe von Y_g der Fall. Y_g ist somit das Volkseinkommen, das dem Gleichgewicht auf dem Gütermarkt zugeordnet ist. Allgemein ist zu erkennen: *Je höher der Zinssatz ist, desto niedriger ist das Gleichgewichtsvolkseinkommen und umgekehrt.*

Im Modell der *Klassiker* besteht ein völlig anderer Zusammenhang: Die Höhe des Volkseinkommens wird durch den Arbeitseinsatz und den Verlauf der Produktionsfunktion bestimmt. Die Höhe des Zinssatzes entscheidet allein über die *Aufteilung* des Volkseinkommens auf Konsum und Ersparnis bzw. der erstellten Güter auf Konsum- und Investitionsgüter.

Auf dem *Geldmarkt* besteht bei der vorgegebenen Höhe des Zinssatzes i eine bestimmte Geldnachfrage L, die ein bestimmtes Y_g determiniert

(Übersicht 8.36). Damit Gleichgewicht herrscht, muß dieser Geldnachfrage ein Geldangebot in gleicher Höhe entsprechen. Die Zentralbank muß ihre Politik auf die Schaffung einer Geldmenge in der Höhe M_0 abstellen, um den Zinssatz i durchsetzen zu können.

Übersicht 8.36: Geldmarktgleichgewicht bei gegebenem Zinssatz

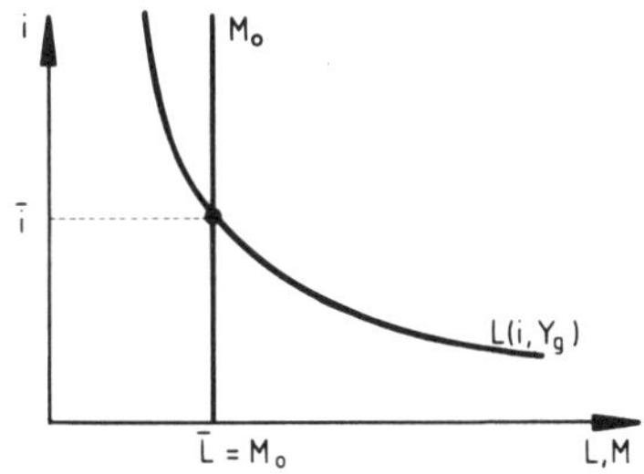

Gleichgewicht bei gegebener Geldmenge

Wenn die Zentralbank die **Geldmenge** als eine **Instrumentvariable** ansieht und eine bestimmte Höhe der Geldversorgung anstrebt, läßt sich das resultierende Gleichgewichtsproblem nur simultan lösen. Der Zusammenhang läßt sich grafisch recht gut übersehen, wenn man die Darstellungen der Übersichten 8.35 und 8.33 miteinander verbindet.

Damit auf beiden Märkten Gleichgewicht herrscht, müssen der Zinssatz und das Volkseinkommen gerade eine solche Höhe haben, daß *gleichzeitig*
- *die Unternehmen in dem Umfang Investitionen planen, wie von den Haushalten gespart wird (I = S) und*
- *die Wirtschaftseinheiten so viel Geld für Transaktions- und Spekulationszwecke zu halten beabsichtigen, wie von der Zentralbank zur Verfügung gestellt wird [$L(i, Y) = M_0$].*

Übersicht 8.37: Simultanes Gleichgewicht auf dem Güter- und Geldmarkt

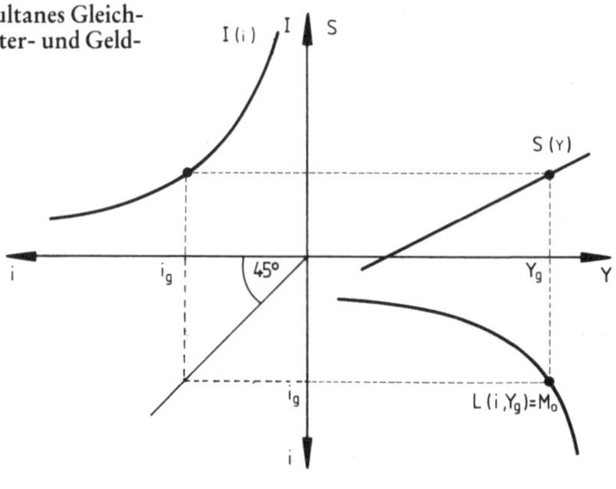

In der *grafischen* Darstellung lassen sich die den angenommenen Funktionsverläufen entsprechenden Gleichgewichtswerte durch Probieren ermitteln. Nur bei einem Zinssatz in Höhe von i_g und einem Volkseinkommen in Höhe von Y_g sind die drei Funktionen gleichzeitig erfüllt, d. h. sind die Verhaltensweisen der Wirtschaftseinheiten hinsichtlich Investition, Ersparnis und Kassenhaltung miteinander vereinbar. Auf *analytischem* Wege lassen sich die Gleichgewichtswerte durch Auflösung des oben beschriebenen Gleichungssystems für den Güter- und Geldmarkt ermitteln.

Es ist leicht zu erkennen, daß bei jeder anderen Höhe des Zinssatzes oder des Volkseinkommens Ungleichgewichtslagen bestehen. Würde z. B. der Zinssatz höher als i_g sein, so würden die Unternehmer weniger investieren und damit ein niedrigeres Volkseinkommen herbeiführen. Gleichzeitig würde der höhere Zinssatz eine Verringerung der Kassenhaltung für Spekulationszwecke anregen. Das der Gleichgewichtslage auf dem Gütermarkt zugehörige Volkseinkommen und die für ein Gleichgewicht auf dem Geldmarkt erforderliche Höhe des Volkseinkommens würden somit auseinanderfallen.

Anhand von Übersicht 8.37 lassen sich weiterhin die Wirkungsrichtungen erkennen, die von **veränderten Verhaltensweisen** der Wirtschaftseinheiten (= Kurvenverschiebungen) ausgehen:

- *Eine Erhöhung der Investitionsneigung der Unternehmer (Verschiebung der Investitionsfunktion nach oben) führt tendenziell zu einer Erhöhung des Volkseinkommens und des Zinssatzes.*
- *Als Folge einer Erhöhung der Sparneigung (Verschiebung der Sparfunktion nach oben) ergibt sich eine Senkung des Volkseinkommens und des Zinssatzes.*
- *Eine Erhöhung der Liquiditätspräferenz (Verschiebung der LM-Kurve nach unten) bewirkt tendenziell eine Erhöhung des Zinssatzes und eine Senkung des Volkseinkommens.*

Das *Ausmaß* der sich ergebenden Veränderungen hängt entscheidend von dem **Verlauf der Funktionen** ab. Im Rahmen der Keynes'schen Überlegungen und Aussagen spielen die Verläufe der Investitions- und Liquiditätspräferenzfunktion eine zentrale Rolle:

(1) Je unelastischer die Investitionen in bezug auf Zinsveränderungen sind, desto weniger werden das Geschehen auf dem Gütermarkt und das Volkseinkommen von der monetären Seite her beeinflußt. Bei vollkommen **zinsunelastischer Investitionsfunktion** (die Investitionsfunktion verliefe im zweiten Quadranten von Übersicht 8.37 als Parallele zur i-Achse) würde die Höhe des Volkseinkommens völlig unabhängig von monetären Einflüssen bestimmt. Der den Gütermarkt betreffende Teil des Keynes'schen Modells ließe sich dann als Partialmodell wie in Abschnitt 8.2.1.3 darstellen (vgl. vor allem Übersicht 8.11 und 8.13). Der Zins würde auf dem Geldmarkt in Abhängigkeit von der vorgegebenen Höhe des Volkseinkommens bestimmt. Als wirtschaftspolitische Konsequenz ist festzustellen, daß eine Beeinflussung des Geldmarktes durch den geldpolitischen Mitteleinsatz der Zentralbank um so geringere Auswirkungen auf das güterwirtschaftliche Geschehen verspricht, je zinsunelastischer die Investitionen sind.

(2) Hinsichtlich der Liquiditätspräferenzfunktion (Geldnachfragekurve) bzw. der LM-Kurve geht Keynes davon aus, daß der Zins von einer bestimmten Grenze an mit sinkendem Volkseinkommen nur noch schwach zurückgeht und eine bestimmte untere Grenze nicht unterschreitet, d. h. daß die **Liquiditätspräferenzfunktion** in diesem Bereich **sehr zinselastisch** verläuft (im Extremfall als Parallele zur Abszisse, vgl. Übersicht 8.32). Das hat zur Folge, daß ein sinkendes Volkseinkommen (Verschiebung der Geldnachfragefunktion nach links) in diesem Bereich auch nur eine geringe oder überhaupt keine Senkung des Zinssatzes bewirkt. Damit fehlt der Impuls zur Erhöhung der Investitionen und der Einleitung eines wirtschaftlichen Aufschwungs. Herrscht Geldmarktgleichgewicht im vollkommen elastischen Bereich der Geldnachfragefunktion, so kann eine Ausdehnung des Geldangebots keine weitere Zinssenkung mehr auslösen. Die zusätzliche Geldmenge, die über Zinssenkungen zur Finanzierung zusätzlicher Investitionen dienen soll, wird nicht güternachfragewirksam, sie verbleibt in der Kasse der Wirtschaftseinheiten. Keynes spricht in diesem Zusammenhang von einer **Liquiditätsfalle**.

8.2.3.5 Gütermarkt-Geldmarkt-Gleichgewicht, Beschäftigung, Lohn- und Preisniveau

So wie ein Gütermarktgleichgewicht bei alternativen Beschäftigungsgraden denkbar ist (vgl. Abschnitt 8.2.2), so ist auch simultanes Gütermarkt- und Geldmarktgleichgewicht bei Unter-, Voll- und Überbeschäftigung vorstellbar. Wenn man den Geldmarkt einbezieht, so gelten prinzipiell auch weiterhin die Überlegungen des Abschnitts 8.2.2. Wir haben uns lediglich noch zu fragen, welche **Impulse vom Geldmarkt** auf die Güternachfrage ausgehen können, um wirtschaftspolitisch unerwünschte Situationen wie Unter- und Überbeschäftigung zu beseitigen. Die Komponente der Güternachfrage, die durch Veränderungen auf dem Geldmarkt (Zinsveränderungen) beeinflußt wird, ist im Keynes'schen Modell die private Investitionstätigkeit.

Im Falle einer anhaltenden **nachfrageinduzierten Unterbeschäftigung** könnte eine Zinssenkung zu einer Erhöhung der Investitionen führen. Diese Erhöhung der Güternachfrage trägt tendenziell zum Abbau der Unterbeschäftigung bei. Bei gegebener Geldnachfrage ist eine Zinssenkung nur durch eine Erhöhung der Geldmenge (Rechtsverschiebung der Geldangebotsfunktion) zu erreichen. Eine derartige „Politik des leichten Geldes" durch die Zentralbank und die Geschäftsbanken führt allerdings, wie wir wissen, nicht notwendig zur gewünschten Erhöhung der Investitionen. Im Falle einer vollkommen zinselastischen Geldnachfrage tritt die Zinssenkung nämlich gar nicht ein (Liquiditätsfalle). Aber selbst wenn die Zinssenkung bei weniger elastischer Geldnachfrage erfolgt, kann der Pessimismus der potentiellen Investoren angesichts der Unterbeschäftigung so groß sein, daß auch der Zinsanreiz nicht ausreicht, die Investitionstätigkeit zu beleben. Darüber hinaus sind eine Reihe von Investitionen wahrscheinlich überhaupt nicht zinsempfindlich. Insgesamt gesehen ist eine Zinssenkungspolitik somit tendenziell zwar geeignet, zum Abbau von Unterbeschäftigung beizutragen, ein Erfolg dieser Politik ist jedoch keineswegs sicher.

Geht im Zustand von Unterbeschäftigung die Konsumgüternachfrage (etwa infolge von Lohnsenkungen bei stabilen Preisen) noch weiter zurück, so daß das reale Volkseinkommen sinkt, so ergeben sich selbst bei unveränderter Geldmenge Zinssenkungstendenzen, da die Nachfrage nach Transaktionskasse zurückgeht (Linksverschiebung der Geldnachfragekurve). Soweit die Investitionstätigkeit infolge der Zinssenkung zunimmt, wird der Nachfrageausfall bei den Konsumgütern zumindest teilweise durch die zusätzliche Investitionsgüternachfrage kompensiert, so daß vom Geldmarkt her die „Talfahrt" automatisch abgebremst wird.

Existiert im umgekehrten Fall von **nachfrageinduzierter Überbeschäftigung** eine inflatorische Lücke, so kann diese u. a. durch eine Senkung der Investitionen abgebaut werden. Hierzu könnte ein Zinsanstieg beitragen, der sich auf dem Geldmarkt durch eine Verknappung des Geldangebots (Linksverschiebung der Geldangebotsfunktion) erreichen ließe. Wegen der hohen Gewinne in der Phase der Hochkonjunktur erweisen sich die Investitionen jedoch häufig als wenig zinsreagibel, so daß es ungewiß bleibt, ob eine Zinserhöhungspolitik allein zum Abbau der Überbeschäftigung führt.

Sind die Investitionen tatsächlich rückläufig und sinkt das (nominale) Volkseinkommen, so ist zu beachten, daß damit wegen der sinkenden Nachfrage nach Transaktionskasse (Linksverschiebung der Geldnachfragefunktion) bei gegebenem Geldangebot Zinssenkungstendenzen ausgelöst werden. Die anfängliche Geldangebotsverknappung (= Zinserhöhung) muß daher groß genug ausfallen, damit per Saldo eine ausreichende Zinserhöhung erreicht wird, die die erforderliche Investitionsnachfragereduzierung sicherstellt.

Ebenso wie im Rahmen des Klassischen Modells können wir auch hier fragen, welche Wirkungen von Geldmengenveränderungen auf das gesamtwirtschaftliche **Güterpreisniveau** zu erwarten sind. Verbindet man die Überlegungen von Abschnitt 8.2.2 mit denen von Abschnitt 8.2.3.4, dann ist ähnlich wie im Klassischen Modell mit einer Ausdehnung der Geldmenge eine Erhöhung des Güterpreisniveaus verbunden, wenn erstens die neu in Umlauf befindliche Geldmenge auf den Gütermärkten *nachfragewirksam* wird und zweitens das *Güterangebot relativ unelastisch* ist.

Eine „Umwandlung" zusätzlichen Geldes in effektive Güternachfrage ist nur dann möglich, wenn dieses Geld nicht gehortet wird oder, in der Keynes'schen Terminologie ausgedrückt, wenn es nicht in der Spekulationskasse verschwindet. Wir wissen, daß diese Voraussetzung an zwei Bedingungen geknüpft ist: (a) Die Geldnachfrage darf nicht vollkommen zinselastisch sein, so daß eine Erhöhung des Geldangebots auch Zinssenkungen auslöst. (b) Die Investitionsnachfrage darf nicht zinsunelastisch sein, damit Zinsänderungen auf dem Geldmarkt auch auf den Gütermarkt durchschlagen können. Andererseits ist nach den Bedingungen eines unelastischen Güterangebots zu fragen. Wir hatten die Höhe der Angebotselastizität eng mit dem Beschäftigungsgrad verbunden: Mit einem unelastischen Güterangebot ist zu rechnen, wenn sich eine Volkswirtschaft in der Nähe der Vollbeschäftigung befindet.

Insgesamt läßt sich feststellen, daß der Zusammenhang zwischen Geldmengenveränderung und Preisniveau im Keynes'schen Modell weniger eng gesehen wird als im Klassischen Modell. *Aus Keynes'scher Sicht beruht die klassische Aussage auf einem (wenn auch nicht auszuschließenden) Spezialfall, der durch zinsunelastische Geldnachfrage, zinselastische Güternachfrage und Vollbeschäftigung charakterisiert ist.*

8.2.4 Einbeziehung des Devisenmarktes

Der gesamtwirtschaftliche Gütermarkt und der gesamtwirtschaftliche Geldmarkt sind mit den Güter- und Geldmärkten anderer Länder wechselseitig verbunden, wenn internationaler Warenaustausch (vgl. Kapitel 5) und internationale Geldtransfers durch wirtschaftspolitische Maßnahmen nicht unterbunden werden.[1] Mit dem Kauf bzw. Verkauf von Gütern oder Forderungen (insbesondere Wertpapieren) im bzw. ins Ausland ist stets auch ein Kauf bzw. Verkauf von ausländischen Zahlungsmitteln (Devisen) verbunden. Man kann daher auch sagen, daß die den internationalen Transaktionen von Gütern und Forderungen zugeordneten Zahlungsströme stets Devisenmärkte durchlaufen.
Die Auswirkungen von Veränderungen auf ausländischen Güter- und Geldmärkten auf die entsprechenden heimischen Märkte hängen entscheidend von der Organisation der Devisenmärkte ab. Man kann zwei extreme Organisationsformen unterscheiden: (a) Der Wechselkurs ist grundsätzlich fixiert (z. B. 1 $ = 2 DM) und kann nur durch staatliche Verordnung verändert werden. (b) Der Wechselkurs ist frei beweglich und bildet sich wie jeder andere Preis durch Angebot von Devisen und Nachfrage nach Devisen heraus (vgl. hierzu die Abschnitte 5.3 und 8.6.4). Wir wollen hier mit Hilfe einiger wichtiger Beispiele prüfen, welcher Art die internationalen Abhängigkeiten sind und wie sie sich letztlich auf dem Devisenmarkt und damit auch in der Zahlungsbilanz (vgl. Abschnitt 7.2.6) niederschlagen.

Feste Wechselkurse

(1) Ein **Konjunkturaufschwung im Ausland** löst ceteris paribus eine steigende Nachfrage nach Inlandsgütern aus (X steigt), die über Multiplikatorprozesse (vgl. Gleichung 8.59″) zu einer nachhaltigen Steigerung des inländischen Volkseinkommens und des Beschäftigungsgrades beitragen kann. Herrscht allerdings Vollbeschäftigung im Inland, dann besteht die Gefahr, daß sich der Expansionsprozeß im Inland lediglich in Preissteigerungen (Inflation) niederschlägt.
Exportsteigerungen verändern auch den Devisenbilanzsaldo: ein Defizit wird abgebaut bzw. ein Überschuß vergrößert sich noch. Diese Verände-

---

[1] Die internationale Verknüpfung von Arbeitsmärkten sei hier vernachlässigt, obwohl auch sie eine erhebliche Rolle spielen kann (siehe z. B. Gastarbeiter in Deutschland oder Frankreich).

rungen werden jedoch durch den inländischen Expansionsprozeß abgeschwächt, weil mit steigendem inländischen Volkseinkommen auch die Importe zunehmen.
Auch der inländische Geldmarkt bleibt nicht unbeeinflußt: Steigt der Devisenüberschuß, dann nimmt ceteris paribus auch die inländische Geldmenge zu, weil die Zentralbank bei festen Wechselkursen verpflichtet ist, jede ihr von Exporteuren angebotene Devise zu dem herrschenden Wechselkurs in DM umzutauschen. Da somit das Geldangebot steigt, sind auch von hier expansive Einflüsse auf den Gütermarkt zu erwarten. Man muß allerdings berücksichtigen, daß eine durch steigende Exporte ausgelöste Erhöhung des Volkseinkommens die Geldnachfrage erhöht und hierdurch den Zinssenkungstendenzen entgegengewirkt wird.

(2) Ebenso wie ein Konjunkturaufschwung im Ausland können auch **ausländische Inflationprozesse** die Nachfrage nach Inlandsgütern (X) steigern und darüber hinaus die inländische Nachfrage nach Auslandsgütern (M) vermindern, wenn das Preisniveau im Inland relativ stabil geblieben ist und daher die inländischen Produkte gegenüber den ausländischen preiswerter geworden sind. Herrscht im Inland Vollbeschäftigung, dann wirken die zusätzliche Auslandsnachfrage, die verminderte Importnachfrage und die damit einhergehende Expansion des heimischen Volkseinkommens preistreibend (nominale Einkommenserhöhung); die ausländische Inflation greift auf das Inland über. Man spricht von einem **Einkommenseffekt** des erhöhten Außenbeitrages (X – M).
Mit einem erhöhten Außenbeitrag ist auch hier ceteris paribus eine Expansion der inländischen Geldmenge verbunden, die die inländische Güternachfrage weiter anheizen und somit zu einer Verschärfung eines im Inland beginnenden Inflationsprozesses beitragen kann (**Geldmengeneffekt** des Außenbeitrages X – M).
Selbst wenn im Inland *Unterbeschäftigung* herrscht, läßt sich ein Übergreifen ausländischer Preissteigerungen auf das Inland nicht vermeiden. Einmal muß berücksichtigt werden, daß die Verteuerung von Importgütern sich auch in steigenden inländischen *Produktionskosten* niederschlägt. Weiterhin kann man beobachten, daß Unternehmer ihre Preise bereits vor Erreichen der Kapazitätsgrenze erhöhen, wenn vergleichbare ausländische Produkte teurer geworden sind[1] (Wirksamkeit des **internationalen Preiszusammenhangs**). Diese Übertragung von Preissteigerungen auf Einzelmärkten wirkt selbstverständlich um so schneller, je homogener die jeweiligen Produkte sind. Darüber hinaus muß man beachten, daß die Unterauslastung von Produktionskapazitäten nicht alle Branchen gleichmäßig trifft. Wenn durch steigende Auslandsnachfrage *partielle Engpässe* z. B. in den Exportgüterindustrien entstehen, können Preissteigerungen von dort auf die übrige Volkswirtschaft übergreifen.

---

[1] Dies ist nicht notwendigerweise so, weil die Unternehmer ja auch die Chance nutzen könnten, ihre Marktanteile auf Kosten der ausländischen Anbieter zu erhöhen.

(3) Auch die **Geldmärkte** sind international miteinander verbunden. Steigen z. B. in den USA die Zinsen, dann ist mit einem Geldkapitalabfluß aus Deutschland zu rechnen. Hierdurch wird selbstverständlich die Devisenbilanz unmittelbar berührt, aber auch der deutsche Geldmarkt bleibt nicht unbeeinflußt: Das inländische Geldangebot wird ceteris paribus sinken, weil die Inländer bei der Deutschen Bundesbank DM-Beträge in Dollar umtauschen und damit der inländischen Volkswirtschaft inländisches Geld entzogen wird.

(4) Während Veränderungen auf den Auslandsmärkten Anpassungsprozesse auf den inländischen Märkten auslösen, ist umgekehrt im Falle eines „kleinen Landes" nicht zu erwarten, daß die Gesamtheit der Auslandsmärkte von Veränderungen der Inlandsmärkte nennenswert beeinflußt wird.[1] Es muß dann vielmehr angenommen werden, daß im Inland ablaufende Prozesse durch Auslandseinflüsse abgeschwächt werden. Beispielsweise wird ein **Konjunkturaufschwung im Inland** um so schneller eine größere Breitenwirkung gewinnen, je weniger zusätzlich geschaffene Nachfrage ins Ausland abfließt. Eine hohe marginale Importquote wird hingegen den Expansionsprozeß hemmen, was formal leicht mit Hilfe des Investitionsmultiplikators einer offenen Volkswirtschaft gezeigt werden kann (vgl. Abschnitt 8.2.1.3).
Andererseits kann man sich leicht überlegen, inwieweit **Preissteigerungen im Inland** durch Auslandseinflüsse gedämpft werden. Die oben angegebenen Mechanismen (Einkommenseffekt, Geldmengeneffekt, internationaler Preiszusammenhang) wirken hier mit umgekehrtem Vorzeichen.

(5) Ein besonders wichtiger Fall ergibt sich aus dem internationalen Zusammenhang der **Geldmärkte**. Wird beispielsweise im Inland versucht, durch Geldmengenexpansion (Erhöhung des Geldangebots) die inländische Güternachfrage zu stützen oder zu beleben, dann besteht die Gefahr, daß internationale Geldtransfers diese Maßnahme gar nicht erst wirksam werden lassen. Wenn nämlich die inländischen Zinsen sinken, dann ist mit einem Geldabfluß ins Ausland zu rechnen, der den inländischen Geldumlauf ceteris paribus wieder einschränkt und damit den Absichten der inländischen Wirtschaftspolitiker zuwiderläuft.

Flexible Wechselkurse
Eine freie Devisenpreisbildung kann die internationale Übertragung von Konjunkturschwankungen und Inflationsprozessen sowie die Angleichung von Entwicklungen auf den nationalen Geldmärkten erheblich einschränken. Dies sei mit Hilfe der oben angegebenen Beispiele gezeigt.[2]

(1) Ein **Konjunkturaufschwung im Ausland** löst eine steigende Exportnachfrage im Inland aus (X steigt). Dies bedeutet aber nichts anderes als

---

[1] Die Bundesrepublik kann hier im europäischen Rahmen allerdings als „größeres Land" gelten. Ein Konjunkturaufschwung in Deutschland hat nicht unbeträchtliche Wirkungen auf Länder wie Holland, Österreich oder Belgien. Man spricht in diesem Zusammenhang von einer *„Lokomotivfunktion"* der deutschen Wirtschaft.
[2] Vgl. zu den hier dargestellten Überlegungen insbesondere Abschnitt 5.3.

eine Ausdehnung des Devisenangebots bei jedem Wechselkurs (in Übersicht 5.5: Rechtsverschiebung der Devisenangebotsfunktion). Bei unveränderten internationalen Geldkapitalbewegungen bildet sich ein neues Devisenmarktgleichgewicht bei niedrigerem Wechselkurs (= Aufwertung der DM) sowie gestiegenen Export- und Importwerten heraus: der Ausdehnung der Exporte entspricht notwendig eine Erhöhung der Importe im gleichen Ausmaß. Dies heißt aber nichts anderes, als daß die gesamtwirtschaftliche Nachfrage *unverändert* bleibt; eine Übertragung der ausländischen konjunkturellen Entwicklung auf das Inland findet hiernach nicht statt.

Eine vollständige *„Neutralität"* bezüglich der gesamtwirtschaftlichen Nachfrage ist jedoch nicht garantiert, weil die Umschichtung der Nachfrage von den Import- zu den Exportgüterindustrien auch die Investitionsnachfrage berühren wird. Die expansiven Investitionsentscheidungen der Exportgüterindustrien müßten schon genau von den restriktiven Investitionsentscheidungen der Importgüterindustrien kompensiert werden.

(2) **Inflationsprozesse im Ausland** führen zu einer Ausdehnung der Exportnachfrage (Rechtsverschiebung der Devisenangebotsfunktion) sowie einer Verminderung der Importnachfrage (Linksverschiebung der Devisennachfragefunktion) bei jedem Wechselkurs; die DM wird wiederum aufgewertet. Da auch hier Export- und Importveränderungen genau einander entsprechen, ist eine Inflationsübertragung durch Einkommens- bzw. Geldmengeneffekte auszuschließen, wobei allerdings zu unterstellen ist, daß sich auch hier expansive und restriktive Investitionsentscheidungen genau ausgleichen. Darüber hinaus wird der internationale Preiszusammenhang unterbrochen: die ausländischen Produkte können im Inland zu den gleichen DM-Preisen gekauft werden wie zuvor, wenn den Preissteigerungen in $, FF oder £ eine gleichhohe DM-Aufwertung gegenübersteht.

Beträgt die Aufwertung der DM z. B. 10%, die $-Preiserhöhung des Gutes A 7%, die $-Preiserhöhung des Gutes B 15%, dann wird bei kostenorientierter Preispolitik der Importeure der DM-Preis des Gutes A im Inland um 3% sinken, der DM-Preis des Gutes B hingegen um 5% steigen. Betragen die Preissteigerungen der ausländischen Güter *im Durchschnitt* 10%, dann findet eine Inflationsübertragung nicht statt, wenn den DM-Preiserhöhungen (hier: +5%) stets DM-Preissenkungen (hier: −3%) von gleichem Gewicht entsprechen. Da aber häufig zu beobachten ist, daß Preis*erhöhungen* eher durchgesetzt werden als Preis*senkungen*, besteht auch bei flexiblen Wechselkursen die Gefahr der Inflationsübertragung.

(3) **Zinssteigerungen im Ausland** induzieren einen Abfluß inländischen Geldkapitals, der die Devisennachfrage ansteigen läßt. Die hieraus resultierende Erhöhung des Wechselkurses (= DM-Abwertung) macht es dann weniger attraktiv, DM-Beträge in £- oder $-Guthaben umzutauschen und mit diesen dann evtl. verzinsliche ausländische Wertpapiere zu erwerben. Flexible Wechselkurse hemmen somit die durch internationale Geldkapitaltransfers ausgelöste inländische Geldverknappung und wirken hierdurch einer Anpassung des inländischen an das höhere ausländische Zinsniveau entgegen.

(4) Im Gegensatz zu einem System fixer Wechselkurse wird ein **Konjunkturaufschwung im Inland** durch Abfluß von monetärer Nachfrage ins Ausland nicht abgeschwächt. Zwar ist auch bei flexiblen Kursen mit einer (insbesondere einkommensabhängigen) Steigerung der Importe zu rechnen, jedoch wird die hieraus resultierende DM-Abwertung (Rechtsverschiebung der Devisennachfragefunktion) sowohl die Importnachfrage wieder abschwächen als auch die Exportnachfrage stimulieren.

(5) Wird – wie in Punkt (3) beschrieben – die internationale Anpassung der Zinssätze durch flexible Wechselkurse gehemmt, dann gewinnt auch die **nationale Geldpolitik** wieder an Wirksamkeit. Mit einer auf Erhöhung der gesamtwirtschaftlichen Güternachfrage gerichteten Ausdehnung des Geldangebots wird dann eher eine nachhaltige Senkung der Zinssätze möglich. Man kann noch einen Schritt weitergehen: Da eine expansive nationale Geldpolitik zu einer Abwertung der DM führt, kann die Zentralbank sogar eine *unmittelbare Erhöhung der gesamtwirtschaftlichen Güternachfrage* erreichen; denn mit der DM-Abwertung wird die Exportnachfrage angeregt, die Importnachfrage (= Abfluß heimischer Nachfrage ins Ausland) hingegen gedämpft.

Wir werden in den Abschnitten 8.5.2 und 8.6.4 die hier entwickelten Gedanken weiterverfolgen bzw. zur Ableitung wirtschaftspolitisch relevanter Aussagen nutzen.

Die **Erfahrungen der Bundesrepublik** mit festen bzw. flexiblen Wechselkursen bestätigen einige der hier abgeleiteten Theorieaussagen: (a) Während 1972 – unter der Herrschaft stabiler Kurse – die Zentralbankgeldmenge noch um 13,5% anstieg und damit weit über der Wachstumsrate des realen Sozialprodukts lag, reduzierte sich die Zuwachsrate 1973 – nach Einführung flexibler Wechselkurse – auf 7,8% und 1974 auf 6,2%. (b) Während von Anfang 1972 bis zum Frühjahr 1973 die Inflationsrate in der Bundesrepublik nicht wesentlich unter jener der übrigen Industrieländer gelegen hat, ist es bei stärker flexiblen Wechselkursen seither sowie weiterer Beschleunigung der Inflation in anderen Ländern gelungen, sich stärker vom internationalen Inflationstrend abzukoppeln.

8.3 Wirkungszusammenhänge zwischen Güter-, Geld- und Arbeitsmarkt im Klassischen und Keynes'schen Modell ohne wirtschaftspolitische Einflußnahme

In diesem Abschnitt sollen in Form einer vergleichenden Übersicht die bisherigen Ableitungen der Wirkungszusammenhänge im Klassischen und Keynes'schen Modell kurz zusammengefaßt werden. Dabei interessieren uns die Anpassungsprozesse (Multiplikatorprozesse), die von *exogenen Störungen* auf die verschiedenen Märkte ausgehen. Die wichtigsten Bereiche, von denen derartige Störungen ausgehen können, sind Änderungen von Verhaltensweisen der inländischen Wirtschaftseinheiten sowie von anderen Volkswirtschaften ausgehende Beeinflussungen der Außenwirtschaftsbeziehungen. Unter längerfristigem Aspekt sind die Bevölkerungsentwicklung und technologische Änderungen bedeutsam, die jedoch auch

zu kurzfristigen Störungen führen können (z. B. verstärkte Investitionstätigkeit aufgrund neuer Erfindungen).
In der Gegenüberstellung von Klassischen und Keynes'schen Modellvorstellungen soll noch einmal deutlich werden, in welche Richtung derartige Anpassungsprozesse jeweils tendieren, wenn der Wirtschaftsablauf allein durch die Entscheidungen der privaten Wirtschaftseinheiten beeinflußt wird. Erst aus der richtigen Einschätzung der dem marktwirtschaftlichen System innewohnenden Entwicklungstendenzen können Ansatzpunkte für staatliche Einflußmaßnahmen auf den Wirtschaftsablauf gewonnen werden. Ob die Klassische Theorie oder die Keynes'sche Theorie sowie deren Weiterentwicklungen ein genügend realitätsbezogenes Abbild des Wirtschaftsgeschehens vermitteln, mag bezweifelt werden. Wirtschaftspolitische Schlußfolgerungen sind jedenfalls in Vergangenheit und Gegenwart aus ihnen gezogen worden. Daher ist es von Bedeutung, die Wirkungszusammenhänge beider Modelle völlig zu übersehen. Wegen der unterschiedlichen Hypothesen über die Anpassungsreaktionen der privaten Wirtschaftseinheiten auf exogene Störungen legen sie jeweils andere wirtschaftspolitische Schlußfolgerungen nahe.

Im folgenden werden exogene Störungen unterstellt, die nur in einer bestimmten Richtung verlaufen, etwa ein *Steigen* der Investitionsneigung. Die hierauf bezogenen Schlußfolgerungen lassen sich natürlich auch leicht für den umgekehrten Fall eines *Sinkens* der Investitionsneigung ableiten. Die Anpassungsprozesse verlaufen dann stets in entgegengesetzter Richtung.

8.3.1 Auswirkungen autonomer Änderungen auf dem Gütermarkt

Störungen auf einem in der Ausgangslage im Gleichgewicht befindlichen Gütermarkt können von der Angebots- wie von der Nachfrageseite ausgehen (siehe Übersicht 8.38). Betrachten wir zunächst die Angebotsseite und unterstellen eine autonome **Erhöhung des Güterangebots**. Dies ist z. B. denkbar, wenn die Unternehmer ihre Absatzmöglichkeiten plötzlich höher einschätzen und, ausgehend von einer Unterauslastung ihrer technischen Anlagen, die Produktion steigern oder wenn ein vermehrtes ausländisches Güterangebot auf dem Markt erscheint.
Im *Klassischen Modell* kann das zusätzlich erzeugte heimische Güterangebot (ΔGA) wegen der unterstellten Gültigkeit des Say'schen Theorems ohne Schwierigkeiten abgesetzt werden. Die Vollbeschäftigungssituation bleibt gegenüber der Ausgangslage unverändert. Das Volkseinkommen steigt in Höhe des zusätzlich erzeugten Güterangebots.

Soweit eine Erhöhung des Güterangebots etwa infolge Zollabbaus durch vermehrte Importe erfolgt, könnte zwar tendenziell die Vollbeschäftigung gefährdet werden, weil bei gegebenem Volkseinkommen die ausländischen mit den inländichen Produkten stärker konkurrieren und die inländische Produktion zurückdrängen. Der Wechselkursmechanismus sorgt jedoch dafür, daß die Exporte im selben Umfang steigen werden ($\Delta M = \Delta X$), so daß ein Nachfrageausfall nach inländischen Produkten (nach einer Anpassungsphase) nicht eintritt. Die verstärkten Importe führen bei freiem Wechselkurs zunächst zu verstärkter Devisennachfrage und steigendem Wechselkurs (vgl. Übersicht 5.5); dadurch werden jedoch deutsche Waren für Aus-

Übersicht 8.38: Auswirkungen autonomer Änderungen auf dem Gütermarkt

Autonome Änderung	Klassiker		Keynes	
	Anpassungsprozesse	Ergebnis	Anpassungsprozesse	Ergebnis
Güterangebot steigt (GA ↑)	Δ GA = ΔY = Δ GN	Y ↑ Vollbeschäftigung bleibt erhalten, keine Absatzschwierigkeiten	abhängig von tatsächlicher Güternachfrageentwicklung. Var. 1: ΔGN < Δ GA = $\Delta\hat{GN}$ → P ↓, → GA ↓, → Y ↓ Var. 2: Δ GN > Δ GA = $\Delta\hat{GN}$ → P ↑, → GA ↑, → Y ↑	Y ↑ ↓ Vollbeschäftigung nur zufällig, Absatzschwierigkeiten möglich
Investitionsneigung steigt (I ↑)	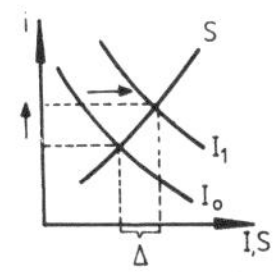 → ΔI = ΔS = – ΔC → i ↑	nur Umschichtung in GN Y = const. Vollbeschäftigung bleibt erhalten	Var. 1 zinsunabhängige Investition 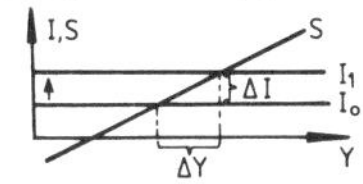 → Multiplikatorefekt $\Delta Y = \frac{1}{1-c}\,\Delta I$ → Y ↑ → GA ↑ (real bei Unterbeschäftigung) → P ↑ (möglich) Var. 2: zinsabhängige Investition 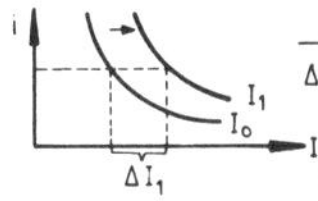 → Multiplikator $\Delta Y_1 = \frac{1}{1-c}\,\Delta I_1$ wegen Y ↑ → L_T ↑ → 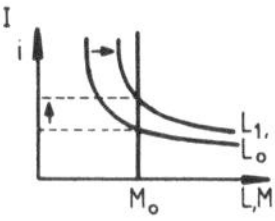 → i ↑ (bei M = const) 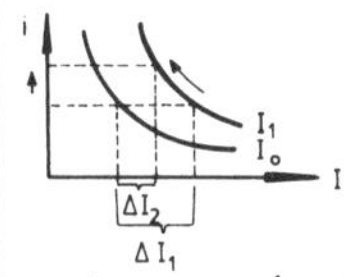 → I ↓, d.h. $\Delta Y_2 = \frac{1}{1-c}\,\Delta I_2$ (= Multiplikatorwirkung abgeschwächt) → GA ↑ (real bei Unterbeschäftigung) → P ↑ (möglich)	Y ↑ (bei Var. 1 stärker als bei Var. 2) Abnahme von Unterbeschäftigung (bzw. Inflationierung bei Vollbeschäftigung) Bei zinsunabhängiger Investition keine Wechselbeziehungen zwischen Güter- u. Geldmarkt
Konsumneigung fällt bzw. Sparneigung steigt (S ↑, C ↓)	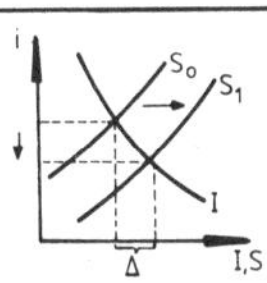 → ΔS = ΔI = – ΔC → i ↓	Nur Umschichtung in GN Y = const. Vollbeschäftigung bleibt erhalten	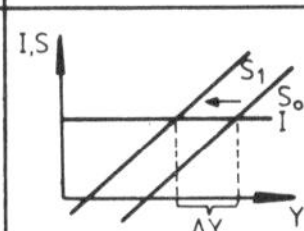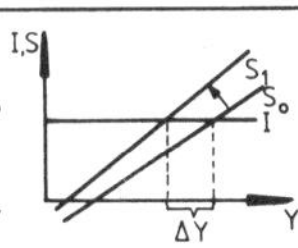 s_D ↑, s = const. und/oder s ↑ → Y ↓ → L_T ↓ → 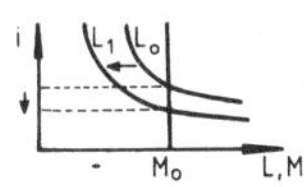 → i ↓ (bei M = const.) → bei zinselastischer Investition → I ↑ → Y ↑, per Saldo aber Y ↓, → GA ↓, P ↓ (möglich)	Y ↓ Zunahme von Unterbeschäftigung (bzw. Abbau von Überbeschäftigung)

Anmerkung: "↑" bedeutet "steigt", "↓" bedeutet "sinkt" "→" bedeutet "führt zu" länder entsprechend billiger, so daß der deutsche Export steigen wird. Das dadurch bedingte höhere Devisenangebot läßt den Wechselkurs sinken, bis ein Ausgleich der Leistungsbilanz wieder erreicht ist.

Im *Keynes'schen Modell* ergeben sich bei erhöhtem Güterangebot nur dann keine Absatzschwierigkeiten, wenn die Unternehmer die Zunahme der Güternachfrage genau vorausgeschätzt haben (ΔGN) und daraufhin das Güterangebot ausdehnen (ΔGN = ΔGA). Die tatsächliche zusätzliche Güternachfrage (ΔGN) kann nun aber von der von den Unternehmern vorausgeschätzten abweichen. Liegt die tatsächliche inländische Güternachfrage niedriger als die vorausgeschätzte, so können die Unternehmer nicht alle Produkte absetzen. Sie werden mit Preissenkungen und/oder Angebotseinschränkungen reagieren. Im umgekehrten Fall, d. h. bei Nachfrageüberhang, werden sie die Preise erhöhen und/oder die Produktion ausdehnen. Die Entwicklung des Volkseinkommens und der Beschäftigung hängt somit von der tatsächlichen Nachfrageentwicklung ab.
Autonome Änderungen, die von den Komponenten der **Güternachfrage** in einer Volkswirtschaft ausgehen, können entweder auf ein verändertes Konsum- bzw. Sparverhalten der Haushalte, auf ein verändertes Investitionsverhalten der Unternehmer oder auf Veränderungen der Exporte zurückzuführen sein.
Eine **Erhöhung der Investitionsneigung** kann z. B. dadurch ausgelöst werden, daß die Unternehmer auf längere Sicht eine Zunahme der Güternachfrage erwarten. Optimistische Absatz- bzw. Gewinnerwartungen können somit eine grundlegende Änderung des Investitionsklimas bewirken. *Im Klassischen Modell* führt dies zu einem Anstieg der Investitionen (wegen der Verschiebung der Investitionsfunktion nach rechts). Die zusätzlichen Investitionen werden durch erhöhte Ersparnisse finanziert, die von den Haushalten infolge des steigenden Zinssatzes gebildet werden. Das Ergebnis des Anpassungsprozesses ist lediglich eine Umschichtung innerhalb der aggregierten Nachfrage zu Lasten der Konsumgüternachfrage. Produktion und Volkseinkommen bleiben unverändert. Die Vollbeschäftigung bleibt erhalten.
Im *Keynes'schen System* geht demgegenüber von einer Erhöhung der Investitionsneigung ein expansiver Effekt auf die Höhe des Volkseinkommens aus, der sich durch den Multiplikatorprozeß beschreiben läßt. Der expansive Prozeß ist ceteris paribus um so geringer, je zinsabhängiger die Investition ist. Dies liegt daran, daß vom Geldmarkt her – wenn nicht die Notenbank entsprechend die Geldmenge erhöht – Zinssteigerungstendenzen ausgehen, die den Umfang der zusätzlichen Investitionen begrenzen. Das durch einen anfänglichen Investitionsstoß hervorgerufene Ansteigen des Volkseinkommens erfordert eine erhöhte Kassenhaltung der Wirtschaftseinheiten für Transaktionszwecke (= Verschiebung der Liquiditätspräferenzfunktion nach rechts), die bei gegebener Geldmenge zu einem höheren Zinssatz führt – es sei denn, die Geldnachfrage ist im relevanten Bereich vollkommen zinselastisch (Liquiditätsfalle). Sind die Investitionen zinselastisch, so wird der Multiplikatoreffekt entsprechend abgeschwächt. Die Erhöhung des Volkseinkommens hat im Falle der Nichtauslastung der

Produktionskapazitäten eine Erhöhung des Beschäftigungsgrades zur Folge. Im Falle von Vollbeschäftigung bewirkt der Multiplikatorprozeß lediglich über Preissteigerungen eine nominale Erhöhung des Volkseinkommens.[1]

Eine **Steigerung der Sparneigung** (= Senkung der Konsumneigung) kann z. B. erfolgen, wenn die Lohnempfängerhaushalte im Zuge einer Konjunkturabschwächung mit zunehmender Arbeitslosigkeit weitere Entlassungen befürchten und aus Angst oder Vorsicht vermehrt sparen, um im Falle der befürchteten Einkommenseinbußen einen Mindestkonsum aufrechterhalten zu können.

Gemäß den Vorstellungen der *Klassiker* sind die Haushalte unter diesen Umständen bereit, ihre Ersparnis bei gegebenem Zinssatz zu erhöhen (= Verschiebung der Sparfunktion nach rechts). Der Zinsmechanismus sorgt dann dafür, daß die zusätzlichen Sparbeträge in Nachfrage nach zusätzlichen Investitionsgütern verwandelt werden. Eine Auswirkung auf das Volkseinkommen ergibt sich damit allerdings nicht, da es sich nur um eine Umschichtung der Güternachfrage handelt. Der Zustand der Vollbeschäftigung bleibt unverändert.

Im *Keynes'schen System* leitet eine exogene Erhöhung der Sparneigung (= Verschiebung der Sparfunktion nach links durch eine Änderung der durchschnittlichen und/oder marginalen Sparquote) einen multiplikativen Prozeß ein, der dem beschriebenen Fall einer Erhöhung der Investitionsneigung – hier allerdings mit umgekehrtem Vorzeichen – entspricht. Es setzt ein Schrumpfungsprozeß ein: sinkendes Volkseinkommen führt zu einer Zunahme der Arbeitslosigkeit. Der kontraktive Prozeß wird allenfalls bei zinselastischen Investitionen abgebremst, jedenfalls wenn die Geldnachfrage im relevanten Bereich nicht vollkommen zinselastisch ist (Liquiditätsfalle) und somit das sinkende Volkseinkommen keine Zinssenkung bewirken kann. Die Arbeitnehmerhaushalte tragen somit durch ihr Verhalten zu einer Erhöhung der Arbeitslosigkeit bei. Sie sorgen gleichsam selbst dafür, daß sich ihre negativen Erwartungen erfüllen. Vermehrtes Sparen kann in einem solchen Falle somit keine „Tugend" sein.[2]

8.3.2 Auswirkungen autonomer Änderungen auf dem Geldmarkt

Eine **Erhöhung des Geldangebots** wurde in früherer Zeit häufig durch Gold- und Silbereinfuhren ausgelöst. Heutzutage erfolgt die Ausdehnung des Geldangebots im wesentlichen durch das Bankensystem. So stellt die Zentralbank etwa infolge von verstärkten Devisenzuflüssen aus dem Ausland oder im Rahmen ihrer Geldpolitik zusätzliches Geld zur Verfügung. Die Erhöhung des Geldangebots führt im *Klassischen Modell* lediglich zu

---

[1] Denkt man an eine offene Volkswirtschaft, so ist zu beachten, daß eine Erhöhung der Exporte im Keynes'schen Modell grundsätzlich in derselben Weise wie eine Erhöhung der Investitionsneigung wirkt.

[2] Eine Zunahme der Importneigung wirkt prinzipiell in derselben Richtung wie eine Zunahme der Sparneigung.

einer proportionalen Erhöhung der Güter- und Faktorpreise. Das reale Volkseinkommen und damit der Zustand der Vollbeschäftigung bleiben erhalten. Im *Keynes'schen Modell* löst eine Erhöhung des Geldangebots normalerweise einen expansiven Prozeß aus. Auf dem Geldmarkt induziert das erhöhte Geldangebot eine Zinssenkung, die bei ausreichender Zinselastizität der Investition die Investitionstätigkeit stimuliert und somit einen multiplikativen Effekt auf das Volkseinkommen ausübt. Herrschte in der Ausgangslage Unterbeschäftigung, so bewirkt die Erhöhung des Geldangebots einen Abbau von Arbeitslosigkeit und einen Anstieg der realen Produktion, jedenfalls wenn die Investitionen zinselastisch sind und wenn die Geldnachfragefunktion im relevanten Bereich nicht vollkommen elastisch verläuft. Bei anfänglicher Vollbeschäftigung sind wie im Klassischen Modell lediglich Preissteigerungen die Folge.

Eine **Erhöhung der Geldnachfrage** bzw. ein Ansteigen der Liquiditätspräferenz kann sich auf die Transaktions- und/oder die Spekulationskasse beziehen. Für die *Klassiker* existiert keine Geldnachfrage für Spekulationszwecke, so daß grundsätzlich von einer Erhöhung der Nachfrage nach Transaktionskasse auszugehen ist. Eine Erhöhung der Geldnachfrage ist darüber hinaus denkbar, wenn etwa die Konsumenten künftige Preissteigerungen vermuten. Wollen sie real nicht weniger als bisher kaufen, so benötigen sie mehr Geld. Ferner ist an den Fall zu denken, daß die Wirtschaftseinheiten aus Angst vor Arbeitslosigkeit und Einkommenseinbußen aus dem Vorsichtsmotiv mehr Geld halten wollen. In beiden Fällen sinkt bei unverändertem Geldangebot die Umlaufgeschwindigkeit des Geldes. Die Preise müßten dann proportional dazu sinken, damit die bisherigen realwirtschaftlichen Transaktionen (Y_r = const.) abgewickelt werden könnten (vgl. Gleichung 8.17).

Wie im Klassischen Modell, so kann auch im *Keynes'schen Modell* eine Erhöhung der Geldnachfrage für Transaktionszwecke z. B. durch eine Veränderung der Zahlungsgewohnheiten hervorgerufen werden. Unabhängig davon kann die Nachfrage nach Spekulationsgeld steigen, wenn sich z. B. die Vorstellung von dem als normal anzusehenden Zinssatz auf dem Wertpapiermarkt ändert und in Zukunft ein höheres Normalzinsniveau erwartet wird. In beiden Fällen ergibt sich eine Verschiebung der aggregierten Geldnachfragefunktion nach rechts. Bei gegebener Geldmenge ist ein höherer Gleichgewichtszins die Folge. Sind die Investitionen zinselastisch, so wird ein multiplikativer Schrumpfungsprozeß auf dem Gütermarkt ausgelöst, der je nach der Ausgangslage eine Zunahme von Unterbeschäftigung oder einen Abbau von Überbeschäftigung bewirkt. Dieser Prozeß wird dadurch abgeschwächt, daß bei schrumpfendem Volkseinkommen die Nachfrage nach Transaktionskasse zurückgeht und somit tendenziell zinssenkend wirkt.

8.3.3 Auswirkungen autonomer Änderungen auf dem Arbeitsmarkt

Eine autonome **Erhöhung des Arbeitsangebots** (= Verschiebung der Arbeitsangebotsfunktion nach rechts) kann z. B. durch Bevölkerungswan-

kommen infolge der Lohnsatzerhöhung steigen und – wiederum bei gegebener Investitionsnachfrage – zu einer höheren Güternachfrage führen. Erfolgt die Lohnsatzerhöhung in einem Zustand der *Vollbeschäftigung* und kann die Produktion praktisch nicht gesteigert werden, so sind höhere Preise die Folge (u. U. eine Lohn-Preis-Spirale nach oben). Die Vollbeschäftigung bleibt aufrechterhalten, wenn der Reallohn konstant bleibt und der Zinssatz nicht steigt. Das Ergebnis entspricht dann demjenigen im Klassischen Modell (im Falle proportionaler Geldmengen- und Preisentwicklung).

Hiermit wollen wir den Vergleich der Auswirkungen autonomer Änderungen auf dem Güter-, Geld- und Arbeitsmarkt beenden. Je nachdem, welche Modellvorstellung man als Ausgangspunkt zugrunde legt, ergeben sich unterschiedliche Wirkungen exogener Störungen. Wenn auch die Harmonievorstellungen des Klassischen Modells heute in weiten Teilen als überholt, da zu realitätsfern angesehen werden kann, so mag auch das Keynes'sche Modell in einigen Teilen ein ähnlicher Vorwurf treffen, da es verschiedene Phänomene nicht zu erklären vermag. Dennoch scheinen die Keynes'schen Modellvorstellungen die Realität besser abbilden zu können. Daher bieten sie Ansatzpunkte für eine aktive Stabilitätspolitik, die den Wirtschaftablauf bewußt im Hinblick auf gesellschafts- und wirtschaftspolitische Ziele steuern will. Die Wirkungsanalyse in den Übersichten 8.38 bis 8.40 läßt bereits erkennen, durch welche Maßnahmen der Staat Veränderungen herbeiführen kann, die in der jeweils wirtschaftspolitisch gewünschten Richtung vor allem die Entwicklung des Volkseinkommens und des Beschäftigungsgrades beeinflussen.

8.4 Neubegründung klassischer Hypothesen: Theorievorstellungen der Monetaristen

Die Konjunkturpolitik der westlichen Industrieländer war in der Nachkriegszeit entscheidend durch Keynes'sche Vorstellungen geprägt. Die in den letzten Jahren in den meisten Ländern zu beobachtende Zunahme von Instabilitäten (sowohl Inflationsraten wie Arbeitslosenquoten) hat jedoch die Diskussion um die geeigneten stabilitätspolitischen Maßnahmen neu entfacht. Dabei haben insbesondere die Monetaristen die nach Keynes'schen Grundsätzen betriebene Politik der Nachfragesteuerung durch Veränderungen der Staatsausgaben (vgl. Abschnitt 8.6.1) kritisiert und ein eigenes Konzept vorgeschlagen, das das Schwergewicht der Stabilisierungsbemühungen auf die Steuerung des Geldangebots legt. Diese Diskussion hat zu einer gewissen Polarisierung der Positionen der **Fiskalisten** („Keynes-Schüler“) und **Monetaristen** geführt, die teilweise auch in der praktischen Stabilitätspolitik der Regierungen und Notenbanken ihre Entsprechung gefunden hat.

Zentral für das Verständnis der theoretischen Position der Monetaristen sind die von ihnen gesehenen Wirkungszusammenhänge zwischen Geld- und Gütermarkt. Nach ihren Vorstellungen haben Veränderungen des Geldangebots breitere und stärkere Auswirkungen auf den Gütermarkt als im Keynes'schen Modell. Keynes hatte im wesentlichen die Auswirkungen einer veränderten Geldmenge auf den Zinssatz und des Zinssatzes auf die Nachfrage nach Investitionsgütern im Auge, wobei die Wirksamkeit dieses Mechanismus sowohl durch eine geringe Zinselastizität der Investitionen als auch durch eine nicht ausreichende Reagibilität des Zinssatzes (Liquiditätsfalle) gefährdet sein konnte. Die Monetaristen gehen demgegenüber davon aus, daß eine Veränderung des Geldangebots den *gesamten* Bereich von Sachgütern und damit sowohl die Investition wie den Konsum als Komponenten der aggregierten Nachfrage beeinflußt. Zum besseren Verständnis der monetaristischen Positionen sollen diese vor dem Hintergrund der bereits oben entwickelten klassischen und Keynes'schen Theorieelemente betrachtet werden.

8.4.1 Zentraler Ausgangspunkt: Vorstellungen über Geldnachfrage

Im *Klassischen Modell* ist die reale Nachfrage nach Geld (L/P) allein Nachfrage nach Transaktionskasse ($L/P = L_T/P$) und daher auch lediglich von der Höhe (Y_r) des realen Volkseinkommens abhängig. Die Art der Abhängigkeit wird durch die institutionell bestimmte Höhe der Umlaufsgeschwindigkeit des Geldes (V) festgelegt (vgl. Abschnitt 8.1.3):

$$\frac{L}{P}\left(=\frac{L_T}{P}\right)=\frac{1}{V}\cdot Y_r. \qquad (8.16')$$

In Analogie zum Nominaleinkommen lassen sich auch sonstige Wertgrößen in eine Mengenkomponente (Realgröße, z. B. das Realeinkommen Y_r) und eine Preiskomponente (P) zerlegen. Für die Wertgröße Nominaleinkommen gilt $Y \equiv Y_r \cdot P$ oder $Y/P \equiv Y_r$. Entsprechend gilt für die Geldnachfrage $L/P \equiv L^r$. Die reale Geldnachfrage ist also nichts anderes als die mit dem Preisindex P deflationierte nominale Geldnachfrage. Es ist zweckmäßig, hier mit der realen Geldnachfrage anstelle der nominalen Geldnachfrage zu argumentieren.

Im *Keynes'schen Modell* tritt neben die Nachfrage nach Transaktionskasse (L_T/P) die zinsabhängige Nachfrage nach Spekulationskasse (L_S/P), die zusammengenommen die Gesamtnachfrage nach Geld ausmachen (vgl. Abschnitt 8.2.3.2):

$$\frac{L}{P}=L_T^r+L_S^r=L_T^r(Y_r)+L_S^r(i). \qquad (8.41')$$

Nach dieser Funktion erhöht sich die Gesamtnachfrage nach Geld bei steigendem Einkommen allein über eine Vergrößerung der Transaktionskasse und bei sinkendem Zinssatz allein über eine Vergrößerung der Spekulationskasse; die Transaktionskasse wird nur als einkommensabhängig, die Spekulationskasse nur als zinsabhängig betrachtet. Häufig gibt man diese strenge Trennung in zwei voneinander unabhängige Geldnachfragekomponenten auf und übernimmt von Gleichung (8.41') lediglich den Grundgedanken, daß die Gesamtnachfrage nach Geld als einkommens-

und zinsabhängig anzusehen ist. Diese Vorstellung läßt sich durch die allgemeine Funktion

$$\frac{L}{P} = L^r(Y_r, i) \qquad (8.41'')$$

(vgl. Gleichung (5) in Abschnitt 8.2.3.4) ausdrücken.

Es ist nunmehr durchaus möglich, auch die Keynes'sche Gesamtnachfrage nach Geld (L/P) in ganz ähnlicher Weise wie im Klassischen Modell mit Hilfe des Begriffs der Umlaufsgeschwindigkeit des Geldes zu beschreiben. Wir brauchen dazu lediglich von der Funktion (8.16') auszugehen und die Höhe der Umlaufsgeschwindigkeit des Geldes als abhängige Variable des Zinssatzes zu betrachten:

$$\frac{L}{P} = \frac{1}{V(i)} \cdot Y_r. \qquad (8.42)$$

Ist der Zinssatz niedrig (sind die Wertpapierkurse hoch), dann ist, wie wir aus dem Keynes'schen Modell wissen, die Nachfrage nach Spekulationsgeld relativ groß. Dies bedeutet insgesamt eine hohe Kassenhaltung bei gegebenem Volkseinkommen und daher auch eine niedrige Umlaufsgeschwindigkeit des Geldes. Umgekehrt geht im Keynes'schen Modell ein hoher Zinssatz mit einer insgesamt geringen Kassenhaltung einher, die bei gegebenem Volkseinkommen und gegebenem Geldangebot auch als hohe Umlaufsgeschwindigkeit des Geldes aufgefaßt werden kann. Hiernach reduziert sich der Unterschied zwischen klassischer und Keynes'scher Geldnachfragefunktion auf unterschiedliche Auffassungen über die Umlaufsgeschwindigkeit des Geldes: Für die Klassiker ist V eine institutionell bestimmte Konstante, im Keynes'schen Modell ist V hingegen eine Funktion des Zinssatzes.

8.4.2 Monetaristische Geldnachfragefunktion

Die Monetaristen entwickeln ihre Geldnachfragefunktion aus einem sog. **vermögenstheoretischen Ansatz**. Etwas vereinfacht kann man sagen, daß die Monetaristen das Gesamtvermögen einer Wirtschaftseinheit in die Teilkomponenten

- Geld,
- Wertpapiere,
- Sachvermögen („Sachkapital") und
- menschliches Leistungsvermögen („Humankapital")

zergliedern. Während die ersten drei Teilkomponenten unmittelbar meßbar sind, treten erhebliche Schwierigkeiten beim „Humankapital" auf.

Um dieses Problem zu umgehen, ermittelt man das Gesamtvermögen (W) näherungsweise durch „Kapitalisierung" des aus dem Gesamtvermögen zu erwartenden zukünftigen Realeinkommens ($\overset{*}{Y}_r$):

$$W = \frac{\overset{*}{Y}_r}{i}. \qquad (8.43)$$

Diese Formel läßt sich wie folgt plausibel begründen: Kennt man den realen Wert (W) des Vermögens einer Wirschaftseinheit und weiß man weiter, daß der Vermögensertrag pro Jahr durchschnittlich i % des realen Vermögenswertes beträgt, dann ergibt sich hieraus ein jährlicher (Real-)Einkommensstrom von $\mathring{Y}_r = i \cdot W$. Ist nun nicht der Vermögenswert, sondern der jährliche Einkommensstrom bekannt, so kann man sagen, daß ein Einkommensstrom von $\mathring{Y}_r$ auf ein Gesamtvermögen von $\mathring{Y}_r/i$ schließen läßt.

Hat man das Gesamtvermögen (W) ermittelt, dann läßt sich jetzt leicht das „Humankapital" als Restgröße errechnen: die Wertsumme aus dem Geld-, Wertpapier- und Sachvermögen ist vom Gesamtvermögen zu subtrahieren.

Die **Aufteilung dieses Vermögens** (W) auf die genannten Teilkomponenten erfolgt nun keineswegs willkürlich, sondern *richtet sich* – bei gegebenen subjektiven Präferenzen – *nach den zu erwartenden Erträgen sowie den vermuteten Risiken der einzelnen Vermögensanlagen.* Hierbei sind den *Wertpapieren* als Erträge die durchschnittlichen Renditen (effektive Zinssätze) zuzuordnen, den *Sachgütern* hingegen die Gewinne aus Investitionen, gezahlte oder eingesparte Mieten (Sachgüter in Form von Wohnungseigentum der Haushalte), eingesparte Ausgaben für Dienstleistungen (z. B. durch eine eigene Waschmaschine) oder auch die Bedürfnisbefriedigung, die unmittelbar aus dem Besitz eines langlebigen Gebrauchsgutes (z. B. Stereoanlage, Auto) resultiert.

Der Besitz von *Geld* wirft nach monetaristischer Auffassung nur dann einen (positiven) Ertrag ab, wenn der Geldwert steigt. Der Ertrag des Geldes wird daher auch mit Hilfe der allgemeinen Deflations- bzw. Inflationsrate (Preisänderungsrate $\Delta P/P$) gemessen. Im Regelfalle ist angesichts heutiger schleichender Inflation mit negativen Gelderträgen zu rechnen; denn in der neueren Wirtschaftsgeschichte sind für alle Volkswirtschaften mehr oder minder starke Inflationsprozesse (= sinkender Geldwert) zu beobachten.

Ähnlich wie ein Haushalt eine gegebene Konsumsumme in Abhängigkeit von den Güterpreisen und den Haushaltspräferenzen bestmöglich auf die unterschiedlichen Güterarten verteilt (optimale Konsumstruktur; vgl. Abschnitt 3.3.2.1), kann eine Wirtschaftseinheit auch ihre *Vermögensstruktur optimieren.* Geht man einmal von mittelfristig unveränderbarem und damit gegebenem Humankapital aus, dann ist das Restvermögen in Abhängigkeit von den Präferenzen sowie den Geld-, Wertpapier- und Sachvermögenserträgen bestmöglich den unterschiedlichen Vermögenskategorien zuzuteilen. Die Analogie zum optimalen Verbrauchsplan läßt sich noch weiterführen: Ändern sich die Konsumsumme und die Güterpreise, dann verändert sich auch die Nachfrage nach einem beliebigen Gut j; die Nachfrage nach dem Gut j hängt ab vom Einkommen sowie von den Preisen aller Güter (vgl. Abschnitt 3.3.2.2). Entsprechend ändert sich hier der gewünschte Wert einer speziellen Vermögensanlage, wenn sich das Gesamtvermögen sowie die unterschiedlichen Zinssätze für die verschiedenen Vermögensformen verändern; der Wert einer speziellen Vermögensanlage ist eine Funktion des Gesamtvermögens (W) sowie aller in Betracht kommenden Ertragsraten bzw. Zinssätze.

Der Wert der speziellen Vermögensart *Geld* (L/P) ist hiernach somit abhängig (a) vom Gesamtvermögen (W), (b) von der Inflationsrate (ΔP/P), (c) vom Zinssatz für Wertpapiere (i), (d) von den Präferenzen für langlebige Sachgüter, (e) von den Erträgen der Sachgüter sowie (f) vom Anteil des Humankapitals am Gesamtvermögen. Sieht man einmal die Einflußfaktoren (d), (e) und (f) als konstant an, dann läßt sich die **Geldnachfragefunktion** vereinfacht in der Form

$$\frac{L}{P} = L^r \left(W, \frac{\Delta P}{P}, i \right) \tag{8.44}$$

schreiben. Da das Vermögen (W) als Quotient aus erwartetem zukünftigen Realeinkommen ($\overset{*}{Y}_r$) und Zinssatz (i) zu errechnen ist (vgl. Gleichung 8.43), kann man auch schreiben:

$$\frac{L}{P} = L^r \left(\overset{*}{Y}_r, \frac{\Delta P}{P}, i \right). \tag{8.45}$$

Hiernach ist die Nachfrage nach Geld nur noch abhängig vom erwarteten Einkommen, von der Inflationsrate und vom Zinssatz:

- Erhöht sich das erwartete Einkommen ($\overset{*}{Y}_r$) bei gegebenem Zinssatz (i), dann wächst auch – gemäß Gleichung (8.43) – das Gesamtvermögen. Die Nachfrage nach Geld (L/P) steigt, weil ein Teil des zusätzlichen Vermögens auch in Geld gehalten wird.
- Eine Zinssatzsenkung wirkt zweifach auf die Geldnachfrage: Die Nachfrage nach Geld würde sich zum einen erhöhen, weil eine Zinssatzsenkung – gemäß Gleichung (8.43) – das Gesamtvermögen erhöht. Eine Nachfragesteigerung wäre aber auch deshalb zu erwarten, weil sinkende Wertpapiererträge eine Substitution der Vermögensart Wertpapiere durch die Vermögensart Geld auslösen könnte.
- Eine steigende Inflationsrate (ΔP/P) wird die Nachfrage nach Geld tendenziell dämpfen, weil sie eine Verschlechterung des „Geldertrages" bedeutet.

Ebenso wie wir die Keynes'sche Geldnachfragefunktion mit Hilfe der Umlaufsgeschwindigkeit des Geldes beschrieben haben (vgl. Gleichung 8.42), können wir diesen Begriff auch hier analog verwenden: Anstelle von Gleichung (8.45) verwenden wir dann die Gleichung

$$\frac{L}{P} = \frac{1}{\overset{*}{V} \left(\overset{*}{Y}_r, \frac{\Delta P}{P}, i \right)} \cdot Y_r. \tag{8.46}$$

Die Umlaufgeschwindigkeit des Geldes ist hier allerdings nicht gleich dem Verhältnis von laufendem Einkommen (Y_r) zur umlaufenden und nachgefragten Geldmenge, sondern sie ist als Quotient aus langfristig zu erwartendem Einkommen ($\overset{*}{Y}_r$) und Geldmenge zu interpretieren.

Wie im Keynes'schen Modell könnte man erwarten, daß mit einem niedrigen Zinssatz eine niedrige Umlaufsgeschwindigkeit (= relativ hohe Geld-

nachfrage) einhergeht. Außerdem müßte für Zeiten stärkerer Inflation mit einer hohen Umlaufsgeschwindigkeit (= relativ niedrige Geldnachfrage) gerechnet werden. Ob die Umlaufsgeschwindigkeit des Geldes bei steigendem Einkommen ansteigt, konstant bleibt oder sinkt, kann aus den bisherigen allgemeinen theoretischen Überlegungen nicht eindeutig abgeleitet werden. Es ist daher eine empirisch zu überprüfende Frage, ob die Geldnachfrage stärker, genauso stark oder weniger stark ansteigt als das reale Einkommen.
Aus **empirischen Untersuchungen**, die lange Zeiträume umfassen, leiten die Monetaristen ab, daß die Umlaufsgeschwindigkeit des Geldes

- auf Zinsänderungen nur sehr schwach reagiert,
- nur in Zeiten stärker ausgeprägter Inflationen bzw. Deflationen durch $\Delta P/P$ nennenswerte Veränderungen erfährt,
- mit steigendem Einkommen ($\overset{*}{Y}_r$) langfristig absinkt.

Hieraus folgt, daß für Normalzeiten (keine größeren Deflationen oder Inflationen) und für kurz- bis mittelfristige Betrachtungen stärkere Veränderungen der Umlaufsgeschwindigkeit des Geldes nicht zu erwarten sind. Es scheint daher gerechtfertigt zu sein, die klassische Geldnachfragefunktion (8.16') *näherungsweise* auch als Beschreibung der monetaristischen Geldnachfragefunktion zu akzeptieren.

Dabei ist stets im Auge zu behalten, daß bei den Monetaristen (a) die Umlaufsgeschwindigkeit keine eindeutig durch die Zahlungssitten festgelegte Größe ist, wenngleich sie in der langfristigen Tendenz durch diese natürlich beeinflußt wird, (b) das Einkommen als langfristige Erwartungsgröße aufgefaßt wird und schließlich (c) das Einkommen als Indikator für das Gesamtvermögen interpretiert wird und somit der Zusammenhang zwischen L/P und $\overset{*}{Y}_r$ nicht über das Transaktionsmotiv zu erklären ist.

8.4.3 Monetaristische Konsum- und Investitionsfunktionen

Der hier beschriebene vermögenstheoretische Ansatz ist nicht nur für die Geldnachfrage, sondern ebenso für die Nachfrage nach Sachgütern (Konsumgüter der Haushalte und Investitionsgüter der Unternehmungen) von Bedeutung. Um dies zu zeigen sei angenommen, daß die Zentralbank das gesamtwirtschaftliche Geldangebot erhöht.
Man kann sich die hieraus resultierende Wirkungskette etwa wie folgt vorstellen: Die Erhöhung des Geldangebots werde von der Zentralbank zum Beispiel durch Wertpapierkäufe herbeigeführt (Offenmarktpolitik, vgl. Abschnitt 8.6.2.2). Hierdurch kommen Haushalte, Produktionsunternehmen und Banken in den Besitz größerer Geldbestände. Die zusätzliche Nachfrage der Zentralbank nach Wertpapieren erhöht gleichzeitig die Wertpapierkurse und senkt entsprechend die Wertpapierrenditen. Insofern ergibt sich – wie bei Keynes – im ersten Schritt eine Zinssenkungstendenz. Diese Tendenz wird sich auch auf die Bankkredite erstrecken, weil die Banken bei niedrigeren Wertpapierzinsen ihr jetzt attraktiver gewordenes Kreditgeschäft (Kreditangebot) auszudehnen versuchen. Die weiteren

Wirkungen gestalten sich nun jedoch in etwas anderer Form als im Keynes'schen Modell.
Eine Zinssenkung bedeutet sowohl eine Verschlechterung der Wertpapiererträge als auch eine Erhöhung des Gesamtvermögens. Die Nachfrage nach Sachgütern wird hiervon unmittelbar betroffen: Bei einem steigenden Gesamtvermögen wird ein Teil des zusätzlichen Vermögens *auch* in Form von Sachgütern „angelegt"; außerdem induziert die Verschlechterung der Wertpapiererträge eine Umschichtung des vorhandenen Vermögens zu Lasten der Wertpapiere. Theoretisch könnte neben den Konsum- und Investitionsgütern auch das Geld als Anlageform von den geschilderten Veränderungen begünstigt werden. Tatsächlich ist dies jedoch nicht zu erwarten, weil die Monetaristen aus ihren empirischen Untersuchungen eine sehr niedrige Zinselastizität der Geldnachfrage ableiten. Für unser Beispiel bedeutet dies konkret, daß die aus dem Wertpapierverkauf an die Zentralbank erzielten Erlöse (= zusätzliche Geldbestände bei Haushalten und Unternehmen) zum Ankauf von Gebrauchsgütern bzw. Investitionsgütern verwendet werden.
Formal bedeuten die monetaristischen Lehren eine Restauration der klassischen Konsumfunktion[1]

$$C = C(Y, i), \tag{8.6}$$

wonach die Höhe der Konsumausgaben auch als Funktion des Zinssatzes angesehen werden kann. Ebenso läßt sich die monetaristische Investitionsfunktion in der klassischen und Keynes'schen Form schreiben, d. h. als

$$I = I(i) \tag{8.7}$$

(vgl. Abschnitt 8.1.2 sowie Abschnitt 8.2.1.1).

Formale Übereinstimmungen von Funktionen dürfen aber nicht darüber hinwegtäuschen, daß Art und Stärke des Zusammenhanges zwischen abhängigen (C bzw. I) und unabhängigen (i bzw. Y) Variablen ganz unterschiedlich eingeschätzt werden können. Beispielsweise wirkt nach klassischer Auffassung ein sinkender Zinssatz dämpfend auf die Spartätigkeit und damit stimulierend auf den Konsum, weil geringere Erträge auf Spareinlagen es attraktiver erscheinen lassen, den Zukunftskonsum auf Kosten des Gegenwartskonsums auszudehnen. In der monetaristischen Theorie muß ein sinkender Zinssatz hingegen auch in Verbindung mit Vermögenssteigerungen bei Haushalten gesehen werden, die schließlich in steigende Konsumgüternachfrage umgesetzt werden. Ganz ähnliche Überlegungen sind zur Investitionsfunktion anzustellen: Ein sinkender Zinssatz muß nicht nur heißen, daß den Unternehmen billigere Kredite zur Verfügung gestellt werden. Eine expansive Offenmarktpolitik (Erhöhung des Geldan-

---

[1] Wenn wir einmal davon absehen, daß im Klassischen und Keynes'schen Modell das laufende Einkommen (Y) betrachtet wird, während die Monetaristen in ihren Analysen die langfristig zu erwartenden Einkommen ($\overset{*}{Y}$) verwenden.

gebots) der Zentralbank (vgl. Abschnitt 8.6.2.2) bedeutet auch eine Vermehrung des Gesamtvermögens der Unternehmen, die zu einer steigenden Investitionsgüternachfrage führt.

Insgesamt läßt sich somit feststellen, daß im monetaristischen Modell der Zusammenhang zwischen Geldangebot und Güternachfrage erheblich enger ist als im Keynes'schen Modell, in dem sich ein erhöhtes Geldangebot allein über sinkende Zinsen und der damit einhergehenden Verbesserung der Rentabilität von Investitionen auf den Gütermarkt auswirken kann. Im monetaristischen Modell verstärkt ein erhöhtes Geldangebot *unmittelbar* neben der Investitionsgüternachfrage auch die Konsumgüternachfrage und wirkt darüber hinaus auf die Einzelkomponenten der Gesamtnachfrage (I und C) erheblich *intensiver*.

8.4.4 Monetaristische Vorstellungen über den Zusammenhang von Geld- und Gütermarkt

Im Keynes'schen Modell erfolgt die Anpassung der Geldnachfrage an ein erhöhtes Geldangebot sowohl über sinkende Zinssätze als auch über ein steigendes Volkseinkommen (soweit das höhere Geldangebot auch zusätzliche Güterkäufe induziert; vgl. Abschnitt 8.3.2). Nach monetaristischen Vorstellungen kann der Zinssatz zu einem Geldmarktgleichgewicht kaum beitragen, da die Zinselastizität der Geldnachfrage als extrem niedrig angesehen wird. Eine Anpassung ist dann nur über das Volkseinkommen möglich: Die durch ein höheres Geldangebot ausgelösten vermehrten Güterkäufe (vgl. den letzten Abschnitt) erhöhen die gesamtwirtschaftliche Produktion und das Volkseinkommen. Ausgabensteigerungen und die daraus entstehenden Einkommenserhöhungen werden sich so lange fortsetzen, wie die Wirtschaftseinheiten noch über überschüssige (= nicht gewollte) Kassenbestände verfügen. Überschüsse wird es erst dann nicht mehr geben, wenn das Volkseinkommen (und damit nach monetaristischer Ansicht auch das Gesamtvermögen) so stark angestiegen ist, daß das höhere Geldangebot von den Wirtschaftseinheiten auch in Form höherer Geldbestände gewünscht (nachgefragt) wird.

Herrscht im Ausgangszustand *Vollbeschäftigung*, dann stimmen die Auswirkungen einer Geldmengenausdehnung im klassischen und monetaristischen Modell überein.[1] Einkommenserhöhungen können sich lediglich in Preissteigerungen niederschlagen; bei konstanter Umlaufsgeschwindigkeit des Geldes steigen die Preise proportional zur Geldmengenerhöhung. Dies ist genau das Ergebnis der oben abgeleiteten *Quantitätstheorie* der Klassiker (vgl. Abschnitt 8.1.3). Somit wird verständlich, warum die Monetaristen auch als Begründer einer **Neo-Quantitätstheorie** bezeichnet werden. Die Unterschiede zwischen der klassischen „naiven" und der monetaristischen Quantitätstheorie liegen weniger im ökonomischen *Ergebnis*, das

[1] Wenn man wiederum von der Unterscheidung in laufende Einkommen und langfristig erwartete Einkommen absieht.

aus einer Geldmengenerhöhung bei Vollbeschäftigung folgt, als vielmehr in der *Erklärung* des Wirtschaftsablaufs, der zu diesem Ergebnis führt. Während die Klassiker die Umlaufsgeschwindigkeit des Geldes als eine durch die Zahlungssitten bestimmte Konstante ansehen, begründen die Monetaristen diese Konstanz mit Hilfe vermögenstheoretischer Überlegungen und darauf aufbauender empirischer Untersuchungen. Darüber hinaus haben es die Klassiker versäumt zu erklären, in welcher Weise zusätzliches Geld, das von der Zentralbank in das ökonomische System geschleust wird, in effektive Güternachfrage transformiert wird. Diese Lücke wird ebenfalls durch die vermögenstheoretischen Überlegungen der Monetaristen geschlossen.

Empirische Untersuchungen über die Nachfrage nach Geld liefern unterschiedliche Werte **zur Zinselastizität der Geldnachfrage.** Die Ergebnisse variieren in Abhängigkeit von der gewählten Geldmengendefinition (M_1 oder M_2; vgl. Abschnitt 8.2.3.2), dem Einkommenskonzept (laufendes Einkommen oder langfristig erwartetes Einkommen), dem gewählten Zinssatz (lang- oder kurzfristig), der Entscheidung über die Verwendung nominaler oder realer Größen und selbstverständlich auch von der Art des statistischen Schätzverfahrens. Nichtsdestoweniger sind einige generelle Aussagen durchaus möglich:

- Die Nachfrage nach Geld ist zwar zinsunelastisch, allerdings kann der Wert der Zinselastizität der Geldnachfrage auch nicht als vernachlässigbar klein bezeichnet werden.
- Die Einkommenselastizität der Geldnachfrage liegt in der Nähe von 1, d. h. steigt das Einkommen z. B. um 5%, dann steigt die Nachfrage nach Geld ceteris paribus ebenfalls um 5%.

Die von dem amerikanischen Monetaristen *Milton Friedman* behauptete Zinselastizität von nahezu Null wird nicht bestätigt. Andererseits findet man aber auch keine Hinweise für die Existenz einer Liquiditätsfalle (Zinselastizität der Geldnachfrage ist unendlich groß; vgl. Abschnitt 8.2.3.4). Insgesamt lassen sich Veränderungen der Geldnachfrage recht gut durch Veränderungen des Zinssatzes wie auch des Einkommens erklären.

Bei niedriger Zinselastizität der Geldnachfrage ist es wenig wahrscheinlich, daß sich die Geldnachfrage an ein vermehrtes Geldangebot allein über Veränderungen des Zinssatzes angepaßt.[1] Denn selbst wenn der Zinssatz auf Null fiele oder gar negativ würde, könnten die Wirtschaftseinheiten u. U. nicht bereit sein, die zusätzliche Zahlungsmittelmenge in Form von höheren Kassenbeständen zu halten. Die Monetaristen gehen daher von der Vorstellung aus, daß eine erhöhte Geldmenge eine Erhöhung des Sozialprodukts bewirkt, die entscheidend zur Wiederherstellung eines Gleichgewichts auf dem Geldmarkt beiträgt. Dieser von den Monetaristen

---

[1] Eine derartige Entwicklung wird im Keynes'schen Modell möglich, wenn die Zinselastizität der Investitionsnachfrage in der Nähe von Null liegt (vgl. Abschnitt 8.2.3.3).

behauptete *enge Zusammenhang zwischen Geld- und Gütermarkt* wird auch durch neuere Untersuchungen zur westdeutschen Wirtschaft gestützt: *Die Wirtschaftsaktivität reagiert im Durchschnitt mit einer Verzögerung von etwa drei Quartalen auf Veränderungen der Geldmenge.*
Der Zusammenhang zwischen der Höhe der Geldnachfrage einerseits sowie der Höhe des Zinssatzes und des Volkseinkommens andererseits läßt sich aufgrund unserer Überlegungen zu Abschnitt 8.4.1 auch mit Hilfe des Begriffs der *Umlaufsgeschwindigkeit* des Geldes beschreiben. Der Übersicht 8.41 ist unmittelbar zu entnehmen, daß die Veränderungen der Umlaufsgeschwindigkeit des Geldes den **Konjunkturschwankungen** (gemessen mit Hilfe des Index der Produktion) folgen. Die Annahme einer auch kurzfristig konstanten Relation zwischen Volkseinkommen und Geldmenge wird durch die in Übersicht 8.41 abgebildeten Beobachtungen also nicht bestätigt.
Andererseits stützen die Daten der Übersicht 8.41 die Annahme der **Zinsabhängigkeit der Umlaufsgeschwindigkeit des Geldes** und damit der Geldnachfrage: Mit steigenden Zinsen steigt die Umlaufsgeschwindigkeit des Geldes, d. h. es sinkt die Geldnachfrage in Relation zum Volkseinkommen und umgekehrt. Im übrigen ist der weitgehend synchrone Verlauf von Konjunktur und Zinssatz zu beachten: Die Zinssätze sind am höchsten in der Spätphase des Booms, wenn die Kreditrestriktionen am stärksten greifen.
Von besonderem Interesse ist auch die Beobachtung, daß die Umlaufsgeschwindigkeit des Geldes von Beginn der siebziger Jahre an gegenüber dem Durchschnitt der sechziger Jahre ein deutlich höheres Niveau erreicht. Sieht man die ziemlich abrupt gestiegene Umlaufsgeschwindigkeit des Geldes im Zusammenhang mit den seit 1970 erheblich gestiegenen *Inflationsraten* (vgl. Übersicht 7.2), dann wird die von *Friedman* formulierte Hypothese gestützt, wonach die Geldnachfrage mit sich beschleunigender Inflation abnimmt.

8.4.5 Exkurs: Keynes'sche, klassische und monetaristische Interpretationen des Zinssatzes

Geld und Geldkapital im Keynes'schen bzw. Klassischen Modell

Der Gleichgewichtspreis eines beliebigen Gutes läßt sich formal aus dem Schnittpunkt von Angebots- und Nachfragekurven dieses Gutes bestimmen. In Teil 1 dieses Buches hatten wir diese Grundidee auf den Kapitalmarkt übertragen: Der Zinssatz, bei dem (Geld-)Kapitalangebot der Haushalte und (Geld-)Kapitalnachfrage der Unternehmungen übereinstimmen, wird Gleichgewichtszins genannt; der Zinssatz ist hiernach der Preis für das Kapital (vgl. Abschnitt 3.4.3.2). Diese Interpretation des Zinssatzes stimmt mit der der **Klassiker** überein (vgl. Abschnitt 8.1.3).
Aus der Keynes'schen Kritik am Klassischen Modell läßt sich nun auch eine Kritik an der klassischen und damit der oben gegebenen mikroökonomischen Zinsinterpretation ableiten: Wenn es bei sehr niedriger Zinselastizität der Investitionen wie auch der Ersparnis unwahrscheinlich wird,

Übersicht 8.41: Umlaufgeschwindigkeit des Geldes, Zinssatz und Konjunkturverlauf in der BR Deutschland 1970–1991 (Quelle: Sachverständigenrat)

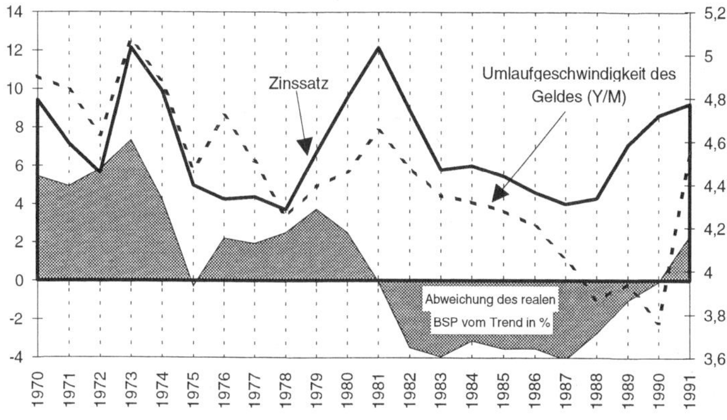

daß der Zinssatz beide Größen in Übereinstimmung bringen kann (vgl. Übersicht 8.7), dann wird man den Zins kaum als Preis für Geldkapital interpretieren können. Nach Keynes'scher Auffassung wird das Gleichgewicht zwischen Sparen und Investieren nicht primär über Veränderungen des Zinssatzes, sondern über Veränderungen des Volkseinkommens hergestellt (vgl. Abschnitt 8.2.1.3). Der Gleichgewichtszins bildet sich bei Keynes auf dem Geldmarkt heraus (vgl. Abschnitt 8.2.3.3), der mit dem klassischen Markt für Geldkapital gar nichts zu tun hat.

Während sich auf dem klassischen Geldkapital- oder Kreditmarkt die Haushalte als Geldanbieter und die Unternehmen als Geldnachfrager gegenüberstehen, treten auf dem Keynes'schen Geldmarkt das Bankensystem als Geldanbieter und die Nichtbanken als Geldnachfrager auf. Nach klassischen Vorstellungen wird über die Höhe des Zinssatzes allein im Nichtbankensektor entschieden. Die Geschäftsbanken übernehmen lediglich eine Vermittlerrolle („Händler von Geldkapital"); Erhöhungen der Geldmenge durch die Zentralbank erhöhen das Preisniveau und lassen den (Real-)Zinssatz unberührt (vgl. Abschnitt 8.3.2). Im **Keynes'schen Modell** spielt dagegen das *Geldangebot der Notenbank* eine zentrale Rolle für die Zinsbildung. Andererseits wird nach dieser Theorie nicht der Einfluß einer erhöhten Geldkapitalbildung (= erhöhte Ersparnis) auf den Zinssatz bestritten. Eine Senkung des Zinssatzes bei erhöhtem Geldkapitalangebot wird allerdings nicht durch eine Rechtsverschiebung der Geldkapitalangebotskurve begründet wie im Klassischen Modell, sie ergibt sich vielmehr aus einem sinkenden Volkseinkommen (S > I) und der daraus resultierenden geringeren Nachfrage nach Transaktionskasse (Linksverschiebung der Geldnachfragefunktion).

Auf dem klassischen Markt für Geldkapital wird der Zins denjenigen gezahlt, die sparen und somit auf Konsum verzichten; der **Zins** gilt **als Vergütung für Konsumverzicht**. Auf dem Keynes'schen Geldmarkt erzielen Wirtschaftseinheiten hingegen Zinserträge, wenn sie auf Geld (Liquidität) verzichten und statt dessen ihr finanzielles Vermögen in Form von Wertpapieren halten; der Zins ist als **Vergütung für Liquiditätsverzicht** zu interpretieren.

Integration klassischer und Keynes'scher Vorstellungen

Bei dem Versuch einer Integration beider Theorieelemente zu einem Gesamtkonzept empfiehlt es sich, von der klassischen Kreditmarktvorstellung auszugehen. Im Gleichgewicht gilt danach

$$S(i, Y) = I(i) \qquad (8.12)$$

$$\text{Geldkapitalangebot} = \text{Geldkapitalnachfrage.}$$

Nun wissen wir bereits aus der Kritik am Klassischen Modell (vgl. Abschnitt 8.1.5), daß die Ersparnis nicht mit dem Angebot von Geldkapital übereinstimmen muß, weil die Wirtschaftseinheiten einen Teil ihres Einkommens in Form von höheren Geldbeständen *horten* bzw. durch Auflösung von Geldbeständen *(enthorten)* auch über ihre Ersparnis aus laufenden Einkommen hinaus Geld anbieten können. Nimmt man einmal an, daß die Horte die Enthorte übersteigen, per Saldo somit Geld zusätzlich gehortet wird (im Ausmaß von H), dann läßt sich Gleichung (8.12′) zur Gleichung (8.47) erweitern:

$$S(i, Y) = I(i) + H. \qquad (8.47)$$

Der Ersparnis als dem Geldkapitalangebot steht jetzt die Geldkapitalnachfrage in Form von Investitionskrediten und Hortgeldbildung gegenüber.

Geld horten heißt auch Halten von Kasse. *Zusätzliche* Hortgeldbildung (H) bedeutet dann in der Keynes'schen Terminologie (vgl. Abschnitt 8.2.3.2) eine *Erhöhung* der Kassenhaltung (ΔL). Da die *Veränderung* der Kassenhaltung (ΔL) wie die Kassenhaltung selbst (= Keynes'sche Geldnachfrage L) als Funktion sowohl des Zinssatzes wie des Volkseinkommens anzusehen sind, kann Gleichung (8.47) jetzt in folgender Form geschrieben werden:

$$S(i, Y) = I(i) + \Delta L(i, Y). \qquad (8.48)$$

Andererseits wird das Angebot von Geld nicht durch die Ersparnis von Haushalten allein bestritten; das Bankensystem hat die Möglichkeit der Geldschöpfung, d. h. der „Produktion" und damit des Angebots zusätzlichen Geldes (ΔM):

$$S(i,Y) + \Delta M = I(i) + \Delta L(i, Y). \qquad (8.49)$$

Diese Gleichung addiert gleichsam die Keynes'sche Theorie des *Geldmarktes* (in Form von Veränderungsgrößen) zur klassischen Theorie des *Geldkapitalmarktes*. Anbieter von Geld sind die Haushalte (Klassik) und das Bankensystem (Keynes), Nachfrager von Geld sind die Unternehmer als Investoren (Klassik) sowie die Unternehmer *und* Haushalte als Geldhalter (Keynes).

Da die **Monetaristen** die Zinselastizität der Geldnachfrage gering einschätzen, ist verständlich, daß diese Denkschule der klassischen Zinssatz- und Kreditmarktvorstellung zuneigt: Geldmengenerhöhungen (ΔM) werden durch ΔL absorbiert, wobei ΔL nicht durch Zinssenkungen, sondern durch Einkommenserhöhungen (bei den Monetaristen neben Preissteigerungen auch durch reale Veränderungen des Volkseinkommens) entsteht. Bei einer schnellen Anpassung von ΔL an ΔM bleibt der Zinssatz von Geldmengenänderungen (ΔM) unberührt.

Die scheinbar unvereinbaren klassischen und Keynes'schen Zinstheorien lassen sich als sich ergänzende Erklärungsansätze für unterschiedliche Zeithorizonte der Betrachtung ansehen. **Langfristig** wird die Zinsbildung wohl am besten durch die Klassische Theorie erklärt, nach der die Höhe des Zinssatzes einmal abhängt von dem Ausmaß der Geldkapitalbildung (die ja als Indikator für das Ausmaß möglicher neuer „Produktionsumwege" gelten kann; vgl. Abschnitt 3.4.3.2) sowie andererseits von den Möglichkeiten der „Geldkapitalverwertung" im Produktionsprozeß der Unternehmen in Form von Investitionen. **Kürzerfristig** (das Keynes'sche Modell ist eine Theorie kurzfristiger Entwicklung) wird die Höhe des Zinssatzes entscheidend durch das Geldangebot des Banksystems mitbestimmt, weil einmal eine Liquiditätserhöhung durch die Zentralbank nur mit zeitlicher Verzögerung durch steigendes ΔL aufgrund steigender Einkommen absorbiert wird, außerdem aber bei sinkenden Zinsen auch mit einer nachhaltig steigenden Nachfrage nach Geld zu rechnen ist; denn die empirischen Untersuchungen untermauern die Hypothese einer positiven Zinselastizität der Geldnachfrage.

Zusammenfassend läßt sich feststellen, daß der Zinssatz weder *ausschließlich* als Vergütung für Konsumverzicht noch allein als eine Prämie für den Verzicht auf Liquidität aufgefaßt werden kann. Der Zinssatz ist eine Vergütung *sowohl* für Konsum- *als auch* für Liquiditätsverzicht. Diese Interpretation legt auch der vermögenstheoretische Ansatz der Monetaristen nahe: Wer sein Vermögen weder in Geld (Liquiditätsverzicht) noch in Sachgütern (Konsumverzicht) „anlegt", sondern stattdessen Wertpapiere bevorzugt, erzielt einen Zinsertrag.[1]

8.5 Begründung und Zusammenhang der Stabilitätsziele

Das Studium des tatsächlichen wirtschaftlichen Geschehens hat gezeigt, daß erhebliche Schwankungen des Sozialproduktwachstums und des Aus-

---

[1] Selbstverständlich liefern die hier entwickelten Vorstellungen nur ein sehr grobes Abbild der Wirklichkeit. Insbesondere muß man im Auge behalten, daß es *den* Zinssatz gar nicht gibt, sondern eine Vielzahl von Zinssätzen für eine Vielzahl unterschiedlicher Forderungsarten (vgl. Abschnitt 8.2.3.1).

lastungsgrades der volkswirtschaftlichen Produktionskapazität für eine sich selbst überlassene Marktwirtschaft charakteristisch sind. Diesen Schwankungen auf der realen Seite des wirtschaftlichen Ablaufs (Produktions- und Faktoreinsatzmengen) entsprechen Schwankungen der zugehörigen monetären Größen: des Niveaus der Güterpreise, der Löhne und der Einkommen.

Einige Teilaspekte dieser Tatbestände ließen sich mit Hilfe des Keynes-Modells begründen:

- die mangelnden Selbstregulierungskräfte einer Marktwirtschaft, um aus einer Situation der Unterbeschäftigung herauszukommen,
- die Tendenz zu inflationären Entwicklungen, wenn die gesamtwirtschaftliche Nachfrage über die volkswirtschaftliche Produktionskapazität hinausgeht.

In den letzten Jahrzehnten hat sich in der praktischen Wirtschaftspolitik der meisten Länder die Erkenntnis durchgesetzt, daß der *gesamtwirtschaftliche* Ablauf ständig durch den systematischen Einsatz wirtschaftspolitischer Instrumente (Globalsteuerung) zu kontrollieren ist.

Überlegungen zum Einsatz des wirtschaftspolitischen Instrumentariums erfordern zunächst einmal klare Vorstellungen über die anzustrebenden *Ziele* und eine Analyse der *Zielzusammenhänge*. Eine Analyse der konkretisierten wirtschaftspolitischen Ziele zeigt, daß häufig Zielkonflikte auftreten. Durch wirtschaftspolitischen Mitteleinsatz lassen sich dann bestimmte Ziele bzw. Zielwerte nur auf Kosten der Erreichung anderer Ziele verwirklichen.

8.5.1 Konkretisierung der Stabilitätsziele

Als Bezugspunkt für die Diskussion wirtschaftspolitischer Maßnahmen ist eine Konkretisierung der Stabilitätsziele erforderlich. In Abschnitt 1.2.3 hatten wir im dritten Zielkomplex „Stabilisierung des Wirtschaftsablaufs" die drei Ziele Vollbeschäftigung, Geldwertstabilität und Zahlungsbilanzausgleich unterschieden.

(1) In fast allen Zielkatalogen der wirtschaftspolitischen Entscheidungsträger hat das Ziel **Vollbeschäftigung** einen hohen Stellenwert; häufig wird es an erster Stelle genannt. Für die wirtschaftspolitische Analyse ist es erforderlich, dieses allgemein akzeptierte Ziel zu konkretisieren. Dabei muß zunächst angegeben werden, wie die Beschäftigungslage gemessen werden soll.

Im allgemeinen wird die Beschäftigungslage gemessen durch die Zahl der registrierten Arbeitslosen, häufig ergänzt durch die Angabe der Zahl der Kurzarbeiter und der offenen Stellen (vgl. Abschnitt 7.1). Damit ist aber noch nicht das Ziel Vollbeschäftigung fixiert, da damit schlechterdings nicht der Zustand gemeint sein kann, in dem keine Arbeitslosen mehr gemeldet sind. Es existieren Formen von Arbeitslosigkeit (z. B. saisonale Arbeitslosigkeit, Fluktuationsarbeitslosigkeit), die mehr oder weniger unvermeidlich sind, so daß eine gewisse Restarbeitslosigkeit stets verbleibt.

Die als **normal anzusehende Restarbeitslosigkeit** unterliegt nun aber, wie es scheint, zeitlichen Veränderungen. Dies läßt sich am Beispiel der **Fluktuationsarbeitslosigkeit** zeigen, also der arbeitslosen Zeit, die der Arbeitsplatzwechsel mit sich bringt. Würden in einer Volkswirtschaft 12% der Erwerbstätigen innerhalb eines Jahres den Arbeitsplatz wechseln und betrüge die Suche nach einem neuen Arbeitsplatz im Durchschnitt 3 Monate, so wiese die Arbeitslosenstatistik eine Arbeitslosenquote von 3% aus, die kaum als energisch zu bekämpfende Arbeitslosigkeit anzusehen sein dürfte.[1]

Insbesondere bei *dynamischer Wirtschaftsentwicklung* (hohes Wachstum, Rationalisierung, Umstrukturierung der Branchen) ist zu erwarten, daß die Mobilität des Faktors Arbeit zunimmt, also der Arbeitsplatzwechsel häufiger vollzogen werden muß. Würden statt 12% nunmehr z. B. 16% der Erwerbstätigen den Arbeitsplatzwechsel vornehmen, so errechnet sich – bei unveränderter Arbeitsunterbrechungszeit von 3 Monaten – eine Arbeitslosenquote von 4%. Die Erhöhung der Quote von 3% auf 4% wird aber insofern nicht als Verschlechterung der Arbeitsmarktsituation zu interpretieren sein, als alle bisher Beschäftigten auch weiterhin Beschäftigung finden.

Die Arbeitslosenquote steigt auch, wenn die *Arbeitsunterbrechungszeit* ausgedehnt wird. Steigt bei einem angenommenen Arbeitsplatzwechsel für 12% der Erwerbstätigen die durchschnittliche Ausfallzeit auf 6 Monate, so steigt die Arbeitslosenquote von 3% auf 6%. Die Dauer der Arbeitsunterbrechung dürfte u. a. davon abhängen, wie gut der Arbeitslose während dieser Zeit finanziell abgesichert ist. Je besser die Arbeitslosenunterstützung ist, um so geringer ist der Druck, möglichst schnell eine neue Arbeit zu finden. Man kann sich bei der Arbeitssuche relativ mehr Zeit lassen, und man kann wählerischer sein. Unbequemlichkeiten, die etwa mit Ortswechsel oder einer niedrigeren gehaltlichen Einstufung verbunden sind, brauchen weit weniger in Kauf genommen zu werden. Es erscheint somit plausibel, daß die Verbesserung der Arbeitslosenunterstützung, die in den letzten Jahrzehnten zu beobachten ist, eine Erhöhung der Arbeitsausfallzeiten beim Arbeitsplatzwechsel begünstigt.

In der statistisch gemessenen Arbeitslosenquote ist auch ein – nur schwer meßbarer – Teil **gewollter Arbeitslosigkeit** enthalten. Es dürfte unzweifelhaft sein, daß einzelne Arbeitnehmer, für die ein künftiger Arbeitsplatz bereits gesichert oder konkret in Aussicht ist, die Arbeitslosenzeit bewußt verlängern, um sich entweder einen zusätzlichen bezahlten Urlaub zu verschaffen oder um sich durch Schwarzarbeit neben der Arbeitslosenunterstützung ein zusätzliches Einkommen zu verdienen. Zu denken ist in diesem Zusammenhang auch an Frauen, die etwa infolge der Geburt eines

[1] Die Arbeitsämter könnten durch verbesserte Vermittlung den Arbeitsplatzwechsel zeitlich verkürzen.

Kindes ihren Beruf aufgeben wollen und vorgeben, weiterhin arbeiten zu wollen, um das Arbeitslosengeld noch zu erhalten.
Sieht man einmal von diesen unerwünschten Erscheinungen gewollter Arbeitslosigkeit ab, denen durch ordnungspolitische Maßnahmen begegnet werden kann, so ist die Arbeitslosenquote bzw. deren Veränderung offenkundig nur ein sehr grober Indikator im Hinblick auf das wirtschaftspolitische Ziel der Vollbeschäftigung. Bevor man Maßnahmen zur Verbesserung der Beschäftigungssituation ergreift, gilt es daher, die **Struktur der Arbeitslosigkeit** genau zu analysieren. Erst die Ermittlung der (veränderlichen) konjunkturell und strukturell bedingten Arbeitslosigkeit ermöglicht eine Beurteilung der Gefährdung von Beschäftigungszielen und des Einsatzes beschäftigungspolitischer Maßnahmen. Die Festlegung von Zielwerten zur Beschäftigungslage, z. B. bezüglich der gewünschten Arbeitslosenquote, wird somit von Land zu Land und im Zeitablauf unterschiedlich sein müssen (vgl. Überlegungen zu Übersicht 8.42).

(2) Die gesellschaftliche Bedeutung des Ziels **Geldwertstabilität** – auch Preisstabilität genannt – ist im Gegensatz zu dem Ziel der Vollbeschäftigung nicht so unmittelbar ersichtlich. Es ist daher zunächst zu klären, von welchen gesellschaftlichen Grundzielen sich der Wert des Ziels Geldwertstabilität ableitet. Das sind insbesondere die **Grundziele der Gerechtigkeit** und der **Sicherheit.**

(a) Preissteigerungen können *ungerecht* sein,

- weil sie zu einer *Einkommensumverteilung von kontraktbestimmten Einkommen* (Löhne und Gehälter) *zu Residualeinkommen* (Unternehmergewinne) führen können. Besonders hart betroffen sind Gruppen mit längerfristig fixiertem Einkommen (etwa Rentner) oder Branchen mit administrativ festgelegten Preisen (z. B. Landwirtschaft), jedenfalls wenn Revisionen der Verträge nicht möglich sind oder die Anpassungen der Nominaleinkommen bzw. -preise verspätet erfolgen.
- weil sie die *Besitzer von Sachvermögen und Geldvermögen in unterschiedlichem Maße treffen.*

Häufig wird versucht, diesen unerwünschten Effekten durch **Geldwertsicherungsklauseln** (oder Indexklauseln) entgegenzuwirken, etwa indem man die Entwicklung der Mieten an die Entwicklung des Lebenshaltungskostenindexes bindet oder bei Pachtverträgen die Höhe der Jahrespacht an die Entwicklung der Beamtengehälter. In der BR Deutschland sind derartige Indexierungen – von Ausnahmen abgesehen – verboten. Es gilt das Nominalwertprinzip und damit der Rechtsgrundsatz „Mark = Mark". Für die Rentner ist (jedoch) mit der Einführung der *dynamischen Rente* eine Anpassung der Renten an die allgemeine Lohnentwicklung gesichert. Auch haben sich mittlerweile Geldwertsicherungsklauseln für längerfristige Miet- und Pachtverträge weitgehend durchsetzen können.

(b) Das *Grundziel der Sicherheit* ist betroffen, da Preissteigerungen

- die *private Ersparnis und Altersversorgung beeinträchtigen*
- und da sie die *Planungen für die Zukunft erschweren* (Investitionsplanungen der Unternehmer, Haushaltsplanungen der öffentlichen Körperschaften u. dgl.).

Aus der erhöhten Unsicherheit bei den Planungen der Wirtschaftseinheiten ergeben sich dann auch negative Auswirkungen auf die *Faktorallokation.* So können z. B. inflationsbedingte „Scheingewinne" zu Fehlinvestitionen verleiten und Verzerrungen im Aufbau der Produktionskapazitäten herbeiführen, die dann in Rezessionsphasen oft schmerzhaft zu bereinigen sind.

Die Geldwertstabilität läßt sich durch Preisindices *messen,* die die Preisentwicklung für eine bestimmte Gruppe von Gütern angeben, z. B. durch einen Preisindex für das Bruttosozialprodukt oder durch den Lebenshaltungskostenindex (vgl. Abschnitt 7.1).
Die *inhaltliche Konkretisierung* des Ziels Geldwertstabilität differiert in den verschiedenen Ländern und zu verschiedenen Zeitperioden. In der BR Deutschland wird diesem Ziel bislang offensichtlich eine größere Bedeutung als in vielen anderen Ländern beigemessen, was wohl auf die historischen Erfahrungen mit zwei galoppierenden Inflationen 1923 und 1948 zurückzuführen sein dürfte. Allerdings zeichnet sich in jüngster Zeit eine Tendenz zur Tolerierung größerer Inflationsraten ab, jedenfalls wenn durch die Maßnahmen zur Inflationsbekämpfung andere Ziele, etwa das Vollbeschäftigungsziel, gefährdet werden.

(3) Das Ziel **Zahlungsbilanzausgleich** – gemeint ist damit meist der Ausgleich der Devisenbilanz (vgl. Abschnitt 7.2.6) – ist erreicht, wenn die internationalen Zahlungsverpflichtungen einer Volkswirtschaft, die sich im wesentlichen aus den Importen von Gütern und Dienstleistungen sowie den „autonomen" Kreditgewährungen an das Ausland ergeben, durch den Export von Gütern und Dienstleistungen und die „autonome" Kreditgewährung des Auslandes abgedeckt werden können.[1] Gehen wir hier vereinfachend davon aus, daß die Nettokreditgewährung (Kreditgewährung – Kreditaufnahme) vernachlässigbar klein ist, so ist Zahlungsbilanzausgleich (bzw. Devisenbilanzausgleich) mit Leistungsbilanzausgleich (Export = Import) identisch.
Die wirtschaftspolitische Bedeutung des Zieles Zahlungsbilanzausgleich wird am besten ersichtlich, wenn man sich die unerwünschten Auswirkungen sowohl von Zahlungsbilanzdefiziten ($X<M$) wie von Zahlungsbilanzüberschüssen ($X > M$) vor Augen führt.
Die negativen Wirkungen von anhaltenden **Zahlungsbilanzdefiziten** leuchten unmittelbar ein. Übersteigen die Importe die Exporte, so ist das sich ergebende Zahlungsbilanzdefizit gegenüber dem Ausland durch einen Abbau der heimischen Devisenbestände zu finanzieren. Anhaltende Defizite können die Gold- und Devisenreserven einer Volkswirtschaft erschöpfen und damit zur *internationalen Zahlungsunfähigkeit* eines Landes führen. Die inländischen Wirtschaftseinheiten können dann z. B. nicht mehr Rohstoffe und Investitionsgüter im gewünschten Umfang importieren. Chronische Zahlungsbilanzdefizite können – wie im Falle Englands nach dem zweiten Weltkrieg – eine restriktive Wirtschaftspolitik erforderlich machen, die hemmend auf das wirtschaftliche *Wachstum* wirkt.

---

[1] Von zwischenstaatlichen Transferzahlungen sowie internationalen Übertragungen von Faktoreinkommen sei hier abgesehen. Als „autonom" bezeichnet man eine Kreditgewährung, wenn sie nicht erfolgt ist, um bewußt den Devisenbestand eines Landes aufzustocken (z. B. Stützungskredite der BR Deutschland an Italien).

Die Nachteile von **Zahlungsbilanzüberschüssen** erscheinen auf den ersten Blick nicht so einsichtig, da sie mit Devisenzuflüssen verbunden sind, die die Zahlungsfähigkeit des Landes erhöhen. Dabei ist jedoch zu bedenken, daß einem Zahlungsbilanzüberschuß der heimischen Volkswirtschaft notwendigerweise Zahlungsbilanzdefizite anderer Länder gegenüberstehen, die dort genau die oben für das eigene Land geschilderten Schwierigkeiten schaffen. Länger andauernde Ungleichgewichte dieser Art können einmal zu *internationalen Spannungen* führen, in deren Verlauf in der Regel diejenigen Länder angeklagt werden, die die internationalen Zahlungsmittel an sich ziehen. Zum anderen können *Abwehrmaßnahmen* der Defizitländer eine Einschränkung des freien internationalen Güteraustausches herbeiführen, die letztlich allen Handelspartnern – auch den Überschußländern – schadet (vgl. Abschnitt 5.6.2).

Doch selbst wenn man diese Probleme für gering erachten sollte, wäre es wenig sinnvoll, übermäßig Devisen anzuhäufen. Ist ein Zahlungsbilanzüberschuß auf einen Überschuß in der Leistungsbilanz zurückzuführen – die Exporte übersteigen die Importe –, dann verzichten die Wirtschaftseinheiten des Inlandes auf Konsum- und/oder Investitionsgüter zugunsten des Auslandes, da die eigene Volkswirtschaft dem Ausland einen größeren Teil der heimischen Produktionskapazitäten zur Verfügung stellt (durch Exporte) als das Ausland der heimischen Wirtschaft (durch Importe). Der Vorteil einer steigenden Zahlungsfähigkeit würde somit durch Konsumverzicht und geringere Investitionen erkauft, so daß sich auch das wirtschaftliche Wachstum infolge *abgeschwächter Kapitalbildung* verlangsamen müßte.

8.5.2 Das Verhältnis der Stabilitätsziele zueinander

Die verschiedenen wirtschaftspolitischen Ziele, und damit auch die genannten Stabilitätsziele, sind nicht unabhängig voneinander, sondern wechselseitig miteinander verbunden, da (a) zwischen den Zielvariablen funktionale Beziehungen bestehen können und (b) der Einsatz wirtschaftspolitischer Instrumente in der Regel mehrere Zielvariablen beeinflußt.

Grundsätzlich lassen sich die folgenden möglichen Beziehungen zwischen wirtschaftspolitischen Zielen unterscheiden:

- **Konkurrenz** zwischen Zielen; die Verwirklichung eines Ziels beeinträchtigt die Erreichung eines anderen (z. B. Vollbeschäftigung und Geldwertstabilität),
- **Komplementarität** von Zielen; die Verwirklichung eines Ziels bringt uns gleichzeitig einem anderen Ziel näher (z. B. Vollbeschäftigung und optimales Wachstum),
- **Neutralität** zwischen Zielen; Ziele sind weitgehend unabhängig voneinander (Beispiele beziehen sich mehr auf wirtschaftspolitische Teilziele).

Die Zielbeziehungen werden im folgenden diskutiert, indem jeweils nur das Verhältnis von zwei Zielen betrachtet wird. Dabei wird von zwei unterschiedlichen Gesichtspunkten ausgegangen: einmal von den oben beschriebenen Modellzusammenhängen und zum anderen von den ökonomischen Fakten.

Vollbeschäftigung und Geldwertstabilität

Das beschriebene aggregierte Modell des Gütermarktes von Keynes führt zu dem Ergebnis, daß sich Vollbeschäftigung und Geldwertstabilität logisch nicht ausschließen (vgl. Abschnitt 8.2.2). Es kommt nur darauf an, die aggregierte Nachfrage einem solchen Niveau anzunähern, daß Produktion und Volkseinkommen gerade die volkswirtschaftliche Produktionskapazität ausschöpfen.

In der Realität (und in differenzierten ökonomischen Modellen) erschwert jedoch eine Reihe von Faktoren eine exakte Abstimmung der beiden Größen:

- Die Wirtschaftseinheiten treffen ihre Entscheidungen unter unsicheren Erwartungen. Die Pläne werden daher stets mehr oder weniger von dem tatsächlichen Wirtschaftsergebnis abweichen.
- Die Möglichkeiten für eine genau dosierte Kontrolle der Höhe der aggregierten Nachfrage durch die staatliche Wirtschaftspolitik sind begrenzt, da auch die Wirtschaftspolitiker ihre Entscheidungen auf der Grundlage unsicherer Erwartungen zu treffen haben und da die zur Verfügung stehenden Instrumente nur eine Steuerung des wirtschaftlichen Ablaufs innerhalb bestimmter Grenzen erlauben.
- Die aggregierte Nachfrage setzt sich aus einer großen Anzahl unterschiedlicher Güter zusammen, und die Produktion erfolgt in einer Vielzahl von Branchen und Betrieben. Bei dem ständigen strukturellen Wandel der Nachfrage und der Produktion können daher selbst bei einer im Durchschnitt der Volkswirtschaft normalen Kapazitätsauslastung in einigen Sektoren Produktionsengpässe auftreten, die zunächst zu partiellen Preissteigerungen führen und dann die Löhne und Preise anderer Sektoren mitbeeinflussen können.

Es zeigt sich, daß in der *Realität* die Ziele Vollbeschäftigung und Geldwertstabilität nur innerhalb bestimmter Toleranzgrenzen miteinander vereinbar sind. Je höher der Beschäftigungsgrad ist, desto schwieriger wird es sein, die Preisstabilität zu erhalten,

- da die Unternehmer in verstärktem Maße um die knappen Arbeitskräfte konkurrieren und zu erhöhten Lohnzugeständnissen bereit sind und/oder
- da sich die Verhandlungsposition der Tarifpartner zugunsten der Gewerkschaften verbessert und diese höhere Löhne durchsetzen können.

Falls die auf die eine oder andere Weise erreichten Lohnerhöhungen über die Steigerungen der Arbeitsproduktivität (= Senkung der Lohnkosten je Produkteinheit) hinausgehen, so daß die Lohnkosten je Produkteinheit (= *Lohnstückkosten*) steigen, dann werden die Unternehmer versuchen, die Preise zu erhöhen (vgl. Abschnitt 8.6.3). Je höher der Beschäftigungsgrad ist, um so leichter lassen sich Kostenerhöhungen in den Preisen weiterreichen.

Herrscht auf der anderen Seite in der Ausgangslage ein relativ hohes Maß an Arbeitslosigkeit, so werden die Gewerkschaften bei den Tarifverhandlungen zurückhaltender sein, um nicht die bestehenden Arbeitsplätze zu gefährden. Dadurch besteht auf der Unternehmerseite eine geringere Neigung zu Preiserhöhungen, insbesondere dann, wenn gleichzeitig die aggregierte Nachfrage gering ist.

Aus diesen Überlegungen läßt sich die *Hypothese* ableiten, *daß ein gegenläufiger Zusammenhang zwischen dem Grad der Unterbeschäftigung und der Höhe der Lohnstückkosten- bzw. der Preissteigerungen besteht.* Der statistische Zusammenhang wurde erstmals von dem englischen Nationalökonomen *Phillips* im Jahre 1958 und in den folgenden Jahren von einer Vielzahl von Ökonomen für verschiedene Länder und Zeitperioden überprüft. Dabei wurden verschiedene Varianten der sog. **Phillips-Kurve** getestet, je nachdem, ob man die Lohnsteigerungsrate, die Steigerungsrate der Lohnstückkosten oder die allgemeine Preissteigerungsrate mit der Höhe der Arbeitslosenquote vergleicht.

Die Diskussion um die Phillips-Kurve nahm heftige Formen an, da eine Reihe von Interpreten aufgrund der ersten empirischen Untersuchungen als wirtschaftspolitische Schlußfolgerung ableiteten, daß die Ziele Vollbeschäftigung und Geldwertstabilität nicht gleichzeitig erreichbar seien und der Wirtschaftspolitik lediglich die Wahl zwischen Inflation und Arbeitslosigkeit verbleibe. Entschiedene Verfechter einer Preisstabilitätspolitik forderten daher, daß eine Erhöhung der Arbeitslosenquote zugelassen werden müsse, um die Inflation zu bekämpfen. Einige Vertreter der Vollbeschäftigungspolitik stellten sich dagegen auf den Standpunkt, daß eine rigorose Inflationsbekämpfung einen unzumutbaren Beschäftigungsrückgang zur Folge haben müßte.

In den letzten Jahren hat sich die Diskussion beruhigt, da neuere empirische Untersuchungen zeigen, daß offenbar keine stabile negative Beziehung zwischen Inflationsrate und Arbeitslosenquote über längere Zeiträume hinweg besteht und daß es auch beim Vergleich zwischen verschiedenen Ländern ausgeprägte Unterschiede gibt. Die Brauchbarkeit der Phillips-Kurve als Orientierung für wirtschaftspolitisches Handeln ist daher zu bezweifeln. Dies gilt vor allem für eine längerfristig orientierte Wirtschaftspolitik. Generell geht ja die Zielsetzung der Wirtschaftspolitik gerade dahin, durch Maßnahmen der verschiedensten Art den Wirtschaftsablauf so zu beeinflussen, daß die Ziele Vollbeschäftigung und Geldwertstabilität miteinander verträglicher werden, d. h. formal, daß die Phillips-Kurve möglichst zum Ursprung des Koordinatensystems hin verschoben wird.

Ein Blick auf die Verhältnisse der Bundesrepublik (vgl. Übersicht 8.42) zeigt schon, daß von einer eindeutig negativen Beziehung zwischen Inflationsrate und Arbeitslosigkeit allenfalls für die sechziger Jahre gesprochen werden kann. Seit etwa Anfang der siebziger Jahre sind bedeutend höhere Arbeitslosenquoten zu verzeichnen. Es scheint, als habe sich die Phillips-Kurve nach rechts verschoben und gedreht. Allerdings ist der Zusammenhang nicht mehr so eng zwischen beiden Variablen, wie die starke Streuung um die Gerade zeigt.

Ein senkrechter Verlauf der Phillips-Kurve oder eine Verschiebung der Kurve nach rechts wird erklärbar, wenn **Inflationserwartungen** (Inflationsmentalität) der Wirtschaftseinheiten vorliegen. Haben z. B. die Unternehmer und Arbeitnehmer bestimmte Inflationserwartungen, die durch die tatsächlichen Preissteigerungen übertroffen werden, so werden sie zu einer Korrektur ihrer Erwartungen nach oben

Übersicht 8.42: Ansätze für Phillips-Kurven für die Bundesrepublik, 1950–1989

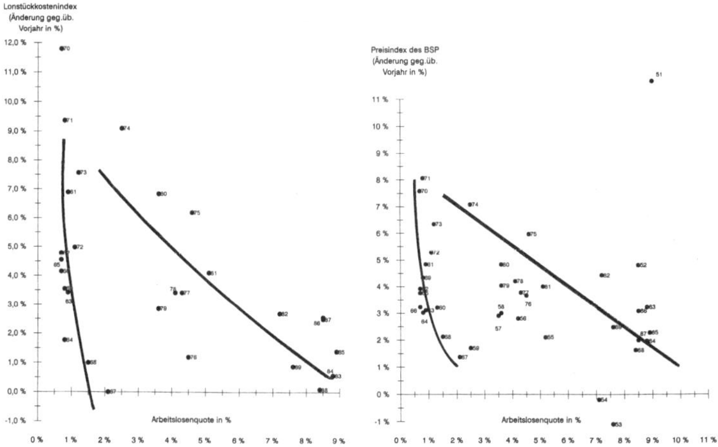

veranlaßt. Arbeitnehmer werden höhere Löhne verlangen, um künftige Preissteigerungen vorwegzunehmen, was Unternehmer veranlassen kann, noch höhere Preise zu verlangen (Lohn-Preis-Spirale nach oben, vgl. Abschnitt 8.2.2.3). Langfristig kann somit die Arbeitslosigkeit trotz Inflation auf dem gleichen Niveau verharren oder sogar zunehmen *(Stagflation)*.

Vollbeschäftigung, Geldwertstabilität und Zahlungsbilanzausgleich

Ob Konkurrenz, Harmonie oder Neutralität zwischen dem Zahlungsbilanzziel einerseits und den binnenwirtschaftlichen Zielen Vollbeschäftigung und Geldwertstabilität andererseits vorliegen, hängt von einer Reihe unterschiedlichster Bedingungen ab. Hier sind insbesondere zu nennen (a) die Organisation des Devisenmarktes (vgl. z. B. Abschnitt 8.2.4), (b) die konjunkturelle Ausgangslage (Vollbeschäftigung oder Unterbeschäftigung) sowie (c) die von den Wirtschaftspolitikern erwogene Ansatzstelle des Instrumenteinsatzes (z. B. Geldmarkt oder Gütermarkt). Wir wollen hier die verschiedenen denkmöglichen Konstellationen nicht durchprüfen, sondern auf die mehr exemplarische Behandlung dieses Problemkomplexes in Abschnitt 8.6.4 verweisen.

8.6 Einsatz des wirtschaftspolitischen Instrumentariums

Die Stabilitätspolitik hat die Aufgabe, den gesamtwirtschaftlichen Ablauf in einer solchen Weise zu beeinflussen, daß die angestrebten Stabilitätsziele entsprechend den Prioritäten der Entscheidungsträger möglichst weitgehend erreicht werden. Stabilitätspolitik ist in erster Linie **Ablaufspolitik** (vgl. Abschnitt 1.2.4), d. h. sie versucht den gesamtwirtschaftlichen Kreislauf durch die Beeinflussung bzw. Festlegung bestimmter makroökonomischer Variablen – wie Geldmenge, Zins, Staatseinnahmen und -ausgaben – zu steuern. Daneben hat die Betrachtung gesamtwirtschaftlicher Steuerungsmechanismen in den vorigen Abschnitten aber auch deutlich gemacht, daß die Schaffung geeigneter rechtlicher und institutioneller Rahmenbedingungen sowohl hinsichtlich der Sicherstellung funktionsfähiger Märkte wie der Einflußnahme wirtschaftspolitischer Instanzen auf den Konjunkturablauf eine wichtige Voraussetzung einer erfolgreichen Stabilitätspolitik ist. Somit kommen auch der **Ordnungspolitik** wichtige stabilitätspolitische Funktionen zu.

(1) Im Bereich der Ordnungspolitik hat die **Wettbewerbspolitik** die Aufgabe der Sicherstellung eines ausreichenden Wettbewerbs im privatwirtschaftlichen Bereich (vgl. Abschnitt 4.4). Sie ist das Kernstück einer jeden Ordnungspolitik in marktwirtschaftlichen Systemen. Vor allem die Überlegungen anhand des Klassischen Modells haben deutlich gemacht, wie wichtig ausreichend flexible, „marktgerechte" Löhne und Preise für die Stabilitätspolitik sind. Daneben sind durch Maßnahmen der Ordnungspolitik die *rechtlichen und institutionellen Voraussetzungen* dafür zu schaffen, daß einmal nicht nur Marktmechanismen konjunkturstabilisierend wirken (z. B. das Steuersystem und das System der Sozialversicherung als institutionell *eingebaute Stabilisatoren*), sondern daß zum anderen die wirtschaftspolitisch verantwortlichen Instanzen eine ausreichende und schnell wirkende Einflußmöglichkeit auf die makroökonomischen Steuerungsvariablen haben.
In diesem Zusammenhang kommt vor allem den gesetzlichen Grundlagen und institutionellen Ausgestaltungen im Bereich des **Geldwesens** (Bundesbankgesetz), der **Finanzverfassung** der öffentlichen Haushalte, der **Arbeitsmarktverfassung** (Tarifrecht) mit den Organisationsformen von Gewerkschaften, Arbeitgebern und Tarifverhandlungen, den **Regelungen der internationalen Wirtschaftsbeziehungen** (z. B. Außenwirtschaftsgesetz, Internationale Währungsabkommen) und der Ausgestaltung **supranationaler Institutionen** (z. B. Internationaler Währungsfonds) eine zentrale Bedeutung zu.

(2) Die Anwendung **ablaufspolitischer Instrumente** mit dem Ziel der Konjunkturstabilisierung setzt voraus, daß durch Gesetze und Verordnungen sowie durch die Errichtung von Institutionen, die die Maßnahmen durchführen und gegebenenfalls kontrollieren können, die entsprechenden Voraussetzungen gegeben sind. In der Bundesrepublik sind in den letzten Jahren mit dem **Stabilitätsgesetz** die Grundlagen für eine globale Konjunktursteuerung erweitert worden (vgl. Abschnitt 8.6.1.2).
Die gesamtwirtschaftliche Ablaufspolitik versucht, den Wirtschaftsprozeß durch Beeinflussung oder Festsetzung von Marktvariablen (allgemein: Preise oder Mengen) im Sinne der stabilitätspolitischen Zielsetzungen zu steuern. Die gesamtwirtschaftliche Ablaufspolitik ist somit ebenfalls als **Marktinterventionspolitik** anzusehen (vgl. die Abschnitte 3.6 und 5.6.2), nur mit dem Unterschied, daß sich die Maßnahmen nicht auf das Gesche-

hen auf *einzelnen* Märkten, sondern auf die abstrakteren Konstruktionen *aggregierter Märkte* richten: wie Gütermarkt, Geld- bzw. Kapitalmarkt und Devisenmarkt.

Wenn man nach der primären[1] *Einsatzstelle am Markt* untergliedert, lassen sich die folgenden Zuordnungen vornehmen: Finanzpolitik → Gütermarkt, Geldpolitik → Geldmarkt, Arbeitsmarkt- und Lohnpolitik → Arbeitsmarkt, Außenwirtschaftspolitik → Devisenmarkt. Bei der Darstellung der verschiedenen Politikbereiche ist diese Reihenfolge unter didaktischen Gesichtspunkten zweckmäßig, da sich in dieser Folge auch der Komplexitätsgrad der zugrundeliegenden Modelle erhöht. Dabei sind dann jeweils verschiedene *Intensitäten der Einflußnahme* zu diskutieren.

8.6.1 Staatliche Finanzpolitik

Die ökonomische Aktivität des Staates hatten wir bei der Volkswirtschaftlichen Gesamtrechnung in den Definitionsgleichungen bereits berücksichtigt. Bei der Darstellung des Klassischen und des Keynes'schen Modells hatten wir aus Vereinfachungsgründen den Staat jedoch zunächst unberücksichtigt gelassen. Eine Analyse der Möglichkeiten und Wirkungen finanzpolitischer Einflußnahme erfordert nun, daß das Verhalten des Staates im Modell berücksichtigt werden muß. Bei der Darstellung des Klassischen Modells war die Möglichkeit staatlicher Einflußnahme bereits erwähnt worden (vgl. Abschnitt 8.1.5). Aus den Modellvorstellungen der Klassiker folgte, daß von staatlicher Aktivität keine gesamtwirtschaftlichen Expansionsprozesse oder Kontraktionsprozesse ausgehen können, finanzpolitische Maßnahmen zur Konjunkturstabilisierung daher grundsätzlich überflüssig sind. Keynes weist der Finanzpolitik jedoch eine entscheidende Rolle bei den Bemühungen um gesamtwirtschaftliche Stabilität zu. Es ist daher nötig, sich zunächst zu vergegenwärtigen, wo staatliche Aktivität im Keynes'schen System erscheint und welche Wirkungszusammenhänge bestehen. Aus diesem Grund wollen wir zunächst ein erweitertes Keynes-Modell für eine geschlossene Volkswirtschaft vorstellen, an dem die Ansatzstellen und die möglichen Auswirkungen finanzpolitischer Maßnahmen sichtbar werden.

8.6.1.1 Wirtschaftstheoretische Grundlagen: Ein erweitertes Modell des Gütermarktes mit staatlicher Aktivität

Eine unmittelbare Beeinflussung des Wirtschaftsablaufs durch den Staat erfolgt durch die Gestaltung seiner Einnahmen und Ausgaben. Übersicht 8.43 enthält eine Aufzählung der typischen Ausgabe- und Einnahmepositionen, die uns bereits aus der Sozialproduktsrechnung bekannt sind.

[1] Die Instrumente haben im allgemeinen auch Auswirkungen auf andere Märkte, bzw. ihre Realisierung setzt gleichzeitig Einflußnahme auf andere Märkte voraus, z. B. wenn staatliche Investitionsausgaben durch die Aufnahme von Krediten finanziert werden.

Übersicht 8.43: Laufende staatliche Ausgaben und Einnahmen

Ausgaben des Staates		Einnahmen des Staates	
1. Käufe von Gütern und Dienstleistungen, aufzuteilen in – Staatl. Konsum, C_{st} – Staatl. Investition, I_{st}	A_{st}	1. Verkäufe von Gütern und Dienstleistungen	
2. Zuschüsse an – Haushalte (Transferzahl.) Z_h – Unternehmen (Subventionen)	Z_u	2. Steuern – direkte Steuern, T_{dir} – indirekte Steuern, T_{ind}	T
3. Rückzahlung von Krediten		3. Aufnahme von Krediten	

Von den angeführten Einnahmen und Ausgaben des Staates beziehen sich die unter 1. und 2. genannten direkt auf den Gütermarkt, während Aufnahme und Rückzahlung von Krediten nur indirekt über den Geldmarkt Einfluß auf den Gütermarkt haben. Sie werden zweckmäßiger im folgenden Abschnitt 8.6.2 zusammen mit den Instrumenten der Geldpolitik diskutiert. Wir können uns daher auf die Analyse der Beeinflussung des Gütermarktes durch staatliche Aktivität beschränken.

Die **Güternachfrage** ist **in einer geschlossenen Volkswirtschaft unter Einbeziehung staatlicher Aktivität** definiert (vgl. Gleichungen 7.11 und 8.3) durch:

$$GN \equiv C_{pr} + I_{pr} + C_{st} + I_{st}. \qquad (8.50)$$

Fassen wir den Staatsverbrauch C_{st} und die staatlichen (Netto-)Investitionen I_{st} zu den **Staatsausgaben für Güter und Dienste** A_{st} zusammen,

$$A_{st} \equiv C_{st} + I_{st}, \qquad (8.51)$$

so läßt sich die Güternachfrage auch vereinfachend schreiben:

$$GN \equiv C_{pr} + I_{pr} + A_{st}. \qquad (8.52)$$

Die privaten Haushalte treffen ihre Konsum- bzw. Sparentscheidungen nach der Höhe des verfügbaren Einkommens Y^v_{pr}; dieses ist unter Berücksichtigung staatlicher Aktivität nicht mehr mit dem Volkseinkommen identisch. Das verfügbare Einkommen der privaten Haushalte ergibt sich, wenn man zum Nettosozialprodukt zu Marktpreisen ($NSP_M \equiv Y_M$) die staatlichen Transferzahlungen an Haushalte sowie die Subventionen hinzuzählt und die direkten und indirekten Steuern abzieht, d. h. $Y^v_{pr} \equiv Y_M + Z - T$ (vgl. Übersicht 7.14). Die Keynes'sche Konsumfunktion lautet jetzt:

$$C_{pr} = C_{pr}(Y^v_{pr}). \qquad (8.53)$$

Diese Funktion kann auch wie folgt geschrieben werden:

$$C_{pr} = C_{pr}(Y_M + Z_u + Z_h - T_{ind} - T_{dir}) \qquad (8.54)$$

$$\text{bzw. } C_{pr} = C_{pr}(Y_M \quad + Z \quad - \quad T \quad).$$

Den tiefgestellten Index M beim Nettosozialprodukt zu Marktpreisen Y_M lassen wir im folgenden der Einfachheit halber weg. Für eine Volkswirtschaft ohne staatliche Aktivität gilt stets $Y \equiv Y_F \equiv Y_M$. Nach der Einbeziehung des Staates wird nun unter Y das Nettosozialprodukt zu Marktpreisen verstanden.

Die **aggregierte Nachfrage** läßt sich nunmehr schreiben:

$$GN = C_{pr}(Y + Z - T) + I_{pr} + A_{st}. \qquad (8.55)$$

Die Auswirkungen von Steuer- und Transferzahlungsänderungen als Mittel der Finanzpolitik kann man sich anhand einer Grafik verdeutlichen (s. Übersicht 8.44). Die Konsumfunktion verschiebt sich nach unten um den Betrag, der aufgrund der zu zahlenden direkten und indirekten Steuern weniger konsumiert wird. Sie verschiebt sich nach oben um den Betrag, den die Haushalte und Unternehmungen aus den erhaltenen Transferzahlungen und Subventionen mehr konsumieren[1].

Wenn wir aus Vereinfachungsgründen für alle drei Komponenten Y, Z und T dieselbe marginale Konsumquote c unterstellen, also Gleichung (8.55) spezifizieren,

$$GN = c(Y + Z - T) + I_{pr} + A_{st}, \qquad (8.56)$$

gibt der Ausdruck $c \cdot T$ die Konsumeinschränkung aufgrund von Steuerzahlungen und der Ausdruck $c \cdot Z$ die Konsumerhöhung aufgrund von Transferzahlungen und Subventionen an. Im allgemeinen dürften die Steuerzahlungen die erhaltenen Zuschüsse übertreffen, so daß sich per Saldo eine Verschiebung der Konsumfunktion nach unten ergibt.

Übersicht 8.44: Einfluß staatlicher Aktivität auf die private Konsumgüternachfrage

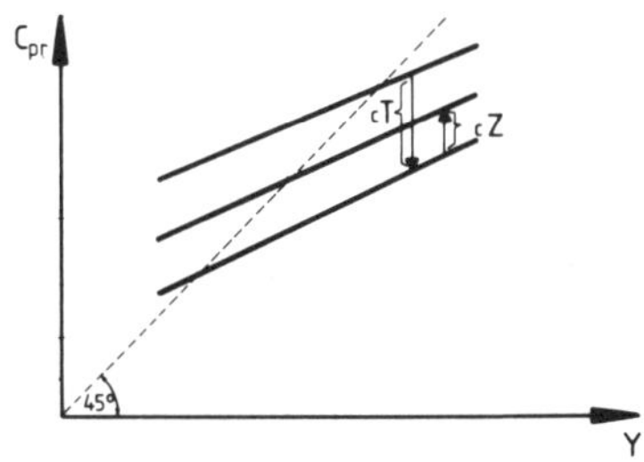

Die *aggregierte Nachfragefunktion* läßt sich dann ermitteln, indem man zu dem privaten Konsum die privaten Investitionen (in unserem Fall zunächst $I_{pr} = I_o$) und die Staatsausgaben für Güter und Dienstleistungen A_{st} hinzuaddiert (s. Übersicht 8.45). Das **Gütermarktgleichgewicht** und das Gleichgewichts-Volkseinkommen wird dann wie in dem Grundmodell (vgl. Übersicht 8.11) durch den Schnittpunkt der aggregierten Nachfragefunktion mit der aggregierten Angebotsfunktion (45°-Linie) bestimmt.

[1] Vom Staat gezahlte Subventionen stehen zwar nicht unmittelbar zum Konsum zur Verfügung, da sie an Unternehmen gezahlt werden. Mittelbar fließen sie aber z. B. über Gewinnerhöhungen den Unternehmerhaushalten zu und erhöhen deren Einkommen.

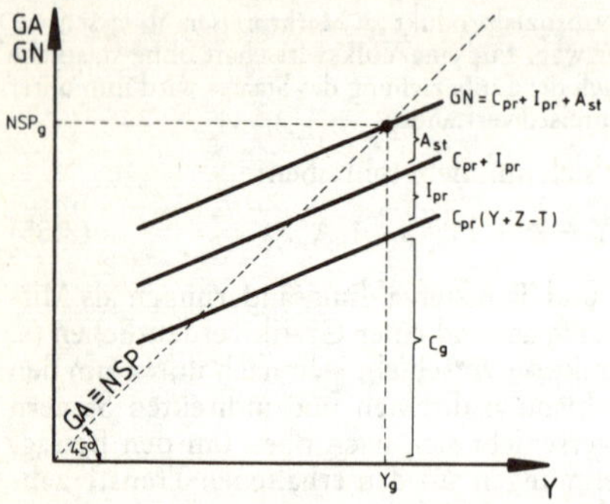

Übersicht 8.45: Gütermarktgleichgewicht bei staatlicher Aktivität

Bezieht man das erweiterte Gütermarktmodell auf eine **offene Volkswirtschaft**, sind der Export X und der Import M als weitere Komponenten der Güternachfrage in die Gleichungen (8.50) bis (8.56) aufzunehmen; aus (8.56) wird dann

$$GN = c\,(Y + Z - T) + I_{pr} + A_{st} + X - M(Y). \qquad (8.56')$$

Übersicht 8.45 ist dann analog zu den Überlegungen in Zusammenhang mit Übersicht 8.15 zu ändern.

8.6.1.2 Ansatzstellen der Finanzpolitik

Das Konzept antizyklischer Finanzpolitik

Die Bedeutung staatlicher Einnahmen und Ausgaben für Produktion und Beschäftigung wurde von Keynes erkannt und hervorgehoben. Sie führte zur Entwicklung des wirtschaftspolitischen Konzepts der antizyklischen Finanzpolitik. Ihr Grundgedanke besteht darin, in Zeiten der Hochkonjunktur, d. h. bei weitgehend ausgelasteten Kapazitäten und Gefahr für die Geldwertstabilität, die aggregierte Nachfrage dadurch zu reduzieren, daß der Staat seine Ausgaben für Güter und Dienste vermindert und/oder die Einnahmen durch Steuererhöhungen[1] steigert. Dadurch wird ein dämpfender Einfluß auf die Konjunktur ausgeübt. Umgekehrt soll der Staatshaushalt in der Depression oder Rezession auf eine Erhöhung der aggregierten Nachfrage zur Steigerung von Produktion und Beschäftigung hinwirken. Eine Ausdehnung der aggregierten Nachfrage kann dabei durch eine Staatsausgabenerhöhung und/oder durch Steuersenkungen erfolgen, wobei ein Defizit des Staatshaushalts (Kreditaufnahme) bewußt in Kauf genommen wird.

Rechtlicher Rahmen antizyklischer Finanzpolitik in der Bundesrepublik

Rechtliche Grundlagen für finanzpolitische Maßnahmen sind in der Bundesrepublik im wesentlichen die **Steuergesetze** sowie das „Gesetz zur För-

[1] Ferner ist an einen Abbau von Subventionen und Transferzahlungen zu denken.

derung der Stabilität und des Wachstums der Wirtschaft" vom 8. 6. 1967, im folgenden kurz **Stabilitätsgesetz** genannt. Das Stabilitätsgesetz umfaßt ein Arsenal finanzpolitischer Instrumente, das zur bewußten Konjunktursteuerung eingesetzt werden soll. Es verpflichtet die Gebietskörperschaften (Bund, Länder und Gemeinden) sowie eine Reihe öffentlich-rechtlicher Körperschaften (Sozialversicherungsträger, Bundespost, Bundesbahn, ERP-Sondervermögen u. a.), bei ihrer Einnahmen- und Ausgabengestaltung den zentralen wirtschaftspolitischen Zielsetzungen Rechnung zu tragen. Das Stabilitätsgesetz sieht darüber hinaus eine Reihe von Regelungen vor, die die privaten Haushalte und Unternehmen zu antizyklischem Verhalten veranlassen sollen.

Die **Ansatzpunkte** der Stabilitätspolitik sind, soweit sie den Gütermarkt betreffen, unmittelbar *aus den Komponenten der aggregierten Nachfrage und des aggregierten Angebots* ersichtlich.

Auf der **Nachfrageseite** können wirtschaftspolitische Maßnahmen ansetzen bei der Beeinflussung bzw. Festlegung
- des privaten Konsums der Haushalte,
- der privaten Investitionen der Unternehmen,
- der staatlichen Konsum- und Investitionsausgaben und
- des Exports und Imports.

(1) Eine Beeinflussung des **privaten Konsums** kann in verschiedener Weise erfolgen. Am wirksamsten sind zweifellos die Maßnahmen der Steuerpolitik, durch die das verfügbare Einkommen der Haushalte erhöht oder gesenkt werden kann. Das kann geschehen durch *Veränderungen der Steuersätze* oder auch durch die Erhebung von Zuschlägen in Perioden mit überhöhter aggregierter Nachfrage, die dann zu einem späteren Zeitpunkt zur Stützung der aggregierten Nachfrage wieder zurückgezahlt werden können. Im Stabilitätsgesetz ist z. B. vorgesehen, daß die Bundesregierung die Einkommen-(Lohn-)steuerschuld für die Dauer höchstens eines Jahres bis zu 10% herauf- oder herabsetzen kann.

Weiterhin versuchen die wirtschaftspolitischen Entscheidungsträger häufig, durch Appelle an die Bevölkerung das Konsumverhalten zu beeinflussen; etwa durch Maßhalteappelle oder Aufforderung zum „Mut zum Konsum". Die Wirkungen dieser Formen der Verhaltensbeeinflussung sind jedoch umstritten.

(2) Zur Beeinflussung der Höhe der **privaten Investitionen** stehen der Finanzpolitik vor allem steuerliche Instrumente zur Verfügung. Von den steuerlichen Maßnahmen hat neben der *Veränderung der Steuersätze* die Festlegung der *steuerlichen Abschreibungsmöglichkeiten* eine große Bedeutung. Die Abschreibungssätze legen fest, in welchem Umfang und in welcher zeitlichen Folge die Ausgaben für Investitionsgüter als Aufwendungen bei der jährlichen steuerlichen Gewinnermittlung berücksichtigt werden können. Die steuerlichen Maßnahmen beeinflussen vor allem die Gewinnsituation der Betriebe, die – wie gezeigt wurde – einen entscheidenden Einfluß auf die unternehmerische Investitionstätigkeit hat.

Nach den Bestimmungen des Stabilitätsgesetzes kann die Bundesregierung zur Überwindung einer Rezession *zusätzliche Abschreibungen* zulassen, indem sie einen *Abzug von der Einkommen- und Körperschaftsteuerschuld* in Höhe von bis zu 7,5% der Anschaffungskosten von Investitionsgütern vorsieht. Im Falle einer angestrebten Dämpfung der Konjunktur kann sie Sonderabschreibungen und die degressive Abschreibung ganz oder teilweise ausschließen. Ferner kann sie unabhängig davon die Körperschaftsteuerschuld für die Dauer eines Jahres um bis zu 10% herauf- oder herabsetzen.

Weiterhin können die staatlichen Entscheidungsträger durch ihre Pläne, Prognosen und eigenen Aktionen das *Investitionsklima* beeinflussen, indem sie in Wirtschaftsberichten und Ankündigungen bestimmte „Garantien" zur Vermeidung stärkerer Rezessionen geben.

(3) **Staatliche Ausgaben** beeinflussen *direkt* die Höhe der aggregierten Nachfrage. Sie erlauben daher auch in solchen Situationen eine Veränderung der aggregierten Nachfrage, in denen das Konsum- und Investitionsverhalten der Privatwirtschaft durch die oben genannten Maßnahmen nicht oder nur in geringem Maße in der gewünschten Richtung beeinflußt werden können. Das gilt insbesondere für tiefgreifende Rezessionen, in denen sich eine pessimistische Grundhaltung in der Wirtschaft durchsetzt.

Das Stabilitätsgesetz schreibt hierzu im einzelnen u. a. vor:
- Im Falle der Hochkonjunktur sollen Einnahmen von Bund und Ländern stillgelegt werden – entweder durch Tilgung von Schulden bei der Bundesbank oder Bildung von **Konjunkturausgleichsrücklagen** (= unverzinsliches Guthaben bei der Bundesbank). In beiden Fällen werden die Güternachfrage und zugleich die umlaufende Geldmenge vermindert. Die Konjunkturausgleichsrücklagen sollen in der Rezession wieder aufgelöst werden.
- Die Bundesregierung kann jederzeit während des **Vollzugs des Bundeshaushalts** eingreifen, indem sie Ausgaben sperrt oder zusätzliche Ausgaben beschließt, die durch zusätzliche Kredite oder durch Entnahme aus der Konjunkturausgleichsrücklage finanziert werden.
- Die Bundesregierung kann die **Kreditaufnahme der öffentlichen Hände** nach Höhe, Art und Zeitpunkt beschränken.

Auf der **Angebotsseite** können wirtschaftspolitische Maßnahmen *kurzfristig*, d. h. wenn man von der Förderung des Wachstums der Produktionskapazität durch Mittel der Wachstumspolitk absieht, nur wenig zur Beeinflussung des heimischen Angebots beitragen. Es verbleiben daher im wesentlichen nur die in Abschnitt 8.6.4 zu diskutierenden Maßnahmen zur Beeinflussung der Exporte und Importe.

8.6.1.3 Wirkungsanalyse des finanzpolitischen Instrumentariums

Aus der graphischen Darstellung des erweiterten Keynes-Modells in Abschnitt 8.6.1.1 ist bereits ersichtlich, in welcher Richtung die im vori-

gen Abschnitt genannten Instrumente wirken. In diesem Abschnitt sollen weitergehende *Aussagen über das quantitative Ausmaß und die zeitliche Folge der Wirkungen* finanzpolitischer Maßnahmen abgeleitet werden. Vorstellungen hierüber sind erforderlich, um den Einsatz der wirtschaftspolitischen Instrumente in der richtigen Weise dosieren zu können.
Nacheinander untersuchen wir zunächst die Wirkungen von Veränderungen

- staatlicher Ausgaben für Güter und Dienste A_{st},
- staatlicher Transferzahlungen und Subventionen Z und
- von Steuerzahlungen T

in einer geschlossenen sowie in einer offenen Volkswirtschaft.

Wirkungen von Staatsausgaben
Aus der erweiterten Gleichgewichtsbedingung für eine geschlossene Volkswirtschft

$$NSP \equiv Y = C_{pr}(Y + Z - T) + I_{pr} + A_{st} \qquad (8.55')$$

ist auf den ersten Blick zu erkennen, daß Veränderungen der staatlichen Ausgaben für Güter und Dienste genau die gleiche Wirkung wie private Investitionen auf die aggregierte Nachfrage haben. Die in Abschnitt 8.2.1.4 abgeleiteten Ergebnisse über die Auswirkungen von Veränderungen der Höhe der privaten Investitionen lassen sich daher völlig analog auf den Fall staatlicher Ausgaben für Güter und Dienste übertragen. Die Multiplikatorwirkungen sind in beiden Fällen gleich (vgl. Gleichung 8.36). Es gilt somit der **Staatsausgabenmultiplikator:**

$$\Delta Y = \frac{1}{1-c}\,\Delta A_{st} = \frac{1}{1-c}\,\Delta C_{st} + \frac{1}{1-c}\,\Delta I_{st}. \qquad (8.57)$$

Wirkungen von staatlichen Transferzahlungen (und Subventionen)
Wenn der Staat Transferzahlungen (einschließlich der indirekt zufließenden Subventionen) an private Haushalte leistet, sind die Auswirkungen auf den wirtschaftlichen Kreislauf schwächer als im Falle von Ausgaben für Güter und Dienste. Das ist leicht einzusehen, wenn man von der in Abschnitt 8.2.1.4 beschriebenen Wirkungskette für Investitionsausgaben ausgeht.
Transferzahlungen erhöhen im ersten Schritt das Einkommen der Haushalte. Die aggregierte Nachfrage wächst allerdings nicht um diesen vollen Betrag, sondern nur um den Betrag, der für den Kauf von Konsumgütern ausgegeben wird. Bei einer marginalen Konsumquote von 0,5 entspricht einer Transferzahlung von 100 Mill. DM nur eine Erhöhung der aggregierten Nachfrage um 50 Mill. DM. Die weiteren Wirkungen setzen sich dann in der oben beschriebenen Weise fort. Gegenüber den Wirkungen von Staatsausgaben für Güter und Dienste fehlt das erste Glied in der Kette, nämlich die anfängliche Erhöhung des Volkseinkommens um den Betrag, der den Unternehmungen als Erlös zufließt. Der **Transferausgabenmultiplikator** ist daher um 1 geringer:

$$\Delta Y = \left(\frac{1}{1-c} - 1\right)\Delta Z \text{ oder } \Delta Y = \frac{c}{1-c}\Delta Z. \qquad (8.58)$$

Dieser Zusammenhang ist auch unmittelbar aus Übersicht 8.44 ersichtlich. Transferzahlungen in Höhe eines Betrages ΔZ führen zu einer Verschiebung der Konsumfunktion und damit der aggregierten Nachfragefunktion um den Betrag $c\Delta Z$, da nur dieser Anteil die aggregierte Nachfrage erhöht. Es ist somit zu erkennen, daß Transferzahlungen eine geringere Multiplikatorwirkung haben als Veränderungen von Komponenten der Endnachfrage (Privatinvestitions-, Konsum- oder Staatsausgaben). Statt eines Multiplikators für ΔI_{pr}, ΔC_{pr} oder ΔA_{st} in Höhe von $\frac{1}{1-c}$ ergibt sich für Veränderungen der Transferzahlungen ein niedrigerer Multiplikator in Höhe von $c \cdot \frac{1}{1-c}$.

Wirkung von Steueränderungen

Steuererhöhungen verringern das im privatwirtschaftlichen Bereich verfügbare Einkommen, Steuersenkungen erhöhen dieses Einkommen. Die Auswirkungen von Veränderungen der Steuersumme entsprechen somit völlig denen von Transferzahlungen, nur mit umgekehrtem Vorzeichen (wenn man von gleichen marginalen Konsumquoten ausgehen kann). Durch eine dauerhafte Steuersenkung um den Betrag ΔT erhöht sich das Volkseinkommen entsprechend dem **Steuermultiplikator:**

$$\Delta Y = \frac{c}{1-c}(-\Delta T). \qquad (8.59)$$

Auch diese Beziehung ist unmittelbar aus Übersicht 8.44 zu ersehen, da Steuererhöhungen die Konsumfunktion genau in die entgegengesetzte Richtung verschieben wie Transferzahlungen.

Veränderte Multiplikatoren in einer offenen Volkswirtschaft

Die abgeleiteten Multiplikatorrelationen (8.36), (8.57) – (8.59) gelten in einer geschlossenen Volkswirtschaft. In einer offenen Volkswirtschaft mit einer vom Einkommen abhängigen *Importnachfrage* wird sich z. B. die bei steigendem Volkseinkommen ebenfalls ansteigende Konsumgüternachfrage nicht allein auf das inländische Angebot richten, sondern es werden auch vermehrt Auslandsgüter nachgefragt. Daher wird die von einer steigenden Konsumgüternachfrage ausgehende expansive Wirkung auf das inländische Sozialprodukt schwächer sein als in einer Volkswirtschaft ohne internationalen Warenaustausch; denn ein *teilweiser Abfluß der zusätzlichen monetären Gesamtnachfrage in das Ausland* wird die inländischen Unternehmer nur zu einer relativ geringen Angebotserhöhung (= Sozialprodukterhöhung = Volkseinkommenserhöhung) veranlassen. Es ist damit auch zu erwarten, daß der Staatsausgabenmultiplikator in einer offenen Volkswirtschaft unter dem Wert 1/(1 – c) liegen wird.[1]

---

[1] Dasselbe gilt selbstverständlich auch für die anderen uns bereits bekannten Multiplikatoren.

Die Stärke der Multiplikatorwirkung läßt sich leicht ableiten. Wir gehen von der Gleichgewichtsbedingung (8.55′) aus und erweitern sie um die Außenwirtschaftsbeziehungen (X; M = mY):

$$Y = c\,(Y + Z - T) + I_{pr} + A_{st} + X - mY. \qquad (8.60)$$

Nach Umformung erhält man:

$$(1 - c + m)\,Y = cZ - cT + I_{pr} + A_{st} + X. \qquad (8.60')$$

Da eine Veränderung des Volkseinkommens (ΔY) durch Veränderungen von Transferzahlungen (ΔZ), Steuern (ΔT), Investitionen (ΔI_{pr}), Staatsausgaben (ΔA_{st}) und/oder von Exporten (ΔX) hervorgerufen werden können, läßt sich (8.60′) auch für Veränderungsgrößen (Δ) schreiben:

$$(1 - c + m)\,\Delta Y = c\Delta Z - c\Delta T + \Delta I_{pr} + \Delta A_{st} + \Delta X \qquad (8.61)$$

oder

$$\Delta Y = \frac{1}{1-c+m}\,(c\Delta Z - c\Delta T + \Delta I_{pr} + \Delta A_{st} + \Delta X).^{1} \qquad (8.61')$$

Der *partielle* Einfluß einer bestimmten Veränderungsgröße (etwa der Staatsausgaben) auf das Volkseinkommen läßt sich leicht ersehen, wenn wir in der Klammer von (8.61′) alle übrigen Veränderungsgrößen mit Null ansetzen. Gleichung (8.61′) reduziert sich dann für $\Delta A_{st} \neq 0$ zu

$$\Delta Y = \frac{1}{1-c+m}\,\Delta A_{st}. \qquad (8.61'')$$

Der Quotient $1/(1 - c + m)$ ist der **Staatsausgabenmultiplikator einer offenen Volkswirtschaft**. Er ist kleiner als die entsprechende Größe für eine geschlossene Wirtschaft ($1/(1 - c)$), weil die marginale Importquote m den Wert des Nenners erhöht. Will somit der Staat einen Zustand der Unterbeschäftigung beseitigen und das Vollbeschäftigungseinkommen erreichen, dann wird er seine Ausgaben für Güter und Dienste um so stärker erhöhen müssen, je enger die heimische Volkswirtschaft mit den Volkswirtschaften anderer Länder verflochten ist (relativ großes m), weil dann mit einer relativ starken zusätzlichen Nachfrage auch nach Auslandsgütern gerechnet werden muß.

Aus Gleichung (8.61′) ist ersichtlich, daß auch der Investitionsmultiplikator und der neu hinzugekommene **Exportmultiplikator** dieselbe Höhe $1/(1 - c + m)$ haben. Der Transferausgaben- und der Steuermultiplikator haben in einer offenen Volkswirtschaft den Wert: $c/(1 - c + m)$.

---

[1] In Gleichung (8.61′) verschwinden die Elemente m und ΔX, wenn wir eine geschlossene Volkswirtschaft unterstellen. Die Multiplikatoren sind dann mit denen in den Gleichungen (8.57) bis (8.59) identisch. In Gleichung (8.60) und (8.61′) konnten im übrigen die Absolutglieder der Konsumfunktion (a) und der Importfunktion (b) entfallen, da sie keinen Einfluß auf den Multiplikatorprozeß haben.

Kombinierter finanzpolitischer Mitteleinsatz
Die verschiedenen Multiplikatoren geben nur den Einfluß jeweils einer Größe bei Konstanz aller übrigen auf das Volkseinkommen an. Die Realität ist jedoch zumeist durch einen kombinierten finanzpolitischen Mitteleinsatz gekennzeichnet, wobei *sich Multiplikatorwirkungen häufig kompensieren.* Wir wollen dies am Beispiel einer **gleichzeitigen Staatsausgaben- und Staatseinnahmenerhöhung** zeigen. Wie stark der Multiplikatoreffekt erhöhter Staatsausgaben ist, hängt von der Art der Finanzierung (Einnahmenerhöhung) ab: (a) Erfolgt die Finanzierung voll aus *Steuererhöhungen,* die einen kontraktiven Multiplikatoreffekt haben, so wird der expansive Effekt der Staatsausgabenerhöhung – wie gleich gezeigt werden soll – zum größten Teil kompensiert. (b) Werden statt Steuererhöhungen *Kredite* aufgenommen, so hängt die Abschwächung des Staatsausgaben-Multiplikatoreffektes davon ab, ob der Staat durch die Kreditaufnahme als unerwünschter Konkurrent auf dem Kreditmarkt auftritt oder nicht. (ba) Unterbleiben private Investitionen deshalb, weil der Staat sich zu Lasten der Privatwirtschaft durch Inkaufnahme höherer Zinsen Kredite besorgen kann, so löst der Umfang der unterlassenen Privatinvestitionen einen kontraktiven Multiplikatoreffekt aus, der den expansiven Effekt erhöhter Staatsausgaben teilweise (im Extremfall $\Delta A_{st} = \Delta I_{pr}$ sogar vollständig) aufhebt. (bb) „Stört" die staatliche Kreditaufnahme die der Privatwirtschaft nicht, etwa wenn der Staat Kredite bei der Zentralbank aufnimmt, so wird der Staatsausgabenmultiplikator voll wirksam.

Da die Finanzierung erhöhter Staatsausgaben normalerweise im wesentlichen durch Steuermehreinnahmen erfolgt, wollen wir abschließend kurz die Auswirkungen einer gleichzeitigen Erhöhung von Staatsausgaben (für Güter und Dienste) und Steuern um den gleichen Betrag **(ausgeglichenes Zusatzbudget)** betrachten. Man sollte meinen, daß der expansive Effekt der Ausgabenerhöhung den kontraktiven Effekt der Steuererhöhung genau kompensiert, so daß keine Nettowirkung auf das Volkseinkommen ausgeht. Ein Vergleich der Multiplikatoren zeigt jedoch, daß der expansive Effekt überwiegen muß. Der Gesamteffekt eines *ausgeglichenen Zusatzbudgets* auf das Volkseinkommen ist nämlich:

$$\Delta Y = \frac{1}{1-c}\,\Delta A_{st} - \frac{c}{1-c}\,\Delta T. \tag{8.62}$$

Da das Zusatzbudget ΔB vollständig aus erhöhten Steuern finanziert wird, gilt $\Delta B = \Delta A_{st} = \Delta T$, und wir können schreiben:

$$\Delta Y = \frac{1}{1-c}\,\Delta B - \frac{c}{1-c}\,\Delta B = \frac{1-c}{1-c}\,\Delta B = \Delta B. \tag{8.63}$$

Hieraus wird deutlich, daß von dem Zusatzbudget eine expansive Wirkung auf das Volkseinkommen ausgeht, wobei der Multiplikator in einer geschlossenen Volkswirtschaft den Wert 1 hat.
Die Erhöhung des Volkseinkommens läßt sich wie folgt erklären: Das durch die erhöhten Steuern den privaten Haushalten entzogene Einkom-

men wäre von ihnen *zu einem Teil* gespart worden. Es wäre somit nicht in voller Höhe nachfragewirksam geworden. Das vom Staat entzogene Einkommen wird jedoch *voll* verausgabt und damit in entsprechender Höhe nachfragewirksam. Netto ergibt sich somit eine Nachfrageerhöhung durch das steuerfinanzierte Zusatzbudget.[1] Dieser vom norwegischen Nationalökonom *Haavelmo* erkannte Zusammenhang wird in der Literatur als **Haavelmo-Theorem** bezeichnet.

Es ergibt sich als wirtschaftspolitische Konsequenz:
- Im Falle von Unterbeschäftigung bewirkt bereits ein steuerfinanziertes ausgeglichenes Zusatzbudget eine Expansion des Volkseinkommens und wirkt somit tendenziell in Richtung auf eine Beseitigung der Unterbeschäftigung.
- Im Falle von Vollbeschäftigung ist ein ausgeglichenes Zusatzbudget „schädlich", da sein expansiver Effekt nur noch inflatorisch sein kann. Wenn dies vermieden werden soll, müssen die Steuern um einen größeren Betrag als die zusätzlichen Staatsausgaben für Güter und Dienstleistungen erhöht werden.

Wirkung einkommensabhängiger Steuern
Bisher sind wir davon ausgegangen, daß Steuern unabhängig von der Höhe des Volkseinkommens und dessen Veränderung im Zeitablauf vom Staat erhoben werden.

Dies gilt mit Einschränkungen allenfalls für Steuern wie die Erbschaft-, Grund- oder Vermögensteuer, deren Aufkommen aber in den meisten Ländern vergleichsweise gering ist. *Die aufkommensstärksten* (für den Staat ertragreichsten) *Steuern,* wie die Lohn- bzw. Einkommensteuer, die Körperschaftsteuer sowie die Umsatzsteuer (Mehrwertsteuer) *sind* dagegen in starkem Maße *einkommensabhängig.*

Die Annahme autonomer Steuern soll nun dadurch aufgegeben werden, daß wir das Steuereinkommen als Funktion des Volkseinkommens betrachten:

$$T = T(Y). \tag{8.64}$$

Im einfachsten Fall können wir einen linearen Zusammenhang der Art

$$T = d + tY; \; 0 < t < 1 \tag{8.65}$$

unterstellen, wobei t die marginale Steuerquote und d das Absolutglied der Funktion darstellt.
Wie Übersicht 8.46 zeigt, kann eine derartige Gestalt der **Steueraufkommensfunktion** als realistisch angesehen werden. Die empirische Überprü-

[1] Ein expansiver Effekt tritt allerdings nur ein, soweit die zusätzlich erhobenen Steuern auf dem Gütermarkt nachfragewirksam werden (ΔA_{st}) und nicht etwa für Transfer- oder Subventionszahlungen (ΔZ) verwendet werden. Es ist leicht ersichtlich, daß sich Steuererhöhungen und erhöhte Transferzahlungen um den gleichen Betrag genau kompensieren, wenn sich die jeweiligen marginalen Konsumquoten nicht unterscheiden. Die Wirkung einer solchen Maßnahme ist somit *konjunkturneutral.*

fung ergab für den Zeitraum 1950 bis 1989 eine Regressions-Gerade der folgenden Form:

$$T = -1 + 0{,}31\ Y \qquad (8.65')$$

Übersicht 8.46: Empirische Steueraufkommensfunktion für die BR Deutschland 1950–1989 (Mrd. DM in jeweiligen Preisen)

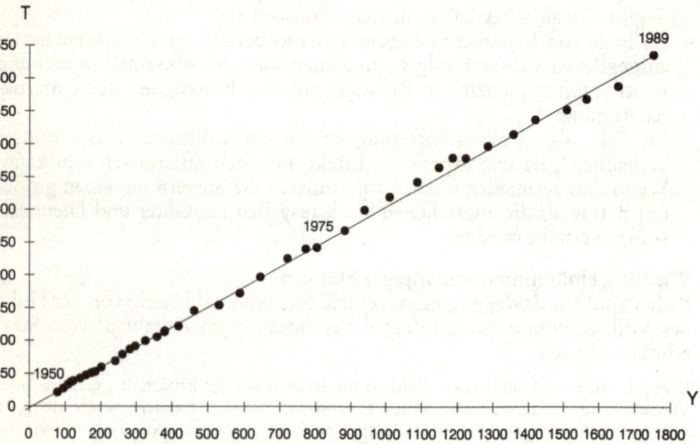

Die wirtschaftspolitische Bedeutung von einkommensabhängigen Steuern wird deutlich, wenn man sich die Veränderungen des Investitions-, Staatsausgaben- und Transferausgabenmultiplikators vor Augen führt, die sich aus der Modifizierung des erweiterten Keynes-Modells (durch Gleichung 8.65) ergeben: Jedes zusätzliche Einkommen wird entsprechend dem Steuersatz t besteuert. Somit verbleibt den privaten Haushalten nur ein Bruchteil des zusätzlichen Einkommens für Konsum- und Sparzwecke. Ob die zusätzlichen Steuereinnahmen auf dem Gütermarkt nachfragewirksam werden, hängt davon ab, ob der Staat die Staatsausgaben erhöht oder nicht. Werden die zusätzlichen Steuereinnahmen (bei unveränderten Transfer- und Subventionszahlungen) vom Staat gespart (z. B. auf Konten der Zentralbank stillgelegt), so bewirken sie auf dem Gütermarkt einen Nachfrageausfall, der genau dem Betrag entspricht, der bei Nichtbesteuerung von den privaten Haushalten verausgabt worden wäre, nämlich in Höhe von $ct\Delta Y$.

Die Investitions-, Staatsausgaben-, Transferausgaben- und Subventionsmultiplikatoren ändern sich somit bei einkommensabhängigen Steuern wie folgt:

$$\Delta Y = \frac{1}{1 - c + ct}\,\Delta I_{pr}, \qquad (8.66)$$

$$\Delta Y = \frac{1}{1 - c + ct} \Delta A_{st}, \quad (8.67)$$

$$\Delta Y = \frac{c}{1 - c + ct} \Delta Z. \quad (8.68)$$

Ein Vergleich der modifizierten Multiplikatoren mit den uns bereits aus den Gleichungen (8.36), (8.58) und (8.59) bekannten zeigt, daß die Werte der neuen Multiplikatoren stets kleiner sind, da im Nenner jeweils die Größe ct zusätzlich enthalten ist (ct ist stets kleiner als 1). Der Multiplikatoreffekt ist somit stets abgeschwächt.[1]

Als wirtschaftspolitische Konsequenz ist festzuhalten, daß einkommensabhängige Steuern tendenziell bremsend auf den Multiplikatorprozeß wirken, und zwar unabhängig davon, ob der Anpassungsprozeß expansiv oder kontraktiv verläuft. Der Bremseffekt ist um so stärker, je größer der marginale Steuersatz t ist. Dies gilt jedoch nur insoweit, als die Staatsausgaben durch die Änderungen der Steuereinnahmen nicht wesentlich beeinflußt werden.

Hieraus resultiert, daß einkommensabhängige Steuern im Konjunkturverlauf als **automatische Stabilisatoren** wirken. In einer Phase der Hochkonjunktur mit gegenüber dem langfristigen Trend stärker steigendem Volkseinkommen werden den privaten Wirtschaftseinheiten auch überproportional stark Einkommensteile entzogen. Dies bedeutet, daß durch die Stilllegung (Nichtverausgabung) der über die geplanten Ausgaben hinausgehenden Einnahmenteile ein Nachfrageausfall auf dem Gütermarkt entsteht und somit der Aufschwung gebremst wird. Im Falle der Rezession sind umgekehrt die Steuereinnahmen relativ oder absolut rückläufig. Den privaten Wirtschaftseinheiten verbleibt damit mehr Kaufkraft für Konsum- und Investitionszwecke.

Es ist allerdings zu beachten, daß die Wirkungen einkommensabhängiger Steuern als automatische Stabilisatoren nur dann eintreten, wenn sie nicht durch erhöhte Staatsausgaben ganz oder teilweise wieder kompensiert werden. Wenn die Höhe der Staatsausgaben bei der Budgetaufstellung an die voraussichtliche Entwicklung der Einnahmen angepaßt wird – wie dies häufig zu beobachten ist –, kann die automatische konjunkturstabilisierende Wirkung natürlich nicht eintreten, es sind dann sogar wegen des beschriebenen Haavelmo-Effekts prozyklische Wirkungen zu befürchten.

Bei der Wirkungsanalyse finanzpolitischer Maßnahmen (veränderter Staatsausgaben und -einnahmen) ist somit *zusammenfassend* zu beachten, daß

- die multiplikativen Wirkungen von Änderungen der Ausgaben für Güter und Dienste auf Produktion und Beschäftigung und damit auf den

[1] In einer offenen Volkswirtschaft ist der Multiplikatoreffekt darüber hinaus wegen des Kaufkraftabflusses durch Importe noch geringer. Die Multiplikatoren sind dann $1/(1 - c + ct + m)$ bzw. $c/(1 - c + ct + m)$.

Konjunkturverlauf größer sind als diejenigen von Veränderungen der Transferausgaben und Steuern,
- ein ausgeglichenes, d. h. nicht-kreditfinanziertes Zusatzbudget expansive und entsprechend ein Kürzungsbudget kontraktive Wirkungen ausübt; im Falle einer Rezession wirkt das Zusatzbudget produktionssteigernd (preissteigernd) und somit antizyklisch, im Falle des Booms ergeben sich umgekehrt bei einem Zusatzbudget (Kürzungsbudget) prozyklische (antizyklische) Wirkungen,
- bei einkommensabhängigen Steuern, wie sie in der Realität zu beobachten sind, jeder Multiplikatorprozeß bei unveränderten Staatsausgaben abgeschwächt wird. Die Steuern wirken im Konjunkturverlauf tendenziell als automatische Stabilisatoren.

Schwierigkeiten antizyklischer Finanzpolitik

Beim Ergreifen antizyklischer finanzpolitischer Maßnahmen besteht das grundsätzliche Problem, die *Größenordnung* und den *Einsatzzeitpunkt der Eingriffe* zu bestimmen. Zudem sind *Wirkungsverzögerungen* der getroffenen Maßnahmen zu berücksichtigen. Ein Erfolg der staatlichen Maßnahmen wird nur zu erreichen sein, wenn die Verantwortlichen die konjunkturelle Situation richtig einschätzen, also über möglichst *treffsichere Konjunkturdiagnosen und -prognosen* verfügen. Hierüber wird in Abschnitt 8.6.5.3 zu sprechen sein.

Daneben gibt es eine Reihe von Schwierigkeiten, die zu einer vorsichtigen Beurteilung der Erfolgsaussichten finanzpolitischer Maßnahmen Anlaß geben. Hinzuweisen ist vor dem Hintergrund bisheriger praktischer Erfahrungen vor allem darauf,
- daß die **Koordination der Maßnahmen** angesichts der Vielzahl öffentlicher Haushalte in der Bundesrepublik schwierig ist,
- daß bei Konjunkturdämpfungsmaßnahmen die finanzpolitische (konjunkturelle) **Manövriermasse** begrenzt ist,
- daß bei Konjunkturankurbelungsmaßnahmen andererseits die **Folgelasten** antizyklischer Finanzpolitik begrenzend wirken.

(1) Die Anwendung des Stabilitätsgesetzes in der Vergangenheit hat Schwierigkeiten bei der **Koordination des Haushaltsgebarens der verschiedenen öffentlichen Hände** sichtbar werden lassen. Auf den Bund entfällt nur ein Teil der öffentlichen Einnahmen und Ausgaben. Seine Haushaltsentscheidungen können durch entgegengesetzte Maßnahmen anderer öffentlicher Haushalte kompensiert werden. Insbesondere die Gemeinden und Gemeindeverbände sind meist wegen unabweisbarer Ausgabenerfordernisse überhaupt nicht in der Lage, sich antizyklisch zu verhalten. Das Stabilitätsgesetz ermöglicht mittels einer Reihe von Koordinationsvorschriften zwar dem Bund, bei den anderen öffentlichen Haushalten und Körperschaften auf eine konjunkturgerechte Haushaltsgestaltung hinzuwirken, **prozyklische Wirkungen** des Haushaltsgebarens einzelner Gebietskörperschaften sind gleichwohl zu beobachten.

(2) Eine auf eine Bremsung des Booms ausgerichtete Finanzpolitik kann, wenn die Möglichkeiten anderer Maßnahmen erschöpft sind, durch eine Einschränkung der Staatsausgaben erreicht werden. Die Möglichkeiten einer drastischen Einschränkung sind aber in der Realität kaum gegeben, da der weitaus **größte Teil der Staatsausgaben** durch gesetzliche und tarifvertragliche Bestimmungen bereits **festgelegt** ist (z. B. Renten, Beamtengehälter, Sozialausgaben) und somit kurz- und mittelfristig nicht zur Konjunkturstabilisierung zur Disposition steht. Gewisse Einschränkungen sind beim Staatsverbrauch zwar möglich, die verbleibenden Einsparungsmöglichkeiten liegen aber meist nur noch im Bereich der staatlichen Investitionen, vornehmlich im Infrastrukturbereich, z. B. im Ausbildungs- und Gesundheitswesen sowie im Verkehrswesen. Angesichts des in der Vergangenheit stark gestiegenen Bedarfs an öffentlichen Gütern in diesem Bereich sowie auch unter wachstumspolitischen Gesichtspunkten muß eine *Einschränkung der investiven Ausgaben aber problematisch* erscheinen, vor allem wenn die Phase der Hochkonjunktur längere Zeit andauert. Es besteht dann die Gefahr, daß notwendige Investitionen unterbleiben und später nicht mehr in ausreichendem Umfang nachgeholt werden können.
Geht man in einer Überschlagsrechnung unter Vernachlässigung von multiplikativen Wirkungen einmal davon aus, daß 90% des Staatskonsums und 50% der staatlichen Investitionsausgaben nicht für die antizyklische Konjunkturpolitik zur Verfügung stehen würden, so hätte die Manövriermasse im Jahre 1977 in der Bundesrepublik 44 Mrd. DM (24 + 20) betragen. Selbst eine vollständige Kürzung der Staatsausgaben um diesen Betrag (= 20%) hätte nur dazu ausgereicht, eine Übernachfrage des privaten Sektors in der Größenordnung von 7% zu kompensieren.

(3) In der Rezession erfordert eine antizyklische Finanzpolitik u. a. die Inkaufnahme eines Haushaltsdefizits. Die dadurch notwendige Kreditaufnahme verursacht aber **Folgelasten** in der Form von **Zinszahlungen und Tilgungsbeträgen**, die die kommenden Haushaltsjahre belasten. Soll eine längerfristig steigende Staatsverschuldung vermieden werden, so sollten die zusätzlichen Kredite bis zum Beginn der nächsten Rezession nach Möglichkeit getilgt sein. Welche Höhe des Haushaltsdefizits man demnach ins Auge faßt, hängt somit auch von der Einschätzung der vermehrten Steuereinnahmen im erwarteten Konjunkturaufschwung ab. Das Zulassen eines hohen Defizits stellt angesichts möglicher langfristiger Folgelasten eine nicht unproblematische Entscheidung dar, die die Entscheidungsinstanz veranlassen kann, ein Defizit lediglich in einer Höhe zuzulassen, die nachträglich gesehen zu einer wirksamen Konjunkturbelebung nicht ausreichte.
Abgesehen von Zins- und Tilgungslasten im Zuge antizyklischer Finanzpolitik sind – vor allem wenn es sich um zusätzliche Investitionsausgaben handelt – die **laufenden Folgekosten** zu berücksichtigen. Mit dem konjunkturpolitisch begründeten Bau von zusätzlichen Krankenhäusern, Schulen oder Universitäten sind nicht nur die einmaligen Investitionsaus-

gaben mit ihrer antizyklischen Wirkung, sondern auch Unterhaltungskosten (staatlicher Konsum) in den folgenden Perioden verbunden.[1] Es muß also beachtet werden, daß die Investitionsentscheidung stets auch eine Entscheidung über künftige dauerhafte Staatsausgaben bedeutet. Da die *jährlichen* Folgekosten in Einzelfällen bis zu 30% der Investitionskosten ausmachen können, werden Grenzen für kurzfristige Staatsausgabensteigerungen sichtbar.

Es zeigt sich somit *insgesamt gesehen*, daß die Einsatzmöglichkeiten der antizyklischen Finanzpolitik begrenzt sind. Angesichts des überwiegenden Anteils der privaten Güternachfrage an der gesamten inländischen Nachfrage der Bundesrepublik in der Größenordnung von rd. 75% kann nicht erwartet werden, daß konjunkturell bedingte Übernachfrage bzw. Nachfrageausfälle stets vom Staat kompensiert werden können.[2] Der Erwartungshorizont bezüglich der finanzpolitischen Wirkungsmöglichkeiten des Staates in marktwirtschaftlich organisierten Industrieländern sollte also nicht zu hoch gespannt werden.

8.6.2 Geldpolitik der Zentralbank

Neben den Mitteln, die der Finanzpolitik zur Steuerung des gesamtwirtschaftlichen Ablaufs zur Verfügung stehen, ist der geldpolitische Instrumenteinsatz, der regelmäßig durch die Zentralbank eines Landes wahrgenommen wird, von erheblicher Bedeutung. Die Möglichkeiten der Geldpolitik zur Beeinflussung der Geldmenge und der Zinssätze auf dem Geld- und Kapitalmarkt sind in den einzelnen Ländern unterschiedlich ausgestaltet. Sie werden durch die jeweilige institutionelle Ordnung des Geldwesens und des Bankensystems bestimmt. Eine Analyse der Ansatzstellen und Wirkungsrichtungen geldpolitischer Maßnahmen kann nur vor dem Hintergrund der jeweiligen institutionellen Rahmenbedingungen und der daraus ableitbaren geschäftlichen Aktivitäten erfolgen.

8.6.2.1 Institutionelle Grundlagen und Ansatzstellen der Geldpolitik

Das Geldwesen sowie das Bankensystem sind in den einzelnen Volkswirtschaften unterschiedlich organisiert. Hier sollen nicht die institutionellen Einzelheiten, sondern der grundsätzliche Aufbau des Bankensystems und die üblichen Bankgeschäfte in modernen Volkswirtschaften kurz skizziert werden, soweit dies für das Verständnis der geldpolitischen Zusammenhänge erforderlich ist. Dabei werden wir insbesondere auf die Verhältnisse in der BR Deutschland eingehen.

Aufbau des Bankensystems in der Bundesrepublik Deutschland

In der BR Deutschland steht an der Spitze des Bankensystems als Zentralbank die *Deutsche Bundesbank* in Frankfurt (mit den Landeszentralban-

---

[1] Womit natürlich die finanzpolitische Manövriermasse in der Zukunft eingeschränkt wird.

[2] Ein theoretischer Nachfrageausfall bei den Privaten in Höhe von 10% (1977 rd. 90 Mrd. DM) hätte zu seiner Kompensation eine Erhöhung der Staatsausgaben um 30% erfordert.

ken als Zweigstellen in allen größeren Städten). Sie besitzt das alleinige Recht der Banknotenausgabe und wird daher auch Notenbank genannt.
In ihren Entscheidungen ist sie weitgehend unabhängig von Regierung und Parlament. Ihre Aufgaben sind im Bundesbankgesetz festgelegt; sie umfassen insbesondere die *Geldversorgung der Wirtschaft und die Abwicklung des Zahlungsverkehrs mit dem Ausland.* Auch die anzustrebenden Ziele sind gesetzlich vorgeschrieben: die *Schaffung eines geordneten Geld- und Kapitalmarktes* und insbesondere die *Erhaltung der Geldwertstabilität.* Bei der Verfolgung dieser Ziele ist die Bundesbank jedoch gesetzlich verpflichtet, die allgemeine Wirtschaftspolitik der Bundesregierung zu unterstützen.

Übersicht 8.47: Aufbau des Bankensystems in der BR Deutschland

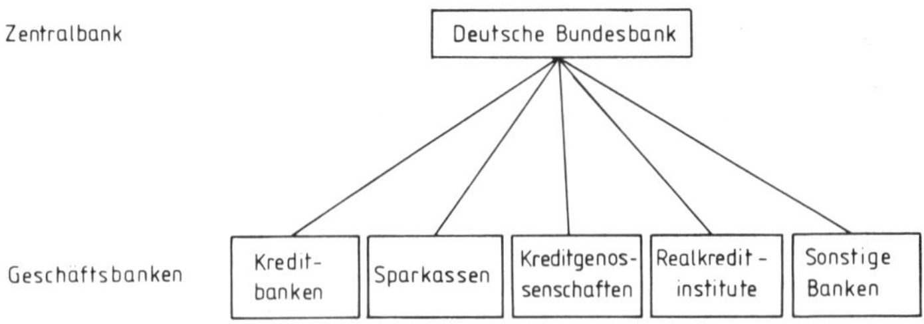

Die Bundesbank betreibt kaum Geschäfte mit den Unternehmen und Haushalten des Nichtbankensektors, sondern überwiegend mit den Geschäftsbanken sowie den Zentralbanken anderer Länder und dem Staat.

Zwischen Bundesbank und „Publikum“ ist somit eine Gruppe von Geschäftsbanken (auch Kreditinstitute genannt) geschaltet, die unterschiedliche Banktypen umfassen. Zur Gruppe der Kreditbanken (vgl. Übersicht 8.47) zählen z. B. die Großbanken (Deutsche Bank, Dresdner Bank, Commerzbank) sowie eine Reihe von Privatbanken. Eine zweite Gruppe bilden die in kommunalem Besitz befindlichen Sparkassen mit Girozentralen und Landesbanken als übergeordneten Instituten. Eine weitere Gruppe mit genossenschaftlicher Zielsetzung bilden die Kreditgenossenschaften (Raiffeisenbanken, Spar- und Darlehnskassen, Volksbanken) mit den Zentralkassen. Die Realkreditinstitute (z. B. Hypothenbanken, Grundkreditanstalten) sind auf die Vergabe von langfristigen Krediten gegen Grundpfandrechte spezialisiert. Zu den sonstigen Kreditinstituten zählen etwa Teilzahlungsbanken, Kreditinstitute mit Sonderaufgaben, Wertpapiersammelbanken oder die Postscheck- und Postsparkassenämter.

Aufgaben und Geschäfte der Zentralbank

Die wichtigste Aufgabe der Zentralbank besteht in der Regulierung der Geldmenge. Die Zentralbank kann auf zweierlei Weise Einfluß nehmen: indem sie die im Umlauf befindliche Menge an Zentralbankgeld verändert und indem sie den Kreditspielraum der Geschäftsbanken beeinflußt. Die erste Möglichkeit ist direkt aus den Geschäften der Zentralbank zu erse-

hen, die zweite wird deutlich, wenn wir die Geschäfte der Geschäftsbanken, insbesondere deren Geldschöpfungsmöglichkeiten, betrachten.
Zentralbankgeld entsteht (verschwindet) durch Kauf (Verkauf) von Forderungen (evtl. auch Gütern) durch die Zentralbank. Dadurch reguliert die Zentralbank indirekt die im Nichtbankensektor befindliche Geldmenge M_1, die auf die Gütermärkte wirkt.

Übersicht 8.48[1]: Stilisierte Bilanz der Bundesbank im gesamten Währungsgebiet der D-Mark, Stand: Ende 1992 (in Mrd. DM)

Aktiva			Passiva
Gold und Devisen	149	Banknotenumlauf	229
Forderungen an Geschäftsbanken	197	Einlagen der Geschäftsbanken	89
Forderungen an Staat	11	Einlagen des Staates	1
Wertpapiere	6	Grundkapital und Rücklagen	10
Sonstige Aktiva	12	Sonstige Passiva	46
	375		375

Quelle: Deutsche Bundesbank

Die einzelnen Geschäfte sind aus der auf die wichtigsten Positionen reduzierten Bilanz der Zentralbank zu erkennen.
Die **Aktiva** umfassen den Bestand der Zentralbank an Gütern und Forderungen. Hierzu gehören vor allem: die Gold- und Devisenbestände, die sich u. a. aus dem Zahlungsverkehr mit den ausländischen Zentralbanken ergeben; die Bestände an Handelswechseln und Wertpapieren, die aus dem Bereich der privaten Wirtschaft aufgekauft sind; Forderungen an den Staat, die aus Krediten an den Staat resultieren.
Die **Passiva** geben die Verpflichtungen der Zentralbank an und umfassen vor allem: (a) die im Zuge des Aktivgeschäftes ausgegebenen und im Besitz der Geschäftsbanken und des Publikums befindlichen Banknoten, die Forderungen an die Zentralbank darstellen; (b) die Sichteinlagen der Geschäftsbanken und die Sichteinlagen des Staates bei der Zentralbank.

Die im Bereich der Geschäftsbanken und des Publikums befindliche Menge an Zentralbankgeld *erhöht* sich, wenn die Zentralbank Aktiva aufkauft und dafür Banknoten hergibt oder Sichtguthaben einräumt. Die Zentralbankgeldmenge wird *eingeschränkt,* wenn die Zentralbank umgekehrt Aktiva verkauft. Auf die Durchführung der Geschäfte kann die Zentralbank in unterschiedlichem Maße Einfluß nehmen: (a) Zur Durchführung von einigen dieser Geschäfte ist sie gesetzlich verpflichtet, (b) auf andere

---

[1] Aus Übersicht 8.48 ist erkennbar, daß die Versorgung der westdeutschen Wirtschaft mit Bargeld zum überwiegenden Teil aus einem Umtausch von Devisen gegen DM resultiert.

kann sie Einfluß nehmen, indem sie die von ihr angebotenen Konditionen verändert, (c) wiederum andere kann sie voll kontrollieren, da die Durchführung in ihrem Ermessen liegt. Indem nun die Zentralbank Geschäfte der einen oder anderen Richtung vornimmt oder beeinflußt, kann sie die im Umlauf befindliche Menge an Zentralbankgeld in der gewünschten Richtung verändern.

Die Möglichkeiten und Grenzen der Geldpolitik der Zentralbank lassen sich am besten verdeutlichen, wenn man die einzelnen Geschäfte der Zentralbank genauer betrachtet:

(1) Die **Gold- und Devisengeschäfte** der Zentralbank und damit der Spielraum für geldpolitische Maßnahmen werden durch die jeweilige Währungsordnung bestimmt. Bei einem System fester Wechselkurse ist die Zentralbank gesetzlich verpflichtet, Devisen in einem solchen Umfange aufzukaufen bzw. zu verkaufen, daß die festgelegte Bandbreite, d. h. der Spielraum, in dem sich der Wechselkurs noch bewegen darf, nicht überschritten wird. Der Zentralbank können somit Geschäfte aufgezwungen werden, die ihren geldpolitischen Zielsetzungen zuwiderlaufen.

Wenn z. B. Exportüberschüsse in einer Boomperiode zu einer Erhöhung des Gold- und Devisenbestandes führen, so ist damit zwangsläufig eine Erhöhung der inländischen Geldmenge verbunden, da die deutschen Exporteure ihre Devisenerlöse über ihre Geschäftsbanken in DM umtauschen lassen. Da die Geschäftsbanken die angekauften Devisen an die Zentralbank weiterverkaufen, kommt zusätzliches Zentralbankgeld in den Umlauf.

Ist wie im Falle fester Wechselkurse der geldpolitische Einsatz von Gold- und Devisengeschäften beschränkt, so muß die Zentralbank auf andere geldpolitische Instrumente ausweichen.

(2) Die **Wechselgeschäfte** der Zentralbank erfolgen nur mit den Geschäftsbanken. Diese können der Zentralbank bestimmte Arten von Wechseln, die sie selbst von der Privatwirtschaft oder auch vom Staat angekauft (= diskontiert) haben, zur Rediskontierung anbieten, um sich z. B. aus Liquiditätsüberlegungen ihrerseits bis zur Fälligkeit der Wechsel Zentralbankgeld zu verschaffen. Die Geschäftsbanken haben dafür einen Zins zu zahlen, der als Diskontsatz[1] bezeichnet wird. Je nach der konjunkturellen Lage kann die Zentralbank den Diskontsatz erhöhen oder senken. Sie betreibt damit *Diskontpolitik*.

(3) Bestimmte **Wertpapiere** (vor allem Schatzwechsel öffentlicher Stellen, unverzinsliche Schatzanweisungen und festverzinsliche Wertpapiere) werden von der Bundesbank am offenen Markt, d. h. auf dem „Geldmarkt" zwischen Banken und/oder an den Wertpapierbörsen im Rahmen ihrer *Offenmarktpolitik* gekauft und verkauft. Beim Ankauf von Wertpapieren stellt die Bundesbank Zentralbankgeld zur Verfügung, beim Verkauf von Wertpapieren schränkt sie die Zentralbankgeldmenge ein.

---

[1] Konsequenter wäre eigentlich die Bezeichnung Rediskontsatz.

(4) Weiterhin gewährt die Notenbank **Kredite an den Staat** (z. B. Kassenkredite, Schatzwechselkredite). Die Erhöhung bzw. der Abbau von Krediten an den Staat haben ähnliche Wirkungen wie die entsprechenden Geschäfte der Offenmarktpolitik.

(5) Die bisher beschriebenen Ansätze der Geldmengen- und Zinspolitik gehen von den Aktivgeschäften der Zentralbank aus. Daneben ist die Bundesbank durch Gesetz ermächtigt, den Geschäftsbanken bestimmte **Mindestreserven** vorzuschreiben, die sie als Einlagen bei der Bundesbank halten müssen. Die Höhe der Mindestreservehaltung wird durch den Mindestreservesatz bestimmt, der einen bestimmten Prozentsatz der Verbindlichkeiten (Sichteinlagen, Termineinlagen, Spareinlagen) der Geschäftsbanken festlegt, der als unverzinsliche Zwangseinlage bei der Bundesbank zu halten ist.

Mit allen Geschäften der Zentralbank ist somit insgesamt gesehen stets eine Veränderung der Zentralbankgeldmenge verbunden. Da diese Geldmenge im wesentlichen nur zwischen der Zentralbank und den Geschäftsbanken existiert, ist noch nicht zu sehen, in welcher Weise Veränderungen der Zentralbankgeldmenge auf die Geldmenge (M_1) im Nichtbankensektor wirkt. Hierzu bedarf es einer Analyse der Aktivitäten der Geschäftsbanken.

Die Aktivitäten und Planungen der Geschäftsbanken

Wir betrachten wiederum eine vereinfachte Bilanz, die nur die wichtigsten Gruppen von Bankgeschäften enthält. Für geldpolitische Überlegungen ist dabei interessant, ob mit einzelnen Aktivitäten Veränderungen der Geldmenge im Sinne von M_1 einhergehen oder nicht.

Passivgeschäfte der Geschäftsbanken betreffen im wesentlichen die Einlagen des Publikums: Einzahlungen von Kunden auf Giro- oder Sparkonten, Abhebungen von diesen Konten oder Umbuchungen zwischen diesen Konten:

Übersicht 8.49: Gesamtbilanz der Geschäftsbanken für das gesamte Währungsgebiet der D-Mark, Stand: Ende 1992 (in Mrd. DM)

Aktiva			Passiva
Kasse (Bargeld, Schecks, Inkassopapiere)	23	Sichteinlagen	475
Guthaben bei der Bundesbank (Mindestreserven)	110	Termineinlagen	1131
Kredite an Kreditinstitute	1920	Spareinlagen	752
Kredite an Nichtbanken	3664	Eigenkapital	241
Sonstige Aktiva	258	Sonstige Passiva	2276
	5975		5975

Quelle: Deutsche Bundesbank

- Eine *Einzahlung von 1000 DM in Banknoten auf ein Girokonto* erhöht den Banknotenbestand der Bank und gleichzeitig die Sichtverpflichtungen der Bank gegenüber dem Kunden um diesen Betrag. Mit diesem Geschäft ist somit eine Erhöhung der Giralgeldmenge (Giralgeldschöpfung) um 1000 DM verbunden. Eine Abhebung von Bargeld hätte den umgekehrten Effekt einer Geldmengenreduzierung (Giralgeldvernichtung). Allerdings verändert sich die Geldmenge M_1 durch derartige Transaktionen nicht. Der Kunde (Nichtbankensektor) hat Zentralbankgeld an den Bankenbereich gegeben. Dies ist als Geldvernichtung im Sinne der Definition von M_1 als im Nichtbankensektor befindlicher Geldmenge zu interpretieren. Dem steht kompensatorisch die Giralgeldschöpfung gegenüber. Der Nettoeffekt auf M_1 ist Null.
- Eine *Einzahlung von 1000 DM auf ein Sparkonto* erhöht ebenfalls den Kassenbestand der Bank um 1000 DM, bedeutet aber eine Geldvernichtung im Sinne von M_1. Da Sparguthaben keine Sichteinlagen sind, ist mit dieser Transaktion keine Geldschöpfung im Sinne von M_1 verbunden. Per Saldo nimmt somit M_1 ab.
- Eine *Umbuchung von 1000 DM von einem Sparkonto auf ein Girokonto* bedeutet eine Giralgeldschöpfung und eine Erhöhung von M_1, da hierdurch geldnahe Anlagen in Sichtguthaben umgewandelt werden.

Das wohl wichtigste **Aktivgeschäft** der Geschäftsbanken ist die **Kreditvergabe** an Haushalte und Unternehmen. Man kann Krediteinräumung durch Barauszahlung und Überweisung (Gutschrift) unterscheiden. Mit der Kreditvergabe ist stets unmittelbar eine Veränderung der Geldmenge M_1 verbunden.

- Zahlt die Bank den Kredit bar aus, so erhöht sich die Zentralbankgeldmenge im Nichtbankensektor, M_1 steigt.
- Läßt sich der Kunde den Kredit auf seinem Girokonto gutschreiben (angelsächsische Methode der Krediteinräumung), so erhöhen sich die Sichteinlagen der Bank. Die Giralgeldmenge und M_1 erhöhen sich dadurch. Dasselbe gilt, wenn der Kunde das Geld (nach Kreditzusage) zur Begleichung einer Forderung auf das Girokonto eines Geschäftspartners überweist. Es erhöhen sich dann die Sichteinlagen der Bank des Geschäftspartners (in der Bundesrepublik übliche Methode der Krediteinräumung).

Grundlage für die Kreditvergabe einer Geschäftsbank sind die zu verzinsenden Einlagen. Unter Rentabilitätsgesichtspunkten wird die Bank versuchen, möglichst hochverzinsliche Kredite einzuräumen. Sie kann jedoch die empfangenen Einlagen nicht vollständig in höherverzinsliche Kredite verwandeln, die eine mittlere oder längere Laufzeit haben, weil vor allem Sichteinlagen jederzeit von dem Kunden wieder in Bargeld umgewandelt werden können. Für die Bank ergibt sich somit ein **Liquiditätsproblem**. Sie muß einen bestimmten Mindestkassenbestand (Zentralbankgeld) halten, der somit nicht zur verzinslichen Kreditvergabe zur Verfügung steht.

Die Höhe des Kassenbestandes wird von den herrschenden *Zahlungssitten* bestimmt (Verhältnis von Bargeldzahlungen zu bargeldlosem Zahlungsverkehr). Hierfür gibt es Erfahrungswerte. Die Banken wissen aus dem täglichen Geschäft, daß Zahlungseingänge und Zahlungsausgänge sich weitgehend kompensieren und daß sie nur einen bestimmten Teil ihrer Aktiva in Form von Kasse halten müssen, um eine plötzliche Mehrnachfrage ihrer Kunden nach Bargeld befriedigen zu können, die Nachfrage nach einem Geld, das sie selbst nicht schaffen können. Die Sichtguthaben bei der Zentralbank, die zweite Komponente der Zentralbankgeldmenge, ist in dieser Hinsicht dem Kassenbestand gleichgestellt, da sie unmittelbar in Bargeld umgewandelt werden können und die Zentralbank in diesem Geld stets zahlungsfähig ist. Zur Sicherung der Zahlungsfähigkeit (und zur geldpolitischen Beeinflussung) schreibt zudem, wie wir wissen, die Zentralbank die Haltung von Zentralbankgeld in der Form der unverzinslichen Mindestreserven vor. Die Liquidität einer Geschäftsbank wird darüber hinaus durch das Halten bestimmter niedrigverzinslicher Aktiva bestimmt, von denen noch zu sprechen sein wird, die durch Verkauf an die Zentralbank jederzeit in Zentralbankgeld umgewandelt werden können. Diese zentralbankfähigen Aktiva sind ebenfalls für die Liquiditätsplanungen von großer Bedeutung.

Die **Möglichkeiten der Kreditvergabe einer Geschäftsbank** werden somit insgesamt bestimmt durch:
- den verfügbaren *Bestand an Zentralbankgeld,* im wesentlichen resultierend aus den Sicht-, Termin- und Spareinlagen der Kunden bzw. durch die Möglichkeit, sich jederzeit Zentralbankgeld verschaffen zu können,
- die Höhe des *Mindestreservesatzes,* der vorschreibt, daß Einlagen in bestimmter Höhe bei der Zentralbank zu halten sind, sowie
- die herrschenden *Zahlungssitten,* von denen abhängt, wie groß die Kassenhaltung der Banken sein muß, um ihren Zahlungsverpflichtungen nachkommen zu können.

Auszahlungswünsche von Kunden können z. B. aus Zentralbankguthaben befriedigt werden, wenn diese die Höhe der Mindestreserve überschreiten.[1] *Die Differenz zwischen dem verfügbaren Bestand an Zentralbankguthaben und der Höhe der Mindestreserve wird als* **Überschußreserve** *bezeichnet.* Aus Liquiditätsüberlegungen sollten die Überschußreserven der Geschäftsbanken (ebenso wie der Kassenbestand) eigentlich groß sein. Da sie aber keine Zinserträge abwerfen, versuchen die Banken, sie weitgehend abzubauen und in zinstragende Forderungen umzuwandeln. Für die Liquiditätsplanungen der Geschäftsbanken sind in diesem Zusammenhang bestimmte niedrigverzinsliche Anlagen auf dem „Geldmarkt" von besonderer Bedeutung, die als **zentralbankfähige Aktiva** bezeichnet werden. Hierzu zählen in der BR Deutschland vor allem bundesbankfähige Wechsel, die meisten börsengängigen Wertpapiere (bei der Bundesbank lombardfähige, d.h. beleihbare Papiere) und bestimmte inländische Geldmarktpapiere, z.B. von öffentlichen Stellen ausgegebene Schatzwechsel und unverzinsliche Schatzanweisungen. Diese Aktiva besitzen für die Geschäftsbanken den Vorteil, daß sie einerseits verzinslich sind, andererseits grundsätzlich aber jederzeit bei der Notenbank in Zentralbankgeld umgetauscht werden können.

---

[1] Kurzfristig kann auch über die Mindestreserve verfügt werden, da sie lediglich im Durchschnitt eines Monats die durch den Reservesatz bestimmte Höhe aufweisen muß.

Entscheidend für die Beurteilung der Liquidität einer Geschäftsbank ist somit nicht allein die Höhe der Überschußreserve, sondern daneben die *Fähigkeit der Bank, sich jederzeit Zentralbankgeld beschaffen zu können.* Diese Fähigkeit kommt im Bestand an zentralbankfähigen Aktiva zum Ausdruck. *Die Überschußreserve und die zentralbankfähigen Aktiva werden als* **freie Liquiditätsreserven** *bezeichnet. Diese freie Liquidität stellt die Grundlage für die weitere Kreditgewährung einer Geschäftsbank dar.* Im Gegensatz dazu besteht die **gebundene Liquidität** aus dem Kassenbestand und dem Mindestreserve-Soll (vgl. Übersicht 8.49). Das Halten von freien Liquiditätsreserven in Form von zentralbankfähigen Aktiva ermöglicht es insgesamt gesehen, das Ziel „ausreichende Liquidität" mit dem prinzipiell konkurrierenden Ziel „Gewinnmaximierung" bis zu einem gewissen Grade vereinbar zu machen. *Entsprechend der Einlagenstruktur auf der Passivseite pendelt sich auf der Aktivseite der Geschäftsbank-Bilanz eine bestimmte Liquiditätsstruktur ein.* Stört die Zentralbank durch ihre Geldpolitik bewußt ein derartiges Gleichgewicht, etwa durch die Veränderung von Mindestreservesätzen, so wird die Geschäftsbank eine neue Liquiditätsstruktur realisieren, die einer aus ihrer Beurteilung optimalen Kombination zwischen Rentabilität und Liquidität der Vermögensanlage entspricht.

Übersicht 8.50: Die Aktivseite einer Geschäftsbank-Bilanz unter Liquiditätsgesichtspunkten

Gebundene Liquidität	Kasse (Bargeld)
	Mindestreserve-Soll (Guthaben bei der Bundesbank)
Freie Liquiditätsreserven	Überschußreserven (Guthaben bei der Bundesbank)
	Zentralbankfähige Aktiva (Wechsel, lombardfähige Wertpapiere Geldmarktpapiere)
Sonstige Kredite Sonstige Wertpapiere Sonstige Aktiva	

Der Prozeß der multiplen Geldschöpfung im Geschäftsbankensystem

Die bisherigen Überlegungen bezogen sich auf die Geldschöpfung und Geldvernichtung im Zuge eines *einzelnen* Bankgeschäfts. Für geldpolitische Überlegungen ist nun von Bedeutung, daß das *Geldschöpfungspotential des Bankensystems insgesamt* wesentlich über den beschriebenen Geldschöpfungseffekt eines Bankgeschäfts hinausgeht. Dies hängt damit zusammen, daß die als Kredite ausgegebenen Gelder teilweise wieder als Einlagen an die Banken zurückfließen und somit für weitere Kreditgewährungen zur Verfügung stehen.

Den sich dabei abspielenden Prozeß wollen wir uns anhand eines numerischen Beispiels vor Augen führen. Es sei angenommen, daß die Geschäftsbanken an der Grenze ihrer Kreditvergabemöglichkeiten operieren und daß nun eine Bareinzahlung auf ein Girokonto in Höhe von 1000 DM bei Bank A erfolgt. Damit erhöhen sich die Kassenhaltung und die Sichtverpflichtungen der Bank A um diesen Betrag. Es findet eine Giralgeldschöpfung von 1000 DM aufgrund dieses Passivgeschäfts statt, wenn auch zunächst keine Geldschöpfung im Sinne von M_1, da mit der Bareinzahlung Zentralbankgeld aus dem Nichtbankensektor verschwindet. Einen bestimmten Bruchteil des neu geschaffenen Giralgeldes muß die Bank zur Sicherstellung ihrer Zahlungsbereitschaft nun als Mindestreserve bei der Zentralbank zinslos hinterlegen. Bei einem angenommenen Mindestreservesatz von 10% macht dies einen Betrag von 100 DM aus, der aus dem um 1000 DM erhöhten Kassenbestand abgezweigt werden kann. In der Kasse der Bank A verbleibt eine Überschußreserve von 900 DM. Dieser Betrag kann nun als Kredit von der Bank verausgabt werden, wenn man davon absieht, daß die Bank den erhöhten Kassenbestand nicht beibehalten will, um möglichen Barauszahlungen aufgrund der höheren Sichtverbindlichkeiten nachkommen zu können. Wenn wir annehmen, daß der Kreditnehmer keine Barabhebung vornimmt, sondern die volle Kreditsumme auf das Girokonto seines Geschäftspartners bei der Bank B überweist, dann erhöht sich aufgrund dieses Geschäftes die Giralgeldmenge um 900 DM. Die Geldmenge M_1 nimmt ebenfalls zu, weil mit der Krediteinräumung und der Überweisung des Kreditbetrages kein Abzug von Zentralbankgeld aus dem Nichtbankensektor verbunden ist. Die Bank B muß nun ihrerseits von dem neu geschaffenen Giralgeld 90 DM in der Form von Mindestreserven abführen. Ihr verbleibt eine Überschußreserve von 810 DM, die für die Vergabe von Krediten zur Verfügung steht. Dieser Prozeß kann sich solange im Bankensystem fortsetzen, bis keine Überschußreserve mehr vorhanden ist. Die Kette des Geldschöpfungsprozesses ist in der folgenden Übersicht 8.51 dargestellt. Insgesamt kann von dem Bankensystem als Folge der anfänglichen Bareinzahlung von 1000 DM eine Geldmenge (M_1) von 9000 DM (bzw. eine Giralgeldmenge von 10000 DM) geschaffen werden.

Dieses Ergebnis läßt sich wie folgt verallgemeinern: Besteht in dem Bankensystem eine Überschußreserve in Höhe von ΔR und ist ein Mindestreservesatz von r (in %) festgelegt, so kann das Bankensystem als Ganzes eine um ein Vielfaches größere Geldmenge schaffen: Wenn alle Geschäfte durch Umbuchungen auf Girokonten vorgenommen werden, also kein Bargeldabzug erfolgt, kann bei voller Ausnutzung des Spielraums maximal eine Geldmenge ΔM_1 geschaffen werden, die dem 1/r-fachen der Überschußreserve entspricht:

$$\Delta M_1 = \frac{1}{r} \Delta R. \tag{8.69}$$

Man bezeichnet den Wert 1/r als den **Geldschöpfungsmultiplikator**.
Wenn ein Teil der Gelder von den Kreditnehmern in Form von Bargeld gewünscht wird, so fließen die bar ausgezahlten Gelder nicht wieder in

Übersicht 8.51: Der Prozeß der Geldschöpfung (r = 10%, kein Bargeldabfluß)

	Mindest-reserve	Überschuß-reserve	Geld-schöpfung
Bareinzahlung 1000			
1. Phase	100	900	900
2. Phase	90	810	810
3. Phase	81	729	729
4. Phase	72,9	656,1	656,1
.	.	.	.
.	.	.	.
Summe	1000	9000	9000

Form von Einlagen in das Bankensystem zurück. In jeder Phase sind dann die Kreditvergabemöglichkeiten der Banken um den Betrag des bar abfließenden Zentralbankgeldes niedriger. Der Geldschöpfungsmultiplikator ist somit unter Berücksichtigung des Bargeldabzugs geringer.[1]
Die Geldschöpfungsmöglichkeit des Geschäftsbankensystems wird allerdings nicht allein durch die Höhe der Überschußreserve bestimmt. Diese ist in der Realität sehr klein, da die Banken lieber (vorübergehend) verzinsliche zentralbankfähige Aktiva halten, die wegen der Umtauschmöglichkeit in Zentralbankgeld dieselbe Eigenschaft wie die Überschußreserven besitzen. ΔR läßt sich somit auch als Veränderung der *freien Liquiditätsreserven* (Überschußreserve + zentralbankfähige Aktiva) interpretieren.

Die Multiplikatorbeziehungen sagen nichts darüber aus, ob das *Geldschöpfungspotential* auch *tatsächlich genutzt* wird. Eine volle Ausnutzung ist unwahrscheinlich, da z. B. die Geschäftsbanken ihren Kunden nicht gegen ihren Willen Kredite einräumen können. Ferner stehen den Kreditaufnahmen ständig Rückzahlungen von Krediten gegenüber, die Geldvernichtung darstellen. Bei einem hohen unausgenutzten Geldschöpfungspotential werden die Banken zur Steigerung ihres Kreditabsatzes tendenziell Zinssenkungen zur Steigerung der Kreditnachfrage vornehmen.

Aus den bisherigen Überlegungen folgt, daß der wichtigste Ansatzpunkt der Geldpolitik die freien Liquiditätsreserven der Geschäftsbanken sind.

---

[1] Die modifizierte Multiplikatorbeziehung lautet:

$$\Delta M_1 = \frac{1}{r + c\,(1 - r)}\,\Delta R, \tag{8.70}$$

wobei c der Bruchteil der von den Kreditnehmern in Banknoten angeforderten Kredite ist. Auf die Ableitung der Formel (8.70) wird hier verzichtet.

Die Zentralbank wird in Zeiten von Unterbeschäftigung bestrebt sein, die Liquiditätsreserven der Geschäftsbanken und dadurch das Geldschöpfungspotential zu erhöhen. Vor allem wenn diese Politik von fallenden Kreditzinsen begleitet ist, erwartet die Zentralbank eine Steigerung der Kreditnachfrage zur Finanzierung zusätzlicher Güterkäufe. Die von Geldmengenausdehnung begleitete Steigerung der Güternachfrage läßt dann einen Abbau der Arbeitslosigkeit erwarten. Man spricht in einer solchen Situation von einer **expansiven Geldpolitik** (Politik des leichten Geldes), da sie auf eine Erhöhung des kurz- und mittelfristigen wirtschaftlichen Wachstums gerichtet ist. Umgekehrt versucht die Zentralbank in Zeiten der Hochkonjunktur durch eine **restriktive** oder **kontraktive Geldpolitik**, d. h. durch Geldmengen- und Kreditreduzierung sowie Zinserhöhungen, die gesamtwirtschaftliche Güternachfrage zu dämpfen und an den längerfristigen Wachstumstrend heranzuführen. Durch Einschränkung der freien Liquiditätsreserven wird versucht, die Geschäftsbanken zu einer Verminderung ihres Kreditangebots zu bewegen, um auf diese Weise ein neues Gleichgewicht in der Liquiditätsstruktur ihrer Vermögensanlagen zu finden.

8.6.2.2 Wirkungsanalyse des geldpolitischen Instrumentariums

Die Zentralbank setzt die ihr zur Verfügung stehenden geldpolitischen Instrumente ein, um die ihr aufgetragenen währungs- und wirtschaftspolitischen Ziele zu verfolgen. Die wichtigsten Instrumente, deren Wirkungen im folgenden näher analysiert werden sollen, sind:

- Diskontpolitik,
- Offenmarktpolitik und
- Mindestreservepolitik.

Die einzelnen geldpolitischen Instrumente können entweder bei einer **Veränderung des Zinssatzes** oder **der Zentralbankgeldmenge** mit ihren Wirkungen auf die Geldmenge M_1 ansetzen (vgl. Abschnitt 8.2.3.4). Die Höhe des Zinssatzes und die zur Verfügung stehende Geldmenge beeinflussen die Entscheidungen der Wirtschaftseinheiten, vor allem die Investitionsentscheidungen der Unternehmen, da der Zinssatz für viele Bereiche ein wichtiger Kostenfaktor ist. Die Höhe der Zentralbankgeldmenge bestimmt Liquidität und Finanzierungsspielraum der Geschäftsbanken und damit auch die Finanzierungsmöglichkeiten der Unternehmen und Haushalte. Die Höhe des Zinssatzes und die Liquiditätslage haben somit einen Einfluß auf die Höhe der Investitionen des privaten Sektors und können darüber hinaus einen gewissen Einfluß auf die Höhe des privaten Konsums und der Staatsausgaben (Möglichkeiten der staatlichen Kreditfinanzierung) haben. Auf diesem Wege werden Veränderungen der aggregierten Nachfrage auf dem Gütermarkt bewirkt, die sich dann entsprechend den beschriebenen Multiplikatorprozessen auf die gesamtwirtschaftliche Produktions-, Einkommens- und Beschäftigungssituation auswirken.

Bedeutsam ist nun, daß die Zentralbank in Verfolgung dieses Konzepts lediglich den Umfang der Zentralbankmenge unmittelbar selbst bestimmen kann. Die Geldschöpfungsmöglichkeiten des Geschäftsbankensystems – die andere Komponente des Geldangebots – kann sie dagegen nur indirekt beeinflussen. Eine ensprechend den Wünschen der Zentralbank genaue Steuerung der umlaufenden Geldmenge ist somit schwierig. Da die Geldmenge (M_1) den Zins beeinflußt, ist auch die Zinsentwicklung nicht mehr immer im geldpolitisch gewünschten Sinne exakt steuerbar.

Diskontpolitik

Die Diskontpolitik der Zentralbank bezieht sich auf die Festsetzung des Zinssatzes (= Diskontsatz) für Handelswechsel, die die Banken der Zentralbank zur Rediskontierung einreichen.

Die Geschäftsbanken gelangen in den Besitz von Handelswechseln, indem sie Wechsel, die im Zahlungsverkehr zwischen Handelspartnern entstanden sind, vor Fälligkeit dem Kunden gegen Zentralbankgeld eintauschen. Der Kunde hat einen Abzug in einer Höhe zu zahlen, die über dem Diskontsatz liegt. Wenn nun die Geschäftsbanken selbst ihren Bestand an Zentralbankgeld etwa infolge zusätzlicher Auszahlungswünsche ihrer Kunden vergrößern wollen, so können sie Handelswechsel bei der Zentralbank rediskontieren lassen. Sie erhalten dann Zentralbankgeld gegen Abzug des Diskontsatzes.

Wenn nun die Zentralbank den Diskontsatz erhöht, so verteuern sich damit zunächst einmal die Refinanzierungskosten der Geschäftsbanken, wenn sie auf die Wechselrediskontierung angewiesen sind. Dies veranlaßt die Banken, die Ankaufsätze für Wechselkredite zu erhöhen. In der Regel werden aber auch die **anderen Sollzinsen** erhöht, da z. B. die Zinssätze für Kontokorrentkredite in den Kreditverträgen regelmäßig an den Diskontsatz gekoppelt sind. Steigende Sollzinseinnahmen der Banken erweitern bei gegebenen Habenzinssätzen im Einlagengeschäft die **Zinsspanne** (= Differenz zwischen den durchschnittlichen Soll- und Habenzinsen). Die Erträge der Banken werden sich somit verbessern, wenn sie nicht bereit sind bzw. durch die Marktverhältnisse dazu gezwungen werden, die Habenzinsen (= Geldbeschaffungskosten der Banken) ebenfalls anzuheben. Bei einer Senkung des Diskontsatzes ergeben sich die entsprechenden Auswirkungen mit umgekehrtem Vorzeichen. Eine Veränderung des von der Notenbank voll kontrollierbaren Diskontsatzes führt insgesamt gesehen stets zu Veränderungen wichtiger Soll- und Habenzinssätze sowie der Zinsstruktur.

Die Verteuerung der Kreditaufnahme für Unternehmen und Haushalte infolge einer Diskontsatzerhöhung wird tendenziell zu einer Einschränkung der Investitionen und unter Umständen auch der Konsumgüterkäufe führen. In welchem Maße eine derartige restriktive Geldpolitik tatsächlich wirkt, hängt von der Erhöhung der Zinskosten und von den allgemeinen Erwartungen über die zukünftige Wirtschaftsentwicklung ab.

Zu den Wirkungen der Diskontpolitik ist zu sagen, daß Diskontsatzänderungen nicht zwingend zu einer Veränderung der Kreditaufnahme und damit der gesamtwirtschaftlichen Nachfrage führen:

- Die Geschäftsbanken können die Diskontpolitik unterlaufen. Sind die Banken etwa bei gegebener Kreditnachfrage sehr liquide und sind sie daher an einer Ausdehnung der Kreditinanspruchnahme interessiert, so werden sie eine Diskontsatzerhöhung nicht voll auf die Sollzinsen durchschlagen lassen, damit die Kreditnachfrage des Publikums entgegen den Wünschen der Zentralbank möglichst nicht beeinträchtigt wird.
- Unternehmen und Haushalte werden nicht in jedem Falle auf veränderte Kreditkosten reagieren. In Boomperioden können bei optimistischen Zukunftserwartungen auch bei erhöhten Kreditkosten die Investitionen und Konsumausgaben weiter zunehmen, und in Rezessionsperioden können auch sehr niedrige Diskontsätze keine hinreichende Bedingung für eine Zunahme der Investitionstätigkeit sein.

Die Diskontpolitik ist primär Zinspolitik; über die nicht voll kontrollierbaren Auswirkungen auf die Kreditnachfrage wirkt sie indirekt auf die Höhe der Geldmenge. Als Erfolg dieser Politik wird angesehen, wenn die Diskontsatzänderung jeweils zu der von der Notenbank gewünschten Änderung der Zinssätze für Bankkredite führt. Ob die Diskontpolitik jedoch auch die gewünschte realwirtschaftliche Wirkung hat, hängt von der nicht kontrollierbaren Reaktion der Unternehmen und Haushalte ab, die ihren Ausdruck in einer Veränderung der Kreditnachfrage findet.

Zielt die Zentralbank in Zeiten der Hochkonjunktur auf eine Reduzierung der freien Liquiditätsreserven zur Begrenzung der Geldschöpfungsmöglichkeiten ab, so wird die Diskontpolitik häufig durch die **Rediskont-Kontingentierung** ergänzt. Damit wird der mengenmäßige Umfang der Wechseleinreichungen bei der Zentralbank begrenzt. Ein Teil des Wechselbestandes kann somit nicht mehr in Zentralbankgeld umgewandelt werden; er verliert somit die Eigenschaft der freien Liquiditätsreserve. Im Zusammenhang mit der Diskontpolitik ist die **Lombardpolitik** zu erwähnen. Neben der Rediskontierung von Wechseln kann sich eine Geschäftsbank gegen Verpfändung bestimmter Wertpapiere Zentralbankgeld verschaffen. Da der Lombardsatz stets über dem Diskontsatz liegt, nehmen die Banken die teueren Lombardkredite nur in Anspruch, wenn die Rediskont-Kontingente erschöpft sind oder wenn sie keinen ausreichenden Bestand an rediskontfähigen Wechseln besitzen. Lombardkredite können auch von der Zentralbank kontingentiert werden.

Die *Diskontpolitik* im weiteren Sinne ist *insgesamt gesehen* ein Instrument, das bei entsprechend starker Dosierung und im Zusammenspiel mit weiteren geldpolitischen Maßnahmen durchaus eine Beeinflussung des wirtschaftlichen Ablaufs in der gewünschten Richtung auszuüben vermag. Darüber hinaus sind Veränderungen des Diskontsatzes ein wichtiger Indikator für die Einschätzung der wirtschaftlichen Lage durch die Zentralbank und der Absichten der Bundesbank. Diskontsatzveränderungen haben daher auch indirekt beträchtliche Signalwirkungen, indem sie die Zukunftserwartungen der Unternehmer und damit das Investitionsklima beeinflussen. Ein Zeichen für diese Wirkung sind die Reaktionen der Aktienbörsen, die häufig als Folge von Diskontveränderungen zu beobachten sind.

Offenmarktpolitik

Während der Ankauf von Wechseln und die Beleihung von Wertpapieren Gegenstand der Diskont- und Lombardpolitik ist, erstreckt sich die Offenmarktpolitik der Zentralbank auf den An- und Verkauf bestimmter Wertpapiere. Die Wirkungen der Offenmarktpolitik betreffen dabei primär die Zentralbank-Geldmenge und erst sekundär das Zinsniveau.

Hinsichtlich des **Geldmengeneffektes** muß unterschieden werden, ob es sich um Wertpapiere handelt, für die die Zentralbank eine bindende *Rücknahmezusage* (= jederzeitige Umwandlungsmöglichkeit in Zentralbankgeld) gegeben hat oder nicht:

- **Wertpapiere mit Rücknahmezusage** sind vor allem die kurz- oder mittelfristigen Schatzwechsel und sog. unverzinslichen Schatzanweisungen öffentlicher Stellen. Der Verkauf dieser Papiere an die Zentralbank führt unmittelbar nur zu einer Erhöhung der Zentralbankgeldmenge (Tausch innerhalb der freien Liquiditätsreserven) im Geschäftsbankenbereich. Erst wenn die erworbene Zentralbankgeldmenge benutzt werden soll, erhöht sich im zweiten Schritt die Geldmenge M_1. Die Initiative zur Erhöhung der Zentralbankgeldmenge und (eventuell) der Geldmenge M_1 geht soweit allein von der Geschäftsbank aus. Die Zentralbank kann lediglich über die Gestaltung der Rücknahmekonditionen (Verzinsung) der Wertpapiere ihren An- bzw. Verkauf durch die Geschäftsbank beeinflussen.
- Offenmarktgeschäfte mit **Wertpapieren ohne Rücknahmezusage** tätigt die Zentralbank mit den Geschäftsbanken, aber auch mit dem Nichtbankensektor. Es handelt sich dabei um An- und Verkäufe von börsengängigen (langfristigen) festverzinslichen Wertpapieren. Im Gegensatz zur eben beschriebenen Gruppe beeinflussen derartige Geschäfte den Umfang der Liquiditätsreserven der Geschäftsbanken unmittelbar, unabhängig davon, ob die Zentralbank die An- und Verkäufe mit den Geschäftsbanken oder dem Publikum abschließt. (a) Kauft die Geschäftsbank die Wertpapiere von der Zentralbank, so vermindert sich ihre Überschußreserve. Die Wertpapiervermögensanlage rechnet wegen der fehlenden festen Rückkaufszusage der Zentralbank nicht zu den freien Liquiditätsreserven. Der Geldschöpfungsspielraum der Geschäftsbank wird somit eingeschränkt. (b) Kauft statt der Bank ein Kunde der Bank von der Zentralbank die Wertpapiere, so vermindert sich infolge der Bezahlung sein Sichtguthaben bei der Geschäftsbank. Die Geldmenge M_1 nimmt also ab. Die Überweisung des Gegenwertes an die Zentralbank bewirkt, daß die Sichtguthaben der Geschäftsbank bei der Zentralbank und damit die Überschußreserve abnimmt.

Man erkennt unschwer bei einem *Vergleich mit der Diskontpolitik* den stärkeren direkten Einfluß der Offenmarktpolitik auf die *Geldmenge*. Vor allem die direkte Beeinflussung der freien Liquiditätsreserven durch Geschäfte mit festverzinslichen Wertpapieren, weisen die Offenmarktpolitik als ein wirksames Instrument zur Beeinflussung der Kreditvergabemöglichkeiten der Geschäftsbanken aus. In der Bundesrepublik hat der

Umfang der Offenmarktgeschäfte bisher allerdings, anders als etwa in angelsächsischen Ländern, keine große Bedeutung erlangt. Die *Zinseffekte* der Offenmarktpolitik folgen unmittelbar aus den Überlegungen der vorhergehenden Abschnitte: Wenn die Zentralbank festverzinsliche Wertpapiere aufkauft, so erhöhen sich tendenziell die Kurse und die Zinsen sinken. Tritt die Zentralbank als Verkäufer auf, so zeigen sich die entgegengesetzten Tendenzen. Hinsichtlich der Wirkungen eines veränderten Zinsniveaus auf den Wirtschaftsablauf kann auf die Ausführungen zur Diskontpolitik verwiesen werden.

Mindestreservepolitik

Unter Mindestreservepolitik versteht man die Festlegung des Mindestreservesatzes durch die Zentralbank im Hinblick auf die angestrebten geld- und wirtschaftspolitischen Ziele. Die Wirkung dieses Instrumentes ist abhängig von der Liquiditätslage der Banken und dem Ausmaß ihrer Veränderung. Bei richtiger Dosierung erscheint die Mindestreservepolitik als das wirkungsvollste geldpolitische Instrument, da es *unmittelbar* und ohne die Wertpapierbestände der Zentralbank zu beanspruchen, den Kreditspielraum der Geschäftsbanken einengt oder erweitert.

Der Mindestreservesatz darf in der Bundesrepublik bei Sichteinlagen nicht über 30%, bei Termineinlagen nicht über 20% und bei Spareinlagen nicht über 10% hinausgehen. Für Einlagen von Ausländern können gesonderte bzw. höhere Mindestreservesätze festgelegt werden. Es besteht zudem die Möglichkeit, die Zuwächse von Einlagen besonderen Reservesätzen zu unterwerfen.

Eine *Erhöhung der Mindestreservesätze* führt zu einem Abbau der Überschußreserve bzw. der freien Liquiditätsreserven (freie Liquidität wird zu gebundener Liquidität). Dadurch ergibt sich unter Liquiditätserwägungen normalerweise ein Ungleichgewicht in der Struktur der Vermögensanlage der Geschäftsbanken. Es ist nunmehr zuviel Vermögen längerfristig gebunden. Die Geschäftsbanken werden versuchen, die alte Liquiditätsstruktur wiederherzustellen; soweit der Aufbau freier Liquiditätsreserven anderweitig nicht gelingt, etwa durch Kreditaufnahme im Ausland oder Verkauf festverzinslicher Wertpapiere an die Zentralbank, verbleibt nur die von der Zentralbank gewünschte Einschränkung der Kreditvergabe, etwa durch höhere Sollzinsen oder auch nur durch Unterlassung der Verlängerung abgelaufener Kredite. Damit geht dann zwangsläufig die Abnahme der Geldmenge M_1 einher. Eine *Senkung der Mindestreservesätze* erhöht unmittelbar die freien Liquiditätsreserven und damit das Geldschöpfungspotential der Geschäftsbanken. Diese versuchen die überschüssige Liquidität in hochrentable Kredite umzuwandeln. Bei ausreichender Kreditnachfrage durch das Publikum pendelt sich dann eine neue Struktur der Vermögensanlage der Geschäftsbanken ein. Die Geldmenge im Nichtbankensektor hat sich dabei regelmäßig erhöht.

Kombinierter geldpolitischer Mitteleinsatz

Da sowohl die Diskont-, die Offenmarkt-, wie die Mindestreservepolitik die Zinssätze und die freien Liquiditätsreserven (und damit letztlich die

Geldmenge M_1) beeinflussen, bietet sich ein kombinierter Einsatz aller geldpolitischen Instrumente an. Er erscheint sogar zwingend, da eine einzelne Maßnahme von den Geschäftsbanken leicht unterlaufen werden kann.
In Zeiten der **Hochkonjunktur** versucht die Zentralbank durch Geldmengenverringerung und Zinserhöhungen die gesamtwirtschaftliche Güternachfrage zu reduzieren. Als restriktive Geldpolitik betreibt die Zentralbank eine Erhöhung des Diskontsatzes, um dadurch vor allem das Zinsniveau zu heben und die Kreditnachfrage zu dämpfen. Das Problem der Geldmengenverringerung läßt sich ohne Verringerung des Kreditangebots regelmäßig jedoch nicht lösen. Daher schränkt die Zentralbank durch Erhöhung der Mindestreservesätze die freien Liquiditätsreserven ein, die tendenziell zur Sicherstellung einer ausreichenden Zahlungsfähigkeit erneut (durch Krediteinschränkung) gebildet werden müssen. Die Verringerung der Geld- und Kreditmenge kann durch die Offenmarktpolitik unterstützt werden. Durch Verkauf von Wertpapieren an Geschäftsbanken und Publikum werden bei ausreichend hoher Verzinsung der Papiere die freien Liquiditätsreserven der Geschäftsbanken reduziert, der Kreditvergabespielraum eingeengt.
In Zeiten der **Rezession** werden die geldpolitischen Instrumente in der entgegengesetzten Wirkungsrichtung eingesetzt. Im Rahmen ihrer expansiven Geldpolitik senkt die Zentralbank den Diskontsatz und die Mindestreservesätze. Wertpapiere werden von ihr verstärkt angekauft. Damit bewirkt sie Zinssenkungen und eine Ausdehnung des Kreditangebots durch Banken zur Belebung der Konjunktur.

Die **Rolle der Geschäftsbanken** besteht in diesem Zusammenhang in einem ständigen Anpassungsprozeß an veränderte geldpolitische Bedingungen. In ihrem Bemühen, eine möglichst hohe Rentabilität des Bankbetriebes bei ausreichender Liquidität zu erreichen, passen sie vor allem die Liquiditätsstruktur ihrer Vermögensanlage (Aktivseite) ständig an. Einflüsse gehen nun jedoch nicht nur von der Zentralbank aus. Obwohl die Struktur der Einlagen kurz- und mittelfristig bei den herrschenden Zahlungsgewohnheiten der Kunden relativ stabil ist, unterliegt die Kreditnachfrage des Publikums (besonders im Konjunkturverlauf) starken Schwankungen. Die Geschäftsbanken finden dann nicht immer die von ihnen gewünschte Liquiditätsstruktur. Ist die Kreditnachfrage etwa sehr schwach, so müssen sie auf niedriger verzinsliche Anlagen am „Geldmarkt“ ausweichen; die Rentabilität wird geschmälert. Liegen Abweichungen von der gewünschten Liquiditätsstruktur vor, so sind die Erfolgsaussichten geldpolitischer Maßnahmen tendenziell geringer. Sind etwa in einer Hochkonjunktur die freien Liquiditätsreserven infolge erheblicher Geldmengenausdehnung sehr stark angewachsen, und ist die Kreditnachfrage längst gesättigt, so wird eine restriktive Geldpolitik zunächst nur bewirken, daß bei den Geschäftsbanken die überflüssigen freien Liquiditätsreserven abgebaut werden. Die von der Zentralbank gewünschte Einschränkung der Kredite findet somit nicht oder nur in geringem Umfang statt. Dieses Unterlaufen der Geldpolitik ist jedoch nur eine Normalreaktion im Rahmen der Liquiditäts- und Rentabilitätsüberlegungen der Geschäftsbanken, denen keine besonderen Aufgaben im Rahmen der Stabilitätspolitik zugewiesen sind.

Zusammenfassend läßt sich vor dem Hintergrund bisheriger Erfahrungen sagen: Die Mindestreservepolitik ist bei entsprechender Flankierung durch andere geldpolitische Maßnahmen ein wirkungsvolles Instrument zur Begrenzung der Kredite und damit des Geldangebots, das von allen geldpolitischen Instrumenten am schärfsten greift. Dagegen bewirken Senkungen der Mindestreservesätze in Phasen der Rezession oder Depression keineswegs automatisch eine Ausdehnung des Kreditvolumens und der Geldmenge. Generell sind zur Ankurbelung der Konjunktur in tiefgreifenden Rezessionen die Möglichkeiten der Geldpolitik begrenzt. Die Geldschöpfung kann nur expansiv wirken, wenn die Unternehmer bei den angebotenen günstigen Kreditbedingungen auch investieren *wollen*. Wenn der Pessimismus in der Wirtschaft so verbreitet ist, daß das aus privater Initiative nicht geschieht, so erscheinen finanzpolitische Maßnahmen – Erhöhungen der Staatsausgaben oder Steuersenkungen – eher geeignet, die gewünschte Expansion herbeizuführen.

8.6.3 Arbeitsmarkt- und Lohnpolitik

In den Abschnitten 8.2.2.2 und 8.2.2.3 wurde danach gefragt, ob vom Arbeitsmarkt ausgehende Impulse helfen können, eine deflatorische bzw. inflatorische Lücke zu beseitigen. Die Ergebnisse der Überlegungen sind für eine auf Vollbeschäftigung und Preisstabilität gerichtete Politik eher entmutigend:

- Im Zustand der **Unterbeschäftigung** (deflatorische Lücke) wird eine Lohnsatzsenkung[1] nur dann eine nachhaltige Verbesserung der Beschäftigungssituation herbeiführen, wenn es gelingt, mit der Lohnsenkung auch gleichzeitig die gesamtwirtschaftliche Güternachfrage anzuregen. Gerade das ist aber zweifelhaft, weil Lohnsenkungen mit hoher Wahrscheinlichkeit selbst bei elastischer Arbeitsnachfrage die Massenkaufkraft schwächen und kompensierende Steigerungen der Investitionsnachfrage ungewiß sind. Auch auf eine Erholung der realen Güternachfrage infolge des Mechanismus sinkender Löhne und Preise kann man sich keineswegs verlassen (vgl. Übersicht 8.24).
- Im Falle von **Inflationsprozessen bei Vollbeschäftigung** (inflatorische Lücke) besteht die Gefahr einer sich allein aus den Marktkräften ergebenden Lohn-Preis-Spirale. Bei autonomer Fixierung eines Mindestlohnsatzes durch die Tarifpartner, der über den Lohnsatz hinausgeht, den die Unternehmer bei den herrschenden Güterpreisen und der erwarteten Güternachfrage zu zahlen bereit sind, ist ebenfalls mit einem

[1] In einer Welt inflationärer Entwicklungen und erheblichem technischen Fortschritt wird es sich im allgemeinen nur um *weniger starke* reale oder auch nominale Lohnsteigerungen von Jahr zu Jahr handeln.

Anstieg des Güterpreisniveaus zu rechnen, der weitere Lohnerhöhungen auslösen kann. Erklären sich die Gewerkschaften bereit, Lohnsatzsenkungen zur Beseitigung der inflatorischen Lücke in Kauf zu nehmen, so kann jedoch u. U. das Vollbeschäftigungsziel verletzt werden. Geben die Unternehmer Lohnsatzsenkungen nicht in Preissenkungen voll weiter (Proportionalität von Lohn- und Preissenkung), so bedeutet dies, daß der Reallohnsatz sinkt. Bei nicht vollkommen unelastischem Arbeitsangebot würde das Arbeitsangebot zurückgehen, das reale Sozialprodukt und die Beschäftigung reduziert.

Angesichts dieser Schwierigkeiten muß man sich fragen, wie denn eine Arbeitsmarkt- und Lohnpolitik ausgerichtet sein sollte, damit vor allem die Ziele Vollbeschäftigung und Geldwertstabilität weitgehend erreicht werden. Überlegungen hierzu gehen in zwei Richtungen:

- Es ist zu diskutieren, ob nicht eine Änderung der in den westlichen Industrieländern herrschenden **Arbeitsmarktordnungen**, die prinzipiell eine Mindestlohnsetzung beinhalten, vorgenommen werden sollte, um eine bessere Erreichung des gesamtwirtschaftlichen Gleichgewichts zu ermöglichen (ordnungspolitische Maßnahmen).
- Es ist zu fragen, ob es möglich ist, Kriterien zu entwickeln, an denen sich die Tarifpartner bei der **Lohnsatzfindung** orientieren können. Es geht somit darum, ob – bei unveränderter Arbeitsmarktordnung – Leitlinien der Lohnpolitik angegeben werden können, etwa in Form von maximalen Lohnerhöhungsspielräumen, die gesamtwirtschaftlich verantwortungsbewußten Tarifpartnern als Richtschnur dienen können.

„Freier" Arbeitsmarkt?

Wenden wir uns zunächst dem ersten Problem zu. Eine Änderung des ordnungspolitischen Rahmens, bei dem das Prinzip der Kollektivverträge zugunsten einer freien Aushandlung der Arbeitslöhne aufgegeben wird, wird gelegentlich gefordert. Wären die Löhne wie auf dem klassischen Arbeitsmarkt nach unten voll flexibel, so ist damit, wie wir in Abschnitt 8.2.2.2 gesehen haben, keineswegs sichergestellt, daß sich im Falle von Unterbeschäftigung durch sinkende Löhne die Beschäftigungslage verbessert. Es besteht nämlich die Gefahr eines deflatorischen Prozesses mit anhaltenden Preis- und Lohnsenkungen. Bei überproportionalen Preissenkungen würde sich sogar die Beschäftigungslage verschlechtern, ganz abgesehen davon, daß die Lohn-Preis-Spirale „nach unten" das Ziel Geldwertstabilität verletzt.

Zwar lassen sich bei gegebener Geldmenge aus diesem Prozeß *Zinssenkungstendenzen* ableiten (vgl. Abschnitt 8.2.3.5), die prinzipiell positiv auf die Investitionsgüternachfrage wirken, jedoch können einerseits Zinssenkungen und Investitsionsbelebung nicht mit Sicherheit erwartet werden (bei zinsunelastischer Investitionsnachfrage und/oder bei vollkommen elastischer Geldnachfrage), andererseits wären die gleichen Effekte mit Hilfe einer expansiven Geldpolitik leichter zu erreichen.

Die herrschende Mindestlohnsetzung verhindert eine deflatorische Lohn-Preis-Spirale und mindert damit tendenziell die damit verbundenen

Beschäftigungsrisiken. Insofern übernimmt sie eine wichtige **Stabilisierungsfunktion,** indem sie eine Schwächung der Massenkaufkraft – bei unverändertem Beschäftigungsgrad – verhindert. Mit den Zielen einer stabilitätsorientierten Wirtschaftspolitik geht daher durchaus ein Arbeitsmarkt mit kollektiv ausgehandelten Löhnen konform.

Allerdings bleibt die *Gefahr überzogener Lohnforderungen,* besonders in Zeiten der Hochkonjunktur (bei inflatorischer Lücke) – gleichsam als offene Flanke der Stabilitätspolitik – bestehen. Eine aggressive Lohnpolitik der Gewerkschaften, bei der der Lohnsatz über dem Gleichgewichtssatz, der sich bei freiem Arbeitsmarkt ergeben würde, festgesetzt wird, kann eine stabilitätspolitisch unerwünschte Lohn-Preis-Spirale in Gang setzen. Gelingt es den Gewerkschaften, Inflationserwartungen in ihren Lohnforderungen ständig vorwegzunehmen, d. h. steigen die Löhne überproportional zu den Preisen, so riskieren die Gewerkschaften einen Beschäftigungseinbruch, da die Unternehmer die Arbeitsnachfrage reduzieren werden.

Da die Gewerkschaften die Vollbeschäftigung nicht in Frage gestellt sehen wollen, bleibt für eine ungezügelte Lohnpolitik wenig Raum. Je mehr die Gewerkschaften bei den Lohnforderungen „übertreiben", um so größer ist die Gefahr eines Beschäftigungseinbruchs. Eine noch näher zu bestimmende *maßvolle* Lohnpolitik liegt somit im wohlverstandenen Eigeninteresse der Gewerkschaften. Ob dies auch von den Gewerkschaften erkannt wird, hängt u. a. von der *Größe der einzelnen Gewerkschaften* ab. Es zeigt sich, daß große, ganze Branchen überspannende Gewerkschaften, wie sie etwa in der Bundesrepublik anzutreffen sind, die stabilitätspolitischen Wirkungen ihrer Lohnpolitik eher berücksichtigen. Sehr kleine Gewerkschaften dagegen, die wie etwa in England nur eine oder mehrere Berufsgruppen umfassen, neigen weniger zu „gesamtwirtschaftlicher Verantwortung" und eher zu rücksichtsloser Durchsetzung ihrer lohnpolitischen Vorstellungen.

Leitlinien der Lohnpolitik

Wie hat man sich nun eine maßvolle, an gesamtwirtschaftlichen Stabilitätsüberlegungen orientierte Lohnpolitik vorzustellen, die bei unveränderter Arbeitsmarktverfassung betrieben wird? Es sind lohnpolitische Konzepte entwickelt worden, die Kriterien dafür angeben, um wieviel Prozent der durchschnittliche Lohnsatz steigen darf, ohne daß das Preisniveau steigt oder Unterbeschäftigung eintritt. Die Überlegungen setzen an bei den **Auswirkungen des technischen Fortschritts** auf das Angebotsverhalten der Unternehmer. Den technischen Fortschritt haben wir bei der Behandlung der Abschnitte 8.2.2 und 8.2.3.5 der Einfachheit halber außer Betracht gelassen. Im Rahmen der Lohnpolitik spielt er nun eine entscheidende Rolle.

Aus mikroökonomischen Überlegungen wissen wir, daß technischer Fortschritt die Grenz- und Stückkosten senkt und somit die Güterangebotskurve nach unten verschiebt (vgl. Abschnitt 3.2.2.1). Die Verschiebung der gesamtwirtschaftlichen Güterangebotskurve impliziert zugleich eine

Steigerung der durchschnittlichen Arbeitsproduktivität (Y_r/A), d. h. das Verhältnis von realem Sozialprodukt zur Zahl der Erwerbstätigen (oder zur Zahl der Arbeitsstunden) steigt. Eine Erhöhung der Arbeitsproduktivität (Y_r/A) durch technischen Fortschritt ist gleichbedeutend mit einer **Senkung der Lohnstückkosten** ($A \cdot l/Y_r$). Die Senkung der Lohnstückkosten bzw. die Verschiebung der Güterangebotsfunktion nach unten läßt einen **Spielraum für Lohnsatzsteigerungen** entstehen (Verschiebung der Angebotskurve nach oben), ohne daß das Ziel Preisstabilität verletzt wird. Bleibt nämlich die *Güterangebotskurve* infolge technischen Fortschritts und Lohnerhöhung *unverändert,* d. h. kompensieren sich beide Einflüsse (unveränderte Lohnstückkosten), so können selbst bei gestiegener Gesamtnachfrage die Beschäftigung und das Preisniveau unverändert bleiben.

Vor dem Hintergrund dieser Überlegungen sind im wesentlichen zwei Ansätze für lohnpolitische Leitlinien entwickelt worden:

(1) Nach dem Konzept der **produktivitätsorientierten Lohnpolitik** sollte der Zuwachs des (Nominal-)Lohnsatzes die Steigerung der Arbeitsproduktivität nicht überschreiten.
Da die erhöhte Arbeitsproduktivität die Lohnstückkosten um einen bestimmten Prozentsatz senkt, verändert eine Lohnerhöhung um denselben Prozentsatz die Lohnstückkosten nicht.[1] Die Unternehmer sehen keine Veranlassung, die Preise anzuheben oder die Beschäftigung zu ändern. *Konstanz der Lohnstückkosten* impliziert u. U. auch Konstanz der Grenzkosten- und damit der Angebotskurve.[2]
Der Nachteil dieser Konzeption besteht darin, daß die Lohnkosten nur einen Teil der variablen Kosten ausmachen, die den Grenzkostenverlauf bestimmen. Andere Kostenänderungen, vor allem Kapital- und Vorleistungskosten, spielen jedoch ebenfalls beim Angebotsverhalten eine Rolle.

(2) Entsprechend der **kostenniveauneutralen Lohnpolitik** wird empfohlen, die Löhne entsprechend der Steigerungsrate der Arbeitsproduktivität *unter Berücksichtigung der Änderung sonstiger Kosten* anzuheben.
Zu den *sonstigen Kosten* sind vor allem inländische und importierte Vorleistungen, indirekte Steuern sowie Zinskosten zu zählen. Steigen die sonstigen Kosten pro Stück stärker an als die Arbeitsproduktivität, so muß, damit die Gesamtkosten konstant bleiben, der Lohnsatzanstieg geringer als der Anstieg der Arbeitsproduktivität sein. Je stärker das Gewicht der sonstigen Kosten an den gesamten variablen Kosten ist, um so geringer wird der Spielraum für die vertretbare (preisniveauneutrale) Lohnsatzerhöhung.

---

[1] Lohnstückkosten = $\frac{l \cdot A}{Y_r} = l : Y_r/A$ = const., wenn l um denselben Prozentsatz steigt wie Y_r/A.

[2] Unter der Voraussetzung, daß die Grenzkosten (GK) nur aus Arbeitskosten bestehen ($GK = l \cdot \Delta A/\Delta Y_r = l : \Delta Y_r/\Delta A$) und durch technischen Fortschritt sich die Grenzproduktivität ($\Delta Y_r/\Delta A$) genauso verändert wie die Durchschnittsproduktivität (Y_r/A).

Eine kostenniveauneutrale Lohnpolitik erscheint auf den ersten Blick ein vielversprechender Ansatz zu sein. Die dabei erreichte Konstanz der Stückkosten ist jedoch keine hinreichende Bedingung für die Konstanz des Preisniveaus. Der Angebotspreis wird neben den Stückkosten auch vom *Stückgewinn* bestimmt. Sind die Unternehmer etwa auf Grund der Ausnutzung monopolistischer Preisspielräume in der Lage, die Stückgewinne zu erhöhen, so erhöht sich das Preisniveau trotz angemessener Lohnpolitik. Bei unveränderter Beschäftigung verschiebt sich die Einkommensverteilung zwischen „Lohnabhängigen" und „Gewinnempfängern" zu Lasten der Arbeitnehmer, so daß die Gewerkschaften sich veranlaßt sehen können, eine derartige Verschiebung (Senkung der Reallöhne) zu verhindern. Dies kann dadurch geschehen, daß sie die „unvermeidliche" Preissteigerungsrate zu antizipieren suchen, um ihre Lohnpolitik entsprechend zu modifizieren. Indem die erwartete Inflationsrate auf die kostenniveauneutrale Lohnsteigerungsrate geschlagen wird, werden die Reallöhne und nicht die Nominallöhne an die Entwicklung der Arbeitsproduktivität und der sonstigen Kosten angepaßt.

Der *praktischen Anwendung* der produktivitätsorientieren oder kostenniveauneutralen Lohnpolitik stehen erhebliche Schwierigkeiten entgegen:

(a) *Empirisch* ist es äußerst schwierig, die Entwicklung der Arbeitsproduktivität genügend genau vorauszuschätzen. Dies liegt unter anderem daran, daß diese selbst von den Lohnerhöhungen abhängt, die man ja gerade bestimmen will. Steigen die Löhne stark, so tendieren die Unternehmer zu einer Substitution von Arbeit durch Kapital, wodurch sich regelmäßig die Arbeitsproduktivität erhöht.

(b) Ferner sind die ökonomischen *Auswirkungen technischer Fortschritte* nicht ausreichend genau bestimmbar.

(c) Schwierigkeiten ergeben sich auch daraus, daß die *Produktivitätsfortschritte in den einzelnen Branchen sehr unterschiedlich* sind. Wenn man die sektoralen Fortschritte als Basis für Lohnforderungen heranzieht, würden die Lohnsatzunterschiede zwischen den Branchen zunehmen. Da größere Lohnsatzdifferenzen für gleiche Arbeitsqualitäten in Wettbewerbswirtschaften nicht von Bestand sein können, dürfen die Lohnerhöhungsspielräume in Branchen mit überdurchschnittlichen Produktivitätssteigerungen nicht voll ausgenutzt werden. Eine Orientierung der Lohnpolitik am Anstieg der *gesamtwirtschaftlichen* Arbeitsproduktivität kann nur Preisniveaustabilität sicherstellen, wenn nicht genutzter Lohnerhöhungsspielraum in Wirtschaftszweigen mit *über*durchschnittlichem Fortschritt zu Preissenkungen genutzt wird, um gerade *die* Preiserhöhungen auszugleichen, die in Branchen mit *unter*durchschnittlichem Produktivitätsfortschritt (Lohnerhöhung führt zur Steigerung der Lohnstückkosten) unvermeidlich sind.

Zusammenfassend läßt sich sagen, daß die Lohnpolitik überfordert ist, wenn sie *allein* für die Erreichung der gesamtwirtschaftlichen Ziele Vollbeschäftigung und Preisniveaustabilität sorgen soll. Sie kann sicherlich einen Beitrag zur Stabilisierung von Preisniveau und Gesamtnachfrage leisten, indem Fehlentwicklungen vermieden werden, die ihre *Ursache* im Bereich der Lohnsatzfestsetzung haben. Viel mehr ist aber kaum zu erwarten. Auch hier ist ein Satz der Theorie der Wirtschaftspolitik anwendbar, nach dem *mehrere Zielvariablen* (Preisniveau, Beschäftigungsgrad) nicht nur mit einer *einzigen Instrumentvariablen* (hier: Lohnsatz) erreicht werden können. Die Schwierigkeiten werden noch größer, wenn man weitere wirtschaftspolitische Ziele in die Betrachtung einbezieht. Das ist im Falle der Lohnpolitik unvermeidlich, weil Lohnsatzänderungen unmittelbar auch die Einkommensverteilung beeinflussen, so daß etwa Lohneinkommenssenkungen auch das Ziel der **Verteilungsgerechtigkeit** verletzen können. Da die Gewerkschaften bei ihrer Lohnpolitik erklärtermaßen auch das verteilungspolitische Ziel einer langfristigen Verbesserung der Einkommensverteilung der Lohneinkommensbezieher verfolgen (zu realisieren durch einen Umverteilungszuschlag auf die vertretbare Lohnsatzänderung), gehen sie somit über eine im wesentlichen an der Entwicklung der Arbeitsproduktivität orientierten Lohnpolitik hinaus. Die damit verbundenen Probleme sollen später behandelt werden (vgl. Abschnitt 9.3). Es sei hier nur soviel gesagt, daß eine Umverteilungspolitik mittels Lohnpolitik skeptisch beurteilt werden muß. Über Preissteigerungen und/oder Arbeitslosigkeit kann ein kurzfristiger Verteilungsgewinn rasch wieder verschwinden; diese Erkenntnis hat uns dieser Abschnitt 8.6.3 bereits geliefert.

8.6.4 Außenwirtschaftspolitik

Durch die Überlegungen im Rahmen des Abschnittes 8.2.4 sollte bereits hinreichend klar geworden sein, welche zentrale Bedeutung die Organisation der Devisenmärkte, oder etwas weiter gefaßt, die Gestaltung der internationalen Währungsordnung, für eine stabilitätsorientierte Wirtschaftspolitik besitzt. Um zu einer besseren Einschätzung der derzeitig herrschenden Währungssituation zu kommen, ist zunächst noch einmal auf das oben bereits beschriebene System der Goldwährung einzugehen (vgl. Abschnitt 8.1.4).

Goldwährung

Das grundlegende Ordnungsprinzip der internationalen Währungspolitik bildete bis zum 1. Weltkrieg der Goldautomatismus, als dessen Ordnungselemente wir angegeben hatten: (a) die Bindung der inländischen Geldversorgung an die staatlichen Goldvorräte und (b) die starre Fixierung von Wechselkursen. Wir fügen hier die für ein Freihandelssystem selbstverständliche Bedingung hinzu, daß in einem derartigen System (c) jedermann inländische Währungsbeträge in unbegrenzter Menge in ausländische Währungseinheiten umtauschen kann (**freie Konvertierbarkeit**).
Aus den Überlegungen zum Abschnitt 8.1.4 geht hervor, daß insbesondere mit dem Ordnungselement (a) dem Ziel des **Zahlungsbilanzausgleichs** absolute Priorität eingeräumt wird. Im Falle eines Zahlungsbilanzdefizits mit entsprechenden Goldverlusten ist ein Land, das sich an die Spielregeln hält, zu einer restriktiven Geldpolitik (Deflationspolitik)

gezwungen. Dies heißt nichts anderes, als daß die Regierungen im Goldwährungssystem auf eine autonome, an den binnenwirtschaftlichen Zielen Vollbeschäftigung und Geldwertstabilität orientierte Politik verzichteten.
An eine vollständige Restaurierung der Goldwährung dachte nach dem zweiten Weltkrieg niemand mehr. Dies vornehmlich aus zwei Gründen: (a) Einmal erwiesen sich die Mechanismen zum automatischen Zahlungsbilanzausgleich als abnehmend funktionstüchtig, weil insbesondere eine restriktive Geldpolitik bei Vorliegen einer zunehmenden **Entartung des Wettbewerbs** (durch Kartelle und Oligopole) weniger in sinkenden Preisen (von denen man sich ja eine Erholung der Exporte und eine Verminderung der Importe erhoffte) als in sinkenden Produktionsmengen und damit verbundener geringerer Beschäftigung niederschlägt. Dies führte die Weltwirtschaftskrise den Regierungen drastisch vor Augen. (b) In den demokratisch verfaßten Ländern des Westens wurde es unmöglich, das **Vollbeschäftigungsziel** ganz dem Zahlungsbilanzausgleich unterzuordnen.

Bretton-Woods-System
Die Konsequenz war das Abkommen von Bretton Woods (1944), das zur Gründung des **Internationalen Währungsfonds** führte. Das hiermit konstituierte Währungssystem hatte mit der Goldwährung gemeinsam (a) die Idee des Freihandels und die daraus resultierende **freie Konvertierbarkeit** der Währungen[1] (Ausnahme: internationale Geldkapitalbewegungen) sowie (b) die **Fixierung der Wechselkurse** (zugelassen war eine geringe Schwankungsbreite von ± 1%). Da aber andererseits *automatische* Anpassungsprozesse in Form von Deflationen oder Inflationen zur Beseitigung von Zahlungsbilanzungleichgewichten nicht mehr akzeptiert wurden, mußte die starre Kopplung zwischen nationaler Geldversorgung und Zahlungsbilanzsituation aufgehoben werden. Zur Überbrückung von Zahlungsbilanzungleichgewichten schuf man (c) das Instrument der kurz- und mittelfristigen **Devisenkredite** sowie (d) die Möglichkeit einer temporären Aufhebung der Konvertibilität (= **Devisenbewirtschaftung**). Wurden binnenwirtschaftliche Maßnahmen zur Wiederherstellung eines Zahlungsbilanzgleichgewichts als erfolglos angesehen, dann verblieb (e) als ultima ratio die **Wechselkursänderung** (Aufwertung bei Devisenbilanzüberschüssen, Abwertung bei Devisenbilanzdefiziten).
International anerkanntes Zahlungsmittel blieb das Gold. Da sich aber die USA aufgrund ihres damals hohen Goldbestandes bereit erklärten, auf Verlangen jederzeit Dollar zu einem festen Preis in Gold einzutauschen, bildete sich der sog. **Gold-Dollar-Standard** heraus: die Zentralbanken betrachteten und akzeptierten Dollar ebenso wie Gold als Reserve. Mit ihrer Hilfe ließen sich temporäre Zahlungsbilanzdefizite auch ohne Stützungskredite finanzieren.
Nach wiederholten Währungskrisen brach im Frühjahr 1973 das 1944 konzipierte Wechselkurssystem endgültig zusammen, als eine Reihe weltwirt-

[1] Das Ziel der Konvertibilität konnte allerdings in der Nachkriegszeit erst schrittweise verwirklicht werden.

schaftlich bedeutender Länder die Flexibilität ihrer Wechselkurse („Floating“) nicht mehr als eine vorübergehende, sondern als unbefristete Maßnahme erklärte. Als Ursachen des Zusammenbruchs wurden einige **Konstruktionsfehler** des Systems genannt:

(1) Der Gold-Dollar-Standard verlangte – bei gegebener Versorgung mit Gold – **ständige Defizite der US-Zahlungsbilanz,** damit die Zentralbanken außerhalb der USA mit ausreichenden Dollarbeständen (Devisenreserven) versorgt werden konnten. Dieser Mechanismus zur Versorgung der Welt mit internationaler Liquidität trug aber den Keim zur eigenen Zerstörung bereits in sich. Denn je höher die Dollarbestände außerhalb der USA anwuchsen, um so stärker mußte das Vertrauen in diese Währung sinken, weil es immer unwahrscheinlicher wurde, daß die USA im Bedarfsfalle Dollar auch tatsächlich in Gold eintauschen konnten. Im Jahre 1971 beliefen sich die US-Auslandsverbindlichkeiten bereits auf etwa das Fünffache der USA-Goldreserve.

(2) Der **Zwang zur Beseitigung von Zahlungsbilanzungleichgewichten** war insbesondere in Überschußländern (z. B. Bundesrepublik, Japan) **gering,** wenn es diesen Ländern gelang, den Inflationsimport durch eine Beschränkung der inländischen aggregierten Nachfrage nach heimischen Gütern gering zu halten. Stützungskredite sowie eine starke Ausweitung der Weltreservebestände infolge hoher US-Zahlungsbilanzdefizite milderten auch in Defizitländern (z. B. Großbritannien, Italien) den Anpassungsdruck.

(3) **Fallweise Wechselkurskorrekturen,** die im Bretton-Woods-System zugelassen und auch genutzt wurden (z. B. DM-Aufwertungen in der Bundesrepublik und £-Abwertungen in Großbritannien) haben die Nachteile, daß sie erstens vorhersehbar sind,[1] sprunghaft erfolgen und damit den Spekulanten leicht realisierbare Gewinne bescheren, und zweitens das „richtige“ Ausmaß kaum genau zu quantifizieren ist.

Währungskrisen entwickelten sich regelmäßig dann, wenn in einigen Ländern hohe Zahlungsbilanzdefizite bzw. -überschüsse entstanden waren, deren Beseitigung nur noch durch Wechselkursänderungen möglich schien. Aus abwertungsverdächtigen Währungen flüchtete man (man verkaufte), in aufwertungsverdächtigen Währungen engagierte man sich (man kaufte). In der Regel sorgten dann massive Verkäufe bzw. Käufe von Währungen an den Devisenbörsen endgültig dafür, daß diese auch tatsächlich ab- bzw. aufgewertet werden mußten. Die *Häufigkeit* von Währungskrisen nahm zu, weil steigende Inflationsraten in Defizitländern die durch eine Abwertung erreichten Wettbewerbsvorteile auf den internationalen Gütermärkten schnell wieder aufzehrten und weil wegen der zunehmenden internationalen Inflationsunterschiede die Aufwertungen in Überschußländern immer weniger als ausreichend und dauerhaft angesehen wurden.

---

[1] Wenn es sich als so gut wie unmöglich erweist, hohe Defizite oder Überschüsse durch binnenwirtschaftliche Maßnahmen zu beseitigen.

Die USA waren als „Lieferanten" der internationalen Liquidität stets ein Defizitland besonderer Art. Dieser Status bewahrte aber auch die Vereinigten Staaten nicht vor *Dollarkrisen*, weil mit wachsendem Defizit der US-Zahlungsbilanz die Erwartung Platz griff, daß eine Dollarabwertung irgendwann diesen Zustand ändern müsse. Ende Dezember 1971 wurde der US-Dollar erstmals gegenüber dem Gold und damit zugleich gegenüber *allen* Währungen abgewertet.

Auch die *Heftigkeit* der Währungskrisen nahm zu, weil mit zunehmender internationaler Liquidität immer größere Beträge für Spekulationszwecke mobilisiert werden konnten.

In diesem Zusammenhang sind die kurzfristig mobilisierbaren Guthaben von Geschäftsbanken und multinationalen Unternehmen zu erwähnen, deren Umfang auf das Doppelte der Devisenreserven aller Zentralbanken und internationalen Währungsinstitutionen geschätzt wird. Darüber hinaus hat sich in den letzten Jahren ein gewaltiges Liquiditätspotential in den Händen der ölexportierenden Staaten angesammelt, von dem ein großer Teil am **Euro-Geldmarkt** angelegt wurde. Auf dem Euro-Geldmarkt werden vornehmlich Dollarbeträge gehandelt (man spricht daher auch vom Euro-Dollarmarkt), die sich in nichtamerikanischem Besitz befinden und nicht auf den amerikanischen Geldmarkt zurückgeflossen sind. Ausschlaggebend für das Entstehen dieses Marktes ist die Existenz höchstzulässiger Zinssätze, die amerikanische Geschäftsbanken für Einlagen in- und ausländischer Kunden zahlen dürfen. Diese Zinssätze lagen häufig unter den Sätzen, die westeuropäische Banken für Fremdwährungsguthaben vergüteten.

Flexible Wechselkurse

Der Zusammenbruch des Bretton-Woods-Systems führte zu frei schwankenden Wechselkursen. Man muß sich fragen, warum eine freie Devisenpreisbildung nicht auch längerfristig als grundlegendes Ordnungsprinzip akzeptiert wird, zumal dieses System doch einen automatischen Ausgleich der Zahlungsbilanz zu garantieren scheint, der eine autonome, allein auf binnenwirtschaftliche Ziele gerichtete Wirtschaftspolitik ermöglicht. Als gravierende Nachteile dieses Systems werden genannt:

(1) **Beschränkte technische Funktionsfähigkeit**

(a) Es besteht die Möglichkeit *instabiler Gleichgewichte*, d. h. beispielsweise kann ein steigender Wechselkurs (DM-Abwertung) Devisenbilanzdefizit noch vergrößern, so daß man sich immer weiter von dem Gleichgewichtspunkt entfernt *(anomale Reaktion der Zahlungsbilanz)*. Ein solches instabiles Gleichgewicht ergibt sich z. B. in Übersicht 5.5 des Abschnitts 5.3.3 an der Stelle, an der der nach links oben verlaufende Ast der Devisenangebotsfunktion die Devisennachfragekurve schneidet.

(b) Selbst bei Existenz grundsätzlich stabiler Gleichgewichtspunkte besteht die Gefahr langwieriger *Anpassungsprozesse*, die sich in erheblichen Kursschwankungen ausdrücken können. Erhält der Wechselkurs beispielsweise aus irgendwelchen Gründen eine steigende Tendenz (DM-Abwertung) und erwarten die Wirtschaftseinheiten weitere Kurssteigerungen, dann werden die deutschen Exporteure die Realisierung ihrer Forderungen (z. B. Umtausch von im Ausland verdienten $ in DM) verschieben, deutsche Importeure die Bezahlung ihrer Rechnungen beschleunigen und sog. reine Spekulanten DM-Beträge gegen ausländische Währung eintauschen. Auf eine DM-Abwertung folgt dann zunächst nicht eine Ausdehnung des Devisenangebots und eine Einschränkung der Devisennachfrage; im Gegenteil, das Angebotsdefizit vergrößert sich noch. Zwar wird irgendwann die Gegenspekulation einsetzen, jedoch ändert dies nichts daran, daß Anpassungen an ein Gleichgewicht mit erheblichen Kursschwankungen verbunden sein können.

(2) Negative Folgen von Kursinstabilitäten

(a) Die Produktion für Auslandsmärkte ist häufig mit einem relativ hohen Absatzrisiko verbunden. Eine *Einschränkung des* für alle Staaten grundsätzlich vorteilhaften *internationalen Güteraustausches* ist zu befürchten, wenn die Unternehmer neben dem Absatzrisiko noch mit einem zusätzlichen Wechselkursrisiko belastet werden. Zwar wird häufig eingewandt, mit Hilfe von *Kurssicherungsgeschäften auf den Devisenterminmärkten* könne man sich gegen Kursrisiken schützen, jedoch muß hiergegen eingewandt werden, daß diese Sicherungen nur für relativ kurze Fristen möglich sind.

(b) Auch die *Vollbeschäftigung* gerät in Gefahr, wenn Kursschwankungen zu zurückhaltender Investitionstätigkeit in der Exportgüterindustrie führen. Ein weiterer Grund für eine Einschränkung der Investitionstätigkeit kann darin gesehen werden, daß die Unternehmen bei Kursschwankungen eine hohe Liquiditätsvorliebe entwickeln, um durch Verwendung freier Mittel zur Devisenspekulation schneller und leichter Gewinne zu realisieren als durch Sachinvestitionen.

Häufig wird behauptet, mit flexiblen Kursen verbundene Abwertungen gefährdeten durch Verteuerung der Importe sowie durch zusätzliche Nachfrage des Auslandes nach Gütern der abwertenden Volkswirtschaft die *Preisniveaustabilität* dieses Landes. Dem ist jedoch entgegenzuhalten: Ist die Abwertung das Resultat eines längerfristigen Devisenmarktungleichgewichts, dann soll sie ja gerade dazu dienen, dieses Ungleichgewicht zu beseitigen. Dazu ist es aber notwendig, daß mehr exportiert oder weniger importiert wird, d. h. daß im Inland zugunsten des Auslandes auf den Verbrauch von Gütern verzichtet wird. Zur Vermeidung beschleunigter Inflation ist daher die *Abwertung durch eine restriktive Finanz-, Geld- und Einkommenspolitik abzustützen.* Aus Abwertungen resultierende beschleunigte Inflationen sind meist ein Indiz für die Unfähigkeit einer Wirtschaft und Gesellschaft, ihren Güterverbrauch an die heimischen Produktionsmöglichkeiten anzupassen.

Reformansätze

Es ist nicht möglich, hier eine umfangreiche Reformdiskussion auch nur in ihren Grundzügen zu beschreiben. Wir müssen uns hier auf die Nennung der wichtigsten Ansatzstellen beschränken. Die Überlegungen gehen vor allem in die folgenden Richtungen:

- Die Versorgung der Welt mit *internationaler Liquidität* soll vom Gold und vom US-Dollar gelöst werden.
- Es soll auf eine *Harmonisierung der nationalen Wirtschaftspolitiken* hingewirkt werden (Vermeidung zu großer Inflationsunterschiede).

- Die Kurse sollen zwar grundsätzlich *stabil*, aber *doch anpassungsfähiger* als früher sein. Flexible Kurse können kürzerfristig zur Findung des Gleichgewichtskurses eingesetzt werden.

8.6.5 Schwierigkeiten der Stabilitätspolitik

Trotz der Fortschritte, die die Entwicklung der makroökonomischen Theorie in den letzten Jahrzehnten genommen hat, und trotz der institutionellen Vorkehrungen, die zum Zwecke der Globalsteuerung getroffen wurden, blieben die Erfolge der Stabilisierungsbemühungen hinter den Erwartungen zurück. Die Gründe hierfür sind vielfältig. Die Schwierigkeiten beginnen bei der Formulierung einer allgemein akzeptierten Konjunkturtheorie, die die Schwankungen der wirtschaftlichen Aktivität in geschlossener Weise zu erklären vermag und die als Grundlage für eine exakte Konjunkturdiagnose und -prognose dienen könnte. Schwierigkeiten ergeben sich ferner bei der Wahl der geeigneten Stabilitätsindikatoren, an deren Entwicklung man die Dringlichkeit wirtschaftspolitischer Maßnahmen ablesen kann. Selbst wenn diese theoretischen und empirischen Schwierigkeiten zufriedenstellend gelöst wären, ist noch zu bedenken, daß wirtschaftspolitische Maßnahmen im politischen Entscheidungsprozeß durchzusetzen sind und daß das Durchschlagen wirtschaftspolitischer Maßnahmen Zeit erfordert. Es zeigt sich in der Realität, daß die Wirkungsverzögerungen unregelmäßig sind. Dadurch kann es geschehen, daß eine antizyklische Maßnahme zu spät greift und erst in einer Konjunkturphase wirksam wird, die eine gegenteilige Maßnahme erfordert. Der „gutgemeinte“ Eingriff schadet dann, er wirkt prozyklisch.

8.6.5.1 Das Problem einer brauchbaren Konjunkturtheorie

Die bisherige makroökonomische Betrachtung erstreckte sich überwiegend auf die Erklärung von Gleichgewichtszuständen (statische Betrachtung) sowie auf von Störungen ausgehenden Anpassungsprozesse, die kürzerfristig zu einem neuen Gleichgewichtszustand führen (komparativ-statische Betrachtung). In partialanalytischer Vorgehensweise wurden die Auswirkungen einzelner als exogen betrachteter Anstöße (z. B. Staatsausgabenveränderungen) auf das ökonomische System analysiert. Derartige Theorieelemente vermögen zwar bereits eine Fülle von makroökonomischen Zusammenhängen zu durchleuchten, sie sind jedoch lediglich Bausteine einer umfassenderen Theorie des kurz- und mittelfristigen Wirtschaftsablaufs (Konjunkturtheorie). Wünschenswert ist eine Theorie, die den *dynamischen Prozeß*, die zyklischen Schwankungen des Sozialprodukts einschließlich der Wendepunkte der Konjunktur, vollständig zu erklären vermag. Hier scheinen jedoch Grenzen gesetzt, die vor allem damit zusammenhängen, daß es bei den engen wechselseitigen Beziehungen zwischen den ökonomischen Makrogrößen untereinander sowie mit außerökonomischen Faktoren äußerst schwierig ist, *Ursache-Wirkungs-Zusammenhänge* sauber zu trennen. Es kommt hinzu, daß strenge, naturgesetzähnliche Zusammenhänge im sozio-ökonomischen Bereich ohnehin nicht existieren. Soweit „alles mit allem" zusammenhängt, kann es keine exogenen Störungen geben, diese sind vielmehr endogen zu erklären. Insbesondere sind hinsichtlich der Erklärung *außenwirtschaftlicher* Einflüsse auf den Konjunkturablauf viele Fragen offen. Eine umfassende Konjunkturerklärung muß also mit einer Problematisierung üblicherweise als exogen betrachteter Einflußfaktoren beginnen. Echt exogene Einflüsse sind allenfalls die Einflüsse bestimmter wirtschaftspolitischer Maßnahmen sowie eine Reihe außerökonomischer Faktoren (etwa die mittelfristige Bevölkerungentwicklung). Wegen der besonderen Schwierigkeiten konjunkturtheoretischer Erklärung ist es nicht verwunderlich, daß sich bis heute keine allgemein akzeptierte Ursachenerklärung durchgesetzt hat.

Die moderne Konjunkturtheorie sieht ihre Aufgabe weniger in der Beschreibung und geschlossenen Erklärung des Konjunktur*zyklus* einschließlich seiner beiden Wendepunkte vor dem Hintergrund unveränderter staatlicher Aktivität; sie versucht vielmehr

- im einzelnen die Faktoren zu analysieren, die kumulative Prozesse (Aufschwung, Abschwung) auslösen, die derartige Prozesse abschwächen oder verstärken,
- die Wirkungen wirtschaftspolitischer Stabilisierungsbemühungen auf den Konjunkturverlauf abzuschätzen.

Kumulative Prozesse haben wir bereits bei der (1) **Multiplikatoranalyse** kennengelernt. Exogene dauerhafte Änderungen einzelner Größen (z.B. der Investitionen, der Staatsausgaben oder des Exports) lösen expansive bzw. kontraktive Wirkungen auf Sozialprodukt und Beschäftigung aus, schwächen sich im Zeitablauf jedoch ab (vgl. Übersicht 8.20). Obwohl sie „von Natur aus" kumulativ mit abschwächender Tendenz sind, können sie je nach Ausgangslage (kurzfristig) als Verstärker der konjunkturellen Bewegung wirken. So wirkt etwa die (notenbankfinanzierte) Erhöhung der Staatsausgaben in einem bestehenden Konjunkturaufschwung prozyklisch. Umgekehrt wird die Staatsausgabenerhöhung in der Phase des Konjunkturabschwungs die Talfahrt abschwächen.

Von diesen kumulativen Prozessen, die sowohl pro- als auch antizyklisch wirken können, sind solche zu unterscheiden, die (2) **Verstärkerwirkungen** haben und die somit die Konjunkturentwicklung *stets prozyklisch* beeinflussen. Hierzu rechnen vor allem psychologische und produktionstechnische Beschleunigungseffekte.

(a) **Psychologische Verstärkereffekte** ergeben sich, wenn sich bestimmte Erwartungshaltungen gegenseitig in der gleichen Richtung beeinflussen (= sozialpsychologische Ansteckung). In der Hochkonjunktur herrscht bei vielen Unternehmen und Haushalten eine optimistische Einschätzung der weiteren wirtschaftlichen Entwicklung vor, die andere Wirtschaftseinheiten „mitreißt". Man ist optimistisch eingestellt, weil die anderen auch optimistisch sind. In einer Rezession kann sich umgekehrt „lawinenartig" Pessimismus ausbreiten, der geradewegs in die wirtschaftliche Depression führt. In welchem Ausmaß psychologische Einflüsse für Konjunkturschwankungen mitverantwortlich sind, ist umstritten. Allgemein ist der Einfluß psychologischer Faktoren allerdings anerkannt.

(b) Neben psychologischen Verstärkereffekten ist ein von der Güternachfrageseite ausgehender mehr produktionstechnisch zu sehender Akzeleratoreffekt von Bedeutung. Hinter dem **Akzeleratorprinzip** steht die *Vorstellung, daß sich bei steigender Güternachfrage Kapazitätsprobleme ergeben und daß die Unternehmer ihre Produktionskapazitäten der Nachfrage anpassen.* Bei unseren bisherigen Überlegungen waren wir meist von einer gegebenen Produktionskapazität ausgegangen, die die maximal mögliche Produktion bestimmt. Eine über die Kapazitätsgrenze hinausgehende Nachfrage konnte nur noch zu Preissteigerungen führen.

In dynamischer Betrachtung ist die Produktionskapazität jedoch keine konstante Größe; es ist eher zu vermuten, daß die Unternehmer ständig versuchen werden, ihre Kapazität den Nachfrageveränderungen anzupassen. Hierzu ein einfaches Beispiel: Wird ein Sozialprodukt von NSP = 1000 mit Hilfe eines vollausgelasteten Kapitalstocks (= technische Produktionskapazität) von C = 5000 erzeugt, dann sind offenbar pro eine Sozialprodukteinheit 5 Kapitalstockeinheiten notwendig. Steigt die gesamtwirtschaftliche Nachfrage nach Endprodukten von 1000 auf 1100 (+ 10%) an, dann muß der Kapitalstock zur Aufrechterhaltung des Gütermarktgleichgewichts auf 5500 (+ 10%) anwachsen, was einem Netto-Investitionsvolumen von I = 500 entspricht.[1] Wächst in der folgenden Periode die Nachfrage weiter von 1100 auf 1155 (+ 5%), dann ist eine erneute Kapazitätsanpassung notwendig (um 5%, d. h. von 5500 auf 5775). Allein dieser Rückgang des Nachfrage*wachstums* (von 10% auf 5% – die absolute Nachfrage steigt also weiterhin) löst schon einen Rückgang des *absoluten* Investitionsvolumens (von I = 500 auf C = 5775–5500 = 275) aus, was nichts anderes als eine nochmalige Nachfrageschwächung bedeutet.

Die Akzeleratorwirkung ist stes prozyklisch: *Beschleunigt* sich die gesamtwirtschaftliche Nachfrage im Konjunkturaufschwung, so induziert sie zusätzliche Investitionen, die als Güternachfragekomponente den Aufschwung weiter begünstigen. Vermindert sich das *Wachstum* der Güternachfrage in einer Phase des Konjunkturabschwungs, so können daraus Einschränkungen der *absoluten* Nettoinvestition resultieren, die Güternachfrage wird weiter geschwächt und beschleunigt die Rezession.

Theoretische Überlegungen wie Versuche der empirischen Überprüfung lassen *Zweifel an der allgemeinen Gültigkeit des Akzeleratorprinzips* aufkommen:

– Stößt eine steigende Nachfrage auf *unausgenutzte Kapazitäten,* so ist nicht zu erwarten, daß hierdurch Investitionen induziert werden, da die Unternehmer zunächst bestrebt sind, ihre Kapazitäten auszulasten.

[1] Man sagt, die Investition sei nachfrageinduziert. Diese Hypothese kann die bislang unterstellten Investitionsfunktionshypothesen ersetzen oder ergänzen, nach denen Investitionen autonom vorgenommen werden oder zinsabhängig sind.

- Selbst bei Vollauslastung der Kapazitäten erfolgen dann keine zusätzlichen Investitionen, wenn die Unternehmer die *Erhöhung der Güternachfrage als nur vorübergehend* ansehen. Die zusätzliche Nachfrage wird dann durch Überbeschäftigung (Überstundenarbeit, Produktion in Zusatzschichten) befriedigt, oder die Lieferfristen werden verlängert.
- Andererseits ist denkbar, daß die Produzenten allein schon *in Erwartung zukünftig steigender Nachfrage* zusätzliche Investitionen vornehmen.
- Der *Akzelerator wirkt je nach Konjunkturlage asymmetrisch.* Im Konjunkturabschwung (bei Nachfragerückgang) beschränkt sich das Ausmaß des Investitionsrückgangs auf die Desinvestition. Bei Unterlassen jeder Nettoinvestition wird der Abbau des Kapitalstocks durch die Abschreibungen bestimmt und zugleich der Höhe nach begrenzt.[1]

Allein schon diese Überlegungen machen deutlich, daß ein *empirischer Nachweis* des Akzeleratorprinzips schwierig ist. Für einige Industriezweige, wie die Elektrizitätserzeugung oder die Zementindustrie sowie in bezug auf die *Lagerhaltung*, hat sich das Akzeleratorprinzip allerdings empirisch-statistisch recht gut nachweisen lassen.

Die Bedeutung des Akzeleratorprinzips für die Konjunkturtheorie liegt darin, daß sich bei Gültigkeit dieser funktionalen Beziehung und unter bestimmten einfachen Annahmen aus einem Zusammenwirken mit Multiplikatoreffekten der Konjunkturzyklus abbilden (erklären) läßt. Das Zusammenwirken von **Multiplikator- und Akzeleratorwirkung** läßt sich wie folgt veranschaulichen: Wird eine Gleichgewichtssituation auf dem Gütermarkt z. B. durch eine autonome Erhöhung der Investitionen gestört, so setzt zunächst der Multiplikatoreffekt ein. Aus dem erhöhten Volkseinkommen wird zusätzliche Konsumgüternachfrage erzeugt, die entsprechend dem Akzeleratorprinzip zusätzliche Investitionen induziert. Diese induzierten Investitionen lösen ihrerseits einen Multiplikatoreffekt aus, der über Konsumerhöhungen weitere Investitionen induziert. Auf diese Weise kann sich eine Folge von Multiplikator-Akzeleratorwirkungen ergeben, die zusammengenommen stärker expansiv wirken als jeder der beiden Effekte für sich genommen. Je nach der Konstellation der unterstellten Parameter der marginalen Konsumquote und der Grenzproduktivität des Kapitals können die erzeugten konjunkturellen Schwankungen im Zeitablauf konstante Amplituden aufweisen, langsam verebben oder immer stärker werden (explodieren).

Zyklische Bewegungen aus dem Multiplikator-Akzelerator-Zusammenhang lassen sich mathematisch ableiten. Auf eine derartige modellhafte (mechanistische) Darstellung des Konjunkturzyklus können wir an dieser Stelle allerdings nicht näher eingehen. Der kombinierte Multiplikator-Akzelerator-Prozeß vermag zwar im Modell die Konjunkturbewegung zu beschreiben, es bleibt aber offen, ob diese Prozesse in der Realität tatsächlich die treibenden Kräfte für die zyklischen Schwankungen sind.

---

[1] Es sei denn, man würde noch nicht abgeschriebene Produktionsanlagen vorzeitig verschrotten.

Die Analyse gesamtwirtschaftlicher Instabilitätsprobleme bei Verwendung des Akzeleratorprinzips soll in Abschnitt 10.3 fortgeführt werden. Denn die Zusammenhänge zwischen Nachfrage- und Kapazitätsentwicklung lassen sich erst bei einiger Kenntnis wirtschaftlicher *Wachstums*probleme befriedigend einordnen und verstehen.

8.6.5.2 Das Problem der Konjunkturdiagnose und -prognose

Eine auf Dämpfung der Konjunkturschwankungen ausgerichtete Wirtschaftspolitik muß vor dem Ergreifen jeder Maßnahme wissen, in welcher konjunkturellen Situation sich die Volkswirtschaft gerade befindet. Es muß somit zunächst eine Konjunkturdiagnose durchgeführt werden. Diese wird meist durch eine Prognose ergänzt, in der versucht wird, die voraussichtliche Entwicklung, nach Möglichkeit den nächsten konjunkturellen Umkehrpunkt, abzuschätzen.

Die **Konjunkturdiagnose** sieht zunächst ihre Aufgabe darin, aus der Vielzahl ökonomischer Makrogrößen, die mit der Konjunkturbewegung in Zusammenhang stehen, einige besonders geeignete Indikatoren herauszufinden. Nimmt man die Entwicklung des realen Bruttosozialprodukts als zentrale den Konjunkturverlauf beschreibende Größe, so kann man feststellen, daß die zeitlichen Verläufe anderer Konjunkturindikatoren hierzu und zueinander verschoben sind. Man kann drei Gruppen von Indikatoren unterscheiden:
- **Frühindikatoren** mit zeitlichem Vorlauf, d. h. ihre Wendepunkte liegen vor denen der Konjunktur,
- **Präsensindikatoren** (gleichlaufende Indikatoren), deren Wendepunkte mit denen der Konjunktur zusammenfallen,
- **Spätindikatoren** mit zeitlichem Nachlauf, d. h. ihre Wendepunkte laufen denen der Präsensindikatoren zeitlich hinterher.

In Übersicht 8.52 sind die Verläufe von drei typischen Konjunkturindikatoren für die BR Deutschland abgebildet. Den Konjunkturverlauf bildet hier stellvertretend für die Entwicklung des Bruttosozialprodukts die industrielle Nettoproduktion ab. Es ist ersichtlich, daß der Auftragseingang in der Industrie als Frühindikator anzusehen ist. Dies ist auch unmittelbar plausibel, da die Produktion erst mit einer gewissen Verzögerung auf Neubestellungen reagieren wird. Weitere Frühindikatoren sind z. B. die Baugenehmigungen im Hochbau oder das Volumen von Teilzahlungskrediten. Präsensindikatoren sind abgesehen von der industriellen Nettoproduktion etwa Einzelhandelsumsätze oder Vorleistungsimporte. Typische Spätindikatoren sind Erzeugerpreise, die Preisindices für die Lebenshaltung, daneben Löhne und Gehälter (je Produkteinheit). Bedeutsam ist ferner, daß die Arbeitslosenquote bzw. die Zahl der Beschäftigten ebenfalls als Spätindikatoren anzusehen sind, da die Unternehmer u. a. erst dann mit Einstellungen oder Entlassungen reagieren werden, wenn sie zu der Überzeugung gekommen sind, daß es sich um eine ausgeprägte Kon-

Übersicht 8.52: Konjunkturindikatoren in der BR Deutschland von 1971–1989

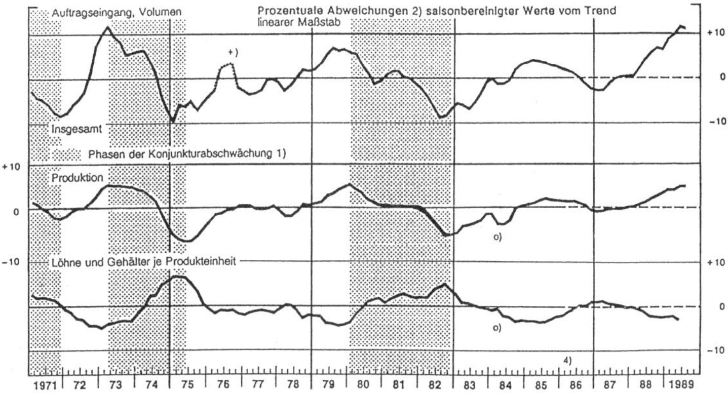

[1] Gemessen am Rückgang der trendbereinigten Werte der Produktion des Produzierenden Gewerbes (ohne Baugewerbe und Energiewirtschaft).
[2] Prozentuale Abweichungen zweimonatlich saisonbereinigter Werte vom Trend. Ergebnisse mit einem gleitenden 3-Periodendurchschnitt geglättet.
[3] In dem besonders markierten Teil ist der Kurvenverlauf durch Großaufträge im Juli 1976 beeinflußt.
[4] Durch Arbeitskämpfe beeinflußt.

Quelle: Statistische Beihefte zu den Monatsberichten der Deutschen Bundesbank, Reihe 4: Saisonbereinigte Wirtschaftszahlen, Dez. 1989, Tab. 41 und 42.

junkturentwicklung in der einen oder anderen Richtung und nicht um kurzfristige „Zwischenhochs" bzw. „Zwischentiefs" handelt.

Die Konjunkturindikatoren haben den Nachteil, daß sie prinzipiell auf Vergangenheitsdaten beruhen, d. h. ihre Werte sind bei Bekanntwerden bereits veraltet *(Erhebungs- und Publikationsverzögerung).* Neben der Darstellung der aktuellen konjunkturellen Lage sind die wirtschaftspolitischen Entscheidungsträger aber vor allem an einer Vorausschätzung der kurz- und mittelfristigen Konjunkturentwicklung interessiert. In diesem Zusammenhang sind besonders die *Frühindikatoren* bedeutsam, da sie gewisse Schlüsse hinsichtlich der künftigen Entwicklung zulassen. Bei den Bemühungen um die Gewinnung von Ex-ante-Informationen hat sich bis heute die Konjunkturbefragung bei Produzenten und Konsumenten als recht brauchbar erwiesen.

Eine Reihe von Konjunkturforschungsinstituten ist in der Bundesrepublik mit der Konjunkturdiagnose und -prognose befaßt. Vor allem die oft unterschiedlichen Prognosen lassen die Schwierigkeiten einer zuverlässigen Konjunkturvorausschau deutlich erkennen. Zweifellos zeigt der Konjunkturverlauf starke zyklische Regelmäßigkeiten, die zeitliche Bestimmung der Wendepunkte bzw. die Länge der jeweiligen Konjunkturphase ist allerdings meist nicht genügend genau (etwa für die nächsten Monate oder für das nächste halbe Jahr) bestimmbar. Dies geht aus dem Ex-post-Vergleich der Prognosewerte mit den tatsächlichen Werten immer wieder hervor.

Die Schwierigkeiten einer genauen Konjunkturprognose erwachsen vor allem aus der Tatsache, daß stets unvorhergesehene Entwicklungen eintreten können. Nicht genügend genau prognostizierbar sind z. B. die wirtschaftliche Entwicklung im Ausland, wirtschaftspolitische Eingriffe oder die Ergebnisse von Tarifverhandlungen. Konjunkturprognosen werden daher stets als *Bedingungsprognosen* gestellt, d. h. es werden die Bedingungen angegeben, unter denen die Prognose Gültigkeit beansprucht. In dem Maße, wie die (ex ante) als wahrscheinlich angesehenen Bedingungskonstellationen in der Realität nicht eintreten, verlieren die Prognosen an Bedeutung.

8.6.5.3 Das Problem der Wirkungsverzögerung und Dosierung stabilitätspolitischer Maßnahmen

Beim Einsatz des wirtschaftspolitischen Instrumentariums spielen Wirkungsverzögerungen eine große Rolle. Selbst wenn die Notwendigkeit von Maßnahmen rechtzeitig erkannt worden ist und diese Maßnahmen auch politisch durchgesetzt werden können, entstehen z. T. erhebliche Zeitspannen zwischen der Entscheidung über den Einsatz der Maßnahmen und dem Eintreten der gewünschten Wirkung auf die Zielvariablen.

Wirkungsverzögerungen und Dosierung finanzpolitischer Maßnahmen

Wirkungsverzögerungen der Finanzpolitik werden nicht nur häufig von den Entscheidungsträgern, sondern vor allem von der Öffentlichkeit unterschätzt. Man geht davon aus, daß die Maßnahmen sofort oder sehr kurzfristig wirken. Wegen der tatsächlich zu beobachtenden *Wirkungsverzögerungen* wären vorbeugende Maßnahmen meist angebracht, die aber oft auf mangelndes Verständnis der Öffentlichkeit stoßen und daher nicht durchgeführt werden. Der *Eingriff erfolgt* dann *zu spät*, d. h. wenn die Konjunkturindikatoren bereits Fehlentwicklungen anzeigen. Die oft nicht genügend genau bestimmbare (instabile) Länge der Wirkungsverzögerungen erschwert eine antizyklische Finanzpolitik. Sie bedeutet sogar die ständige **Gefahr prozyklischen Verhaltens.**

Der Erfolg finanzpolitischer Maßnahmen zur Konjunkturstabilisierung wird, abgesehen von der Wahl des geeigneten Zeitpunkts, entscheidend von ihrer *Dosierung* bestimmt. Dabei scheint das Problem in der Realität weniger in der Gefahr einer Überdosierung als vielmehr darin zu bestehen, daß die konjunkturpolitische Manövriermasse in den öffentlichen Haushalten zu klein ist (vgl. Abschnitt 8.6.1).

Es zeigt sich somit insgesamt gesehen, daß der Durchführung antizyklisch wirkender finanzpolitischer Maßnahmen eine Reihe von Schwierigkeiten entgegenstehen, die zu einer vorsichtigen Beurteilung des Erfolges des finanzpolitischen Mitteleinsatzes zur Stabilisierung des Konjunkturverlaufs Anlaß geben.

Wirkungsverzögerungen geldpolitischer Maßnahmen
Probleme der Wirkungsverzögerung und der Dosierung ergeben sich auch im Bereich der Geldpolitik. Innerhalb der Wirkungskette geldpolitischer Maßnahmen treten zeitliche Verzögerungen auf, die nicht kontrollierbar sind. Die Dosierung geldpolitischer Maßnahmen ist besonders deswegen schwierig, weil sie nur *indirekt* über eine Reihe zwischengeschalteter Variablen auf die wirtschaftspolitischen Zielvariablen wirken.
Betreibt die Zentralbank zur Beseitigung von Unterbeschäftigung in einer Rezessionsphase eine expansive Geldpolitik und reagieren viele Unternehmen und Haushalte auf Grund langanhaltender pessimistischer Erwartungen erst sehr spät, so kann diese Wirkungsverzögerung so groß sein, daß die Kreditexpansion erst in den bereits vollzogenen Wirtschaftsaufschwung fällt und diesen unnötigerweise verschärft. Dadurch kann im Extremfall somit genau das Gegenteil des Erwünschten erreicht werden.
Für den umgekehrten Fall einer kontraktiven Geldpolitik ist ebenfalls nicht genau bestimmbar, welche Auswirkungen sich auf dem Gütermarkt ergeben. Abgesehen von Ausweichmanövern der Geschäftsbanken werden auch höhere Kreditzinsen die Unternehmer bei noch optimistischen Gewinnerwartungen kaum veranlassen, ihre Investitionsvorhaben zu reduzieren. Steigende Preise in der Hochkonjunktur können z. B. die Haushalte veranlassen, mehr Kredite aufzunehmen, um in Erwartung weiter steigender Güterpreise noch rechtzeitig zu den gegenwärtig relativ günstigen Preisen einzukaufen.
Die nicht genau zu bestimmenden Auswirkungen der Geldpolitik sowie die zu beobachtenden (unregelmäßigen) Wirkungsverzögerungen haben in den letzten zwei Jahrzehnten dazu geführt, daß eine Reihe von Wirtschaftstheoretikern unter Führung des Amerikaners *Friedman* (die Monetaristen) die Wirksamkeit der herkömmlichen Geldpolitik zur *kurzfristigen* Stabilisierung des gesamtwirtschaftlichen Ablaufs bestreitet. Von den Monetaristen wird gleichzeitig auch die Wirksamkeit der Finanzpolitik in Frage gestellt.

8.6.5.4 Das Problem des Verhältnisses von Finanz- und Geldpolitik: Das stabilitätspolitische Konzept der Monetaristen

Die Diskussion der monetaristischen Theorievorstellungen in Abschnitt 8.4 hat gezeigt, daß die Monetaristen eine enge Beziehung zwischen der Wachstumsrate der Geldmenge und der Wachstumsrate des Sozialprodukts sehen. Schwankungen in der Wachstumsrate der Geldmenge werden daher auch in erster Linie für die Konjunkturschwankungen verantwortlich gemacht, wobei das Sozialproduktwachstum (unregelmäßig) auf Geldmengenänderungen reagiert. *Eine Verstetigung des Konjunkturverlaufs läßt sich nach monetaristischer Ansicht durch eine gleichmäßige Geldmengenentwicklung erreichen. Auf eine bewußt antizyklische Politik wird ver-*

zichtet. Damit gleichzeitig Geldwertstabilität sichergestellt wird, sollte die Rate der Geldmengenausdehnung der Wachstumsrate des volkswirtschaftlichen Produktionspotentials (des langfristig möglichen realen Sozialprodukts) *entsprechen.*
Diese Ausrichtung der **Geldpolitik** sehen die Monetaristen am besten dadurch gewährleistet, daß eine Art **Regelmechanismus** eingeführt wird, durch den die geldpolitischen Instanzen gebunden sind, der geforderten Leitlinie der Expansion der Geldmenge zu folgen.
Der **Finanzpolitik** messen die Monetaristen keine besondere Bedeutung bei. Ohnehin folgt aus ihren Theorievorstellungen, daß sie nur dann wirksam sein kann, wenn damit gleichzeitig eine Geldmengenveränderung, z. B. eine Aufnahme oder Rückzahlung staatlicher Kredite bei der Zentralbank, verbunden ist. Würde dagegen beispielsweise der Staat Anleihen aufnehmen, um damit zusätzliche Staatsausgaben zu finanzieren, so wären nach ihren Vorstellungen zwar kurzfristige reale Produktionssteigerungen möglich. Als Folge würden jedoch – ebenso wie im Klassischen Modell – die Zinssätze ansteigen und die privaten Investitionen zurückgehen, so daß insgesamt das Volkseinkommen unverändert bleiben würde. Denn die Finanzierungsmöglichkeiten werden bei gegebener Geldmenge im monetaristischen Modell durch das Sparkapital begrenzt (Geld aus der Spekulationskasse kann durch steigenden Zins nicht mobilisiert werden, weil es im monetaristischen Modell keine Spekulationskasse gibt). Ein steigender Finanzierungsbedarf des Staates ist dann nur auf Kosten der privaten Investitionen zu realisieren. *Entscheidend ist nach Ansicht der Monetaristen somit nicht die staatliche Investitionstätigkeit, sondern die Frage, ob damit eine Geldmengenexpansion einhergeht oder nicht.*

An diesem nur in Umrissen skizzierten Konzept der Monetaristen wird in verschiedener Hinsicht **Kritik** geübt. Diese bezieht sich einmal auf die theoretischen Vorstellungen, nach denen die Zinselastizität der Geldnachfrage vernachlässigbar klein ist. Diese Hypothese läßt sich empirisch nicht bestätigen. Andererseits scheinen die empirischen Arbeiten den Monetaristen insoweit recht zu geben, als Geldmengenveränderungen erheblich stärkere Auswirkungen auf das Sozialprodukt erwarten lassen als bisher angenommen wurde. Man muß aber weiterhin fragen, ob das Geldangebot so genau kontrollierbar ist, wie dies von den Monetaristen verlangt wird. Als Hindernis sind hier beispielsweise die Geldschöpfungsmöglichkeiten der Geschäftsbanken anzusehen (vgl. Abschnitt 8.6.2.1); außerdem werden den Zentralbanken häufig Geschäfte aufgezwungen, die erhebliche Auswirkungen auf die Veränderung der Geldmenge haben (z. B. die Ankaufs- und Verkaufspflicht von Devisen im Falle fester Wechselkurse).

Weitere Schlußfolgerungen betreffen die Wahl geeigneter **Indikatoren** für die Beurteilung der konjunkturellen Situation, insbesondere zur Beurteilung der Geldpolitik. Traditionelle Maßstäbe sind vor allem der *Zinssatz* und die *Bankenliquidität.* Nach Meinung der Monetaristen haben diese Indikatoren häufig Anlaß zu Fehlinterpretationen gegeben und die Geldpolitik in die Irre geführt. So wurden hohe Zinssätze und enge Bankenliquidität vielfach unbesehen als Zeichen restriktiver Geldpolitik interpretiert, während sie tatsächlich durch einen starken Boom und damit verbundener Ausweitung der Kreditnachfrage verursacht waren. Die Monetaristen schlagen statt dessen als geeignete Indikatoren zur Kennzeichnung der monetären Situation die Geldmenge bzw. *die Zentralbankgeldmenge* vor, die die Grundlage für die Geldschöpfung durch die Geschäftsbanken bildet. Veränderungen der Zentralbankgeldmenge bestimmen (bei gegebenen Mindestreservesätzen) die Geldschöpfungskapazität und damit die Entwicklung der gesamten Geldmenge.

Die Höhe des Zentralbankgeldes ist auf der Passivseite der Notenbankbilanz zu ersehen (= Banknotenumlauf). Sie umfaßt Bargeld sowie Sichteinlagen bei der Zentralbank. Man bezeichnet sie als *Geldbasis*. Auf der Aktivseite der Notenbankbilanz ist ersichtlich, welche Geschäfte der Zentralbank zur Schaffung der Geldbasis geführt haben (vgl. Übersicht 8.47).

Nach den oben aufgeführten Schwierigkeiten einer genauen Kontrolle der Geldmenge ist es nur konsequent, wenn die Monetaristen als Voraussetzung einer wirksamen Geldpolitik die Einführung **flexibler Wechselkurse** vorschlagen, bei denen ja eine Ankaufs- bzw. Verkaufspflicht von Devisen durch die Zentralbank entfällt. Als besonders geeignetes *Instrument* zur Steuerung der Geldbasis empfehlen die Monetaristen die **Offenmarktpolitik**. Sie ist der Mindestreservenpolitik insoweit überlegen, als sie wesentlich feiner dosiert werden kann. Liquidität wird nur (bei) denjenigen Banken zugeführt (abgeschöpft), bei denen die größten Liquiditätsengpässe (Liquiditätsüberschüsse) existieren. Die Diskontpolitik hat den Nachteil, daß sie die Dispositionen der Geschäftsbanken nicht zwingend beeinflußt. Eine Erhöhung des Diskontsatzes braucht nicht auf die Zinsen der Geschäftsbanken durchzuschlagen, wenn hohe Liquiditätsreserven eine Refinanzierung über Wechseleinreichung bei der Zentralbank überflüssig machen. Umgekehrt wird eine Ermäßigung des Diskontsatzes die Geschäftsbanken kaum zu einer erhöhten Inanspruchnahme der Rediskontmöglichkeiten bei der Zentralbank veranlassen, wenn Liquidität ohnehin ausreichend zur Verfügung steht. Die Diskontpolitik wird daher häufig erst dann wirksam, wenn sie zusammen mit anderen geldpolitischen Instrumenten eingesetzt wird (vgl. Abschnitt 8.6.2.2).

Abschließend ist festzustellen, daß eine Verstetigung des Geldmengenwachstums nicht solche Störungen des gesamtwirtschaftlichen Gleichgewichts verhindern kann, die mit Schwankungen des Geldangebots nichts zu tun haben. Sicherlich lassen sich die Konjunkturschwankungen nicht allein auf Schwankungen des Geldangebots zurückführen. Man wird also, wenn die Situationsanalyse eindeutige Fehlentwicklungen anzeigt, nicht auf eine bewußte (antizyklische) Steuerung im Sinne der angestrebten Ziele verzichten wollen.

Bei allen Einwänden, die sich gegen das Konzept der Monetaristen vorbringen lassen, hat ihre Kritik fruchtbare Denkanstöße gegeben. Auf jeden Fall hat sie das Augenmerk stärker auf die Fragen der *Wahl des Zeitpunktes und der Dosierung* antizyklischer Maßnahmen gelenkt. Weitgehend akzeptiert dürfte auch die Schlußfolgerung sein, daß man im Zweifel eher *eine kontinuierliche und weniger abrupte Stabilitätspolitik* (das heißt vor allem auch Vermeidung zu starker Schwankungen des Geldangebots) verfolgen sollte, insbesondere wenn man keine sehr eindeutige Diagnose der Ausgangssituation hat.

8.6.6 Umrisse eines stabilitätspolitischen Gesamtkonzepts

Auf dem Wege zur Erklärung gesamtwirtschaftlicher Instabilitäten sind einige Erfolge zu verzeichnen, wenn auch eine Reihe von Fragen bislang nicht ausreichend geklärt ist. Das gilt insbesondere für die Wechselbeziehungen zwischen realer und monetärer Sphäre sowie für die außenwirtschaftlichen Zusammenhänge in offenen Volkswirtschaften. In einigen Bereichen stehen sich noch widerstreitende Theorieansätze gegenüber. Ein entsprechend zwiespältiges Bild zeigt sich in der Stabilitätspolitik. Es ist daher zu fragen, welche Beiträge der verschiedenen Theorieansätze als einigermaßen abgesichert gelten und als Grundlage einer stabilitätsorientierten Wirtschaftspolitik dienen können.

Als der wichtigste Beitrag der Keynes'schen Theorie ist die Herausarbeitung der zentralen Rolle der **aggregierten Güternachfrage** sowohl für die Erklärung wie die Steuerung des konjunkturellen Ablaufs anzusehen. Eine Politik entsprechend den von Keynes vorgezeichneten Linien dürfte in der Lage sein, tiefgreifende Depressionen und Arbeitslosigkeit, denen man etwa in der Weltwirtschaftskrise recht hilflos gegenüberstand, zu vermeiden – jedenfalls solange eine allgemeine *politische* Stabilität erhalten bleibt, die die Durchsetzung sachgerechter Maßnahmen ermöglicht. Diese Überzeugung hat sich auch in der praktischen Wirtschaftspolitik der westlichen Industrieländer so allgemein durchgesetzt, daß bei extremen Krisen ein ausreichendes Maß an internationaler Abstimmung zur Flankierung der nationalen Stabilitätsbemühungen zu erreichen sein dürfte. Diese optimistische Einschätzung der Möglichkeiten Keynes'scher Stabilitätspolitik – soweit sie die Vermeidung extremer konjunkturell bedingter Beschäftigungseinbrüche anlangt – wird durch die Erfahrungen der Nachkriegszeit in den westlichen Industrieländern gestützt.

Diese Beurteilung steht nicht im Widerspruch zu der Tatsache, daß in den letzten Jahren in den meisten Ländern verschiedene längerandauernde Rezessionsphasen zu beobachten waren und in weiten Teilen die Inflationsraten erheblich zugenommen haben. Wie genauere Analysen der konjunkturellen Abläufe in verschiedenen Ländern zeigen, spricht einiges für die These der Monetaristen, daß die finanz- und geldpolitischen Maßnahmen nach Keynes'schem Rezept häufig zu falschen Zeitpunkten wirksam wurden und falsch dosiert waren. Es mangelt somit offensichtlich an der Feinsteuerung des Konjunkturablaufs. Dabei mag die Frage offenbleiben, ob sich durch weitere Forschungen und besseres wirtschaftspolitisches Management eine verbesserte Feinsteuerung des Konjunkturablaufs mit Keynes'schen Mitteln erzielen läßt oder ob man – wie die Monetaristen – dieses in Frage stellt. Doch auch wenn man der „reinen Lehre" der Monetaristen skeptisch gegenübersteht, spricht sehr viel für ihre These, daß eine mehr auf **Kontinuität** angelegte Wirtschaftspolitik – insbesondere Geldpolitik – zu einer Verstetigung des Wirtschaftswachstums beiträgt. Vielleicht ist das der wichtigste Beitrag der Monetaristen zur Stabilitätspolitik. Eine offene Flanke der Stabilitätspolitik kann die **Lohn- und Preispolitik** darstellen. Wenn durch überzogene Lohnforderungen und/oder rigorose Ausnutzung von monopolistischen Preisspielräumen eine Lohn-Preis-Spirale in Gang gesetzt wird, so läßt sich diese nicht allein durch die Steuerung der aggregierten Nachfrage abbremsen. Unter solchen Bedingungen sind den herkömmlichen Mitteln der Stabilitätspolitik eindeutig Grenzen gesetzt, wie dies in jüngster Zeit die in verschiedenen westlichen Industrieländern zu beobachtenden Stagflationen (Inflation bei Unterbeschäftigung) gezeigt hat. Hier hat man sich an den Beitrag der Klassiker zu erinnern, die die grundlegende Bedeutung der **Wettbewerbspolitik** als Voraussetzung für eine ausreichende Flexibilität und marktgerechte Anpassung von Löhnen und Preisen in den Mittelpunkt ihrer stabilitätspolitischen Überlegungen gestellt haben. Weiterhin dürfte eine ausreichende Aufklärung der Öffentlichkeit und der **Tarifpartner** über gesamtwirtschaftliche Zusammenhänge von Bedeutung sein, damit nicht die Möglichkeiten einer Einkommensumverteilung durch die Lohn- und Preispolitik falsch eingeschätzt werden und somit ein ständiger Gefahrenherd für inflationäre Entwicklungen entsteht.

9 Das Problem der Güterzuteilung: Einkommens- und Vermögensverteilung

9.1 Einkommens- und Vermögensverteilung in der BR Deutschland

Fragen der Einkommensverteilung spielen in der wirtschaftspolitischen Diskussion eine erhebliche Rolle. Hierbei ist im Streit um die „gerechte" Einkommensverteilung *die Aufteilung des Sozialprodukts* nach zwei verschiedenen Gesichtspunkten von Bedeutung:

- Wie groß sind die Entlohnungsanteile der Produktionsfaktoren, d. h. welcher Anteil am Sozialprodukt bzw. Volkseinkommen fließt den Produktionsfaktoren Arbeit, Boden und Kapital zu? Dies ist die Frage nach der *funktionalen Einkommensverteilung.*
- Welcher Teil des Volkseinkommens fließt bestimmten – nach irgendwelchen Kriterien gebildeten – Gruppen von Haushalten zu, denen die verschiedenen Produktionsfaktoren gehören? Dies ist die Frage nach der *personellen Einkommensverteilung.*

Darüber hinaus interessiert man sich noch für die Verteilung des gesamten Privat*vermögens* einer Volkswirtschaft auf die Haushalte unterschiedlicher sozialer Schichten; eine besondere Rolle spielt hierbei das Eigentum an gewerblichen Unternehmen. Die Volkswirtschaftliche Gesamtrechnung bietet als statistische Informationsbasis für diese Fragen allerdings nur wenig Anhaltspunkte.

9.1.1 Funktionale Einkommensverteilung

Die Verteilungsseite der Sozialproduktsrechnung gibt gewisse Aufschlüsse über die funktionale Einkommensverteilung. Aus der Primärverteilung (s. Übersicht 7.8) läßt sich leicht die **tatsächliche Lohnquote** errechnen. Sie gibt den Anteil der „Bruttoeinkommen aus unselbständiger Arbeit"[1] in Prozent des Volkseinkommens an. Die Lohnquote schwankt im Zeitablauf. Aus ihrer Erhöhung wird häufig der Schluß gezogen, daß sich die Einkommensverteilung zugunsten der Arbeitnehmer verbessert im Sinne einer gleichmäßigeren (gerechteren) Verteilung zwischen arm und reich. Ein derartiger Schluß ist jedoch voreilig. Die beiden Einkommensgrößen der Primärverteilung sind nämlich – wegen statistischer Abgrenzungsschwierigkeiten – sehr heterogen, so daß sich daraus nur begrenzt sinnvolle Aussagen über die Einkommensverteilung ableiten lassen.

In die *Bruttoeinkommen aus unselbständiger Arbeit* gehen nämlich nicht nur die Löhne der Arbeiter sowie die relativ niedrigen Gehälter von Angestellten und Beamten ein, sondern auch die Spitzengehälter von Generaldirektoren einer Aktiengesellschaft. Andererseits enthalten die Einkommen aus Unternehmertätigkeit und Vermögen auch die Verdienste kleinster Gewerbetreibender. Daher sind sicherlich die Bruttoeinkommen aus unselbständiger Arbeit nicht ohne weiteres mit den Einkommen der Kleinverdiener und die Bruttoeinkommen aus Unternehmertätigkeit und Vermögen nicht unbesehen mit den Einkommen der Großverdiener zu identifizieren.

Die Position *Bruttoeinkommen aus Unternehmertätigkeit und Vermögen* ist darüber hinaus eine Größe, die Faktorentlohnungen aller Kategorien umfaßt. Sie enthält zunächst einen *Unternehmerlohn*, d. h. eine Entschädigung für die reine Arbeitsleistung, die ein Unternehmer erbringt (etwa gemessen an vergleichbaren Leistungen unselbständig Beschäftigter). Ferner erfaßt diese Position die Entlohnungen für die *Faktoren Kapital und Boden* (= Zinsen, Mieten, Grundrenten) sowie als Restgröße die *Unternehmergewinne*. Der Unternehmerlohn (oder auch das Einkommen aus selbständiger Arbeit) ist funktional dem Faktor Arbeit zuzurechnen. Berechnet man daher eine korrigierte Lohnquote, die die Bruttoeinkommen aus selbständiger und unselbständiger Arbeit auf das Volkseinkommen bezieht, so mißt diese **ergänzte Lohnquote** den relativen Anteil am Volkseinkommen, der *funktional dem Produktionsfaktor Arbeit zuzuordnen* ist. Dieser Anteilswert hat zudem den Vorteil, daß er von Veränderungen in der Zusammensetzung der Erwerbstätigen unbeeinflußt bleibt. Wandelt etwa ein Selbständiger sein Einzelunternehmen in eine GmbH um, wodurch er rechtlich zum Angestellten wird, so rückt er statistisch in die Gruppe der unselbständig Beschäftigten. Bei unverändertem Arbeitseinkommen würde sich die tatsächliche Lohnquote erhöhen und eine Veränderung der Einkommensverteilung vortäuschen. Die ergänzte Lohnquote würde jedoch gleichbleiben und anzeigen, daß sich am Durchschnittseinkommen des Faktors Arbeit nichts geändert hat.

In der verteilungspolitischen Diskussion spielt häufig jedoch nicht die Entwicklung der rein funktionalen Verteilung der Einkommen eine Rolle. Vielmehr möchte man

[1] Einschließlich Beiträgen der Arbeitgeber zur Sozialversicherung.

(z. B. die Gewerkschaften) wissen, wie sich das *Durchschnittseinkommen der unselbständig Beschäftigten* im Verhältnis zum Durchschnittseinkommen der Selbständigen verändert hat. Gerade hierüber gibt aber die tatsächliche Lohnquote keine genaue Auskunft, da sie durch *Veränderungen der Beschäftigtenstruktur* verzerrt wird. Wegen der zu beobachtenden Zunahme des Anteils der Unselbständigen an der Gesamtzahl der Erwerbstätigen (Arbeitnehmerquote) ergibt sich daher ein vergleichsweise günstiges Bild der Einkommensverteilung der Unselbständigen. Man ermittelt daher auch, ausgehend von der tatsächlichen Lohnquote, eine **bereinigte Lohnquote** unter der Annahme, daß die Aufteilung der Erwerbsbevölkerung in Selbständige und Unselbständige gegenüber einer Ausgangsperiode unverändert geblieben ist.

Übersicht 9.1: Entwicklung der funktionalen Einkommensverteilung in der Bundesrepublik Deutschland 1960–1989 (in Prozent)

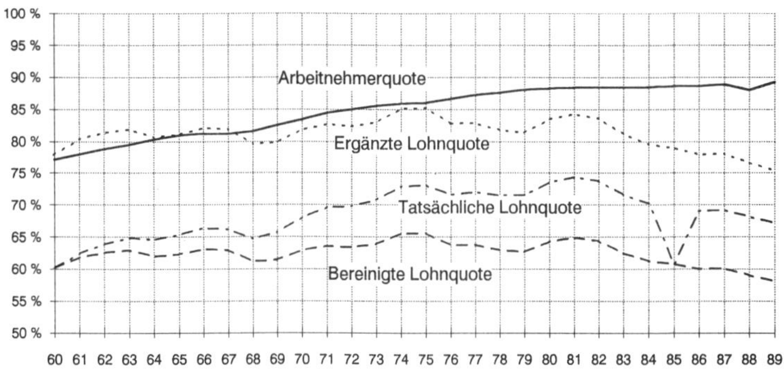

Quelle: Sachverständigenrat

Aus Übersicht 9.1 ist zu ersehen, daß die *tatsächliche* Lohnquote in der Bundesrepublik seit 1960 tendenziell von rund 61% auf 67% im Jahre 1989 gestiegen ist. Da jedoch die Arbeitnehmerquote, d. h. der Anteil der unselbständig Beschäftigten an den Erwerbstätigen, in dieser Zeit ebenfalls (z. B. wegen Abwanderungen aus der Landwirtschaft oder Aufgabe kleiner Gewerbebetriebe) gestiegen ist, liegt die *bereinigte* Lohnquote unter der tatsächlichen. Sie schwankt im Zeitraum 1960 bis 1989 zwischen 58% und 66%. Diese relativ geringen Schwankungen folgen dem Konjunkturzyklus. In der Aufschwungphase nimmt die Lohnquote ab, weil zunächst die Gewinne der Unternehmen steigen und die Lohnentwicklung erst mit Verzögerung reagiert. In der Aufschwungphase der Konjunktur steigt die Lohnquote dann, weil die Gewerkschaften in dieser Phase ihren „Nachholbedarf" an Lohnerhöhungen voll durchgesetzt haben und die Gewinne zugleich schon wieder fallen.
Im genannten Zeitraum zeichnet sich eine tendenzielle Erhöhung (von 77% auf 89%) des Arbeitnehmeranteils am Volkseinkommen zu Lasten des Anteils der Selbständigeneinkommen ab. Dieser aus der Entwicklung der tatsächlichen Lohnquote ablesbare

Trend zugunsten der unselbständig Beschäftigten ist aber – wie man leicht sieht – im wesentlichen auf eine trendmäßige Erhöhung der Arbeitnehmerquote zurückzuführen. Die Entwicklung der *ergänzten* Lohnquote seit 1960 zeigt einen auffallenden Gleichlauf mit der Entwicklung der *bereinigten* Lohnquote. Dies ist nicht verwunderlich, da beide Meßzahlen von der Entwicklung der Beschäftigtenstruktur unberührt bleiben.

9.1.2 Personelle Einkommensverteilung

Die Volkswirtschaftliche Gesamtrechnung macht über die personelle Einkommensverteilung keine Aussagen. Um festzustellen, welchen Personengruppen die unterschiedlichen Einkommen zufließen, sind ergänzende Untersuchungen erforderlich. Erst die Kenntnis der historisch und sozial bedingten Eigentumsverhältnisse (Wem gehört der Boden? Wem gehört das Kapital? Wer bezieht Arbeitseinkommen? Wer bezieht gleichzeitig Einkommen aus Boden, Kapital und Arbeit?) eröffnet die Möglichkeit, die personelle Verteilung festzustellen. Man geht dabei so vor, daß unterschiedliche soziale Gruppen definiert werden (etwa Arbeiter-, Angestellten-, Rentner- und Selbständigenhaushalte). Die Einkommen der Personen der jeweiligen Gruppe werden ermittelt und addiert; die Durchschnittseinkommen der Gruppen geben dann Aufschluß über die Einkommensabstände.

Die Ermittlung der personellen Einkommensverteilung ist statistisch unter anderem deswegen so schwierig, weil die einzelnen Haushalte Einkommen aus verschiedenen Quellen beziehen. Arbeitnehmer erhalten nicht nur Löhne und Gehälter. Da sie auch Haus- und Grundbesitzer, Firmenanteilseigner, Volksaktionäre oder Sparguthabenbesitzer sind, fließen ihnen Zinsen, Mieten und Renten zu. Diese Einkommensteile von unselbständig Beschäftigten sind jedoch nicht in der Lohnquote erfaßt. Sie sind in den Bruttoeinkommen aus Unternehmertätigkeit und Vermögen enthalten. Bezieht man zudem die Tätigkeit des Staates in die Betrachtung ein, dann ist auch zu berücksichtigen, daß den Haushalten über Steuern, Sozialversicherungsbeiträge und sonstige Abgaben Einkommensteile entzogen werden, die ihnen teilweise über *Sozialeinkommen* (Renten, Arbeitslosenhilfe, Kindergeld oder Wohngeldzahlungen) wieder zufließen. Man spricht in diesem Zusammenhang auch von der Umverteilungsfunktion des Staates: Aus der Primärverteilung ergibt sich die Sekundärverteilung.

In Übersicht 9.2 ist neben der personellen Verteilung noch einmal die funktionale Verteilung dargestellt. Beide Teilübersichten berücksichtigen bereits die Tätigkeit des Staates, so daß die **Sozialeinkommen** neben den Nettoeinkommen aus unselbständiger Arbeit (= Nettolöhne + Nettogehälter) und den Nettoeinkommen aus Unternehmertätigkeit und Vermögen (= Entnahmen[1] + Vermögenserträgnisse nach Steuerabzug) *als dritte Kategorie der funktionalen Verteilung* auftritt. Der Anteil der Sozialeinkommen am gesamten verfügbaren Einkommen ist von 19% im Jahre 1965 auf 22% im Jahre 1975 angestiegen.

[1] Gewinnentnahmen der Selbständigen.

Zieht man vom verfügbaren Einkommen die Sozialeinkommen ab, dann erhält man eine Größe, die man mit *Nettoerwerbseinkommen* bezeichnen kann. Die prozentualen Anteile der Nettolöhne und -gehälter sowie die Entnahmen und Vermögenserträge betrugen 1960 69,5% bzw. 30,5%, 1975 hingegen 70,5% bzw. 29,5%. Die Nettolohnquoten in Höhe von 69,5% (1960) bzw. 70,5% (1975) lassen sich mit den Bruttolohnquoten (= Tatsächliche Lohnquoten vor Abzug von Steuern und Sozialversicherungsbeiträgen) der Übersicht 9.1 vergleichen. Der Abstand zwischen Netto- und Bruttolohnquote betrug 1960 noch 8,9 Prozentpunkte (= 69,5%–60,6%); im Jahre 1975 war hingegen die Bruttolohnquote bereits um 1,2 Prozentpunkte höher als die Nettolohnquote. Mit anderen Worten, im Jahre 1960 veränderte sich noch durch die staatliche Einnahmenpolitik die funktionale Verteilung in erheblichem Ausmaß zugunsten der Lohn- und Gehaltsempfänger; im Jahre 1975 waren die Belastungen aber schon so hoch, daß sie sogar die relative Position der Lohn- und Gehaltseinkommen verschlechterten: Löhne und Gehälter wurden prozentual stärker belastet als Einkommen aus Unternehmertätigkeit und Vermögen. Diese Entwicklung ist u. a. damit zu erklären, daß gerade die Gehalts- und Lohnempfänger mit steigenden Einkommen in die Steuerprogression (steigender Steuersatz bei steigendem Einkommen; vgl. Abschnitt 9.4.2) „hineinwachsen" und zudem in der Vergangenheit die Sozialversicherungsbeiträge im Verhältnis zum Einkommen überproportional angestiegen sind.
Es wäre aber voreilig, hieraus auf einen negativen *Einfluß des Staates auf die Einkommensposition der Lohn- und Gehaltsempfänger* zu schließen: (a) Lohn- und Gehaltseinkommen sind nicht die einzigen Einkommensquellen der Arbeiter und Angestellten (funktionale ist nicht gleich personelle Einkommensverteilung). (b) Selbständige profitieren nicht in gleichem Maße wie Arbeiter und Angestellte von den Sozialeinkommen. (c) Hohe Sozialversicherungsbeiträge der Arbeiter und Angestellten reduzieren das Nettoeinkommen, begründen aber gleichzeitig einen Anspruch auf Rentenzahlungen in der Zukunft. Selbständige müssen hingegen in viel stärkerem Maße ihre Altersversorgung aus dem Nettoeinkommen finanzieren.[1]
Wie abwegig es wäre, die Einkommen aus Vermögen allein den Selbständigen zuzuordnen, zeigt die Aufstellung zur personellen Einkommensverteilung; denn 52% dieser Einkommen flossen im Jahre 1975 den Arbeitern, Angestellten und Rentnern zu. Allerdings machten die Einkommen aus Vermögen nur 4% der Nettoeinkommen der Arbeiter aus, aber 17% der Nettoeinkommen der Selbständigen. Umgekehrt bestand das Nettoeinkommen der Selbständigen nur zu 3% aus Sozialeinkommen, während den Arbeitern 9% ihres Einkommens in Form von Transferzahlungen zufloß.
Es wäre nun möglich, durch die Berechnung von prozentualen Anteilen der Einkommen von Arbeitern, Angestellten, Rentnern und Selbständigen am gesamten verfügbaren Einkommen für unterschiedliche Jahre die zeitliche Entwicklung der personellen Einkommensverteilung zu verfolgen. Auch hier würde das Problem auftreten, daß beispielsweise der sinkende Anteil der Selbständigen an der Erwerbsbevölkerung bzw. an der Gesamtzahl der Einkommensbezieher (einschließlich Rentner) berücksichtigt werden müßte, damit ein möglichst unverzerrtes Bild sich verändernder Durchschnittseinkommen entstünde. Es liegt nahe, diese Schwierigkeiten zu umgehen und sofort die Pro-Kopf-Einkommen der unterschiedlichen Gruppen auszuweisen.

Übersicht 9.3 enthält die **durchschnittlichen Jahresnettoeinkommen** der verschiedenen sozialen Gruppen in absoluten DM-Werten. Um den Ver-

[1] Andererseits muß berücksichtigt werden, daß die nichtentnommenen Gewinne in den Nettoeinkommen der Selbständigen nicht enthalten sind.

Übersicht 9.2: Entwicklung der funktionalen und personellen Einkommen (Mrd. DM) in der Bundesrepublik Deutschland[1] (1950–1975)

	1950	1960	1970	1975
		Funktionale Einkommen		
Nettolöhne	22,0	59,6	124,0	169,6
Nettogehälter	12,9	45,3	113,1	173,3
gesamt	34,9	104,9	237,1	342,9
Sozialeinkommen	12,6	39,5	86,1	135,5
Entnahmen	17,2	40,4	72,4	101,0
Vermögenserträgnisse	0,6	5,5	29,3	45,0
Verfügbares Einkommen[2]	65,3	190,3	424,9	624,4
		Personelle Einkommen		
Nettolöhne d. Arbeiter	21,8	59,0	122,5	167,6
Vermögenserträgnisse	0,1	1,0	5,3	8,2
Sozialeinkommen	3,3	7,9	12,3	16,7
Nettoeink. d. Arbeiter	25,2	67,9	140,1	192,5
Nettogeh. d. Angest.	12,8	44,9	112,1	171,8
Vermögenserträgnisse	0,1	1,1	6,4	10,2
Sozialeinkommen	1,1	2,7	4,6	6,5
Nettoeink. d. Angest.	14,0	48,7	123,1	188,5
Sozialeink. d. Rentner	7,8	27,4	66,9	109,1
Vermögenserträgnisse	0,1	0,5	2,8	5,0
Nettolöhne u. -gehälter	0,1	0,3	1,0	1,5
Einkommen der Rentner	8,0	28,2	70,7	115,6
Entnahmen	17,2	40,4	72,4	101,0
Nettolöhne u. -gehälter	0,2	0,7	1,5	2,0
Sozialeinkommen	0,4	1,5	2,3	3,2
Vermögenserträgnisse	0,3	2,9	14,8	21,6
Einkommen d. Selbständigen	18,1	45,5	91,0	127,8
Verfügbares Einkommen	65,3	190,3	424,9	624,4

[1] Ab 1960 einschl. Saarland und Berlin (West)
[2] Ohne nicht entnommene Gewinne der natürlichen Personen

Quelle: Gösecke/Bedau, „Verteilung und Schichtung der Einkommen der privaten Haushalte in der BR Deutschland 1950–1975" (DIW, Heft 31)

gleich verschiedener Einkommensgrößen zu erleichtern, sind in Übersicht 9.4 für 1955, 1970 und 1975 Indices zusammengestellt worden, die das Vielfache dessen angeben, was Nichtrentner in Relation zum *Durchschnittsrentner* jährlich verdienen.

So machten z. B. 1955 die Durchschnittseinkommen der Selbständigen das 2,2fache der Arbeiter aus (372 : 166), im Jahre 1970 aber bereits das 2,8fache. Mit anderen

Übersicht 9.3: Durchschnittliche Nettoeinkommen (DM) von Haushaltsvorständen unterschiedlicher sozialer Gruppen (1950–1975)

	1950	1960	1970	1975
Arbeiter-haushalte	2610	5805	11920	16690
Angestellten-haushalte	3845	8360	16460	22830
Rentner-haushalte	1480	4015	7485	11225
Selbständigen-haushalte	5780	14160	33320	49620

Quelle: Zusammengestellt nach Gösecke/Bedau

Übersicht 9.4: Relationen der Nettoeinkommen von Nichtrentnern zu den Nettoeinkommen der Rentner (Indexzahlen durchschnittlicher Einkommen der Rentnerhaushalte = 100)

	1955	1970	1975
Rentnerhaushalte	100	100	100
Arbeiterhaushalte	166	159	149
Angestelltenhaushalte	240	220	203
Selbständigenhaushalte	372	445	442

Quelle: Zusammengestellt nach Gösecke/Bedan.

Worten, die Ungleichheit hat sich im Zeitablauf noch verstärkt. Günstiger sieht die Entwicklung der Arbeitereinkommen in Relation zu den Verdiensten der Angestellten aus: Waren die Durchschnittseinkommen der Angestellten 1955 noch um 45% höher als die der Arbeiter, so betrug der Unterschied 1970 nur noch 38%.
Die Rentner haben ihre Position gegenüber Arbeitern und Angestellten ständig verbessern können, nur die Einkommen der Selbständigen stiegen schneller an.

Mit diesen Bemerkungen zur Entwicklung der relativen Einkommenspositionen sollen die empirischen Betrachtungen zur Einkommensverteilung abgeschlossen werden. Erheblich verfeinerte Analysen sind möglich, wenn man beispielsweise innerhalb der hier angeführten sozialen Gruppen noch Differenzierungen vornimmt. Auch gänzlich andere Fragestellungen sind denkbar. So mag man neben der Verteilung von Einkommen auf soziale Gruppen auch **regionale Verteilungen** oder Verteilungen auf **unterschiedliche Generationen** in die Betrachtung einbeziehen.

Zuletzt sei noch davor gewarnt, allein aus einem Vergleich der Primärverteilung mit der Sekundärverteilung den Einfluß des Staates auf die Einkommensverteilung abzuschätzen. Denn ohne staatliche Einflüsse wäre sicherlich auch die Primärverteilung eine andere. Beispielsweise ist damit zu rechnen, daß etwa Erhöhungen von Steuern auf Gewinne preissteigernd wirken (vgl. Abschnitt 9.4) und somit Preise und Bruttogewinne niedriger wären, wenn die Steuerlast erheblich geringer wäre als gegenwärtig.

9.1.3 Bemerkungen zur Vermögensverteilung

Einkommens- und Vermögensverteilung hängen eng miteinander zusammen. Einmal wird Vermögen stets durch nichtkonsumiertes (= gespartes) Einkommen aufgebaut, wenn man einmal von unentgeltlichen Übertragungen absieht. Andererseits ist Vermögen auch eine wichtige Einkommensquelle. Bereits bestehende Ungleichheiten der Einkommens- und Vermögensverteilung haben die Tendenz, sich gegenseitig zu verstärken, weil die ungleiche Vermögensverteilung über die Vermögenserträge auf eine Verstärkung der Einkommenskonzentration hinwirkt, hohe Einkommen aber wiederum einen relativ schnellen Aufbau von Vermögen ermöglichen.

Die Statistik der Vermögensverteilung ist noch lückenhafter als die Statistik der Einkommensverteilung. Aus den vorhandenen Schätzungen des „Krelle-Gutachtens"[1] können wir jedoch einige Größenordnungen entnehmen, die die globale Situation recht eindrucksvoll charakterisieren und die in der öffentlichen Diskussion häufig angeführt werden. So besaßen 1960 die 305000 Haushalte der BR Deutschland, die über ein Vermögen von jeweils mehr als 100000 DM verfügten und nur 1,7% aller Haushalte repräsentierten, etwa 35% der gesamten Privatvermögen. Die Kritik an der ungleichen Vermögensverteilung entzündete sich aber weniger an diesen Zahlen als vielmehr an der Verteilung des Eigentums an den Betriebsvermögen und den Kapitalanteilen von Unternehmen. Die gleiche Gruppe besaß nämlich 70% des Reinvermögens gewerblicher Unternehmen.

Das Problem der ungleichen Vermögensverteilung darf nicht allein unter dem Gerechtigkeitsgesichtspunkt gesehen werden. In den Vordergrund rückt die mit der Vermögenskonzentration im Unternehmensbereich verbundene Zentralisierung wirtschaftlicher Macht, durch die der *Freiheitsspielraum* des Einzelnen beeinträchtigt werden kann. Ist die Vermögenskonzentration nur schwer abzubauen, dann sind Kontrollmechanismen zu entwickeln, die den Machtmißbrauch einschränken. Der Ausbau der Arbeitnehmermitbestimmung wirkt zwar genau in diese Richtung, jedoch darf nicht verkannt werden, daß mit zunehmender Machtkonzentration bei den Gewerkschaften neue Probleme auftreten können.

9.2 Verteilungstheoretische Grundlagen: Zur Erklärung von Faktorpreisen und Gewinnen

9.2.1 Einzelwirtschaftliche Erklärungsansätze für Faktoreinkommen und Gewinne

Die einzelwirtschaftliche Theorie des vollständigen Wettbewerbs gab uns auf die Frage nach der funktionalen Einkommensverteilung eine eindeutige Antwort: Im langfristigen Gleichgewicht existieren keine Gewinne (s. Abschnitt 3.4.4) und die Produktionsfaktoren werden nach dem Prinzip

[1] Vgl. dazu W. Krelle und J. Siebke, Vermögensverteilung und Vermögenspolitik in der BR Deutschland. Ein Überblick. In: Zeitschrift für die gesamte Staatswissenschaft (1973).

der Wertgrenzproduktivität entlohnt (s. Abschnitt 3.4.3). Werden in der Wirklichkeit Gewinne beobachtet, so lassen sich diese unterschiedlich begründen:

- durch die Immobilität von Produktionsfaktoren[1] (Existenz fixer Faktoren),
- durch die Möglichkeit der Unternehmer, Preisstrategie auf den Absatz- und Faktormärkten zu betreiben und somit Monopolgewinne zu erzielen (s. Abschnitt 4.3), oder
- durch Ungleichgewichte in Anpassungsprozessen, wobei besonders schnell reagierende (anpassungsfähige) Unternehmer unabhängig von der Marktform besonders hohe Gewinne erzielen können (Leistungsgewinne).

In allen Fällen liegt die Entlohnung einiger oder aller Produktionsfaktoren unter ihrem Wertgrenzprodukt.

Die Aufteilung der *Faktoreinkommen* auf Löhne und Kapitaleinkommen wird bestimmt durch den durchschnittlichen Lohnsatz (l), die Höhe des volkswirtschaftlichen Arbeitseinsatzes (A), die durchschnittliche Rendite (i) und den Kapitalbestand der Volkswirtschaft (C). Bei gegebenem Lohnsatz ist der Anteil der Arbeitseinkommen ($l \cdot A$) um so höher, je mehr Arbeit in dem volkswirtschaftlichen Produktionsprozeß eingesetzt wird. Es ist jedoch zu beachten, daß Lohnsatz und Arbeitseinsatz nicht unabhängig voneinander sind: Je mehr Arbeitskräfte in einer Volkswirtschaft verfügbar sind, um so niedriger wird bei gegebenem Kapitalstock und bei Vollbeschäftigung der Lohnsatz sein. Denn bei gegebener Technik und gegebenem Kapitalstock sinkt die Grenzproduktivität der Arbeit mit zunehmendem Arbeitseinsatz: zusätzliche Arbeiter werden von den Unternehmen dann nur bei sinkenden Lohnsätzen eingestellt. Ganz analoge Überlegungen gelten für den Produktionsfaktor Kapital. Es ist dann das Mengenverhältnis von Arbeit und Kapital zueinander, d. h. die **relative Seltenheit** oder **Knappheit eines Faktors,** die seine Grenzproduktivität und damit seine Entlohnung bestimmt. Daher kann man z. B. auch nicht von vornherein sagen, ein Land mit hoher Kapitalausstattung pro Arbeitskraft (C/A ist groß) habe einen hohen Anteil des Kapitaleinkommens ($i \cdot C$) am volkswirtschaftlichen Faktoreinkommen ($l \cdot A + i \cdot C$); denn eine hohe C/A-Relation bedeutet auch hohe Grenzproduktivität der Arbeit und damit hohen durchschnittlichen Lohnsatz.

Wir müssen uns ins Gedächtnis zurückrufen, daß die Gültigkeit dieser Aussagen auf einer Reihe von Voraussetzungen beruht, so u. a.: (a) die Produktionsfaktoren sind stetig substituierbar und es gilt das Ertragsgesetz; (b) die Wirtschaftseinheiten sind über die für sie bedeutenden ökonomischen Daten und Variablen vollständig informiert, so z. B. die Arbeiter über die Höhe der Lohnsätze in unterschiedlichen Branchen oder die Unternehmer über den Verlauf der Preis-Absatz-Funktionen; (c) die Unternehmer streben nach maximalem Gewinn;

[1] Wenn beispielsweise Arbeitskräfte nicht dorthin wandern, wo die Entlohnung am höchsten ist und somit einige Unternehmer von den vergleichsweise niedrigen Löhnen profitieren.

(d) die Wirtschaftseinheiten passen sich unendlich schnell an veränderte Bedingungen an.
Die Aufhebung jeweils nur einer dieser Voraussetzungen führt allerdings nicht sofort zur Ungültigkeit der verteilungstheoretischen Aussagen, jedoch sind i. d. R. einige Modifikationen vorzunehmen.

In den nun folgenden Abschnitten sind einige einfache gesamtwirtschaftliche Ansätze zur Erklärung der Einkommensverteilung zu betrachten und ihre Beziehungen zu den einzelwirtschaftlichen Theorien zu diskutieren. Dabei zeigt sich, daß einzel- und gesamtwirtschaftliche Erklärungsversuche nicht einander widersprechen, sondern vielmehr gemeinsam eine umfassende Sicht des Verteilungsproblems ermöglichen.

9.2.2 Zum Zusammenhang einzel- und gesamtwirtschaftlicher Erklärungsversuche der Gewinnbildung

Um die *makroökonomischen Voraussetzungen für die Existenz von Gewinnen* herausarbeiten zu können, soll von einem sehr einfachen Modell ausgegangen werden, in dem es nur zwei Einkommensarten gibt, nämlich Löhne und Gewinne, wobei die Gewinne jetzt auch das Zinseinkommen enthalten.
Es sei angenommen, daß die Arbeiter ein Lohneinkommen in Höhe von 1000 DM empfangen, 900 DM für den Kauf von Konsumgütern ausgeben und somit 100 DM sparen. Das Lohneinkommen in Höhe von 1000 DM stellt für die Unternehmer Kosten in gleicher Höhe dar. Geben die Arbeiter 900 DM ihres Einkommens aus, dann fließen 900 DM an die Unternehmer in Form von Erlösen zurück. Da in diesem einfachen Modell die Lohnausgaben der Unternehmer mit den Gesamtkosten übereinstimmen und sich die Unternehmergewinne als Differenz von Erlösen und Kosten errechnen, ergibt sich in unserem Beispiel ein Gewinn in Höhe von:

$$\text{Gewinn} = \text{Erlös} - \text{Kosten}$$
$$-100\text{ DM} = 900\text{ DM} - 1000\text{ DM}.$$

Die Unternehmer erwirtschaften also einen Verlust in Höhe von 100 DM, wenn die Arbeiter ihr Lohneinkommen nicht voll ausgeben.
Hierbei ist allerdings nicht berücksichtigt, daß auch die Unternehmer als Käufer auftreten. Tatsächlich sind jedoch auch Konsumausgaben der Unternehmerhaushalte[1] sowie Investitionsausgaben der Unternehmer zu berücksichtigen. Fließt Geld allein über die Verschuldung privater Wirtschaftseinheiten beim Bankensystem in den Wirtschaftskreislauf, dann werden die Unternehmer nicht nur Kredite zur Bezahlung von Löhnen, sondern auch Kredite zur Finanzierung der eigenen Ausgaben aufnehmen. Geht man von den Ausgaben der Unternehmer (= monetäre Nachfrage der Unternehmer) in Höhe von 300 DM aus, dann steigen die Gesamter-

---

[1] In diesem „Zwei-Klassen-Modell" stehen sich nicht die Gruppen Haushalte und Unternehmer wie in den bisherigen Analysen, sondern die Gruppen Selbständige (Gewinnempfänger) und Unselbständige (Lohnempfänger) gegenüber.

löse um diesen Betrag und die Gewinne erreichen eine Höhe von 200 DM (= 1200 DM Erlös – 1000 DM Kosten). Offenbar können die Unternehmer Verluste vermeiden, wenn sie Ausgaben mindestens in Höhe der Arbeitnehmerersparnis verwirklichen. *Die Existenz von Gewinnen ist demnach an die Bedingung geknüpft, daß die Ausgaben der Unternehmer die Arbeitnehmerersparnis übersteigen.* Die Unternehmer erzeugen dann durch ihre Ausgabentätigkeit ihre Gewinne selbst.

Diese *Bedingung* ist zwar notwendig für die Existenz von Gewinnen, aber *nicht hinreichend.* Die Gewinne können nämlich auch schnell wieder verschwinden. Das wird sofort klar, wenn wir die *einzelwirtschaftlich* orientierten Theorien mit in die Betrachtung einbeziehen:

- Besteht etwa *vollständige Konkurrenz* auf allen Märkten, so entsprechen im langfristigen Gleichgewicht (vgl. Abschnitt 3.4.4) die Erlöse den Kosten, d. h. Gewinne existieren nicht. Erhöhen in einer Situation der Vollbeschäftigung die Unternehmer nun die monetäre Güternachfrage, so ergibt sich eine inflatorische Lücke. Die Anpassung an die höhere Nachfrage erfolgt nur über Preiserhöhungen. Würden die Lohneinkommen konstant bleiben, dann könnten tatsächlich Gewinne entstehen. Da höhere Preise die Arbeitsnachfrage jedoch erhöhen (Verschiebung der Wertgrenzproduktkurve nach oben), führt der Wettbewerb um die knappen Arbeitskräfte – insbesondere bei starrem Arbeitsangebot – zu Lohnerhöhungen, bis die Gewinne wieder verschwunden sind.
- Die Wirksamkeit dieses Mechanismus ist aber keineswegs auf den vollständigen Wettbewerb beschränkt. Auch bei *unvollständigem Wettbewerb* ist er tendenziell auf Märkten wirksam, auf denen die Unternehmer Preis-Absatz-Funktionen gegenüberstehen und daher Marktstrategie betreiben können. Gesamtwirtschaftliche Nachfragesteigerungen lassen sich hier als Rechtsverschiebungen der Preis-Absatz-Kurven interpretieren, die Gewinnerhöhungen durch höhere Preissetzungen erlauben. In jedem Fall übersteigen in den Unternehmen die Grenzerlöse die Grenzkosten (Ungleichgewicht), was die Unternehmer zu Produktionssteigerungen anreizt. Trifft die erhöhte Arbeitsnachfrage bei Vollbeschäftigung auf ein starres Arbeitsangebot, dann führt die Konkurrenz nun bei knappen Arbeitskräften zu Lohnsatz- und damit Grenzkostensteigerungen (Kurvenverschiebung nach oben). Wenn die Gesamtheit der Unternehmer wegen Vollbeschäftigung die Produktion nicht ausdehnen kann, dann wird somit das wirtschaftliche Gleichgewicht in den Unternehmen nicht durch Produktionssteigerungen erreicht, sondern durch eine Verschiebung der Grenzkostenkurven nach oben (Kostenerhöhung), bis die Gleichheit von Grenzkosten und Grenzerlösen wieder hergestellt ist. Dadurch werden aber auch die Gewinne wieder auf ihr Ausgangsniveau reduziert. Im Verhältnis zur Ausgangssituation „überhöhte" Gewinne sind hiernach nur möglich, wenn der Marktmechanismus nicht perfekt funktioniert, d. h. wenn etwa die Unternehmer ihre Preise erhöhen, ohne dann auf die Diskrepanz zwischen Grenzkosten und Grenzerlösen mit einer steigenden

Arbeitsnachfrage zu reagieren (nicht-rationales Verhalten)[1], oder wenn die Anpassungsprozesse mit zeitlicher Verzögerung ablaufen, was in der Realität stets der Fall ist.

Wenn es für die Existenz von Gewinnen *notwendig* ist, daß die Ausgaben der Unternehmer höher sind als die Ersparnis der Arbeitnehmer, dann wird es bei Gleichheit von Unternehmerausgaben und Arbeitnehmerersparnis selbst dann im Durchschnitt der Volkswirtschaft keine Gewinne geben, wenn alle Unternehmer Marktstrategie betreiben können. Geometrisch läßt sich für einen einzelnen Unternehmer eine derartige Situation dadurch kennzeichnen, daß die Durchschnittskostenkurve die Preis-Absatz-Kurve im Cournot'schen Punkt tangiert, so daß optimaler Preis und Durchschnittskosten übereinstimmen (vgl. Tangentenlösung in Übersicht 4.10).

Die bisher entwickelten verteilungstheoretischen Vorstellungen lassen sich wie folgt *zusammenfassen:* Faktorpreise und Gewinne sind in erster Linie ein Resultat der auf den Güter- und Faktormärkten herrschenden Gegebenheiten. Die Unternehmer sorgen mit ihrer eigenen Nachfrage dafür, daß die auf den Märkten (bei Vollbeschäftigung) erzielbaren Gewinne auch realisiert werden können. Jeder Versuch, die so determinierte Verteilung zu ändern – etwa durch eine expansive Investitionspolitik der Unternehmer – löst bei Funktionsfähigkeit der Marktmechanismen Gegenreaktionen aus, die bei Aufrechterhaltung der Vollbeschäftigung die alten Verteilungsrelationen tendenziell wieder herstellen.

9.3 Zum Zusammenhang wirtschaftspolitischer Ziele

Es soll hier untersucht werden, welche Möglichkeiten und Chancen die beiden sozialen Gruppen Unternehmer und Arbeitnehmer besitzen, die Einkommensverteilung zu ihren Gunsten zu beeinflussen. Weiterhin ist zu fragen, inwieweit solche auf einen Verteilungskampf hinauslaufenden Strategien, abgesehen vom Verteilungsziel, sonstige wirtschaftspolitische Hauptziele, insbesondere das Beschäftigungs- und Geldwertstabilitätsziel beeinflussen.

9.3.1 Gewerkschaftliche Lohnpolitik, Preisniveau und Beschäftigung

Bereits in Abschnitt 8.5.3 wurde davon gesprochen, daß die Gewerkschaften bei ihrer Lohnpolitik verteilungspolitische Ziele verfolgen. Durch hohe Tariflohnabschlüsse wollen sie letztlich die Lohnquote zugunsten der Arbeitnehmer verbessern. Ob ihnen dies gelingt, hängt jedoch u. a. von den Reaktionen der Unternehmer ab. Aus der Definition der tatsächlichen bzw. ergänzten **Lohnquote** folgt, daß der Anteil des Faktors Arbeit am Volkseinkommen nicht allein vom Lohnsatz (l) – für die Gewerkschaften der Hebel für die bessere Verteilung – abhängt, sondern auch von der

[1] Man beachte, daß hier nicht-rationales Verhalten der einzelnen Unternehmer erst „überhöhte" Gewinne für die Gesamtheit der Unternehmen ermöglicht.

Anzahl der beschäftigten Arbeiter (A), der Höhe der gesamtwirtschaftlichen Produktion (Y_r) und dem Preisniveau (P):

$$\frac{L}{Y} \equiv \frac{l \cdot A}{Y_r \cdot P} . \qquad (9.1)$$

Die Variablen A, Y_r und P sind Größen, die nicht von den Gewerkschaften, sondern von den Unternehmern „kontrolliert" werden. Hieraus ergibt sich für die Unternehmer die Möglichkeit, die Lohnpolitik der Gewerkschaften selbst bei Lohnzugeständnissen zu unterlaufen, so daß die gewünschte Verteilungswirkung nicht eintritt.

(1) Gelingt es etwa den Unternehmern, die erhöhten Lohnkosten voll auf die Preise zu überwälzen (proportionale Lohn- und Preiserhöhung), ohne daß die Beschäftigung (A, Y_r) tangiert wird, so würde die Lohnquote konstant bleiben. Ein derartiges Verhalten der Tarifpartner würde somit lediglich zu einer Verletzung des Zieles **Geldwertstabilität** führen. In Abschnitt 8.2.2.3 wurde bereits eine derartige Situation dargestellt (vgl. Übersichten 8.26 und 8.27).

(2) Es ist jedoch zu erwarten, daß eine forcierte Lohnpolitik der Gewerkschaften neben Risiken für die Preisstabilität auch **Beschäftigungsprobleme** mit sich bringt (vgl. dazu Abschnitt 8.2.2.3). Lohnerhöhungen führen zu einer Verschiebung der Güterangebotsfunktion nach oben. Bei unveränderter Güternachfrage würde dies bedeuten, daß sich ein höheres Preisniveau einspielt, daß aber zugleich die Beschäftigung zurückgeht. Die eingetretenen Veränderungen könnten aber durchaus mit einer unveränderten Lohnquote vereinbar sein, etwa dann, wenn die Lohneinkommen ($l \cdot A$) und das monetäre Sozialprodukt ($Y_r \cdot P$) konstant bleiben würden.[1] Bei derartigen Folgewirkungen hätten die Gewerkschaften nicht nur ihr Verteilungsziel nicht erreicht, sondern auch die Ziele Preisniveaustabilität und Vollbeschäftigung gefährdet.

Ob eine solche Entwicklung eintritt, hängt abgesehen vom Unternehmerverhalten davon ab, in welchem Maße sich die gesamtwirtschaftliche *Güternachfrage* infolge der Lohnsatzsteigerungen erhöht. Um einen Beschäftigungseinbruch zu vermeiden, müßte die Güternachfrage durch die Lohnerhöhung in einem solchen Maße steigen, daß Produktion und Beschäftigung nicht zurückgehen. Die notwendige Güternachfragesteigerung wäre dann nicht ausreichend, (a) wenn die Arbeitnehmer Teile ihres Einkommenszuwachses sparen würden, (b) wenn die Gewinnschmälerungen (bei unterproportionalem Preisniveauanstieg) negativ auf die Investitionsneigung der Unternehmer wirken und/oder (c) wenn bei festen Wechselkursen Kostensteigerungen im Inland die internationale Wettbewerbsfähigkeit der heimischen Wirtschaft beeinträchtigen würden (Rückgang der Exportnachfrage).

---

[1] Wenn zum Beispiel Preisniveau (P) und Lohnniveau (l) jeweils um 10% steigen, die Beschäftigung (A) und das reale Sozialprodukt (Y_r) jeweils um den gleichen Prozentsatz (10%) sinken.

Empirische Untersuchungen zur Wirtschaftsentwicklung der Bundesrepublik stützen die Hypothese, nach der durch die Lohnpolitik das Beschäftigungsziel gefährdet werden kann. Ausgangspunkt der Untersuchungen ist die Beobachtung, daß die Lohnquote im Konjunkturabschwung regelmäßig steigt, im Konjunkturaufschwung hingegen sinkt. Wirken nun die Gewerkschaften der zugunsten der Einkommen aus Unternehmertätigkeit und Vermögen sich „konjunkturüblich" vollziehenden Verteilungskorrektur entgegen, dann wird das Wachstum gebremst und der Abbau der Arbeitslosigkeit gefährdet. Dies zeigte sich besonders deutlich im Zyklus 1972/75, in dem im Aufschwung sogar eine *Erhöhung* der Lohnquote durchgesetzt wurde. Das Resultat war eine zum Zyklusende hin *ansteigende* Arbeitslosenquote.
Die Erfahrung der letzten Zyklen lehrt darüber hinaus, daß sich auch bei ausschließlicher Anwendung verteilungspolitischer Maßstäbe die kurzfristig erzielten Verteilungsgewinne für die Arbeitnehmer nicht auszahlen müssen. Es spricht viel für die Vermutung, daß die auch von den Arbeitnehmern zu tragenden Wachstumsverluste (in Form abgeschwächten Einkommenswachstums) die kurzfristigen Einkommensverbesserungen überkompensieren.

Zusammenfassend läßt sich somit sagen, daß dem Einsatz der Lohnpolitik durch die Gewerkschaften als Einkommensverteilungspolitik enge Grenzen gesetzt sind. Kurzfristige Verbesserungen der Einkommensverteilung lösen Reaktionen beim Güterangebot und der Güternachfrage aus, die dazu tendieren, die alten Verteilungsrelationen wiederherzustellen. Verteilungspolitik durch Lohnpolitik diskreditiert sich in dem Maße, wie hierdurch Gefahren vor allem für die Beschäftigung und die Geldwertstabilität erwachsen.
Es ist im übrigen überhaupt fraglich, ob die verteilungspolitische Orientierung an der Lohnquote besonders sinnvoll ist. Da die Lohnquote unterschiedslos die ganze Spannbreite vom Hungerlohn bis zum Generaldirektorgehalt erfaßt (vgl. Abschnitt 9.1), erscheint es sinnvoller, die (personelle) **Einkommensverteilung innerhalb der Lohneinkommen** genauer zu betrachten. Eine Zunahme der Lohnquote ist z. B. denkbar, die lediglich durch eine Erhöhung der Managergehälter bei Konstanz der übrigen Löhne und Gehälter bewirkt worden ist, ohne daß man darin eine Verbesserung der Einkommensverteilung sehen würde. Verbesserungen der personellen Einkommensverteilung kann die Lohnpolitik nur in sehr begrenztem Umfange dadurch erreichen, daß sie darauf drängt, die Lohnsätze der Kleinverdiener im Verhältnis zu denen etwa der leitenden Angestellten überdurchschnittlich anzuheben.[1] *Bei der Verbesserung der personellen Einkommensverteilung spielt heute daher auch der Staat durch seine Umverteilungspolitik allgemein die beherrschende Rolle* (vgl. Abschnitt 9.4).

---

[1] Hieraus können jedoch wiederum Gefahren für die Arbeitsplätze gerade der Kleinverdiener (z. B. ungelernte oder angelernte Arbeitskräfte) entstehen.

9.3.2 Gewinnpolitik der Unternehmer, Preisniveau und Beschäftigung

Soweit durch die Lohnverhandlungen mit den Gewerkschaften die Kostenentwicklung für die Unternehmer überschaubar ist, verbleibt ihnen als strategische Variable zur Verbesserung der Einkommensverteilung zu ihren Gunsten (durch eine Gewinnquotenerhöhung) im wesentlichen nur die Preispolitik.

Bevor wir hierauf eingehen, erscheint jedoch ein anderer Gesichtspunkt interessant, nämlich der Einfluß der unternehmerischen **Investitionspolitik** auf die Gewinnentwicklung. Herrscht Vollbeschäftigung und die Unternehmer dehnen bei optimistischen Absatzerwartungen durch Rückgriff auf Bankkredite ihre Investitionen erheblich aus, so erzeugen sie dadurch häufig einen Inflationsprozeß, bei dem die realen Gewinne stärker als die reale Lohnsumme steigen. In diesem Falle werden die Investitionen letztlich ganz oder teilweise aus zusätzlichen Gewinnen finanziert. Ob eine derartige Verbesserung der Einkommensverteilung zugunsten der Unternehmer jedoch gelingt, hängt vom Verhalten der Gewerkschaften und vom Verhalten der Güternachfrager (Arbeitnehmer) ab. (a) Reagieren die Gewerkschaften ohne Verzögerung mit Lohnforderungen auf die investitionsinduzierten Preiserhöhungen, so kann die Verschiebung der Einkommensverteilung verhindert werden. (b) Trifft die erhöhte Investitionsgüternachfrage mit einer gleich großen Einschränkung der Konsumgüternachfrage der Arbeitnehmer zusammen, so bleibt die Güternachfrage insgesamt konstant. Preissteigerungstendenzen sind dann weniger wahrscheinlich; die Finanzierung der Zusatzinvestitionen erfolgt aus der erhöhten Arbeitnehmerersparnis und nicht aus zusätzlichen Gewinnen.

Die Unternehmer sind in dem Maße in der Lage, eine umverteilungsorientierte Lohnpolitik der Gewerkschaften zu unterlaufen, wie sie Freiheitsspielräume in ihrer Preispolitik besitzen. Je unvollständiger der Wettbewerb oder je höher der **Monopolgrad** einer Volkswirtschaft, um so eher ist zu erwarten, daß eine Lohnerhöhung auf die Preise überwälzt und somit die alte Verteilung wiederhergestellt wird.
Viele Unternehmer können so reagieren, weil ihr monopolistischer Spielraum[1] ihnen die äußerst bequeme Berechnung eines „üblichen" **Gewinnaufschlags** auf die Kosten erlaubt. Eine Beeinträchtigung der Preisstabilität ergibt sich daraus *dann* nicht notwendig, wenn die Unternehmer den üblichen Gewinnaufschlag nicht gerade als eine naturgesetzliche Konstante ansehen. Damit kann der Gewinnaufschlag im Gegensatz zu den Strukturen der Gütermärkte aber prinzipiell auch Verhandlungsgegenstand zwischen Gewerkschaften und Unternehmern werden. Die **Machtverteilung** zwischen den Tarifpartnern bestimmt dann mit, ob die alte Gewinnquote wiederhergestellt wird oder nicht.

Auch wenn eine Gewinnschrumpfung (Erhöhung der Lohnquote) erreicht werden sollte, ergeben sich Gefahren für die Preisniveaustabilität, insbesondere bei zurückgehender Nachfrage und Unterbeschäftigung. Das ist dann der Fall, wenn die Unternehmen versuchen, aus Absatzverlusten resultierende Gewinneinbußen durch Preiserhöhungen zu kompensieren.

---

[1] Der überdies meist nicht voll ausgereizt wird (vgl. Abschnitt 4.3).

Bei wenig preiselastischer Nachfrage kann eine derartige Preispolitik insbesondere auf Einzelmärkten durchaus Erfolg haben. Die unter Stabilitätsgesichtspunkten schlechteste aller Welten, nämlich die Kombination von Unterbeschäftigung und Instabilität des Geldwertes (**Stagflation**), wäre erreicht, wenn ein nicht unbeträchtlicher Anteil von Unternehmen mit einer derartigen Politik Erfolg hätte. Da der Erfolg einer solchen Unternehmenspolitik um so eher gesichert ist, je weniger einzelne Anbieter mit Absatzverlusten rechnen müssen, wird in Rezessionsphasen insbesondere von marktbeherrschenden Unternehmen eine Gefahr für die Geldwertstabilität ausgehen. An dieser Stelle zeigt sich, wie wichtig es sein kann, auch die **Wettbewerbspolitik** in den Kreis der auf *Stabilität* gerichteten wirtschaftspolitischen Instrumente einzubeziehen.

9.4 Ansatzstellen und Wirkungsanalyse staatlicher Einkommens- und Vermögensverteilungspolitik

Staatliche Einkommensverteilungspolitik kann bei der Primärverteilung und/oder bei der Sekundärverteilung der Einkommen ansetzen.

9.4.1 Beeinflussung der primären Einkommensverteilung: Wettbewerbspolitik

Die Primärverteilung, d. h. die Aufteilung des Volkseinkommens auf Löhne, Zinsen und Gewinne, ergibt sich in einer marktwirtschaftlichen Ordnung aus den autonomen Haushalts- und Unternehmensentscheidungen (vgl. Abschnitt 3.4.3). Verteilungspolitik betreiben vor allem die Tarifpartner. In Anerkennung der marktwirtschaftlichen Grundprinzipien verzichtet der Staat in den westlichen Industrienationen meist auf direkte oder globale Eingriffe in die Tarif- und Preisautonomie der Privatwirtschaft, etwa durch Lohn- und Preiskontrollen. Er überläßt somit die Entwicklung der Primärverteilung grundsätzlich den Marktkräften und beschränkt sich meist auf eine *indirekte Einflußnahme*. In der Bundesrepublik zählt hierzu etwa die von der Bundesregierung – in ihrem *Jahreswirtschaftsbericht* veröffentlichte – für das laufende Jahr für vertretbar gehaltene Lohnsteigerungsrate, die mit den Tarifpartnern regelmäßig diskutiert wird.

Als wichtigste indirekte (weil ordnungspolitische) Beeinflussung der primären Einkommensverteilung ist die **Wettbewerbspolitik** anzusehen. Die Vorstellung einer vornehmlich durch die relative Seltenheit (Knappheit) der Produktionsfaktoren und die Marktstrukturen determinierten Einkommensverteilung legt es nahe, Wettbewerbspolitik gleichsam als Ursachentherapie zum Abbau überhöhter Gewinne einzusetzen. Der hiermit gleichzeitig verbundene Abbau wirtschaftlicher Machtpositionen würde auch den *Freiheitsspielraum* Einzelner erhöhen.

Aus dem 4. Kapitel ist bekannt, daß eine auf den Abbau von Machtpositionen gerichtete Wettbewerbspolitik in den meisten Fällen nicht dem Leitbild der vollständigen Konkurrenz folgen wird. Unter Effizienzgesichtspunkten sind größere Unternehmen häufig vorzuziehen, weil Massenproduktionsersparnisse in der Industrie eher die Regel als die Ausnahme sind, weil risikoreiche Investitionen sowie aufwendige Forschungsarbeiten von kleinen Unternehmen häufig nicht durchgeführt werden können und weil die Wettbewerbsintensität im engeren Oligopol erheblich höher sein kann als bei vollständiger Konkurrenz („Schlafmützenkonkurrenz"). Auch hier tritt wiederum der Konflikt zwischen Effizienz einerseits sowie Verteilungsgerechtigkeit andererseits hervor.

9.4.2 Beeinflussung der sekundären und personellen Einkommensverteilung: Transfer- und Sozialpolitik

Überläßt man die Entwicklung der Primärverteilung weitgehend dem marktwirtschaftlichen Prozeß, so bedeutet dies nicht, daß man die sich daraus ergebende personelle Einkommensverteilung als gerecht ansieht. Es herrscht heute allgemein die Überzeugung, daß die Spannweite der personellen Einkommensverteilung ohne staatliche Korrekturmaßnahmen zu groß ausfällt, als daß sie als sozial vertretbar angesehen werden könnte.
Der Staat kann mehr Gleichheit der Einkommen herstellen, indem er die Haushalte, die ein überdurchschnittlich hohes Primäreinkommen haben, stark mit Steuern und sonstigen Abgaben belastet. Die damit erzielten Einnahmen kann er dann auf jene Haushalte übertragen, die nur ein unterdurchschnittliches (oder überhaupt kein) Faktoreinkommen haben. Die Ansatzpunkte für eine derartige Umverteilungs- oder Redistributionspolitik werden klar, wenn wir den Weg vom Primäreinkommen ($Y \equiv L + Q + G$) zum Sekundäreinkommen (= verfügbarem Einkommen) verfolgen. Zum für die Haushalte letztlich verfügbaren Einkommen (Y^v_{pr}) gelangt man bekanntlich, wenn man vom Volkseinkommen (Y) die direkten Steuern (einschließlich Sozialabgaben, T_{dir}) abzieht und die Transferzahlungen (Z_h) des Staates an die Haushalte hinzuzählt (vgl. Gleichung 7.14):

$$Y^v_{pr} \equiv Y - T_{dir} + Z_h. \qquad (9.2)$$

Die Ausgestaltung der direkten Steuern
Zum Abbau der Einkommensunterschiede trägt ein progressiv ausgestaltetes System der direkten Steuern bei (z. B. bei der Lohn- und Einkommensteuer). **Steuerprogression** bedeutet, daß Bezieher höherer Einkommen prozentual stärker belastet werden als die Bezieher niedriger Einkommen. Der Steuersatz ($t = T/\bar{Y}$) wird mit steigendem zu versteuerndem Einkommen ($\bar{Y}$) größer, so daß den „Reichen" nicht nur absolut sondern auch relativ (prozentual) mehr Einkommensteile entzogen werden.
Es ist heute unbestritten, daß z. B. die Einkommensteuer progressiv sein sollte. Diskussionen ergeben sich jedoch bei der Bestimmung des **Steuertarifs**, d. h. bei der Festlegung des zu entrichtenden Steuerbetrages bei alternativen Einkommenshöhen (ausgedrückt in Prozent). Übersicht 9.5 zeigt den Einkommensteuertarif für die Bundesrepublik. Der Tarif ist progressiv, weil die Kurve eine positive Steigung aufweist. Mit zunehmendem Einkommen steigt der Durchschnittssteuersatz an.
Der Grenzwert lag vor der Steuerreform (1990) bei 56 % (heute: 53 %).

Übersicht 9.5: Einkommensteuertarif der Bundesrepublik Deutschland (Stand 1990)

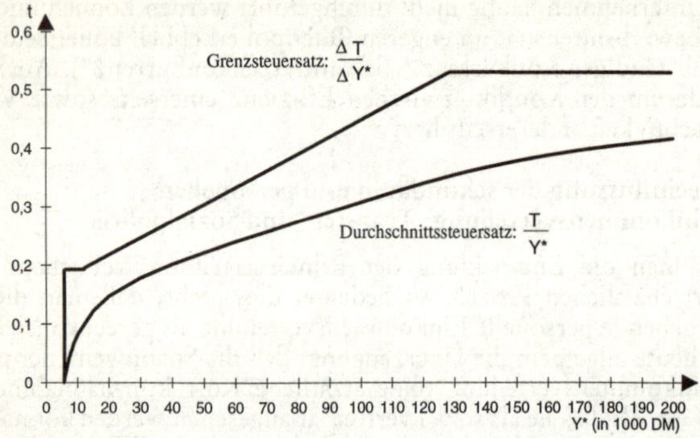

Bei den Diskussionen um Steuerreformen geht es zunächst grundsätzlich um die Frage, wie hoch man Spitzeneinkommen **maximal belasten** sollte. Eine nur an maximaler Umverteilung orientierte Politik würde für hohe Steuersätze auf Spitzeneinkommen plädieren. Im Extremfall könnte alles zusätzlich erworbene Einkommen weggesteuert werden (= *Grenzsteuersatz* von $\Delta T/\Delta Y = 1$). Hieraus ergäben sich jedoch erhebliche Konsequenzen für das Verhalten der Besteuerten. Wird zusätzliches Einkommen – dies gilt ganz allgemein auch für die Bezieher niedriger und mittlerer Einkommen – zu stark steuerlich belastet, so werden die Besteuerten die Lust verlieren, zusätzliches Einkommen zu erwerben. Schwächt somit das Steuersystem die wirtschaftliche *Leistungsbereitschaft* der Bevölkerung, so wird dies negative Auswirkungen auf das wirtschaftliche Wachstum haben. Bei längerfristig schwächerem Einkommenswachstum wird somit auch die Besteuerungsgrundlage verkleinert, das Steueraufkommen ist über die Zeit gesehen kleiner als es sein könnte.

Wenn auch das System direkter Steuern ein idealer Ansatzpunkt zur Verbesserung der Einkommensverteilung zu sein scheint, ist es dennoch nicht zweckmäßig, das Instrument des progressiven Steuertarifs rigoros zu handhaben, zumal noch andere Möglichkeiten (etwa durch Transferzahlungen) bestehen. Bei Spitzenverdienern (häufig Unternehmerhaushalten) fließen relativ mehr Einkommensanteile in *investive Verwendungen* als bei Klein- und Mittelverdienern. Abgesehen von der Tatsache, daß etwa in der Bundesrepublik eine stärkere Erhöhung des Spitzensteuersatzes wegen der geringen Zahl der Großverdiener das gesamte Steueraufkommen nicht bedeutsam erhöht – der Staat „verdient sich" seine Lohn- und Einkommensteuer bei den mittleren Einkommen –, ist es unter wachstumspolitischen Überlegungen zweckmäßig, die „investitionsfreudige" Gruppe der Großverdiener nicht zu stark zu belasten. Das Verteilungsziel steht mit dem Wachstumsziel in Konflikt. Der optimale Spitzensteuersatz kann nicht werturteilsfrei bestimmt werden.

Die Schwächung der Leistungsanreize eines überzogenen progressiven Einkommensteuertarifs gilt, wie schon erwähnt, auch grundsätzlich für Klein- und Mittelverdiener. Der Verlauf des Steuertarifs in der Bundesrepublik zeigt, daß die Klein- und Mittelverdiener mit steigendem Einkommen sehr schnell in die Progression „hineinwachsen“ (vgl. Schaubild 9.5). Zusätzliches Einkommen wird bei dieser Gruppe besonders stark zusätzlich belastet. Diese „Progression in der Progression“ (grafisch: der überdurchschnittlich ansteigende Kurventeil) ist geeignet, den Leistungsanreiz zu schwächen, den die Möglichkeit der Erzielung höherer Einkommen ausübt.

Da der Einkommensteuertarif in der Bundesrepublik an die Entwicklung der Nominaleinkommen gebunden ist, ist der Progressions- oder Entzugseffekt der Einkommensteuer bei **Preisniveausteigerungen** größer als der Tarif vermuten läßt. Das reale Einkommen mag unverändert bleiben, die inflatorische Aufblähung des (nominalen) Einkommens belastet die Besteuerten automatisch mit einem höheren Steuersatz. Bei schleichender Inflation bietet sich für den Staat somit die bequeme Möglichkeit, die Steuerbelastung der Bürger „auf kaltem Wege“ zu erhöhen. Allerdings bleibt dies nicht unbemerkt. Den Forderungen nach einem inflationsbereinigten Steuertarif ist man bisher in der Bundesrepublik nur zögernd durch gelegentliche Steuersenkungen nachgekommen.

Wie ein an verteilungs- wie wachstumspolitischen Überlegungen orientiertes System progressiver direkter Steuern aussehen sollte, läßt sich nur im politischen Prozeß entscheiden. Eine zweckmäßige Ausgestaltung der Steuertarife wird vor allem auf das **Steuerbelastungsgefühl** der Bevölkerung Rücksicht nehmen, das national unterschiedlich sein dürfte. Werden etwa durch Steuererhöhungen gewisse Reizschwellen der Gesamtsteuerbelastung überschritten, so sind, abgesehen von einer Schwächung der Leistungsbereitschaft, Steuerwiderstand und eine sinkende **Steuermoral** (Steuerhinterziehung) zu erwarten. Vielleicht gilt es, ein Tarifsystem zu finden, das nach dem sarkastischen Grundsatz verfährt: „Man muß die Gans rupfen, ohne daß sie schreit.“

Die Schaffung von Sozialeinkommen

Ein weiterer Schwerpunkt staatlicher Einkommensverteilungspolitik liegt bei den **Transferzahlungen** an private Haushalte (Z_h), die wir in Abschnitt 9.1 prägnanter als **Sozialeinkommen** bezeichnet hatten. Die Sozialeinkommen machten 1975 bereits knapp 22% des verfügbaren Einkommens aus. Sie umfassen die Renten der gesetzlichen Sozialversicherung, Beamtenpensionen, Kriegsfolgeleistungen, Geldleistungen der gesetzlichen Kranken- und Arbeitslosenversicherung, Sozial- und Arbeitslosenhilfe, Kindergeld und Wohngeld. Aus dieser Aufzählung geht bereits hervor, daß mit dem Sozialeinkommen zum überwiegenden Teil keine Übertragungen zwischen arm und reich stattfinden, sondern – wie z. B. Rentenzahlungen an nicht mehr erwerbsfähige Arbeiter – aus den Beiträgen der im Erwerbsleben stehenden Arbeiter finanziert werden. Diese Gruppe gehört kaum zu den „Reichen“; nichtsdestoweniger findet hiermit eine Umverteilung statt.

Transferzahlungen werden aber nicht nur zum Zwecke der Einkommensredistribution geleistet. Sie sind das Instrument einer umfassenderen **Sozialpolitik**, die einen **Schutz vor wirtschaftlichen Notlagen** erreichen will, die auf unterschiedliche Ursachen zurückzuführen sind (z. B. Verlust oder Minderung der Erwerbsfähigkeit durch Alter, Unfall usw. oder Verlust des Arbeitsplatzes). Dieser besondere Charakter der Sozialpolitik wird dadurch unterstrichen, daß die weitaus meisten Mittel nach dem *Versicherungsprinzip,* z. B. bei der Rentenversicherung, Arbeitslosenversicherung oder bei der gesetzlichen Krankenversicherung aufgebracht werden (Ausnahmen: Kindergeld, Wohngeld, Kriegsfolgelasten, Sozialhilfe).

Der Einfluß der indirekten Steuern und Subventionen

Aus den Kreislaufbeziehungen ist bekannt, daß das Volkseinkommen ($NSP_F \equiv Y$) unter Berücksichtigung von indirekten Steuern und Subventionen ermittelt wird. Eine Veränderung dieser Größen beeinflußt nicht nur die Höhe des an die Privaten zu verteilenden Einkommens, sondern auch die Struktur der primären und sekundären Einkommensverteilung.

Indirekte Steuern (Mehrwertsteuer und spezielle Verbrauchssteuern wie Mineralöl-, Kaffee-, Zucker-, Biersteuer) sollen nach dem Willen des Gesetzgebers die Einkommensverwendung belasten. Sie berühren somit zwar formal nicht direkt die Einkommensverteilung, die ja Einkommensentstehungsrechnung ist; man muß die indirekten Steuern in verteilungspolitische Überlegungen jedoch einbeziehen, wenn man über eine **gerechte Verteilung der Gesamtsteuerlast** auf die privaten Wirtschaftseinheiten nachdenkt. Da die privaten Haushalte sowohl mit direkten wie indirekten Steuern belastet werden, ist die Gesamtwirkung beider Steuerarten auf die Einkommensverteilung interessant. Die Mehrwertsteuer sowie die meisten anderen indirekten Steuern sind **Proportionalsteuern**; es gilt ein fester Steuersatz auf den besteuerten Umsatzakt. Man könnte meinen, daß die Mehrwertsteuer, weil sie auf der Ware bzw. dem Umsatz liegt und sich nicht an den persönlichen Gegebenheiten des Einzelnen orientiert, für arm und reich gleich im Sinne von *verteilungsneutral* ist. Daß dem nicht so ist, liegt an der unterschiedlichen Sparfähigkeit verschiedener Einkommensschichten. Ein Kleinverdiener muß praktisch sein gesamtes Einkommen für die Lebenshaltung ausgeben (Beispiel: DM 1000 Monatsverdienst, 13% Mehrwertsteuer, DM 130 Steuerbelastung auf den Konsum). Ein Mittel- und Großverdiener verwendet jedoch nur einen Teil seines Einkommens für die Lebenshaltung (Beispiel: DM 10000 Monatsverdienst, DM 5000 Konsum, DM 5000 Ersparnis, 13% auf DM 5000 = DM 650 Steuerbelastung auf den Konsum). In unserem Beispiel zahlt zwar der Großverdiener absolut mehr Steuern (DM 650 gegenüber DM 130), die relative Belastung des Einkommens mit der Steuer beträgt jedoch nur 6,5% (650/10000) gegenüber 13% beim Kleinverdiener. Indirekte Steuern wirken somit genau umgekehrt wie eine progressive (direkte) Steuer; man sagt, sie wirken **regressiv**.

Unter verteilungspolitischen Gesichtspunkten mindert die Regressionswirkung der indirekten Steuern (infolge der Steuerausweichung durch das Sparen) die Progressionswirkung der direkten Steuern. Selbst die Gegner einer (Netto-)Steuerprogression müßten anerkennen, daß auch die direkten Steuern soweit progressiv ausgestaltet werden müßten, daß die regressive Wirkung der indirekten Steuern zumindest kompensiert wird.[1]

Subventionen, d. h. Transferzahlungen des Staates an Unternehmen (Z_u), werden besonders unter dem Faktorallokationsaspekt (Verbesserung der Produktionsstruktur) und unter dem Verteilungsaspekt gewährt. Bezüglich der Einkommensverteilung läßt sich sagen, daß Subventionen bei unveränderten Produktions-, Kosten- und Absatzverhältnissen die Gewinne erhöhen. In der Landwirtschaft ist diese Form der Einkommenspolitik besonders häufig zu finden. Soweit Subventionen an Unternehmen in Erwartung oder mit der Auflage von Preissenkungen (etwa für lebensnotwendige Güter) gezahlt werden, begünstigt diese Maßnahme die privaten Haushalte, ihr Realeinkommen steigt in Folge der Preissenkungen[2]; die Subvention wird teilweise überwälzt. Allgemein hängen die Verteilungswirkungen, wie die Überlegungen in Abschnitt 3.6.2 unschwer erkennen ließen, von den speziellen Angebots- und Nachfragekonstellationen auf den Einzelmärkten ab. Der Leser mag sich vorstellen, wie schwer es sein muß, die Verteilungswirkungen der Gesamtheit aller Subventionen eines Landes empirisch genügend genau zu bestimmen.

Zusammenfassend läßt sich festhalten, daß für die Umverteilungspolitik des Staates die Gesamtheit aller Steuern ($T_{dir} + T_{ind}$) und Transferzahlungen ($Z_h + Z_u$) bedeutsam sind. Die vielfältigen Ansatzstellen innerhalb der Steuerstruktur und der Struktur der Transferzahlungen sind daher zweckmäßigerweise im Gesamtzusammenhang zu diskutieren.

Grenzen der Redistributionspolitik

Regelmäßig werden die objektiven Möglichkeiten der Umverteilungspolitik überschätzt. Mit Hilfe einer einfachen Rechnung lassen sich Vorstellungen über den ökonomischen **Umverteilungsspielraum** gewinnen. Zunächst errechnen wir das tatsächliche Nettomonatseinkommen eines Durchschnittsarbeitnehmers in der Bundesrepublik und vergleichen es mit einem rechnerischen Nettomonatseinkommen, das sich ergeben würde, wenn man sich eine „klassenlose Gesellschaft“ vorstellt, in der jeder Erwerbstätige infolge der Umverteilungspolitik dasselbe Nettoeinkommen

---

[1] In der Bundesrepublik ist die Regressionswirkung der Mehrwertsteuer jedoch dadurch erheblich vermindert, daß auf lebensnotwendige Güter nur der halbe Mehrwertsteuersatz angewendet wird. Dadurch wird der Existenzialbedarf von Niedrigeinkommensbeziehern weniger stark belastet. Den gehobenen Bedarf oder den Luxuskonsum besser Verdienender trifft der volle Steuersatz.

[2] Eine bessere Verteilung tritt jedoch nur ein, wenn nicht dieselbe Zielgruppe der Subventionsmaßnahme durch ihr Steueraufkommen die Subvention zuvor finanziert hat.

erhielte. Die Differenz beider Einkommenswerte kann als Maß für die maximal mögliche Umverteilung angesehen werden.
Wie die personelle Einkommensverteilung für das Jahr 1975 zeigt (vgl. Übersicht 9.2), betrug das verfügbare Einkommen aus unselbständiger Arbeit 381 Mrd. DM. Bezogen auf die 22,809 Mio. unselbständig Erwerbstätigen entspricht dies einem Nettomonatseinkommen von DM 1392 (381 : 22,809 : 12). Zählt man zum Nettoeinkommen aus unselbständiger Arbeit das Nettoeinkommen aus Unternehmertätigkeit und Vermögen (127, 8 Mrd. DM), und bezieht man diese Summe (381 + 127,8 = 508,8), die dem verfügbaren Einkommen aller Erwerbstätigen entspricht, auf die Gesamtzahl der 25,323 Mio. selbständig und unselbständig Erwerbstätigen, so errechnet sich ein durchschnittliches Nettomonatseinkommen von DM 1674 (508,8 : 25,323 : 12). Bei Gleichverteilung aller Einkommen hätte der Durchschnittsarbeitnehmer DM 282 (1674 − 1392) oder 20,3% mehr Einkommen pro Monat erzielt. Bezieht man in einer anderen Rechnung die Rentnereinkommen mit ein und sollte die Gleichverteilung auch die Rentner einschließen, so hätten Durchschnittsarbeitnehmer und -rentner 17,1% mehr Einkommen im Monat erzielt.

Der rechnerische Umverteilungsspielraum ist jedoch zu *optimistisch* veranschlagt, denn er beruht auf der Annahme eines unveränderten Volkseinkommens. Eine völlige oder auch nur weitgehende Einkommensnivellierung würde jedoch zu einem *Rückgang des Volkseinkommens* in den kommenden Jahren führen. Hierfür lassen sich vielfältige Gründe anführen, von denen hier nur die wichtigsten erwähnt seien:

- Der **Leistungswille** der Erwerbstätigen würde bei Einkommensnivellierung erheblich **geschwächt**. Kaum jemand strengt sich mehr an, eine höhere Berufs- und Einkommensstellung zu erreichen. Eine langwierige Berufsausbildung würden viel weniger Leute auf sich nehmen. Im Endeffekt wären weniger Arbeit und eine schlechtere Qualität der Produkte die Folge. Eine völlige Nivellierung der Einkommen ist im übrigen auch überhaupt nicht erwünscht. Ein einheitliches Einkommen mag dem gesellschaftspolitischen Grundziel der **Bedarfsgerechtigkeit** dienen, es verstößt jedoch gegen das Prinzip einer **leistungsgerechten Entlohnung** (vgl. Abschnitt 1.2.3). In allen uns bekannten modernen Wirtschaftsordnungen gilt der Grundsatz „gleicher Lohn für gleiche Arbeit" und nicht „gleicher Lohn für alle". Unterschiedliche Auffassungen gibt es nur hinsichtlich des Vergleichs und der Bewertung der verschiedenen Arbeitsqualitäten zueinander.
- Die **Investitionen** gehen wahrscheinlich zurück, weil die Umverteilung zugunsten der früheren Klein- und Mittelverdiener, die eine höhere Konsumneigung haben, die gesamtwirtschaftliche **Sparquote vermindert**. Es fehlen die reichen Haushalte mit hoher Sparquote. Wenn somit mehr als vorher konsumiert wird, bleibt entsprechend weniger für Investitionen. Das Wirtschaftswachstum wäre somit schwächer.
- Da die **Gewinne** auch voll auf die Erwerbstätigen verteilt werden, erlahmt das unternehmerische Interesse, Leistungs- oder Vorsprungsge-

winne zu erzielen, die die Einführung technischer Fortschritte vor allem mit sich bringen. Auch von dieser Seite ergäben sich Abschwächungen des Wirtschaftswachstums.

An diesen Argumenten wird nochmals der Konflikt zwischen den Zielen gerechter Einkommensverteilung und angemessenem Wirtschaftswachstum deutlich. Da empirisch bis heute nicht ermittelt werden kann, in welchem Ausmaß ein Mehr an Einkommensgleichheit ein Weniger an Wirtschaftswachstum nach sich zieht, wird die politische Diskussion über die „richtige" Redistributionspolitik außerordentlich erschwert. Man weiß nur, daß dies ein Bereich ist, in dem die Arbeitsplätze der berufsmäßigen Ideologen gesichert sind.

9.4.3 Vermögensumverteilungspolitik

Es gibt eine enge Verzahnung zwischen der Einkommens- und Vermögensverteilung, da Vermögen stets durch nicht-konsumiertes (= gespartes) Einkommen aufgebaut wird. Andererseits ist das Vermögen eine Einkommensquelle. Ungleichheiten in beiden Verteilungen haben die Tendenz sich zu verstärken: Hohes (z. B. ererbtes) Vermögen bietet die Möglichkeit, aus seinen Erträgen ein hohes Einkommen zu erzielen; je höher das Einkommen, um so mehr wird Vermögen gebildet, usw. Maßnahmen der Einkommensumverteilungspolitik haben somit Echowirkungen auf die Vermögensverteilung. Setzen wirtschaftspolitische Eingriffe bei der Vermögensverteilung an, so ergeben sich umgekehrt Auswirkungen auf die Einkommensverteilung.
Bei der Vermögensumverteilungspolitik handelt es sich entweder um die Umverteilung *bestehenden* Vermögens oder um eine Umverteilung des Vermögens*zuwachses.*

Umverteilung vorhandenen Vermögens

Die radikalste Form der Umverteilung bestehenden Vermögens besteht in der **Enteignung** durch den Staat. In den Verfassungen der meisten Industrienationen ist geregelt, daß eine Enteignung jedoch nur ausnahmsweise und gegen volle Entschädigung erfolgen darf. Dies bedeutet, daß sich insofern kein eigentlicher Umverteilungseffekt ergibt. Bisheriges Sachvermögen wird nämlich lediglich in Geldvermögen umgetauscht, das später wieder zum Erwerb von Sachvermögen verwendet werden kann.
In sozialistischen Ländern ist man im allgemeinen den Weg der entschädigungslosen Enteignung bei Produktivvermögen gegangen, wobei allerdings das enteignete Vermögen regelmäßig nicht in die Hände der bisher Besitzlosen wanderte, sondern zum Staat.

In den meisten Ländern wird eine rigorose Umverteilungspolitik am bestehenden Vermögen abgelehnt, weil sonst der Anreiz zur künftigen Vermögensbildung über Sparen und Investition verloren ginge. Würde Umverteilungspolitik über eine extrem hohe **Erbschaftsbesteuerung** betrieben, so würden viele das Ansparen zum Bau eines Eigenheimes unterlassen, das sie für sich und ihre Kinder nutzen wollen. Die Aussicht, daß die Kinder gar nichts oder nur einen geringen Teil des Vermögens erben können, wird in diesem Falle die Vermögensbildung kaum als sinnvoll erscheinen lassen.[1] Die Erbschaftsbesteuerung ist daher regelmäßig so ausgestaltet, daß Kleinvermögen (Eigenheim, Hausrat, usw.) von der Besteuerung ausgenommen und größere Vermögensmassen stufenweise und in Abhängigkeit vom Verwandtschaftsgrad zunehmend besteuert werden. In Unternehmerhaushalten würde infolge einer extrem hohen Erbschaftsbesteuerung die Neigung abnehmen, Produktivvermögen mittels Investitionen zu bilden. Abschwächungen des wirtschaftlichen Wachstums würden die Folge sein.

Aus diesen und anderen Gründen verfolgt man in den meisten Ländern nur eine gemäßigte Politik der Umverteilung bestehenden Vermögens. Als Instrumente in dieser Hinsicht können in der Bundesrepublik etwa die Erbschafts- und Schenkungsteuer, die Grundsteuer, die Gewerbekapitalsteuer, die Vermögensteuer und Lastenausgleichsabgaben gelten. Steuerbemessungsgrundlage ist (de jure) das Vermögen, die Steuerschuld kann jedoch häufig aus den Erträgen des Vermögens gezahlt werden. Wird die Steuerbelastung aus den Vermögenserträgen und sonstigen Einkommen aufgebracht, bleibt die Vermögenssubstanz unangetastet, so daß von einer de-facto-Umverteilung bestehenden Vermögens nicht gesprochen werden kann. Eingeengt wird lediglich der Vermögenserhöhungsspielraum durch den Einkommensentzug.

Umverteilung des Vermögenszuwachses

Im Vergleich zu den Widerständen, die man gegenüber einer rigorosen Umverteilungspolitik an bestehenden Vermögen erwarten muß, erscheint eine Umverteilungspolitik über den Vermögens*zuwachs* viel leichter durchsetzbar, weil sie den Besitzstand nicht in Frage stellt, sondern nur die Verteilung jährlich neu zuwachsenden Besitzes zum Gegenstand hat.

Hierin drückt sich offenbar eine allgemeine psychologische Eigenart aus. Auch bei der Lohnpolitik zeigt sich, daß offene Lohnsenkungen als Beeinträchtigung des „sozialen Besitzstandes" abgelehnt werden, daß man aber Veränderungen in der Lohnstruktur (unterschiedliche Lohnsatzerhöhungen bei den verschiedenen Arbeitsqualitäten) weit weniger Widerstand entgegensetzt; dies obwohl doch infolge der ungleichmäßigen Lohnerhöhungen der „Besitzstand" der einen Gruppe nicht so stark steigt wie der der anderen. Mit Rücksicht auf das **ausgeprägte Besitzstandsdenken,** das aus der menschlichen Sehnsucht nach Existenzsicherheit verständlich ist, sieht die Wirtschaftspolitik in den westlichen Industrieländern den Umverteilungsspielraum vor allem beim Vermögenszuwachs. Da die Höhe des zu verteilenden Vermögenszuwachses vom wirtschaftlichen Wachstum bestimmt wird, spielt die

[1] Im übrigen ist nicht einzusehen, daß – um ein extremes Beispiel zu nehmen – derjenige, der sich sein Leben lang die Finanzierung seines Eigenheimes vom Munde abgespart hat, damit u. a. auch seine Kinder in dessen Genuß kommen, mit einer hohen Erbschaftsteuer bestraft wird im Vergleich zu demjenigen, der sein Leben lang sein Einkommen bei Wein, Weib und Gesang durchgebracht hat und der somit dieses Problem nicht kennt.

Wachstumspolitik für die Vermögenspolitik eine besondere Rolle. Je größer der Kuchen gebacken wird, der aufgeteilt werden soll, um so erfolgreicher (reibungsloser) kann eine Umverteilungspolitik betrieben werden.

Ansatzpunkte für eine Umverteilungspolitik der Vermögenszuwächse sind vor allem eine Förderung freiwilligen Sparens sowie ein Investivlohn- oder Gewinnbeteiligungssystem.

- Bei der **Förderung des freiwilligen Sparens** handelt es sich um finanzielle Vergünstigungen des Staates für Bezieher kleiner und mittlerer Einkommen in der Form von Transferzahlungen (Z_h) oder Steuerverzichten. In der Bundesrepublik Deutschland existieren Sparprämien, insbesondere Wohnungsbau-Prämien, Arbeitnehmer-Sparzulagen nach dem „624-DM-Gesetz" sowie Steuervergünstigungen bei der Einkommensteuer (Anrechnung bestimmter Bauspar- und Vorsorgebeiträge als Sonderausgaben). Derartige Vergünstigungen werden zwar in starkem Maße in Anspruch genommen, auf einen Erfolg der Förderungspolitik zu schließen, die darin besteht, die Sparquote der Begünstigten über das Niveau zu heben, das sich bei Unterlassung der Sparförderung ergeben würde, wäre jedoch voreilig. Einkommensteile werden zweifellos auch ohne Sparförderung gespart. Bisherige empirische Versuche, den förderungsinduzierten Teil der Sparquote der Begünstigten zu bestimmen, lassen den Schluß zu, daß mit der Sparförderung weniger eine Vermögensumverteilung erreicht wird, als vielmehr eine zusätzliche Quelle für Sozialeinkommen geschaffen worden ist.
- Eine wirkungsvollere Vermögensbildungspolitik verspricht man sich daher allgemein von solchen Instrumenten, die geeignet sind, eine Zwangsumverteilung des Vermögenszuwachses herbeizuführen. In der gegenwärtigen Diskussion um die Einführung derartiger ordnungspolitischer Maßnahmen in der Bundesrepublik Deutschland konzentriert sich das Interesse auf **Investivlohn- und Gewinnbeteiligungssysteme**. Beiden Systemtypen ist gemeinsam, daß den Arbeitnehmern zusätzlich zu ihrem Lohn ein Teil der Einkommen aus Unternehmertätigkeit und Vermögen zufließen soll, der zur Vermögensbildung bestimmt ist und über den die Arbeitnehmer erst nach Ablauf einer langjährigen Frist frei verfügen können. Die Einkommensverteilung soll also im wesentlichen durch Abschöpfung von Gewinneinkommen zugunsten der Arbeitnehmer verbessert werden, wobei der „Verteilungsgewinn" voll in die Vermögensbildung geht.

Beim **Investivlohnsystem** soll jeder Arbeitnehmer einen prozentualen Lohnzuschlag in Form einer vermögenswirksamen Gutschrift erhalten. Der Investivlohn ist unabhängig von der Höhe des Unternehmergewinnes zu erbringen. Beim **Gewinnbeteiligungssystem** ist dagegen nicht der Lohn sondern der Gewinn die Bemessungsgrundlage, wobei diskutiert wird, ob der Gewinn des jeweiligen Unternehmens, der Branche oder des gesamten Unternehmenssektors herangezogen werden soll. Wie man auch immer ein derartiges System im einzelnen ausgestaltet, so muß man sich doch fragen, ob seine Realisierung überhaupt den ökonomisch erhofften

Erfolg verspricht. Zum einen (1) ist der *Umverteilungsspielraum* recht gering, zum anderen ergeben sich Risiken für (2) die *Preisniveaustabilität* und (3) das *wirtschaftliche Wachstum.*

(1) Als **Umverteilungsspielraum** kann man sicherlich nicht das gesamte Einkommen aus Unternehmertätigkeit und Vermögen ansehen. Hiervon sind abzuziehen: (a) „angemessene" Arbeitseinkommen der Selbständigen, die bei ungünstiger Bewertung den Durchschnittslohnsatz der Arbeitnehmer zur Basis nimmt, (b) „angemessene" Zins- und Pachteinkommen und (c) einen Mindestgewinn, der – nach welchen Kriterien auch immer – als notwendig erachtet wird, weil er Leistungsgewinn darstellt und zur Aufrechterhaltung der unternehmerischen Dynamik erforderlich ist. Was letztlich somit noch für die Umverteilung übrigbleibt, ist **empirisch** zu ermitteln versucht worden. Die verschiedenen Untersuchungen kommen zu dem Ergebnis, daß der jährliche Umverteilungsspielraum weniger als DM 500 je Arbeitnehmer beträgt.[1] In einem 40jährigen Arbeitsleben könnte ein Arbeitnehmer somit lediglich einen Vermögenszuwachs von weniger als DM 20000 erwarten. Da der umverteilungsfähige Kuchen offenbar nicht groß ist (vgl. auch die Berechnung zur „klassenlosen Gesellschaft" in Abschnitt 9.4.2), muß man bei der Entscheidung über die Einführung eines Vermögensumverteilungssystems die Risiken in besonderer Weise berücksichtigen.

(2) Da die Unternehmer einen mehr oder weniger großen **Preissetzungsspielraum** haben, ist es fraglich, ob ein Investivlohn- oder Gewinnbeteiligungssystem tatsächlich im Endeffekt die Gewinne vermindert. Bei unvollständigem Wettbewerb sind viele Unternehmen in der Lage, im Rahmen monopolistischer Preissatzungsspielräume (privatadministrierte Preise), „angemessen" hohe Gewinne zu planen und, von konjunkturellen Schwankungen abgesehen, auch auf längere Sicht zu realisieren. Lassen sich über entsprechende Preissetzungen die gewünschten Gewinne weiterhin realisieren, so hat der Lohnzuschlag als zusätzlicher Kostenfaktor lediglich eine entsprechende Preiserhöhung ausgelöst, der Gewinn bleibt jedoch unverändert. Soweit die Vermögensabgabe formal auf den Gewinn erhoben wird, gilt es für die Unternehmer, eben nicht mehr den Bruttogewinn, sondern den **Nettogewinn** zu **planen,** wodurch die Belastung de facto auch nur als Kostenerhöhung zu betrachten ist. Inwieweit ein Investivlohn- oder Gewinnbeteiligungssystem etwa in der Bundesrepublik zur Überwälzung der Abgabenbelastung über Preiserhöhungen auf die Güternachfrage und damit im wesentlichen auf die Arbeitnehmer führen würde, läßt sich praktisch empirisch nicht schätzen. Man kann aber wohl davon ausgehen, daß vielleicht nicht kurzfristig aber doch auf längere Sicht ein großer Teil der Abgaben überwälzt würde. Dies ist auch deshalb wahrscheinlich, weil für die Unternehmer, abgesehen von der Preispolitik, auch ein gewisser Spielraum in der Lohnpolitik besteht. Sie können daher die

[1] Die Berechnungen beziehen sich auf das Ende der sechziger Jahre.

Vermögensbildungsabgabe „rückwälzen", indem sie in Zukunft **geringere Lohnzugeständnisse** bei den Tarifverhandlungen machen. Könnten somit die Unternehmer durch ihre Lohn- und Preispolitik die Vermögensbildungsabgabe tatsächlich weitgehend von sich abschütteln, so würde das System keinen Vermögenstransfer zu den Arbeitnehmern bewirken. Im Endeffekt wäre es nur so, daß den Arbeitnehmern vorgeschrieben würde, welchen Teil ihrer Ersparnisse (nämlich die von den Unternehmern gezahlte aber von den Arbeitnehmern über höhere Preise oder Lohnverzicht finanzierte Abgabe) sie langfristig vermögensbildend anzulegen hätten.

(3) Ein Investivlohn- oder Gewinnbeteiligungssystem kann zu gesamtwirtschaftlichen **Wachstumseinbußen** führen. In dem Maße, wie es den Unternehmern nicht gelingt, die Vermögensbildungsabgabe zu überwälzen, sich ihre Gewinne somit tatsächlich reduzieren, wird die **Investitionsbereitschaft** tendenziell nachlassen. Da die Gewinne zudem eine wichtige Finanzierungsquelle sind, wird zunächst auch die **Investitionsfähigkeit** eingeschränkt.[1] Negative Auswirkungen auf das wirtschaftliche Wachstum und damit Einschränkungen des künftigen Vermögensumverteilungsspielraumes sind daher wahrscheinlich. Um die Investitionsbereitschaft und -fähigkeit nicht zu schwächen, wird daher vorgeschlagen, daß die Vermögensabgabe den gesamtwirtschaftlichen Unternehmensbereich gar nicht erst verläßt, die finanziellen Mittel vom Verwaltungsträger der Vermögensbildung lediglich umverteilt werden. Die gezahlte Vermögensbildungsabgabe, auf die die Arbeitnehmer einen Besitztitel in Form eines Wertpapiers erhalten, wird von der Vermögensverwaltung als Kredit den Unternehmern wieder zur Verfügung gestellt. Die Investitionsfähigkeit mag dadurch erhalten bleiben, die Investitionsbereitschaft dürfte jedoch angesichts gedrückter Gewinne geschwächt bleiben.

Mit einem wie auch immer gearteten Investivlohn- oder Gewinnbeteiligungssystem ist stets ein **ordnungspolitisches Problem** verbunden, das sich auf den **Verwaltungsträger der Vermögensbildung** bezieht. Es ist umstritten, ob etwa ein Sozialfonds mit maßgeblichem Einfluß der Gewerkschaften gebildet werden soll, der die Vermögensbildungsabgabe erhebt und sie als Treuhänder für die Arbeitnehmer vermögensbildend anlegt, oder ob diese Funktion durch die bereits bestehenden dezentralisierten Kapitalsammelstellen (Banken, Sparkassen, Versicherungen, Investmentgesellschaften) wahrgenommen werden sollen. Eine zentrale Institution würde zweifellos mit wachsender Vermögensbildung erhebliche **wirtschaftliche Macht** erlangen, deren Kontrolle zum Problem würde. Von der Unternehmerschaft wird befürchtet, daß eine gewerkschaftlich oder staatlich gesteuerte Organisation dazu neigen würde, die Mittel entsprechend ihren Zielsetzungen, die nicht notwendig unternehmerischen oder marktwirtschaftlichen Zielen entsprechen, zu verwenden. So könnte über die gezielte Kreditvergabe oder -nichtvergabe an die Unternehmen eine **Investitionsbeeinflussung oder -lenkung** erfolgen, die nicht nur den freien unternehmerischen Entscheidungsspielraum einengen, sondern auch zu Fehlinvestitionen bzw. einer Fehlallokation der Produktionsfaktoren führen können. Tatsäch-

[1] Fremdkapitalgeber (z. B. Banken) legen großen Wert auf eine angemessene Eigenfinanzierung von Investitionsprojekten.

lich ist nicht auszuschließen, daß etwa allein zur Erhaltung von Arbeitsplätzen überhöhte Investitionen in Unternehmenszweigen mit schrumpfender Nachfrage – etwa infolge sinkender internationaler Wettbewerbsfähigkeit – finanziert werden und damit einen Prozeß verzögern, der nicht aufzuhalten ist, jedoch Finanzmittel bindet, die in Wachstumsbranchen mit langfristig sicheren Arbeitsplätzen sinnvoller hätten investiert werden können. Angesichts gewisser einschlägiger negativer Erfahrungen bei anderen staatlichen Förderungspolitiken, plädieren nicht nur Unternehmer für eine dezentrale (machtgleichgewichtige) Struktur der Verwaltungsträgerschaft der Vermögensbildung sowie für einen Wettbewerb seiner Teile untereinander.

Zusammenfassend läßt sich somit feststellen, daß einer Vermögensverteilungspolitik, die auf eine Umverteilung der Vermögenszuwächse ausgerichtet ist, erhebliche Schwierigkeiten entgegenstehen. Einerseits ist fraglich, ob die Vermögensumverteilung im gewünschten Maße überhaupt gelingt. Der geringe Umverteilungsspielraum und konterkarierendes Verhalten der Unternehmer bei Preis- und Lohnpolitik sprechen dagegen. Andererseits kann ein Erfolg einer derartigen Politik erhebliche Risiken für die Erreichung der wirtschaftspolitisch so bedeutsamen Ziele der Geldwertstabilität und des wirtschaftlichen Wachstums bedeuten. Die Tatsache, daß es in der Diskussion um die Einführung eines Vermögensbildungssystems in der Bundesrepublik Deutschland in den letzten Jahren ruhiger geworden ist, beruht sicherlich zu einem guten Teil auf der Einschätzung, daß ihre positiven Wirkungen begrenzt, ihre Risiken jedoch nur schwer kalkulierbar sind.

10 Wirtschaftliches Wachstum und Strukturwandel

Bei den bisherigen makroökonomischen Überlegungen wurde meist davon ausgegangen, daß die Bevölkerung, die Faktorbestände sowie der Stand der Technik und damit auch die volkswirtschaftliche Produktionskapazität sich nicht verändernde Größen sind. Man spricht dann von einer *stationären* Volkswirtschaft im Gegensatz zu einer *evolutorischen* oder *wachsenden Volkswirtschaft,* bei der sich diese Größen im Zeitablauf fortlaufend verändern.

Mit Hilfe des Modells einer stationären Volkswirtschaft lassen sich die kurzfristigen Stabilitäts- und Konjunkturprobleme einer Volkswirtschaft untersuchen. Es geht dabei vor allem um Fragen der Produktions- und Beschäftigungsschwankungen, der Lohn- und Preisentwicklung sowie um die Möglichkeiten der wirtschaftspolitischen Steuerung. Unter längerfristigem Blickwinkel wollen wir uns nun dem Wachstum der volkswirtschaftlichen Produktions*kapazität* zuwenden und fragen, welche Kräfte das Wachstum bestimmen und wohin der Wachstumsprozeß langfristig tendiert, welche Probleme der Allokation, Stabilität und Verteilung mit dem wirtschaftlichen Wachstum verbunden sind und in welcher Weise man die wirtschaftliche Entwicklung wirtschaftspolitisch beeinflussen kann.

10.1 Wirtschaftliches Wachstum und Wohlfahrtssteigerung

10.1.1 Definition und Messung wirtschaftlichen Wachstums

Zunächst ist festzulegen, wie wirtschaftliches Wachstum genauer definiert werden soll. Wir hatten uns bereits allgemein bei der Problemabgrenzung darauf verständigt, daß von wirtschaftlichem Wachstum dann gesprochen werden soll, wenn eine Ausweitung der volkswirtschaftlichen Produktionskapazität stattfindet. Aus den mikroökonomischen Überlegungen wissen wir, daß die volkswirtschaftliche Produktionskapazität zu einem beliebigen Zeitpunkt bestimmt wird durch

- den verfügbaren Bestand an Produktionsfaktoren (Arbeitskräfte, Anlagekapital und natürliche Ressourcen) und
- den Stand des technischen Wissens, der sich auf volkswirtschaftlicher Ebene durch eine makroökonomische Produktionsfunktion beschreiben läßt.

Ein Wachstum der Produktionskapazität im Zeitablauf kann somit erfolgen

- durch eine Vergrößerung des Faktorbestandes und/oder
- durch eine Verbesserung der Produktionstechnik, d. h. durch technischen Fortschritt.

Eine Definition und Messung von wirtschaftlichem Wachstum könnte ansetzen bei diesen Bestimmungsfaktoren und dem Konzept der Produktionskapazität; jedoch treten bei der Quantifizierung dieser Größen methodische und praktisch-statistische Schwierigkeiten auf. Daher wird wirtschaftliches Wachstum im allgemeinen definiert und gemessen durch die Veränderung des Produktions*ergebnisses*, d. h. des realen Nettosozialprodukts.[1] Wir wollen im folgenden auch von dieser Definition ausgehen und von wirtschaftlichem Wachstum dann sprechen, wenn das reale Sozialprodukt im Zeitablauf zunimmt, falls also gilt:

$$Y_{t+1} > Y_t \text{ oder } W_y > 0.$$

(W_y = jährliche Wachstumsrate des Sozialprodukts)

Das Wachstum des realen Sozialprodukts wird auch durch Veränderungen des Auslastungsgrades der Faktoren mitbestimmt. In Aufschwungphasen wird daher das Sozialproduktwachstum größer und in Rezessionsphasen geringer als das Kapazitätswachstum sein. Nur bei unverändertem Auslastungsgrad stimmen die Wachstumsraten beider Größen überein. Bei längerfristigen Betrachtungen kann man im allgemeinen jedoch davon ausgehen, daß Schwankungen des Auslastungsgrades von untergeordneter Bedeutung sind.

Der hier gewählte Maßstab zur Kennzeichnung des wirtschaftlichen Wachstums stellt auf die Zunahme des **volkswirtschaftlichen Produk-**

---

[1] Je nach Fragestellung und statistischer Verfügbarkeit werden gelegentlich auch andere Sozialproduktsmaßstäbe gewählt, etwa das Brutto-Sozialprodukt oder Netto-Inlandsprodukt.

tionspotentials ab. Mit dem Wachstum ist im allgemeinen jedoch auch eine Verbesserung der Versorgung der Bevölkerung mit Gütern und Dienstleistungen verbunden. Man kann daher auch den Wachstumsbegriff auf die Steigerung des *Lebensstandards* der Bevölkerung beziehen und von Wachstum dann sprechen, wenn das Sozialprodukt pro Kopf der Bevölkerung im Zeitablauf zunimmt. Dabei ist allerdings zu beachten, daß wegen der verschiedenen Verwendungsmöglichkeiten des Sozialprodukts ($NSP_M = C_{pr} + I_{pr} + C_{st} + I_{st} + X - M$) eine Steigerung des Sozialprodukts pro Kopf nicht unbedingt eine Steigerung des privaten Konsums in gleichem Ausmaß impliziert.

10.1.2 Wohlfahrtssteigerung durch Sozialproduktwachstum?

Das Ziel eines (wie auch immer gearteten) maximalen, optimalen oder angemessenen Wirtschaftswachstums genießt in allen Ländern unterschiedlicher Wirtschafts- und Gesellschaftsordnung eine hohe Priorität. Dahinter steht die Vorstellung, daß steigendes Sozialprodukt und Volkseinkommen eine höhere Bedürfnisbefriedigung der Menschen ermöglichen. Danach ist jede Ausweitung der Güterproduktion von einer Zunahme der gesamtwirtschaftlichen Wohlfahrt begleitet. Die Wachstumseuphorie, die sich besonders nach dem 2. Weltkrieg in vielen Ländern ausbreitete, erscheint daher verständlich, sie ist in der Zwischenzeit jedoch einer nüchterneren Einschätzung gewichen.
Die Kritik am Nettosozialprodukt als Wohlfahrtsindikator ist vielschichtig. Sie richtet sich zum einen gegen die Eindimensionalität des gewählten Indikators. Zusammen mit dem Wachstum des „Güterberges" vollziehen sich mannigfaltige Veränderungen im ökonomischen, sozialen und institutionellen Bereich (etwa struktureller Wandel, Umweltqualität, Einkommensverteilung), so daß Wohlfahrt eigentlich nicht durch eine einzige Variable, sondern nur durch ein ganzes Bündel von Indikatoren erfaßt werden kann. Hält man aus Gründen der Einfachheit und leichteren (internationalen) Vergleichbarkeit am eindimensionalen Sozialproduktindikator fest, so sind – so die Kritik – bisher nicht erfaßte wohlstandsbeeinflussende Größen einzubeziehen.

Die Kritik am Sozialprodukt als Wohlstandsindikator hat zu einer Reihe von Verbesserungsvorschlägen geführt. Diese zielen in zwei Richtungen:

(1) Zum einen soll versucht werden, das nach der herkömmlichen Methode gemessene **Sozialprodukt durch Abzüge und Hinzurechnungen** so zu **korrigieren**, daß es besser als Wohlstandsindikator interpretiert werden kann (interner Ausbau der Sozialproduktrechnung). Abgesehen von der Beseitigung von Doppelzählungen geht es dabei vor allem darum, auch nicht durch das Markt- und Preisgeschehen beeinflußte Veränderungen zu berücksichtigen. Hierauf wird unten näher einzugehen sein.

(2) Zum anderen sind Versuche unternommen worden, die Volkswirtschaftliche Gesamtrechnung durch externe Ergänzung zu einem **System sozialer Indikatoren** auszubauen, das die verschiedenen für die Wohlfahrt

wichtigen Lebensbedingungen erfaßt. Ein derartiges System leistungsorientierter gesellschaftlicher Kennziffern kann sich auf Bereiche erstrecken wie: Erwerbstätigkeit, wirtschaftliche Lage, Freizeit, Gesundheit, Bildung, Wohnung, Umwelt, innere Sicherheit sowie soziale Unterschiede und Chancen. Konkret lassen sich etwa folgende Indikatoren definieren: wöchentliche Arbeitszeit, durchschnittliche Lebenserwartung, Anzahl der Ärzte und Krankenhausbetten je 1000 Einwohner, Anteil der Studenten an der Gesamtzahl eines Jahrgangs, Anzahl der Pkw, Telefone, Waschmaschinen, Farbfernseher je 1000 Einwohner, Länge des Autobahnnetzes in km je 1000 qkm, Meßdaten von Luft- und Wasserverschmutzung u.v.a.m. Derartige Indikatoren können alle die Bereiche unserer Wohlfahrt (Qualität des Lebens) beschreiben, die nicht durch Marktprozesse mit in Preisen bewertbarem Ergebnis, wie es das Sozialprodukt darstellt, gekennzeichnet sind.

Ein derartiges System mehrdimensionaler sozialer Wohlfahrtsindikatoren kann zweifellos das reine Sozialproduktkonzept in wesentlichen Punkten ergänzen. Allerdings ergeben sich kaum überwindbare Schwierigkeiten, wenn man versucht, durch Gewichtung der einzelnen Indikatoren einen **Gesamtwohlfahrtsindex** zu konstruieren. Dieser Weg hat sich daher bislang als wenig fruchtbar erwiesen. Stattdessen werden häufig – neben Sozialproduktgrößen – je nach Fragestellung weitere Indikatoren ergänzend angeführt.

Daneben wird (wie unter Punkt (1) beschrieben) auch der Weg verfolgt, den eindimensionalen Maßstab Nettosozialprodukt durch Zu- und Abschläge so zu korrigieren, daß er sich besser als Wohlfahrtsindikator interpretieren läßt. Im folgenden sollen kurz die wichtigsten Punkte angeführt werden. Zugleich wird damit auf einige Begrenzungen des Aussagewertes der herkömmlichen Sozialproduktgrößen hingewiesen.

Mögliche Korrekturen am Sozialproduktsmaßstab

Korrekturvorschläge am Sozialproduktsmaßstab beziehen sich vor allem auf die folgenden Bereiche:

(1) Mit der Güterproduktion oder dem Konsum können bestimmte Nebenwirkungen verbunden sein, die die Wohlfahrt beeinträchtigen (negative **externe Effekte**). Zu denken ist z. B. an Umweltbelastungen in Verbindung mit gewerblicher oder landwirtschaftlicher Produktion. Wird die Umweltbelastung zugelassen und nichts für ihre Beseitigung getan, so ist sie von der Bevölkerung als Beeinträchtigung des Wohlbefindens hinzunehmen. Eine Bewertung dieses Wohlfahrtsverlustes und des notwendigen Abzugs vom Sozialprodukt ist dann äußerst schwierig. Die (sozialen) Kosten der Umweltbelastung lassen sich jedoch genauer ermitteln, wenn Maßnahmen zu ihrer Verhinderung oder Beseitigung ergriffen werden, unabhängig davon, ob dies durch die Verursacher oder durch die Allgemeinheit (den Staat) erfolgt. Der Einbau von Luft- oder Wasserfilteranlagen z. B. erfordert ihre vorherige Produktion. Die damit verbundene Wertschöpfung der Umweltindustrien erhöht das in der Statistik gemessene Sozialprodukt, ohne daß die Wohlfahrt sich erhöht; denn diese Pro-

duktion dient lediglich der Verhinderung von Wohlfahrtsverlusten infolge von Umweltbelastung. Der Beitrag der Umweltindustrien zum Nettosozialprodukt wäre somit abzuziehen. Soweit durch deren Produktion die Umweltbelastung nicht vollständig beseitigt wird, sind weitere Abzüge erforderlich.
Neben den Umweltindustrien gibt es noch eine ganze Reihe anderer Produktions- und Dienstleistungsbereiche, deren Aufgabe in der **Beseitigung eingetretener oder drohender Schäden** besteht. Etwa erhöht die ärztliche Behandlung von im Arbeitsprozeß geschädigten Personen und von Verkehrsopfern oder Reparaturen von Unfallwagen das Sozialprodukt, ohne daß man darin eine Wohlstandssteigerung erblicken kann. Der eingetretene Schaden (die Wohlfahrtseinbuße) wird nicht im Sozialprodukt erfaßt, die Wiederherstellung des alten Zustandes wird jedoch als Beitrag zur Wohlfahrtserhöhung ausgewiesen.

(2) Das Nettosozialprodukt erfaßt im wesentlichen **nur Transaktionen, die über den Markt laufen**, d. h. es erfaßt nur produktive Leistungen, für die Marktpreise existieren. Zweifellos tragen aber die unbezahlte Arbeit von Hausfrauen sowie Do-it-yourself-Tätigkeiten zur Steigerung der Wohlfahrt bei. Sie müßten bewertet und dem Sozialprodukt hinzugerechnet werden.

(3) Da **öffentliche Güter unentgeltlich angeboten** werden, also keine Marktpreise existieren, bewertet man sie in der Sozialproduktsrechnung hilfsweise zu den Kosten, die ihre Herstellung verursachen. Die Gehaltserhöhung eines Beamten führt bei dieser Vorgehensweise zu einer Erhöhung des Nettosozialprodukts, ohne daß man daraus unbedingt auf eine Leistungssteigerung des staatlichen Sektors schließen könnte. Eine Zunahme des Staatsbeitrags zum Sozialprodukt kann im allgemeinen somit nur bedingt als Wohlfahrtssteigerung interpretiert werden.

(4) Außerdem liegt bei einem Teil der öffentlichen Güter in der Sozialproduktrechnung eine **Doppelzählung** vor. Öffentliche Leistungen werden bei der Verwendung des Nettosozialprodukts als staatlicher Konsum (C_{st}) erfaßt. Ein großer Teil dieser Leistungen geht jedoch als **Vorleistungen** in den Unternehmenssektor ein (etwa die gewerbliche Nutzung von Straßen), stellt somit Zwischenverbrauch dar. Würden öffentliche Güter über den Markt verkauft, so würden sie in der Unternehmensrechnung als Vorleistungen erscheinen. Der Beitrag zum Nettosozialprodukt würde dann wegen eintretender Gewinnschmälerung entsprechend geringer sein. Der Umfang öffentlicher Güter mit Vorleistungscharakter wäre somit vom Sozialprodukt abzuziehen.

Dies sind nur die wichtigsten Gesichtspunkte, die bei der Interpretation der vorliegenden Sozialproduktsgrößen bzw. bei einem Ausbau der Sozialproduktrechnung zu einer Wohlfahrtsrechnung berücksichtigt werden müssen. Bei einem solchen Versuch treten allerdings, wie der Leser sich unschwer vorstellen kann, erhebliche Probleme bei der *Bewertung* der Zu- und Abschläge auf, die bisher nicht zufriedenstellend gelöst werden konnten. Vorliegende Schätzungen legen jedoch den Schluß nahe, daß das Wachstum des statistisch ausgewiesenen Sozialprodukts die Wohlstandssteigerung, insbesondere wegen zunehmender Umweltbelastungen, überschätzt.

Unabhängig von diesen Meßproblemen ist die Frage zu stellen, inwieweit eine verbesserte Güterversorgung mit einer Steigerung der Zufriedenheit der Bevölkerung (einer individuell empfundenen Wohlfahrtssteigerung) verbunden ist. Die zunehmende Kritik an Wachstumszielen und an den „Errungenschaften" der Wohlstandsgesellschaft überhaupt deutet darauf hin, daß von einer gewissen Höhe des Lebensstandards an nur ein sehr bedingter Zusammenhang besteht (vgl. dazu die Ausführungen zur Bedürfnisstruktur von Haushalten in Abschnitt 3.3.4).

10.2 Tendenzen und Ursachen wirtschaftlichen Wachstums

10.2.1 Charakteristische Eigenschaften wirtschaftlichen Wachstums

Bei allen Besonderheiten der wirtschaftlichen Entwicklung weist der Wachstumsprozeß der Industrieländer gewisse Regelmäßigkeiten auf, die als Bezugspunkt für die weiteren Überlegungen zunächst kurz gekennzeichnet werden sollen.

Auffälligstes Merkmal wirtschaftlichen Wachstums ist eine fortlaufende Zunahme des Sozialprodukts, die das Bevölkerungswachstum übersteigt und somit zu einer Steigerung der Pro-Kopf-Einkommen und des *Lebensstandards* der Bevölkerung führt. In Übersicht 10.1 sind die entsprechenden Wachstumsraten für das Deutsche Reich bzw. die Bundesrepublik angeführt.

Übersicht 10.1: Das Wachstum von Volkseinkommen und Bevölkerung im Deutschen Reich bzw. in der Bundesrepublik (jährliche Wachstumsraten in v. H.)

	1850–1913	1950–59	1960–69	1970–79	1980–85	1986–91
Wachstumsrate des realen Volkseinkommens (v. H.)	2,6	6,6	4,2	3,7	0,5	4,3
Bevölkerungswachstumsrate (v. H.)	1,0	1,1	0,8	0,1	−0,2	0,8
Wachstumsrate des realen Einkommens pro Kopf (v. H.)	1,6	5,5	3,4	3,5	0,7	3,5

Quellen: Hoffmann, W. G.: Das Wachstum der deutschen Wirtschaft seit Mitte des 19. Jahrhunderts, Berlin, Heidelberg, New York 1965. Statistisches Jahrbuch der BR Deutschland 1975, 1982, 1986, 1990, 1992.

Der Steigerung der Pro-Kopf-Einkommen (Y/B) entspricht eine ständige Zunahme der Produktion pro Beschäftigten. Diese Relation, die das Produktionsergebnis – etwa gemessen durch die Zahl der Beschäftigten – zueinander in Beziehung setzt, bezeichnet man als **durchschnittliche Arbeitsproduktivität** (NSP/A). Da der Anteil der Erwerbstätigen an der Gesamtbevölkerung (die Erwerbsquote) im Zuge der wirtschaftlichen Entwicklung vor allem infolge verlängerter Ausbildungszeiten in den meisten Ländern leicht rückläufig ist, nimmt die Arbeitsproduktivität im allgemeinen etwas stärker zu als das Pro-Kopf-Einkommen. Die kräftigen Steigerungen der Arbeitsproduktivität im Verlaufe des Wachstums der deutschen Wirtschaft sind aus Übersicht 10.2 ersichtlich.

Eine *Produktivität* gibt *generell* das Verhältnis von Produktionsergebnis (Output) zum Faktoreinsatz (Input) an. Dabei wird versucht, möglichst realwirtschaftliche Beziehungen zu beschreiben, d. h. die Output- und Inputgrößen in Mengeneinheiten anzugeben – etwa indem man die in einer Produktionsperiode erzeugten Tonnen Getreide oder Stahl auf die eingesetzten Arbeitsstunden bezieht. Wenn unterschiedliche Güter zusammengefaßt werden müssen – wie etwa bei der Größe Sozialprodukt – ist eine Bewertung oder Gewichtung der einzelnen Güter durch Marktpreise unumgänglich. Bei Produktivitätsvergleichen sind dann jedoch konstante Gewichtungsfaktoren zu wählen, d. h. die Sozialproduktwerte sind als „reale" Größe zu den konstanten Preisen eines Basisjahres zu bilden.
Wenn man das Produktionsergebnis allein auf einen der eingesetzten Produktionsfaktoren bezieht, spricht man von *partiellen Produktivitäten*, etwa von der Arbeitsproduktivität, der Kapitalproduktivität, der Flächenproduktivität oder der Produktivität des Energieeinsatzes. Bezieht man das Produktionsergebnis auf die Gesamtheit des Faktoreinsatzes – etwa gemessen durch einen alle Faktoren umfassenden Inputindex – so spricht man von der *Globalproduktivität*. Eine Steigerung der Globalproduktivität bedeutet, daß bei gleichem Einsatz aller Produktionsfaktoren mehr Güter erstellt werden; sie mißt somit technischen Fortschritt.

Weiterhin ist für den Wachstumsprozeß der Industrieländer charakteristisch, daß der Kapitalstock in wesentlich stärkerem Maße wächst als der Arbeitseinsatz; die Arbeitsplätze werden also in zunehmendem Maße mit Kapital ausgestattet (vgl. Übersicht 10.2, Spalten 2, 3, 6 und 7). Man bezeichnet diese Relation von Kapital- zu Arbeitseinsatz als **Kapitalintensität**. Die Kapitalintensität nimmt somit im Verlaufe des Wachstums fortlaufend zu. Diese zunehmende Kapitalausstattung der Arbeitsplätze ist – neben dem technischen Fortschritt – als einer der wesentlichen Bestimmungsfaktoren für die ständige Steigerung der Arbeitsproduktivität anzusehen.

Intensitäten beschreiben generell das Verhältnis des Einsatzes von Produktionsfaktoren. Als Kapitalintensität bezeichnet man das Verhältnis von Kapital- zu Arbeitseinsatz (C/A). In ähnlicher Weise lassen sich Intensitätsrelationen zwischen anderen Inputfaktoren bilden.

Wenn man die langfristigen Entwicklungstendenzen des Sozialprodukts und des Kapitalstocks betrachtet, so zeigt sich, daß die prozentualen Zuwachsraten dieser beiden Größen annähernd gleiche Größenordnungen haben. Das bedeutet, daß sich die Relation zwischen Sozialprodukt und Kapitalstock – also die **durchschnittliche Kapitalproduktivität** NSP/C – im allgemeinen nur wenig ändert und über längere Zeiträume hinweg eine bemerkenswerte Konstanz aufweist (vgl. Übersicht 10.2, Spalte 5). Häufig argumentiert man mit dem reziproken Wert der Kapitalproduktivität, der Relation C/NSP, die man als **durchschnittlichen Kapitalkoeffizient** bezeichnet. Er gibt die Höhe des Kapitaleinsatzes an, die zur Erzeugung einer Sozialprodukteinheit erforderlich ist (gemessen als DM Kapitalstock pro DM Sozialprodukt). Charakteristische Größenordnungen des Kapitalkoeffizienten liegen in den meisten Industrieländern zwischen 3 und 5 (vgl. Übersicht 10.2, Spalte 7).

Es ist zu fragen, wie man sich die **tendenzielle Konstanz der Kapitalproduktivität** (bzw. des Kapitalkoeffizienten) im Wachstumsablauf erklären kann. Die ständige Zunahme des Kapitaleinsatzes im Verhältnis zum Arbeitseinsatz würde vermuten lassen, daß das Ertragsgesetz wirksam wird und damit der Produktionszuwachs pro zusätzliche Kapitaleinheit – also die Grenzproduktivität des Kapitaleinsatzes – fortlaufend abnimmt. Damit würde dann auch gleichzeitig die durchschnittliche Kapitalproduktivität abnehmen bzw. der Kapitalkoeffizient zunehmen. Einer Abnahme der Grenzproduktivität des Kapitals wirkt nun jedoch der technische Fortschritt – der bei unveränderter Kapitalintensität die Grenzproduktivität erhöht – entgegen. Die zu beobachtende annähernde Konstanz der Kapitalproduktivität im Zeitablauf ergibt sich dann dadurch, daß sich beide Tendenzen weitgehend kompensieren.

Dieser Zusammenhang läßt sich anhand der in Übersicht 10.3 dargestellten Ertragsfunktion zeigen. Bei dieser Darstellung sind Kapitalaufwand (C) und Produktionsergebnis (NSP) jeweils auf eine Arbeitskraft bezogen. Durch die Division der Abszissen- und Ordinatenwerte durch die gleiche Größe (A) verändert sich an der bekannten Form der neoklassischen Ertragsfunktion nichts, diese Skalierung ist jedoch zweckmäßig für die weiteren Überlegungen. Denn nach dem Bezug auf eine Arbeitskraft beschreibt die Funktion die Höhe der Arbeitsproduktivität (NSP/A) in Abhängigkeit von der Höhe der Kapitalintensität (C/A). Der Quotient beider Größen ist dann die durchschnittliche Kapitalproduktivität NSP/A : C/A = NSP/C, die beispielsweise im Punkt A durch das Verhältnis der Strecken $\overline{AB} : \overline{OB} = \text{tg}\,\alpha$ angegeben wird. Die zugehörige Grenzproduktivität des Kapitals wird durch die Steigung der Tangente an die Ertragsfunktion im Punkt A gemessen. Wird nun die Kapitalintensität bei unverändertem Verlauf der Ertragsfunktion (d. h. ohne technischen Fortschritt) auf D erhöht, so würden sowohl die durchschnittliche Kapitalproduktivität (= tg β) wie die Grenzproduktivität des Kapitaleinsatzes (Steigung der Tangente in C) als Folge des abnehmenden Ertragszuwachses sinken. Der technische Fortschritt verschiebt nun jedoch die Ertragsfunktion fortlaufend nach oben, wodurch tendenziell einer Abnahme der Kapitalproduktivität entgegengewirkt wird. Wenn sich beide Tendenzen gerade (zufällig) kompensieren, können sowohl die durchschnittliche wie die marginale Kapitalproduktivität unverändert bleiben (vgl. die Steigungen des Fahrstrahls und der Tangente in den Punkten A und E der Übersicht 10.3). In der Vergangenheit war das über lange Zeiträume hinweg annähernd der Fall.

Übersicht 10.2: Langfristige Veränderungen gesamtwirtschaftlicher Größen in Deutschland (Deutsches Reich bzw. BRD)

Variable / Periode	Nettoinlandsprodukt (Mill. Mark)[1]	Beschäftigte (1000)	Kapitalstock (Mill. Mark)[1]	Arbeitsproduktivität (Mark je Besch.)[1] (1) : (2)	Kapitalproduktivität (1) : (3)	Kapitalintensität (1000 Mark je Besch.)[1] (3) : (2)	Kapitalkoeffizient (3) : (1)	Ergänzte Lohnquote (in v. H. des Volkseinkommens)[1]	Durchschnittliche Rendite (in v. H. des Kapitals)	Durchschnittliche Arbeitsentlohnung[1]
	(1)	(2)	(3)	(4)	(5)	(6)	(7)	(8)	(9)	(10)
1860/64	12134	16000	58586	760	0,21	3,66	4,76	75,3	5,3	572
1865/69	13609	17000	66304	800	0,21	3,90	4,76	75,0	5,6	600
1870/74	15678	18000	75346	870	0,21	4,19	4,76	77,8	4,6	677
1875/79	17745	19416*	87842	910	0,20	4,52	5,00	80,0	4,5	778
1880/84	18717	19992	98472	940	0,19	4,93	5,03	76,6	5,7	720
1885/89	21490	21302	112138	1010	0,19	5,26	5,03	76,2	5,5	771
1890/94	24770	22651	129684	1090	0,19	5,37	5,03	74,1	6,2	808
1895/99	29678	24277	152164	1220	0,20	6,27	5,00	73,1	6,2	892
1900/04	34037	26043	179106	1310	0,19	6,88	5,03	72,6	5,8	951
1905/09	39527	28047	211272	1410	0,19	7,53	5,03	71,2	6,1	1004
1910/13	45590	30243	243548	1510	0,19	7,83	5,03	70,9	6,3	1071
1925/29	49643	31033*	242920	1600	0,20	8,05	5,00	87,3	–	1397
1930/34	46192	26687*	256890	1730	0,18	9,36	5,56	97,1	–	1678
1935/38		33000*	271100					78,1	–	
1950/54	46678	21541	189220	2170	0,25	8,78	4,00	74,0	6,4	1606
1955/59	64733	24521	242780	2640	0,27	9,90	3,48	72,8	7,4	1922
1960/64	92270	26466	324150	3486	0,28	12,25	3,57	80,1	6,6	2339
1965/69	112180	26282	446500	4268	0,25	16,99	3,98	79,9	6,9	3355
1970/74	156330	26595	593420	5878	0,26	22,31	3,80	82,0	4,8	5482
1975/78	168520	25160	722020	6698	0,23	28,70	4,28	84,1	3,9	7921
1979/82	183025	26033	873145	7030	0,21	33,50	4,77	83,1	4,9	9920
1986/89	209443	27307	1139480	7670	0,18	41,73	5,44	77,1	5,9[2]	12413

[1] zu konstanten Preisen von 1913; [2] 1986/1988 Zahlen mit *: Ergebnisse von Interpolationen

Quellen: Eigene Berechnungen nach Hoffmann, W. G.: Das Wachstum der deutschen Wirtschaft seit der Mitte des 19. Jahrhunderts, Berlin, Heidelberg, New York 1965; ferner Richter, Schlieper, Friedmann: Makroökonomik, Berlin, Heidelberg, New York 1978, Jahresgutachten 1978/79 des Sachverständigenrates; Statistische Jahrbücher der BR Deutschland, verschiedene Jahrgänge; Vierteljahresberichte DIW.

Übersicht 10.3: Arbeitsproduktivität und Kapitalintensität

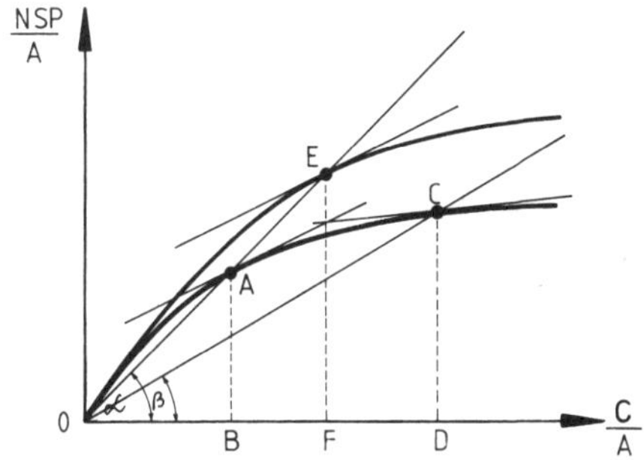

Hinsichtlich der Produktivität des Faktoreinsatzes ist somit festzustellen, daß beide Kräfte – zunehmende Kapitalintensität und technischer Fortschritt – auf eine permanente Erhöhung der Arbeitsproduktivität im Zeitablauf hinwirken, während sie sich in ihrem Einfluß auf die Veränderung der Kapitalproduktivität weitgehend kompensieren.

Bei diesen Entwicklungstendenzen der Faktorproportionen und partiellen Faktorproduktivitäten ist zu erwarten, daß sich auch die durchschnittlichen Entlohnungssätze der Faktoren – der **Lohnsatz** und die **Kapitalrendite** – unterschiedlich entwickeln. Nach der Grenzproduktivitätstheorie der Verteilung wird der Lohnsatz für den im Verhältnis zum Kapital knapper werdenden Faktor Arbeit stärker ansteigen als die Kapitalrendite (dies war bereits in Abschnitt 3.4.3.3 beschrieben worden). Wenn die Grenzproduktivität des Kapitals im Zeitablauf annähernd konstant bleibt (wie beim Übergang von Punkt A zu E in Übersicht 10.3), so wird sich bei Gültigkeit des Grenzproduktivitätsprinzips sogar die absolute Höhe der Kapitalrendite im Zeitablauf nur wenig verändern. Die in Spalte 9 der Übersicht 10.2 angeführten Zahlen lassen erkennen, daß das in Deutschland über lange Zeiträume hinweg zu beobachten war, während die Reallöhne fortlaufend angestiegen sind (vgl. Spalte 10).

Wenn sich die Kapitalrendite im Zeitablauf nur wenig ändert und der Kapitalstock etwa in dem gleichen Ausmaß wächst wie das Volkseinkommen, dann muß auch der Anteil des Kapitaleinkommens am Volkseinkommen (**Kapitalquote**) annähernd konstant bleiben, also der Ausdruck $i \cdot C/Y$ (mit i = Kapitalrendite, C = Kapitalstock, Y = Volkseinkommen). Wenn man nur die Aufteilung des Volkseinkommens auf die beiden Faktoren Arbeit und Kapital betrachtet, gilt dann natürlich auch das gleiche für die **Lohnquote**. Spalte 8 der Übersicht 10.2 zeigt, daß die Lohnquote über lange Zeitperioden hinweg, abgesehen von den besonderen Bedingungen der Weltwirtschaftskrise, eine bemerkenswerte Konstanz aufweist.

Die volkswirtschaftlichen Gesamtgrößen **Arbeitseinkommen** und **Kapitaleinkommen** sind somit im Verlaufe des wirtschaftlichen Wachstums in etwa proportional angestiegen. Dabei ist jedoch zu beachten, daß dahinter unterschiedliche Teilentwicklungen stehen: Das Arbeitseinkommen wächst in erster Linie wegen der steigenden Durchschnittseinkommen pro Arbeitskraft, das Kapitaleinkommen erhöht sich hingegen aufgrund einer fortlaufenden Expansion des Kapitalstocks bei nur wenig veränderter Durchschnittsrendite.

10.2.2 Ursachen wirtschaftlichen Wachstums

Aus den bisherigen Überlegungen wird deutlich, daß wirtschaftliches Wachstum grundsätzlich erfolgen kann

- durch eine *Mengenausweitung des Faktoreinsatzes* und/oder
- durch eine Steigerung der Produktion pro Faktoreinsatzmenge, d. h. durch *technischen Fortschritt.*

Um die Ursachen wirtschaftlichen Wachstums zu erkennen, muß man also fragen, wodurch die Veränderung dieser Größen im Zeitablauf bestimmt wird.

In den entwickelten Industrieländern ist davon auszugehen, daß das **Bevölkerungswachstum** überwiegend durch nichtökonomische Einflußfaktoren, insbesondere sozialer, medizinischer und demographischer Art, bestimmt wird. Bei ökonomischen Wachstumsanalysen wird daher im allgemeinen angenommen, daß die Wachstumsrate der Bevölkerung und damit entsprechend den Veränderungen der Erwerbsquote auch die Wachstumsrate des Arbeitseinsatzes vorgegeben ist.

Demgegenüber ist das **Wachstum des Kapitalstocks** aus ökonomischen Zusammenhängen zu erklären. Der Kapitalzuwachs innerhalb einer Zeitperiode (ΔC) wird durch die Nettoinvestitionen (I) einer Volkswirtschaft, also durch die über den Ersatz der ausscheidenden Maschinen, Gebäude und dgl. hinausgehenden Investitionen, bestimmt. Die Wachstumsrate des Kapitalstocks läßt sich dann schreiben:

$$W_C = \frac{\Delta C}{C} = \frac{I}{C}. \qquad (10.1)$$

In Abschnitt 8.2.1.1 haben wir die Bestimmungsfaktoren der Höhe der Investitionen im Zusammenhang kürzerfristiger Stabilitätsüberlegungen betrachtet. Auf längere Sicht kann man davon ausgehen, daß die Höhe der Nettoinvestitionen (neben den staatlichen Investitionen) im wesentlichen durch die freiwillige Ersparnis der Haushalte bestimmt wird, da ungeplante Abweichungen nur kurzfristig Bestand haben werden. Investitionstätigkeit wird somit erst durch vorangehenden Konsumverzicht ermöglicht. Wenn man bei längerfristiger Betrachtung – abweichend von der Keynes'schen Hypothese – weiterhin annimmt, daß stets ein bestimmter Anteil des Volkseinkommens von den Haushalten gespart wird (vgl. Abschnitt 8.4.4),

$$S = s \cdot Y \text{ (s = marginale und durchschnittliche Sparquote)}, \qquad (10.2)$$

so läßt sich (10.1) auch wie folgt schreiben:

$$W_C = s \cdot \frac{Y}{C}. \qquad (10.3)$$

Die Wachstumsrate des Kapitalstocks hängt demnach von der Höhe der Sparquote und der durchschnittlichen Kapitalproduktivität ab. Bei unveränderter Kapitalproduktivität würde sich somit die Wachstumsrate des Kapitals proportional zur Sparquote verändern.
Wenn man sich nun jedoch *allein* einen Prozeß der Kapitalakkumulation (bei gegebenem Stand der Technik und gegebener Bevölkerungszahl) vorstellt, dann wird mit wachsendem Kapitalstock in zunehmendem Maße das Gesetz des abnehmenden Ertragszuwachses wirksam, wodurch die Kapitalproduktivität fortlaufend abnimmt (vgl. Übersicht 10.3). Dann wird nach Gleichung (10.3) bei gegebener Sparquote auch die Wachstumsrate des Kapitalstocks ständig zurückgehen; der Wachstumsprozeß wird allmählich auslaufen und in einen stationären Zustand einmünden.

Wir wollen nun prüfen, welche Konsequenzen sich für die langfristigen Tendenzen des Wirtschaftsablaufs ergeben, wenn man annimmt, daß *Bevölkerung und Arbeitskräfte* mit einer bestimmten *vorgegebenen Rate* im Zeitablauf wachsen. Das Wachstum des Kapitalstocks wird dann von dem Wachstum des Arbeitseinsatzes begleitet, so daß das Gesetz vom abnehmenden Ertragszuwachs nicht in dem gleichen Maße wirksam werden kann. Wenn die Wachstumsrate des Kapitalstocks die des Arbeitseinsatzes übersteigt ($W_C > W_A$) – also die Kapitalintensität zunimmt – dann wird zwar ebenfalls die Kapitalproduktivität sinken und folglich entsprechend Gleichung (10.3) die Wachstumsrate des Kapitalstocks zurückgehen; diese Abnahme der Wachstumsrate des Kapitalstocks wird jedoch nur solange erfolgen, bis diese die Wachstumsrate des Arbeitseinsatzes erreicht hat. Denn dann würden beide Faktoren mit der gleichen Rate wachsen und somit das Gesetz vom abnehmenden Ertragszuwachs nicht mehr wirksam werden. Die wirtschaftliche Entwicklung würde somit bei gegebener Wachstumsrate der Bevölkerung (ohne technischen Fortschritt!) einem Wachstumspfad folgen, bei dem sowohl Arbeitskräfte wie Kapitalstock und damit das Sozialprodukt mit gleichen Raten wachsen ($W_A = W_C = W_Y$). Das wirtschaftliche Wachstum wäre jedoch rein extensiv in dem Sinne, daß die Produktivitäten und Intensitäten des Faktoreinsatzes und die Pro-Kopf-Einkommen unverändert bleiben.

Ein nachhaltiges Wachstum des Sozialprodukts *pro Kopf* läßt sich nur erzielen, wenn **technische Fortschritte** realisiert werden, die die Wirksamkeit des Ertragsgesetzes immer weiter hinausschieben. Nur dann kann das Wachstum des Kapitalstocks das Arbeitskräftewachstum auf Dauer übersteigen, ohne daß die Grenzproduktivität des Kapitals fortlaufend abnimmt (vgl. Übersicht 10.3) und damit die Wachstumsrate des Kapitalstocks bis auf die Wachstumsrate der Arbeitskräfte absinken läßt. Der technische Fortschritt ist somit die Voraussetzung für eine ständige Zunahme der Kapitalintensität und für ein dauerhaftes Wachstum der Pro-Kopf-Größen, wie sie – wie wir im vorigen Abschnitt gesehen haben – für den Wachstumsprozeß der entwickelten Industrieländer charakteristisch sind.
Nun ist jedoch zu fragen, durch welche *Faktoren* das Ausmaß *des techni-*

schen Fortschritts bestimmt wird. Aus den einzelwirtschaftlichen Überlegungen (vgl. Kapitel 3 und 4) ist ersichtlich, daß technischer Fortschritt in verschiedenen Formen realisiert werden kann: etwa durch die Einführung neuer technologischer Verfahren, durch die Entwicklung neuer Produkte, durch bessere Ausbildung der Arbeitskräfte oder durch bessere Arbeitsteilung und Organisation der Produktionsabläufe. Unter dem summarischen Begriff „Technischer Fortschritt", wie er in den Wirtschaftswissenschaften allgemein verwendet wird, ist also eine Vielfalt unterschiedlicher Erscheinungsformen zusammengefaßt, die ihrerseits wiederum durch verschiedene Faktoren bestimmt sind. Von besonderer Bedeutung sind offensichtlich die Aufwendungen für Forschung, für den Kauf ausländischer Lizenzen, für Verbesserung des Bildungs- und Gesundheitswesens, für die Infrastruktur usw. Generell gilt, daß der technische Fortschritt nicht irgendwie „vom Himmel fällt", sondern zunächst einmal in einer Volkswirtschaft erzeugt werden muß. Weiterhin ist zu beachten, daß der technische Fortschritt in engem Zusammenhang mit den vorgenommenen Nettoinvestitionen steht und teilweise nur gleichzeitig mit diesen realisiert werden kann. Eine beschleunigte Kapitalbildung wird daher im allgemeinen auch eine Erhöhung des technischen Fortschritts bedeuten. Unter Berücksichtigung dieses Zusammenhanges können dann doch höhere Ersparnis und vermehrte Kapitalakkumulation zu einer Erhöhung der gesamtwirtschaftlichen Wachstumsrate beitragen.

10.2.3 Ansatzstellen einer Politik der Wachstumsförderung

Die möglichen Ansatzstellen für eine Politik der Wachstumsförderung sind unmittelbar aus der oben gegebenen Ursachenanalyse zu erkennen und einzuordnen. Maßnahmen können grundsätzlich ansetzen im Bereich (1) der Kapitalbildung, (2) der Bereitstellung qualifizierter Arbeitskräfte oder (3) in dem weiten Feld der Förderung des technischen Fortschritts. Bevor auf spezifische Maßnahmen in diesen Bereichen eingegangen wird, ist auf die grundsätzliche Bedeutung der allgemeinen **Wettbewerbspolitik** (vgl. Kapitel 4) hinzuweisen. Wettbewerb stimuliert neue Ideen, wirkt auf eine zügige Realisierung von technischen Fortschritten hin und erhöht die Mobilität der Produktionsfaktoren. Die Sicherstellung funktionsfähigen Wettbewerbs ist daher eine grundlegende Voraussetzung für eine wachstumsorientierte Wirtschaftspolitik in marktwirtschaftlichen Systemen.
Im einzelnen ist zu den spezifischen Formen der Wachstumsförderung auszuführen:

(1) **Kapitalbildung** und **Investitionen** können durch vielfältige Maßnahmen gefördert werden. Grundvoraussetzung für eine **Politik der Sparförderung** ist ein stabiles Geldwesen, da die Wirtschaftseinheiten nur dann ein ausreichendes Vertrauen in die Sicherheit der Vermögensanlagen haben werden. In den meisten Ländern werden spezielle Maßnahmen der Sparförderung durchgeführt, so etwa in der Bundesrepublik die Förderung der Vermögensbildung in Arbeitnehmerhand durch Sparprämien oder die steuerliche Begünstigung von Bausparen oder Lebensversicherungen. Eine

Grundvoraussetzung für die Sicherstellung ausreichender *privater Investitionen* ist, daß gesamtwirtschaftliche und institutionelle Rahmenbedingungen vorhanden sind, unter denen die Investoren als Kompensation für ihr Risiko eine hinreichende Chance für die Realisierung von Gewinnen erkennen können. Die Schaffung eines solchen **Investitionsklimas** steht in engem Zusammenhang mit der Höhe der steuerlichen Belastungen und den sonstigen Auflagen für die investierenden Unternehmer sowie den Erwartungen über die künftige Entwicklung von Wirtschaft und Gesellschaft. Daneben nimmt der Staat in den meisten Ländern durch vielfältige **spezifische Förderungsmaßnahmen** Einfluß auf die private Investitionstätigkeit, insbesondere durch Vergünstigungen im Bereich der steuerlichen Abschreibungen (z. B. für den Wohnungsbau) oder durch staatliche Zinsverbilligungen und sonstige Investitionsbeihilfen für bestimmte Sektoren (z. B. Landwirtschaft, Energie) oder für räumlich benachteiligte Regionen (z. B. Zonenrandgebiet, Berlin). Darüber hinaus nehmen staatliche Instanzen auch *direkt* durch staatliche Investitionen in erheblichem Maße Einfluß auf den Umfang der Investitionstätigkeit einer Volkswirtschaft, insbesondere im Bereich des Verkehrs- und Nachrichtenwesens (Straßenbau, Bundesbahn und Bundespost), im Bereich der Energieversorgung und im Bereich des Bildungs- und Gesundheitswesens. Solche Grundinvestitionen für die Funktionsfähigkeit von Wirtschaft und Gesellschaft bezeichnet man als Investitionen in die **Infrastruktur** eines Landes. Solche Infrastrukturinvestitionen dürfen jedoch nicht lediglich als ergänzende und gewissermaßen passive Maßnahmen des Staates im wirtschaftlichen Wachstum angesehen werden. Häufig sind sie bewußt wachstumsfördernd konzipiert, etwa im Bereich der Forschungs- oder der Regionalpolitik.

(2) Die Maßnahmen zur Förderung eines ausreichenden Angebots an **qualifizierten Arbeitskräften** können unterschiedliche Bereiche betreffen. Grundvoraussetzung ist die Schaffung eines funktionsfähigen Bildungssystems, das sich neben den allgemeinen gesellschaftspolitischen Zielsetzungen auch an den ökonomischen Erfordernissen orientiert. Neben der Grundausbildung in Schule, Berufsschule und Hochschule erhält dabei mit zunehmender Spezialisierung der Arbeitskräfte und gleichzeitig erheblichem Wandel der Beschäftigungsstruktur im Verlaufe wirtschaftlichen Wachstums die Schaffung von Voraussetzungen für die Weiterbildung und Umschulung in verstärktem Maße Bedeutung.
Ein weiterer wichtiger Bereich einer wachstumsorientierten Arbeitsmarktpolitik betrifft die **Mobilitätsförderung**. In den meisten Ländern gibt es wirtschaftspolitische Programme, die sowohl die Abwanderung von Arbeitskräften aus schrumpfenden Sektoren (z. B. Landwirtschaft, Bergbau) wie auch die regionale Mobilität von Arbeitskräften fördern sollen. Einen besonderen Teilaspekt der Arbeitsmobilität stellt die Wanderung von Arbeitskräften zwischen verschiedenen Ländern dar (Gastarbeiter), auf die ebenfalls durch staatliche Maßnahmen in unterschiedlicher Weise und auch mit unterschiedlicher Zielrichtung eingewirkt wird. Die **internationale Mobilität von Arbeitskräften** ist insofern von besonderer Bedeu-

tung für eine wachstumsorientierte Arbeitsmarktpolitik, als dadurch auch relativ kurzfristig nennenswerte Veränderungen des Arbeitsangebots herbeigeführt werden können, also eine gewisse Flexibilität des Arbeitsmarktes geschaffen werden kann. Dabei ist zu berücksichtigen, daß Zielkonflikte mit den Heimatländern auftreten können, die keine abrupten Sprünge der internationalen Mobilitätspolitik erlauben.
Auf lange Sicht gesehen wird die Entwicklung des Arbeitsangebots entscheidend durch das Bevölkerungswachstum bestimmt, so daß auch die **Bevölkerungspolitik** in die wachstumspolitischen Überlegungen einzubeziehen ist. In vielen Entwicklungsländern ist eine Begrenzung des Bevölkerungswachstums eine entscheidende Voraussetzung für ein Wachstum der Pro-Kopf-Einkommen, während in einer Reihe von hochentwickelten Ländern eine aktive Bevölkerungspolitik mit der Zielsetzung betrieben wird, eine zu starke Abschwächung des Bevölkerungswachstums oder gar eine Verminderung der Bevölkerungszahl zu vermeiden. Dahinter steht unter wachstumspolitischen Gesichtspunkten vor allem die Befürchtung, daß dadurch einerseits die Absatzmöglichkeiten, die Investitionstätigkeit und die Realisierung von technischen Fortschritten beeinträchtigt und damit die Konkurrenzfähigkeit eines Landes gefährdet werden können und daß durch die tendenzielle Überalterung der Bevölkerung die Finanzierung der Alterssicherung erschwert und eine gleichmäßige Auslastung von Infrastruktureinrichtungen (z. B. Schulen) verhindert werden.

(3) Staatliche Maßnahmen zur **Forcierung des technischen Fortschritts** setzen auf verschiedenen Ebenen an. Im allgemeinen finanziert der Staat selbst die wissenschaftliche Grundlagenforschung und auch weite Teile der auf unmittelbare Anwendung abzielenden **Forschung**. Darüber hinaus fördert und unterstützt der Staat in vielfältiger Form private Forschung und Entwicklung. In einigen Bereichen übernimmt er auch die Abdeckung von Risiken, ohne die sich bestimmte Projekte nicht durchführen ließen (z. B. Flugzeugbau, Errichtung von Kernreaktoren). Neben der Forschungsförderung versucht der Staat auch die Realisierung von technischen Neuerungen durch verschiedene Maßnahmen zu fördern, etwa durch die Errichtung von Informations- und Beratungsinstitutionen, durch eine wettbewerbsfreundliche Ausgestaltung des **Patentrechts**, durch die Vergabe von Modernisierungssubventionen, durch die Tolerierung oder gar Unterstützung von Rationalisierungskartellen.

Die bisher genannten Maßnahmen zielen im wesentlichen auf eine allgemeine Förderung wirtschaftlichen Wachstums ab. Wir werden in den folgenden Abschnitten noch weitere wachstumspolitische Maßnahmen kennenlernen, die auf die Vermeidung von langfristigen Instabilitäten und eine Förderung des Strukturwandels ausgerichtet sind und die bislang erörterten Maßnahmen ergänzen.

10.3 Wirtschaftswachstum und Stabilität

In Kapitel 8 haben wir uns ausführlich mit den kurzfristigen Stabilitätsproblemen beschäftigt, die im Zuge von konjunkturellen Schwankungen auftreten können. Es ging dort vor allem um die Probleme der Unterbeschäf-

tigung in Phasen der konjunkturellen Rezession bzw. Depression und um Probleme der Inflation bei „überschäumender“ Konjunktur oder erheblichem gewerkschaftlichen Lohndruck. Diese Analysen sollen hier fortgesetzt werden, indem wir unmittelbar an die Überlegungen zum *Akzelerationsprinzip* (vgl. Abschnitt 8.6.5.1) anknüpfen.
Die gesamtwirtschaftlichen Stabilitätsprobleme können darüber hinaus nicht allein unter konjunkturellen Gesichtspunkten gesehen werden. Es besteht auch die Gefahr von langfristigen „strukturellen“ Ungleichgewichten, die über längere Zeiträume (mehrere Konjunkturzyklen) hinweg mit andauernder Arbeitslosigkeit oder inflationärer Entwicklung verbunden sind. Im folgenden wollen wir die Ursachen derartiger längerfristiger Ungleichgewichtslagen – die durch kurzfristige konjunkturelle Schwankungen überlagert werden können – ebenfalls herausarbeiten und Ansatzpunkte einer auf eine Verstetigung des Wirtschaftswachstums ausgerichteten Wirtschaftspolitik erörtern.

10.3.1 Bedingungen für störungsfreies Wachstum

Als Bezugspunkt für die Betrachtung dieser langfristigen Stabilitätsprobleme erscheint es zweckmäßig, nach den *Bedingungen* störungsfreien, gleichgewichtigen Wirtschaftswachstums zu fragen. Aus den Überlegungen zum Keynes-Modell wissen wir, daß es nur eine Gleichgewichtslage des Volkseinkommens gibt, bei der die gesamtwirtschaftliche Nachfrage dem volkswirtschaftlichen Angebotspotential bei Vollbeschäftigung entspricht, d. h. bei dem die gegebene volkswirtschaftliche Produktionskapazität voll ausgenutzt wird (vgl. Abschnitt 8.2.2). Unter längerfristigem Blickwinkel ist nun jedoch zu bedenken, *daß die Investitionen nicht nur eine Teilkomponente der gesamtwirtschaftlichen Nachfrage darstellen, sondern ihrem eigentlichen Zweck entsprechend auch den volkswirtschaftlichen Kapitalstock und damit die Produktionskapazität erhöhen.* Die in einer Periode vorgenommenen Investitionen erhöhen also die Produktionskapazität der nächsten Periode – ein Effekt, den Keynes bei seinen auf die kurze Periode abgestellten Überlegungen vernachlässigen konnte. Damit nun die Produktionsanlagen auch in der nächsten Periode ausgelastet sind, muß offensichtlich auch die gesamtwirtschaftliche Nachfrage wachsen; und zwar in einem solchen Ausmaß, daß die wachsende Produktionskapazität gerade voll ausgeschöpft wird. Wenn die Konsumgüternachfrage schwächer wächst als das Volkseinkommen (marginale Konsumquote $c < 1$), setzt eine höhere gesamtwirtschaftliche Nachfrage größere Investitionen voraus[1]. Größere Investitionen bedeuten aber, daß in der folgenden Periode die Produktionskapazität noch stärker ausgeweitet wird, so daß die gesamtwirtschaftliche Nachfrage und die Investitionen dann erneut wachsen müssen. Es ist also ein fortlaufendes wirtschaftliches Wachstum erforderlich, damit die zuwachsenden Produktionskapazitäten auch ausgelastet werden.

[1] Alle Überlegungen beziehen sich zunächst auf eine geschlossene Volkswirtschaft.

Diese Bedingung gleichgewichtigen Wirtschaftswachstums gilt es nun etwas präziser zu fassen. Wir wissen aus den Überlegungen zum Keynes-Modell, welche zusätzliche gesamtwirtschafltiche Nachfrage ΔGN aus zusätzlich vorgenommenen Investitionen ΔI resultiert; diese Beziehung wird durch den Investitionsmultiplikator angegeben (vgl. Gleichung 8.36):

$$\Delta GN = \Delta Y = \frac{1}{s}\,\Delta I. \tag{10.4}$$

Andererseits werden durch Investitionen zusätzliche Produktionskapazitäten geschaffen. Wir hatten dieses Problem bereits im Rahmen des **Akzelerationsprinzips** beispielhaft behandelt (vgl. Abschnitt 8.6.5.1): Ist zur Erzeugung eines Sozialprodukts von NSP = 1000 ein Kapitalstock von C = 4000 notwendig, dann erfordert eine Sozialprodukteinheit im Durchschnitt einen Einsatz von 4 Kapitaleinheiten. Man kann auch sagen, die Durchschnittsproduktivität des Kapitals (NSP/C) sei gleich 1/4 oder der durchschnittliche Kapitalkoeffizient ($k \equiv C/NSP \equiv$ reziproker Wert der Durchschnittsproduktivität des Kapitals) sei gleich 4. Wir hatten hieraus geschlossen, daß eine *Kapitalvermehrung* (≡ Nettoinvestition) in Höhe von $\Delta C \equiv I = 400$ zu einer Erhöhung des Sozialprodukts (Ausweitung der gesamtwirtschaftlichen Produktionskapazität) von ΔNSP = 100 führen müsse. Hierbei war dann allerdings vorauszusetzen, daß Durchschnitts- und Grenzproduktivität des Kapitals übereinstimmen. Es gilt somit: $\Delta NSP = \frac{1}{4} \cdot 400 = 100$. In der Wachstumstheorie argumentiert man nun häufig anstelle der Grenzproduktivität des Kapitals mit deren reziprokem Wert, dem marginalen Kapitalkoeffizienten ($k = \Delta C/\Delta NSP$), und ersetzt den Begriff Kapitalzuwachs (ΔC) durch den Begriff Nettoinvestition (I). Wir können dann allgemein schreiben:

$$\Delta NSP = \frac{1}{k} \cdot I. \tag{10.5}$$

Da ΔNSP nichts anderes als den **Kapazitätseffekt oder Angebotseffekt der Investition** angibt, schreibt man häufig auch

$$\Delta GA = \frac{1}{k} \cdot I. \tag{10.5a}$$

Gleichgewichtiges Wachstum setzt voraus, daß sich gesamtwirtschaftliche Nachfrage (GN) und gesamtwirtschaftliches Angebot (GA) in gleichem Ausmaß ausdehnen (ΔGN = ΔGA). Bei Verwendung der Gleichungen (10.4) und (10.5a) gilt daher als **Gleichgewichtsbedingung:**

$$\begin{aligned} \frac{1}{k} \cdot I &= \frac{1}{s} \cdot \Delta I \text{ oder} \\ W_I \equiv \frac{\Delta I}{I} &= \frac{s}{k}. \end{aligned} \tag{10.6}$$

Gleichung (10.6) besagt. daß sich ein *gleichgewichtiges* Wirtschaftswachstum nur aufrecht erhalten läßt, wenn die Wachstumsrate der Investitionen dem Quotienten aus Sparquote und marginalem Kapitalkoeffizienten entspricht. Wenn beispielsweise die Sparquote $s = 0{,}20$ beträgt und der marginale Kapitalkoeffizient einen Wert von $k = 4$ hat, müssen die Investitionen jährlich mit einer Rate von $W_1 = 0{,}05 = 0{,}20/4$ wachsen.

Mit Hilfe des *Akzelerationsprinzips* (Abschnitt 8.6.5.1) wurde demonstriert, daß das Investitionsvolumen schon bei – aus irgendwelchen Gründen – abnehmender *Rate* des Nachfragewachstums *absolut* absinkt, die gesamtwirtschaftliche Nachfrage dadurch weiter abgeschwächt wird und als Folge davon die Investitionstätigkeit weiterhin absinkt. Eine anfängliche Schwäche des Nachfragewachstums kann dann zu einer allgemeinen Rezession führen. Hier wird dagegen gezeigt, wie stark die Investitionsgüternachfrage anwachsen muß, damit eine *stetig steigende Gesamtnachfrage* gewährleistet ist, die die alten und die neu geschaffenen Kapazitäten genau ausschöpft und somit eine Rezession verhindert.

Die abgeleitete Gleichgewichtswachstumsrate s/k gilt nun nicht allein für die Investitionen. Da gleichzeitig die Keynes'sche Gleichgewichtsbedingung $I_{gepl} = S_{gepl}$ gelten soll, muß auch die Ersparnis mit der gleichen Rate wachsen; und wenn die Ersparnis langfristig einen bestimmten konstanten Anteil des Volkseinkommens ausmacht (vgl. Gleichung 10.2), so muß auch das Volkseinkommen mit der gleichen Wachstumsrate wachsen. Es ist somit festzustellen, daß Investitionen, Ersparnis und Volkseinkommen bzw. Sozialprodukt mit der Rate s/k wachsen müssen ($W_J = W_S = W_Y = s/k$), damit ungleichgewichtige Entwicklungen mit Unterbeschäftigungs- bzw. Inflationsproblemen (s. unten) vermieden werden.

Es ist das Verdienst der beiden englischen Nationalökonomen *Domar* und *Harrod*, Ende der 40er Jahre unabhängig voneinander diese grundlegenden Zusammenhänge der Wachstumstheorie entdeckt zu haben. Die betrachteten Beziehungen sollen ergänzend auch grafisch dargestellt werden. Übersicht 10.4 zeigt das bekannte Keynes'sche Gleichgewichtsproblem anhand der I/S-Darstellung (vgl. Übersicht 8.13). Einer gegebenen Ausgangshöhe der Investitionen I_1 ist durch den Schnittpunkt mit der Sparfunktion ein bestimmtes Gleichgewichtseinkommen Y_1 zugeordnet, das auch gleichzeitig die volkswirtschaftliche Produktionskapazität ausschöpfen möge. Die Investitionen erhöhen das Produktionspotential der nächsten Periode. Bei gegebenem marginalen Kapitalkoeffizienten $\Delta C/\Delta Y = I/\Delta Y = \operatorname{tg} \alpha$ kann in Periode 2 das Volkseinkommen Y_2 erstellt werden. Damit dieses auch tatsächlich erreicht wird, müssen die Investitionen von I_1 auf I_2 steigen, denn nur dann hat die gesamtwirtschaftliche Nachfrage die für die Ausschöpfung des Produktionspotentials erforderliche Höhe, so daß gelten kann GA = GN. In der nächsten Periode ist dann wegen der nun höheren Investitionen das Volkseinkommen Y_2 realisierbar, und die Investitionen müssen nun von I_2 auf I_3 ansteigen, um es auszuschöpfen, usw. Es ist erkennbar, daß fortlaufende Steigerungen der Investitionen erforderlich sind, um das Gleichgewicht zwischen Kapazitäts- und Nachfragewachstum aufrecht zu erhalten, und zwar nehmen die Investitionszuwächse *absolut* genommen ständig zu. In der analytischen Ableitung wurde gezeigt, daß jedoch die *relativen* Änderungen, die Wachstums*raten*, bei gegebenen Parametern s und k konstant sind – was aus der grafischen Darstellung nicht unmittelbar ersichtlich ist. Aus Übersicht 10.4 ist aber deutlich zu erkennen, daß Ersparnis und Volkseinkommen proportional, d. h. mit gleichen Raten wachsen (wegen $\operatorname{tg} \alpha = \text{const.}$).

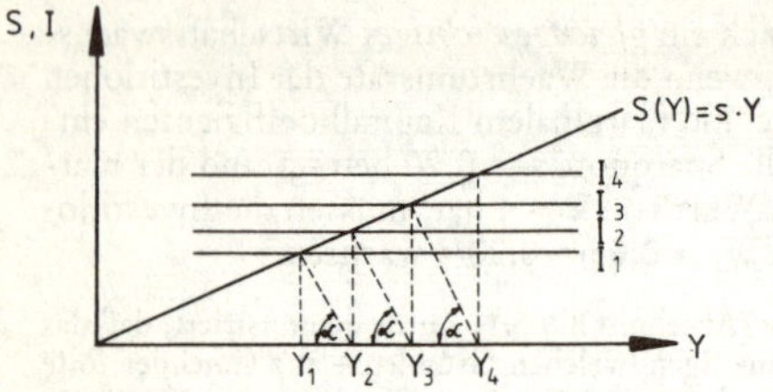

Übersicht 10.4: Wirtschaftliches Wachstum durch Nachfrage- und Kapazitätseffekte der Investitionen

Bislang haben wir allein den Bereich der *Kapitalakkumulation* betrachtet und abgeleitet, unter welchen Bedingungen das durch Investitionen – also einen erhöhten Bestand an Produktionsanlagen – geschaffene Produktionspotential ausgelastet wird. Darüber hinaus ist zu fragen, unter welchen Bedingungen gleichzeitig die volkswirtschaftliche Arbeitskapazität ausgelastet ist, d. h. auch **Vollbeschäftigung auf dem Arbeitsmarkt** herrscht.

Das von der Arbeitszeit her mögliche Produktionspotential hängt von dem Arbeitsangebot und der Arbeitsproduktivität ab. Wenn man die langfristige Wachstumsrate des Arbeitseinsatzes W_A als durch nichtökonomische Faktoren determiniert ansieht (vgl. Abschnitt 10.2.2), wird die mögliche Zuwachsrate des Sozialprodukts W_{NSP} durch eben diese Wachstumsrate und die Wachstumsrate der Arbeitsproduktivität bestimmt. Ohne Steigerung der Arbeitsproduktivität könnte die Wachstumsrate des potentiellen Sozialprodukts die des Arbeitseinsatzes nicht übersteigen; bei Wachstum der Arbeitsproduktivität mit einer Rate $W_{NSP/A}$ beträgt die von der Arbeitsseite her mögliche Wachstumsrate des Sozialprodukts $W_A + W_{NSP/A}$.

Gleichzeitiges Wachstum sowohl im Hinblick auf die Auslastung des Kapitalstocks wie die Vollbeschäftigung der Arbeitskräfte ist somit gegeben, wenn gilt:

$$W_I = s/k = W_A + W_{NSP/A} \text{ oder } s/k - W_{NSP/A} = W_A. \qquad (10.7)$$

Zusätzliche Arbeitsplätze entstehen durch Wachstum (s/k) und werden vernichtet durch Produktivitätswachstum ($- W_{NSP/A}$). Der Ausdruck $s/k - W_{NSP/A}$ läßt sich somit als *Änderungsrate der Arbeitsnachfrage* interpretieren. Der bestehende Beschäftigungsgrad bleibt unverändert, wenn diese Wachstumsrate der Arbeitsnachfrage der des Arbeitsangebotes (W_A) entspricht.

Gleichung (10.7) beschreibt zunächst nur eine *Bedingung* für gleichgewichtiges Wachstum. Es bleibt noch offen, ob ökonomische Mechanismen existieren, die tendenziell auf eine Einhaltung dieser Bedingung hinwirken.

10.3.2 Quellen der Instabilität

Abweichungen von der Gleichgewichtsbedingung (10.7) können sich dadurch ergeben, daß

- die Wachstumsraten von Produktionskapazität und aggregierter Nachfrage auseinanderklaffen, also die Bedingung (10.6) nicht erfüllt ist: $W_I \neq s/k$, oder
- die Wachstumsrate der Arbeitsnachfrage von der Wachstumsrate des Arbeitsangebots abweicht, also: $s/k - W_{NSP/A} \neq W_A$.

Mangelnde Kapazitätsauslastung

Wenn die tatsächliche Wachstumsrate der Investitionen kleiner als die Gleichgewichtswachstumsrate ist ($W_I < s/k$), dann wächst die gesamtwirtschaftliche Nachfrage nicht in ausreichendem Maße, um die Produktionskapazität ausschöpfen zu können.
Die Unternehmer können also nur einen Teil ihrer Produktionskapazität ausnutzen bzw. nicht alle erstellten Güter absetzen. Sie werden unter diesen Bedingungen ihre Produktionsanlagen nur vorsichtig ausbauen und die Investitionstätigkeit einschränken. Eine weitere Senkung der Wachstumsrate der Investitionen wird jedoch noch weiter von der Gleichgewichtswachstumsrate wegführen, wenn nicht auch diese durch eine Verringerung der marginalen Sparquote s oder eine Erhöhung des marginalen Kapitalkoeffizienten k absinkt, was unten zu prüfen sein wird. Es besteht somit die Gefahr eines kumulativen Prozesses nach unten, der in die wirtschaftliche Depression hineinführt.

In Anknüpfung an unsere Kenntnisse über Multiplikatorprozesse und Akzeleratorprinzip läßt sich auch sagen, daß ein Absinken des wirtschaftlichen Wachstums unter die Gleichgewichtsrate s/k eine Folge von sich gegenseitig verstärkenden Multiplikator- und Akzeleratoreffekten auslöst.

Wenn die tatsächliche Wachstumsrate der Investitionen über die Gleichgewichtswachstumsrate hinausgeht ($W_I > s/k$), ergibt sich umgekehrt ein expansiver Prozeß mit einer Tendenz zu einem sich selbst verstärkenden Nachfrageüberhang und der Gefahr zunehmender Inflationsraten.
Nach diesen Vorstellungen kann sich das Gleichgewichtswachstum nur auf einem schmalen Pfad bewegen, der durch die Bedingung $W_I = s/k$ beschrieben wird. Wenn sich das tatsächliche Wachstum von diesem Pfad entfernt, ergeben sich kumulative Prozesse „nach oben" bzw. „nach unten", die nicht wieder von sich aus zu dem Gleichgewichtswachstumspfad zurückführen. Der englische Nationalökonom *Harrod*, der sich insbesondere mit diesen Instabilitätsproblemen beschäftigt hat, spricht daher von einem **„Wachstum auf des Messers Schneide"**.
In welchem Maße diese Instabilitäten – als Ausdruck mangelnder Selbstregulierungskräfte wirtschaftlicher Systeme – in realen Volkswirtschaften vorliegen, hängt davon ab, ob sich bei Abweichungen vom Gleichgewichtswachstumspfad auch die Parameter s und k, die diesen Pfad bestimmen, verändern und auf eine Annäherung der auseinanderlaufenden Angebots- und Nachfrageentwicklungen hintendieren. Das wird unten näher zu prüfen sein. Eine Grundtendenz läßt sich jedoch schon vorweg feststellen: Wenn die Art der Technologie nur begrenzte Substitutionen zwischen den Produktionsfaktoren zuläßt, so daß der marginale Kapitalkoeffizient k in

engen Grenzen *technisch* determiniert ist (also linear-limitationale Produktionsfunktionen vorliegen, vgl. Übersicht 3.46) und wenn auch die Sparquote s wenig variiert, dann werden auch die Instabilitäten gemäß der obigen Argumentation sehr groß sein. Dieses sind Ursachen der Instabilität, wie sie *Harrod* vornehmlich im Auge hat.

Langfristige Arbeitslosigkeit

Auch wenn die Bedingung $W_I = s/k$ erfüllt ist und gleichgewichtiges Wachstum von Güterangebot und Güternachfrage mit Vollauslastung des Kapitalstocks herrscht, ist damit noch keineswegs sichergestellt, daß die durch das Sozialproduktwachstum und die Entwicklung der Arbeitsproduktivität bestimmte Wachstumsrate der Arbeitsnachfrage mit der des Arbeitsangebots übereinstimmt. Die Gleichgewichtsbedingung (10.7) $s/k - W_{NSP/A} = W_A$ zeigt, daß dieses nur für ganz bestimmte Konstellationen der Fall ist. Wenn man davon ausgeht, daß die Sparquote s und auch die Wachstumsrate der Arbeitskräfte W_A konstant sind, hängt es allein von den Änderungen der Faktorproduktivitäten ab (die in k und $W_{NSP/A}$ zum Ausdruck kommen), ob die Bedingung (10.7) erfüllt werden kann. Werden k und $W_{NSP/A}$ weitgehend exogen durch die Art der Technologie und des technischen Fortschritts determiniert[1], dann ist Bedingung (10.7) höchstens zufällig erfüllt. Bei Überwiegen arbeitssparender technischer Fortschritte (also relativ großer Rate $W_{NSP/A}$), würde sich eine dauerhafte Arbeitslosigkeit ergeben, während andernfalls das Wachstum des Arbeitsangebots nicht ausreichen würde, um eine Wachstumsrate s/k zu ermöglichen, so daß Störungen des Gleichgewichtswachstums die Folge wären.

Viele der wirtschaftspolitischen Diskussionen über die Probleme der Arbeitslosigkeit im Zuge technischen Fortschritts und wirtschaftlichen Wachstums basieren auf einer derartigen im wesentlichen **technologisch basierten Argumentation,** bei der die durch Wachstum „geschaffenen“ (s/k) und durch technischen Fortschritt „vernichteten“ Arbeitsplätze ($-W_{NSP/A}$) gegeneinander aufgerechnet werden. Bei einer solchen vereinfachten Argumentation ist jedoch implizit unterstellt, daß durch die Art der Technologie und des technischen Fortschritts die Veränderung der Arbeitsproduktivität technisch eindeutig determiniert ist, so daß für ökonomische Mechanismen, die Faktorsubstitutionen oder die Art des technischen Fortschritts beeinflussen können, kein Spielraum verbleibt. Die empirische Analyse der technologischen Bedingungen (Produktionsfunktionsanalyse) hat jedoch gezeigt, daß auch in hochentwickelten Volkswirtschaften allenfalls in Teilbereichen der Produktion (Fließbandverfahren, automatisierte Produktionsprozesse) die Arbeitseinsatzmengen durch die technischen Verfahren starr festgelegt sind und der technische Fortschritt eine genau determinierte Anzahl von Arbeitskräften freisetzt. In vielen Produktionsbereichen kann man je nach den Kostenverhältnissen zwi-

[1] Wenn also linear-limitationale Produktionsverfahren vorliegen und veränderte Lohn-Zins-Relationen die Faktoreinsatzproportionen nicht verändern können.

schen verschiedenen Produktionsverfahren wählen, und für die Volkswirtschaft insgesamt besteht darüber hinaus die Möglichkeit, durch die Wahl der Konsumstruktur zwischen arbeitsextensiven und arbeitsintensiven Gütern zu substituieren und damit den Arbeitsbedarf zu beeinflussen. Es ist daher davon auszugehen, daß innerhalb einer Volkswirtschaft durchaus gewisse Möglichkeiten der Arbeit-Kapital-Substitution bestehen, wie sie der neoklassischen Argumentation zugrunde liegen.

10.3.3 Autonome Steuerungsmechanismen

Die Ausführungen des vorigen Abschnitts haben deutlich gemacht, daß störungsfreies Wirtschaftswachstum auf verschiedene Weise gefährdet sein kann:

- Durch ein Auseinanderklaffen der Wachstumsraten von Kapitalstock und aggregierter Nachfrage ($W_I \neq s/k$) können kumulative Kontraktions- bzw. Expansionsprozesse ausgelöst werden, die immer weiter von der Gleichgewichtslage wegführen.
- Die längerfristigen Tendenzen des Arbeitskräfteangebots und der Arbeitskräftenachfrage ($W_A \neq s/k - W_{NSP/A}$) können voneinander abweichen und zu Ungleichgewichtslagen auf dem Arbeitsmarkt führen.

Es ist nun zu fragen, ob in marktwirtschaftlichen Systemen Mechanismen am Werk sind, die diesen auseinanderstrebenden Kräften entgegenwirken, und falls sie das tendenziell tun, ob sie genügend Gewicht haben, um langandauernde Ungleichgewichtslagen zu vermeiden. Wir wollen diese Fragen nacheinander für die beiden unterschiedenen Bereiche möglicher Instabilität prüfen.

Steuerung der Auslastung des Kapitalstocks

Wenn die Gleichgewichtsbedingung $W_I = s/k$ verletzt ist, könnte eine Rückkehr zum Gleichgewichtswachstum grundsätzlich dadurch erfolgen, daß sich entweder die Variable W_I anpaßt oder daß sich die Parameter s oder k verändern. Oben wurden die instabilen Prozesse damit begründet, daß sich die Investitionsneigung im Falle unausgelasteter Kapazitäten fortlaufend verschlechtert und im Falle eines Nachfrageüberhangs fortlaufend verbessert, so daß sich (bei unverändertem s und k) die Wachstumsrate der Investitionen W_I immer weiter von der Gleichgewichtswachstumsrate s/k entfernt. Nun ist jedoch zu berücksichtigen, daß ein Teil der Investitionen unabhängig von der kurzfristigen Nachfrageentwicklung vorgenommen wird, d. h. *autonom* ist (vgl. Abschnitt 8.2.1.1) und sich die *staatlichen Instanzen* teilweise antizyklisch verhalten. Durch diese autonomen Komponenten der Investitionsgüternachfrage werden daher die Veränderungen der Wachstumsrate W_I abgeschwächt, so daß die kumulativen Prozesse „nach unten" bzw. „nach oben" auslaufen können. Sich abschwächende Beschleunigungsraten können dann Wendepunkte der Entwicklungen herbeiführen, wie im Zusammenhang mit dem Akzeleratorprinzip (Abschnitt 8.6.5.1) erläutert wurde. Man kann sich so zyklische gesamtwirtschaftliche Schwankungen vorstellen, die sich innerhalb der im Zeitablauf trendmäßig

ansteigenden Produktionskapazität vollziehen. In ähnlicher Weise wie die autonomen Investitionen können auch Veränderungen der *Auslandsnachfrage* (Güterexporte und -importe) auf eine Stabilisierung der aggregierten Nachfrage hinwirken.
Weitere Wirkungen können von *flexiblen Güterpreisen, Lohnsätzen und Zinsen* ausgehen. Die hiermit verbundenen Probleme wurden ausführlich im Zusammenhang mit dem Keynes-Modell diskutiert (Wirkungen sinkender Löhne und Zinsen: Abschnitte 8.2.2.1 und 8.2.3.5). Auf *Anpassungsverzögerungen*, die die „Talfahrt" abbremsen können, sei ebenfalls hingewiesen.

Auch Veränderungen der *Sparquote* s und des *marginalen Kapitalkoeffizienten* k können auf eine Anpassung der Wachstumsrate s/k an eine veränderte Wachstumsrate der Investitionen hinwirken. Im Falle einer Depression ($W_I < s/k$) wäre eine Abnahme des Quotienten s/k, d. h. eine Abnahme der Sparquote und/oder eine Zunahme des marginalen Kapitalkoeffizienten erforderlich. Tendenzen in beiden Richtungen sind zu erwarten: In Phasen der Rezession erfolgt im allgemeinen eine relative Umverteilung zugunsten der Arbeitseinkommen auf Kosten der Gewinn- und Kapitaleinkommen, wodurch sich tendenziell die Konsumquote erhöht (Sparquote vermindert). Weiterhin dürfte mit einer Erhöhung des Anteils der Rationalisierungsinvestitionen anstelle von Erweiterungsinvestitionen zu rechnen sein, wodurch der marginale Kapitalkoeffizient steigen könnte.[1]
Dagegen werden sich in Boomperioden ($W_I > s/k$) die Sparquote und der marginale Kaptialkoeffizient in der umgekehrten Richtung verändern. Es sind somit *tendenziell* Veränderungen dieser beiden Größen in die „richtige Richtung" zu erwarten, allerdings dürfte die größenordnungsmäßige Bedeutung dieser beiden potentiellen Stabilisierungsmechanismen angesichts der in entwickelten Industrieländern bestehenden Tariflohn- und Sozialversicherungssysteme (wenig veränderte Lohnquote) und technologischen Bedingungen nur begrenzt sein.

Steuerung des Beschäftigungsgrades der Arbeit

Wenn die Gleichgewichtsbedingung (10.7) $W_A = s/k - W_{NSP/A}$ verletzt ist, könnte eine Rückkehr zum Gleichgewichtswachstum grundsätzlich dadurch zustandekommen, daß sich die Wachstumsrate des Arbeitseinsatzes (W_A), die Sparquote (s) oder die Proportionen des Faktoreinsatzes und die Art des technischen Fortschritts (k und $W_{NSP/A}$) verändern.

(1) Wenn das **Bevölkerungswachstum** im wesentlichen durch das Wachstum des Volkseinkommens bestimmt würde, wäre W_A eine *abhängige* ökonomische Variable. Auf sehr lange Sicht könnte dann eine Korrektur von ungleichgewichtigen Entwicklungen durch Anpassung des Bevölkerungs-

[1] Rationalisierungsinvestitionen sind vornehmlich auf die Einsparung von Arbeitskräften gerichtet und damit tendenziell kapitalintensiver als arbeitsplatzschaffende Erweiterungsinvestitionen.

wachstums erfolgen, indem einerseits steigende Pro-Kopf-Einkommen verstärktes Bevölkerungswachstum induzieren und andererseits die zur Existenzsicherung erforderliche Güterversorgung das Bevölkerungswachstum langfristig in Schranken hält.

Dieser Anpassungsmechanismus liegt den Modellvorstellungen der klassischen Nationalökonomen (u. a. *J. St. Mill, D. Ricardo, R. Malthus*) zugrunde, die damit Anfang des 19. Jahrhunderts aus den Bedingungen ihrer Zeit die langfristigen Tendenzen wirtschaftlicher Entwicklung zu erklären versuchten. In den Industrieländern hat die tatsächliche Entwicklung diese Vorstellung widerlegt, insbesondere weil das Ausmaß des technischen Fortschritts wesentlich größer war, als man für möglich gehalten hatte, und weil auch die Hypothese über die Bestimmungsgründe des Bevölkerungswachstums nicht zutraf. Jedoch lassen sich damit einige Grundzüge des Wachstums auch heute noch in einer Reihe von Entwicklungsländern charakterisieren.

In den entwickelten Volkswirtschaften ist das *natürliche* Bevölkerungswachstum jedoch als eine weitgehend durch nichtökonomische Faktoren bestimmte exogene Größe anzusehen, so daß hierdurch auch sehr langfristig kaum Anpassungen erfolgen können. Ein gewisses Maß an Flexibilität des Arbeitsangebots ergibt sich jedoch durch die internationale *Arbeitsmobilität.* In Ländern mit Arbeitskräfteknappheit werden hohe Löhne Arbeitskräfte anziehen, die in anderen Ländern unterbeschäftigt sind, so daß in beiden Ländergruppen tendenziell Anpassungen von W_A in Richtung auf ein Arbeitsmarktgleichgewicht erfolgen. Weiterhin bestehen gewisse Anpassungsmöglichkeiten von W_A durch Veränderungen der *Erwerbsquote,* wobei jedoch mehr an staatliche Steuerungen (z. B. Einführung einer flexiblen Altersgrenze, Schaffung von Möglichkeiten für Teilzeitbeschäftigungen, Verringerung der Arbeitszeit) als an selbstregulierende Mechanismen zu denken ist.

(2) **Veränderungen der Sparquote** s kann man sich auch bei den hier zu betrachtenden langfristigen Anpassungen als Folge von Einkommensumverteilungen vorstellen. In Phasen der Arbeitslosigkeit wird die Lohnquote tendenziell zurückgehen und bei angespanntem Arbeitsmarkt tendenziell ansteigen, wodurch Anpassungen von s in die richtige Richtung ausgelöst werden. Es ist aber auch hier äußerst fraglich, ob davon nennenswerte stabilisierende Wirkungen ausgehen.

(3) Von zentraler Bedeutung ist dagegen die Steuerung des Faktoreinsatzes durch **Veränderungen der Lohn-Zins-Relation** l/i. Bei ausreichenden gesamtwirtschaftlichen Substitutionsmöglichkeiten zwischen arbeits- und kapitalintensiven Produktionsprozessen und bei ausreichender Beweglichkeit der Faktorpreise würde dieser Mechanismus stets für eine Vollbeschäftigung der Produktionsfaktoren sorgen: Wenn das Arbeitsangebot die Arbeitsnachfrage übersteigt ($W_A > s/k - W_{NSP/A}$), wird die Relation l/i sinken oder im Zeitablauf weniger stark ansteigen und solange auf die Anwendung bzw. Einführung vergleichsweise arbeitsintensiver Produktionsverfahren hinwirken (vgl. Abschnitt 3.2.3.1), bis alle Arbeitskräfte beschäftigt sind. Die Substitutionen kapitalintensiver durch arbeitsintensi-

vere Verfahren bedeutet, daß die marginale Kapitalproduktivität ansteigt (k absinkt) und die Wachstumsrate der Arbeitsproduktivität $W_{NSP/A}$ abnimmt, so daß durch ein größeres Wachstum des Arbeitskräftebedarfs $s/k - W_{NSP/A}$ die Gleichgewichtsbedingung (10.7) erfüllt wird. Umgekehrt wird ein zu knappes Arbeitsangebot ($W_A < s/k - W_{NSP/A}$) die Lohn-Zins-Relation ansteigen lassen und auf eine verstärkte Anwendung kapitalintensiver Verfahren hinwirken, bis ein Ausgleich von Arbeitsangebot und Arbeitsnachfrage erreicht ist. Ein funktionierender Lohn-Zins-Mechanismus würde somit stets Vollbeschäftigung der Arbeitskräfte und gleichzeitig auch Vollauslastung des Kapitalstocks durch eine Veränderung der Kapitalintensität (und damit der Kapital- und Arbeitsproduktivität) sicherstellen. Dieses sind die Modellvorstellungen, die der **neoklassischen Wachstumstheorie** zugrunde liegen.

Verschiedene Faktoren können die Funktionsfähigkeit des geschilderten Mechanismus beeinträchtigen: Im Rahmen des *bestehenden* Produktionsapparates gibt es häufig nur begrenzte Substitutionsmöglichkeiten zwischen Kapital- und Arbeitseinsatz (d. h. es bestehen **ex-post linear-limitationale Produktionsfunktionen,** vgl. Übersicht 3.46); auch bei neuen Produktionsverfahren gibt es in vielen Fällen nur begrenzte Auswahlmöglichkeiten zwischen technologisch effizienten Verfahren; weiterhin kann man durch veränderte Kapitalintensitäten bei Neuinvestitionen nur allmählich die *durchschnittliche* Kapitalintensität verändern; zudem ist es die Frage, ob veränderte Lohn-Zins-Relationen von den Unternehmern als Signale für eine tendenzielle Veränderung der Kapitalintensität (Veränderung des Verhältnisses von Erweiterungs- zu Rationalisierungsinvestitionen) angesehen werden oder zunächst für einige Zeit als konjunkturell bedingte Schwankungen interpretiert werden. Aus allen diesen Gründen sind in vielen Ländern – auch über längere Zeiträume hinweg – divergierende Entwicklungen mit Phasen der Arbeitsknappheit und Arbeitslosigkeit zu beobachten, auch wenn auf lange Sicht die Faktoreinsatzentwicklung durch die Veränderungen der Lohn-Zins-Relation gesteuert werden.

10.3.4 Instabiles Wachstum und Konjunkturtheorie

Insgesamt läßt sich feststellen, daß die durch $W_I \neq s/k$ beschriebene Ungleichgewichtssituation auf dem gesamtwirtschaftlichen Gütermarkt einen geeigneten Ausgangspunkt zur Erklärung von Konjunkturschwankungen bietet. Anders als im stationären Keynes'schen Gütermarktmodell, das aus sich heraus immer wieder zu einem Gleichgewicht (wenn auch u. U. bei Unterbeschäftigung) hintendiert, werden hier die Gefahren der Instabilität erheblich stärker betont; denn einmal erscheint stabiles Wachstum eher als Ausnahme denn als Regelfall, und außerdem besteht die Gefahr eines sich selbst verstärkenden Prozesses. Geht man einmal von dieser Grundvorstellung aus, dann werden die zu beobachtenden „lawinenartig" nach oben oder unten ablaufenden Wirtschaftsprozesse verständlich. Daß sich diese Prozesse abschwächen und auslaufen, kann mit *stabilisierend wirkenden Kräften* (autonome Komponenten der Investitions-, Konsum- und Auslandsnachfrage, Anpassungsverzögerungen) sowie – nicht unabhängig davon – mit sich entwickelnden *Gegenkräften* (z. B. Veränderung der Erwartungen, der Güterpreise, Löhne, Zinsen und Gewinne und daraus resultierende Veränderungen der Gesamtnachfrage) erklärt werden. Eine Umkehr (Wendepunkt) stellt sich ein, wenn die Gegenkräfte stärker geworden sind als die aus dem anfänglichen Ungleichgewicht heraus entstandenen Instabilitätswirkungen.

Oberer Wendepunkt

Eine mögliche Erklärung des oberen Wendepunktes des Konjunkturzyklus besteht darin, daß **exogene Störungen** (z. B. Abschwächung der Exportnachfrage, nachlassende Automobilnachfrage aufgrund des Ölschocks) das ohnehin „sensible" Wachstumsgleichgewicht zerstören und den sich dann selbst beschleunigenden Abschwung einleiten. Eine alternative Erklärung folgt aus der Vorstellung **permanenter Ungleichgewichte,** nach der ein Wachstumsgleichgewicht häufig gar nicht erreicht wird und im Aufschwung bereits der Keim für die Depression gelegt wird. Hierauf sei kurz eingegangen.

Grundsätzlich ist denkbar, daß die kumulative Entwicklung des Aufschwungs in eine stetige Entwicklung auf dem längerfristigen Wachstumspfad übergeht. Häufig wird jedoch argumentiert, daß ein Verbleiben auf dem längerfristigen Wachstumspfad wenig wahrscheinlich sei, weil sich mit Annäherung an den Gleichgewichtspfad die Investitionstätigkeit abschwäche und dadurch bereits der Abschwung eingeleitet werde. Man begründet dies damit, daß *vor* Erreichen der Kapazitätsgrenze (d. h. vor Erreichen des langfristigen Wachstumspfades) das Wachstum über s/k hinausgehen werde, weil freie Kapazitäten eine stärkere Expansion erlauben. Wenn nun die Kapazitätsgrenze erreicht sei, dann müsse sich die Wachstumsrate des Sozialprodukts notwendigerweise abschwächen und auf die Rate s/k (die Rate des längerfristigen Wachstumspfades) zurückgehen. Dies allein ist nun sicherlich kein Grund, den Beginn eines Konjunkturabschwungs zu befürchten; denn ein längerfristiges Wachstum mit der Rate s/k ist ja gerade das, was angestrebt wird. Einige Theoretiker meinen aber, daß die zurückgehenden Wachstumsraten des Sozialprodukts einen **Investitionsschock** auslösen könnten. Dies wird auf die Wirksamkeit des Akzelerationsprinzips (insbesondere schneller Rückgang der Lagerinvestitionen), verschlechterte Gewinnerwartungen sowie ganz allgemein auf eine pessimistischere Einschätzung der Wirtschaftslage durch die Unternehmer zurückgeführt, die sich aufgrund sinkender Wachstumsraten breitmachen könne.

Die soeben angesprochenen Zusammenhänge können zur Erklärung des oberen Wendepunktes des Konjunkturverlaufs beitragen, sind wohl aber nicht so zwingend, daß man Krisen als unvermeidbar ansehen müßte. Als weiterer Bestimmungsfaktor für strukturelle Fehlentwicklungen und einen dadurch bedingten unvermeidlichen konjunkturellen Einbruch wird die These von den sich entwickelnden **Disproportionalitäten** zwischen Investitions- und Konsumgüterindustrien im Aufschwung vertreten. Hiernach führt der aufgrund der günstigen Gewinnsituation im Aufschwung entstehende Investitionsboom zu einer unverhältnismäßig starken Ausdehnung der Investitionsgüterindustrien, die auch durch die starke Nachfrage der privaten Haushalte nach Bauleistungen gestützt wird (u. a. Immobilien anstelle von Wertpapieren als Vermögensanlage). Probleme treten auf, wenn sich herausstellt, daß die Kapazitäten der Konsumgüterindustrien nicht ausreichen, um die Konsumgüternachfrage zu befriedigen, die infolge der in der späteren Aufschwungphase regelmäßig ansteigenden Löhne kräftig zunimmt. Schränken nun auch die Unternehmer bei erreichter Vollbeschäftigung ihre Investitionsnachfrage zunächst nicht ein, dann übertrifft die geplante Investitionsnachfrage die geplante Ersparnis, so daß ein gesamtwirtschaftlicher Nachfrageüberschuß entsteht, der sich vor allem in Lieferengpässen der Konsumgüterindustrien bemerkbar macht. Der Abschwung wird dann unvermeidlich. Denn versucht die Zentralbank, durch restriktive Geldpolitik den gesamtwirtschaftlichen Nachfrageüberhang abzubauen, so sinkt auch die Investitionsnachfrage; es entstehen unausgelastete Kapazitäten in den Investitionsgüterindustrien und der Abschwung beginnt[1]. Umgekehrt kann eine expansive Geldpolitik die Strukturprobleme auch nicht lösen. Hierdurch würde vielmehr ein Inflationsprozeß in Gang gesetzt, der zunächst insbesondere den ausgelasteten Konsumgütersektor träfe, der aber aufgrund von Nominallohnerhöhungen und damit verbundenen Kostensteigerungen auch auf die Investitionsgüterindustrien übergreifen würde. Durch einen permanenten Überschuß der geplanten Investition über die geplante Ersparnis bestünde die Gefahr einer galoppierenden Inflation, wodurch die Zentralbank dann nach einer gewissen Zeit zu einer restriktiven Geldpolitik gezwungen würde, die dann (wie oben beschrieben) den Abschwung auslösen würde.

Zusammenfassend ergeben sich somit zwei Argumente zur Erklärung des oberen Wendepunktes: Einmal können exogene Störungen die Wirtschaft zu einem Verlassen des Gleichgewichtspfades zwingen; daneben besteht die Möglichkeit, daß die Wirtschaft niemals ein gleichgewichtiges Wachstum erreicht. Beim zuletzt genannten Typ hatten wir wiederum zwei Unterfälle unterschieden: (a) die Unternehmer neigen bei einer Annäherung an den Gleichgewichtspfad zu Überreaktionen, (b) strukturelle Disproportionen zerstören bereits im Aufschwung die Möglichkeit eines späteren gleichgewichtigen Wachstums. Ein dritter Unterfall (c) sei kurz erwähnt: Gegenkräfte eines Aufschwunges können bereits so frühzeitig an Kraft gewinnen, daß die Rezession weit vor dem Zustand ausgelasteter Kapazitäten beginnt.

Unterer Wendepunkt

Als Gegenkräfte, die eine wirtschaftliche Depression stoppen und die wirtschaftliche Entwicklung zur Umkehr bewegen können, werden häufig

[1] Bei abgeschwächter Inflation und steigenden Nominalzinsen steigen dann auch die Realzinsen, was insbesondere die Bauwirtschaft trifft.

Bestimmungsfaktoren der Investitionstätigkeit sowie der Auslandsnachfrage in den Vordergrund gerückt. Die Investitionstätigkeit wird sich insbesondere dann beleben, wenn in der Vergangenheit aufgebaute Anlagen verstärkt ersetzt werden müssen (**Reinvestitionswellen**) und/oder wenn in der Depression aufgelaufene **technische Neuerungen** die Unternehmer zu Neuinvestitionen anreizen (Verbesserung der Gewinnaussichten durch kostengünstigere Produktion) bzw. auch zwingen (um gegenüber Konkurrenten nicht zurückzufallen). Darüber hinaus kann die Auslandsnachfrage – bei gegebenen Wechselkursen – durch eine **günstige Preisentwicklung im Inland** sowie eine niedrige inländische Kapazitätsauslastung angeregt werden; ungenutzte Kapazitäten verbessern die Wettbewerbsposition inländischer Unternehmer, da sie eine zügige Auftragsübernahme und Lieferung ermöglichen.
Wenn man sich die genannten verschiedenen möglichen Ursachen für konjunkturelle Ungleichgewichtslagen vor Augen führt, wird deutlich, daß eine zutreffende Erklärung historischer Zyklen und der konjunkturellen Ausgangslage (richtige Diagnose) für eine erfolgreiche Konjunkturpolitik (Therapie) von entscheidender Bedeutung ist.

10.3.5 Ansatzpunkte langfristiger Stabilisierungspolitik

Die Ansatzpunkte einer Wirtschaftspolitik zur Vermeidung von Instabilitäten des ersten Typs ($W_I \neq s/k$) entsprechen den in Kapitel 8 aufgezeigten Linien, nur sind die Überlegungen auf die Bedingungen einer wachsenden Volkswirtschaft zu übertragen. Das bedeutet einmal, daß das Wachstum der aggregierten Nachfrage so zu steuern ist, daß es dem tendenziellen Wachstum der Produktionskapazität entspricht. Alles, was im 8. Kapitel über Möglichkeiten und Schwierigkeiten der Stabilitätspolitik gesagt wurde, trifft auch hier zu: Wer stärker auf die Finanzpolitik vertraut, wird eher das Konzept einer **kompensatorischen (antizyklischen) Finanzpolitik** unterstützen, wer einen engen Zusammenhang zwischen Geldmenge und Gesamtnachfrage sieht, wird eine Politik befürworten, die das Wachstum der Geldmenge an dem wahrscheinlichen Wachstum des Produktionspotentials ausrichtet (**potentialorientierte Geldpolitik**; vgl. Abschnitt 8.4.4). Desgleichen sind die Bezugspunkte einer stabilitätsgerechten Lohnpolitik neu zu fassen. Im wirtschaftlichen Wachstum steigt – wie wir gesehen haben – die Arbeitsproduktivität fortlaufend an, und im Rahmen dieser Produktivitätssteigerungen können die Lohnsätze ansteigen, ohne von der Kostenseite inflationäre Entwicklungen auszulösen. Man spricht in diesem Zusammenhang von einer **produktivitätsorientierten Lohnpolitik,** nach der die Lohnsätze einer Volkswirtschaft im Durchschnitt ebenso stark ansteigen sollten wie die durchschnittliche Arbeitsproduktivität NSP/A (vgl. Abschnitt 8.63).

Hinter den volkswirtschaftlichen Durchschnittsgrößen sind unterschiedliche *Branchenentwicklungen* zu sehen. Steigen die Lohnsätze in allen Branchen der Volkswirtschaft einheitlich an, dann werden die Lohnkosten pro Stück ($l \cdot A/x$) in solchen Branchen ansteigen, in denen die Arbeitsproduktivität unterdurchschnittlich stark ansteigt, und sie werden in den Branchen sinken, wo ein überdurchschnittlich starkes Produktivitätswachstum zu beobachten ist. Das ist unmittelbar ersichtlich, wenn man die durchschnittlichen Lohnkosten als Quotient aus Lohnsatz (l) und Durchschnittsproduktivität der Arbeit (X/A) schreibt:

$$\frac{l \cdot A}{x} = \frac{l}{x/A}. \tag{10.8}$$

Bleiben nun die Kapitalkosten pro Stück unverändert und richten die Unternehmer ihre Preise (langfristig) an den durchschnittlichen Stückkosten aus, dann werden die Produktpreise in Branchen mit hohem Produktivitätswachstum fallen und in Branchen mit unterdurchschnittlichem Produktionswachstum (z. B. in den meisten Dienstleistungsbereichen) ansteigen, so daß das durchschnittliche Preisniveau der Volkswirtschaft annähernd unverändert bleiben kann. Dieses setzt voraus, daß überdurchschnittliche Produktivitätssteigerungen auch tatsächlich in Preissenkungen weitergegeben werden.

Durch unsere Überlegungen zum Zusammenhang zwischen instabilem Wachstum und Konjunkturtheorie wird die Forderung nach einer weniger abrupten und stärker kontinuierlich angelegten Wirtschaftspolitik (vgl. Abschnitte 8.6.5.4 und 8.6.6) gestützt. Beispielsweise könnte eine **rasch reagierende Lohnpolitik** einen übermäßigen Anstieg der Gewinn- und Kapitaleinkommen im Aufschwung vermeiden und so zu einer Verhinderung der oben beschriebenen Disproportionalitäten beitragen. Unterschiedlichste wirtschaftspolitische Maßnahmen sind in Betracht zu ziehen, um langfristige *Arbeitslosigkeit* oder *Engpässe des Arbeitsangebots* ($W_A \neq s/k - W_{NSP/A}$) zu vermeiden oder abzubauen. Grundlegend sind Maßnahmen zur Verbesserung der **Funktionsfähigkeit der Faktormärkte**, um die Markttransparenz und Faktormobilität zu erhöhen. In Ergänzung dazu können zusätzliche Anreize (Prämien, Subventionen) oder Belastungen (Steuern, Abgaben) eingeführt werden, um die oben geschilderten autonomen Anpassungsmechanismen in ihrer Wirksamkeit zu unterstützen. Von Bedeutung sind in diesem Zusammenhang neben den bereits in Abschnitt 10.2.3 genannten allgemeinen Maßnahmen der Spar- und **Investitionsförderung** gezielte Programme zur Förderung bestimmter Arten von Investitionen (Erweiterungs- bzw. Rationalisierungsinvestitionen), zur Erforschung und Entwicklung neuer Technologien und zur Beeinflussung des Arbeitsmarktes (Förderung von Ausbildung, Umschulung, Zu- oder Abwanderung).

10.4 Sektoraler Strukturwandel im wirtschaftlichen Wachstum

Im Verlauf wirtschaftlichen Wachstums können nicht nur Disproportionalitäten zwischen gesamtwirtschaftlicher Nachfrage und Produktionskapazität sowie zwischen gesamtwirtschaftlichem Arbeitsbedarf und -angebot auftreten. Viele der zu beobachtenden Strukturprobleme beziehen sich auf die Anpassungsschwierigkeiten einzelner Wirtschaftssektoren, wie der Landwirtschaft, des Bergbaus oder der Textilindustrie.

Um Fragen dieser Art zu untersuchen, ist es erforderlich, von der Vorstellung eines nach Wirtschaftssektoren gegliederten Wachstumsmodells auszugehen. Es ist dann zu fragen, welche Kräfte den sektoralen Strukturwandel verursachen, durch welche Mechanismen er gesteuert wird, welche Probleme dabei auftreten können und welche Möglichkeiten wirtschaftspolitischer Einflußnahme bestehen. Bei diesen Überlegungen kann auf die in Abschnitt 3.4.5 abgeleiteten Erkenntnisse über die Steuerungsfunktion von Produkt- und Faktorpreisen zurückgegriffen werden. *Sektoraler Strukturwandel läßt sich als ein* **dynamisches Allokationsproblem** *verstehen.*

10.4.1 Ursachen des sektoralen Strukturwandels

Eine der treibenden Kräfte des sektoralen Strukturwandels sind (a) die veränderten Bedürfnisse der Haushalte bei steigendem Einkommen. So *nimmt beispielsweise der Anteil der Nahrungsmittelausgaben an den gesamten Konsumausgaben mit steigendem Pro-Kopf-Einkommen und zunehmender Bedarfssättigung allmählich ab,* wie zahlreiche Untersuchungen für viele Länder und Zeitperioden gezeigt haben. Nach ihrem Entdecker *Engel* (1821–1896) bezeichnet man diese Aussage als **Engel'sches Gesetz**. Dagegen werden andere Güterkategorien – insbesondere Luxusgüter – verstärkt nachgefragt. Aus diesem unterschiedlichen Nachfrageverhalten folgt, daß von der Nachfrageseite stets Kräfte auf eine Änderung der Konsumstruktur und damit der Anteile der Wirtschaftssektoren hinwirken.

Von der Angebotsseite aus drängen vor allem (b) **ungleichmäßige Raten technischen Fortschritts**, die die sektorale Produktion in unterschiedlichem Maße erhöhen, auf eine Änderung der sektoralen Wirtschaftsstruktur hin. Die Geschichte der technologischen Entwicklungen zeigt, daß sich der Stand des technischen Wissens nicht gleichmäßig in den verschiedenen Bereichen erhöht, sondern daß charakteristische Unterschiede der Raten technischen Fortschritts zwischen den Sektoren bestehen. So sind etwa die durchschnittlichen Fortschrittsraten in der Landwirtschaft und der Industrie wesentlich größer als im Dienstleistungsbereich.

Weiterhin wirkt die für den wirtschaftlichen Wachstumsprozeß charakteristische (c) ständige Erweiterung der **Lohn-Zins-Relation** auf sektorale Strukturverschiebungen hin, da in den Sektoren unterschiedliche Möglichkeiten für eine Substitution von Arbeit durch Kapital (unterschiedliche Verläufe der Isoquanten) bestehen. Aus den Überlegungen zur Minimalkostenkombination (vgl. Abschnitt 3.2.3.1) folgt unmittelbar, daß sich in den Sektoren unterschiedliche Kapitalintensitäten herausbilden und sich diese auch in unterschiedlicher Weise im Zeitablauf verändern. Das bedeutet bei fortlaufender Erhöhung der Lohn-Zins-Relation gleichzeitig auch eine überdurchschnittliche Zunahme der Produktionskosten und Produktpreise in den arbeitsintensiven Sektoren (wenn nicht überdurchschnittliche technische Fortschritte in diesen Sektoren dem entgegenwirken), wodurch im Zusammenspiel mit der Nachfrageseite weitere sektorale Strukturverschiebungen ausgelöst werden können, wenn die mengenmäßige Nachfrage nach diesen Gütern preisabhängig ist.

Die beschriebenen Kräfte wirken gleichzeitig auf eine Veränderung der sektoralen Produktions- und Faktoreinsatzstruktur im Verlauf wirtschaftlichen Wachstums hin. Dabei sind in allen Industrieländern die gleichen Grundzüge der Entwicklung zu beobachten: Der landwirtschaftliche Sektor schrumpft fortlaufend, sowohl was den Produktions- wie den Beschäftigtenanteil anlangt, während in den anfänglichen Wachstumsphasen zunächst die industrielle Produktion und in den späteren Phasen dann das Dienstleistungsgewerbe am stärksten wächst (vgl. Übersicht 10.5).

Übersicht 10.5: Anteile der Sektoren am Nettosozialprodukt und an der Anzahl der Erwerbstätigen im Deutschen Reich bzw. der Bundesrepublik Deutschland

	Anteile am Nettosozialprodukt (in %)			Anteile an der Gesamtzahl der Erwerbstätigen (in %)		
Zeit / Sektoren	Landw.	Prod. Gewerbe	Dienstl.	Landw.	Prod. Gewerbe	Dienstl.
1851–54	45,0	21,2	33,7	55,1	25,0	19,7
1883–86	36,5	32,7	30,7	47,2	30,7	21,9
1911–14	22,7	44,7	32,5	34,9	38,0	27,0
1933–36	19,0	45,4	35,4	30,6	36,8	32,4
1951–54	10,4	55,2	34,2	21,0	42,1	39,9
1967–70	3,8	53,3	42,8	9,9	47,5	42,4
1972	2,8	49,4	47,8	7,6	48,1	44,3
1975	2,5	45,6	51,9	6,9	45,3	47,8
1980	1,7	45,0	53,3	5,9	44,8	49,3
1985	1,4	42,7	55,9	5,3	40,1	54,6
1989	1,3	40,9	57,8	3,7	39,8	56,5

Quellen: Hoffmann, W. G.: Das Wachstum der deutschen Wirtschaft seit der Mitte des 19. Jahrhunderts. Berlin, Heidelberg, New York 1965. Verschiedene Statistische Jahrbücher für die Bundesrepublik Deutschland

10.4.2 Steuerungsmechanismen: Produkt- und Faktormärkte

Im ersten Teil des Lehrbuches haben wir die Probleme der Steuerung von Produktion und Faktoreinsatz (Faktorallokation) durch Marktmechanismen im wesentlichen unter den Bedingungen einer stationären Volkswirtschaft bzw. komparativ-statischer Veränderungen[1] betrachtet. Nun sind die Überlegungen auf eine wachsende Wirtschaft zu übertragen, um damit den sektoralen Strukturwandel im Zeitablauf erklären zu können.

Die beschriebenen Veränderungen der gesamtwirtschaftlichen Rahmenbedingungen (veränderte Bedürfnisstrukturen, technischer Fortschritt, Bevölkerungswachstum) führen zu fortlaufenden Verschiebungen der Nachfrage- und Angebotsfunktionen auf den Produktmärkten (vgl.

[1] *Komparativ-statisch* heißt: man vergleicht zwei Gleichgewichtszustände miteinander, z. B. vor und nach Einführung technischer Fortschritte, ohne zu zeigen, wie man von einem zum anderen Gleichgewichtszustand kommt (dynamische Betrachtungsweise). Ein Beispiel für eine *dynamische Analyse* liefern die Anpassungsprozesse von Abschnitt 3.4.2.

Abschnitt 3.4.1), und zwar je nach den Gegebenheiten der Nachfrage- und Angebotsbedingungen im allgemeinen in unterschiedlichem Maße. Wenn das Nachfragewachstum das Angebotswachstum bei gegebenem Faktorbestand übersteigt, werden die Produktpreise ansteigen und zusätzliche Produktionsfaktoren von dem betreffenden Sektor angezogen: *der Sektor wächst.* Wenn das Nachfragewachstum geringer als das Angebotswachstum bei gegebenen Faktorbeständen ist, werden die Produktpreise tendenziell fallen und Produktionsfaktoren aus dem Sektor abwandern: *der Sektor schrumpft.*

Auch die sektoralen Strukturprobleme sollen nun am *Beispiel des Agrarsektors* näher erläutert werden. Von entscheidender Bedeutung ist die Reduzierung der Zahl der landwirtschaftlichen Beschäftigten, die sich bei begrenzteren Anpassungserfordernissen im wesentlichen im Zuge des Generationswechsels durch die *Berufswahl* der Kinder aus landwirtschaftlichen Familien vollziehen kann und bei größerer Geschwindigkeit des Strukturwandels einen *Berufswechsel* von bereits in der Landwirtschaft Beschäftigten voraussetzt. Arbeitsmobilität des ersten Typs herrscht in den anfänglichen und mittleren Stadien wirtschaftlichen Wachstums vor. So blieb etwa in Deutschland von der Mitte des 19. Jahrhunderts bis zum zweiten Weltkrieg bei relativer Schrumpfung die *absolute* Zahl der landwirtschaftlichen Beschäftigten annähernd konstant. Erst in der Nachkriegszeit erreichte der Strukturwandel infolge wesentlich höherer Raten technischen Fortschritts und sich abschwächenden Nachfragewachstums eine Dynamik, die für große Teile der landwirtschaftlichen Beschäftigten Berufswechsel und Betriebsaufgabe erforderlich machten. So ist die Zahl der landwirtschaftlichen Beschäftigten in der Bundesrepublik von 1950 bis 1987 um 3,2 Millionen oder 80% zurückgegangen; trotz dieses Wandels bestehen auch heute noch erhebliche Anpassungserfordernisse.
Dem *Berufswechsel* in andere Sektoren stehen vielfältige *Hemmnisse* entgegen: Die meisten landwirtschaftlichen Arbeitskräfte haben nur eine spezialisierte Ausbildung, die ihnen bei andersartiger Tätigkeit nur wenig zugute kommt; die Altersstruktur der landwirtschaftlichen Beschäftigten ist – wie in allen schrumpfenden Sektoren – zugunsten der älteren Jahrgänge verschoben, die generell ungünstigere Mobilitätsmöglichkeiten haben; der Anteil der Familienarbeitskräfte an der Gesamtzahl der Arbeitskräfte ist sehr hoch (in der Bundesrepublik mehr als 90%), so daß ein Wechsel des Arbeitsplatzes im allgemeinen die Aufgabe des Betriebes beinhaltet; schließlich sind die Beschäftigungsmöglichkeiten in ländlichen Räumen teilweise noch unzureichend oder unsicher. Aus allen diesen Gründen ist die landwirtschaftliche Arbeitsmobilität begrenzt.
Es ist nun zu fragen, welche *Konsequenzen für die Produkt- und Faktormärkte* zu erwarten sind, wenn derartige Mobilitätshemmnisse vorliegen. Die Arbeitskräfte, die – aus welchen Gründen auch immer – nicht aus der Landwirtschaft abwandern, werden auch weiterhin Boden und Kapital binden und Agrargüter produzieren. Sie werden das auch dann tun, wenn die erzielbare Entlohnung unter den Lohnvorstellungen liegt, die sich aus vergleichbaren Tätigkeiten in anderen Sektoren ableiten. Für landwirtschaftliche Beschäftigte ohne jede berufliche Alternative würde sogar die Weiterführung der Agrarproduktion noch solange vorteilhaft sein, wie überhaupt ein positiver Grenzertrag erzielt werden kann. Daher werden in Betrieben mit fixierten Arbeitskräftebeständen auch bei sehr weit absinkenden Agrarpreisen, die kaum mehr einen Beitrag zur Abdeckung der Arbeitskosten leisten, Agrarprodukte erzeugt und angeboten werden. Als Folgen eingeschränkter Faktormobilität sind somit festzustellen: eine zu starke Bindung von volkswirtschaftlichen Ressourcen (Produktionsfaktoren) im Agrarsektor; daraus resultieren im Vergleich zu anderen

Sektoren niedrige Entlohnungen der Produktionsfaktoren und weiterhin eine Tendenz zu Produktionsüberschüssen, wenn der Staat im Hinblick auf Einkommensziele preisstützend eingreift.

Sektoraler Strukturwandel muß für Länder mit intensiver **Außenhandelsverflechtung** wie die BR Deutschland stets vor dem Hintergrund der internationalen Wirtschaftsbeziehungen gesehen werden. Grundsätzlich kann Außenhandel den Anpassungsdruck auf Schrumpfungssektoren verschärfen oder auch mildern, je nachdem ob diese Sektoren komparative Vorteile besitzen bzw. entwickeln können oder nicht (vgl. Abschnitt 5.4.1). Der Handel zwischen den Industrieländern einerseits und den Entwicklungsländern andererseits verschärft wohl eher die Anpassungsprobleme in den Industrieländern, weil die Entwicklungsländer häufig gerade in solchen Sektoren komparative Vorteile besitzen bzw. gewinnen, die in Industrieländern bereits Anpassungsschwierigkeiten haben (z. B. Lederverarbeitung, Schuhindustrie, Textilindustrie).

10.4.3 Ansatzpunkte sektoraler Strukturpolitik

Zunächst sind hier ebenfalls die Maßnahmenbereiche zu nennen, die oben bereits zur Vermeidung langfristiger Ungleichgewichte auf dem Arbeitsmarkt angeführt wurden: Wettbewerbspolitik, Mobilitätsförderung, Anreize durch Subventionen oder Vermeidung von Fehlentwicklungen durch zusätzliche Belastungen. Nur sind die Maßnahmen im Hinblick auf die sektoralen Probleme spezifisch zu fassen. So gibt es z. B. **spezielle Mobilitätsförderungsprogramme** für die Landwirtschaft und den Bergbau oder Maßnahmen zur Beeinflussung der Energieproduktion und des Energieverbrauchs. Viele der sektoralen Strukturprobleme haben eine besondere regionale Ausprägung, so daß **regionalpolitische** und sektorale **Maßnahmen** in weiten Teilen in engem Zusammenhang zu sehen sind.

Neben diesen auf die Verbesserung der Faktorallokation ausgerichteten Maßnahmen gibt es eine zweite Kategorie von Instrumenten, die darauf abzielen, die ökonomischen und sozialen Härten für diejenigen Beschäftigten abzumildern, die durch den Strukturwandel betroffen sind und auch durch Mobilitätsförderungsmaßnahmen keine Chance haben, in Wachstumsbranchen überzuwechseln. Hier sind vor allem **sozialpolitische Sonderprogramme** für die älteren Beschäftigtengruppen zu nennen (Vorziehen der Altersrente, Beihilfe für die Aufnahme in soziale Sicherungssysteme u. dgl.).

Es muß hier darauf hingewiesen werden, daß die Maßnahmen im Bereich der **Wachstums- und Strukturpolitik** durchaus mit der von uns bisher verwendeten Systematik wirtschaftspolitischer Instrumente (vgl. Abschnitt 1.2.4 und 3.6) erfaßt werden können. Die Förderung der Kapitalbildung oder der Arbeitsmobilität ist im wesentlichen der **Ablaufspolitik,** und dort wiederum der Marktinterventionspolitik bzw. der Transfer- und Sozialpolitik (z. B. sozialpolitische Sonderprogramme) zuzuordnen. Eine besondere Eigenschaft der Marktinterventionspolitik besteht hier darin, daß sie stärker auf Faktormärkte (Kapitalmarkt, Arbeitsmarkt) als auf

Gütermärkte gerichtet ist; dies gilt allerdings nicht, wenn der Staat im Rahmen der Forschungsförderung auch die Absatzrisiken übernimmt (wie z. B. in der Luft- und Raumfahrtindustrie). Neben der Ablaufspolitik kann die Bedeutung der **Ordnungspolitik** für die Wachstums- und Strukturpolitik gar nicht genug betont werden. Als wichtigste Instrumentbereiche sind zu nennen: die Wettbewerbspolitik, die Organisation des Bildungswesens sowie die Patentgesetzgebung.

Wir hatten die Instrumente der Marktinterventionspolitik weiterhin nach ihrer *Eingriffsintensität* gegliedert und bereits in Abschnitt 3.6 darauf aufmerksam gemacht, daß der Einsatz dieses Instrumentariums wegen seines interventionistischen Charakters von liberaler Seite sehr skeptisch betrachtet wird. Dies gilt auch hier. Heftig umstritten ist beispielsweise im Bereich der Forschungspolitik die Frage, ob ganz bestimmte Projekte (z. B. im Energiebereich) direkt gefördert werden sollen oder ob es der Industrie selbst überlassen werden soll, welche Forschungsprojekte sie mit Hilfe der staatlichen Finanzhilfen durchführen will. Noch kontroverser werden die Vorschläge für eine sog. **vorausschauende Strukturpolitik** beurteilt, nach denen die Investitionen und damit das Wachstum in den einzelnen Sektoren durch paritätisch besetzte Gremien beraten und gelenkt werden sollen. Als Argumente dagegen werden u. a. genannt: (a) Bei falscher Einschätzung der künftigen Nachfrageentwicklung besteht die Gefahr, daß nicht nur einige wenige Unternehmen sich verschätzen, sondern daß eine ganze Branche fehlgeplant wird. (b) Daran schließt sich unmittelbar die Frage an, wer denn das Risiko im Falle von Fehlinvestitionen übernehmen soll. (c) Besonders gravierend ist der Einwand, daß hier praktisch der Wettbewerb über legalisierte Quasikartelle ausgeschaltet wird.

10.5 Wirtschaftspolitische Zielzusammenhänge

Die Begründung des Ziels wirtschaftliches Wachstum scheint auf den ersten Blick recht einfach zu sein: Wachstum des Sozialprodukts bedeutet – bei gegebener Bevölkerungszahl – eine Verbesserung der Güterversorgung und auch eine Erhöhung des Lebensstandards der Bevölkerung. Aber gerade dieser Zusammenhang zwischen Sozialproduktsvermehrung und Verbesserung der menschlichen Lebensbedingungen (der Wohlfahrt) ist in jüngster Zeit mehr und mehr angezweifelt worden. Dabei geht es einmal um die *grundsätzliche Frage*, inwieweit mit einer Erhöhung der materiellen Güterversorgung überhaupt eine Erhöhung der Wohlfahrt verbunden ist. Die Kritik richtet sich insbesondere darauf, daß mit vermehrter Güterproduktion Belastungen der Umwelt, Gefahren für die Gesundheit (Kernenergie!) oder ein zu schnelles Ausschöpfen der natürlichen Ressourcen verbunden sein können. Diskussionen um die Erhöhung der „Lebensqualität" und um „Null-Wachstum" gehen in diese Richtung. Zum anderen wird bezweifelt, ob das Brutto- oder Nettosozialprodukt einen *guten Maßstab* selbst für die Messung der materiellen Güterversorgung darstellt. Auf einige hier zu nennende Kritikpunkte wurde bereits in Abschnitt 10.1.2 hingewiesen.

Aus den jüngsten Diskussionen läßt sich die generelle Erkenntnis ziehen, daß zu pauschale Beurteilungen des Wachstumsziels – selbst wenn sie als Anstoß für die öffentliche Meinungsbildung ihren Sinn haben – eine sachgerechte Diskussion eher erschweren. Im folgenden sollen daher einige Zielzusammenhänge etwas systematischer geprüft werden.

10.5.1 Zusammenhänge von Allokationszielen: Gegenwärtige versus zukünftige Güterversorgung

Bei der anfänglichen Darstellung der wichtigsten wirtschaftspolitischen Zielkomplexe (Abschnitt 1.2.3) waren bereits verschiedene Aspekte volkswirtschaftlicher Allokationsziele unterschieden worden: Einmal kann man nach der optimalen Güterversorgung bei gegebenen Beständen volkswirtschaftlicher Produktionsfaktoren fragen (*optimale Faktorallokation* unter stationären Bedingungen, wie sie vornehmlich im 3. Kapitel betrachtet wurden) und zum anderen nach der optimalen Zuwachsrate der Güterversorgung im Zeitablauf *(optimales Wirtschaftswachstum)*. Beide Ziele stehen in Konflikt miteinander, wenn man auf die Versorgung mit Konsumgütern abstellt; denn das Wachstum (und damit die künftige Güterversorgung) ist um so größer, je mehr gespart und investiert wird. Ersparnis bedeutet jedoch Verzicht auf gegenwärtigen Konsum. Die Bevölkerung eines Landes kann somit durch geringeren Konsum in der Gegenwart die Güterversorgung der Kinder und Enkel verbessern; innerhalb gewisser Grenzen besteht somit eine Substitutionsmöglichkeit zwischen Gegenwarts- und Zukunftskonsum. Diese Substitution wird gesteuert durch die Höhe der volkswirtschaftlichen Sparquote, in der sich die individuellen Präferenzen der einzelnen Haushalte niederschlagen, die aber auch durch wirtschaftspolitische Maßnahmen (Sparförderung, Höhe staatlicher Investitionen) beeinflußt werden kann.

Es gibt Nationalökonomen, die diese Entscheidung zwischen Gegenwarts- und Zukunftskonsum „dem Markt" überlassen wollen, d. h. der freiwilligen Entscheidung der Wirtschaftseinheiten über die Höhe der Ersparnis. Andere wenden ein, ein derartiges System könne nicht optimal sein, weil die Wirtschaftseinheiten im Kollektiv anders entscheiden würden, als wenn sie als Individuen zu entscheiden hätten. Wiederum andere kritisieren den „Klassenwahlcharakter" des Marktprozesses, weil die „Reichen" nach dieser Interpretation über mehr „Stimmzettel" (Geld) verfügen als die „Armen". Unabhängig davon, wie man zu diesen Argumenten steht, ist eine staatliche Abstinenz gar nicht möglich, weil der Staat selber spart und investiert und zumindest die notwendigen öffentlichen Güter bereitstellen muß.

Es ist noch anzumerken, daß die Allokationsziele – auch wenn sie im Mittelpunkt der ökonomischen Argumentation stehen – nicht absolut, sondern im Zusammenhang mit anderen gesellschafts- und wirtschaftspolitischen Zielen zu sehen sind. So kann beispielsweise das Ziel eines möglichst effizienten volkswirtschaftlichen Faktoreinsatzes eingeschränkt sein durch bestimmte Zielsetzungen über die Versorgungssicherheit (Energie, Nahrungsmittel) oder die Erhaltung von Landschaft und Umwelt. In Abschnitt 1.2.3 haben wir daher auch allgemeiner von dem Ziel *„bedarfs-*

gerechter Faktoreinsatz" gesprochen. Darüber hinaus sind die Zusammenhänge zu den übrigen Zielkomplexen – insbesondere zu den Stabilitäts- und Verteilungszielen – in die Überlegungen einzubeziehen.

10.5.2 Wachstum und Stabilität

In Abschnitt 10.3 wurde gezeigt, daß störungsfreies Wirtschaftswachstum aus verschiedenen Gründen gefährdet sein kann, jedoch grundsätzlich auf den Pfaden gleichgewichtigen Wirtschaftswachstums möglich ist. Die Wachstums- und Stabilitätsziele sind daher logisch miteinander vereinbar. Es ist jedoch zu prüfen, ob sich möglicherweise Konflikte zwischen diesen Zielen ergeben können, wenn die Marktmechanismen nur unvollkommen funktionieren oder sich die Volkswirtschaft bereits in einer Ungleichgewichtslage befindet.

Soweit eine bestehende *Unterbeschäftigung* allein als Resultat einer ungenügenden gesamtwirtschaftlichen Nachfrage anzusehen ist, wird eine expansive Beschäftigungspolitik auch das wirtschaftliche Wachstum positiv beeinflussen; beide Ziele sind komplementär. Konfliktmöglichkeiten können auftreten, wenn beschäftigungspolitische Maßnahmen „strukturkonservierend" in dem Sinne sind, daß sie Arbeitsplätze erhalten oder schaffen, die unter gesamtwirtschaftlichen Gesichtspunkten wenig produktiv sind (ein ganz extremes Beispiel: Heizer auf einer Diesellokomotive).

Die *Preisstabilität* wird vielfach als mit dem Wachstumsziel konkurrierend angesehen, wobei die Argumentation ähnlich wie bei der Begründung des Zielzusammenhangs zwischen Beschäftigungsgrad und Preisstabilität („Phillipskurve", vgl. Abschnitt 8.5.2) geführt wird: Eine Ausschöpfung der letzten Kapazitätsreserven zur Förderung des Wachstums wird die Gefahr von partiellen Engpässen und Preissteigerungen erhöhen. Häufig wird auch anders herum argumentiert: Inflationäre Entwicklungen fördern das Wachstum, da sie eine Umverteilung zugunsten der Gewinneinkommen herbeiführen, die Schuldnerposition verbessern (Abschnitt 8.5.1) und dadurch die Investitionsneigung erhöhen. Einer derartigen Argumentation stehen viele Nationalökonomen nach den Erfahrungen des letzten Jahrzehnts jedoch in zunehmendem Maße skeptisch gegenüber. Einmal trifft die oben angeführte Argumentation nur bei *zunehmenden* Inflationsraten zu, da sich bei hohen Inflationsraten im allgemeinen eine Inflationsmentalität breit macht, bei der die Gewerkschaften in ihren Lohnforderungen „vorhalten" und sich auch das Zinsniveau anpaßt. Immer häufiger wird aber auch ein *umgekehrter Zielzusammenhang* begründet, für den sich viele empirische Belege anführen lassen: Geldwertstabilität ist förderlich für wirtschaftliches Wachstum; einmal *grundsätzlich,* weil bei stabilen Preisen wirtschaftliche Planungen eine bessere Grundlage haben und somit eine größere Effizienz des Faktoreinsatzes erreicht wird, und zum anderen im Falle chronisch schwacher aggregierter Nachfrage und defizitärer Zahlungsbilanz, weil die *Konkurrenzfähigkeit auf dem Weltmarkt* und damit die Exportnachfrage zunimmt. Dann stehen beide Ziele in einem komplementären Verhältnis zueinander.

Auf einer anderen Ebene können sich Konfliktmöglichkeiten zwischen Wachstum und Stabilitätszielen (hier: Vollbeschäftigung) dadurch ergeben, daß mit der Geschwindigkeit wirtschaftlichen Wachstums auch die *strukturellen Anpassungserfordernisse* zunehmen. Je stärker die Pro-Kopf-Einkommen ansteigen, umso stärker differiert das Nachfragewachstum zwischen Schrumpfungs- und Wachstumssektoren, und je höher die Raten technischen Fortschritts sind, um so mehr Produktionsfaktoren werden freigesetzt (vgl. Abschnitt 10.4). Daher müssen bei starkem Wirtschaftswachstum mehr Produktionsfaktoren von den Schrumpfungssektoren in die Wachstumssektoren wandern. Damit können die sozialen Härten des Strukturwandels zunehmen; zwar werden bei stärkerem Wirtschaftswachstum mehr neue Arbeitsplätze geschaffen, um Arbeitsplätze aus schrumpfenden Sektoren aufzunehmen; wenn aber erhebliche Mobilitätshemmnisse (insbesondere mangelnde Ausbildung) für größere Bevölkerungsgruppen bestehen, können die sozialen Unterschiede und Spannungen wachsen.
Die geschilderte Konfliktsituation wandelt sich um in ein Harmonieverhältnis, wenn die Faktormobilität ausreichend groß ist. Jede Faktorwanderung von einem schrumpfenden Sektor in einen wachsenden Sektor (mit höherer Grenzproduktivität) bedeutet dann einen Beitrag zum Wachstum. So hat beispielsweise der sektorale Strukturwandel in beträchtlichem Maße zum wirtschaftlichen Wachstum der Bundesrepublik in der Nachkriegszeit beigetragen.

10.5.3 Wachstum und Verteilungsgerechtigkeit

Die Zielzusammenhänge zwischen Wachstum und Verteilungsgerechtigkeit sind ebenfalls differenziert zu sehen und können unterschiedlicher Art sein. Einerseits vergrößert wirtschaftliches Wachstum das „Güterpaket", das zur Verteilung ansteht, und im allgemeinen ist eine Umverteilung von Einkommens*zuwächsen* einfacher zu erreichen als eine Umverteilung des bereits erreichten Besitzstandes. Insofern erleichtert wirtschaftliches Wachstum eine „gerechte" Einkommensverteilung – wie in den sog. Wohlfahrtsstaaten (Ländern mit relativ hohem Lebensstandard und erheblichem Ausbau der sozialen Leistungen, wie etwa Schweden) zu beobachten ist. Auf der anderen Seite sind jedoch in verschiedener Hinsicht Konflikte zwischen Wachstums- und Verteilungszielen festzustellen.
(1) Die Rate wirtschaftlichen Wachstums wird – wie wir in Abschnitt 10.2.2 gesehen haben – entscheidend durch die **gesamtwirtschaftliche Sparquote** bestimmt. Wenn eine staatliche Umverteilungspolitik (etwa durch progressive Steuern und hohe staatliche Transferzahlungen) Erfolg hat und eine Umverteilung der Einkommen von „Reich" auf „Arm" gelingt, wird die gesamtwirtschaftliche Sparquote – und damit langfristig die Investitionsquote – sinken, weil die Bezieher hoher Einkommen erfahrungsgemäß relativ mehr sparen als die Bezieher niedriger Einkommen.

1973 entfielen 57% der gesamtwirtschaftlichen Ersparnisse (einschließlich nichtentnommener Gewinne von Einzelunternehmen) auf die privaten Haushalte, während 4,7% in den Kapitalgesellschaften und 38,3% in den öffentlichen Haushalten gebildet wurden. Aus anderen Statistiken ist bekannt, daß 1971 4-Personenhaushalte mit mittleren Einkommen im Durchschnitt 9,5% ihres verfügbaren Einkommens sparten, die durchschnittliche Sparquote vergleichbarer Haushalte mit höherem Einkommen hingegen 15,7% betrug. Aus diesen Zahlen wird die erhebliche Bedeutung von Einkommensumverteilungen für die volkswirtschafltiche Sparquote ersichtlich.

(2) Darüber hinaus können Konflikte zwischen den Zielen „Verteilungsgerechtigkeit" und „Wachstum" dadurch auftreten, daß eine forcierte Verteilungspolitik – etwa durch hohe und stark progressive direkte Steuern – den Anreiz zur **Investitionstätigkeit** der Unternehmen und überhaupt die **Leistungsbereitschaft** vermindern. Diese Argumentation gilt sowohl für Unternehmensentscheidungen wie für die Dispositionen der privaten Haushalte, weil wenig differenzierte Entlohnungssätze es möglicherweise nicht mehr attraktiv erscheinen lassen, durch besondere Anstrengungen das verfügbare Einkommen zu erhöhen. Unter den Gesichtspunkten einer optimalen Faktorallokation sollten daher die Produktionsfaktoren nach ihren Leistungen entlohnt werden, d. h. jeder Faktor nach dem von ihm erwirtschafteten Wertgrenzprodukt (vgl. Abschnitt 3.2.2.2). Eine weitgehende Umverteilungspolitik kann daher Verzicht auf gesamtwirtschaftliches Wachstum bedeuten und – soweit die Investitionstätigkeit betroffen ist – Beschäftigungsziele gefährden.

Wachstumshemmnisse, ausgelöst durch eine verminderte Investitionstätigkeit oder durch Einschränkung von Leistungsanreizen, lassen selbst bei den durch die Umverteilung Begünstigten einen Konflikt auftreten. Ein geringeres Wirtschaftswachstum bedeutet nämlich irgendwann in der Zukunft selbst für diese Gruppe ein absolut geringeres Einkommen als im Falle höheren Wachstums, das mit einer größeren Ungleichheit der Einkommen in der Gegenwart erkauft worden ist (vgl. hierzu z. B. die Situation in Großbritannien). Diese Einkommensgruppen haben somit abzuwägen, ob in ihren Augen der Nutzengewinn der höheren Gegenwartseinkommen die Nutzeneinbußen durch zukünftige Einkommensverluste kompensiert. Daneben ist natürlich zu bedenken, daß neben der absoluten Höhe des Einkommens auch die Einkommens*unterschiede* an sich eine zielrelevante Größe darstellen.

(3) Schließlich kann eine Beeinträchtigung des wirtschaftlichen Wachstums auch dadurch hervorgerufen werden, daß im Interesse einer *intersektoralen Verteilungsgerechtigkeit* bestimmte Sektoren durch allokationswirksame Maßnahmen geschützt oder unterstützt werden und diese dadurch mehr Faktoren an sich binden, als unter gesamtwirtschaftlichen Gesichtspunkten optimal wäre und sich unter freien Marktbedingungen herausbilden würde. Man spricht dann von einer **konservierenden Strukturpolitik.** Ähnliche Zielkonflikte ergeben sich im Bereich der Regionalpolitik, wenn die vom Grundgesetz geforderte Norm der **„Wahrung der Einheitlichkeit der Lebensverhältnisse"** – die Ziele der interregionalen Verteilungsgerechtigkeit umschreibt – auf wirtschaftlich zurückgebliebene Regionen angewandt wird.

10.5.4 Bemerkungen zur ökologischen Kritik am Wachstumsziel

Es ist unzweifelhaft richtig, daß sich wirtschaftliches Wachstum, wie es in den letzten 100 Jahren in den Industrieländern beobachtet werden konnte, in dieser Form nicht unbegrenzt fortsetzen wird. Dafür werden von Ökologen insbesondere drei **Argumente** angeführt:

- Die Aufrechterhaltung eines hohen Wirtschaftswachstums mit konstanter Rate erscheint angesichts auf der Erde *begrenzt vorhandener Produktionsfaktoren* (Arbeit, Kapital und natürliche Ressourcen) auf Dauer nicht vorstellbar.
- Wirtschaftliches Wachstum wird zunehmend dadurch begrenzt, daß eine Reihe wichtiger *Rohstoffe erschöpflich* sind. Eine geringere Ausbeutung bzw. Schonung dieser Rohstoffe durch niedriges Wirtschaftswachstum sei angezeigt.
- Mit hohem wirtschaftlichem Wachstum sei eine untolerierbare *Umweltbelastung* verbunden.

Als unmittelbare **Gegenargumente** werden genannt:

- Wirtschaftliches Wachstum ist auch bei abnehmenden, jedoch noch immer positiven Raten möglich, weil selbst bei beschränkt ausdehnungsfähigen Produktionsfaktorbeständen durch *technische Fortschritte* absolute Erhöhungen des Sozialprodukts möglich sind (vgl. Übersicht 7.1).
- Im Zuge wirtschaftlichen Wachstums nimmt der Rohstoffverbrauch je Sozialprodukt kräftig ab, weil (a) der Anteil der *wenig rohstoffintensiven Dienstleistungsproduktion* am gesamtwirtschaftlichen Produktionswert ständig steigt und (b) die das Wachstum zu einem erheblichen Teil tragenden *technischen Fortschritte rohstoffsparend* sind (vgl. z. B. die noch gar nicht vollständig abzusehenden Fortschritte im Bereich der Elektronik).
- Hinsichtlich der Umweltbelastung hat die Nationalökonomie schon lange vor dem Auftritt der modernen Ökologen Instrumentarien entwickelt, mit deren Hilfe den Unternehmen solche Schäden und Kosten angelastet werden sollen (Verursacherprinzip), die im Zuge der Produktion entstehen, sich in den privaten Unternehmensrechnungen aber nicht niederschlagen müssen[1] (Abgabe von ungeklärtem Wasser, von Rauch, Staub usw.). Man ist in der Nachkriegszeit diesem Konzept zunächst nicht gefolgt, weil es wichtiger erschien, überhaupt wieder Arbeitsplätze zu schaffen. Inzwischen ist ein materielles Wohlstandsniveau erreicht, das die hohen Kosten eines wirkungsvollen Umweltschutzes tragbar erscheinen läßt. Ohne soziale Konflikte wird dies aber nur möglich sein, wenn man den materiellen Besitzstand verschiedener gesellschaftlicher Gruppen unangetastet läßt. Mit anderen Worten, die hohen Kosten des Umweltschutzes sind durch volkswirtschaftliches Produktivitätswachstum zu decken. Damit erscheint *Wachstum als notwendige Voraussetzung eines wirkungsvollen Umweltschutzes.*

Ergänzend zu diesen Argumenten gegen die oft überzogene Kritik der Ökologen ist darauf hinzuweisen, daß das wirtschaftliche Wachstum **zen-**

[1] Externe Effekte der Produktion (vgl. Abschnitt 6.1.3).

trale Funktionen zur Bewahrung des materiellen Wohlstandes und der Vollbeschäftigung sowie zur Linderung der Not in Entwicklungsländern erfüllt:

- Ein von Rohstoffimporten abhängiges Land wie die Bundesrepublik Deutschland ist auf den *Export technologisch hochentwickelter Produkte* angewiesen, die gerade der wirtschaftliche Wachstumsprozeß ständig neu hervorbringt.
- Auch bei stagnierender gesamtwirtschaftlicher Produktion wird es Produktivitätsfortschritte durch Rationalisierungsinvestitionen (arbeitsplatzvernichtende Investitionen) geben. Fehlen die das Wachstum ebenso kennzeichnenden Erweiterungsinvestitionen (arbeitsplatzschaffende Investitionen), dann ist eine sich ständig vergrößernde *strukturelle Arbeitslosigkeit* zu erwarten (vgl. Abschnitt 10.3.2).
- Es wird darauf verwiesen, daß eine *verstärkte Hilfe* für die ärmsten Länder der *Dritten Welt* ohne größere soziale Widerstände in den Industrieländern nur über wirtschaftliches Wachstum in Industrieländer zu realisieren ist.

10.6 Wirtschaftspolitik: Abgrenzungsfragen

Wir wollen alle wirtschaftspolitischen Aktivitäten, die auf die (in diesem Kapitel behandelte) **Steuerung längerfristiger Prozesse** des Wachstums und des Strukturwandels gerichtet sind, **Wachstums- und Strukturpolitik** nennen. Es geht hier vornehmlich darum, das Wachstum zu fördern sowie in diesem Zusammenhang die Produktionsfaktoren dorthin zu lenken, wo sie den höchsten Beitrag zum Sozialprodukt erbringen. Wachstums- und Strukturpolitik ist hiernach also *primär* Allokationspolitik.

Von der Wachstums- und Strukturpolitik ist die in Kapitel 8 diskutierte **gesamtwirtschaftliche Stabilitätspolitik** zu unterscheiden, mit deren Hilfe eine zielgerechte **Steuerung der kurz- bis mittelfristigen Wirtschaftsprozesse** (Globalsteuerung) erreicht werden soll. Im Mittelpunkt stehen hier die Ziele Vollbeschäftigung, Preisstabilität und Zahlungsbilanzausgleich.

Es ist allerdings nicht möglich, den beiden genannten **Aktionsbereichen der Wirtschaftspolitik** einzelne wirtschaftspolitische **Ziele** *eindeutig* zuzuordnen.[1] So wird beispielsweise die Wachstums- und Strukturpolitik gerade dann entscheidend zu einem Abbau von Arbeitslosigkeit beitragen können, wenn diese Fehlentwicklungen weniger mit einer (konjunkturell bedingten) Unterauslastung der technischen Produktionskapazitäten als mit mangelnder Anpassungsfähigkeit der Volkswirtschaft an veränderte Lohn-Zins-Relationen oder unzureichende Arbeitsmobilität erklärt werden können. Auch spielen im Rahmen der Wachstums- und Strukturpoli-

[1] Was dann möglich wäre, wenn einzelne Politiken nach dem Zielkriterium voneinander abgegrenzt würden. Man müßte dann von Allokationspolitik, Vollbeschäftigungspolitik, Preisstabilitätspolitik usw. sprechen.

tik Verteilungsziele eine erhebliche Rolle, wie das Beispiel der Agrarpolitik[1] deutlich belegt.

Darüber hinaus ist es nicht möglich, einzelne wirtschaftspolitische **Instrumente** dem einen oder anderen Aktionsbereich der Wirtschaftspolitik genau zuzuordnen. Zwar kann man sagen, daß in der Wachstums- und Strukturpolitik schwerpunktmäßig auf Instrumente der mikroökonomischen Ablaufs- und Ordnungspolitik zurückgegriffen wird[2] (z. B. Subventionspolitik auf Einzelmärkten, Wettbewerbspolitik) und daß sich die gesamtwirtschaftliche Stabilitätspolitik vornehmlich der Instrumente makroökonomischer Ablaufspolitik bedient, jedoch lassen sich leicht Beispiele finden, die die Möglichkeit, einer *exakten* Zuordnung widerlegen. So hatten wir in Kapitel 8 wiederholt auf die Bedeutung der Wettbewerbspolitik (also des zentralen Teilbereichs mikroökonomischer Ordnungspolitik in Marktwirtschaften) für eine erfolgreiche gesamtwirtschaftliche Stabilisierungspolitik hingewiesen. Andererseits kann man etwa die staatliche Einnahmen- und Ausgabengestaltung (Finanzpolitik) nicht für die gesamtwirtschaftliche Stabilitätspolitik reservieren; der Bau einer Autobahn oder die Entscheidung für einen bestimmten Bundeswehrstandort werden erhebliche strukturpolitische (hier: regionalpolitische) Bedeutung haben.
Der dritte Aktionsbereich der Wirtschaftspolitik, die **Verteilungs- und Sozialpolitik**, unterscheidet sich grundlegend sowohl von der Wachstums- und Strukturpolitik als auch von der gesamtwirtschaftlichen Stabilisierungspolitik. Sie richtet sich nicht auf eine Beeinflussung des kürzer- oder längerfristigen wirtschaftlichen Ablaufs (der Allokationsprozesse), sondern auf eine **Umverteilung** der im Rahmen dieser Prozesse entstandenen Einkommen. Zielorientierung bieten dabei vor allem Vorstellungen über Verteilungsgerechtigkeit und soziale Mindestsicherung (siehe Abschnitt 1.2.3), die im Prozeß der wirtschaftspolitischen Willensbildung und Entscheidungsfindung ihre konkrete Ausprägung erfahren, vor allem durch Entscheidungen über die Ausgestaltung des Steuersystems (Steuerarten, Steuerprogression) sowie die Höhe des *„Netzes sozialer Sicherung"* (Renten, Arbeitslosenunterstützung, Sozialfürsorge etc.). Die Abwicklung der Umverteilungsmaßnahmen erfolgt dabei im wesentlichen durch staatliche und halbstaatliche Institutionen (Finanzverwaltung, Träger der Sozialversicherung). Die Verteilungs- und Sozialpolitik ist somit in starkem Maße durch *staatliche Institutionen und Entscheidungen* bestimmt, die bei dem

---

[1] Die *Agrarpolitik* bezeichnet man, wie beispielsweise auch die Verkehrspolitik oder die Industriepolitik, als spezielle *sektorale Wirtschaftspolitik*. Sie ist als spezielle Ausprägung der sektoralen Strukturpolitik zu betrachten und damit ein Teil des Aktionsbereichs „Wachstums- und Strukturpolitik".
[2] Da die Wirkungen einiger dieser Instrumente in Teil 1 des Buches diskutiert wurden, konnten wir uns im Abschnitt 10.4.4 (Ansatzpunkte sektoraler Strukturpolitik) kurz fassen.

erheblichen Umfang der Einkommensumverteilung in den meisten fortgeschrittenen Industrieländern jedoch erhebliche Rückwirkungen auf gesamtwirtschaftliche Allokationsprozesse (Konjunktur und Wachstum) haben.

Anmerkungen zur Lehrbuchliteratur

Es gibt zahlreiche einführende Lehrbücher zur Volkswirtschaftslehre mit unterschiedlichen Zielsetzungen und unterschiedlichem Schwierigkeitsgrad.

Einführungen in ökonomische Denkweisen bieten etwa (jeweils neueste Auflage):
B. Gahlen, H. D. Hardes, F. Rahmeier, A. Schmid: Volkswirtschaftslehre. Eine problemorientierte Einführung. (UTB 737), Tübingen.
U. Basseler, J. Heinrich, W. Koch: Grundlagen und Probleme der Volkswirtschaft, Köln.
H. Bartling, F. Luzius: Grundzüge der Volkswirtschaftslehre, München.
Siebert, H., Einführung in die Volkswirtschaftslehre. Teile I und II, Stuttgart, Berlin, Köln, Mainz.

Als umfangreiche angelsächsische **Standardwerke** sind zu nennen:
R. G. Lipsey: Einführung in die Positive Ökonomie (dt. Übersetzung). Köln 1971.
P. A. Samuelson und W. D. Nordhaus: Volkswirtschaftslehre. Eine Einführung (dt. Übersetzung). 2 Bände, Köln.
Zentrale Bedeutung für die ökonomische Ausbildung hatten in der Nachkriegszeit die nach wie vor lesenswerten 4 Bände:
E. Schneider: Einführung in die Wirtschaftstheorie (Teile I, II, III und IV). Tübingen 1969 bzw. 1973.

Als deutsches Standardwerk, das aber ebenso wie das Buch von Lipsey den Bereich der Wirtschaftspolitik weitgehend unberücksichtigt läßt, sei genannt:
A. Woll: Allgemeine Volkswirtschaftslehre, München, Berlin, Frankfurt/M.

Einführende Teildarstellungen zu den Bereichen der Mikro- bzw. Makroökonomik geben:
E. Helmstädter: Wirtschaftstheorie I. München
A. Stobbe: Gesamtwirtschaftliche Theorie. Berlin, Heidelberg, New York 1975.
W. Frerichs: Einkommens- und Beschäftigungstheorie. Neuwied 1975.

Als **Vertiefungs- und Anschlußliteratur** werden empfohlen und von uns in Lehrveranstaltungen für mittlere Semester verwendet:
W. Krelle: Preistheorie (Teile I und II). Tübingen 1976.
J. Schumann: Grundzüge der mikroökonomischen Theorie. Berlin, Heidelberg, New York

B. Külp: Wohlfahrtsökonomik I und II. Tübingen, Düsseldorf 1975 bzw. 1976.

R. Richter, U. Schlieper, W. Friedmann: Makroökonomik, 4. Aufl. Berlin, Heidelberg, New York 1981.

A. Stobbe: Volkswirtschaftslehre I. Berlin, Heidelberg, New York.

Vahlens Kompendium der Wirtschaftstheorie und Wirtschaftspolitik. Band 1 und 2. München.

Ergänzungen hierzu:

J. M. Henderson, R. E. Quandt: Mikroökonomische Theorie. Berlin, Frankfurt/Main

Eine Übersicht über den Bereich der **Wirtschaftspolitik** geben die elementaren Texte in Band 2 des Kompendiums der Volkswirtschaftslehre (Hrsg.: W. Ehrlicher, I. Esenwein-Rothe, H. Jürgensen, K. Rose, Göttingen 1975) sowie das von Th. Pütz herausgegebene dreibändige Werk über „Wirtschaftspolitik, Grundlagen und Hauptgebiete“ (Stuttgart 1971 bzw. 1975). Zur Vertiefung empfiehlt sich besonders: H. Giersch: Allgemeine Wirtschaftspolitik. Band 1: Grundlagen. Band 2: Konjunktur- und Wachstumspolitik. Wiesbaden 1960 bzw. 1977, sowie M. E. Streit: Theorie der Wirtschaftspolitik. Düsseldorf 1979.

Auf Literaturangaben zu engeren **Spezialgebieten** der Volkswirtschaftslehre wird hier verzichtet. Welche Theoriebereiche traditionell als „Spezialgebiete“ gelten, läßt sich dem Band 1 des Kompendiums der Volkswirtschaftslehre entnehmen (vgl. auch die dort angegebene Literatur). Hingewiesen sei ferner auf die guten Literaturübersichten in dem Buch von A. Woll (s. oben).

Als Ergänzung zu dem vorliegenden Lehrbuch wird empfohlen:

I. Evers, O. Gans, W. Henrichsmeyer, Übungsbuch zur Einführung in die Volkswirtschaftslehre, 3. Auflage, Verlag Eugen Ulmer, Stuttgart 1988.

Sachregister